ROUSSEAU · EMILE

JEAN-JACQUES ROUSSEAU

EMILE

ODER
ÜBER DIE ERZIEHUNG

HERAUSGEGEBEN, EINGELEITET UND
MIT ANMERKUNGEN VERSEHEN VON
MARTIN RANG

UNTER MITARBEIT DES HERAUSGEBERS
AUS DEM FRANZÖSISCHEN ÜBERTRAGEN VON
ELEONORE SCKOMMODAU

PHILIPP RECLAM JUN. STUTTGART

Universal-Bibliothek Nr. 901
Alle Rechte vorbehalten
© 1963 Philipp Reclam jun. GmbH & Co., Stuttgart
Satz: Vereinsdruckerei Heilbronn eGmbH
Druck und Bindung: Reclam, Ditzingen
Printed in Germany 2001
RECLAM und UNIVERSAL-BIBLIOTHEK sind eingetragene Marken
der Philipp Reclam jun. GmbH & Co., Stuttgart
ISBN 3-15-000901-4

EINLEITUNG

Es gibt in der Geistesgeschichte der Neuzeit, zum mindesten aber des 18. Jahrhunderts kaum einen Schriftsteller, dessen geschichtliche Wirkung der Rousseaus gleichkommt. Fragt man nach dem Grunde dieser außerordentlichen Wirksamkeit, so gerät man in eine gewisse Verlegenheit; denn auf jedem Gebiet, auf welchem Rousseaus reiches Genie glänzte, gab es unter seinen Zeitgenossen bedeutendere Geister: schärfere und tiefer schürfende Denker, gestaltungskräftigere Dichter, geistvollere Literaten. Das Geheimnis seiner historischen Wirksamkeit und seine eigentliche Genialität liegt, so scheint es, nicht so sehr in einem einzelnen Talent und Werk, freilich auch nicht in der Universalität seiner geistigen Interessen – worin ihn zum Beispiel Voltaire und Diderot weit übertrafen –, sondern in dem Zusammenspiel scheinbar heterogener, ja widersprüchlicher Tendenzen, die dennoch in seiner Person wie in seinem Werk sich zu einer, wenn auch schwer faßbaren Einheit zusammenfügen. Gerade dadurch, daß er jede dieser Tendenzen mit der ihm eigenen Kühnheit und Lust am Paradoxen bis zu ihrem Extrem verfolgt, daß er keine um der Harmonie und Systematik des Ganzen willen verkürzt und abbiegt, dazu die Unbedingtheit und Konsequenz seiner Analysen, vor der die traditionellen Theoreme sich als Scheinlösungen oder billige Kompromisse enthüllen, und endlich und vor allem der unbestechliche und unbändige Wille zur Wahrheit, hinter dem, wie der Leser spürt, das leidenschaftlichste Temperament steht – all das macht die Lektüre von Rousseaus Schriften heute noch erregend und diesen Denker so unglaublich neu und modern. Kein Wunder, daß fast jede der für unsere Zeit besonders bedeutungsvollen Disziplinen in ihrer Problematik fort und fort auf Rousseau stößt: die Soziologie und Kulturkritik, die Wissenschaft von der Politik, die philosophische Anthropologie, die Pädagogik. Selbst in den Werken, selbst mit den Tendenzen, mit denen Rousseau am meisten seiner Zeit verhaftet ist und heute überholt erscheint, wie in dem Sentimentalismus der „Nouvelle Héloïse" und dem Deismus des „Glaubensbekenntnisses des savoyischen Vikars", erweist sich Rousseau kraft der ihm eigenen dialektischen Spannung als interessant, ja aktuell. Rechnet man dazu einen Stil, der zwei sonst selten sich zusammenfindende, fast konträre Tugenden in hoher Meisterschaft zu verbinden weiß: die pointierende Schärfe – Rousseau brilliert im geschliffenen Paradox – und den großen Atem der Rhetorik, dann versteht man die Faszination, die noch heute von seinen Werken ausgeht, auch wenn kaum eines dieser Werke in Stil und Gedanken ständig das hohe Niveau hält, dessen sein Autor fähig war. Auf ermüdende Längen, auf mediokre Partien muß sich jeder Leser Rousseaus, ganz besonders der des „Emile", gefaßt machen; er wird dafür nicht nur durch Seiten höchster Genialität, sondern auch durch den Reichtum und die geistige Macht des Gesamtentwurfs entschädigt.

Faszinierend wirkt Rousseau auch da, ja gerade da, wo er zum Widerspruch herausfordert, ja wo er schockiert und abstößt. Denn auch dies Schockierende gehört zum Geheimnis seiner historischen Wirkungskraft. Rousseau erscheint inmitten der noblen Gesellschaft des ancien régime wie ein Proletarier. Das hat wenig mit seiner Herkunft zu tun; viele Literaten seiner Zeit stammen aus gleich bedrückten Verhältnissen und wirken im Vergleich zu ihm wie geborene Edelleute. Maß, Takt, die souveräne Meisterschaft, die auch noch die Waffe der Polemik mit Grazie zu führen weiß, all diese Vorzüge, die die gebildete und noch halbseigneurale Welt der französischen Aufklärung auszeichnen, gehen Rousseau ab. Seine Polemik ist vernichtend, aber auch persönlich verletzend, seine Entrüstung ist echt, aber auch plump, sein Selbstbewußtsein ist berechtigt, aber zugleich arrogant, seine Paradoxa sind meisterhaft, aber zu ernst, um geistvoll, und zu paradox, um überzeugend zu wirken. Er ist eine Naturkraft unter Kulturmenschen, deren Kultur des Denkens und Schreibens er gleichzeitig übernimmt und verachtet.

Nicht weniger aufreizend und zugleich faszinierend wirkt auf uns sein *Leben*. Das Schicksal, aber auch Rousseaus eigener Wille hat viel dazu getan, diesem an sich weder reichen noch besonders bedeutungsvollen Lebenslauf eine eigene Aura zu verleihen, deren Reiz sich der Leser der „Bekenntnisse" oder gar der „Träumereien" nicht entziehen kann. Es ist nicht Sympathie – dazu enthüllt uns Rousseau, mit und noch mehr wider Willen, allzuviel Peinliches in seinem Leben und Charakter –, es ist vielmehr die Suggestionskraft, die von der Intensität dieser Beschäftigung mit sich selbst ausgeht und uns in ihren Bann zieht, welche uns mitfühlen, uns in dem ganz Persönlichen, einmalig Individuellen gerade das allgemein Menschliche, also auch *unser* Ich, erkennen läßt. Auch diese Intensität der Beschäftigung mit sich selbst und vollends die Unbekümmertheit, mit der der Autor der „Bekenntnisse" sich und seine Intima der Öffentlichkeit enthüllt, erscheint „unedel" und wirkte deshalb auf Rousseaus Zeitgenossen auch als abstoßende Selbstprostitution. Aber diese Prostituierung entbehrt nicht der Größe, ja – trotz des Pathos der Eingangsworte der „Confessions" – nicht der schlichten Menschlichkeit. Denn ist es nicht natürlich, daß wir uns selbst am wichtigsten scheinen und von den anderen erwarten, daß sie uns in all unseren kleinen Leiden und Freuden ebenso wichtig nehmen? Rousseau scheint auch darin nur ehrlich, wie das naiv egozentrische Kind, aber diese seine Offenheit ist nun gerade nicht naiv, sondern gestützt auf eine tiefgründige Philosophie, die diese Ehrlichkeit und Natürlichkeit allererst zurückerobert hatte. Das Originale in seinem „einzigartigen Unternehmen", als das er die „Bekenntnisse" bezeichnet, bestand eben darin, daß er, mit einem fast messianischen Selbstgefühl, sein Ich und sein Leben gerade in den belanglosesten Details als paradigmatisch hinstellte. Rousseau schreibt „die Geschichte seines Herzens" und nicht, wie

Nietzsche im „Ecce homo", die seiner Werke und ihrer
historischen Bedeutung, aber er schreibt diese Geschichte
seines Herzens mit dem Bewußtsein, der Menschheit eine
Offenbarung zu geben. Mit welchem Recht? Weil für ihn
– und zwar eben auf Grund seiner philosophischen Grundüberzeugung – die Kardinalfrage der menschlichen Existenz
die nach dem eigenen Ich ist: seiner Einheit oder Zerrissen-
heit, seiner Wahrheit oder Scheinexistenz, seiner Selbstgenügsamkeit oder Entfremdung, seiner Seligkeit oder
Unseligkeit. Darin scheint Rousseau ganz christlich und
hält in der Tat gegenüber dem gesellschaftlichen Denken
der Aufklärungsphilosophie an der christlichen Moraltradi-
tion und ihrem Begriff des einsamen Gewissens fest. Aber
die „Confessions" sind – trotz der bewußten Anspielung
auf die gleichnamige Schrift Augustins – keine Beichte; der
Mensch, der sich hier bekennt, bekennt sich, wenn überhaupt vor jemand anderem als vor sich selbst, vor dem
Publikum, auf dessen Urteil der scheinbar sich selbst genügende Einsiedler Rousseau erstaunlich viel Wert legt. Und
er bekennt nicht seine Sünden, sondern seine Natürlichkeit;
denn er weiß sich „natürlich" gerade auch in seinen Fehltritten und Lastern. Das „Ich" Rousseaus ist nicht wie das
Pascals ein „hassenswertes", sondern ein liebenswertes. Darum macht es Rousseau nichts aus, seine Fehler, ja seine
psychischen Anomalien ungeniert zu gestehen; denn er hielt
sich, wie er selbst sagt, „alles in allem genommen stets für
den besten aller Menschen". Für ihn gilt insbesondere was
er Claire in der „Nouvelle Héloïse" vom Genfer im allgemeinen sagen läßt: „Seine Sitten, ja seine Laster selbst
sind voller Offenheit. Er fühlt sich *wesentlich* gut, und das
genügt, um nicht zu fürchten, sich so zu zeigen, wie man
ist."

Offenheit: Das ist ein Kernbegriff von Rousseaus Philosophie und Pädagogik. Der Gegenbegriff ist das „Scheinwesen", das er überall in der gesellschaftlichen Existenz
anzutreffen vermeinte, ja worauf er diese recht eigentlich
gegründet glaubt. Unter solchem Aspekt der Offenheit und

des Scheinwesens schließen sich Rousseaus philosophische
Lehre vom Menschen und seine autobiographische Selbst-
analyse, schließen sich Leben und Werk zur inneren Einheit
zusammen.

Rousseaus Leben

Jean-Jacques Rousseau wurde am 28. Juni 1712 in Genf
geboren. Der Vater Isaac, von Beruf Uhrmacher, und die
Mutter Suzanne, geb. Bernard, stammten beide aus ein-
gesessenen Genfer Familien des Kleinbürgertums. Die Mutter starb kurz nach der Geburt. Dennoch hat Jean-Jacques
eine glückliche Kindheit verlebt und eine für seinen Stand
sorgsame Erziehung und Bildung genossen, jedenfalls bis
zu seinem 12. Lebensjahr. Freilich wurde er von allen Angehörigen allzusehr verwöhnt, vielleicht am meisten und in
gefährlichster Weise von seinem Vater, der mit überzärt-
licher Liebe an dem frühreifen Kinde hing, das ihn die
geliebte Frau gekostet hatte und ersetzte. Nächtelang las
er mit ihm die sentimentalen Romane, die die Mutter hinterlassen hatte, und legte so in früher Kindheit den Kern zu
jener überschwenglichen Empfindsamkeit und überstarken
Einbildungskraft, die in dem großen Liebesroman, der
„Nouvelle Héloïse", ihren Triumph feiern sollte, über die
aber der Pädagoge Rousseau um so strenger urteilte. Noch
ein anderer Zug weist auf den frühen Einfluß des Vaters:
das Interesse für die politische Theorie, die Begeisterung
für den antiken Patriotismus und Republikanismus, der
Stolz, als Bürger (citoyen) einem freien Staatswesen anzugehören. „Ich sehe ihn noch", schreibt Rousseau über seinen
Vater, „wie er von seiner Hände Arbeit lebte und seine
Seele mit den erhabensten Wahrheiten nährte. Ich sehe
Tacitus, Plutarch und Grotius mitten zwischen seinem
Arbeitszeug vor ihm liegend." Nur dem Namen nach übten
freilich im damaligen Genf die einfachen Bürger die Herr-
schaft aus, in Wahrheit lag sie in den Händen des „Kleinen

Rats" und also bei wenigen Familien des Patriziats. Aber
in der Bürgerschaft hatte sich trotzdem ein politisches Selbstbewußtsein erhalten, das einen Genfer Handwerker über
seinen Berufsstand weit heraushob. „Ein Uhrmacher aus
Genf ist ein Mann, der überall etwas darstellt; ein Uhrmacher aus Paris dagegen ist zu nichts fähig als über Uhren
zu sprechen... Dieser Handwerkerstand war der meine;
dort habe ich jene öffentliche Erziehung genossen, nicht
mittels einer besonderen Institution, sondern durch die Tra-
ditionen und Maximen, die, von Generation zu Generation
weitergegeben, von früh an der Jugend eine Bildung vermitteln, die ihr gemäß ist, und die Gefühle, die sie braucht.
Mit zwölf Jahren war ich ein Römer, mit zwanzig hatte
ich die Welt durchwandert und war nur noch ein Tunicht-
gut" (Brief an Tronchin, 1758).

Neben dem Vater, seine Erziehung wohltuend ergänzend,
stand die Tante Suzanne, seine unverheiratete Schwester,
die ihm den Haushalt führte und sich des Kindes mütter-
lich annahm. Rousseau hat zeitlebens ihrer mit großer
Dankbarkeit gedacht. In den „Bekenntnissen" rühmt er ihr
heiteres, ausgeglichenes Wesen; von ihr, meint er, habe er
auch Begabung und Neigung zur Musik erhalten. So zeichnet sich schon in den gegensätzlichen Einflüssen der frühen
Genfer Kinderjahre jene Zweiheit der Ideale und Neigungen ab, die Rousseaus inneres Leben und literarisches Werk
so überaus spannungsreich machen sollte: die Begeisterung
für die patriotische Tugend, der Stolz des „citoyen" auf
der einen und die Liebe zur Stille, Schlichtheit, zur Herzens-
güte, der Hang zur Idylle und Einsamkeit auf der anderen
Seite. „Solcher Art waren die ersten Eindrücke meines
Lebens; auf diese Weise begann sich in mir dieses gleichzeitig so stolze und so zärtliche Herz zu bilden, dieser
weichliche und dennoch unbezwingbare Charakter, der,
stets schwankend zwischen Schwäche und Mut, zwischen
Schlaffheit und Tugend, mich bis zuletzt in Widerspruch
zu mir selbst gebracht hat" – so urteilt Rousseau später
über seine frühe Bildung. Wir aber erkennen sehr wohl

in den beiden scheinbar sich ausschließenden Neigungen und Idealen das Gemeinsame, welches freilich weniger in positiven Aussagen als in der *Kritik* an seiner Zeit sichtbar wird: denn ob unter der Devise der „Tugend" oder der der „Natur", ob unter dem Ideal des rechten Staatswesens oder dem der Liebe, immer mußte diese Neigung Rousseau in Widerspruch zu seiner Zeit, dem Zeitalter des Luxus, des Fortschrittsglaubens, des Rationalismus bringen.

Freilich dauerte es lange, bis Rousseau aus dem Banne seiner Zeit sich befreite und zu sich selber fand. Um die Idylle seiner Kindheit zu schreiben, wie er es in den „Bekenntnissen" getan hat, um über deren belanglose Erlebnisse den ganzen Zauber der Unschuld und Natürlichkeit zu breiten, bedurfte es erst einmal jenes für seine Zeit revolutionären Versuchs, „bis zu den ersten Spuren des eigenen fühlenden Wesens zurückzugehen", „bis zu den Wurzeln zu graben": Rousseau hatte dies zum ersten Mal im zweiten Discours in bezug auf den menschlichen Naturzustand getan, ein zweites Mal in bezug auf die kindliche Existenz im allgemeinen im „Emile" und er tat es nun in bezug auf seine eigene Menschwerdung. Es ist nicht nur ein psychologisches Interesse, es ist eine philosophische Überzeugung, die ihn dabei leitet, und eben sie gibt den autobiographischen Schriften Rousseaus ihre überpersönliche Bedeutung. Indem wir seinem Lebensgang folgen, folgen wir seiner Doktrin.

Den Höhepunkt dieser glücklichen Kindheit bildete die kurze Zeit, die Rousseau zusammen mit seinem fast gleichaltrigen Vetter Abraham Bernard bei dem Pastor Lambercier in Bossey bei Genf zubrachte. Die herzliche Knabenfreundschaft, die ihn mit seinem Vetter verband, das freie Leben und Spielen in der ländlichen Natur, die Atmosphäre von Wohlwollen und Rechtschaffenheit, in der die beiden gutgearteten Knaben gediehen, all das macht in Rousseaus Augen diese kurze Jugendepoche zum Inbegriff von Reinheit und unbekümmerter Natürlichkeit.

Um so erstaunlicher, ja erschütternder ist der Abstieg,

den die folgenden Jahre brachten. Der Vater war, wegen
eines Zusammenstoßes mit einem dortigen Patrizier, aus
Genf geflüchtet, hatte sich im nahen Noyon niedergelassen
und wieder verheiratet. Wenn auch die Verbindung zwischen Jean-Jacques und ihm nicht abriß, war doch seitdem
sein Einfluß auf die Entwicklung seines Sohnes gering.
Unter den gegebenen Umständen lag es nahe, daß der
Knabe dem väterlichen Stande entsprechend ein Handwerk
erlernte. Der Rousseau der „Bekenntnisse" hat für diesen
Schritt nur Worte uneingeschränkter Billigung, die sich aus
seiner prinzipiellen Einstellung zu den Berufen und Ständen seiner Zeit erklärt. Auch Emile soll ja ein Handwerk
lernen, und die Übergabe seiner eigenen Kinder an das
Findelhaus hat Rousseau später unter anderem damit begründet und entschuldigt, daß sie dort zu Handwerkern
erzogen würden. Er hat sich offenbar nie die Frage vorgelegt, ob die erschreckende moralische Destruktion einer
so harmonischen Kindheit, die in diesen Lehrlingsjahren
einsetzt, nicht die Folge der für den phantasievollen und
freiheitsdurstigen Knaben überaus bitteren Maßnahme war.

Der dreizehnjährige Jean-Jacques wurde also einem Genfer Kupferstecher übergeben, in dessen Hauswesen er nach
damaliger Sitte eintrat. Die lieblose und verständnislose
Behandlung, die er dort erfuhr, die Trennung von seinem
Freunde Abraham Bernard – schon machte sich der Standes-
unterschied geltend, da sein Vetter zur Laufbahn des Geistlichen bestimmt war –, die Einsamkeit, das Gefühl der
Deklassierung, verleideten ihm die Arbeit, machten ihn
scheu und verschlagen. Mit kleinen Diebstählen suchte er
seine Neigungen zu befriedigen, über billigen Romanen die
öde Wirklichkeit zu vergessen. Ein Zufall gab schließlich
den Ausschlag und führte zum endgültigen Bruch mit der
soliden kleinbürgerlichen Welt, der er entstammte und für
die er bestimmt schien, stieß ihn in die Ungewißheit des
Abenteuers, worin er leicht hätte verkommen können – wie
sein älterer Bruder, der Jahre zuvor aus Genf entwichen
und in der Fremde verschollen war. Verspätet von einem

Sonntagsausflug zurückgekehrt, fand Rousseau die Stadt-
tore verschlossen; sie wurden erst am nächsten Morgen geöffnet. Rousseau wußte, daß ihn von seiten seines Meisters
strenge Bestrafung erwartete. Die Angst vor der Strafe,
der Überdruß an dem ihm unleidlichen Leben, jugendlicher
Trotz und Freiheitsdurst, Leichtsinn und Abenteuerlust, all
das mag zusammengewirkt haben zu seinem Entschluß,
nicht mehr nach Genf zurückzukehren, sondern in die
Fremde zu gehen. Die Fremde aber war das benachbarte
katholische Savoyen, und so bedeutete die Flucht aus Genf
Übertritt zum katholischen Glauben. Daß Rousseau sich
dieser Konsequenz wohl bewußt war – wahrscheinlich hatte
er ja mit dem Fluchtplan schon länger in Gedanken gespielt –, das beweist zur Genüge die Tatsache, daß er sich
sofort an den katholischen Geistlichen in dem nahen Con-
fignon wandte, der in Genf wegen seiner Proselytenmache-
rei wohl bekannt war. Dieser nahm ihn aufs freundlichste
auf und schickte ihn nach Annecy zu Frau von *Warens*, die,
selbst Schweizer Konvertitin, von einer Pension des Königs lebte und sich aus Neigung und Auftrag vieler Kon-
vertitenflüchtlinge aus dem benachbarten welschschweizeri-
schen Kantonen annahm. Die Begegnung mit dieser Frau –
am Palmsonntag 1728 – war für Rousseau von schicksalhafter Bedeutung; der junge Jean-Jacques verliebte sich
vom ersten Augenblick in seine Beschützerin. Diese selbst,
voll Mitleid mit dem jugendlichen Landstreicher, wagte ihn
doch nicht, wie es einzig recht gewesen wäre, in seine Heimat zurückzuschicken, womit sie die Überzeugung ihrer
Gönner allzusehr schockiert hätte. Ihn bei sich behalten,
mochte sie auch nicht, und so ließ sie es geschehen, daß man
den Jungen nach Turin schickte, damit er in einem Kloster
zur öffentlichen Konversion vorbereitet werde. Die Erniedrigung dieser Zeit und dieser Prozedur, von der noch
der alte Rousseau mit tiefer Erbitterung spricht, die folgenden Zeiten der Entbehrung: sie bilden den Tiefpunkt in seinem Leben. In der Gestalt des Proselyten im „Bekenntnis
des savoyischen Vikars" (4. Buch des „Emile") hat Rousseau

sich in jener Situation des heimatlosen, halbverwahrlosten, in seinem Glauben betrogenen Zwangskonvertiten selbst gemalt. Er mußte von Glück sagen, daß er schließlich als Lakai in einer adligen Familie Stellung fand. Hier wurde man auf den begabten und interessierten Jungen aufmerksam; ein Geistlicher, der Abbé de Gaime, nahm sich seiner an: er ist das Urbild des savoyischen Vikars. Schließlich fand Rousseau im Hause des Grafen von Gouvon, vor allem an dessen für die höhere geistliche Laufbahn bestimmten Sohn einen verständnisvollen Förderer und Lehrer, und so hätte er, wäre er beständig geblieben, wohl in Turin seinen Weg machen können. Aber der ihm so tief eingewurzelte Hang zur Unabhängigkeit, eine plötzliche Freundschaft zu einem Genfer Kameraden, einem sorglosen Spaßvogel, vor allem aber wohl das heimliche Heimweh nach Frau von Warens ließen ihn gegen jede Vernunft aus dieser gesicherten Existenz ausbrechen. Nach einer anfangs fröhlichen, allmählich ernüchternden Wanderschaft kam er nach Annecy und warf sich ihr, als ein verlorener Sohn, zu Füßen, und sie nahm ihn wie selbstverständlich auf und behielt ihn nun bei sich.

Elf Jahre, von 1729 bis 1740, hat Rousseau, wenn auch mit verschiedenen, oft längeren Unterbrechungen, bei Frau von Warens gelebt; kein Verhältnis ist für seine intellektuelle und emotionale Entwicklung so bedeutsam gewesen wie diese Liebe zu der um zwölf Jahre älteren Frau, die dem jungen Mann sowohl Mutter wie Geliebte war. Gerade dieses zwielichtig Doppelsinnige war das, was den jungen Jean-Jacques anzog und was er brauchte: ein Zustand halb kindlicher, halb ehelicher Intimität und Geborgenheit, ein liebevolles und wechselseitiges Vertrauen, keine Leidenschaft und doch mehr als Freundschaft, ein Zustand, „da Liebe und Unschuld im gleichen Herzen wohnen". Was Rousseau später von seinem Verhältnis zu Thérèse Levasseur gesagt hat, gilt in noch stärkerem Maße für dieses jugendliche Vertrauensverhältnis. „Von allen meinen Bedürfnissen das erste, das größte, das stärkste, das unauslösch-

lichste ... war das Bedürfnis nach einer intimen Gemeinschaft: so intim wie sie nur irgendwie sein konnte; vor
allem deshalb bedurfte ich einer Frau eher als eines Mannes,
einer Freundin eher als eines Freundes."

Die Bedeutung dieser Liebe für seine innere Bildung hat
Rousseau in großer Dankbarkeit bekannt. Wir können uns
aber auch nicht die Gefahren und Nachteile dieses Verhältnisses verhehlen. In dem Alter, wo der Jüngling zum Mann heranreifen sollte, ging Rousseau gänzlich in dieser ihm ver-
weichlichenden Kind-Geliebten-Rolle auf. Aber freilich bildete sich in der Stille und Abgeschlossenheit der Intimität
zwischen „maman" und ihrem „Kleinen", frei vom geregelten Arbeitszwang eines Studiums oder eines Berufs, jene
originale Innerlichkeit, die ihn zeitlebens von den weltge-
wandten Literaten seiner Zeit unterschied und ihn, als er
Mann geworden, auf seinen revolutionären Weg drängte.
Er bedurfte dieser Entwicklung als Außenseiter, aber er hat
das Anomale dieser Entwicklung später wohl erkannt. Es
gibt zu denken, daß Rousseau weder im „Emile" noch
sonstwo je wieder auf dieses seltsame, für ihn aber so überaus fruchtbare pädagogische Verhältnis zu sprechen kommt,
das erst von Dichtern des 19. Jahrhunderts, so in Balzacs
„Lilie im Tal", in Flauberts „Education sentimentale" und
in Shaws „Candida" legitimiert wird.

In die letzten Jahre dieser savoyischen Epoche fällt ein
intensives autodidaktisches Studium, dem sich der junge
Mann in der Einsamkeit des Landhauses Les Charmettes
bei Chambéry widmete, das Frau von Warens, vor allem
auf sein Zureden hin, gemietet hatte: eine Antizipation seines späteren idyllischen Einsiedlertums in Montmorency, wo
die großen Werke seiner schöpferischen Periode entstanden.
Aber auch hier müssen wir uns hüten, das solche Naturein-
siedelei idealisierende Urteil des späteren Rousseau unkri-
tisch auf die damalige Zurückgezogenheit zu beziehen. Der
junge Rousseau brannte, trotz seiner Schüchternheit und
Weltfremdheit, trotz seiner Liebe zur Naturidylle, vor
Ehrgeiz, in der gebildeten Welt seinen Weg zu machen.

So ging er, nach einem ersten ergebnislosen Aufenthalt in Paris, 1740 als Hauslehrer nach *Lyon,* um im Hause des Herrn von Mably dessen beide Söhne zu unterrichten. Er hatte sich für diese Aufgabe ernsthaft vorbereitet, wie unter anderem eine kleine Schrift bezeugt, in der er seinem Arbeitgeber seine pädagogischen Grundsätze vorlegte: „Plan zur Erziehung des Herrn Sainte-Marie" (so der Name des älteren Sohnes). Man hat in dieser Schrift, die Rousseau einige Jahre später für Madame Dupin überarbeitet hat, eine erste Manifestation seiner originalen pädagogischen Ideen und mannigfache Parallelen zum „Emile" finden wollen. Meines Erachtens zu Unrecht. Was die Schrift beweist, ist eine allerdings für einen jungen Autodidakten erstaunliche Offenheit für die reformpädagogischen Ideen der Zeit, welche vor allem durch Lockes Schrift über die Erziehung („Some thoughts concerning education" 1693) Gemeingut der fortschrittlich denkenden Pädagogen geworden war. Rousseau kannte von diesem reformpädagogischen Schrifttum Montaigne, Locke, Fénelon, Rollin und höchstwahrscheinlich auch Crousaz. Den meisten dieser Reformpädagogen war die Überzeugung gemeinsam, daß der traditionellen College-Erziehung die Erziehung durch einen *Hauslehrer* vorzuziehen sei; in diesem Schema hält sich ja auch noch der „Emile". Solche Erziehung aber durch einen „gouverneur" war ausgesprochenermaßen *Standeserziehung,* unter dem Leitbild des Gentleman, und eben die betonte Hochschätzung weltmännischen Wesens kennzeichnet den Erziehungsplan von 1740. Original ist daran eigentlich nur, daß Rousseau dabei mehr an sich als an seinen adligen Zögling denkt, wenn er die Situation und besondere Gefährdung eines einsamen und weltfremden, aber von der gesellschaftlichen Welt geblendeten Jünglings schildert. Er male sich in seiner erhitzten Phantasie die Welt in allzu lockenden Farben aus und wie ihn dann der Kopf schwindeln, wenn er wirklich in diese gesellschaftliche Welt eintritt; die Erfahrung lehre ja zur Genüge, „mit welcher Gier man sich in einem solchen Falle dem

Neuen zuwendet". Anders dagegen derjenige, der, von früh an in der Gesellschaft aufgewachsen, mit Gelassenheit ihre Güter zu schätzen weiß und ihre Schwächen durchschaut. Er hat „den Kopf voll von Musik, Malerei, Theater, Gesellschaften, kleinen Versen und hübschen Frauen", ohne sich doch durch irgend etwas davon hinreißen zu lassen. Rousseau beschließt diese Schilderung mit einem echt rousseauschen Wort, das doch in Wahrheit so unrousseauisch wie möglich ist: „Man bildet sich gewöhnlich ein, die Welt sei die Schaubühne der großen Leidenschaften, ich meine im Gegenteil, sie ist nur die der kleinen Neigungen; es bedarf keiner großen Erfahrung, um sich zu überzeugen, daß die großen Züge der Leidenschaft aller Art fast sämtlich nur in einsamen und melancholischen Herzen sich bilden." Er wird dasselbe in der „Nouvelle Héloïse" sagen: „Alle großen Leidenschaften bilden sich in der Einsamkeit, man kennt dergleichen nicht in der Welt, wo kein Gegenstand Zeit hat, einen tiefen Eindruck zu machen, und wo die Vielzahl der Neigungen die Stärke der Gefühle schwächt." Aber der Sinn ist jeweils entgegengesetzt: hier mit dem Lobpreis der Leidenschaft die Verachtung der Welt, dort mit dem Tadel der Leidenschaft der Lobpreis der Welt.

Ein Jahr blieb Rousseau im Hause des Herrn von Mably; er gesteht selbst in den „Bekenntnissen", daß seine Erziehertätigkeit nicht gerade sehr erfolgreich war, was freilich zum Teil auch an der Ungeeignetheit seiner Zöglinge lag, von denen ihm besonders der jüngere viel Pein bereitete, vor allem aber daran, daß Rousseau die für jeden Erzieher fundamentale Voraussetzung abging: Geduld und Selbstbeherrschung. Für seine geistige Entwicklung war jedoch dieses Jahr von großer Bedeutung, nämlich durch den Umgang mit literarisch und philosophisch interessierten Männern der geistig lebendigen Stadt, darunter seinem späteren Gegner Bordes und seinem späteren Freund, dem Abbé de *Condillac*, dem jüngeren Bruder des Herrn von Mably, mit dem Rousseau vor allem in den folgenden Pariser Jahren philosophierte.

Zunächst ging Rousseau nach *Paris* freilich nicht, um zu philosophieren, sondern um als Musiktheoretiker – er hatte eine neue Notenschrift erfunden, von der er sich wunders was versprach – und Komponist sein Glück zu machen. Diese Beschäftigung mit der Musik, begonnen früh in der savoyischen Periode, spielt in Rousseaus Leben eine nicht geringe Rolle; als Musiktheoretiker und -kritiker trat er leidenschaftlich für die *italienische* Musik mit ihrer einfachen Melodienführung ein („Brief über die französische Musik" 1753) und arbeitete viele Jahre lang an einem „Dictionnaire de musique" (abgeschlossen 1764). Als Komponist erntete er große Anerkennung mit seiner Oper „Le Devin du village" („Der Dorfwahrsager"), die 1752 vor dem König und dem ganzen Hof in Fontainebleau aufgeführt wurde. Vor allem aber faßt Rousseau nun in dem literarischen *und* gesellschaftlichen Paris Fuß. Er befreundet sich mit Diderot, mit Condillac, mit Duclos, mit Friedrich Melchior von Grimm, er findet Eingang in den Kreis, der sich bei dem Baron von Holbach versammelt, und er findet Unterstützung und Freundschaft im Hause *Dupin*. Madame Dupin, große Dame (in die sich der junge Tor sofort verliebt), weiß den sympathischen und vielversprechenden Schöngeist wohl zu schätzen; sie und ihr Stiefsohn Francueil schaffen Rousseau in der Stellung eines Sekretärs, zuletzt gar eines Vermögensverwalters, eine wenn auch bescheidene wirtschaftliche Existenz. Mit Francueil verbindet ihn alsbald wirkliche Freundschaft. Auch in anderen vornehmen Häusern ist Rousseau wohl aufgenommen, auch andere Damen der Gesellschaft suchen ihn zu fördern. Kurzum, Rousseau ist auf dem besten Wege zu „arrivieren". In diese Zeit fällt zugleich seine erste ernsthafte Beschäftigung mit der *Politik,* welche, von jenen frühen Kindheitseindrücken abgesehen, dem jungen Ästheten bisher ferngelegen hat. In *Venedig,* wo er ein Jahr (1743/44) als Sekretär des französischen Gesandten arbeitete, ging ihm, wie er in den „Confessions" berichtet, die Bedeutung der Politik für die moralische Verfassung der Völker auf, und er faßte den Plan seines großangelegten Werkes „Institutions politiques" (von dem der „Contrat social" nur einen Teil darstellt). „Ich hatte gesehen, daß alles vom Grunde auf an der Politik hing und daß, wie man es auch anstellte, kein Volk jemals etwas anderes sein würde als wie die Natur seiner Regierung es sein ließe."

So reifte neben den musikalischen und literarischen Interessen langsam in Rousseau das philosophisch-moralische Interesse. Zugleich erwachte, inmitten der korrupten politischen und sozialen Zustände des damaligen Frankreich, die Erinnerung an die ihm ideal erscheinenden politischen Zustände der Genfer Republik und das Selbstbewußtsein des Genfer Bürgers. Schon Anfang 1750 unterzeichnet Rousseau einen Brief an Voltaire mit der stolzen Formel, die er später auch als Autor benützen wird: J. J. Rousseau, *citoyen de Genève*.

Zu jener Zeit freilich hatte Rousseau wohl bereits die Schrift verfaßt, die seinen Ruhm als Philosoph und Moralist begründen sollte: die Preisschrift über die Künste und Wissenschaften. In der Oktobernummer des „Mercure de France" war die Preisaufgabe der Akademie von Dijon veröffentlicht: „Hat die Wiederherstellung der Künste und Wissenschaften zur Reinigung der Sitten beigetragen?" Rousseau war auf dem Wege zu Diderot, der seit Juli als Gefangener in Vincennes festgehalten wurde, aber zu der Zeit, kurz vor seiner Entlassung, bereits Besuche empfangen konnte. Unterwegs las er im „Mercure de France" die Preisaufgabe der Akademie von Dijon. Sie löste in ihm eine unbeschreibliche innere Erregung aus, den visionären Durchbruch seiner Gesellschaftskritik. So schildert Rousseau, zwölf Jahre später, in einem Brief an Malesherbes sein damaliges Erlebnis:

„Wenn je etwas einer plötzlichen Inspiration geglichen hat, so war es die Bewegung, die in mir bei dieser Lektüre anhob; plötzlich sehe ich meinen Geist von tausend Einsichten geblendet, eine Fülle von Gedanken tauchten auf, mit einer solchen Stärke und zugleich in solchem Durch-

einander, daß ich in eine unbeschreibliche Verwirrung gestürzt wurde. Ich fühle in meinem Kopf eine Betäubung,
wie in einer Trunkenheit; ein heftiges Herzklopfen befällt
mich und nimmt mir die Luft; ich kann im Gehen nicht
mehr atmen und lasse mich unter einen der Alleebäume
niederfallen; dort verbringe ich eine halbe Stunde in einer
unbeschreiblichen Erregung; als ich wieder aufstehe, bemerke ich, daß meine Jacke von Tränen feucht ist, die ich
vergossen hatte, ohne es zu bemerken. O mein Herr, wenn
ich je auch nur ein Viertel von dem hätte schreiben können,
was ich unter jenem Baum gefühlt und gesehen habe, mit
welcher Klarheit hätte ich nicht all die Widersprüche unseres Gesellschaftssystems enthüllt, mit welcher Kraft hätte
ich nicht die Mißstände unserer Institutionen dargetan, mit
welcher Einfachheit hätte ich nicht bewiesen, daß der
Mensch von Natur gut ist und es allein die Institutionen
sind, die die Menschen böse machen. All das aber, was ich
von der Fülle der großen Wahrheiten, die in einer Viertelstunde mich unter diesem Baum erleuchteten, habe festhalten können, finden Sie recht schwächlich und zerstreut
in meinen drei Hauptschriften, nämlich dem ersten Discours, dem über die Ungleichheit und der Abhandlung über
die Erziehung, welche Werke nicht voneinander zu trennen
sind und zusammen ein Ganzes ausmachen. Alles übrige
ist verloren; am Ort selbst schrieb ich nur die Rede des
Fabricius."

Diese Rede, ein rhetorisches Prunkstück von einem uns
heute reichlich hohl anmutenden Pathos, ist vielleicht das
schwächste Stück des ersten Discours, und über ihn als
Ganzes hat Rousseau später, und mit Recht, recht scharf
geurteilt: „Dieses Werk, voll Wärme und Stärke, entbehrt
völlig der logischen Gedankenfolge: von allen Werken, die
meiner Feder entsprungen sind, ist dies das gedanklich
schwächste und das ärmste an Maß und Harmonie; mit
welchem Talent man geboren sein mag, die Kunst zu schreiben erwirbt sich nicht mit einem Male." Aber es war nicht
nur die „Kunst zu schreiben", die Rousseau sich erwerben

mußte und die er, in den dem ersten Discours folgenden
polemischen Schriften mit immer größerer Meisterschaft zu
handhaben weiß, es war vor allem die gedankliche Ent-
faltung des Themas, das mit dem ersten Discours angeschlagen war und das ihn von nun an nicht mehr losließ:
Die Entartung des Menschen durch die „Institutionen".
Man erkennt die innere Verwandtschaft zu seinen politischen
Reflexionen: Hier wie dort geht es um den Einfluß der
„Institutionen" auf die Moralität des Menschen. Wenn
Rousseau an dieser Stelle (und an einer analogen der sehr
viel späteren „Dialogues") unter den drei Hauptschriften
den „Contrat social" nicht erwähnt, so offenbar darum,
weil dieser ja sich begnügt, die *rechte* politische Institution
aufzuzeigen, während Rousseau hier den Akzent auf seine
Gesellschafts*kritik* legt. Zu denken gibt nur, mit welchem
Recht Rousseau den „Emile" den beiden gesellschaftskriti-
schen Discours zuordnet – darüber werden wir noch später
zu sprechen haben.

Die Inspiration von Vincennes, so können wir zusammen-
fassend sagen, gab Rousseau die große Frage; die Lösung
dieser Frage fand er nur in langsamer gedanklicher Arbeit.
Die Antwort gibt überhaupt nicht eine einzelne Schrift,
sondern sein gesamtes literarisches Werk, also auch der
große Sittenroman, also auch die autobiographischen Schriften. Auch ist diese Antwort nicht einfach dem Inneren
Rousseaus entquollen, sondern von ihm in Auseinandersetzung mit den Denkern seiner Zeit gewonnen. Rousseau
ist wesentlich ein polemischer Denker; seine Thesen sind,
auch wenn er die gegnerischen Meinungen nicht immer
nennt, als Antithesen entwickelt. Aber eben das paßt ja
gut zu diesem Erlebnis von Vincennes, welches selbst einen
polemischen Charakter trug, der sich auch in Inhalt und
Ton des ersten Discours niederschlug: die leidenschaftliche
Anklage gegen seine Zeit. Eben diese Leidenschaftlichkeit,
dieses Feuer der Begeisterung wie der Entrüstung, Hohn
und Anklage wie Entzückung und Verehrung, das hat Rousseau in keiner Schule der Philosophie, weder von seinen

Freunden noch von seinen Gegnern gelernt, das hat er überhaupt nicht „gelernt", sondern als jene geniale Kraft mitgebracht, die in der Inspiration von Vincennes geweckt nun
viele Jahre hindurch in ihm brannte und aus einem mittelmäßigen Musiker und Literaten, aus einem Träumer und
Idylliker, dem das Denken, wie er immer wieder betont
hat, fremd war und Überwindung kostete, einen originalen,
die europäische Geistesgeschichte beherrschenden Philosophen machte. Man kann Rousseau nur verstehen, seine
Bedeutung nur würdigen, wenn man dies beides zusammen
sieht und faßt: die tiefschürfende gedankliche Analyse und
die leidenschaftliche Menschlichkeit. Wenn je für einen Denker das Schlagwort von der „réflexion engagée" zutraf,
dann für ihn. Person und Werk sind insofern in ihm nicht
zu trennen. Aber das heißt nicht – wie es die ältere und
eine auch heute noch vielfach geübte Rousseau-Interpretation versucht – das Werk einseitig aus der Person, die
Theoreme aus den Erlebnissen und Neigungen verstehen;
ebenso, ja in noch höherem Maße hat Rousseaus philosophische Überzeugung auf sein Leben und seine Person
zurückgewirkt. Wenn Rousseau später sich selbst als Modell
des „natürlichen Menschen" hinstellt, wenn er behauptet
hat, „der Maler der Natur" hätte das Bild dieser Natur
nirgends anders als in seinem eigenen Herzen finden können,
so vergaß er, daß er nicht immer ein solcher war, daß er
sich dazu erst mit Willen, ja nicht ohne Gewaltsamkeit
gemacht hat. Mit anderen Worten: die Inspiration von
Vincennes leitet eine Bekehrung ein, in der Rousseau erst
nach und nach zu jenem weltüberlegenen „solitaire" findet
(oder zurückfindet), als welchen er sich uns, als seinem ursprünglichen Wesen entsprechend, dargestellt hat.

Diese seine „Reform", wie es Rousseau genannt hat,
setzt bezeichnenderweise nicht gleich mit der Abfassung
des ersten Discours ein, sondern erst mit dessen Preiskrönung und dem beispiellosen Widerhall, den diese Schrift,
die im Spätherbst 1750 veröffentlicht wurde, in der gebildeten Welt fand. Jetzt erst faßte Rousseau den Mut, er

selbst, das heißt anders als die anderen zu sein. Jetzt bildete sich in ihm jenes Sendungsbewußtsein, in dem Person und Werk ihm völlig verschmolzen und das dann später zu dem bitteren Negativ: dem Verfolgungswahn, führen sollte. Denn wie er bei sich Person und Sache nicht trennen konnte und wollte, so auch nicht bei den anderen: alle Gegner, alle Kritiker wurden ihm mit der Zeit zu persönlichen Neidern und Feinden.

Es war ein Hochgefühl, ein Rausch eigener Art, der wie mit einem ungeheuren Schwung ihn über sich selbst hinaushob und aus dem schülerhaften Novizen des Diderot-Kreises jenen eigenwilligen Apostel machte, der später von sich, ob in bewußter oder unbewußter Anspielung an das Wort des Evangeliums zu schreiben wagte: „Wer nicht leidenschaftlich für mich ist, ist meiner nicht wert."

Rousseau hat in den „Confessions" eine eindrucksvolle Schilderung von seiner eigenen „Revolution" gegeben.

„Dieser Rausch hatte in meinem Kopfe begonnen, aber er war in mein Herz übergegangen" – man beachte die Reihenfolge! „Ich war wirklich verwandelt; meine Freunde, meine Bekannten kannten mich nicht wieder. Ich war nicht mehr dieser schüchterne, eher verlegene als bescheidene Mann, der nicht wagte, sich vorzustellen oder zu sprechen, den ein Scherzwort außer Fassung brachte, der Blick einer Frau erröten ließ. Kühn, stolz, unerschrocken, zeigte ich überall eine um so größere Sicherheit, als sie schlicht war und mehr in meiner Seele als in meinem Benehmen lag. Die Verachtung, die meine tiefen Betrachtungen mir für die Sitten, die Grundsätze und Vorurteile meines Jahrhunderts eingeflößt hatten, hatten mich gegen die Spöttereien derer gefeit, die darin befangen waren, und ich zerdrückte ihre kleinen Bonmots mit meinen Sentenzen, wie man ein Insekt zwischen den Fingern zerdrückt. Welche Wandlung! Ganz Paris war voll von den schneidenden und bissigen Sarkasmen des Mannes, der zwei Jahre vorher und zehn Jahre später nie die Sache finden konnte, die er sagen, nie das Wort, das er hätte wählen sollen."

Nun entschließt sich Rousseau, den Dienst bei Francueil aufzugeben und von den bescheidenen Einkünften zu leben, die ihm seine Tätigkeit als Notenkopist einbrachte. Dazu kamen noch die Tantiemen seiner Oper und späterhin die Verlegerhonorare, die freilich, angesichts der vielen illegitimen Nachdrucke, nur zum Notwendigsten reichten. Rousseau ist immerhin wohl der erste Schriftsteller gewesen, der zeit seines Lebens allein von seinen schriftstellerischen Einkünften gelebt hat. Eine Pension, die ihm Ludwig XV. nach dem Erfolg seiner Oper gewähren wollte, schlug er aus – oder vielmehr, er entzog sich fast fluchtartig der vorgesehenen Audienz –, ebenso wie später ein ähnliches Angebot des Königs von England. Diese Unabhängigkeit vom Mäzenatentum der Großen war für ihn die unvermeidliche Konsequenz seines revolutionären Apostolats. Das alles spielt sich freilich in der Seele des „solitaire" und „citoyen" nicht ohne Schwanken, innere Kämpfe, ja Verkrampfungen ab, wobei er Schüchternheit durch Hochmut kompensiert und sein Außenseitertum nicht ohne Eitelkeit forciert. Daß er sich in der Gesellschaft fremd und unbehaglich fühlt, daß er dort unter schweren seelischen Hemmungen leidet, hat daneben auch sehr persönliche Gründe, so seine peinliche Blasenkrankheit, mit ihrem ständigen, nicht unterdrückbaren Zwang zum Urinieren. Man muß das in bitterer Selbstironisierung gehaltene Geständnis in seinem Brief an den Marquis von Mirabeau lesen (1767), wie ihn mitten in der eleganten Pariser Gesellschaft sein peinliches Übel befällt, dem er nicht abzuhelfen wußte, ohne aufzufallen, und das ihn verzweifelt nach einem einsamen Orte suchen läßt: gerade die Lächerlichkeit dieser Situation war geeignet, einem ohnehin schüchternen und linkischen Menschen die Gesellschaft zu verleiden. So wirken persönliche Anlage, Erfahrungen und philosophische Ideen, das Sublimste und das Banalste zusammen, um Rousseau die Partei des Außenseiters und „Einsiedlers" wählen zu lassen inmitten eines Jahrhunderts und eines Volkes, das wohl wie kein zweites die Gesellschaftlichkeit kultiviert hat.

Dieses Einsiedlertum bedeutet für Rousseau nun freilich keineswegs Verzicht auf Umgang oder gar mönchische Askese. Sein Bedürfnis vielmehr nach der Intimität und Vertraulichkeit völlig ungesellschaftlicher und unkonventioneller Verhältnisse, nach Freundschaft, nach Liebe, steigert sich naturgemäß in dem Maße, in dem ihm die mondäne Gesellschaft zuwider wurde. So haben wir jene Verbindung zu verstehen, die Rousseau gleich in den ersten Pariser Jahren eingegangen ist und die für ihn nach und nach an die Stelle einer wirklichen Ehe trat, bis er sie 1768 legalisiert hat: die Verbindung mit *Therese Levasseur*. Er hatte dieses weder hübsche noch sonst besonders anziehende, aber bescheidene und durch Einfalt rührende Mädchen bei seinem Mittagstisch kennengelernt, wo sie bediente, und hatte es alsbald gegen die Spöttereien seiner Tischgenossen in Schutz genommen. Diese Rolle des Beschützers, die Dankbarkeit, mit der Therese darauf antwortete, sein Bedürfnis nach einem unkomplizierten vertrauten Umgang und einer gewissen Geborgenheit inmitten seiner wachsenden Einsamkeit, worin, auf einer niederen Stufe, sich sein altes Verhältnis zu „maman" wiederholt, Gewohnheit und schließlich das Gefühl einer inneren Verpflichtung, die aus dieser freien Ehe ihm erwuchs, das alles hat Rousseau mit einer bei so schwankendem Gemüt erstaunlichen Festigkeit an Therese festhalten lassen, obwohl er zumindest später Grund genug hatte, an ihrer eigenen Treue zu zweifeln. Die Urteile über Therese selbst sind, besonders von seiten der Frauen, sehr kritisch; gewiß ist, daß sie Rousseau in seinem späteren Verfolgungswahn durch ihre Klatschereien unheilvoll bestärkt hat. Aber sie hat ihm andererseits in seinem immer mehr vereinsamenden und unsteten Dasein das Gefühl häuslichen Friedens vermittelt, welches ihm wohl- und nottat.

Mit dieser Verbindung ist zugleich der dunkelste Punkt in Rousseaus Leben verknüpft: die Übergabe der aus ihr entsprossenen Kinder an das Findelhaus in Paris. „Dunkel" erweist sich diese Affäre nicht nur in moralischer, sondern auch in biographischer Hinsicht; gibt es doch ernsthafte Forscher, welche behaupten, Rousseau habe diese ganze Geschichte nur erfunden, um seine Impotenz zu vertuschen, oder es habe sich gar nicht um seine eigenen Kinder gehandelt und Rousseau, von der Untreue seiner Frau überzeugt, habe danach verfahren. Doch sind die Zeugnisse, seine eigenen wie die seiner Zeitgenossen, so eindeutig, daß man nicht ernsthaft daran zweifeln kann. Am aufschlußreichsten für diese uns heute unbegreiflich, ja ungeheuerlich erscheinende Tat, aufschlußreich sowohl für die bittere Zwangslage, in der Rousseau sich befand, wie für die Sophistik, mittels der er seine Tat durch prinzipielle Erwägungen zu rechtfertigen sucht, ist ein Brief an Frau von Francueil vom April 1751, also zur Zeit jener Tat selbst verfaßt. Wir wissen nicht, ob Rousseau diesen Brief abgeschickt hat; erhalten ist er uns unter seinen eigenen Papieren, in einer chiffrierten (!) Kopie. Er sei hier ungekürzt wiedergegeben:

„Ja, gnädige Frau, ich habe meine Kinder ins Findelhaus gegeben; ich habe mit ihrer Pflege die Einrichtung betraut, die dafür geschaffen ist. Wenn meine Armut und meine Krankheit mir es unmöglich machen, eine dem Herzen so teure Sorge zu übernehmen, so ist das ein Unglück, um dessentwillen man mich beklagen, und nicht ein Verbrechen, das man mir vorwerfen muß. Ich schulde ihnen den Lebensunterhalt; ich habe ihnen den auf eine bessere oder sicherere Weise verschafft, als ich ihn hätte selbst geben können: dieser Grund steht an erster Stelle. Dazu kommt die Erklärung ihrer Mutter, man dürfe ihr nicht die Schande antun. [In Wahrheit hat, jedenfalls nach Rousseaus eigenem Bericht in den „Bekenntnissen", sich Therese heftig dagegen gesträubt, die Kinder fortzugeben.]

Sie kennen meine Lage: ich verdiene mit Mühe mein Brot von einem zum anderen Tag: wie sollte ich da noch eine Familie ernähren? Wäre ich gezwungen, dabei auf den Beruf des Schriftstellers zurückzugreifen [Rousseau lebte zu der Zeit vorwiegend von seiner Kopistentätigkeit], wie ließen die häuslichen Sorgen und der Kinderlärm mir in meiner Dachstube die geistige Ruhe, die notwendig ist, um eine Arbeit zu leisten, die Geld einbringen soll? Schriften, die der Hunger diktiert, bringen kaum etwas ein und diese Quelle ist bald erschöpft. Man muß also seine Hilfe suchen in Protektionen, in Intrigen, in Schlichen; man muß sich um eine bedeutungslose Beschäftigung bewerben und ihr durch die üblichen Mittel Bedeutung zu geben suchen, denn sonst wird sie mich nicht ernähren und mir bald gekündigt werden, kurzum ich müßte mich all den Gemeinheiten widmen, für die ich von einem so gerechten Abscheu erfüllt bin. Nein, gnädige Frau, besser ist es, meine Kinder sind Waisen, als daß sie einen Schurken zum Vater haben.

Heimgesucht von einer schmerzhaften und tödlichen Krankheit, habe ich kaum Hoffnung, noch lange zu leben; selbst wenn ich sie daher zu meinen Lebzeiten ernähren könnte, so würden diese Unglücklichen, da sie doch eines Tages zu leiden bestimmt sind, nur allzu teuer den Vorzug bezahlen müssen, daß sie zunächst ein wenig zarter gehalten wurden als dort, wo sie jetzt sind. Ihre Mutter, Opfer meines unbedachtsamen Eifers, hätte genug mit ihrer eigenen Schande und ihren eigenen Sorgen zu tun, zumal sie ebenfalls kränklich ist, und so wäre sie noch weniger imstande, sie zu ernähren, als ich es bin, und wäre gezwungen, sie sich selbst zu überlassen. So sehe ich für sie nur die Alternative, Schuhputzer oder Banditen zu werden, was ungefähr auf dasselbe hinausläuft. Wäre wenigstens ihr Stand legitim, so könnten sie noch eher ihren Unterhalt finden. Aber da sie gleichzeitig die Schande ihrer Geburt und ihres Elends zu tragen haben, was soll aus ihnen werden?

Warum habe ich nicht geheiratet, werden Sie mir antworten. Fragen Sie Ihre ungerechten Gesetze, gnädige Frau! Es schickte sich nicht für mich, eine dauernde Verpflichtung einzugehen, und niemals wird man mir beweisen können, daß ich dazu verpflichtet bin. Gewiß ist, daß ich keinerlei Verpflichtung eingegangen bin und auch nicht eingehen will.

,Man darf nicht Kinder zeugen, wenn man sie nicht ernähren kann.' Verzeihung, gnädige Frau; die Natur will, daß
man Kinder zeugt, und die Erde bringt genug hervor,
jedermann zu ernähren: es ist der Stand der Reichen, es
ist Ihr Stand, der dem meinigen das Brot meiner Kinder
stiehlt. Die Natur will gewiß auch, daß man für ihren
Unterhalt sorgt; das habe ich getan: gäbe es für sie nicht
ein Asyl, so würde ich meine Pflicht erfüllen und wäre
entschlossen, lieber selber Hungers zu sterben, als sie hungern zu lassen.

Sollte das Wort ,Findelhaus' Ihnen einen solchen Schauder einflößen, als ob man die Kinder auf der Straße gefunden hätte, ausgesetzt, um elend umzukommen, wenn nicht
der Zufall sie rettet? Seien Sie gewiß, mein Abscheu ist
nicht geringer als der Ihre für den unwürdigen Vater, der
sich zu solcher barbarischen Tat entschließen kann: sie ist
meinem Herzen zu fremd, als daß ich mich deswegen zu
rechtfertigen brauche. Es gibt festgesetzte Regeln: erkundigen Sie sich danach und Sie werden erfahren, daß die Hebamme die Kinder nur aus ihren Händen läßt, um sie denen
einer Amme zu übergeben. Ich weiß, daß diese Kinder
nicht auf zarte Weise aufgezogen werden: um so besser für
sie, so werden sie nur um so kräftiger werden; man gibt
ihnen nichts Überflüssiges, aber sie haben das Notwendige;
man macht aus ihnen keine feinen Herren, sondern Bauern
und Arbeiter. In der Art, wie man sie aufzieht, finde ich
nichts, was ich nicht auch für die meinigen wählen würde.
Stünde es in meiner Macht, sie zu erziehen, so hütete ich
mich wohl, sie durch Verweichlichung für die Krankheiten
anfällig zu machen, die sie sich durch die Anstrengungen
und Härten des Klimas zuziehen müssen, wenn sie nicht
von früh an daran gewöhnt sind. Sie würden weder tanzen
noch reiten können, aber sie hätten kräftige und unermüd-
bare Beine. Ich machte aus ihnen weder Schriftsteller noch
Büroschreiber; ich lehrte sie nicht die Feder zu handhaben,
sondern den Pflug, die Feile oder den Hobel, Werkzeuge,
die dazu dienen, ein gesundes, arbeitsames und unschuldiges

Leben zu führen, die man nicht mißbraucht, um Böses zu tun, und die einem nicht so viel Feinde machen, wenn man Gutes tut. Durch die grobe Erziehung, die man ihnen gibt, werden sie glücklicher als ihr Vater sein.

Ich entbehre die Freude, sie zu sehen, ich habe niemals die Süße natürlicher Liebkosungen gekostet. Ach! ich habe es Ihnen schon gesagt, ich sehe da nur einen Grund, *mich* zu bedauern; ich schütze sie vor dem Elend auf meine Kosten. So wollte Platon, daß alle Kinder in seinem Staat erzogen würden, daß jedes seinem Vater unbekannt bliebe und daß sie alle Kinder des Staates wären. Aber diese Erziehung ist gemein und niedrig! Das ist das eigentliche Verbrechen. Sie lassen sich davon genau wie die anderen beeindrucken, und sehen nicht, wie Sie, stets den Vorurteilen der Welt folgend, das für die Schande des Lasters halten, was in Wahrheit nur die der Armut ist."

Rousseau hat in den „Bekenntnissen" behauptet, er habe bei der Preisgabe seiner Kinder nicht die leisesten Gewissensbisse empfunden und nicht die Unnatürlichkeit einer Handlungsweise erkannt, die, wie er behauptet, in jener Zeit und Gesellschaft gang und gäbe war. Das mag vor seiner „Reform" so gewesen sein, aber nachher, da er sein Leben ausdrücklich nach den moralischen Prinzipien seiner Schriften einzurichten suchte? Der Brief an Mme de Francueil beweist, daß er sich damals jedenfalls innerlich unter dem Dilemma quält, ja unter ihm recht eigentlich windet. Denn es handelte sich tatsächlich für ihn um eine ausweglose Situation, in die ihn ausgerechnet seine moralische „Reform" hineingetrieben hatte, nämlich durch den Verzicht auf diejenige bürgerliche Existenzweise, die ihm als mittellosen Literaten zustand: literarische Gelegenheitsarbeiten und Protektion durch die Reichen. In diesem Dilemma gehorchte er der Stimme seines Genies, dem Auftrag seiner Sendung. Er ist nicht der einzige Große des Geistes gewesen, der dabei die Stimme der Natur, die Forderung der schlichten Menschlichkeit, geschweige denn die der bürgerlichen Moral hintangesetzt hat. Aber zu jener Zeit gab es noch nicht den Begriff und erst recht nicht den Anspruch und den Kult des Genies. So verteidigt er sich, vor sich selber wie vor den anderen, mit peinlichen Sophismen, preist die gute „grobe" Aufzucht in den Findelhäusern (in der Tat so „grob", daß von diesen Kindern nur ein kleiner Bruchteil überlebte), beruft sich auf die Gesetze der Natur oder gar auf die in Platons „Staat", spielt den stolzen citoyen, wo er doch ganz einfach ein Opfer seiner eigenen Schwäche und gesellschaftlichen Verstrickung geworden war. Der gehässige Ausfall gegen die „Reichen", die ihm und seinen Kindern das Brot stehlen: sehr taktvoll gegenüber der Frau seines Freundes, der ihm bisher einen wenn auch bescheidenen Verdienst geboten hatte! – und doch wie bezeichnend für die fatale Situation des homme de lettres jener Zeit, dem zwischen den beiden alten und gesicherten Ständen, dem der Reichen, die Muße, und dem der Armen, die Arbeit haben, kein Raum blieb für seine eigene, von beiden verschiedene Existenz.

Aber auch wenn wir uns hüten, gewöhnliche moralische Maßstäbe an Rousseaus Handlungsweise anzulegen, auch wenn wir die allgemeine Gefühllosigkeit der Zeit gerade dem kleinen Kinde gegenüber berücksichtigen – Rousseau sollte einer der ersten sein, ihr zu steuern und Achtung vor dem Kinde zu wecken –, bleibt in seinem Verhalten manches rätselhaft. Wie ist es möglich, so fragen wir uns, daß Rousseau noch 1755, als sich seine wirtschaftliche Lage erheblich gebessert hatte, das fünfte Kind in gleicher Weise fortgab, und dies obwohl Frau von Epinay sich erboten hatte, für es zu sorgen? Als Rousseau Jahre später, nach Abfassung des „Emile", der Marschallin von Luxembourg das Geschehene und seine bittere Reue beichtete, ließ er sich von dieser nur mit Mühe die Erlaubnis abringen, nach den Kindern zu forschen, und sah dem Ergebnis mit merkwürdiger Apathie zu. Daß es negativ verlief, scheint ihm eher Erleichterung als Schmerz verursacht zu haben. Was sollen wir also von seiner späteren Reue halten, zumal er noch am Ende seines Lebens, in den Rêveries, zum Teil wörtlich die Argumente wiederholt, mit denen er seine Handlungsweise gegenüber Frau von Francueil zu rechtfertigen suchte? Und doch können wir an dem Ernst dieser Reue nicht zweifeln. Rousseau hat in dem Brief an Mme de Luxembourg, in dem er ihr das streng gehütete Geheimnis anvertraute, diese Reue als einen Grund für seine Beschäftigung mit Erziehungsfragen und für die Abfassung seines Erziehungsbuches genannt: „Die Gedanken, mit denen mein Fehltritt meinen Geist erfüllt hat, haben zu einem großen Teil dazu beigetragen, daß ich den Traktat über die Erziehung meditierte; Sie finden im ersten Buch eine Stelle, die Ihnen diese Geistesverfassung anzeigt." Nun findet sich diese Stelle noch nicht in der Urfassung des „Emile", im sogenannten Manuskript Favre, sondern erst in der endgültigen Fassung; sie ist also von Rousseau erst während der Arbeit am „Emile" eingefügt worden. Überzeugender erscheint daher die umgekehrte Schlußfolgerung: „Nicht die Reue hat ihm sein Buch diktiert, sondern sein Buch hat in ihm die Reue geweckt" (Ducros). Sie wird zudem durch Rousseaus Darstellung in den „Bekenntnissen" bestätigt: „*Während* ich über mein Erziehungsbuch nachdachte, fühlte ich, daß ich Pflichten vernachlässigt hatte, von denen mich nichts dispensieren konnte. Die Reue wurde schließlich so stark, daß sie mir im Anfang des „Emile" beinahe das öffentliche Eingeständnis meines Fehltritts abpreßte." Echter und ergreifender als das etwas pathetische Geständnis im „Emile" wirkt übrigens eine unscheinbare Äußerung in einem späteren Brief an Therese (1768): „Wir beide haben Fehltritte zu beweinen und zu sühnen."

Rousseaus Fehltritt wurde später ruchbar, vorwiegend durch den Vertrauensbruch von Tronchin in Genf und Voltaires gehässigen Angriff in seiner polemischen Schrift „Meinung eines Bürgers", mit der dieser 1764 in den Streit, der in Genf um Rousseaus Verurteilung ausgebrochen war, eingriff. Rousseau hat der Behauptung Voltaires, er habe seine Kinder vor den Toren eines Hospitals „ausgesetzt", ein glattes Dementi entgegengesetzt, wozu ihm die Unexaktheit der Angabe eine formale Möglichkeit zu bieten schien.

Halten wir fest, daß die traurige Affäre aufs engste mit Rousseaus „Reform" zusammenhängt, mit dem Versuch, die innere und äußere Unabhängigkeit zu gewinnen. Es ist diese Unabhängigkeit, die von nun an im Mittelpunkt nicht nur seines Lebens, sondern auch seines Philosophierens steht. Dem Problem der ursprünglichen Unabhängigkeit und der fortgesetzt sich steigernden Abhängigkeit des Menschen, und das heißt zugleich der Entstehung ihrer Ungleichheit, gelten vor allem die moralgeschichtlichen und politischen Reflexionen der folgenden Jahre, die in dem *zweiten Discours,* dem über die Ungleichheit, kulminieren. Rousseau verfaßte diese Schrift wiederum auf eine Preisfrage der Akademie von Dijon: „Welches ist der Ursprung der Ungleichheit unter den Menschen und ob er durch das Naturrecht autorisiert ist." Die Schrift, die diesmal nicht preisgekrönt wurde, obwohl sie gedanklich hoch über dem ersten Discours steht, wurde 1754 veröffentlicht; Rousseau widmete sie mit einem die Genfer republikanischen Einrichtungen und Sitten rühmenden Vorwort seiner Vaterstadt und gewann sich damit das verlorene Staatsbürgerrecht wieder. Im Sommer 1754 reiste er mit Therese nach Genf, wurde in die Genfer Kirche wieder aufgenommen und legitimierte so nachträglich den Titel eines „citoyen de Genève", mit dem er seinen Autorennamen zu schmücken liebte.

Aber die Freiheit eines Schriftstellers in der seigneuralen und großbürgerlichen Gesellschaft des ancien régime war eine prekäre und dornenvolle Sache. Wir haben schon auf die bitteren Konsequenzen der wirtschaftlichen Unabhängigkeit hingewiesen, die Rousseau mit seiner „Reform" auf sich nahm. Rousseau hat diese Konsequenzen in noch viel härteren Prüfungen zu tragen gehabt, und wenn er dabei auch mehr der Geführte, ja Gestoßene seiner Sendung denn deren heroischer Vollstrecker war: Größe kann man diesem seinem schicksalhaften Lebensgang von nun an nicht absprechen. Während Voltaire vor den Toren Genfs das Le-

ben eines Grandseigneur führte (mit einem zum großen
Teil durch fragwürdige Geldgeschäfte erworbenen Vermögen), während der Baron von Holbach, durch ererbtes Vermögen aller Sorgen ledig, in seinem Kabinett und Salon
seinen Scharfsinn an kühnen atheistischen und materialisti-
schen Gedankengängen übte, während der unermüdliche
Diderot sich sein bescheidenes bürgerliches Leben aufbaute
(später von einer Pension der Zarin Katharina gesichert),
hat Rousseau, mitten in seinem Ruhm ein Leben der Un-
sicherheit und Dürftigkeit geführt und gewählt. Er vor allen
hat damit dem neuen Stand des freien Schriftstellers gesellschaftliche Würde und ein eigenes Ethos erkämpft. In
einem Aufsatz über „die Gesellschaft der Schriftsteller und
der Großen" (1753), worin er die zwielichtige Situation
der „gens de lettres" analysierte, hatte *d'Alembert* mit Worten, die geradezu auf Rousseau gemünzt sein könnten, als
Ausweg aus ihrer peinvollen Lage das Ideal der freiwilligen Bedürfnislosigkeit gepriesen: „Jedes Jahrhundert, vor
allem aber das unsere, bedürfte eigentlich eines Diogenes . . . Freiheit, Wahrheit und Armut (denn fürchtet man
die letztere, so ist man weit entfernt von den beiden anderen), das sind die drei Worte, die die Schriftsteller ständig
vor Augen haben sollten." Rousseau wurde dieser Diogenes
des 18. Jahrhunderts – als solchen hat ihn übrigens Friedrich d. Gr. einmal spöttisch bezeichnet – und vertrat damit
das neue Selbst-, ja Sendungsbewußtsein der Literaten. Als
Mann des freien Geistes und des freien Wortes erkannte er
keine andere Macht an als die seines eigenen Publikums,
ja die der Nachwelt. Als der Marschall von Luxembourg
ihm, nach seiner Vertreibung aus der Ermitage, das
„Kleine Schloß" von Montmorency zur Verfügung stellte,
wollte Rousseau dort unter keinen Umständen Wohnung
nehmen, sondern nur einige Räume als Arbeitsstätte nutzen.
„Ich bin mir sehr klar darüber", schreibt er an den Marschall, „daß für Sie mein Aufenthalt hier nichts bedeutet;
für mich aber ist er von weittragender Konsequenz. Denn
ich weiß, wenn ich hier nur eine Nacht zugebracht hätte, so

würde das Publikum, ja vielleicht die Nachwelt von mir für diese einzige Nacht Rechenschaft fordern." Eine solche selbstbewußte, um nicht zu sagen hochmütige Reserve des armen bürgerlichen Literaten gegenüber seinem adligen Gönner war in der damaligen Zeit beispiellos; sie wurde von diesem wohl oder übel respektiert.

In solchem Lichte haben wir auch Rousseaus problematisches und konfliktreiches Verhältnis zu *Frau von Epinay* zu sehen. Er lernte diese junge geistreiche Frau, die mit einem reichen Generalpächter verheiratet war, durch Herrn von Francueil kennen und wurde alsbald der Vertraute von deren beider Liebesverhältnis. Frau von Epinays Freundschaft für Rousseau war echt und, was er auch später dazu gesagt haben mag, ohne Hintergedanken. So scheint es uns nur natürlich, daß sie ihm auch materiell zu helfen suchte. Aber hieß solche Hilfe annehmen, nicht sich in die Rolle des Protegierten schicken? Ihren Vorschlag beispielsweise, ihm eine Leibrente auszusetzen, wies er mit den entrüsteten Worten zurück: „Dieser Vorschlag hat mir das Herz frieren gemacht; wie schlecht verstehen Sie sich auf Ihr eigenes Interesse, wenn Sie aus Ihrem Freunde einen Diener machen wollen." Rousseau war gewiß ein ehrlicher, ja ein aus vollem Herzen liebender, aber auch ein sehr anspruchsvoller und schwieriger Freund, mit dessen Empfindlichkeit, Mißtrauen und sprunghaftem Wechsel von Schroffheit und rührseliger Versöhnung man rechnen mußte. In dem allen zeigt sich der Mangel an fester Männlichkeit und ist er zeitlebens ein wenig der verwöhnte „Kleine" von „maman" geblieben.

Oft war Rousseau Gast von Frau von Epinay auf ihrem Landschloß Chevrettes bei Montmorency. Als er dort eines Tages mit ihr spazieren ging, stießen sie auf ein halb verfallenes, an der Grenze des Parks und des großen Waldes gelegenes Haus, das man die *Ermitage* nannte. In seinem Entzücken über diese Einsamkeit entschlüpften ihm die Worte: „Ach, gnädige Frau, welch bezaubernde Wohnung! Das wäre ein Asyl, wie für mich geschaffen." Frau

von Epinay antwortete nichts; aber heimlich ließ sie das
Haus renovieren und bei seinem nächsten Besuch überraschte sie ihren Freund mit dem liebevoll für ihn und
seinen Haushalt eingerichteten Heim. Rousseau, obwohl zu
der Zeit mit dem Gedanken sich tragend, gänzlich nach
Genf überzusiedeln, wo er soeben mit solchen Ehren aufgenommen worden war, nahm ihr Angebot an. Er zog aus
einem richtigen Gefühl die Unabhängigkeit vor, die ihm
gerade auch seinen Landsleuten gegenüber eine ganz andere
Stellung gab, als wenn er in deren eng bürgerliche Sorgen
und Querelen verflochten worden wäre. Er war und wollte
auch als Politiker nicht Handelnder, sondern der unabhängige „Gesetzgeber" sein.

Die Übersiedlung in die Ermitage im frühen Frühjahr
1756 vollendete erst die „Reform" von 1750. Nun hatte er
– eine neue Extravaganz – auch hier wieder ernst gemacht
mit einem Gefühl und Ideal, das zahllose Zeitgenossen mit
ihm teilten: der Liebe zur einsamen Natur. Die Einsamkeit,
für die anderen eine angenehme Unterbrechung der Pariser
Geselligkeit, wurde nun Form und Stil seines Alltags.
Hier, in der Abgeschiedenheit der Ermitage, auf den einsamen Spaziergängen im Walde von Montmorency, erwachte in ihm seine alte Naturschwärmerei und -träumerei.
Er hat, in einem der großen Bekenntnisbriefe an Herrn
Malesherbes, von diesen fast ekstatischen, das pantheistische
Naturerlebnis des jungen Goethe vorwegnehmenden Kon-
templationen berichtet (wobei man sich freilich darüber
klar sein muß, daß Rousseau niemals Pantheist, sondern
überzeugter Theist war):

„Alsbald erhob ich meine Gedanken von der Oberfläche
der Erde zu allen Naturwesen, zu der universalen Ordnung
aller Dinge, zu dem unbegreiflichen Wesen, das alles umfaßt. Da verlor sich mein Geist in dieser Unermeßlichkeit;
ich dachte nicht, ich grübelte nicht, ich philosophierte nicht,
sondern ich fühlte mich mit einer Art von Wollust von
dem Gewicht dieses All überwältigt; ich gab mich mit Entzücken dem unbestimmten Eindruck dieser großen Ideen

hin, ich genoß es, wie sich meine Einbildungskraft in der
Weite der Räume verlor... diese betäubende Ekstase, die
in höchstem Entzücken mich die Worte stammeln ließ: o
großes Wesen! o großes Wesen! ohne daß ich mehr hätte
sagen oder denken können."

Aber es waren nicht nur, keinesfalls in erster Linie solche
religiösen Meditationen, denen er sich auf seinen einsamen
Wegen hingab, sondern sehr viel menschlichere, sinnlichere
Phantasien. „Ich bevölkerte die Erde mit Wesen nach meinem Herzen... ich bildete mir daraus eine bezaubernde
Gesellschaft, deren ich mich nicht unwürdig fühlte, ich
schuf mir ein goldenes Zeitalter nach meiner Phantasie."

Rousseau, Mitte Vierzig, durch seine Krankheit sich dem
Tode, zumindesten dem Alter nahe fühlend, spürte damals
noch einmal all sein unerfülltes Begehren nach Liebe und
Geliebtwerden in sich aufsteigen, sein jugendliches Entzücken an Reinheit und sinnlicher Schönheit.

„Was tat ich in dieser Lage?" schreibt er in den „Bekenntnissen". „Mein Leser, ist er nur ein wenig mir bislang
gefolgt, hat es bereits erraten. Die Unmöglichkeit, wirkliche Wesen zu erreichen, warf mich in das Land der Träume... Ich stellte mir Liebe und Freundschaft, die beiden
Idole meines Herzens, unter den entzückendsten Gestalten
vor. Ich fand mein Gefallen darin, sie mit allen Reizen
des Geschlechts zu schmücken, das ich immer angebetet
hatte... Ich bildete mir in meiner Einbildungskraft zwei
Freundinnen... ich gab der einen einen Geliebten, dessen
zärtliche Freundin die andere war ... und, selbst verliebt
in meine bezaubernden Modelle, identifizierte ich mich mit
dem Geliebten und Freund so weit dies nur möglich war;
doch machte ich ihn liebenswert und jung, und gab ihm
dazu die Tugenden und Fehler, die ich in mir selber
fühlte."

So entstand aus den versponnenen Tagträumen des einsamen Jean-Jacques der große Liebesroman der *Nouvelle
Héloïse*. Freilich ehe Rousseau diesen Roman zu Ende
schreiben und aus der empfindsamen und tragischen Ge-

schichte der beiden unglücklich Liebenden den großen Sittenroman gestalten sollte, ließ das Leben ihn selber einen
Roman erleben, der den strengen Maximen des tugend-
stolzen citoyen wenig entsprach: seine leidenschaftliche und
unerwiderte Liebe zu *Frau von Houdetot*. Sie war Rousseau seit langem bekannt als die Schwägerin von Frau von
Epinay; mit ihrem Geliebten, dem Marquis de Saint-
Lambert, einem geistvollen Offizier (der später sich gänzlich
der Literatur widmete und in die Akademie aufgenommen
wurde), stand Rousseau in freundschaftlicher Beziehung. Er
selbst hatte seine Freundin veranlaßt, Rousseau in seiner
Einsamkeit von Montmorency zu besuchen, während er
fern bei der Armee stand.

„Sie kam, ich sah sie, ich war trunken von Liebe ohne
Gegenstand; diese Trunkenheit bezauberte meine Augen,
dieser Gegenstand fixierte sich auf sie, ich sah meine Julie
in Frau von Houdetot, und bald sah ich nur noch Frau
von Houdetot, aber angetan mit allen Vollkommen-
heiten, mit denen ich das Idol meines Herzens geschmückt
hatte. Um meine Liebe voll zu machen, sprach sie zu mir
als leidenschaftliche Geliebte von St. Lambert. O Macht
der Liebesansteckung! Wie ich ihr gehöre, mich ihr nahe
fühle, wurde ich von einem süßen Schauder ergriffen, den
ich bei niemanden je zuvor gespürt hatte. Sie sprach und
ich fühlte mich bewegt; ich glaubte, nur an ihren Gefühlen
Anteil zu nehmen, während bereits die gleichen Gefühle
in mir erwachten; so schlürfte ich in vollen Zügen den
Becher voll Gift und fühlte zunächst nur dessen Süßigkeit.
Endlich, ohne daß ich dessen gewahr wurde und ohne daß
sie es gewahr wurde, flößte sie mir all die Liebe für sie
ein, die sie für ihren Geliebten empfand. Ach, es war zu
spät, ach es war zu grausam von einer ebenso starken wie
unglücklichen Leidenschaft ergriffen zu werden für eine
Frau, deren Herz voll war von einer anderen Liebe!"

Sophie d'Houdetot spielte wohl ein gefährliches, aber
kein bösartiges Spiel mit dem unglückselig Liebenden. Er
hatte ihr seine Liebe gestanden, in so hinreißenden Wor-

ten, in so überzeugendem Ausdruck, daß sie davon nicht
unbeeindruckt blieb. Die Liebesansteckung wirkte wohl
auch hier: eine unentwirrbare Verwicklung von einseitiger
und gegenseitiger Liebe, von Erlebnis und Phantasie. Aber
Jean-Jacques war diesmal, dieses einzige Mal in seinem
Leben wirklich bis in die letzten Fibern seines Herzens
und seiner Sinnlichkeit ergriffen, fast mehr als er körperlich ertragen konnte. So sollte der große Träumer der Liebe
diese wenigstens einmal in seinem Leben an sich erfahren,
wenn auch mehr als Verhängnis denn als Erfüllung. Die
Liebesidylle dauerte nur ein paar Sommermonate. Sie war
zudem nicht verborgen geblieben, und es mag für seine
Freunde nicht des pikanten Reizes entbehrt haben, den
sittenstrengen citoyen in den Fängen Amors seinen Tribut
an den Geist jenes liebestollen Jahrhunderts entrichten zu
sehen. Peinlich war das Verhältnis zu Saint-Lambert, denn
so frivol man zu jener Zeit über die Rechte und Pflichten
des Ehemannes dachte, so ernst über die des Liebhabers
und Freundes. Rousseau hatte beide verletzt, und es war
nur ein billiger Sophismus, wenn er argumentierte, Lambert
habe selber schuld, weil er ja seine Geliebte zu den Besuchen in der Ermitage angereizt habe. Zu einem offenen
Geständnis, wozu Diderot ihm geraten und das er ihm
auch versprochen hatte, konnte er sich nicht aufraffen;
statt dessen schrieb er Lambert einen unwürdigen Brief,
in dem er die Sache zu bagatellisieren suchte. Das Verhältnis wurde gespannt; Sophie zog sich, um ihren Geliebten zu beruhigen, nun ostentativ von Rousseau zurück,
doch im brieflichen Verkehr schien zuweilen noch die alte
Herzlichkeit wiederzukehren.

So blieb Rousseau allein, allein mit seiner Erinnerung,
seiner noch nicht erloschenen Liebe und dem seelischen
Konflikt, in den diese ihn gestoßen hatte. Das Erlebte
ebenso wie das, was er sich als glückliche Lösung erträumt
hatte – nämlich die Gemeinschaft zu dritt, worin er, nach
Überwindung seiner Leidenschaft, als Freund und Mentor
der beiden Liebenden fungieren wollte –, das setzt er nun

in den angefangenen Roman um, den er im Winter des gleichen Jahres im Wesentlichen vollendet; ein Nachhall noch dieses Traumes ist die Rolle, die er den Erzieher als Mentor des Braut- und Ehepaars Emile und Sophie (!) spielen läßt.

Nun, gereift, verinnerlicht durch die Erschütterung seiner Leidenschaft und seiner Resignation, sucht er nach einem tieferen Grunde für seine Moral und greift dabei auf cartesianische und platonische Ideen zurück. Die (unvollendeten) „moralischen Briefe", gerichtet an Sophie d'Houdetot, sind das erste Zeugnis dieser philosophischen und religiösen Vertiefung, worin er über den Naturalismus seines zweiten Discours hinausgeht: ein weiterer und bedeutungsvoller Schritt auf dem Wege zu seinem eigentlichen philosophischen System und der inneren Loslösung aus dem Kreise der Enzyklopädisten.

Geistesgeschichtlich bedeutsam ist allein diese Abkehr von den „Philosophen", wie Rousseau künftig kurzweg seine philosophischen Freunde, die eigentlichen Repräsentanten der Aufklärung, nennt. In seiner Lebensgeschichte freilich wird diese Abkehr zum unbeschönigten Bruch, vor allem mit Grimm, Diderot und Frau von Epinay. Die Geschichte dieser wachsenden Entfremdung und gegenseitigen Verbitterung, unterbrochen durch immer neue Versöhnungen, die von seiten Jean-Jacques unter vielen Tränen der Rührung und Reue vor sich zu gehen pflegten, ist kein erhebendes Kapitel, weder in dem Leben Rousseaus noch in dem Diderots – von Grimm und Frau von Epinay ganz zu schweigen. Die einstigen Freunde haben Rousseau des schwärzesten Undanks vor allem seiner Gönnern gegenüber bezichtigt; das war einer der Gründe für den Bruch selbst. Diese angebliche Dankespflicht, dieser Vorwurf der Undankbarkeit trafen ihn an seiner empfindlichsten Stelle: dem Stolz auf seine Unabhängigkeit. War Freundschaft, die mit pekuniären Wohltaten verpflichtete, nicht nur eine raffinierte Form der Knechtung? Eine solche Freundschaft, schreibt er an Grimm, sei nur „ein schönes Wort, das oft

genug als Entgelt für die Knechtschaft dient; aber wo die
Knechtschaft beginnt, endet alsbald die Freundschaft". Denn
Freundschaft gibt es nur unter Gleichen. Zudem, habe *er*
denn Frau von Epinay nichts Gutes getan, was *sie* zur
Dankbarkeit verpflichte? Und er rechnet Grimm vor, was
er an Zeit, an Anpassung, an Rücksichtnahme auf die Launen dieser gnädigen Frau seinerseits geopfert habe. Man
kann nur urteilen: Wo zwischen Freunden derart verrechnet
wird, ist die Freundschaft längst zu Ende.

Ähnlich schreibt er an Frau von Houdetot. „Sie anerkennen als Wohltaten, die einen Anspruch auf Dankbarkeit
haben, offenbar nur solche, die mittels Geld gemacht werden . . . So ist also nach Ihrer Rechnung der Reiche es allein,
der wohltätig ist, und wir Armen sind des Genusses beraubt, jemals diesen schönsten Akt der Menschlichkeit auszuüben. Ich mache umgekehrt stets einen Unterschied zwischen Besitz und Person, ich erkenne, daß wer Geld gibt,
nichts von sich selber gibt, während umgekehrt derjenige,
der seine Zeit, seine Freiheit, seine Gefühle, seine Talente,
seine Arbeit gibt, sich wahrhaft selbst gibt, all das, was
sein Dasein, sein Schicksal, sein Leben bildet." Darum wird
er im „Emile" als Maxime der Wohltätigkeit aufstellen:
„Du sollst deine Zeit, deine Arbeit, deine Gefühle, dich
selber hingeben; denn was du auch tun magst, immer wird
man fühlen, daß dein Geld nicht du selber bist." Schließlich
enthüllt sich nicht nur die ganze Empfindlichkeit des
„Armen" gegen die gönnerhafte Überlegenheit seiner reichen Freunde, sondern auch der ganze Stolz des revolutionären Plebejers und Genies in den Worten, mit denen
Rousseau seinen Brief an die Freundin schließt: „Vielleicht
kommt einmal der Tag, da man, im Bewußtsein meiner
Abneigung gegen Ihren Stand und Ihr Vermögen, nicht
ohne Rühmen sagen wird: sie war reich und vornehm, und
er liebte sie *dennoch* bis zum Grabe."

Der endgültige Bruch mit Diderot folgte bald darauf.
Dieser hatte in dem Zerwürfnis zwischen Rousseau und
Frau von Epinay entschieden für letztere Partei ergriffen,

er hatte in dem Konflikt zwischen Rousseau und Saint-Lambert, wie schon oft, den nicht gerade taktvollen Moralisten gespielt. Er hat dann Rousseau noch einmal in der Ermitage besucht und ihn in der vollen Verzweiflung eines zerrissenen, zwischen Selbstvorwürfen und Selbstrechtfertigung, zwischen abgrundtiefem Mißtrauen und rührendem Vertrauen, zwischen Vereinsamung und Liebessehnsucht schwankenden Herzens angetroffen. Er blieb ohne Verständnis, er empfand nicht einmal Mitleid, sondern nur Abscheu. In einem Briefe an Grimm gibt er seinem Entsetzen unverblümt Ausdruck: „Dieser Mensch ist ein Rasender ... mir war zumute, als säße ich neben einem Verdammten: er ist verdammt, das ist sicher. Ich will diesen Menschen nie wieder sehen, er läßt mich an Teufel und Hölle glauben ... Man hörte seine Schreie bis ans Ende des Gartens ... Die Dichter haben wohl daran getan einen unendlichen Abstand zwischen Himmel und Hölle zu setzen. Wahrhaftig, die Hand zittert mir."

„Einen unendlichen Abstand zwischen Himmel und Hölle": der freigeistige Diderot zweifelte keinen Augenblick, wo sein und der übrigen „honnêtes gens" Platz war und wohin der andere, der „Rasende", der „Verdammte" gehörte. Hier tat sich wirklich ein Abgrund auf, nicht freilich zwischen Himmel und Hölle, sondern zwischen dem „homme du monde" und dem „solitaire". Von den Seligkeiten und den Verdammnissen dieser Einsamkeit waren die aufgeklärten Literaten der Enzyklopädie allerdings durch Weltanschauung, Lebensweise und Temperament wie durch einen „unendlichen Abstand" getrennt. Es ist relativ gleichgültig, ob Rousseaus Behauptung, dieser Kreis, die „Holbachsche Klique", habe gegen ihn eine planmäßige Kampagne der Diffamierung geführt, auf Wahrheit beruht; tatsächlich wirkte sich der Bruch so aus: Rousseau war verfemt.

Im Dezember 1757 kündigte Frau von Epinay Rousseau das Wohnrecht in der Ermitage; noch im gleichen Monat siedelte er nach Montmorency um. Dort fand er durch das

Entgegenkommen des Herzogs von *Luxembourg* eine neue, noch idyllischere Arbeitsstätte. Überhaupt ersetzte der freundschaftliche Verkehr im Schlosse der Luxembourgs nun in seinem Leben den in La Chevrette. Rousseau steigt damit, zum Ärger seiner Gegner, aus dem Kreise der neureichen „noblesse de robe" in den des Hochadels auf. Der Herzog von Luxembourg, Marschall von Frankreich, der Prinz von Conti aus dem Hause Bourbon, die Gräfin Boufflers, die Gräfin Berthier, der Prinz von Württemberg, der Marschall Keith: das sind künftig die Namen, die in seiner Korrespondenz auftauchen! Aber mag Rousseau selbst vielleicht diesen „Aufstieg" mit einer gewissen Genugtuung registriert haben – er wäre ein Unmensch und nicht ein Kind seiner Zeit gewesen, hätte ihn nicht die menschlich vornehme Form, in der viele dieser Aristokraten ihm begegneten, geschmeichelt oder gerührt – geistig steht er nun allein, ohne auch nur einen ebenbürtigen Freund. Dafür schart sich langsam um den immer mehr Vereinsamenden ein Kreis jüngerer Verehrer, wie ein Vorbote jener beispiellosen Jüngerschaft und Verehrung, die der Tote finden sollte.

Seine geistige Arbeitskraft ist in jenen turbulenten Jahren, während Krankheit ihn plagt und er sich mehr als einmal dem Tode nahe fühlt, ungebrochen. In kurzer Folge entstehen zwischen 1757 und 1759 die großen Hauptwerke: nach der „Nouvelle Héloïse" der Brief an d'Alembert über das Schauspiel, der „Emile" und der „Contrat social". Der *Brief an d'Alembert* dokumentierte vor aller Öffentlichkeit den Bruch mit den Männern der Enzyklopädie, an der Rousseau ja selbst mitgearbeitet hatte. Anlaß dazu war d'Alemberts Artikel über *Genf*, worin dieser seine Hoffnung ausgesprochen hatte, daß die aufgeklärten Genfer bald von dem überholten Theaterverbot ablassen und in Genf ein Theater eröffnen würden. Rousseau fühlt sich als Genfer Bürger herausgefordert; wenn er freilich diesen relativ peripheren Streitpunkt mit einer tiefen inneren Leidenschaft aufgreift – wobei er sich im übrigen, vielleicht um seines

großen und von ihm verehrten Kontrahenten willen, jeder
scharfen oder gar gehässigen Polemik enthält –, dann hat
das noch einen tieferen Grund: das Theater erscheint ihm
repräsentativ für die gesellschaftliche Scheinexistenz überhaupt. Die Kritik am Theater ist nun zugleich Kritik an
der zeitgenössischen französischen Gesellschaft. Damit trat
an die Stelle der Historie der Moral immer mehr die moralische Kritik der Gegenwart und die moralische Reflexion
über das in dieser *Gegenwart* richtige Leben. Der Moralist
wird zum Pädagogen. Die letzten Teile der „Nouvelle
Héloïse", der Brief über das Schauspiel und der „Emile"
bilden daher in ihrer Entstehung wie in ihrer Tendenz eine
innere Einheit und stellen die eigentliche „Summa" von
Rousseaus Philosophie dar. Von 1760 an, nachdem er den
„Emile" vollendet und den „Contrat social" aus älteren
Vorarbeiten redigiert hat, ist Rousseau zum Verzicht auf weitere schriftstellerische Wirksamkeit entschlossen. Wenn er
später noch zur Feder greift, so wiederholt er entweder nur
seine bereits früher veröffentlichten Gedanken, so in den
apologetischen Schriften, die der Verurteilung des „Emile"
folgen, oder er widmet sich dem großen Werk seiner Selbst-
darstellung, von dem wir noch zu sprechen haben.

1761 erschien die *Nouvelle Héloïse*. Der Erfolg dieses
Buches war ungeheuer. Man riß sich die Exemplare bei den
Buchhändlern aus den Händen; ganz Paris sprach von dem
Buch. Es waren begreiflicherweise vor allem die Frauen,
die, davon hingerissen, dem Autor eine unendliche Verehrung dankten. Gewiß, der Kult des Gefühls, der Natur,
der amour-passion ist nicht von Rousseau erfunden worden;
wir sehen heute die „Nouvelle Héloïse" eher als Gipfel
denn als Beginn jener großen Bewegung der Empfindsamkeit, die für das 18. Jahrhundert nicht weniger bezeichnend
ist als der Glaube an die Vernunft, und so hat man geradezu
von einem „Rousseauismus *vor* Rousseau" gesprochen. Aber
Rousseaus Roman gab dieser mediokren Literatur des Sentimentalismus erst die Größe, womit der Kult des Gefühls
und der Liebe zur geistesgeschichtlichen Macht werden

konnte. Er vor allem knüpfte ihn an den Kult der Tugend, und erst diese Verbindung von Sentimentalismus und Moralismus und damit, auf den Autor gesehen, vom Geschäft des Dichters mit dem Amt des „directeurs", eines Führers der Seelen, schuf jene neue Rolle des Schriftstellers, als Deuter des Lebens und Lehrer der Weisheit, und machten den Dichter auf diese Weise für zahllose Gebildete zum maßgebenden und wirkungsvollsten Seelsorger.

Waren so Philosoph und Dichter in den letzten Teilen der „Nouvelle Héloïse" eins geworden, so scheint es nur folgerichtig, daß Rousseau in diesem Sittenroman auch eine Antwort auf die religiösen Fragen und Nöte gab. Das hatte er zum ersten Male in den „moralischen Briefen" an Sophie getan; er tat es nun, ausdrücklicher und kühner noch, in dem Glaubensbekenntnis der sterbenden Julie. Die endgültige Lösung aber fand diese seine philosophisch-theologische Reflexion, mit der er den Skeptizismus und Atheismus seiner früheren philosophischen Freunde zu überwinden suchte, erst in dem „Glaubensbekenntnis des savoyischen Vikars", an dem Rousseau, zunächst unabhängig vom „Emile", seit Anfang 1758 arbeitete.

Eben dieses Eingreifen in die religiöse Diskussion seiner Zeit sollte über Rousseau eine neue, die schwerste Prüfung seines Lebens heraufbeschwören. Schon mit den Zensoren der „Nouvelle Héloïse" hatte er einen, in der Form höflichen, sachlich aber hartnäckigen Kampf geführt; nur der Vermittlung des wohlwollenden Malesherbes und dem alle Einwände hinwegschwemmenden Erfolg des Romans hatte er es damals zu danken, daß es noch nicht zum offenen Konflikte kam. Dieser Konflikt aber brach nun, mit der Veröffentlichung des *Emile* und des *Contrat social* im Sommer 1762, in aller Schärfe aus. Die Geschichte der Verdammung dieser beiden Bücher und des Haftbefehls gegen ihren Autor ist recht undurchsichtig; die Vermutung, die Regierung, die soeben den Jesuitenorden aufgehoben und dabei die Zensurbestimmungen verschärft hatte, habe durch ihr Vorgehen gegen einen der Enzyklopädisten (denn das war Rousseau nach wie vor in den Augen der Öffentlichkeit) den Beweis erbringen wollen, ihre Maßnahmen dienten ja nur dem Schutze der katholischen Religion, ist nicht von der Hand zu weisen. Wahrscheinlich aber stand hinter dieser Zensurmaßnahme überhaupt keine bestimmte Absicht, sondern die bürokratische und juristische Maschinerie lief, einmal in Gang gesetzt, von selbst; in sie einzugreifen war selbst den Beteiligten kaum mehr möglich, eben weil die Rechtslage eindeutig *für* die Zensurierung sprach. Rousseau hatte zudem, entgegen dem üblichen Brauch, gefährliche Schriften unter einem Pseudonym zu veröffentlichen, darauf bestanden, daß beide Bücher unter seinem vollen Autorennamen erschienen, gefolgt von dem stolzen Titel „citoyen de Genève". Wenn er sich dabei darauf berief, er unterstände nur der Jurisdiktion der Republik Genf, so war er rechtlich wie tatsächlich im Irrtum: Die der Pariser unmittelbar folgende Verurteilung in Genf sollte ihn bald eines Besseren belehren.

Wie verhielt sich Rousseau gegenüber der heraufziehenden Gefahr? Zuerst spielte er den Unbekümmerten und tat, als seien dies alles Hirngespinste seiner überängstlichen Freunde. Dann, in plötzlichem Stimmungsumschwung, sah er hier die große Gelegenheit, seine Laufbahn durch die Glorie des Bekennertums zu krönen. Seit langem fühlte er sich auserwählt, mitten in einer Welt der Lüge und Halblüge die ungekürzte, reine Wahrheit zu sagen. Hatte er nicht die stolze Devise angenommen „Vitam impendere vero" („Sein Leben opfern dem Wahren"). Hatte er nicht diese Worte in seine Petschaft gravieren lassen und als Briefkopf über alle seine Briefe geschrieben? „Wenn die Devise, die ich angenommen habe", schreibt er Anfang Juni an seinen Genfer Freund Moultou, „nicht bloßes Geschwätz sein soll, so bietet sich hier eine Gelegenheit, mich ihrer würdig zu zeigen, und wie könnte ich den Rest meines Lebens besser verwenden? Wie immer mich die Menschen behandeln, was werden sie mir antun können, was die Natur und die Leiden mir nicht bald auch ohne sie angetan hätten? Sie können mir das Leben rauben, das mir mein Zustand zur Last macht, aber nicht die Freiheit; ich werde sie bewahren, was sie auch tun mögen, in ihren Ketten und in ihren Mauern. Meine Laufbahn ist zu Ende, es blieb mir nur mehr, sie zu krönen. Ich habe Gott zu Ehren und für das Wohl der Menschen gesprochen."

Aber war der kränkliche, übersensible Jean-Jacques aus dem Stoff geschnitzt, aus dem Märtyrer werden? Waren diese großen Worte nicht nur Literatur? Dazu kam, daß Frau von Luxembourg sich persönlich um die Herausgabe des „Emile" gekümmert hatte; es stand zu befürchten, daß Rousseau, wenn es wirklich zu einem Verhör kam, sie in die Affäre hineinzog. Vernunft, Rücksicht auf sich und die anderen, die Erwartung der Öffentlichkeit, ja der Behörde selbst, alles sprach für die Flucht.

Nach einer langen Beratung in der Nacht zum 9. Juni entschließt sich also Rousseau zu fliehen. Seine Freunde hatten von der Gerichtsbehörde die ausdrückliche Versicherung erwirkt, man werde ihm nicht nachsetzen. Am Nachmittag des 9. Juni fuhr er mit der Postkutsche in Richtung der Schweizer Grenze; bald hinter Montmorency begegnete ihm ein Wagen, in dem vier schwarzgekleidete Herren saßen, die ihn höflich grüßten. Er zweifelte nicht, daß es die Gerichtsdiener auf dem Wege zu seiner Verhaftung waren. Möglich. Es hätte dem Brauch jener Zeit und der besonderen Situation entsprochen, daß man froh war, die Affäre unblutig beenden zu können. Wahrscheinlich wollte keiner der Beteiligten einen Märtyrer schaffen, und Rousseau war zu berühmt, um ihn wie einen Calas zu behandeln.

Am 14. Juni kam Rousseau in Yverdon an, wo er bei seinem alten Freunde Daniel Roguin Aufnahme fand. An der Schweizer Grenze hatte er halten lassen, war ausgestiegen und hatte den Boden dieses Heimatlandes der Freiheit geküßt. Er sollte bald bitter enttäuscht werden. Am 19. Juni wurde, auf Anordnung des „Kleinen Rates", der „Emilie" und der „Contrat social" in Genf öffentlich durch Henkershand verbrannt; auch hatte man einen Haftbefehl gegen Rousseau ausgestellt, falls er Genfer Gebiet betreten sollte. War es nicht eigene Überzeugung von der Gefährlichkeit dieser Schriften, so mochte der Grund dafür die Rücksicht sein, deren die Regierung sich ihrem mächtigen Nachbarn gegenüber schuldig glaubte. Im übrigen machte das Verdikt die Runde durch die europäischen Staaten, und Rousseau konnte bald 24 jedesmal neu begründete Verdammungsurteile lesen. Auch in Yverdon, das zu Bern gehörte, war Rousseau nicht mehr sicher; im Schutze der Nacht stieg er über die Berge in das nahegelegene Gebiet von Neuchâtel, das zu Preußen gehörte. Er fand an dessen Gouverneur, dem Schotten George Keith, einem Bruder des preußischen Feldmarschalls Keith, einen wahren menschlichen Freund. Auf einen Brief Rousseaus hin gewährte ihm Friedrich II. von Preußen in seinen Ländern Asyl und verlieh ihm das Neuenburger Bürgerrecht.

Von 1762 bis 1765 lebte Rousseau in einem einsamen Dorfe, Motiers, am Fuße des Jura. Er suchte wohl nur Frieden und Vergessen, aber sein Schicksal, das das ganze gebildete Europa bewegte und zu heftiger Stellungnahme zwang, ließ ihm keine Ruhe. Im August 1762 hatte der Erzbischof von Paris, Christoph de Beaumont, in einem „Mandement" den „Emile" verdammt und zugleich mit persönlichen Angriffen vor dem Autor als einem Verführer der Gewissen gewarnt. Im nahen Genf entbrannte ein heftiger Disput um Rousseau und seine Verurteilung. Rousseau schien die Gelegenheit günstig, in einem mit seinen katholischen Gegnern abzurechnen und sich bei seinen Glaubensgenossen zu rechtfertigen. Der *Brief an Herrn von Beaumont*, noch im Herbst 1762 veröffentlicht, sollte diesen doppelten Zweck erfüllen. Er ist ein Meisterstück der Apologie und Polemik, eine durch seine Klarheit bestechende und für jede Rousseau-Interpretation wichtige Zusammenfassung seiner philosophisch-theologischen Position, er ist darüber hinaus das vielleicht beredteste Zeugnis jenes demokratischen Stolzes, mit dem Rousseau sein Jahrhundert herausgefordert hat. Wie er, der ohnmächtige Privatmann,

hier gleich zu gleich mit einem der Großen spricht und
diesem die ganze Ungerechtigkeit seines Verhaltens vorhält,
das hatte in Stolz, Kühnheit und Direktheit des Angriffs
nicht seinesgleichen.

„Wären Sie, Monseigneur, ein Privatmann wie ich, könnte
ich Sie vor ein gerechtes Gericht fordern, erschienen wir
dort alle beide, ich mit meinem Buche und Sie mit Ihrem
Mandement, so würden Sie zweifelsohne schuldig gesprochen werden und verurteilt, mir ebenso öffentlich Wiedergutmachung zu leisten wie die Beleidigung öffentlich war.
Aber Sie nehmen eine Stellung ein, wo man dispensiert ist
gerecht zu sein, und ich bin nichts."

Jedoch den Genfer Theologen bewies er darum nicht
seine Rechtgläubigkeit. Dem gehässigen Angriff Voltaires
folgte 1763 eine Schrift des Genfer procureur général
(Generalstaatsanwalt) *Tronchin* „Lettres de la campagne"
(„Briefe vom Lande"), worin dieser die Rechtmäßigkeit der
Verdammung von Rousseaus Schriften verteidigte, und eine
theologische Widerlegung des „Glaubensbekenntnisses" aus
der Feder des Genfer Theologen *Vernes*. Rousseau antwortete mit dem Verzicht auf sein Genfer Bürgerrecht und den
„Lettres de la montagne" („Briefe vom Berge"), worin er
sowohl die staatsrechtlichen wie die theologischen Vorwürfe
seiner Gegner zu widerlegen suchte. Dieser Streit und insbesondere die theologische Diskussion zwischen den Genfer
Theologen und Rousseau ist nur von beschränkter historischer Bedeutung. Denn es ging hier nicht etwa um eine
echte Auseinandersetzung zwischen orthodoxem und liberalem
Verständnis des Glaubens; die Genfer Theologen waren selbst
längst dem Strome der Zeit folgend weit von der reforma-
torischen Position abgerückt und verteidigten gegen den ra-
dikaleren Rousseau eigentlich nur ihre Halbheit und Inkonsequenz. Aber für Rousseau persönlich hatte dieser
Streit bittere Folgen. Er hatte sich als ein Verfolgter römisch-
katholischer Intoleranz um so enger an seine heimatliche
Kirche angeschlossen und war glücklich, daß ihn der Pfarrer
von Motiers ohne Bedenken am Abendmahl der Gemeinde

teilnehmen ließ. Nun griff von Neuchâtel und Genf her die Hetze gegen die Ungläubigen in die Gemeinde Motiers über, der Pfarrer rückte von ihm ab und bald kam es zu Ausschreitungen der Dorfjugend, die nächtlicherweise Rousseaus Wohnung mit Steinen bewarf. Er suchte eine neue Zuflucht in der Meierei auf der kleinen Petersinsel im Bieler See. Dort verlebte er im Herbst 1765 unvergeßliche Wochen in einer weltabgeschiedenen Idylle, die so ganz nach seinem Sinne war, bis ihn auch von dort die peinliche und sinnlose Hartherzigkeit der Behörde vertrieb: die Berner Regierung verlangte, er solle sofort ihr Gebiet verlassen. Rousseau kehrte nach Frankreich zurück, obwohl er ja auch dort keine Sicherheit genoß. Für die zwielichtige Situation, in der er sich gleichermaßen wie die Behörde befand, zeugte zur Genüge die Art seiner Aufnahme in Straßburg: als den berühmten Schriftsteller, in dessen Quartier sich die neugierigen Vornehmen drängten, dem zuliebe die Oper eine Galavorstellung des „Dorfwahrsagers" gab – und doch mußte er gewärtig sein, jederzeit verhaftet zu werden; auch seine Gönner hätten eine solche Verhaftung nicht hindern können! Seine Freunde rieten ihm, nach England zu gehen; Hume wollte sich seiner besonders annehmen. Daß es auch hier wieder zum Bruche kam, daß Rousseau schließlich getrieben wie von panischer Angst aus England flüchtete, zeigt den ersten heftigen Ausbruch jenes Verfolgungswahnes, dessen Vorzeichen man schon lange bei ihm beobachten konnte und der von nun an sein Leben immer mehr verdüstert.

Es lohnt nicht, den einzelnen Etappen dieses letzten Lebensjahrzehnts nachzugehen, denn sie sind für die geistige Entwicklung Rousseaus ohne Bedeutung. Es tritt kein bedeutender Mensch, keine große Anregung, kaum ein neuer Gedanke künftig in sein unscheinbar gewordenes Leben.

Am 2. Juli 1778 ist er in Ermenonville gestorben.

Und doch verdanken wir diesen Jahren, da Rousseau sich geistig nicht mehr entwickelte, dieser Stimmung der Verlassenheit, ja seinem dem Verfolgungswahn stets nahen Gefühl des Angegriffenseins und seinem Bedürfnis, sich zu verteidigen, die letzten großen Werke: seine *autobiographischen Schriften*. Viele Gründe haben zusammengewirkt, um ihn zu seiner großen Selbstbiographie zu veranlassen. Da war das Drängen seines Verlegers Rey, der ihn schon bald nach dem „Emile" zu dieser Arbeit angeregt hatte; da war Rousseaus, durch die wachsende Vereinsamung verstärkte Neigung, sich mit sich selbst zu beschäftigen, sein psychologisches Interesse an den hinter der äußeren Fassade und gesellschaftlichen Maske verborgenen ursprünglichen Neigungen und Gefühlen des Menschen, womit er seine alte Frage nach der „Natur" des Menschen wieder aufnahm. Je schärfer der Kampf sich auf seine Person zugespitzt hatte, desto mehr mußte sich für ihn auch seine Lehre in seiner Person konzentrieren. „Woher sollte denn auch der Maler und Apologet der heute so entstellten und verleumdeten Natur sein Modell genommen haben, wenn nicht aus seinem eigenen Herzen?", so argumentiert er in den „Dialogues". Immer hatte ihn „die Geschichte des menschlichen Herzens" beschäftigt. Hatte er im zweiten Discours diese Geschichte in einer Rekonstruktion der inneren Geschichte der Menschheit zu geben versucht und im „Emile" in dem Aufweis der natürlichen Entwicklung des Individuums, so suchte er sie nun als die Geschichte *seines* Herzens zu schreiben.

Aber es ist noch ein anderer, eben aus der besonderen Situation des alten Rousseau sich ergebender Anlaß, der ihm die Feder in die Hand drückt: die „Confessions" sollen seine große Rechtfertigungsschrift sein. Rechtfertigung gegen den Vorwurf, der ihn seit dem Bruch mit Frau von Epinay und Diderot verfolgt: er sei ein „méchant", nicht nur schwach, nicht nur schuldig, sondern *böse*. Indem er sich vor sich und der Öffentlichkeit schonungslos bloßstellt, indem er alle dunklen Geheimnisse seines Charakters und seines Lebens beleuchtet, auch jenes, das kurz zuvor Voltaire in seiner Schrift „Sentiment d'un citoyen" der Öffentlichkeit denunziert hatte, gerade also in seinem Bekennen meinte und hoffte er sich freizusprechen. Daher der durch das ganze Buch sich durchziehende apologetische Ton.

Das autobiographische Werk, das Rousseau unvollendet und unveröffentlicht hinterließ, ist vielleicht von allem, was er geschrieben, das originalste, ein unerschöpfliches Reservoir für Freund und Feind des Mannes, der damit erst seine Person wie kein zweiter in den Mittelpunkt des historischen Interesses gerückt hat. Jedoch dieses Spätwerk darf uns nicht das zentrale Œuvre Rousseaus verdecken, das er in seinen besten Mannesjahren geschaffen hat, und worin es nicht um seine Person, sondern um den Menschen schlechthin geht. Die bedeutendste dieser Schriften aber ist der „Emile".

ENTSTEHUNG UND KOMPOSITION DES „EMILE"

I

Wie kam Rousseau dazu, ein Buch über Erziehung zu schreiben? Man hat geglaubt, Rousseau sei bei der Abfassung des „Emile" einem ursprünglichen, schon früh sich in ihm ankündigenden pädagogischen Impuls gefolgt; man hat insbesondere auf seine frühe Schrift über die Erziehung des Herrn von Sainte-Marie verwiesen. Nach allem, was wir über sein Leben und insbesonders über seine damalige Hauslehrertätigkeit wissen, kann davon nicht wohl die Rede sein. Außerdem erklärt Rousseau in seinen „Bekenntnissen" ausdrücklich, eine Abhandlung über Erziehung zu schreiben, habe am wenigsten seiner Neigung entsprochen. Wir dürfen daher seine gelegentlichen pädagogischen Äußerungen *vor* dem „Emile" nicht allzu hoch bewerten. Wenn er beispielsweise im ersten Discours sich über die lebensferne Schulbildung und die verweichlichende Erziehung seiner Zeit ereifert, so ist das nur ein Zug mehr an dem düsteren Bilde, das er von der Gesellschaft entwirft, und bleibt auch inhaltlich im Rahmen jener Kritik, die Montaigne und Locke längst an der herkömmlichen Collegiumsbildung geübt hatten. Rousseaus pädagogische Reflexionen

beziehen sich seit dem ersten Discours auf die verhängnisvollen Folgen, die eine solche Erziehung für das Leben
der politischen Gemeinschaft haben; von dieser Kritik führt
zwar ein Weg zu seinen Gedanken über Nationalerziehung,
wie er sie in kurzen Andeutungen in der Schrift über die
„politische Ökonomie" (1755) und später ausführlicher in
seinen „Betrachtungen über die Regierung Polens" (1772)
auseinandergesetzt hat, aber nicht zum „Emile" mit seiner
Idee der „natürlichen Erziehung", mit seinem Projekt, ein
einzelnes Kind für sich zu erziehen. Was hat ihn, der bisher nur „Reden" und „Briefe" verfaßt hatte, an der Ausarbeitung eines fünf Bücher umfassenden Traktates festgehalten, die ihn zwei bis drei Jahre lang voll in Anspruch
nahm? Rousseau gibt auf diese Frage in der Vorrede zum
„Emile" eine Antwort, die zwar nicht genügt, wohl aber
einen rechten Hinweis enthält: er habe den „Emile" begonnen, um einer „guten Mutter, die zu denken versteht",
einen Dienst zu erweisen; gemeint ist die hochgebildete
Madame de Chenonceaux, die Schwiegertochter von Madame Dupin, mit der Rousseau im Hause der Dupins oft
stundenlang diskutiert und studiert hatte und mit der ihn
auch weiterhin eine herzliche Freundschaft verband. Das
natürliche Interesse, das die Mütter jener höheren Gesellschaft, in der Rousseau verkehrte, an der Erziehung ihrer
Kinder nahmen, gesteigert noch durch die mannigfachen
Reflexionen der von Erziehungsfragen erfüllten Zeit, bildet
das persönliche und historische Milieu seines pädagogischen
Werkes. Auch mit Madame d'Epinay hat Rousseau sich
oft über Erziehungsfragen unterhalten; aus ihrem Briefwechsel sind uns einige Zeugnisse davon erhalten, darunter
eins, das keimhaft schon die Idee der „negativen Erziehung"
enthält: „Alles, was Kinder tun, solange sie unter dem
Einfluß anderer stehen, beweist nichts [nämlich: über ihr
wahres Wesen], denn man kann niemals wissen, auf wessen Konto es zu setzen ist; nur wenn sie keine Amme,
keine Erzieherinnen, keine Lehrer mehr haben, sieht man
sie so, wie die Natur sie gemacht hat, und dann erst be-

ginnt die wahre Erziehung." Der undatierte Brief wird
vom Herausgeber der Correspondence Générale in den
Februar 1757, vielleicht auch später gesetzt, also in eine
Zeit, da Rousseau an der *Nouvelle Héloïse* arbeitete.
Eben in diesem Roman findet sich im 5. Teil ein pädagogischer Exkurs über die Kindererziehung, der nun schon
ganz ausgesprochen Rousseaus Ideen der natürlichen Erziehung enthält und von dem er ganze Partien wörtlich
in das 2. Buch des „Emile" übernommen hat. Da wir
zugleich wissen, daß Rousseau unmittelbar nach Vollendung
der „Nouvelle Héloïse" die Arbeit am „Emile" aufnahm,
haben wir Grund, Rousseaus Hinwendung zur Pädagogik
in Zusammenhang mit dem Thema der „Nouvelle Héloïse",
genauer ihrer letzten Teile, zu sehen: dem Entwurf einer
Lebensordnung, der inmitten einer korrumpierten Gesellschaft, der Familie und ihrer weiteren Hausgemeinschaft ein
natürliches Leben ermöglichen soll, gleichsam der „Verfassung" der intimen Gesellschaft als dem Gegenstück zum
„Contrat Social". Diese intime Gesellschaft ist, wohlverstanden, eine adlige Gesellschaft oder zumindest die wohl-
habender Gutsbesitzer – genau das Milieu und die Existenz,
aus der die Emile stammt und in die er großjährig eintritt. Die
aristokratische, jedenfalls begüterte Gesellschaft bildet also
nicht nur den düsteren Hintergrund, von dem sich Emiles
natürliche Erziehung abhebt, sondern zugleich das Publikum, an das sich der Pädagoge Rousseau wendet und mit
dem er durch viele Bande der Freundschaft und Gemeinsamkeit des Denkens, der Lebensformen, des Geschmacks
verknüpft ist. „Der Arme", so heißt es im „Emile", „bedarf
keiner Erziehung; der seines Standes ergibt sich zwangsläufig, er könnte keine andere haben; die Erziehung dagegen, die der Reiche aus seinem Stande heraus empfängt,
ist ihm am wenigsten zuträglich, weder ihm selbst noch
der Gesellschaft ... Wählen wir also einen Reichen [zum
Zögling], so sind wir gewiß, zum wenigsten einen Menschen mehr geschaffen zu haben, während ein Armer von
selbst ein Mensch werden kann. Aus demselben Grunde

wäre es mir nicht unlieb, wenn Emile von Stande wäre. Damit wäre immerhin *ein* Opfer dem Vorurteil entrissen."

Es scheint mir wichtig, daß man sich den Unterschied zu *Pestalozzi* klarmacht. Beide, Rousseau und Pestalozzi, haben gemeinsam die Idee der Menschenerziehung. Aber Pestalozzi geht von der Frage aus, wie der *Arme,* trotz und in seiner Armut, Mensch werden könne; Rousseau von der Frage, wie der *Reiche,* trotz und in seinem Reichtum, Mensch werden könne. Obwohl die Schüler der Erziehungs-anstalt in Iferten zum größten Teile aus reichen und viel-fach aus adligen Häusern stammten, hat Pestalozzi niemals seine Idee der Elementarbildung, die er im Neuhof, in Stans, in Burgdorf an den Armenkindern entwickelt und erprobt hatte, neu ausgerichtet auf die besondere Aufgabe einer Erziehung der Kinder „von Stand". Deren besondere Versuchungen und Gefährdungen wie deren künftiger Lebensstil haben ihn ernsthaft nicht beschäftigt. Umgekehrt Rousseau, der zwar nicht weniger entschieden für das „Volk" gegen die Reichen Partei ergreift, aber dieses Volk freilich, trotz seiner Herkunft und seiner gegenteiligen Versicherungen sehr wenig kannte und uns daher meist mit einem klischee-haften Idealbild ländlicher Einfachheit abspeist, der da-gegen die spezifische Gefährdung der „Reichen" und der „jeunesse dorée" aus intimer Kenntnis und innerster An-teilnahme erfaßt hat.

Wir sagten, daß die Arbeit am „Emile" unmittelbar der an der „Nouvelle Héloïse" gefolgt ist. Sucht man aller-dings den Zeitpunkt der Konzeption und Niederschrift des „Emile" zu bestimmen, so stößt man innerhalb Rousseaus eigener Zeugnisse auf mancherlei Unbestimmtheit, ja Wider-spruch. Am zuverlässigsten erscheint eine Bemerkung im 8. Buch der „Bekenntnisse": „Der ‚Emile', ... der mich zwan-zig Jahre Meditationen und drei Jahre Arbeit gekostet hat." In späteren Briefen spricht Rousseau freilich von acht oder von zehn Jahren Arbeit – eine Behauptung, die völlig unglaubwürdig ist, wenn wir unter „Arbeit", wie billig, die *Niederschrift* des Buches verstehen. Wir kämen

damit ja in die Jahre 1750 oder 1752, das heißt in die Zeit
gleich nach dem ersten und noch *vor* dem zweiten Discours!
Dagegen führt uns die Angabe der „Bekenntnisse": „zwanzig
Jahre Meditationen", auf das Jahr 1740, das Jahr also, in
dem der „Projet pour l'éducation de M. de Sainte-Marie" entstand. Wenn Rousseau damit behauptet, er habe seit jener
Hauslehrertätigkeit über Erziehungsfragen nachgedacht, so
ist das in dieser Allgemeinheit gewiß nicht falsch; es ergibt
sich aber damit für uns nicht der leiseste Anhalt, wann
denn nun die für den „Emile" charakteristische Idee der
„natürlichen" Erziehung entstand. Daß dies erst *nach* der
Gesellschaftskritik seiner beiden Discours möglich war, versteht sich von selbst. Die Frage nach der eigentlichen Konzeption bleibt also offen.

Halten wir uns dagegen an die *Arbeit* am „Emile",
so führt uns die oben angeführte Stelle der „Bekenntnisse"
auf den Zeitraum 1757 oder 1758 bis 1760. Das stimmt
einigermaßen mit anderen Angaben überein. Im 10. Buch
der „Bekenntnisse", das diesen Zeitraum behandelt, heißt
es: „Der ‚Emile', an den ich mich ernstlich gemacht hatte,
nachdem ich die ‚Héloïse' vollendet hatte." Man muß die
Ausdrücke dieser kurzen Bemerkung genau wägen. „Ernstlich" (tout de bon): das dürfen wir so auslegen, daß damit
die wirkliche Niederschrift gemeint ist, der wahrscheinlich
eine Arbeitsperiode vorausging, in der Rousseau nur einzelne Gedanken aufs Papier warf. Von solchen Entwürfen
(brouillons) zum „Emile", die sich in den Händen von
Freunden befanden, wird uns noch lange nach seinem Tode
berichtet; sie sind aber nicht mehr auffindbar. Natürlich
brauchen sie nicht sämtlich der ersten Arbeitsphase angehört zu haben, aber da innerhalb der ersten Niederschrift,
dem sogenannten Manuskript Favre, manche Seiten fast
ohne Verbesserungen und also offenkundig Abschrift sind,
darf als ziemlich sicher angenommen werden, daß für
Teile dieses Manuskriptes bereits Vorarbeiten vorlagen.
In der Hauptsache hat dieses Manuskript jedoch, mit seinen
zahlreichen Schwankungen und Verbesserungen des Textes,

als die erste und ursprüngliche Niederschrift zu gelten. Nicht
ganz eindeutig ist auch die Bemerkung: „nachdem ich die
‚Héloïse‘ *vollendet*‘ hatte", denn es gibt sozusagen zwei
fast um ein Jahr differierende „Vollendungen" dieses Romans. Spätestens Oktober 1757 war die Julie in 4 Teilen
druckreif; im folgenden Jahre erst entstand durch Um-
stellungen und Hinzufügungen das endgültige Manuskript
der „Nouvelle Héloïse" in 6 Teilen. Wahrscheinlich hat
Rousseau mit seiner Bemerkung in den „Bekenntnissen"
eben diesen endgültigen Abschluß im Auge, der spätestens
September 1758 zu datieren ist, so daß er sich also im
Winter 1758/59 an die Niederschrift des „Emile" gemacht
hätte.

Einem früheren Beginn widersprechen auch zwei weitere
Zeugnisse.

1.) Am 15. Januar 1759 schrieb Rousseau an Mme de
Créqui: „Was das Thema Erziehung anbetrifft, so hätte
ich wohl einige Gedanken über diesen Gegenstand, die ich
versucht wäre zu Papier zu bringen, wenn ich ein wenig
Hilfe hätte: aber ich brauchte dazu Beobachtungen, die
mir fehlen. Sie sind Mutter, gnädige Frau, und Philosoph,
und Sie haben einen Sohn erzogen ... Wenn Sie in überflüssigen Augenblicken einige Reflexionen über diesen Gegenstand niederschreiben und mir mitteilen würden, so
wären Sie für Ihre Mühe wohl belohnt, wenn diese mir
dazu helfen würden, ein nützliches Werk zu schaffen. Es
versteht sich von selbst, daß ich mir davon nur das zu
eigen machen werde, was mir Gedanken eingibt und nicht,
was Sie selbst gedacht haben." Auch wenn man den ersten
Satz nicht wörtlich nimmt und überzeugt ist, daß Rousseau
im Januar 1759 längst an der Arbeit war, bleibt es doch
unwahrscheinlich, daß er mit der Niederschrift schon lange
Zeit, gar Jahre vorher begonnen hat.

2.) Sowohl in dem pädagogischen Exkurs der „Nouvelle
Héloïse" (im 3. Brief des 5. Teiles) wie im Manuskript
Favre findet sich eine Auseinandersetzung mit dem Buche
„De l'Esprit" von Helvétius, das im August 1758 erschien,

von Rousseau aber erst nach dem Oktober 1758 gelesen wurde. Die betreffenden Stellen der „Nouvelle Héloïse" sind ein späterer Einschub, die des Manuskripts Favre aber ursprünglich und gehören zur ersten uns erhaltenen Niederschrift des 2. Buches – auch das weist uns also auf den Winter 1758/59.

Was den *Abschluß* des „Emile" anbetrifft, so wissen wir aus den „Bekenntnissen", das Rousseau im Mai 1759 im „Kleinen Schloß" von Montmorency am 5. Buch des „Emile" (und innerhalb desselben wohl vor allem an der Liebesromanze zwischen Emile und Sophie) geschrieben hat; das Manuskript wurde wohl erst im Laufe des Sommers 1760 geschlossen. Aus verschiedenen Indizien läßt sich schließen (vgl. 2. Buch, Anm. 17), daß Rousseau im Winter 1759/60 an einer neuen, erheblich erweiterten Niederschrift arbeitete, welche die endgültige Fassung ergeben sollte. Diese neue Manuskript wurde erst im Laufe des Sommers 1760 beendet. Eine erste Äußerung über den druckreifen „Emile" findet sich in einem Brief an seinen Verleger vom September 1760. Schon vorher hatte er übrigens der Marschallin Luxembourg aus dem „Emile" vorgelesen, und zwar gerade auch aus dem 5. Buch. So ergeben sich folgende Daten für die „3 Jahre Arbeit", die Rousseau nach den „Bekenntnissen" an den „Emile" gewandt hatte:

Herbst 1757 bis gegen Ende 1758: einzelne Entwürfe
Ende 1758 bis Herbst 1759: 1. Niederschrift (Manuskript Favre)
Ende 1759 bis Spätsommer 1760: Endgültige Fassung.

II

Die Präzisierung der Zeit, in der der „Emile" geschrieben wurde, interessiert nicht nur aus biographischen Gründen, sondern dient dem besseren Verständnis des Werkes selbst. Ich habe schon von der geistigen Nähe des „Emile" zur „Nouvelle Héloïse" gesprochen, welche durch die Chronologie also bestätigt wird. In diesem Zusammenhang ist aber noch einer anderen Schrift Rousseaus zu gedenken, welche ebenfalls dem „Emile" zeitlich nahesteht: dem *Brief an d'Alembert über das Schauspiel* (1758). In diesem Brief präsentiert sich Rousseau gänzlich als „Bürger von Genf": um das Schicksal seiner Vaterstadt geht es, die Sitten seiner Vaterstadt im Gegensatz zu denen der französischen Gesellschaft bilden das hauptsächliche Thema. Schweiz gegen Frankreich, Genf gegen Paris, Land und Kleinstadt gegen Großstadt, es ist der alte Gegensatz von Natur und Entartung, aber mit einer charakteristischen und folgenreichen Veränderung: daß er nämlich als in der *Gegenwart* wirksam angesehen wird. Das Gegenbild zur korrumpierten Gesellschaft bildet nun nicht mehr allein die Antike oder gar ein vorgeschichtlicher Naturzustand, das Gegenbild des natürlichen Lebens wird vielmehr als unter uns vorhanden, als eine hic et nunc realisierbare Lebensmöglichkeit dargestellt. Mit dieser Konkretisierung und Humanisierung in Rousseaus Konzeption der Natur konkretisiert und nuanciert sich zugleich seine Gesellschaftskritik. Man vergleiche die Analyse dieser Gesellschaft in den Briefen Saint-Preux' aus Paris und in Rousseaus Brief an d'Alembert, mit ihrer Fülle feinsinniger psychologischer Beobachtungen und Bemerkungen, mit der trotz grundsätzlicher Verurteilung verhältnismäßig gerechten Beurteilung, einerseits und das nuancenlose Klischee der Entartung im ersten und .zweiten Discours andererseits, und man ermißt den Fortschritt. Dieser Fortschritt in der Gesellschaftskritik selbst manifestiert sich im „Emile" vor allem im 4. Buch, insbesondere in den Erörterungen über die Geschmacksbildung mit ihrer erstaunlichen Feststellung, daß sich das feinere und differenziertere Geschmacksurteil nur innerhalb der entarteten Gesellschaft der großen Städte, vor allem in Paris, bilde.

Rousseau, der seit Jahren in dieser Pariser Gesellschaft lebte und in ihr mit einer ganzen Reihe von hochgebildeten und feinfühligen Männern und Frauen bekannt, ja befreundet war, der an ihren persönlichen Fragen und Nöten

lebendigen Anteil nahm, der, weit entfernt, stets den rigo-
rosen Tugendrichter zu spielen, sich vielmehr, wie wir aus
seiner Korrespondenz ersehen können, zu einem einfühlen-
den Freund und verständnisvollen Seelsorger entwickelte,
dieser, wenn ich so sagen darf, entheroisierte Rousseau
erfaßte nun als seine neue, dringlichere Mission, den Menschen innerhalb der entarteten Zeit und Gesellschaft mit
dem Bilde des natürlichen Lebens nicht nur diese Entartung zu zeigen, sondern zugleich den seelischen Anstoß zu geben und konkrete Wege zu weisen, wie sie
sich diesem Leben nähern können. So schließt er die hohen
philosophischen Gedankengänge der an Sophie d'Houdetot gerichteten *Lettres morales* mit der schlichten Aufforderung, sie solle sich für ein paar Tage aus dem gesellschaftlichen Leben von Paris lösen und in der Einsamkeit
des Landes zubringen, sie solle einige Stunden ihrer dortigen Muße dazu nutzen, um die Kranken und Armen des
Dorfes zu besuchen und ihnen Gutes zu tun. „Tausend
Widerstände werden, ich fühle es wohl, Sie zunächst von
einem solchen Unterfangen abhalten. Schmutzige Häuser,
brutale Menschen, der Anblick des Elends werden es Ihnen
verleiden. Aber wenn Sie in das Haus dieser Unglücklichen
eintreten, sagen Sie sich: Ich bin ihre Schwester, und die
Menschlichkeit wird über den Widerwillen siegen. Sie werden sie lügnerisch finden, eigensüchtig, voller Laster, die
Ihren Eifer abschrecken; aber befragen Sie sich im geheimen
über die Ihren und Sie werden alsbald die des Nächsten
vergeben lernen, und denken Sie daran, daß die Bildung,
die ihnen ein ehrenhafteres Aussehen gibt, sie im Grunde
nur um so gefährlicher macht."

Immer mehr schält sich so aus der bitteren, ja bissigen
Kritik des „citoyen" eine Lehre der *Weisheit* heraus, in
der der volle Ernst der sittlichen Forderung mit einem
tieferen Verständnis der menschlichen *Schwäche* verbunden
ist. „Wir wollen nicht dem Phantasiebild der Vollkommenheit nachjagen, sondern suchen das nach der menschlichen
Natur und der gesellschaftlichen Verfassung Bestmögliche",

schreibt Rousseau in dem, sich doch in vielem so puritanisch gebenden Briefe an d'Alembert. Hier wie in der „Nouvelle Héloïse" wird jedweder moralische Rigorismus abgelehnt; in Clarens werden, in bewußtem Gegensatz zum intransigenten Calvinismus, Tanz und andere harmlose Vergnügungen zwischen den Geschlechtern erlaubt und gepflegt. Aus allen Reflexionen der reifgewordenen Julie spricht solche Lebensweisheit, die die Schwäche und Gefährdung des menschlichen Herzens in Rechnung zieht und einen mittleren Weg sucht zwischen dem heroischen Opfer auf der einen und bequemer Nachgiebigkeit auf der anderen Seite, den Weg einer konkreten und sehr menschlichen Ethik, die eine Synthese von Tugend und natürlicher Güte, von Sittengesetz und Lebensklugheit darstellt. Zu den Maximen dieser, die menschliche Schwäche berücksichtigenden Ethik gehört es, von Anfang an die Situationen zu vermeiden, „die unsere Pflichten in Gegensatz zu unseren Interessen bringen" („Confessions"). „Unsere Anstrengung, die Unordnung unserer Begierden zu verbessern, ist fast immer vergeblich, ja selten aufrichtig. Was wir ändern müssen, sind viel weniger unsere Begierden als die Situationen, die sie hervorrufen. Wollen wir wirklich gut werden, so müssen wir die Beziehungen aufheben, die uns verhindern gut zu sein: es gibt kein anderes Mittel" („Nouvelle Héloïse"). Diese Entsprechung von Äußerem und Innerem, von Situation und Mentalität, von Hygiene und Moralität ist ein sehr charakteristischer Zug der Rousseauschen „Weisheit" und Rousseau wollte dieser Idee ursprünglich eine eigene Schrift widmen: „La Morale sensitive ou le Matérialisme du sage". Es handelte sich in diesem nur geplanten Essay um eine Art Diätetik der Seele, die sie von verderblichen Einflüssen bewahren und in einen Zustand setzen sollte, „welcher der Tugend am günstigsten ist". „Wieviel Verirrungen würde man der Vernunft ersparen, wieviel Laster würde man am Entstehen hindern, wenn man die *animalische* Ökonomie dazu bringen könnte, die *moralische* Ordnung zu unterstützen, statt sie, wie so oft, zu stören.

Klima, Jahreszeit, Töne und Farben, Dunkelheit und Licht, die Elemente, die Nahrungsmittel, Lärm und Stille, Bewegung und Ruhe, alles wirkt auf unseren Organismus und auf unsere Seele; alles bietet uns folglich tausend fast sichere Handhaben, um in ihrem Ursprung die Gefühle zu regieren, von denen wir uns beherrschen lassen." Das ist, wie man leicht erkennt, einer der Hauptgedanken, die die Erziehung des Knaben Emile bestimmen: die natürliche Lebensweise, die natürliche Umwelt, die mannigfachen stimulierenden und doch harmonischen Reize der dinglichen Welt, die der Erzieher manipuliert, um die Gefühle seines Zöglings „in ihrem Ursprung zu regieren".

Der Autor des „Emile" geht von der für ihn nicht mehr weiter zu diskutierenden Annahme aus, daß der Mensch zwar von Natur gut, aber auch schwach ist, ein von außen, durch die gesellschaftlichen Meinungen und Vorbilder, ebenso wie von innen, durch seine Leidenschaften, *gefährdetes* Wesen. Und er antwortet auf diese condition humaine mit der Weisheit des Arztes und Pädagogen, indem er nicht ein „Phantasiebild der Vollkommenheit" hinstellt, sondern das für uns „Bestmögliche" aufzeigt. Daher das Streben Rousseaus, gerade im „Emile" konkrete Maßnahmen und Schritte, nachprüfbare seelische Entwicklungen innerhalb der „natürlichen Erziehung" zu schildern, kurzum eine „konkrete Utopie" zu entwerfen, deren utopischer Charakter durch die Konkretheit zwar nicht aufgehoben, aber uns menschlich nahegebracht wird. Emile ist, wie es Rousseau ausdrücklich vermerkt, ein durchschnittliches Kind; er ist, wie Rousseau im 4. und 5. Buch nicht müde wird zu wiederholen, ein schwacher, von seiner Leidenschaft gefährdeter junger Mensch, und schließlich hat sich Rousseau in der Fortsetzung seines Romans nicht gescheut, ihn wie Sophie in den Verirrungen des Pariser Lebens straucheln zu lassen.

III

Und noch ein anderes scheint mir bedenkenswert in bezug auf die Chronologie: Der „Emile" ist im wesentlichen geschrieben *nach* dem Bruch mit den Freunden, welcher im Winter 1757/58 sich vollzog. In welchem Sinne und in welchem Maße ist dieses Buch die Antwort auf diesen Bruch? Es genügt wohl nicht, allein auf die positive Bedeutung zu verweisen, die hier dem einsamen Leben gegeben ist: die Isolierung Emiles erscheint allerdings als die forcierte Entgegnung auf das Wort Diderots, das Rousseau so tief verletzt hat: „Nur der Böse ist allein"; wichtiger noch und tiefreichender scheint mir ein anderes, versteckteres Motiv: Rousseau bemüht sich, über seine bisherige Kulturkritik hinaus, ein Buch positiver, aufbauender, um nicht zu sagen: „erbauender", Art zu schreiben. Hat er es doch den „Philosophen" vorgeworfen, daß sie nur in Zweifel ziehen, kritisieren und zerstören können, während er im „Glaubensbekenntnis des savoyischen Vikars" und, wie wir sinngemäß hinzufügen dürfen, im gesamten „Emile" die positive, die bewahrende und aufbauende Wahrheit darzulegen suchte, und das hieß für ihn: Die Wahrheit, die man nicht bloß erkennt, geschweige nur lehrt, sondern die man lebt, eine Wahrheit, die mein eigenes Leben erleuchtet und führt. Der Begriff der „Natur" ist im „Emile" – oder soll sein! – nicht, wie im zweiten Discours, ein bloßer Normbegriff, woran die innere Widersprüchlichkeit und Brüchigkeit unseres gegenwärtigen gesellschaftlichen Zustandes sichtbar wird, sondern dieser Begriff bezeichnet reales Leben, einen wirklichen „Gang der Natur", den man in der natürlichen Entwicklung des Individuums verfolgen kann. Diese positive „Geschichte des menschlichen Herzens" ist offenbar als Gegenstück zu der negativen konzipiert, wie sie die beiden Discours schildern: die (natürliche) Entwicklung als Gegenbild der Entartung. Aber diese beiden Gegenbilder ergänzen einander nicht nur, sie scheinen eines Ursprungs, so wie Negativ und Positiv einer Aufnahme, wie Hohlform und Plastik eines

Gusses. So positiv der „Emile" von seinem Verfasser gemeint ist, so sehr Rousseau damit gehofft haben mag, dem Bannkreis der Kulturkritik und der Rolle des Anklägers zu entgehen, die Kulturkritik und ihre melancholische Diagnostik ist ihm nicht weniger inhärent als dem Discours über die Ungleichheit. Hatte er Diderot, der an diesem ersten Meisterwerk seines Freundes lebhaften Anteil nahm und nicht geringen Anteil hatte, vorgeworfen, er sei schuld an dem diese Schrift verderbenden „harten und düsteren Ton" – ein Ton, der dem von Natur so guten, menschenfreundlichen Jean-Jacques ganz fern gelegen habe! –, so müssen wir feststellen, daß sich dieser Ton an zahlreichen Stellen des „Emile" womöglich noch potenziert wiederfindet. Es ist also nicht zu leugnen, der „Emile" ist, obwohl ein Traktat über die Erziehung, mindestens im gleichen Maße ein Buch über die Entartung, und nicht weniger als der zweite Discours bemüht um eine „Genealogie der *Laster*".

Rousseau hat diese Zugehörigkeit des „Emile" zu seinen beiden Discours später selbst zugegeben und unterstrichen, so in der von uns zitierten Beschreibung der Inspiration von Vincennes, so in einer sehr bedenkenswerten Äußerung, die sich in einem Briefe an den Genfer Buchhändler Cramer aus dem Jahre 1764 findet: „Sie sagen mit Recht, daß man keinen Emile bilden kann. Aber ich kann nicht glauben, daß sie das Buch, das diesen Titel trägt, für eine wirkliche Abhandlung über die Erziehung halten. Es ist ein ziemlich philosophisches Werk über das Prinzip, das der Autor schon in seinen anderen Schriften ausgeführt hatte, daß der Mensch von Natur gut ist. Um dieses Prinzip mit der anderen, nicht weniger gewissen Wahrheit, daß die Menschen böse sind, in Übereinstimmung zu bringen, mußte man in der Geschichte des menschlichen Herzens den Ursprung aller Laster aufzeigen. Das habe ich in diesem Buche getan." Wozu ein Wort der *„Dialogues"* hinzuzunehmen ist: „Der ‚Emile' insbesondere, dieses so viel gelesene, aber so wenig verstandene und so schlecht gewürdigte Buch, ist nur ein Traktat über die ursprüngliche Güte des Menschen, bestimmt darzutun, wie Laster und Irrtum, die seiner Konstitution fremd sind, von außen da hineindringen und sie unmerklich verändern."

Diese beiden Ideen: die ursprüngliche Güte und die Genese des Bösen, sind offenbar die grundlegenden Ideen von Rousseaus Kulturkritik, welche selbst ihrem Wesen nach *genetisch* ist. „Unzählige haben gegen die Übelstände gepredigt, aber sie taten es deklamierend, ich dagegen gestützt auf Gründe; sie haben das Übel nur gesehen, ich aber habe seine Ursachen aufgedeckt", heißt es, in bezug auf die beiden Discours, schon in der „Vorrede zu Narziß". Aber zeigen, „wie die Menschen böse *geworden* sind", heißt zugleich, ein tieferes Verständnis dieses Böseseins vermitteln, die Symptome von den Wurzeln der Krankheit unterscheiden. Um eine solche auf die Wurzeln der Entartung zurückgehende Diagnostik handelt es sich also in Rousseaus Kulturkritik. Nicht das ist entscheidend, daß Rousseau seine zeitgenössische Gesellschaft für entartet gehalten, sondern worin er das Wesen dieser Entartung gesehen hat. Die Entartung ist, in einen Begriff gefaßt, die *Scheinexistenz* und die daraus folgende innere Widersprüchlichkeit des gesellschaftlichen Menschen. „Sein und Scheinen wurden zwei völlig verschiedene Sachen", heißt es im zweiten Discours, und im „Emile": „Der Weltmensch ist gänzlich in seiner Maske; da er fast niemals er selbst ist, fühlt er sich bei sich selbst fremd und unbehaglich, wenn er einmal gezwungen ist, dort einzukehren. Das, was ist, ist für ihn nichts: das, was scheint, ist für ihn alles."

Der Mensch hält es sozusagen nicht bei sich aus und sucht sich zu entfliehen: ein altes Thema gerade der christlichen Anthropologie. Man ist an die berühmte Kritik des „divertissement", der Zerstreuung, bei Pascal erinnert. Rousseau ironisiert, wie Pascal, die unsinnige bürgerliche Geschäftigkeit. Aber das Motiv dieser Betriebsamkeit ist doch hier und dort völlig verschieden: nicht wie bei Pascal die Flucht vor sich selbst, aus der Verzweiflung angesichts des Abgrundes des Nichts. Bei Rousseau sucht der Betriebsame gerade nicht Selbstvergessen, sondern Selbstbestätigung: die Aufwertung seiner Existenz durch das Ansehen, das diese in den Augen der anderen genießt. Hinter allen Eitelkeiten, hinter dem Luxusbedürfnis, dem Ehrgeiz, dem Arbeitseifer und der Betriebsamkeit des gesellschaftlichen Menschen steckt als gemeinsames, verborgenes Motiv jene seltsame „Entfremdung" von sich selbst, die bewirkt, daß sich der einzelne nicht mehr mit seinen eigenen Augen sieht, sondern mit denen der anderen. Das Stichwort dieser Selbstentfremdung des Menschen im „Emile" ist die „Meinung" (opinion), womit Rousseau stets die *gesellschaftliche* Meinung meint, die Meinung der anderen, der ich mich als dem gesellschaftlichen Urteil über mich selbst zu unterwerfen pflege. Ganz gleich, ob diese „Meinung" falsch ist, also, wie meist, aus Vorurteilen besteht, oder ausnahmsweise das Richtige trifft, in meiner Unterwerfung, in meiner Abhängigkeit und Selbstentfremdung ist sie in jedem Falle für mich verderblich. Rousseau hat diesen Gedanken, daß das Grundübel unseres Daseins in unserer Abhängigkeit von den anderen bestehe, nicht nur in bezug auf die aufdringlichen Phänomene des Sozialprestiges verfolgt, sondern auch in bezug auf die philosophische Wahrheitssuche selbst. Die objektive Wahrheit zu besitzen, meint Rousseau, kann niemand von uns sich rühmen, aber eben darum darf der Mensch, in der Ungewißheit der Wahrheitssuche, wenigstens nicht sich selber verlieren; falle ich schon einem Irrtum anheim, so soll es wenigstens mein eigener sein, wie es der Vikar in einem merkwürdigen Wort seines Glaubensbekenntnisses sagt (S. 551), denn in solchem Irren bleibe ich wenigstens in und bei mir selbst und bleibt mir daher die subjektive bonne foi, die Gott in seiner Güte anerkennen muß.

Hier wie dort, im Suchen nach gesellschaftlichem Ansehen wie nach der Wahrheit, ist also die innere Abhängigkeit von der „Meinung" der Kardinalfehler. Diese Abhängigkeit des Menschen von der Gesellschaft – das zentrale Thema insbesondere des zweiten Discours, wovon das der Ungleichheit nur einen Teilaspekt darstellt – wird nun von Rousseau nicht nur psychologisch gesehen und begründet: als Abhängigkeits*gefühl*, sondern auch ökonomisch und soziologisch als das existentielle Angewiesensein des einzelnen auf die anderen. Die Idee einer notwendigen und unaufhebbaren Entsprechung von äußerer Existenz und innerer Mentalität, von der wir schon einmal gesprochen haben und die man leicht materialistisch („Le *matérialisme* du sage") mißverstehen kann und oft so mißverstanden hat, als leite nämlich Rousseau die Mentalität einseitig von der Situation, die Moralität von der Hygiene und Ökonomie ab – ich sage diese Entsprechung, die gerade als *Wechsel*wirkung gedacht und zu verstehen ist, bildet einen Grundzug von Rousseaus Philosophie und Pädagogik. Der Akzent liegt im übrigen unzweideutig und je länger, je mehr auf der psychologischen und moralischen Seite. Nur um die *seelische* Unabhängigkeit zu begründen und anschaulich zu machen, konstruiert er sein bekanntes Bild vom „einzelgängerischen Wilden". Entscheidend ist dessen seelische Haltung: der Naturmensch hat nach Rousseaus Meinung keinerlei soziale Bedürfnisse; er lebt im wortwörtlichen Sinne „für sich". Alle seine Bedürfnisse sind Bedürfnisse seines eigenen Wohlbefindens. Man kann sich diese Bedürfnisse verfeinert und kultiviert vorstellen, dann wird aus dem Wilden, der seinen Hunger und Durst stillt, der epikureische Lebensgenießer, der seine Freude an den Genüssen des Gaumens, aber auch des Auges und des Ohrs hat, bis hin zu den erlesensten Genüssen der Kunst. Und in der Tat hat Rousseau am Ende des 4. Buches des „Emile" ein Bild eines solchen Lebensgenießers entworfen, in Zusammenhang mit der Bildung des Geschmacks, wobei es ihm darauf ankam, eine scharfe Grenze zwischen den wahren Genüssen zu ziehen, d. h. den Genüssen, die ich um ihrer selbst willen oder – was dasselbe ist,– für mich selbst genieße, und den falschen Genüssen, den Genüssen des Luxus und Sozialprestiges, die ich im Hinblick auf die Meinung der anderen genieße.

An diesem Beispiel sieht man gut, wie wenig für Rousseau „Natürlichkeit" mit Unkultiviertheit zusammenfällt. Zugleich aber wird an diesem Beispiel deutlich, welche Perversion das natürliche Streben des Menschen nach Wohlsein – Rousseau nennt es die „Selbstliebe" (amour de soi) – dadurch erfährt, daß ich es nur noch indirekt, im Umweg über die Meinung der anderen zu befriedigen trachte und zu befriedigen vermag. „Man sucht nicht mehr, was gefällt, sondern was unterscheidet", heißt es im „Emile". Das Streben des gesellschaftlichen Menschen verliert damit seine Substanz und wird zum puren Schein. Es kommt mir nun nicht mehr auf die Sache an, sondern auf die Wirkung; es kommt mir nur darauf an, mich zu distinguieren: der Fürst tut es mit Macht, der Reiche mit Luxus, der Künstler durch Originalität seines Werkes und der Wissenschaftler dadurch, daß er allen üblichen Meinungen widerspricht. Alles Tun des gesellschaftlichen Menschen ist fiktiv und doch darf er diese Fiktion weder sich noch den anderen eingestehen. Denn der Gelehrte muß glauben und glauben machen, daß es ihm allein um die Erkenntnis der Wahrheit zu tun ist, weil er nur durch diesen Glauben vor sich und den anderen das Ansehen gewinnt, auf das es ihm ankommt. Und der Gebildete muß glauben und glauben machen, daß es ihm nicht auf das Bildungsprestige ankommt, sondern auf die Bildungsgüter und ihren Genuß, weshalb er sich deren Genuß suggeriert. Es ist die Verlogenheit, die Nietzsche später dem deutschen „Bildungsphilister" vorwerfen wird.

Diese Kritik ist viel mehr anthropologisch als moralisch gemeint. Rousseau hat viel weniger die Schlechtigkeit als die Widersprüchlichkeit und die daraus resultierende Unseligkeit des gesellschaftlichen Menschen und der gesellschaftlichen Existenz im Auge. Darum scheint mir seine Kritik auch nicht damit widerlegt daß man diese Ingredienz von Eitelkeit in allem menschlichen Streben als den nun einmal nicht auszutilgenden Rest von Allzumenschlichem entschuldigt und auf den doch nicht zu leugnenden Anteil echter Sachbezogenheit hinweist. Gerade die unlösliche Verquickung von Sachlichkeit und Geltungsbedürfnis im menschlichen Streben bestätigt ja die innere Widersprüchlichkeit unserer gesellschaftlichen Existenz, die Rousseau im Auge hat. Man könnte geradezu Rousseaus Gedanken forcierend behaupten, daß die reine Scheinexistenz, das ausschließliche Leben in den Augen der anderen, die radikale Entäußerung – sofern sie überhaupt möglich wäre – der üblichen Verquickung von Echtheit und Schein vorzuziehen wäre. Denn eben darin sieht Rousseau das Elend der gesellschaftlichen Existenz, daß sie den Menschen zu einem Doppelspiel verführt, in dem nun gerade die Investierung eines gewissen Maßes von „Echtheit" dem Scheinwesen erst Macht und Konstanz verleiht. Darum bringt die gesellschaftliche Welt nur „des hommes doubles" hervor, die scheinbar alles auf die anderen, aber in Wirklichkeit alles auf sich selbst beziehen.

Nun hat Rousseau diesem in sich widersprüchlichen und gespaltenen gesellschaftlichen Zustand nicht nur die originäre Natürlichkeit, das reine Für-sich-Sein des Individuums entgegengesetzt, sondern auch die radikale Denaturierung, das vollkommene Für-die-andern-Sein in der politischen Existenz. Sie bildet den Gegenpol zum Naturzustand, in ihr ist die natürliche Selbstliebe des Individuums aufgehoben, oder – was dasselbe sagt – verlegt der Mensch seine Subjektivität in das „gemeinsame Ich" der Nation. Das zu bewirken ist die Aufgabe der politischen Erziehung. Ausdrücklich stellt Rousseau zu Anfang des „Emile" diese politische der natürlichen Erziehung gegenüber und ausdrücklich unterscheidet er von *beiden* die gesellschaftliche Erziehung, die Erziehung der Welt. In einem Fragment von 1762 über das „öffentliche Glück" hat er diesen Gedanken noch einmal unterstrichen: „Was das Unglück des Menschen ausmacht, das ist der Widerspruch zwischen unseren Pflichten und unseren Neigungen, zwischen der Natur und den gesellschaftlichen Einrichtungen, zwischen dem Menschen und dem Staatsbürger. Macht den Menschen mit sich einig und ihr werdet ihn so glücklich machen, wie er zu sein vermag. Gebt ihn gänzlich dem Staate oder überlaßt ihn gänzlich sich selbst." Wozu ein Wort der ersten Seiten des „Emile" hinzuzunehmen ist, welches denselben Gedanken mit derselben Schärfe zum Ausdruck bringt: „Wer in der gesellschaftlichen Ordnung den Vorrang der natürlichen Gefühle bewahren möchte, weiß nicht, was er will. Stets in Widerspruch mit sich selbst, stets schwankend zwischen seinen Neigungen und seinen Pflichten, wird er niemals weder Mensch noch Bürger sein, weder sich selbst noch den andern zunutz . . . Um etwas zu sein, um du selbst zu sein und stets ein und derselbe, mußt du dich ein für allemal entscheiden, welche Partei du wählst."

Diese Situation des inneren Zwiespalts ist es also, die Rousseau zum Ausgangspunkt seines pädagogischen Traktats wählt und auf die er mit seiner Lehre von der natürlichen Erziehung antwortet. Inmitten einer heillosen Welt dem einzelnen Menschen ein menschliches und glückliches Leben zu ermöglichen, das ist für Rousseau die Aufgabe der Erziehung, wie er sie im „Emile" entworfen hat. Die Welt, in der und für die Emile erzogen wird, ist gerade keine ideale Welt, sondern die Welt seiner Zeit, also weder die Welt ursprünglicher Natürlichkeit noch die Welt eines integren Staates, sondern das Frankreich, ja die adlige Gesellschaft zur Zeit Ludwigs XV. Emile stammt aus ihr und wird in ihr leben. Er wird später, so hofft der Erzieher, von den Bauern, unter denen er sich niederlassen wird, geliebt und verehrt werden; vielleicht wird er sogar von einem Fürsten geschätzt und gelegentlich zum Staatsdienst herangezogen werden, aber das Schwergewicht seines Daseins soll nicht in dem liegen, was er für die Welt leistet, sondern in dem kleinen und intimen Kreis der Familie, so wie es Rousseau am Vorbild der Julie gezeigt hatte. Auf keinen Fall soll Emile der Apostel eines neuen, des rousseauischen Evangeliums und der Vater einer neuen Menschheit werden. Denn Rousseau hat niemals daran gedacht, daß in der natürlichen Erziehung ein neues, besseres Menschengeschlecht heranwachsen und die Wende in der Geschichte der Menschheit herbeiführen werde. So ist er freilich schon früh, zum

Beispiel von Fichte, mißverstanden worden. Wie die Entartung der Nationen mit ihrer Verfassung zusammenhängt, ist ihr, wenn überhaupt, auch nur von dieser aus zu steuern. Die *natürliche* Erziehung des Emile hat niemals zum Ziel, eine solche politische Regeneration einzuleiten. Die *politische* Erziehung aber setzt eine integre politische Ordnung voraus; sie kann sie weder herstellen noch wiederherstellen. Eine solche politische Regeneration hat im übrigen Rousseau für Frankreich, ja für fast alle Nationen Europas für unmöglich gehalten. Eben aus dieser Resignation entwirft er in der „Nouvelle Héloïse" das Bild einer intimen Gesellschaft, die sich von der entarteten Welt abschließt, und im „Emile" das Bild der Erziehung eines einzelnen Kindes, das man aus seinen gesellschaftlichen Bindungen gelöst und in die Stille eines Dorfes versetzt hat. Man darf den Ton von Resignation nicht überhören, der gleich auf den ersten Seiten des „Emile" angeschlagen wird. Wer im „Emile" diese Seite der Gesellschaftskritik übersieht und diesen Ton schmerzlicher Resignation – worin die selbstgewählte oder auch selbstverschuldete Einsamkeit des alternden Rousseau bereits anklingt – überhört und sich nur an die positiv scheinenden pädagogischen Maximen hält, hat dieses Buch schlecht verstanden. Es ist gerade hierin weltenfern dem pädagogischen Optimismus der deutschen Reformpädagogik unseres Jahrhunderts.

IV

Rousseau ist der erste gewesen, der seine pädagogischen Betrachtungen nicht in Form eines pädagogischen Systems, aber auch nicht bloß als Sammlung pädagogischer Maximen geboten hat, sondern indem er die *seelische Entwicklung* eines imaginären Zöglings durch die verschiedenen Altersstufen hindurch verfolgt. Schon zu Anfang des Manuskripts Favre hatte Rousseau das Schema dieser Altersstufeneinteilung notiert: „Alter der Natur, Alter der Vernunft, Alter

der Stärke und Alter der Weisheit". Wenn auch die endgültige Teilung des Emile in 5 Bücher sich in vielen Punkten
von diesem vorläufigen Entwurf unterscheidet, so hat sie
doch dessen grundlegende Idee bewahrt, daß nämlich, wie
Rousseau in der Einleitung zum „Emile" schreibt, der systematische Teil seines Traktates in nichts anderem bestehe als
dem „Gang der Natur". Die Entwicklung des Individuums
ist also nach Rousseau nicht bloß ein gesellschaftliches Phänomen, bestimmt durch die gesellschaftlichen Meinungen
und Einflüsse, sondern ein natürliches, beherrscht durch
unwandelbare Prinzipien, gegen die der Erzieher nicht
verstoßen kann, ohne sein Werk zu verderben. Diese Überzeugung, daß in unserer seelischen Entwicklung eine Gesetzmäßigkeit sich offenbart, die aller gesellschaftlichen
„Meinung" vorausliegt, wie es eine solche Gesetzmäßigkeit
zweifellos in unserem physischen Wachstum gibt, der Begriff,
ja der Terminus selbst eines „Ganges der Natur" steht bekanntlich im Zentrum der großen deutschen pädagogischen
Bewegung von Pestalozzi bis Fröbel, für die wir daher
Rousseau als den eigentlichen Begründer ansehen dürfen.
Aber diese Idee, so original und wirkungsmächtig sie gewesen sein mag, ist für sich allein nicht genügend, um uns die
Komposition des „Emile" verständlich und seine philosophische Relevanz sichtbar zu machen. Für sich allein genommen oder gar verstanden im Sinne unserer modernen
Entwicklungspsychologie oder der Reformpädagogik des 20.
Jahrhunderts ist diese Idee eher geeignet, uns den Grundgedanken des „Emile" zu verdecken, statt zu erhellen. Der
eigentliche und tiefe Sinn dieser Altersstufenteilung bleibt
so lange unverstanden, als wir nicht zum Prinzip dieser Teilung selbst zurückgehen. Dieses Prinzip aber hat Rousseau
nicht aus seiner eigenen Lebenserfahrung geschöpft und auch
nicht aus empirischer Beobachtung – so gerne der Autor des
„Emile" sich auf solche beruft –, sondern er hat es als die
Lösung jenes großen inneren Konflikts entwickelt oder konstruiert, worin er sich durch die beiden philosophischen
Strömungen verwickelt sah, denen er sich innerlich gleicher-

maßen zugehörig fühlte: den monistischen Sensualismus der jüngeren Aufklärung, der ihm bei Diderot, Condillac und in gewissem Maße auch bei Buffon entgegentrat, und dem traditionellen Idealismus, den er vor allem in der Form des cartesianischen Dualismus kannte und schätzte. Ich kann die Geschichte dieser inneren Auseinandersetzung hier nicht im einzelnen verfolgen und wie daraus sich der spezifisch rousseauische *anthropologische* Dualismus entwickelt hat – welcher von dem metaphysischen des Descartes sich wohl unterscheidet – und muß daher auf die ausführliche Darstellung in meinem großen Rousseau-Buch verweisen: zum Verständnis der Komposition des „Emile" genügt es zunächst sich klarzumachen, daß die Unterscheidung von vier oder fünf Altersstufen letztlich auf eine *Zweiheit* hinausläuft: Kindheit und Jugendzeit. Diese beiden Altersstufen sind durch die Pubertät getrennt, welche Rousseau nicht ohne Grund „eine zweite Geburt" nennt: derart neu und andersartig erscheint die jugendliche Existenz, die mit ihr einsetzt.

Betrachten wir zuerst die *Kindheit*. Daß das erste und zweite Buch des „Emile" eine Einheit bilden, erkennt man auf den ersten Blick und wird bestätigt durch die Randbemerkung des Manuskripts Favre, die dafür nur eine Bezeichnung hat: „Alter der Natur". Dieses „*Alter der Natur*" (âge de nature) entspricht zweifellos dem *Stand* der Natur (état de nature), wie ihn Rousseau im zweiten Discours dargestellt hat. Die beherrschende Vorstellung ist die der Autonomie, ja Autarkie des Individuums, der möglichst vollständigen *Unabhängigkeit*. Für sich allein lebend, sich selbst genügend, ohne jedes Bedürfnis nach menschlichem Umgang und freundschaftlicher Intimität, ohne gesellschaftliche Beziehungen und Verpflichtungen, ist dieser Emile so recht ein Einsiedler wie der „Wilde" des zweiten Discours. Er kennt von der Welt nur die Dinge und von sich selbst nur sein Verhältnis zu den Dingen, wie es ihm seine Sinneswahrnehmungen und seine körperlichen Erfahrungen vermitteln. Daher diese seltsame Konstruktion eines Kindes ohne jedes Gefühls- und Phantasieleben, ohne Bedürfnis nach Liebe, ohne Fähigkeit zur Liebe, sogar ohne Mitleid, eines Kindes, das in seine eigene sinnliche Existenz wie eingeschlossen ist, kurzum eines Kindes ohne Seele, vernünftig zwar und glücklich, aber kalt und fühllos, und das – wir wollen es offen gestehen – uns, wenn wir ihm in Wirklichkeit begegneten, nur Schauder einflößen könnte. Wir wissen aus den „Bekenntnissen", wie sehr diese Konstruktion der Lebenserfahrung Rousseaus selbst widersprach, der ein besonders gefühlvolles und phantasievolles Kind war, aber sie steht auch im Widerspruch zu einem wesentlichen Moment von Rousseaus eigenem Erziehungstraktat, nämlich der Bedeutung des *pädagogischen Bezuges*. Gewiß, die Anhänglichkeit Emiles an seinen Erzieher entwickelt sich erst im Jugendalter zu jener intimen Freundschaft, die dem Erzieher eine innere Macht über die Seele seines Zöglings gibt, den er vorher nur von außen, durch die Dinge, geleitet hatte, aber wie könnte diese Freundschaft entstehen, ohne daß ihr eine und sei es auch nur halb bewußte Anhänglichkeit vorausgegangen wäre? Der Erzieher ist, sagt Rousseau von dem Knaben Emile, „sein Freund, sein Kamerad, sein Spielgefährte ... wir sind zwar niemals von einander abhängig, aber wir passen immer zusammen und fühlen uns mit keinem andern so wohl als wenn wir beieinander sind". Wie sollte ein Kind, dem es nur in der Gemeinschaft seines Erziehers recht gefällt, das sich täglich mehr an ihn anschließt, diesen treuen Gefährten seines Lebens und seiner Spiele *nicht* lieben und also nicht von ihm „abhängig" sein? Denn Anhänglichkeit schafft Abhängigkeit, bewirkt, daß das Ich aus seiner Autarkie heraustritt und des Nächsten *bedarf*. Von der Behauptung Rousseaus, der Knabe Emile lebe in voller seelischer Unabhängigkeit von den Menschen, bleibt also nur, daß er seine Anhänglichkeit nicht als moralische *Pflicht* fühlt und zu fühlen braucht. Genau das hatte Rousseau zu Anfang des 1. Buches bereits gesagt, wo er von der Beziehung zwischen Mutter und Kind spricht, in Worten übrigens, die mir die schärfste Kritik an seiner eigenen Konstruktion eines fühllosen Emile zu enthalten scheinen: „Keine Mutter, kein Kind... Das Kind soll seine Mutter lieben, ehe es weiß, daß es das soll. Wenn die Stimme des Blutes nicht durch die Gewohnheit und die Pflege gefestigt wird, so verstummt sie in den ersten Jahren und das Herz stirbt sozusagen, ehe es geboren wird." Solange wir also die Kindheit Emiles als eine Altersphase für sich nehmen, solange wir des Knaben Gefühllosigkeit als einen realen Seelenzustand auffassen, bleibt diese Altersstufeneinteilung unverständlich und erscheint Rousseaus Gedanke als purer Unsinn. Aber das wird anders und dieser Gedanke erhält seine Überzeugungskraft in dem Augenblick, da wir diese Kindheit in ihrer Beziehung zu der zweiten Altersstufe, der Jugend, betrachten, deren genaue *Antithese* sie darstellt. Erst gemeinsam bilden diese beiden Altersstufen die wirkliche menschliche Existenz; für sich allein genommen ist jede von ihnen eine reine Abstraktion: die naturhafte Existenz als Grundlage, die gebildete Existenz als Vollendung des menschlichen Seins.

Darum hat Rousseau mit einer von seinem anthropologischen Grundgedanken her wohl verständlichen, vom Gesichtspunkt der empirischen Entwicklungspsychologie und der praktischen Pädagogik dagegen höchst fragwürdigen Einseitigkeit den *Unterschied* der beiden Altersstufen herausgearbeitet und damit die Pubertät dramatisiert: so als handle es sich nicht um einen Abschnitt innerhalb der Gesamtentwicklung, sondern um die Geburt eines völlig neuen Wesens. Der Ausdruck „zweite Geburt" ist daher im „Emile" sehr viel mehr als eine schöne Metapher. Eine neue Dimension der Welt und des Lebens tut sich dem Jüngling auf und verlangt von dem Erzieher den völligen Wandel seiner bisher geübten Erziehungs- und Bildungsmethode. „Bedenkt, daß, um einen Jugendlichen zu führen, ihr das genaue Gegenteil von dem tun müßt, was ihr getan habt, um ein Kind zu führen." Wandlung sowohl im Stoff wie in der Methode seiner Studien, Wandlung vor allem in dem Verhältnis von Lehrer und Schüler. So treten nun

in Emiles Unterricht an die Stelle der naturwissenschaft-
lichen die geisteswissenschaftlichen Studien, an die Stelle
der Erkenntnis der Dinge die der Menschen. Beobachtung
und nüchterne Urteilsfähigkeit werden abgelöst durch
Sympathie und Phantasie. Bücher, abstrakte Gedankengänge, religiöse Meditation und Erhebung, die Bildung des
Geschmacks, die schönen Künste und die schöne Literatur
ersetzen die Spiele, die nüchternen Beobachtungen und
Experimente, die praktischen Erfahrungen, die körperliche
Arbeit. Es ist, als würden alle Studien, deren Beginn Rousseau im 3. Buch beschrieben hatte, ausgesetzt: die Physik,
die (physikalische) Geographie, die Mathematik. Genauso hatte Saint-Preux als Lehrer Julies aus ihrem Studien-
plan alles gestrichen, was nicht unmittelbar der Bildung
des Geschmacks und der Sittlichkeit dient: die Fremdsprachen – mit einziger Ausnahme des Italienischen als der
Sprache der Musik! –, Algebra, Geometrie, Naturwissen-
schaft; denn, so sagt er, „alles, was der Seele nichts sagt,
ist nicht wert, Sie zu beschäftigen".

Noch frappierender ist die Veränderung im pädagogischen
Bezug, in dem Verhalten des Erziehers zu seinem Zögling, vor allem in der *Sprache,* die er ihm gegenüber
braucht. „Haltet dem Kinde keine Reden, die es nicht
verstehen kann. Keine Beschreibung, keine Beredsamkeit,
keine Metaphern, keine Poesie. Jetzt ist noch nicht die
Rede von Gefühl und Geschmack. Bleibt weiterhin klar,
schlicht und kühl; die Zeit kommt nur allzubald, wo ihr
einer anderen Sprache bedürft", so noch im 3. Buch, gegenüber dem Kinde von zwölf bis fünfzehn Jahren. „Räso-
niert niemals trocken mit der Jugend ... Laßt die Sprache
des Geistes durch die des Herzens gehen, damit er sie
verstehen kann": so im 4. Buch. Und der Erzieher bemüht
sich nun in seinen Gesprächen, das Herz seines Schülers zu
rühren und zu entflammen, und nutzt dazu alle Mittel
der Gefühlseinwirkung: „Ich werde in meine Augen, in
meine Stimme, in meine Gesten den Enthusiasmus und das
Feuer legen, das ich ihm einflößen möchte."

Diese Veränderung im Inhalt und in der Form der Belehrung ist aber nur die Spiegelung einer viel tiefer reichenden Veränderung in der Seele des Zöglings selbst: Veränderung seines *Selbstbewußtseins*. Denn auf jeder Altersstufe ist das eigentliche Ziel der Bildung nicht, daß ich neue Kenntnisse erwerbe oder neue Methoden der Erkenntnis gewinne, sondern mich selbst besser verstehe, und ich verstehe mich, meint Rousseau, nur in meinen Beziehungen zur Welt. „Das Studium, das dem Menschen ziemt, ist das seiner Beziehungen. Solange er sich nur durch sein körperliches Sein kennt, soll er sich durch seine Beziehungen zu den Dingen kennenlernen: das ist die Aufgabe der Kindheit. Wenn er dagegen sein moralisches Sein zu fühlen beginnt, so soll er sich durch seine Beziehungen zu den Menschen kennenlernen; das ist die Aufgabe seines ganzen Lebens, die an dem Punkt zu beginnen hat, an dem wir jetzt stehen" – das heißt am Beginn der Jugendzeit.

Ich fasse zusammen: Für den Knaben Emile ist die Welt Sache und sachlich ist sein Verhältnis zu ihr; für den Jüngling Emile ist die Welt Gesellschaft und sein Verhältnis zur Welt ist daher ein moralisches. Diese beiden Altersstufen dürfen daher nicht als zwei reale Entwicklungsphasen verstanden werden, sondern als zwei Stufen oder Schichten der menschlichen Existenz, die sich nicht eigentlich folgen, sondern überlagern. Die zweite Stufe, repräsentiert durch das Jugendalter, setzt die erste als ihre Grundlage voraus. Ehe der Mensch fähig ist zu fühlen und zu lieben, muß er handeln und denken; der homo faber geht der „schönen Seele" voraus. In dem Sinne anerkennt die Philosophie und Pädagogik Rousseaus den ontologischen oder existenzialen Vorrang der sinnlichen und pragmatischen Existenz vor der sentimentalen und moralischen, der Extraversion vor der Introversion – was in den Augen Rousseaus keineswegs einen höheren *Wert* dieser niederen Existenzstufe bedingt. Aber freilich, ein Philosoph, der, wie Rousseau im zweiten Discours sagt, bis zu den „Wurzeln" unserer Existenz gräbt, ein Pädagoge, der behauptet, in seiner

Erziehungstheorie dem „Gang" der Natur zu folgen, muß diese Genese und dieses Verhältnis von „unten" und „oben", von Basis und Gipfel, ernst nehmen und berücksichtigen. Von dem Augenblick an, da Rousseau die genetische Methode zur Analyse der menschlichen Existenz gewählt hat – also seit dem ersten Discours – mußte er diesen ontologischen Vorrang des Primitiven anerkennen. Die sinnliche Existenz ist daher für ihn nicht nur der Ausgangspunkt der menschlichen Entwicklung – das war sie auch für die fortschritts-gläubigen Philosophen des Diderotkreises –, sondern bleibt deren unaufhebbare Grundlage. Jeder Schritt von dieser Grundlage weg steht in Gefahr, in die Irre zu jenem „Scheinwesen" zu führen, das, wie wir sahen, für Rousseau Inbegriff der Entartung ist. Hier in der puren Existenz und in jeder Lebensform, die etwas von ihrer Ursprüng-lichkeit, Einfachheit und Unabhängigkeit bewahrt hat, liegt daher gerade auch eine Garantie für das „höhere" Dasein, für das Leben der „schönen Seele": wir erinnern uns jener Maxime der „Wahrheit", daß man um der Moral willen gerade die leibliche und ökonomische Existenz moralisch wichtig zu nehmen habe, wie das Rousseau in seiner Schrift über die „sinnliche Moral oder den Materialismus des Weisen" darlegen wollte.

So wie der Naturzustand also für Rousseau mehr ist als der Ausgangspunkt der menschlichen Entwicklung, so ist erst recht die Kindheit nicht eine bloße Entwicklungs*phase*, deren Lebensweise und Denkungsart durch die neuen seeli-schen und geistigen Erwerbungen der Jugend überholt wäre, sondern bildet als die Wurzel zugleich die bleibende Grundlage und, wie wir sehen werden, das unentbehrliche Refugium gerade auch des höheren seelischen Lebens. Darum fordert Rousseau, man solle in der Jugendzeit die guten Gewohnheiten der Kindheit *bewahren*. Er gibt dafür im „Emile" selbst ein sehr anschauliches Beispiel, nämlich in dem Verhalten Emiles während seiner Brautzeit. In allem Überschwang seiner erwachenden Liebesleidenschaft bleibt Emile doch den Gewohnheiten seiner früheren Existenz

treu: ein kräftiger Wanderer und ein gewissenhafter Arbeiter. Vor allem aber in der Fortsetzung des Romans, in
dem Fragment „Emile und Sophie", hat Rousseau auf die
bleibende Bedeutung der in der Kindheit erworbenen
Lebens- und Denkungsweise hingewiesen. Hier kommt es
zu einer Art Rückgriff auf die kindliche Existenz selbst.
Emile ist durch die Untreue seiner Frau einsam geworden,
er hat die Zerbrechlichkeit jeder menschlichen Bindung, von
der ihm der Erzieher in der großen Rede des 5. Buches
gesprochen hatte, nun in aller Härte erfahren müssen. Da
erinnert er sich dessen Lehren: „Während eines Augenblicks
der Erschöpfung, da die Natur Atem schöpft, um aufs
neue zu leiden, dachte ich plötzlich an meine Jugend, an
Sie, mein Lehrer, und an das, was Sie mich gelehrt hatten:
ich dachte daran, daß ich Mensch sei, und fragte mich
alsbald: Was habe ich von mir selbst verloren? Wäre ich
in diesem Augenblick, so wie ich bin, von den Wolken
gefallen, um das Leben zu beginnen, wäre ich dann ein
unglückliches Wesen?" So knüpft er, um sich von seiner
Liebe zu lösen, an seine kindliche, d. h. liebe*freie* Existenz
an und sucht sich „in den Zustand eines Menschen zu versetzen, der zu leben *beginnt*".

Diese Existenz des Solitaire ist vom alternden Rousseau
dann später in seinen „Träumereien eines einsamen Spazier-
gängers", vor allem in der 5. Rêverie als das Glück des
puren „Daseinsgefühls" (sentiment de l'existence) geschildert und verherrlicht worden. Die Stufe der „Weisheit"
also, mit der nach dem Schema des Manuskripts Favre die
Erziehung Emiles enden sollte, ist nicht einfach Rückkehr
zur Gefühllosigkeit des Primitiven und Kindes, ist auch
nicht bloß stoische Apatheia, sie ist vielmehr eine anders-
artige Existenz im Medium der Empfindsamkeit selbst,
Gefühl ohne Liebe und also ohne innere Bindung und Abhängigkeit, Gefühl ohne Gegenstand, sozusagen Gefühl
an sich. Der gefühlvolle Einsiedler der 5. Rêverie ist nicht
weniger unabhängig als der Wilde des zweiten Discours
oder der Emile des 2. Buches, aber er besitzt ein Bewußt-

sein seiner Autonomie, er genießt seine Unabhängigkeit.
Das Kind ist allein, ohne es zu fühlen; der alte Rousseau
fühlt sich allein, das heißt vereinsamt, von den Menschen
verbannt, aber er sucht über diese erzwungene Einsamkeit
hinaus ein Alleinsein, das nicht mehr als Mangel empfunden
wird, sondern als der souveräne und freie Akt, womit
ich von mir selbst Besitz ergreife. Dieses „Gefühl des
Daseins" kann daher in gewisser Weise als die Synthese
verstanden werden, auf die der anthropologische Dualismus
Rousseaus hinzielt. Aber vergessen wir nicht, daß diese
Synthese im „Emile" selbst kaum angedeutet ist und daß
die Weisheit, die der Erzieher seinem Zögling predigt,
obwohl in vielen Punkten der der Rêveries nahe, sich auf
eine ganz andere Lebenslage bezieht, bestimmt für ein
beginnendes und nicht für ein endendes Leben, für einen
jugendlichen Liebenden und nicht für einen vereinsamten
Greis. Soweit man von einer Synthese im „Emile" selbst
sprechen kann, besteht diese viel eher in der Koexistenz
der beiden wohl geschiedenen Daseinsweisen und Denkungs-
arten. In der Komposition des „Emile" ist unzweideutig das
Neben- oder Übereinander der beiden Existenzen gewahrt;
beide schließen sich zwar gegenseitig nicht aus, aber vermischen sich auch nicht miteinander, sondern wohnen und
wirken in Seele und Leben des einzelnen zusammen, ohne
daß dieser doch dadurch ein zweigeteilter Mensch, „un
homme double" würde, wie er dies nach Rousseaus Auffassung durch das Gegeneinander von natürlicher und
gesellschaftlicher Existenz wird.

V

Nach dieser Klarstellung, daß der „Emile" in zwei Teilen
komponiert ist, wird auch der Aufbau jedes dieser Teile
zu erhellen sein. Auch diese Entwicklung, also den Fortschritt innerhalb der Kindheit und innerhalb der Jugendzeit, hat Rousseau weniger empirischer Beobachtung ent-

nommen als aus dem Wesen dieser beiden Alters- und
Seinsstufen deduziert. Besteht das Wesen der Kindheit darin, daß der Mensch lernt, sein natürliches Leben aus eigener
Kraft, in Selbständigkeit und mit Genuß zu führen, so muß
der Fortschritt offenbar in der wachsenden Fähigkeit zu dieser Lebensführung liegen, vor allem also in der Erwerbung
der Selbständigkeit und *Stärke*. „Stark" sein heißt nämlich für Rousseau nicht Macht über andere haben, sondern
sich selbst genügen. Darum setzt er Stärke gleich Glück,
weil Glück und Unglück nur andere Worte sind für das
Gleichgewicht oder das Mißverhältnis unseres Begehrens
und unseres Vermögens. Wer weniger vermag, als er
wünscht, oder mehr wünscht, als er vermag, ist unglücklich; wer kann, was er will, und nur will, was er kann, ist
stark und glücklich. Dieses Gleichgewicht besitzt der „Wilde" von Natur, weil sein Begehren nie seine leiblichen Bedürfnisse übersteigt; dieses Gleichgewicht ist beim gesellschaftlichen Menschen gestört, weil die der „Meinung" ent-
springenden „Phantasiebedürfnisse", besonders die des Sozialprestiges, prinzipiell unersättlich sind. Aber auch dem
kleinen Kinde, auch wenn es noch unverdorben ist, fehlt
das Gleichgewicht, weil seine Kräfte noch nicht, wie bei jedem erwachsenen Lebewesen, seinen natürlichen Bedürfnissen Genüge tun. Es ist daher auf die Hilfe der Erwachsenen angewiesen. Aber das ist, in Rousseaus Augen, nur ein
kurzer Übergangszustand, wenigstens wenn eine gesunde
Erziehung dem Kinde Gelegenheit gibt, seine Kräfte zu
üben und sich möglichst rasch zu emanzipieren. Das eigentliche Kindesalter, wie es Rousseau im 2. Buch schildert und
das vom zweiten bis zum zwölften Lebensjahr dauert, ten-
diert zu einem Gleichgewicht von Schwäche und Stärke,
wie er in dem Höhepunkt dieses Lebensabschnittes, der
„Reife" der Kindheit, erreicht ist. Einerseits sieht der Erzieher darauf, daß das Kind seine physische Unterlegenheit
und Abhängigkeit von den Erwachsenen anerkennt und sich
ihr wie einer Naturnotwendigkeit beugt, mehr aber noch
darauf, daß es sich, soweit wie möglich, von ihrer Hilfe

freimacht, also „stark" wird. „Bereitet von früh an die Herrschaft seiner Freiheit": das ist die oberste Maxime der Erziehung während der Kindheit.

Damit wird auch die Stellung des *3. Buches* im Gesamtaufbau des „Emile" verständlich. Diese dritte Periode der Kindheit ist durch einen *Überschuß* an Kraft ausgezeichnet, den, wie Rousseau meint, der Erzieher nun zum intentionalen Lernen nutzen solle. Wie kommt es nach Rousseau zu diesem „Überschuß"? (Damit hat er, nebenbei bemerkt, Gehlens bekannte These in gewissem Maße vorweggenommen.) Die Antwort kann nur lauten: Der Knabe von zwölf bis fünfzehn Jahren ist wie bisher von allen Gefühlsbedürfnissen und -bindungen frei, seine Existenz ruht in sich selber. Souverän in seinem kindlichen Dasein, dessen Spielregeln er beherrscht und das seine wachsenden Kräfte nicht mehr voll ausfüllt, ahnt er doch noch nichts von jenen *seelischen* Bedürfnissen, die erst mit der Pubertät erwachen. Eben diese affektiven Bedürfnisse, die Ergänzungsbedürftigkeit des sich seiner Einsamkeit bewußten und nach Liebe suchenden Jünglings, leiten eine neue Periode, eine Periode der Schwäche ein. Selbstgenügsamkeit und Stärke, Liebe und Schwäche gehören daher innerlichst zusammen. „Die Schwäche macht den Menschen gesellig . . . Jede Zuneigung ist ein Zeichen von Ungenügen: könnten wir die anderen Menschen entbehren, so würden wir gewiß nicht daran denken, uns an sie zu heften. So wächst aus unserer Schwachheit unser zerbrechliches Glück. Ein wahrhaft glückliches Wesen ist ein einsames Wesen: Gott allein genießt ein wahrhaftes Glück." Aber Rousseau fügt hinzu, daß wir uns von einem solchen Glück keine Vorstellung machen können, daß uns, da wir auf Liebeserfüllung eingestellt sind, ein Dasein ohne Liebe als ein Dasein ohne Glück erscheinen muß. Aber liegt unser Glück in der Liebe, so ist es ein sehr zerbrechliches, demgegenüber das Glück des Kindes, so vergänglich es ist, etwas von der Sicherheit des „absoluten" Glückes atmet, das nur Gott eigen ist.

Das Jugendalter beginnt also mit dem Rückfall in eine der

physischen Abhängigkeit des Kleinkindes analoge *seelische* Abhängigkeit. Rousseau hat diesen Abstieg aus der stolzen Selbstgenügsamkeit dadurch noch dramatisiert, daß er der „Reife" der Kindheit diesen Zustand der „Überreife" hat folgen lassen, den das 3. Buch beschreibt. Moralisch gehört dieses Alter also unzweideutig zur Kindheit, nur intellektuell, in der Fähigkeit zu abstrakter Begriffsbildung und theoretischer Erkenntnis, ragt es über das „Alter der Natur" hinaus und verdient daher die Bezeichnung „Alter der Vernunft". Aber diese „Vernunft" ist rein *sachlich* und ohne jede moralische Relevanz; erst im Jugendalter wird die Vernunft als der große Gegenspieler der Leidenschaft zu einem wesentlichen Faktor der sittlichen Bildung selbst.

Auch die zweite Altersstufe, die Jugendzeit, welche vom fünfzehnten bis zum fünfundzwanzigsten Lebensjahr reicht, zeigt in psychologischer wie didaktischer Hinsicht einen bestimmten *Fortschritt*, und auch hier hat Rousseau die Stufen dieses Fortschritts aus einem einheitlichen Prinzip abgeleitet. Ist der Kern dieser Altersstufe das Erlebnis der Liebe, dann muß der Fortschritt in nichts anderem bestehen als in der inneren Geschichte von Emiles Liebesfähigkeit und Liebeserleben. Der Ursprung von Liebesbedürfnis wie von Liebesgefühl aber liegt nach Rousseau in der *Einbildungskraft:* mit ihrem Erwachen setzt daher das neue seelische Leben ein und die Entwicklung besteht eben in dem Übergang vom Imaginären und Allgemeinen zum Realen und Konkreten. (Das ist übrigens genau die Entwicklung, die Rousseau bei der Entstehung der „Nouvelle Héloïse" selbst und beim Umschlag dieses Liebesromans in das Liebeserlebnis mit Madame d'Houdetot erfahren hatte: Konkretisierung und Realisierung des Liebestraumes.) Beginnend mit bloß imaginären und allgemeinen Gefühlserlebnissen, nämlich dem Mitgefühl mit „seinesgleichen" und der Idee der humanité – worin der junge Emile eigentlich nur seine eigene Empfindsamkeit in die anderen Menschen einfühlt –, zeigt das 4. Buch dann in zwei großen Abschnitten, wie Emile eine realistische *Kenntnis der Menschen* gewinnt: zunächst durch

bloße Vorstellung, nämlich durch die Historie, die Rousseau,
hierin der Tradition folgend, als pragmatische Menschenkunde begreift, dann aber durch einen wirklichen Eintritt
in die Gesellschaft. (Die enge Zusammengehörigkeit dieser
beiden Abschnitte vor und nach dem „Glaubensbekenntnis"
kommt dem Leser durch diesen großen Einschub leicht aus
dem Blick.) Aber auch seine Erfahrungen im mondänen Leben von Paris sind *allgemeiner* Art: nirgends führen sie ja
zu einer persönlichen Begegnung, geschweige denn Bindung.
Erst das 5. Buch bringt daher die volle Wendung zum Konkreten: Emiles Liebe und Verlöbnis. Diese Geschichte, ob sie
nun nach unserem Geschmack ist oder nicht, haben wir nicht
etwa als eine überflüssige Zugabe zu dem Erziehungstraktat
anzusehen, sondern als dessen eigentlichen Ziel- und Höhepunkt. Der romanhafte Charakter dieses Teils erklärt sich
zwanglos aus der Tendenz zum Konkreten. Hat es nicht
einen guten, gerade auch dem Pädagogen einleuchtenden
Sinn, daß Erziehung nun immer mehr als persönliche Begegnung und insofern als persönliches Schicksal zu fassen
ist? – nur daß hier der Erzieher, ähnlich den Männern vom
Turm in Goethes „Wilhelm Meister", selbst Schicksal spielt.

So hat also Rousseau im „Emile" nacheinander eine Pädagogik der Unabhängigkeit und eine Pädagogik der Liebe
entworfen, aus deren innerem Verhältnis erst Komposition
und Grundgedanke des ganzen Werkes erhellt. Die Ausschließlichkeit, mit der Rousseau jeweils nur die eine Seite,
die eine These darstellt, täuscht den Leser leicht über die
innere Dialektik, in der These und Gegenthese, Art und
Gegenart zu sehen sind. Und doch beruht auf diesem Dar-
stellungsverfahren, das durch das Schema der Altersstufen
nahegelegt wird, die innere Spannung und Weite, freilich
auch die Schwerverständlichkeit des Werkes.

Mit ein paar Strichen sei daher noch einmal der Grundgedanke der beiden Existenz- und Erziehungsweisen charakterisiert.

Das Prinzip der *Unabhängigkeit* hat zu seiner pädagogischen Konsequenz den Grundsatz der sogenannten *„nega-*

tiven Erziehung", das heißt die Ausschaltung jeder direkten, insbesondere jeder autoritativen Einwirkung des Erziehers auf den Zögling. Diese „negative Erziehung" hat im Grunde recht wenig mit dem naturalistischen Prinzip des „Wachsenlassens" zu tun, wie es von einigen modernen Pädagogen propagiert wurde, aber üblicherweise (und mit Recht) abgelehnt wird. Denn in Wahrheit ist ja die Erziehung des Emile wohl geplant und ständig gelenkt, nur aber auf *indirekte* Weise durch das, was Rousseau die „Erziehung durch die Dinge" nennt. Dieser „Dinge" bedient und bemächtigt sich der Erzieher, um den Betätigungsdrang und das Interesse des Kindes so zu lenken, wie es seiner Anschauung von der Norm der natürlichen Entwicklung entspricht. Die Macht, die er durch diese indirekte Erziehung, durch die Auswahl der Reize auf das Gemüt und den Willen des Zöglings ausübt, scheint Rousseau sogar viel größer als die, die je ein autoritärer Erzieher zu besitzen vermag. „Es gibt keine so vollständige Unterwerfung als die, die den Anschein der Freiheit wahrt; man nimmt dadurch seinen [des Zöglings] Willen selbst gefangen . . . Verfügst du nicht in bezug auf ihn über alles, was ihn umgibt? Bist du nicht der Herr, ihn zu affizieren, wie es dir gefällt? Seine Arbeiten, seine Spiele, seine Nöte, ist nicht alles in deiner Hand, ohne daß er es weiß? Gewiß, er braucht nur zu tun, was er will: aber er darf hier nur wollen, was du willst, daß er es will."

Aber diese Betonung der „Erziehung durch die Dinge" hat noch eine weitere pädagogische Bedeutung. Hier nämlich, in dem Umgang mit der sachlichen Welt, soll Emile von früh an jene *Abhängigkeit* lernen, vor der er im Umgang mit den Menschen bewahrt bleiben soll. Von früh an soll er gewohnt werden, „das drückende Joch der Notwendigkeit zu tragen, welches die Natur dem Menschen selbst auferlegt". Von früh an wird er an körperliche Schmerzen und Leiden sich gewöhnen, ohne dagegen aufzubegehren; denn es ist Rousseaus Überzeugung, daß dieses Aufbegehren, der Protest gegen das Leiden und das Schicksal, künstlich und wider die Natur sind. „Das erste Gesetz der Resignation kommt uns von der Natur. Die Wilden sträuben sich so wenig wie die Tiere gegen den Tod und leiden ihn, ohne zu klagen. Die Resignation des Philosophen, zwar künstlich und nie von der gleichen Vollkommenheit wie die Natur, lehrt uns dasselbe." So entwickelt Rousseau im 2. Buch des „Emile" eine ganze Pädagogik des Leidens, der Geduld, der Unterwerfung unter die Notwendigkeit. Auf ihr baut der Erzieher auf, soweit er direkt in das Leben des Zöglings eingreifen muß, zum Beispiel wenn er ihm eine Bitte abschlägt oder etwas verbietet. Sein Widerstand nimmt dann den unpersönlichen Charakter der Naturnotwendigkeit an; darum soll er auch ebenso unerschütterlich sein: „Möge das einmal ausgesprochene Nein wie eine eherne Mauer sein. So wirst du ihn geduldig, gleichmäßig, ergeben, friedlich machen, selbst wenn er nicht erlangt hat, was er wollte; denn es liegt in der Natur des Menschen, geduldig die Notwendigkeit der Sachen zu ertragen, nicht aber den bösen Willen des Nächsten." Somit tritt an die Stelle des moralischen Gegensatzes von „erlaubt" und „verboten" der physische „möglich" und „unmöglich". Das Ganze läuft – ebenso wie Rousseaus Theorie der Strafe, die an die Stelle der Buße die Folge setzt – auf eine Versachlichung des pädagogischen Verhältnisses hinaus als der Voraussetzung, dem Kinde auch in seiner Erziehung das Bewußtsein seiner Unabhängigkeit zu bewahren.

Auf dieses Bewußtsein kommt nach Rousseau alles an. Denn nur wenn die Menschwerdung sich vollzieht ohne soziale Abhängigkeit und affektive Bindung, wird der Erwachsene, wenn er einmal in die Gesellschaft eintritt, von ihr unabhängig bleiben. Von dieser Möglichkeit, die originale Unabhängigkeit des Solitäre wiederzugewinnen, haben wir schon gesprochen. In dem Rousseau-Fragment „Emile et Sophie" findet sich dafür noch ein anderes bezeichnendes Beispiel. Emile ist in die Hände der Korsaren gefallen und als Sklave verkauft worden. Nun reflektiert er: „Emile ein Sklave? und in welchem Sinn? Habe ich meine ursprüngliche Freiheit verloren? Wurde ich nicht als Sklave der Notwendigkeit geboren? Welch neues Joch könnten mir also die Menschen auferlegen ... Es gibt nur eine wirkliche Knechtschaft: die reale der Natur; die Menschen sind stets nur deren Werkzeuge." Auf denselben Gedanken der „Notwendigkeit" greift der alternde, sich verlassen und verraten fühlende Rousseau als letztes, bitteres Heilmittel zurück, indem er in seinen ihm feindlichen Zeitgenossen nur noch „mechanische Wesen" zu sehen sucht, „die allein auf Anstoß agieren" und in allen Schlägen, die ihm von ihnen zustoßen, nur die Folge einer blinden Notwendigkeit. Das heißt, er verwandelt die „Abhängigkeit von den Menschen" in eine „Abhängigkeit von den Dingen" – genau wie es der Erzieher dem Knaben gegenüber tut. So tief ist im Denken Rousseaus die Idee verankert, daß es darauf ankomme, sich von der Macht der Menschen freizuhalten, in dem das Subjekt nur eine sachliche Welt anerkennt, die es in seinem Innersten nicht berührt.

Aber diese „künstliche Resignation", worin die natürliche Unabhängigkeit der kindlichen Existenz neu belebt wird, ist Altersweisheit: Weisheit des Erziehers, wie sie in seiner Rede (im 5. Buch) über die „Notwendigkeit" zum Ausdruck kommt, unter bitteren Schmerzen erworbene Weisheit des verlassenen Emile im Romanfragment, Weisheit des alternden Rousseau selber in den „Rêveries du promeneur solitaire". Zwischen der Unabhängigkeit des Kindes und der des Weisen aber liegt eine Epoche unvermeidbarer _Abhängigkeit:_ die Zeit der Liebe. Soll diese Liebe außerhalb jeder erzieherischen Verantwortung und pädagogischen Besinnung liegen? So hat es freilich die Pädagogik vor und nach Rousseau gehalten; Rousseau aber ist anderer Meinung. Er hat vielmehr im „Emile" eine wohldurchdachte und von weiter Hand geplante _Pädagogik der Liebe_ entworfen. Davon handelt das 5. Buch, und vorbereitend das 4. Buch. So wie das 2. Buch in seinem Bilde der unabhängigen Kindheitsexistenz auf den zweiten Discours mit seinem Bilde des unabhängigen „Wilden" zurückweist, so weist das 5. Buch zurück auf Rousseaus großen Liebesroman, die „Nouvelle Héloïse". Auch dieser Roman hatte ja ein pädagogisches Ziel: er schilderte nicht nur die Leidenschaft, sondern auch deren Überwindung und Läuterung. Während nun aber die „Nouvelle Héloïse" in ihrer eigenen Entstehungsgeschichte die innere Wandlung von Leidenschaft zu Weisheit spiegelt, setzt der „Emile" diese Wandlung voraus. Rousseau zieht im „Emile" das Fazit aus der Lehre der „Nouvelle Héloïse" und bietet uns eine Liebesromanze ohne jede Tragik, die von der Hand des weisen Erziehers zu dem vorgesehenen guten Ende sicher geführt wird. Freilich, so pädagogisch geplant die Liebesgeschichte im „Emile" und daher im Vergleich zur „Nouvelle Héloïse" kalt und flach erscheint, Rousseau hat sich seinen Emile als einen durchaus feurigen Liebhaber vorgestellt und die Liebe der beiden Verlobten als eine echte Leidenschaft. Dennoch, obwohl es sich hier wie dort um die amour-passion handelt, spielt sie in der éducation sentimentale Emiles eine ganz andere Rolle als in dem tragischen Schicksal Julies und Saint-Preux'. Was in der „Nouvelle Héloïse" ein Äußerstes ist, gegen das die Vernunft ehe mit Wolmar abfällt und das seine Lösung letztlich erst im Tode der Heldin findet, ist im „Emile" nur ein kurzes Zwischenspiel, zwischen einer langen Zeit, in der sich die Fähigkeit zur Liebe bildet, und ihrem Ziele, der Ehe.

Wie *entsteht* die Liebesleidenschaft? Welcher Voraussetzungen in Bildung und Erziehung des Individuums bedarf sie? Das ist die Frage, die Rousseau als erster gestellt hat und der das 4. und 5. Buch des „Emile" zu wesentlichen Teilen gewidmet sind. Die Genese der Liebe ist für Rousseau darum ein so faszinierendes und schwieriges Problem, weil die Liebe nach seiner Auffassung zwar natürlich ist, aber nicht von Natur *gegeben*. Sie entsteht vielmehr im Laufe der „Geschichte des menschlichen Herzens", diesen Begriff ebenso soziologisch wie individual-psychologisch verstanden. Der Primitive kennt sie nicht. Im „Discours sur l'inégalité" unterscheidet Rousseau denn auch „das Geistige"

und „das Leibliche" im Gefühl der Liebe. „Das Leibliche ist
dieses allgemeine Begehren, das ein Geschlecht treibt, sich
mit dem anderen zu vereinigen. Das Geistige ist das, was
dieses Begehren individualisiert und es auf einen einzigen
Gegenstand fixiert . . . Nun, es ist leicht zu sehen, daß das
Geistige der Liebe ein künstliches (!) Gefühl ist, das aus den
Sitten der Gesellschaft erwächst." Das ist fast abwertend
gesagt; und in der Tat führt Rousseau im zweiten Discours
aus, welche Verheerungen die durch die Einbildungskraft
entzündete Liebe unter den Menschen anrichtet, wie aus
ihr Neid und Eifersucht in die friedlichen Herzen der
noch nicht zivilisierten Menschen dringen. Diese Unterscheidung zwischen der geistigen und der leiblichen Liebe
hält Rousseau fest, aber ihre Wertung ändert sich radikal, so vor allem in der „Nouvelle Héloïse". „Ich weiß
nicht, ob ich mich täusche", schreibt Julie, „aber es scheint
mir, als sei die wirkliche Liebe das keuscheste aller Bande.
Es ist die Liebe, es ist ihre himmlische Flamme, die unsere
natürlichen Neigungen zu läutern weiß, indem sie sie auf
ein einziges Objekt konzentriert." Rousseau kehrt damit die
platonische Idee der Liebe gerade um; denn der platonische
Eros beginnt beim *einzelnen* schönen Gegenstand und steigt
von ihm zur *allgemeinen* Idee der Schönheit auf.

Die Personifizierung, nicht die Vergeistigung der Liebe,
wird von Rousseau als „reine Liebe" gewertet. Durch diese
Personifizierung wird die Sinnlichkeit zwar nicht aufgehoben, aber dem innerlichen Gefühl unterworfen. „Das Herz
folgt nicht den Sinnen, es führt sie", schreibt Julie. Der Kuß,
den Saint-Preux im Wäldchen von Clarens von Claire empfängt, läßt ihn kalt; der Julies brennt wie Feuer in seiner
Seele. „Ich habe niemals besser erkannt, daß unsere sinnlichen Gefühle nichts sind, als wozu unser Herz sie macht."

Die Folgerung für die Erziehung? Der Erzieher mag zunächst versuchen, den erwachenden Sexualtrieb des Jünglings
durch allerlei Interessen, ja durch die Weckung harmloser
Leidenschaften wie der der Jagd abzulenken – der Sport
als Ablenkung von der Liebe! Aber auf die Dauer genügt

das nicht. Nun nutzt er die erotische Einbildungskraft als Gegenkraft des Sexualtriebs. Das Zauberbild der künftigen Geliebten mit dem vielsagenden Namen Sophie soll Emile vor der Sinnlichkeit bewahren. „Wenn sein Begehren ihn zum Geschlechte zieht, so findet er dort nichts von dem, was er sucht, und sein voreingenommenes Herz hält ihn zurück." Was der Erzieher bei Emile durch diesen Kunstgriff erreicht, das bewirkt bei Sophie die Lektüre des „Télémaque". Entscheidend ist hier wie dort nicht so sehr, daß der Gegenstand der Liebessehnsucht ideal, als daß er *imaginär* sei. Die Liebe wird aus dem Traum geboren und ist selbst ein Traumgespinst. „Was ist die wirkliche Liebe selbst, wenn nicht Traum, Lüge, Illusion? Man liebt viel mehr das Bild, das man sich macht, als den Gegenstand, auf den man es anwendet."

Zum vollen Glück der Liebe gehört, daß sie *nicht* erfüllt ist. Darum sieht der Erzieher in der jungen Liebe der Verlobten, die sich noch nicht ganz besitzen, den Höhepunkt ihres Glückes. „Ihr habt mehr durch die Hoffnung genossen, als ihr je in Wirklichkeit genießen werdet", sagt der Erzieher zu Emile. „Die Einbildungskraft schmückt, was man begehrt, aber gibt es preis, wenn man es besitzt. Außer dem einen Wesen, das aus sich selbst existiert, gibt es nichts Schönes, als was nicht ist." Diesem Wort der resignierenden Weisheit entspricht genau das Bekenntnis Julies kurz vor ihrem Tode: „Man genießt weniger, was man besitzt, als was man erhofft, und man ist nur glücklich, ehe man glücklich ist . . . Das Land der Träume ist in dieser Welt das einzige, das wert ist, bewohnt zu werden, und derart ist die Nichtigkeit der menschlichen Dinge, daß außer dem Wesen, das aus sich selbst existiert, es nichts Schönes gibt als das, was nicht ist." Und Sophie, verliebt in ihren imaginären Geliebten, sagt das gleiche: „Ist es meine Schuld, wenn ich liebe, was nicht ist?" Die Idee von der Nichtrealität des Liebenswerten, tief verankert in Rousseaus eigener liebessehnsüchtiger Seele, ist die letzte Folgerung aus seiner Theorie der Einbildungskraft als der Triebfeder der Liebesleidenschaft. Aus ihr folgt, was Rougemont so treffend als „die Dialektik des Widerstandes" beschrieben hat: die Liebesleidenschaft bedarf des Widerstandes, um unerfüllte Sehnsucht zu bleiben; notfalls sucht und schafft sie ihn sich selbst. Im „Emile" übernimmt der Erzieher diese Rolle; er entreißt den Liebenden seiner Geliebten – freilich, um die Liebenden gerade um so fester aneinanderzubinden. Darum geht das Werk der Erziehung weiter: von der Liebe führt es zur *Ehe*. Die Ehe nun wird von Rousseau weder als bloße Fortsetzung der Liebesleidenschaft noch als deren Gegensatz betrachtet (wie von Rougemont), sondern als ein Schritt über die Liebe hinaus, ein Schritt, der eine seelische Wandlung verlangt: eine Wendung von innen nach außen, von der Illusion zur Wirklichkeit, von der Leidenschaft zum Frieden des gemeinsamen Lebens. Rousseau bejaht denn auch die Ehe als bürgerliche Institution, und es hat seinen tiefen Sinn, daß erst der durch seine Reisen und politischen Studien zum Bürger gereifte Emile heiraten darf. Aber wenn auch das Leben in der Ehe ruhiger, geordneter ist, erfüllt von gemeinsamen Aufgaben, die die Liebenden von sich abziehen und ihr Interesse auf die Sache und die Gesellschaft lenken, der Zauber und die Innerlichkeit der Liebesleidenschaft soll, nach Rousseaus Meinung, auch in der Ehe bewahrt bleiben. Julies harte Unterscheidung zwischen Liebe und Ehe – welche die deutschen Romantiker Rousseau bitter vorgeworfen haben – war nicht sein letztes Wort, sondern vielmehr deren Synthese. „Ich habe oft gedacht, wenn man das Glück der Liebe bis in die Ehe hinein verlängern könnte, so hätte man das Paradies auf Erden", so der Erzieher in seiner Ansprache an die Jungvermählten. Was Rousseau vorschwebt und was er den Erzieher – nicht gerade taktvoll, hat man gemeint – den jungen Eheleuten in kurzen, aber recht deutlichen Hinweisen einzuprägen sucht, ist eine bewußte Erotisierung der Ehe, eine ars amandi für Eheleute. Es fehlt darin nicht einmal „die Dialektik des Widerstandes", so wenn der Erzieher Sophie rät: „Du wirst lange Zeit durch die Liebe herrschen, wenn du deine Gunst selten und kostbar machst . . . Willst du deinen Gatten unaufhörlich zu deinen Füßen sehen, so halte ihn immer in einem gewissen Abstand." Das ist nun freilich alles andere als romantische Verherrlichung der Liebesleidenschaft. Hier ist keine Rede von einer Leidenschaft „stark wie der Tod", sondern hier wird die Liebe zur Lebenskunst, die man mit hellem Bewußtsein ausüben soll. Es ist der Ertrag einer sehr bewußten, ja raffiniert erotischen Kultur, einer Kultur, wie sie nur das Zeitalter der Aufklärung und des Rokoko hervorbringen konnte, von Rousseau aber alles Spielerischen entkleidet und dem höchsten moralischen Zwecke dienstbar gemacht. Im übrigen ist sich Rousseau der Grenzen dieser erotischen Kunst wohl bewußt: „Glaube nicht, daß diese Kunst dir immer nützen kann", sagt der Erzieher zu Sophie. „So vorsichtig man auch sein mag, der Genuß nutzt die Lust ab, und die der Liebe vor allen anderen." Aber er tröstet sie: an die Stelle der Leidenschaft werde die „süße Gewohnheit" treten und schließlich binden die Kinder Mann und Frau fester zusammen als es je die Liebe vermochte. Das scheint sehr bürgerlich, und in der Tat widerspricht Rousseau in seiner Konzeption der Ehe sowohl dem Ideal der galanten Liebe des ancien régime wie dem Ideal der amour-passion der Romantik. Aber er hat beide Strömungen, an denen er selbst durch den Charakter seiner eigenen Sinnlichkeit und Sensibilität beteiligt war, aufgenommen und zusammenzufassen versucht in seiner Idee der Liebesehe, mit der sein Erziehungstraktat nicht nur schließt, sondern worauf er als sein letztes Ziel Schritt für Schritt hinführt. Ein Ideal, das zwar aus vielen Quellen eigener Erfahrung gespeist war, selbst aber Rousseau verschlossen, von ihm nur erträumt und konstruiert als die große Synthese von Leidenschaft und Weisheit, um die er zeitlebens sich gemüht hat.

VI

Mit der Eheschließung und dem Ausblick auf die Familie,
die Geburt eines Kindes, schließt der Erziehungstraktat.
In dem Schema des Manuskriptes Favre, von dem ich zu
Anfang berichtet habe, sollte er mit dem „Alter der Weisheit" und einem darauf folgenden *Gebet* enden. Rousseau
wollte sein Erziehungsbuch also offenbar mit dem religiösen
Aspekt abschließen, so wie er seinen Liebesroman, die „Nouvelle Héloïse", damit abgeschlossen hat. Das „Glaubensbekenntnis des savoyischen Vikars" ist *vor* der ersten
Niederschrift des „Emile" und offensichtlich zunächst unabhängig vom „Emile" verfaßt worden, aber ihm kam in
dem pädagogischen Gedankenkreis Rousseaus doch wohl
von Anfang an zentrale Bedeutung zu. Es soll uns hier
nicht in seiner philosophischen und theologischen Relevanz
beschäftigen, sondern wir fragen allein nach seiner Rolle
im Gesamtaufbau des Werkes, wir fragen also zunächst
und vor allem nach dem Ort in der Entwicklung Emiles.
Warum hat Rousseau dieses Glaubensbekenntnis in das
4. Buch eingeschoben, warum also handelt er von der
religiösen Bildung seines Zöglings nicht schon früher und
warum nicht (wie offenbar ursprünglich beabsichtigt) erst
am Schluß des ganzen Werkes? Die Antwort auf beide
Fragen ist, wie wir sehen werden, im wesentlichen dieselbe.

Warum läßt Rousseau die religiöse Bildung Emiles erst
in dessen Jugendalter beginnen? Man hat es Rousseau sowohl zu seiner Zeit wie vor allem in der Zeit der Romantik
und Restauration bitter verübelt, daß er das Kind bis zur
Pubertät völlig religionslos aufwachsen läßt. Rousseau gibt
dafür zunächst eine rein rationale Begründung: vor dem
Jünglingsalter, in dem sich die Fähigkeit abstrakten Denkens erst bilde, könne man nicht die schwierigen philosophischen und theologischen Erörterungen fassen, mit
denen der Vikar seinen Schüler belehrt. Aber der eigentliche Grund liegt tiefer: das Kind braucht keine Religion,

weil es in sich noch konfliktlos, in glücklicher seelischer Autarkie aufwächst. Der Jugendliche aber bedarf ihrer als Halt in seinem sittlichen Kampfe. Rousseau hat also das religiöse Bedürfnis und die Notwendigkeit von Religion im engsten Zusammenhang gesehen mit der menschlichen *Schwäche,* der Schwäche auch eines guten und edlen Herzens. Davon hatte er in ergreifenden Bekenntnissen seine Julie sprechen lassen, davon spricht der savoyische Vikar, und zwar in Worten, die uns an Paulus oder Augustin erinnern: „Nein, der Mensch ist nicht *einer:* ich will und will nicht, ich fühle mich zugleich Sklave und frei; ich sehe das Gute, ich liebe es, und ich tue das Böse." – „Das Böse tuend, das Gute liebend und immer im Widerstreit mit mir selbst."

Der seelische Ort, in dem der Mensch diesen Widerspruch erfährt, ist das *Gewissen,* zugleich aber nach Rousseaus Überzeugung auch der Weg, um den Widerspruch überwindend wieder „einer" zu werden. Denn das Gewissen ist für Rousseau nicht primär Stimme des Gerichts, „schlechtes" Gewissen, sondern primär Liebe zum Guten, „gutes" Gewissen, ein unwillkürlicher Hang, der den Menschen zum Guten treibt. Wiederum bewährt sich hier die Vorstellung des „Ursprungs". Denn diese Liebe zum Guten nennt Rousseau angeboren, aber er fügt sofort hinzu, daß diese Anlage sich erst zu manifestieren vermag, wenn die Bildung uns Begriff und Kenntnis des Guten gegeben hat. „Das Gute kennen, heißt nicht es lieben: der Mensch hat vom Guten keine angeborene Kenntnis: aber sobald die Vernunft ihn gelehrt hat, es zu erkennen, treibt sein Gewissen ihn, es zu lieben; dieses Gefühl ist angeboren."

Aber für Rousseau ist das Gewissen nicht nur ein moralisches, sondern auch ein religiöses Apriori: die naturgegebene Hinwendung des Geschöpfs zum Schöpfer. Und erst da, wo derart die Liebe zum Guten und der Glaube an Gott eins sind, wird das Gewissen zu einer *Kraft,* die dem Menschen in seiner moralischen Schwäche zu helfen vermag. In diesem Zusammenhang wendet sich Rousseau

gegen eine Überschätzung der bloßen moralischen Vernunfterkenntnis, wie sie als Lehre von der lex naturae, dem
moralischen Naturgesetz den Philosophen des 18. Jahrhunderts geläufig war. „Wie können Philosophen, die das
menschliche Herz kennen", schreibt Rousseau an den Marquis von Mirabeau, „der Evidenz [des moralischen ‚Naturgesetzes'] so viel Macht über die Handlungen der Menschen
zuschreiben? Als ob sie nicht wüßten, daß jeder von uns
sich selten durch seine Einsicht und sehr häufig durch seine
Leidenschaften leiten läßt... Mein Herr, erlauben Sie
mir, Ihnen zu sagen, Sie trauen Ihren Berechnungen zu
viel Kraft zu und nicht genug den Neigungen des menschlichen Herzens und dem Spiel der Leidenschaften. Ihr
System ist recht gut für die Leute Utopiens, aber es taugt
nichts für die Kinder Adams."

Weil der Knabe Emile in seinem vormoralischen und
autarken „Für-sich-Sein" *stark* ist, bedarf er keiner Religion; weil der Jüngling Emile in seiner Gefühligkeit und
Leidenschaft *schwach* ist, bedarf er der Religion, nämlich
der Bindung seines Herzens an Gott. Eben die Emotionali-
tät, die ihn aus seiner stolzen Unabhängigkeit herausreißt
und den Mitmenschen ausliefert, wird ihm zugleich zur
Quelle einer *neuen* Unabhängigkeit von den Menschen:
Gutes zu tun „fern von den Blicken der Menschen", und
gerecht zu sein „zwischen Gott und ihm". Sein Gottesverhältnis ist also für Emile nicht nur die Krönung, sondern die eigentliche Grundlage der moralischen Bildung.
Gewiß beginnt diese nicht damit, sondern mit der Er-
weckung des Mitgefühls und der Menschlichkeit. Aber in
dem Augenblick, wo die Sinnlichkeit und Leidenschaft im
Jüngling erwacht und seine Sittlichkeit von innen bedroht,
bedarf es dieser stärkenden Bindung, bedarf es der religiösen Überzeugung, um die „Tugend" zu ermöglichen,
welche, wie Rousseau sagt, in moralischer „Stärke" besteht.
Darum hat es seinen guten Sinn, daß Rousseau die religiöse
Unterweisung Emiles unmittelbar vor den Abschnitt setzt,
der von seiner Sexualerziehung handelt.

Diese doppelte Unabhängigkeit und Freiheit: die von den Menschen und die von der eigenen Sinnlichkeit – und Rousseau wird nicht müde, die enge Verstrickung beider Verführungen und Knechtschaften, der des Sozialprestiges und der der Sinnlichkeit zu betonen – ist also das eigentliche Ziel und der erhoffte Erfolg von Emiles religiöser Erziehung. Daß diese im Ganzen eines rousseauischen Erziehungstraktates einen zentralen Platz einnehmen mußte, versteht sich eigentlich von selbst, und so versteht denn auch der den „Emile" nur halb und eben damit falsch, der seine religiöse Unterweisung, wie sie das „Glaubensbekenntnis" darstellt, ausklammert. Vor allem darf man dieses Glaubensbekenntnis nicht, wie dies leider üblich ist, als Schulbeispiel des Deismus begreifen. Schon allein die Tatsache, daß es in seiner primären Tendenz wie mit dem nach Umfang und Bedeutung weit gewichtigeren ersten Teil durchweg eine Verteidigung des Gottesglaubens gegen Atheismus und Materialismus sein will und sich damit in die im 17. und 18. Jahrhundert so bedeutsame *apologetische* Literatur einreiht, beweist, daß sich Rousseau, und zwar nicht zu Unrecht, in der Tradition des christlichen Glaubens gefühlt hat. Ich kenne jedenfalls kaum einen Denker der Aufklärung, der derart die Nähe und Intimität des Gottesverhältnisses geschildert und betont hätte wie Rousseau, den man oberflächlicherweise zu den Deisten zu rechnen pflegt.

Diese Betonung des persönlichen Gottesverhältnisses schließt für Rousseau jede bloß soziologische Erklärung der Moralität aus: das moralische Bewußtsein als die natürliche, durch Erziehung geförderte und befestigte „Soziabilität" des Menschen, wie dies die durchgängige Überzeugung seiner philosophischen Freunde war. In diesem Punkte stand Rousseau der herrschenden Richtung seiner Zeit am schroffsten entgegen und bewahrte die alte christliche These, daß der Mensch im Gewissen mit Gott *allein* ist. So schließt er seine „moralischen Briefe" an seine Freundin Sophie d'Houdetot mit dem Rat, sie solle in der Einsamkeit des ländlichen Lebens Gutes tun: „Eine geheime

Stimme wird alsbald zu Deinem Herzen sprechen: Du bist nicht allein, die guten Taten haben einen Zeugen."

Wir sehen, wie sich der Kreis schließt: der Individualismus, zuerst so primitiv verstanden und begründet wie in der Hypothese vom einzelgängerischen Wilden, gewinnt in der Lehre vom Gewissen eine tiefere, und man muß wohl sagen, christliche Bedeutung. Aber die höhere Natur soll nach Rousseaus Ansicht keineswegs die niedere entwerten. Das „süße Gefühl meines Seins" bildet die Grundlage auch des innerlichen Glückes, das der moralische Mensch in seinem guten Gewissen in einer gewissen Antizipation der jenseitigen Seligkeit erfährt. Es mag vielleicht seltsam erscheinen, ist aber in Rousseaus Gedankengang durchaus folgerichtig, wenn er behauptet, die Seligkeit des jenseitigen Lebens liege in diesen beiden Momenten: der Daseinsfreude und dem guten Gewissen. Beides hängt für Rousseau aufs innigste zusammen und macht recht eigentlich aus, was man sein Vertrauen in das *Sein* nennen möchte. Vielleicht ist seine Philosophie darin nicht einmal original, sondern nur die subjektivistische Wendung der alten Lehre von der Identität des Seins und des Guten. Aber eben diese Subjektivität, die Übersetzung von der Ontologie in die Psychologie ist ganz Rousseau. All sein Denken kreist um die Frage nach dem rechten und dem falschen Erleben, nach dem seelischen Sich-Verlieren oder Sich-Gewinnen, nach dem wahren Sein und dem wahren Glück, nach der inneren Einheit der Person. Auch seine Pädagogik hat hierin und letztlich nur hierin ihren Sinn und ihr Zentrum.

*

Der Übersetzung liegt der Text der 1. Ausgabe des „Emile" zugrunde, wie er in fast allen neueren französischen Ausgaben mit nur geringfügigen Verbesserungen reproduziert wird. Diese erste Ausgabe vom Jahre 1762 war eine Doppelausgabe: sie erschien fast gleichzeitig in Paris bei *Duchesne* (als Erscheinungsort ist Amsterdam angegeben) und bei *Néaulme,* der für beide Ausgaben und alle Nachdrucke seinen Namen hergeben mußte. (Die daraus resultierenden Schwierigkeiten veranlaßten ihn zur Herausgabe des „Emile chrétien" von Formey; vgl. Anm. 8.) In sein Exemplar der Erstausgabe hat Rousseau geringfügige Korrekturen und einige neue Anmerkungen eingetragen, offenbar für eine 1764 geplante Gesamtausgabe seiner Werke. Diese Anmerkungen wurden erst in der posthumen Gesamtausgabe von *Peyrou* (Genf 1780-82) veröffentlicht. Sie sind in unserem Text von denen der Erstausgabe nicht unterschieden, vielmehr stehen alle Anmerkungen Rousseaus, mit einem * versehen, jeweils unter dem Text, die Anmerkungen des Herausgebers, mit Ziffern bezeichnet, am Ende des Buches.

EMILE

ODER
ÜBER DIE ERZIEHUNG

Sanabilibus aegrotamus malis;
ipsaque nos in rectum genitos
natura, si emendari velismus, juvat.
Seneca, De ira, lib. II, cap. XIII[1].

VORWORT

Diese Sammlung von Bemerkungen und Beobachtungen, ohne Anordnung der Gedanken und fast ohne Zusammenhang, wurde einer guten und denkenden Mutter zuliebe begonnen[2]. Ich hatte zuerst nur einen Aufsatz von einigen Seiten geplant; aber ohne daß ich es wollte, riß mich mein Thema so hin, daß aus diesem Aufsatz unmerklich eine Art Buch wurde, das zweifellos für das, was es enthält, zu umfangreich und für den Stoff, den es behandelt, zu klein ist. Ich habe lange geschwankt, es zu publizieren, und während der Arbeit kam mir oft der Gedanke, daß es nicht genügt, einige Broschüren geschrieben zu haben, um ein Buch verfassen zu können[3]. Nach vergeblichen Bemühungen, es besser zu machen, meine ich es so vorlegen zu müssen, wie es ist, weil ich es für wichtig halte, die Aufmerksamkeit der Öffentlichkeit in diese Richtung zu lenken, und weil ich nicht vollkommen meine Zeit vergeudet haben werde, wenn ich andere zu richtigen Gedanken anrege, sollten die meinen unrichtig sein. Ein Mann, der von der Zurückgezogenheit seines Ruhesitzes aus[4] seine Blätter in die Öffentlichkeit wirft, ohne Lobredner und andere zu haben, die seine Partei ergreifen und sie verteidigen, der nicht einmal weiß, was man darüber denkt und spricht, braucht nicht zu fürchten, daß seine Irrtümer ohne Überprüfung akzeptiert werden, wenn er sich getäuscht haben sollte.

Über die Bedeutung einer guten Erziehung werde ich wenig sagen. Ich werde mich auch nicht damit aufhalten, zu beweisen, daß die augenblicklich angewandte Methode schlecht ist – tausend andere vor mir haben das gemacht, und ich will ein Buch nicht mit Dingen anfüllen, die jeder weiß. Ich will nur zu verstehen geben, daß es schon seit undenklichen Zeiten nur eine Stimme gegen die herrschende Praxis gegeben hat, ohne daß irgendjemand sich daran gemacht hätte, eine bessere vorzuschlagen. Literatur und Gelehrsamkeit unseres Jahrhunderts zielen eher darauf ab, zu zerstören als aufzubauen. Man rügt mit dem Ton eines Schulmeisters, aber um Vorschläge zu machen, braucht man einen anderen Ton, bei dem sich die philosophische Anmaßung weniger wohl fühlt. Trotz all der Schriften, die, wie behauptet wird, nur dem Nutzen der Allgemeinheit dienen sollen, wird die vordringlichste der Notwendigkeiten, nämlich Menschen heranzubilden, immer wieder vergessen. Seit Erscheinen des Buchs von Locke[5] gab es noch kein so vollkommen neues Sujet wie meines, aber ich fürchte sehr, es wird auch noch so sein, nachdem das meinige vorliegt.

Die Kindheit ist etwas uns vollkommen Unbekanntes – mit den falschen Vorstellungen, die wir davon haben, gehen wir mehr und mehr in die Irre. Die vernünftigsten Leute halten sich an das, was der Mensch wissen muß, ohne zu überlegen, was zu lernen die Kinder imstande sind. Immer suchen sie im Kind den Erwachsenen, ohne zu bedenken, was ein Kind vorher ist. Dem Studium dieser Frage habe ich mich am eingehendsten gewidmet, damit man wenigstens von meinen Beobachtungen profitiert, sollte auch meine ganze Methode falsch und phantastisch sein. Es kann sein, daß ich die Maßnahmen, die zu treffen sind, arg verkannt habe; aber ich glaube das Wesen, worauf wir einwirken müssen, sehr wohl erkannt zu haben. Studiert zunächst eure Zöglinge besser, denn ihr kennt sie ganz sicher nicht. Lest ihr also dieses Buch unter diesem Gesichtspunkt, dürfte es euch von einigem Nutzen sein.

Der Teil, den man den systematischen Teil nennen wird, und der bei mir nichts anderes als den Gang der Natur darstellt, wird den Leser am meisten verwirren. Zweifellos wird man mich auch aus dieser Richtung angreifen, und das vielleicht nicht zu Unrecht. Man wird weniger eine Abhandlung über die Erziehung zu lesen meinen, als die Träumereien eines Phantasten in Sachen Erziehung. Was kann ich daran ändern? Ich schreibe nicht über die Ideen anderer, sondern über meine eigenen. Ich sehe die Dinge nicht so wie andere Menschen, das wirft man mir schon seit langem vor. Aber, kann ich mir denn selbst andere Augen und die Gedanken anderer geben? Nein. Was ich kann, ist: nicht mit dem Kopf durch die Wand wollen, mich nicht für allen anderen überlegen halten, zwar nicht wesentlich meine Meinung ändern, sie jedoch unter Kontrolle halten. Das ist alles, was ich kann und was ich auch tue. Wenn ich also manchmal in bestimmtem Tone spreche, so geschieht das keineswegs, um dem Leser Respekt einzuflößen, sondern um ihm das zu sagen, was ich denke. Warum soll ich zögernd über etwas sprechen, worüber es für mich persönlich keine Zweifel gibt? Ich spreche genau das aus, was in meinem Kopf vorgeht.

Wenn ich freimütig meine Meinung sage, so setze ich so wenig voraus, daß sie zur Norm wird, daß ich immer ihre Begründung anführe, die abgewogen und beurteilt werden kann. Wenn ich mich auch keineswegs darauf versteifen will, meine Ideen zu verfechten, so glaube ich mich doch verpflichtet, sie vorzulegen. Denn die Erziehungsmaximen, über die ich eine so völlig andere Meinung habe als die übliche, sind wahrhaftig nicht gleichgültig. Von ihnen hängt vielmehr Glück oder Unglück der Menschheit ab, und darum ist es von höchster Bedeutung, ihre Richtigkeit oder Unrichtigkeit zu erkennen.

Man hört nicht auf, mir zu wiederholen: Schlagen Sie vor, was durchführbar ist. Das ist, als ob man mir sagte: Schlagen Sie das vor, was man schon tut, oder zumindest irgend etwas Richtiges, was sich mit dem bestehenden Unrecht verbinden läßt. Ein solches Ver-

fahren wäre, was gewisse Dinge betrifft, noch irrealer
als das meine. Denn bei dieser Verbindung verdirbt
das Gute, und das Schlechte bleibt ungeheilt. Lieber in
allem der herrschenden Praxis folgen, als eine bessere
nur halb durchführen, denn dabei entstünden weniger
Widersprüche im Menschen[6]. Er kann nicht zwei einander entgegengesetzte Ziele verfolgen. Väter und
Mütter, das, was durchführbar ist, ist das, was ihr
wollt. Bin ich für euren Willen verantwortlich?

Bei jeder Art von Plan sind zwei Punkte zu erwägen:
erstens die absolute Richtigkeit des Plans, zweitens die
Leichtigkeit seiner Ausführung.

Was den ersten Punkt betrifft, so genügt, damit ein
Plan annehmbar und ausführbar sei, daß er in der
Natur der Sache gegründet ist, so zum Beispiel hier,
daß die vorgeschlagene Erziehung dem Wesen des
Menschen entspricht und dem menschlichen Herzen
angemessen ist.

Die zweite Erwägung hängt von den Umständen ab,
die sich in gewissen Situationen ergeben. Es kann sich
da um zufällige Umstände handeln, die folglich für die
Sache selbst unwesentlich sind und sich bis ins Unendliche variieren lassen. So läßt sich diese Erziehung in
der Schweiz durchführen, aber nicht in Frankreich;
jene mag für die Bürgerschaft richtig sein, eine andere
wieder für die Vornehmen. Die mehr oder weniger
große Leichtigkeit der Erziehung hängt von tausenderlei Umständen ab, die unmöglich anders zu bestimmen
ist als durch eine individuelle Anwendung der Methode
auf dieses oder jenes Land, auf diese oder jene Verhältnisse. Da aber alle diese verschiedenen Anwen-
dungsmethoden für mein Thema unwesentlich sind,
sind sie in meinem Plan nicht inbegriffen. Damit mögen
sich andere beschäftigen, wenn sie wollen, jeder für
das Land oder den Staat, der ihn interessiert[7]. Mir genügt es, daß man überall da, wo Menschen geboren
werden, aus ihnen macht, was ich vorzuschlagen habe,

und daß, wenn dies geschehen ist, das Beste für sie selbst und andere daraus geworden ist. Erfülle ich diese Verpflichtung nicht, habe ich ohne Zweifel unrecht. Erfülle ich sie aber, hätte man ebenfalls unrecht, mehr von mir zu verlangen, denn dies ist alles, was ich verspreche.

1. BUCH

Alles, was aus den Händen des Schöpfers kommt, ist gut; alles entartet unter den Händen des Menschen. Er zwingt einen Boden, die Erzeugnisse eines anderen zu züchten, einen Baum, die Früchte eines anderen zu tragen. Er vermischt und verwirrt Klima, Elemente und Jahreszeiten. Er verstümmelt seinen Hund, sein Pferd, seinen Sklaven. Er erschüttert alles, entstellt alles – er liebt die Mißbildung, die Monstren. Nichts will er so, wie es die Natur gemacht hat, nicht einmal den Menschen. Er muß ihn dressieren wie ein Zirkuspferd. Er muß ihn seiner Methode anpassen und umbiegen wie einen Baum in seinem Garten.

Ohne das wäre alles noch schlimmer, und unsere Gattung will nicht halb geformt existieren. So, wie es im Augenblick steht, würde ein nach seiner Geburt völlig sich selbst überlassener Mensch das verbildetste aller Wesen sein. Vorurteile, Autorität, Vorschriften, Beispiel – alle die Einrichtungen der Gesellschaft, in denen wir ertrinken, würden seine Natur ersticken und ihm kein Äquivalent dafür geben. Sie müßte, wie ein Bäumchen, das der Zufall mitten auf einem Weg hat wachsen lassen, alsbald zugrunde gehen, weil die Vorübergehenden es von allen Seiten stoßen und in alle Richtungen biegen würden.

An dich wende ich mich, zärtliche und klarblickende Mutter*, die du abseits von der großen Straße zu gehen und das heranwachsende Bäumchen vor dem

---

* Die erste Erziehung ist die wichtigste, und diese erste Erziehung ist unbestreitbar Sache der Frauen: wenn der Schöpfer der Natur gewollt hätte, daß es Sache der Männer sei, so hätte er ihnen Milch zum Nähren der Kinder gegeben. Wendet euch also vorzugsweise an die Frauen in euren Abhandlungen über Erziehung, denn abgesehen davon,

Schock der menschlichen Irrtümer zu schützen wußtest!
Pflege und tränke das junge Gewächs, bevor es stirbt;
eines Tages werden seine Früchte deine Wonne sein.
Friede beizeiten die Seele deines Kindes ein; ein anderer mag den Umkreis abstecken wollen, aber du
allein mußt die Schranken setzen*.

Die Pflanze wird durch Pflege aufgezogen, der
Mensch durch die Erziehung. Würde der Mensch groß
und stark geboren, so wären Körperwuchs und Kraft
ihm völlig unnütz, bis er gelernt hätte, sich ihrer zu
bedienen. Sie gerieten ihm sogar zum Nachteil, da
die anderen nicht auf die Idee kämen, ihm beizu-

daß sie die Erziehung unmittelbarer überwachen können als die Männer
und ihr Einfluß darauf immer größer wird, ist ihr Erfolg für sie auch
viel wichtiger, da die meisten aller Witwen ihren Kindern nahezu ausgeliefert sind und dann heftig zu spüren bekommen, ob sie ihre Kinder
schlecht oder gut erzogen haben. Die Gesetze, immer so sehr mit den
Gütern des Lebens und so wenig mit den Menschen beschäftigt, da sie
in ihren Zielen den Frieden und nicht die Tugend verfolgen, gestehen
den Müttern zu wenig Autorität zu. Sie befinden sich dennoch in einer
viel sichereren Lage als die Väter, und ihre Aufgaben sind viel mühevoller. Ihre Sorgfalt ist für ein gut geregeltes Familienleben viel wichtiger, und im allgemeinen sind sie es, die am meisten an den Kindern
hängen. Es gibt Fälle, wo ein Sohn, dem es irgendwie an Respekt vor
dem Vater fehlt, zu entschuldigen ist. Wenn aber ein Kind, gleichgültig
um was es geht, so entmenscht ist, seiner Mutter den Respekt zu verweigern, der, die es in ihrem Schoß getragen hat, die es mit ihrer
Milch genährt hat, die sich in jahrelanger Selbstentäußerung nur um
es allein gekümmert hat, so müßte man dieses Kind schleunigst strangu-
lieren wie ein Ungeheuer, das nicht würdig ist, das Licht der Welt
zu erblicken. Es wird immer gesagt, daß Mütter ihre Kinder ver-
wöhnen. Damit tun sie sicher unrecht, doch vielleicht weniger als ihr,
die ihr sie herabwürdigt. Die Mutter will, daß ihr Kind glücklich
ist, und zwar sofort. Hierin hat sie recht: täuscht sie sich über die
Mittel, muß man sie aufklären. Ehrgeiz, Geiz, Tyrannei, die mißverstandene Vorsorge der Väter, ihre Nachlässigkeit und ihre harte Emp-
findungslosigkeit sind hundertmal verhängnisvoller für die Kinder als
die blinde Zärtlichkeit der Mütter. Es bleibt nur noch der Sinn dessen
zu erklären, was ich Mutter nenne, und das wird in der Folge geschehen.

* Man hat mich versichert, daß M. Formey[8] meinte, ich wolle hier
von meiner Mutter sprechen, und daß er das auch in irgendeinem Buch
ausgesprochen habe. Entweder macht man sich damit auf grausame
Weise über M. Formey lustig oder über mich.

stehen*, und, ganz sich selbst überlassen, müßte er vor Elend sterben, ohne je kennengelernt zu haben, was er braucht. Man klagt über den Zustand der Kindheit, aber man sieht nicht, daß die menschliche Rasse zugrunde ginge, wenn nicht jeder Mensch zuerst Kind gewesen wäre.

Wir werden schwach geboren und bedürfen der Kräfte; wir werden hilflos geboren und bedürfen des Beistands; wir werden dumm geboren und bedürfen des Verstandes. All das, was uns bei der Geburt noch fehlt und dessen wir als Erwachsene bedürfen, wird uns durch die Erziehung zuteil.

Diese Erziehung kommt uns von der Natur oder den Menschen oder den Dingen. Die innere Entwicklung unserer Fähigkeiten und unserer Organe ist die Erziehung durch die Natur. Der Gebrauch, den man uns von dieser Entwicklung zu machen lehrt, ist die Erziehung durch die Menschen, und der Gewinn unserer eigenen Erfahrung mit den Gegenständen, die uns affizieren, ist die Erziehung durch die Dinge.

Jeder von uns wird also durch drei Arten von Lehrmeistern gebildet. Der Schüler, in dem sich ihre verschiedenen Lehren widerstreiten, ist schlecht erzogen und wird immer uneins sein mit sich selbst. Derjenige, bei dem es keine inneren Widersprüche gibt, wo alles auf ein Ziel ausgerichtet ist, ist der einzige, der sein Ziel erreicht und konsequent lebt. Er allein ist richtig erzogen.

Nun hängt von diesen drei Erziehungsarten die erste, die der Natur, keineswegs von uns selbst ab, die durch die Dinge nur in gewisser Hinsicht, wogegen die durch die Menschen die einzige ist, deren wir wirklich Herr sind – wenigstens unter gewissen Voraussetzungen.

---

* Äußerlich ihnen ähnlich ohne die Gabe der Sprache und des Denkens, das sie zum Ausdruck bringt, wäre er nicht in der Lage, ihnen sein Hilfsbedürfnis verständlich zu machen, und nichts an ihm würde es ihnen kundtun.

Denn wer könnte schon hoffen, über alle Reden und Handlungen, denen ein Kind ausgesetzt ist, zu bestimmen?

Sobald also die Erziehung zur Kunst wird, ist es nahezu unmöglich, daß sie gelingt, da das zu ihrem Gelingen notwendige Zusammenwirken nicht in der Hand eines Menschen liegt. Das einzige, was man durch Bemühungen erreichen kann, ist, dem Ziel mehr oder weniger nahe zu kommen, aber man muß Glück haben, um es zu erreichen.

Was ist denn dieses Ziel? Es ist die Natur selbst; wir haben es bewiesen. Da das Zusammenwirken der drei Erziehungsweisen zu ihrem Erfolg notwendig ist, müssen wir die beiden nach der ausrichten, auf die wir keinerlei Einfluß haben. Aber vielleicht ist der Begriff „Natur" zu vage. Wir wollen versuchen, ihn zu fixieren.

Die Natur, so sagt man, ist nur Gewohnheit*. Was bedeutet das? Gibt es nicht Gewohnheiten, die man nur unter Druck annimmt und die niemals die Natur ersticken? So wie zum Beispiel die Gewohnheit der Pflanze, deren senkrechtes Wachstum man verhindert. Läßt man sie später weiterwachsen wie sie will, wächst sie zunächst in der ihr aufgezwungenen Verbogenheit weiter, aber der Strom ihrer Säfte hat deshalb keineswegs seine ursprüngliche Richtung geändert, und lebt die Pflanze weiter, so wächst sie doch wieder in senkrechter Richtung. Genauso ist es mit den Neigungen des Menschen. Solange man in den gleichen Zuständen verharrt, kann man die, die aus der Gewohnheit erwachsen und uns am wenigsten natürlich sind, bei-

---

* M. Formey versichert, daß man das so genau nicht sage. Mir scheint es jedoch sehr genau in diesem Vers gesagt, dem ich entgegentreten möchte:

La nature, crois-moi, n'est rien que l'habitude⁹.

M. Formey, der seine Mitmenschen nicht übermütig machen will, bietet uns bescheidenerweise das Maß seines Hirns als Maß allen menschlichen Verständnisses.

behalten. Aber sobald die Lage sich ändert, hört die Gewohnheit auf und die natürliche Neigung setzt sich durch. Gewiß ist die Erziehung nur eine Gewöhnung. Gibt es aber nicht Menschen, die ihre Erziehung vergessen und verlieren, und andere wieder, die sie bewahren? Woher kommt dieser Unterschied? Will man den Begriff der „Natur" auf die der Natur entsprechenden Gewohnheiten beschränken, so kann man sich dieses ganze Gerede ersparen.

Wir werden empfindsam geboren, und werden von Geburt an auf verschiedenste Weise von den uns umgebenden Dingen affiziert. Sobald uns unsere Empfindungen bewußt werden, sind wir fähig, die Dinge, die sie hervorrufen, zu suchen oder zu meiden, zunächst je nachdem, ob sie uns angenehm oder unangenehm sind, dann je nach Harmonie oder Disharmonie, die wir zwischen uns und jenen Dingen finden und, endlich, je nachdem, wie wir über die von der Vernunft uns gegebene Idee des Glückes oder der Vollkommenheit urteilen. Diese Anlagen intensivieren und festigen sich in dem Maße, als wir aufgeschlossener und intelligenter werden. Jedoch von unseren Gewohnheiten gezwungen, verändern sich diese mehr oder weniger durch unsre vorgefaßten Meinungen. Vor dieser Veränderung sind sie das, was ich die Natur in uns nenne.

Auf diese ursprünglichen Anlagen also ist alles zurückzuführen. Und das ginge auch, wenn unsre drei Erziehungsarten nur verschiedenartig wären. Was aber, wenn sie im Gegensatz zueinander stehen? Wenn, anstatt einen Menschen für sich selbst zu erziehen, man ihn für die anderen erziehen will? Dann ist jeder Einklang unmöglich. Gezwungen, gegen die Natur oder die gesellschaftlichen Institutionen zu kämpfen, muß man sich für den Menschen oder den Staatsbürger entscheiden, denn beide in einer Person kann man nicht schaffen.

Jegliche gesellschaftliche Gruppe, ist sie eng begrenzt

und einig mit sich selbst, entfremdet sich dem Ganzen.
Der Patriot ist hart gegen den Fremden – er ist nur
ein Mensch, er ist nichts in seinen Augen*. Obgleich
unvermeidlich, ist dies ein geringer Übelstand. Das
Wesentliche ist, gut zu den Menschen zu sein, mit denen
man lebt. Nach außen hin war der Spartaner ehrgeizig,
geizig, ungerecht. Aber Uneigennutz, Rechtlichkeit und
Eintracht herrschten innerhalb seiner Mauern. Hütet
euch vor diesen Kosmopoliten, die mit großen Worten
in ihren Büchern von Pflichten reden, zu denen sie sich
im Alltag nicht herablassen. Solch ein Philosoph liebt
die Tataren, damit es ihm erlassen bleibe, seine Nachbarn zu lieben.

Der natürliche Mensch ist sich selbst alles. Er ist die
ungebrochene Einheit, das absolute Ganze, das nur zu
sich selbst oder seinesgleichen eine Beziehung hat. Der
bürgerliche Mensch ist nur eine Bruchzahl, die von
ihrem Nenner abhängig ist und deren Wert in ihrer
Beziehung zum Ganzen besteht, das heißt dem gesellschaftlichen Ganzen. Die guten gesellschaftlichen Einrichtungen sind diejenigen, die es am besten verstehen,
dem Menschen seine Natur zu nehmen, ihm seine absolute Existenz zu entziehen und ihm dafür eine relative zu geben und das *Ich* auf die Einheit der Gemeinschaft zu übertragen, so daß jeder einzelne sich nicht
mehr als Eines, sondern als Teil der Einheit fühlt, der
nur noch im Ganzen empfindungsfähig ist. Ein Bürger
von Rom war weder ein Cajus noch ein Lucius – er
war Römer, sogar in seiner Vaterlandsliebe schloß er
sich selbst aus. Regulus erklärte sich zum Karthager,
da er zum Eigentum seiner Herren geworden war. Als
Fremder weigerte er sich, als Mitglied am römischen
Senat teilzunehmen – ein Karthager mußte es ihm be-

---

* Daher sind die Kriege einer Republik grausamer als die einer Monarchie. Aber wenn die Kriege der Könige auch gemäßigt sind, ist
doch ihr Friede schrecklich. Es ist besser, ihr Feind als ihr Untertan
zu sein.

fehlen. Er entrüstete sich, daß man ihm das Leben retten wollte. Er siegte und kehrte triumphierend zurück, um unter Folterqualen zu sterben. Mir scheint, ein solches Verhalten hat mit den Menschen, die wir heute kennen, kaum noch etwas zu tun.

Der Lakedämonier Pädaretus stellt sich vor, um in den Rat der Dreihundert aufgenommen zu werden. Er wird abgelehnt. Er geht heim voller Freude darüber, daß es in Sparta dreihundert Männer gibt, die wertvoller sind als er. Ich nehme an, daß es ihm mit dieser Demonstration ernst war, und man hat allen Grund, es zu glauben – so zeigt sich der echte Bürger.

Eine Spartanerin hatte fünf Söhne beim Heer und wartete auf Nachrichten über die Schlacht. Es kommt ein Helot. Zitternd fragt sie ihn aus. – Eure fünf Söhne wurden getötet. – Gemeiner Sklave, habe ich dich das gefragt? Wir haben den Sieg errungen! – Die Mutter eilt zum Tempel, um den Göttern zu danken – so zeigt sich die wahre Bürgerin[10].

Wer in der bürgerlichen Ordnung die Ursprünglichkeit der natürlichen Gefühle bewahren will, der weiß nicht, was er will. In fortwährendem Widerspruch zu sich selbst, immer schwankend zwischen Neigung und Pflicht, wird er niemals weder Mensch noch Staatsbürger sein; weder für sich selbst noch für die Umwelt wird er je etwas taugen. Er wird ein Mensch von heute sein – ein Franzose, ein Engländer, ein Bourgeois – und das ist gar nichts.

Um etwas zu sein, um sich selbst getreu und immer eine vollkommene Einheit zu sein, muß man so handeln, wie man redet. Man muß mit klarer Entschiedenheit seine Entscheidungen treffen, man muß sie aus weiter Sicht treffen und konsequent verfolgen. Ich warte darauf, daß man mir dieses Wunder vorführe, um zu sehen, ob er ein Mensch oder ein Staatsbürger ist, und wie er es fertigbringt, sowohl das eine wie das andere zu sein[11].

Aus diesen notwendigerweise gegensätzlichen Dingen entstehen zwei Bildungsformen: eine öffentliche, allgemeine und eine private, häusliche.

Wollt ihr euch eine Vorstellung von der öffentlichen Erziehung machen? Lest Platos „Staat". Das ist keineswegs eine politische Arbeit, so wie jene denken, die die Bücher nach ihren Titeln beurteilen. Es ist die schönste Abhandlung über die Erziehung, die je geschrieben wurde. – Will man auf Hirngespinste hinweisen, zitiert man Platos Verfassung. Hätte Lykurg die seine niedergeschrieben, fände ich sie noch viel absurder. Plato hat nichts anderes getan als das Menschenherz zu läutern. Lykurg hat es denaturiert.

Eine öffentliche Erziehung existiert nicht mehr und kann auch nicht mehr existieren. Denn wo kein Vaterland mehr ist, kann es auch keine Staatsbürger mehr geben. Diese beiden Worte: Vaterland und Staatsbürger müssen aus den modernen Sprachen gestrichen werden. Ich kenne sehr wohl den Grund, will ihn aber nicht nennen. Er hat mit meinem Thema nichts zu tun.

Unter öffentlicher Bildungsanstalt verstehe ich nicht diese lächerlichen Anstalten, die man Kollegien nennt*. Ebensowenig zählt für mich die Erziehung der vornehmen Gesellschaft, denn diese Erziehung, die zwei einander gegensätzliche Ziele verfolgt, erreicht keines von beiden – sie dient nur dazu, Doppelwesen zu erzeugen, die scheinbar stets an ihre Mitmenschen denken, in Wahrheit aber nur an sich selber. Diese jedermann glatt von der Zunge gehenden Beteuerungen können niemanden täuschen. Diese Mühe kann man sich sparen.

Aus diesen Widersprüchen entsteht jener, den wir

---

* An mehreren Schulen, besonders an der Universität in Paris, gibt es Professoren, die ich sehr liebe und achte, und die ich für sehr geeignet hielte, die Jugend zu bilden, wenn sie nicht gezwungen wären, dem herrschenden Brauch zu folgen. Ich möchte einen von ihnen dazu anregen, den Reformplan, den er abgefaßt hat, zu publizieren. Man wird dann vielleicht endlich geneigt sein, das Übel zu heilen, wenn man gesehen hat, daß es ein Mittel dagegen gibt.

unablässig in uns selbst verspüren. Von der Natur und von den Menschen auf entgegengesetzte Bahnen gezogen, gezwungen, bald diesen, bald jenen Antrieben nachzugeben, lassen wir uns von einer Verquickung beider leiten und kommen so weder zu dem einen noch zu dem andern Ziele. Solcherart geschlagen und schwankend das ganze Leben hindurch, beendigen wir es, ohne mit uns selbst einig geworden zu sein, ohne weder uns selbst noch anderen genutzt zu haben.

Bleibt endlich die häusliche oder natürliche Erziehung. Aber was könnte ein Mensch, der einzig für sich selbst erzogen worden wäre, seiner Umwelt bedeuten? Wäre es möglich, die beiden Erziehungsziele, die uns vorschweben, in einem einzigen zu vereinigen, dann würde man die menschlichen Widersprüche tilgen und ein großes Hindernis zu seiner Glückseligkeit beiseite räumen. Um das beurteilen zu können, müßte man ihn als fertigen Menschen sehen, man müßte seine Neigungen beobachtet, seine Fortschritte verfolgt haben und seinem Weg gefolgt sein – mit einem Wort, man müßte den natürlichen Menschen kennen. Ich glaube, daß man nach der Lektüre dieses Buchs in dieser Richtung einige Schritte weiter gekommen sein wird.

Was haben wir zu tun, um diesen seltenen Menschen heranzubilden? Zweifellos viel, nämlich verhüten, daß etwas getan wird. Handelt es sich nur darum, gegen den Wind anzugehn, laviert man. Aber wenn das Meer bewegt ist und man will auf der Stelle bleiben, muß man Anker werfen. Paß auf, junger Steuermann, daß dir das Tau nicht entgleitet oder, weil dein Anker nicht faßt, dein Schiff abtreibt, ehe du dessen gewahr wirst.

In der sozialen Ordnung, wo jeder Platz vorgezeichnet ist, muß jeder Mensch für den seinen erzogen werden. Verläßt ein Einzelner den ihm bestimmten Platz, ist er für nichts mehr zu gebrauchen. Die Erziehung ist nur soweit von Nutzen, als das Schicksal mit

der von den Eltern bestimmten Laufbahn übereinstimmt. In jedem andern Fall schadet sie dem Zögling,
und sei es nur der Vorurteile wegen, die sie ihm beigebracht hat. In Ägypten, wo der Sohn verpflichtet
war, den Beruf des Vaters zu übernehmen, hatte die
Erziehung wenigstens einen gesicherten Zweck. Aber
bei uns, wo nur der Stand besteht und die Menschen
unaufhörlich wechseln, weiß niemand, ob der Sohn,
wenn er zu seinem Stande erzogen wird, nicht gegen
ihn arbeitet.

In der natürlichen Ordnung, wo die Menschen alle
gleich sind, ist das Menschsein ihr gemeinsamer Beruf.
Und wer immer zum Menschsein erzogen wurde, kann
nicht fehlgehen in der Erfüllung aller Aufgaben, die
es verlangt. Ob mein Zögling zum Waffenhandwerk,
zum Dienst an der Kirche oder zur Juristerei bestimmt
ist – das ist mir ganz gleichgültig. Vor der Bestimmung
der Eltern fordert ihn die Natur für das menschliche
Leben. Leben ist der Beruf, den ich ihn lehren will.
Aus meinen Händen entlassen, wird er – und ich bin
damit einverstanden – weder Beamter noch Soldat,
noch Priester, er wird in erster Linie Mensch sein. Notfalls wird er, was ein Mensch sein muß, genau so gut
können wie jeder andere, und mag das Schicksal ihm
auch einen andern Platz zuweisen – immer wird er
den ihm bestimmten behaupten. Occupavi te, fortuna,
atque cepi: omnesque aditus tuos interclusi, ut ad me
aspirare non posses[12].

Unser eigentliches Studium gilt der Stellung der
Menschen im Leben. Wer von uns das Gute sowie das
Schlimme dieses Lebens am besten zu ertragen vermag,
ist nach meinem Ermesser der am besten Erzogene;
woraus zu entnehmen ist, daß die wirkliche Erziehung
weniger aus Vorschriften als aus praktischen Übungen
besteht. Wir beginnen zu lernen, wenn wir beginnen
zu leben. Unser erster Lehrer ist unsre Amme. So
hatte auch das Wort „Erziehung" bei den Alten einen

Sinn, den wir ihm nicht mehr unterlegen – es bedeutete
„Aufziehen". Educit obstetrix, sagt Varron, educat
nutrix, instituit paedagogus, docet magister[13]. So sind
Aufzucht, Erziehung und Unterricht in bezug auf ihr
Objekt ebenso voneinander verschieden wie die Kinderfrau, der Erzieher und der Lehrer. Aber diese Unterscheidungen werden mißverstanden. Um gut geleitet
zu werden, darf das Kind nur einem einzigen Führer
folgen.

Wir müssen darum unsere Gedanken verallgemeinern
und in unserm Zögling den Menschen schlechthin betrachten[14], den Menschen, der allen Zufällen des menschlichen Daseins ausgesetzt ist. Wenn die Menschen im
Boden eines Landes angewachsen geboren würden,
wenn es das ganze Jahr über nur eine Jahreszeit gäbe,
wenn jeder so an sein Schicksal gebunden wäre, daß
er sich nie davon freimachen könnte, so wäre die bestehende Praxis in gewisser Hinsicht gut. Das Kind, in
seinen Zustand hineingeboren, aus dem es nie herauskönnte, würde niemals der Unbill eines anderen ausgesetzt sein. Kann man sich jedoch, in Anbetracht der
Wandelbarkeit der Umstände, in Anbetracht dieses unruhigen und in fortwährenden Umwälzungen begriffenen Jahrhunderts eine unsinnigere Methode vorstellen
als die, ein Kind in der Weise aufzuziehen, als brauche
es nie sein Zimmer zu verlassen, als bleibe es für
immer im Kreis der ihm vertrauten Menschen? Tut
das unglückliche Geschöpf auch nur einen einzigen
Schritt ins Freie, steigt es nur eine Stufe hinab, ist
es verloren. So lehrt man es nicht, Schmerzen zu ertragen; so erzieht man es dazu, sie zu fühlen.

Man denkt immer nur daran, sein Kind zu behüten.
Das genügt nicht – man muß es lehren, sich als Mensch
selbst zu schützen, die Schicksalsschläge zu ertragen,
dem Überfluß wie dem Elend gegenüber Haltung zu
bewahren und, wenn es sein muß, in der eisigen Kälte
Islands oder auf dem glühenden Felsen Maltas zu

leben. Ihr mögt alles tun, daß es nicht sterbe – es muß
aber trotzdem einmal sterben. Und wäre sein Tod nicht
einmal das Werk eurer Fürsorge – sie wäre dennoch
falsch gewesen. Es geht weniger darum, es am Sterben
zu hindern als darum, es am Leben zu halten. Leben
heißt nicht atmen, sondern handeln; es heißt, unsre
Organe zu gebrauchen, unsre Sinne, unsre Fähigkeiten,
alles was in uns ist und uns das Bewußtsein unsrer
Existenz gibt. Nicht derjenige, der die meisten Jahre
zählt, hat am längsten gelebt, sondern der, der das
Leben am stärksten erlebt hat. So wird mit hundert
Jahren zu Grabe getragen, wer schon als Toter geboren wurde. Es wäre für ihn ein Gewinn gewesen,
jung zu sterben, wenn er wenigstens bis dahin gelebt
hätte.

Unsre ganze Weisheit besteht aus servilen Vorurteilen. All unsre Sitten sind nichts als Unterwerfung,
Druck und Zwang. Der gesellschaftliche Mensch kommt
als Sklave zur Welt, lebt und stirbt als Sklave. Bei
seiner Geburt zwängt man ihn in eine Wickel, bei
seinem Tod nagelt man ihn in einen Sarg. Solange er
menschliche Gestalt hat, ist er durch unsre Institutionen
gefesselt[15].

Es heißt, daß es viele Hebammen gibt, die behaupten, wenn der Kopf eines Neugeborenen entsprechend
geknetet werde, so könne ihm dadurch eine gefälligere
Form gegeben werden[16]. Und das leidet man! Unser
Kopf kommt, so glaubt man wohl, falsch aus den
Händen unsres Schöpfers: darum brauchen wir Hebammen, die ihm von außen, und Philosophen, die ihm
von innen die rechte Form geben. Da sind uns die
Karaïben um einen halben Schritt voraus. „Kaum hat
das Kind den Schoß der Mutter verlassen, kaum genießt es die Freiheit, seine Glieder bewegen und strecken
zu können, so legt man ihm neue Fesseln an. Man
wickelt es so ein, daß es den Kopf nicht bewegen kann,
die Beine gerade gestreckt, die Arme dicht am Körper.

Dann wird es mit Tüchern und Binden aller Art um-
wickelt, so daß es sich nicht mehr von der Stelle rühren
kann. Man kann von Glück sagen, wenn es nicht so zu-
sammengeschnürt wird, daß es nicht mehr atmen kann,
und wenn es vorsichtshalber auf die Seite gelegt wurde,
daß die Tropfen, die aus seinem Mund sickern, von
alleine fallen können. Denn es hätte nicht die Freiheit,
den Kopf zu drehen, um das Abtropfen zu erleichtern[17]."

Das neugeborene Kind hat das Bedürfnis, seine Glieder auszustrecken und sie zu bewegen, um sie aus der
Starre zu lösen, in der sie, zum Knäuel zusammen-
gerollt, so lange verbleiben mußten[18]. Zwar streckt man
sie ihnen aus, hindert sie aber an der Bewegung. Man
zwängt den Kopf sogar in Kopfbänder hinein. Es
scheint, als habe man Angst, sie könnten lebendig aussehen.

So stößt der Drang der Organe eines Körpers, der
wachsen will, auf ein unüberwindliches Hindernis für
die dazu notwendige Bewegung. Fortwährend macht
das Kind vergebliche Anstrengungen, die seine Kräfte
erschöpfen oder ihr Anwachsen verzögern. In der
Fruchtwasserhaut war es weniger eingeengt, weniger
gehindert und weniger gepreßt als in seinen Wickeln,
und ich sehe nicht, worin der Gewinn seiner Geburt
besteht.

Die Inaktivität, der Zwang, in dem man die Glieder
des Kindes gefangenhält, können nur die Zirkulation
des Bluts und der Säfte stören, das Kind daran hindern, sich zu kräftigen und zu wachsen, und seine
Konstitution verschlechtern. Dort, wo es diese törichten Vorsichtsmaßnahmen nicht gibt, sind alle Menschen groß, stark und wohlproportioniert. In den Ländern,
wo die Kinder derart eingewickelt werden, wimmelt es
von Buckligen, Hinkenden, X-Beinigen, Unterentwickelten, Rachitischen und Mißgestalteten aller Art.
Aus Angst, daß der Körper sich durch freie Bewegung

verbilden könne, beschleunigt man seine Mißbildung,
indem man ihn einpreßt. Man würde die Kinder mit
Vergnügen zu Gelähmten machen, nur um sie daran
zu hindern, zum Krüppel zu werden.

Könnte ein so grausamer Zwang nicht ihr Gemüt,
ihr Wachstum beeinflussen? Ihre erste Empfindung ist
die des Schmerzes und der Pein – sie finden sich nur
gehindert in allen Bewegungen, deren sie bedürfen –
unglücklicher als ein Verbrecher im Eisen, machen sie
vergebliche Anstrengungen, sie werden ungeduldig, sie
schreien. Ihr erster Laut, sagt ihr, ist das Weinen? Das
will ich wohl glauben – ihr reizt sie vom Augenblick
ihrer Geburt an. Die ersten Gaben, die sie von euch
bekommen, sind Fesseln. Die erste Behandlung, die
sie erfahren, ist Quälerei. Da die Stimme das einzige
ist, worüber sie in Freiheit verfügen können – wie
sollten sie sich ihrer nicht bedienen, um sich zu beklagen? Sie schreien wegen des Leids, das ihr ihnen antut.
Wärt ihr so gefesselt wie sie, ihr schriet noch lauter.

Woher kommt dieser vernunftwidrige Brauch? Von
einem naturwidrigen Brauch. Seitdem die Mütter, in
Mißachtung ihrer vornehmsten Pflicht, ihre Kinder
nicht mehr selbst nähren wollten, übergab man sie
gewinnsüchtigen Frauen, die, auf diese Weise Mütter
von fremden Kindern, an die sie keine natürlichen Bindungen hatten, sich um sie nicht die geringste Mühe
machten. Ein ungewickeltes Kind hätte man nie aus
den Augen verlieren dürfen – liegt es jedoch in sicheren
Fesseln, wirft man es in eine Ecke, ohne sich durch sein
Geschrei stören zu lassen. Soweit es keine Beweise für
die Nachlässigkeit der Amme gibt, soweit der Säugling
sich weder Arm noch Bein bricht – was tut's, wenn er
trotzdem zugrunde geht oder für den Rest seines
Lebens gebrechlich bleibt? Man behütet seine Gliedmaßen auf Kosten seines Leibs, und was auch immer
kommen möge – die Amme ist schuldlos.

Diese sanften Mütter, die, ihrer Kinder ledig, sich

fröhlich in die Vergnügungen der Stadt stürzen, wissen
sie denn, welche Behandlung ihrem Kind in seinen
Wickeln auf dem Dorf zuteil wird? Bei der geringsten Störung hängt man es wie ein Kleiderbündel an
einem Nagel auf, und während die Amme gemächlich
ihren Beschäftigungen nachgeht, hängt das unglückliche Geschöpf am Kreuz. Alle Kinder, die man so auf-
fand, hatten blaurote Gesichter. Da das Blut in der
eingepreßten Brust nicht zirkulieren konnte, stieg es in
den Kopf, und man glaubte, das leidende Geschöpf
habe sich beruhigt, weil es keine Kraft mehr zum
Schreien hatte. Ich weiß nicht, wie viele Stunden ein
Kind in diesem Zustand verbringen kann, bevor es
stirbt, aber ich zweifle sehr, daß es lange dauert. Das
ist, vermute ich, eine der größten Annehmlichkeiten
der Wickel.

Man behauptet, die ungewickelten Kinder könnten
sich in eine falsche Lage bringen und Bewegungen
machen, die etwa der richtigen Bildung ihrer Gliedmaßen schädlich sein könnten. Dies ist wieder einmal
eine dieser nichtigen Folgerungen unsrer verfälschten
Weisheit, die nie durch irgendwelche Erfahrung bestätigt wurde. In der Masse von Kindern, die von ver-
nünftigeren Völkern als dem unseren in völliger Ungebundenheit der Glieder großgezogen werden, bemerkt man nicht ein einziges, das sich verletzt oder
zum Krüppel gemacht hätte – sie haben noch gar nicht
die Kraft für die Bewegung, die ihnen gefährlich werden könnte. Und brächten sie sich wirklich einmal in
eine schlimme Lage, so würde der Schmerz sie schon
bald dazu bringen, sich Abhilfe zu schaffen.

Noch sind wir nicht darauf verfallen, junge Hunde
oder Katzen zu wickeln. Hat man schon festgestellt,
daß ihnen aus dieser Nachlässigkeit ein Nachteil erwächst? Einverstanden – Kinder sind schwerer. Aber
proportionell gesehen sind sie auch schwächer. Kaum
können sie sich bewegen, wie könnten sie also zum

Krüppel werden? Wenn man sie auf den Rücken
legte, würden sie so wie eine Schildkröte in dieser Lage
sterben, ohne sich je umwenden zu können.

Nicht genug damit, daß die Frauen ihre Kinder nicht
mehr nähren, wollen sie auch keine mehr gebären, das
ist eine ganz natürliche Konsequenz. Sobald das Mut-
tersein als lästig empfunden wird, findet man auch
bald ein Mittel, sich völlig davon zu befreien; man will
einen Genuß ohne Folgen, um immer von neuem mit
ihm beginnen zu können, und verkehrt den Reiz zum
Schaden der Gattung, der doch gegeben ist, sie zu vermehren. Diese Methode zusammen mit anderen Ursachen der Geburtenabnahme kündigt uns das nahe
Schicksal Europas an. Die Wissenschaften, Künste, die
Philosophie und die Sitten, die es hervorbringt, werden es bald zur Wüste machen. Es wird von wilden
Tieren bevölkert sein: seine Bewohner werden sich
kaum verändert haben.

Ich habe manchmal die kleinen Manöver junger
Frauen beobachtet, die vorgeben, ihre Kinder nähren
zu wollen. Man weiß, wie man es anstellt, daß die
andern einen überreden, auf dieses Hirngespinst zu
verzichten; man bewegt den Gatten, den Arzt, besonders die Mütter, einzugreifen. Ein Gatte, der es wagen
würde, sein Einverständnis dazu zu geben, daß seine
Frau ihr Kind nährte, wäre ein verlorener Mann. Man
würde einen Mörder aus ihm machen, der sie los werden wollte. Den verständigen Ehemännern sei gesagt,
die väterliche Liebe muß dem häuslichen Frieden geopfert werden; sei gut, daß man auf dem Lande ver-
ständiger denkende Frauen findet als die euren! Und
wieviel besser noch, daß diese die Zeit, die sie so gewinnen, nicht auf jemand andern verwenden als auf
euch!

Die Aufgabe der Frauen ist ganz eindeutig, aber, bei
der Geringschätzung, die sie ihr entgegenbringen, fragt
man sich, ob es für die Kinder eine Rolle spielt, von

ihrer Milch oder der einer anderen ernährt zu werden. Ich halte diese Frage, die die Ärzte zu beurteilen haben, für dem Wunsch der Frauen gemäß entschieden*. Was mich angeht, so glaube ich allerdings auch, daß es besser für das Kind ist, die Milch einer gesunden Amme zu trinken, als die einer entarteten Mutter, wenn ihm etwa neues Unheil aus demselben Blut, das auch in ihm fließt, erwachsen könnte.

Aber darf diese Frage einzig von der physischen Seite her betrachtet werden? Bedarf das Kind weniger der Fürsorge als der Brust der Mutter? Fremde Frauen, selbst Tiere könnten ihm die Milch geben, die sie ihm verweigert – die mütterliche Fürsorge ist unersetzlich. Die Frau, die statt des eigenen ein fremdes Kind nährt, ist eine schlechte Mutter – wie kann sie da eine gute Pflegerin sein? Sie könnte es werden, aber erst mit der Zeit. Die Gewohnheit müßte die Natur verwandeln. Aber das schlecht behütete Kind hätte Zeit genug, hundertmal zu sterben, bevor seine Amme die Zärtlichkeit einer Mutter empfände.

Aber selbst dieser günstige Fall bringt ein Übel mit sich, das allein schon genügen müßte, jeder vernünftigen Frau die Lust zu nehmen, ihr Kind von einer Fremden aufziehen zu lassen, nämlich das Mutterrecht teilen zu müssen, oder vielmehr es zu veräußern; sehen zu müssen, daß ihr Kind eine andere Frau ebenso oder gar mehr liebt als sie; zu fühlen, daß die Zärtlichkeit, die es für seine eigene Mutter hegt, eine Gunst ist und die für seine Adoptivmutter eine Schuldigkeit; denn schulde ich die Anhänglichkeit eines Sohnes nicht dort, wo ich die Fürsorge einer Mutter fand?

Die Methode, diesem Übel beizukommen, besteht

---

* Das Bündnis zwischen Frauen und Ärzten schien mir immer schon eine der köstlichsten Seltsamkeiten in Paris. Die Ärzte erwerben ihren Ruf durch die Frauen, und die Frauen erreichen ihren Willen durch die Ärzte. Man kann sich daher unschwer vorstellen, welche Art von Geschicklichkeit ein Pariser Arzt haben muß, um berühmt zu werden.

darin, daß man dem Kind Mißachtung gegen seine
Amme suggeriert, indem man sie wie eine wirkliche
Dienstmagd behandelt. Ist ihr Dienst beendet, nimmt
man das Kind zurück oder entläßt die Amme. Durch
immer unfreundlichere Aufnahme nimmt man ihr den
Mut, ihren Säugling zu besuchen. Nach einigen Jahren
sieht und kennt das Kind sie nicht mehr. Die Mutter,
die glaubt, sie ersetzen und ihre Nachlässigkeit durch
Grausamkeit wieder gutmachen zu können, täuscht
sich. Anstatt aus einem unnatürlichen Säugling einen
zärtlichen Sohn zu machen, bringt sie ihm bei, was Undankbarkeit ist. Sie lehrt ihn, eines Tages die zu verachten, die ihm das Leben gab, wie die, die ihn mit
ihrer Milch aufzog.

Wie gern möchte ich noch weiter bei diesem Punkt
bleiben, wenn es nicht so entmutigend wäre, wichtige
Fragen immer vergeblich zu wiederholen. Denn davon
hängt mehr ab, als man glaubt. Wollt ihr jedermann
zu seinen ersten Pflichten zurückführen, dann fangt
bei den Müttern an, und ihr werdet staunen, was für
Veränderungen ihr schafft. Alles folgt nach und nach
aus diesem ersten Fehler – die ganze moralische Ordnung gerät durcheinander, die Natürlichkeit erlischt in
allen Herzen, die Intimität der Häuslichkeit schwindet dahin, das rührende Schauspiel einer heranwachsenden Familie fesselt die Ehemänner nicht mehr ans
Haus und zwingt dem Fremden keine Achtung mehr
ab. Die Mutter, deren Kinder unsichtbar bleiben, verliert an Respekt. Es gibt kein häusliches Leben mehr in
den Familien. Die Bande des Bluts werden nicht mehr
durch die Gewohnheit gestärkt: Es gibt weder Väter
noch Mütter mehr, weder Kinder noch Geschwister.
Der eine kennt den andern kaum – wie sollten sie einander lieben können? Jeder denkt nur noch an sich
selbst. Ist das Haus nichts anderes mehr als traurige
Einsamkeit, dann muß man sich wohl anderweitig auf-
heitern lassen.

Wenn jedoch die Mütter sich dazu verstehen, ihre Kinder selbst aufzuziehen, dann werden die Sitten sich von selbst erneuern und in allen Herzen wieder die natürlichen Empfindungen erwachen, und der Staat wird sich wieder bevölkern. Dieser erste Punkt, dieser allein wird alles wieder ins Lot bringen. Der Reiz des häuslichen Lebens ist das beste Gegengift gegen schlechte Sitten. Die früher als lästig empfundenen Verdrießlichkeiten mit den Kindern werden zur angenehmen Aufgabe, die Vater und Mutter einander immer unentbehrlicher und lieber macht, und die ehelichen Bande knüpfen sich immer fester. In einer lebendigen und angeregten Familie ist die Pflege der Häuslichkeit die liebste Beschäftigung der Frau und das zärtlichste Vergnügen des Gatten. So entstünde aus diesem einzigen wiedergutgemachten Fehler bald eine allgemeine Reform, und bald wäre die Natur wieder in alle ihre Rechte eingesetzt. Würden die Frauen wieder zu Müttern, würden die Männer wieder zu Vätern und Gatten.

Überflüssige Reden! Selbst der Überdruß an den Vergnügungen der Welt führt diese Frauen nicht wieder zu ihren Pflichten zurück. Die Frauen haben aufgehört, Mütter zu sein, und sie werden es nie wieder werden; sie wollen es nicht mehr sein. Selbst wenn sie es wollten – sie könnten es kaum. Heute, da die Welt auf dem Kopf steht, müßte jede von ihnen die Opposition ihrer gesamten weiblichen Umgebung bekämpfen, die sich gegen ein Beispiel verschwören würde, das die einen nicht gegeben haben und die anderen nicht befolgen wollen.

Dennoch gibt es manchmal noch junge Frauen mit gesundem Naturell, die in diesem Punkt der Herrschaft der Mode und der Entrüstung ihrer Geschlechtsgenossinnen zu trotzen wagen und die in tugendhafter Unerschrockenheit diese so süße Pflicht erfüllen, die die Natur ihnen auferlegte. Mögen sie immer zahlreicher

werden durch den Reiz des Schönen, das denen bestimmt ist, die sich ihm hingeben! Gestützt auf die
Folgerungen aus einfachster Überlegung und auf unbe-
strittene Beobachtungen, wage ich diesen würdigen
Müttern die unerschütterliche und tröstliche Liebe ihrer
Gatten, echte kindliche Zärtlichkeit ihrer Kinder,
Achtung und Respekt der Öffentlichkeit, glückliche
Niederkünfte ohne Zwischenfall und üble Folgen, eine
feste und kräftige Gesundheit und endlich die Freude
zu versprechen, daß eines Tages ihre Töchter ihnen
nachfolgen und sie den Müttern ihrer Freundinnen
als Vorbild rühmen werden.

Wo keine Mutter ist, ist auch kein Kind. Ihre Pflichten sind gegenseitig. Werden sie auf der einen Seite
schlecht erfüllt, werden sie auf der anderen vernachlässigt. Das Kind muß seine Mutter lieben, ehe es weiß,
daß es dies muß. Wird die Stimme des Blutes nicht
durch Gewöhnung und Fürsorge gekräftigt, verstummt
sie schon in den ersten Jahren, und das Herz stirbt
sozusagen, ehe es geboren wurde. So wären wir schon
mit dem ersten Schritt aus der Natur herausgetreten.

Es gibt noch einen anderen Weg, aus der Natur herauszutreten, den entgegengesetzten: wenn eine Frau,
anstatt die mütterliche Pflege zu vernachlässigen, sie
bis zum Exzeß betreibt. Wenn sie aus ihrem Kind ihr
Idol macht. Wenn sie seine Schwäche steigert und züch-
tet, damit es sie nicht spürt. Wenn sie, in der Hoffnung, es den Gesetzen der Natur entziehen zu können,
alles, was ihm schmerzlich sein könnte, aus dem Wege
räumt, ohne daran zu denken, daß sie um einiger Unannehmlichkeiten willen, vor denen sie es im Augenblick bewahrt, damit von langer Hand Unglück und
Gefahr auf sein Haupt häuft, und wie barbarisch
diese Vorsicht ist, daß fertige Menschen sich abplagen,
um die Schwäche des Kindes zu verlängern. Die Sage
erzählt, daß Thetis ihren Sohn in das Wasser des Styx

getaucht habe, um ihn unverwundbar zu machen. Diese Allegorie ist schön und klar. Die grausamen Mütter, von denen hier die Rede ist, sind anders – sie tauchen ihre Kinder in die Verweichlichung und bereiten ihnen zukünftiges Leid, sie öffnen ihre Poren Schmerzen aller Art, deren Beute sie unweigerlich werden, wenn sie erwachsen sind.

Beobachtet die Natur und folgt dem Weg, den sie euch vorzeichnet. Sie übt die Kinder ohne Unterlaß, sie härtet ihre Physis ab durch Prüfungen aller Art und lehrt sie von früh an, was Schmerz und Leid ist. Das Zahnen läßt sie fiebern, heftige Koliken schütteln sie in Krämpfen, anhaltender Husten läßt sie fast ersticken. Die Würmer quälen sie. Die Plethoris verdirbt ihr Blut, die verschiedenartigsten Gärungsstoffe gedeihen darin und verursachen gefährliche Blutstürze. Fast die ganzen ersten Lebensjahre sind Krankheit und Gefahr – die Hälfte der Kinder stirbt vor dem achten Lebensjahr. Hat es diese Prüfungen überstanden, ist seine Kraft gewachsen, und sobald es sein Leben nutzen kann, ist dessen Existenz besser gesichert.

So will es die Natur. Warum widersetzt ihr euch? Seht ihr nicht ein, daß ihr ihr Werk zerstört, wenn ihr meint, sie verbessern zu müssen, seht ihr nicht, daß ihr dadurch die Wirkung ihrer Bestrebungen verhindert? Befolgt man von außen, was *sie* im Innern tut, das heißt nach eurer Meinung, die Gefahr verdoppeln; tatsächlich aber heißt es, sie ablenken und verringern. Die Erfahrung lehrt, daß die Todesfälle bei verzärtelten Kindern häufiger sind als bei anderen. Überschätzt man nicht das Maß ihrer Kräfte, so wagt man weniger, wenn man sie nutzt, als wenn man sie schont. Übt sie also für die Gefahren, denen sie eines Tages ausgesetzt sein werden. Härtet ihren Körper ab gegen die Unbilden der Jahreszeiten und des Klimas, gegen die Elemente, gegen Hunger und Durst, gegen alle Strapazen – taucht sie ein in das Wasser des Styx. Bevor der

Körper seine eigenen Gewohnheiten hat, kann man ihm ruhig und ohne Gefahr diejenigen beibringen, die man für richtig hält. Hat er aber einmal endgültig seine eigenen angenommen, wird ihm jeder Wechsel gefährlich. Ein Kleinkind kann Wechsel ertragen, die kein Erwachsener erträgt. Des Kindes weiche und flexible Fibern nehmen mühelos die Form an, die man ihnen gibt; die schon verhärteten des Erwachsenen verändern sich nur noch durch Gewalt. So kann man aus einem Kind ein robustes Wesen machen, ohne sein Leben und seine Gesundheit aufs Spiel zu setzen. Und selbst wenn es ein Wagnis wäre, sollte man nicht schwanken. Da es sich um Wagnisse handelt, die untrennbar sind vom menschlichen Leben, was könnte man besseres tun, als sie in die Lebenszeit zu verlegen, zu der sie am ungefährlichsten sind?

Mit zunehmendem Alter wird ein Kind immer kostbarer. Zu dem Wert seiner Persönlichkeit kommt der der Mühen, die man sich um es gemacht hat. Mit dem Begriff des Verlusts des Lebens vereint sich das Bewußtsein vom Tode. Wacht man also über seine Erhaltung, muß vor allem an die Zukunft gedacht werden. Man muß es gegen die Gefahren der Jugend wappnen, bevor es zum Jüngling wird. Denn steigt der Wert des Lebens bis zu dem Alter, in dem es nutzbar wird, welche Torheit ist es dann, der Kindheit einige wenige Leiden zu ersparen, damit sie sich im Alter der Vernunft vervielfachen? Sind dies die Lehren des Sachverständigen?

Es ist das Schicksal des Menschen, zu allen Zeiten zu leiden. Selbst die Sorge um seine Erhaltung ist mit Leid verknüpft. Wie gut, daß man während der Kindheit nur die körperlichen Leiden empfindet! Weniger grausame und viel weniger schmerzhafte Leiden als die seelischen, und die uns viel seltener als diese auf das Leben verzichten lassen. Man nimmt sich nicht wegen Gichtschmerzen das Leben – die Schmerzen der Seele sind es, die zur Verzweiflung führen. Wir beklagen das Los der Kindheit, wir sollten eher unser eigenes beklagen. Unsere größten Leiden entstehen durch uns selbst.

Das Kind schreit schon bei der Geburt. Seine früheste Kindheit vergeht mit Weinen. Mal wiegt man es hin und her, um es zu beruhigen und zu trösten; mal droht man ihm und schlägt es, damit es Ruhe gibt. Entweder handeln wir so, wie es ihm gefällt, oder verlangen, daß es sich gebärdet, wie es uns paßt. Entweder unterwerfen wir uns seinen Launen, oder das Kind den unsrigen. Es gibt keinen Mittelweg – entweder gibt das Kind Befehle oder es empfängt sie. So sind seine ersten Vorstellungen die der Macht und die der Knechtschaft. Bevor es noch sprechen kann, befiehlt es; ehe es noch handeln kann, gehorcht es. Manchmal wird es gezüchtigt, noch ehe es seine Fehler einsehen kann oder vielmehr zu begehen vermag. Auf diese Weise pflanzt man in frühester Zeit die Leidenschaften in sein junges Herz, die man später der Natur zuschreibt; und nachdem man jegliche Mühe aufwandte, es zum Bösewicht zu machen, beklagt man sich darüber, daß es einer geworden ist.

Sechs oder sieben Jahre verbringt ein Kind auf solche Weise unter den Händen der Frauen, als Opfer ihrer und seiner eigenen Launen. Nachdem ihm dies und jenes beigebracht wurde, das heißt, nachdem man sein Gedächtnis mit Worten belastet hat, die es nicht versteht, oder mit Dingen, die ihm nichts nützen, nachdem man die Natur durch die Leidenschaften, die man entfesselt hat, zum Ersticken gebracht hat, übergibt man dieses künstliche Geschöpf den Händen eines Erziehers, der das Werk vollendet, indem er die schon vorhandenen künstlichen Keime zur Entwicklung bringt und es alles lehrt, nur nicht, sich selbst zu erkennen, aus sich etwas zu machen, zu leben und glücklich zu sein. Wenn dann dieses Kind, Sklave und Tyrann in einem, voller Weisheiten und bar jeglichen Verstandes, gleich schwach an Seele und Leib in die Welt hineingeworfen wird, wo es seine Torheit, seine Hoffart und all seine Laster zur Schau stellt, dann klagt man über das Elend und die Verdorbenheit des Menschen – jedoch zu Unrecht, denn dies ist der Mensch, den unsre Launen so geschaffen haben. Der Mensch der Natur ist anders geartet.

Wollt ihr also, daß er sein ursprüngliches Wesen behalte, dann bewahrt ihn von dem Augenblick an, da er auf die Welt kommt. Bemächtigt euch seiner sobald er geboren wird, und verlaßt ihn nicht, ehe er erwachsen ist, sonst wird es euch nicht gelingen. So wie die Mutter die natürliche Amme ist, ist der natürliche Erzieher der Vater. Mögen sie sich über ihre wechselseitigen Erziehungsaufgaben und -methoden einig sein, möge das Kind von der Hand des einen in die des andern übergehen. Es wird durch einen vernünftigen und unkomplizierten Vater besser erzogen als durch den geschicktesten Lehrer der Welt. Denn das Talent läßt sich besser durch Eifer ersetzen als der Eifer durch das Talent.

Aber die Geschäfte, der Beruf, die Pflichten . . . ach, die Pflichten! Ohne Zweifel, die geringste ist die eines Vaters*! Wundern wir uns nicht, daß ein Mann, dessen Frau es abgelehnt hat, die Frucht ihrer Vereinigung zu nähren, seinerseits ablehnt, sie zu erziehen. Es gibt kein schöneres Bild als das der Familie. Aber

---

* Wenn man bei Plutarch[19] liest, daß Cato der Zensor, der Rom so ruhmreich regierte, seinen Sohn von der Wiege an selbst und so sorgfältig erzog, daß er alles im Stich ließ, um dabei zu sein, wenn seine Amme, und das heißt hier seine Mutter, ihn herausnahm und wusch; wenn man bei Sueton[20] liest, daß Augustus, der Herr der Welt, die er selbst erobert hatte und regierte, selbst seinen Enkelkindern das Schreiben, das Schwimmen und die Grundbegriffe der Wissenschaft beibrachte und daß er sie ständig um sich hatte, kann man wohl nicht umhin, über die guten Leute von damals zu lachen, die sich mit solchen Albernheiten abgaben, und die ganz bestimmt zu borniert für die großen Geschäfte unserer großen Männer von heute waren.

ein falscher Strich entstellt alle anderen. Hat die Mutter
zu wenig Kraft, Amme zu sein, so hat der Vater zu
viel Geschäfte, um Erzieher zu sein. Die Kinder, aus
dem Haus gegeben, in Pensionaten verstreut, in Klöstern, in Kollegien tragen die Liebe des Elternhauses
woanders hin, oder, besser gesagt, sie nehmen die Gewohnheit an, sich an nichts gebunden zu fühlen. Die
Geschwister kennen einander kaum. Sind einmal alle
bei einer feierlichen Gelegenheit versammelt, werden
sie sehr höflich sein und einander wie Fremde behandeln. Sobald es keine Intimität mehr zwischen den
Eltern gibt, sobald die Gemeinschaft der Familie nicht
mehr das Glück des Lebens ausmacht, braucht man
natürlich die schlechten Sitten zum Ersatz. Wo wäre
der Mensch, der so dumm ist, diese Zusammenhänge
nicht zu erkennen!

Ein Vater, der Kinder zeugt und sie großzieht, erfüllt damit nur ein Drittel seiner Aufgabe. Seiner
Gattung schuldet er Menschen, seiner Gesellschaft schuldet er gemeinschaftsfähige Menschen, und dem Staat
schuldet er Bürger. Jeder Mann, der in der Lage ist,
diese dreifache Schuld zu zahlen, und es nicht tut, ist
schuldig und noch schuldiger vielleicht, wenn er sie nur
zur Hälfte zahlt. Derjenige, der unfähig ist, die Aufgaben eines Vaters zu erfüllen, hat nicht das Recht,
Vater zu werden. Weder Armut noch Arbeit, noch
menschliche Rücksichten entbinden ihn von der Pflicht,
seine Kinder zu ernähren und selbst zu erziehen. Leser,
glaube es mir: ich sage jedem, der ein Herz hat und
solch heilige Pflichten vernachlässigt, voraus, daß er
lange Zeit über seine Schuld bittere Tränen vergießen
wird und niemals Trost findet[21].

Aber was tut dieser reiche Mann, dieser so von seinen
Geschäften beanspruchte Familienvater, der, wenn man
ihm glauben soll, gezwungen ist, seine Kinder im
Stich zu lassen? Er bezahlt einen andern Mann dafür,
die Mühen auf sich zu nehmen, die ihm zu groß sind.

Käufliche Seele! Glaubst du, deinem Sohn für Geld
einen anderen Vater beschaffen zu können? Täusche
dich nicht. Nicht einmal einen Herrn gibst du ihm
damit, sondern einen Sklaven der bald einen zweiten
heranbilden wird[22].

Man diskutiert viel über die Qualitäten eines guten
Erziehers. Die erste, die ich verlange – und diese eine
ersetzt viele andere –, ist die, kein käuflicher Mensch
zu sein. Es gibt Berufe von so hohem moralischen Wert,
daß man sie nicht gegen Bezahlung ausüben kann,
ohne sich dadurch ihrer unwürdig zu erweisen: solcher
Art ist der des Soldaten und solcher Art der des Lehrers. – Wer soll denn dann mein Kind erziehen? – Ich
habe es dir schon gesagt: du selbst. – Ich kann es aber
nicht. – Du kannst es nicht? . . . Dann suche dir einen
Freund. Ich sehe keine andere Möglichkeit.

Ein Erzieher! Oh, welch erhabene Seele . . . ! Wenn
er wirklich einen Menschen heranbilden soll, muß er
entweder selber Vater oder ein Übermensch sein. Und
das ist die Funktion, die ihr seelenruhig einem Söldner
anvertraut[23].

Je mehr man darüber nachdenkt, um so mehr Schwierigkeiten entdeckt man. Der Erzieher müßte eigens
für seinen Schüler erzogen worden sein und die Dienstboten für ihren Herrn – alle, die mit ihm zu tun haben,
dürften nur solche Eindrücke empfangen haben, die
sie ihm vermitteln sollen. Man müßte von Erziehung
zu Erziehung bis wer weiß wohin zurückgehen. Denn
wie könnte ein Kind von jemandem gut erzogen
werden, der selbst nicht gut erzogen worden ist?

Ist dieses seltene Wesen denn nirgends zu finden?
Ich weiß es nicht. Weiß man denn, zu welchem Grad
von Rechtschaffenheit eine menschliche Seele in diesen
Zeiten der Würdelosigkeit noch in der Lage ist? Aber
nehmen wir an, wir hätten dieses Wunder gefunden.
Durch die Betrachtung dessen, was er zu tun hat, sehen
wir auch, wie er sein muß. Aber ich sehe schon im

voraus, daß ein Vater, der den ganzen Wert eines
guten Erziehers erkennt, sich dazu entschließen wird,
auf ihn zu verzichten, denn es wird schwieriger sein,
einen zu bekommen, als selbst einer zu werden. Will
er also einen Freund gewinnen, so erziehe er sich seinen
Sohn dazu. Dann braucht er ihn nicht anderweitig zu
suchen, und die Natur hat schon das halbe Werk ge-
schafft.

Jemand, von dem ich nichts als seinen Rang kenne,
ließ mich bitten, seinen Sohn zu erziehen. Gewiß tat
er mir damit eine große Ehre an. Aber weit eher, als
sich über meine Ablehnung zu beklagen, hätte er sich
über meine Zurückhaltung freuen sollen. Hätte ich
sein Angebot angenommen und sich meine Methode
als falsch erwiesen, wäre das Resultat eine verfehlte
Erziehung gewesen; hätte ich Erfolg gehabt, wäre es
noch schlimmer gewesen, denn dann hätte sein Sohn
seinen Titel verleugnet, er hätte nicht mehr Fürst sein
wollen[24].

Ich bin zu sehr durchdrungen von der Größe der Aufgabe eines Erziehers, ich bin mir zu sehr meiner Unfähigkeit bewußt, je einen solchen Beruf zu übernehmen, von welcher Seite er mir auch angeboten werden
möge. Die Interessen der Freundschaft allein wären
für mich nur ein Grund mehr zur Ablehnung. Ich
glaube, nach Lektüre dieses Buchs wird es wenige geben, die versucht wären, mir ein solches Angebot zu
machen, und ich bitte die, die es dennoch tun möchten,
sich die unnütze Mühe zu sparen. Früher habe ich mich
hinlänglich in diesem Metier versucht, so daß ich nunmehr ganz sicher bin, nicht dafür zu taugen[25]. Und
selbst wenn meine Talente ausreichten, würde es mir
mein Zustand nicht erlauben. Ich glaubte, diese öffentliche Erklärung denen schuldig zu sein, die mir die
Achtung zu versagen scheinen, an die Aufrichtigkeit
und Berechtigung meiner Entschlüsse zu glauben.

Außerstande, die nützlichste Aufgabe erfüllen zu

können, wage ich es zumindest, mich in der leichtesten
zu versuchen. Dem Beispiel so vieler folgend, lege ich
nicht Hand ans Werk, sondern an die Feder. Und
anstatt zu tun, was richtig ist, bemühe ich mich, es
zu sagen.

Ich weiß, daß bei ähnlichen Versuchen wie diesem
der Autor voller Behagen bei seinem System, das er
nicht in die Praxis umzusetzen braucht, ohne Mühe
viele schöne Regeln aufstellt, die unmöglich zu befolgen sind, und daß selbst das, was wirklich durchführbar wäre, unbrauchbar bleibt, weil die Einzelheiten,
die Beispiele und die Anwendung fehlen.

Deshalb habe ich mich entschlossen, einen imaginären
Schüler anzunehmen, mir das Alter, die Gesundheit,
die Kenntnisse und alle Gaben, die der Arbeit an seiner
Erziehung dienlich sind, beizulegen, und seine Erziehung vom Augenblick seiner Geburt an bis zu jener
Stunde zu lenken, da er als fertiger Mann keines anderen Führers mehr bedarf als seiner selbst. Diese
Methode scheint mir angetan, einen Autor, der seiner
selbst unsicher ist, daran zu hindern, sich in Hirngespinsten zu verlieren. Denn sobald er sich von der
gewöhnlichen Praxis entfernt, braucht er nur die
Probe seiner eigenen Praxis an seinem Schüler zu
machen, und bald wird er spüren – oder der Leser
spürt es für ihn –, ob er dem Fortschritt der Kindheit
folgt und dem Gang, der dem menschlichen Herzen
natürlich ist[26].

Das habe ich bei all den auftauchenden Schwierigkeiten zu tun versucht. Um das Buch nicht unnötig anschwellen zu lassen, habe ich mich damit begnügt, die
Grundsätze aufzustellen, deren Richtigkeit jeder empfinden muß. Was jedoch die Regeln anlangt, die der
Beweise bedürften, so habe ich sie alle auf meinen
Emile oder auf andere Beispiele bezogen, und ich habe
in detaillierter Form dargelegt, wie alles, was ich fest-
legte, praktisch angewandt werden könnte. So sieht

zumindest der Plan aus, dem zu folgen ich mir vorgenommen habe. Der Leser mag entscheiden, ob es mir gelungen ist, ihn zu verwirklichen.

Daher kommt es auch, daß ich zunächst wenig von Emile sprechen werde, weil meine ersten Maximen über die Erziehung, obgleich sie den üblichen widersprechen, so einleuchtend sind, daß sie von vernünftigen Menschen schwerlich verworfen werden können. Je weiter ich aber fortschreite, desto weniger gleicht mein Zögling, der so anders erzogen ist als die euren, einem gewöhnlichen Kinde; nun bedarf er einer Methode, die auf ihn allein zugeschnitten ist. So erscheint er jetzt ununterbrochen auf der Szene, und während der letzten Zeit verliere ich ihn keinen Augenblick aus den Augen, bis er, was immer er auch dazu sagen möge, meiner nicht mehr bedarf[27].

Ich spreche hier keineswegs von den Qualitäten eines guten Erziehers. Ich setze sie voraus und sehe mich theoretisch mit all diesen Qualitäten begabt. Bei der Lektüre dieses Buches wird man sehen, mit welcher Freigebigkeit ich mich bedacht habe.

Ganz gegen die allgemeinen Ansichten habe ich nur zu bemerken, daß der Erzieher eines Kindes jung sein muß, so jung wie ein vernünftiger Mann nur sein kann. Am liebsten wäre es mir, er wäre selbst noch ein Kind soweit dies möglich wäre, so daß er der Gefährte seines Zöglings werden und sein Vertrauen dadurch gewinnen könne, daß er sein Vergnügen teilt. Zwischen der Kindheit und dem reifen Alter gibt es zu wenig Anknüpfungspunkte, als daß auf diese Distanz jemals eine feste Bindung zustande kommen könnte. Die Kinder sind wohl zuweilen artig zu alten Menschen, aber sie lieben sie nie[28].

Manche halten es für wünschenswert, daß der Erzieher schon einmal jemanden erzogen hätte. Das ist zuviel verlangt. Ein einzelner Mensch kann das nur einmal – wenn er es zweimal müßte, um Erfolg zu haben, mit welchem Recht dürfte er es dann das erstemal unternehmen?

Gewiß, mit größerer Erfahrung könnte man es besser machen; aber dann wäre man nicht mehr dazu in der Lage. Jeder, der diese Aufgabe gut genug erfüllt hat, um all ihre Mühen zu empfinden, hat keinerlei Neigung mehr, sich ein zweitesmal darauf einzulassen; und hat er sie das erstemal schlecht erfüllt, so wäre das eine schlechte Voraussetzung für das nächstemal.

Ich gebe zu, daß es etwas ganz anderes ist, einen jungen Mann vier Jahre zu begleiten, als ihn während fünfundzwanzig Jahren zu leiten. Ihr gebt eurem schon vollkommen fertigen Sohn einen Erzieher – ich möchte, daß er schon einen hat, bevor er geboren wird. Euer Erzieher darf sich alle fünf Jahre einen neuen Schüler nehmen, meiner wird niemals mehr als einen haben. Ihr macht einen Unterschied zwischen Lehrer und Erzieher – weiterer Unfug! Macht ihr auch einen Unterschied zwischen Schüler und Zögling? Es gibt nur eine Wissenschaft, die den Kindern beigebracht werden muß: die der menschlichen Pflichten. Diese Wissenschaft ist ein Ganzes und – was auch Xenophon über die Erziehung der Perser gesagt haben mag – sie ist unteilbar. Im übrigen möchte ich den, der in dieser Wissenschaft unterrichtet, eher Erzieher als Lehrer nennen, da es sich für ihn weniger darum handelt, zu lehren als zu leiten. Er soll keine Vorschriften geben, er soll bewirken, daß sie gefunden werden.

Wenn der Erzieher mit soviel Sorgfalt ausgewählt werden muß, so ist es ihm auch erlaubt, sich seinen Schüler auszusuchen, besonders, wenn es darum geht, ein Musterbild zu schaffen. Diese Wahl kann sich weder auf die geistigen Anlagen noch auf den Charakter des Kindes stützen, das man ja erst nach Beendigung des Werks kennt und das ich schon vor seiner Geburt adoptiere. Wenn ich zu wählen hätte, nähme ich mir einen Durchschnittsgeist, so wie ich mir meinen

Schüler vorstelle. Nur Durchschnittsmenschen bedürfen der Erziehung, und nur ihre Erziehung kann als Beispiel für ihresgleichen dienen. Die andern erziehen sich ohne das.

Das Land, in dem der Mensch aufwächst, spielt eine große Rolle; nur in gemäßigtem Klima kann er alle Qualitäten entwickeln, die er besitzt: Bei extremen Klimata ist der Nachteil offenbar. Ein Mensch wird nicht wie ein Baum in irgendeinem Land gepflanzt, um immer dort zu bleiben. Und derjenige, der von einem Extrem zum anderen geht, sieht sich gezwungen, die doppelte Strecke zurückzulegen, um an demselben Ziel anzukommen wie der, der vom normalen Mittelpunkt ausgegangen ist.

Wenn selbst der Bewohner eines Landes mit gemäßigtem Klima allmählich beide Extreme durchläuft, ist sein Vorteil immer noch offenbar: denn, obgleich er selbst den gleichen Veränderungen ausgesetzt ist wie der, der direkt von einem Extrem zum anderen geht, entfernt er sich doch nur um die Hälfte von seinen natürlichen Lebensbedingungen. Ein Franzose kann sowohl in Guinea als in Lappland leben. Aber für einen Neger wäre es nicht dasselbe, in Tornea leben zu müssen, oder für einen samojeden im Benin[29]. Weiterhin scheint es, daß die Beschaffenheit des Gehirns unter den verschiedenen Extremtemperaturen weniger vollkommen ist. Weder die Neger noch die Lappländer sind ihrem Geist nach Europäer. Wenn ich also wünsche, daß mein Zögling ein Bewohner dieser Erde sei, so würde ich ihn mir aus einer gemäßigten Zone holen, am liebsten aus Frankreich[30].

Aus dem kargen Boden des Nordens schlagen die Menschen mehr heraus als aus dem fruchtbaren Boden im Süden. Daraus ergibt sich ein weiterer Unterschied: jene sind arbeitsam und diese beschaulich veranlagt. Die Gesellschaft bietet uns an ein und demselben Ort das Bild dieser Unterschiede: die Armen und die

Reichen. Für die ersteren ist der karge Boden reserviert, für die anderen der fruchtbare.

Der Arme braucht keine Erziehung. Sie ergibt sich zwangsläufig aus seinem Stand, und eine andere käme gar nicht in Frage. Dagegen ist die Erziehung, die der Reiche durch seinen Stand genießt, die für ihn selbst und die Gesellschaft ungeeignetste Erziehung. Im übrigen muß die natürliche Erziehung den Menschen für alle menschlichen Verhältnisse tauglich machen, und so ist es weniger vernünftig, einen Armen zum Reichen zu erziehen als umgekehrt. Denn im Verhältnis zur Anzahl in den beiden Ständen gibt es mehr Ruinierte als Erfolgreiche. Wählen wir also einen Reichen, dann können wir wenigstens sicher sein, einen Menschen mehr gebildet zu haben, denn ein Armer kann durch sich selbst zum Menschen werden.

Aus diesem Grunde habe ich auch nichts dagegen, daß Emile ein Mensch von Stand sei. Es wäre dann immerhin ein Opfer dem Vorurteil entrissen.

Emile ist Waise. Es ist unwichtig, ob er Eltern hat. Mit ihren Pflichten beauftragt, trete ich auch in alle ihre Rechte ein. Er soll seine Eltern ehren, darf aber nur mir gehorchen. Dies ist meine erste oder vielmehr meine einzige Bedingung.

Ich muß ihr noch eine weitere hinzufügen, die nur ihre Folge ist, nämlich die, daß man uns nie ohne unsre Zustimmung voneinander trennt. Diese Klausel ist sehr wesentlich, und ich möchte sogar so weit gehen, zu verlangen, daß Schüler und Lehrer sich als so unzertrennlich betrachten, daß sie ihr beiderseitiges Los immer als gemeinschaftliches Los empfinden. Sobald sie ihre zukünftige Trennung ins Auge fassen, sobald sie den Augenblick ihrer gegenseitigen Entfremdung voraussehen, sind sie einander schon fremd: Jeder von beiden fängt an, sich mehr und mehr auf sich selbst zu stellen, und beide, im Geiste schon voneinander entfernt, bleiben nur noch widerwillig zusammen. Der

Schüler betrachtet den Lehrer nur noch als Symbol und
Geißel seiner Kindheit, und der Lehrer sieht in seinem
Schüler nur noch die schwere Last, die er brennend
gern los wäre. Sie sehnen gemeinsam den Augenblick
der Erlösung voneinander herbei. Wenn eine wirkliche
Zuneigung zwischen beiden niemals zustande kommt,
muß wohl der eine zu wenig wachsam und der andere
zu wenig zugänglich sein.

Betrachten sie ihr Verhältnis aber so, als müßten sie
ihre Tage miteinander verleben, liegt ihnen selbst daran, gegenseitige Zuneigung zu erwecken, und dadurch
werden sie einander lieb und wert. Der Schüler schämt
sich keineswegs, schon in seiner Kindheit dem zu folgen, den er als Erwachsener zum Freund haben wird.
Der Erzieher gibt sich der Fürsorge hin, deren Früchte
er selbst ernten wird, und alle Verdienste, die er sich
um seinen Schüler macht, bilden das Kapital, das er
für seine alten Tage anlegt.

Dieser vorher abgeschlossene Vertrag setzt eine glückliche Niederkunft, ein gesundes, wohlgebildetes und
kräftiges Kind voraus. Ein Vater hat nicht die Auswahl und darf keinerlei Vorliebe haben, was den
Nachwuchs angeht, der ihm von Gott gegeben wird –
alle seine Kinder sind auf gleiche Weise seine Kinder.
Jedem von ihnen schuldet er die gleiche Fürsorge und
die gleiche Zärtlichkeit. Seien sie verkrüppelt oder
nicht, seien sie schwächlich oder robust, jedes von ihnen
ist ein ihm anvertrautes Gut, für das er der Hand, aus
der es ihm geschenkt wurde, verantwortlich ist, und die
Ehe ist ein Vertrag, mit der Natur ebenso wie zwischen
den Ehepartnern.

Aber wer eine Pflicht auf sich nimmt, die ihm keineswegs von der Natur bestimmt ist, muß sich vorher
über seine Möglichkeiten, sie zu erfüllen, klarwerden.
Sonst macht er sich sogar für etwas verantwortlich,
was er nicht zustande bringen konnte. Wer sich mit
einem kränklichen und schwächlichen Schüler belastet,

wird zum Krankenwärter statt zum Erzieher. Durch
die Pflege eines unnützen Lebens verliert er die Zeit,
die dazu bestimmt war, seinen Wert zu steigern. Er
setzt sich den Klagen einer Mutter aus, die ihm eines
Tages den Tod eines Sohnes vorwerfen wird, dessen
Gesundheit er lange Zeit zu erhalten versuchte.

Ich würde mich nicht mit einem kränklichen und
griesgrämigen Kind belasten, und wenn es achtzig
Jahre alt würde. Ich mag kein Kind, das immer sich
selbst und andern zur Last fällt, dessen einziges Streben seine Selbsterhaltung ist und dessen Körper der
Heranbildung seiner Seele nur schadet. Wenn ich meine
Fürsorge vergeblich an es verschwendete, würde ich
der menschlichen Gesellschaft nur einen doppelten Verlust einbringen und ihr zwei Menschen statt eines einzigen entziehen. Wenn sich ein anderer an meiner Statt
dieses Kranken annimmt, so soll mir das recht sein,
und ich will seine Nächstenliebe loben. Aber das ist
nicht meine Sache: ich erziehe auf keinen Fall jemanden zum Leben, der nur daran denkt, wie er dem
Tod entgehen kann.

Der Körper muß Lebenskraft haben, um der Seele
zu gehorchen. Ein guter Diener muß kräftig sein. Ich
weiß, daß Maßlosigkeit die Leidenschaften erregt und
auf die Dauer auch den Körper entkräftet. Jedoch entsteht oft durch Kasteiung und Fasten die gleiche Wirkung. Je schwächer der Körper ist, um so mehr befiehlt
er. Je stärker er ist, um so eher gehorcht er. Alle sinnlichen Leidenschaften wohnen in verweichlichten Körpern, die um so mehr davon gereizt werden, als sie sie
nicht befriedigen können.

Ein kraftloser Körper schwächt die Seele. Daher
auch die Herrschaft der Heilkunst, einer den Menschen
weitaus schädlicheren Kunst als alle Übel, die zu
heilen vorgibt[31]. Ich meinerseits kenne keine Krankheit,
von der die Ärzte uns heilen könnten; indessen weiß
ich, daß sie uns höchst verderbliche bereiten: Feigheit,

Verzagtheit, Leichtgläubigkeit und Schreck vor dem Tod. Heilen sie auch den Körper, so töten sie die Tatkraft. Was nützt es uns, wenn sie Leichname wieder auf die Beine bringen? Wir brauchen Menschen, aber aus ihren Händen sehen wir keine hervorkommen.

Die Heilkunst ist sehr in Mode bei uns. Sie muß es ja sein. Sie ist der Zeitvertreib der Müßigen und Untätigen, die ihre Zeit an ihre Selbsterhaltung verwenden, weil sie sonst nichts mit ihr anzufangen wüßten. Hätten sie das Unglück gehabt, unsterblich geboren zu sein – sie wären die armseligsten aller Geschöpfe. Ein Leben, um das sie nicht zu bangen hätten, wäre für sie völlig wertlos. Diese Leute brauchen Ärzte, die ihnen Angst machen, um ihnen wohlzutun, und die ihnen Tag für Tag das einzige Vergnügen bereiten, für das sie empfänglich sind, nämlich, noch nicht tot zu sein.

Ich habe keineswegs die Absicht, mich hier über die Nichtigkeit der Heilkunst zu verbreiten. Mein Ziel ist, sie einzig und allein vom moralischen Gesichtspunkt aus zu betrachten. Trotzdem kann ich nicht umhin zu bemerken, daß die Menschen bei ihrer Anwendung die gleichen Sophismen anwenden wie bei der Suche nach der Wahrheit. Sie setzen immer voraus, daß der Kranke durch ärztliche Behandlung zu heilen sei, so wie man die Wahrheit finden könne, wenn man sie sucht. Sie sehen nicht, daß man den Glücksfall einer von einem Arzt erreichten Heilung dem Tode von hundert Kranken gegenüberstellen muß, die er auf dem Gewissen hat, genauso wie die Nützlichkeit einer entdeckten Wahrheit den gleichzeitig daraus entstehenden Irrtümern gegenübergestellt werden muß. Die Wissenschaft, die bildet, und die Heilkunst, die heilt, sind zweifellos beide etwas Ausgezeichnetes. Aber die Wissenschaft, die täuscht, und die Heilkunst, die tötet, sind etwas Schlechtes. Zeigt uns doch, wie man sie voneinander unterscheiden kann. Der Kernpunkt des Problems ist hier: Wüßten wir nichts von Wahrheit, so wären wir nicht die Betrogenen der Lüge; wollten wir nicht, der Natur zum Trotz, geheilt werden, so stürben wir nicht durch die Hand des Arztes. Diese beiden Enthaltungen wären weise; man gewänne zweifellos, wenn man sich ihnen fügte. Ich bestreite also nicht, daß die Heilkunst für einige Menschen nützlich sein kann, aber ich sage, daß sie verhängnisvoll für das menschliche Geschlecht ist.

Man wird mir sagen – so wie es ohne Unterlaß geschieht –, daß die Fehler am Arzt liegen, daß jedoch die Heilkunst selbst unfehlbar sei. Das hör ich gern. So möge sie denn ohne den Arzt kommen: kommen nämlich die beiden zusammen, so haben wir hundertmal mehr von den Irrtümern des Künstlers zu befürchten als von der Hilfe der Kunst zu erhoffen.

Diese verlogene Kunst, geschaffen eher für die Leiden des Geistes als für die des Körpers, dient weder dem einen noch dem andern: sie flößt uns eher Schrecken ein, als daß sie uns von unsrer Krankheit heilt. Sie hält nicht so sehr den Tod fern, als daß sie ihn im voraus fühlen läßt. Sie braucht das Leben auf, anstatt es zu verlängern, und wenn sie es verlängerte, ginge dies wiederum auf Kosten der Gattung, weil sie uns durch die Pflege, die sie uns aufzwingt, der menschlichen Gesellschaft und unsern Aufgaben durch die Schrecken, die sie uns bereitet, entzieht. Wir fürchten die Gefahren erst dann, wenn wir sie kennen. Wer sich unverwundbar glaubt, fürchtet sich vor nichts. Weil er ihn zu sehr gegen die Gefahr gewappnet hat, bringt der Dichter Achill um das Verdienst der Tapferkeit. Jeder andere wäre um den gleichen Preis ein Achill gewesen.

Wollt ihr Menschen voll echter Lebenskraft finden, dann sucht sie in einer Gegend, wo es keine Ärzte gibt, wo man die Folgen einer Krankheit nicht kennt und wo man kaum an den Tod denkt. Natürlicherweise versteht der Mensch ständig zu leiden und stirbt in Frieden. Die Ärzte sind es mit ihren Verordnungen, die Philosophen mit ihren Vorschriften und die Priester mit ihren Ermahnungen, die sein Herz feige machen und ihn verlernen lassen zu sterben.

Man gebe mir also einen Schüler, der all diese Leute nicht braucht, oder ich nehme ihn nicht. Ich will nicht durch andere mein Werk verderben lassen: ich will ihn entweder allein erziehen oder mich draushalten. Der weise Locke, der einen Teil seines Lebens dem Studium der Medizin gewidmet hatte, empfiehlt aufs wärmste, den Kindern nicht mit Arzneien aller Art zuzusetzen, weder aus Vorsicht noch wegen leichter Unpäßlichkeiten. Ich gehe noch weiter und erkläre, daß, da ich niemals einen Arzt für mich selbst beanspruche, ich ihn auch für meinen Emile nicht rufen werde, wenn keine unmittelbare Gefahr für sein Leben besteht. Denn dann kann er ihm nichts Schlimmeres mehr antun, als ihn zu töten.

Ich weiß wohl, daß der Arzt nicht verfehlen würde, aus diesem Verzug seinen Vorteil zu schlagen. Stirbt das Kind, wird es heißen, man habe ihn zu spät gerufen; entgeht es dem Tod, so wird er es sein, der es gerettet hat. Gut. Laßt den Arzt triumphieren. Aber vor allem, ruft ihn nur im äußersten Notfall.

Da das Kind sich nicht selbst zu heilen vermag, muß es verstehen, krank zu sein. Diese Kunst ersetzt die andere und hat sogar oft viel mehr Erfolg, denn es ist eine natürliche Kunst. Wenn ein Tier krank ist, leidet es still und verhält sich ruhig. So sieht man nicht mehr kränkliche Tiere als Menschen. Ach, wieviel Menschen sind durch Ungeduld, Furcht, Unruhe und besonders durch Heilmittel getötet worden, die trotz ihrer Krankheit und mit der Zeit hätten gerettet werden können? Man wird mir entgegnen, daß die Tiere, die der Natur getreuer leben, auch entsprechend weniger der Krankheit ausgesetzt sind als wir. Aber ja, genau diese Lebensweise will ich meinem Schüler zuteil werden lassen. Er wird deshalb auch den gleichen Vorteil davon haben.

Die einzig nützliche Seite der Heilkunst ist die Hygiene. Dabei ist die Hygiene weniger eine Wissenschaft als eine Tugend. Mäßigung und Arbeit sind die beiden wahren Ärzte des Menschen. Die Arbeit reizt seinen Hunger, und die Mäßigkeit hindert ihn, damit Mißbrauch zu treiben.

Um zu erfahren, welche Lebensweise dem Leben und der Gesundheit am nützlichsten ist, braucht man nur die gesündesten, robustesten und langlebigsten Völker zu kennen. Wenn aus allgemein angestellten Beobachtungen nicht hervorgeht, daß die Anwendung der Heilkunst den Menschen festere Gesundheit oder ein längeres Leben verschafft und damit klar wird, daß diese Kunst niemandem dienen kann, so ist sie schädlich, da sie für Menschen und Dinge nichts als reiner Zeitverlust ist. Nicht nur die verlorene Zeit, die man an die Selbsterhaltung verwendet, muß von der Lebenszeit abgezogen werden; mehr noch, wenn diese Zeit dazu benutzt wird, uns zu quälen, ist sie schlimmer als nicht-existent, sie ist negativ, und bei unparteiischer Rechnung muß genausoviel von der Zeit abgezogen werden, die uns bleibt. Ein Mensch, der zehn Jahre ohne Ärzte lebt, lebt mehr für sich selbst und die andern als der, der während dreißig Jahren als ihr Opfer lebt. Da ich beide Erfahrungen gemacht habe, glaube ich mich mehr als jeder andere dazu berechtigt, daraus meine Schlüsse zu ziehen.

Da habt ihr meine Gründe, weshalb ich nur einen robusten und gesunden Schüler mag und auch meine Prinzipien, um ihn so zu bewahren. Ich will mich nicht dabei aufhalten, langatmig die Nützlichkeit manueller Arbeiten und körperlicher Übungen zu beweisen, die Konstitution und Gesundheit kräftigen. Das wird niemand bestreiten. Die Beispiele höchsten Lebensalters nehmen wir fast ausschließlich aus den Reihen der Menschen, die das schärfste Körpertraining hatten und die schlimmsten Strapazen und Mühen ertragen muß-

ten*. Ebensowenig werde ich mich in Einzelheiten einlassen über die Maßnahmen, die ich allein für dieses
Ziel treffen werde; man wird sehen, daß sie so notwendig in meine Praxis eintreten, daß es genügt, deren
Sinn zu erfassen, um weitere Erklärungen überflüssig
zu machen.

Mit dem Leben beginnen die Bedürfnisse. Das Neugeborene braucht eine Amme. Ist die Mutter bereit,
ihre Pflicht zu erfüllen, um so besser. Man wird ihr
schriftlich ihre Anweisungen geben, denn dieser Vorteil hat auch seine Kehrseite – er hält den Erzieher
etwas weiter von seinem Zögling entfernt. Aber es ist
anzunehmen, daß das Interesse an ihrem Kind und die
Hochachtung für den, dem sie ein so kostbares Gut
anvertrauen möchte, die Mutter für die Ratschläge des
Lehrers empfänglich machen wird. So ist man sicher,
daß sie alles, was sie tun möchte, besser machen wird
als eine andere. Brauchen wir eine fremde Amme,
suchen wir sie zunächst sorgfältig aus.

Es gehört zum Unglück reicher Leute, in allem übers
Ohr gehauen zu werden. Ist es daher erstaunlich, wenn
sie die Menschen für schlecht halten? Ihre Reichtümer
verderben sie, und durch einen gerechten Ausgleich sind

---

* Hier ein Beispiel aus englischen Zeitungen, das ich mir nicht versagen kann zu bringen, so viele Überlegungen, die sich auf mein Thema
beziehen, bietet es dar.

„Ein Bürger namens Patrice Oneil, geboren 1647, hat sich soeben im
Jahre 1760 zum siebentenmal verheiratet. Er diente im 17. Jahr der
Regierung Karls II. bei den Dragonern und bei verschiedenen Truppen-
teilen, bis er 1740 seinen Abschied erhielt. Er machte alle Feldzüge
des Königs William und des Herzogs von Marlborough mit. Dieser
Mann hat niemals etwas anderes als gewöhnliches Bier getrunken, er
hat immer vegetarisch gelebt und nur Fleisch gegessen, wenn er seiner
Familie hier und da ein Essen gab. Soweit ihn seine Pflichten nicht
davon abhielten, hielt er es immer damit, bei Sonnenaufgang aufzustehen und sich nach Sonnenuntergang zu Bett zu legen. Er steht jetzt
in seinem einhundertunddreizehnten Lebensjahr, hört noch gut, ist gesund
und geht ohne Stock. Er bleibt trotz seines hohen Alters nicht einen
Augenblick müßig, und jeden Sonntag geht er in Begleitung seiner
Kinder, Enkel und Urenkel zur Kirche.“

sie die ersten, die die Mängel des einzigen Werkzeugs, das sie kennen, zu spüren bekommen. Bei ihnen wird alles falsch gemacht außer dem, was sie selbst dazutun. Aber sie tun fast nie etwas. Geht es darum, eine Amme zu suchen, so läßt man das durch den Geburtshelfer machen. Was entsteht daraus? Daß die beste immer die ist, die ihn am besten dafür bezahlt hat. Also werde ich wegen der Amme für Emile keinen Geburtshelfer zu Rate ziehen. Ich werde sorgfältig selbst eine auswählen. Ich werde darüber vielleicht keine so beredten Überlegungen anstellen können wie ein Chirurg; aber ich werde ganz gewiß nach bestem Wissen und Gewissen handeln, und mein Eifer wird mich weniger überlisten als ihn seine Habgier.

Diese Wahl ist gar nicht so geheimnisvoll, und ihre Grundsätze sind bekannt[32]. Aber ich weiß nicht, ob man dem Alter der Milch und ihrer Qualität nicht doch ein wenig mehr Beachtung schenken sollte. Die neue Milch ist vollkommen wäßrig; sie muß fast als Abführmittel dienen, um die Gedärme des Neugeborenen von den Resten verdickten Kindspechs zu reinigen. Nach und nach wird die Milch dickflüssiger und liefert dem inzwischen kräftiger gewordenen Kind festere Nahrung, die es nun auch verdauen kann. Es hat sicher seine guten Gründe, daß die Natur bei den Weibchen aller Gattungen die Konsistenz der Milch jeweils dem Alter des Säuglings angleicht.

So braucht also ein Neugeborenes eine soeben niedergekommene Amme. Das hat seine Schwierigkeiten, ich weiß. Aber sobald man aus der gegebenen Ordnung heraustritt, begegnet man überall Schwierigkeiten, um richtig zu handeln. Das einzig bequeme Hilfsmittel ist, es falsch zu machen. Auch darauf verfällt man.

Eine Amme muß gesund an Leib und Seele sein. Konstitutionsfehler und schlechte Mischung der Säfte können ihre Milch verändern. Außerdem heißt es nur die Hälfte des Problems sehen, wenn man sich einzig an die Physis hält. Die Milch kann gut sein und die Amme schlecht. Ein guter Charakter ist ebenso wesentlich wie eine gute Konstitution. Ich will nicht behaupten, daß der Säugling mit der Milch einer lasterhaften Frau auch deren Laster einsaugt, aber ich behaupte wohl, daß er daran leiden wird. Muß sie ihm nicht außer ihrer Milch Fürsorge zuteil werden lassen, Geduld, Sanftmut und Sauberkeit? Ist sie gierig und unausgeglichen, wird sie bald ihre Milch verdorben haben; ist sie nachlässig oder jähzornig, was wird aus einem ihr ausgelieferten armen Unglückswesen werden, das sich weder beklagen noch wehren kann? Niemals, in keiner Hinsicht taugen die Niederträchtigen zu etwas Gutem.

Die Auswahl der Amme ist um so wichtiger, als ihr Säugling nie eine andere Wärterin haben darf als sie, so wie er auch nie einen anderen Lehrer haben darf als seinen Erzieher. So war es der Brauch bei den Alten, die weniger geschwätzig und weiser waren als wir. Nachdem sie ein Kind ihres Geschlechts aufgezogen hatte, verließ die Amme es nie mehr. Darum sind auch in ihren Theaterstücken die Vertrauenspersonen meistens die Ammen. Es ist unmöglich, daß ein Kind, das nach und nach durch viele verschiedene Hände geht, jemals gut erzogen ist. Bei jedem Wechsel stellt es geheime Vergleiche an, die immer darauf ausgehen, seine Achtung vor denen, die sie beherrschen, zu verringern und folglich auch ihre Autorität. Kommt ihm einmal der Gedanke, daß es Erwachsene gibt, die nicht mehr Verstand besitzen als ein Kind, ist alle Autorität des Alters dahin und die ganze Erziehung verpfuscht. Ein Kind darf keine anderen Vorgesetzten kennen als seinen Vater und seine Mutter oder, hat es diese nicht, seine Amme und seinen Erzieher. Dabei ist schon einer von beiden überflüssig, aber diese Teilung ist unvermeidlich, und das einzige, was da abhilft, ist, daß die Personen beiderlei Geschlechts, die es erziehen, sich

über seine Pflege so einig sind, daß beide für es ein
Ganzes sind.

Eine Amme muß wohl ein wenig bequemer leben
und gehaltvollere Nahrung zu sich nehmen, darf aber
keineswegs ihre gewöhnliche Lebensweise vollkommen
ändern. Denn ein rascher und totaler Wechsel, selbst
vom Schlechten zum Guten, ist immer eine Gefahr für
die Gesundheit. Und wenn ihre gewöhnliche Lebensweise sie gesund und bei guter Konstitution erhalten
oder kräftig gemacht hat, warum soll sie sie dann
ändern?

Die Bäuerinnen essen weniger Fleisch und mehr Gemüse als die Städterinnen. Diese Gemüse-Diät scheint
eher vorteilhaft als nachteilig für sie und ihre Kinder.
Haben sie Säuglinge aus der Bürgerschaft, so gibt man
ihnen gekochtes Rindfleisch, weil man überzeugt ist,
daß Suppe und Fleischbrühe ihnen mehr und bessere
Milch gibt. Ich teile diese Ansicht keineswegs, und die
Erfahrung, die uns lehrt, daß solchermaßen aufgezogene Kinder eher Koliken und Würmer bekommen als
andere, gibt mir recht.

Das ist kaum erstaunlich, da die verweste tierische
Substanz von Würmern wimmelt, wogegen das bei der
pflanzlichen Substanz nicht der Fall ist. Die Milch,
obgleich sie sich im tierischen Körper entwickelt, ist
eine pflanzliche Substanz*. Ihre Analyse beweist es.
Sie wird leicht sauer, aber weit davon entfernt, so wie
die tierischen Substanzen Überreste volatilen Alkalis
zu erzeugen, erzeugt sie ein wichtiges Neutralsalz wie
die Pflanzen.

Die Milch der pflanzenfressenden Tierweibchen ist
süßer und nahrhafter als die der fleischfressenden Weib-

---

* Die Frauen essen Brot, Gemüse und Milchspeisen. Die Weibchen
der Hunde und Katzen ebenfalls, sogar die Wölfinnen fressen Gras,
das gibt pflanzliche Säfte für ihre Milch. Es bliebe nun noch die Milch
der Gattungen zu untersuchen, die sich ausschließlich von Fleisch ernähren, wenn es welche gibt – woran ich zweifle.

chen. Von einer ihr selbst gleichartigen Substanz, bewahrt sie besser ihre Naturreinheit und verfällt in geringerem Maß der Fäulnis. Zieht man die Quantität in Betracht, so weiß jeder, daß Mehlspeisen blutbildender sind als Fleisch. Also müssen sie auch mehr Milch erzeugen. Ich kann nicht glauben, daß ein Kind, das man nicht zu früh oder nur durch pflanzliche Nahrung entwöhnt und dessen Amme ebenfalls nur von Gemüsen lebt, jemals Würmer bekommt.

Es ist möglich, daß durch pflanzliche Kost die Milch schneller sauer wird, aber ich halte saure Milch bei weitem nicht für ungesund. Ganze Völker, bei denen es keine andere gibt, befinden sich äußerst wohl, und dieser ganze Aufwand, der mit säuredämpfenden Mitteln getrieben wird, scheint mir pure Scharlatanerie. Es gibt Organismen, die eben keine Milch vertragen, und denen sie auch durch säuredämpfende Mittel nicht verträglicher gemacht wird. Die übrigen vertragen sie ohne diese Mittel. Man fürchtet sich vor dicker Sauermilch. Wie töricht, da man doch weiß, daß die Milch sich im Magen sowieso immer verdickt. Auf diese Weise wird sie zu der festen Nahrung, die die Kinder sowohl wie die Tier-Jungen brauchen; wenn sie sich nicht verdickte, durchflösse sie den Körper, ohne ihn zu nähren*. Man mag auf tausenderlei Weise die Milch versetzen und tausende säuredämpfende Mittel anwenden — jeder, ohne Ausnahme, der Milch zu sich nimmt, verdaut auch Käse. Der Magen ist so darauf eingestellt, die Milch verdicken zu lassen, daß man gerade aus Kälbermägen Molke macht.

So meine ich, daß es genügt, den Ammen reichlichere und besser ausgewählte Nahrung zu geben, anstatt ihre gewöhnliche Ernährung völlig zu ändern. Nicht

---

* Obgleich die Säfte, die uns nähren, flüssig sind, müssen sie aus festen Nährstoffen ausgepreßt sein. Ein Arbeiter, der nur von Brühe lebte, würde rasch dahinsiechen. Milch würde ihn besser bei Kräften halten, weil sie gerinnt.

durch die Beschaffenheit der einfachen Speisen wird
die Milch spärlich, die Zubereitung ist es, durch die sie
schädlich werden. Reformiert euren Küchenzettel: setzt
weder Fleisch noch Gebratenes darauf; Butter, Salz
und Milchspeisen gehören nicht aufs Feuer; euer in
Wasser abgekochtes Gemüse würzt erst dann, wenn es
heiß auf den Tisch kommt. Weit entfernt, die Amme
verdorren zu lassen, verschafft ihr die einfache Speise
Milch bester Qualität im Überfluß*. Wäre es möglich,
daß, nachdem die pflanzliche Diät für das Kind als die
beste anerkannt ist, die Fleisch-Diät die beste für die
Amme wäre? Welch ein Widerspruch!

Besonders in den ersten Lebensjahren wirkt sich die
Luft auf die Konstitution eines Kindes aus. Durch alle
Poren dringt sie in die zarte und weiche Haut ein, mit
aller Gewalt greift sie den werdenden Körper an und
hinterläßt unauslöschliche Spuren. So wäre ich dagegen,
eine Bäuerin aus ihrem Dorf fortzuholen, und sie in
einem Stadtzimmer einzusperren, um da das Kind zu
nähren. Ich wünsche, daß es die gute Landluft anstatt
der schlechten Stadtluft atmet. Es wird sich dem Zustand seiner neuen Mutter angleichen, es wird ihr länd-
liches Haus bewohnen, und sein Erzieher wird ihm
dorthin folgen. Der Leser wird sich wohl erinnern, daß
dieser Erzieher ein Mann ohne Gehalt ist. Er ist der
Freund des Vaters. – Findet man aber diesen Freund
nicht, oder ist die Übersiedlung schwierig, oder ist alles,
was Sie anraten, undurchführbar, was tut man dann? –
so wird man mich fragen ... – Was ihr tut, habe ich
euch schon gesagt. Da ist jeder Rat überflüssig. –

Die Menschen sind nicht dazu geschaffen, wie in
einem Ameisenhaufen zu leben, sondern als Einzelwesen auf dem Boden, den sie zu bearbeiten haben. Je

---

* Wer die Vor- und Nachteile der pythagoreischen Lebensweise gerne
ausführlicher diskutieren möchte, dem stehen die Abhandlungen der
Doktoren Cocchi und seines Gegners Bianchi zur Verfügung, die über
dieses wichtige Thema geschrieben haben[33].

mehr sie sich zusammenrotten, um so entarteter werden sie. Die Krankheiten des Körpers ebenso wie die Laster der Seele sind das unvermeidliche Ergebnis des übergroßen Zusammengedrängtseins. Von allen Tieren ist der Mensch dasjenige, das am wenigsten in einer Herde leben kann. Wie Schafe zusammengepferchte Menschen gingen alle in kürzester Zeit zugrunde. Der menschliche Atem ist seinesgleichen tödlich; das gilt im eigentlichen nicht weniger als im übertragenen Sinn.

Die Stadt ist der Schlund, der das Menschengeschlecht verschlingt. Nach einigen Generationen geht die Rasse zugrunde oder entartet. Sie muß sich erneuern, und immer ist es das Land, das dazu beiträgt. So schickt eure Kinder also dorthin, wo sie sich sozusagen selbst erneuern und wo sie inmitten der Felder die Kräfte gewinnen, die man in der ungesunden Luft einer übervölkerten Stadt verliert. Die schwangeren Frauen auf dem Land haben nichts Eiligeres zu tun, als zur Niederkunft in die Stadt zu gehen – sie müßten gerade das Gegenteil tun, besonders die, die ihre Kinder selbst nähren wollen. Sie würden dort weniger vermissen, als sie glauben. Und in einer dem menschlichen Wesen natürlicheren Umgebung würde ihnen bald der Geschmack an allem vergehen, was nicht mit der Freude an den natürlichen Pflichten zusammenhinge.

Nach der Geburt wird das Kind zunächst mit einer Mischung aus lauwarmem Wasser und etwas Wein gewaschen. Daß man den Wein dazutut, scheint mir wenig notwendig. Da die Natur nichts Gegorenes produziert, ist es kaum glaubhaft, daß die Verwendung einer künstlichen Flüssigkeit für das Leben ihrer Geschöpfe von Bedeutung sein soll.

Aus demselben Grund ist auch die Vorsichtsmaßregel, das Wasser zu wärmen, nicht absolut unerläßlich, und es gibt Gott weiß wie viele Völker, bei denen die Neugeborenen ohne Umstände im Fluß oder im Meer gewaschen werden. Aber die unsrigen, schon vor der

Geburt durch die Verweichlichung der Väter und Mütter verzärtelt, bringen eine schwächliche Konstitution
mit zur Welt, und sie dürfen nicht sofort den Strapazen ausgesetzt werden, die sie zu ihrer Kräftigung
brauchen. Man darf sie nur stufenweise zu ihrer ursprünglichen Kraft zurückführen. So ist es besser, anfangs das Übliche zu tun und erst nach und nach zu
einer anderen Methode überzugehen. Wascht die Kinder oft, ihre Unsauberkeit beweist das Bedürfnis danach, denn vom bloßen Abwischen werden sie wund.
Aber im gleichen Maß, wie ihre Kräfte wachsen, darf
auch die Temperatur des Waschwassers kühler werden,
bis der Augenblick gekommen ist, daß man sie Sommer wie Winter in kaltem, ja eisigem Wasser waschen
kann. Da es, um sie nicht Schaden nehmen zu lassen,
unumgänglich ist, daß sich dieser Temperaturabstieg
langsam, stufenweise und unmerklich vollzieht, kann
man ein Thermometer benutzen, um die Temperatur
genau zu messen.

Ist dieser Brauch des Badens einmal eingeführt, soll
man ununterbrochen das ganze Leben daran festhalten.
Ich schätze ihn nicht allein im Hinblick auf Sauberkeit
und gute Gesundheit, sondern ebenso sehr als heilsame
Vorsorge zur Schmeidigung der Gewebe, die sich dadurch zwanglos und ohne Gefahr den verschiedensten
Hitze- und Kältegraden anpassen. Darum würde ich
empfehlen, sich während des Wachstums nach und nach
daran zu gewöhnen, manchmal so heiß wie möglich
und oft so kalt wie möglich zu baden. Auf diese Weise
daran gewöhnt, die verschiedensten Temperaturen des
Wassers zu ertragen, das uns durch sein spezifisch höheres Gewicht auch dichter umgibt und stärker angreift,
würde man fast unempfindlich gegen die verschiedenen
Temperaturen der Luft.

Duldet es nicht, daß dem Kind nach dem ersten
Atemzug eine neue Hülle gegeben wird, die es noch
enger fesselt. Keine Häubchen, keine Binden, keine

Wickeln, sondern große, nicht zu eng sitzende Windeln, in denen es alle Glieder frei bewegen kann, und die nicht so schwer sind, daß sie es an der Bewegung hindern, und nicht so warm, daß es die frische Luft nicht spürt*. Legt es in eine gutgepolsterte, große Wiege**, in der es sich ungehindert und gefahrlos bewegen kann. Wenn es langsam kräftiger wird, laßt es im Zimmer herumkriechen; laßt seine kleinen Glieder sich entwickeln und strecken, und ihr könnt sie von Tag zu Tag stärker werden sehen. Vergleicht ihr es mit einem sorgfältig eingewickelten Kind gleichen Alters, so werdet ihr über die unterschiedlichen Fortschritte erstaunt sein***.

Es ist mit dem starken Widerspruch der Ammen zu rechnen, denen ein fest eingeschnürtes Kind weniger Arbeit macht als ein Kind, auf das ununterbrochen aufgepaßt werden muß. Außerdem merkt man bei einem in lockere Windeln gelegten Kind eher, wenn es sich schmutzig gemacht hat und muß es daher öfter

---

* In den Städten werden die Kinder vor lauter Einsperren und Einwickeln erstickt. Ihre Erzieher wissen noch nicht, daß die frische Luft, weit entfernt, ihnen zu schaden, sie stärkt und die warme sie schwächt, Fieber hervorruft und sie tötet.

** Ich sage eine *Wiege*, um in Ermanglung eines andern das übliche Wort zu gebrauchen, da ich im übrigen überzeugt bin, daß es niemals nötig ist, ein Kind zu wiegen, und daß dieser Brauch ihnen oft verhängnisvoll sein kann.

*** „Die alten Peruaner ließen den Armen der Kinder in einer sehr lockeren Wickel völlige Bewegungsfreiheit. Wenn sie sie herausnahmen, setzten sie sie ganz frei bis zur Hälfte des Körpers in ein mit Tüchern ausgeschlagenes Erdloch. Auf diese Weise hatten sie die Arme frei und konnten Kopf und Körper drehen und wenden, wie sie wollten, ohne hinzufallen und sich zu verletzen. Sobald sie anfingen zu laufen, zeigte man ihnen die Mutterbrust aus einiger Entfernung, so wie einen Köder, der sie zum Gehen anregen sollte. Die Negerkinder müssen manchmal auf viel anstrengendere Weise trinken: sie umklammern eine Hüfte der Mutter mit Knien und Füßen so fest, daß sie sich ohne die Hilfe der mütterlichen Arme so halten können. Sie halten sich mit ihren Händen an der Mutterbrust fest und saugen ununterbrochen, ohne sich stören zu lassen und herunterzufallen, trotz der mannigfachen Bewegungen der Mutter, die währenddessen ihrer gewöhnlichen Arbeit nachgeht.

sauber machen. Mit einem Wort – die Gewohnheit
ist ein Argument, das man in gewissen Ländern nie
zur Zufriedenheit der Leute aller Stände widerlegen
kann.

Kommt den Ammen nie mit Vernunftgründen. Gebt
eure Anordnungen, beobachtet sie und tut alles zur
Erleichterung der Durchführung eurer Vorschriften.
Warum solltet ihr nicht dabei mitmachen? Bei der üblichen Art, ein Kind aufzuziehen, solange es nur um
den Körper geht, ist alles andere unwichtig, wenn das
Kind nur lebt und nicht dahinsiecht. Aber in unserem
Fall, wo die Erziehung mit dem Leben beginnt, ist das
Kind schon bei seiner Geburt Schüler, aber nicht der
des Erziehers, sondern der der Natur. Der Erzieher tut
nichts als unter diesem ersten Lehrmeister studieren
und verhindern, daß seinen Maßnahmen zuwider gehandelt wird. Er wacht über den Zögling, er beobachtet ihn und lauert voller Spannung auf den ersten
Schimmer seines schwachen Begriffsvermögens, so wie
die Muselmanen vom Erscheinen des ersten Mondvier-
tels an auf den Augenblick des Mondaufgangs lauern.

Wir werden geboren mit der Fähigkeit zu lernen,
sind jedoch ohne Wissen und Erkenntnisse. Die in unvollkommenen und halbentwickelten Organen gefes-
selte Seele ist sich nicht einmal ihrer eigenen Existenz
bewußt. Die Bewegungen, die Schreie des Neugeborenen sind reine Mechanismen ohne Bewußtsein und
ohne Willen.

Diese Kinder fangen schon mit zwei Monaten an zu laufen, oder vielmehr auf Händen und Knien zu rutschen. Durch dieses Training sind
sie später in der Lage, in dieser Haltung fast ebenso schnell vorwärts-
zukommen, als gingen sie auf ihren Füßen" (*Hist. nat.*, tome IV, in-12,
p. 192).

Diesen Beispielen hätte de Buffon noch die englischen anfügen können,
wo die törichte und barbarische Praxis der Wickel sich von Tag zu Tag
verliert. Siehe auch La Loubère, *Voyage du Siam*, Sieur Le Beau,
Voyage du Canada usw. Wenn ich diesen Punkt durch Tatsachen zu
belegen hätte, könnte ich zwanzig Seiten mit Zitationen füllen[34].

Angenommen, ein Kind hätte bei seiner Geburt Statur und Kraft eines ausgewachsenen Mannes, es verließe sozusagen gegen alles gewappnet den Mutterleib so wie Pallas dem Hirn des Jupiter entsprang – dieses Mann-Kind wäre ein absolut Schwachsinniger, ein Automat, eine Statue ohne Bewegung und fast ohne Empfindung[35]. Er sähe nichts, er hörte nichts, er kennte niemanden, er wüßte nicht, wohin die Augen wenden, um das zu sehen, was er sehen müßte. Nicht nur, daß er keinen Gegenstand als außer ihm befindlich wahrnähme, er bezöge auch keinen auf das Sinnesorgan, das ihn wahrnehmen läßt. Die Farben wären nicht in seinem Auge, die Töne nicht in seinem Ohr, die Körper, die er berührte, nicht auf dem seinen; wüßte er doch gar nicht, daß er selbst einen Körper hat. Die Berührung seiner Hände wäre in seinem Gehirn; alle seine Empfindungen träfen sich in einem einzigen Punkte: er existierte nur in dem gemeinsamen „Sensorium"; er hätte nur eine einzige Vorstellung, nämlich die des Ich, auf die er alle Vorstellungen bezöge; und diese Vorstellung oder vielmehr diese Empfindung wäre das einzige, was er einem gewöhnlichen Kinde voraushätte.

Dieser gleich als Erwachsener zur Welt gekommene Mensch könnte auch nicht stehen, er brauchte lange Zeit, ehe er gelernt hätte, sich auf seinen Füßen im Gleichgewicht zu halten. Vielleicht würde er nicht einmal den Versuch machen, und so seht ihr diesen großen, starken und robusten Körper unbeweglich wie ein Stein oder mühsam kriechend wie ein junger Hund.

Er empfände das Unbehagen der Bedürfnisse, ohne sie zu erkennen und ohne irgendeine Vorstellung über die Mittel, ihnen beizukommen. Es gibt keine unmittelbare Kommunikation zwischen den Magenmuskeln und denen der Arme und Beine, die ihn einen Schritt tun ließe, um sich den vor ihm liegenden Nahrungsmitteln zu nähern, oder die Hand ausstrecken, sie zu greifen.

Und da er normale Körpergröße und vollentwickelte Glieder hätte, aber weder die Unruhe noch die rastlose Beweglichkeit eines Kindes, könnte er vor Hunger sterben, bevor er sich gerührt hätte, um seinen Lebensunterhalt zu suchen. Wenn man nur ein wenig nachdenkt über die Ordnung und den Fortschritt unsrer Erkenntnisse, so kann man nicht leugnen, daß dies etwa der dem Menschen natürliche Urzustand der Unwissenheit und Dumpfheit ist, bevor er etwas aus der Erfahrung oder von seinesgleichen gelernt hat.

Man erkennt nun – oder man kann ihn erkennen – den Anfang, von dem jeder von uns ausgeht, um schließlich den gemeinsamen Grad von Vernünftigkeit zu erreichen[36]. Wer aber weiß etwas über das Ende? Jeder entwickelt sich mehr oder weniger nach seinen geistigen Anlagen, seinem Geschmack, seinen Bedürfnissen, seinen Begabungen, seinem Eifer und nach den Gelegenheiten, sie auszuwerten. Ich wüßte nicht, daß schon jemals ein Philosoph die Kühnheit besessen hätte, zu sagen: hier ist der Endpunkt, bis zu dem der Mensch gelangen kann und über den hinaus er nicht kommen kann. Wir wissen nicht, was unsre Natur uns zu sein erlaubt. Niemand von uns hat noch den möglichen Abstand zwischen dem einen und dem anderen Menschen gemessen. Wo ist die kleine Seele, die dieser Gedanke noch nie erregt hätte und die nicht manchmal in ihrem Stolz gesagt hätte: Wie viele habe ich schon überflügelt! Und wie viele kann ich noch einholen! Warum soll meinesgleichen weiterkommen als ich?

Ich wiederhole: die Erziehung des Menschen fängt mit seiner Geburt an. Er erwirbt Kenntnisse schon bevor er sprechen und hören kann. Die Erfahrung geht der Lehre voraus. In dem Augenblick, da er seine Amme erkennt, hat er schon viel gelernt. Wie überrascht wäre man von den Kenntnissen auch des gröbsten Menschen, würde man seine Fortschritte vom

Augenblick seiner Geburt an bis zu dem Punkt verfolgen, wo er angelangt ist. Teilte man das ganze
menschliche Wissen in zwei Teile: den, der allen
Menschen gemein ist, und den anderen, der nur den
Gelehrten eigen ist, wie klein wäre im Vergleich zum
ersten der letztere! Aber wir machen uns kaum Gedanken über den allgemeinen Bildungserwerb, weil er gewonnen wird, ohne daß man darauf achtet, ja selbst
vor dem Alter der Vernunft; und weil Bildung sich nur
bemerkbar macht durch ihre Differenz von Unbildung
und weil, wie bei algebraischen Gleichungen, die gleichen Größen gegenseitig zu streichen sind und für
nichts zählen.

Selbst die Tiere lernen viel[37]. Sie besitzen Sinne, die
zu gebrauchen sie lernen müssen, sie haben Bedürfnisse,
die zu befriedigen sie lernen müssen, sie müssen essen,
gehen und fliegen lernen. Die Vierfüßler, die von Geburt an stehen können, können deshalb noch keineswegs gehen; man sieht ihren ersten Schritten an, daß
es nur unsichere Versuche sind. Die ihrem Käfig ent-
wichenen Kanarienvögel können nicht fliegen, weil sie
nie vorher geflogen sind. Für empfindungsfähige Lebewesen bedeutet Lernen alles. Könnten die Pflanzen sich
fortbewegen, müßten sie die dazu nötigen Sinnesorgane
und Kenntnisse haben, sonst ginge die Gesamtheit dieser Spezies binnen kurzem zugrunde.

Die ersten Sinnesempfindungen der Kinder sind rein
affektiv: sie nehmen nur Freude und Schmerz wahr[38].
Da sie weder gehen noch greifen können, brauchen sie
lange Zeit, ehe sich nach und nach Vorstellungsempfin-
dungen[39] entwickelt haben, die ihnen die Gegenstände
als außer ihnen befindlich zeigen. Aber bis diese Gegenstände für sie räumliche Ausdehnung gewinnen und
sich sozusagen von ihren Augen entfernen, bis sie für
sie Dimensionen und Gestalt annehmen, beginnt bereits die häufige Wiederkehr der affektiven Empfindungen sie der Herrschaft der Gewohnheit zu unter-

werfen. Man sieht ihre Augen unaufhörlich dem Licht zugewandt, und wenn es von der Seite kommt, gehen sie langsam in die gleiche Richtung, so daß man ihr Gesicht dem Licht zudrehen muß, damit sie später nicht schielen oder sich daran gewöhnen, über Kreuz zu blicken. Sie müssen auch frühzeitig an die Finsternis gewöhnt werden, sonst weinen und schreien sie, sobald sie im Dunkeln sind. Wird Essen und Schlafen zu pünktlich eingehalten, verlangen sie immer in den gleichen Abständen danach, und bald kommt dieses Verlangen nicht mehr aus dem Bedürfnis, sondern aus der Gewohnheit, oder vielmehr, die Gewohnheit fügt dem natürlichen Bedürfnis ein weiteres hinzu. Dem muß man vorbeugen.

Die einzige Gewohnheit, die ein Kind annehmen darf, ist die, keine anzunehmen. Man trage es auf dem einen Arm genausooft wie auf dem anderen, es darf sich nicht daran gewöhnen, die eine Hand öfter als die andere zu gebrauchen und auch nicht daran, immer zu denselben Zeiten essen, schlafen und sich beschäftigen zu wollen und weder Tag noch Nacht allein bleiben zu können. Bereitet von früh an die Herrschaft seiner Freiheit[40] und den Gebrauch seiner Kräfte, indem ihr seinem Körper die natürliche Gewohnheit erhaltet, indem er es instand setzt, stets Herr seiner selbst zu sein und in allem seinen Willen durchzusetzen, sobald es einen hat.

Sobald das Kind anfängt, die Gegenstände voneinander zu unterscheiden, ist es wichtig, eine Auswahl zu treffen unter denen, die man ihm zeigt. Natürlicherweise interessiert sich der Mensch für alle neuen Gegenstände. Er fühlt sich so schwach, daß er alles fürchtet, was er nicht kennt. Die Gewohnheit, neue Gegenstände zu sehen, ohne dadurch erregt zu werden, nimmt ihm diese Furcht. Kinder, die in einem sauberen Haushalt aufwachsen, wo keine Spinnen geduldet werden, haben Angst vor Spinnen, und oft bleibt ihnen diese Angst

noch als Erwachsene. Ich bin noch nie Bauern begegnet
– Mann, Frau oder Kind –, die Angst vor Spinnen
gehabt hätten.

Warum also soll die Erziehung eines Kindes nicht
anfangen, bevor es sprechen und hören kann, da schon
allein die Auswahl der Gegenstände, die man ihm
zeigt, es furchtsam oder mutig macht[41]? Ich wünsche,
daß man es an den Anblick neuer Gegenstände gewöhnt: an häßliche, ekelhafte und seltsame Tiere, aber
nach und nach und von weitem, bis es sich daran gewöhnt hat und schließlich selbst damit umgehen will,
weil es das bei anderen so oft gesehen hat. Wenn es
während seiner Kindheit Kröten, Schlangen und
Krebse ohne Grausen betrachtet hat, so wird es als
Erwachsener jeglichem Tier furchtlos begegnen. Für
den, der sie jeden Tag sieht, gibt es keine furchterregenden Dinge mehr.

Alle Kinder haben Angst vor Masken. Zuerst zeige
ich Emile eine Maske mit liebenswürdigen Gesichts-
zügen. Dann bindet sich jemand vor seinen Augen die
Maske vor. Ich fange an zu lachen, alle lachen, und das
Kind lacht wie alle anderen. Nach und nach gewöhne
ich ihn an weniger liebenswürdig aussehende Masken
und schließlich an ganz scheußliche. Habe ich ihn vorsichtig und allmählich bis dahin geführt, so wird er,
weit entfernt, sich über die letzte Maske zu entsetzen,
über sie lachen wie über die erste. Danach habe ich
nicht mehr zu befürchten, daß Masken ihm noch
Schreck einjagen können.

Wenn beim Abschied Hektors von Andromache der
kleine Astyanax seinen Vater nicht erkennt, weil der
Federbusch auf seinem Helm ihn erschreckt, wenn er
sich schreiend an seine Amme klammert und selbst
seiner weinenden Mutter ein Lächeln ablockt, was ist
dann zur Überwindung dieses Schocks zu tun? Genau
das, was Hektor tut: den Helm zu Boden setzen und
das Kind streicheln[42]. In einem weniger bewegten

Augenblick würde es nicht dabei bleiben. Man würde an den Helm herangehen, mit den Federn spielen und sie dem Kind in die Hand geben. Schließlich würde die Amme sich den Helm lachend auf den Kopf stülpen – wenn eine Frau es wagen dürfte, Hektors Waffen mit der Hand zu berühren.

Soll ich Emile an den Knall einer Feuerwaffe gewöhnen, brenne ich zuerst ein Zündhütchen in einer Pistole ab. Diese Flamme, die ebenso plötzlich erlischt, wie sie entstand, diese Art Blitz macht ihm Spaß. Ich mache dasselbe noch einmal mit etwas mehr Pulver; dann lade ich die Pistole mit einer kleinen Ladung ohne Pfropfen, dann mit einer größeren. Schließlich gewöhne ich ihn an Flintenschüsse, Böller, Kanonen und an die schrecklichsten Detonationen.

Es ist mir aufgefallen, daß Kinder selten Angst vor dem Donner haben, es sei denn, der Schlag wäre so fürchterlich, daß er tatsächlich das Gehör verletzt. Aber sonst ängstigen sie sich erst dann, wenn sie erfahren haben, daß der Donner manchmal verletzen oder tödlich wirken kann. Sobald der Verstand sie in Schreck versetzt, sorgt dafür, daß die Gewöhnung sie wieder beruhigt. Durch langsame und allmähliche Steigerung gelangen Mann und Kind zu völliger Unerschrockenheit.

Zu Beginn des Lebens, wenn Gedächtnis und Einbildungskraft noch latent sind, achtet das Kind nur auf das, was im Augenblick seine Sinne affiziert. Seine Empfindungen, die das Rohmaterial seiner Kenntnisse bilden, ihm in angemessener Ordnung darbieten, bedeutet sein Gedächtnis so vorbereiten, daß es sie eines Tages in der gleichen Ordnung seinem Erkenntnisvermögen zur Verfügung stellt. Aber da es nur auf die Empfindungen achtet, so genügt es zunächst, ihm wohl unterschieden die gleichen Empfindungen verbunden mit den gleichen Gegenständen zu vermitteln. Alles will es berühren, in die Hand nehmen. Tut nichts gegen diese Unruhe, sie ermöglicht ihm eine äußerst notwendige Schulung. So lernt es die Wärme, die Kälte, die Härte, die Weichheit, die Schwere und die Leichtheit der Körper fühlen; über ihre Größe, ihre Form und alle ihre wahrnehmbaren Eigenschaften urteilen, indem es sie betrachtet, betastet*, hört, vor allem aber, indem es Gesichts- und Tasteindrücke vergleicht, indem es mit dem Auge die Empfindung schätzt, die sie in seinen Händen erzeugen würden[43].

Nur die Bewegung lehrt uns, daß es außer uns selbst noch andere Dinge gibt; und nur durch die eigene Bewegung erwerben wir die Vorstellung des Raumes und der Entfernung. Weil das kleine Kind noch nicht diese Vorstellung besitzt, streckt es die Hand nach einem Gegenstand aus, gleich ob er in unmittelbarer Berührung mit ihm oder hundert Schritte von ihm entfernt ist. Dieser Drang scheint euch ein Zeichen von Herrschsucht, wie ein Befehl, den es dem Gegenstand gibt, zu ihm zu kommen, oder euch, ihn herzubringen. Aber keineswegs – es ist einzig und allein so, daß es dieselben Gegenstände, die sich zuerst in seinem Hirn und dann auf seinen Augen spiegelten, nun in Reichweite sieht und keine andere Vorstellung von Entfernung hat als die, wo es hinreicht. Achtet also darauf, es oft herumzuführen, es von einem Platz zum andern zu tragen, ihm das Bewußtsein des Platzwechsels zu geben, damit es lernt, die Entfernungen abzuschätzen. In dem Augenblick, da es beginnt, sie zu begreifen, muß die Methode geändert werden, und das Kind darf nur noch getragen werden, wie es euch gefällt und nicht ihm. Denn sobald seine Sinne es nicht mehr täuschen, ändert sich das Motiv seines Dranges. Diese

---

* Der Geruchsinn ist von allen anderen Sinnen der, der sich bei Kindern am spätesten entwickelt. Es scheint, daß sie bis zum Alter von zwei oder drei Jahren weder gute noch üble Gerüche bemerken. In dieser Hinsicht besitzen sie die gleiche Indifferenz oder Unempfindlichkeit, die man bei verschiedenen Tieren feststellen kann.

Veränderung ist bemerkenswert und fordert eine Erklärung.

Das Unbehagen der Bedürfnisse findet seinen Ausdruck in Zeichen, wenn der Beistand anderer nötig ist,
um Abhilfe zu schaffen. Daher die Schreie der Kinder.
Sie weinen viel, das muß sein. Alle ihre Empfindungen
sind gefühlsgeladen; sind sie angenehm, so freuen sie
sich still; sind sie schmerzlich, äußern sie das in ihrer
Sprache und fordern Erleichterung. So können sie,
wenn sie wach sind, kaum in indifferentem Zustand
bleiben – entweder schlafen sie, oder sie sind gefühls-
betroffen.

Alle unsere Sprachen sind Werke der Kunst. Man
hat lange gesucht, ob es eine allen Menschen gemeinsame und natürliche Sprache gibt. Ohne Zweifel gibt
es eine; und zwar die, die die Kinder sprechen, bevor sie
richtig sprechen können[44]. Diese Sprache ist unartiku-
liert, aber akzentuiert, klangvoll und verständlich. Wir
haben sie durch den Gebrauch der unsrigen so sehr vernachlässigt, daß wir sie vollkommen vergessen haben.
Studieren wir die Kinder, und bald werden wir sie
von ihnen wieder gelernt haben. Die Ammen sind
unsere Lehrmeister für diese Sprache; sie verstehen
alles, was ihre Säuglinge sagen, sie antworten ihnen
und führen regelrechte Gespräche mit ihnen. Und obgleich sie Worte aussprechen, sind diese Worte völlig
unnütz, denn die Kinder verstehen nur den Tonfall, in
dem sie gesprochen werden, aber keineswegs ihren
Sinn.

Zur Verständigung durch die Sprache kommt die der
nicht weniger energischen Gebärde. Diese Gestik liegt
nicht in den schwachen Händchen der Kinder, sondern
in ihrem Mienenspiel. Es ist erstaunlich, welchen Ausdruck diese unausgebildeten Gesichtszüge schon haben:
mit unfaßbarer Schnelligkeit verändern sie sich von
einem Augenblick zum andern. Blitzartig wechseln
Lächeln, Verlangen und Schreck einander ab. Jedesmal

glaubt man, ein anderes Gesicht vor sich zu haben. Sicher sind ihre Gesichtsmuskeln beweglicher als unsre, dagegen ihre matten Augen nahezu ausdruckslos. Der Art müssen die Ausdrucksformen sein in einem Alter, wo man nur körperliche Bedürfnisse hat, denn der Ausdruck der Sinnesempfindungen liegt im Mienenspiel, der Ausdruck der Gefühle dagegen in den Blikken.

So wie der Mensch im Anfang schwach und elend ist, so sind seine ersten Töne Klagen und Weinen. Das Kind fühlt seine Bedürfnisse, ohne sie stillen zu können; es ruft andere zur Hilfe, indem es schreit. Es weint, wenn es Hunger oder Durst hat, es weint, wenn ihm zu warm oder kalt ist; soll es ruhen und fühlt das Bedürfnis nach Bewegung, weint es; will es schlafen und man hält es munter, weint es. Je weniger seine Lebensweise seinen Dispositionen entspricht, um so häufiger verlangt es nach Änderung. Es hat nur eine Ausdrucksmöglichkeit, weil es sozusagen nur eine Art von Unbehagen kennt: in der Unvollkommenheit seiner Organe unterscheidet es nicht deren diverse Einwirkungen – für das Kind wird jede Art von Unannehmlichkeit nur zu einer Empfindung des Schmerzes.

Aus diesen Tränen, die man für so bedeutungslos hielt, entsteht die erste Beziehung des Menschen zu seiner Umwelt: hier wird das erste Glied dieser langen Kette geschmiedet, aus der die gesellschaftliche Ordnung sich bildet.

Wenn ein Kind weint, ist es unglücklich, hat es irgendein Bedürfnis, das es nicht befriedigen kann. Man sucht, es herauszufinden, kommt darauf und hilft ihm ab. Findet man es aber nicht, oder kann man nicht helfen, fließen die Tränen weiter, und man ist beunruhigt. Man liebkost das Kind, damit es still wird, man wiegt es, man singt ihm etwas vor, um es einzuschläfern. Bleibt es hartnäckig, wird man ungeduldig und schimpft. Brutale Ammen schlagen es auch bisweilen. Das sind seltsame Lektionen bei seinem Eintritt ins Leben.

Nie werde ich den Anblick eines solchen lästigen Schreihalses vergessen, der von seiner Amme geschlagen wurde. Er schwieg augenblicklich. Ich glaubte, er sei eingeschüchtert. Ich sagte mir: das wird eine Sklavenseele, von der man nur mit Strenge etwas erreicht. Ich irrte: das Unglückswesen erstickte vor Zorn, es bekam keine Luft mehr, und ich sah es blaurot anlaufen. Einen Augenblick später kamen schrille Schreie, alle Zeichen des Grolls, der Wut, der Verzweiflung dieses Alters waren aus ihnen herauszuhören. Ich fürchtete, es würde an dieser Aufregung zugrunde gehen. Hätte ich noch daran gezweifelt, daß das Gefühl für Recht und Unrecht dem menschlichen Herzen eingeboren ist, dieses Beispiel allein hätte mich überzeugt[45]. Ich bin sicher, ein glühendes Stück Holz, das zufällig auf die Hand dieses Kindes gefallen wäre, wäre ihm weniger fühlbar gewesen als der leichte Schlag, der jedoch in der Absicht gegeben war, es zu kränken.

Diese Disposition der Kinder zu Zornesausbrüchen, Ärger und Wut verlangt äußerste Beachtung. Boerhaave[46] meint, daß es sich bei ihren Krankheiten meistens um konvulsivische Störungen handelt. Da der Kopf bei Kindern verhältnismäßig größer und das Nervensystem daher relativ entwickelter ist als bei Erwachsenen, sind ihre Nerven um so reizbarer. Haltet aufs sorgsamste die Dienstboten von ihnen fern, die sie reizen, ärgern und ihnen auf die Nerven gehen. Sie sind hundertmal gefährlicher und unheilvoller für sie als das Ungemach der Witterung und der Jahreszeiten. Solange die Kinder nur in den Dingen Widerstand erfahren, nicht aber im fremden Willen, werden sie weder trotzig noch jähzornig und bleiben gesünder. Dies ist einer der Gründe, warum die Kinder aus dem Volk, die unabhängiger und freier aufwachsen, im allgemeinen weniger kränklich und zart und robuster sind als die, die man besser zu erziehen meint, indem man ihnen ständig widerspricht. Jedoch darf man nie vergessen, daß ein gewaltiger Unterschied besteht zwischen Nicht-Widersprechen und Willfahren.

Die ersten Tränen des Kindes sind Bitten: wenn man sich nicht vorsieht, werden es bald Befehle. Anfangs lassen sie sich helfen und zum Schluß bedienen. So bildet sich aus ihrer eigenen Schwäche, aus der zunächst das Gefühl der Abhängigkeit entsteht, schließlich die Vorstellung ihrer Herrschaft und Überlegenheit. Da aber diese Vorstellung weniger durch ihre Bedürfnisse als durch unsere Dienste ausgelöst wird, machen sich nun die moralischen Effekte bemerkbar, deren unmittelbare Ursache nicht in der Natur liegt, und man sieht schon, warum es in diesem zarten Alter so wichtig ist, die verborgene Absicht herauszufinden, die hinter dem Schreien oder der Gebärde steckt.

.Wenn das Kind in stummer Anstrengung die Hand ausstreckt, glaubt es, den Gegenstand greifen zu können, weil es die Entfernung nicht abschätzen kann; es täuscht sich also. Jammert und schreit es aber dabei, täuscht es sich nicht mehr über die Entfernung, es befiehlt dem Gegenstand, zu ihm zu kommen, oder euch, ihn zu ihm zu bringen. Im ersteren Fall bringt es langsam und mit kleinen Schritten zu dem Gegenstand hin; im zweiten tut gar nicht erst, als hörtet ihr es; je mehr es schreit, um so weniger Gehör schenkt ihm. Es ist wichtig, es frühzeitig daran zu gewöhnen, daß es nicht zu befehlen hat: weder den Menschen, denn es ist nicht ihr Herr, noch den Dingen, denn sie hören es nicht. Wenn also ein Kind etwas haben möchte, das es sieht und das man ihm geben will, so ist es besser, es zu diesem Gegenstand hinzutragen als ihn ihm herzubringen. Aus diesem Verfahren zieht es einen seinem Alter entsprechenden Schluß, und es gibt keine andere Möglichkeit, es ihm zu suggerieren.

Der Abbé de Saint Pierre nannte die Menschen große

Kinder; man könnte ebensogut die Kinder kleine Erwachsene nennen. Solcherlei Aussprüche mögen als Sentenz gelten, als Prinzipien bedürfen sie der Erläuterung. Wenn aber Hobbes den Bösen ein starkes Kind nannte, so sagt er damit etwas absolut Widersprüchliches. Alle Bösartigkeit entspringt der Schwäche. Das Kind ist nur böse, weil es schwach ist. Macht es stark, und es wird gut sein. Wer alles könnte, würde niemals Böses tun[47]. Von allen Eigenschaften der allmächtigen Gottheit ist die Güte diejenige, ohne die man sie am wenigsten denken kann. Alle Völker, die zwei Prinzipien anerkennen, haben immer das Schlechte als dem Guten unterlegen betrachtet; das Gegenteil wäre eine absurde Voraussetzung. Später mehr darüber im „Glaubensbekenntnis des savoyischen Vikars".

Die Vernunft allein lehrt uns das Gute und das Böse erkennen. Das Gewissen, das uns das eine lieben und das andere hassen läßt – obwohl im Ursprung von der Vernunft unabhängig[48] –, kann sich also nicht ohne sie entwickeln. Vor dem Vernunftalter tun wir Gutes und Böses, ohne es zu wissen, und unsere Handlungen sind noch ohne moralischen Sinn; nur in dem Gefühl, das die uns betreffenden Handlungen anderer auslösen, tritt es schon frühzeitig hervor[49]. Ein Kind will alles durcheinander bringen was es sieht; es zerbricht und zerschlägt alles, was erreichbar ist, es packt einen Vogel, wie es einen Stein packen würde, und erstickt ihn, ohne zu wissen, was es tut.

Woher kommt das? Die Philosophie wird nicht zögern, es als angeborene Laster, Stolz, Herrschsucht, Egoismus und menschliche Bosheit zu erklären. Sie könnte hinzufügen, daß das Gefühl der Ohnmacht das Kind dazu treibt, Gewaltakte zu vollziehen, und daß es sich selbst seine eigene Macht beweisen will. Aber betrachten wir doch jenen kränklichen und gebrochenen Greis, der durch den Kreislauf des menschlichen Lebens wieder zur Schwäche der Kindheit zurückgeführt ist;

nicht nur bleibt er selbst ruhig und friedfertig, er will auch, daß alles um ihn herum so bleibt. Die geringste Veränderung stört und beunruhigt ihn; er möchte, daß absolute Stille herrscht. Wie könnte die gleiche Machtlosigkeit zusammen mit den gleichen Trieben in beiden Altersstufen so verschiedenartige Effekte erzeugen, wenn die Grundvoraussetzungen sich nicht geändert hätten? Und wo anders könnte man diese Verschiedenheit suchen als im physischen Zustand der beiden Menschen? Der beiden gemeinsame Drang zur Aktivität entwickelt sich in dem einen und verlöscht in dem andern; der eine ist im Werden und der andere im Vergehen, der eine strebt dem Leben zu, der andre dem Tod. Die verlöschende Tatkraft des Greises verkriecht sich in seinem Herzen; im Herzen des Kindes quillt sie über und entwickelt sich nach außen[50]. Es spürt sozusagen genug Lebenskraft in sich, um alles um sich herum zu beleben. Etwas entzwei oder wieder ganz machen, gilt ihm gleich, es genügt ihm, eine Veränderung herbeizuführen, und jede Veränderung wird zur Tätigkeit. Wenn es auch eine größere Neigung zum Zerstören zu haben scheint, so nicht aus Bösartigkeit. Es ist nur so, daß die Tätigkeit, durch die etwas entsteht, immer langsam vorangeht, während das Zerstören der Lebhaftigkeit des Kindes angemessener ist, weil es schneller geht.

So wie der Schöpfer der Natur den Kindern den Tätigkeitsdrang gegeben hat, so hat er dafür gesorgt, daß dieser ihnen nicht schaden kann, indem er ihnen nur wenig Kraft verliehen hat, wenn sie sich ihm überlassen. Sobald sie aber die Menschen in ihrer Umgebung als Instrumente betrachten können, die sie statt ihrer handeln lassen, bedienen sie sich ihrer, um ihrem Drang zu folgen und ihre eigene Schwäche auszugleichen[51]. So werden sie lästig, tyrannisch, herrisch, böse, unbezähmbar; eine Entwicklung, die nicht einem natürlichen Machttrieb entspringt[52], sondern die diesen erst in ihnen entstehen läßt. Man braucht keine lange Erfahrung, um zu merken, wie angenehm es ist, durch die Tätigkeit anderer etwas zu erreichen, und daß man nur die Zunge zu rühren braucht, um die Welt in Bewegung zu setzen.

Mit dem Heranwachsen kommen die Kräfte, man wird weniger unruhig und lebhaft, man verschließt sich mehr in sich selbst. Leib und Seele setzen sich sozusagen ins Gleichgewicht, und die Natur fordert nur noch die zu unsrer Erhaltung notwendige Beweglichkeit von uns. Aber das Verlangen, zu befehlen, verliert sich nicht mit dem Bedürfnis, das es entstehen ließ. Die Macht weckt und fördert den Egoismus, die Gewohnheit festigt ihn – so folgt die Laune auf das Bedürfnis, so schlagen Vorurteil und falsche Meinung ihre ersten Wurzeln.

Haben wir so den Ursprung erkannt, sehen wir deutlich den Punkt, wo man vom Weg der Natur abweicht, so bleibt uns zu überlegen, was dagegen zu tun ist.

Weit entfernt, überflüssige Kräfte zu haben, haben die Kinder nicht einmal genug, um allen Anforderungen der Natur gewachsen zu sein. Deshalb muß ihnen der freie Gebrauch derer, die sie ihnen gibt und die sie nicht mißbrauchen können, überlassen bleiben. *Erste Maxime.*

Man muß ihnen helfen und ergänzen, woran es ihnen fehlt: sei es an Verständnis, sei es an Kraft, bei allem, was leibliche Bedürfnisse anbetrifft. *Zweite Maxime.*

Bei der Unterstützung, die man ihnen gewährt, muß man sich auf das beschränken, was von realem Nutzen ist, und nichts der Phantasie oder grundloser Begierde gewähren; denn die Phantasie wird die Kinder nicht quälen, wenn man sie nicht in ihnen hat entstehen lassen, zumal, da sie nicht naturgegeben ist. *Dritte Maxime.*

Man muß ihre Sprache und ihre Andeutungen sorgfältig studieren, damit man in einem Alter, wo sie nichts verhehlen können, unterscheiden kann, ob ihr Verlangen unmittelbar der Natur entstammt oder der Meinung. *Vierte Maxime.*

Der Sinn dieser Regeln ist, den Kindern mehr wirkliche Freiheit und weniger Macht zuzugestehen, sie mehr selber tun und weniger von anderen verlangen lassen. Auf diese Weise frühzeitig gewohnt, ihre Wünsche ihren Kräften anzupassen, werden sie kaum den Verlust dessen empfinden, was sie nicht erzwingen können.

Hier haben wir einen neuen und sehr wichtigen Grund dafür, Leib und Gliedmaßen der Kinder absolut frei beweglich zu halten mit der einzigen Vorsichtsmaßnahme, sie nicht der Gefahr des Stürzens auszusetzen und alles außer Reichweite zu bringen, was sie verletzen könnte.

Es ist absolut sicher, daß ein Kind, dessen Leib und Arme frei sind, weniger weinen wird als ein in Wickeln geschnürtes Kind. Wer nur physische Bedürfnisse kennt, weint nur, wenn er Schmerzen hat, und das ist ein großer Vorteil, denn dann weiß man genau, wann er Hilfe braucht, und, soweit möglich, darf man keinen Augenblick zögern, sie ihm zu leisten. Könnt ihr ihm keine Erleichterung schaffen, bleibt besonnen und streichelt es nicht, um es zu besänftigen – eure Liebkosungen heilen seine Kolik nicht, aber es wird sich daran erinnern, was es tun muß, um gestreichelt zu werden; und wenn es einmal heraus hat, wie es sich euch zu Willen machen kann, ist es schon euer Herr und Meister, und alles ist verloren.

Sind Kinder weniger in ihrer Bewegungsfreiheit gehindert, weinen sie weniger; wird man weniger durch ihre Tränen belästigt, wird man sich weniger darum kümmern, sie zur Ruhe zu bringen; droht oder schmeichelt man ihnen dann weniger häufig, werden sie weniger verängstigt oder eigensinnig und bewahren leichter ihre natürliche Art. Durch eifriges Beruhigen setzt man

sie eher der Gefahr eines Darmbruchs aus, als wenn
man sie schreien läßt, und mein Beweis dafür ist, daß
die vernachlässigten Kinder weniger davon betroffen
sind als die anderen. Es sei ferne von mir, deswegen
ihrer Vernachlässigung das Wort zu reden – im Gegenteil: es ist wichtig, daß man ihnen zuvorkommt und
sich nicht erst durch ihr Schreien auf ihre Bedürfnisse
aufmerksam machen läßt. Ich will aber auch nicht, daß
die Fürsorge, die man ihnen angedeihen läßt, mißverstanden wird. Warum sollten sie nicht ausgiebig vom
Weinen Gebrauch machen, sobald sie merken, daß ihre
Tränen zu so vielerlei Anlässen verwendbar sind?
Nachdem sie herausbekommen haben, was ihr Stillsein wert ist, werden sie sich hüten, es zu verschwenden. Schließlich lassen sie es so hoch im Wert steigen,
daß man es nicht mehr bezahlen kann. Dann ist der
Augenblick gekommen, daß sie sich vom vielen erfolg-
losen Weinen überanstrengen, verausgaben und ihre
Gesundheit in Gefahr bringen.

Das anhaltende Weinen eines Kindes, das weder ein-
geschnürt noch krank ist und dem es an nichts fehlt, ist
nur gewohnheitsmäßiges und eigensinniges Geweine.
Das ist nicht das Werk der Natur, sondern das der
Amme, die, weil sie diese lästige Unannehmlichkeit
nicht mehr ertragen kann, sie vervielfacht, ohne darüber nachzudenken, daß, wenn man das Kind heute
zum Stillschweigen zwingt, man es dazu reizt, morgen
um so heftiger zu schreien.

Das einzige Mittel, diese Gewohnheit abzustellen
oder ihr zuvorzukommen, ist, sie absolut unbeachtet
zu lassen. Niemand bemüht sich gern vergebens, selbst
Kinder nicht. Sie sind hartnäckig in ihren Versuchen,
aber wenn ihr in eurer Hartnäckigkeit ausdauernder
seid, lassen sie von ihrem Vorhaben ab und kommen
nicht mehr darauf zurück. So erspart man ihnen die
Tränen und gewöhnt sie daran, nur dann welche zu
vergießen, wenn der Schmerz sie dazu zwingt.

Im übrigen ist ein sicheres Mittel, sie vom Weinen aus Laune oder Eigensinn abzubringen, sie durch irgendeinen hübschen und eindrucksvollen Gegenstand abzulenken, der sie vergessen läßt, daß sie eigentlich weinen wollten. Die meisten Ammen sind geschickt in dieser Kunst und, maßvoll angewandt, ist sie sehr nützlich; aber es ist von größter Wichtigkeit, das Kind die Absicht, es ablenken zu wollen, nicht merken zu lassen, und daß es sich unterhält, ohne zu merken, daß man sich mit ihm beschäftigt; aber eben in diesem Punkt sind alle Ammen ungeschickt.

Alle Kinder werden zu früh entwöhnt. Sie sind zur Zeit des Durchbruchs der Zähne zu entwöhnen, und gemeinhin vollzieht sich dieser Durchbruch mühsam und schmerzlich. Unwillkürlich führt das Kind dann alles zum Mund, was es in der Hand hält, um daran herumzukauen. Man glaubt ihm diesen Vorgang zu erleichtern, indem man ihm irgendwelche harten Gegenstände zum Spielen gibt, etwa Elfenbein oder Wolfszahn. Ich glaube, daß man sich da irrt. Diese gegen das Zahnfleisch gedrückten harten Gegenstände, keineswegs geeignet, es weich zu machen, verhärten es, machen es schwielig und leiten einen noch mühsameren und qualvolleren Durchbruch ein. Nehmen wir immer den Instinkt zum Vorbild. Nie sieht man junge Hunde ihre durchbrechenden Zähne an Kieselsteinen, Eisen und Knochen versuchen, sondern an Holz, Leder, Tuchfetzen, an weichem Material, das nachgibt und in das der Zahn sich eindrücken kann.

In nichts kann man mehr einfach sein, nicht einmal bei Kindern. Silberne, goldene Rasseln, Glöckchen, Korallen, facettierte Kristalle, Spielzeug jeden Werts und aller Sorten. Welch unnützes und gefährliches Zeug! Weg damit. Keine Rasseln, Glöckchen, kein Spielzeug. Kleine Zweige mit ihren Früchten und Blättern, eine Mohnkapsel, in der man die Körner rasseln hört, eine Stange Süßholz zum Lutschen und Kauen werden ihm genausoviel Spaß machen wie jener Firlefanz und haben nicht den Nachteil, es von Geburt an an Luxus zu gewöhnen.

Man hat eingesehen, daß Brei keine sehr gesunde Nahrung ist. Gekochte Milch mit ungekochtem Mehl erzeugen in unserem Magen unbekömmliche Unreinigkeiten. Im Brei ist das Mehl roher als im Brot und überdies ungegoren. Brotsuppe und Reisschleim scheinen mir empfehlenswerter. Wenn man unbedingt Brei machen will, ist es besser, das Mehl vorher ein wenig zu rösten. In meiner Heimat macht man aus solchem gerösteten Mehl eine sehr gute und gesunde Suppe. Fleischbrühe und Gemüsesuppe, gleichfalls nur dürftige Nahrungsmittel, sollten so wenig wie möglich verabreicht werden. Es ist wichtig, daß sich die Kinder von vornherein ans Kauen gewöhnen, es ist das richtige Mittel, ihnen das Durchbrechen der Zähne zu erleichtern, und wenn sie anfangen zu essen, erleichtert der mit den Nahrungsmitteln vermischte Speichel die Verdauung.

Ich ließe sie also zunächst trockene Früchte und Krusten kauen. Zum Spielen gäbe ich ihnen kleine harte Brotstücke oder Zwieback ähnlich dem Piemonteser Brot, das dort Grissini heißt. Durch das ständige Aufweichen dieses Brotes in ihrem Mund beginnen sie schließlich, etwas davon herunterzuschlucken, und fast unbemerkt kommen dabei ihre Zähne heraus und sind sie entwöhnt. Im allgemeinen haben die Leute vom Lande einen sehr guten Magen, und als Kind werden sie genau so und nicht anders entwöhnt.

Vom Augenblick ihrer Geburt an hören die Kinder sprechen. Man spricht mit ihnen nicht nur, bevor sie verstehen, was man ihnen sagt, sondern bereits, bevor sie die Laute, die sie hören, nachformen können. Ihr noch schwerfälliges Sprechorgan versteht sich nur ganz allmählich zur Nachahmung der Laute, die man ihnen vorsagt, und es ist nicht einmal mit Sicherheit anzunehmen, daß diese Laute sofort in der gleichen Deutlichkeit von ihrem Ohr aufgenommen werden wie von dem unsrigen. Ich habe nichts dagegen, wenn die Amme das Kind mit Liedern und munteren, abwechslungsreichen Tönen unterhält. Aber ich verwahre mich entschieden dagegen, daß sie es mit unnützen Worten überschüttet, von denen es außer dem Tonfall, in dem sie sie spricht, nicht das mindeste versteht. Ich möchte, daß die ersten Laute, die es zu hören bekommt, spärlich, leicht und deutlich sind, daß sie oft wiederholt werden, und daß die Worte, die sie zum Ausdruck bringen, sich einzig auf sinnfällige Gegenstände beziehen, die man dem Kind zunächst zeigen kann. Die unglückselige Geschicklichkeit, mit der wir uns an Worte halten, die wir nicht verstehen, beginnt früher, als wir denken. Der Schüler in der Klasse lauscht dem Wortschwall seines Lehrers so wie er als Wickelkind dem Geplapper seiner Amme lauschte. Mir scheint, es hieße ihn recht nützlich unterrichten, wenn wir ihn dazu erzögen, nichts davon zu begreifen.

Eine Fülle von Reflexionen entsteht, sobald man sich mit der Sprachbildung und den ersten Redewendungen der Kinder beschäftigen will. Was man auch anstellen mag, sie werden immer auf die gleiche Art sprechen lernen, und jegliche philosophische Spekulation ist hier höchst unnütz.

Zunächst einmal haben Kinder sozusagen eine eigene Grammatik, in deren Syntax es allgemeinere Regeln gibt als bei uns, und bei genauem Zuhören würde man staunen über die Genauigkeit, mit der sie gewisse Analogien befolgen, zwar sehr fehlerhaft, aber durchaus logisch, und die nur durch Härten in der Anwendung schockieren oder weil sie nicht dem Sprachgebrauch entsprechen. Vor kurzem erlebte ich, wie so ein armes Kind von seinem Vater gemaßregelt wurde, weil es gesagt hatte: ‚mon père, irai-je-t-y?‘ Hier sieht man, wieviel richtiger dieses Kind die Analogie befolgte als unsre

Grammatiker. Denn, wenn man ihm sagte ‚vas-y‘, warum soll es dann nicht fragen ‚irai-je-t-y?‘ Man bemerke weiterhin, mit welcher Geschicktheit es den Hiatus bei ‚irai-je-y‘ oder ‚y irai-je‘ vermieden hat. Ist das arme Kind schuld daran, daß wir ungerechtfertigterweise das determinative Adverb ‚y‘ aus dieser Redewendung weglassen, weil wir mit ihm nichts anzufangen wissen? Es ist eine unerträgliche Pedanterie und die überflüssigste aller Mühen, auf dem Verbessern all der kleinen Sprachfehler bei Kindern zu bestehen, die sich mit der Zeit sowieso selbst verbessern. Sprecht immer korrekt in ihrer Gegenwart, sorgt dafür, daß sie mit niemandem lieber zusammen sind als mit euch und ihr könnt sicher sein, daß sich ihre Sprache unmerklich an der eurigen reinigt, ohne daß ihr sie je hättet tadeln müssen.

Aber ein sehr wesentlicher anderer Irrtum, dem nicht weniger leicht vorgebeugt werden kann, besteht darin, daß man es zu eilig damit hat, sie sprechen zu lehren, als hätte man Angst, sie lernten es nicht von allein. Dieser unbesonnene Eifer hat das direkte Gegenteil dessen zur Folge, was man beabsichtigt. Er bewirkt, daß sie später und konfus sprechen lernen, da die äußerste Aufmerksamkeit, die man allem, was sie sagen, schenkt, sie vom richtigen Artikulieren dispensiert. Und da sie sich dann kaum herbeilassen, den Mund aufzumachen, behalten viele von ihnen ihr Leben lang eine fehlerhafte Aussprache und eine konfuse, nahezu unverständliche Sprechweise.

Ich habe viel unter Bauern gelebt, aber keinen von ihnen je Worte halb verschlucken gehört – weder Mann noch Frau, weder Knaben noch Mädchen. Woher kommt das? Sind die Organe der Bauern anders konstruiert als unsre? Nein, aber sie sind anders trainiert. Meinem Fenster gegenüber ist ein kleiner Hügel, auf dem die Kinder des Orts sich zum Spielen treffen. Obgleich sich das in ziemlicher Entfernung von mir abspielt, kann ich genau alles hören, was sie sagen, und habe schon viel Interessantes für dieses Buch daraus gelernt. Jeden Tag täuscht mich mein Ohr über ihr Alter; ich höre die Stimmen zehnjähriger Kinder, ich schaue hinüber und sehe Gestalt und Gesicht Drei- und Vierjähriger. Nicht ich allein mache diese Erfahrung. Besucher aus der Stadt, die ich vor die gleiche Frage stelle, verfallen alle demselben Irrtum.

Dieser Irrtum entsteht daraus, daß die Stadtkinder, bis zum fünften oder sechsten Lebensjahr in geschlossenem Raum unter den Fittichen einer Erzieherin aufgezogen, nur undeutlich vor sich hinzumurmeln brauchen, um sich verständlich zu machen. Sobald sie die Lippen rühren, hört man ihnen eifrig zu; man sagt ihnen Worte vor, die sie schlecht nachsprechen, und die Menschen, immer die gleichen, die um sie herum sind, erraten eher das, was sie sagen wollten, als das, was sie wirklich gesagt haben, weil sie durch intensive Aufmerksamkeit darauf eingestellt sind.

Auf dem Land ist das völlig anders. Eine Bäuerin ist nicht fortwährend bei ihrem Kind, es muß lernen, sehr klar und sehr laut zu sagen, was die Mutter hören soll. Auf dem Feld üben sich die überall verstreuten Kinder, weit weg von Vater, Mutter und den andern Kindern, darin, sich von weitem verständlich zu machen und die Kraft ihrer Stimme an dem Abstand, der sie von denen trennt, die sie hören sollen, zu messen. Nur so lernt man wirklich artikulieren, und nicht, indem man ein paar Vokale in das Ohr einer beflissenen Erzieherin stammelt. Spricht man das Kind eines Bauern an, kann es daher wohl vorkommen, daß es aus Verlegenheit nicht antwortet, aber was es sagt, sagt es klar und deutlich. Dagegen braucht das Stadtkind sein Kindermädchen als Dolmetscher, sonst versteht man nichts von dem, was es zwischen den Zähnen murmelt*.

---

* Es gibt da Ausnahmen. Viele Kinder, die sich zunächst am schlechtesten verständlich machen konnten, machen später mit ihrem Geplapper einen ohrenbetäubenden Lärm. Aber wenn ich alle diese Kleinigkeiten

Werden sie größer, könnten die Knaben sich diesen Fehler im College abgewöhnen und die Mädchen im Kloster. Tatsächlich sprechen beide im allgemeinen deutlicher als die, die immer nur im Elternhaus erzogen wurden. Aber da sie viel auswendig lernen und es dann mit lauter Stimme aufsagen müssen, werden sie nie die klare und deutliche Aussprache des Bauern haben; denn beim Studium des Textes gewöhnen sie sich daran, vor sich hinzumurmeln und nachlässig und schlecht zu artikulieren – beim Rezitieren ist es dann noch schlimmer: sie suchen mühsam die Worte zusammen, schleppen und ziehen die Silben. Bei einem unzuverlässigen Gedächtnis ist es auch der Zunge unmöglich, nicht zu stottern. Auf diese Weise können sich Aussprachefehler für alle Zeit einnisten. Wir werden später sehen, daß mein Emile diese Fehler nicht macht, oder zumindest, daß er sie nicht aus den gleichen Gründen macht.

Ich gebe zu, daß Leute aus dem Volk und Dorfbewohner in das andere Extrem fallen, daß sie fast immer lauter sprechen als notwendig, daß sie um der allzu deutlichen Aussprache willen kräftig und grob artikulieren, daß sie zu stark im Dialekt sprechen, daß sie schlechtgewählte Ausdrücke gebrauchen etc.

Aber, erstens erscheint mir dieses Extrem weitaus weniger schädlich als das andere, zumal da die Hauptsache ist, sich verständlich zu machen; wogegen sprechen ohne verstanden zu werden der größte Fehler ist, den man machen kann. Stolz darauf sein, ohne jeden Tonfall zu sprechen, heißt stolz darauf sein, seiner Sprache jegliche Anmut und Ausdruckskraft zu nehmen. Der Tonfall ist die Seele der Sprache, er verleiht ihr Gefühl

---

gründlich ausführen sollte, käme ich nie zu einem Ende. Jeder vernünftige Leser muß sehen, daß Exzesse und Versagen, beide aus dem gleichen Irrtum entstanden, auch beide durch meine Methode ausgeglichen werden. Ich betrachte die folgenden beiden Grundsätze: *immer genug* und *niemals zuviel* als untrennbar. Steht der erste einmal fest, geht der zweite notwendigerweise daraus hervor.

und Wahrhaftigkeit. Der Tonfall lügt nicht so wie das Wort; vielleicht fürchten ihn deshalb die wohlerzogenen Leute so sehr. Aus der Gewohnheit, alles im gleichen Ton zu sagen, ist die Gewohnheit entstanden, die Leute zu ironisieren, ohne daß sie es merken. Auf die Ächtung des Akzents folgt die lächerliche, affektierte und modische Sprechweise, die man besonders bei den jungen Leuten am Hof feststellen kann. Diese Affektiertheit des Worts und der Haltung ist es, die bei der Begegnung Fremder mit Franzosen allgemein so abstoßend und unangenehm wirkt. Statt ausdrucksvoll zu sprechen, spricht er maniiert. Das ist nicht das geeignete Mittel, um Sympathie zu gewinnen.

All die kleinen Sprachfehler, die man für die Kinder so sehr fürchtet, bedeuten gar nichts. Man beugt ihnen vor oder korrigiert sie mit größter Leichtigkeit. Aber die Fehler, die man ihnen beibringt, nämlich daß durch dauernde Kritik und Zurechtweisungen ihre Ausdrucksweise tonlos, konfus und schüchtern wird, können nie wieder behoben werden. Ein Mann, der im Boudoir sprechen gelernt hat, wird an der Spitze eines Bataillons schwer zu verstehen sein und bei einem Volksaufstand wenig Eindruck machen. Lehrt die Kinder zunächst mit Männern reden, dann werden sie wissen, wie sie mit Frauen zu sprechen haben, wann es sein muß.

Wachsen eure Kinder in ländlicher Einfachheit auf, bekommt ihre Stimme einen schöneren Klang, und sie eignen sich nicht das konfuse Gestammel der Stadtkinder an. Sie werden auch die Ausdrücke und den dörflichen Dialekt nicht annehmen oder verlieren ihn leicht wieder, wenn der Erzieher, der sie von Geburt an betreut und von Tag zu Tag ausschließlich für sie lebt, durch die Korrektheit seiner Sprache der Beeinflussung der bäuerlichen Sprache vorbeugt oder sie ganz verwischt. Emile wird ein ebenso reines Französisch sprechen wie ich es vermag, aber er wird es deutlicher sprechen und viel besser artikulieren als ich.

Das Kind, das sprechen will, darf nur solche Worte zu hören bekommen, die es verstehen kann, und nur die nachsagen, die es artikulieren kann. Die Mühe, die es sich dabei gibt, läßt es die gleiche Silbe zweimal sagen, als wolle es sich in ihrer deutlicheren Aussprache üben. Quält euch nicht damit ab, zu erraten, was es sagt, wenn es anfängt zu stammeln. Sich das Recht anmaßen, immer angehört zu werden, ist wieder eine Art Herrschaft, die das Kind nicht ausüben soll. Es genüge euch, mit Sorgfalt das zu beachten, was notwendig ist; es ist Sache des Kindes, sich euch verständlich zu machen in dem, was nicht notwendig ist. Noch viel weniger darf man darauf bestehen, daß es spreche – es wird schon von allein sprechen, wenn es seinen Vorteil daraus ziehen will.

Zwar kann man beobachten, daß die Kinder, die erst sehr spät damit anfangen, nie so deutlich sprechen wie die anderen. Das heißt aber nicht, daß ihre Sprechwerkzeuge gehemmt bleiben, weil sie erst spät zu sprechen begonnen haben, sondern im Gegenteil, daß sie mit gehemmten Sprechwerkzeugen zur Welt kamen und deshalb erst spät zu sprechen anfangen. Aus welchem Grunde sonst sollten sie später anfangen zu sprechen als die andern? Weil sie weniger Gelegenheit dazu haben oder weil man sie weniger dazu animiert? Im Gegenteil: Durch die Unruhe, die man wegen dieses Hintanbleibens verspürt, sobald man sich dessen bewußt wird, fühlt man sich veranlaßt, sich viel intensiver um ihr Stammeln zu bemühen als um das der Kinder, die früher artikuliert haben. Dieser falsch angebrachte Eifer kann sehr dazu beitragen, ihre Sprache zu verwirren, für deren Ausbildung sie ohne diese Überstürzung Zeit genug gehabt hätten.

Die Kinder, die zu sehr zum Sprechen gedrängt werden, haben weder Zeit genug, eine gute Aussprache zu lernen, noch richtig zu begreifen, was man sie nachsprechen läßt. Läßt man sie indessen allein damit fertig

werden, üben sie sich zunächst an ganz leicht artiku-
lierbaren Silben, und nachdem sie ihnen allmählich
einen Sinn unterlegt haben, den man durch ihre Gebärden erfaßt, schenken sie euch ihre Worte, bevor sie
die eurigen aufnehmen. So kommt es, daß sie diese erst
dann aufnehmen, nachdem sie sie verstanden haben.
Keineswegs gedrängt, sich ihrer zu bedienen, beobachten sie zuerst, welchen Sinn ihr ihnen gebt, und wenn
sie das heraushaben, nehmen sie sie in ihren Wortschatz auf.

Das größte Übel des überstürzten Sprechenlernens
der Kinder besteht nicht darin, daß die ersten Sätze,
die man ihnen sagt, und die ersten Worte, die sie sprechen, für sie ohne jeglichen Sinn sind, sondern darin,
daß sie für sie, ohne daß wir es bemerken können,
einen anderen Sinn haben, als wir beabsichtigen; so
daß, obwohl sie uns scheinbar ganz richtig antworten,
sie zu uns sprechen, ohne uns verstanden zu haben und
ohne daß wir sie verstünden. Gewöhnlich liegt es an
solchen Mehrdeutigkeiten, daß uns die Kinder manchmal durch Äußerungen in Überraschung versetzen,
denen wir Vorstellungen zuschreiben, die sie gar nicht
gemeint haben. Diese Unachtsamkeit unsererseits für
den wirklichen Sinn, den die Worte für die Kinder
haben, scheint mir die Ursache ihrer ersten Irrtümer.
Und für den Rest ihres Lebens wird ihre geistige
Haltung durch diese Irrtümer beeinflußt, selbst wenn
sie davon geheilt sind. Ich werde später mehr als einmal die Gelegenheit haben, dies durch Beispiele zu belegen.

Schränkt also den Wortschatz der Kinder so sehr
wie möglich ein. Es ist ein großer Nachteil, wenn es
über mehr Worte als Vorstellungen verfügt und wenn
es mehr sagen kann, als es zu denken vermag. Ich
glaube, einer der Gründe, warum die Menschen vom
Land im allgemeinen einen gesünderen Geist haben als
die Stadtmenschen, ist der, daß ihr Vokabular weniger

reich ist. Sie haben wenig Vorstellungen, aber sie setzen
sie gut in Beziehung.

Die ersten Fortschritte der Kindheit fallen fast alle
zusammen. Fast gleichzeitig lernt das Kind sprechen,
essen und gehen. Dies ist im eigentlichen Sinne sein
erster Lebensabschnitt. Vorher ist es nichts anderes als
das, was es im Mutterleib war; es hat keinerlei Gefühl,
keinerlei Vorstellungen, kaum Sinnesempfindungen
und fühlt nicht einmal seine eigene Existenz.

Vivit, et est vitae nescius ipse suae[53].

2. BUCH

Dies ist nun der zweite Meilenstein des Lebens, der, wo die eigentliche Kindheit aufhört, denn die Worte *infans* und *puer* sind keineswegs Synonyma. *Infans* ist in *puer* mit einbegriffen und bedeutet, *wer nicht sprechen kann*, daher auch bei Valerius Maximus *puerum infantem*[1]. Ich werde aber doch weiterhin das in unserer Sprache gebräuchliche Wort anwenden, bis ich zu der Altersstufe komme, für die sie andere Bezeichnungen hat.

Wenn die Kinder anfangen zu sprechen, weinen sie weniger. Das ist eine natürliche Folge: eine Sprache wird durch die andere ersetzt. Warum sollten sie durch Schreie sagen, wenn sie Schmerzen haben, sobald sie es mit Worten sagen können, es sei denn, der Schmerz sei zu heftig, um durch Worte ausgedrückt werden zu können? Schreien sie also weiter, liegt es an den Menschen, die sich mit ihnen beschäftigen. Wird Emile einmal gesagt haben *Mir tut etwas weh*, müßten die Schmerzen, die ihn dann noch zum Weinen bringen, schon sehr heftig sein.

Ist das Kind zart und sensibel, schreit es natürlich um nichts und wieder nichts. Lasse ich es ruhig weiterschreien, ohne darauf einzugehen, hört es bald von selbst auf. Solange es weint, gehe ich nicht hin, aber ich eile rasch zu ihm, sobald es wieder still ist, und bald wird es mich durch sein Stillsein zu sich rufen oder höchstens einen einzigen Schrei ausstoßen. Die Kinder beurteilen den Sinn der Zeichen nur nach ihrem sinnlich wahrnehmbaren Effekt, eine andere Bedeutung kennen sie nicht. Wie weh sich ein Kind auch tun mag, es kommt sehr selten vor, daß es weint, wenn es allein ist, es sei denn in der Hoffnung, gehört zu werden.

Wenn es hinfällt, wenn es sich eine Beule am Kopf schlägt, wenn es Nasenbluten hat oder wenn es sich in die Finger schneidet – ich stürze nicht erschreckt hinzu, sondern bleibe ganz ruhig – zumindest für eine kleine Weile. Das Unglück ist geschehen und muß auf jeden Fall ertragen werden. Meine eifrige Hast würde das Kind nur noch mehr erschrecken und seine Empfindlichkeit steigern. Im Grunde ist es der Schreck eher als die Verletzung, was uns aus dem Gleichgewicht bringt. Wenigstens werde ich ihm so diese Angst ersparen, denn sicherlich wird es sein Leid selbst so betrachten wie es das bei mir beobachten kann. Sieht es mich aufgeregt herbeieilen, tröste und bedaure ich es, glaubt es sich verloren; sieht es, daß ich die Ruhe bewahre, wird es sich bald auch wieder beruhigen, und das Schlimmste scheint ihm vorbei, wenn es nichts mehr spürt. In diesem Alter wird man vor die ersten Mutproben gestellt, und durch furchtloses Ertragen kleiner Schmerzen lernt man allmählich, die großen auszuhalten.

Weit entfernt davon, Emile vor jeglicher Gefahr zu behüten, wäre es mir gar nicht recht, wenn ihm nie etwas zustieße und er aufwüchse, ohne zu wissen, was Schmerz heißt. Das erste, was er lernen und unbedingt wissen muß, ist leiden zu können. Es scheint, daß Kinder nur darum klein und schwach geschaffen sind, damit sie diese wichtige Schulung ohne Gefahr überstehen können. Fällt das Kind hin, wird es sich nicht das Bein brechen, schlägt es sich mit einem Stock, so bricht es sich nicht den Arm; nimmt es ein scharfes Messer in die Hand, so faßt es nicht fest zu und wird sich also auch nicht tief schneiden. Ich wüßte nicht, daß sich je ein frei und ungezwungen aufwachsendes Kind verstümmelt und zu Tode gebracht oder gefährlich verletzt hätte, wenn man es nicht gedankenlos der Gefahr ausgesetzt hat, herabzustürzen, oder es allein beim Feuer oder gefährliche Werkzeuge in seiner Reichweite gelassen hat.

Was soll man zu diesem Arsenal von Waffen sagen, die man um ein Kind aufbaut, damit es in voller Rüstung gegen allen Schmerz antreten kann, bis es ihnen als Erwachsener hilf- und mutlos ausgeliefert ist, sich beim ersten Stich tödlich verwundet glaubt und beim Anblick des ersten Tropfens eigenen Bluts ohnmächtig wird!

Immer wollen wir in unsrer schulmeisterlichen und pedantischen Manie den Kindern etwas beibringen, was sie viel besser allein lernen, und vergessen darüber das einzige, was wir ihnen wirklich hätten beibringen können. Gibt es etwas Dümmeres als die Mühe, die man sich macht, sie laufen zu lehren, als gäbe es Erwachsene, die durch die Nachlässigkeit ihrer Amme nicht gehen könnten! Aber wie viele Menschen gibt es, die ihr Leben lang schlecht gehen können, weil man es ihnen schlecht beigebracht hat!

Emile wird weder Fallhauben, Gehkörbe, Laufwägelchen noch Gängelbänder haben, wenigstens wird er, sobald er einen Fuß vor den andern setzen kann, nur auf gepflasterten Stellen gestützt werden, über die man ihm rasch hinweghilft*. Anstatt ihn in der verbrauchten Luft eines Zimmers vegetieren zu lassen, führe man ihn täglich nach draußen. Da soll er laufen und herumtollen; und wenn er hundertmal am Tag hinfällt – um so besser, dann lernt er auch am besten, wie er wieder aufstehen kann. Die Wohltat der ungebundenen Freiheit entschädigt reichlich für viele Wunden. Mein Zögling wird oft blaue Flecken haben, dafür ist er aber immer fröhlich. Wenn eure weniger haben, sind sie dafür quengelig, fühlen sich unterjocht und sind mißmutig. Ich zweifle daran, daß der Vorteil auf ihrer Seite ist.

---

* Es gibt nichts Lächerlicheres und Unbeholfeneres als den Gang von Leuten, die als kleine Kinder zu lange am Gängelband geführt wurden: auch so eine von den Beobachtungen, die gerade wegen ihrer Alltäglichkeit richtig sind – und das nicht nur in einer Hinsicht.

Noch eine andere Entwicklung hat zur Folge, daß die Kinder das Jammern weniger notwendig haben: die Entwicklung ihrer Kräfte. Weil sie mehr selbst zu tun vermögen, sind sie seltener auf die Hilfe anderer angewiesen. Mit ihrer Kraft wächst zugleich die Einsicht, mit der sie sie zu lenken verstehen. In dieser zweiten Phase beginnt die eigentliche individuelle Existenz; jetzt wird der Mensch sich seiner selbst bewußt. Die Erinnerung erstreckt das Gefühl der Selbstidentität auf alle Augenblicke seines Lebens; er wird nun wirklich ein und derselbe und damit erst fähig zum Glück oder zum Unglück. Darum ist es so wichtig, ihn von jetzt ab als geistiges Wesen anzusehen[2].

Vermag man auch die maximale Dauer des menschlichen Lebens festzustellen ebenso wie die Wahrscheinlichkeit, die für jedes Lebensalter besteht, sie zu erreichen, so ist doch nichts ungewisser als die Lebensdauer des einzelnen. Nur wenige Menschen erreichen diesen Endpunkt. Die großen Gefahren lauern in der frühesten Lebenszeit – je weniger man gelebt hat, um so geringer wird die Hoffnung, am Leben zu bleiben. Höchstens die Hälfte aller neugeborenen Kinder erreicht das Jünglingsalter; und so ist es also wahrscheinlich, daß euer Schüler niemals zum Mannesalter gelangen wird.

Was soll man daher von dieser barbarischen Erziehung denken, die die Gegenwart einer ungewissen Zukunft opfert, die ein Kind mit allen möglichen Fesseln bindet und es allmählich unglücklich macht, um ihm für eine ferne Zukunft irgendein angebliches Glück zuzubereiten, das es höchstwahrscheinlich nie genießen wird? Selbst wenn ich voraussetzte, das Ziel der Erziehung sei sinnvoll, wie könnte ich ohne Entrüstung die armen Unglücklichen betrachten, die unter ein unerträgliches Joch gespannt und zu ununterbrochener Galeerensträflingsfron verdammt sind, ohne je die Gewißheit zu haben, daß soviel Mühe ihnen je nützen

wird? Das Lebensalter der Fröhlichkeit vergeht ihnen
unter Tränen, Züchtigungen, Drohungen und Sklaverei.
Man quält den Unglücklichen zu seinem Wohl und
übersieht dabei den Tod, den man herbeiruft und der
ihn von dieser traurigen Behandlung erlöst. Wer weiß,
wie viele Kinder der Torheit ihres Vaters oder Lehrers
zum Opfer fallen und zugrunde gehen? Glücklich,
seiner Grausamkeit zu entrinnen, ziehen sie den einzigen Vorteil aus dem ihnen angetanen Übel, indem sie
sterben, ohne einem Leben nachtrauern zu müssen,
das ihnen nur Qualen bereitete.

Menschen, seid menschlich, das ist eure vornehmste
Aufgabe. Seid es jedem Lebensalter gegenüber, allen
Ständen und allem, was menschlich ist. Welche Weisheit habt ihr denn noch außer der Menschlichkeit? Liebt
die Kindheit, fördert ihre Spiele, ihre Freuden und
ihren liebenswerten Instinkt. Wer von euch hätte nicht
manchmal dieser Zeit nachgetrauert, da die Lippen
nur das Lächeln kennen und die Seele den Frieden?
Warum wollt ihr diesen kleinen Unschuldigen versagen, diese kurze Zeit, die ihnen so bald entschlüpft,
und dieses kostbare Gut, dessen Mißbrauch ihnen
fremd ist, auszukosten? Warum wollt ihr diese ersten
so rasch vergehenden Jahre mit Bitterkeit und Schmerzen anfüllen, eine Zeit, die für sie ebensowenig wie für
euch je wiederkehren wird? Ihr Väter, wißt ihr denn,
in welchem Augenblick der Tod auf eure Kinder lauert?
Bereitet euch keine Vorwürfe zu, indem ihr sie der
wenigen Augenblicke beraubt, die ihnen das Leben
schenkt – laßt sie die Freude am Dasein genießen, sobald sie sie empfinden können; tut alles, damit, wann
immer Gott sie zu sich rufen möge, sie nicht sterben
müssen, ohne das Leben genossen zu haben[3].

Wieviel Stimmen werden sich gegen mich erheben!
Ich höre schon von weitem das Geschrei dieser falschen
Weisheit, die uns fortwährend uns selbst entfremdet,
der die Gegenwart nichts gilt, die unablässig einer

Zukunft nachjagt, die stets um so viel zurückweicht, wie wir voranschreiten, und die uns dahin bringt, wo wir niemals sein werden, weil sie uns immer dahin bringen will, wo wir nicht sind[4].

Ihr werdet mir antworten – dies ist die Zeit, die bösen Neigungen des Menschen zu bessern; im Kindesalter, wo die Schmerzen weniger tief empfunden werden, muß man sie vervielfachen, um sie dem Alter der Vernunft zu ersparen. – Aber wer sagt euch denn, daß ihr das nach eurem Gutdünken einrichten könnt, daß alle die schönen Lehren, mit denen ihr den zarten Geist eines Kindes belastet, ihm nicht eines Tages eher zum Verderben als zum Nutzen gereichen? Wer gibt euch die Gewißheit, daß ihr durch den Kummer, mit dem ihr das Kind so freigebig bedenkt, ihm später irgend etwas erspart? Warum tut ihr ihm mehr Leid an als sein Alter von sich aus mit sich bringt, ohne sicher zu sein, daß das gegenwärtige Leid, das es heute ertragen muß, ihm in der Zukunft zugute kommen wird? Und wie wollt ihr mir beweisen, daß diese bösen Neigungen, die ihr zu heilen vorgebt, ihm nicht viel eher von eurer mißverstandenen Fürsorge kommen als von der Natur? Unselige Vorsorge, die ein Wesen in der Gegenwart unglücklich macht, nur auf die mehr oder weniger begründete Hoffnung hin, daß es dadurch eines fernen Tages glücklich werde. Wenn diese durchschnittlichen Vernunftprediger Zügellosigkeit mit Freiheit und ein glückliches mit einem verwöhnten Kind verwechseln, so wollen wir ihnen die Unterschiede beibringen.

Um keinen Hirngespinsten nachzujagen, vergessen wir vor allem nicht, was unserer menschlichen Lage entspricht. Die Menschheit hat ihren Platz in der Ordnung der Dinge; die Kindheit hat den ihren in der Ordnung des menschlichen Lebens. So muß der Mensch im Menschen, das Kind im Kinde betrachtet werden. Jedem seinen Platz zuweisen und ihn dort binden, die menschlichen Leidenschaften ordnen nach der Verfassung des Menschen, das ist alles, was wir zu seinem Wohl tun können. Alles übrige hängt von Dingen ab, die von außen herangetragen werden und sich unserer Macht entziehen.

Wir wissen nicht, was das absolute Glück oder Unglück ist. In diesem Leben ist alles vermengt, man kann nicht ein einziges reines Gefühl auskosten, nicht zwei Augenblicke lang verharrt man im gleichen Zustand. Die Affektionen unserer Seele sowie die Veränderungen unseres Körpers befinden sich in ständigem Fluß. Das Gute wie das Böse ist uns allen gemein, jedoch in verschiedenem Maß. Wer am wenigsten leidet, ist der Glücklichste; wer sich am wenigsten freut, der Unglücklichste. Überall mehr Leid als Glück – das ist die uns allen gemeinsame Differenz. Das Glück hienieden ist also nur ein negativer Zustand, der an der geringsten Menge Leids gemessen werden muß[5].

Jedes Schmerzgefühl ist untrennbar von dem Verlangen, sich davon zu befreien, so wie jede Vorstellung von Glück untrennbar ist von dem Wunsch, es zu genießen. Alles Verlangen setzt Entbehrung voraus, alle Entbehrung, die man fühlt, ist schmerzlich. Unser Unglück besteht also in der Disproportion zwischen unserem Verlangen und unseren Fähigkeiten. Ein empfindungsfähiges Wesen, dessen Fähigkeiten seinem Verlangen entsprächen, wäre ein absolut glückliches Wesen.

Worin besteht also die menschliche Weisheit oder der Weg zum wahren Glück? Nicht eigentlich darin, unsere Wünsche einzuschränken; denn hielten sie sich unterhalb der Grenze unseres Vermögens, so bliebe ein Teil unserer Fähigkeiten ungenutzt, und wir gelangten nicht zum vollen Genuß unseres Daseins; noch weniger darin, unsere Fähigkeiten auszuweiten; denn wüchsen zugleich unsere Wünsche in höherem Maße, so würden wir dadurch nur noch elender. Also gilt es, das Übergewicht der Wünsche über die Fähigkeiten zu vermindern, Vermögen und Willen in vollkommenes Gleichgewicht zu setzen. Dann allein, wenn alle seine Kräfte tätig sind und seine Seele dennoch in Frieden ist, ist der Mensch wohlgeordnet[6].

So hat ihn die Natur, die alles zum besten macht, von Beginn an eingerichtet. Zunächst gibt sie ihm nur das notwendigste Begehren nach Selbsterhaltung und ausreichende Fähigkeiten, es zu stillen. Alle anderen hat sie wie zur Reserve in den Grund seiner Seele gelegt, damit eine jede sich nach Bedarf entwickle[7]. Nur in diesem ursprünglichen Zustand trifft man auf das vollkommene Gleichgewicht der Kräfte und Wünsche, nur so ist der Mensch glücklich. Sobald aber die virtuellen Fähigkeiten aktiv werden, erwacht die Einbildungskraft, die aktivste von allen, und überholt die andern. Die Einbildungskraft weitet für uns das Maß des Möglichen, sei es im Guten wie im Bösen, und erregt und nährt folglich die Wünsche durch die Hoffnung, sie zu befriedigen[8]. Aber das Ziel, das ganz greifbar schien, entflieht rascher, als man es verfolgen kann. Glaubt man, es zu berühren, verwandelt es sich und zeigt sich wieder vor uns in weiter Ferne. Die zurückgelegte Strecke, die wir nicht mehr sehen, gilt uns nichts, und der Weg, der noch vor uns liegt, wird immer größer. So erschöpfen wir uns, ohne zum Ziel zu kommen, und je weiter wir uns vom Genuß entfernen, um so weiter entfernt sich das Glück von uns.

Umgekehrt, je näher der Mensch dem Naturzustande steht, um so geringer ist die Differenz zwischen seinen Fähigkeiten und seinen Wünschen und um so näher also dem Zustand des Glücklichseins. Niemals ist er weniger elend, als wenn er von allem entblößt zu sein scheint, denn das Unglück besteht nicht in der Entbehrung selbst, sondern in dem Bedürfnis, das sie empfinden läßt.

Die reale Welt hat ihre Schranken, die Welt der

Vorstellungen ist unendlich. Da wir die eine nicht erweitern können, so sollten wir die andere einengen, denn nur dem Abstand zwischen diesen beiden Welten entspringen all die Leiden, die uns wirklich unglücklich machen. Streicht Kraft, Gesundheit und gutes Gewissen – und alle Güter dieses Lebens existieren bloß in der Meinung; streicht die Schmerzen des Körpers und die Gewissensbisse – und alle unsere Leiden sind eingebildet. Dies ist ein Gemeinplatz, wird man sagen. Zugegeben. Aber seine praktische Anwendung ist nicht alltäglich, und hier handelt es sich ja ausschließlich um sie.

Wenn man sagt, der Mensch sei schwach – was will man damit sagen? Dieses Wort „Schwäche" bezeichnet ein Verhältnis, nämlich das Verhältnis des Wesens, worauf man es anwendet. Wessen Kraft größer ist als seine Bedürfnisse – sei es ein Insekt, ein Wurm – ist ein starkes Geschöpf; der, dessen Bedürfnisse seine Kräfte übersteigen – sei er ein Elefant, ein Löwe, ein Eroberer, ein Held oder ein Gott –, ist ein schwaches Geschöpf. Der rebellierende Engel, der seine Natur verkannte, war schwächer als der glückliche Sterbliche, der in Frieden seiner Natur gemäß lebte. Der Mensch ist sehr stark, solange er sich damit zufrieden gibt, zu sein, was er ist; er ist sehr schwach, wenn er sich über die Menschheit erheben will. Bildet euch also nicht ein, durch die Erweiterung eurer Fähigkeiten an Stärke zuzunehmen; im Gegenteil, ihr vermindert sie, wenn eure Vermessenheit größer ist als sie. Messen wir den Radius unsrer Sphäre und bleiben wir im Zentrum so wie die Spinne in ihrem Netz, und wir werden immer uns selbst genügen und nicht über unsre Schwäche zu klagen brauchen, da wir sie niemals empfinden[9].

Allen Tieren sind genau die Fähigkeiten gegeben, deren sie zu ihrer Selbsterhaltung bedürfen; nur der Mensch hat überflüssige. Ist es nicht sehr seltsam, daß dieser Überfluß das Werkzeug zu seinem Unglück ist?

Überall in der Welt sind die Arme eines Mannes mehr
wert als sein Unterhalt. Wäre er weise genug, diesen
Überschuß für nichts zu achten, so besäße er immer das
Lebensnotwendige, denn er hätte niemals zuviel. Favorinus sagt: Die großen Bedürfnisse entstehen aus
großen Gütern, und oft ist das beste Mittel, sich zu
verschaffen, was einem fehlt, auf das zu verzichten,
was man hat[10]. Wir arbeiten uns ab, um unser Glück zu
vermehren und verwandeln es dadurch in Unglück.
Jeder Mensch, der nur leben möchte, würde glücklich
leben; und folglich auch gut, denn was hätte er davon,
schlecht zu sein?

Wären wir unsterblich, wären wir höchst elende Geschöpfe. Gewiß, es ist hart, sterben zu müssen, aber die
Hoffnung, daß man nicht ewig leben wird und daß ein
besseres Leben die Leiden im Diesseits beenden wird,
ist tröstlich. Würde man uns die Unsterblichkeit auf
Erden anbieten – wer* möchte wohl dieses traurige
Geschenk annehmen? Welche Hilfe, welche Hoffnung
und welcher Trost bliebe uns dann gegen die Härten
des Schicksals und die Ungerechtigkeit der Menschen?
Der Unwissende, der noch ohne Voraussicht lebt, hat
kaum ein Gefühl für den Wert des Lebens und also
kaum Angst, es zu verlieren; der wahrhaft aufgeklärte
Mensch aber sieht Güter höheren Werts, die er jenem
vorzieht. Nur das Halbwissen und die Afterweisheit,
die unsere Gedanken bis zum Tode und nicht über ihn
hinauslenken, machen aus ihm das Schlimmste aller
Übel. Das Unvermeidliche des Todes ist für den Weisen der einzige Grund, die Leiden des Lebens zu ertragen. Wäre man nicht sicher, es einmal zu verlieren,
so wäre seine Bewahrung allzu teuer bezahlt.

Alle unsre geistigen Übel sind imaginär außer einem,
dem Verbrechen, und das hängt von uns selbst ab.

---

* Es ist klar, daß ich hier von Menschen spreche, die nachdenken,
und nicht von allen Menschen.

Unsre physischen Leiden zerstören sich selbst oder uns. Die Zeit und der Tod sind unsre Heilmittel; aber wir leiden um so mehr, als wir nicht zu leiden verstehn, und wir quälen uns mehr damit ab, unsere Krankheiten zu heilen, als wir müßten, wenn wir sie ertrügen. Lebe natürlich, sei geduldig und verjage die Ärzte: dem Tod wirst du nicht entgehen, aber du wirst ihn nur einmal erleiden, während die Ärzte ihn täglich in deine gequälten Vorstellungen hineintragen, und ihre Lügenkunst, anstatt dein Leben zu verlängern, raubt dir seinen Genuß. Ich werde nicht aufhören zu fragen, welches wirkliche Heil diese Kunst der Menschheit gebracht hat. Einige von denen, die sie geheilt hat, würden zwar sterben, aber Millionen derer, die sie tötet, würden am Leben bleiben. Vernünftiger Mensch, spiele nicht in dieser Lotterie, bei der fast alle Chancen gegen dich sind. Leide, stirb oder genese; vor allem aber lebe, lebe bis zu deiner letzten Stunde.

Alles ist nur Torheit und Widerspruch in den menschlichen Einrichtungen. Je wertloser unser Leben wird, um so mehr Sorgen machen wir uns darum. Die Greise trauern ihm mehr nach als die Jungen; sie wollen nicht die Mühe verlorengeben, die sie sich gemacht haben, um es einmal zu genießen. Es ist freilich sehr grausam, mit sechzig Jahren sterben zu müssen, ehe man zu leben angefangen hat. Man nimmt an, der Mensch habe einen lebhaften Selbsterhaltungstrieb, und das stimmt auch. Man übersieht aber, daß dieser Trieb, so wie wir ihn empfinden, zum großen Teil das Werk der Menschen ist. Von Natur aus ist der Mensch um seine Selbsterhaltung nur soweit besorgt, als er die Mittel dazu in der Hand hat. Sobald sie ihm entrinnen, beruhigt er sich und stirbt, ohne sich unnötig darüber aufzuregen. Das erste Gesetz der Resignation kommt uns von der Natur. Die Wilden ebenso wie die Tiere wehren sich kaum gegen den Tod und erleiden ihn fast klaglos. Ist dieses Gesetz einmal verloren, so bildet sich ein an-

deres, das aus der Vernunft kommt. Aber nur wenige
verstehen es, Nutzen daraus zu ziehen, und diese
künstliche Resignation ist niemals so vollständig wie
die ursprüngliche[11].

Die Voraussicht! Die Voraussicht, die uns unablässig
über uns selbst hinausführt und uns oft dahin bringt, wohin wir nie gelangen werden: sie ist die wirkliche Quelle
all unseres Elends[12]. Was für eine Manie bei einem so
flüchtigen Wesen wie dem Menschen, immer in eine
ferne Zukunft zu blicken, die sich so selten erfüllt, und
darüber die Gegenwart zu vernachlässigen, deren er
sicher ist! Eine umso verhängnisvollere Manie, als sie
unablässig mit dem Altern anwächst, und die Greise,
immer mißtrauisch, voller Vorsorge und geizig, sich
lieber heute das Notwendigste versagen als es in hundert Jahren entbehren zu müssen. So hängen wir an
allem, klammern uns an alles: Zeit, Orte, Menschen,
Dinge – alles, was ist, alles was sein wird, ist für jeden
von uns von Bedeutung; unsere Person ist nur noch der
geringste Teil unser selbst. Jeder dehnt sich sozusagen
über die ganze Erde aus und wird auf dieser ganzen
großen Fläche verletzlich. Ist es also verwunderlich,
daß sich unser Schmerz durch alle so entstehenden An-
griffspunkte vervielfacht? Wie viele Fürsten verzwei-
feln über den Verlust eines Landes, das sie niemals
gesehen haben? Für wie viele Kaufleute genügt es, daß
jemand an Indien rührt, damit sie in Paris darüber
jammern?

Ist es die Natur, die die Menschen so weit über sich
selbst hinausführt? Ist sie es, die will, daß jeder seine
Bestimmung durch andere erfährt – und das nicht selten
als letzter –, so daß mancher glücklich oder unglücklich
gestorben ist, ohne sich dessen jemals bewußt gewesen
zu sein? Ich sehe einen frischen, fröhlichen, kraftvollen
und gesunden Menschen; seine Gegenwart strahlt Freude
aus, aus seinen Augen spricht Zufriedenheit und Wohlbefinden, er ist das Abbild des Glücks. Da kommt ein

Brief mit der Post. Der glückliche Mensch betrachtet ihn, er ist für ihn. Er öffnet ihn, liest ihn. Augenblicklich verändert sich seine Miene, er erbleicht, er fällt in Ohnmacht. Wieder zu sich gekommen, weint er, gerät außer sich, stöhnt, rauft sich die Haare, die Luft hallt wider von seinen Schreien, er scheint von fürchterlichen Krämpfen geschüttelt. Wahnsinniger, was hat dir dieses Papier nur angetan? Welches Glied hat es dir ausgerissen? Welches Verbrechen hat es dich begehen lassen? Was hat es letztlich in dir selbst verändert, um dich in den Zustand zu versetzen, in dem ich dich nun sehe?

Wäre der Brief verlorengegangen, hätte eine barmherzige Hand ihn verbrannt, so wäre, scheint mir, das Los dieses zugleich glücklichen und unglücklichen Sterblichen ein seltsames Problem gewesen. Sein Unglück, so werdet ihr sagen, war eine Realität. Ganz recht, aber er fühlte es nie. Wo war es also? Sein Glück war imaginär. Ich verstehe: Gesundheit, Fröhlichkeit, Wohlbefinden, Seelenruhe, das alles sind nur Illusionen. Wir existieren nicht mehr da, wo wir sind, sondern nur da, wo wir nicht sind. Hat es da noch Sinn, den Tod so zu fürchten, wenn uns das bleibt, worin wir leben?

Oh, Mensch! Lebe dein Leben in dir selbst, und du wirst nicht mehr unglücklich sein. Bleibe an dem dir von der Natur zugewiesenen Platz in der Reihe der Geschöpfe, und er wird dir durch nichts streitig gemacht werden können. Sträube dich nicht gegen das harte Gesetz der Notwendigkeit und erschöpfe nicht im Kampf dagegen die Kräfte, die der Himmel dir nicht dazu gab, um deine Existenz auszuweiten oder zu verlängern, sondern einzig, um sie zu erhalten, wie und solange es ihm gefällt. Deine Freiheit, deine Macht reichen nicht weiter als deine natürlichen Kräfte; alles übrige ist Sklaverei, Illusion, Blendwerk. Die Herrschaft selbst ist servil, wenn sie von der herrschenden Meinung abhängt; denn du hängst von den Vorurteilen derer ab, die du durch Vorurteile beherrschst. Um

sie so zu führen, wie es dir beliebt, mußt du dich so
führen, wie es ihnen beliebt. Sie brauchen nur ihre Gesinnung zu wechseln, schon bist du gezwungen, deine
Handlungsweise zu ändern. Deine Umgebung braucht
es nur zu verstehen, die Meinung des Volks zu beherrschen, das du zu beherrschen meinst, oder die der
Günstlinge, die dich beherrschen, oder die deiner
Familie oder deine eigene. Denn diese Wesire und
Höflinge, diese Priester und Soldaten, diese Sklaven-
seelen und Klatschmäuler, ja selbst Kinder werden
dich, wärest du auch ein Themistokles an Geist*,
wie ein Kind inmitten deiner Legionäre führen, du
magst es anstellen wie du willst, niemals wird deine
wirkliche Autorität weiter reichen als deine wirklichen Fähigkeiten. Sobald man mit den Augen andrer
sehen muß, muß man durch ihren Willen wollen.
Mein Volk, meine Untertanen, sagst du stolz. Sei's
drum. Aber du, was bist du? Der Untertan deiner
Minister. Und deine Minister ihrerseits, was sind sie?
Die Untertanen ihrer Beamten, ihrer Mätressen, die
Diener ihrer Diener. Rafft alles an euch, usurpiert alles,
und gebt dann aus vollen Händen Geld, stellt Bat-
terien von Kanonen auf, errichtet Galgen und Rad,
erlaßt Gesetze, Verordnungen, vervielfacht die Anzahl der Spione, Soldaten, Henker, Gefängnisse und
Fesseln – arme kleine Menschen, wozu dient euch all
dies? Ihr werdet darum nicht besser bedient, nicht weniger bestohlen oder betrogen werden, nicht weniger
abhängig sein. Ihr werdet immer sagen: wir wollen,
und immer tun, was die andern wollen.

Der einzige, der nach eigenem Willen handelt, ist

---

* Dieser kleine Junge, den ihr da seht, sagte Themistokles zu seinen
Freunden, ist der Herr über Griechenland; denn er beherrscht seine
Mutter, seine Mutter beherrscht mich, ich beherrsche die Athener und
die Athener beherrschen die Griechen[13]. Oh! was für kleine Staatenlenker
man oft in den größten Reichen finden würde, wenn man stufenweise
zurückginge vom Fürsten bis zur ersten Hand, die insgeheim den
Hebel hält.

der, der zu seiner Unterstützung keinen fremden Arm braucht; folglich ist das erste aller Güter nicht die Autorität, sondern die Freiheit. Der wahrhaft freie Mensch will nur das, was er kann, und tut nur, was ihm paßt. Dies ist mein oberster Grundsatz. Er braucht nur auf die Kindheit angewandt zu werden, und alle Erziehungsregeln werden sich daraus ableiten lassen.

Die Gesellschaft hat den Menschen schwach gemacht, nicht nur, weil sie ihm das Recht über seine eigenen Kräfte nahm, sondern hauptsächlich dadurch, daß sie für ihn nicht mehr ausreichen. Daher kommt es, daß seine Begierden sich mit dem Zunehmen seiner Schwäche vervielfachen, und das eben macht die Schwäche der Kindheit im Vergleich zum Mannesalter aus. Wenn der Mann ein starkes Wesen ist und das Kind ein schwaches, so nicht darum, weil jener mehr absolute Kraft hat als dieses, sondern weil der Mann ganz natürlicherweise sich selbst genügen kann und das Kind nicht. So muß denn der Mann mehr Willensziele haben und das Kind mehr Phantasiewünsche; unter diesem Ausdruck verstehe ich alles, was nicht wirkliches Bedürfnis ist, und was nur mit Hilfe anderer erfüllt werden kann.

Den Grund dieses Zustands der Schwäche habe ich klargelegt. Die Natur sorgt dafür, daß er durch die Zuneigung der Eltern ausgeglichen wird. Aber diese Zuneigung kann ihre Maßlosigkeit und Fehler haben, es kann Mißbrauch mit ihr getrieben werden. Eltern, die im gesellschaftlichen Zustand leben, stellen das Kind vorzeitig in ihn hinein. Sie suggerieren ihm mehr Bedürfnisse, als es hat, womit sie seiner Schwäche nicht etwa abhelfen, sondern sie verschlimmern. Sie verschlimmern sie noch mehr, indem sie etwas von ihm verlangen, was die Natur nicht verlangt; indem sie die schwachen Kräfte, die das Kind besitzt, um seinem Willen zu gehorchen, ihrem Willen unterordnen; indem sie die gegenseitige Abhängigkeit, worin das Kind

in seiner Schwäche und die Eltern in ihrer Zuneigung
gehalten sind, in Sklaverei des einen oder des anderen
verwandeln.

Der vernünftige Mensch weiß an seinem Platz zu
bleiben: aber das Kind kennt den seinen nicht und
kann sich also auch nicht auf ihm behaupten. Es findet
unter uns tausend Ausgänge, um zu entweichen, aber
der Erzieher muß es an seinem Platz zurückhalten, und
das ist keine leichte Aufgabe. Es soll weder Tier noch
Mensch sein, sondern Kind. Es soll seine Schwäche
spüren, aber nicht darunter leiden; es soll abhängen,
aber nicht gehorchen; es soll bitten, aber nicht befehlen.
Nur durch seine Bedürfnisse ist es den andern untergeordnet und weil sie besser sehen, was ihm nutzt, was
seiner Erhaltung zum Vor- oder Nachteil gereichen
kann. Niemand, nicht einmal der Vater, hat das Recht,
dem Kind etwas zu befehlen, was ihm zu nichts nützt.

Bevor unsere natürlichen Neigungen durch Vorurteile und menschliche Einrichtungen beeinflußt werden,
besteht das Glück der Kinder ebenso wie das der Erwachsenen im Gebrauch ihrer Freiheit. Aber die Freiheit der Kinder ist durch ihre Schwäche beschränkt.
Jeder, der tut, was er will, ist glücklich, wenn er sich
selbst genügt; so ist es bei dem Menschen, der im
Naturzustand lebt. Jeder, der tut, was er will, ist unglücklich, wenn seine Bedürfnisse seine Kräfte überschreiten; so ist es beim Kinde im gleichen Zustand.
Die Kinder erfreuen sich also selbst im Naturzustand
nur einer unvollkommenen Freiheit, ähnlich der, die
der Mensch in der bürgerlichen Gesellschaft genießt.
Jeder von uns, der auf die anderen nicht mehr verzichten kann, wird in dieser Hinsicht wieder schwach
und unglücklich. Wir wurden geschaffen, um Erwachsene zu sein; die Gesetze und die Gesellschaft haben
uns in den Zustand des Kindes zurückgeworfen. Die
Reichen, die Großen, die Könige, alle sind wie Kinder:
sie sehen, wie man sich eifrig bemüht, ihre Not zu

mindern und schöpfen daraus eine kindische Eitelkeit und sind stolz auf die Sorgfalt, die ihnen niemand zuteil werden ließe, wären sie fertige Menschen.

Diese Betrachtungen sind wichtig und dienen der Auflösung aller Widersprüche im sozialen System. Es gibt zweierlei Arten von Abhängigkeit: die von den Dingen, die der Natur entspringt; die von den Menschen, die der Gesellschaft entspringt. Die Abhängigkeit von den Dingen, die keinerlei sittliche Bedeutung hat, kann der Freiheit gar nichts anhaben und erzeugt keinerlei Laster; die ordnungswidrige* Abhängigkeit von den Menschen dagegen erzeugt alle Laster, durch die der Herr und der Sklave sich gegenseitig verderben. Das einzige Mittel, dieses Übel in der Gesellschaft zu heilen, wäre, das Gesetz an die Stelle des Menschen zu setzen und den allgemeinen Willen mit wirklichen, jeglichem Einzelwillen überlegenen Kräften auszurüsten[15]. Wenn die Gesetze der Nationen so unbeugsam wären wie die der Natur, die niemals je von menschlicher Kraft gebrochen werden können, dann würde die Abhängigkeit von den Menschen wieder zu der von den Dingen. In der Republik wären alle Vorteile des natürlichen Zustands mit denen der bürgerlichen Gesellschaft vereinigt; man fügte zur Freiheit, die den Menschen frei von allen Lastern hält, die Sittlichkeit, die ihn zur Tugend emporhebt.

Erhaltet das Kind einzig in der Abhängigkeit von den Dingen, dann werdet ihr in seiner Erziehung dem Gesetz der Natur gehorcht haben. Setzt seinen unvernünftigen Wünschen nur natürliche Widerstände entgegen oder Bestrafungen, die aus seinen Handlungen selbst entstehen und deren es sich bei wiederkehrender Gelegenheit erinnert; ohne ihm zu verbieten, Böses zu tun, genügt es, es daran zu hindern. Allein Erfahrung

---

* In meinen *Grundsätzen des Staatsrechts* wird dargestellt, daß keinerlei Einzelwille in das gesellschaftliche System eingeordnet werden kann[14].

oder Unvermögen sollen die Stelle des Gesetzes einnehmen. Erfüllt seine Wünsche nicht weil es bittet, sondern weil sie einem Bedürfnis entsprechen. Es soll nicht wissen, was Gehorsam ist, wenn es selbst handelt, noch was Herrschaft ist, wenn man für es handelt. Es soll seine Freiheit gleicherweise in seinen wie in euren Handlungen empfinden. Ergänzt die Kraft, die ihm fehlt, genau in dem Maße, wie es ihrer bedarf, um frei zu sein, nicht aber, um zu herrschen. Es soll eure Dienste als eine Art Demütigung annehmen und den Augenblick ersehnen, da es darauf verzichten und sich voller Stolz selbst helfen kann.

Zur Kräftigung und zum Wachstum des Körpers verfügt die Natur über Mittel, denen man niemals entgegenwirken soll. Man soll ein Kind nicht zwingen zu bleiben, wenn es gehen will, und zu gehen, wenn es bleiben will. Wenn die Kinder nicht durch unsere Schuld eigensinnig sind, so wollen sie nie etwas Unnötiges. Sie sollen herumspringen, rennen und schreien, wenn sie Lust dazu haben. Alle ihre Bewegungen kommen aus den Bedürfnissen ihrer Konstitution, die sich zu kräftigen sucht; aber Vorsicht vor dem, was sie verlangen, ohne es selbst tun zu können, und was andere für sie tun müssen. Dann muß sorgfältig unterschieden werden zwischen dem wirklichen, natürlichen Bedürfnis und dem erwachenden Phantasiebedürfnis oder dem, das aus dem vitalen Überschwang stammt, von dem ich schon gesprochen habe.

Ich sagte schon, was zu machen ist, wenn ein Kind weint, um dies oder jenes zu bekommen. Ich will nur noch hinzufügen, daß, sobald es mit Worten ausdrükken kann, was es möchte, aber, um es schneller zu bekommen oder es abzutrotzen, mit Weinen seine Bitte unterstützt, man es ihm unwiderruflich verweigern muß. Ihr müßt wissen, wann sein Bedürfnis es zum Sprechen gedrängt hat, und sofort tun, was es möchte. Aber seinen Tränen nachgeben, heißt es zum Weinen animieren, heißt es lehren, an eurem guten Willen zu zweifeln und zu glauben, mit Ungehörigkeit käme man weiter bei euch als mit Artigkeit. Wenn es nicht an eure Güte glaubt, wird es bald bösartig; glaubt es euch schwach, wird es bald eigensinnig. Daher ist es wichtig, ihm beim ersten Zeichen immer gleich das zu gewähren, was man ihm nicht verweigern will. Seid nicht zu verschwenderisch mit dem Verweigern, aber widerruft es nie.

Hütet euch vor allem davor, dem Kind eitle Höflichkeitsfloskeln beizubringen, die ihm im Bedarfsfall als Zauberwort dienen, um seine ganze Umgebung seinem Willen unterzuordnen und sofort zu bekommen, was es gerade möchte. Bei der übertriebenen Erziehung zur Höflichkeit der Reichen bleibt es nie aus, daß sie auf höfliche Weise herrschsüchtig werden, nachdem ihnen die Ausdrücke beigebracht wurden, bei deren Anwendung niemand wagt, ihnen zu widerstehen. Diese Kinder kennen weder bittende Töne noch Worte; sie sind beim Bitten genauso arrogant, wenn nicht mehr, wie beim Befehlen, weil sie so viel sicherer sind, daß ihnen nachgegeben wird. Man merkt sofort, daß in ihrem Mund *s'il vous plaît il me plaît* bedeutet, und daß *je vous prie je vous ordonne* heißen soll. Eine herrliche Höflichkeit, bei der nichts anderes herauskommt als Falschheit und Herablassung. Mir persönlich würde Grobheit bei Emile weniger ausmachen als Arroganz, und es wäre mir viel lieber, er spräche eine Bitte mit den Worten *faites cela* aus als durch den Befehl *je vous prie*[16]. Der Ausdruck, den er gebraucht, ist mir weniger wichtig als die Bedeutung, die er ihm gibt.

Es gibt ein Übermaß an Strenge und ein Übermaß an Nachsicht; eins wie das andere sind zu vermeiden. Laßt ihr die Kinder leiden, setzt ihr ihre Gesundheit und ihr Leben aufs Spiel, so macht ihr sie im Augenblick unglücklich; erspart ihr ihnen durch zuviel Fürsorge jegliche Art von Unbehagen, bereitet ihr ihnen

zukünftige Leiden; ihr verzärtelt sie, macht sie überempfindlich und nehmt sie aus dem menschlichen Zustand heraus, in den sie trotz eurer Sorge eines Tages
zurückversetzt werden. Um sie keinerlei natürlichem
Übel auszusetzen, werdet ihr zum Urheber derer, die sie
von Natur aus nicht mitbekommen haben. Ihr werdet
sagen, daß ich nun in den Fehler dieser schlechten
Väter falle, denen ich vorwarf, sie opferten das Glück
ihrer Kinder im Hinblick auf eine ferne Zukunft, die
vielleicht niemals eintritt.

Keineswegs. Denn die Freiheit, die ich meinem Zögling gewähre, entschädigt ihn reichlich für die geringfügigen Unannehmlichkeiten, denen ich ihn aussetze.
Ich sehe die Kerlchen im Schnee spielen, blaugefroren,
erstarrt vor Kälte und kaum noch fähig, die Finger zu
bewegen[17]. Es liegt nur bei ihnen, sich wärmen zu gehen,
aber sie tun es nicht. Zwänge man sie dazu, so würden
sie hundertmal mehr die Härte des Zwangs empfinden
als die Härte der Kälte. Worüber beklagt ihr euch
also? Mache ich euer Kind unglücklich, nur weil ich es
Unannehmlichkeiten aussetze, die es gern ertragen
will? In der Gegenwart bereite ich ihm sein Glück,
indem ich ihm seine Freiheit lasse; ich bereite es ihm
für die Zukunft, indem ich es gegen die Unbill, die
es ertragen muß, wappne. Wenn es die Wahl hätte,
mein Schüler oder der eure zu sein – glaubt ihr, daß es
auch nur einen Augenblick schwanken würde?

Könnt ihr euch auch nur die geringste Zufriedenheit
bei einem Geschöpf vorstellen, das seiner Art zuwider
lebt? Oder heißt es nicht, den Menschen seiner Art zuwider leben lassen, wenn man ihn von aller Unbill,
der seine Gattung ausgesetzt ist, verschonen will? Ja,
ich bleibe dabei – um das große Glück empfinden zu
können, muß er die kleinen Leiden kennen, so ist seine
Natur angelegt. Geht es seiner Physis zu gut, entartet
seine Moral. Der Mensch, der den Schmerz nicht kennt,
wird weder die Rührung der Menschlichkeit noch die

Süße des Mitleids kennenlernen. Sein Herz wird durch
nichts bewegt, es ist unzugänglich, er ist ein Unmensch
unter den Menschen[18].

Kennt ihr das sicherste Mittel, euer Kind unglücklich zu machen? Gewöhnt es daran, alles zu bekommen. Denn, da seine Wünsche sich dann durch die
Leichtigkeit ihrer Erfüllung unablässig vermehren,
werdet ihr früher oder später durch die Unmöglichkeit,
sie alle zu befriedigen, gezwungen sein, sie zu verweigern, und diese ungewohnte Verweigerung wird es
mehr quälen als der Verzicht auf das, was es wünscht.
Zuerst möchte es euren Spazierstock haben, dann eure
Uhr, dann den Vogel, der vorbeifliegt; es möchte den
Stern, den es leuchten sieht, es möchte alles, was es
sieht – wie könnt ihr es zufriedenstellen, wenn ihr
nicht geradezu der liebe Gott seid?

Der Mensch ist von Natur so veranlagt, daß er alles
als ihm gehörig ansieht, was in seinem Machtbereich
liegt. In diesem Sinn ist Hobbes' These bis auf einen
gewissen Punkt richtig[19]: Multipliziert die Mittel, unsre
Wünsche zu befriedigen, mit unsern Wünschen, und
jeder macht sich zum Gebieter über alles. So fühlt sich
das Kind, das bloß zu wollen braucht, um zu bekommen, als Herr des Universums. Es betrachtet alle Menschen als seine Sklaven, und wenn man sich schließlich
gezwungen sieht, ihm etwas zu versagen, so glaubt das
Kind, das bisher alles für erreichbar hielt, was es haben
wollte, an einen Akt der Auflehnung. Alle Vernunft-
gründe, die man ihm in einem Alter vorhält, da es zur
Überlegung noch unfähig ist, sind nach seinem Ermessen nichts als Vorwände; es sieht nur bösen Willen: verbittert durch das Gefühl dieser scheinbaren Ungerechtigkeit faßt es einen Haß gegen die ganze Welt. Und
ohne je einem Entgegenkommen Dank zu wissen,
empört es sich über jeden Widerstand.

Wie könnte ich mir vorstellen, daß ein so von seinem
Zorn beherrschtes und von unausrottbaren Leiden-

schaften verzehrtes Kind jemals glücklich wäre? So ein
Kind und glücklich! Es ist ein Despot. Es ist zugleich
der niedrigste aller Sklaven und das unglücklichste
aller Geschöpfe. Ich habe auf diese Weise erzogene
Kinder gesehen, die wollten, daß man das Haus durch
einen Stoß mit der Schulter umwürfe; daß man ihnen
den Hahn gäbe, den sie auf dem Kirchturm sahen; daß
man ein aufmarschierendes Regiment anhielte, damit
sie die Trommeln länger hören könnten, und die, ohne
auf jemanden zu hören, die Luft mit ihrem Geschrei zerrissen, wenn man ihnen nicht sofort nachgab. Vergebens mühte sich jedermann, ihnen gefällig zu sein;
da ihr sonst so leicht gestilltes Begehren gereizt war,
versteiften sie sich auf unmögliche Dinge und stießen
überall auf Widerspruch, Hindernisse, Kummer und
Leid. Immer zänkisch, immer aufsässig, immer wütend
verbrachten sie ihre Tage mit Geschrei und Weinen –
waren dies vom Glück begünstigte Geschöpfe? Schwäche und Herrschsucht vereinigt erzeugen nur Wahnsinn
und Unglück. Von zwei verzogenen Kindern schlägt
das eine den Tisch und das andere läßt das Meer peitschen[20]. Sie werden noch viel zu peitschen und zu schlagen haben, bevor sie zufrieden leben können.

Wenn diese Empfindungen von Herrschsucht und
Tyrannei sie schon in der Kindheit unglücklich machen,
wie wird es erst sein, wenn sie zu Erwachsenen werden
und ihre Beziehungen zu den anderen Menschen weit-
läufiger und mannigfacher werden? Gewohnt, daß sich
ihnen alles beugt, welch eine Überraschung, wenn
ihnen beim Eintritt in die Welt alles widersteht und
sie sich vom Gewicht dieses Universums zermalmt
fühlen, das sie glaubten, nach Belieben in Bewegung
setzen zu können.

Ihr anmaßendes Benehmen und ihre kindische Eitelkeit bereiten ihnen nur Demütigungen, Geringschätzung und Spott; sie müssen Beleidigungen schlucken
wie Wasser. Grausame Prüfungen werden sie bald

lehren, daß sie weder ihren Zustand noch ihre Kräfte kennen. Da sie nicht alles können, glauben sie sich zu nichts imstande. Durch zu viele Hindernisse werden sie zurückgestoßen und durch zuviel Verachtung erniedrigt – sie werden feige, ängstlich, kriecherisch und sinken ebensotief unter sich selbst zurück, als sie sich über sich erhoben hatten.

Kommen wir auf die ursprüngliche Regel zurück. Die Natur hat die Kinder dazu geschaffen, daß man sie liebt und ihnen hilft; aber hat sie sie etwa dazu geschaffen, daß man ihnen gehorcht und sie fürchtet? Hat sie ihnen ein gebieterisches Wesen, ein strenges Auge, eine harte und drohende Stimme verliehen, um einen furchterregenden Eindruck zu machen? Ich kann verstehen, daß das Brüllen des Löwen die Tiere entsetzt, und daß sie bei seinem schrecklichen Anblick erzittern. Aber wenn man je ein widerliches, unwürdiges und komisches Schauspiel sah, dann das einer Versammlung von Würdenträgern in Amtsroben, der Chef an der Spitze, einem Kind in Wickeln zu Füßen, das sie mit pompösen Wendungen feierlich anreden, und das nichts als Geschrei und Gegeifer zur Antwort gibt.

Gibt es wohl, wenn man die Kindheit an sich betrachtet, ein schwächeres, unglückseligeres, mehr als jedes andere von der Gnade der Umwelt abhängigeres Wesen in der Welt, das so sehr des Mitleids, der Fürsorge und des Schutzes bedarf wie ein Kind? Scheint es nicht so, als habe es ein so sanftes Gesicht und ein so rührendes Wesen nur um seiner Umgebung Teilnahme für seine Schwäche einzuflößen und das heftige Bedürfnis, ihm beizustehn? Was kann also schockierender und naturwidriger sein als ein herrschsüchtiges und eigensinniges Kind, das jeden herumkommandiert und den frechen Ton des Gebieters anschlägt gegenüber denen, die es nur im Stich zu lassen brauchen, um es zugrunde gehen zu lassen.

Wer sieht andererseits nicht, daß die Schwäche der frühesten Jahre den Kindern so viele Fesseln anlegt, daß es barbarisch ist, dieser Abhängigkeit noch die von unseren Launen hinzuzufügen, indem wir ihnen eine so beschränkte Freiheit nehmen, die sie so wenig mißbrauchen können und deren Entziehung ihnen sowohl wie uns so wenig nützen kann? So lächerlich ein hochmütiges Kind ist, so gibt es wohl kaum etwas bemitleidenswerteres als ein verängstigtes Kind. Da mit dem Alter der Vernunft die gesellschaftliche Knechtschaft beginnt, warum sollen wir ihr da mit der privaten zuvorkommen? Dulden wir es doch, daß ein Augenblick des Lebens frei von diesem Joche sei, das die Natur uns nicht auferlegt hat, und gönnen wir der Kindheit den Gebrauch der natürlichen Freiheit, durch die sie wenigstens eine Zeitlang von den Lastern ferngehalten wird, die die Versklavung mit sich bringt[21]. Diese gestrengen Lehrer, diese ihren Kindern versklavten Väter, sie mögen doch kommen mit ihren nichtigen Einwänden, einer wie der andere, und mögen, ehe sie sich mit ihren Methoden brüsten, einmal die der Natur kennenlernen.

Ich komme nun wieder auf die Praxis zurück. Ich sagte bereits, daß eurem Kind nur etwas bewilligt werden soll, wenn es dessen bedarf, nicht aber, weil es danach verlangt*; es soll nichts aus Gehorsam tun, sondern aus Notwendigkeit[22]. So werden die Worte „gehorsam" und „befehlen" aus seinem Wortschatz verbannt sein, und noch mehr die Worte „Pflicht" und „Schuldigkeit". Dagegen sollen die Worte „Kraft", „Notwendigkeit", „Ohnmacht" und „Zwang" darin

---

* Man muß einsehen, daß das Vergnügen manchmal ein Bedürfnis ist, ebenso wie die Strafe oft eine Notwendigkeit. Es gibt also nur einen einzigen Wunsch bei Kindern, dem man nie nachgeben soll: ihnen gehorchen. Daraus folgt, daß man vor allem das Motiv ihrer Bitten zu beachten hat. Gesteht ihnen, soweit möglich, alles zu, was ihnen wirklich Vergnügen machen kann, aber lehnt immer das ab, was sie nur aus Launenhaftigkeit oder aus Autoritätsbedürfnis wollen.

einen bedeutenden Platz einnehmen. Vor dem Alter der Vernunft hat man weder von moralischen Personen noch von gesellschaftlichen Beziehungen eine Vorstellung[23]. Daher ist es tunlichst zu vermeiden, Worte zu gebrauchen, die darauf hindeuten, damit das Kind ihnen nicht gleich einen falschen Sinn unterlegt, von dem man es kaum je oder überhaupt nicht mehr abbringen kann. Der erste falsche Begriff bildet in seinem Kopf den Keim des Irrtums und des Lasters; diese ersten Ansätze muß man besonders beachten. Sorgt dafür, daß, solange es nur von sinnfälligen Dingen beeindruckt wird, alle seine Vorstellungen bei den Sinnesempfindungen haltmachen und daß es um sich herum nur die physische Welt bemerkt: wenn nicht, so seid gewiß, daß es euch überhaupt nicht zuhört oder daß es sich von der sittlichen Welt, von der ihr ihm sprecht, phantastische Vorstellungen macht, die ihr ihm im Leben nicht wieder auslöschen könnt.

Den Kindern mit Vernunftgründen zu kommen, war Lockes Hauptmaxime[24], und heute ist sie große Mode. Indessen scheint mir ihr Erfolg nicht recht geeignet, ihr Vertrauen zu schenken. Ich für meine Person kenne nichts Dümmeres als diese Kinder, denen man so viel vorräsoniert hat. Von allen Fähigkeiten des Menschen entwickelt sich die Vernunft, die sozusagen eine Zusammenfassung aller anderen ist, am schwierigsten und spätesten, und ausgerechnet ihrer will man sich bedienen, um die ersten zu entwickeln[25]! Das Meisterwerk der richtigen Erziehung ist, einen vernünftigen Menschen heranzubilden – und das will man durch die Vernunft selbst erreichen! Das heißt, mit dem Abschluß beginnen und das Werk zum Werkzeug machen. Wenn Kinder Vernunft verstünden, brauchten sie nicht erzogen zu werden. Spricht man aber schon in ihrem zartesten Alter mit ihnen in einer Sprache, die sie nicht verstehen, gewöhnt man sie daran, sich mit Worten abzufinden, alles zu bemäkeln, was man ihnen sagt, sich für ebenso weise zu halten wie ihre Lehrer und streitsüchtig und trotzig zu werden. Und alles, was man mit Vernunftgründen bei ihnen zu erreichen hofft, tun sie in Wirklichkeit immer nur aus den Motiven der Begehrlichkeit, Furcht oder Eitelkeit, die man mit jenen verknüpfen muß.

In folgendem Beispiel sind ungefähr alle Morallektionen, die man Kindern gibt und ihnen geben kann, auf die kürzeste Form gebracht:

L e h r e r. Das darf man nicht.

K i n d. Und warum darf man das nicht?

L e h r e r. Weil das nicht recht ist.

K i n d. Nicht recht! Was ist unrecht tun?

L e h r e r. Was man dir verbietet.

K i n d. Was ist schon dabei, wenn ich tue, was man mir verboten hat?

L e h r e r. Du wirst wegen Ungehorsams bestraft.

K i n d. Dann tue ich es so, daß niemand etwas davon merkt.

L e h r e r. Man wird es herausbekommen.

K i n d. Dann sage ich nichts.

L e h r e r. Man wird dich befragen.

K i n d. Dann lüge ich.

L e h r e r. Man darf nicht lügen.

K i n d. Warum darf man nicht lügen?

L e h r e r. Weil das nicht recht ist ... usw.

Da haben wir den unvermeidlichen Kreislauf. Weicht davon ab, und das Kind versteht euch nicht mehr. Sind das nicht großartige Belehrungen? Ich möchte zu gern wissen, was man wohl anstelle dieses Dialogs setzen könnte – Locke selbst wäre ganz bestimmt in große Verlegenheit geraten. Gut und Böse zu erkennen, die Begründung menschlicher Pflicht zu verstehn ist nicht Sache des Kindes[26].

Die Natur will, daß Kinder Kinder sind, bevor sie zum Erwachsenen werden. Wollen wir diese Ordnung umkehren, erzeugen wir frühreife Früchte, die weder

Saft noch Kraft haben und bald verfault sein werden –
auf die Art erzeugen wir junge Doktoren und alte
Kinder. Die Kindheit hat ihre eigene Weise zu sehen,
zu denken und zu empfinden. Nichts ist unsinniger, als
ihr die unsrige unterschieben zu wollen. Es wäre genauso unsinnig, wollte man verlangen, ein Kind solle
mit zehn Jahren Urteilsfähigkeit besitzen, als fünf Fuß
groß sein. Wozu sollte ihm wohl Vernunft in diesem
Alter nutzen! Sie ist der Zügel der Stärke, und das
Kind hat diesen Zügel nicht nötig[27].

Wenn ihr euren Zöglingen die Pflicht des Gehorsams
einzureden versucht, so verknüpft ihr diese vorgebliche
Verpflichtung mit Gewalt und Drohungen oder, schlimmer noch, mit Schmeicheleien und Versprechungen. So,
durch egoistische Vorstellungen geködert oder durch
Gewalt gezwungen, geben sie vor, durch Vernunft zur
Überzeugung gelangt zu sein. Sie sehen sehr wohl, daß
Gehorsam ihnen Vorteile und Aufbegehren Nachteile
einbringt, sobald ihr etwas davon merkt. Aber da ihr
ihnen nichts abverlangt, was ihnen nicht unangenehm
wäre und es immer unangenehm ist, sich dem Willen
anderer zu fügen, verstellen sie sich, um ihren eigenen
Willen durchzusetzen, fest überzeugt, daß sie recht tun,
solange man von ihrem Ungehorsam nichts weiß; jedoch aus Furcht vor Strafe sofort bereit, zuzugeben,
daß sie unrecht taten, sobald man es entdeckt. Da die
Gründe ihrer Pflichten einzusehen ihrem Alter nicht
gemäß ist, wird niemand auf der ganzen Welt imstande sein, sie ihnen wirklich begreiflich zu machen.
Aber die Furcht vor Züchtigung, die Hoffnung auf
Vergebung, die Unannehmlichkeit und Schwierigkeit,
zu antworten, entreißen ihnen jegliches Geständnis, das
man hören will. Und so glaubt man, sie überzeugt zu
haben, wenn man sie in Wahrheit nur gelangweilt oder
eingeschüchtert hat.

Was entsteht daraus? Zunächst, indem ihr ihnen
eine Pflicht auferlegt, die sie noch nicht begreifen, reizt

ihr sie zur Opposition gegen eure Tyrannei mit dem
Erfolg, daß sie sich von euch abwenden. Ihr lehrt sie,
sich zu verstellen, falsch und verlogen zu werden, um
Belohnungen zu erpressen oder sich vor Strafe zu
schützen; schließlich gewöhnt ihr sie daran, eine geheime Absicht stets durch eine plausible zu decken
und gebt ihnen damit selbst das Mittel in die Hand,
euch ununterbrochen zu täuschen, ihren wahren Charakter vor euch zu verbergen und euch und alle anderen
bei passender Gelegenheit mit eitlen Worten abzuspei-
sen. Ihr werdet mir sagen, daß auch Erwachsene unter
das Gesetz gezwungen werden müssen, obgleich es für
ihr Gewissen selbstverständlich sein sollte. Zugegeben.
Aber was für Erwachsene sind das? Durch die Erziehung verdorbene Kinder. Genau dem muß man zuvorkommen. Gebraucht bei Kindern eure Stärke und
bei Erwachsenen die Vernunft, so will es die natürliche
Ordnung – der Weise braucht keine Gesetze.

Behandelt euren Zögling seinem Alter gemäß. Weist
ihm sofort seinen richtigen Platz an und haltet ihn dort
so fest, daß er sich nicht von ihm zu entfernen sucht.
Dann wird er, noch bevor er weiß, was Vernunft
überhaupt ist, die beste Schulung durchmachen, die
ihn zu ihr hinführt. Befehlt ihm nie etwas, was
immer es auch sein mag – absolut nichts. Suggeriert
ihm nicht einmal die Vorstellung, daß ihr die geringste
Autorität über ihn haben könntet. Er soll nur wissen,
daß ihr stark seid und er schwach ist und daß er euch
durch diese Tatsache notwendigerweise ausgeliefert ist.
Er soll es wissen, erfahren und spüren, rechtzeitig spüren, das harte Joch auf seinem stolzen Haupt, das die
Natur dem Menschen auferlegt, das schwere Joch der
Notwendigkeit, unter das sich jedes endliche Wesen
beugen muß. Er soll diese Notwendigkeit in den Dingen sehen, niemals in der Laune der Menschen*. Der

---

* Es ist sicher, daß das Kind jeden Willen, der sich dem seinen

Zügel, der ihn im Zaum hält, sei die Stärke und nicht die Autorität. Verbietet ihm nicht das, was er nicht tun soll, sondern hindert ihn daran, und zwar ohne Erklärungen und vernünftige Begründungen. Gesteht ihm bei seinem ersten Wort alles zu, wozu ihr bereit seid, ohne ihn bitten und flehen zu lassen, und vor allem bedingungslos. Bewilligt mit Freude und verweigert es nur mit Bedauern, jedoch unwiderruflich. Laßt euch nicht aus Bequemlichkeit zum Nachgeben verführen, euer *Nein* muß wie eine eherne Mauer sein; ist das Kind fünf- oder sechsmal vergeblich dagegen angerannt, wird es nicht mehr versuchen, sie umzustürzen.

So nur erzieht ihr es zur Geduld, zur Ausgeglichenheit, zum friedfertigen Sich-Abfinden, sogar dann, wenn es das Gewünschte nicht erreicht hat. Denn es liegt in der Natur des Menschen, geduldig die Notwendigkeit der Dinge zu ertragen, aber nicht den bösen Willen der Menschen. Das Wort „Es ist nichts mehr da" ist eine Antwort, der sich noch jedes Kind gefügt hat, wenn es von seiner Wahrheit überzeugt ist. Im übrigen gibt es hier keinen Mittelweg – entweder man verlangt überhaupt nichts, oder man zwingt es von vornherein zum unbedingten Gehorsam. Das Schlimmste wäre, es zwischen seinem eigenen und eurem Willen schwanken zu lassen und unentwegt darüber zu streiten, wer wessen Meister ist. Mir wäre es hundertmal lieber, wenn das Kind der Meister wäre.

Es ist sehr seltsam, daß man, seit man sich mit der Erziehung der Kinder beschäftigt hat, auf keine anderen Mittel, sie zu leiten, verfallen ist als auf Wetteifer, Eifersucht, Neid, Eitelkeit, Habgier, Feigheit, also gerade die gefährlichsten Leidenschaften, die am schnellsten emporschießen und am geeignetsten sind, die Seele zu verderben, noch ehe der Körper gereift ist. Mit

---

widersetzt, als unbegründete Laune empfunden wird. So wird es auch das, was sich seinen eigenen Launen widersetzt, als unbegründet empfinden.

allem, was man vorzeitig ihrem Kopf eintrichtern will,
pflanzt man die Wurzel eines Lasters in den Grund
ihres Herzens. Hirnlose Lehrer glauben Wunder zu
vollbringen, wenn sie die Kinder zum Bösen anleiten,
um ihnen beizubringen, was Gutsein ist. Und dann
sagen sie uns in tiefem Ernst: so ist der Mensch. Ja, so
ist der Mensch, den ihr herangebildet habt[28].

Alle Mittel hat man ausprobiert, außer einem, dem
einzigen, das Erfolg verspricht: die kluggeregelte Freiheit. Man soll sich nicht mit der Erziehung eines Kindes befassen, wenn man es nicht dahin zu führen versteht, wohin man es bringen will, durch die Gesetze des
Möglichen und des Unmöglichen. Da der Bereich des
einen sowie des anderen ihm unbekannt ist, erweitert
man ihn oder schränkt ihn nach Gutdünken ein. Man
zügelt, treibt oder hält es zurück nur durch die Bande
der Notwendigkeit, ohne daß es murrt. Nur durch die
Macht der Dinge macht man es sanft und gefügig,
ohne daß auch nur irgendein Laster in ihm zum Auf-
keimen käme; denn niemals erwachen die Leidenschaften, wenn sie ohne jede Wirkung sind.

Haltet eurem Zögling keine weisen Reden, er muß
durch Erfahrung klug werden. Züchtigt ihn nicht, denn
er weiß nicht, was unrecht tun ist. Laßt ihn niemals um
Verzeihung bitten, denn er kann euch nicht beleidigen.
Da er seinen Handlungen keinerlei Moralbegriffe
unterlegen kann, kann er auch nichts moralisch Un-
rechtes tun, das eine Züchtigung oder einen Verweis
verdienen würde.

Ich sehe schon den entsetzten Leser dieses Kind im
Vergleich zu solchen beurteilen, wie wir sie allgemein
kennen. Das ist falsch. Der ewige Zwang, in dem ihr
eure Zöglinge gefangenhaltet, stachelt ihre Lebendigkeit an. Je mehr Zwang sie sich unter euren Augen antun, um so ungehemmter sind sie, wenn sie euch ent-
wischen. Es ist klar, daß sie sich für diesen harten
Zwang entschädigen, wann immer sie können.

Zwei Schüler aus der Stadt richten überall mehr Schaden an als die Jugendlichen eines ganzen Dorfes. Schließt einen feinen jungen Herrn zusammen mit einem Kind vom Land in ein Zimmer ein. Der erstere wird alles umgeschmissen und zerbrochen haben, bevor der andere sich noch in Bewegung gesetzt hat. Und warum wohl? Nur darum, weil der eine einen Augenblick der Freiheit voll auskosten will, während der andere, dem seine Freiheit immer garantiert ist, keine Eile hat, sie auszunützen. Trotzdem sind auch die Bauernkinder, denen man einerseits viel erlaubt und andererseits ebensoviel verbietet, noch weit entfernt von dem Zustand, in dem ich sie sehen möchte.

Setzen wir als unbestreitbare Maxime fest, daß die ersten Regungen der Natur immer richtig sind. Es gibt keine ursprüngliche Verdorbenheit im menschlichen Herzen. Es gibt dort nicht ein einziges Laster, von dem man nicht sagen könnte, wie und woher es dort eingedrungen ist. Die einzige dem Menschen natürliche Leidenschaft ist die Selbstliebe oder, in weiterem Sinn, die Eigenliebe[29]. Diese Eigenliebe, an und für sich oder in Beziehung auf uns selbst, ist gut und nützlich. Und da sie keinerlei notwendige Beziehung auf andere hat, ist sie in dieser Hinsicht von Natur indifferent: Sie wird gut oder schlecht erst in ihrer Anwendung und ihren Beziehungen. Bis zu dem Augenblick, da die Vernunft, die Führerin der Eigenliebe, erwacht, ist es daher von höchster Wichtigkeit, daß das Kind nichts tut, weil es gesehen oder gehört wird, nichts, mit einem Wort, in bezug auf andere, sondern nur das, was die Natur von ihm fordert; dann wird es nur recht tun.

Damit will ich nicht sagen, daß es niemals Schaden anrichtet, daß es sich nie weh tut, daß es nicht vielleicht einmal einen wertvollen Gegenstand in seiner Reichweite zerbricht. Es könnte viel anrichten, ohne Böses zu tun, denn die bösartige Handlung entsteht

aus der Absicht, Schaden anzurichten, aber das Kind
wird niemals diese Absicht haben. Hätte es sie nur ein
einziges Mal, wäre schon alles verloren. Es wäre fast
rettungslos bösartig.

In den Augen des Geizes ist manches schlimm, was
in den Augen der Vernunft unwesentlich ist. Läßt man
die Kinder sich in Freiheit austoben, so muß man auch
alles aus ihrer Reichweite entfernen, wodurch diese
einen allzu teuer zu stehen kommen könnte. Ihr Zimmer muß einfach und solide ausgestattet sein – keine
Spiegel, kein Porzellan, keine luxuriösen Gegenstände.
Mein Emile, den ich auf dem Lande erziehe, wird ein
Zimmer haben, das sich in nichts von dem eines Bauernjungen unterscheidet. Warum es liebevoll aus-
schmücken, wenn er doch so selten darin ist? Aber jetzt
habe ich mich geirrt, denn er wird es selber ausschmük-
ken, und wir werden bald sehen, womit[29a].

Wenn es dem Kind nun trotz eurer Vorsichtsmaßnahmen passiert, irgend etwas in Unordnung zu bringen oder etwas Wertvolles zu zerbrechen, so straft es
nicht für eure Nachlässigkeit, schimpft nicht mit ihm,
sagt ihm kein Wort des Vorwurfs, laßt es nicht
einmal merken, daß es euch Kummer gemacht hat; tut
genauso, als wäre der Gegenstand von allein entzwei-
gegangen, und seid überzeugt, daß ihr viel getan habt,
wenn ihr euch überwinden konntet, nichts zu sagen.

Ob ich es wage, hier die größte, wichtigste und nützlichste Regel jeglicher Erziehung darzulegen? Sie heißt:
Zeit verlieren und nicht gewinnen. Der Durchschnitts-
leser verzeihe mir meine Paradoxa – man braucht sie,
wenn man nachdenkt. Und was man mir auch entgegenhalten mag – ich bin lieber der Mann der Paradoxa als der der Vorurteile. Die gefährlichste Zeit des
Lebens ist die zwischen der Geburt und dem zwölften
Lebensjahr. Das ist die Zeit, in der Irrtümer und Laster
keimen, ohne daß man schon die Mittel hätte, sie zu
zerstören. Und hat man endlich die Mittel, so ist es zu

spät; die Wurzeln sitzen zu tief, um sie auszureißen. Wäre es nur ein Sprung von der Mutterbrust bis zum Alter der Vernunft, so wäre die Erziehung, die man ihnen gibt, angemessen. Aber die natürliche Entwicklung fordert die genau entgegengesetzte. Ihre Handlungen dürfen in nichts durch ihre Seele bestimmt sein, ehe diese nicht über alle ihre Fähigkeiten verfügt. Denn unmöglich kann sie die Leuchte bemerken, die ihr ihr vorhaltet, während sie noch blind ist, unmöglich in der unermeßlichen Weite der Vorstellungen einem Wege folgen, den die Vernunft mit so zarten Strichen vorzeichnet, daß er kaum den besten Augen erkennbar ist.

Die erste Erziehung muß also rein negativ sein. Sie besteht keineswegs darin, Tugend und Wahrheit zu lehren, sondern darin, das Herz vor dem Laster und den Geist vor dem Irrtum zu bewahren. Wenn es euch gelänge, nichts zu tun und nichts geschehen zu lassen, wenn es euch gelänge, euren Zögling gesund und kräftig bis zu seinem zwölften Lebensjahr zu bringen, ohne daß er seine rechte von seiner linken Hand zu unterscheiden vermöchte, so würden sich die Augen seines Verständnisses vom ersten Augenblick an unter eurer Obhut der Vernunft öffnen. Ohne Vorurteile, ohne Gewohnheiten wäre nichts in ihm, was euren Bemühungen entgegenwirken könnte. Bald würde er unter euren Händen der weiseste aller Menschen, und indem ihr zu Anfang gar nichts getan hättet, hättet ihr ein Wunder an Erziehung vollbracht.

Tut das Gegenteil dessen, was der Brauch ist, und ihr werdet fast immer das Richtige tun. Wenn man aus einem Kind kein Kind, sondern einen Gelehrten machen will, können Väter und Lehrer nicht früh genug anfangen, es zu schelten, zu verbessern, zu maßregeln, ihm schön zu tun oder zu drohen, ihm Versprechungen zu machen, es zu belehren und ihm Vernunft zu predigen. Macht ihr es besser, seid selbst vernünftig, aber verlangt es nicht von eurem Zögling, vor allem zwingt ihm gegen seinen Willen keine Zustimmung ab. Denn für unangenehme Dinge immer Einwände der Vernunft zu hören, macht sie ihm nur langweilig, und sie gerät vorzeitig in Mißkredit bei einem Geist, der noch außerstande ist, sie zu begreifen. Trainiert seinen Körper, seine Organe, seine Sinne und seine Kräfte, aber laßt seine Seele so lange wie möglich in Ruhe. Fürchtet für ihn alle Meinungen, ehe sich nicht seine Urteilskraft gebildet hat, die sie zu bewerten vermag; haltet fremde Eindrücke von ihm fern, und habt es nicht so eilig, das Gute zu tun, um das Schlechte zu verhüten. Denn ohne die Erleuchtung der Vernunft ist es nicht gut. Nehmt jede Verzögerung als Vorteil, denn es ist viel damit gewonnen, wenn man sich dem Ziel nähert, ohne etwas verloren zu haben. Laßt die Kindheit im Kinde reifen. Welche Belehrung ihm immer notwendig sein mag – hütet euch, sie heute zu erteilen, wenn ihr sie ohne Gefahr auf morgen verschieben könnt.

Ein weiterer Punkt, der den Wert dieser Methode bestätigt, ist die Berücksichtigung der jedem einzelnen Kinde eigentümlichen Geistesanlage, die man richtig erkennen muß, um zu wissen, welche geistigen Verhaltungsmaßregeln ihm anstehen. Jeder Geist hat seine eigene Form, nach der er erzogen werden muß, und für den Erfolg dieser Bemühungen ist es wichtig, daß er auf diese und keine andere Weise erzogen wird. Verfolgt die Spuren der Natur, ihr Verständigen, beobachtet euren Zögling gut, bevor ihr das erste Wort zu ihm sprecht, gebt zunächst dem Ansatz seines Charakters völlige Freiheit, sich zu enthüllen, zwingt ihn in keiner Weise, damit ihr ihn besser erkennt, wenn er sich ganz enthüllt. Glaubt ihr, diese Zeit der Freiheit sei für ihn verloren? Ganz im Gegenteil – so ist sie am besten ausgenutzt, denn nur so könnt ihr erreichen, keinen Augenblick einer viel kostbareren Zeit zu verlieren. Wenn ihr nämlich zu handeln beginnt, bevor ihr wißt, was zu tun ist, handelt ihr aufs Geratewohl. Da ihr Täuschungen unterliegt, müßt ihr auf eurem Weg umkehren. Ihr werdet weiter von eurem Ziel entfernt sein, als ihr es wäret, wenn es euch nicht so eilig damit gewesen wäre, es zu erreichen. Macht es also nicht so wie der Geizhals, der viel verliert, weil er nichts verlieren will. Opfert in den ersten Jahren eine Zeit auf, die ihr mit Zinseszins in einem fortgeschrittenen Alter wiedergewinnt. Ein kluger Arzt verschreibt seine Medizin nicht gedankenlos auf den ersten Blick, sondern studiert zuerst die Konstitution des Kranken. Er fängt spät mit der Behandlung an, aber er heilt ihn, während der übereifrige Arzt ihn tötet.

Aber wo bringen wir das Kind hin, damit wir es wie ein fühlloses Wesen, wie einen Automaten aufziehen? Zum Mond, auf eine einsame Insel? Sollen wir es von jedem menschlichen Wesen fernhalten? Wird es unter seinen Mitmenschen nicht dauernd dem Schauspiel und dem Beispiel der Leidenschaften ausgesetzt sein? Soll es nie andere Kinder seines Alters sehn? Soll es seine Eltern, seine Nachbarn, seine Amme, seine Magd, seinen Diener und selbst nicht seinen Erzieher sehen, der nun auch kein himmlisches Wesen ist?

Dieser Einwand ist stark und wohlbegründet. Aber habe ich euch etwa gesagt, daß eine naturgemäße Erziehung ein leichtes Unternehmen sei? Ist es meine Schuld, o Menschen, wenn ihr alles schwierig macht, was gut und richtig ist? Ich gebe zu, daß auch ich diese Schwierigkeiten erkenne; vielleicht sind sie sogar unüberwindlich. Aber trotzdem ist es sicher, daß man ihnen bis zu einem gewissen Punkt zuvorkommen kann, wenn man es mit Hingabe tut. Ich zeige nur das Ziel, das man im Auge behalten soll. Ich sage nicht, daß man es erreichen kann, aber ich sage, daß der, der ihm am nächsten kommt, das meiste erreicht haben wird.

Besinnt euch darauf, daß man sich selbst erst zum

Menschen erzogen haben muß, bevor man darangeht,
einen Menschen heranzubilden. Das Vorbild dazu muß
man in sich selber finden. Solange das Kind noch keine
eigene Erkenntnis besitzt, bleibt Zeit genug, alles, was
es umgibt, so zu bestellen, daß seine ersten Blicke nur
auf das fallen, was es sehen darf. Verschafft euch Respekt bei jedermann, gebt euch liebenswürdig, so daß
jeder euch gefallen möchte. Ihr werdet nie Herr über
das Kind, wenn ihr es nicht über seine ganze Umgebung seid. Und diese Autorität wird niemals genügen,
wenn sie nicht auf die Hochachtung vor der Tugend
gegründet ist. Man braucht dazu nicht die Börse zu
leeren und mit vollen Händen das Geld zu verteilen.
Ich habe noch nie jemanden gesehen, der sich durch
Geld Liebe erwarb. Man braucht auch nicht geizig und
hartherzig zu sein, auch soll einen das Elend, das man
lindern kann, nicht verdrießen. Aber ihr mögt eure
Schatulle noch so weit öffnen – öffnet ihr nicht auch
euer Herz, so wird das der anderen euch immer verschlossen bleiben. Eure Zeit ist es, eure Fürsorge, eure
Zuneigung, ihr selbst seid das, was ihr verschenken
müßt, denn was ihr auch immer tun mögt, jeder fühlt,
daß euer Geld nicht ihr selbst seid. Es gibt Bezeugungen der Anteilnahme und des Wohlwollens, die wirk-
samer und nützlicher sind als jegliches Geschenk. Wieviel Elende und Kranke haben Tröstung nötiger als
Almosen; wieviel Unterdrückte brauchen Hilfe und
Beistand dringender als Geld! Versöhnt die Leute, die
sich entzweit haben, verhindert Prozesse, ermahnt die
Kinder zu ihrer Pflicht, die Väter zur Nachsicht, fördert
glückliche Ehen, verhindert Ärgernisse, macht verschwenderisch Gebrauch vom Kredit der Eltern eures
Zöglings zugunsten des Schwachen, dem Unrecht widerfährt und der sich dem Mächtigen beugen muß. Erklärt
euch mit lauter Stimme zum Beschützer der Unglücklichen. Seid gerecht, menschlich, wohltätig. Gebt nicht
nur Almosen, sondern auch Liebe. Das Werk der Barm-

herzigkeit ist ein besseres Heilmittel als Geld. Liebt eure Nächsten und ihr werdet von ihnen geliebt; helft ihnen und sie werden euch helfen, seid ihre Väter und sie werden eure Kinder sein.

Dies ist auch ein Grund mehr, warum ich Emile auf dem Land großziehen will, weit weg vom Dienstbotengesindel, dem größten Abschaum der Menschheit nach ihren Herren, weit von der Sittenlosigkeit der Städte, deren Firnis, unter dem sie sich verbirgt, die Kinder verführt und ansteckt, wogegen die ungehobelten und rohen Laster der Bauern eher abstoßen als verführen, wenn keinerlei Neigung besteht, ihnen nachzueifern.

Auf dem Dorf ist der Erzieher viel mehr Herr der Umgebung, mit der er das Kind in Berührung bringen will. Sein Ansehen, seine Gespräche, sein Vorbild, alles hätte Autorität, wie sie sie in der Stadt nie besitzen könnten. Da er jedermann von Nutzen ist, wird jeder bemüht sein, ihm sich zu verpflichten, von ihm geschätzt zu werden und sich dem Kind gegenüber so zeigen, wie der Erzieher es tatsächlich wünschte. Und wenn man auch nicht auf seine Laster verzichten würde, so würde man doch vermeiden, Anstoß zu erregen. Mehr brauchen wir nicht zu verlangen.

Hört auf, andere für eure eigenen Fehler verantwortlich zu machen. Das Böse, das die Kinder sehen, verdirbt sie nicht so wie das, was ihr ihnen beibringt. Immer nörgelnd, Moral predigend und pedantisch gebt ihr ihm für einen Gedanken, der euch gut dünkt, gleich zwanzig andere, die nichts taugen. Voll von dem, was in eurem Kopf vorgeht, entgeht euch die Wirkung dessen, was ihr in dem ihrigen anrichtet. Denkt ihr während eures ununterbrochenen Redeflusses nicht daran, daß auch einmal ein Wort darunter sein könnte, das sie mißverstehen? Glaubt ihr nicht, daß sie auf ihre Weise eure diffusen Erklärungen kommentieren und daß sie es nicht verstehen, sich ein ihrem

Horizont entsprechendes System daraus zu bilden, das sie euch bei passender Gelegenheit entgegenhalten?

Hört euch so einen kleinen Kerl an, der mit weisen Lehren vollgestopft ist, laßt ihn nach Herzenslust schwatzen, fragen und dummes Zeug reden, und ihr werdet staunen über die seltsame Verwandlung, die eure Vernunftreden in seinem Kopf durchgemacht haben – er verwechselt alles, verdreht alles, er reizt eure Ungeduld und bringt euch manchmal durch seine unvorhergesehenen Einwände zur Verzweiflung. Er bringt euch soweit, daß ihr selber schweigt oder ihn zum Schweigen bringt. Und was soll er von dem Stillschweigen eines Mannes halten, der sonst so gern redet? Hat er je bewußt diesen Vorteil eingeheimst, dann adieu Erziehung, von diesem Augenblick an ist alles aus. Er will sich nicht mehr belehren lassen, er will euch nur noch widerlegen.

Ihr eifrigen Lehrer, seid einfach, bedachtsam und zurückhaltend, greift nur dann rasch ein, wenn es darum geht, andere davon abzuhalten. Ich wiederhole es immer wieder: schiebt, wenn möglich, eine gute Belehrung hinaus, ehe ihr eine schlechte erteilt. Hütet euch, auf dieser Erde, aus der die Natur das erste Paradies des Menschen gemacht hätte, das Amt des Verführers zu übernehmen und der Unschuld die Erkenntnis des Guten und des Bösen zu geben. Da ihr es nicht verhindern könnt, daß das Kind sich draußen durch Beispiele anderer beeindrucken läßt, konzentriert eure ganze Wachsamkeit darauf, daß sich ihm diese Beispiele in den seinem Geist angemessenen Vorstellungen einprägen.

Heftige Leidenschaften hinterlassen bei dem Kind, das sie an andern erlebt, einen großen Eindruck, da sie sich durch deutliche Anzeichen äußern, die es erschüttern und zwangsläufig seine Aufmerksamkeit erregen. Besonders der Zorn äußert sich in seinen Aufwallungen mit so viel Getöse, daß er unmöglich überhört werden kann, wenn man nahe genug ist. Ob das für einen Päd-

agogen die richtige Gelegenheit zu einer schönen Rede
ist? Nein! Keinerlei schöne Rede, absolut nichts, nicht
ein Wort. Laßt das Kind ruhig dazukommen; über das
Schauspiel verwundert, wird es euch sofort mit Fragen
bestürmen. Die Antwort ist sehr einfach, sie leitet sich
von den Gegebenheiten ab, die die Sinne erregen. Es
sieht ein flammrotes Gesicht, funkelnde Augen, eine
drohende Gebärde, es hört Schreie – lauter Anzeichen
dafür, daß der Körper aus dem Gleichgewicht geraten
ist. Sagt ihm ruhig und ungezwungen, ohne Geheimnistuerei: Dieser arme Mann ist krank, er hat einen
Fieberanfall. Bei dieser Gelegenheit könnt ihr ihm
gleichzeitig und mit wenigen Worten eine Vorstellung
von Krankheiten und ihren Auswirkungen geben;
denn auch das ist naturgegeben und eine der Fesseln
der Notwendigkeit, die es auf sich nehmen muß.

Könnte es nicht sein, daß es auf diese Vorstellung
hin, die keineswegs falsch ist, beizeiten eine gewisse
Abneigung dagegen faßt, sich den Exzessen der Leidenschaft hinzugeben, die es als Krankheiten ansieht?
Glaubt ihr nicht, daß eine solche im richtigen Augenblick gemachte Bemerkung den gleichen heilsamen
Zweck erfüllt wie die langweiligste Moralpredigt?
Werdet euch nur einmal über die Konsequenzen klar,
die eine solche Bemerkung in der Zukunft haben kann!
Dann seid ihr dazu berechtigt, wenn es je nötig sein
sollte, ein aufsässiges Kind wie ein krankes Kind zu
behandeln. Ihr könnt es in seinem Zimmer einschließen,
ins Bett stecken, wenn es sein muß, ihm den Brotkorb
höher hängen, und es so vor seinen eigenen aufkeimenden Lastern erschrecken, sie ihm selbst so verhaßt und
fürchterlich machen, daß es die Strenge, die ihr vielleicht anwenden müßt, um es davon zu heilen, niemals
als Strafe ansehen kann und daß, wenn euch selbst
einmal bei einem Temperamentausbruch Ruhe und
Mäßigung, die ihr anstreben solltet, verläßt, ihr nicht
zu versuchen braucht, euren Fehler zu vertuschen und

ihm freiweg mit leisem Vorwurf sagen könnt: Mein Freund, du hast mir wehgetan.

Im übrigen ist es wichtig, daß von den Naivetäten, die der einfachen Vorstellungswelt des Kindes, in der es erzogen wurde, entspringen können, nie in seiner Gegenwart die Rede ist und daß sie nie so zitiert werden, daß es davon erfährt. Ein unbesonnenes Lachen kann das Werk eines halben Jahres zunichte machen und einen nie wieder gutzumachenden Schaden anrichten. Ich kann es nicht oft genug wiederholen: um Herr über ein Kind zu sein, muß man zunächst Herr über sich selbst sein. Ich stelle mir meinen kleinen Emile vor, der beim Höhepunkt einer wütenden Zänkerei zwischen zwei Nachbarinnen auf die wütendste zugeht und ihr in mitfühlendem Ton sagt: *Meine Liebe, Sie sind krank, das tut mir sehr leid.* Dieser Einfall würde ganz bestimmt seine Wirkung auf die Zuschauer und vielleicht sogar auf die Schauspielerinnen nicht verfehlen. Ohne zu lachen, ohne ihn zu tadeln oder zu loben, führe ich ihn weg, mit oder ohne Gewalt, ehe er sich dieser Wirkung bewußt wird, oder wenigstens bevor er daran denkt. Dann lenke ich rasch seine Aufmerksamkeit auf andere Zerstreuungen, die ihn alles schnellstens vergessen lassen.

Ich habe nicht die Absicht, auf alle näheren Umstände einzugehen, sondern möchte nur die allgemeinen Grundsätze darlegen und Beispiele für schwierige Situationen anführen. Ich halte es für unmöglich, ein Kind im Schoß der Gesellschaft bis zu seinem zwölften Jahr zu bringen, ohne ihm einige Vorstellung über die Beziehungen von Mensch zu Mensch und die Moralität menschlicher Handlungen mitzugeben. Es genügt, wenn man sich bemüht, ihm so spät wie möglich die nötigen Begriffe darüber zu vermitteln, und daß man, wenn sie unvermeidlich werden, sie auf ihre augenblickliche Nützlichkeit beschränkt, nur damit es sich nicht allem und jedem überlegen fühlt und niemandem bedenkenlos

und ohne es zu wissen wehe tut. Es gibt sanfte und
ruhige Charaktere, die sich in der Zeit ihrer ersten
Unschuld ohne Gefahr weit führen lassen. Aber es gibt
auch heftige Naturen, deren Ungezügeltheit sich schon
sehr früh entwickelt und die rasch zu Menschen gemacht werden müssen, damit man sie nicht an die
Kette legen muß.

Unsere ersten Pflichten sind die gegen uns selbst.
Unsere ursprünglichen Gefühle konzentrieren sich in
uns selbst, alle unsere natürlichen Regungen zunächst
auf unsere Selbsterhaltung und unser Wohlbefinden[30].
So erwächst unser erstes Gefühl für Gerechtigkeit nicht
aus der, welche wir schulden, sondern aus der, welche
man uns schuldet[31]. Da haben wir wiederum den Wider-
sinn der gewöhnlichen Erziehung: indem man zuerst
den Kindern von ihren Pflichten, niemals von ihren
Rechten spricht, beginnt man genau mit dem Gegenteil dessen, was nötig wäre, mit dem, was sie
nicht verstehen können und was sie nicht interessieren
kann.

Hätte ich also ein Kind der oben vorausgesetzten
Art zu leiten, würde ich mir sagen: ein Kind vergreift
sich nie am Menschen*, sondern an den Dingen. Bald
lernt es durch die Erfahrung, jeden, der älter und stärker ist, zu respektieren, aber die Dinge können sich
nicht selbst verteidigen. Die erste Vorstellung, die man
ihm einprägen muß, ist also weniger die der Freiheit

---

* Man darf nie dulden, daß ein Kind Erwachsene wie seine Unter-
gebenen, selbst nicht wie seinesgleichen behandelt. Sollte es wagen,
jemanden allen Ernstes zu schlagen, und wenn es sein Diener wäre
oder sein Henker, sorgt dafür, daß es die Schläge mit Zinsen wieder-
bekommt, und zwar so, daß ihm die Lust vergeht, noch einmal anzufangen. Ich habe gesehen, wie dumme Kinderfrauen die Widerspenstigkeit eines Kindes herausforderten, es zum Schlagen reizten und
sich selbst schlagen ließen, um über ihre kraftlosen Schläge zu lachen,
ohne zu bedenken, daß jeder Schlag für den kleinen Wüterich gleich
einem Mord war und daß jemand, der als Kind schlagen will, als
Erwachsener töten möchte.

als die des Eigentums. Um ihm diese Vorstellung zu
vermitteln, muß es etwas haben, das ihm allein gehört.
Ihm seine Kleider, seine kleinen Dinge, seine Spielsachen aufzuzählen, sagt ihm gar nichts, da es, obwohl
es über alle diese Dinge verfügen kann, nicht weiß,
warum und woher es sie hat. Sagt man ihm, daß es sie
hat, weil man sie ihm gegeben hat, ist das kaum besser, denn was man gibt, besaß man vorher selbst: so
trifft es auf ein früheres Besitzverhältnis, während man
ihm doch das Prinzip des Besitztums erklären will,
ganz abgesehen davon, daß das Schenken eine Übereinkunft ist und daß ein Kind noch nicht wissen kann,
was eine Übereinkunft ist*. Ich bitte die Leser, an diesem und hunderttausend anderen Beispielen zu beachten, daß man glaubt, einem Kind wertvolle Belehrungen gegeben zu haben, wenn man seinen Kopf mit
Worten vollstopft, deren Sinn es absolut nicht begreifen kann.

Es geht also darum, auf den Ursprung des Besitztums zurückzugreifen, denn daran muß sich die erste
Vorstellung entwickeln. Das Kind vom Lande wird
einige Vorstellungen von ländlichen Arbeiten haben.
Dafür braucht es nur Augen und Muße, und es hat
sowohl das eine wie das andere. Jedem Alter, aber
besonders dem seinen, ist es eigen, schaffen, nachahmen,
hervorbringen und Zeichen seiner Kraft und Aktivität
geben zu wollen. Es braucht nur zweimal zugesehen
zu haben, wie ein Garten bestellt wird, wie man sät,
zieht und wie das Gemüse wächst, und es will seinerseits gärtnern.

Den obenerwähnten Grundsätzen gemäß habe ich
gar nichts gegen sein Bestreben. Im Gegenteil – ich
fördere es sogar, ich habe die gleiche Lust dazu, ich

---

* Deswegen wollen die meisten Kinder wiederhaben, was sie verschenkt haben, und weinen, wenn man es ihnen nicht gibt. Das kommt
nicht mehr vor, wenn sie den Begriff des Schenkens richtig erkannt
haben. Nur sind sie dann im Schenken etwas zurückhaltender.

arbeite mit ihm zusammen, nicht nur weil es ihm Spaß
macht, sondern weil ich es auch gern tue – wenigstens
glaubt das Kind es. Ich werde sein Gärtnergehilfe. Solange es noch nicht Kraft genug in den Armen hat,
grabe ich den Boden um. Dann nimmt es ihn in Besitz,
indem es eine Bohne pflanzt, und diese Besitznahme ist
bestimmt heiliger und achtenswerter als die Nuñez
Balboas von Mittelamerika im Namen des Königs von
Spanien, als er seine Fahne an der Küste des Südmeers
aufpflanzte.

Jeden Tag werden die Bohnen gegossen, man beobachtet ihr Aufgehen mit überschwenglicher Freude. Ich
steigere seine Freude noch dadurch, daß ich ihm sage:
Das gehört dir. Und indem ich ihm nun den Begriff
Eigentum erläutere, gebe ich ihm zu erkennen, daß er
es ist, der seine Zeit, seine Arbeit, seine Mühe und
überhaupt seine ganze Person da hineingesteckt hat;
daß in diesem Boden etwas von ihm selber steckt, das
er gegen jedermann für sich beanspruchen kann, so wie
er seinen Arm aus der Hand eines anderen reißen kann,
der ihn gegen seinen Willen festhalten möchte[32].

Eines Tages kommt er eifrig an, die Gießkanne in
der Hand. Aber was muß er sehn! Ach, welch ein
Kummer! Alle Pflanzen sind herausgerissen, sein Stück
Land ist bis zur Unkenntlichkeit zertrampelt. Was ist
aus meiner Arbeit, meinem Werk, der geliebten Frucht
meiner Mühe und meines Schweißes geworden? Wer
hat mir meinen Besitz geraubt? Wer hat meine Bohnen
genommen? Dies junge Herz bäumt sich auf, das erste
Erlebnis der Ungerechtigkeit hat seine traurige Bitternis hineingegossen. Die Tränen fließen in Bächen, das
untröstliche Kind erfüllt die Luft mit Schluchzen und
Weinen. Man nimmt Anteil an seinem Kummer und
seiner Entrüstung, man forscht nach, man informiert
sich, man führt genaue Untersuchungen durch. Schließlich findet man heraus, daß es der Gärtner war. Man
läßt ihn kommen.

Aber da hatten wir uns schön verrechnet. Als der Gärtner erfährt, worüber man sich zu beklagen hat, fängt er an, sich noch lauter zu beklagen als wir. Also Sie haben mir so meine Arbeit verdorben? Ich hatte da Malta-Melonen gesät, deren Kerne mir wie ein Schatz anvertraut worden waren, und ich wollte sie Ihnen servieren, wenn sie reif wären. Aber Sie mußten mir meine Melonen, die schon so schön ankamen, zerstören, um Ihre elenden Bohnen zu pflanzen; die werde ich nie wieder ersetzen können. Was Sie mir angetan haben, ist nie wieder gutzumachen, außerdem werden Sie nie die Freude haben, köstliche Melonen zu essen.

Jean-Jacques. Verzeihen Sie uns, mein armer Robert. Sie hatten da Arbeit und Mühe hineingesteckt. Ich sehe ein, daß es falsch von uns war, Ihr Werk zu vernichten, aber wir werden Ihnen neue Samenkerne aus Malta kommen lassen und nie mehr ein Stück Boden bearbeiten, bevor wir wissen, daß noch kein anderer vor uns Hand darauf gelegt hat.

Robert. Da können sich die Herren noch ein bißchen ausruhen, denn es gibt hier kein Stück unbebautes Land mehr. Ich arbeite auf dem, was mein Vater schon bebaut hat, und so macht es jeder. Der ganze Boden, den Sie hier sehen, gehört schon seit langem anderen Leuten.

Emile. Da gehn wohl oft Melonenkerne verloren, Robert?

Robert. Verzeihung, junger Mann, aber es kommen nicht oft so gedankenlose Herrchen wie Sie. Keiner rührt den Garten seines Nachbarn an, jeder respektiert die Arbeit der andern, damit seine eigene gesichert ist.

Emile. Aber ich, ich habe keinen Garten.

Robert. Was geht das mich an? Wenn Sie mir in meinem Garten Schaden anrichten, lasse ich Sie nicht mehr herein; glauben Sie denn, ich möchte mich umsonst abmühen?

J e a n - J a c q u e s . Könnten wir nicht mit dem guten Robert eine Vereinbarung treffen? Wenn er uns nun, meinem kleinen Freund und mir, eine Ecke seines Gartens zum Bearbeiten zur Verfügung stellte unter der Bedingung, daß er die Hälfte der Ernte bekommt?

R o b e r t . Das tue ich ohne jegliche Bedingung. Aber merken Sie sich, daß ich Ihre Bohnen umgrabe, wenn Sie an meine Melonen gehen.

Bei diesem Versuch, den Kindern die grundlegenden Begriffe einzuprägen, wird deutlich, wie die Vorstellung vom Eigentum ganz natürlich zunächst auf das Recht dessen zurückzuführen ist, der durch seine Arbeit zuerst den Boden in Besitz genommen hat. Das ist klar, deutlich, einfach und dem Begriffsvermögen des Kindes angemessen. Von da bis zum Eigentumsrecht und zum Tauschhandel ist nur noch ein Schritt, nach dem man aber sofort innehalten muß.

Es wird aber ebenso deutlich, daß eine Theorie, die ich hier auf zwei Seiten gebe, in der praktischen Durchführung vielleicht ein ganzes Jahr dauert, denn in der Förderung der geistigen Vorstellungen kann man nicht langsam genug vorgehen und nicht sorgfältig genug sich jedes Schrittes versichern. Ich bitte euch, ihr jungen Lehrer, denkt an dieses Beispiel und haltet euch immer vor Augen, daß die praktische Anwendung eurer Lehren besser ist als bloße Theorie, denn Kinder vergessen leicht Theorien und Lehren, aber nicht das, was sie selbst getan haben oder was man ihnen getan hat.

Wie ich schon sagte, müssen dem Kinde solcherlei Belehrungen früher oder später gegeben werden, je nachdem sein friedliches oder wildes Temperament sie erfordert. Ihr offenbarer Nutzen springt sofort in die Augen. Da wir aber nichts Wesentliches, das in schwierigen Situationen auftauchen könnte, auslassen wollen, nehmen wir noch ein anderes Beispiel.

Euer etwas schwieriges Kind zerstört alles, was es anrührt – werdet nicht ärgerlich. Nehmt alles, was es

zerstören könnte, aus seiner Reichweite. Zerbricht es
alle Sachen, mit denen es umgeht – gebt ihm nicht
gleich andere dafür. Laßt es den Schmerz des Verlustes
fühlen. Zerbricht es die Fensterscheiben in seinem Zimmer – laßt ihm Tag und Nacht den Wind um die Nase
wehn und kümmert euch nicht um seine Erkältung,
denn es ist besser, es hat einen Schnupfen, als daß es
den Verstand verliert. Beklagt euch nie über die Ungelegenheiten, die es euch bereitet, sondern laßt sie es zuerst am eigenen Leibe fühlen. Schließlich laßt ihr neue
Fensterscheiben einsetzen, ohne ein Wort zu verlieren.
Zerbricht es sie wieder, wendet eine andere Methode
an. Sagt ihm in knappen Worten, aber ohne Zorn: Die
Fenster gehören mir, ich habe dafür gesorgt, daß sie da
sind, und will, daß sie ganz bleiben. Dann schließt ihr
es in einen dunklen, fensterlosen Raum ein. Bei dieser
ihm so ungewohnten Maßnahme fängt es sofort an zu
schreien und zu toben – keiner kümmert sich darum.
Bald wird es müde und ändert seinen Ton, es klagt
und wimmert. Ein Bedienter kommt, und der Trotzkopf bittet, ihn herauszulassen. Ohne weitere Erklärung seiner Ablehnung sagt der Bediente: *Ich habe
auch Fensterscheiben, die ganz bleiben sollen,* und geht.
Endlich, nachdem das Kind mehrere Stunden so verbracht und Zeit genug gehabt hat, sich zu langweilen
und es nie wieder zu vergessen, schlägt ihm jemand
vor, einen Vergleich mit euch abzuschließen: Ihr werdet ihm seine Freiheit wiedergeben, wenn es nie mehr
Fensterscheiben zerbrechen wird. Nichts wird ihm
willkommener sein; es wird euch bitten lassen, zu ihm
zu kommen, und ihr kommt. Es wird euch seinen Entschluß mitteilen, und ihr werdet ihn sofort annehmen,
wobei ihr ihm sagt: Das ist vernünftig, wir werden
alle beide Vorteile davon haben. Warum hast du nicht
schon früher diese gute Idee gehabt? Dann, ohne seine
feierlichen Beteuerungen, sein Versprechen halten zu
wollen, abzuwarten, küßt ihr es voller Freude, führt

es sofort in sein Zimmer zurück und gebt ihm so zu
verstehen, daß ihr dieses Abkommen als geheiligt und
wie durch Eid unverletzbar betrachtet. Welchen Begriff, glaubt ihr, wird es sich durch dieses Verfahren
von der Heilighaltung der Versprechen und ihrem Nutzen machen? Ich müßte mich sehr täuschen, wenn ein
einziges unverdorbenes Kind auf Erden einer solchen
Behandlung widerstehen und vorsätzlich weitere Fensterscheiben zerbrechen würde. Seht, wie eins aus dem
anderen folgt. Als der kleine Übeltäter ein Loch in die
Erde grub, um seine Bohne einzupflanzen, dachte er
wohl kaum daran, daß er sich sein eigenes Gefängnis
grub, in das ihn sein erworbenes Wissen unverzüglich
einsperren würde*.

Nun sind wir in der sittlichen Welt, nun ist dem
Laster der Zugang erschlossen. Zusammen mit Konventionen und Pflichten entstehen Lug und Trug. Sobald
man tun kann, was man nicht soll, will man verbergen,
was man nicht hätte tun sollen. Sobald es von Vorteil
ist, ein Versprechen zu geben, kann es von noch größerem Vorteil sein, das Versprechen zu brechen. Es
kommt nur darauf an, es ungestraft zu brechen. Das
Hilfsmittel dazu ist ganz natürlich – man verstellt sich

---

* Wenn übrigens diese Pflicht, seine Versprechungen zu halten, nicht
durch das Gewicht des Nutzens im Geiste des Kindes bestärkt würde,
würde das innere Gefühl, das sich zu regen beginnt, sie ihm als Gesetz
des Gewissens, als eingeborenen Grundsatz auferlegen, der zu seiner
Entwicklung nur die Erkenntnisse abwartet, bei denen er sich anwenden
läßt. Dieser erste Zug wurde nicht von Menschenhand gezogen, sondern
vom Urheber aller Gerechtigkeit in unser Herz gegraben. Hebt das
ursprüngliche Gesetz des Übereinkommens und die Verpflichtung auf,
die es uns auferlegt, und alles ist illusorisch und nichtig in der menschlichen Gesellschaft[33]. Wer sein Versprechen nur im Hinblick auf den
daraus zu gewinnenden Profit hält, ist kaum mehr gebunden als habe
er überhaupt nichts versprochen, oder um es zu verletzen, kann er es
höchstens so machen wie die Spielwütigen, die ihre Vorteile nur darum
nicht gleich alle nützen, weil sie auf noch größere warten. Dieses
Prinzip ist von äußerster Wichtigkeit und verdient, untersucht zu werden, denn hier beginnt der Mensch mit sich selbst in Widerspruch zu
geraten.

und lügt. Da wir dem Laster nicht zuvorkommen konnten, sehen wir uns nun schon in dem Fall, es bestrafen zu müssen. So beginnt das Elend des menschlichen Lebens mit seinen Irrtümern.

Ich habe genug gesagt, um klarzumachen, daß man einem Kind niemals die Strafe als Strafe auferlegen darf, sondern daß sie ihm jedesmal als natürliche Folge seiner unrechten Handlungen begegnen muß. So sollt ihr niemals gegen das Lügen predigen. Ihr sollt das Kind nie deswegen bestrafen, weil es gelogen hat, wohl aber werdet ihr alle bösen Folgen der Lüge auf seinem Haupte sammeln, wie die, daß man ihm nicht mehr glaubt, auch wenn es die Wahrheit sagt, daß man ihm Böses vorwirft, das es gar nicht getan hat, auch wenn es sich noch so sehr verteidigt. Aber legen wir einmal klar, was Lügen für Kinder bedeutet.

Es gibt zwei Arten von Lügen: die, die sich auf eine Tatsache bezieht und also auf die Vergangenheit, und die, die sich auf ein Recht bezieht und also auf die Zukunft. Die erstere der beiden Arten wird angewandt, wenn man leugnet, etwas getan zu haben, was man getan hat, oder wenn man versichert, etwas getan zu haben, was man nicht getan hat, und ganz allgemein dann, wenn man bewußt die Wahrheit verdreht. Die zweite, wenn man etwas verspricht, das man nicht zu halten gedenkt, überhaupt dann, wenn man die gegenteilige Absicht dessen bekundet, was man vorhat. Diese beiden Arten des Lügens vereinigen sich manchmal zu einer einzigen*. Aber hier will ich betrachten, was sie nicht gemein haben.

Wer das Bedürfnis nach der Unterstützung anderer hat und immer ihr Wohlwollen genießt, hat kein Interesse daran, sie zu täuschen; er hat, im Gegenteil, äußerstes Interesse daran, daß sie die Dinge sehen, wie sie

---

* So wie der einer bösen Tat angeklagte Schuldige sich verteidigt, indem er sich als ehrlichen Menschen bezeichnet. Er begeht also eine Lüge der Tat und eine des Rechts.

sind, damit sie sich nicht zu seinem Nachteil täuschen.
Es ist also klar, daß die Lüge der Tatsachen dem Kind
nicht natürlich ist. Aber das Gesetz des Gehorsams erzeugt die Notwendigkeit zum Lügen. Denn da das
Gehorchen schmerzlich ist, entzieht man sich ihm heimlich soviel man kann, und das augenblickliche Interesse,
Strafe oder Vorwurf zu vermeiden, gewinnt die Oberhand über das zweifelhafte, die Wahrheit zu enthüllen. Warum sollte euch euer Kind also belügen, wenn
ihr es frei und natürlich erzieht? Was hätte es euch zu
verbergen? Ihr tadelt es nicht, es gibt nichts, wofür ihr
es bestrafen könnt, ihr überfordert es nicht. Warum
sollte es euch nicht alles genauso harmlos erzählen wie
seinem kleinen Spielgefährten? Weder hier noch da
würde es irgendeine Gefahr wegen seiner Offenheit
vermuten.

Die Lüge des Rechts ist noch weniger natürlich, da
die Versprechungen, etwas zu tun oder nicht zu tun,
konventionelle und naturwidrige Akte sind und gegen
die Freiheit verstoßen. Ich gehe noch weiter: alle Versprechungen von Kindern sind in sich schon ungültig,
insofern als die Kinder durch ihre beschränkte Sicht,
die nicht über die Gegenwart hinausblicken kann, nicht
wissen, was sie tun, wenn sie etwas versprechen. So
kann das Kind kaum lügen, wenn es etwas verspricht,
da ihm jedes Mittel, das keine augenblickliche Wirkung
hat, recht ist, wenn es sich dadurch nur im Augenblick
aus der Affäre ziehen kann. Verspricht es etwas für die
Zukunft, so hat es damit gar nichts versprochen, weil
seine noch latente Vorstellungskraft sich nicht mit zwei
verschiedenen Zeitabschnitten zugleich befassen kann.
Wenn es, um Hiebe zu vermeiden oder eine Tüte Bonbons zu bekommen, versprechen müßte, sich morgen
aus dem Fenster zu stürzen, so würde es das ohne zu
zögern tun. Darum berücksichtigen die Gesetze nicht
die Versprechungen von Kindern, und wenn Väter und
Lehrer streng sind und ihre Erfüllung fordern, dann

darf es sich nur um Dinge handeln, die sie auch tun müßten, wenn sie sie vorher nicht versprochen hätten.

Das Kind, das nicht weiß, was es tut, wenn es sich verpflichtet, kann also dabei auch nicht lügen. Anders ist es, wenn es sein Versprechen nicht hält, was wiederum eine Art rückwirkender Lüge ist, denn es erinnert sich sehr wohl, dies Versprechen gegeben zu haben. Was es jedoch nicht erkennt, ist die Wichtigkeit, es zu halten. Außerstande, in die Zukunft blicken zu können, kann es keine sich ergebenden Konsequenzen vorhersehen, und wenn es seine Versprechen bricht, so tut es damit nichts gegen die Vernunft seines Alters.

Hieraus folgt, daß die Lügen der Kinder alle das Werk der Lehrer sind und daß man nichts anderes tut, als sie das Lügen lehren, wenn man ihnen die Wahrheit beibringen will. Im Eifer, sie zu erziehen, zu lenken und zu unterweisen, findet man nie genug Mittel, um das zu erreichen. Durch unhaltbare Maximen und unvernünftige Vorschriften sucht man weiteren Einfluß auf ihren Geist zu gewinnen und ist zufriedener, wenn sie ihre Lektionen wissen und lügen, als wenn sie unwissend und ehrlich bleiben.

Was uns angeht, die wir unsere Zöglinge nur praktisch unterweisen und die wir sie lieber gut als gelehrt sehen, so verlangen wir nicht die Wahrheit von ihnen, damit sie uns nicht belügen können, und lassen sie keine Versprechungen geben, die nicht zu halten sie in Versuchung geraten könnten. Wenn in meiner Abwesenheit irgend etwas Schlimmes passiert ist, dessen Urheber ich nicht kenne, würde ich mich wohl hüten, Emile dafür die Schuld zu geben oder ihn zu fragen *Warst du das?** Denn was täte ich anderes damit, als ihn das

---

* Nichts ist unbesonnener als solch eine Frage, besonders wenn das Kind im Unrecht ist, denn wenn es glaubt, daß ihr wißt, was es getan hat, merkt es, daß ihr ihm eine Falle stellt, und diese Falschheit wird es unfehlbar gegen euch einnehmen. Wenn es nicht glaubt, wird es sich sagen: Warum soll ich meinen Fehler eingestehen? Und damit ist

Leugnen zu lehren? Wenn sein schwieriges Naturell mich dazu zwingt, irgendeinen Vergleich mit ihm einzugehen, so werde ich es immer so anstellen, daß die Vorschläge von ihm kommen und nie von mir, so daß, wenn er etwas versprochen hat, er immer ein aktuelles und lebhaftes Interesse daran hat, sein Versprechen zu halten, und daß er, wenn er es je brechen sollte, merkt, daß die Unannehmlichkeiten, die diese Lüge nach sich zieht, ihm durch die Geschehnisse selbst bereitet werden und nicht durch die Rache seines Erziehers. Da ich es aber keineswegs nötig habe, solch grausame Hilfsmittel zu benutzen, bin ich fast sicher, daß Emile erst sehr spät erfährt, was lügen heißt, und daß er sehr erstaunt sein wird, wenn er es erfährt, da er nicht begreifen kann, wozu die Lüge nützen könnte. Es ist ganz klar, daß sein Interesse am Lügen in dem Maß geringer wird, als sein Wohlbefinden vom Willen oder Urteil anderer unabhängig ist.

Solange man es nicht eilig hat mit Unterrichten, hat man es auch nicht eilig mit Anforderungen, und man läßt sich Zeit, bis sich die Gelegenheit dazu ergibt. Dann bildet sich das Kind richtig, ohne daß es verdorben wird. Aber wenn ein stumpfsinniger Erzieher, der nicht weiß, wie er es anzustellen hat, ihm bei jeder Gelegenheit dies oder jenes Versprechen abnimmt, ohne Unterscheidungsvermögen, ohne vorsichtige Wahl und ohne Maß, so wird das Kind, verquält und überlastet von all diesen Versprechungen, sie vernachlässigen, vergessen und schließlich mißachten und, da es sie nur noch als leere Formeln betrachtet, ein Spiel daraus machen, Versprechungen zu geben, nur um sie zu brechen. Wollt ihr also, daß es sein Wort hält, dann seid bescheiden in euren Anforderungen.

Die Einzelheiten, die ich über die Lüge brachte, las-

---

die erste Versuchung zur Lüge zum Resultat eurer unklugen Frage geworden.

sen sich in vieler Hinsicht auch auf alle anderen Pflichten anwenden, die den Kindern nur mit dem Resultat beigebracht werden, sie nicht nur als hassenswert zu betrachten, sondern geradezu als undurchführbar. Scheinbar predigt man ihnen Tugend, in Wirklichkeit lehrt man sie alle Laster lieben: man selbst gibt sie ihnen, indem man sie ihnen verbietet. Man will sie fromm machen und läßt sie sich in der Kirche langweilen; man läßt sie dort ununterbrochen Gebete murmeln und zwingt sie, das Glück herbeizusehnen, einmal nicht mehr beten zu müssen. Um ihnen Nächstenliebe einzuflößen, läßt man sie Almosen geben, so als ob man es verachte, selbst welche zu spenden. Natürlich ist es der Lehrer, der geben muß und nicht das Kind! Wie sehr er seinem Zögling auch zugetan sein mag, diese Ehre muß er ihm streitig machen, er muß ihm beibringen, daß man dafür in seinem Alter noch nicht würdig ist. Almosen zu spenden ist Sache des Mannes, der ihren Wert kennt und danach das Bedürfnis seines Nächsten. Das Kind, dem das alles unbekannt ist, erringt sich durch sein Geben keinerlei Verdienst. Es gibt ohne den Gedanken der Mildtätigkeit und Wohltätigkeit, es schämt sich fast zu geben, wenn es auf Grund seines eigenen und eures Beispiels denkt, daß nur Kinder Almosen geben und die Erwachsenen nicht mehr.

Wohlverstanden, man läßt das Kind immer nur etwas geben, dessen Wert es nicht kennt, Metallstücke zum Beispiel, die es in seiner Tasche hat und die zu nichts anderem taugen. Ein Kind gäbe eher hundert Louis her als ein Plätzchen. Aber verlangt einmal von diesem verschwenderischen Spender, er solle seine Lieblingssachen hergeben – Spielzeug, Bonbons oder sein Vesperbrot, und ihr werdet sehr bald wissen, ob ihr es wirklich zur Freigebigkeit erzogen habt.

Man hat noch eine andere Lösung herausgefunden: dem Kind rasch die Sachen zurückgeben, die es hergegeben hat, so daß es sich auf die Dauer daran gewöhnt, alles das herzugeben, von dem es genau weiß, daß es wieder bei ihm landen wird. Ich habe bei Kindern kaum andere als diese beiden Arten von Großzügigkeit feststellen können: das herzugeben, womit sie nichts mehr anfangen können, oder das, was ihnen mit Sicherheit wiedergegeben wird. Locke sagt, sorgt dafür, daß sie durch Erfahrung lernen, daß der Freigebigste immer am meisten gewinnt[34]. So wird ein Kind nur scheinbar freigebig, in Wirklichkeit aber geizig. Locke fügt hinzu, daß die Kinder so die Gewohnheit der Freigebigkeit annehmen. Jawohl, die Freigebigkeit des Wuchers, die ein Ei gibt, um einen Ochsen zu bekommen[35]. Sobald es aber darum geht, ernstlich etwas hergeben zu müssen, dann adieu Gewohnheit! Hört man auf, ihnen wiederzugeben, werden sie bald aufhören, herzugeben. Man soll mehr auf die Gewohnheit des Gemüts sehen als auf die der Hände. Alle anderen Tugenden, die man den Kindern beibringt, sind jener gleich. Und mit dem Predigen solcher echten Tugenden verbraucht man ihre jungen Jahre in Traurigkeit! Wenn das nicht eine superkluge Erziehung ist!

Laßt dieses falsche Getue, ihr Lehrer, seid tugendhaft und gut, daß euer Vorbild sich dem Gedächtnis eurer Zöglinge einprägt, bis es in ihre Herzen eindringt. Anstatt von dem meinigen schon früh Akte der Wohltätigkeit zu fordern, vollziehe ich sie lieber selbst in seiner Gegenwart und nehme ihm sogar die Möglichkeit, es mir gleichzutun, da es um eine Ehre geht, die nicht seines Alters ist. Denn es ist von großer Bedeutung, daß er sich nicht daran gewöhnt, die Pflichten Erwachsener als bloße Angelegenheiten von Kindern zu betrachten. Sieht er mich bei der Betreuung der Armen und befragt mich darüber, und ist es an der Zeit, ihm Rede und Antwort zu stehen*, so werde ich ihm

* Es ist klar, daß ich seine Probleme nicht löse, wenn es ihm gefällt,

sagen: „Es ist so, mein kleiner Freund, daß, als die
Armen zugaben, es müsse Reiche geben, die Reichen
versprochen haben, alle die zu ernähren, die weder
durch ihren Besitz noch durch ihre Arbeit einen ge-
nügenden Lebensunterhalt haben." „Sie haben das also
auch versprochen?" wird er sagen. „Aber natürlich; das
Vermögen, das durch meine Hände geht, steht mir nur
unter der Voraussetzung zu, die an seinen Besitz geknüpft ist."

Nachdem es dies verstanden hat – und wir haben
gesehen, wie man ein Kind dazu bringen kann, es zu
verstehen –, würde ein anderer als Emile sich versucht
fühlen, es mir gleichzutun und sich wie ein reicher
Mann gebärden. In diesem Fall würde ich wenigstens
dafür sorgen, daß es ohne Prahlerei geschähe; lieber
aber wäre es mir, er täte es heimlich und ich müßte
nicht von meinen Rechten Gebrauch machen. Das ist
ein seinem Alter entsprechender frommer Betrug, der
einzige, den ich ihm verzeihen würde.

Ich weiß, daß alle durch Nachahmung erworbenen
Tugenden nur Tugenden von Affen sind und daß jegliche gute Tat nur dann eine moralisch gute Tat ist,
wenn man sie als solche tut und nicht, weil andere des-
gleichen tun. Aber in einem Alter, wo das Herz noch
nichts fühlt, soll man allerdings die Kinder solange
das nachahmen lassen, was ihnen zur Gewohnheit werden soll, bis sie soweit sind, es allein kraft ihres Unter-
scheidungsvermögens und aus Liebe zum Guten zu tun.
Der Mensch ist der geborene Imitator, sogar das Tier.
Der Hang zur Nachahmung ist von der Natur vorgesehen, aber innerhalb der Gesellschaft entartet er zum
Laster. Der Affe imitiert den Menschen, den er fürchtet, und nicht das Tier, das er verachtet. Was ein höhe-

---

sondern dann, wenn ich es für richtig halte, sonst hieße das, mich
seinem Willen vollkommen zu unterwerfen und mich in das gefährlichste Abhängigkeitsverhältnis zu bringen, in das ein Erzieher zu
seinem Zögling geraten kann.

res Wesen als er selbst tut, hält er für richtig. Bei uns ist das Gegenteil der Fall: unsere Clowns jeder Sorte imitieren das Schöne, um es zu erniedrigen, um es lächerlich zu machen. Im Bewußtsein ihrer Niedrigkeit suchen sie sich dem gleichzustellen, was besser ist als sie, oder wenn sie sich bemühen, zu imitieren, was sie bewundern, zeigen sie bei der Auswahl ihrer Objekte den schlechten Geschmack des Imitators. Sie wollen lieber jedem imponieren und für ihr Talent Beifall ernten als besser oder weiser werden. Die Grundlage unseres Nachahmungstriebs ist der Wunsch, immer aus sich selbst herauszutreten. Sollte mein Unternehmen glükken, so wird Emile diesen Wunsch bestimmt nicht haben. Wir werden also auf das scheinbare Gut, das dieser Trieb erzeugen kann, verzichten müssen.

Führt derart alle Regeln eurer Erziehung bis zu ihrem letzten Grund zurück und ihr werdet finden, daß sie alle widersinnig sind, besonders was Tugend und Moral anlangt. Die einzige moralische Vorschrift, die sich für die Kindheit geziemt und die für jede Altersstufe am wesentlichsten ist, ist die, niemals jemandem Böses zu tun. Selbst das Gebot, Gutes zu tun, ist gefährlich, falsch und widersprüchlich, wenn es dieser Vorschrift nicht untergeordnet wird. Wer alles tut nicht Gutes? Alle tun es, der Schlechte ebenso wie die anderen. Auf Kosten von hundert Unglücklichen macht er einen glücklich – daher kommt unser ganzes Unglück. Die erhabensten Tugenden sind negativ; sie sind auch die unerbittlichsten, weil sie streng und einfach auftreten und selbst über der das menschliche Herz so beglückenden Freude stehen, jemand andern glücklich gemacht zu haben. Oh, wieviel wirklich Gutes tut derjenige seinen Mitmenschen, der ihnen niemals Böses zufügt – wenn es einen solchen Menschen überhaupt gibt! Welch unerschrockene Seele, welch starken Charakter würde er dazu brauchen! Nicht durch das Theoretisieren über diesen Grundsatz, sondern durch seine praktische Ausübung merkt man, wieviel Größe und Mühe dazu gehört[*].

Dies sind einige Andeutungen über die Vorsicht, mit der man meiner Ansicht nach den Kindern Anweisungen geben muß, deren man sich manchmal nicht enthalten kann, damit sie nicht sich und anderen Schaden zufügen und vor allem keine schlechten Gewohnheiten annehmen, die man ihnen später nur mit Mühe wieder austreiben könnte. Aber wir können sicher sein, daß diese Notwendigkeit sich selten bei gut und richtig erzogenen Kindern ergibt, die unmöglich widerspenstig, verlogen und egoistisch werden können, wenn die Saat, die diese Laster sprießen läßt, nicht in ihre Herzen gelegt worden ist. So gilt das, was ich über diesen Punkt gesagt habe, eher für die Ausnahmen als für die Regel. Aber diese Ausnahmen sind ebenso häufig als die Kinder Gelegenheiten haben, aus ihrem natürlichen Zustand herauszutreten und sich die Untugenden der Erwachsenen anzueignen. So brauchen die, die in der Gesellschaft aufwachsen, notwendigerweise vorzeitigere Anweisungen als die, die in der Stille groß werden. Diese Erziehung in der Zurückgezogenheit wäre allein schon dadurch die bessere, als sie der Kindheit Zeit zum Heranreifen ließe.

Es gibt andere entgegengesetzte Ausnahmefälle, da,

---

[*] Das Gebot, anderen niemals zu schaden, umfaßt auch das, sich soviel wie möglich von der menschlichen Gesellschaft zurückzuhalten, denn in der Gesellschaft macht notwendigerweise das Glück des einen das Unglück des andern aus. Dieses Verhältnis liegt im Wesen der Sache, und nichts könnte es ändern. Aus diesem Prinzip mag man folgern, wer der bessere ist: der gesellschaftliche oder der einsame Mensch. Ein berühmter Autor sagt, nur der Böse sei einsam[36]; ich behaupte, daß nur der Gute einsam ist. Ist diese Behauptung auch weniger sentenziös, so ist sie doch wahrer und besser begründet als die andere. Wäre ein Böser einsam, was könnte er Böses tun? Nur in der Gesellschaft kann er seine Ränke spinnen, um den andern zu schaden. Will man dieses Argument umkehren gegen den anständigen Menschen, so lese man, was ich in dem Abschnitt, zu dem diese Anmerkung gehört, gesagt habe.

wo eine glückliche Veranlagung Kinder über ihr Alter
hinaushebt. So wie es Erwachsene gibt, die sozusagen
immer in der Kindheit steckenbleiben, so gibt es Kinder, die schon fast von Geburt an Erwachsene sind.
Das Üble ist nur, daß dieser letzte Fall sehr selten und
schwer zu erkennen ist und daß alle Mütter, die an
Wunderkinder glauben, ohne zu zögern die ihrigen
dazu zählen. Sie gehen sogar noch weiter: alle normalen Charakteristika wie Lebhaftigkeit, plötzliche Einfälle, tolle Streiche, reizende Naivetät nehmen sie für
außergewöhnliche Anzeichen, dabei sind sie alle bezeichnend für jenes Alter und beweisen am besten, daß
ein Kind nur ein Kind ist. Ist es denn erstaunlich,
daß der, den man viel schwatzen läßt und der daher-
reden darf, was er will, der sich durch keinerlei rück-
sichtsvolle Artigkeit gehindert fühlt, einmal durch
Zufall auf einen glücklichen Einfall kommt? Es wäre
noch viel erstaunlicher, wenn das nicht der Fall wäre,
mindestens ebenso, wie wenn ein Astrologe unter tausend Lügen nicht auch einmal eine Wahrheit fände.
Heinrich IV. sagte, sie lügen so lange, bis sie einmal die
Wahrheit treffen. Um einmal ein paar kluge Worte zu
finden, braucht man bloß recht viel dummes Zeug zu
reden. Gott schütze die Menschen, die heute so beliebt
sind und nur um dieses Verdienstes willen gefeiert
werden!

Die glänzendsten Gedanken können in ein Kinder-
herz fallen, oder vielmehr die treffendsten Worte in
ihren Mund, wie kostbare Diamanten in ihre Hände,
ohne daß jedoch weder Gedanken noch Diamanten
ihnen gehören. In diesem Alter gibt es in keiner
Beziehung wirkliches Eigentum. Die Dinge, die ein
Kind sagt, haben für es eine ganz andere Bedeutung
als für uns, es legt ihnen nicht die gleichen Gedanken
zugrunde. Diese Gedankengänge, wenn es bei ihm überhaupt welche gibt, spielen sich in seinem Kopf weder
zusammenhängend noch logisch ab. In allem, was es

denkt, gibt es weder feststehende noch untrügliche Begriffe. Prüft einmal euer sogenanntes Wunderkind. Manchmal werdet ihr bei ihm den Schwung äußerster Aktivität feststellen, eine alles durchdringende geistige Klarheit. Aber meistens scheint euch dieser selbe Geist schlaff, kraftlos und wie in dichten Nebel gehüllt. Mal überfliegt er den euren, mal bleibt er unbewegt. Einmal sagt ihr: es ist ein Genie, und gleich darauf: es ist ein Dummkopf, und immer täuscht ihr euch – es ist ein Kind. Es ist ein junger Adler, der jetzt die Luft durchschneidet und einen Augenblick später in seinen Horst zurückfällt.

So behandelt es doch trotz allen falschen Anscheins seinem Alter gemäß und hütet euch, seine Kräfte zu erschöpfen, weil ihr sie zu früh üben wollt. Wenn solch ein junges Hirn sich erhitzt, wenn ihr seht, daß es anfängt, übersprudeln zu wollen, laßt es zunächst nach Belieben brodeln, feuert es aber niemals an, damit nicht alles herauskocht. Und wenn die ersten Regungen der Lebensgeister verdampft sind, so haltet die andern zurück und verdichtet sie, bis sich mit den Jahren alles in lebenspendende Wärme und wirkliche Kraft wandelt, sonst verliert ihr Zeit und Mühe, zerstört euer eigenes Werk, und nachdem ihr euch an all diesen feuergefährlichen Dünsten berauscht habt, wird euch nichts als ein kraftloser Bodensatz übrigbleiben.

Aus einem Wildfang wird ein Durchschnittsmensch. Ich kenne keine Beobachtung, die allgemeingültiger und sicherer wäre. Aber nichts ist schwieriger, als beim Kind die wirkliche Einfalt von der scheinbaren und täuschenden Einfalt zu unterscheiden, die auf eine starke Seele deutet. Es scheint zunächst seltsam, daß diese beiden Extreme solch ähnliche Symptome zeigen. Aber gerade das muß so sein, denn in einem Alter, wo der Mensch noch keinerlei wirkliche Ideen hat, besteht der ganze Unterschied zwischen dem, der Geist, und dem, der keinen hat, darin, daß der letztere falsche

Ideen für richtig hält, während der erstere, der keine
besseren findet, keine faßt. So gleicht er dem Einfältigen darin, insofern der eine zu nichts fähig ist,
und dem anderen nichts ihm Angemessenes begegnet.
Das einzige Anzeichen, an dem man sie voneinander
unterscheiden könnte, hängt vom Zufall ab, der dem
letzteren zu einer ihm angemessenen Idee verhilft, während der andere immer und überall der gleiche bleibt.
Der junge Cato erschien während seiner Kindheit allen
im Hause als Schwachkopf. Schweigsam und halsstar-
rig, so beurteilte man ihn. Erst im Vorgemach Sullas
lernte sein Onkel ihn richtig kennen[37]. Hätte er dieses
Vorgemach nicht betreten, wäre ihm vielleicht bis zum
reifen Alter der Ruf eines geistig Unterentwickelten
geblieben. Hätte Cäsar nie gelebt, hätte man diesen
selben Cato, der seinen unheilvollen Geist durchschaute,
der alle seine Pläne so weit voraussah, als Phantasten
behandelt. Wie sehr erliegen alle der Täuschung, die
über die Kinder so vorschnell urteilen! Sie sind oft kindlicher als die Kinder selbst. Als ich schon nicht mehr
ganz jung war, kannte ich einen Mann, der mich durch
seine Freundschaft ehrte und der in seiner Familie und
bei seinen Freunden als beschränkter Geist galt. Dieser
hervorragende Geist reifte in der Stille. Plötzlich ent-
hüllte er sich als Philosoph, und ich zweifle nicht
daran, daß die Nachwelt ihm einen ehrenvollen und
besonderen Platz unter den hervorragendsten Denkern
und tiefsten Metaphysikern seines Jahrhunderts zuweisen wird[38].

Respektiert die Kindlichkeit und beurteilt sie nicht
voreilig – weder im Guten noch im Schlechten. Laßt
den Ausnahmen Zeit, sich anzukündigen, erkannt und
bestätigt zu werden, bevor ihr besondere Methoden
auf sie anwendet. Gebt der Natur genug Zeit zu handeln, bevor ihr darangeht, an ihrer Statt zu handeln,
aus Furcht, ihr Wirken zu durchkreuzen. Ihr sagt, daß
ihr den Wert der Zeit kennt und sie nicht verlieren

wollt. Dabei übersehr ihr, daß man Zeit eher verliert,
wenn man sie schlecht verwendet, als wenn man sie
überhaupt nicht verwendet, und daß ein schlecht unter-
wiesenes Kind weiter von der Vernunft entfernt ist als
ein ganz und gar unbelehrtes Kind. Ihr seid beunruhigt,
wenn es seine ersten Jahre mit Nichtstun verbringt.
Aber was denkt ihr denn! Ist es etwa nichts, glücklich
zu sein? Ist es nichts, den ganzen Tag herumzuspringen,
zu spielen und zu rennen? Es wird in seinem ganzen
Leben nicht wieder so beschäftigt sein. Plato, in seinem
Staat, der als streng gilt, erzieht die Kinder nur durch
Feste, Spiele, Gesänge und Zeitvertreib. Man könnte
sagen, daß er alles Nötige getan hat, wenn er sie richtig
lehrte, sich zu freuen. Und Seneca sagt über die römische Jugend der alten Zeit: Sie war immer auf den
Beinen, man lehrte sie nichts, das sie sitzend hätte lernen müssen[39]. Taugte sie darum im Mannesalter weniger? So laßt euch doch durch diesen sogenannten Müßiggang nicht so sehr erschrecken. Was würdet ihr von
einem Menschen sagen, der niemals schliefe, nur um
alle seine Zeit auszunützen? Dieser Mensch ist wahnsinnig, würdet ihr sagen, er nutzt nicht die Zeit aus, er
stiehlt sie sich selbst; um dem Schlaf zu entfliehen, rast
er in den Tod. Bedenkt also, daß dies hier dasselbe ist,
denn die Kindheit ist der Schlaf der Vernunft.

Eine Ursache zum Verderb der Kinder ist ihre scheinbare Leichtigkeit zu lernen. Man übersieht, daß diese
Leichtigkeit eben der Beweis dafür ist, daß sie nichts
lernen. Ihr glattes Hirn reflektiert wie ein Spiegel die
Dinge, die man ihm vorhält, aber es bleibt nichts, es
dringt nichts ein. Das Kind behält die Worte, die Gedanken aber werden zurückgeworfen; seine Zuhörer
verstehen sie, nur das Kind selbst versteht sie nicht.

Obgleich Gedächtnis und Denken zwei wesentlich
voneinander verschiedene Fähigkeiten sind, entwickeln
sie sich in Wirklichkeit nur miteinander. Vor dem Alter
der Vernunft hat das Kind Anschauung, aber keine

Vorstellung. Zwischen den beiden besteht der Unterschied, daß Anschauungen isolierte Abbilder der sinnlichen Gegenstände sind, Vorstellungen dagegen Begriffe der Gegenstände, bestimmt durch Beziehungen. Ein Bild kann für sich allein in einem Geiste bestehen, der es gegenwärtig hat, jede Vorstellung setzt andere voraus. Hat man eine Anschauung, so tut man nichts als sehen; hat man einen Begriff, so vergleicht man. Unsere Sinnesempfindungen sind rein passiv, während alle unsere Perzeptionen oder Vorstellungen einem aktiven Prinzip entstammen, das urteilt. Wir werden dies später noch erläutern[40].

Ich behaupte also, daß Kinder, weil noch nicht fähig zu urteilen, auch noch kein wirkliches Gedächtnis haben. Sie behalten Töne, Figuren, Sinnesempfindungen, selten aber Vorstellungen und noch seltener deren Zusammenhänge. Man wendet ein, Kinder könnten doch gewisse geometrische Anfangsgründe lernen, und meint, das spreche gegen mich, während es im Gegenteil für mich spricht. Man zeigt nämlich damit, daß sie, weit entfernt, selbst einen mathematischen Beweis zu finden, nicht einmal die von anderen gefundenen behalten. Denn folgt einmal der Methode dieser kleinen Geometer und ihr werdet bald merken, daß sie nur das genaue Bild der Figur und den Text des Beweises behalten haben. Bei der geringsten Abänderung können sie nicht mehr folgen; stellt die Figur auf den Kopf, dann werdet ihr es sehen. Ihr ganzes Wissen besteht in dem, was sie sinnlich wahrnehmen, nichts dringt bis zum Verständnis durch. Selbst ihr Gedächtnis ist kaum vollkommener als ihre übrigen Fähigkeiten, da sie als Erwachsene fast immer das neu lernen müssen, wovon sie als Kind nur die Worte gelernt hatten.

Indessen behaupte ich keineswegs, daß die Kinder überhaupt keine Art von Denken hätten*. Im Gegen-

---

* Hundertmal beim Schreiben ist mir der Gedanke gekommen, daß

teil, ich weiß, daß sie sehr wohl über alles nachdenken,
was sie kennen und was mit ihrem augenblicklichen
und greifbaren Interesse zusammenhängt. Aber über
ihre Kenntnisse täuscht man sich, indem man ihnen
welche zutraut, die sie nicht haben, und sie Gedankengängen folgen läßt, die sie nicht verstehen können. Man
täuscht sich ferner, wenn man ihre Aufmerksamkeit
auf Betrachtungen richtet, die sie völlig unberührt lassen, wie zum Beispiel ihre zukünftigen Interessen, ihr
Lebensglück, die Hochachtung, die man für sie haben
wird, wenn sie erwachsen sind, lauter Reden, die für
Geschöpfe, die, so bar jeder Voraussicht und Vorsorge,
ohne jede Bedeutung sind. So zielen alle die forcierten
Belehrungen auf Dinge ab, die dem Geist dieser armen
Unglücklichen gänzlich fremd sind. Man kann sich vorstellen, wie es mit der Aufmerksamkeit aussieht, die
sie auf so etwas verwenden.

Die Pädagogen, die mit großem Pomp die Lehr-
methoden vor uns ausbreiten, die sie auf ihre Schüler
anwenden, werden allerdings dafür bezahlt, eine andere
Sprache zu führen. Jedoch man sieht an ihrem eigenen
Verhalten, daß sie genauso denken wie ich. Denn was

es unmöglich ist, in einem großangelegten Werk denselben Worten immer denselben Sinn zu geben. Es gibt keine Sprache, die reich genug
wäre, so viele Ausdrücke und Satzformen zu liefern, wie die Nuan-
ciertheit unserer Gedanken es verlangt. Die Methode, alle Termini
zu definieren und unentwegt die Definition an die Stelle des Definierten
zu setzen, ist schön, aber undurchführbar, denn wie soll man dabei
den *circulus vitiosus* vermeiden? Definitionen wären gut und schön,
wenn man keine Worte brauchte, um sie zu geben. Trotzdem bin ich
überzeugt, daß man, selbst bei der Armut unserer Sprache, klar sein
kann, freilich nicht dadurch, daß man denselben Worten stets dieselbe
Bedeutung gibt, sondern indem man so verfährt, daß soost man ein
Wort braucht, der Sinn, den man ihm beilegt, jeweils hinreichend
durch die Ideen des Kontextes bestimmt ist, und der Abschnitt, in dem
dieses Wort vorkommt, ihm sozusagen als Definition dient. Mal sage
ich, die Kinder seien unfähig zu denken, und bald lasse ich sie mit
subtiler Feinheit denken. Ich glaube nicht, daß ich mir damit in den
Ideen widerspreche, kann aber nicht leugnen, daß ich es oft in meinen
Ausdrücken tue.

bringen sie ihnen denn schließlich bei? Worte, Worte
und abermals Worte. Unter den verschiedenen Wissenschaften, die ihre Schüler zu lehren sie sich rühmen,
hüten sie sich wohl, solche zu wählen, die ihnen wirklich von Nutzen wären, nämlich die Realwissenschaf-
ten; aber die zu lehren, gelingt ihnen nicht. So wählen
sie solche, von denen man scheinbar etwas versteht,
wenn man ihre Begriffswörter kennt, wie Heraldik,
Geographie, Chronologie, Fremdsprachen etc. – lauter
Studien, die so weit vom lebendigen Menschen und besonders vom Kind entfernt sind, daß es ein Wunder
wäre, wenn auch nur etwas von all dem ihm ein
einziges Mal im Leben nützlich sein könnte.

Man wird überrascht sein, daß ich das Studium der
Fremdsprachen zu den Unbrauchbarkeiten für die Erziehung zähle. Jedoch wird man sich erinnern, daß ich
hier ausschließlich über die Studien im frühen Lebensalter spreche; und, was man auch immer sagen möge,
ich glaube nicht, daß außer den Wunderkindern jemals
ein Kind bis zum Alter von zwölf bis fünfzehn Jahren
zwei Sprachen wirklich gelernt hat.

Ich gebe zu, bestünde das Studium der Sprachen nur
aus dem Erlernen von Worten, das heißt aus Formen
oder Lauten, die sie ausdrückten, so wäre es einem
Kinde angemessen. Da aber die Sprachen ihre Zeichen
ändern, verwandeln sie auch die Vorstellungen, die sie
bezeichnen. Die Geister bilden sich nach den Sprachen;
die Gedanken nehmen die Färbung der Spracheigen-
tümlichkeiten an. Die Vernunft allein ist allgemein,
der Geist hat in jeder Sprache seine besondere Form,
ein Unterschied, der sehr wohl zum Teil Ursache oder
Wirkung des Nationalcharakters sein könnte. Diese
Vermutung scheint sich dadurch zu bestätigen, daß sich
die Sprache in allen Nationen der Welt dem Wandel
der Sitten anpaßt und sich wie sie erhält oder verändert.

Vom Gebrauch einer dieser verschiedenen Sprach-
formen wird das Kind geprägt, und nur diese bleibt

ihm bis zum Alter der Vernunft. Um deren zwei zu
besitzen, müßte es die Vorstellungen miteinander vergleichen können; aber wie könnte es das, da es kaum
in der Lage ist, sie zu erfassen? Jede Sache kann für
es tausend verschiedene Bezeichnungen haben, jede Vorstellung jedoch nur eine Gestalt – so kann es auch nur
eine Sprache sprechen lernen. Aber es lernt doch mehrere, wird man einwenden. Das leugne ich, denn ich
kenne welche von diesen Wunderkindern, die fünf oder
sechs Sprachen zu sprechen glaubten. Ich habe sie hintereinander erst deutsch, dann in lateinischen, französischen und italienischen Wendungen reden hören. Tatsächlich hatten sie fünf oder sechs Wörterbücher benutzt,
sprachen jedoch immer nur deutsch. Mit einem Wort:
bietet den Kindern so viele Synonyma wie ihr wollt
und ihr werdet nur ihren Wortschatz ändern, niemals
ihre Sprache. Sie werden immer nur eine wirklich
sprechen können.

Um ihre Unfähigkeit in dieser Hinsicht zu verbergen, drillt man sie vorzugsweise an den toten Sprachen, für die es keine Richter mehr gibt, die man nicht
für unzuständig erklären könnte. Da diese Sprachen seit
langem nicht mehr zu den Umgangssprachen gehören,
begnügt man sich mit dem, was darüber in den Büchern
steht, und das nennt man dann sie sprechen. Wenn es
so mit dem Griechischen und Lateinischen der Lehrer
bestellt ist, so mag man urteilen, wie das der Kinder
aussieht! Kaum haben sie die Anfangsgründe auswendig gelernt, wovon sie in Wahrheit nichts begreifen, so
bringt man ihnen bei, eine französische Abhandlung
mit lateinischen Worten wiederzugeben. Dann, wenn
sie weitergekommen sind, müssen sie nach Cicero Phrasen in Prosa und nach Vergil poetische Übungsstücke zu-
sammenflicken. Schließlich glauben sie, Latein sprechen
zu können, und wer will ihnen da noch widersprechen?

Um was für ein Studienfach es sich auch handeln
mag, die Buchstaben allein bedeuten nichts ohne den

Begriff der Dinge, den sie bezeichnen. Trotzdem werden die Kenntnisse des Kindes immer nur auf jene Zeichen beschränkt, ohne daß man je das Verständnis für die Dinge vermitteln könnte, die sie darstellen. Man glaubt, ihm die Beschreibung der Erde zu geben, indem man ihm Landkarten vorlegt. Man lehrt es die Namen von Städten, Ländern und Flüssen, deren Existenz es sich nur auf dem Papier, das man ihm zeigt, vorstellen kann. Ich erinnere mich, irgendwo ein Geographie-Buch gesehen zu haben, dessen Text mit den Worten begann: *Was ist die Welt? Ein Globus aus Pappe.* Genau das ist die Geographie der Kinder. Für mich steht fest, daß nach zwei Jahren solchen Unterrichts in sphärischer und kosmographischer Geographie nicht *ein* zehnjähriges Kind imstande wäre, den Weg von Paris nach Saint-Denis zu finden[41]. Es steht weiter für mich fest, daß nicht ein einziges Kind in der Lage wäre, den Windungen der Wege im väterlichen Garten auf einem Plan zu folgen, ohne sich zu verirren. Das sind dann die kleinen Gelehrten, die haargenau wissen, wo Peking, Ispahan, Mexiko und alle Länder der Erde liegen.

Ich höre immer, daß man die Kinder zu Studien anhalten müsse, zu denen sie nur ihre Augen brauchen. Das könnte man machen, wenn es solche Studiengegenstände gäbe. Ich kenne aber keinen solchen.

Infolge einer noch lächerlicheren Verirrung läßt man sie Geschichte studieren, da man sich einbildet, daß die Geschichte ihrem Begriffsvermögen entspricht, da sie ja nur eine Zusammenfassung von Tatsachen sei. Aber was versteht man denn unter dem Wort Tatsachen? Glaubt man, die Zusammenhänge, durch die geschichtliche Tatsachen bestimmt werden, seien so leicht zu erfassen, daß die Vorstellungen davon einem kindlichen Geist mühelos eingehen? Glaubt man, daß die wirkliche Kenntnis der Ereignisse trennbar sei von der ihrer Ursachen und Wirkungen, daß das Historische so wenig mit dem Moralischen zusammenhänge, daß man das

eine ohne das andere erkennen könnte? Wenn ihr an
den menschlichen Handlungen nur die äußerlichen und
rein physischen Bewegungen seht, was kann euch da
die Historie lehren? Absolut nichts. Solch ein völlig
uninteressantes Studium ist weder reizvoll noch lehrreich. Wollt ihr aber diese Handlungen auf Grund ihrer
moralischen Beziehung werten, so versucht, diese Beziehung euren Schülern verständlich zu machen, und
ihr werdet sehen, ob die Geschichte ihrem Alter entspricht[42].

Vergegenwärtigt euch immer, geneigte Leser, daß
der, der zu euch spricht, weder ein Gelehrter noch ein
Philosoph ist, sondern ein einfacher Mann, ein Freund
der Wahrheit, unparteiisch und ohne System. Ein Ein-
zelgänger, der wenig Kontakte mit den Menschen hat
und daher wenig Gelegenheit, ihre Vorurteile anzunehmen, aber mehr Zeit, über das nachzudenken, was
ihn im Umgang mit ihnen in Staunen versetzt. Meine
Überlegungen gründen sich weniger auf Prinzipien als
auf Tatsachen, und ich glaube, daß ich sie nicht besser
zur Beurteilung dartun kann als durch das häufige Zi-
tieren von Beispielen meiner Beobachtungen, auf die
ich mich stützen kann.

Ich war für einige Tage aufs Land gegangen, zu
einer guten Familienmutter, die sich sehr gewissenhaft
um ihre Kinder und deren Erziehung kümmerte. Eines
Morgens, als ich dem Unterricht des Ältesten beiwohn-
te, kam sein Erzieher, der ihn in der klassischen Geschichte sehr gut unterrichtet hatte, bei der Wiederholung der Geschichte Alexanders auf die bekannte
Episode mit dem Arzt Philippus zu sprechen[43], die man
ja auch sehr zu Recht in einem Gemälde festgehalten
hat. Der Erzieher, ein verdienstlicher Mann, machte
über die Unerschrockenheit Alexanders einige Bemerkungen, die mir gar nicht gefielen, denen zu begegnen
ich mich aber hütete, um ihn in den Augen seines Schülers nicht herabzusetzen. Bei Tisch ließ man natürlich,

getreu französischer Sitte, den kleinen Mann munter drauflosschwätzen. Die seinem Alter natürliche Lebendigkeit und die Erwartung des sicheren Beifalls ließen ihn tausend Dummheiten von sich geben, unter denen hier und da ein treffendes Wort war, worüber das übrige vergessen wurde. Schließlich kam die Geschichte vom Arzt Philippus. Er erzählte sie sehr hübsch und gefällig. Nach dem üblichen, von der Mutter geforderten und dem Sohn erwarteten Tribut an Elogen wurde über das, was er gesagt hatte, diskutiert. Die meisten tadelten Alexanders Tollkühnheit, einige bewunderten nach dem Beispiel des Erziehers seine Entschlossenheit und seinen Mut, so daß ich plötzlich verstand, daß keiner der Anwesenden sah, worin die wirkliche Schönheit dieser Geste bestand. Was mich betrifft, sagte ich zu ihnen, so scheint mir, wäre in Alexanders Handlung auch nur eine Spur von Mut und Entschlossenheit zu finden, wäre sie nur eine Extravaganz. Sofort stimmten alle mit mir überein, daß es eine Extravaganz gewesen wäre. Ich wollte gerade antworten und lebhaft fortfahren, als eine neben mir sitzende Dame, die bisher nicht den Mund aufgetan hatte, mir ins Ohr flüsterte: Sei still, Jean-Jacques, sie werden dich doch nicht verstehen. Ich sah sie an, war betroffen und schwieg.

Nach dem Essen, auf einige sichere Anzeichen hin, daß mein junger Gelehrter absolut nichts von der Geschichte verstanden hatte, die er so gut erzählt hatte, nahm ich ihn bei der Hand und machte mit ihm einen Spaziergang durch den Park. Und nachdem ich ihn in aller Ruhe ausgefragt hatte, kam heraus, daß er mehr als jeder andere den so gepriesenen Mut Alexanders bewunderte. Aber wißt ihr, worin für ihn dieser Mut bestand? Einzig und allein darin, daß Alexander auf einen Zug, ohne Zögern und ohne den leisesten Abscheu zu zeigen, ein widerliches Gebräu heruntertrank. Das arme Kind, das erst kaum vierzehn Tage vorher Me-

dizin hatte schlucken müssen, die es nur mit äußerster
Überwindung heruntergebracht hatte, hatte immer
noch den üblen Nachgeschmack davon im Mund. Tod
und Vergiftung waren in seinen Augen nur unangenehme Empfindungen, für ihn gab es kein anderes
Gift als Sennesblätter. Allerdings hatte die Entschlossenheit des Helden großen Eindruck in seinem jungen
Herzen hinterlassen, und er war fest entschlossen, sich
bei der nächsten Medizin, die er einnehmen mußte, wie
Alexander zu benehmen. Ohne weitere Erläuterungen,
die sein Auffassungsvermögen offensichtlich überstiegen hätten, unterstützte ich ihn in seinen lobenswerten
Absichten und ging nach Hause, nicht ohne innerlich
über die hohe Vernunft der Väter und Lehrer lachen
zu müssen, die den Kindern Geschichte beizubringen
glauben.

Es ist einfach, ihnen die Worte König, Herrschaft,
Krieg, Sieg, Revolution und Gesetz in den Mund zu
legen. Aber wenn es darauf ankommt, mit diesen Worten klare Vorstellungen zu verbinden, wird noch ein
weiter Weg von der Unterhaltung mit dem Gärtner
Robert bis zu all diesen Erklärungen zurückzulegen
sein.

Ich sehe schon voraus, daß einige Leser, die mit diesem *Sei still, Jean-Jacques,* nichts anzufangen wissen,
fragen werden, was ich denn an der Tat Alexanders so
schön fände. Arme Unglückliche! Wenn man euch das
erst sagen muß, wie wollt ihr es verstehen? Alexander
glaubte an die Tugend. Seinen Kopf und sein Leben
setzte er an diesen Glauben, seine große Seele war
zu diesem Glauben geschaffen. Was für ein schönes
Glaubensbekenntnis war das Einnehmen dieser Medizin! Nein, kein Sterblicher legte noch ein so erhabenes ab! Wenn es noch einen modernen Alexander
gibt, so weise er sich durch solche Züge aus.

Da Worte keine Wissenschaft darstellen, gibt es auch
kein für Kinder geeignetes Studium. Da sie keine wirk-

lichen Vorstellungen haben, haben sie auch kein wirkliches Gedächtnis. Denn Gedächtnis nenne ich nicht das, was nur Sinnesempfindungen behält. Wozu einen Katalog von Zeichen in ihrem Kopf anlegen, die für sie nichts bedeuten? Werden sie nicht zugleich mit den Dingen auch deren Zeichen lernen? Warum soll man ihnen die unnötige Mühe bereiten, sie zweimal zu erlernen? Und welch gefährliche Vorurteile flößt man ihnen ein, wenn man sie Worte, die keinerlei Sinn für sie haben, für Wissenschaft halten läßt! Mit dem ersten Wort, womit das Kind sich abspeisen läßt, ohne es zu begreifen, mit den ersten Dingen, die es durch andere erfährt und deren Nutzen es nicht erkennt, ist sein Urteilsvermögen dahin. Lange Zeit kann es damit in den Augen der Dummen glänzen, bevor es einen solchen Verlust wettmachen kann*.

Nein, wenn die Natur dem kindlichen Hirn diese Geschmeidigkeit gibt, wodurch es alle erdenklichen Arten von Eindrücken aufnehmen kann, so nicht darum, daß man ihm Namen von Königen einprägt, Daten, Ausdrücke aus der Heraldik, der Astronomie, der Geographie, und alle diese für sein Alter sinnlosen und für jede Altersstufe nutzlosen Worte, womit man seine traurige und sterile Kindheit belastet, sondern

---

* Die meisten Gelehrten sind Gelehrte nach Kinderart. Die umfassende Gelehrsamkeit kommt weniger aus einer Fülle von Gedanken, als aus einer Fülle visueller Vorstellungen. Daten, Eigennamen, Orte, alle isolierten oder nicht mit begrifflichen Inhalten verbundenen Gegenstände behält man einzig und allein durch das visuelle Gedächtnis und selten erinnert man sich an eines dieser Dinge, ohne gleichzeitig recto oder verso der Seite, wo man darüber gelesen hat, oder die Gestalt, unter der man ihr zum erstenmal begegnet ist, vor Augen zu haben. So ungefähr war es um die Wissenschaft der letzten Jahrhunderte bestellt. Heute ist es ganz anders: man studiert nicht mehr, man beobachtet nicht mehr – man träumt und setzt uns tiefernst die Träumereien einiger unruhiger Nächte als Philosophie vor. Man wird mir sagen, daß auch ich träume – das gebe ich zu, aber ich tue, wovor die anderen sich schön hüten: ich gebe meine Träumereien auch als solche aus und überlasse es dem Leser, herauszufinden, ob sie für wache Menschen etwas zu bedeuten haben.

damit alle Ideen, die es erfassen kann und die ihm
von Nutzen sind, alle die, die mit seinem Glück zusammenhängen und durch die ihm eines Tages seine
Aufgaben klarwerden, sich frühzeitig in unauslöschlichen Lettern darin eingraben, um ihm darin beizu-
stehen, sich im Leben seinem Wesen und seinen Fähigkeiten entsprechend zu verhalten.

Auch wenn es keine Bücher wälzt, bleibt die Art von
Gedächtnis wie sie dem Kind zu eigen ist, nicht un-
tätig. Alles, was es sieht und hört, beeindruckt es, es
erinnert sich daran, es registriert die Handlungen und
Reden der Erwachsenen, seine ganze Umgebung ist das
Buch, woraus es ununterbrochen und unbewußt sein
Gedächtnis bereichert, bis seine Urteilsfähigkeit es aus-
werten kann. In der Auswahl der Gegenstände, durch
die Sorgfalt, mit der man ihm nur die vor Augen
führt, die es erkennen kann, und die anderen, von
denen es nichts wissen soll, vor ihm verbirgt, besteht
die wirkliche Kunst, diese erste Fähigkeit in ihm zu
bilden. Und so muß man versuchen, ihm einen Vorrat
an Kenntnissen anzulegen, die seiner Erziehung während der Jugend und seinem Verhalten für alle Zeiten
dienlich sind[44]. Diese Methode läßt zwar keine Wunderkinder entstehen und gibt Kinderfrauen und Erziehern
keine Gelegenheit zu brillieren, aber sie bildet scharfsinnige, kräftige, an Leib und Seele gesunde Menschen,
die, ohne in ihrer Jugend nach Bewunderung verlangt
zu haben, als Erwachsene zu Ehren kommen.

Emile wird niemals etwas auswendig lernen, nicht
einmal Fabeln, nicht einmal die La Fontaineschen, so
harmlos und reizvoll sie auch sind. Denn die Worte,
aus denen sich die Fabel zusammensetzt, sind nicht
mehr die Fabel selbst als die Worte der Historie die
Historie selbst sind. Wie kann man so verblendet sein,
von der Fabel als der Morallehre für Kinder zu sprechen, ohne sich bewußt zu sein, daß das Gleichnis Kinder ebensosehr unterhält wie täuscht; daß sie, von der

Fiktion verführt, die Wahrheit unbeachtet lassen und
daß gerade das, was man tut, um ihnen den Unterricht
schmackhaft zu machen, ihnen zum Nachteil gereicht.
Fabeln können zur Belehrung Erwachsener dienen, den
Kindern aber muß man die nackte Wahrheit sagen.
Sobald man sie mit einem Schleier verdeckt, machen
sie sich nicht mehr die Mühe, ihn zu lüften.

Alle Kinder müssen die Fabeln von La Fontaine
lernen, und kein einziges versteht sie. Und wenn sie sie
verstünden, wäre es noch schlimmer. Denn die Moral
dieser Fabeln ist so verworren und steht in solchem
Mißverhältnis zum kindlichen Alter, daß sie sie eher
auf Untugenden als auf die Tugend lenken würde. Das
ist ja wieder einmal paradox, werdet ihr sagen. Gut.
Aber prüfen wir, ob es nicht doch wahr ist.

Ich behaupte, daß ein Kind die Fabeln, die es lernen
soll, gar nicht versteht, gibt man sich auch noch soviel
Mühe, sie einfach und begreiflich zu machen. Die Lehre,
die man aus ihr zu ziehen versucht, verlangt Vorstellungen, die es nicht erfassen kann, ja die poetische
Form, die seinem Gedächtnis leichter eingeht, macht
sogar das Begreifen schwieriger, so daß die Annehmlichkeit auf Kosten der Klarheit geht. Ohne die Unzahl
von Fabeln anzuführen, die den Kindern weder verständlich noch nützlich sind, und die man ihnen gedankenlos zusammen mit den anderen zum Lernen
vorsetzt, nur weil sie auch in dem Buche stehen, beschränken wir uns auf die, die der Autor speziell für
Kinder geschrieben zu haben scheint.

In der ganzen Fabelsammlung von La Fontaine
kenne ich nur fünf oder sechs, bei denen die kindliche
Einfalt ganz besonders hervortritt. Von diesen fünf
oder sechs nehme ich die erste Fabel als Beispiel*, weil
ihre Moral am ehesten jeder Altersstufe verständlich

---

* Es ist die zweite und nicht die erste, wie M. Formey sehr richtig
bemerkt[45].

ist und weil die Kinder sie am besten erfassen und am
liebsten lernen, weshalb der Autor gerade mit ihr sein
Buch beginnen läßt. Vorausgesetzt, daß er wirklich die
Absicht hatte, von Kindern verstanden zu werden,
ihnen zu gefallen und sie zu belehren, so ist diese Fabel
ohne Zweifel sein Meisterwerk. Man erlaube mir daher, ihr Vers um Vers nachzugehen und sie mit wenigen
Worten zu prüfen.

Der Rabe und der Fuchs

FABEL

Maître corbeau, sur un arbre perché,
(Meister Rabe, auf einem Baume hockend,)
Meister! Was bedeutet das Wort an sich? Was bedeutet es vor einem Eigennamen? Welchen Sinn hat es
hier?

Was ist ein Rabe?

Was ist ein arbre perché? Man sagt nicht sur un
arbre perché, man sagt perché sur un arbre. Folglich
muß man von der poetischen Inversion sprechen. Man
muß sagen, was Prosa und was Poesie ist.

Tenait dans son bec un fromage.
(Hielt in seinem Schnabel einen Käse.)
Was für einen Käse? Einen Schweizerkäse, einen
Brie oder einen Holländerkäse? Wenn das Kind noch
nie einen Raben gesehen hat, was nützt es euch, ihm
etwas darüber zu erzählen? Hat es einen gesehen, wie
will es begreifen können, daß er einen Käse im Schnabel hat? Präsentiert ihm immer Bilder nach der Natur.

Maître renard, par l'odeur alléché,
(Meister Fuchs, vom Dufte angelockt,)
Wieder ein Meister! Aber dieser verdient seinen
Titel, ist er doch durch sein Handwerk zum Meister
geworden. Man muß klarmachen, was ein Fuchs ist
und seine wahre Natur von der konventionellen, die
ihm die Fabel zuschreibt, unterscheiden.

Alléché. Dieses Wort ist ungebräuchlich. Man muß

es erklären und darauf hinweisen, daß es nur in der Poesie angewandt wird. Das Kind wird fragen, warum man in der Poesie anders spricht als in der Prosa. Was wollt ihr antworten?

Alléché par l'odeur d'un fromage! Der Käse, den ein Rabe auf dem Baum in seinem Schnabel hält, mußte einen recht starken Geruch haben, daß ihn ein Fuchs aus dem Dickicht oder von seinem Bau aus riechen konnte! Wollt ihr so euren Schüler zum scharfsinnigen kritischen Geist erziehen, der sich nur durch triftige Gründe beeindrucken läßt, um Wahrheit und Lüge in den Erzählungen anderer zu unterscheiden?

Lui tint à peu près ce langage:
(Hielt ihm etwa folgende Rede:)

Ce langage! Also können Füchse sprechen? Sie sprechen also dieselbe Sprache wie die Raben? Weiser Erzieher, sei vorsichtig! Wäge deine Antwort gut, bevor du sie gibst, sie ist wichtiger als du gedacht hast.

Eh! Bonjour, monsieur le corbeau!
(Ei, guten Tag, Herr Rabe!)

Monsieur! Eine Anrede, die das Kind hier spöttisch angewandt findet, bevor es überhaupt weiß, daß es eine ehrenvolle Anrede ist. Diejenigen, die *monsieur du Corbeau* sagen, werden noch manch andere Schwierigkeiten haben, bevor sie dieses *du* erklären können.

Que vous êtes joli! que vous me semblez beau!
(Wie hübsch sind Sie! Wie schön Sie mir scheinen!)

Unnötiger Wortschwall zur Füllung des Verses. Das Kind, das dieselbe Sache durch andere Ausdrücke wiederholt sieht, lernt nachlässiges Sprechen. Wenn ihr sagt, daß dieser unnötige Wortschwall ein kunstvoller Trick des Autors ist und zu den Plänen des Fuchses gehört, der durch leere Worte den Anschein überschwenglichen Lobs erwecken will, so ist das zwar für mich ein Argument, aber nicht für meinen Zögling.

Sans mentir, si votre ramage
(Ohne zu lügen, wenn Ihre Stimme)

Sans mentir! Also lügt man manchmal? Wie soll sich das Kind zurechtfinden, wenn ihr ihm beibringen wollt, der Fuchs sage sans mentir, gerade weil er lügt?

Répondait à votre plumage,
(Ihrem Gefieder entspräche,)

Répondait! „Antwortete! Entspräche!" Was soll dies Wort bedeuten? Lehrt das Kind, zwei so verschiedene Dinge wie Stimme und Gefieder miteinander zu vergleichen und ihr werdet sehen, wie gut es euch versteht.

Vous seriez le phénix des hôtes de ces bois.
(Wären Sie der Phönix unter den Gästen dieses Waldes.)

Le phénix! Was ist ein Phönix? Jetzt sind wir mit einem Sprung in der verlogenen Antike, fast in der Mythologie.

Les hôtes de ces bois! Welch gekünstelt bildhafte Redeweise! Der Schmeichler veredelt seine Sprache und gibt ihr mehr Würde, um sie verführerisch zu machen. Wird ein Kind solche Finessen verstehen? Weiß es, kann es überhaupt wissen, was gehobener und was gewöhnlicher Stil ist?

A ces mots, le corbeau ne se sent pas de joie,
(Bei diesen Worten weiß der Rabe sich vor Freude nicht zu fassen;)

Man muß schon sehr heftige Leidenschaften empfunden haben, um diesen sprichwörtlichen Ausdruck mitempfinden zu können.

Et, pour montrer sa belle voix,
(Und um seine schöne Stimme zu zeigen,)

Vergeßt nicht, daß das Kind zum Verständnis dieses Verses und der ganzen Fabel wissen muß, was es mit der „schönen Stimme" bei dem Raben auf sich hat.

Il ouvre un large bec, laisse tomber sa proie.
(Öffnet er weit den Schnabel und läßt seine Beute fallen.)

Dieser Vers ist wunderbar, allein durch seine Harmonie schon wirkt er bildhaft. Ich sehe einen großen häßlichen Schnabel weit aufgesperrt; ich höre den Käse durch die Zweige fallen. Aber der Sinn für diese Art Schönheit geht einem Kind völlig ab.

Le renard s'en saisit et dit: Mon bon monsieur,

(Der Fuchs packt sie und sagt: Mein lieber Herr,)

Nun ist also die Gutmütigkeit zur Dummheit geworden. Wahrhaftig: man verliert keine Zeit, den Kindern das beizubringen.

Apprenez que tout flatteur

(Lernt, daß jeder Schmeichler)

Allgemeine Maxime, die nicht hierher gehört.

Vit aux dépens de celui qui l'écoute.

(Auf Kosten dessen lebt, der auf ihn hört.)

Kein Kind von zehn Jahren wird je diesen Vers verstehn.

Cette leçon vaut bien un fromage, sans doute.

(Diese Lehre ist ohne Zweifel einen Käse wert.)

Dies ist verständlich, und der Gedanke ist ganz richtig. Es wird indessen noch recht wenig Kinder geben, die eine Lektion mit einem Käse vergleichen können und die nicht den Käse der Lektion vorzögen. Man muß ihnen also begreiflich machen, daß dieser Satz nur Hohn ist. Wieviel Finesse für ein Kind!

Le corbeau, honteux et confus,

(Der Rabe beschämt und verwirrt,)

Wieder ein Pleonasmus. Aber dieser ist unverzeihlich.

Jura, mais un peu tard, qu'on ne l'y prendrait plus.

(Schwor, wenn auch ein wenig spät, man werde ihn so nicht wieder hereinlegen.)

Jura! Welcher Dummkopf von Lehrer will es wagen, einem Kind zu erklären, was schwören ist?

Da haben wir eine Menge Einzelheiten – viel weniger allerdings als nötig wären, um alle Gedanken dieser Fabel zu analysieren und auf die einfachen und elementaren Begriffe zurückzuführen, woraus sich jeder dieser Gedanken zusammensetzt. Wer aber glaubt an die Notwendigkeit einer solchen Analyse, um sich der Jugend verständlich machen zu können? Niemand von uns ist Philosoph genug, um sich in ein Kind hineinversetzen zu können. Gehen wir nun zur Moral der Fabel über!

Ich frage, ob man zehnjährigen Kindern beibringen soll, daß es Menschen gibt, die schmeicheln und lügen, um davon zu profitieren. Man könnte ihnen höchstens sagen, daß es Spaßvögel gibt, die kleine Jungen verspotten und sich heimlich über ihre dumme Eitelkeit lustig machen. Aber der Käse verdirbt alles. Man lehrt sie nicht so sehr, ihn aus ihrem Schnabel, als aus dem Schnabel eines anderen fallen zu lassen. Dies ist mein zweites Paradoxon und nicht das unwichtigste.

Beobachtet die Kinder beim Lernen ihrer Fabeln und ihr werdet bemerken, daß, wenn sie soweit sind, eine Nutzanwendung daraus zu ziehen, sie fast immer genau die gegenteilige ziehen, die der Autor beabsichtigte, und daß sie, anstatt sich vor den Fehlern zu hüten, von denen man sie heilen oder vor denen man sie bewahren will, eher dazu neigen, das Böse anzuerkennen, mit dem man aus den Fehlern anderer Nutzen ziehen kann. In der oben erzählten Fabel machen sich die Kinder über den Raben lustig, sympathisieren aber alle mit dem Fuchs. In der nächsten Fabel glaubt ihr, ihnen die Zikade als Vorbild hinzustellen – keineswegs, sie werden die Ameise wählen[46]. Man demütigt sich nicht gern – sie werden immer die schönere Rolle übernehmen, das ist die Wahl der Eigenliebe, eine sehr natürliche Wahl. Aber, welch schreckliche Lektion für die Kindheit! Das widerlichste aller Ungeheuer wäre ein geiziges und hartherziges Kind, das genau wüßte, was man von ihm erbittet, und es abschlägt. Die Ameise geht noch weiter: sie lehrt es, dem noch den Hohn hinzuzufügen.

In allen Fabeln, in denen ein Löwe mitspielt, ergreift das Kind sofort die Partei des Löwen, weil er gewöhnlich die großartigste Persönlichkeit darstellt. Und wenn es einmal eine Verteilung vorzunehmen hat, wird es, seinem Vorbild getreu, alles an sich reißen[47]. Bringt aber die Mücke den Löwen zur Strecke, so ist das etwas anderes[48]. Dann ist das Kind nicht mehr Löwe, es ist Mücke. Eines Tages lernt es die mit Nadelstichen umbringen, die es nicht offen anzugreifen wagt.

Aus der Fabel vom mageren Wolf und dem fetten Hund[49] lernt das Kind nicht Mäßigung, wie man glaubt, sondern Zügellosigkeit. Nie werde ich das laut weinende kleine Mädchen vergessen, das man mit dieser Fabel zur Verzweiflung gebracht hatte, als man ihm Fügsamkeit predigen wollte. Man konnte kaum aus ihm herauskriegen, warum es so weinte. Schließlich erfuhr man es. Das arme Kind war es leid geworden, angekettet zu sein und einen geschundenen Hals zu bekommen. Es weinte, weil es nicht der Wolf war.

So ist die Moral unserer ersten Fabel für das Kind eine Lektion niedrigster Schmeichelei, die der zweiten eine der Unmenschlichkeit, die der dritten eine der Ungerechtigkeit, die der vierten eine des Hohns, die der fünften eine der Unabhängigkeit. Darum, daß diese letzte Lektion für meinen Zögling überflüssig ist, ist sie für den eurigen nicht etwa passend. Was erhofft ihr euch von eurer Mühe, wenn ihr ihm etwas gebietet, was sich selbst widerspricht? Aber vielleicht liefert mir diese ganze Moral, die mich zum Widerspruch gegen die Fabeln reizt, gerade in diesem Fall genauso viele Gründe, sie beizubehalten. Die Gesellschaft braucht zweierlei Moral: die der bloßen Worte und die der Taten, und diese beiden Arten von Moral haben nichts miteinander gemein. Die erste finden wir im Katechismus, wo man sie ruhen läßt. Die andere finden wir in den La Fontaineschen Fabeln für Kinder und in seinen Erzählungen[50] für Mütter. Der gleiche Autor wird allen Ansprüchen gerecht.

Einigen wir uns, Monsieur de La Fontaine. Was mich betrifft, so verspreche ich Ihnen, Sie sorgfältig zu lesen, Sie zu lieben und mich durch Ihre Fabeln belehren zu lassen, denn ich hoffe, mich in ihrem Ziel nicht zu täuschen. Was aber meinen Schüler betrifft, erlauben Sie mir, daß ich ihn nicht eine davon studieren lasse, bis Sie mir bewiesen haben, daß es ihm guttut, Dinge zu lernen, von denen er nicht ein Viertel verstehen wird, und daß er durch die, die er versteht, nie in die Irre geführt werden wird und anstatt an dem Betrogenen sich ein warnendes Beispiel zu nehmen, nicht dem Schurken nacheifert.

Indem ich von den Kindern derart alle Pflichten fernhalte, halte ich auch die Quelle ihres größten Unglücks von ihnen fern: die Bücher. Die Lektüre ist die Geißel der Kindheit und dabei fast die einzige Beschäftigung, die man ihnen gibt. Emile wird mit zwölf Jahren noch kaum wissen, was ein Buch ist. Aber, so wird man mir sagen, er muß doch wenigstens lesen können. Das gebe ich zu – er muß dann lesen können, wenn die Lektüre ihm etwas nützt. Vorher kann sie ihn nur langweilen.

Darf man von den Kindern nichts aus Gehorsam verlangen, so folgt daraus, daß sie nichts lernen können, wovon sie nicht den aktuellen und augenblicklichen Vorteil spüren, sei es Vergnügen, sei es Nutzen. Welch anderer Beweggrund sollte sie sonst zum Lernen reizen? Die Kunst, mit Abwesenden zu reden und ihnen zuzuhören, ihnen unmittelbar unsere Gefühle, unsere Entschlüsse und Wünsche mitzuteilen, ist eine Kunst, deren Nutzanwendung jeder Altersstufe klargemacht werden kann. Durch welche Wundertat ist diese so nützliche und erfreuliche Kunst für die Kindheit zur Qual geworden? Weil man sie dazu gezwungen hat, sich gegen den eigenen Willen mit ihr abzugeben, und sie für Zwecke verwendet, mit denen das Kind nichts anzufangen weiß. Ein Kind hat keinerlei Interesse

daran, das Werkzeug zu vervollkommnen, womit man
es quält. Bringt es soweit, daß dies Werkzeug ihm
zur Freude wird, und bald werdet ihr feststellen, daß
es sich seiner bedient, selbst wenn es euch nicht recht
sein sollte.

Man macht viel Wesens davon, die besten Methoden, lesen zu lernen, herauszufinden. Man erfindet
Lesekästen, Karten, man macht aus dem Kinderzimmer
eine Druckerwerkstatt[51]. Locke möchte, daß es mit Hilfe
von Würfeln lesen lerne[52]. Wenn das nicht eine geniale
Erfindung ist! Welch ein Jammer! Ein viel sichereres
Mittel, das, woran niemand denkt, ist der Wunsch,
lesen zu lernen. Erweckt diesen Wunsch im Kinde und
dann weg mit euren Lesekästen und Würfeln, und jede
Methode wird ihm recht sein. – Das gegenwärtige Interesse ist die große bewegende Kraft, die einzige, die mit
Gewißheit zu etwas führt. Manchmal bekommt Emile
von seinem Vater, seiner Mutter, von Verwandten
und Freunden Einladungsbriefchen zu einem Mittagessen, einem Ausflug, zu einer Wasserpartie oder
irgendeinem Volksfest. Diese Briefchen sind kurz, klar,
verständlich und mit guter Handschrift geschrieben.
Jemand muß sich finden, der sie ihm vorliest. Entweder findet sich dieser Jemand nicht gleich, oder er
will sich für eine frühere Unart des Kindes rächen. So
sind Gelegenheit und Augenblick verpaßt. Schließlich
liest man ihm das Briefchen vor, aber es ist zu spät.
Ach, hätte man doch selbst lesen können! Man bekommt wieder Briefe. Sie sind so kurz, und ihr Inhalt
ist so aufregend. Man möchte so gern versuchen, sie zu
entziffern – manchmal findet man jemanden, der einem
hilft, manchmal keinen. Man konzentriert sich und ent-
ziffert schließlich die Hälfte: es geht darum, morgen
Schlagsahne essen zu gehen ... man weiß aber nicht
wo und mit wem ... Wie strengt man sich an, auch
den Rest lesen zu können! Ich glaube nicht, daß Emile
einen Lesekasten braucht. Soll ich nun noch vom Schrei-

ben sprechen? Nein. Ich würde mich schämen, mich in
einer Abhandlung über die Erziehung mit solchen
Albernheiten abzugeben.

Nur noch ein Wort will ich dazu sagen, das grundsätzlich wichtig ist: im allgemeinen erzielt man mit
Sicherheit und sehr rasch das, worum man sich kaum
bemüht. Ich bin nahezu gewiß, daß Emile vollendet
lesen und schreiben kann, bevor er zehn Jahre alt ist,
und das gerade deshalb, weil es mich höchst wenig
interessiert, ob er es mit fünfzehn Jahren können wird.
Es wäre mir jedoch lieber, er könnte niemals lesen, als
diese Weisheit mit allem, was sie nützlich macht, erkaufen zu müssen – was nützt es ihm, daß er lesen kann,
wenn man es ihm für alle Zeiten verleidet hat? Id
imprimis cavere oportebit, ne studia, qui amare non-
dum potest, oderit, et amaritudinem semel perceptam
etiam ultra rudes annos reformidet[53].

Je mehr ich auf meiner Methode der Inaktivität bestehe, um so mehr fühle ich die Einwände dagegen sich
verstärken: Wenn euer Zögling nichts von euch lernt,
dann lernt er es von anderen. Wenn ihr dem Irrtum
nicht durch die Wahrheit zuvorkommt, lernt er nur
Lügen. Die Vorurteile, die ihr ihm beizubringen fürchtet, werden ihm von seiner ganzen Umgebung beigebracht, sie werden ihm durch alle Sinne eingehen.
Entweder sie verderben seine Vernunft noch bevor sie
ausgebildet ist, oder sein Geist wird, durch lange Untätigkeit abgestumpft, sich im Materiellen verbrauchen.
Die Gewohnheit, während der Kindheit nicht zu denken, nimmt ihm für den Rest des Lebens die Fähigkeit
dazu.

Mir scheint, darauf könnte ich leicht antworten.
Aber wozu immer Entgegnungen? Wenn meine Methode selbst allen Einwänden Antwort steht, ist sie
gut; weiß sie nichts zu entgegnen, taugt sie nichts. Ich
fahre fort.

Wenn ihr nach dem Plan, den ich vorzuzeichnen be-

gann, den Regeln folgt, die den üblichen genau entgegengesetzt sind, wenn ihr, anstatt den Geist eures
Zöglings in die Ferne schweifen zu lassen, anstatt ihn
unaufhörlich an andere Orte, in andere Klimata, in
andere Jahrhunderte, bis an alle Enden der Welt, ja
bis in den Himmel hinein zu versetzen, euch bemüht,
ihn immer in sich selbst zu halten, nur auf das bedacht,
was ihn unmittelbar berührt, dann werdet ihr feststellen, daß sich in ihm die Fähigkeit des Denkens,
des Gedächtnisses, ja selbst der Urteilskraft entwickelt hat:
so will es die Ordnung der Natur. In dem Maße, da
ein empfindungsfähiges Wesen aktiv wird, gewinnt es
ein Unterscheidungsvermögen, das genau seinen Kräften entspricht, und erst mit dem Überschuß an Kraft,
deren es für seine Selbsterhaltung bedarf, entwickelt
sich in ihm die spekulative Fähigkeit, die geeignet ist,
dieses Übermaß an Kraft für anderes zu verwenden[54].
Wollt ihr also die Intelligenz eures Zöglings fördern,
so fördert die Kräfte, die sie beherrschen muß. Trainiert ständig seinen Körper, macht ihn robust und gesund, damit er klug und vernünftig wird. Haltet ihn
dauernd in Bewegung, laßt ihn rennen, schreien, sich
anstrengen und betätigen, laßt ihn durch Kraft ein
Mensch sein, und bald wird er es durch die Vernunft
sein.

Zwar würdet ihr ihn durch diese Methode stumpfsinnig machen, wenn ihr ihn ununterbrochen leiten
wolltet, ihm immer sagen würdet: Geh, komm, bleibe,
tue dies, tue jenes nicht. Wenn euer Kopf immer seine
Glieder lenkt, wird der seine überflüssig. Erinnert
euch jedoch unserer Abmachung: wenn ihr bloße Pedanten seid, lohnt die Lektüre meiner Schrift nicht die
Mühe.

Es ist ein beklagenswerter Irrtum, sich einzubilden,
das körperliche Training schade der Geisteskraft. Als
ob beides nicht zusammenwirken und das eine nicht
immer das andere leiten müßte!

Es gibt zwei Klassen von Menschen, die ihren Körper ständig in Übung halten und sicher kaum an die Kultivierung ihrer Seele denken, nämlich die Bauern und die Wilden[55]. Die Bauern sind ungeschlacht, grob und ungeschickt. Die Wilden, hinlänglich bekannt geworden durch ihren natürlichen Verstand, sind es noch mehr durch die Subtilität ihres Geistes. Im allgemeinen gibt es nichts Schwerfälligeres als einen Bauern, aber auch nichts Schlaueres als einen Wilden. Woher kommt dieser Unterschied? Der Bauer, der jeden Tag tut, was man ihm aufträgt, was er seinen Vater tun sah, oder was er selbst von Kindheit an getan hat, tut alles routinemäßig. Und in seinem fast automatisch verlaufenden Leben, immerfort mit der gleichen Arbeit beschäftigt, nehmen Gehorsam und Gewohnheit die Stelle des Verstands ein.

Beim Wilden ist es anders: an keinen Ort gebunden, ohne vorgeschriebene Aufgabe, niemandem zum Gehorsam verpflichtet, nur dem Gesetz seines eigenen Willens folgend, muß er sich jede seiner Handlungen im Leben überlegen. Er macht nicht eine Bewegung, tut nicht einen Schritt, ohne eine genaue Vorstellung von deren Folgen zu haben. Und je mehr sich sein Körper übt, desto mehr bildet sich sein Geist. Seine Kraft und sein Verstand wachsen gleichzeitig, und eins wird durch das andere gestärkt.

Kluger Erzieher, sehen wir einmal, wessen Zögling dem Wilden und wessen Zögling dem Bauer gleicht. Der eurige, in allem einer immer belehrenden Autorität untergeordnet, tut nichts ohne Aufforderung. Er wagt nicht zu essen, wenn er Hunger hat, zu lachen, wenn er fröhlich ist, zu weinen, wenn er traurig ist, die eine statt der anderen Hand zu reichen und den Fuß anders als nach Vorschrift zu setzen. Bald wird er nur noch nach euren festgesetzten Regeln zu atmen wagen. Woran soll er denken, wenn ihr für ihn an alles denkt? Was kümmert ihn Vorsorge, wenn ihr sie für ihn trefft? Da er sieht, daß ihr euch seiner Erhaltung und seines Wohlbefindens annehmt, fühlt er sich dieser Sorge enthoben. Sein Urteil richtet sich nach dem eurigen. Alles, was ihr ihm nicht verbietet, tut er ohne Überlegung, weil er genau weiß, daß er nichts dabei riskiert. Was kümmert es ihn, ob es regnen wird? Er weiß, daß ihr für ihn den Himmel anschaut. Was braucht er über die Länge seines Spaziergangs nachzudenken? Er hat keine Angst, daß ihr ihn das Mittagessen verpassen laßt. Verbietet ihr ihm nicht zu essen, ißt er; verbietet ihr es ihm, ißt er nicht weiter. Er horcht nicht mehr auf die Meinung seines Magens, sondern auf die eurige. Ihr könnt seinen Körper noch so sehr durch Inaktivität verweichlichen, sein Verständnis wird dadurch nicht geschmeidiger. Ganz im Gegenteil: Ihr erreicht endgültig, seinen Verstand bei ihm in Mißkredit zu bringen, wenn ihr ihn das bißchen, das er hat, auf Dinge anwenden laßt, die ihm völlig unnötig vorkommen. Wenn er niemals sieht, wozu seine Vernunft ihm dienen kann, wird er schließlich meinen, sie sei zu nichts zu gebrauchen. Das Schlimmste, was ihm passieren kann, wenn er seine Vernunft falsch gebraucht hat, ist, daß man ihn tadelt; und das passiert ihm so oft, daß es ihn gar nicht mehr beeindruckt, eine so gewöhnliche Gefahr schreckt ihn nicht mehr.

Trotzdem meint ihr, er habe Geist; er hat soviel, um mit den Frauen in dem Ton schwätzen zu können, von dem ich schon sprach. Kommt er aber einmal in den Fall, daß er mit seinem Leben einstehen muß, daß er in einer schwierigen Situation Partei ergreifen muß, werdet ihr sehen, daß er hundertmal dümmer und stupider ist als der Sohn des gröbsten Bauern.

Was meinen Zögling anlangt, oder vielmehr den der Natur, so ist er frühzeitig daran gewöhnt, so weit wie möglich mit sich selbst fertig zu werden und wird keineswegs die Gewohnheit haben, immer die Hilfe anderer in Anspruch zu nehmen, und noch weniger

die, sein großes Wissen auszubreiten. Dafür wird er
alles, was sich unmittelbar auf ihn selbst bezieht, beurteilen, vorhersehen und überlegen können. Er schwatzt
nicht, er handelt. Er weiß kein Wort von dem, was in
der großen Welt vorgeht, aber er kann sehr wohl das
für ihn Richtige tun. Da er sich ständig umtut, ist er
genötigt, viele Dinge zu beobachten, viele Wirkungen
zu erkennen. Schon frühzeitig erwirbt er große Erfahrung. Er erhält seine Lektionen von der Natur und
nicht von den Menschen. Da er nirgendwo die Absicht
sieht, ihn zu belehren, unterrichtet er sich selbst um so
besser. So üben sich gleichzeitig Körper und Geist. Da
er immer nach seiner Meinung handelt und nicht nach
der eines anderen, übt er laufend zwei Tätigkeiten
zugleich aus. Je mehr er seinen Körper kräftigt, um so
besser entwickeln sich Verstand und Scharfsinn. Nur so
gelangt man eines Tages in den Besitz dessen, was man
für unvereinbar hält und was fast alle großen Männer
in sich vereinigten: die Kraft des Körpers und der
Seele, den Verstand eines Weisen und die Stärke eines
Athleten[56].

Ich predige euch eine schwere Kunst, ihr jungen
Lehrer, nämlich beherrschen ohne Vorschriften zu
geben und durch Nichtstun alles zu tun. Ich gebe zu,
daß diese Kunst nicht eures Alters ist, ihr könnt dabei
nicht sofort mit euren Talenten brillieren und den
Vätern Eindruck machen. Aber sie ist die einzige, die
Erfolg verspricht. Nie wird es euch gelingen, einen
Weisen zu schaffen, wenn ihr nicht zunächst einen Gas-
senjungen geschaffen habt. Das war die Erziehung der
Spartaner; anstatt die Kinder hinter die Bücher zu
setzen, brachte man ihnen zunächst bei, wie sie sich ihr
Mittagessen stehlen konnten. Waren deshalb die Spar-
taner roh, wenn sie erwachsen waren? Wer kennt nicht
die Treffsicherheit und Würze ihrer Entgegnungen?
Immer zum Sieger bestimmt, vernichteten sie ihre
Feinde in jeglicher Art von Krieg, und die geschwät-

zigen Athener fürchteten ebensosehr ihre Worte wie
ihre Streiche.

In der gepflegten Erziehung befiehlt der Lehrer und
glaubt dadurch zu herrschen. In Wirklichkeit ist es das
Kind, das herrscht. Es bedient sich dessen, was ihr von
ihm fordert, um von euch zu erlangen, was ihm gefällt. Eine Stunde Fleiß müßt ihr ihm mit acht Tagen
Nachgiebigkeit bezahlen. Jeden Augenblick müßt ihr
mit ihm unterhandeln. Und die Verträge, die ihr in
eurem Sinne machen wollt, die es aber in seinem Sinne
durchführt, dienen immer nur seinen Wünschen, besonders dann, wenn man so ungeschickt ist, zu seinem
Vorteil eine Bedingung daran zu knüpfen, die ihm sowieso nichts ausmacht. Im allgemeinen versteht das
Kind viel besser in der Seele des Lehrers zu lesen als
dieser im Herzen des Kindes. Und das ist klar: denn
den ganzen Spürsinn, den ein unabhängiges Kind für
seine Selbsterhaltung aufwenden müßte, gebraucht es,
um seine natürliche Freiheit aus den Fesseln seines
Tyrannen zu retten, während dieser Tyrann, der gar
kein so dringendes Interesse daran hat, den andern
voll und ganz zu verstehen, manchmal besser auf seine
Kosten kommt, wenn er ihn bei seiner Faulheit oder
Eitelkeit läßt.

Folgt mit eurem Zögling dem umgekehrten Weg.
Laßt ihn immer im Glauben, er sei der Meister, seid
es in Wirklichkeit aber selbst. Es gibt keine vollkom-
menere Unterwerfung als die, der man den Schein der
Freiheit zugesteht. So bezwingt man sogar seinen Willen. Ist das arme Kind, das nichts weiß, nichts kann
und erkennt, euch nicht vollkommen ausgeliefert? Verfügt ihr nicht über alles in seiner Umgebung, was auf
es Bezug hat? Seid ihr nicht Herr seiner Eindrücke
nach eurem Belieben? Seine Arbeiten, seine Spiele, sein
Vergnügen und sein Kummer – liegt nicht alles in
euren Händen, ohne daß es davon weiß? Zweifellos
darf es tun, was es will, aber es darf nur das wollen,

von dem ihr wünscht, daß es es tut. Es darf keinen
Schritt tun, den ihr nicht für es vorgesehen habt, es
darf nicht den Mund auftun, ohne daß ihr wißt, was
es sagen will[57].

Dann kann es anfangen, die seinem Alter angemessenen Körperkräfte zu üben, ohne daß sein Geist
dabei abstumpft. Dann könnt ihr sehen, wie es, anstatt seinen Scharfsinn anzustrengen, um ein unbequemes Regime loszuwerden, einzig und allein beschäftigt ist, aus allem, was es umgibt, den Vorteil für
sein Wohlsein zu ziehen. Dann werdet ihr staunen
über die Subtilität seiner Einfälle, sich alle Dinge, die
in seiner Reichweite sind, anzueignen und zu genießen,
ohne daß es dazu der Hilfe der Meinung bedürfte.

Laßt ihr es so Herr des eigenen Willens sein, nährt
ihr damit keineswegs seine Eigenwilligkeiten. Da es
immer nur das tut, was ihm paßt, wird es bald nur
tun, was es tun soll, und obgleich sein Körper ständig
beschäftigt ist, solange es sich um sein akutes und dringendes Interesse handelt, werdet ihr merken, wie sich
der ganze Verstand, über den es verfügt, weit besser
und auf eine ihm viel angemessenere Art entwickelt
als durch rein spekulative Studien.

Sieht es also, daß ihr keineswegs darauf aus seid,
ihm entgegenzuhandeln, wird es euch nie mehr täuschen und belügen, da es euch nicht mißtraut und nichts
vor euch zu verbergen hat. Es wird sich ohne Furcht
so geben, wie es ist. Ihr könnt es in aller Ruhe beobachten und ihm durch alle möglichen Erfahrungen, die es
macht, Belehrungen geben, ohne daß es ihm bewußt
wird.

Auch wird es euren Eigentümlichkeiten nicht mit
eifersüchtiger Neugier nachspionieren und sich kein
geheimes Vergnügen daraus machen, euch bei etwas
Unrechtem zu erwischen. Das ist überhaupt ein großes
Übel, dem wir zuvorkommen können. Eines der ersten
Interessen der Kinder ist, wie ich schon sagte, die

Schwächen derer zu entdecken, die es beherrschen wollen. Diese Neigung führt zur Bösartigkeit, kommt aber nicht daher. Sie kommt von dem Bedürfnis, einer Autorität auszuweichen, die ihnen unbequem ist. Bedrückt von dem ihnen auferlegten Joch, versuchen sie es abzuschütteln, und die Mängel, die sie bei ihren Lehrern finden, liefern ihnen die besten Mittel dazu. Inzwischen entwickelt sich die Gewohnheit, die Menschen auf ihre Fehler hin zu beobachten und sich darüber zu freuen, wenn man welche an ihnen entdeckt. Es ist klar, daß dies wieder eine im Herzen Emiles verstopfte Lasterquelle ist[58]; da er keinerlei Interesse daran hat, Mängel bei mir zu entdecken, wird er auch keine suchen und recht wenig versucht sein, welche bei anderen zu suchen.

Alle diese Maßnahmen scheinen schwierig, weil man nicht auf diese Gedankengänge kommt. Im Grunde sollten sie es aber nicht sein. Man hat das Recht, bei euch die nötige Klugheit zu einem Beruf vorauszusetzen, den ihr für euch gewählt habt. Man muß annehmen, daß der natürliche Gang des menschlichen Herzens euch vertraut ist, daß ihr die Menschen im allgemeinen und in der Individualität zu studieren wißt, daß ihr im voraus wißt, wohin sich der Wille eures Zöglings neigen wird bei all den Gegenständen, die ihr vor seine Augen bringen werdet und die ihn in seinem Alter interessieren. Heißt es nicht Herr einer Unternehmung sein, wenn man die Mittel dazu in der Hand hat und sie richtig anzuwenden versteht?

Ihr werdet mir die kindlichen Launen entgegenhalten, aber da irrt ihr euch. Die Laune ist nie das Werk der Natur, sondern das einer schlechten Zucht; das heißt, daß das Kind entweder gehorchen mußte oder befehlen konnte, und ich habe schon hundertmal gesagt, daß weder das eine noch das andere richtig ist. Euer Zögling besitzt also nur die Launen, die ihr ihm eingegeben habt, und es ist nur gerecht, daß ihr für eure

Fehler büßen müßt. Aber, so werdet ihr sagen, was
kann man dagegen tun? Durch richtigeres Verfahren
und mit viel Geduld kann immer noch etwas dagegen
getan werden.

Ich hatte mich während einiger Wochen eines Jungen angenommen, der nicht nur daran gewöhnt war,
seinen Willen durchzusetzen, sondern ihn auch seiner
ganzen Umgebung aufzuzwingen, und der folglich
voller Launenhaftigkeit war[59]. Um meine Nachgiebigkeit auf die Probe zu stellen, wollte er schon nach dem
ersten Tag um Mitternacht aufstehen. Während meines
tiefsten Schlafs springt er aus dem Bett, nimmt seinen
Schlafrock und ruft nach mir. Ich stehe auf und zünde
die Kerze an. Mehr wollte er nicht. Nach einer Viertelstunde übermannt ihn die Müdigkeit, und zufrieden
mit seinem Erfolg legt er sich wieder schlafen. Zwei
Tage später wiederholt er den Versuch mit dem gleichen Erfolg – meinerseits ohne das geringste Zeichen
von Ungeduld. Als er mir beim Zurückgehen in sein
Bett einen Kuß gab, sagte ich ihm in aller Ruhe: Mein
kleiner Freund, das ist ganz schön, aber tue es nicht
wieder! Diese Worte erregten seine Neugier, und schon
in der nächsten Nacht stand er prompt um die gleiche
Zeit auf und rief nach mir, um doch einmal festzustellen, wie ich es wagen könnte, ihm nicht zu Willen
zu sein. Ich fragte ihn, was er möchte. Er sagte, daß
er nicht schlafen könnte. *Wie schade*, antwortete ich
und rührte mich nicht. Er bat mich, die Kerze anzu-
zünden. *Warum?* fragte ich und blieb weiter unge-
rührt. Diese lakonische Redeweise brachte ihn langsam
in Verwirrung. Er machte sich tastend davon, um nach
dem Feuerstein zu suchen, und er tat so, als schlüge er
ihn an, wobei ich mich eines Lachens nicht enthalten
konnte, als ich hörte, daß er sich dabei auf die eigenen
Finger schlug. Als er endlich überzeugt war, daß er
nicht zu Rande kam, brachte er mir das Feuerzeug ans
Bett. Ich sagte ihm, daß ich es nicht brauchte, und

drehte mich auf die andere Seite. Da fing er an, wie verrückt durch das Zimmer zu laufen, schreiend, singend und mit viel Getöse, stieß – jedoch mit Vorsicht – an Tisch und Stühle, schrie aber furchtbar dabei in der Hoffnung, mich aus der Ruhe zu bringen. Aber es half alles nichts, und ich merkte, daß er wohl mit schönen Ermahnungen oder Zornesausbrüchen gerechnet hatte, aber keinesfalls mit dieser Kaltblütigkeit.

Jedoch, entschlossen, meine Geduld durch zähe Hartnäckigkeit zu besiegen, setzte er sein Getöse mit einem derartigen Erfolg fort, daß ich schließlich wütend wurde. Aber ich sah voraus, daß ich alles verderben würde, wenn ich mich plötzlich hinreißen ließe, und beschloß, auf andere Weise vorzugehen. Ich stand ohne ein Wort auf, wollte das Feuerzeug nehmen und fand es nicht. Ich bitte ihn darum, und er gibt es mir, außer sich vor Freude, endlich über mich triumphiert zu haben. Ich schlage Feuer, zünde die Kerze an, nehme meinen kleinen Mann bei der Hand und führe ihn ruhig in ein Nebenzimmerchen, dessen Fensterläden dicht verschlossen waren und wo es nichts Zerbrechliches gab. Dort lasse ich ihn ohne Licht und gehe wieder zu Bett, nachdem ich, ohne ein einziges Wort zu sagen, die Tür hinter ihm abgeschlossen habe. Keine Frage, ob zuerst nicht ein Riesenlärm losging; aber das hatte ich erwartet, und es regte mich keineswegs auf. Schließlich wird es etwas ruhiger, ich horche hin, höre, daß er sich hingelegt hat, und gebe mich zufrieden. Am nächsten Morgen gehe ich bei hellem Tageslicht ins Nebenzimmer, wo ich meinen kleinen Trotzkopf auf einem Sofa finde, fest eingeschlafen in einem Schlaf, den er nach soviel Anstrengungen wohl nötig haben mußte.

Aber damit ist die Angelegenheit noch nicht zu Ende. Die Mutter erfuhr, daß das Kind zwei Drittel der Nacht nicht in seinem Bett verbracht hatte. Sofort war alles verdorben, das Kind wurde wie ein Halbtoter behandelt. Die Gelegenheit zur Rache schien ihm günstig, und er spielte den Kranken, ohne dabei zu bedenken, daß er dadurch nichts zu gewinnen hatte. Der Arzt wurde gerufen. Unglückseligerweise für die Mutter war der Arzt ein Spaßvogel, der sich an ihren Ängsten weidete und alles tat, um sie noch zu steigern. Aber mir sagte er ins Ohr: Lassen Sie mich nur machen; ich verspreche Ihnen, daß das Kind für einige Zeit von seiner Laune, den Kranken zu spielen, geheilt sein wird. Tatsächlich wurden ihm Diät und Bettruhe verschrieben, und der Apotheker hatte sich weiter um ihn zu kümmern. Mir tat die Mutter leid, die außer mir, den sie haßte, weil ich sie nicht betrog, von aller Welt betrogen wurde.

Nach recht harten Vorwürfen sagte sie mir, daß ihr Sohn sehr zart sei, daß er der einzige Erbe der Familie sei, dessen Leben man um jeden Preis erhalten müsse, und daß sie nicht dulde, daß ihm zuwider gehandelt werde. In diesem Punkt stimmte ich ihr voll und ganz zu. Allerdings verstand sie unter ihm zuwiderhandeln ihm nicht bedingungslos gehorchen. Ich sah, daß man der Mutter gegenüber denselben Ton anschlagen mußte wie dem Kind. Madame, sagte ich sehr kühl, ich habe keine Ahnung, wie man einen Erben erzieht und will es vor allem auch nicht erfahren. Sie können daraufhin Ihre Dispositionen treffen. Da man mich noch für einige Zeit brauchte, schlichtete der Vater den Streit. Aber die Mutter schrieb dem Erzieher und bat ihn, seine Rückkehr zu beschleunigen. Das Kind, das eingesehen hatte, daß es weder durch das Stören meines Schlafs noch durch Krankspielen etwas erreicht hatte, entschloß sich, wieder durchzuschlafen und gesund zu sein.

Es ist unvorstellbar, mit wieviel ähnlichen launischen Einfällen der kleine Tyrann seinen unglückseligen Erzieher bezwungen hatte. Denn die Erziehung vollzog sich unter den Augen der Mutter, die es nicht litt, daß man dem Erben auch nur im geringsten widersprach. Zu jeder Zeit, wenn er auszugehen wünschte, mußte man bereit sein, ihn zu begleiten oder vielmehr ihm zu folgen, und er wählte mit Sorgfalt den Augenblick, wo er seinen Erzieher am beschäftigtsten sah. Bei mir wollte er dasselbe Regime einführen, um sich tagsüber für die Nachtruhe zu rächen, die er mir lassen mußte. Ich machte gutwillig alles mit und bestätigte ihm zunächst, wieviel Spaß es mir machte, ihm gefällig zu sein. Dann, als es darum ging, ihn von seinen Launen zu heilen, wandte ich eine andere Methode an.

Zuerst mußte ich ihn ins Unrecht setzen, und das war nicht schwer. Da ich wußte, daß Kinder immer nur dem Augenblick leben, machte ich von dem leichten Vorteil Gebrauch, manches voraussehen zu können. Eifrig verschaffte ich ihm zu Hause ein Vergnügen, von dem ich wußte, daß es ihm ungeheuren Spaß machen würde. In dem Augenblick, da ich ihn am fasziniertesten sah, schlug ich ihm einen Spaziergang vor. Davon wollte er absolut nichts wissen. Ich bestand darauf, er hörte gar nicht hin. Ich mußte nachgeben, und er registrierte sorgfältig bei sich dies Anzeichen von Unterwerfung.

Am nächsten Tag kam ich an die Reihe. Er langweilte sich – dafür hatte ich gesorgt. Ich schien dagegen ganz in meine Arbeit vertieft. Aber auch ohnedies faßte er seinen Entschluß. Sofort kam er, um mich von meiner Arbeit wegzuholen und ihn so schnell wie möglich auszuführen. Ich lehnte ab; er versteifte sich. Nein, sagte ich, dadurch, daß du immer deinen Willen durchsetzt, hast du mich gelehrt, den meinen durchzusetzen – ich will nicht ausgehen. Gut, antwortete er lebhaft, dann werde ich ganz allein ausgehen. – Wie du willst – und ich arbeite weiter.

Er zieht sich an, ein wenig beunruhigt, daß ich ihn tun ließ, was er wollte, und mich nicht auch anzog. Fertig zum Ausgehen kommt er zu mir, um adieu zu

sagen. Ich sage ihm auch adieu. Er versucht, mich durch
die langen Wege, die er vorhat, zu beunruhigen. Ohne
mich zu erregen, wünsche ich ihm einen schönen Spaziergang. Seine Bestürzung verdoppelt sich. Er hält
sich jedoch gut und bittet seinen Diener, ihm zu folgen.
Der von mir instruierte Diener sagt, er hätte keine
Zeit, und da er etwas für mich zu tun hätte, müßte er
nicht ihm, sondern mir gehorchen. Der Junge ist völlig
perplex. Wie ist es zu begreifen, daß man ihn allein
ausgehen läßt, ihn, der sich als das wichtigste aller
Geschöpfe fühlt und der glaubt, Himmel und Erde
seien an seinem Wohlergehen interessiert? Inzwischen
beschleicht ihn ein Gefühl seiner Schwäche. Er begreift,
daß er inmitten von Menschen, die ihn gar nicht kennen, ganz allein sein wird, er sieht die Gefahren voraus, denen er sich aussetzt. Nur noch der Eigensinn
läßt ihn beharrlich bleiben. Er geht langsam und völlig
verstört die Treppe hinunter. Endlich geht er auf die
Straße, ein wenig getröstet durch die Hoffnung, daß
man mich für etwas Schlimmes, das ihm zustoßen
könnte, verantwortlich machen würde.

Soweit wollte ich ihn haben. Alles war vorher abge-
macht worden, und da es sich um eine Art öffentlichen
Auftritt handelte, hatte ich mir das Einverständnis des
Vaters gesichert. Kaum hat er einige Schritte getan,
wird er von allen Seiten angesprochen. Seht Euch den
hübschen Herrn an, Herr Nachbar! Wo geht er denn
hin so allein? Er wird sich verlaufen, ich werde ihn
bitten, zu uns hereinzukommen. Laßt das nur schön
bleiben, Frau Nachbarin. Seht ihr denn nicht, daß das
ein kleiner Frechling ist, den man aus dem Haus ge-
jagt hat, weil er nicht artig sein wollte? Einen Frechling soll man nicht bei sich aufnehmen, laßt ihn gehn,
wohin er will. Also gut! Gott möge ihn führen! Es täte
mir leid, wenn ihm ein Unglück zustieße. Ein wenig
weiter trifft er auf ein paar Gassenjungen, die ungefähr gleichaltrig mit ihm sind, die ihn hänseln und sich

über ihn lustig machen. Je weiter er geht, um so größer wird seine Unruhe. Allein und schutzlos sieht er sich zum Spielzeug aller Welt gemacht und stellt zu seiner großen Überraschung fest, daß ihm seine Schulterschleifen und sein goldgesticktes Kleid keinen größeren Respekt verschaffen.

Inzwischen folgte ihm einer meiner Freunde, den er nicht kannte und den ich gebeten hatte, auf ihn achtzugeben auf Schritt und Tritt, ohne daß der Junge es merkte, und sprach ihn an, als es höchste Zeit war. Diese Rolle, die der des Sbrigani im „Pourceaugnac"[60] ähnelt, verlangt einen Mann von Geist und wurde auch glänzend gespielt. Ohne das Kind durch einen plötzlichen Schock einzuschüchtern und zu verängstigen, machte er ihm die Unvorsichtigkeit seiner Eskapade so eindringlich klar, daß er mir nach einer halben Stunde ein gefügiges und beschämtes Kind zurückbrachte, das nicht die Augen zu heben wagte.

Um die Katastrophe seiner Expedition voll zu machen, kam genau in dem Augenblick, als er eintrat, sein Vater die Treppe herunter, um auszugehen. Nun mußte er sagen, woher er kam und warum ich ihn nicht begleitet hatte*. Der arme Junge wäre wohl am liebsten im Erdboden versunken. Ohne sich damit aufzuhalten, ihm eine lange Strafpredigt zu halten, sagte sein Vater viel kürzer angebunden, als ich erwartet hätte: Es steht dir frei, allein auszugehn. Da ich aber keinen Landstreicher in meinem Hause haben will, so denke daran, daß du das nächstemal vor eine verschlossene Tür kommen wirst.

Ich empfing ihn ohne Vorwurf und Spott, aber ein wenig ernst; und damit er nicht auf die Idee kam, daß alles, was geschehen war, nur ein abgekartetes Spiel gewesen war, weigerte ich mich, ihn noch am gleichen

---

* In einem solchen Fall kann man ohne weiteres die Wahrheit von einem Kind verlangen, denn es weiß, daß es sie nun nicht verschleiern kann und, wenn es zu lügen wagte, sofort überführt werden würde.

Tag auszuführen. Am nächsten Tag stellte ich mit großer Zufriedenheit fest, daß er mit triumphierender
Miene an all den Leuten mit mir zusammen vorbei-
ging, die sich tags zuvor über ihn lustig gemacht hatten, weil er allein herumlief. Es ist wohl klar, daß er
mir nie wieder drohte, allein auszugehen.

Durch solche und ähnliche Verfahren erreichte ich
während der kurzen Zeit, die ich mit ihm verbrachte,
daß er alles tat, was ich wollte, ohne daß ich ihm etwas
vorschreiben mußte, ohne ihm etwas verbieten zu müssen, ohne Predigten und Ermahnungen und ohne ihn
durch unnötige Lektionen zu langweilen. So war er
fröhlich, wenn ich sprach, während mein Stillschweigen
ihn ängstigte; er begriff dann sofort, daß irgend etwas
nicht in Ordnung war, und immer zog er seine Lehre
aus der Sache selbst. Aber nun zurück zum Thema.

Weit entfernt davon, daß diese steten und der Natur
überlassenen Leibesübungen den Geist stumpf machen,
während sie den Körper kräftigen, bilden sie im Gegenteil in uns die einzige Art der Vernunft, zu der
das frühe Kindesalter fähig ist und die für jedes Alter
die notwendigste ist: sie lehren uns den Gebrauch
unserer Kräfte kennen, die Beziehungen unseres Leibes zu unserer Umgebung und den Gebrauch der natürlichen Hilfsmittel, deren wir uns zu bedienen vermögen und die unseren Organen angemessen sind.
Gibt es eine größere Dummheit als die eines ständig im Hause unter den Augen der Mutter gehal-
tenen Kindes, das, in völligem Unwissen darüber,
was Gewicht und Widerstand bedeuten, einen großen
Baum herausreißen oder einen Felsblock aufheben
will? Das erstemal, als ich Genf verlassen hatte,
wollte ich einem galoppierenden Pferd nachlaufen
und warf Steine gegen den Mont Salève, der zwei
Meilen weit von mir entfernt lag. Vom ganzen
Dorf gehänselt, wurde ich von allen Kindern als
vollkommener Idiot angesehen. Mit achtzehn Jahren

lernt man in der Physikstunde, was ein Hebel ist; es gibt keinen kleinen Bauernjungen von zwölf Jahren, der einen Hebel nicht besser bedienen könnte als der beste Mechaniker der Akademie. Was die Schüler unter sich im Hof des Kollegiums lernen, wird ihnen hundertmal mehr nützen als alles, was ihnen in der Klasse beigebracht wird.

Seht euch eine Katze an, die zum erstenmal einen Raum betritt. Sie streicht herum, äugt, wittert und ist immerzu in Bewegung, sie traut keiner Sache, bevor sie alles untersucht hat und kennt. Genauso macht es das Kind, das mit den ersten Schritten sozusagen den Raum der Welt betritt. Der ganze Unterschied besteht darin, daß zu dem Gesichtssinn, der Katze und Kind gemeinsam ist, die Natur dem Kind die Hände zum Fühlen, der Katze dagegen den feinen Geruchsinn gab. Diese Anlage, je nachdem sie gut oder schlecht ausgebildet ist, macht die Kinder geschickt oder schwerfällig, träge oder munter, dumm oder klug.

Der Mensch macht also seine ersten natürlichen Bewegungen, um sich an allem, was ihn umgibt, zu messen und die sinnlichen Eigenschaften der Gegenstände, die er wahrnimmt, in bezug auf sich selbst zu erproben; und seine ersten Studien sind eine Art von Experimentalphysik, bezogen auf seine eigene Erhaltung, von der man ihn durch spekulative Studien nur ablenkt, ehe er seinen Platz in dieser Welt erkannt hat. Solange seine zarten und elastischen Organe sich noch den Dingen, mit denen sie sich umgeben, anpassen können, solange seine noch reinen Sinne durch keine Einbildungen getrübt sind, ist es Zeit, die einen wie die anderen in den ihnen eigenen Funktionen zu üben; es ist die Zeit, da der Mensch die sinnlich wahrnehmbaren Beziehungen der Dinge zu sich selbst kennenlernen soll. Da das menschliche Begriffsvermögen alles durch die Sinne empfängt, ist die erste Vernunft des Menschen eine sinnliche Vernunft; sie dient zur Grund-

lage der intellektuellen Vernunft. Unsere ersten Philo-
sophielehrer sind unsere Füße, unsere Hände, unsere
Augen. Das alles durch Bücher zu ersetzen, heißt nicht,
uns denken lehren, sondern uns der Gedanken anderer
bedienen, es heißt, uns lehren, viel zu glauben und nie
etwas zu wissen.

Zur Ausübung einer Kunst muß man sich zunächst
die Werkzeuge beschaffen, und um diese Werkzeuge
richtig zu gebrauchen, müssen sie so handfest gemacht
werden, daß sie ihre Benutzung aushalten. Zum Den-
kenlernen gehört also, daß unsere Glieder, unsere
Sinne und unsere Organe geübt werden, weil sie die
Werkzeuge unserer Intelligenz sind. Und um den
größtmöglichen Vorteil aus diesen Werkzeugen zu
ziehen, muß der Körper, der sie liefert, robust und gesund sein. Also, weit entfernt davon, daß die wirkliche
Vernunft des Menschen sich unabhängig vom Leib entwickelt, ist es die gute körperliche Verfassung, die die
geistigen Akte leicht und sicher macht.

Wenn ich nun zeige, wie man die lange Zeit kindlicher Muße verwenden soll, muß ich Einzelheiten anführen, die lächerlich scheinen mögen. Seltsame Lehren,
wird man mir sagen, die durch deine eigene Kritik
zunichte gemacht werden und sich darauf beschränken,
das vorzuschreiben, was niemand zu lernen braucht!
Warum die Zeit mit Belehrungen vertun, die sich von
selbst ergeben und weder Mühe noch Sorge machen?
Welches zwölfjährige Kind weiß nicht schon alles, was
du dem deinigen beibringen willst und was ihm außerdem schon seine Lehrer beigebracht haben?

Irrtum, meine Herren. Ich lehre meinen Zögling eine
sehr langsam und mühsam zu erlangende Kunst, die
die eurigen sicherlich nicht beherrschen – die, unwissend
zu sein; denn das Wissen dessen, der nur das zu wissen
glaubt, was er weiß, ist recht unbedeutend. Ihr vermittelt die Wissenschaft – allerhand! Was mich betrifft, ich
kümmere mich um das geeignete Werkzeug, sie zu er-

langen. Es wird erzählt, daß, als die Venezianer eines Tages einem spanischen Gesandten mit großem Pomp den Markus-Schatz zeigten, dieser, nachdem er unter die Tische geblickt habe, ihnen als ganzes Kompliment gesagt habe: Qui non c'è la radice[61]. Nie sehe ich einen Erzieher die Weisheiten seines Schülers zur Schau stellen, ohne mich zu der gleichen Bemerkung versucht zu fühlen.

Jeder, der über die Lebensweise der Alten nachgedacht hat, schreibt ihre Körper- und Seelenkräfte, die sie am spürbarsten vom modernen Menschen unterscheiden, ihren gymnastischen Übungen zu. Der Nachdruck, mit dem Montaigne diese Ansicht vertritt, zeigt, wie sehr er davon durchdrungen war; er kommt immer wieder und in tausenderlei Variationen darauf zurück. Wenn er von der Erziehung des Kindes spricht, sagt er: Um seine Seele zu stärken, muß man seine Muskeln härten; gewöhnt man es an die körperliche Ausarbeitung, gewöhnt man es auch an den Schmerz; man muß es an strenge körperliche Übungen gewöhnen, um es auf den heftigen Schmerz einer Verrenkung, einer Kolik und andere Schmerzen vorzubereiten. Der weise Locke, der gute Rollin, der gelehrte Fleury, der pedantische de Crouzas[62], so uneinig in allem übrigen, sind jedoch in diesem einen Punkt alle der gleichen Meinung, nämlich daß der Körper des Kindes kräftig trainiert werden muß. Das ist die klügste ihrer Vorschriften, und ist und wird immer die am meisten vernachlässigte sein. Ich habe schon genügend über ihre Bedeutsamkeit geredet, und da man dafür weder bessere Gründe geben noch vernünftigere Regeln aufstellen kann als die, die man in Lockes Buch findet, begnüge ich mich damit, darauf zu verweisen, nachdem ich mir erlaubt habe, ihm einige Beobachtungen hinzuzufügen.

Die Gliedmaßen eines im Wachstum begriffenen Körpers müssen weit und bequem bekleidet sein. Nichts darf ihre Bewegung und ihr Wachstum hindern, nichts

darf zu knapp, nichts hauteng sein, keinerlei feste
Schnürung. Die französische Kleidung, beengend und
ungesund für die Erwachsenen, ist für Kinder besonders schädlich. Die Körpersäfte, die stocken und in
ihrer Zirkulation gehemmt sind, stagnieren in einer
Bewegungslosigkeit, die durch die untätige und sitzende
Lebensweise noch gesteigert wird, verfaulen und erzeugen Skorbut, eine Krankheit, die sich bei uns immer
mehr verbreitet und die den Alten, deren Art sich zu
kleiden und zu leben sie davor bewahrte, fast unbekannt war. Die Husarentracht hilft diesem Übel keineswegs ab, sondern steigert es eher, und um den Kindern
ein paar Schnürbänder zu ersparen, preßt man den
ganzen Körper ein. Das Beste ist, sie solange wie möglich in einem losen Jäckchen zu lassen, ihnen später ein
ganz weites Kleidchen anzuziehen, ohne die schmale
Taille markieren zu wollen, was nur zu ihrer Defor-
mierung beitragen würde. Die körperlichen und geistigen Fehler der Kinder haben fast alle die gleiche
Ursache – man will vor der Zeit Erwachsene aus ihnen
machen.

Es gibt heitere und düstere Farben, die heiteren entsprechen mehr dem Geschmack der Kinder und passen
auch besser zu ihnen. Ich sehe nicht ein, warum man
in solch natürlichem Punkt nicht nachgeben sollte. Sobald sie aber nach einem Stoff verlangen, nur weil er
kostbar ist, sind ihre Herzen schon dem Luxus und
allen Launen der Meinung ausgeliefert, denn dieser
Geschmack ist ihnen sicher nicht aus ihnen selbst gekommen. Es ist unglaublich, wie sehr die Erziehung
durch die Auswahl der Kleidung und die Motive dazu
beeinflußt wird. Nicht nur verblendete Mütter versprechen ihren Kindern kostbare Sachen zum Anziehen als Belohnung, es gibt sogar hirnlose Erzieher, die
ihren Zöglingen mit einfacher Kleidung als Strafe
drohen. Wenn du nicht besser lernst, wenn du deine
Sachen nicht besser in Ordnung hältst, wirst du herum-

laufen wie dieser kleine Bauernjunge. Es ist, als sagten sie ihnen: Du mußt wissen, daß nur Kleider Leute machen und daß du nach den deinen eingeschätzt wirst. Ist es da verwunderlich, wenn die Jugend nach solch weisen Lehren nur noch die äußere Pracht gelten läßt und alle Verdienste nach Äußerlichkeiten bewertet?

Hätte ich solch ein verwöhntes Kind wieder zur Vernunft zu bringen, würde ich zunächst dafür sorgen, daß seine prächtigsten Kleider ihm am unbequemsten säßen, ihn dauernd hinderten, einzwängten und auf tausenderlei Art versklavten; alle Fröhlichkeit und Ungebundenheit müßte vor dieser Pracht weichen. Wenn es mit anderen, einfacher gekleideten Kindern spielen möchte, würde ihm sofort jegliche Möglichkeit dazu genommen sein. Schließlich würde ich ihm seine Pracht derart verleiden und verekeln, ich würde ihn so sehr zum Sklaven seines vergoldeten Gewands machen, daß es ihm zur Geißel seines Daseins würde, daß das dunkelste Verlies ihm weniger Grauen einflößte als die Herrlichkeiten seiner Kleidung. Solange das Kind unseren Vorurteilen nicht untertan ist, kennt es keinen größeren Wunsch als den nach Bequemlichkeit und Ungebundenheit. Das einfachste und bequemste Kleid, das es am wenigsten einzwängt, ist ihm immer das liebste.

Es gibt eine Lebensweise, die zur körperlichen Übung, und eine andere, die zur körperlichen Untätigkeit paßt. Die Inaktivität läßt den Säften ruhige und gleichmäßige Zirkulation und schützt den Körper vor Temperaturwechsel. Die körperliche Übung, durch die er dem dauernden Wechsel von der Ausarbeitung zum Ausruhen, von der Hitze zur Kälte ausgesetzt ist, muß ihn auch an diesen Wechsel gewöhnen. Daraus folgt, daß ans Haus gebundene Menschen mit sitzender Lebensweise sich immer warm anziehen sollen, um ihren Körper in gleichmäßiger Temperatur zu halten, fast immer in der gleichen Temperatur während jeder Jahreszeit und zu allen Tagesstunden; wogegen die, die

viel hin und her laufen, die sich Wind, Sonne und
Regen aussetzen und die meiste Zeit draußen verbringen, leicht gekleidet sein sollten, damit sie sich an jeden
Witterungsumschwung und alle Temperaturen gewöhnen, ohne darunter zu leiden. Ich würde dem einen
wie dem anderen empfehlen, sich nicht nach der Jahreszeit zu kleiden, so wie es mein Emile immer halten
wird. Darunter verstehe ich nicht, daß er im Sommer
seine Winterkleidung trägt so wie die Menschen mit
sitzender Lebensweise, sondern daß er im Winter seine
Sommerkleider trägt, so wie die Menschen, die körperliche Arbeit zu verrichten haben. So hat es auch der
Sir Newton während seines ganzen Lebens gehalten
und wurde dabei achtzig Jahre alt[63].

Nur spärliche oder gar keine Kopfbedeckung zu jeder Jahreszeit. Die alten Ägypter gingen immer bar-
haupt; die Perser trugen dicke Mützen und tragen
heute noch dicke Turbane, was, nach Chardin[64], wegen
des Klimas dort notwendig ist. Andernorts habe ich
mich über den Unterschied geäußert, den Herodot auf
einem Schlachtfeld zwischen den Schädeln der Perser
und denen der Ägypter feststellte[65]. Da es nun von Bedeutung ist, daß die Schädelknochen härter, kompakter,
weniger zerbrechlich und porös werden, damit sie das
Gehirn nicht nur gegen Verletzungen, sondern auch
gegen Erkältungen, Schlagfluß und alle Einwirkungen
des Klimas schützen, gewöhnt eure Kinder daran, Sommer und Winter, Tag und Nacht barhäuptig zu bleiben.
Wenn ihr ihnen aus Gründen der Sauberkeit oder um
ihr Haar in Ordnung zu halten, ein Nachthäubchen geben wollt, so muß es dünn und durchsichtig sein, ähnlich dem Netz, in das die Basken ihre Haare stecken.
Ich weiß wohl, daß die Mütter von den Beobachtungen
Chardins mehr beeindruckt als von meinen Begründungen, überall persisches Klima wittern. Ich habe mir
aber keinen europäischen Zögling ausgewählt, um aus
ihm einen Asiaten zu machen.

Im allgemeinen haben die Kinder vielzuviel an, besonders im frühesten Alter. Man sollte sie lieber gegen die Kälte als gegen Wärme abhärten: große Kälte wird sie nie stören, wenn sie ihr frühzeitig ausgesetzt wurden. Aber ihr noch zu lockeres und zartes Hautgewebe, das die Transpiration erleichtert, setzt sie durch extreme Wärme einer unvermeidlichen Erschöpfung aus. Daher kann auch im Monat August eine größere Kindersterblichkeit als in allen übrigen Monaten festgestellt werden. Im übrigen scheint es durch den Vergleich der nördlichen mit den südlichen Völkerschaften gewiß, daß man durch das Ertragen äußerster Kälte kräftiger wird als durch äußerste Hitze. Gewöhnt das Kind jedoch daran, im Verhältnis zu seinem Wachstum und zur Erstarkung seiner Fibern, der Sonnenbestrahlung langsam zu widerstehen. Wenn ihr stufenweise vorgeht, macht ihr es ohne Gefahr unempfindlich gegen die Glut tropischer Zonen.

Mitten in seinen energischen und vernünftigen Vorschriften fällt Locke in Widersprüche zurück, die man von solch exaktem Denker nicht erwarten würde. Dieser selbe Mann, der wünscht, daß Kinder im Sommer in eiskaltem Wasser baden, verbietet es, daß sie etwas Kaltes trinken, wenn sie erhitzt sind und sich auf feuchte Stellen am Boden legen*. Da er aber will, daß die Schuhe der Kinder bei jeder Temperatur wasserdurchlässig sind, sollen sie es dann weniger sein, wenn dem Kind heiß ist? und kann man ihm nicht, was den ganzen Körper angeht – in diesem Fall die Füße –, die gleichen Schlußfolgerungen entgegenhalten, die er im Hinblick auf die Beziehung zwischen Füßen und Händen und des übrigen Körpers auf das Gesicht macht?

---

* Als ob die Bauernkinder nur ganz trockenen Boden suchten, um sich hinzusetzen – oder zu legen, und als ob man nie gehört hätte, daß die Feuchtigkeit des Bodens nicht einem von ihnen schadet! Wenn man die Ärzte darüber hört, könnte man glauben, daß die Wilden alle vom Rheumatismus gelähmt sind[66].

Wenn Sie wollen, werde ich ihm sagen, daß der Mensch ganz Gesicht sei, weshalb tadeln Sie mich, wenn ich will, daß er ganz Füße sei[67]?

Um die Kinder daran zu hindern, sofort, wenn ihnen heiß ist, zu trinken, schreibt er vor, sie daran zu gewöhnen, vorher ein Stück Brot zu essen. Es ist sehr seltsam, daß man einem Kind zu essen geben soll, wenn es Durst hat; ebensogut könnte ich ihm zu trinken geben, wenn es Hunger hat. Man wird mich niemals davon überzeugen können, daß unser erstes Appetitgefühl so anomal ist, daß es ohne Todesgefahr nicht zu befriedigen wäre. Wenn dem so wäre, hätte sich das Menschengeschlecht hundertmal vernichtet, ehe man erfahren hätte, was zu tun ist, um es zu erhalten.

Jedesmal, wenn Emile Durst hat, soll er zu trinken bekommen. Er soll reines, undestilliertes Wasser bekommen, ob er in Schweiß gebadet ist oder ob kältester Winter herrscht. Das einzige, was ich zu beachten rate, ist die Qualität des Wassers. Handelt es sich um Flußwasser, so gebt es ihm so wie es aus dem Fluß kommt, ist es Quellwasser, muß es einige Zeit der Lufttemperatur angeglichen werden, bevor er es trinkt. In der heißen Jahreszeit ist das Flußwasser warm; mit dem Quellwasser steht es anders, es ist der Außentemperatur nicht angeglichen, und man muß warten, bis es soweit ist. Im Winter dagegen ist das Quellwasser weniger gefährlich als das Flußwasser. Aber es ist weder natürlich, noch kommt es häufig vor, daß man im Winter schwitzt, besonders nicht in der frischen Luft; denn die kalte Luft, die beständig die Haut bearbeitet, treibt den Schweiß zurück und verhindert die Poren, sich so weit zu öffnen, daß er nach außen dringen kann. Ich will damit keineswegs sagen, daß Emile den Winter in der warmen Ofenecke verbringen soll, sondern draußen auf dem freien Feld in Eis und Schnee. Solange er sich nur durch Schneeballwerfen erhitzt, mag er trinken, wenn er Durst hat und hinterher weiterspielen, davon ist nichts zu befürchten. Gerät er durch größere Anstrengungen in Schweiß und bekommt dann Durst, darf er auch etwas Kaltes trinken, sogar im Winter. Nur muß er dann ein Stück weit und langsam zum Wasser geführt werden. Durch die Kälte wird er bis zur Wasserstelle genügend abgekühlt sein, um ohne jede Gefahr trinken zu können. Vor allem müssen diese Vorsichtsmaßnahmen getroffen werden, ohne daß er etwas davon merkt. Ich sähe ihn lieber manchmal krank als dauernd um seine Gesundheit besorgt.

Kinder brauchen viel Schlaf, weil sie sich viel bewegen. Das eine dient dem anderen zum Ausgleich, deshalb müssen sie beides haben. Die Nacht ist die Zeit der Ruhe, die Natur zeigt es selbst. Die Beobachtung hat bestätigt, daß nach Sonnenuntergang der Schlaf am tiefsten und ruhigsten ist, daß die sonnenwarme Luft unseren Sinnen aber nicht die gleiche große Ruhe verschafft. Deshalb ist es gewiß am gesundesten, sich gewöhnlich mit der Sonne schlafen zu legen und mit ihr aufzustehn. Daher kommt es auch, daß in unseren Breiten Mensch und Tier im allgemeinen das Bedürfnis haben, im Winter länger zu schlafen als im Sommer. Aber das bürgerliche Leben ist nicht einfach, natürlich und frei genug von Umstürzen und Störungen, als daß man den Menschen so an diese Gleichförmigkeit gewöhnen sollte, daß sie ihm zur Notwendigkeit wird. Zweifellos muß man sich den Regeln dieses Daseins unterwerfen; die oberste ist jedoch, sie ohne Risiko durchbrechen zu dürfen, wenn die Notwendigkeit es erfordert. Verweichlicht also euren Zögling nicht unüberlegt durch ununterbrochenen friedlichen Schlaf. Überlaßt ihn ruhig dem Gesetz der Natur, vergeßt aber dabei nicht, daß er in der Gesellschaft über diesem Gesetz stehen muß; daß er es ertragen lernen muß, spät zu Bett zu gehen und früh aufzustehen, jäh aufgeweckt zu werden und die Nacht auf den Beinen zu verbringen, ohne darunter zu leiden. Fängt man früh mit dieser

Gewöhnung an und geht langsam stufenweise vorwärts, bildet man seine Konstitution an den gleichen
Dingen heran, die ihn zerstören würden, wenn er
ihnen erst als Erwachsener ausgesetzt würde.

Es ist wichtig, zunächst an unbequemes Liegen gewöhnt zu werden, denn so findet man nie mehr ein zu
schlechtes Bett. Die Gewöhnung an ein hartes Leben
vervielfacht gemeinhin die angenehmen Empfindungen,
während ein verweichlichtes Leben unendlich viel unangenehme schafft. Allzu verzärtelt aufgezogene Menschen können nur noch auf Daunenbetten Schlaf finden;
Menschen, die auf Brettern zu schlafen gewohnt sind,
finden ihn überall: für den, der einschläft sobald er sich
hinlegt, gibt es kein hartes Bett.

In einem weichen Bett, in dem man in Federn und
Daunen begraben liegt, löst sich der Körper sozusagen
auf, er vergeht; die Nieren erhitzen sich in ihren zu
warmen Hüllen. Daraus entstehen oft Nierensteine
oder andere Leiden, unweigerlich aber eine zerbrechliche Konstitution, durch die alle Leiden genährt werden.

Das beste Bett ist das, das den besten Schlaf verschafft. Und genau das ist es, was Emile und ich uns
tagsüber verschaffen werden. Wir haben es nicht nötig,
daß man uns persische Sklaven zur Bereitung unsrer
Betten herbeiführe – so wie wir das Feld bestellen, bestellen wir auch unser Bett.

Ich weiß aus Erfahrung, daß man ein gesundes Kind
fast nach eigenem Gutdünken zum Schlafen und zum
Aufwachen bringen kann. Wenn ein zu Bett liegendes
Kind seine Amme durch sein Geplapper ärgert, dann
sagt sie: *Schlafe;* das ist, als ob sie einem kranken Kind
sagte: *Sei doch mal gesund!* Das richtige Mittel, es zum
Einschlafen zu bringen, ist, es zu langweilen. Sprecht
selbst so viel, daß es den Mund halten muß, und bald
wird es eingeschlafen sein: Predigten sind immer gut
zu etwas; ihm etwas vorpredigen hilft so viel wie es

wiegen. Nur hütet euch, wenn ihr dieses Schlafmittel am Abend gebraucht, es auch am Tage anzuwenden.

Ich werde Emile manchmal aufwecken, aber weniger, damit er nicht zu lange schläft, als um ihn an alles zu gewöhnen, sogar daran, plötzlich aufgeweckt zu werden. Überdies hätte ich wenig Talent für meinen Beruf, wenn ich ihn nicht dazu brächte, von alleine wach zu werden und sozusagen nach meinem Willen aufzustehen, ohne daß ich ihm ein einziges Wort zu sagen hätte.

Wenn er nicht genug schläft, stelle ich ihm für den nächsten Tag einen langweiligen Vormittag in Aussicht, und er selbst wird die Zeit, die er noch mit Schlafen verbringen muß, als für sich gewonnene Zeit betrachten. Schläft er zuviel, spreche ich ihm von einem Vergnügen nach seinem Geschmack, wenn ich will, daß er zu einer bestimmten Zeit aufwacht. Ich sage: Morgen um sechs Uhr gehen wir auf einem Spaziergang da und dahin zum Fischen; willst du mitkommen? Er ist einverstanden und bittet mich, ihn zu wecken – ich verspreche es oder auch nicht, je nachdem; wacht er zu spät auf, bin ich weg. Es müßte nicht mit rechten Dingen zugehn, wenn er dann nicht bald lernt, von selbst aufzuwachen.

Gäbe es übrigens den seltenen Fall, daß ein Kind die Neigung zeigt, in Trägheit zu stagnieren, so darf man es dieser Neigung, durch die es zur völligen Erschlaffung käme, nicht überlassen, sondern muß ihm ein Stimulans geben, das es munter macht. Wohlverstanden geht es nicht darum, es mit Gewalt aktiv zu machen, sondern es zur Aktivität anzuregen. Und dieser Reiz zur Aktivität, der uns von der Natur weise angedeutet wird, führt uns gleichzeitig zwei Zielen zu.

Ich kann mir nichts vorstellen, wofür man nicht mit ein wenig Geschicklichkeit, auch ohne Eitelkeit, Wetteifer und Eifersucht, bei Kindern Neigung, ja Leidenschaft erwecken könnte. Ihre Lebendigkeit und ihr

Nachahmungstrieb genügen, und ganz besonders ihre
natürliche Fröhlichkeit, ein totsicheres Mittel, auf das
noch kein Erzieher gekommen ist. Bei allen Spielen, von
denen sie fest überzeugt sind, daß es wirklich nur Spiele
sind, stehen sie klaglos, ja lachend Leiden durch, die sie
sonst mit Bächen von Tränen begleiten würden. Hunger, Schläge, Verbrennungen, Anstrengungen jeder Art
– das ist das Vergnügen der jungen Wilden, was beweist, daß sogar das Leid seine Würze hat, die ihm die
Bitterkeit nehmen kann. Aber nicht jedem Lehrer ist es
gegeben, dieses Gericht zuzubereiten, und vielleicht
auch nicht jedem Schüler, davon zu kosten, ohne das
Gesicht zu verziehen. Wenn ich jetzt nicht aufpasse,
verliere ich mich wieder in den Ausnahmefällen.

Was allerdings keine Ausnahme gestattet, ist die Unterwerfung des Menschen unter den Schmerz, die Leiden seiner Gattung, die Unglücksfälle und Gefahren
des Lebens und endlich den Tod. Je vertrauter man ihn
mit all diesen Vorstellungen macht, um so eher heilt
man ihn von der unwillkommenen Empfindsamkeit,
die dem Übel noch die Ungeduld in seinem Ertragen
hinzufügt; je mehr man ihn an die Leiden, die ihn treffen können, gewöhnt, um so sicherer nimmt man ihm
– wie Montaigne gesagt haben würde – den Stachel des
Ungewöhnlichen[68], und seine Seele wird um so unver-
letzbarer und stärker. Sein Körper wird der Panzer
sein, an dem alle Pfeile abprallen, die ihn tödlich treffen könnten; das Nahen des Todes wird er kaum als
solches empfinden, da es noch nicht der Tod selbst ist;
er wird sozusagen nicht sterben – er wird lebendig oder
tot sein, weiter nichts. Von ihm hätte derselbe Montaigne, so wie er es über einen König von Marokko
tat, sagen können, daß kein Mensch so weit in den
Tod hinein gelebt hat[69]. Beharrlichkeit und entschlos-
sene Festigkeit gehören wie alle anderen Tugenden zur
Schulung der Kindheit. Man lehrt sie die Kinder jedoch nicht, indem man ihre Namen lernen läßt, sondern

indem man sie davon kosten läßt, ohne daß sie merken, worum es sich handelt.

Da vom Sterben die Rede ist – wie verhalten wir uns unserem Zögling gegenüber, wenn es um die Gefahr der Blattern geht? Impfen wir ihn im frühesten Alter oder warten wir, bis er sie von selbst bekommt? Die erste Methode, die der herrschenden Praxis am ehesten entspricht, schützt das kostbarste Lebensalter vor Gefahr auf das Risiko einer Zeit hin, da es weniger kostbar ist – wenn bei einer gutgemachten Impfung von Risiko überhaupt die Rede sein kann.

Die zweite Methode entspricht jedoch mehr unsren allgemeinen Prinzipien, nämlich die Natur walten zu lassen, wie sie es für gut befindet, und die den Menschen sich selbst überläßt, sobald er sich einmischen will. Der naturverbundene Mensch ist immer bereit: er lasse sich ruhig von diesem Meister impfen – er wird den geeigneten Augenblick besser wählen als wir.

Man schließe hieraus nicht, daß ich das Impfen verwerfe, denn die Beweggründe, die es mich für meinen Zögling ablehnen lassen, können für euch keine Geltung haben. Eure Erziehung bereitet eure Zöglinge darauf vor, den Blattern zu erliegen, sobald sie sie erwischt haben; überlaßt ihr es dem Zufall, wann sie die Blattern bekommen, werden sie sicher daran zugrunde gehen. Ich sehe, daß man in den verschiedenen Ländern dem Impfen in dem Maß widerstrebt, als es gerade not tut, und den Grund dafür kann man sich unschwer vorstellen. Deswegen wage ich auch kaum, diese Frage für meinen Emile näher zu erwägen. Er wird geimpft oder er wird es nicht – je nach Zeitverhältnissen, Ort und Umständen; für ihn ist das fast unwesentlich. Impft man ihm die Blattern ein, so hat man den Vorteil, seine Krankheit vorauszusehn und zu erkennen – das ist schon etwas. Bekommt er sie von selbst, dann haben wir ihn vor dem Arzt behütet – das ist noch mehr.

Bei einer exklusiven Erziehung, die einzig danach trachtet, ihre Zöglinge vom Volk zu unterscheiden, werden die teuersten Mittel immer den einfachsten vorgezogen und damit den nützlichsten. So lernen alle wohlerzogenen Leute reiten, weil das teuer ist, aber fast keiner von ihnen lernt schwimmen, weil das nichts kostet, und weil ein Handwerker ebenso gut schwimmen kann wie jeder x-beliebige andere Mensch. Indessen gibt es Reisende, die ohne eine Reitschule fähig sind, ein Pferd zu besteigen, sich darauf zu halten und sich seiner im Bedarfsfall zu bedienen. Aber wenn man im Wasser nicht schwimmt, ertrinkt man, und schwimmen kann man nicht, ohne es gelernt zu haben. Schließlich zwingt einen niemand unter Gefahr von Leib und Leben zu Pferde zu steigen, dagegen ist niemand sicher, einer Gefahr zu entgehen, der man so oft ausgesetzt ist. Emile wird sich im Wasser genauso bewegen wie an Land. Warum soll er nicht in allen Elementen leben können! Könnte man fliegen lernen, würde ich einen Adler aus ihm machen, und einen Salamander, wenn man sich gegen Feuer abhärten könnte!

Man fürchtet, ein Kind könnte beim Schwimmenlernen ertrinken. Ob es nun beim Lernen ertrinkt oder weil es nicht schwimmen gelernt hat – schuld daran seid immer ihr. Nur die Eitelkeit macht uns verwegen; sieht uns niemand zu, dann sind wir auch nicht eitel. Emile wird nicht eitel sein, und wenn das ganze Universum ihm zusähe. Wenn die Übung von keinerlei Risiko abhängt, kann er an einem Kanal im väterlichen Garten den Hellespont überqueren lernen. Aber selbst mit dem Risiko muß man sich vertraut machen, um es nicht fürchten zu lernen. Das macht einen wesentlichen Teil der Lehrzeit aus, von der ich vorhin sprach. Da ich im übrigen darüber wache, daß die Gefahr nach seinen Kräften bemessen wird, und ich diese Gefahr immer mit ihm teile, werde ich keine Unvorsichtigkeit zu befürchten haben, wenn ich die Vorsorge zu seiner Erhaltung auf die abstimme, die ich der meinen schulde.

Ein Kind ist kleiner als ein Erwachsener. Es besitzt weder seine Stärke noch seinen Verstand, sieht und hört aber genauso gut wie er, zumindest kaum ein wenig schlechter. Es hat einen ebenso empfindlichen, wenn auch weniger anspruchsvollen Geschmack, unterscheidet auch ebensowohl die Gerüche voneinander, wenn es auch nicht so empfindlich dagegen ist. Die Sinne sind die ersten Fähigkeiten, die sich in uns bilden und vervollkommnen. Also sind sie auch die ersten, die gepflegt werden müssen; sie sind jedoch auch die einzigen, deren Bildung man vergißt oder am meisten vernachlässigt. Die Sinne üben heißt nicht nur, sie gebrauchen, sondern lernen, durch sie alles wohl abwägen, beurteilen, es heißt sozusagen fühlen zu lernen, denn wir können nicht anders fühlen, sehen oder hören, als wir es gelernt haben.

Es gibt eine rein natürliche und mechanische Leibesübung, die wohl dazu dient, den Körper zu stärken, aber ohne Nutzen für die Ausbildung des Urteilsvermögens: schwimmen, laufen, springen, den Kreisel peitschen und Steine werfen. All dies ist gut und schön – aber haben wir nur Arme und Beine? haben wir nicht auch Augen und Ohren? und sind diese Organe zum Gebrauch der ersteren überflüssig? Übt also nicht allein die Kräfte, übt alle Sinne, durch die sie gelenkt werden; nutzt sie alle so gut wie möglich aus, und dann überprüft den einen Sinneseindruck durch den anderen. Meßt, zählt, wägt, vergleicht. Gebraucht die Kraft erst, nachdem ihr den Widerstand geprüft habt; laßt die Abschätzung der Wirkung immer dem Gebrauch der Mittel vorausgehen. Leitet das Kind an, sich niemals ungenügend oder überflüssig anzustrengen. Wenn ihr es daran gewöhnt, auf solche Art die Wirkung all seiner Bewegungen vorauszusehen und seine Irrtümer durch Erfahrung zu korrigieren, ist es dann nicht klar, daß es, je mehr es handelt, desto urteilsfähiger wird?

Es handle sich zum Beispiel darum, etwas Schweres von der Stelle zu rücken. Nimmt es dazu einen zu langen Hebel, kostet das zuviel Bewegung; nimmt es einen zu kurzen, reicht seine Kraft nicht aus; die Erfahrung kann es lehren, genau den richtigen Stock zu wählen, den es dafür braucht. Diese Einsicht ist also seinem Alter angemessen. Oder es geht darum, etwas Schweres zu tragen. Will es die Last in ihrer ganzen Schwere tragen und gar nicht erst versuchen, ob es das kann, wird es dann nicht gezwungen sein, ihr Gewicht mit den Augen abzuschätzen? Kann es Massen gleichen Stoffes und verschiedenen Umfangs abschätzen, soll es auch zwischen Massen gleichen Umfangs und verschiedenen Stoffes wählen; es wird sich wohl bemühen müssen, jeweils ihr spezifisches Gewicht zu vergleichen. Ich sah einmal einen wohlerzogenen jungen Mann, der nicht glauben wollte, daß ein Eimer voll grober Eichenspäne leichter wäre als derselbe Eimer voll Wasser, bis er es nachgeprüft hatte.

Wir können unsre Sinne nicht alle in gleichem Maße beherrschen. Es gibt einen, nämlich den Tastsinn, der im wachen Zustand immer aktiv ist; er breitet sich über die gesamte Oberfläche des Körpers aus und agiert wie ein ständiger Wachtposten, der uns alles anzeigt, was uns schaden könnte. Er ist es auch, mit dem wir wohl oder übel am frühesten unsre Erfahrungen machen, weshalb wir ihn denn auch nicht besonders zu kultivieren brauchen. Indessen kann man beobachten, daß die Blinden einen viel sichereren und feineren Tast- und Fühlsinn haben als wir, weil sie, ohne durch den Gesichtssinn geführt zu werden, gezwungen sind, alle Phänomene, die wir durch den Gesichtssinn wahrnehmen, nach ihrem Tastgefühl zu beurteilen. Warum lehrt man uns also nicht, so wie sie in der Dunkelheit zu gehen, was wir greifen können, zu berühren, unsre

Umgebung abzuschätzen und, mit einem Wort, bei Nacht und ohne Licht alles das tun zu können, was sie bei Tag und ohne Augenlicht zu tun vermögen? Solange die Sonne scheint, sind wir ihnen gegenüber im Vorteil; sobald es dunkelt, werden sie ihrerseits zu unsrem Führer. Die Hälfte unsres Lebens sind wir blind. Dagegen finden die wirklich Blinden immer ihren Weg, während wir bei dunkler Nacht nicht einen Schritt zu tun wagen. Es gibt doch Beleuchtung, wird man mir sagen. Ja, ja – immer die Technik! Wer garantiert euch denn, daß sie notfalls nicht versagt? Ich meinerseits möchte lieber, daß Emile seine Augen an den Fingerspitzen hätte als beim Lampenhändler.

Wenn ihr mitten in der Nacht in einem Gebäude eingeschlossen seid, dann klatscht in die Hände. Am Widerhall werdet ihr feststellen, ob der Raum groß oder klein ist, ob ihr euch mittendrin befindet oder in einer Ecke. Am Gefühl auf eurem Gesicht spürt ihr, ob ihr einen halben Fuß von der Wand steht oder ob der Luftdruck weniger groß ist. Rührt euch nicht von der Stelle und dreht euch langsam nach allen Seiten. Wenn irgendwo eine Tür offen ist, werdet ihr es an einem leichten Luftzug merken. Seid ihr auf einem Schiff, werdet ihr an der Art, wie der Wind an euer Gesicht schlägt, nicht nur die Fahrtrichtung erkennen, sondern auch, ob die Strömung des Flusses euch langsam oder schnell vorwärtsträgt. All diese und tausend ähnliche Beobachtungen lassen sich nur bei Nacht zuverlässig anstellen; so groß auch die Aufmerksamkeit sein möge, die wir ihnen bei Tage schenken wollen – unser Gesichtssinn wird uns helfen oder ablenken, und sie werden ungenau. Dabei spielen hier weder Stock noch Hände eine Rolle. Wieviel können wir durch Fühlen sehen und erkennen, ohne überhaupt etwas berührt zu haben!

Viel nächtliche Spiele – dieser Ratschlag ist wichtiger, als er scheint. Es ist natürlich, daß die Nacht den

Menschen schreckt, sogar manchmal die Tiere*. Wenig
Menschen sind durch Verstand, Erkenntnis, Geist und
Mut davon frei. Ich bin scharfen Denkern, starken
Geistern, Philosophen und Soldaten begegnet, die tagsüber voll Unerschrockenheit waren und nachts bebten
wie eine Frau beim Geräusch eines Blattes im Wind.
Diese Furcht wird den Ammenmärchen zugeschrieben,
aber da täuscht man sich – sie hat eine ganz natürliche
Ursache. Und welche? Dieselbe, die die Tauben mißtrauisch und das Volk abergläubig macht; die Unwissenheit über die Dinge um uns und über das, was um
uns vorgeht**. Bei der Gewohnheit, schon von weitem
alle Dinge zu bemerken und ihre Wirkung im voraus
zu erkennen, wie sollte ich mir da nicht argwöhnisch

---

* Dieser Schreck äußert sich besonders stark bei großen Sonnen-
finsternissen.

** Dafür hier noch eine andere Ursache von einem Philosophen richtig
erklärt, dessen Werk ich oft zitiere und von dessen Weitblick ich noch
öfter profitiere:

„Wenn wir uns durch besondere Umstände keine richtige Vorstellung
von einem Abstand machen können und Gegenstände nur nach der
Größe des Winkels oder vielmehr nach dem Bild, das sie in unserm
Auge darstellen, beurteilen können, müssen wir uns notwendigerweise
über den Umfang dieser Gegenstände täuschen. Jeder hat es schon
auf Nachtreisen erlebt, daß man ein nahestehendes Gebüsch für einen
großen Baum hält, der weit weg steht, oder umgekehrt. Ebenso täuscht
man sich notwendigerweise über die Gegenstände, deren Form man
nicht kennt und über deren Abstand von uns wir deshalb keine Vorstellung haben können. In diesem Fall müßte eine ein paar Zentimeter
vor unsren Augen vorbeisausende Fliege uns wie ein Vogel erscheinen,
der in weiter Entfernung daherflöge. Ein mitten in der Landschaft
dastehendes Pferd, das in seiner Haltung beispielsweise einem Schaf
ähnelte, würde uns nur wie ein großes Schaf erscheinen, solange wir
nicht wüßten, daß es ein Pferd ist; sobald wir es aber wissen, erscheint
es uns auch sofort in der Größe eines Pferdes, und wir revidieren
augenblicklich unser erstes Urteil.

Immer, wenn man sich bei Nacht an einem unbekannten Ort befindet,
wo man wegen der Dunkelheit weder Entfernungen abschätzen noch
die Form von Gegenständen erkennen kann, riskiert man, in Irrtümer
zu verfallen, was das Urteil anlangt, das man über die vorhandenen
Gegenstände abgibt. Daher kommt der Schauder und das unbestimmte
Angstgefühl, das die nächtliche Dunkelheit fast allen Menschen ein-

tausend Wesen, tausend Bewegungen einbilden, die mir etwas anhaben könnten und vor denen ich mich nicht schützen könnte, wenn ich die mich unmittelbar umgebenden Dinge nicht erkenne? Es nützt mir nichts,

flößt; darauf gründet sich die Erscheinung von Gespenstern und riesenhaften, schrecklichen Gestalten, die so viele Leute gesehen zu haben behaupten. Gemeinhin gibt man ihnen zur Antwort, daß ihre Phantasie diese Gestalten hervorgebracht habe, indessen können sie sie tatsächlich mit ihren Augen gesehen haben, und es ist sehr gut möglich, daß sie wirklich das gesehen haben, wovon sie sprechen; wenn man nämlich einen Gegenstand nur nach dem Winkel, den er in unserm Auge bildet, beurteilen kann, so muß notwendigerweise dieser unbekannte Gegenstand an Größe und Umfang in dem Maße zunehmen, als er uns näher kommt; erschiene er dem, der ihn sieht und der weder erkennen kann, was er sieht, noch den Abstand abschätzen, in dem er sich befindet, erschiene er, sage ich, zunächst nur einige Fuß hoch, als er sich in einem Abstand von zwanzig oder dreißig Schritt von ihm befand, so muß er ihm mehrere Klafter hoch erscheinen, wenn er mehr als einige Schritte weit entfernt ist. Das muß ihn tatsächlich verwundern und erschrecken, bis er dann soweit kommt, den Gegenstand zu berühren oder ihn zu erkennen, denn im gleichen Augenblick, da er erkennt, um was es sich handelt, verkleinert sich dieser Gegenstand, der ihm so riesenhaft erschien, sofort und hat für ihn nur noch seine wirkliche Größe. Läuft man aber weg und wagt man nicht, sich ihm zu nähern, so ist es sicher, daß man keine andere Vorstellung von diesem Gegenstand besitzt als die des Bildes, das er im Auge erzeugte, und also tatsächlich eine in Größe und Form riesenhafte und fürchterliche Gestalt gesehen hat. Der Glaube an Gespenster ist so natürlich begründet, und diese Phänomene haben nicht einzig und allein mit der Einbildungskraft zu tun, wie die Naturwissenschaftler glauben" (*Hist. nat.*, t. VI, p. 22. in-12).

Ich habe im Text zu zeigen versucht, wie dieser Glaube tatsächlich zum Teil von der Einbildungskraft abhängt; was nun die in diesem Zitat gegebene Erklärung anbetrifft, so wird daran deutlich, wie sehr die Gewohnheit, durch die Nacht zu gehen, uns hilft, die täuschenden Erscheinungen zu durchschauen, in denen sich durch die Ähnlichkeit der Gestalt und die Verschiedenheit des Abstandes die Gegenstände in der Dunkelheit unseren Augen darbieten. Denn da, selbst bei genügender Helligkeit, die uns die Umrisse der Gegenstände erkennen läßt, bei größerem Abstand eine größere Luftschicht zwischen dem Gegenstand und unsrem Auge liegt, müssen seine Umrisse für uns weniger klar erkennbar sein; dies genügt, um uns durch lange Gewöhnung vor dem Irrtum zu bewahren, den M. de Buffon hier erklärt. Welche der beiden Erklärungen man auch vorziehen möge, meine Methode wird sich immer als wirksam erweisen, wie die Erfahrung durchaus bestätigt.

zu wissen, daß ich da, wo ich bin, in Sicherheit bin, ich
weiß es nur dann genau, wenn ich es tatsächlich sehen
kann; so habe ich bei Nacht immer etwas zu befürchten, was es bei Tage nicht für mich gäbe. Ich weiß
zwar, daß ein fremder Körper nicht auf den meinigen
einwirken kann, ohne sich durch irgendein Geräusch
bemerkbar zu machen, und wie wachsam ist deshalb
ständig mein Ohr! Beim geringsten Geräusch, dessen
Ursache ich nicht ausmachen kann, läßt mich die Sorge
um meine Selbsterhaltung sofort all die Gefahren vermuten, die mich am schlimmsten ängstigen und vor
denen ich auf größter Hut sein muß.

Höre ich gar nichts, bin ich darum nicht weniger
unruhig, denn man könnte mich ja geräuschlos über-
fallen. Ich muß mir die Dinge vorstellen, wie sie vorher waren, wie sie noch sein müssen, und sehen, was
ich nicht sehe. Muß ich so meine Vorstellungskraft einsetzen, bin ich ihrer bald nicht mehr Herr, und was ich
unternommen hatte, um mich zu beruhigen, dient nur
noch dazu, mich noch mehr zu alarmieren. Bei jedem
Geräusch höre ich Diebe; höre ich nichts, sehe ich Gespenster; die Wachsamkeit, die mir die Sorge um meine
Selbsterhaltung eingibt, verschafft mir nur Anlaß zu
Angst und Schreck. Nur meine Vernunft könnte mich
beruhigen, aber der Instinkt, stärker als sie, spricht
eine andere Sprache zu mir. Was hilft es, sich zu
sagen, daß es nichts zu fürchten gibt, wenn man taten-
los ausharren muß?

Mit der einmal entdeckten Ursache des Übels ist
auch seine Heilung gefunden. Die Gewohnheit tötet
immer und überall die Einbildungskraft; nur neue
Gegenstände regen sie wieder an. Mit denen, die man
täglich sieht, hat nur das Gedächtnis etwas zu tun,
nicht die Einbildungskraft; das ist auch der Sinn des
Grundsatzes: ab assuetis non fit passio[70], denn die Leidenschaften entzünden sich nur am Feuer der Einbildungskraft. Versucht also nicht, jemandem seine Angst

vor der Dunkelheit mit Vernunftgründen auszureden.
Gewöhnt ihn daran und ihr könnt sicher sein, daß kein
Argument der Philosophie dieser Praxis standhält.
Keinem Dachdecker wird schwindlig, und es gibt nie-
manden, der in der Dunkelheit Angst hat, wenn er an
sie gewöhnt ist.

So hätten wir also dem ersten Vorteil der nächtlichen Spiele noch einen weiteren hinzugefügt. Zum
Gelingen dieser Spiele aber kann ich nichts besseres
empfehlen als Fröhlichkeit. Nichts ist so traurig wie
die Dunkelheit; schließt euer Kind nicht in einem Gefängnis ein. Es soll lachen, wenn es ins Dunkle kommt
und wieder lachen, bevor es heraustritt. Die Gedanken
an die Freuden in der Finsternis, die es verlassen muß,
und an die, die es wieder haben wird, sollen es vor
den wirren Vorstellungen schützen, die es dort befallen
könnten.

Es gibt einen Zeitpunkt im Leben, über den hinaus
man beim Vorwärtsschreiten nur zurückgeht. Ich fühle,
daß ich über diesen Punkt hinaus bin. Ich beginne sozusagen wieder auf einer anderen Laufbahn. Die Leere
des reifen Alters, die ich spüre, läßt mich an die süße
Zeit der ersten Kindheit zurückdenken. Mit zunehmendem Altern werde ich wieder Kind, und ich erinnere mich lieber an das, was ich mit zehn als mit dreißig Jahren tat. So bitte ich die Leser um Vergebung,
wenn ich manchmal meine Beispiele aus meinem eigenen Leben nehme, denn wenn ich dieses Buch gut
machen soll, muß ich es mit Freude machen[71].

Ich war auf dem Land in Pension bei einem Geistlichen namens Lambercier[72]. Ich hatte dort einen Vetter
zum Freund, der reicher war als ich und als Erbe behandelt wurde, während ich, von meinem Vater getrennt, nur ein armes Waisenkind war. Mein großer
Vetter Bernard war von einmaliger Feigheit, besonders nachts. Ich machte mich derart über seine Angst
lustig, daß Monsieur Lambercier, der sich über meine An-

geberei ärgerte, meinen Mut auf die Probe stellen wollte.
An einem sehr dunklen Herbstabend gab er mir den
Kirchenschlüssel und sagte, ich solle die Bibel holen, die
auf der Kanzel liegengeblieben war. Dazu sagte er noch
manches, was mich bei meiner Ehre packen sollte, um
mir jedes Ausweichen unmöglich zu machen.

Ich ging ohne Licht weg; wenn ich eines gehabt hätte,
wäre es vielleicht noch schlimmer gewesen. Ich mußte
über den Friedhof und ging herzhaft hindurch, denn
sobald ich mich im Freien fühlte, kannte ich keine
Furcht vor der Nacht.

Als ich die Tür der Kirche aufmachte, hörte ich im
Gewölbe etwas, das mir wie das Flüstern von Stimmen
vorkam und meinen Römermut bereits ein wenig ins
Wanken brachte. Als die Tür offenstand, wollte ich
eintreten, aber gleich nach den ersten Schritten blieb
ich stehen. Als ich in die tiefe Dunkelheit dieses weiten
Raums hineinsah, packte mich ein Schreck, der mir die
Haare zu Berge stehn ließ: ich gehe rückwärts, bin
draußen und ergreife zitternd die Flucht. Im Hof traf
ich auf ein Hündchen, das Sultan hieß, und das mich
mit seinen Zärtlichkeiten beruhigte. Voller Scham über
meine Angst machte ich kehrt, versuchte jedoch, Sultan
mitzunehmen, aber der wollte nicht. Entschlossen trete
ich über die Schwelle, gehe in die Kirche hinein. Kaum
war ich drinnen, packte mich wieder der Schreck, aber
so furchtbar, daß ich völlig den Kopf verlor, und obgleich ich wußte, daß die Kanzel an der rechten Seite
war, ich sie lange auf der linken suchte, da ich mich,
ohne es zu merken, in die falsche Richtung gewandt
hatte; ich verirrte mich in den Bänken, wußte nicht
mehr, wo ich war und verfiel in unbeschreibliche Verstörtheit, da ich weder Kanzel noch Tür finden konnte.
Endlich sehe ich die Tür, es gelingt mir, aus der Kirche
herauszukommen, und ich stürze davon wie das erstemal, fest entschlossen, nur bei Tageslicht wieder hinein-
zugehn.

Ich komme zum Haus. Kurz vorm Hineingehen erkenne ich Herrn Lamberciers Stimme in schallendem Gelächter. Ich weiß schon, daß es mir gilt, und voller Scham, mich ihm aussetzen zu müssen, zögere ich, die Tür aufzumachen. Währenddessen höre ich, daß Fräulein Lambercier sich um mich sorgt und der Magd aufträgt, eine Lampe zu nehmen, und daß Herr Lambercier sich bereit erklärt, mich in Begleitung meines kühnen Vetters zu holen, der nachher ganz eindeutig als Sieger aus dieser Expedition hervorgegangen wäre. Sofort verschwinden alle meine Ängste außer der einen, bei meiner Flucht ertappt zu werden. Ich renne, ich fliege zur Kirche. Ohne mich zu verlaufen, ohne herumzutasten, komme ich bis zur Kanzel. Ich steige hinauf, nehme die Bibel und schwinge mich wieder hinunter. Mit drei Sätzen bin ich zur Kirche hinaus, deren Tür ich sogar hinter mir zuzumachen vergaß. Außer Atem komme ich ins Zimmer, werfe die Bibel auf den Tisch, verstört, aber zitternd vor Genugtuung, der Hilfe, die man mir zugedacht hatte, zuvorgekommen zu sein.

Man wird mich fragen, ob ich diese Geschichte als nachahmenswertes Muster erzähle, als Beispiel für die Fröhlichkeit, die ich für diese Art Training verlange. Nein. Aber ich erzähle sie als Beispiel dafür, daß nichts geeigneter ist, einem die Angst vor nächtlicher Dunkelheit zu nehmen, als im Nebenzimmer eine ruhig plaudernde und lachende Gesellschaft zu hören. Es ist besser, abends viel fröhliche Kinder beisammen zu haben, als sich mit seinem Zögling allein unterhalten zu müssen; man soll sie anfangs nicht einzeln, sondern zu mehreren wegschicken und es nie darauf ankommen lassen, eins ganz allein gehen zu lassen, ehe man nicht vollkommen sicher ist, daß es davor keine Angst hat.

Ich kann mir nichts Hübscheres und Zweckmäßigeres vorstellen als solche Spiele, wenn man sie mit einigem Geschick veranstaltet. Ich würde in einem großen

Raum aus Tischen, Sesseln, Stühlen und Paravents
eine Art Labyrinth anlegen. In den verworrenen Windungen dieses Labyrinths würde ich nun acht oder zehn
leere Schachteln und eine andere fast gleiche voll Bonbons verteilen. In klarer, aber knapper Form würde
ich die genaue Stelle angeben, wo die gefüllte Schachtel
liegt, und aufmerksamen und weniger gedankenlosen
Menschen, als Kinder* es sind, müßten meine Angaben
genügen, um sie zu finden. Dann würde ich die kleinen
Konkurrenten das Los ziehen lassen und alle, einen
nach dem anderen, losschicken, bis die richtige Schachtel gefunden wäre – was ich ihnen übrigens je nach
dem Grad ihrer Geschicklichkeit erschweren würde.

Man stelle sich einen kleinen Herkules vor, der voller Stolz auf seine Expedition mit einer Schachtel in
der Hand ankommt. Die Schachtel wird auf den Tisch
gelegt und feierlich geöffnet. Ich höre jetzt schon das
Gelächter und Hohngeschrei der lustigen Bande, wenn
anstelle der Süßigkeiten auf hübsch hergerichtetem
Moos oder in Baumwolle gebettet ein Maikäfer, eine
Schnecke, ein Stück Kohle, eine Eichel, ein Rübchen
oder mehr solcher Leckerbissen liegen. Bei anderer Gelegenheit hängt man in einem frisch geweißten Zimmer
nahe an der Wand irgendein Spielzeug auf, irgend
etwas, das man herunterholen muß, ohne die Wand
zu berühren. Kaum ist derjenige, der es bringt, wieder
hereingekommen, so verraten sein weißer Mützenrand,
seine Schuhspitzen, sein Rockschoß und sein Ärmel,
wie ungeschickt er sich trotz großer Vorsicht angestellt
hat. Ich denke, dies genügt, ist sogar vielleicht schon
zuviel, um den Sinn dieser Art Spiele klarzumachen.
Wenn man euch alles vorsagen muß, braucht ihr dies
überhaupt nicht zu lesen.

---

* Um sie zur Aufmerksamkeit zu erziehen, sprecht ihnen ausschließlich von Dingen, für deren Verständnis sie ein lebhaftes und aktuelles
Interesse haben; vermeidet besonders alle Längen, sagt nie ein überflüssiges Wort, redet aber auch immer klar und unzweideutig.

Wieviel hat ein so erzogener Mensch den anderen bei Nacht voraus! Seine Füße, gewohnt in der Dunkelheit Halt zu finden und seine Hände, geübt, alles, was ihm nahe ist, leicht zu ertasten, werden ihn mühelos durch die dichteste Finsternis führen. Seine Einbildungskraft, voll der Erinnerung an die nächtlichen Spiele seiner Kindheit, wird sich schwerlich erschreckenden Gegenständen zuwenden. Glaubt er Gelächter zu vernehmen, so kommen ihm nicht irgendwelche Poltergeister in den Sinn, sondern die Erinnerung an seine alten Spielgefährten. Hat er den Eindruck irgendeiner Versammlung, ist es nicht der einer nächtlichen Zusammenkunft von Hexen und Geistern, sondern er denkt an das Zimmer seines Erziehers. Die Nacht, die ihm nur fröhliche Vorstellungen in die Erinnerung zurückruft, hat für ihn nichts Schreckliches; er wird sie lieben, statt sie zu fürchten. Handelt es sich um ein militärisches Unternehmen, wird er zu jeder Stunde bereit sein – allein oder mit seiner Truppe. Er wird Sauls Lager betreten und es durchqueren, ohne sich zu verirren, er wird, ohne jemanden aufgeweckt zu haben, bis zum Zelt des Königs gelangen und sich unbemerkt wieder davonmachen[73]. Gilt es, die Pferde des Rhesus zu stehlen, so wendet euch nur an ihn – unter anders erzogenen Menschen werdet ihr schwerlich einen Odysseus finden[74].

Ich habe erlebt, daß man Kinder durch Überraschungen daran gewöhnen wollte, nachts vor nichts zu erschrecken. Diese Methode ist ganz falsch. Damit erreicht man genau das Gegenteil dessen, was man vorhat, und der Effekt ist, daß sie immer furchtsamer werden. Weder Vernunft noch Gewohnheit können die Vorstellung einer unmittelbaren Gefahr, deren Größe oder Art man nicht kennt, verjagen, ebensowenig wie die Angst vor Überraschungen, die man schon oft erlebte. Wie aber kann man mit Sicherheit seinen Zögling immer in solchen Fällen schützen? Ich glaube, hier

kann ich den besten Rat dafür geben, wie man ihn
davor bewahren kann. Ich würde zu meinem Emile
sagen, in einem solchen Fall bist du in Notwehr, denn
vom Angreifer erfährst du nicht, ob er dir etwas antun
oder nur Angst einjagen will, und da er im Vorteil ist,
nutzt dir auch die Flucht nichts. Packe also kräftig zu,
wenn man dich nachts angreift, sei es Mensch oder Tier,
das ist egal; packe ihn und fasse mit allen deinen Kräften zu; sträubt er sich, so schlage zu, und nicht zu
knapp; laß nicht locker, was er auch tut oder sagt, bevor du nicht genau weißt, wer oder was das ist. Weißt
du es erst, wird sich wahrscheinlich herausstellen, daß
es kaum Grund zum Fürchten gab, und diese Weise,
Witzbolde zu behandeln, wird sie schon nicht zu einem
weiteren Versuch anregen.

Obgleich das Tasten der am ununterbrochensten arbeitende aller unsrer Sinne ist, so bleibt das, was er
uns an Erkenntnissen vermittelt, wie ich schon sagte,
unvollkommen und grob, mehr als das aller übrigen,
weil sich unser Gesichtssinn fortwährend dazwischen-
schiebt und der Geist sich seine Vorstellungen fast
immer ohne die Hand macht, die den Gegenstand später erfaßt als das Auge. Dagegen vermittelt der Tastsinn die sichersten Erkenntnisse, weil sie eben am be-
grenztesten sind; da sie nur so weit gehen können wie
unsre Hand zu greifen vermag, gleichen sie die Irrtümer unsrer übrigen Sinne aus, die sich auf etwas
richten, was sie kaum erfassen können, wogegen der
Tastsinn das, was er erfaßt, richtig erfaßt. Man könnte
noch hinzufügen, daß wir, wenn wir Muskelkraft und
Nervenfunktion zugleich betätigen, in ein und derselben Sinnesempfindung die Beurteilung von Temperatur, Umfang und Gestalt mit der von Gewicht und
Körperlichkeit verbinden. So ist der Tastsinn von
allen anderen der, der uns am besten über die Eindrücke fremder Körper auf den unsren unterrichtet,
auch der am häufigsten gebrauchte und liefert uns am

unmittelbarsten die zu unsrer Selbsterhaltung notwendigen Erkenntnisse.

Da der ausgeprägte Tastsinn den Gesichtssinn ersetzt, warum könnte er nicht bis zu einem gewissen Grad auch den Gehörsinn ersetzen, da die Töne von Klangkörpern dem Tastsinn wahrnehmbare Erschütterungen erzeugen? Wenn man die Hand auf ein Cello legt, kann man ohne Hilfe von Augen und Ohren allein an der Art und Weise wie das Holz vibriert und an den Schallwellen feststellen, ob der Ton, den es von sich gibt, dunkel oder hell ist, ob die Baßsaite oder eine Quintensaite berührt wird. Ich zweifle nicht daran, daß man mit der Zeit einen Empfindsamkeitsgrad erreicht, bei dem man ein ganzes Lied mit den Fingern hören kann, wenn man den Tastsinn auf diese Feinheiten trainiert. So ist es unter dieser Voraussetzung klar, daß man sich durch Musik den Tauben verständlich machen könnte; denn Laut und Takteinteilung, die sich nicht weniger als Silben und Stimme zu regelmäßigen Kombinationen eignen, können genauso zu Elementen der Sprache werden.

Es gibt Übungen, die den Tastsinn abstumpfen und schwächen; andere wieder schärfen ihn und machen ihn feiner und empfindlicher. Die ersteren machen die Haut durch die dauernde Verbindung von intensiver Bewegung und Kraftaufwand mit der Druckeinwirkung harter Körper rauh, schwielig und nehmen ihr die natürliche Empfindlichkeit; die anderen sind die, die diese selbe Empfindlichkeit durch leichtes und häufiges Tasten auf verschiedenste Weise anregen, so daß der Verstand bei aufmerksamer Verfolgung der unablässig wiederholten Druckeinwirkungen mit Leichtigkeit zur Beurteilung all ihrer Abwandlungen gelangt. Dieser Unterschied macht sich beim Spielen der verschiedenen Musikinstrumente bemerkbar: der harte Schlaggriff beim Cello und Kontrabaß und selbst beim Geigenspielen macht zwar die Finger gelenkiger, erzeugt aber auf den Fingerspitzen Hornhaut. Das weiche und glatte Gleiten auf dem Spinett macht sie ebenso gelenkig, aber gleichzeitig empfindsamer. In dieser Hinsicht ist dem Spinett also der Vorzug zu geben.

Eine gegen die Luft und ihre Veränderungen abgehärtete Haut ist sehr wesentlich, da sie alles übrige zu schützen hat. Davon abgesehen, wäre es mir gar nicht recht, wenn eine allzu sklavisch mit immer gleichen Arbeiten beschäftigte Hand verhärtete, und ihre fast knöchern gewordene Haut diese erlesene Empfindlichkeit verlöre, die erkennen läßt, welcher Art die Gegenstände sind, über die sie hinweggleitet, und die uns manchmal in der Dunkelheit, je nachdem womit sie in Berührung kommt, auf die eine oder andere Art erschauern läßt.

Warum soll mein Zögling immer eine Ochsenhaut unter den Füßen tragen müssen. Was wäre schon dabei, wenn ihm notfalls seine eigne als Sohle diente? Es ist klar, daß an diesem Körperteil eine empfindliche Haut höchst unnütz und oft sehr schädlich ist. Als die Genfer im tiefsten Winter um Mitternacht vom Feind aufgescheucht wurden, fanden sie ihre Gewehre eher als ihre Stiefel. Wer weiß, ob Genf nicht eingenommen worden wäre, wenn keiner von ihnen barfuß hätte laufen können[75].

Wappnen wir den Menschen für immer gegen unvorhergesehene Ereignisse. Wenn Emile zu jeder Jahreszeit morgens barfuß durchs Zimmer, über die Treppe oder durch den Garten läuft, so werde ich es ihm gleichtun, anstatt mit ihm zu schimpfen; ich würde nur darauf achten, daß keine Glassplitter herumliegen. Auf manuelle Arbeit und Spiele werde ich bald zu sprechen kommen. Im übrigen soll er jede Fortbewegungsweise lernen, die der Weiterentwicklung des Körpers zustatten kommt, er soll lernen, sich in jeder Körperstellung leicht und sicher zu halten; er muß Weit- und Hochsprung können, auf einen Baum und über eine Mauer

klettern. Er muß sich immer im Gleichgewicht halten
können, und jede seiner Bewegungen und Gebärden
muß sich, lange bevor die Gesetze der Statik ihn darüber aufklären, den Gesetzen des Schwerpunkts fügen.
Nach der Art, wie sein Fuß auftritt und die Beine
seinem Körper Halt geben, muß er fühlen, ob er richtig
oder falsch steht. Eine sichere Haltung wirkt immer
anmutig und ist auch immer die eleganteste. Wenn ich
Tanzlehrer wäre, würde ich nicht die ganzen Äffereien
machen wie Marcel*, die dahin passen, wo er sie auf-
führt, sondern, anstatt meinen Schüler ewig mit Her-
umhopsen zu beschäftigen, würde ich ihn zum Fuß
eines Felsens führen. Da würde ich ihm die Haltung
zeigen, die man haben muß, wie man Körper und Kopf
tragen muß, welche Bewegungen zu machen sind, wie
man einmal den Fuß, einmal die Hand gebrauchen
muß, um beschwingt steilen, holprigen und rauhen
Pfaden zu folgen und sich von Spitze zu Spitze schwin-
gen muß, beim Aufsteigen sowohl wie beim Abwärts-
steigen. Ich würde lieber einen Konkurrenten der Gem-
sen als einen Tänzer der Oper aus ihm machen.

So sehr der Tastsinn die Unternehmungen des Menschen auf seine nächste Umgebung konzentriert, so sehr
führt der Gesichtssinn sie über diesen Kreis hinaus, und
das ist es, was ihn trügerisch macht: mit einem Blick
umfaßt der Mensch die Hälfte seines Gesichtskreises.
Wie sollte man bei der Menge gleichzeitiger Eindrücke
und Erkenntnisse, die sie hervorrufen, sich über keine

---

* Berühmter Pariser Tanzlehrer, der, in richtiger Erkenntnis seines
Publikums, aus Berechnung der Extravaganten spielte und seiner Kunst
eine Wichtigkeit beilegte, über die man sich scheinbar lustig machte,
für die man aber im Grunde höchsten Respekt empfand[76]. In einer nicht
weniger albernen Kunst kann man noch heute einen Künstler der
Komödie sehen, der sich genauso wichtig tut und verrückt gibt und
damit keinen geringeren Erfolg hat. In Frankreich ist das immer eine
sichere Methode. Mit wirklicher, natürlicher Begabung, ohne Scharlatanerie kann man hier sein Glück nicht machen. Bescheidenheit ist hier
die Tugend der Dummen.

täuschen? Daher ist der Gesichtssinn der unzuverlässigste, eben weil er der weitestreichende ist, und weil er allen anderen Sinnen weit voraus eilt, sind seine Akte zu rasch und zu umfassend, um durch jene anderen korrigiert werden zu können. Man kann noch weiter gehen: wir brauchen sogar die Vorspiegelungen der Perspektive, damit es uns gelingt, weite Räume zu erkennen und ihre Teilstrecken bestimmen zu können. Ohne diese Vorspiegelungen sähen wir nichts in der Ferne; ohne die Abstufungen von Größe und Beleuchtung könnten wir keine Entfernung abschätzen, das heißt, es gäbe gar keine für uns. Wenn uns von zwei gleich großen Bäumen einer, der hundert Schritte von uns weg steht, genauso groß und deutlich erschiene wie der andere, der nur zehn Schritte weit steht, so würden wir sie für dicht nebeneinanderstehend halten. Wenn wir die Dimensionen der Gegenstände alle in ihrem wirklichen Maß sähen, gäbe es keinen Raum für unser Auge, und alles schiene auf seiner Fläche zu stehn.

Um die Größe und den Abstand der Dinge voneinander beurteilen zu können, hat der Gesichtssinn nur einen Maßstab, nämlich die Winkelöffnung unseres Auges; und da diese Öffnung die einfache Wirkung mehrerer Ursachen ist, so läßt die Erkenntnis, die sie uns vermittelt, jede Einzelursache unbestimmt oder wird notwendigerweise unzuverlässig. Wie könnte man nämlich vom bloßen Sehen her unterscheiden, ob der Winkel, unter dem man einen Gegenstand kleiner sieht als einen anderen, dadurch entstanden ist, weil jener wirklich kleiner ist oder weil er weiter entfernt ist?

Hier ist also eine der ersteren entgegengesetzte Methode anzuwenden; anstatt den Eindruck zu vereinfachen, muß er stets von einem andern gestützt und korrigiert werden, das Gesichtsorgan muß dem Tastorgan untergeordnet werden, und das Ungestüm des ersteren muß sozusagen vom schwerfälligeren und gemessenen Tempo des zweiten im Zaum gehalten werden. Weil wir uns zu diesem Verfahren nicht bequemen wollen, sind unsere Schätzungen nach Augenmaß sehr ungenau. Mit einem Blick können wir nicht mit Präzision Höhen, Längen, Tiefen und Abstände bestimmen; und der Beweis dafür, daß dies nicht so sehr an einem Fehler des Gesichtssinns als an seinem unrichtigen Gebrauch liegt, ist der, daß Ingenieure, Landmesser, Architekten, Bauarbeiter und Maler im allgemeinen einen viel sichereren Blick haben als wir und die Maße eines Raums mit größerer Genauigkeit abschätzen können. Weil ihr Beruf ihnen auf diesem Gebiet die Erfahrung gibt, die zu erwerben wir vernachlässigen, fällt für sie die Mehrdeutigkeit des Gesichtswinkels durch den bloßen Anschein fort, in ihren Augen wird der Zusammenhang zwischen den beiden Ursachen, die den Winkel entstehen lassen, präziser bestimmt.

Alles, was den Körper auf natürliche Weise in Bewegung versetzt, tun Kinder gern. Auf tausenderlei Art kann man sie dafür interessieren, Entfernungen zu messen, zu erkennen und zu schätzen. Da steht ein sehr hoher Kirschbaum – wie kommen wir an seine Kirschen? Ist die Leiter aus der Scheune das Richtige dafür? Da ist ein sehr breiter Bach – wie können wir hinüberkommen? Wird ein Brett aus dem Hof lang genug sein? Von unserem Fenster aus möchten wir im Schloßgraben fischen – wieviel Meter lang muß unsere Angelschnur sein? Zwischen diesen beiden Bäumen möchte ich eine Schaukel machen – wird ein Seil von zwei Meter dafür ausreichen? Man hat uns gesagt, daß in dem neuen Haus unser Zimmer 25 Quadratfuß haben wird – glaubst du, daß es uns zusagen wird? Daß es größer ist als dieses? Wir haben großen Hunger; da sind zwei Dörfer – bei welchem werden wir am schnellsten zum Essen ankommen? usw.

Es ging darum, ein schläfriges und träges Kind, das von selbst zu keinerlei Leibesübung zu bringen war

– obgleich zum Soldatenberuf bestimmt –, im Laufen zu trainieren. Es war – ich weiß nicht wie – zu der Überzeugung gekommen, daß ein Mann seines Standes weder etwas tun noch etwas wissen dürfe und daß seine Vornehmheit ihm Arme und Beine sowie jegliche Art von Leistung ersetzen müsse. Um aus einem solchen Edelmann einen leichtfüßigen Achilles zu machen, hätte selbst die Geschicklichkeit Chirons kaum ausgereicht. Die Schwierigkeit war um so größer, als ich ihm absolut keine Vorschriften machen wollte. Ermahnungen, Versprechungen, Drohungen, Wetteifer und den Wunsch zu brillieren hatte ich aus meinem Programm gestrichen. Wie sollte ich ihm nun den Wunsch eingeben, zu laufen, ohne ihm etwas zu sagen? *Selbst* laufen wäre ein ziemlich unsicheres Mittel gewesen und hätte zu Komplikationen führen können. Außerdem ging es auch darum, mit dieser Übung ein Unterrichtsziel zu verbinden, um es daran zu gewöhnen, die Tätigkeiten des Leibes stets in Verbindung mit denen der Vernunft auszuüben. Ich habe es folgendermaßen gemacht: ich, das heißt der, der dieses Beispiel erzählt.

Beim Nachmittagsspaziergang* mit ihm steckte ich manchmal zwei von den Keksen in die Tasche, die er sehr gern aß; unterwegs aßen wir jeder eins und kamen voll Eintracht wieder zurück. Eines Tages bemerkte er, daß ich drei eingesteckt hatte. Er hätte mit Leichtigkeit sechs davon essen können und stopfte seins rasch in den Mund, um das dritte zu erbitten. Nein, sage ich ihm: das könnte ich sehr gut selber essen, oder wir können teilen; aber die beiden kleinen Jungen da

---

* Ein ländlicher Spaziergang, wie man gleich sehen wird. Die öffentlichen Spazierwege in den Städten sind für die Kinder beiderlei Geschlechts verhängnisvoll. Dort haben Eitelkeit und der Wunsch, betrachtet zu werden, ihren Ursprung; im Luxembourg, in den Tuilerien und besonders im Palais-Royal gewöhnt sich die hübsche Pariser Jugend dies impertinente und alberne Auftreten an, das sie so lächerlich macht und wodurch sie sich dem Hohn und dem Abscheu ganz Europas aussetzt.

sollen sich lieber im Wettlauf darum streiten. Ich rief
sie herbei, zeigte ihnen das Gebäck und sagte ihnen,
was für eine Bedingung daran geknüpft war. Das war
ihnen gerade recht. Das Gebäck wurde auf einen dicken
Stein gelegt, der als Ziel gelten sollte, die Laufstrecke
wurde markiert. Wir setzten uns hin, und auf das gegebene Signal liefen die kleinen Jungen los. Der Sieger
nahm sich das Gebäck und aß es mitleidlos vor den
Augen der Zuschauer und des Besiegten auf.

Dieses Vergnügen war mehr wert als der Kuchen;
aber es zog zunächst nicht und blieb ohne Wirkung.
Ich ließ mich aber nicht entmutigen und übereilte nichts.
Wenn man Kindern etwas beibringen will, muß man
viel Zeit verlieren, um desto mehr zu gewinnen. Wir
machen weiter unsre Spaziergänge; oft nahm ich drei
Gebäckstücke mit, manchmal vier, und von Zeit zu
Zeit blieb eins, sogar zwei für die Wettläufer reserviert. Der Siegespreis war nicht üppig, die, die sich
darum bewarben, aber auch nicht ehrgeizig – der, der
ihn bekam, wurde gelobt und gefeiert, alles ging sehr
förmlich zu. Um für Abwechslung und gesteigertes
Interesse zu sorgen, markierte ich die Bahn länger und
ließ mehrere Konkurrenten zu. Kaum waren sie auf
der Bahn, blieben alle Vorübergehenden stehn und
sahen zu; Ermunterungsrufe, Schreie und Händeklat-
schen regten sie an; manchmal sah ich meinen kleinen
Schützling zusammenzucken, aufstehn und losschreien,
wenn einer kurz davor war, den andern zu erreichen
oder zu überholen – für ihn waren das die olympischen
Spiele.

Manchmal spielten sich die Wettläufer aber auch
hinterlistige Streiche. Sie hemmten sich gegenseitig im
Laufen oder brachten sich zu Fall und einer warf dem
andern Steine in den Weg. Damit lieferten sie mir einen
Grund, sie zu trennen und von verschiedenen Punkten
aus starten zu lassen, die aber gleich entfernt vom Ziel
waren – bald werden wir die Begründung für diese

Vorsorge sehen, denn diese wichtige Angelegenheit muß ich ganz ausführlich behandeln.

Endlich wurde es mein Junker leid, daß man ewig vor seinen Augen den Kuchen aß, auf den er selbst solchen Appetit hatte, und er kam auf den Gedanken, daß gut laufen zu können doch zu etwas nutze sei, und da er sich sagte, daß er ja auch zwei Beine hatte, fing er heimlich an zu trainieren. Ich hütete mich wohl, etwas zu merken, aber ich begriff, daß meine Kriegslist Erfolg gehabt hatte. Als er sich stark genug glaubte – und ich durchschaute ihn schon vorher –, spielte er den Unartigen, der das übriggebliebene Gebäck haben wollte. Ich lehne ab, er versteift sich und sagt schließlich ärgerlich: Na, gut! Legen Sie es auf den Stein, markieren Sie die Bahn, dann werden wir sehen. Gut! sage ich lachend, kann ein Junker denn laufen? Alles, was du gewinnst, ist noch größerer Appetit und nichts, womit du ihn stillen kannst. Von meiner Spötterei gereizt, nimmt er alle Kraft zusammen und gewinnt den Preis um so leichter, als ich die Bahn sehr kurz markiert und vorsichtigerweise den besten Läufer ferngehalten hatte. Nachdem dieser erste Schritt getan war, kann man sich unschwer vorstellen, wie leicht es für mich war, ihn weiter in Atem zu halten. Bald machte ihm dieser Sport einen derartigen Spaß, daß er, auch ohne günstige Sonderbedingungen zu haben, fast immer sicher war, meine kleinen Lausebengel im Wettlauf zu besiegen, so lang die Bahn auch sein mochte.

Dieser Erfolg brachte noch einen anderen mit sich, an den ich gar nicht gedacht hatte. Als es noch selten war, daß er gewann, aß er sein Gebäck fast immer allein auf, so wie seine Konkurrenten das auch taten. Sobald er aber daran gewöhnt war zu siegen, wurde er großzügig und teilte oft mit den Besiegten. Das brachte mich selbst auf einen moralischen Gedanken, der mir das wahre Prinzip der Großmut zeigte.

Indem ich nun weiter mit ihm zusammen die Punkte,

von denen aus alle zugleich ablaufen mußten, an verschiedenen Stellen markierte, setzte ich, ohne daß er es merkte, ungleiche Abstände fest, so daß der, der einen längeren Weg zurücklegen mußte, um ans Ziel zu kommen, in sichtlichen Nachteil dem anderen gegenüber geriet. Aber obwohl ich meinem Zögling die Wahl überließ, erkannte er nicht seinen Vorteil. Ohne sich um die Distanz zu kümmern, wählte er immer den schönsten Weg, so daß es, da ich mir schon im voraus denken konnte, welchen Weg er nehmen würde, eigentlich von mir abhing, ihn nach Belieben das Gebäck gewinnen oder verlieren zu lassen. Diese List diente ebenfalls mehr als einem Zweck. Da ich aber wollte, daß ihm dieser Distanzunterschied selbst auffiele, versuchte ich, ihn darauf zu bringen. Aber so träge er sonst war, beim Spielen entwickelte er eine solche Vitalität und mißtraute mir so wenig, daß ich die größte Mühe hatte, ihm klarzumachen, wie ich ihn übers Ohr gehauen hatte. Schließlich hatte ich es trotz seiner Unbekümmertheit fertiggebracht, und er machte mir Vorwürfe. Ich sagte: Worüber beklagst du dich? wenn ich jemandem ein Geschenk machen möchte, kann ich das nicht unter jeder Bedingung tun, die mir paßt? Wer zwingt dich denn, zu laufen? habe ich dir versprochen, alle Bahnen gleich lang zu markieren? konntest du dir nicht selbst eine auswählen? Niemand hinderte dich daran, die kürzere zu wählen. Siehst du denn nicht, daß dir ein Vorsprung geboten wird und daß die Ungleichheit, über die du schimpfst, nur deinem Vorteil dient, wenn du sie richtig auszunutzen verstehst? Das war einleuchtend; er begriff, und das nächstemal wurde genauer hingesehn. Erst sollten die Schritte abgezählt werden; aber Kinder mit Schritten abmessen lassen geht langsam und wird ungenau; außerdem kam ich auf die Idee, mehrere Wettläufe an einem Tag zu veranstalten. Damit wurde das Vergnügen zu einer Art Leidenschaft, und man wollte mit dem Abmessen der Bahn nicht

die Zeit verschwenden, während der man Wettläufe
auf ihr machen konnte. Die Lebhaftigkeit der Kindheit
verträgt sich schlecht mit solchen Verzögerungen. So
übte man sich also darin, eine Entfernung besser mit
dem Auge abschätzen zu lernen. Jetzt machte es mir
kaum noch Mühe, diese Neigung zu vertiefen und zu
nähren. Schließlich bildeten monatelanges Probieren
und Korrigieren der Fehler das Augenmaß meines Zöglings derart aus, daß, wenn er sich ins Stück Gebäck auf
irgendeinem entfernt liegenden Gegenstand vorstellen
sollte, ihm sein Augenmaß ein fast ebenso sicheres Urteil verlieh wie das Meßinstrument eines Landmessers.

Da von allen anderen der Gesichtssinn der ist, der
von den Erkenntnissen des Verstandes am wenigsten
zu trennen ist, braucht man zum Sehenlernen sehr viel
Zeit. Lange Zeit muß man den Gesichtssinn mit dem
Tastsinn verknüpfen, um ihn daran zu gewöhnen, uns
ein getreues Abbild von Gestalten und Entfernungen
zu vermitteln. Ohne den Tastsinn und ohne die Vor-
wärtsbewegung wäre es den schärfsten Augen der Welt
unmöglich, uns eine Vorstellung vom Raum zu geben[77].
Für eine Auster muß das ganze Universum nur ein
Punkt sein; und es würde ihr auch dann nicht größer
erscheinen, wenn eine menschliche Seele diese Auster
aufklären wollte. Nur durch Abschreiten, Berühren,
Zählen, Messen lernt man es, Entfernungen abzuschätzen. Würde man freilich immer messen, so würde der
Sinn, da er sich immer auf ein Instrument stützt, keine
Genauigkeit erwerben. Ebensowenig darf ein Kind
plötzlich vom Messen zum Schätzen übergehen. Indem
es fortfährt, Teile zu vergleichen von dem, was es auf
Anhieb noch nicht vergleichen kann, muß es nun an
die Stelle der genauen Abmessung der Teile deren Schätzung setzen; so wird es sich gewöhnen, statt
das Maß stets mit der Hand anzulegen, es mit dem Auge
abzuschätzen. Ich fände es trotzdem richtig, wenn seine
ersten Resultate mit Realmaßen nachgeprüft würden,

damit es seine Irrtümer und irgendeine Sinnestäuschung
durch richtiges Urteil korrigieren lernt. Es gibt natürliche Maße, die sich überall fast gleich sind: der Schritt
eines Menschen, die Reichweite seiner Arme, seine
Größe. Wenn ein Kind die Höhe eines Stockwerks
schätzen möchte, kann ihm sein Erzieher als Maß dienen; will er die Höhe eines Kirchturms wissen, kann
er sie an der der Häuser abschätzen; wenn er wissen
will, wieviel Meilen ein Weg hat, soll er die Wegstun-
den zählen – die Hauptsache ist, nichts von all dem an
seiner Statt zu tun, sondern ihn alles selber machen zu
lassen.

Nie würde man die Ausmaße und die Größe von
Gegenständen richtig beurteilen können, wenn man
nicht auch ihre Gestalt kennte und sogar nachzubilden
vermöchte. Denn im Grunde beruht diese Nachbildung
nur auf den Gesetzen der Perspektive, und niemand
kann nach bloßem Augenschein Dimensionen abschätzen, wenn er diese Gesetze nicht kennt. Kinder, von
Natur aus große Imitatoren, versuchen sich alle im
Zeichnen. Mir wäre es sehr lieb, wenn mein Kind diese
Kunst kultivierte, nicht so sehr um der Kunst selbst
willen, sondern um einen scharfen Blick und eine geschickte Hand zu bekommen. Im allgemeinen ist es
höchst unwichtig, ob er nun diese oder jene Fertigkeit
hat, die Hauptsache ist, daß er sich durch diese Übung
geschärfte Sinne und eine gute körperliche Gewöhnung
aneignet. So werde ich mich also wohl hüten, ihm
einen Zeichenlehrer zu geben, der ihn nur zur Nachbildung von Nachbildungen anregen würde und ihn nur
Zeichnungen abzeichnen ließe. Ich will keinen anderen
Lehrer für ihn als die Natur und keine anderen Modelle
als wirkliche Gegenstände. Ich will, daß er das Original
vor Augen hat und nicht das Papier, auf dem es dargestellt ist. Er soll ein Haus nach einem richtigen Haus
zeichnen, einen Baum nach einem Baum und einen Menschen nach einem Menschen, damit er sich daran ge-

wöhnt, alles richtig nach seinen Erscheinungsformen zu beobachten und nicht daran, falsche und konventionelle Nachbildungen für wirkliche zu halten. Ich werde ihn sogar solange davon abhalten, etwas aus dem Gedächtnis zu zeichnen, bis sich die genauen Formen der betreffenden Gegenstände durch lange Beobachtung fest in seine Vorstellung eingeprägt haben, weil ich fürchte, er könnte an die Stelle der Wirklichkeit bizarre und phantastische setzen und dabei den Sinn für die wahren Proportionen und die Freude an den Schönheiten der Natur verlieren.

Ich weiß wohl, daß er auf diese Weise lange Zeit nichts als unerkennbare Schmiereien produzieren wird, daß er erst spät die Eleganz der Konturen und den leichten Strich der Zeichner haben und vielleicht auch niemals malerische Effekte und den vollkommenen Geschmack einer guten Zeichnung hervorbringen wird. Dafür gelangt er aber ganz bestimmt zu einem unbestechlicheren Auge, einer sichereren Hand, zur Kenntnis der richtigen Verhältnisse von Größe und Gestalt zwischen Tieren, Pflanzen und Naturkörpern, und zu einem schnelleren Blick für perspektivische Wirkungen. Genau das will ich erreichen – mir liegt nicht so sehr daran, daß er die Dinge nachbilden kann, als daß er sie kennt. Mir ist es lieber, er kann mir eine Akanthuspflanze zeigen und dafür weniger gut das Blattwerk eines Kapitells zeichnen.

Außerdem will ich gar nicht, daß mein Zögling bei dieser Übung sowie bei jeglicher anderen seinen Spaß allein hat. Ich will ihn ihm noch schmackhafter dadurch machen, daß ich ihn immer mit ihm teile. Und er soll keinen anderen Rivalen haben als mich – aber einen unermüdlichen und unbekümmerten; das wird ihn in seiner Tätigkeit anspornen, ohne daß es Eifersucht zwischen uns gäbe. Ich werde den Stift genauso fassen wie er und ihn auch zunächst genauso ungeschickt führen. Wäre ich ein Apelles – jetzt werde ich nur ein Kleckser sein. Ich werde damit beginnen, Männchen zu zeichnen, wie die Lakaien sie an die Mauern malen: zwei Striche für die Arme, zwei Striche für die Beine, und jeder Finger dicker als die Arme. Viel später wird einem von uns diese Disproportion auffallen; wir werden merken, daß ein Bein eine gewisse Fülle hat, und daß diese Fülle nicht an allen Stellen gleich ist; daß die Länge eines Armes der Körpergröße entspricht usw. Während dieser Fortschritte werde ich höchstens gleichen Schritt mit ihm halten, oder aber ihn nur um so wenig überholen, daß er mich immer leicht wieder einholen oder gar überholen kann. Wir werden Farben haben, Pinsel; wir werden versuchen, das Kolorit der Gegenstände und ihre ganze Erscheinungsform wiederzugeben. Wir werden Lichter aufsetzen, ausmalen und klecksen; aber bei all unsrer Kleckserei werden wir nie aufhören, die Natur zu beobachten. Wir werden nur unter ihren Augen schaffen.

Wir waren in Verlegenheit um die Ausschmückung unsres Zimmers[78] – jetzt haben wir von selbst herausgefunden, wie ihr abzuhelfen ist. Ich lasse unsre Zeichnungen rahmen, schön unter Glas, daß niemand sie anfassen kann und jeder, der sie so sieht, wie wir sie gemacht haben, darauf bedacht ist, seine eigenen auch sorgfältig aufzuheben. Ich hänge sie der Reihenfolge nach im Zimmer auf, jedes Bild, das zwanzig-, dreißigmal neu gemacht worden war und die Fortschritte des Künstlers von dem Augenblick an zeigt, da sein Haus noch ein fast unförmiger Klotz ist, bis zu dem, da es in der Darstellung der Fassade, der Seitenansichten, der Proportionen und Schatten die genaue Wirklichkeit wiedergibt. Durch diesen stufenweisen Fortschritt kann es nicht ausbleiben, daß wir immerfort die für uns anregendsten und für andere lehrreichsten Bilder haben, die unsren Wetteifer jeden Tag von neuem anspornen. Die ersten und gröbsten unserer Zeichnungen rahme ich mit wunderbar vergoldeten Rahmen, die sie an Eindruck gewinnen lassen; sowie aber die Nachbildung exakter und die Zeichnung wirklich gut ist, bekommt sie nur noch einen sehr einfachen schwarzen Rahmen. Die Zeichnung kann sich nun selbst Schmuck genug sein, und es wäre schade, wenn die Aufmerksamkeit, die der Gegenstand verdient, mit seinem Rahmen geteilt werden müßte. So strebt jeder von uns der Ehre des einfachen Rahmens entgegen, und wenn der eine ein Bild des anderen als schlecht empfindet, so verurteilt er es zu einem vergoldeten Rahmen. Vielleicht werden diese vergoldeten Rahmen eines Tages noch sprichwörtlich bei uns[79], und wir werden staunen, wieviele Menschen sich selbst gerecht werden, indem sie sich so einrahmen lassen.

Ich habe gesagt, daß die Geometrie für Kinder nicht faßlich sei, aber daran sind wir selber schuld. Wir merken nicht, daß sie eine andere Methode haben als wir und daß, was für uns zur Kunst des Denkens wird, für sie nur die Kunst zu sehen sein muß. Statt ihnen unsre Methode beizubringen, nähmen wir besser die ihre an, denn unsre Art, Geometrie zu lernen, ist mindestens ebenso eine Sache der Vorstellungskraft wie des Denkens. Ist der Satz gegeben, muß der Beweis gefunden werden, daß heißt, es muß gefunden werden, welche Folgerung der gegebene Satz aus dem schon bekannten darstellt, und von allen Folgerungen, die aus diesem gleichen Satz gezogen werden können, gilt es die zu wählen, um die es sich handelt.

Auf diese Weise muß der logischste Denker, wenn ihm die Vorstellungs- und Erfindungskraft fehlt, zuschanden werden. Und was kommt dabei heraus? Daß man uns die Beweise diktiert, anstatt sie uns finden zu lassen; daß der Lehrer für uns denkt und nur unser Gedächtnis übt, anstatt uns selbst denken zu lehren.

Zeichnet genaue Figuren, kombiniert sie, legt sie aufeinander, untersucht ihre Proportionen und ihr

werdet die ganze Elementargeometrie finden, indem
ihr von Beobachtung zu Beobachtung schreitet, ohne
daß von Definitionen, Problemen oder irgendeiner anderen Beweisform die Rede zu sein braucht als der des
einfachen Übereinanderlegens. Ich selbst maße mir gar
nicht an, Emile Geometrie beibringen zu wollen; er
wird sie mir beibringen, ich werde die Proportionen
suchen, und er wird sie finden; denn ich werde sie auf
die Weise suchen, die ihn sie finden läßt. Um zum
Beispiel einen Kreis zu zeichnen, nehme ich keinen Zirkel, sondern einen Stift, am Ende eines Fadens befestigt, der sich auf einem Zapfen um sich selber dreht.
Wenn ich hinterher die Radien untereinander verglichen will, wird Emile mich auslachen und mir begreiflich machen, daß sich durch denselben Faden, wenn er
immer in gleicher Spannung gehalten wird, niemals
ungleiche Radien ergeben können.

Wenn ich einen Winkel von sechzig Grad messen
will, beschreibe ich von der Spitze des Winkels aus keinen Bogen, sondern einen ganzen Kreis, denn bei Kindern darf man nichts voraussetzen. Ich stelle fest, daß
der Kreisabschnitt zwischen den beiden Schenkeln ein
Sechstel des Kreises ausmacht. Dann beschreibe ich von
demselben Punkt aus einen zweiten, größeren Kreis
und stelle fest, daß dieser zweite Kreisabschnitt wiederum ein Sechstel seines Kreises ausmacht. Ich beschreibe
einen dritten konzentrischen Kreis, bei dem ich die
gleiche Probe mache und so weiter mit vielen anderen
Kreisen, bis Emile, von meinem Stumpfsinn schockiert,
mich darauf aufmerksam macht, daß jeder Kreisabschnitt, ob groß oder klein, der sich im gleichen Winkel
befindet, immer ein Sechstel seines Kreises ausmacht
etc. Und damit sind wir schon beim Gebrauch des Win-
kelmessers.

Um zu beweisen, daß Nebenwinkel gleich zwei
Rechten sind, beschreibt man einen Kreis. Ich tue genau
das Gegenteil: ich gehe so vor, daß Emile das vom

Kreis her lernt, und dann sage ich: Wenn man nun den
Kreis wegnähme und nur die Geraden stehen ließe,
würde die Größe der Winkel dadurch verändert? etc.

Es wird viel zu wenig Wert auf die Genauigkeit der
Figuren gelegt – man setzt sie als richtig voraus und
klammert sich an den Beweis. Bei uns wird es nie einen
Beweis geben; für uns wird das Wichtigste sein, gerade,
richtige und gleichmäßige Linien zu ziehen, ein absolut
vollkommenes Viereck zu zeichnen und einen genauen
Kreis. Um die Genauigkeit der Figur zu prüfen, untersuchen wir sie auf alle ihre sinnfälligen Eigenschaften,
was uns Gelegenheit gibt, jeden Tag neue an ihr zu
entdecken. Wir falten zwei Halbkreise diametral und
die zwei Hälften des Vierecks diagonal. Dann vergleichen wir jeweils unsre beiden Figuren, um zu sehen,
bei welcher von ihnen die Ränder am genauesten auf-
einandertreffen und welche infolgedessen am genauesten gezeichnet waren. Wir werden besprechen, ob es
diese Gleichheit der Teilung auch immer beim Parallelo-
gramm geben muß, beim Trapez etc. Manchmal werden wir versuchen, das Ergebnis eines Versuchs voraus-
zubestimmen, ehe wir ihn gemacht haben. Wir werden
Proportionsrechnungen anzustellen versuchen usw.[80].

Für meinen Schüler ist die Geometrie nur die Kunst,
gut mit Lineal und Zirkel umgehen zu können. Er darf
sie nicht mit der Zeichenkunst verwechseln, für die er
weder das eine noch das andere gebrauchen wird.
Lineal und Zirkel werden unter Verschluß gehalten,
und er wird sie nur selten und für kurze Zeit gebrauchen dürfen, damit er sich nicht ans Herumschmieren
gewöhnt. Aber manchmal können wir unsre Figuren
auf dem Spaziergang mitnehmen und uns darüber unterhalten, was wir schon gemacht haben oder was wir
noch gern machen möchten.

Ich werde nie vergessen, wie ich in Turin einen jungen Mann traf, der als Kind das Verhältnis vom Umfang zur Fläche gelernt hatte, indem man ihm jeden

Tag Waffeln in allen möglichen geometrischen Figuren von gleichem Umfang vorlegte. Das kleine Schleckermaul hatte Archimedes' ganze Kunst erschöpft, um herauszufinden, an welcher es am meisten zu essen gab[81].

Beim Federballspiel trainiert ein Kind sein Auge und seinen Arm auf Genauigkeit; wenn es Kreisel spielt, so steigert es zwar seine Kraft durch die Übung, lernt aber nichts dabei. Ich habe schon manchmal gefragt, warum man Kinder nicht dieselben Geschicklichkeitsspiele spielen läßt wie die Erwachsenen: Paume, Mailspiel, Billard, Bogenschießen, Windball, Musikinstrumente[82]. Mir wurde geantwortet, daß einige dieser Spiele ihre Kräfte überstiegen und für die übrigen ihre Glieder und Organe noch nicht genügend ausgebildet wären. Ich finde diese Begründungen nicht stichhaltig: ein Kind hat nicht den Wuchs eines Erwachsenen und trägt doch die gleichen Kleider. Natürlich will ich nicht, daß es mit unsren Queues auf einem drei Fuß hohen Billard spielt; ich will ebensowenig, daß es in unsern Ballhäusern mit einem schweren Schläger Paume spielt. Doch soll es in einem Saal spielen, dessen Fenster gesichert sind; es soll zunächst mit weichen Bällen spielen; seine ersten Schläger sollen aus Holz sein, dann aus Pergament und zuletzt, je nach seinen Fortschritten, aus straffer oder lockerer gespannten Darmsaiten bestehen. Ihr gebt dem Federball den Vorzug, weil es weniger ermüdend und ungefährlicher ist. Das ist aus eben diesen beiden Gründen falsch. Federball ist ein Spiel für Frauen, aber jede rettet sich vor einem scharf fliegenden Ball. Ihre weiße Haut ist nicht für blaue Flecke gemacht und ihr Gesicht erwartet alles andere als eine Prellung. Aber wir, die wir dazu geschaffen sind, stark zu sein, glauben wir, das so ohne Pein zu erreichen? und wie werden wir imstande sein, uns zu verteidigen, wenn wir niemals angegriffen werden? Spiele, bei denen man durch Ungeschick nichts riskiert, spielt man immer lasch: ein Feder-

ball tut niemandem weh. Aber nichts strafft den Arm
mehr, als wenn man mit ihm den Kopf schützen muß,
nichts schärft den Blick besser als die Angst vor einer
Augenverletzung. Von einem Ende der Halle zum anderen schnellen, den Aufprall des noch fliegenden Balls
abschätzen, ihn vorher mit starker und sicherer Hand
zurückgeben – solche Spiele eignen sich weniger für
einen Erwachsenen, als dazu, einer zu werden.

Man behauptet, die Fibern eines Kindes seien zu
weich! Sie haben weniger Spannkraft, sind aber dafür
flexibler; sein Arm ist schwach – schließlich ist er aber
doch ein Arm, und man muß, den Verhältnissen entsprechend, alles damit machen, was man mit ähnlichen
Hebezeugen machen würde. Kinder haben keinerlei
manuelle Gewandtheit, deshalb will ich sie ihnen geben
– ein Erwachsener, der sie ebenso wenig trainiert hätte
wie sie, wäre auch nicht geschickter; wir können den
Zweck unsrer Organe nicht erkennen, bevor wir sie
gebraucht haben. Nur lange Erfahrung lehrt uns, Nutzen aus uns selbst zu ziehen, und diese Erfahrung bedeutet das wirkliche Studium, dem wir uns nicht früh
genug hingeben können.

Was ausgeführt wird, ist auch ausführbar. Wie oft
sieht man, daß gewandte und kräftige Kinder in ihren
Gliedmaßen die gleiche Gelenkigkeit besitzen wie erwachsene Männer. Auf fast allen Jahrmärkten kann
man sie äquilibristische Kunststückchen machen sehen,
sie gehen auf den Händen, sie springen und tanzen auf
dem Seil. Während wie vieler Jahre schon haben nicht
Kindertruppen mit ihren Ballettvorführungen die Zuschauer in die Comédie italienne gelockt? Wer hat nicht
schon in Deutschland und Italien von der Pantomimen-
Truppe des berühmten Nicolini gehört? Hat jemals
einer bei diesen Kindern weniger vollendete Bewegungen, eine weniger graziöse Haltung, ein schlechteres
Gehör und eine plumpere Art zu tanzen bemerkt als
bei voll ausgebildeten Tänzern? Man mag zunächst

dicke, kurze und ziemlich steife Finger haben, zu weiche und zu zarte Hände, um etwas zu halten – schließt das aus, daß es Kinder gibt, die in einem Alter schreiben und zeichnen können, da andere weder Bleistift noch Feder halten können? Ganz Paris entsinnt sich noch der kleinen Engländerin, die mit zehn Jahren Wunder auf dem Cembalo vollbrachte*. Ich habe im Haus eines Beamten dessen Sohn gesehen, ein Kerlchen von acht Jahren, das man beim Dessert wie ein Figürchen mitten in die Teller auf den Tisch stellte, und das da auf einer Geige spielte, die ungefähr so groß war wie es selber, und selbst Künstler mit seinen Darbietungen in Staunen versetzte.

Mir scheint, daß alle diese Beispiele neben hundert anderen beweisen, daß es pure Einbildung ist, die Kinder seien zu unseren Leibesübungen unfähig; wenn sie in der Tat bei einigen dieser Übungen zu versagen pflegen, so liegt das nur daran, daß man sie nie mit ihnen getrieben hat.

Man wird mir vorhalten, ich verfalle nun, in bezug auf die leibliche Erziehung, in den Fehler der Verfrühung, den ich in bezug auf die geistige Erziehung der Kinder gerügt habe. Der Unterschied ist aber sehr groß: denn der eine Fortschritt ist nur scheinbar, der andere aber wirklich. Ich habe bewiesen, daß Kinder den Geist, den sie zu haben scheinen, nicht haben, während sie alles wirklich tun, was sie zu tun scheinen. Im übrigen vergesse man nicht, daß dies alles nur Spiel ist oder sein soll, leichte und freiwillig hingenommene Führung ihrer Bewegungen, so wie die Natur es verlangt, eine Kunst, Abwechslung in ihr Vergnügen zu bringen und es so noch genußreicher zu machen, ohne daß auch nur der geringste Zwang es zur Arbeit macht[84]. Denn was für ein Vergnügen gibt es schließlich für sie,

---

* Ein kleiner Junge von sieben Jahren hat seit jener Zeit noch erstaunlichere Wunder vollbracht[83].

aus dem ich nicht einen Gegenstand der Belehrung für
sie machen könnte? und selbst wenn ich es nicht könnte
– solange die Zeit mit ihrem sorglosen Vergnügen vergeht, spielt es für den Augenblick keine Rolle, ob sie
bei jeder Sache Fortschritte machen; muß man ihnen
dagegen dies oder jenes beibringen, so ist es, wie man
es auch anstellen mag, unmöglich, daß man ohne
Zwang, ohne Ärger und Verdruß zum Ziel gelangt.

Was ich über die beiden Sinne sagte, deren Gebrauch
der beständigste und bedeutendste ist[85], kann auch als
Beispiel für die Art des Gebrauchs der anderen dienen.
Gesichts- und Tastsinn braucht man für ruhende ebenso
wie für bewegliche Körper; da aber der Gehörsinn nur
durch Lufterschütterungen angesprochen wird, so kann
auch nur ein in Bewegung befindlicher Körper Geräusch
und Ton erzeugen, und wir würden niemals etwas
hören, wenn alles bewegungslos bliebe. Nachts also,
wenn wir uns selbst nach Belieben bewegen können,
brauchen wir nur die Bewegungen fremder Körper zu
fürchten, wir stellen unser Ohr auf Wachsamkeit ein,
um nach dem, was es wahrnimmt, abschätzen zu können, ob der Körper, der diesen Sinneseindruck vermittelt, groß oder klein, fern oder nahe ist, ob die Erschütterung, die er erzeugt, heftig oder schwach ist. Die
erschütterte Luft ist Gegenstößen ausgesetzt, die sie
zurückwerfen, durch das Echo, das sie erzeugen, den
Sinneseindruck wiederholen und den lauten oder tönen-
den Körper dort vernehmbar werden lassen, wo er
selbst sich nicht befindet. Legt man auf einer Ebene
oder in einem Tal das Ohr an die Erde, so hört man
die Stimme der Menschen und das Pferdegetrappel
schon von viel weiter her, als stände man aufrecht.

Da wir das Sehen mit dem Tasten verglichen haben,
sollten wir es auch mit dem Hören in Beziehung bringen und erkennen, welcher der beiden Eindrücke vom
selben Körper zugleich ausgehend, am ehesten seinem
Organ vermittelt wird. Wenn man den Feuerblitz einer

Kanone sieht, kann man sich noch vor dem Schuß decken; sobald man aber den Knall hört, ist es zu spät, die Kugel ist schon da. An der Zeitspanne zwischen Blitz und Donner kann man abmessen, wie weit ein Gewitter entfernt ist. Sorgt dafür, daß ein Kind alles dies kennenlernt, daß es die Erfahrungen macht, die seinem Alter entsprechen und die es auf induktivem Wege erfaßt – aber mir ist es hundertmal lieber, daß es gar keine macht, als daß ihr gezwungen seid, sie ihm zu sagen.

Wir besitzen ein Organ, das dem Gehör entspricht, das ist die Stimme; für das Sehen haben wir keines, Farben geben wir nicht so wieder wie Töne. Das gibt uns eine Gelegenheit mehr, den erstgenannten Sinn zu pflegen, indem wir das aktive Organ am passiven üben.

Der Mensch besitzt drei Arten von Stimmen: die artikulierte oder Sprechstimme, die melodische oder Singstimme, die pathetische oder akzentuierte Stimme, die der Sprache der Leidenschaften dient und Gesang und Wort beseelt. Das Kind besitzt diese drei Stimmen genauso wie der Erwachsene, ohne sie jedoch so miteinander verbinden zu können wie er. Es kennt das Lachen wie wir, das Schreien, Weinen, Rufen und Schluchzen, kann aber die Modulationen dieser Laute mit keiner der beiden anderen Stimmen verbinden. Die Musik, in der diese drei Stimmen am besten vereint sind, ist vollkommene Musik. Kinder sind dieser Musik nicht fähig, und ihr Gesang ist immer seelenlos. Auch beim Sprechen ist ihre Stimme akzentlos; sie rufen, aber akzentuieren nicht, und da sie eine schwach akzentuierte Sprache haben, hat ihre Stimme wenig Nachdruck. Unser Schüler wird eine noch schlichtere und einfachere Sprache sprechen, weil seine noch ungeweckten Leidenschaften darin noch keinen Platz haben. So gebt ihm nur keine tragischen oder komischen Rollen zum Rezitieren, und bringt ihm nicht das bei, was man deklamieren nennt. Er wird viel zu klug sein, um Dingen, die er nicht versteht, einen entsprechenden Ton und Gefühlen, die er niemals empfinden kann, den entsprechenden Ausdruck zu verleihen.

Lehrt ihn, einfach und klar zu sprechen, gut zu artikulieren, exakt und ohne Künstelei auszusprechen, den sprachlich richtigen Akzent und die richtige Betonung zu kennen und zu befolgen, immer so laut zu sprechen, daß man ihn versteht, und nie lauter als nötig, denn das ist gemeinhin der Fehler der Kinder, die im Kollegium erzogen wurden – alles in allem: nichts Überflüssiges.

Beim Gesang ist es ebenso: gebt seiner Stimme das rechte Ausmaß, macht sie gleichmäßig, schmiegsam und klangvoll; macht sein Ohr empfänglich für Takt und Harmonie, aber nichts mehr. Imitative und theatralische Musik ist nichts für sein Alter; mir wäre es sogar lieb, wenn er keine Worte sänge; und wenn er es absolut möchte, würde ich versuchen, ihm besondere Liedertexte zu machen, die seinem Alter entsprächen und ebenso einfach wären wie seine Gedanken.

Man kann sich wohl vorstellen, daß, da ich es so wenig eilig habe, ihm das Lesen von Buchstaben beizubringen, es mir ebenso wenig eilig damit ist, ihn Notenlesen zu lehren. Schalten wir jegliche allzu schwierige Konzentration für sein Hirn aus, und beeilen wir uns ja nicht, seinen Geist auf die herkömmlichen Zeichen festzulegen. Ich gebe zu, daß es damit seine Schwierigkeiten zu haben scheint, denn wenn die Kenntnis der Notenschrift zum Singen zunächst auch nicht notwendiger erscheint als die der Buchstaben zum Sprechen, so besteht der Unterschied doch darin, daß wir beim Sprechen unsre eigenen Gedanken wiedergeben, während wir beim Singen fast nur die anderer ausdrücken. Aber, will man sie ausdrücken, muß man sie auch lesen können.

Jedoch kann man sie zunächst hören, anstatt sie zu lesen, und ein Lied geht dem Ohr genauer ein als sein

Text dem Auge. Ferner genügt es nicht, Musik gut wiedergeben zu können, wenn man etwas von ihr verstehen will – man muß sie komponieren, und beides muß zugleich gelernt werden, sonst wird nie etwas Gutes daraus. Laßt euren kleinen Musikus zuerst ganz regelmäßige, gut kadenzierte Phrasen üben; dann laßt sie ihn durch eine sehr einfache Modulation miteinander verbinden und schließlich ihre verschiedenen Beziehungen zueinander durch korrekte Einleitung festsetzen, was er durch die richtige Wahl der Kadenzen und Pausen erreicht. Vor allem nie phantastische Lieder, kein Pathos, keinen besonderen Ausdruck[86]. Immer eine leichte und sangbare Melodie, die sich auf dem Grundton der Tonart aufbaut und bei der die Baßstimme immer so betont ist, daß er sie fest im Ohr hat und mühelos begleiten kann. Denn er darf zur Formung von Ohr und Stimme nie anders als mit Spinettbegleitung singen.

Um des besseren Nachdrucks willen artikuliert man die Laute beim Aussprechen. Daher auch die Gewohnheit, die Tonleiter mit gewissen Silben zu singen. Um die Tonstufen voneinander zu unterscheiden, muß man ihnen sowohl wie ihren bestimmten Tonhöhen Bezeichnungen geben. Daher die Bezeichnungen für die Intervalle und auch die Buchstaben des Alphabets, mit denen man die Klaviertasten und die Noten der Tonleiter bezeichnet. C und A bezeichnen bestimmte und invariable Töne, die immer mit den gleichen Tasten gespielt werden. Bei *ut* und *la* ist es anders, *ut* bleibt immer ein Dur-Grundton oder eine Moll-Mediante. *La* ist immer ein Moll-Grundton oder die Sexte einer Dur-Tonart. So werden die feststehenden Töne in unserem musikalischen System durch Buchstaben markiert, und die Silben markieren die entsprechenden Töne einander ähnlicher Beziehungen in verschiedenen Tonarten. Die Buchstaben bezeichnen die Klaviertasten und die Silben die Tonstufen. Diese Unterscheidung

sind von den französischen Musikern aufs befremd-
lichste durcheinander gebracht worden; sie haben die
Bedeutung der Silben mit der der Buchstaben verwechselt und, indem sie unnötigerweise die Bezeichnungen
für die Tasten verdoppelt haben, haben sie für die
Tonarten keine mehr übriggelassen, so daß für sie *ut*
und C immer dasselbe ist. Das kann und darf aber
nicht sein, denn wozu dann noch C? So ist ihr Ton-
leitersystem äußerst kompliziert, absolut unnütz und
geistesverwirrend, da nach dieser Methode zum Beispiel die beiden Silben *ut* und *mi* gleichzeitig eine
große, eine kleine, eine übermäßige oder verminderte
Terz bedeuten können. Durch welch seltsame Fatalität
ist das Land, wo man die schönsten Bücher über die
Musik schreibt, genau das, wo man sie am schwierigsten lernen kann?

Halten wir uns mit unsrem Zögling an eine einfachere und klarere Methode. Für ihn soll es nur zwei
Tonarten geben, deren Beziehungen immer die gleichen
bleiben, und die immer durch die gleichen Silben bezeichnet sind. Ob er singt oder ein Instrument spielt –
er muß seine Tonart auf jeden der zwölf Töne, die ihm
als Grundlage dienen, aufbauen können, und ob es sich
nun um die D-, C- oder G-Tonart handelt, es muß
immer, je nach Tonart, auf *la* oder *ut* enden. Auf diese
Weise wird ihm der Unterricht stets verständlich sein.
Die wesentlichen Tonart-Beziehungen zum richtigen
Singen oder Spielen werden ihm immer präsent, seine
Leistungen werden exakter und seine Fortschritte
rascher sein. Es gibt nichts Phantastischeres als das, was
die Franzosen die natürliche Tonleiter (Solfeggiatur)
nennen; das ist nichts anderes als die Begriffe von den
Sachen trennen und sie durch fremde ersetzen, die
nur Verwirrung anrichten. Nichts ist natürlicher als
die transponierte Tonleiter, wenn die Tonart transpo-
niert ist. Nun aber genug über Musik – lehrt sie so, wie
ihr wollt, laßt sie aber immer ein Vergnügen bleiben[87].

Wir wissen nun gut Bescheid über den Zustand fremder Körper im Verhältnis zu dem unsrigen, über ihr Gewicht, ihre Gestalt, ihre Farbe, ihre Konsistenz, ihre Größe, ihren Abstand, ihre Temperatur, ihren Status. Wir wissen Bescheid über die, denen wir uns nähern oder die wir von uns entfernt halten möchten, wir wissen, wie wir uns verhalten müssen, um ihren Widerstand zu brechen oder ihnen Widerstand entgegenzusetzen, der uns vor ihnen schützt – aber das genügt noch nicht; unser eigener Körper verbraucht sich ununterbrochen und braucht ununterbrochen Erneuerung. Obgleich wir die Fähigkeit haben, andere Substanzen in unsre eigene umzusetzen, ist ihre Auswahl doch nicht gleichgültig: nicht alles dient dem Menschen zur Nahrung; es gibt mehr oder weniger geeignete Substanzen, die es können, je nach der Konstitution seiner Gattung, des Klimas, in dem er lebt, seiner besonderen körperlichen Anlagen und der Art zu leben, die ihm sein Zustand gebietet.

Hunger oder Vergiftung würde uns töten, wenn wir warten müßten, bis die Erfahrung uns gelehrt hätte, die Nahrung, die uns zuträglich ist, zu erkennen und zu suchen. Aber die Allerhöchste Güte, die aus der Lust der mit Sinnen begabten Wesen das Instrument ihrer Erhaltung gemacht hat[88], zeigt uns mit dem, was unserem Gaumen gefällt, das, was unserem Magen bekommt. Von Natur aus gibt es für den Menschen keinen zuverlässigeren Arzt als seinen eigenen Appetit, und ich zweifle nicht daran, daß die Nahrung, die der Mensch in seinem Urzustand am liebsten zu sich nahm, auch die gesundeste für ihn war.

Noch mehr. Der Schöpfer sorgt nicht nur für die Befriedigung der Bedürfnisse, die er in uns hineingelegt hat, er nimmt sich auch derer an, die wir selbst uns schaffen; und damit wir immer auch das Verlangen neben dem Bedürfnis empfinden, läßt er unsren Geschmackssinn mit unserer Lebensweise wechseln und sich

wandeln. Je weiter wir uns vom natürlichen Zustand
entfernen, um so mehr verliert sich unser natürliches
Geschmacksempfinden oder, besser gesagt, wird uns die
Gewohnheit so zur zweiten Natur, die an die Stelle
unsrer ursprünglichen Natur tritt, daß diese in vollkommene Vergessenheit gerät[89].

Daraus folgt, daß das natürlichste Geschmacksempfinden das einfachste sein muß, denn es allein stellt
sich am leichtesten um, während das durch unsre naturwidrigen Wünsche gereizte und angeregte Geschmacksempfinden ein für allemal dasselbe bleiben wird. Der
Mensch, der noch keinem bestimmten Land angehört,
paßt sich mühelos den Gewohnheiten jeglichen anderen
Landes an; lebt er aber endgültig in einem Land, wird
er sich in einem anderen nie mehr zu Hause fühlen
können.

Dies scheint mir in jedem Sinne richtig, mehr aber
noch im Hinblick auf den eigentlichen Geschmack.
Unsre erste Nahrung ist die Milch; nach und nach gewöhnen wir uns an den Geschmack schärferer Substanzen; zunächst stoßen sie uns ab. Obst, Gemüse, Kräuter
und auch ein wenig geröstetes Fleisch ohne Gewürz
und ohne Salz waren Festessen für die ersten Menschen*. Wenn ein Wilder zum erstenmal Wein trinkt,
verzieht er das Gesicht und lehnt ihn ab; selbst bei uns
ist es so, daß jemand, der bis zu seinem zwanzigsten
Lebensjahr noch keine gegorenen Getränke gekostet
hat, sich nie mehr an sie gewöhnen kann. Wir wären
alle Abstinenzler, wenn man uns nicht schon in jungen
Jahren Wein zu trinken gegeben hätte. Also, je einfacher unser Geschmack ist, um so allgemeiner ist er;
und der am weitesten verbreitete Widerwille besteht
gegen zusammengesetzte Gerichte. Sah man jemals jemanden sich vor Wasser oder Brot ekeln? Das ist der

---

* Siehe die *Arkadia* des Pausanias und auch die weiter unten übertragene Stelle aus Plutarch[90].

Hinweis der Natur und also auch unsre Regel. Erhalten wir dem Kind so weit wie möglich seinen ursprünglichen Geschmack. Seine Nahrung soll einfach und derb sein, sein Gaumen soll sich nur an schwach gewürzte Speisen gewöhnen und keinen raffinierten Geschmack entwickeln.

Ich will hier nicht untersuchen, ob eine solche Lebensweise gesunder ist oder nicht, darum handelt es sich hier nicht. Um ihr den Vorzug zu geben, genügt mir zu wissen, daß es die natürlichste ist und die, die sich allen anderen am leichtesten anpassen kann. Die, die behaupten, ein Kind müsse an die Nahrungsmittel gewöhnt werden, die es als Erwachsener zu sich nehmen wird, scheinen mir nicht logisch zu denken. Warum soll ihre Nahrung die gleiche sein, während ihre Lebensweise so verschieden ist? Ein von Arbeit, Sorge und Mühen erschöpfter Mensch braucht konzentrierte Nahrung, die seine Lebensgeister wieder anregt. Ein im Wachstum begriffenes Kind, das herumgetobt hat, braucht reichliche Nahrung, die ihm viel Speisesaft zuführt. Außerdem hat der fertige Mensch schon seinen Stand, seinen Beruf und seine Behausung. Aber wer kann denn mit Sicherheit wissen, was das Schicksal einem Kind bereithält? Geben wir ihm in keiner Weise eine so endgültige Formung, daß es ihm im Notfall zu schwer werden würde, sie zu ändern. Verhüten wir, daß es in einem fremden Land Hungers sterben müßte, wenn es nicht überall einen französischen Koch hinter sich herschleppte, oder daß es eines Tages sagt, man verstehe nur in Frankreich gut zu essen. Nebenbei gesagt, ist das ein reichlich seltsames Lob! Ich meinerseits möchte im Gegenteil sagen, daß die Franzosen nichts vom Essen verstehen, da es einer so besonderen Kunst bedarf, es ihnen schmackhaft zu machen.

Von all unsren Sinnesempfindungen sind es die des Geschmacks, die uns im allgemeinen am meisten affizieren. Daher kommt es, daß wir die Substanzen, die

einen Teil der unsrigen bilden müssen, mit größerem
Interesse betrachten als die nur äußerlich wahrnehmbaren. Es gibt tausend Dinge, von denen der Tastsinn,
der Gehörsinn und der Gesichtssinn unberührt bleiben;
aber die Geschmacksempfindung bleibt fast nie indifferent.

Ferner ist die Tätigkeit dieses Sinnes vollkommen
physisch und materiell; er ist der einzige, der der Einbildungskraft nichts zu sagen hat, zumindest der, in
dessen Wahrnehmungen sie sich am wenigsten einmischt, während Nachahmung und Einbildung dem
Eindruck aller anderen Sinne oft geistige Werte bei-
mengen. Daher sind auch im allgemeinen zärtliche und
wollüstige Herzen, leidenschaftliche und wahrhaft empfindsame Naturen leicht erregbar durch die anderen
Sinne, dagegen ziemlich unbeteiligt diesem gegenüber.
Genau aus dem Grunde, der das Geschmacksempfinden
eine Stufe unter die anderen Sinne zu stellen und unser
Hinneigen zu ihm verächtlicher zu machen scheint,
würde ich im Gegenteil zu dem Schluß kommen, daß
das geeignetste Mittel, Kinder zu erziehen, darin besteht, sie durch ihren Mund zu lenken. Die Genäschig-
keit ist als Motiv vor allem der Eitelkeit vorzuziehen,
da sie ein natürlicher Trieb ist, der unmittelbar aus der
Sinnesempfindung erwächst, während die Eitelkeit ein
Werk der Meinung und der Laune der Menschen ist
und jeglichem Mißbrauch ausgeliefert. Die Genäschig-
keit ist die Leidenschaft der Kindheit, aber diese Leidenschaft hält keiner anderen stand – sie schwindet bei
der geringsten Konkurrenz. Ihr könnt mir glauben,
daß ein Kind nur allzu früh aufhören wird, ans Essen
zu denken; ist einmal sein Herz beschäftigt, beschäftigt
sein Gaumen es nicht mehr. Ist es erwachsen, werden
tausend heftige Gefühle die Freude am Essen ablösen
und nur noch die Eitelkeit anreizen, denn diese Leidenschaft allein nährt sich auf Kosten aller anderen und
verschlingt sie am Ende alle. Ich habe manchmal jene

Leute beobachtet, die den größten Wert auf gutes
Essen legten, die beim Aufwachen schon überlegten,
was sie tagsüber essen würden und die eine Mahlzeit in allen Einzelheiten mit größerer Genauigkeit
beschrieben als sie Polybius für die Beschreibung
einer Schlacht aufwendet. Ich fand heraus, daß alle
diese vorgeblichen Erwachsenen nichts anderes waren
als vierzigjährige Kinder, ohne Kraft und ohne Bedeutung, fruges consumere nati[91]. Die Feinschmeckerei ist
das Laster der leeren Herzen. Die Seele des Fein-
schmeckers sitzt in seinem Gaumen; er ist nur zum
Essen geschaffen, und in seiner stumpfsinnigen Unzulänglichkeit ist er nur bei Tisch am richtigen Platz, nur
über Speisen kann er ein Urteil abgeben. Überlassen
wir ihn ruhig dieser Beschäftigung, sie ist besser für
ihn als jede andere – was ihn selbst sowohl wie uns
betrifft.

Die Befürchtung, der Hang zur Feinschmeckerei
könne in einem intelligenten Kind Wurzel schlagen,
ist ein kleinliches Bedenken. In der Kindheit hat
man keine andere Sorge als die, was man essen wird.
In der Jugend denkt man nicht mehr daran, alles
ist uns recht, man hat andere Dinge im Kopf. Ich
möchte gewiß nicht, daß man von einer so niedrigen
Triebfeder einen unbedachtsamen Gebrauch macht und
durch einen Leckerbissen das Ehrgefühl, eine gute Tat
zu tun, zu stützen sucht, aber ich sehe nicht ein – da die
ganze Kindheit sowieso in Spiel und närrischen Be-
lustigungen besteht –, daß es für rein körperliche Übungen nicht materielle, sinnliche Preise geben soll. Wenn
ein kleiner Mallorcaner hoch im Baum einen Korb
hängen sieht und ihn mit der Schleuder herunterholt
– ist es da nicht ganz richtig, daß er davon profitiert und
ein gutes Mittagessen ihm die Kraft wiedergibt, die er
aufwenden mußte, um es zu bekommen*? Wenn ein

---

* Schon vor vielen Jahrhunderten hat sich dieser Brauch bei den

junger Spartaner sich durch hundert ihm drohende
Peitschenhiebe nicht davon abschrecken läßt, sich geschickt in eine Küche zu schleichen; wenn er dort einen
jungen lebendigen Fuchs stiehlt, ihn unter seinem Kleid
versteckt und unterwegs von ihm gekratzt und blutig
gebissen wird; wenn das Kind aus Furcht vor der
Schande, erwischt zu werden, sich die Eingeweide zerfleischen läßt, ohne mit der Wimper zu zucken, ohne
einen einzigen Schrei auszustoßen – ist es dann nicht
nur gerecht, wenn er schließlich in den Genuß seiner
Beute kommt und sie zerfleischt, nachdem er von ihr
zerfleischt wurde[92]? Niemals darf eine gute Mahlzeit als
Belohnung betrachtet werden; aber warum sollte sie
nicht manchmal der Erfolg der Mühen sein, die man
hatte, um sie zu bekommen? Emile wird das Gebäck,
das ich auf den Stein gelegt habe, bestimmt nicht als
Belohnung dafür ansehen, daß er gut gelaufen ist;
er weiß nur, daß es allein darauf ankommt, schneller
dort anzukommen als die anderen, um es zu bekommen[93].

Dies steht keineswegs im Widerspruch zu den Grundsätzen, die ich oben darlegte, als es sich um die Einfachheit des Essens handelte, denn um den Appetit der
Kinder anzureizen, braucht man nicht ihre Sinnlichkeit
zu erregen, sondern man muß sie sättigen. Und das
erreicht man durch die einfachsten Sachen, wenn man
nicht absichtlich ihren Geschmack verfeinern will. Ihr
beständiger Appetit, den das Wachstum hervorruft, ist
ein sicher wirkendes Gewürz, das ihnen viele andere
ersetzt. Obst, Milchspeisen, ein wenig Gebäck, das
etwas zarter ist als gewöhnliches Brot, und vor allem
die Kunst, dies alles mit Maßen zu verabreichen – so
kann man Legionen von Kindern bis zum Ende der
Welt führen, ohne ihnen den Geschmack für scharfe

Mallorcanern verloren; er stammt aus den Zeiten der Berühmtheit
ihrer Schleuderer.

Speisen beizubringen oder Gefahr zu laufen, ihren Gaumen zu übersättigen.

Einer der Beweise dafür, daß der Geschmack des Fleisches dem Menschen nicht natürlich ist, ist die Gleichgültigkeit der Kinder Fleischgerichten gegenüber und ihre Vorliebe für Nahrung pflanzlichen Ursprungs, wie zum Beispiel Milchspeisen, Gebäck, Obst usw. Es ist vor allem wichtig, diesen natürlichen Geschmack nicht zu verderben und die Kinder nicht vorzeitig zu Fleischessern zu machen, denn wie man auch diese Erfahrung erklären mag, es ist sicher, daß große Fleischesser im allgemeinen grausamer und blutrünstiger sind als andere Menschen; das hat man allerorten und zu allen Zeiten beobachten können. Die Barbarei der Engländer ist bekannt*, wogegen die Gauren[94] die sanftesten aller Menschen sind**. Alle Wilden sind grausam; aber nicht ihre Sitten sind es, die sie dahin bringen – jene Grausamkeit ist das Resultat ihrer Ernährung. Sie ziehen in den Krieg, wie sie zur Jagd gehen, und ein Mensch ist für sie dasselbe wie ein Bär. Selbst in England werden Metzger nicht als Zeugen zugelassen***, ebensowenig wie die Chirurgen. Die Schwerverbrecher härten sich durch das Trinken von Blut für das Morden ab. Homer macht die Cyklopen, da sie Fleischesser sind, zu Schreckgestalten, während er

---

* Ich weiß, daß sich die Engländer gern ihrer Menschlichkeit und des gutartigen Naturells ihrer Nation rühmen, die sie ein good natured people nennen. Sie mögen das in die Welt hinausschreien, so viel sie wollen – niemand außer ihnen wird es wiederholen.

** Die Banianen[95], die sich noch strenger des Fleischessens enthalten als die Gauren, sind fast ebenso gutartig wie sie. Da ihre Moralbegriffe aber weniger rein und ihre Bräuche weniger durchdacht sind, sind sie weniger achtenswerte Menschen.

*** Einer der englischen Übersetzer dieses Buchs hat hier ein Mißverständnis meinerseits hervorgehoben, und von beiden Seiten wurde es dann bereinigt. Metzger sowohl wie Chirurgen dürfen als Zeugen auftreten; aber die Metzger sind nicht als Geschworene oder Gleichberechtigte in der Beurteilung von Verbrechen zugelassen, was bei den Chirurgen der Fall ist.

die Lotophagen als ein so liebenswertes Volk schildert,
daß man, war man einmal mit ihnen in Berührung
gekommen, alles, sogar die Heimat vergaß, um mit
ihnen leben zu können[96].

„Du fragst mich", sagte Plutarch[97], „warum Pythagoras auf das Essen tierischen Fleisches verzichte; ich
aber frage dich dagegen, welch menschlicher Trieb den
ersten, der es tat, dazu brachte, blutiges Fleisch zum
Munde zu führen, mit seinen Zähnen die Knochen eines
sterbenden Tieres zu zerbrechen, tote Leiber, Kadaver
vor sich auftragen zu lassen und in seinen Magen Körper hineinzuschlingen, die noch einen Augenblick vorher blökten, brüllten, herumgingen und sehen konnten? Wie brachte seine Hand es fertig, den Stahl in das
Herz eines fühlenden Wesens zu bohren? Wie konnten
seine Augen den Anblick des Mordes ertragen? Wie
konnte er mit ansehen, wie ein armes, wehrloses, blu-
tendes Tier enthäutet und zerstückelt wurde? Wie
konnte er den Anblick des zuckenden Fleisches ertragen? Wie ist es möglich, daß er sich nicht angewidert,
abgestoßen und von Grausen gepackt fühlte, wenn er
in die verkoteten Wunden griff und das schwarze,
klebrige Blut fortwischte, das sie bedeckte?

Die Häute, abgezogen, krochen am Boden umher
                                        noch,
Im Feuer noch brüllte das Fleisch, durchbohrt von
                                        den Spießen,
Nicht ohne Schauder konnte der Mensch es
                                        verschlingen,
Und seine Seufzer noch vernahm er im eigenen
                                        Leib.

Diese Gefühle und Vorstellungen mußten ihn beherrschen beim erstenmal, da er die Natur überwinden
wollte, um jene grausige Mahlzeit zu halten, beim
erstenmal, da ihn nach einem lebendigen Tier gelüstete,
da er sich nähren wollte mit einem noch weidenden

Geschöpf und angab, wie man das Lamm, das ihm die
Hände leckte, erwürgen, zerstückeln und braten müsse.
Nicht jene, die solch grausame Festmähler verlassen,
sollten uns verwundern, sondern die, welche damit begannen, sie zu bereiten, obwohl diese ihre Barbarei
noch durch Entschuldigungen rechtfertigen könnten,
die der unsrigen nicht zur Verfügung stehen, und deren
Mangel uns hundertmal barbarischer macht als sie.

Ihr von den Göttern geliebten Sterblichen, so würden diese ersten Menschen zu uns sprechen, vergleicht
die Epochen miteinander, seht, wie glücklich ihr seid
und wie elend wir waren! Die eben geschaffene Erde,
die mit Dünsten geschwängerte Luft beugten sich noch
nicht dem Ablauf der Jahreszeiten; der noch wilde
Lauf der Flüsse zerstörte allerorts ihre Ufer; Tümpel,
Seen, tiefe Sümpfe überschwemmten drei Viertel des
Bodens; das letzte war mit Gehölz und unfruchtbaren
Wäldern bedeckt. Die Erde brachte keinerlei brauch-
bare Frucht hervor; wir besaßen keinerlei Werkzeug
zu ihrer Bearbeitung; die Kunst, uns ihrer zu bedienen,
war uns unbekannt, und für den, der nichts gesät hatte,
kam eine Erntezeit nie. So verließ uns auch nie der
Hunger. Moos und Baumrinden waren im Winter unsre
gewöhnlichen Speisen. Einige grüne Queckenwurzeln
und Heidekraut waren Festmähler für uns; und als
die Menschen Bucheckern, Nüsse oder Eicheln entdeckt
hatten, tanzten sie zum Klang eines ländlichen Liedes
vor Freude um eine Eiche oder eine Buche und nannten die Erde Mutter und Ernährerin: das war ihr einziges Fest; das waren ihre einzigen Spiele; der Rest
des menschlichen Daseins war nur Schmerz, Elend und
Plage.

Als uns endlich der ausgeraubte und kahle Boden
nichts mehr bot und wir um unsrer Erhaltung willen
gezwungen waren, uns an der Natur zu vergreifen,
aßen wir lieber die Gefährten des Elends, als mit ihnen
zugrunde zu gehen. Aber ihr, grausame Menschen, wer

zwingt euch, Blut zu vergießen? Seht, welch Überfluß
euch umgibt! Wieviel Früchte euch die Erde erzeugt!
Welche Reichtümer euch die Felder und Weinberge
geben! Wie viele Tiere euch ihre Milch geben, um euch
zu nähren und ihr Fell, um euch zu kleiden! Was verlangt ihr mehr von ihnen? Und welche Raserei treibt
euch, die ihr Güter zum Überdruß und Nahrung im
Überfluß habt, so viele Morde zu begehen? Warum
verleumdet ihr eure Mutter, indem ihr sie beschuldigt,
euch nicht nähren zu können? Warum sündigt ihr gegen
Ceres, Finderin der heiligen Gesetze, und gegen den
freundlichen Bacchus, den Tröster der Menschheit? Als
reichten ihre Wundergaben nicht aus zur Erhaltung
des Menschengeschlechts! Wie habt ihr das Herz, ihre
süßen Früchte zusammen mit Knochen auf euren
Tischen aufzutragen, und zugleich mit der Milch das
Blut der Tiere zu schmecken, die sie euch geben. Pan-
ther und Löwen, die ihr wilde Tiere nennt, folgen
aus Zwang ihrem Trieb und töten andere Tiere, um
leben zu können. Ihr aber, hundertmal wilder als
sie, bekämpft den Trieb der Natur ohne Not, um
euch die grausamsten Wonnen zu schaffen. Die Tiere,
die ihr eßt, sind nicht solche, die andere fressen: ihr
eßt sie auch nicht, diese fleischfressenden Geschöpfe,
ihr ahmt sie nur nach; euch gelüstet nur nach unschuldigen, sanften Tieren, die niemandem etwas zuleide
tun, die euch lieben, euch dienen und die ihr zum Lohn
verschlingt.

O Mörder gegen die Natur! Wenn du störrisch be-
hauptest, sie habe dich dazu geschaffen, Wesen, dir
gleich, zu verschlingen, Wesen aus Fleisch und Blut,
fühlend und lebend wie du, ersticke denn also das
Grauen, das sie dir vor diesen gräßlichen Mahlzeiten
eingibt; töte die Tiere selbst, mit deinen eignen Händen, ohne Werkzeuge, ohne Fänger, zerreiße sie mit
den Nägeln deiner Finger, so wie es die Löwen und
die Bären tun; zerbeiß diesen Ochsen und zerleg ihn

in Stücke; grab deine Krallen in seine Haut; iß dieses lebendige Lamm, verschling sein noch warmes Fleisch, trink seine Seele mit seinem Blut! Du wagst nicht, zwischen den Zähnen das zuckende Fleisch zu spüren! Jämmerlicher Mensch! Du tötest das Tier, bevor du es ißt, so wie um es zweimal sterben zu lassen. Doch nicht genug: Das tote Fleisch widert dich an, deine Eingeweide vertragen es nicht; das Feuer muß es verwandeln, gekocht, gebraten muß es werden und mit Spezereien gewürzt, die es unkenntlich machen: Du brauchst Fleischer, Gar- und Bratköche, Leute, die dir das Grauen des Mordes verbrämen und tote Leiber verkleiden, damit der durch diese Verbrämung getäuschte Geschmackssinn nicht von sich stößt, was ihm fremd ist und mit Vergnügen Kadaver genießt, deren Anblick das Auge selbst kaum ertrug.“

Obgleich dieses Zitat etwas abseits von meinem Thema liegt, konnte ich der Versuchung, es zu übertragen, nicht widerstehen, und ich glaube, daß mir nur wenige Leser gram darum sind.

Im übrigen, welche Lebensweise ihr auch den Kindern anerziehen mögt, laßt sie essen, rennen und spielen soviel sie wollen – gewöhnt sie jedoch nur an einfache und derbe Kost; dann könnt ihr sicher sein, daß sie niemals zuviel essen und keine Verdauungsschwierigkeiten haben werden. Laßt ihr sie aber die meiste Zeit hungern, und finden sie heraus, wie sie eurer Wachsamkeit entgehen können, werden sie sich mit vollen Kräften entschädigen, sie werden essen, bis ihnen übel wird, bis sie platzen. Unser Appetit ist nur darum maßlos, weil wir ihm naturwidrige Regeln vorschreiben wollen: durch fortwährendes Regulieren, Vorschreiben, Hinzufügen, Hinwegnehmen tun wir nichts ohne die Waage in der Hand; aber diese Waage ist nach unsren Vorstellungen einreguliert und nicht nach unsrem Magen. Ich komme immer wieder auf meine Beispiele zurück. Bei den Bauern sind Brotkasten und

Obstgarten immer auf, und weder Kinder noch Erwachsene wissen, was Verdauungsbeschwerden sind.

Wenn es doch den Fall geben sollte, daß ein Kind zuviel äße – was ich bei Anwendung meiner Methode für unmöglich halte –, so ist es so leicht, es durch seine Lieblingsspäße so abzulenken, daß man es verhungern lassen könnte, ohne daß es dessen gewahr würde. Wie ist es nur möglich, daß solche unfehlbaren und leichten Mittel allen Erziehern entgehen? Herodot erzählt[98], daß die Lydier, von äußerster Hungersnot bedrängt, daraufkamen, sich Spiele und andere Zerstreuungen auszudenken, mit denen sie ihren Hunger vertrieben und ganze Tage zubrachten, ohne ans Essen zu denken*. Eure gelehrten Erzieher haben diese Stelle vielleicht hundertmal gelesen, ohne zu bemerken, daß man sie auch auf Kinder anwenden kann. Einer von ihnen wird mir vielleicht sagen, daß ein Kind ungern vom Eßtisch aufsteht, um seine Lektion zu lernen. Lieber Meister, da haben Sie recht: an diesen Spaß hatte ich nicht gedacht.

Der Geruchssinn ist für das Geschmacksempfinden, was der Gesichtssinn für den Tastsinn ist; er warnt ihn und weist ihn auf die Art und Weise hin, wie diese oder jene Substanz ihn affizieren muß, und sorgt so dafür, daß sie gesucht oder gemieden wird, je nach dem vorher empfangenen Eindruck. Ich habe gehört, daß der Geruchssinn der Wilden in völlig anderer Weise reagiert als der unsre und daß sie gute oder schlechte Gerüche ganz anders beurteilen als wir. Ich glaube das ohne weiteres. Die Gerüche an und für sich

---

* Die antiken Historiker sind voll von Ideen, aus denen Nutzen gezogen werden könnte, selbst wenn die Tatsachen, durch die sie sie belegen, falsch wären; aus der Historie kann man aber doch nichts von Bedeutung lernen, die Kritik der Gelehrsamkeit verschlingt alles. Als ob es so wichtig wäre, ob eine Tatsache authentisch ist, wenn man etwas Nützliches daraus lernen kann. Verständige Menschen müssen die Historie wie ein Gewebe aus Fabeln betrachten, deren Moral dem menschlichen Herzen ganz und gar angemessen ist.

sind nur schwache Sinnesempfindungen; sie erregen weniger den Geruchssinn als die Vorstellungskraft, und affizieren weniger durch das, was sie wirklich anzeigen, als durch das, was sie vermuten lassen. Unter dieser Voraussetzung muß der Geschmackssinn durch die Lebensweise und die Urteile über den Wohlgeschmack weit auseinandergehen und folglich auch über die Gerüche, die den Geschmack ankündigen. Ein Tatar muß mit so viel Lust ein stinkendes Stück Pferdefleisch riechen wie einer unserer Jäger ein halb verfaultes Rebhuhn.

Für unsere müßigen Sinnesempfindungen, wie die vom Duft eines Blumenbeetes, können die nicht wohl empfänglich sein, die zu viel wandern, um noch Lust zu haben, spazierenzugehen, und die nicht genug arbeiten, um sich aus der Ruhe eine Wollust zu machen. Menschen, die immer hungrig sind, dürften kaum ein großes Vergnügen an Gerüchen finden, die nichts zu essen ankündigen.

Der Geruchssinn ist der Sinn der Vorstellungskraft; da er die Nerven stärker berührt, muß er das Hirn stärker erregen. Darum belebt er für einen Augenblick die körperliche Verfassung, erschöpft sie jedoch auf die Dauer. In Dingen der Liebe hat er hinlänglich bekannte Wirkungen; das süße Parfum eines Toilettezimmers ist keine so harmlose Falle, wie man denkt, und ich weiß nicht, ob man den kühlen und empfindungsarmen Mann beglückwünschen oder bedauern soll, der nie erbebte beim Duft der Blumen, die seine Geliebte an der Brust trägt.

Der Geruchssinn kann also im zarten Alter nicht sehr aktiv sein, wenn die Einbildungskraft, noch nicht von großen Leidenschaften erregt, kaum Gefühle erregen kann und die Erfahrung noch zu gering ist, um durch den einen Sinn voraussehen zu können, was der andere verspricht. Dieser Schluß ist durch Beobachtungen auch vollkommen belegt; es ist gewiß, daß dieser Sinn bei den meisten Kindern noch stumpf und nahezu

völlig unausgebildet ist. Nicht, daß ihr Empfindungs-
vermögen nicht ebenso fein und vielleicht feiner wäre als
das der Erwachsenen, aber da sie mit ihm keine weiter-
greifende Vorstellung verbinden, affiziert es sie kaum
durch ein Gefühl der Lust oder des Kummers, und es
kann ihnen weder schmeicheln noch sie beleidigen, so
wie uns. Ich glaube, daß man, ohne die Gleichheit der
Körperorgane abzuleugnen und ohne auf die vergleichende Anatomie der beiden Geschlechter zurückzugreifen, leicht den Grund herausbekäme, warum Frau-
en im allgemeinen lebhafter von Gerüchen angesprochen werden als Männer.

Es wird behauptet, daß die Eingeborenen Kanadas
von Geburt an einen derart subtilen Geruchssinn entwickeln, daß, obgleich sie Hunde haben, sie sich nicht
dazu herablassen, sie als Jagdhunde zu benutzen, und
lieber selber ihre eigenen Jagdhunde sind. Tatsächlich
begreife ich, daß, erzöge man die Kinder dazu, ihr Essen
zu wittern wie der Hund das Wildbret, man vielleicht
so weit gelänge, ihren Geruchssinn bis zu dem gleichen
Grad zu vervollkommnen. Aber im Grunde sehe ich
nicht ein, wie dieser Sinn ihnen von großem Nutzen
sein könnte, es sei denn, um sie das Verhältnis zum
Geschmacksempfinden erkennen zu lassen. Die Natur
hat dafür gesorgt, daß wir uns mit diesem Verhältnis
vertraut machen müssen. Denn sie hat die Regung des
Geschmacksempfindens fast untrennbar mit der des
Geruchssinns verbunden, indem sie ihre Organe dicht
nebeneinander und eine unmittelbare Verbindung zwischen beiden in den Mund legte, so daß wir nichts
schmecken können, wenn wir es nicht riechen. Es liegt
mir nur daran, daß man diese natürlichen Beziehungen
nicht verfälscht, um ein Kind zu täuschen, indem man
zum Beispiel den unangenehmen Nachgeschmack einer
Medizin durch ein angenehmes Aroma überdeckt; denn
dann ist das Mißverhältnis zwischen beiden Sinnen zu
groß, um es täuschen zu können; da der am stärksten

arbeitende Sinn die Wirkung des anderen absorbiert, nimmt es die Medizin genauso ungern und der Ekel davor geht auf alle anderen Empfindungen über, die es zu gleicher Zeit treffen. Bei der schwächsten erinnert sich seine Vorstellungskraft auch der anderen; ein feines Aroma ist ihm nichts als ein widerwärtiger Geruch, und so erhöhen unsere unbesonnenen Vorsichtsmaßnahmen die Summe der unangenehmen Empfindungen auf Kosten der angenehmen.

In den folgenden Büchern habe ich noch über die Kultivierung einer Art sechsten Sinnes zu sprechen, den man gesunden Menschenverstand (Gemeinsinn) nennt, weniger weil er allen Menschen gemein ist, als weil er das Resultat des gutgeregelten Gebrauchs der übrigen Sinne ist und uns die Natur der Dinge im Zusammenwirken aller ihrer Erscheinungsformen klarmacht. Dieser sechste Sinn hat deshalb kein besonderes Organ: er hat seinen Sitz nur im Hirn, und seine rein innerlichen Empfindungen heißen Wahrnehmungen oder Vorstellungen. An der Anzahl der Vorstellungen mißt sich die Weite unserer Kenntnisse: ihre Eindeutigkeit und Klarheit bedingt die Schärfe des Geistes; die Kunst, sie miteinander zu kombinieren, heißt menschliche Vernunft. Was ich also sensitive oder kindliche Vernunft nannte, besteht darin, durch die Zusammenfassung mehrerer Sinnesempfindungen einfache Vorstellungen zu bilden; und was ich intellektuelle oder menschliche Vernunft nenne, besteht darin, durch die Zusammenfassung mehrerer einfacher Vorstellungen komplexe Vorstellungen zu bilden[99].

In der Annahme also, meine Methode entspreche der der Natur und ich habe sie richtig angewandt, haben wir unseren Zögling durch das Reich der Sinnesempfindungen bis an die Grenzen des kindlichen Verstandes geführt: der erste Schritt, den wir jenseits dieser Grenze machen, muß der Schritt eines Erwachsenen sein. Bevor wir jedoch diese neue Bahn beschreiten, werfen wir einen Augenblick lang einen Blick zurück auf die, die wir durchwandert haben. Jedes Alter, jeder Lebensstand hat seine ihm eigene Vollkommenheit, seine ihm eigene Art von Reife. Man spricht oft von einem fertigen Menschen – betrachten wir aber einmal ein fertiges Kind, so ist das eine für uns ganz neue und vielleicht nicht weniger liebenswerte Sehenswürdigkeit.

Das Dasein der sterblichen Wesen ist so armselig und begrenzt, daß wir kalt und unberührt blieben, sähen wir nur das, was ist. Die Phantasie ist es, die die realen Dinge ausschmückt, und wenn die Einbildungskraft dem, was uns trifft, keinen Zauber verleiht, beschränkt sich die sterile Lust auf das Organ und läßt stets das Herz kalt. Die Erde, mit den Schätzen des Herbstes geschmückt, breitet eine Pracht aus, die unser Auge bewundert, aber diese Bewunderung ist nicht Rührung; sie kommt eher aus der Überlegung als aus dem Gefühl. Im Frühling ist die fast nackte Landschaft noch kahl, die Wälder bieten keinen Schatten, das Grün fängt erst an, zaghaft zu sprießen, und das Herz ist bei ihrem Anblick gerührt. Bei dieser Wiedergeburt der Natur spürt man sich selbst wieder aufleben; wir sind umgeben von Bildern der Lust: die Gefährten der Wollust, die sanften Tränen, immer bereit, jedes köstliche Gefühl zu begleiten, hängen schon am Rand unsrer Lider; der Anblick der Weinlese aber mag so anregend, lebendig und angenehm sein wie er will – man sieht ihn immer trockenen Auges.

Wieso gibt es diesen Unterschied? Weil mit dem Schauspiel des Frühlings die Einbildungskraft das der Jahreszeiten, die auf ihn folgen, verknüpft; den zarten Knospen, die das Auge sieht, fügt sie die Blumen, die Früchte, das schattige Laub und manchmal die Geheimnisse, die es verhüllen kann, hinzu. Sie vereint die Zeiten, die aufeinander folgen müssen, in einen Augenblick und sieht die Dinge weniger, wie sie sein werden, als so, wie sie sie sich wünscht, weil sie sie nach Belieben aussuchen kann. Im Herbst dagegen gibt es nichts anderes mehr zu sehen als das, was ist. Denkt man an den Frühling, so hält uns der Winter zurück, und die vereiste Phantasie erstirbt in Schnee und Reif.

Diese Bilder gleichen dem Ursprung des Zaubers, der uns lieber eine schöne Kindheit betrachten läßt als die Vollkommenheit des reifen Alters. In welchem Augenblick empfinden wir wirkliche Freude über einen Erwachsenen? Wenn die Erinnerung an seine Handlungen uns auf sein Leben zurückblicken läßt und ihn in unsren Augen sozusagen wieder jung macht. Müssen wir uns darauf beschränken, ihn so zu betrachten, wie er ist, oder ihn uns in seinem Alter vorzustellen, wischt der Gedanke an die absteigende Lebensbahn all unsre Freude hinweg, denn es ist keine Freude, einen Menschen mit Riesenschritten dem Grab zustreben zu sehen – das Bild des Todes entstellt alles.

Wenn ich mir aber ein Kind von zehn bis zwölf Jahren vorstelle, gesund, kräftig, gut ausgewachsen für sein Alter, so wird in mir keine Vorstellung wach, die nicht erfreulich wäre, sei es für die Gegenwart oder für seine Zukunft: ich sehe es jetzt übersprudelnd, lebhaft, angeregt, völlig sorglos, unbedacht dessen, was kommen könnte, ganz und gar dem Augenblick hingegeben und im Vollgenuß einer Lebensfreude, die über sich selbst hinauswachsen zu wollen scheint. Dann stelle ich es mir in einem anderen Alter vor, wie es seine Sinne übt, den Verstand und die sich von Tag zu Tag weiterentwickelnden Kräfte, von denen wir jeden Augenblick neue Anzeichen bemerken; ich betrachte das Kind als Kind, und es gefällt mir; ich stelle es mir als Erwachsenen vor, und der gefällt mir noch mehr[100]. Sein glühendes Blut scheint das meine zu erwärmen, ich glaube von seinem Leben zu leben, und seine Lebendigkeit macht mich jung.

Die Stunde schlägt – welche Veränderung! Im Nu

trübt sich sein Auge, verkriecht sich sein Frohsinn.
Adieu Freude, adieu tolle Streiche. Ein gestrenger und
verdrießlicher Mensch nimmt es bei der Hand und
sagt in ernstem Ton: Allons, monsieur, und führt ihn
fort. Im Zimmer, das sie betreten, sehe ich Bücher.
Bücher! welch traurige Ausstattung für sein Alter! Das
arme Kind läßt sich mitziehen, wendet einen Blick des
Kummers zurück auf seine Umgebung, schweigt still
und geht mit, die Augen verschwollen von Tränen,
die es nicht zu vergießen, und das Herz schwer von
Seufzern, die es nicht auszustoßen wagt.

O du, der du nichts dergleichen zu befürchten hast,
du, in dessen Leben es keinen Augenblick der Qual
und Sorge gibt, du, der du dem Tag ohne Unruhe
und der Nacht ohne Ungeduld entgegensiehst und die
Stunden nur nach deinen Freuden zählst, komm, mein
glücklicher, mein liebenswerter Schüler, komm und
tröste uns durch deine Gegenwart über den Abschied
dieses Unglücklichen hinweg, komm ... Er kommt,
und bei seinem Näherkommen fühle ich eine freudige
Bewegung, und ich sehe ihm an, daß er sie teilt. Der,
zu dem er hingeht, ist sein Freund, sein Kamerad, er
ist der Gefährte seiner Spiele; bei meinem Anblick ist
er gewiß, daß es bald wieder Unterhaltung gibt; wir
werden immer voneinander unabhängig bleiben, aber
immer harmonieren, und in keiner Gesellschaft fühlen
wir uns wohler als in unser beider.

Sein Aussehen, seine Haltung, sein Benehmen spiegeln Zuversicht und Zufriedenheit, sein Gesicht strahlt
vor Gesundheit, sein fester Schritt gibt ihm ein Ansehn
von Kraft, sein Teint, zart, ohne fahl zu sein, hat
nichts von weibischer Verweichlichung, Sonne und
frische Luft haben ihm schon den für sein Geschlecht
ehrenvollen Stempel aufgedrückt; seine Muskeln, noch
rundlich, zeigen schon Ansätze beginnender Ausge-
prägtheit, seine Augen, vom Feuer des Gefühls noch
verschont, haben wenigstens ihre ganze ursprüngliche*

Heiterkeit, sie sind nicht von lang erlittenem Kummer verdunkelt, und seine Wangen tragen nicht die Spuren vieler Tränen. Erblickt in seinen raschen, aber sicheren Bewegungen die Lebhaftigkeit seines Alters, die Entschlossenheit der Unabhängigkeit und die Erfahrung in vielfacher körperlicher Ausarbeitung. Er hat ein offenes und freies aber keineswegs unverschämtes und eitles Wesen: sein Gesicht, das nie an den Büchern klebte, ist nicht auf die Brust gesenkt, man braucht ihm nicht zu sagen: *Kopf in die Höhe* – weder aus Scham noch aus Furcht mußte er ihn jemals senken.

Setzen wir ihn nun mitten ins Forum: meine Herren, prüfen Sie ihn, befragen Sie ihn ohne Scheu; befürchten Sie keine Ungehörigkeiten, dummes Gerede oder unbedachte Fragen. Haben Sie keine Angst, daß er sich Ihrer bemächtigt, daß er verlangt, man beschäftige sich mit ihm allein, und daß Sie ihn dann nicht mehr loswürden.

Erwarten Sie aber auch keine schönen Reden von ihm, oder daß er sagt, was ich ihm vorgesagt hätte. Erwarten Sie nichts als die naive und einfache Wahrheit, ungekünstelt, ohne Ausschmückung und ohne Selbstgefälligkeit. Er wird Ihnen genauso freimütig über das Böse, das er getan hat oder denkt, berichten, wie über das Gute, ohne sich nur im geringsten um den Eindruck zu bekümmern, den seine Worte auf Sie machen: er wird das Wort in der ganzen Einfachheit seiner ursprünglichen Bestimmung gebrauchen.

Man sagt den Kindern gern Gutes voraus und ärgert sich immer wieder über diese Flut von Albernheiten, die fast stets die Hoffnung zerstört, die man aus irgendeinem glücklichen Einfall schöpfen möchte, den der Zufall ihnen auf die Zunge legte. Wenn mein Zögling mir selten Anlaß zu solchen Hoffnungen gibt, bereitet

---

* *Natia.* Ich brauche dieses Wort in seiner italienischen Bedeutung, weil ich kein französisches Synonym finde. Es macht nichts aus, wenn ich mich irre, Hauptsache, man versteht, was ich meine.

er mir auch nie Ärger, denn er sagt nie ein überflüssiges Wort und erschöpft sich nicht in Geschwätz, dem, wie er weiß, niemand zuhört. Seine Gedanken sind beschränkt, aber klar; weiß er auch nichts auswendig, so doch viel aus Erfahrung; kann er weniger gut als ein anderes Kind in unsren Büchern lesen, so liest er besser in dem der Natur. Sein Geist liegt ihm nicht auf der Zunge, aber er hat ihn im Kopf. Sein Gedächtnis ist schlechter als sein Urteil, er kann nur eine Sprache sprechen, versteht aber, was er sagt. Und wenn er nicht so gut reden kann wie die anderen, so macht er doch alles besser als sie.

Er weiß nicht, was Routine, Brauch und Gewohnheit sind; was er gestern tat, hat keinerlei Einfluß auf das, was er heute tut*: er folgt niemals einem Schema, beugt sich weder der Autorität noch dem Beispiel und handelt und spricht nur so wie es ihm paßt. Erwartet also keine wohlaufgesetzten Reden von ihm, keine einstudierten Manieren, aber immer die getreue Wiedergabe seiner eigenen Gedanken und das Benehmen, das seinen Neigungen entspringt.

Ihr werdet einige wenige Moralbegriffe bei ihm feststellen, die sich auf seinen augenblicklichen Zustand beziehen, aber keinen einzigen auf das gegenseitige Verhältnis der Menschen untereinander. Wozu sollten sie ihm nützen, da ein Kind noch kein aktives Mitglied der Gesellschaft ist? Sprecht ihm von Freiheit, Eigen-

---

* Der Reiz der Gewohnheit rührt aus der dem Menschen angeborenen Trägheit, die immer größer wird, je mehr man sich ihr überläßt: was man schon einmal gemacht hat, fällt einem das nächstemal leichter, ein schon vorgezeichneter Weg ist leichter zu begehen. So kann man beobachten, daß alte und träge Menschen sehr von der Gewohnheit beherrscht werden, während ihre Macht über die Jugend und über lebhafte Menschen sehr gering ist. Diese Macht ist nur etwas für schwache Seelen und schwächt sie von Tag zu Tag mehr. Die einzige Kindern nützliche Gewohnheit ist die, sich mühelos der Notwendigkeit der Dinge zu unterwerfen, und die einzige Erwachsenen nützliche ist die, sich mühelos der Vernunft zu unterwerfen. Jegliche andere Gewohnheit ist vom Übel.

tum, selbst von Übereinkunft – bis dahin geht sein Begriffsvermögen, er weiß, warum ihm gehört, was ihm gehört, aber darüber hinaus weiß er nichts mehr. Sprecht ihm von Pflicht, Gehorsam – er weiß nicht, was ihr meint; befehlt ihm etwas, und er wird euch nicht verstehn; aber sagt ihm: wenn du mir diesen Gefallen tust, werde ich mich bei Gelegenheit dafür erkenntlich zeigen, und augenblicklich wird er sich eifrig bemühen, euch diese Gefälligkeit zu erweisen, denn nichts möchte er lieber, als seinen Herrschaftsbereich zu erweitern und Rechte über euch zu erwerben, die, wie er weiß, unanfechtbar sind. Vielleicht ist es ihm sogar ganz recht, einen Platz zu behaupten, mitzuzählen und als etwas angesehen zu werden. Gilt das letztere aber als Motiv für seine Haltung, ist er schon aus der Natur herausgetreten, und ihr habt von vornherein nicht sorgfältig genug die Zugänge zur Eitelkeit verschlossen.

Hat er seinerseits irgendwelchen Beistand nötig, so bittet er den ersten besten darum; er erbäte ihn vom König genausogut wie von seinem Diener – in seinen Augen sind noch alle Menschen gleich. An seiner Art, zu bitten, sieht man, daß er weiß, daß man ihm nichts schuldig ist; er weiß, daß das, um was er bittet, ein Gefallen ist. Er weiß auch, daß die Menschlichkeit einen bestimmt, ihm seine Bitte zu gewähren. Seine Ausdrucksweise ist einfach und lakonisch. Seine Stimme, sein Blick, seine Gebärde sind die eines Wesens, das sowohl an die Nachgiebigkeit wie an die Ablehnung gewöhnt ist. Da ist weder die kriecherische und servile Unterwürfigkeit eines Sklaven noch der befehlshaberische Ton des Herrn. Es ist ein bescheidenes Zutrauen zu seinesgleichen, die noble und rührende Liebenswürdigkeit eines freien, aber empfindsamen und schwachen Wesens, eines Geschöpfs, das die Hilfe eines freien, aber starken und wohlmeinenden Geschöpfs erbittet. Wird ihm gewährt, was er erbittet, wird er sich nicht bedanken, aber fühlen, daß er eine Schuld zu bezahlen

hat. Schlagt ihr ihm seine Bitte ab, wird er sich nicht
beklagen und hartnäckig darauf bestehen – er weiß,
daß das sinnlos wäre. Er wird sich nicht sagen: Man
hat es mir abgeschlagen, sondern: Es konnte nicht sein;
und man empört sich kaum, wie ich schon sagte, gegen
die richtig erkannte Notwendigkeit.

Laßt ihn allein frei bestimmen, seht an, was er tut,
ohne ihm dreinzureden, und erwägt, was er wohl tun
und wie er sich dabei anstellen wird. Da er sich selbst
nicht zu beweisen braucht, daß er unabhängig ist, wird
er niemals etwas aus Schabernack tun und nur, um
sich seine Machtvollkommenheit selbst zu beweisen.
Weiß er denn nicht ohnehin, daß er Herr seiner selbst
ist? Er ist munter, flink und guter Dinge; seine Bewegungen haben die ganze Lebhaftigkeit seines Alters,
aber ihr werdet nicht eine einzige bemerken, die sinnlos wäre. Was er auch tun möchte, niemals wird er
etwas unternehmen, das seine Kräfte übersteigt, denn
er hat sie gut geprüft und kennt sie. Seine Vorhaben
werden sich immer seinen Möglichkeiten anpassen, und
selten wird er handeln, ohne des Erfolgs sicher zu sein.
Er wird ein aufmerksames und kluges Auge haben, er
wird nicht jedem einfältige Fragen stellen über das,
was er sieht, sondern es selbst untersuchen und sich
anstrengen, herauszufinden, was er wissen möchte, bevor er danach fragt. Kommt er einmal in unvorhergesehene Schwierigkeiten, verliert er nicht so schnell die
Fassung wie andere, ebensowenig wie bei irgendeiner
Gefahr. Da seine Einbildungskraft noch inaktiv ist
und nichts getan wurde, sie zu erregen, sieht er nur
das, was ist, schätzt die Gefahren nach ihrem wirklichen Grad ab und behält immer einen kühlen Kopf.
Schon zu oft hat er die Drangsal des Lebens zu spüren bekommen, als daß er sich noch dagegen auflehnen
wollte; er trägt ihr Joch seit dem Augenblick seiner
Geburt und hat sich nun schon daran gewöhnt. Er ist
immer auf alles gefaßt.

Ob er arbeitet oder spielt – das eine gilt ihm so viel
wie das andere; seine Spiele sind seine Arbeit, da gibt
es für ihn keinen Unterschied. Alles, was er tut, tut
er mit einem Interesse, das zum Lachen reizt, und mit
einer Freiheitlichkeit, die sympathisch ist, da er damit
gleichzeitig seine Geisteshaltung und den Umfang
seiner Kenntnisse zeigt. Ist es nicht das Bild dieses
Alters, ein reizvolles und liebenswürdiges Bild, ein
hübsches Kind zu sehen, mit lebhaften und fröhlichen
Augen, zufriedener und heiterer Miene, offenem und
lachendem Gesicht, das spielend die ernsthaftesten
Dinge tut oder sich tiefernst mit dem unsinnigsten
Zeitvertreib abgibt?

Wollt ihr ihn nun durch Vergleich beurteilen? Dann
tut ihn mit andern Kindern zusammen und laßt ihn
machen. Bald werdet ihr sehn, welches das wirklich
am besten erzogene ist und der Vollkommenheit seines
Alters am nächsten. Ist er mit Stadtkindern zusammen,
ist keines geschickter als er, aber er ist stärker als sie
alle. Bauernkinder sind genauso stark wie er, aber er
übertrifft sie an Geschicklichkeit. Über alles, was man
im kindlichen Alter begreifen kann, vermag er besser
als sie zu urteilen und nachzudenken, und alles besser
abzuwägen als sie. Geht es darum, sich zu betätigen,
zu laufen, zu springen, schwere Gegenstände zu bewegen oder wegzuschaffen, Entfernungen abzuschätzen, Spiele auszudenken oder einen Preis davonzutragen – man möchte sagen, daß die Natur ihm zu
Befehl ist, so leicht fällt es ihm, alles und jedes seinem
Willen zu beugen. Er ist eine Führernatur, geschaffen,
seinesgleichen zu beherrschen. Begabung und Erfahrung ersetzen ihm Recht und Autorität. Steckt ihn in
den Rock, der euch gefällt, nennt ihn wie ihr wollt,
das spielt gar keine Rolle – er wird überall der Erste
und immer der Anführer der anderen sein; immer
werden sie seine Überlegenheit fühlen, und ohne
befehlen zu wollen, wird er der Herr sein, und sie

werden gehorchen, ohne daß sie sich dessen bewußt
sind.

Er hat die Reife der Kindheit erreicht, er hat das
Leben eines Kindes geführt und seine Vollkommenheit
nicht mit seinem Glück bezahlen müssen, im Gegenteil:
das eine hat zum andern beigetragen. Während er sich
die ganze Vernunft seines Alters erwarb, war er glücklich und frei, soweit seine Natur es erlaubte. Wenn die
Sense des Schicksals die Blume unserer Hoffnungen
niedermäht, brauchen wir nicht mit seinem Tode auch
noch sein Leben zu beweinen, werden unsere Schmerzen nicht noch verbittert durch die Erinnerung an die,
die wir ihm bereitet haben, wir dürfen uns vielmehr
sagen: Wenigstens hat er seine Kindheit genossen;
wenigstens hat er durch uns nichts von dem verloren,
was die Natur ihm geschenkt hat.

Ein großer Nachteil bei dieser ersten Erziehung besteht darin, daß sie nur klarblickenden Menschen sichtbar ist, daß dagegen gewöhnliche Augen in einem so
erzogenen Kind nichts als einen Straßenjungen sehen.
Ein Erzieher denkt mehr an sein eigenes Interesse als
an das seines Schülers; ihm kommt es darauf an, zu
zeigen, daß er seine Zeit nicht verloren und das Geld,
das man ihm zahlt, wohl verdient hat. So stattet er ihn
mit allerlei Bildungserwerb aus, den er bei Gelegenheit
vorweisen kann. Es ist ihm gleichgültig, ob das, was
er ihn lehrt, auch nützlich ist, wenn es nur sichtbar ist.
Wahllos und ohne Unterschied häuft er Plunder über
Plunder in seinem Hirn an, und wenn die Prüfung
kommt, läßt man ihn seine Waren auspacken, er stellt
sie zur Schau, und ist man zufrieden, dann packt er
sein Zeug wieder ein und geht. Mein Zögling ist nicht
so reich, er hat nichts auszupacken, er hat nichts vor-
zuweisen als sich selbst. Weder ein Kind noch ein Erwachsener läßt sich in einem Augenblick durchschauen.
Wo gibt es die Beobachter, die auf den ersten Blick
die Züge erfassen, die für sie charakteristisch sind? Es

gibt welche, aber wenige. Und unter hunderttausend Vätern findet sich nicht einer, der dazugehörte.

Zu oft wiederholte Fragen langweilen und ärgern jeden, geschweige denn Kinder. Nach wenigen Minuten läßt ihre Aufmerksamkeit nach, sie hören nicht mehr auf das, was ein hartnäckiger Fragesteller sie fragt, und antworten nur noch aufs Geratewohl. Diese Art Prüferei ist nutzlos und pedantisch; oft zeichnet ein irgendwo aufgegriffenes Wort ihren Sinn und Verstand besser als lange Reden. Jedoch muß man aufpassen, daß dies Wort nicht vorher angegeben oder vom Zufall eingeflößt war. Man braucht selbst viel Kenntnisse, um über die eines Kindes urteilen zu können.

Ich habe den verstorbenen Lord Hyde erzählen hören, daß einer seiner Freunde, eben nach dreimonatiger Abwesenheit aus Italien zurückgekehrt, die Fortschritte seines neun- bis zehnjährigen Sohnes prüfen wollte. Eines Abends macht er mit ihm und seinem Erzieher zusammen einen Spaziergang über ein Gelände, wo sich Schulkinder damit vergnügten, Drachen steigen zu lassen. Im Vorübergehn fragt der Vater seinen Sohn: *Wo ist der Drache, dessen Schatten du da siehst?* Ohne zu zögern, ohne den Kopf zu heben, sagt das Kind: *Auf der Landstraße.* Und tatsächlich, fügte Lord Hyde hinzu, lag die Landstraße zwischen der Sonne und uns. Nach dieser Antwort seines Sohnes schloß der Vater ihn in die Arme, womit er die Prüfung beendete und wortlos fortging. Tags darauf schickte er dem Erzieher ein Dokument, das ihm außer seinem Gehalt eine lebenslängliche Pension sicherte.

Welch ein Mann dieser Vater und welche Verheißung dieser Sohn[101]! Die Frage war genau seinem Alter angemessen und die Antwort ganz einfach. Aber welche Klarheit kindlichen Urteilsvermögens setzt sie voraus! So zähmte der Zögling des Aristoteles jenes berühmte Streitroß, das kein Stallmeister hatte bändigen können.

3. BUCH

Obgleich bis zum Jugendalter das ganze Leben eine Zeit der Schwäche ist, gibt es einen Zeitpunkt während des ersten Lebensalters, wo das heranwachsende Geschöpf, da seine Kräfte sich stärker entwickelt haben als seine Bedürfnisse, obwohl absolut betrachtet noch schwach, relativ gesehen stark wird. Da seine Bedürfnisse noch nicht alle entwickelt worden sind, sind seine aktuellen Kräfte mehr als ausreichend, um sie alle zu befriedigen. Als Erwachsener wäre es sehr schwach, als Kind ist es sehr stark.

Woher kommt die menschliche Schwäche? Aus dem ungleichen Verhältnis zwischen Kraft und Verlangen[1]. Unsere Leidenschaften schwächen uns, da wir, um sie zu befriedigen, mehr Kräfte brauchen als die Natur uns gab. Schränkt also euer Verlangen ein, so ist es dasselbe als ob ihr eure Kräfte vermehrt: wer mehr kann, als er verlangt, hat Kräfte im Überfluß und ist bestimmt ein sehr starkes Geschöpf. Dies ist die dritte Phase der Kindheit, die, von der ich nun zu sprechen habe. Ich werde sie weiter Kindheit nennen, da es keinen anderen geeigneten Ausdruck gibt, um sie zu bezeichnen, denn dieses Alter nähert sich dem Jugendalter, ohne aber schon Pubertät zu sein.

Mit zwölf oder dreizehn Jahren entwickeln sich die Kräfte des Kindes viel rascher als seine Bedürfnisse. Das heftigste und gewaltigste macht sich noch nicht bemerkbar, selbst das Organ dafür bleibt noch unvollkommen und scheint auf den Augenblick zu warten, da sein Wille es zwingt, aus diesem Zustand herauszutreten. Fast unempfindlich gegen die Unbill von Wetter und Jahreszeiten, trotzt der Knabe ihr ohne Mühe, seine durchbrechende Wärme ersetzt ihm die Kleider,

sein Appetit ersetzt ihm die Würze des Essens, alles,
was nahrhaft ist, ist ihm gut in seinem Alter; wenn er
müde ist, legt er sich auf den Boden und schläft, er hat
alles um sich, was er braucht, von keinem eingebildeten
Bedürfnis wird er gequält, die gesellschaftliche Meinung vermag nichts über ihn, denn seine Wünsche
gehen nicht weiter als seine Arme: er genügt sich nicht
nur selbst, er hat sogar noch überschüssige Kräfte – es
ist dies die einzige Zeit seines Lebens, wo das der
Fall ist[2].

Ich sehe den Einwand voraus. Man wird zwar nicht
sagen, daß das Kind mehr Bedürfnisse habe, als ich
ihm zugestehe, aber man wird ableugnen, daß es die
Kraft hat, die ich ihm zuspreche: man wird nicht bedenken, daß ich von meinem Zögling spreche und nicht
von jenen wandelnden Puppen, die von einem Zimmer
ins andere reisen, die im Sandkasten, statt auf den
Feldern spielen und Haufen von Schachteln herum-
transportieren. Man wird sagen, daß die männliche
Kraft erst mit der Mannbarkeit zutage tritt, daß nur
die in den dafür geeigneten Gefäßen ausgearbeiteten
und im ganzen Körper wirkenden vitalen Säfte den
Muskeln Festigkeit, Beweglichkeit, Saft und Kraft
geben, die wirkliche Stärke erzeugen. Da haben wir
die Stubenhockerphilosophie. Ich aber berufe mich auf
die Erfahrung. Auf euren Feldern sehe ich große Jungen ackern, umgraben, den Pflug führen, ein Faß Wein
aufladen, den Wagen lenken – ganz wie ihr Vater.
Man könnte sie für Männer halten, wenn ihre Stimme
sie nicht verriete. Sogar in unseren Städten gibt es
junge Arbeiter, Grobschmiede, Zeug- und Hufschmiede,
beinahe genauso kraftvoll wie ihre Meister, und sie
wären auch kaum ungeschickter als sie, wenn man sie
beizeiten angelernt hätte. Wenn es da einen Unterschied gibt – und ich gebe zu, daß es einen gibt –, so
ist er, ich wiederhole es, viel geringer als der zwischen
den heftigen Begierden eines Mannes und dem be-

schränkten Verlangen eines Kindes. Im übrigen geht es hier nicht nur um die physischen Kräfte, sondern vor allem um die Stärke und Fähigkeit des Geistes, die sie ergänzt oder lenkt.

Obgleich diese Zeitspanne, in der die Kräfte des Geschöpfs größer sind als sein Verlangen, nicht die Zeit seiner absolut größten Kräfte ist, ist sie, wie ich schon sagte, die seiner größten relativen Kraft. Es ist die kostbarste Zeit des Lebens, die niemals wiederkehrt, eine sehr kurze Zeit, um so kürzer, wie wir bald sehen werden, als ihre richtige Verwendung von größter Wichtigkeit ist.

Was macht das Kind denn nun mit diesem Überschuß an Kräften und Fähigkeiten, deren es jetzt zuviel hat, und die ihm in einem anderen Alter fehlen werden? Es wird versuchen, sie für etwas zu verwenden, das ihm im Bedarfsfall nützen kann; es wirft sozusagen den Überfluß seines augenblicklichen Seins in die Zukunft hinein. Das starke Kind legt für den schwachen Erwachsenen Vorräte an; aber es wird sie nicht in Kisten aufheben, die ihm gestohlen werden können, oder in fremden Scheunen: um sich das Erworbene wirklich anzueignen, wird es es in seinen Armen, seinem Kopf, in sich selbst unterbringen. So ist dies die Zeit der Arbeit, des Unterrichts, der Studien, und bedenkt wohl, daß nicht ich, und dies aus Willkür, diese Wahl treffe: die Natur selbst ist es, die sie angibt.

Der menschliche Verstand hat seine Grenzen; und ein Mensch kann nicht nur nicht alles wissen, er kann nicht einmal ein vollkommenes Wissen über das wenige haben, was andere Menschen wissen. Da das Gegenteil einer falschen Behauptung eine Wahrheit ist, ist die Zahl der Wahrheiten so unerschöpflich wie die der Irrtümer. So muß man also eine Wahl treffen ebenso in bezug auf die Dinge, die man lehren soll, wie in bezug auf die Zeit, da man sie lernen soll. Von den Kenntnissen, die im Bereich unseres Fassungsvermögens liegen, sind die einen falsch, die anderen unnütz, die dritten dienen nur dazu, den Stolz dessen zu nähren, der sie besitzt. Nur die kleine Anzahl derer, die wirklich zu unsrem Wohl beitragen, ist der Forschungen eines verständigen Mannes wert und infolgedessen eines Kindes, das man dazu machen will. Es geht keineswegs darum, zu wissen, was ist, sondern einzig um das, was nützlich ist.

Aus dieser kleinen Anzahl müssen hier noch die Wahrheiten ausgeschieden werden, die, um verstanden zu werden, ein schon voll ausgebildetes Begriffsvermögen fordern: jene, die das Wissen um die menschlichen Beziehungen voraussetzen, das ein Kind nicht haben kann, und jene, die, obwohl an und für sich wahr, ein unerfahrenes Gemüt verführen, in bezug auf andere Gegenstände sich falsche Vorstellungen zu bilden.

Da sind wir also auf einen recht kleinen Kreis im Verhältnis zu allem Bestehenden reduziert. Und doch, welch riesige Sphäre bildet dieser Kreis noch für den Maßstab des kindlichen Geistes! Dunkel des menschlichen Verstehens – welch tollkühne Hand hat es gewagt, an deinen Schleier zu rühren? Welche Abgründe sehe ich durch unsere eitlen Wissenschaften um diesen jungen Unglückseligen aufgetan! Du, der du ihn auf diesen verhängnisvollen Pfaden leitest und den geheiligten Vorgang der Natur vor seinen Augen aufreißt, zittere! Achte auf seinen Kopf zuerst und dann auf den deinen, und sieh dich vor, daß weder den einen noch den anderen schwindelt, oder gar beiden. Hüte dich vor dem blendenden Reiz der Lüge und den berauschenden Vorspiegelungen des Stolzes. Erinnere dich, erinnere dich unablässig, daß die Unwissenheit niemals Übles angerichtet hat, daß nur der Irrtum verhängnisvoll ist und daß man nie durch das irregeführt wird, was man nicht weiß, sondern durch das, was man zu wissen glaubt.

Seine Fortschritte in Geometrie könnten euch als Beweis und sicherer Maßstab für die Entwicklung seines Begriffsvermögens dienen: sobald er aber das Nützliche vom Nutzlosen zu unterscheiden vermag, ist es von Wichtigkeit, ihn mit viel Behutsamkeit und Geschick den theoretischen Studien zuzuführen. Wenn ihr zum Beispiel wollt, daß er die mittlere Proportionale zwischen zwei Linien findet, so fangt es so an, daß er ein einem gegebenen Rechteck gleiches Quadrat finden muß. Würde es sich um zwei mittlere Proportionalen handeln, müßte ihm zunächst das Problem der Verdoppelung des Kubus interessant gemacht werden usw. Ihr seht, wie wir uns nach und nach den moralischen Begriffen nähern, die Gut und Böse voneinander unterscheiden. Bisher haben wir nur das Gesetz der Notwendigkeit als solches gekannt: jetzt geht uns schon das an, was nützlich ist; bald werden wir zu dem gelangen, was angemessen und gut ist[3].

Ein und derselbe Trieb beseelt die verschiedenen Fähigkeiten des Menschen. Der körperlichen Aktivität, die sich entwickeln will, folgt die geistige, die sich bilden will. Zunächst sind Kinder nur rührig, später werden sie wißbegierig; und diese richtig geleitete Wißbegier ist die Triebkraft des Alters, bei dem wir nun angelangt sind. Unterscheiden wir stets die Neigungen, die aus der Natur, von denen, die aus der Meinung kommen. Es gibt einen Wissenseifer, der sich nur auf den Wunsch stützt, als Gelehrter geachtet zu werden, einen anderen gibt es, der aus der dem Menschen natürlichen Wißbegier nach allem, was ihn – nah oder fern – interessieren kann, geboren ist. Das angeborene Verlangen nach Wohlbefinden und die Unmöglichkeit, dieses Verlangen vollkommen zu befriedigen, lassen den Menschen unablässig nach neuen Mitteln suchen, die dazu beitragen könnten. Das ist das Ur-Prinzip der Wißbegier, ein dem menschlichen Herzen natürliches Prinzip, dessen Entwicklung sich jedoch nur proportional zu unsren Leidenschaften und unsrer Bildung vollzieht. Stellt

euch einen Forscher vor, der auf eine einsame Insel verbannt ist[4], mit seinen Instrumenten und Büchern, und
der gewiß ist, hier den Rest seiner Tage verbringen zu
müssen. Er wird sich kaum noch den Kopf zerbrechen
über das Weltsystem, die Gesetze der Anziehungskraft,
die Differentialrechnung; er wird vielleicht, solange er
noch lebt, kein einziges Buch öffnen, aber niemals
aufhören, seine Insel bis zum letzten Winkel zu durchforschen, so groß sie auch sein möge. Schließen wir also
von unseren ersten Studien noch die Erkenntnis aus,
an denen Geschmack zu finden dem Menschen nicht
natürlich ist, und beschränken wir uns auf die, die zu
suchen uns der Instinkt selbst antreibt.

Die Erde ist die Insel des Menschengeschlechts. Der
unsere Augen am heftigsten beeindruckende Gegenstand ist die Sonne. Sobald wir beginnen, uns von
unsrem Selbst zu entfernen, beschäftigen wir uns
zwangsläufig mit diesen beiden Phänomenen. Daher
basiert die Philosophie fast aller wilden Völker einzig
auf imaginären Teilungen der Erde und der Göttlichkeit der Sonne.

Welcher Sprung! wird man vielleicht sagen. Eben
beschäftigte uns nur das, was uns unmittelbar berührt
und umgibt, und plötzlich durcheilen wir den ganzen
Erdkreis und springen bis an die Enden des Universums! Dieser Sprung ist das Ergebnis des Fortschritts
unserer Kräfte und der Neigung unsres Geistes. Im
Zustand der Schwäche und Unzulänglichkeit konzentriert unser Streben nach Selbsterhaltung sich in unsrem
Innern. Im Zustand der Kraft und der Stärke trägt
uns das Verlangen, unser Wesen auszuweiten[5], darüber
hinaus und schnellt uns so weit wie möglich vorwärts.
Da die geistige Welt uns aber noch unbekannt ist, gehen unsre Gedanken nicht weiter als unsre Augen, und
unsere Einsicht weitet sich nur mit dem Raum, den sie
ermißt.

Wandeln wir unsre Empfindungen in Vorstellungen,

aber versetzen wir uns nicht plötzlich mit einem
Sprung von den sinnlichen Gegenständen zu den geistigen, denn nur durch jene können wir zu diesen gelangen. Bei seinen ersten Operationen möge der Geist
sich stets von den Sinnen führen lassen. Kein anderes
Buch als die Welt, keine andere Belehrung als die Tatsachen. Das Kind, das liest, denkt nicht, es liest nur;
es unterrichtet sich nicht, es lernt Worte.

Lenkt die Aufmerksamkeit eures Zöglings auf die
Naturphänomene, und bald macht ihr ihn wißbegierig. Um aber seine Wißbegier zu schüren, beeilt euch
nicht, sie zu befriedigen. Stellt ihm Fragen, die seiner
Fähigkeit entsprechen, und laßt ihn sie selbst lösen. Er
soll nichts wissen, weil ihr es ihm gesagt habt, sondern
weil er selbst es verstanden hat. Er soll die Naturwis-
senschaft nicht erlernen, er soll sie finden. Setzt ihr jemals in seinem Kopf die Autorität an die Stelle des
Verstandes, wird er nicht mehr denken und nichts
anderes mehr sein als das Spielzeug fremder Meinungen.

Ihr wollt diesem Kind Geographie beibringen und
schafft ihm Erd- und Himmelsgloben an, Landkarten
– wieviel unnützes Zeug! Wozu alle diese Abbildun-
gen? warum zeigt ihr ihm nicht von vornherein den
Gegenstand selbst, damit es wenigstens weiß, wovon
ihr redet?

An einem schönen Abend macht man einen Spaziergang an einen für die Gelegenheit günstigen Ort, wo
man am wolkenlosen Horizont in aller Klarheit den
Sonnenuntergang betrachten und die Gegenstände, die
durch die Helle des Untergangs deutlich werden, beobachten kann. Am nächsten Morgen geht man, um die
frische Morgenluft zu genießen, vor Sonnenaufgang an
den gleichen Ort. Von weitem schon kündigt sich die
Sonne mit ihren Feuerstrahlen an, die sie vor sich her-
schießt. Der Brand wird glühender, der ganze Osten
scheint in Flammen zu stehen, in ihrer Glut wartet
man auf das Gestirn, lange bevor es sich zeigt, jeden

Augenblick glaubt man es erscheinen zu sehen – endlich
sieht man es. Wie ein Blitz schießt ein glänzender
Punkt herauf und füllt alsbald den ganzen Raum. Der
Schleier der Dunkelheit schwindet und fällt. Der
Mensch erkennt seine Stätte und findet sie verschönt.
Während der Nacht hat das Grün neue, frische Kräfte
gewonnen, und der junge Tag, der es beleuchtet, die
ersten Sonnenstrahlen, die es vergolden, zeigen es
unter einem glitzernden Netz von Tau, dessen Lichter
und Farben das Auge widerspiegelt. Die Vögel tun sich
im Chor zusammen und grüßen gemeinsam die Mutter
des Lebens. Nicht eine Stimme schweigt in diesem
Augenblick, ihr Gezwitscher, noch ein wenig zart,
kommt zögernder und süßer als am späteren Tag, man
spürt noch die Mattigkeit eines friedlichen Erwachens.
All dies zusammengenommen erfüllt die Sinne mit
dem Eindruck von Frische, der bis in die Seele zu dringen scheint. Das ist eine halbe Stunde der Verzauberung, der niemand widerstehen kann; ein so groß-
artiges, so schönes, so köstliches Schauspiel läßt niemanden kalt[6].

Erfüllt von seiner eigenen Begeisterung will der
Lehrer sie dem Kinde mitteilen: er glaubt es rühren
zu können, wenn er es aufmerksam macht auf die
Empfindungen, die ihn selbst bewegen. Die reine
Dummheit! Nur im Herzen des Erwachsenen hat das
Schauspiel der Natur Leben; um es sehen zu können,
muß man es fühlen. Das Kind bemerkt die Dinge,
kann aber nicht die Zusammenhänge, die sie verbinden, bemerken; es kann die süße Harmonie ihres Kon-
zertes nicht hören. Es bedarf einer Erfahrung, die es
noch nicht gemacht hat, es bedarf eines Gefühls, das
es noch nie empfand, um den Gesamteindruck zu spüren, der aus der Gleichzeitigkeit aller dieser Sinnesempfindungen sich ergibt. Hat es noch nie endlose ver-
dorrte Ebenen durchquert, hat noch nie glühender Sand
seine Füße verbrannt, hat die erstickende Rückstrah-

lung von sonnengebrannten Felsen ihm noch nie den
Atem genommen – wie kann es da die frische Luft
eines schönen Morgens genießen? wie kann der Duft
der Blumen, der Zauber des Grüns, der feuchte Dunst
des Taus, die Weichheit und Sanftheit des Ganges über
eine Wiese, die der Fuß betritt, seine Sinne bezaubern?
Wie kann der Gesang der Vögel ihm wollüstige Schauer
bereiten, wenn es die Sprache der Liebe und der Lust
noch nicht kennt? Wie soll es hingerissen sein beim An-
bruch eines so schönen Tages, wenn seine Vorstellungskraft ihm nicht zeigen kann, auf welch hinreißende Art
es ihn verbringen wird? Und schließlich, wie soll es
Rührung empfinden über die Schönheit des Anblicks
der Natur, wenn es nicht weiß, welche Hand es war,
die sie schmückte?

Haltet dem Kind keine Vorträge, die es nicht verstehen kann. Keine Umschreibungen, keine Eloquenz,
keine bildhafte Ausdrucksweise, keine Poesie. Jetzt geht
es weder um Gefühl noch um Schönheitssinn. Bleibt
weiterhin klar, einfach und kühl; die Zeit kommt nur
zu bald, wo ihr eine andere Sprache nötig habt.

Im Geist unsrer Grundsätze erzogen, gewohnt, sich
immer selbst zu helfen und nur dann den Beistand
andrer zu erbitten, wenn es seine Unzulänglichkeit erkennt, untersucht es lange jedes neue Ding, das es sieht,
ohne etwas zu sagen. Es ist nachdenklich und fragt
nicht viel. Zeigt ihm nur die Dinge im rechten Augenblick, und dann, wenn ihr bemerkt, daß seine Wißbegier geweckt ist, stellt ihm irgendeine lakonische
Frage, die es auf den Weg zu ihrer Lösung bringt.

Bei dieser Gelegenheit, nachdem ihr mit ihm den
Sonnenaufgang genau betrachtet habt, nachdem ihr
ihm auf derselben Seite die Berge und andere nahe-
liegende Dinge beobachten und es in aller Ruhe darüber plaudern ließt, bewahrt ein paar Augenblicke
Stillschweigen, wie ein Mensch, der nachdenkt, und
dann sagt ihr zu ihm: Ich überlege gerade, daß gestern

abend die Sonne dort untergegangen ist und daß sie heute morgen hier aufging. Wie kann denn das sein? Dann sagt ihr nichts mehr. Wenn es euch Fragen stellt, antwortet nicht, sprecht von etwas anderem. Überlaßt es sich selbst, und ihr könnt sicher sein, daß es darüber nachdenken wird.

Damit ein Kind sich gewöhnt, aufmerksam zu sein, damit es von einer sinnfälligen Wahrheit wirklich betroffen ist, muß diese es einige Tage beunruhigen, ehe man sie ihm enthüllt. Begreift es sie auf diese eine Weise noch nicht ganz, so gibt es Mittel, sie ihm noch sinnfälliger zu machen, und dieses Mittel besteht darin, die Frage umzukehren. Wenn es nicht weiß, wie die Sonne vom Untergang zum Aufgang kommt, so weiß es wenigstens, wie sie vom Aufgang zum Untergang kommt: das lehren ihn schon seine Augen. Klärt also die erste Frage durch die zweite: entweder ist euer Zögling absolut stumpfsinnig, oder die Analogie ist zu klar, um ihm entgehen zu können. Das wäre also seine erste Lektion in Kosmographie.

Da wir immer langsam von einer sinnlichen Vorstellung zur andern schreiten, da wir uns lange bei ein und derselben aufhalten, ehe wir zur nächsten übergehn, und da wir schließlich unseren Zögling niemals zur Aufmerksamkeit zwingen, vergeht eine lange Zeit von dieser ersten Lektion bis zur Kenntnis der Sonnenbahn und der Gestalt der Erde. Da aber jede offenbare Bewegung der Himmelskörper dem gleichen Prinzip folgt und da die erste Beobachtung zu allen übrigen führt, kostet es weniger Mühe, wenn auch mehr Zeit, um von einem Tageskreis zur Berechnung der Sonnenfinsternisse zu gelangen, als um die Phänomene Tag und Nacht richtig zu begreifen.

Da die Sonne um die Erde kreist, beschreibt sie einen Kreis, und jeder Kreis muß einen Mittelpunkt haben – das wissen wir schon. Diesen Mittelpunkt kann man nicht sehen, denn er ist mitten in der Erde; aber man

kann auf der Erdoberfläche zwei einander entgegengesetzte Punkte bestimmen, die ihm entsprechen. Ein
langer Draht, der durch die drei Punkte gezogen und
auf beiden Seiten bis zum Himmel verlängert wird,
wäre die Achse der Welt und der täglichen Sonnenbahn. Ein auf seiner Spitze sich drehender Kreisel stellt
den sich auf seiner Achse drehenden Himmel dar; die
beiden Spitzen des Kreisels sind die beiden Pole: das
Kind wird glücklich sein, einen davon kennenzulernen
– ich zeige ihn ihm im Schwanz des Kleinen Bären.
Das amüsiert es bei Nacht, und langsam wird es vertrauter mit den Sternbildern, und daraus folgt das
erste Verlangen, die Planeten zu kennen und die Kon-
stellationen zu beobachten.

An Sankt Johannis haben wir den Sonnenaufgang
gesehn; wir werden ihn auch Weihnachten oder an
irgendeinem anderen schönen Wintertag sehn, denn
man weiß, daß wir nicht faul sind und daß wir uns
einen Spaß daraus machen, der Kälte zu trotzen. Mit
Absicht wähle ich für die zweite Beobachtung den
gleichen Ort, an dem wir die erste machten, und indem
ich mit einiger Geschicklichkeit eine gewisse Bemerkung
vorbereite, wird es auch nicht ausbleiben, daß einer
von uns sie macht und ausruft: Oh! oh! Das ist aber
spaßig! die Sonne geht nicht mehr an der gleichen
Stelle auf! wir haben doch unsre früheren Beobachtungen, und jetzt geht sie dort auf usw.... Es gibt also
einen Sommersonnenaufgang und einen Wintersonnen-
aufgang etc.... Jetzt bist du auf dem richtigen Wege,
junger Lehrer. Diese Beispiele sollten dir genügen, um
eindeutig die Himmelssphäre zu erklären, indem du
die Erde als Erde und die Sonne als Sonne gelten läßt.

Allgemein gelte, daß man nur dann das Zeichen an
die Stelle der Sache setzen darf, wenn es unmöglich ist,
sie zu zeigen; denn das Zeichen absorbiert die Aufmerksamkeit des Kindes und läßt es die dargestellte
Sache selbst vergessen.

Die Armillarsphäre[7] scheint mir schlecht konzipiert
und in unrichtigen Proportionen ausgeführt. Die darauf markierte Wirrnis von Ringen und bizarren Figuren vermittelt einen magischen Eindruck, vor dem der
kindliche Geist zurückschreckt. Die Erde wird zu klein,
die Ringe werden zu groß dargestellt; einige, wie die
Koluren[8], sind vollkommen überflüssig! Jeder Ring
ist größer als die Erde; die Dicke des Kartons vermittelt den Eindruck einer Festigkeit, nach der man sie
für wirklich existierende runde, starke Gebilde halten
könnte. Und sagt ihr dem Kind, daß es sich dabei nur
um imaginäre Ringe handelt, weiß es nicht mehr, was
es sieht und versteht überhaupt nichts mehr.

Wir können uns nie in ein Kind hineinversetzen.
Seine Vorstellungen bleiben uns verschlossen, dafür
legen wir die unsrigen in es hinein, und indem wir
immerfort unseren eigenen Gedankengängen folgen,
bringen wir mit einer Kette von Wahrheiten doch nur
einen Haufen von Verzerrungen und Irrtümern in
seinem Kopfe hervor.

Man streitet darüber, ob man Analyse oder Synthese
zum Studium der Naturwissenschaften wählen soll – es
ist nicht nötig, stets das eine *oder* das andere zu wählen. Manchmal kann man bei den gleichen Forschungen
zergliedern und verknüpfen und das Kind durch die
lehrende Unterrichtsweise lenken, obgleich es glaubt,
nur zu analysieren. Wendet man also gleichzeitig beide
Methoden an, würden sie sich gegenseitig als Beweis
dienen. Geht das Kind gleichzeitig von diesen beiden
einander entgegengesetzten Punkten aus, ohne sich dessen bewußt zu sein, daß der Weg der gleiche ist, wird
es überrascht sein, sich selbst zu begegnen, und diese
Überraschung kann nur äußerst erfreulich sein. Ich
möchte beispielsweise die Geographie von diesen beiden Punkten her anfassen und mit dem Studium der
Erdumdrehung das des Ausmaßes der einzelnen Erd-
teile verbinden, wobei ich beim Wohnort des Kindes

anfangen würde. Während es die Sphäre studiert und sich so zum Himmel aufschwingt, führt es wieder zurück zur Erde und ihren Teilungen und zeigt ihm zunächst seinen eigenen Wohnort.

Seine beiden ersten geographischen Punkte werden die Stadt sein, in der es wohnt, und das Landhaus seines Vaters, dann die Orte, die dazwischenliegen, dann die Flüsse, die nahebei fließen, und schließlich der Stand der Sonne und die Art und Weise, sich zu orientieren. Das ist der Punkt der Vereinigung. Erst soll es sich eine Landkarte von all dem machen, eine ganz einfache Landkarte, auf der zunächst nur zwei Gegenstände vermerkt sind, denen es nach und nach die anderen hinzufügt, je nachdem es über ihre Abstände voneinander oder ihre Lage Bescheid weiß oder sie abschätzen kann. Ihr seht nun schon, wie groß der Vorteil ist, den wir ihm von vornherein verschafften, indem wir einen Kompaß in sein Auge einbauten.

Zweifellos muß man es trotzdem ein wenig leiten, aber nur ganz wenig, und ohne daß es sich dessen bewußt wird. Irrt es sich, laßt es ruhig dabei, korrigiert es nicht, wartet stillschweigend ab, bis es soweit ist, daß es selbst auf das Richtige kommt und seinen Irrtum korrigiert; höchstens führt bei günstiger Gelegenheit eine Situation herbei, die es ihn erkennen läßt. Würde es sich niemals irren, würde es auch nicht so gut lernen. Außerdem geht es nicht darum, daß es die Topographie der Gegend genau kennt, sondern die Möglichkeit, daran zu lernen. Ob es Landkarten im Kopf hat, ist höchst unwichtig, wenn es nur richtig begreift, was auf ihnen dargestellt ist, und wenn es nur eine klare Vorstellung von der Kunst hat, die zu ihrer Anfertigung dient. Da seht ihr schon den Abstand zwischen den Kenntnissen eurer Schüler und der Unwissenheit des meinigen! Sie kennen die Landkarten, aber meiner macht sie selbst. Und das gibt neuen Zimmerschmuck für ihn.

Vergeßt nie, daß es nicht im Sinn meiner Methode liegt, dem Kind vielerlei beizubringen, sondern daß sein Hirn nur richtige und klare Gedanken fassen soll. Wenn Emile auch gar nichts wüßte – das kümmerte mich wenig, Hauptsache, er irrt sich nicht. Die Wahrheiten, die ich ihm beibringe, sind nur dazu da, ihn vor Irrtümern zu schützen, die er sich statt der Wahrheiten in den Kopf setzen könnte. Verstand und Urteilsvermögen entwickeln sich langsam, falsche Vorstellungen und Fehlurteile aber kommen rasch und in großer Menge – vor ihnen gilt es ihn zu schützen. Treibst du aber die Wissenschaft an sich, so versinkst du in einem Ozean ohne Grund, ohne Ufer und voller Klippen; niemals fändest du wieder heraus. Sehe ich einen Menschen, wie er, in Erkenntnisse verliebt, sich von deren Zauber so verführen läßt, daß er, kaum hat er eine Erkenntnis erworben, hinter der nächsten herläuft, ohne mehr anhalten zu können, vermeine ich ein Kind am Ufer zu sehen, das Muscheln sammelt und sich damit zu beladen beginnt, dann, angelockt vom Anblick derer, die es noch sieht, sie wegwirft, neue aufhebt, bis es, erdrückt von der allzu großen Menge, nicht mehr weiß, welche es behalten soll, und zum Schluß alle wegwirft und mit leeren Händen nach Hause geht.

Während des jüngsten Alters hatten wir viel Zeit: wir überlegten nur, wie wir sie am besten vertun konnten, um sie nicht schlecht zu verwenden. Jetzt ist es genau das Gegenteil – wir haben nicht mehr genug, um alles das zu tun, was nötig wäre. Bedenkt, daß die Leidenschaften sich nähern; sobald sie an die Türe klopfen, wird euer Zögling nur noch Augen und Ohren für sie haben. Das friedliche Alter des Verstandes ist so kurz, es geht so schnell vorüber, es ist mit so viel anderen notwendigen Beschäftigungen ausgefüllt, daß es töricht wäre zu glauben, in dieser Zeit ein Kind zum Gelehrten machen zu können. Es handelt sich ja auch nicht darum, ihm die Wissenschaften beizubrin-

gen, sondern ihm den Sinn dafür zu geben und die
Methoden, sie zu erlernen, sobald dieser Sinn vollkommener entwickelt ist. Dies ist mit Sicherheit ein funda-
mentaler Grundsatz jeglicher guten Erziehung.

Jetzt ist auch die Zeit, es nach und nach daran zu
gewöhnen, seine Aufmerksamkeit fortgesetzt auf den
gleichen Gegenstand zu richten. Nie aber darf es unter
Zwang geschehen, nur die Lust dazu oder das Verlangen danach darf diese Aufmerksamkeit erregen; es
braucht größter Sorgfalt, ihm diese Aufmerksamkeit
nicht zur Last oder zur Langweile werden zu lassen.
Laßt diesen Gesichtspunkt nie aus den Augen, und was
immer geschehen mag – schiebt alles beiseite, ehe es
sich langweilt, denn, daß es etwas lernt, ist nie so
wichtig, als vielmehr, daß es niemals etwas widerwillig
tut.

Wenn euer Zögling etwas von euch wissen will, so
antwortet ihm so viel, daß seine Wißbegier angereizt,
aber niemals voll befriedigt wird; besonders, wenn ihr
merkt, daß er nicht fragt, um sich zu belehren, sondern zu faseln anfängt und euch durch törichte Fragen
zusetzt, hört sofort auf, zu antworten, denn ihr könnt
sicher sein, daß es ihm gar nicht mehr um die Sache
selbst geht, sondern nur darum, daß ihr ihm Rede und
Antwort steht. Die Worte, die er ausspricht, sind
weniger wichtig als der Beweggrund, der ihn reden
läßt. Dieser Hinweis war bisher weniger nötig, aber
er gewinnt größte Bedeutung, sobald das Kind anfängt zu denken.

Es gibt einen Zusammenhang von allgemeinen Wahrheiten, worin alle Wissenschaften von gemeinsamen
Prinzipien abhängen und sich Schritt für Schritt entwickeln: dies ist die Methode der Wissenschaftler. Doch
hier handelt es sich nicht darum. Es gibt eine ganz
andere Methode, bei der jeder Gegenstand einen anderen nach sich zieht und immer auf den hinweist, der
ihm folgt. Diese Ordnung, die durch eine ununter-

brochene Neugierde die Aufmerksamkeit wachhält, die
alle Gegenstände fordern, wird von den meisten Menschen befolgt, und vor allem die Kinder bedürfen
ihrer[9]. Beim Studium des Landkartenzeichnens mußten
wir Meridiane ziehen. Zwei Schnittpunkte zwischen
den einander entsprechenden Schatten am Morgen und
am Abend ergeben einen ausgezeichneten Meridian für
einen Astronomen von dreizehn Jahren. Aber diese
Meridiane werden uninteressant, man braucht soviel
Zeit, um sie zu ziehen; immer verlangen sie, daß man
an Ort und Stelle bleibt, um zu arbeiten. Soviel Sorgfalt, ein solcher Zwang würden ihn auf die Dauer
langweilen. Das haben wir uns schon gedacht und
kommen dem zuvor.

Nun bin ich wieder mitten drin in meinen langatmigen und detaillierten Ausführungen. Ich höre schon
euer Grollen, liebe Leser, aber trotzdem fahre ich fort
– ich will den nützlichsten Teil dieses Buchs nicht eurer
Ungeduld opfern. Denkt, was ihr wollt über meine
Langatmigkeit, dafür denke ich, was ich will über
eure Klagen.

Mein Zögling und ich hatten schon seit langem bemerkt, daß Bernstein, Glas, Wachs und einige andere
Stoffe durch Reibung Strohhalme anziehen, was aber
bei bestimmten Stoffen nicht der Fall war. Zufällig
stießen wir auf einen, der eine noch speziellere Eigenschaft hatte – er konnte ohne Reibung und auf einige
Entfernung Feilspäne und andere Eisenteilchen anziehen. Wie lange kann man sich damit amüsieren, ohne
sich weiter etwas dabei zu denken. Endlich fanden
wir heraus, daß diese Eigenschaft sich dem Eisen selbst
mitteilt, wenn es in einer bestimmten Richtung mag-
netisiert worden ist. Eines Tages gingen wir zum Jahrmarkt*, ein Zauberkünstler zieht mit einem Brotstück

---

* Ich konnte nicht umhin, zu lachen, als ich eine scharfsinnige Kritik
von M. Formey zu dieser kleinen Geschichte las: „Dieser Taschen-
spieler", sagt er, „der sich als Rivale eines Kindes hervortut und dessen

eine Wachsente an, die in einem Wasserbecken schwimmt. Trotz unsrer großen Überraschung sagten wir nicht: das ist ein Hexenmeister, denn wir wissen gar nicht, was ein Hexenmeister ist. Unablässig von Phänomenen beeindruckt, deren Ursache wir nicht kennen, sind wir nie rasch mit dem Urteil bei der Hand, sondern warten ruhig in unsrer Unwissenheit ab, bis sich die Gelegenheit bietet, aus ihr herauszukommen.

Wieder zu Hause angekommen, sprechen wir immer wieder von der Ente und setzen uns in den Kopf, das gleiche zu erreichen: wir nehmen eine stark magnetisierte kräftige Nadel, umgeben sie mit weißem Wachs, woraus wir, so gut es geht, eine Ente fabrizieren, und zwar so, daß die Nadel durch den Körper der Ente geht und beim Schnabel wieder herauskommt. Wir setzen die Ente aufs Wasser, bringen den Kopf eines Schlüssels in die Nähe ihres Schnabels und sehen mit leicht verständlicher Freude, daß unsre Ente genauso hinter dem Schlüssel herzieht wie die Jahrmarktsente hinter dem Stück Brot. Die Beobachtung, in welcher Richtung die Ente auf dem Wasser herumschwimmt, wenn man sie in Ruhe läßt, sparen wir uns für ein andermal auf. Im Augenblick, ganz unsrer Beschäftigung hingegeben, wollen wir nicht mehr.

Noch am gleichen Abend gehen wir wieder zum Jahrmarkt, unser präpariertes Brot in der Tasche, und sobald der Zauberkünstler sein Spielchen vorgeführt hat, sagt ihm mein kleiner Gelehrter, der sich kaum noch zurückhalten konnte, daß das ein leichter Trick sei und daß er das auch könne. Er wird beim Wort genommen. Sofort zieht er sein Stück Brot aus der Tasche, in

---

Erzieher eine ernsthafte Predigt hält, ist eine Gestalt aus der Welt der Emiles." Dem geistvollen M. Formey ist nicht der Gedanke gekommen, daß diese kleine Szene vorbereitet war und daß der Gaukler über die Rolle, die er zu spielen hatte, informiert worden war. Das habe ich tatsächlich vergessen zu erwähnen. Wie oft habe ich dagegen aber erklärt, daß ich nicht für die Leute schreibe, denen man alles erklären muß!

dem der Magnet verborgen ist. Mit Herzklopfen geht er an den Tisch; fast zitternd streckt er das Stück Brot hin; die Ente kommt und schwimmt hinter ihm her; das Kind schreit und bebt vor Freude. Vom Beifall der Umstehenden wird ihm ganz schwindlig, es ist ganz außer sich. Der verdutzte Jahrmarktschreier umarmt es trotzdem, beglückwünscht es und bittet es, ihn doch am nächsten Tag wieder mit seinem Besuch zu beehren, indem er hinzufügt, daß er dafür sorgen würde, noch mehr Publikum zu versammeln, das seiner Geschicklichkeit Beifall klatschen werde. Mein kleiner Naturforscher will anfangen zu schwätzen, aber sofort stopfe ich ihm den Mund und führe ihn, überschüttet mit Lobreden, davon.

In sichtbarer Unruhe zählt das Kind die Minuten bis zum nächsten Tag. Es lädt jeden ein, der ihm begegnet, es möchte, daß das ganze Menschengeschlecht Zeuge seines Ruhms wird; kaum kann es die festgesetzte Stunde abwarten und läuft schon vorher hin; wie im Flug gelangen wir zum Treffpunkt, der Raum ist schon voll. Beim Eintritt schwillt ihm das Herz vor Freude. Andere Kunststückchen kommen vorher an die Reihe. Der Zauberkünstler übertrifft sich selbst und produziert die überraschendsten Dinge. Das Kind sieht nichts von all dem; es schwitzt vor Aufregung, es kann kaum atmen; die ganze Zeit dreht es mit vor Ungeduld zitternder Hand das Brotstück in seiner Tasche um und um. Endlich kommt es an die Reihe. Der Meister kündet das Ereignis mit pompösen Worten an. Ein wenig verschämt tritt es herzu, zieht sein Brotstück aus der Tasche – neuer schicksalhafter Wechselfall im menschlichen Leben! Die Ente, am Tag vorher so zahm, ist heute ganz wild geworden; anstatt den Schnabel hinzustrecken, kehrt sie uns den Schwanz zu und schwimmt weg; mit dem gleichen Eifer, da sie vorher der Hand mit dem Brot gefolgt war, mißachtet sie sie jetzt. Nach tausend vergeblichen, von Hohn-

gelächter begleiteten Versuchen fängt das Kind an zu
weinen, sagt, daß man es täuscht, daß das eine andere
Ente wäre, die anstelle der ersten genommen worden
wäre und fordert den Zauberkünstler heraus, diese
hier zu sich heranzuziehen.

Ohne ein Wort zu verlieren, nimmt der Zauberkünstler ein Stück Brot und hält es der Ente vor den
Schnabel; sofort folgt sie dem Brot und der Hand,
die es zurückzieht. Das Kind nimmt dasselbe Stück
Brot, aber weit entfernt, einen besseren Erfolg zu
haben als vorher, muß es sehen, wie die Ente sich
über es lustig macht und Pirouetten um das ganze Bek-
ken herum schlägt; schließlich zieht es sich, ganz beschämt, zurück, ohne mehr zu wagen, sich dem Hohn
der andern auszusetzen.

Nun ergreift der Zauberkünstler das Stück Brot,
das das Kind mitgebracht hatte und braucht es mit
dem gleichen Erfolg wie sein eignes. Er zieht die Nadel vor aller Augen heraus – neues Gelächter auf unsre
Kosten. Dann zieht er mit diesem leeren Stück Brot
die Ente wie vorher zu sich heran. Er macht dasselbe mit einem anderen Stück Brot, das vor aller
Augen von einer dritten Person durchgeschnitten wurde,
er macht dasselbe mit seinem Handschuh, mit seiner
Fingerspitze; schließlich geht er zurück bis zur Mitte
des Raums, und in dem jenen Leuten eigenen emphatischen Ton erklärt er, daß seine Ente seiner Stimme
nicht weniger gehorchen werde als seiner Hand; er
spricht mit ihr, und die Ente gehorcht; er befiehlt ihr,
nach rechts zu schwimmen, und sie schwimmt nach
rechts, wieder umzukehren, und sie kehrt um, ihre
Bewegungen folgen dem Befehl auf dem Fuße. Jeder
verdoppelte Beifall ist verdoppelte Schmach für uns,
wir machen uns unbemerkt davon und schließen uns
in unser Zimmer ein, denn wir können nicht aller Welt
von unsrem Erfolg berichten, wie wir es uns ausgedacht
hatten.

Am nächsten Morgen klopft es an unsrer Tür. Ich öffne – es ist der Zauberkünstler. Er beschwert sich in bescheidener Form über unser Verhalten. Was hatte er uns angetan, uns dazu zu veranlassen, seine Kunststückchen in Verruf zu bringen und ihm seinen Broterwerb zu nehmen? Was ist denn so Erstaunliches in der Fertigkeit, eine Wachsente anzuziehn, um diese Ehre auf Kosten der Selbsterhaltung eines ehrsamen Mannes zu erkaufen? Lieber Himmel, meine Herren, hätte ich andere Talente, mein Brot zu verdienen, würde ich mich wohl kaum dieses Talents hier rühmen. Sie können mir glauben, daß ein Mann, der sein Dasein damit verbrachte, sich in dieser armseligen Geschicklichkeit zu üben, mehr darüber weiß als Sie, die Sie sich nur für ein paar Augenblicke damit beschäftigen. Wenn ich Ihnen nicht sofort alle meine Meisterstückchen vorgeführt habe, dann nur darum, weil man nicht so dumm sein soll, eiligst all sein Wissen auszubreiten. Ich bin immer darauf bedacht, meine besten Tricks für die rechte Gelegenheit aufzusparen, und nach diesen habe ich immer noch welche in Reserve, um die taktlose Neugier junger Leute zu bändigen. Im übrigen, meine Herren, komme ich in der guten Absicht, Ihnen dieses Geheimnis, das Sie so in Verwirrung stürzte, zu enthüllen, bitte Sie aber, es nicht zu meinem Nachteil mißbrauchen zu wollen und ein andermal etwas zurückhaltender zu sein.

Dann zeigt er uns sein Instrument, und wir sehen zu unsrer höchsten Überraschung, daß es nur aus einem starken, gut armierten Magnet besteht, den ein unter dem Tisch verstecktes Kind in Bewegung setzte, ohne daß jemand etwas merkte.

Der Mann packt sein Instrument wieder zusammen, und nachdem wir ihm unsren Dank und unsre Entschuldigung ausgesprochen haben, wollen wir ihm etwas schenken; er lehnt es ab. „Nein, meine Herren, ich habe zu wenig, dessen ich mich rühmen könnte, um

Ihre Geschenke anzunehmen; Sie sollen mir verpflichtet sein auch gegen Ihren eigenen Willen, das ist meine einzige Rache. Sie sollen lernen, daß jeder Stand seine Generosität hat; ich lasse mich für meine Kunststücke bezahlen, aber nicht für meine Lektionen."

Beim Weggehen richtete er noch laut und namentlich eine Zurechtweisung an mich. „Dieses Kind entschuldige ich gern", sagte er, „es hat mir nur aus Unwissenheit unrecht getan. Aber Sie, mein Herr, der Sie seinen Fehlgriff kannten, warum ließen Sie ihn zu? Da Sie zusammen leben, schulden Sie ihm als der Ältere Ihre Sorgfalt, Ihre Ratschläge. Ihre Erfahrung ist die Autorität, die ihn leiten muß. Macht er sich als Erwachsener Vorwürfe wegen der Fehler seiner Jugend, wird er Ihnen die vorwerfen, vor denen Sie ihn nicht behütet haben."*

Er geht und hinterläßt uns alle beide sehr zerknirscht. Ich mache mir Vorwürfe wegen meiner schwächlichen Nachgiebigkeit und verspreche dem Kind, sie das nächstemal seinem Vorteil aufzuopfern und es vor seinen Fehlern zu warnen, bevor es sie begeht. Denn die Zeit nähert sich, wo unsre Beziehungen zueinander sich wandeln, wo die Strenge des Erziehers dem Entgegenkommen des Kameraden weichen muß. Dieser Wandel darf sich nur ganz allmählich vollziehen – alles muß vorausbedacht werden, weit hinaus vorausbedacht.

Am nächsten Tag gehen wir wieder zum Jahrmarkt, um uns den Trick noch einmal anzusehn, dessen Ge-

---

* Hätte ich voraussetzen sollen, daß es irgendeinen so stupiden Leser gibt, der nicht gemerkt hätte, daß es sich bei diesen Vorhaltungen um eine vom Erzieher Wort für Wort diktierte Rede handelt, die seine Ansichten dartun sollte? Hätte man mich selbst für so dumm halten dürfen, eine solche Sprache einem Gaukler als ihm natürlich in den Mund zu legen? Bis jetzt glaube ich, zumindest von meinem mittelmäßigen Talent Zeugnis abgelegt zu haben, die Personen ihren Geistesgaben entsprechend reden zu lassen. Man lese noch das Ende des folgenden Abschnitts. Genügt das Gesagte nicht für jeden anderen als M. Formey?

heimnis wir nun kennen. Mit tiefem Respekt begrüßen
wir unsren Sokrates-Zauberkünstler, kaum wagen wir
die Augen zu heben. Er überhäuft uns mit Schmeicheleien und weist uns unsren Platz mit einer Hochachtung an, die uns noch mehr demütigt. Er produziert
seine Kunststückchen wie gewöhnlich, aber besonders
lange und voller Genuß verweilt er bei dem mit der
Ente und sieht oft mit stolzer Miene zu uns herüber.
Wir wissen alles, verraten aber keine Silbe. Hätte mein
Zögling auch nur einmal gewagt, seinen Mund aufzu-
tun, so wäre er ein Kind, das man hassen müßte.

Dieses Beispiel ist mit all seinen Einzelheiten bedeutungsvoller als es den Anschein hat. Wieviel Lektionen
in einer einzigen! Welch demütigende Folgen zieht die
erste Regung der Eitelkeit mit sich! Gib sorgfältig acht
auf diese erste Regung, junger Lehrer. Wenn du es so
einzurichten verstehst, daß daraus wie hier Demütigungen und Unglück hervorgehen*, kannst du sicher
sein, daß keine zweite folgen wird. Welche Umstände!
werdet ihr sagen. Gewiß, und dies alles, um uns einen
Kompaß zu fabrizieren, der uns einen Meridian ersetzen soll.

Nachdem wir gelernt haben, daß der Magnet durch
andere Körper hindurchwirkt, haben wir nichts Eiligeres zu tun, als etwas Ähnliches zu konstruieren wie
das, was wir sahen: einen ausgehöhlten Tisch, ein fla-
ches, dem Niveau des Tisches angepaßtes Becken mit
ein wenig Wasser gefüllt, eine etwas hübschere Ente
usw. Fast immer um das Becken herum beschäftigt, bemerken wir schließlich, daß die ungereizte Ente sich
immer in ein und dieselbe Richtung gezogen fühlt. Wir

---

* Diese Demütigung, dieses Mißgeschick habe also ich bereitet und
nicht der Zauberkünstler. Da sich M. Formey zu meinen Lebzeiten
meines Buchs bemächtigen und es ohne weiteres drucken lassen und nur
anstelle meines Namens den seinen setzen wollte, mußte er sich wenigstens die Mühe machen – ich sage nicht, es zu schreiben – aber es zu
lesen.

gehen dieser Erfahrung nach, prüfen diese Richtung und sehen, daß sie von Süd nach Nord geht. Mehr brauchen wir nicht – unsere Kompaßnadel ist gefunden, oder mindestens so gut wie gefunden. Und damit sind wir bei der Physik angekommen.

Die Erde hat die verschiedensten klimatischen Zonen, und diese haben die verschiedensten Temperaturen. Je näher man dem Pol kommt, um so spürbarer wird der Wechsel der Temperaturen; alle Körper ziehen sich in der Kälte zusammen und dehnen sich in der Wärme aus. Bei Flüssigkeiten läßt sich diese Wirkung besser messen und wird noch spürbarer bei spirituosen Flüssigkeiten. Daher das Thermometer[10]. Der Wind schlägt an das Gesicht, also ist die Luft ein Stoff, eine Flüssigkeit. Man fühlt sie, obwohl es kein Mittel gibt, sie zu sehen. Stülpt ein Glas ins Wasser und es wird sich nur dann ganz füllen, wenn der darin befindlichen Luft ein Ausgang bleibt. Also gibt es einen Luftwiderstand. Taucht das Glas noch tiefer ein, und das Wasser steigt wohl höher, füllt aber nicht das ganze Glas. Also gibt es bis zu einem gewissen Punkt eine Luft-Kompressibilität. Ein mit komprimierter Luft gefüllter Ball springt besser als jeglicher andere mit anderen Stoffen gefüllter. Also ist die Luft eine elastische Masse. Hebt im Bad die Arme horizontal aus dem Wasser, und ihr werdet sie als furchtbar schwer empfinden. Also ist die Luft ein schwerer Stoff. Bringt man die Luft mit anderen Flüssigkeiten ins Gleichgewicht, kann man ihr Gewicht messen. Daher das Barometer, der Saugheber, die Windbüchse und die Luftpumpe. Alle statischen und hydrostatischen Gesetze sind mit gleich primitiven Experimenten zu finden. Ich will nicht, daß man dafür in ein Laboratorium für Experimental-Physik geht – dieser ganze Aufwand an Instrumenten und Geräten behagt mir nicht. Das wissenschaftliche Gehabe tötet die Wissenschaft. Entweder schreckt das Kind vor diesen Apparaturen zurück, oder ihr Anblick lenkt seine Aufmerksamkeit von den Resultaten ab, auf die sie gerichtet sein soll.

Ich will, daß wir alle unsre Geräte selbst fabrizieren und das Instrument nicht vor dem Experiment herstellen. Ich will, daß, nachdem ich wie durch Zufall auf das Experiment gekommen bin, wir nach und nach das Instrument erfinden, das es bestätigen soll. Mir ist es lieber, daß unsre Instrumente weniger vollkommen und genau sind, aber unsere Vorstellungen, wie die Instrumente sein sollten und was mit ihnen zu beweisen ist, um so klarer. Anstatt für meine erste Lektion in Statik eine Waage zu holen, lege ich einen Stock über eine Stuhllehne, messe die Länge der sich in Gleichgewicht haltenden beiden Stockenden, bringe dann an beiden Seiten Gewichte an, mal gleich schwere, mal ungleich schwere; je nachdem, wie ich sie verschiebe, stelle ich schließlich fest, daß das Gleichgewicht das Ergebnis eines umgekehrten Verhältnisses zwischen der Gewichtsmasse und der Länge der Hebelarme ist. So ist mein kleiner Physiker jetzt schon imstande, Waagen zu regulieren, bevor er noch je eine sah.

Unbestreitbar erwirbt man viel klarere und sicherere Begriffe von den Dingen, die man sich auf diese Weise selbst beibringt, als von denen, deren Kenntnis man von anderen übernahm: außer der Tatsache, daß man seine Vernunft nicht daran gewöhnt, sich knechtisch der Autorität zu unterwerfen, wird man selbst viel scharfsinniger im Entdecken von Beziehungen, von Ideen-Verbindungen, im Erfinden von Instrumenten – viel gewitzter, als wenn wir, alles akzeptierend, was man uns darbietet, unseren Geist in Sichgehenlassen erschlaffen ließen, so wie ein Mensch, der ständig von seinen Bediensteten angezogen und bedient und von seinen Pferden geführt wird, zum Schluß Kraft und Gebrauch seiner Glieder völlig verliert. Boileau rühmt sich, Racine gelehrt zu haben, wie man schwierige Reime macht. Bei so vielen bewunderungswürdigen

Methoden, das Studium der Wissenschaften abzukürzen, brauchten wir wirklich jemanden, der eine hätte, die es uns erschwerte.

Der spürbarste Vorteil dieser langsam und mühselig betriebenen Forschungen besteht darin, daß wir bei allen theoretischen Studien den Körper in ständiger Aktivität halten, die Glieder in ihrer Gelenkigkeit und die Hände ständig zu Arbeit und nützlichen Tätigkeiten bilden. So viele Instrumente sind erfunden worden, die uns bei unsren Erfahrungen führen und die Genauigkeit der Sinne ersetzen, daß dadurch die körperliche Übung vernachlässigt wird. Der Winkelmesser nimmt es uns ab, die Winkelweite zu schätzen; das Auge, das mit Präzision die Abstände abschätzen konnte, verläßt sich nun auf die Meßkette, die für es mißt; die Handwaage nimmt es mir ab, das Gewicht mit bloßer Hand zu schätzen, das ich dann durch sie erfahre. Je erfinderischer die Technik wird, um so gröber und ungeschickter werden unsre Organe: vor lauter Apparaten, die wir um uns herum aufstellen, entdecken wir keine mehr in uns selbst.

Wenn wir aber zur Herstellung dieser Apparate die Geschicklichkeit anwenden, die durch sie ersetzt wird, wenn wir, um die Apparate zu erfinden, den Scharfsinn aufbieten, den wir nötig hätten, wenn wir sie entbehren müßten, so gewinnen wir, ohne zu verlieren, wir fügen zur Natur die Kunst und werden erfinderisch, ohne darum weniger geschickt zu sein. Wenn ein Kind, anstatt seine Nase in Bücher zu stecken, in einer Werkstatt beschäftigt ist, arbeiten seine Hände zum Nutzen seines Geistes: es wird Wissenschaftler und meint, es sei nur ein Handwerker. Schließlich hat diese Methode noch andere Vorteile, von denen ich später sprechen werde, und man wird sehen, wie man von den Spielen der Wissenschaft zu den wahren menschlichen Beschäftigungen gelangen kann.

Ich sagte bereits, daß die rein theoretischen Erkenntnisse den Kindern nicht recht angemessen sind, selbst wenn sie sich dem Jugendalter nähern. Aber auch ohne sie weit in die systematische Physik einzuführen, haltet es so, daß sich ihre Erfahrungen durch eine Art von Deduktion aneinanderreihen, damit sie sie mit Hilfe dieser Kette in der richtigen Reihenfolge im Kopf haben und sie sich so im Bedarfsfall ins Gedächtnis zurückrufen[11]. Es ist nämlich sehr schwierig, einzelne Tatsachen und selbst einzelne Überlegungen lange im Gedächtnis zu behalten, wenn man keinen Anhaltspunkt hat, sich ihrer wieder zu erinnern.

Fangt bei der Erforschung der Naturgesetze immer mit den bekanntesten und eindringlichsten Phänomenen an und gewöhnt euren Zögling daran, diese Phänomene nicht als Gründe, sondern als Tatsachen anzusehen. Ich nehme einen Stein auf und tue so, als ob ich ihn in die Luft legen wollte; ich öffne die Hand, der Stein fällt. Ich sehe, daß Emile aufmerksam zusieht und sage: Warum ist dieser Stein gefallen?

Welches Kind wüßte da nichts zu antworten? Keines, sogar Emile nicht, wenn ich nicht große Sorgfalt darauf verwandt hätte, ihn so vorzubereiten, daß er nichts darauf antworten kann. Alle sagen, daß der Stein fällt, weil er schwer ist. Und was ist schwer? Das, was fällt. Also fällt der Stein, weil er fällt? Hier ist nun mein kleiner Naturforscher am Ende seines Lateins. Das ist seine erste Lektion in systematischer Physik, und ob sie ihm nun auf diese Art etwas nützen kann oder nicht, es bleibt eine Lektion der Logik.

In dem Maße, in dem das Kindes Intelligenz Fortschritte macht, zwingen uns noch andere wichtige Überlegungen, mehr Abwechslung in seine Beschäftigungen zu bringen. Sobald es sich selbst gut genug kennt, um zu begreifen, worin sein Wohlergehn besteht, sobald es weitausgreifende Zusammenhänge so erfaßt, um beurteilen zu können, was ihm guttut und was nicht, ist es imstande, den Unterschied zwischen Arbeit und Zeitvertreib zu erfassen, und den Zeitvertreib nur noch als Erholung von der Arbeit zu betrachten. Dann können Dinge realen Nutzens zum Teil seiner Studienobjekte gemacht werden und es dazu anhalten, sich ihnen mit größerer Ausdauer zu widmen als früher dem bloßen Zeitvertreib. Das immer wieder hervortretende Gesetz der Notwendigkeit lehrt den Menschen schon frühzeitig, zu tun, was ihm nicht gefällt, um einem Übel vorzubeugen, das ihm noch weniger gefallen würde. Das ist der Nutzen der Voraussicht, und von dieser gut oder schlecht angewandten Voraussicht hängt alle Weisheit oder alles Elend der Menschheit ab.

Jeder Mensch will glücklich sein; aber um dahin zu gelangen, müßte er zunächst wissen, was das Glück ist. Das Glück des natürlichen Menschen ist so einfach wie sein Leben – es besteht darin, nicht zu leiden: Gesundheit, Freiheit und die tägliche Notdurft machen es aus. Das Glück der geistigen Menschen ist andrer Art. Aber das steht hier nicht zur Diskussion. Ich kann nicht genug wiederholen, daß nur rein physische Dinge für die Kinder von Interesse sind, vor allem für die, deren Eitelkeit nicht geweckt wurde und die nicht von vornherein durch das Gift der Meinung verdorben sind.

Wenn sie ihre Bedürfnisse voraussehen, noch ehe sie sie spüren, ist ihr Verstand schon sehr weit fortgeschritten, und sie fangen an, den Wert der Zeit zu erkennen. Dann ist es wichtig, sie daran zu gewöhnen, diese auf nützliche Dinge zu verwenden, allerdings muß diese Nützlichkeit ihrem Alter und ihrem Begriffsvermögen entsprechen. Alles, was mit der geistigen Ordnung und gesellschaftlichen Belangen zusammenhängt, darf ihnen nicht zu früh begegnen, weil sie noch nicht imstande sind, es zu verstehen. Es ist eine Albernheit, von ihnen zu verlangen, sich mit Dingen zu beschäftigen, von denen man ihnen in vagen Andeutungen sagt, sie dienten ihrem Wohl, ohne daß sie wissen, worin dieses Wohl besteht, und von dem man ihnen für die Zukunft großen Nutzen verspricht, ohne daß sie sich in der Gegenwart für diesen vorgeblichen Nutzen, von dem sie gar nichts verstehen, im geringsten interessieren.

Ein Kind darf nicht aufs bloße Wort gehorchen; nichts ist für das Kind gut, als das, was es als solches fühlt. Wenn ihr es immer über die Grenzen seines Begriffsvermögens hinaus führt, glaubt ihr, Voraussicht walten zu lassen, und verfehlt sie doch. Nur um es mit irgendwelchem unnötigen Werkzeug auszurüsten, wovon es vielleicht niemals Gebrauch machen wird, beraubt ihr es des universellsten Werkzeugs der Menschen, nämlich des gesunden Menschenverstands; ihr gewöhnt es an ständige Führung und daran, nie etwas anderes zu sein als ein Werkzeug in fremden Händen. Ihr wollt, daß es als Kind fügsam sei – das heißt wollen, daß es ein leichtgläubiger, leicht zu betrügender Erwachsener werde. Ihr sagt ihm ununterbrochen: „Alles, was ich von dir verlange, geschieht zu deinem Besten, aber das kannst du noch nicht begreifen. Was habe ich denn davon, ob du tust, was ich sage, oder nicht? Du arbeitest nur für dich allein." Mit all diesen schönen Reden, die ihr ihm jetzt haltet, um ein artiges Kind aus ihm zu machen, bereitet ihr nur den Erfolg derer vor, die ihm eines Tages irgendein Phantast, ein Ohrenbläser, ein Scharlatan, ein Betrüger oder ein Narr jeder Art halten wird, um ihn in seine Falle zu locken oder ihn zum Verfechter seiner Torheit zu machen.

Sicher ist es wichtig, daß ein Erwachsener viele Dinge weiß, deren Nutzen ein Kind nicht verstehen würde; aber muß und kann ein Kind alles lernen, was ein Erwachsener wissen muß? Versucht, dem Kind alles das beizubringen, was für sein Alter nützlich ist, und ihr werdet sehn, daß seine Zeit mehr als ausgefüllt ist. Warum wollt ihr, zum Nachteil der Studien, die ihm heute angemessen sind, es zu solchen zwingen, die für ein Alter passen, das er mit so wenig Gewißheit er-

reichen wird? Aber, so werdet ihr sagen, ist denn
noch Zeit, erst dann zu lernen, was man wissen muß,
wenn der Augenblick schon da ist, von diesem Wissen
Gebrauch zu machen? Ich weiß es nicht. Aber was
ich weiß, ist dies: daß es unmöglich ist, dies Wissen
früher zu erwerben. Denn unsre wahren Lehrmeister
sind Erfahrung und Gefühl, und niemals fühlt der
Mensch recht, was dem Menschen zukömmlich ist, als
im Zusammenhang mit seiner jeweiligen Lage. Ein
Kind weiß, daß es geschaffen ist, ein Erwachsener zu
werden: alle Vorstellungen, die es über den Zustand
eines Erwachsenen haben kann, dienen zu seiner Belehrung. Aber über solche Vorstellungen von diesem
Zustand, die über sein Begriffsvermögen hinausgehen,
muß es in absoluter Unwissenheit gehalten werden.
Mein ganzes Buch ist nur ein einziger Beweis für dieses
Erziehungsprinzip.

Sobald wir so weit sind, unsrem Zögling eine Vorstellung von dem Wort *nützlich* vermittelt zu haben,
haben wir eine wichtige Möglichkeit mehr, ihn zu erziehen; denn dieses Wort beeindruckt ihn sehr, da es
für ihn nur einen mit seinem Alter zusammenhängen-
den Sinn hat, und er die Beziehung zu seinem augenblicklichen Wohlergehen darin klar erkennt. Auf eure
Kinder macht dieses Wort gar keinen Eindruck, weil
ihr es nicht für nötig hieltet, ihnen eine Vorstellung
davon zu machen, die in ihrem Begriffsvermögen liegt;
und weil sich immer jemand bereit findet, ihnen zu
geben, was sie brauchen, brauchen sie nie selbst darüber
nachzudenken und wissen gar nicht, was Nützlichkeit
ist.

Wozu ist das gut? Das ist von nun ab das gehei-
ligte Wort, das Wort, das bei allen unsern Handlungen
im Leben zwischen ihm und mir entscheidet: das ist die
Frage, die meinerseits mit absoluter Sicherheit auf alle
seine Fragen folgt und die die Massen von dummen
und aufgeblasenen Fragereien bremst, mit denen Kin-

der unentwegt und ergebnislos ihre ganze Umgebung mürbe machen, und zwar mehr, um eine Art Herrschaft über sie auszuüben, als um etwas daraus zu lernen. Wem als wichtigste Lektion beigebracht wird, nur das Nützliche wissen zu wollen, der fragt wie Sokrates; er stellt keine Frage, ohne sich selbst Rechenschaft gegeben zu haben über ihren Grund, nach dem man ihn, wie er weiß, fragen wird, ehe man ihm antwortet.

Ihr seht nun, welch mächtiges Instrument ich in eure Hände lege, durch das ihr auf euren Schüler einwirken könnt. Da er für nichts eine Begründung angeben könnte, könnt ihr ihn, wenn ihr wollt, fast zum völligen Verstummen bringen. Welchen Vorteil bieten euch dagegen eure Kenntnisse und Erfahrungen, um ihm den Nutzen alles dessen zeigen zu können, was ihr ihm unterbreitet! Denn, macht euch da nichts vor, ihm diese Frage zu stellen, heißt, ihm beibringen, sie euch seinerseits vorzulegen, und ihr müßt damit rechnen, daß auf alles, was ihr ihm fernerhin zu sagen habt, er nicht verfehlen wird, nach eurem Beispiel zu sagen: *Wozu ist das gut?*

Dies ist vielleicht die für einen Erzieher am schwierigsten zu umgehende Falle. Wenn ihr auf diese Frage des Kindes, nur um euch aus der Affäre zu ziehen, auch nur einmal eine Begründung angebt, die es unmöglich verstehen kann, so wird es merken, daß ihr eurem eigenen Gedankengang folgt und nicht dem seinen, und glauben, was ihr sagt, entspreche eurem Alter, aber nicht dem seinen; es traut euch nicht mehr, und alles ist verloren. Aber wo gibt es den Lehrer, der vor seinem Schüler in Verlegenheit geraten und sich mit ihm über seine Irrtümer verständigen will? Alle Lehrer machen es sich zum Gesetz, keinen Fehler zuzugeben, selbst wenn sie welche gemacht haben. Ich aber würde mir ein Gesetz daraus machen, sogar einen gar nicht vorhandenen zuzugeben, wenn meine Antwort sein Begriffsvermögen übersteigen müßte: so würde

meine Haltung seinem Geist immer klar und niemals
verdächtig sein, und ich würde mir mehr Vertrauen bei
ihm erwerben, indem ich scheinbare Irrtümer zugäbe,
als jene, die ihre wirklichen vertuschen.

Denkt in erster Linie daran, daß es selten an euch
ist, ihm vorzuschlagen, was er lernen muß; an ihm ist
es, es zu wünschen, es zu suchen und zu finden, und an
euch, es in seine geistige Reichweite zu bringen, diesen
Wunsch auf geschickte Weise entstehen zu lassen und
ihm die Mittel zu seiner Erfüllung zu verschaffen. Daraus folgt, daß ihr wenige, aber gut durchdachte Fragen
stellen müßt und daß, da er so viel mehr an euch zu
richten haben wird als ihr an ihn, ihr euch immer vor
Blößen schützen könnt, indem ihr es so anstellt, ihm
die Frage stellen zu können: *Worin besteht der Nutzen dessen, was du wissen willst?*

Da es ziemlich gleichgültig ist, ob er dies oder jenes
lernt, ist nur wichtig, daß er, was er lernt, auch
richtig begreift und seinen Nutzen einsieht, gebt ihm
für das, was ihr ihm zu sagen habt, lieber gar keine
Erklärung als eine unzulängliche. Sagt ihm ohne Bedenken: Darauf kann ich dir keine richtige Antwort
geben; lassen wir das, ich habe mich geirrt. War das,
was ihr ihm beibringen wolltet, wirklich unangebracht,
so schadet es gar nichts, es fallen zu lassen; war es nicht
an dem, so werdet ihr mit ein wenig Geschick bald die
Gelegenheit finden, ihm die Nützlichkeit der Sache verständlich zu machen.

Ich liebe keine Erklärungen mit vielen Worten; die
jungen Leute folgen ihnen unaufmerksam und behalten sie kaum. Sachen! Sachen! Ich werde nie genug
wiederholen können, daß wir den Worten zuviel Gewicht beilegen; mit unserer geschwätzigen Erziehung
schaffen wir nur Schwätzer.

Nehmen wir an, daß, während ich mit meinem Zögling die Sonnenbahn studiere und die Art und Weise,
sich zu orientieren, er mich unterbricht und fragt, wozu

das alles nötig sei. Was für einen schönen Vortrag ich
ihm dann halten werde! Wieviel Dinge werde ich ihm
bei einer solchen Gelegenheit beibringen, wenn ich seine
Frage beantworte, besonders, wenn Zeugen unsres
Gesprächs dabei sind*. Ich werde ihm vom Nutzen
des Reisens sprechen, von den Vorteilen des Handels, den Erzeugnissen der verschiedenen klimatischen
Zonen, den Sitten aller Völker, der Anwendung des
Kalenders, der Berechnung des Ablaufs der Jahreszeiten für die Landwirtschaft, der Navigationskunst,
den Möglichkeiten, sich auf dem Meer zu orientieren
und die genaue Route einzuhalten, ohne seine eigene
Position zu kennen. Die Politik, die Naturgeschichte,
die Astronomie, ja selbst Moral und Völkerrecht
werden in meiner Rede Platz finden, um meinem Zögling eine große Meinung von all diesen Wissenschaften
einzuflößen und den heftigen Wunsch, sie zu erlernen.
Wenn ich mit meiner Rede zu Ende bin, werde ich das
Wissen eines wahren Pedanten ausgebreitet haben, von
dem er auch nicht einen einzigen Gedanken verstanden
hat. Am liebsten würde er mich, wie schon vorher,
fragen, wozu es nötig ist, sich an der Sonne zu orientieren, aber er wagt es nicht, aus Angst, daß ich ärgerlich werden könnte. Er kommt besser auf seine Kosten,
wenn er so tut, als hätte er alles verstanden, was er
gezwungenermaßen mit anhören mußte. So geht es
bei der feinen Erziehung zu.

Aber unser bäuerisch aufgezogener Emile, dem wir
mit soviel Mühe ein schwerfälligeres Begriffsvermögen
beibringen, wird sich so etwas überhaupt nicht anhören. Beim ersten Wort, das er nicht versteht, macht
er sich davon, spielt im Zimmer herum und wird mich
allein weiter salbadern lassen. Wir müssen eine hand-

---

* Ich habe oft bemerkt, daß man bei den gelehrten Anweisungen, die
man Kindern gibt, weniger Wert darauf legt, daß sie zuhören, als die
anwesenden Erwachsenen. Ich bin vollkommen sicher, daß richtig ist,
was ich da sage, denn ich habe an mir selbst diese Beobachtung gemacht.

greiflichere Lösung finden – mein ganzer wissenschaftlicher Aufwand ist nichts für ihn.

Wir stellten gerade die Position des Waldes nördlich von Montmorency fest, als er mich wieder mit der Frage belästigte: *Wozu ist das gut?* Du hast recht, sagte ich, wir wollen in Ruhe darüber nachdenken, und wenn wir das als nutzlose Anstrengung erkennen, werden wir nicht mehr darauf zurückkommen, wir haben noch genug anderen nützlichen Zeitvertreib. Dann beschäftigen wir uns mit etwas anderem, und für den Rest des Tages wird von Geographie nicht mehr gesprochen.

Am nächsten Morgen schlage ich ihm einen Spaziergang vor dem Mittagessen vor – nichts ist ihm lieber als das. Kinder sind jederzeit bereit, zu laufen, und dieses hier hat gute Beine. Wir steigen zum Wald hinauf, laufen kreuz und quer durch die Champeaux, verirren uns und wissen nicht mehr, wo wir sind; als wir umkehren wollen, finden wir den Weg nicht mehr. Die Zeit vergeht, es wird heiß, wir haben Hunger; wir beeilen uns, wir irren vergeblich bald in die eine, bald in die andere Richtung, nirgends sehen wir etwas anderes als Wald, Steinbrüche, ebene Flächen – nichts, woran wir uns orientieren könnten. Völlig erhitzt, erschöpft und ausgehungert verlaufen wir uns immer mehr. Schließlich setzen wir uns hin, um uns auszuruhen und Rat zu halten. Emile, den ich mir wie jedes andere Kind erzogen vorstelle, überlegt nicht, er weint; er weiß nicht, daß wir dicht vor Montmorency sind, daß bloß ein Dickicht es uns verbirgt; aber dieses Dickicht ist für ihn ein Wald, ein so kleiner Mensch wie er fühlt sich schon in einem Gebüsch wie im tiefsten Grab.

Nach ein paar Augenblicken des Stillschweigens sage ich mit beunruhigter Miene: Was sollen wir machen, um hier herauszukommen, Emile?

E m i l e *(schweißtriefend, unter heißen Tränen).* Ich

weiß nicht. Ich bin so müde; ich habe Hunger; ich habe Durst; ich kann nicht mehr.

J e a n - J a c q u e s. Glaubst du, mir ginge es besser als dir? und denkst du, ich möchte nicht auch nach Herzenslust weinen, wenn meine Tränen mir mein Mittagessen ersetzen könnten? Es hat keinen Zweck zu weinen, wir müssen uns zurechtfinden. Sieh auf deine Uhr; wie spät ist es?

E m i l e. Es ist Mittag, und ich habe noch nichts gegessen.

J e a n - J a c q u e s. Richtig, es ist Mittag, und ich habe noch nichts gegessen.

E m i l e. Ach, was für einen Hunger Sie haben müssen!

J e a n - J a c q u e s. Das Unglück ist, daß mein Mittagessen mir nicht hierher nachläuft. Jetzt ist es zwölf Uhr, genau die Zeit, wo wir gestern von Montmorency aus die Lage des Waldes feststellten. Wenn wir doch genauso vom Wald aus die Lage von Montmorency feststellen könnten! . . .

E m i l e. Ja; aber gestern haben wir den Wald gesehn, und von hier aus können wir die Stadt nicht sehn.

J e a n - J a c q u e s. Das ist ja das Schlimme . . . Wenn wir nur ihre Lage feststellen könnten, ohne sie selbst zu sehen! . . .

E m i l e. Oh! Liebster Freund!

J e a n - J a c q u e s. Sagten wir nicht, daß der Wald . . .

E m i l e. . . . nördlich von Montmorency läge.

J e a n - J a c q u e s. Also muß Montmorency . . .

E m i l e. . . . südlich des Waldes liegen.

J e a n - J a c q u e s. Wir haben doch zur Mittagszeit ein Mittel, um Norden festzustellen?

E m i l e. Ja, durch die Richtung des Schattens.

J e a n - J a c q u e s. Aber den Süden?

E m i l e. Ja, wie macht man das?

Jean-Jacques. Der Süden liegt genau dem Norden gegenüber.

Emile. Das stimmt; man braucht nur die dem Schatten gegenüberliegende Seite zu suchen. Oh! Da, da ist Süden! Bestimmt liegt Montmorency auf der Seite dort.

Jean-Jacques. Da kannst du recht haben – gehen wir doch diesen Pfad durch den Wald hinunter.

Emile (klatscht in die Hände und stößt einen Freudenschrei aus). Ah! Ich sehe Montmorency! Da, direkt vor uns liegt es. Gehen wir essen, laufen wir, rasch – die Astronomie ist doch zu etwas gut.

Merkt euch, daß, wenn er diesen letzten Satz auch nicht ausspricht, er ihn doch denken wird. Das macht nichts, wenn nur nicht ich es bin, der ihn sagt. Ihr könnt sicher sein, daß er die Lehre dieses Tages zeit seines Lebens nicht mehr vergessen wird, während ein Vortrag, der ihm das alles in seinem Zimmer nur in der Vorstellung gegeben hätte, schon am nächsten Tag vergessen gewesen wäre. Soweit eben möglich soll man durch Handlungen reden und nichts sagen, was man nicht in die Tat umsetzen könnte.

Der Leser wird nicht erwarten, daß ich ihn so gering einschätze, ihm für jede Studienart ein Beispiel vorzuführen. Aber, um was es auch immer gehen möge – ich kann den Erzieher nicht genug dazu ermahnen, seine Beweisführung der Auffassungsgabe eines Schülers richtig anzumessen; denn – ich wiederhole es noch einmal – das Übel besteht nicht in dem, was er nicht versteht, sondern in dem, was er zu verstehen glaubt.

Ich erinnere mich, wie ich ein Kind für die Chemie interessieren wollte und ihm erklärte, wie Tinte gemacht wird, nachdem ich ihm verschiedene metallische Niederschläge gezeigt hatte. Ich sagte ihm, daß ihre Schwärze nur von sehr fein zersplittertem Eisen herkäme, das mit Vitriol gelöst und durch eine alkalische Flüssigkeit niedergeschlagen würde. Mitten in meiner gelehrten Erklärung wurde ich von meinem kleinen Verräter durch die gleiche Frage unterbrochen, die ich ihm beigebracht hatte – ich geriet in äußerste Verlegenheit.

Nach einigem Nachdenken faßte ich meinen Entschluß. Ich schickte ihn in den Keller des Hausherrn, um Wein zu holen, und dann zum Weinhändler, um anderen Wein zu acht Sous zu kaufen. Dann tat ich etwas aufgelöstes Alkali in ein Fläschchen und vor mir die beiden Gläser mit dem verschiedenen Wein*, sagte ich:

Man verfälscht manche Waren, damit sie besser scheinen, als sie sind. Durch diese Fälschungen lassen sich Auge und Geschmack täuschen. Aber sie sind schädlich und machen das Gefälschte, trotz seines schönen Anscheins, schlechter, als es vorher war.

Man verfälscht besonders Getränke, vor allem Wein, weil dabei der Betrug schwerer zu erkennen ist und der Betrüger mehr verdient.

Herbe oder saure Weine werden mit Bleiglätte verfälscht, Bleiglätte ist ein Bleipräparat. Blei in Verbindung mit Säure ergibt eine sehr süße Würze, die dem Wein den herben Geschmack nimmt, aber Gift ist für die, die ihn trinken. Bevor man verdächtigen Wein trinkt, ist es also wichtig zu wissen, ob er mit Bleiglätte verfälscht ist oder nicht. So stelle ich also folgende Überlegungen an, um es herauszubekommen.

Die Flüssigkeit des Weins enthält nicht nur entzündbaren Weingeist, wie du am Branntwein siehst, den man daraus gewinnt, sie enthält auch Säure, wie du am Essig erkennen kannst und dem Weinstein, den man auch daraus gewinnt.

Die Säure ist metallischen Substanzen verwandt und kann durch Auflösung mit ihnen verbunden werden,

---

* Ein paar vorbereitende Geräte helfen immer, die Aufmerksamkeit eines Kindes zu erregen, bevor man mit dem Beweis beginnt, den man aufstellen will.

woraus eine Zusammensetzung von Salz entsteht, wie zum Beispiel Rost, der nichts anderes ist, als durch die in der Luft oder im Wasser enthaltene Säure aufgelöstes Eisen, ebenso wie der Grünspan, der nur durch Essig gelöstes Kupfer ist.

Aber diese gleiche Säure ist den alkalischen Substanzen noch verwandter als den metallischen, so daß, durch Hinzukommen alkalischer Substanzen zu den zusammengesetzten Salzen, von denen ich eben sprach, die Säure notwendigerweise das mit ihr verbundene Metall abstößt und sich mit dem Alkalisalz verbindet.

Dann schlägt sich die vorher aufgelöste, aber nun säurefrei gewordene metallische Substanz nieder, wodurch die Flüssigkeit trübe wird.

Wenn also einer von diesen beiden Weinen mit Bleiglätte verfälscht ist, so bleibt die Bleiglätte durch seine Säure aufgelöst. Schütte ich aber alkalische Flüssigkeit hinzu, so wird sie die Säure zwingen, sich von der Bleiglätte abzusondern und sich mit der alkalischen Flüssigkeit zu mischen. Das Blei, nunmehr nicht mehr aufgelöst, tritt wieder in Erscheinung, trübt die Flüssigkeit und schlägt sich schließlich auf dem Boden des Glases nieder.

Ist kein Blei* oder gar keine andere metallische Substanz im Wein, so wird sich das Alkali ohne weiteres** mit der Säure verbinden, das Ganze bleibt aufgelöst und kein Niederschlag wird sich bilden.

---

* Obgleich nicht alle Weine, die man im Einzelhandel bei den Pariser Weinhändlern kauft, mit Bleiglätte versetzt sind, sind sie selten ohne Bleigehalt, weil die Ladentische dieser Händler mit diesem Metall verziert sind und der Wein, der beim Einfüllen aus dem Trichter überfließt, beim Auslaufen und Eintrocknen auf diesem Blei immer etwas von diesem Metall auflöst. Es ist befremdlich, daß eine so offensichtliche und so gefährliche Unbedachtsamkeit von der Polizei geduldet wird. Freilich sind die wohlhabenden Leute, die wohl schwerlich solchen Wein trinken, auch einer Vergiftung durch ihn kaum ausgesetzt.

** Die Pflanzensäure ist sehr schwach. Handelte es sich um eine weniger verdünnte mineralische Säure, so würde sich die Verbindung nicht ohne Gärung vollziehen.

Dann schüttete ich nacheinander von meiner alkalischen Flüssigkeit in die beiden Gläser: der Wein aus dem Keller des Hausherrn blieb klar und durchsichtig; der andere wurde für einen Augenblick trübe, und nach einer Stunde konnte man klar den Bleiniederschlag auf dem Boden des Glases sehen.

Da haben wir, fuhr ich fort, den naturreinen Wein, den man trinken darf, und hier den verfälschten, mit dem man sich vergiftet. So etwas entdeckt man durch die gleichen Kenntnisse, nach deren Nützlichkeit du mich fragtest: wer genau weiß, wie Tinte gemacht wird, erkennt auch verfälschte Weine.

Ich war sehr stolz auf mein Beispiel, bemerkte aber, daß das Kind gar nicht davon beeindruckt war. Ich brauchte einige Zeit, bis ich erkannte, daß alles reine Dummheit von mir gewesen war, denn, abgesehen von der Unmöglichkeit, daß ein zwölfjähriges Kind meiner Darstellung folgen kann, begriff es sie auch gar nicht, weil es nach dem Probieren beide Weine gut fand und mit dem Wort Verfälschung, das ich ihm so gut und richtig erklärt zu haben glaubte, keinerlei Vorstellung verband. Selbst die anderen Worte *ungesund, Gift* hatten keinen Sinn für es; was das anlangt, so befand es sich in dem gleichen Fall wie der kleine Historiker in bezug auf den Arzt Philippus[12]: so geht es allen Kindern.

Die Beziehung zwischen Ursache und Wirkung, deren Verbindung wir nicht erkennen, das Gute und das Böse, von dem wir keine Vorstellung haben, die Bedürfnisse, die wir niemals empfunden haben, existieren auch nicht für uns; es ist unmöglich, uns für etwas zu interessieren, was sich darauf bezieht. Mit fünfzehn Jahren betrachtet man das Glück eines klugen Menschen mit den gleichen Augen wie die Herrlichkeit des Paradieses mit dreißig. Ist man nicht imstande, das eine sowohl wie das andere richtig zu begreifen, ist man auch nicht imstande, es zu erwerben.

Und selbst wenn man es begriffe, wäre nicht viel gewonnen, wenn man es nicht begehrte, wenn man nicht spürte, daß man seiner bedarf. Es ist leicht, ein Kind dazu zu überreden, daß das, was man ihm beibringen will, nützlich ist – aber alles Überreden hilft nichts, wenn man es nicht überzeugt. Umsonst gibt die Vernunft uns Lob oder Tadel ein – nur die Leidenschaft läßt uns handeln. Und wie soll man sich leidenschaftlich für etwas interessieren, was man noch nicht kennt?

Zeigt dem Kind nie etwas, das es nicht kennen kann. Da die Menschheit ihm beinahe fremd ist, und ihr es nicht auf die Stufe des Menschen erheben könnt, so laßt für ihn den Menschen bis zum Zustand des Kindes hinab. Immer im Gedanken an das, was ihm in einem späteren Alter von Nutzen sein kann, sprecht ihm nur von dem, dessen Nutzen es im Augenblick einsieht. Im übrigen: niemals Vergleiche mit anderen Kindern, keine Rivalen, keine Konkurrenten, selbst nicht beim Wettlauf, sobald es anfängt zu denken. Hundertmal lieber wäre mir, es lernte gar nichts als aus Eifersucht oder Eitelkeit. Ich werde nur jedes Jahr seine eigenen Fortschritte vermerken; ich werde sie mit denen vergleichen, die es das nächste Jahr machen wird; ich werde ihm sagen: Du bist um soundsoviel gewachsen; da ist der Graben, über den du gesprungen bist, die Last, die du tragen konntest, soweit konntest du einen Stein werfen, diese Bahn konntest du in einem Atem laufen etc. Nun wollen wir sehn, was du jetzt kannst. So rege ich es an, ohne daß es auf irgendwen eifersüchtig sein könnte. Es möchte sich selbst übertreffen, und es muß es auch; ich habe gar nichts dagegen, daß es sein eigener Rivale ist.

Ich hasse die Bücher – durch sie lernt man nur, über etwas zu reden, was man nicht weiß. Man erzählt, Hermes habe die Elemente der Wissenschaften in Säulen eingraviert, um seine Entdeckungen vor den Fluten zu schützen. Hätte er sie fest in den Kopf der Menschen eingeprägt, wären sie dort noch durch die Überlieferung erhalten. Ein kluger Kopf ist das Denkmal, in dem die menschlichen Erkenntnisse am sichersten eingeprägt sind.

Gäbe es denn kein Mittel, soviel verschiedene Lehren in so vielen verschiedenen Büchern verstreut, einander zu nähern, sie zu vereinen unter einem gemeinsamen Gesichtspunkt, der leicht faßbar ist, interessant zu verfolgen, und der selbst diesem Alter zum Antrieb werden könnte? Wenn man eine Situation erfinden könnte, in der alle natürlichen menschlichen Bedürfnisse sich auf eine sinnfällige Weise dem Geist des Kindes darstellten und in der die Mittel, diese gleichen Bedürfnisse zu befriedigen, sich nach und nach mit der gleichen Leichtigkeit entwickeln, so müßte durch das lebendige und natürliche Bild dieses Zustandes die Einbildungskraft des Kindes zum ersten Male geübt werden.

Ihr feurigen Philosophen, schon sehe ich die eurige sich entflammen. Stürzt euch nicht in geistige Unkosten – diese Situation ist schon gefunden und dargelegt und, nichts für ungut, viel besser als ihr selbst sie darlegen könntet, wenigstens wahrhafter und einfacher. Da es nun absolut nicht ohne Bücher geht, so gibt es eins, das meiner Meinung nach die beste Abhandlung über die natürliche Erziehung liefert. Dieses Buch wird das erste sein, das mein Emile zu lesen bekommt. Es wird für lange Zeit das einzige sein, woraus seine ganze Bibliothek besteht, und dort immer einen besonderen Platz einnehmen. Das wird der Text sein, zu dem all unsre Unterhaltungen über die Naturwissenschaften nur den Kommentar bilden. Es wird zum Maßstab unsrer Urteilsfähigkeit während unsrer Fortschritte und, soweit unser Geschmack nicht verdorben wird, wird seine Lektüre uns immer Freude machen. Welch herrliches Buch ist denn das? Aristoteles? Plinius? Buffon? Nein. Es ist *Robinson Crusoe.*

Robinson Crusoe, auf seiner Insel ohne jeglichen Beistand vollkommen allein, ohne jedes Handwerkszeug[13], der aber trotzdem für seinen Unterhalt sorgt, für seine Selbsterhaltung und sich sogar eine Art Wohlleben schafft – das fasziniert Menschen jeden Alters, und man kann es Kindern auf tausenderlei Weise schmackhaft machen. So setzen wir die einsame Insel, die ich vorher zum Vergleich nahm[14], in die Wirklichkeit um. Ein solches Leben ist nichts für den Gesellschaftsmenschen, das gebe ich zu; und wahrscheinlich wird auch Emile nicht so leben müssen. Aber von diesem Zustand soll er den Maßstab nehmen, die anderen einschätzen. Das sicherste Mittel, sich über Vorurteile zu erheben und seine Urteile nach den wahren Verhältnissen der Dinge zu ordnen, ist, sich in die Situation eines völlig isolierten Menschen zu versetzen und über alles so zu urteilen, wie dieser Mensch mit Rücksicht auf seinen eigenen Nutzen urteilen muß.

Dieser Roman, der, befreit vom übrigen Schwulst, mit Robinsons Schiffbruch bei seiner Insel beginnt und mit der Ankunft des rettenden Schiffs aufhört, wird für Emile während des Lebensabschnitts, von dem jetzt die Rede ist, Zeitvertreib und Belehrung in einem sein. Ich will, daß er nichts anderes im Kopf hat, daß er sich ununterbrochen mit seiner Burg, seinen Ziegen und Pflanzungen beschäftigt; daß er ganz genau, nicht durch Bücher, sondern an den Dingen alles das lernt, was man in einem solchen Fall wissen muß, und daß er glaubt, selbst Robinson zu sein. Daß er sich selbst mit Fellen bekleidet sieht, eine große Mütze auf dem Kopf, mit einem langen Säbel – mit der ganzen grotesken Ausstattung dieser Gestalt bis zum Sonnenschirm, den er nicht braucht. Ich will, daß er sich Sorgen darüber macht, was zu tun wäre, wenn ihm dies oder jenes fehlt, daß er die Handlungen seines Helden prüft und herausfinden will, ob er auch nichts unterlassen hat, ob es keine besseren Möglichkeiten gegeben hätte; daß er sich dessen Fehler gut merkt und daraus soviel lernt, daß ihm in einem ähnlichen Fall nicht das gleiche passieren könnte; denn zweifelt nicht daran, er faßt den Plan, sich einmal auf ähnliche Art und Weise irgendwo niederzulassen. So sieht das wahre Luftschloß dieses glücklichen Lebensalters aus, in dem man kein anderes Glück kennt, als ein Leben in Einfachheit und Freiheit.

Von wie unerschöpflicher Fruchtbarkeit ist dieser phantastische Einfall für einen geschickten Mann, der ihn nur entstehen ließ, um ihn zu nutzen! Das Kind, im Eifer, ein Warenlager auf seiner Insel anzulegen, wird mit mehr Feuer lernen als der Lehrer lehren. Es wird alles dazu Nötige wissen wollen, nichts anderes; ihr werdet es nicht mehr leiten müssen, sondern eher zurückhalten. Im übrigen müssen wir uns beeilen, ihn auf dieser Insel unterzubringen, solange sie noch sein Glück birgt; denn schon bald kommt der Augenblick, daß er, wenn überhaupt, dort nicht mehr allein leben will und daß *Freitag*, der ihn jetzt noch kaum interessiert, ihm bald nicht mehr genügen wird.

Die Ausübung der natürlichen Handarbeit, die ein einzelner für sich treiben kann, führt zu der industriellen, zu der viele Hände nötig sind. Die ersteren können von allein lebenden Menschen, von Wilden ausgeübt werden, die anderen jedoch werden nur aus der Gemeinschaft entstehen und machen diese notwendig. Jeder Mensch genügt sich selbst, solange er nur das körperliche Bedürfnis kennt. Erst wenn Überfluß entsteht, wird Teilung und Verteilung der Arbeit unerläßlich, denn während ein Mensch, der für sich allein arbeitet, auch nur den Unterhalt für einen Menschen verdient, so verdienen hundert Menschen durch Zusammenarbeit so viel, daß für den Unterhalt von zweihundert gesorgt wäre. Sobald also ein Teil der Menschen müßig ist, muß die gemeinsame Leistung derer,

die arbeiten, den Ausgleich schaffen für den Müßiggang
derer, die nichts tun[15].

Alle eure Sorge muß darauf gerichtet sein, von dem
Geist eures Zöglings jeglichen Begriff von gesellschaftlichen Beziehungen fernzuhalten, weil diese sich seinem
Gesichtskreis noch entziehen. Werdet ihr jedoch durch
die Verkettung der Erkenntnisse gezwungen, ihm die
Abhängigkeit der Menschen voneinander darzulegen,
so tut es nicht von der moralischen Seite her, sondern
lenkt zuerst seine ganze Aufmerksamkeit auf die Industrie und die Handwerke, wodurch ihm die gegenseitige Nützlichkeit klar wird[16]. Führt ihn von Werkstatt zu Werkstatt und leidet nicht, daß er einer Arbeit zusieht, ohne mit Hand anzulegen, und daß er
eine Werkstatt verläßt, ohne genau die Gründe für
alles, was dort geschieht, oder zumindest für das, was
er beobachtet hat, zu kennen. Aus diesem Grunde arbeitet selbst, seid ihm in allem Vorbild; um ihn zum
Meister zu machen, macht euch selbst zum Lehrling
und denkt daran, daß eine Stunde praktischer Arbeit
ihm mehr beibringen wird, als er aus dem theoretischen
Unterricht eines Tages behalten würde[17].

Die öffentliche Hochachtung wertet die verschiedenen Handwerke im genau umgekehrten Verhältnis zu
ihrer wirklichen Nützlichkeit. Ja, diese Hochachtung
nimmt ihren Maßstab direkt aus deren Nutzlosigkeit,
und das kann auch nicht anders sein. Denn die nützlichsten Handwerke sind die, die am wenigsten einbringen, weil die Anzahl der Handwerker proportional dem Bedürfnis der Menschen ist und also die
jedermann erforderliche Arbeit zwangsläufig auf einem
Preis bleibt, den der Arme bezahlen kann. Dagegen
arbeiten diese bedeutenden Leute, die man nicht Handwerker, sondern Künstler nennt, einzig und allein
für die Reichen und Müßigen und verlangen für ihr
Spielzeug Phantasiepreise. Und da der Verdienst dieser unnützen Arbeiten nur in dem öffentlichen An-

sehen besteht, so wird ihr Preis selbst zu einem Teil
dieses Verdienstes und man schätzt sie nach dem, was
sie kosten. Nicht wegen ihrer Nützlichkeit macht der
Reiche so viel Wesens darum, sondern weil der Arme
sie nicht bezahlen kann. Nolo habere bona nisi quibus
populus inviderit[18].

Was soll aus euren Zöglingen werden, wenn ihr sie
sich dieses dumme Vorurteil zu eigen machen laßt,
wenn ihr ihm gar selber huldigt, wenn sie euch zum
Beispiel mit mehr Hochachtung einen Juwelierladen
betreten sehen als den eines Schlossers? Was für ein Urteil werden sie sich über das wahre Verdienst des
Handwerks und den wirklichen Wert der Dinge bilden, wenn sie überall den Widerspruch feststellen zwischen dem Phantasiepreis und dem Gewinn, der aus
der reellen Nützlichkeit gezogen wird, und daß eine
Sache um so teurer ist, je wertloser sie ist? In dem
Augenblick, da ihr solchen Gedanken in ihrem Kopf
Raum gebt, könnt ihr auf den Rest ihrer Erziehung
verzichten; trotz eurer Bemühungen werden sie aufwachsen wie alle anderen, und ihr habt vierzehn Jahre
Sorgfalt vergeudet.

Bei der Ausstattung seiner Insel wird Emile von
anderen Gesichtspunkten ausgehen. Robinson wird
weit mehr Achtung vor der Schmiede eines Grob-
schmieds haben als vor dem ganzen Firlefanz Saïdes.
Den Grobschmied hätte er als recht ehrenwerten Mann
betrachtet, den anderen aber nur als kleinen Scharlatan.

„Mein Sohn ist dazu geschaffen, in der Welt zu
leben; er wird nicht unter Weisen leben, sondern unter
Narren. Also muß er ihre Narrheiten kennen, denn
durch die nur sind sie zu leiten. Die ungeschminkte
Kenntnis der Dinge mag gut sein, aber die der Menschen und ihrer Entscheidungen ist besser; denn in der
menschlichen Gesellschaft ist das bedeutendste Werkzeug des Menschen der Mensch, und der ist am weise-

sten, der sich dieses Werkzeugs am geschicktesten bedienen kann. Wozu soll man den Kindern die Vorstellung einer imaginären Ordnung vermitteln, die das genaue Gegenteil von der bestehenden ist, die sie vorfinden und nach der sie sich zu richten haben? Gebt ihnen zunächst Lektionen in Klugheit, und dann werdet ihr ihnen weitere geben, aus denen sie lernen, wieso die anderen Narren sind."

So lauten die Scheinwahrheiten, nach denen die falsche Lebensklugheit der Väter sich müht, ihre Kinder zu Sklaven der Vorurteile zu machen, die sie in sie einpflanzen, bis sie zum Spielzeug eben jener hirnlosen Masse werden, die sie zum Werkzeug ihrer Leidenschaften zu machen glauben. Wie viele Dinge muß man erkennen, ehe man zur Erkenntnis über den Menschen gelangt! Der Mensch ist das letzte Studienobjekt des Weisen, und ihr behauptet, es zum ersten eines Kindes machen zu können! Bevor ihr damit beginnt, es über unsre Gefühle zu unterrichten, lehrt es, ihren Wert richtig einzuschätzen. Heißt es, eine Narrheit erkennen, wenn man sie für Vernunft hält? Um weise zu sein, muß man erfassen, was unweise ist. Wie kann euer Kind zu Erkenntnissen über den Menschen gelangen, wenn es weder ihre Urteile beurteilen noch ihre Irrtümer aufklären kann? Es ist eine schlimme Sache, zu wissen, was sie denken, wenn man nicht weiß, ob das, was sie denken, richtig oder falsch ist. Lehrt euren Zögling also zunächst, was die Dinge an sich sind und später, was sie in unsren Augen sind. Nur so kann er die Meinung mit der Wahrheit vergleichen und sich über das Gemeine erheben. Denn Vorurteile erkennt man nicht, wenn man sie selber hat, und man kann das Volk nicht führen, wenn man ihm gleicht. Beginnt ihr aber damit, ihn über die öffentliche Meinung zu belehren, bevor ihr ihm beibrachtet, ihren Wert einzuschätzen, dann könnt ihr sicher sein, daß er sie, trotz allem, was ihr je noch dagegen tun könntet, zu der

seinen machen wird. Ich schließe damit ab, daß ich
sage: um aus einem jungen Menschen einen urteilsfähigen Menschen zu machen, muß man ihn zum Urteilen erziehen, statt ihm die eigenen Urteile zu diktieren.

Ihr seht, daß ich bisher noch nie über die Menschen
mit meinem Schüler gesprochen habe – er hätte viel
zuviel gesunden Menschenverstand gehabt, um mich zu
verstehn. Seine Beziehungen zu seinesgleichen sind
noch viel zu unausgesprochen, als daß er von sich aus
über die anderen urteilen könnte. Das einzige menschliche Wesen, das er kennt, ist er selbst, ja er ist noch
weit davon entfernt, sich zu erkennen; wenn er aber
auch wenig über sich selbst zu sagen weiß, so ist dies
wenige doch immer richtig. Über die Stellung seiner
Mitmenschen weiß er nichts, aber seinen Platz kennt
er und behauptet sich darauf. Anstatt durch die Gesetze der Gesellschaft, die er nicht erfassen kann, halten wir ihn mit der Kette der Notwendigkeit. Er ist
fast noch nichts anderes als ein Körper-Wesen, behandeln wir ihn auch weiter als solches.

Alle Dinge in der Natur und jede menschliche Arbeit
soll er durch ihr greifbares Verhältnis zu seinem Nutzen, seiner Sicherheit, seiner Erhaltung und seinem
Wohl abschätzen lernen. So muß in seinen Augen das
Eisen einen weit größeren Wert haben als Gold, ein
Stück Glas wertvoller sein als ein Diamant; ebenso
schätzt er einen Schuster und einen Maurer viel höher
ein als einen Lempereur, einen Le Blanc und alle Ju-
weliere Europas; vor allem ist ein Konditor in seinen
Augen ein sehr bedeutender Mann, und er gäbe die
ganze naturwissenschaftliche Akademie für den be-
scheidensten Konditor in der rue des Lombards. Juwe-
liere, Kupferstecher, Vergolder und Sticker sind seiner
Meinung nach nichts als Tagediebe, die sich mit völlig
unnützen Spielereien die Zeit vertreiben; selbst von
der Uhrmacherkunst hält er nicht viel. Das glückliche

Kind genießt die Zeit, ohne ihr Sklave zu werden: es
nutzt sie und kennt nicht ihren Wert. Die Ruhe der
Seele, die ihm den Ablauf der Zeit immer gleich scheinen läßt, ersetzt ihm nach Bedarf das Meßinstrument*.
Als ich ihn einmal mit einer Uhr ausstattete, als ich
ihn weinen ließ[19], schuf ich mir einen Durchschnitts-
Emile, um ihm zu nützen und mich ihm verständlich
zu machen, denn in Wirklichkeit könnte ein so von
anderen Kindern verschiedenes Kind in nichts zum
Beispiel dienen.

Es gibt noch eine nicht weniger natürliche und treffendere Ordnungsweise, nach der man die Gewerbe
nach den Beziehungen wertet, die sie untereinander
verbinden, indem man die unabhängigsten an erste
Stelle setzt und an letzte Stelle die, die von einer größeren Anzahl anderer abhängen. Dieses Ordnungsprinzip, das uns zu bedeutsamen Betrachtungen über
die Ordnung der allgemeinen Gesellschaft anregt, ist
dem oben erwähnten ähnlich und wird in der Schätzung der Menschen ebenso verkehrt. So ist beispielsweise die Bearbeitung des Rohmaterials ein Gewerbe
ohne Ansehen und fast ohne Gewinn. Je mehr aber
das Material sich unter der Hände Arbeit wandelt,
desto mehr steigt seine Bearbeitung in Preis und Ehre.
Ich will nicht nachprüfen, ob es wahr ist, daß der
Fleiß größer und verdienstvoller in der Feinarbeit
ist, die diesen Rohmaterialien die letzte Form gibt,
als bei den ersten Arbeiten, die sie zum Gebrauch
der Menschen umwandeln: aber ich behaupte, daß
bei jeder Sache die Kunst, deren Anwendung am allgemeinsten und unerläßlichsten ist, unanfechtbar die
ist, der die höchste Achtung gebührt, und daß die,
die am wenigsten anderer Handwerke bedarf, dieses

---

* Die Zeit verliert ihr Maß für uns, wenn unsre Leidenschaften sie
nach ihren Wünschen regeln wollen. Die Uhr des Weisen ist die Ausgeglichenheit des Gemüts und der Friede der Seele: für ihn ist immer
die richtige Stunde und er erkennt sie auch immer.

Ansehen noch über den alle[r]obersten verdient, weil
sie freier ist und der Unabhängigkeit am nächsten.
Dies sind die wahrhaften Grundsätze für die Ein-
schätzung der Handwerke und der Industrie; alles
übrige ist willkürlich und hängt von vorgefaßten Meinungen ab.

Die höchste und achtbarste Handarbeit ist danach
der Ackerbau; dem Schmiedehandwerk würde ich den
zweiten Platz zuweisen, der Zimmerei den dritten
usw. Das noch nicht von den Durchschnittsvorurteilen
verführte Kind wird genauso urteilen. Wieviel wichtige Überlegungen darüber liefert unserem Emile
sein Robinson! Was wird er denken, wenn er sieht,
daß die Handwerker sich nur durch Unterteilung und
unendliche Vervielfältigung ihrer Hilfswerkzeuge vervollkommnen? Er wird sich sagen: Alle diese Leute
haben einen verrückten Erfindungstrieb: man könnte
meinen, sie hätten Angst, daß ihre Arme und Finger
ihnen zu etwas nütze sein könnten, soviel Werkzeug
erfinden sie, um auf sie verzichten zu können. Um ein
einziges Handwerk verrichten zu können, hängen sie
von tausend anderen ab, ein Handwerker braucht eine
ganze Stadt. Mein Kamerad und ich, wir setzen unsre
Geistesgaben in Geschicklichkeit um; wir fabrizieren
uns Werkzeuge, die wir überall mit hinnehmen können. Alle diese Leute in Paris, die so stolz auf ihre
Fähigkeiten sind, wüßten auf unsrer Insel nichts anzufangen und wären nun ihrerseits unsre Lehrlinge.

Bleibt jetzt nicht dabei stehn, liebe Leser, nur die
körperliche Ausarbeitung und manuelle Geschicklichkeit unsres Schülers festzustellen, sondern bedenkt,
welche Richtung wir seinem kindlichen Wissensdurst
geben; betrachtet das Urteilsvermögen, den Erfindungs-
geist, die Voraussicht; erwägt, welch einen Kopf wir
aus ihm machen wollen. Von allem, was er sieht, von
allem, was er tut, will er alles kennen, und für alles
will er die Begründung wissen; von Werkzeug zu

Werkzeug will er immer wieder auf das erste zurückgreifen; er nimmt nichts auf bloße Vermutung an; er
würde es ablehnen, etwas zu lernen, das Vorkennt-
nisse voraussetzt, die er nicht hat: sieht er, wie eine
Sprungfeder gemacht wird, möchte er wissen, wie der
Stahl aus dem Bergwerk gewonnen wird; sieht er, wie
eine Kiste zusammengefügt wird, möchte er wissen,
wie der Baum zersägt worden ist; arbeitet er selbst,
wird er sich bei jedem Werkzeug, das er braucht, sagen:
Hätte ich jetzt dies Werkzeug nicht, wie würde ich es
anstellen, mir ein gleiches zu machen oder ohne es
fertig zu werden?

Im übrigen ist es ein schwer zu vermeidender Irrtum,
für alle Beschäftigungen, für die sich der Lehrer leidenschaftlich interessiert, beim Kind immer die gleiche
Neigung vorauszusetzen: verhütet es, wenn die Lust
an der Arbeit euch mitreißt, daß es sich inzwischen
langweilt, ohne zu wagen, es euch zu zeigen. Das Kind
muß sich ganz der Sache hingeben, aber ihr müßt euch
ganz dem Kind hingeben[20], ihr müßt es ohne Unterlaß
beobachten und belauern, ohne daß es dessen gewahr
wird, ihr müßt all seine Gefühle vorausfühlen und
denen zuvorkommen, die es nicht haben darf, kurzum
es auf eine Weise beschäftigen, daß es sich nicht nur
zu etwas nützlich fühlt, sondern darum dabei glücklich
ist, weil es gut versteht, wozu das dient, was es tut.

Die Gesellschaft der Handwerke besteht im Austausch von Arbeitsleistung, die des Handels im Austausch von Waren, die der Banken im Austausch von
Banknoten und Geld: alle diese Vorstellungen hängen zusammen, und die elementaren Begriffe haben
wir schon erfaßt – das Fundament haben wir mit Hilfe
des Gärtners Robert schon im frühesten Alter gelegt[21].
Jetzt bleibt uns noch, diese selben Vorstellungen zu
verallgemeinern und auf weitere Beispiele auszudehnen, um den Handelsverkehr verständlich zu machen,
an sich sowohl als veranschaulicht durch Einzelheiten

aus der Naturgeschichte, die die jedem Land eigene
Produktion betreffen, durch Einzelheiten über Gewerbe
und Wissenschaften, die die Schiffahrt betreffen, und
endlich durch die mehr oder weniger großen oder geringen Transportschwierigkeiten, je nach Entfernung
der Orte, nach Lage der Länder, Meere, Flüsse usw.

Keine Gesellschaft kann ohne Austausch bestehen,
kein Austausch ohne gemeinschaftlichen Maßstab und
kein gemeinschaftlicher Maßstab ohne Gleichheit. So ist
eine bestimmte konventionelle Gleichheit oberstes Gesetz jeglicher Verbindung, sei es zwischen Menschen,
sei es zwischen Dingen.

Die konventionelle Gleichheit unter den Menschen,
sehr verschieden von der natürlichen Gleichheit, erfordert das positive Recht, das heißt Regierung und Gesetze. Die politischen Kenntnisse eines Kindes müssen
klar und abgegrenzt sein. Über die Regierung im allgemeinen braucht es nur das zu wissen, was sich auf
das Eigentumsrecht bezieht, wovon es schon eine gewisse Vorstellung hat.

Die konventionelle Gleichheit unter den Dingen
führte zur Erfindung des Geldes; denn das Geld ist
nur ein Vergleichsmaßstab für den Wert von Dingen
verschiedener Art, und in diesem Sinn bildet das Geld
die wirkliche Verbindung innerhalb der Gesellschaft.
Aber alles kann Geld sein; früher war es das Vieh, bei
mehreren Völkern sind es noch heute die Muscheln:
Eisen war Geld in Sparta, Kupfer in Schweden, Gold
und Silber sind es bei uns.

Für jeglichen Austausch wurde als durchschnittliches
Maß Metall genommen, da es am leichtesten trans-
portierbar ist, und das Metall wurde in Münzen um-
geprägt, um Messen und Abwiegen beim Austausch
zu vermeiden: denn das der Münze eingeprägte Zeichen ist nur eine Bestätigung dafür, daß das so oder
so markierte Geldstück diesem oder jenem Gewicht
entspricht; und nur der Landesfürst hat das Recht,

Münzen zu schlagen, weil er allein das Recht hat, zu
verlangen, daß seine Entscheidung für ein ganzes Volk
Autorität besitzt.

Hat man die Erfindung des Geldes so erklärt, so
muß ihr Nutzen selbst dem Dümmsten einleuchten. Es
ist schwer, unmittelbar Dinge verschiedener Stoffe gegeneinander abzuwägen, zum Beispiel Stoff gegen Getreide; ist man aber auf ein gemeingültiges Maß, nämlich das Geld, gekommen, ist es für den Fabrikanten
sowohl wie für den Bauer leicht, den Wert der Dinge,
die sie austauschen wollen, an diesem gemeingültigen
Maß abzuschätzen. Ist diese oder jene Menge Getreide
diese oder jene Menge Geld wert, so macht der Händler, der dies Getreide für seinen Stoff bekommt, einen
gerechten Tausch. So werden Güter verschiedener Sorte
durch das Geld einander vergleichbar.

Geht nicht weiter als bis dahin, und laßt euch nicht
zur Erklärung der moralischen Auswirkungen dieser
Sache verleiten. Bei allen Dingen ist es wichtig, deren
Nutzen klar darzulegen, bevor man von ihrem Mißbrauch spricht. Wenn ihr es euch angelegen sein ließet,
Kindern zu erklären, wie sehr die Dinge selbst durch
die sie ersetzenden Symbole vernachlässigt werden,
wie mit dem Geld alle Trugbilder der Meinung entstanden, wie die an Geld reichen Länder an allem
arm sein müssen[22], würdet ihr diese Kinder nicht nur
wie Philosophen behandeln, sondern wie Weise, und
ihr würdet euch anmaßen, ihnen etwas begreiflich zu
machen, was selbst nur wenige Philosophen richtig begriffen haben.

Welch einen Überfluß an Dingen gibt es, auf die
man den Wissensdurst eines Zöglings hinlenken kann,
ohne jemals über die wirklichen und materiellen Verhältnisse hinausgehen zu müssen, die er erfassen kann,
und ohne zu dulden, daß sich in seinem Kopf auch nur
eine einzige Vorstellung bildet, die es nicht erfassen
kann! Die Kunst des Lehrers besteht darin, seine Auf-

merksamkeit nie auf unwesentliche und bedeutungslose Dinge zu lenken, ihm aber unaufhörlich die großen Zusammenhänge nahezubringen, die er eines Tages erkennen muß, um über die richtige oder unrichtige Ordnung der bürgerlichen Gesellschaft urteilen zu können. Man muß die Unterhaltungen, mit denen man ihm die Zeit vertreibt, auf die Geisteshaltung, die man ihm gegeben hat, abstimmen können. Ein Problem, das die Aufmerksamkeit eines anderen nicht einmal anrühren könnte, wird Emile ein halbes Jahr lang quälen.

Wir gehen zum Diner in einem sehr wohlhabenden Haus; wir sehen allen Glanz eines Festessens, viele Leute, viele Diener, viele Schüsseln, ein elegantes und erlesenes Service. Dieser ganze Pomp von Lust und Festlichkeit hat etwas Berauschendes, was einem zu Kopfe steigt, wenn man nicht daran gewöhnt ist. Die Wirkung von all diesem auf meinen jungen Zögling sehe ich schon voraus. Während die Mahlzeit sich hinzieht und ein Durcheinander von lärmendem Gerede rundum herrscht, während ein Gang den anderen ablöst, beuge ich mich zu seinem Ohr und sage: Was meinst du, durch wie viele Hände alles, was du hier auf dem Tisch siehst, gegangen ist, bevor es hier ankam? Welch eine Masse von Gedanken errege ich in seinem Hirn mit so wenigen Worten! Augenblicklich tritt eine Dämpfung seines berauschten Zustands ein. Er denkt nach, er überlegt, er macht Berechnungen, er wird unruhig. Während die Philosophen, fröhlich vom Wein und vielleicht auch von ihren Tischnachbarinnen, dummes Zeug schwatzen und sich kindisch benehmen, sitzt er da, ganz allein in seiner Ecke, und philosophiert. Er fragt mich, aber ich will ihm nicht antworten und vertröste ihn auf später. Er wird ungeduldig, vergißt Essen und Trinken und brennt darauf, die Tischgesellschaft zu verlassen und sich nach Herzenslust mit mir unterhalten zu können. Was für eine Sache für seine Wißbegier! Welch ein Thema für seine Lektionen! Was wird er, mit seinem gesunden und noch völlig unverdorbenen Urteilsvermögen vom Luxus denken, wenn er herausfindet, daß alle Länder der Welt ihren Beitrag geleistet, daß vielleicht zwanzig Millionen Hände lange Zeit gearbeitet haben, daß es vielleicht Tausenden von Menschen das Leben gekostet hat, und alles das nur, um ihm zu Mittag in pompöser Form vorzusetzen, was er abends im verschwiegenen Kabinett wieder von sich gibt.

Verfolge genau die geheimen Schlüsse, die er in seinem Herzen aus all diesen Beobachtungen zieht. Hast du ihn schlechter behütet, als ich annehme, könnte er versucht sein, seinen Überlegungen eine ganz andere Richtung zu geben und sich für eine in der Welt wichtige Persönlichkeit zu halten, da soviel Aufwand gemacht wird, ihm sein Essen zu bereiten. Siehst du solche Überlegungen voraus, ist es leicht, sie zu verhindern oder zumindest rasch ihren Eindruck zu verwischen. Da er sich die Dinge zunächst nur durch materiellen Genuß anzueignen weiß, kann er auch nur durch gültige Rückschlüsse daraufkommen, was ihm gemäß ist und was nicht. Der Vergleich zwischen einem einfachen und ländlichem Mahl, durch körperliche Anstrengung vorbereitet und durch Hunger, Bewegung in der Freiheit und Freude gewürzt, und seinem so prächtigen und so ausgewählten Festessen wird genügen, ihn spüren zu lassen, daß der ganze prunkvolle Aufwand des Festmahls von keinerlei wirklichem Nutzen für ihn war und sein Magen sich von den Gerichten des Bauern ebenso befriedigt fühlte wie von denen des reichen Mannes, und also keiner vor dem andern etwas voraus hat, das er wirklich sein eigen nennen könnte.

Stellen wir uns vor, was ein Erzieher ihm in einem solchen Fall sagen könnte. Besinne dich gut auf diese beiden Essen und entscheide selbst, welches von beiden dir größeres Vergnügen gemacht hat. Bei welchem hast du mehr Freude bemerkt, bei welchem hat man mit

größerem Appetit gegessen, fröhlicher getrunken und
aus vollerem Herzen gelacht? Welches von beiden
wurde eher langweilig und mußte durch neue Gerichte
aufgefrischt werden? Bedenke aber diesen Unterschied:
dieses Schwarzbrot, das du so gut findest, ist aus dem
Getreide gemacht, das dieser Bauer geerntet hat; sein
dunkler und einfacher Landwein, so gesund und er-
frischend, ist Wein von seinem Weinberg; das Tisch-
tuch ist aus seinem Hanf im Winter von seiner Frau,
seinen Töchtern, seiner Magd gesponnen worden; keine
anderen Hände als die seiner Familie haben seiner
Tafel Glanz verliehen. Die nächstgelegene Mühle und
der benachbarte Markt sind für ihn die Grenzen des
Universums. Worin bestand für dich der wirkliche Genuß alles dessen, was fremde Länder und die Hand
fremder Menschen dort auf jener anderen Tafel dir
mehr bieten konnten? Wenn all das für dich keine
bessere Mahlzeit bedeutete, was hast du dann durch
diesen Überfluß gewonnen? Was gab es dort, das eigens
für dich bereitet wurde? Wärst du der Hausherr gewesen – könnte er hinzufügen –, so wäre dir das alles
noch fremder gewesen, denn der Eifer, vor andrer
Augen dein Vergnügen darzutun, hätte es dir schließlich genommen – du hättest die Arbeit gehabt und sie
das Vergnügen.

Dieser Vortrag mag sein Gutes haben, aber für
Emile taugt er nicht, da er seinen Horizont überschrei-
tet und er die Überlegungen andrer nicht diktiert bekommt. Sprecht also mit ihm eine einfachere Sprache.
Sagt ihm, nachdem er beides kennengelernt hat, eines
Morgens: Wo werden wir heute essen? vor diesem Gebirge aus Silber, das drei Viertel des Tisches bedeckt,
in diesem Papierblumen-Garten, den man zum Dessert
auf Spiegeln serviert, zwischen diesen Frauen im üppigen Reifrock, die dich wie eine Marionette behandeln
und möchten, daß du über Dinge redest, in denen
du dich gar nicht auskennst; oder in dem Dorf, zwei

Meilen von hier, bei braven Leuten, die uns mit
solcher Freude empfangen und uns so gute Sahne
geben? Über Emiles Wahl besteht kein Zweifel, denn
er ist weder geschwätzig noch eitel, und alle unsre
pikanten Gerichte sagen ihm gar nichts. Aber er ist
jederzeit bereit, über die Felder zu laufen und mag
sehr gern gutes Obst, gutes Gemüse, gute Sahne und
einfache Menschen*. Unterwegs kommt er von selbst
auf den Gedanken – ich sehe, daß diese Menschen-
massen, die für diese großen Diners arbeiten, sich umsonst abmühen oder daß ihnen unser Vergnügen völlig
gleichgültig ist.

Meine Beispiele, die vielleicht für ein Individuum
richtig sind, werden für tausend andere falsch sein.
Wenn man ihre Grundidee begreift, kann man sie aber
je nach Bedarf variieren; die Auswahl hängt vom Studium der individuellen Begabung ab, und dieses Studium von den Gelegenheiten, bei denen man die Begabung herauszulocken versteht. Man wird sich ja
wohl nicht einbilden, daß wir innerhalb der drei oder
vier Jahre, die wir hier auszufüllen haben, auch dem
Kind mit den glücklichsten Anlagen eine Vorstellung
aller Handfertigkeiten und aller Naturwissenschaften
vermitteln können, die so weit ginge, daß es sie eines
Tages allein lernen könnte. Wenn man ihm aber alles
vor Augen führt, was zu kennen ihm wichtig ist, so

---

* Die Neigung zum Landleben, die ich bei meinem Schüler voraussetze, ist die natürliche Frucht seiner Erziehung. Da er außerdem nichts
von dieser albernen und aufgetakelten Manier hat, die den Frauen
so sehr gefällt, wird er von ihnen auch nicht so verwöhnt wie andere
Kinder. Infolgedessen fühlt er sich bei ihnen auch weniger wohl und
wird in ihrer Gesellschaft, deren Charme er noch nicht zu empfinden
vermag, auch weniger verdorben. Ich habe mich wohl gehütet, ihm beizubringen, den Frauen die Hand zu küssen, ihnen fade Komplimente
zu machen, ja nicht einmal die besondere Achtung zu bezeugen, auf
die sie vor Männern ein Recht haben. Ich habe es mir zum unverletz-
baren Gesetz gemacht, nichts von ihm zu verlangen, dessen Begründung
er nicht begreift; und für ein Kind gibt es keinen guten Grund dafür,
das eine Geschlecht anders zu behandeln als das andere.

setzen wir es in die Lage, seine Neigung und seine Begabung zu entwickeln und den ersten Schritt zu tun zu den Gegenständen, zu denen seine geistigen Anlagen es ziehen und die uns den Weg zeigen, den wir ihm öffnen müssen, um die Natur zu unterstützen.

Ein anderer Vorteil dieser Verkettung begrenzter, aber richtiger Vorstellungen liegt darin, daß er sie in ihren Verbindungen und Beziehungen zueinander erfaßt und ihnen so den ihnen gebührenden Platz in seiner Wertschätzung einräumt; so beugen wir dem Vorurteil vor, das die meisten Menschen für die Talente hegen, die sie kultivieren, gegenüber denen, die sie vernachlässigt haben. Wer die Ordnung des Ganzen übersieht, erkennt auch den Platz, wohin jeder Teil gehört; wer einen Teil richtig sieht und ihn gründlich kennt, kann ein gelehrter Mensch sein – der andere ist ein urteilsfähiger Mensch, und ihr werdet euch erinnern, daß das, was wir erreichen wollen, weniger die Wissenschaft als das gesunde Urteil ist.

Wie dem auch sei, meine Methode ist von meinen Beispielen unabhängig, sie gründet sich auf das Maß der Fähigkeiten des Menschen in seinen verschiedenen Altersstufen sowie auf die Auswahl der Beschäftigungen, die diesen Fähigkeiten entsprechen; ich glaube, es ließe sich leicht eine andere Methode finden, die besseren Erfolg zu versprechen schiene. Entspräche sie jedoch weniger der Art, dem Alter, dem Geschlecht, so zweifle ich, ob sie den gleichen Erfolg haben würde.

Zu Beginn dieser zweiten Periode[23] haben wir den Überschuß unsrer Kräfte über unsere Bedürfnisse genutzt, uns selbst zu übersteigen; wir haben uns zum Himmel aufgeschwungen und die Erde gemessen, wir haben die Gesetze der Natur zusammengetragen – mit einem Wort, wir haben die ganze Insel durchstreift und kommen nun wieder zurück; unmittelbar nähern wir uns unsrer Behausung, überglücklich, sie beim Eintreten noch nicht in den Händen des Feindes zu finden, der uns bedroht und sich anschickt, sich ihrer zu bemächtigen!

Was bleibt uns nun noch zu tun, nachdem wir unsre Umgebung studiert haben? Alles, was wir uns davon aneignen können, uns brauchbar zu machen und aus unsrer Wißbegier Nutzen für unser Wohl zu ziehen. Bisher haben wir uns einen Vorrat von Werkzeugen aller Art angelegt, ohne daß wir wußten, welche davon wir brauchen würden. Vielleicht könnten sie, für uns selbst unbrauchbar, anderen dienen; oder vielleicht brauchten wir gerade die ihren. So wären wir durch diesen Austausch alle zufrieden; um ihn aber durchführen zu können, müssen wir unsre gegenseitigen Bedürfnisse kennen, jeder muß wissen, was andre für ihn Brauchbares besitzen, und ebenso, was er ihnen als Gegengabe zu bieten hätte. Stellen wir uns zehn Menschen vor, deren jeder zehnerlei Bedürfnisse hat. Jeder muß für seinen Unterhalt zehn verschiedene Arbeiten verrichten; zieht man aber die Unterschiedlichkeit von Anlage und Fähigkeit in Betracht, so wird der eine diese Arbeit weniger gut machen, der andere jene. Obwohl für verschiedenerlei Arbeiten geeignet, tun doch alle die gleichen und sind damit schlecht bedient. Tun wir diese zehn Menschen zu einer Gruppe zusammen, von denen jeder für sich allein und für die neun anderen der Beschäftigung nachgeht, die für ihn am besten paßt, so wird jeder von der Begabung der anderen profitieren, als ob er selbst sie alle zusammen besäße; jeder wird durch fortwährende Praxis die seine vervollkommnen, und so wird es dahin kommen, daß alle zehn, bestens versorgt, noch Überfluß für andere haben[24]. Dies ist das offensichtliche Prinzip aller unsrer Institutionen. Es gehört nicht zu meinem Thema, die Folgerungen daraus zu untersuchen, das habe ich in einer anderen Schrift schon getan[25].

Bei diesem Prinzip könnte ein Mensch, der sich als Einzelwesen betrachten möchte und dem an nichts

außer ihm selbst gelegen wäre, nur unglücklich werden.
Ja er könnte nicht einmal existieren: da er die ganze
Erde nämlich besetzt von Mein und Dein fände und
für sich selbst nichts als seinen Körper besäße, wie sollte
er seine Notdurft stillen? Treten wir aus dem Naturzustand heraus, so zwingen wir zugleich die anderen,
dasselbe zu tun; niemand kann darin verharren, wenn
die anderen es nicht wollen. Auch hieße es tatsächlich
aus dem Naturzustand heraustreten, wenn man in ihm
verharren wollte als in der Unmöglichkeit darin zu
leben; denn das oberste Gesetz der Natur ist die Selbsterhaltung.

So bilden sich im Kopf eines Kindes nach und nach
die Vorstellungen über die gesellschaftlichen Beziehungen, noch ehe es selbst aktives Mitglied der Gesellschaft
sein kann. Emile merkt, daß, will man Werkzeuge für
den eigenen Gebrauch haben, man auch welche für den
Gebrauch anderer bereit haben muß, durch deren Austausch man die Dinge bekommen kann, die im Besitz
anderer sind und die man selber braucht. Leicht bringe
ich ihn dazu, die Notwendigkeit dieses Austauschs einzusehen und sich instand zu setzen, davon zu profitieren.

Monseigneur, ich muß doch leben, sagte ein unglückseliger Verfasser von Satiren zum Minister, der ihm die
Infamie seines Metiers vorwarf. – *Ich sehe die Not-
wendigkeit dazu nicht ein,* entgegnete ihm kalt der
Mann in Amt und Würden. Diese aus dem Mund eines
Ministers ausgezeichnet klingende Antwort hätte bei
jedem anderen barbarisch und falsch geklungen. Jeder
Mensch muß leben. Dieser Schluß, dem jeder, je nach
Grad seiner Menschlichkeit, mehr oder weniger Nach-
druck verleiht, scheint mir unwiderlegbar für den, der
ihn im Hinblick auf sich selber zieht. Da von allen
Abneigungen, die die Natur uns einflößt, die gegen das
Sterben die heftigste ist, so folgt daraus, daß durch sie
alles dem erlaubt ist, der kein anderes Mittel, sein

Leben zu erhalten, besitzt. Die Prinzipien, nach denen
der tugendhafte Mensch sein Leben zu verachten und
seinen Pflichten aufzuopfern lernt, sind weit entfernt
von dieser ursprünglichen Einfachheit. Glücklich die
Völker, bei denen man ohne Mühe gut und ohne Tugend gerecht sein darf! Wenn es irgendwo auf der Welt
einen Unglücksstaat gibt, wo niemand, ohne Verbrechen zu begehen, existieren kann und dessen Bürger
aus Not zu Gaunern werden, dann soll nicht der Übeltäter gehenkt werden, sondern der, der ihn zwingt,
dazu zu werden.

Sobald Emile begriffen hat, was das Leben ist, wird
meine erste Sorge sein, ihn zu lehren, wie er es sich
erhalten kann. Bisher habe ich Stand, Rang und besondere Schicksalsumstände – ob glücklich oder unglücklich – nicht unterschieden; und das werde ich auch in
der Folge nicht tun, weil der Mensch in allen Ständen
Mensch bleibt; weil der Magen des Reichen nicht größer ist als der des Armen und auch nicht besser verdauen kann als dieser; weil die Arme des Herrn nicht
länger und kräftiger sind als die des Knechts; weil ein
Vornehmer nicht vornehmer ist als ein Mann des Volkes und weil schließlich, da sich die natürlichen Bedürfnisse überall gleich sind, auch die Mittel, sie zu
befriedigen, überall gleich sein müssen. Richtet die Erziehung des Menschen nach dem, wie der Mensch ist,
und nicht nach dem, was er nicht ist. Wenn ihr euch
müht, ihn ausschließlich für einen Stand zu bilden, seht
ihr nicht, wie ihr ihn damit unbrauchbar macht für jeglichen anderen, und daß ihr, wenn das Schicksal es so
will, auf nichts anderes hingearbeitet habt, als ihn unglücklich zu machen? Gibt es etwas Lächerlicheres als
einen zum Bettler gewordenen Grandseigneur, dem in
all seinem Elend noch die Vorurteile seiner Geburt anhängen? Gibt es etwas Armseligeres als einen verarm-
ten Reichen, der, immer der Verachtung eingedenk,
womit man den Armen betrachtet, sich selbst nun als

den Geringsten aller Menschen fühlt? Dem einen bleibt dreistes Gaunertum als letzte Rettung, dem anderen kriecherische Servilität und die schönen Worte: *Ich muß aber doch leben.*

Ihr verlaßt euch auf die augenblickliche gesellschaftliche Ordnung, ohne zu überlegen, daß diese Ordnung unvermeidlichen Revolutionen ausgesetzt ist und daß es euch nicht möglich ist, die, die eure Kinder betreffen kann, vorauszusehen oder zu verhindern. Der Große wird klein, der Reiche arm und der Monarch Untertan: sind Schicksalsschläge so selten, daß ihr sicher sein könnt, ihnen zu entgehen? Wir sind einer Krise und dem Jahrhundert der Revolutionen nahe*. Wer garantiert euch dafür, was dann aus euch wird? Alles, was der Mensch geschaffen hat, kann auch der Mensch zerstören; unauslöschlich sind nur die Charaktere, die die Natur prägt, und die Natur erschafft weder Fürsten noch Reiche, noch Grandseigneurs. Wie wird sich also jener Satrap, den ihr nur zur Vornehmheit erzogen habt, im Elend halten? Was wird dieser Zollpächter, der nur im Golde leben kann, in der Armut anfangen? Was wird dieser prahlerische Hohlkopf machen, der nicht einmal mit sich selbst etwas anzufangen weiß und sein ganzes Wesen dem widmet, was ihm völlig fremd ist? Glücklich der es dann versteht, den Stand zu verlassen, der ihn verläßt, und Mensch zu bleiben trotz des Schicksals! Man verherrliche, soviel man mag, diesen besiegten König, der sich erbittert unter den Trümmern seines Thrones begraben will — ich verachte ihn. Ich sehe, daß sein Dasein nur in seiner Krone liegt und daß er nichts ist, wenn er nicht König ist. Derjenige aber, der sie verliert und auf sie

---

* Ich halte es für unmöglich, daß die großen europäischen Monarchien noch eine lange Lebensdauer haben: sie alle haben geglänzt, und jeder glänzende Staat ist auf dem Abstieg. Ich habe noch bestimmtere Gründe für diese Behauptung; aber es ist nicht ratsam, sie auszusprechen, und jeder kennt sie nur zu gut.

verzichten kann, zeigt sich dadurch ihr überlegen. Vom
Rang eines Königs, den jeder ausfüllen kann – ein
Feigling, ein Bösewicht, ein Wahnsinniger genausogut
wie jeder andere – ist er zum Rang des Menschen aufge-
gestiegen, den so wenig Menschen auszufüllen vermögen. Dann triumphiert er über das Schicksal, er trotzt
ihm. Nichts, was er sich selbst verdankte, und bliebe
ihm nichts als er selbst: er ist nicht niemand – er ist
etwas. Ja, der König von Syrakus ist mir hundertmal
lieber als Schullehrer in Korinth und der König der
Mazedonier als Schreiber in Rom, als ein unglücklicher
Tarquinius, der nicht weiß, was aus ihm werden soll,
wenn er nicht mehr herrscht, als der Erbe des Besitzers
dreier Königreiche, der, ein Spielball für jeden, der
sein Elend zu verspotten wagt, von Hof zu Hof irrt,
überall Hilfe sucht und überall Schande findet, weil
er keinen anderen Beruf gelernt hat als den, der nicht
mehr in seiner Macht ist[26].

Der Mensch und der Bürger, was er auch sei, hat der
Gesellschaft kein anderes Gut zu bieten als sich selbst;
alle seine anderen Güter besitzt sie schon, ob er will
oder nicht, und wenn ein Mensch reich ist, nutzt er entweder seinen Reichtum nicht, oder die Öffentlichkeit
hat auch daran teil. Im ersten Fall stiehlt er den anderen das, was er sich selbst versagt, und im zweiten gibt
er ihnen nichts. So ist die soziale Verschuldung ganz
und gar bei ihm, solange er nicht mit seinem Reichtum
zahlt. Aber mein Vater hat, als er ihn erwarb, doch
der Gesellschaft gedient ... Mag sein, so hat er seine
Schuld bezahlt, doch nicht die deine. Du schuldest den
andern mehr, da du reich geboren bist, als wenn du
arm geboren wärest. Es ist völlig unrichtig, daß ein
Mensch durch das, was er für die Gesellschaft getan
hat, einen anderen von seinen Verpflichtungen ihr
gegenüber entbindet, denn da jeder mit seinem ganzen
Wesen verpflichtet ist, kann er auch nur für sich
selbst bezahlen, und kein Vater kann seinem Sohn das

Recht übertragen, für die andern unnütz zu sein. Aber das ist genau das, was er eurer Auffassung nach tut, indem er seine Reichtümer, die Beweis und Preis seiner Arbeit sind, auf ihn übergehen läßt. Derjenige, der in Müßigkeit ißt, was er nicht selbst verdient hat, stiehlt es, und in meinen Augen gibt es kaum einen Unterschied zwischen einem Rentier, den der Staat für sein Nichtstun bezahlt[27], und einem Straßenräuber, der auf Kosten der Vorüberreisenden lebt. Lebt der Mensch isoliert außerhalb der Gesellschaft, so ist er niemandem verpflichtet und hat das Recht zu leben, wie es ihm gefällt; innerhalb der Gesellschaft aber, wo er notwendigerweise auf Kosten der anderen lebt, schuldet er ihnen durch seine Arbeit den Preis für seinen Unterhalt – da gibt es keine Ausnahme. Die Arbeit ist also eine unerläßliche Verpflichtung für den Menschen, der innerhalb der Gesellschaft lebt. Ob reich oder arm, stark oder schwach – jeder müßiggehende Bürger ist ein Betrüger.

Nun bringt von allen Beschäftigungen, die dem Menschen seinen Lebensunterhalt verschaffen können, die manuelle Arbeit ihn dem Naturzustand am nächsten, und von allen Berufen ist der des Handwerkers am unabhängigsten von Schicksal und Menschen. Der Handwerker hängt nur von seiner Arbeit ab; er ist ein freier Mann, ebenso frei wie der Bauer ein Sklave ist, hängt doch dieser von seinen Feldern ab, über deren Ernte andere nach Belieben verfügen können. Der Feind, der Landesherr, ein mächtiger Nachbar, ein Prozeß können ihm seine Felder nehmen; durch diese Felder kann er auf tausenderlei Weise schikaniert werden; aber da, wo man den Handwerker schikanieren will, ist sein Bündel rasch geschnürt – er nimmt seine Arme mit und geht. Und doch ist die Landwirtschaft der erste Beruf des Menschen: der ehrenvollste, nützlichste und folglich edelste Beruf, den er nur ausüben kann. Ich sage Emile nicht: Erlerne die Landwirtschaft,

denn er kennt sie. Alle ländlichen Arbeiten sind ihm geläufig; mit ihnen hat er begonnen und auf sie kommt er
immer wieder zurück. Ich sage ihm also: Pflege das
Erbe deiner Väter. Aber wenn du dies Erbe verlierst
oder gar keins hast, was dann? Lerne ein Handwerk.

Mein Sohn und ein Handwerk! Mein Sohn ein
Handwerker! Mein Herr, denken Sie daran im Ernst?
Mit größerem Ernst als Sie, gnädige Frau, die sie ihn
darauf beschränken wollen, daß er niemals mehr sein
kann als ein Lord, ein Marquis, ein Fürst, und vielleicht eines Tages weniger als nichts ist. Ich aber will
ihm einen Rang verleihen, den er nie verlieren kann,
einen Rang, der ihn zu allen Zeiten ehren wird – ich
will ihn in den Stand des Menschen erheben, und, was
immer Sie dazu sagen mögen, er wird in dieser Eigenschaft weniger Ebenbürtige haben als in allen denen,
die er durch Sie bekommen soll.

Der Buchstabe tötet, der Geist belebt. Es handelt sich
weniger darum, ein Handwerk zu erlernen, um ein
Handwerk zu können, als darum, die Vorurteile zu besiegen, die es mißachten. Ihr werdet niemals gezwungen sein, zu arbeiten, um leben zu können – ah! Um so
schlimmer, um so schlimmer für euch! Aber, einerlei
– arbeitet nicht für euer Brot, arbeitet um der Ehre willen. Laßt euch zum Stand des Handwerkers herab, um
über dem euren zu stehn. Um euch Schicksal und Besitz
untertan zu machen, macht euch zunächst von ihnen
unabhängig. Um durch die Meinung zu herrschen,
herrscht zunächst über sie.

Seid immer eingedenk, daß ich kein Talent fordere –
ein Handwerk verlange ich, ein wirkliches, rein mecha-
nisches Handwerk, bei dem die Hände mehr arbeiten
als der Kopf und das kein Vermögen einbringt, durch
das man jedoch auf es verzichten kann. In Häusern,
die von allen Nahrungssorgen weit entfernt waren,
begegnete ich Vätern, die die Vorsorge so weit trieben,
ihren Kindern im Unterricht auch Kenntnisse vermit-

teln zu lassen, durch die sie notfalls ihren Unterhalt sichern könnten. Diese vorsorglichen Väter glauben damit viel zu tun; nichts tun sie damit, weil die Hilfsquellen, die sie so ihren Kindern zu erschließen gedenken, genau von dem Schicksal abhängen, gegen das sie sie absichern wollen, weil der, der all diese schönen Talente hat, aber keine günstige Gelegenheit findet, sie anzubringen, im Elend zugrunde geht, so als hätte er überhaupt keine.

Sobald es um Schliche und Machenschaften geht, so kann man sie ebenso benutzen, um sich im Überfluß zu halten, wie dazu, aus dem Abgrund des Elends wieder zum vorherigen Zustand aufzusteigen. Wenn ihr eine Kunst ausübt, deren Erfolg vom Ruf des Künstlers abhängt, wenn ihr euch für Ämter geeignet glaubt, die man nur durch Beziehungen erlangt – wozu nützt euch dies alles, wenn ihr, mit Recht angeekelt von der Welt, die Mittel verachten werdet, ohne die man in ihr zu nichts kommt? Ihr kennt euch in der Politik und den Interessen der Fürsten aus. Das ist schon ganz ausgezeichnet; aber was helfen euch diese Kenntnisse, wenn es euch nicht gelingt, bis zu den Ministern, den Damen des Hofs und den Ministerialbeamten vorzudringen, wenn ihr das Geheimnis nicht kennt, wie man ihnen gefallen kann, wenn nicht alle den Schelmen in euch sehen, der ihnen gerade recht ist? Ihr seid Architekt oder Maler – gut; ihr müßt aber auch Reklame machen für euer Talent. Glaubt ihr, daß ihr geradewegs drauflosgehen könnt, um ein Werk im Salon auszustellen? Oh! Ihr Ahnungslosen! Man muß von der Akademie kommen, man muß sogar dafür Beziehungen haben, daß man ein dunkles Plätzchen in irgendeiner Wandecke zugewiesen bekommt. Laßt Lineal und Pinsel beiseite; nehmt eine Droschke und fahrt von Tür zu Tür – nur so gelangt man zu Berühmtheit. Und ihr wißt doch, daß vor allen diesen illustren Türen ein Schweizer oder Hausdiener steht, der nur bestimmte

Gesten versteht, und dessen Ohren in seinen Händen
sitzen. Und wenn ihr das lehren wollt, was ihr gelernt
habt, wenn ihr Lehrer in Geographie, Mathematik,
Sprachen, Musik oder Zeichnen werden wollt, so müßt
ihr sogar dafür erst einmal Schüler finden und infolgedessen zunächst einmal Gönner. Seid versichert, daß es
von größerer Wichtigkeit ist, Scharlatan zu sein als
intelligent, und daß ihr, wenn ihr euch in keinem
anderen Beruf auskennt als dem euren, immer nur ein
Ignorant bleiben werdet.

Seht also, wie unsicher all diese glänzenden Hilfsmittel sind und wieviel andere ihr braucht, um von
jenen profitieren zu können. Und weiter, was wird
aus euch bei dieser rückgratlosen Erniedrigung? Mißer-
folge belehren euch nicht, sondern erniedrigen euch nur:
Spielball der gesellschaftlichen Meinung, wie wollt ihr
euch über die Vorurteile erheben, die über euer Schicksal entscheiden? Wie soll es euch gelingen, Erbärmlich-
keit und Laster zu verachten, durch die allein ihr weiterbestehen könnt? Bisher hingt ihr nur vom Reichtum
ab, jetzt aber von den Reichen; ihr habt eure Versklavung nur verschlimmert und sie überdies noch
durch euer Unglück beschwert. Da seid ihr nun arm,
ohne frei zu sein: der schlimmste Zustand, in den ein
Mensch geraten kann[28].

Wenn ihr aber, anstatt zu diesen hohen Erkenntnissen eure Zuflucht zu nehmen, die nur dazu dienen,
den Geist zu nähren aber nicht den Leib, eure Zuflucht
nehmt bei euren Händen und dem Gebrauch, den ihr
davon zu machen wißt, sind alle Schwierigkeiten beseitigt, und alle Schliche werden unnötig. Dieses Mittel
ist immer bereit, wenn der Augenblick kommt, sich
seiner zu bedienen. Rechtschaffenheit und Ehrbarkeit
sind dem Leben kein Hindernis mehr; ihr habt es
nicht mehr nötig, feig und lügnerisch vor den Vornehmen und aalglatt und kriecherisch vor den Schelmen zu sein, ein niederträchtiger Augendiener für

jedermann — ihr braucht nicht mehr zu borgen oder
zu stehlen, was ungefähr dasselbe ist, wenn man
nichts hat; die Meinung der anderen berührt euch
nicht, niemandem braucht ihr den Hof zu machen,
keinem Dummkopf mehr zu schmeicheln, keinen Hausdiener zu bestechen, keine Kurtisane zu bezahlen
und, was noch schlimmer ist, zu beweihräuchern.
Ob Schurken die großen Geschäfte führen — euch
kann es gleich sein: es hindert euch nicht, in eurem
verborgenen Leben ein Mann von Ehre zu sein und
euer Brot zu verdienen. Ihr betretet die erste Werkstatt des Handwerks, das ihr gelernt habt: Meister, ich
brauche Arbeit. Setzt euch dahin, Geselle, arbeitet.
Schon vor der Essenszeit habt ihr euer Essen verdient;
wenn ihr fleißig und sparsam seid, werdet ihr noch
vor Ablauf von acht Tagen für weitere acht Tage versorgt sein: Ihr werdet frei, gesund, aufrichtig, arbeitsam und gerecht gelebt haben. Auf diese Weise Zeit gewinnen heißt nicht, sie verlieren.

Ich will, daß Emile auf jeden Fall ein Handwerk
erlernt. Aber wenigstens ein ehrbares, werdet ihr
sagen? Was soll das heißen? Ist nicht jedes der Gesellschaft nützliche Handwerk ehrbar? Ich will natürlich
nicht, daß er Sticker, Vergolder oder Lackierer wird
wie Lockes Edelmann[29]; ich will auch nicht, daß er Musiker, Komödiant oder Schreiber von Büchern* wird.
Außer diesen Berufen und denen, die ihnen gleichen,
mag er alle wählen, die er will — ich werde ihn bestimmt nicht hindern. Eher soll er Schuster werden als
Dichter; lieber soll er Landstraßen pflastern als Por-
zellanblumen fabrizieren. Aber, so werdet ihr einwenden, auch Häscher, Spitzel und Henker sind nützliche

---

* Aber Sie sind es doch, wird man mir sagen. Ich bin es, ich gebe es
zu — zu meinem Unglück. Und meine Irrtümer, für die ich genug
gebüßt habe, denke ich, sind für andere kein Grund, die gleichen zu
begehen. Ich schreibe nicht, um meine Fehler zu entschuldigen, sondern
um meine Leser daran zu hindern, sie nachzuahmen.

Leute. Es hängt nur von der Regierung ab, ob sie es sind
oder nicht. Aber lassen wir das – ich habe mich geirrt:
es genügt nicht, daß der Beruf nützlich ist, er darf auch
nicht von denen, die ihn ausüben, seelische Eigenschaften verlangen, die verabscheuungswürdig und mit
der Menschlichkeit unvereinbar sind. So, indem wir
auf unsren ersten Ausdruck zurückkommen, wählen
wir also einen ehrlichen Beruf, vergessen wir aber nie,
daß es Ehrbarkeit ohne gleichzeitige Nützlichkeit nicht
gibt.

Ein berühmter Autor dieses Jahrhunderts*, dessen
Bücher voll von großen Plänen und beschränkter Einsicht sind, hatte, wie alle Priester seines Glaubens, das
Gelübde getan, keine eigene Frau zu haben; da er aber
in puncto Ehebruch gewissenhafter war als die anderen, entschloß er sich dazu – so wird erzählt –, sich
hübsche Dienstmägde zu halten, mit Hilfe derer er
nach besten Kräften die Beleidigung, die er seinem Geschlecht durch diese waghalsige Verpflichtung angetan
hatte, wieder gutzumachen suchte. Er betrachtete es
als Bürgerpflicht, dem Staat noch mehr Bürger zu
schenken, und aus dieser Art Staatstribut, den er zahlte,
rekrutierte sich die Klasse der Handwerker. Sobald
diese Kinder das entsprechende Alter erreichten, ließ
er sie alle einen Beruf nach ihren Neigungen wählen,
und schloß nur die überflüssigen, unbedeutenden und
von der Augenblicksmode abhängigen Berufe aus, wie
zum Beispiel den des Perückenmachers, der nie notwendig ist und von einem Tage zum anderen unnötig
werden kann, solange die Natur sich nicht abschrecken
läßt, uns Haare wachsen zu lassen.

Von diesem Geist müssen wir uns führen lassen,
wenn wir für Emile einen Beruf wählen, oder vielmehr,
nicht wir haben diese Wahl zu treffen, sondern er;
denn die Grundsätze, von denen er durchdrungen ist,

---

* Der Abbé de Saint Pierre.

haben in ihm die natürliche Verachtung der unnützen Dinge bewahrt, und so wird er niemals seine Zeit für völlig wertlose Arbeiten verwenden, und kennt keinen anderen Wert der Dinge, als den ihres wirklichen Nutzens; er braucht ein Handwerk, das Robinson auf seiner Insel dienen könnte.

Wenn man einem Kind die Erzeugnisse der Natur und des Handwerks aufzählt, wenn man seine Wißbegier reizt und beobachtet, wohin sie ihn bringt, gewinnt man gleichzeitig einen Einblick in seine Neigungen und Vorlieben und sieht den ersten Funken seines Geistes aufblitzen, wenn er schon eine entschiedene Begabung hat. Aber ein allgemein verbreiteter Irrtum, vor dem ihr euch wohl hüten müßt, ist, von der augenblicklichen Wirkung einer Gelegenheit auf den Eifer einer großen Begabung zu schließen und für eine ausgesprochene Neigung zu dem oder jenem Handwerk den Nachahmungstrieb zu halten, der dem Menschen mit dem Affen gemein ist und der den einen wie den anderen unwillkürlich dazu treibt, das tun zu wollen, was er andere tun sieht, ohne recht zu wissen, wozu es gut ist. Die Welt ist voll von Handwerkern und vor allem Künstlern, die durchaus keine angeborene Begabung für die Kunst haben, die sie ausüben und zu der man sie schon in ihrem frühesten Alter getrieben hat, entweder aus Zweckmäßigkeit oder weil man sich durch offenbaren Eifer täuschen ließ, den sie genausogut auf jedes andere Handwerk gewandt hätten, wenn sie es in der Praxis gesehen hätten. Dieser hört eine Trommel und sieht sich schon als General; jener sieht, wie ein Gebäude errichtet wird, und schon fühlt er sich als Architekt. Jeden lockt der Beruf, den er ausüben sieht, sobald er meint, es wäre ein hochgeachteter Beruf.

Ich bin einmal einem Lakaien begegnet, der sich in den Kopf setzte, Maler und Graphiker zu werden, nachdem er gesehen hatte, wie sein Herr gemalt und

gezeichnet worden war. Im Augenblick, da er diesen
Entschluß gefaßt hatte, griff er zum Stift, den er auch
nur wieder aufgab, um zum Pinsel zu greifen, bei dem
er nun sein Leben lang bleiben wird. Ohne Unterricht
und ohne etwas von feststehenden Regeln zu wissen,
machte er sich daran, alles zu zeichnen, was ihm unter
die Hände fiel. So verbrachte er drei volle Jahre mit
der Nase auf seinen Klecksereien, denen ihn nur sein
Dienst entreißen konnte, und ohne sich jemals durch
die geringen Fortschritte, die seine mittelmäßige Begabung ihm gestattete, entmutigen zu lassen. Sechs Monate, während eines glühend heißen Sommers habe
ich ihn gesehen, in einem kleinen, nach Süden gelegenen
Vorzimmerchen, wo man schon beim Hindurchgehn
erstickte, den ganzen Tag auf seinem Stuhl sitzend
oder vielmehr festgenagelt, vor einer Kugel, die er
abzeichnete, noch einmal abzeichnete, immer wieder
mit unbezwinglicher Hartnäckigkeit von vorne an-
fangend, bis er die Rundung der Kugel zu seiner Zufriedenheit wiedergegeben hatte. Endlich, von seinem
Herrn gefördert und von einem Künstler unterrichtet,
ist er bis dahin gelangt, seine Livree ausziehen und von
seinem Pinsel leben zu können. Bis zu einem gewissen
Punkt ersetzt Ausdauer das Talent: diesen Punkt hat
er erreicht und wird ihn niemals überschreiten. Eifer
und Beständigkeit dieses braven Kerls sind lobenswert,
er wird sich immer durch seinen Fleiß, durch seine
Treue und Anständigkeit Hochachtung verschaffen,
aber er wird niemals etwas anderes malen als Türge-
sims. Wer hätte sich nicht durch seinen Eifer täuschen
lassen und ihn für ein wirkliches Talent gehalten?
Zwischen dem Gefallen an einer Tätigkeit und der Be-
fähigung dazu besteht ein großer Unterschied. Es bedarf einer feineren Beobachtungsgabe, als man denkt,
um Gewißheit über die wirklichen geistigen Fähigkeiten und die wirkliche Neigung eines Kindes zu gewinnen, da sich bei ihm viel eher seine Wünsche als

seine Anlagen äußern, und man es immer nach den Wünschen beurteilt, da man seine Anlagen nicht zu erkennen vermag. Ich wünschte, ein scharfsinniger Mann schriebe eine Abhandlung über die Kunst, Kinder zu beobachten. Es wäre sehr wichtig, diese Kunst zu beherrschen: Väter und Lehrer stecken wohl nicht einmal in ihren Anfangsgründen.

Aber vielleicht messen wir hier der Wahl eines Handwerks zu viel Wichtigkeit bei. Da es sich nur um Handarbeit handelt, hat Emile eigentlich nicht mehr zu wählen: durch die Übungen, mit denen wir ihn bis jetzt beschäftigt haben, hat er bereits mehr als die Hälfte seiner Lehrzeit hinter sich. Was wollt ihr, soll er tun? Er ist zu allem bereit: mit Spaten und Hacke kann er schon umgehn; er weiß, wie Drehbank, Hammer, Hobel und Feile gebraucht werden; die Werkzeuge aller Handwerke sind ihm vertraut. Es geht nur noch darum, irgendeines dieser Werkzeuge rasch und geschickt genug benutzen zu lernen, damit er es in Geschicklichkeit den tüchtigen Arbeitern, die es benutzen, gleichtun kann. In diesem Punkt hat er allen einen großen Vorteil voraus, er besitzt nämlich einen behenden Körper und biegsame Glieder, wodurch er mühelos alle möglichen Stellungen einnehmen und ohne Anstrengung alle möglichen Bewegungen während beliebig langer Zeit aushalten kann. Auch seine Organe sind in Ordnung und gut durchtrainiert. Die ganze Mechanik der Handwerke ist ihm schon bekannt. Um wie ein Meister arbeiten zu können, fehlt ihm nur die Gewohnheit, und Gewohnheit kann man nur mit der Zeit erlangen. Welchem Beruf, den wir nun noch aussuchen können, wird er genügend Zeit widmen, um darin Geschick und Fertigkeit zu bekommen? Nur darum handelt es sich jetzt noch.

Gebt dem Erwachsenen einen Beruf, der seinem Geschlecht angemessen ist und dem Jüngling einen, der seinem Alter entspricht: Kein Beruf, der sitzende Lebensweise und häusliche Eingeschlossenheit voraussetzt, der den Körper verweichlicht und verweiblicht, gefällt ihm und ist ihm angemessen. Nie wird sich ein Jüngling von sich aus zum Beruf des Schneiders hingezogen fühlen; es ist schon ein Kunststück, für diesen Frauenberuf das Geschlecht zu interessieren, für den es nicht geschaffen ist*. Nadel und Degen können nicht von der gleichen Hand geführt werden. Hätte ich Staatsgewalt, so würde ich die Schneiderei und alle anderen Nadelarbeiten nur Frauen und Gelähmten gestatten, die sich auf Frauenarbeit beschränken müssen. Vorausgesetzt, Eunuchen seien notwendig, so finde ich die Orientalen recht unsinnig, wenn sie Männer eigens dazu machen. Warum geben sie sich nicht mit denen zufrieden, die die Natur dazu machte, mit diesen Massen von träge-weibischen Männern, deren Herz sie verkümmern ließ? Ihr Bedarf wäre mit ihnen mehr als gedeckt. Jeder schwache, zarte und ängstliche Mann wird von der Natur zur sitzenden Lebensweise verurteilt; er ist dazu geschaffen, mit den Frauen oder auf ihre Weise zu leben. Übt er irgendeine nur für Frauen geeignete Tätigkeit aus – à la bonne heure; und wenn es nun absolut wirkliche Eunuchen geben muß, dann sollen doch jene Männer auf diesen Stand reduziert werden, die ihr Geschlecht entehren, indem sie Beschäftigungen annehmen, die ihm unangemessen sind. Ihre Wahl weist auf den Irrtum der Natur hin: Verbessert diesen Irrtum auf die eine oder andere Weise, und ihr habt ihr nur etwas Gutes getan.

Ich verbiete meinem Zögling jeden ungesunden Beruf, aber nicht die mühevollen, sogar nicht die gefährlichen. Sie fördern Stärke und Mut zugleich und gehören sich nur für Männer, und die Frauen wollen sie auch gar nicht ausüben: wie ist es möglich, daß die

---

* Bei den Alten gab es keine Schneider: die Männerkleidung wurde zu Hause von den Frauen angefertigt.

Männer sich nicht schämen, diejenigen an sich zu reißen, die die Frauen ausüben?

> Luctantur paucae, comedunt coliphia paucae
> Vos lanam trahitis, calathisque peracta refertis
> Vellera . . .[30]

In Italien sieht man keine Frauen hinter den Ladentischen, und man kann sich nichts Trostloseres vorstellen als den Anblick der Straßen in jenem Land, wenn man die Frankreichs und Englands gewohnt ist. Als ich die Modewarenhändler den Damen Bänder, Putz, Perückennetze und Seidenschnur verkaufen sah, fand ich dieses zarte Putzzeug ziemlich lächerlich in den groben Händen, die zum Bedienen des Blasebalgs in der Schmiede und zum Hämmern auf dem Amboß gemacht sind. Ich sagte mir: In diesem Land müßten die Frauen aus Rache Schwertfeger werden und Waffengeschäfte aufmachen. Jeder sollte doch die Waffen seines eigenen Geschlechts herstellen und verkaufen. Um sie zu kennen, muß man sie gebrauchen.

Junger Mann, präge deiner Tätigkeit den Stempel der Manneshand auf. Lerne, wie man mit kräftigem Arm Axt und Säge gebraucht, einen Balken behaut, auf einen Dachstuhl steigt, den Firstbalken legt und ihn mit Streben und Kehlbalken befestigt; dann rufe deine Schwester, sie solle dir bei deiner Arbeit helfen, so wie sie dich bat, ihr bei ihrer Kreuzstickerei zu helfen.

Ich gehe zu weit für meine liebenswerten Zeitgenossen – ich fühle es, aber manchmal lasse ich mich von der Stärke der Folgerungen hinreißen. Wenn irgendein Mann sich schämt, vor der Öffentlichkeit mit einem Schurzfell bekleidet und mit der Axt in der Hand zu arbeiten, so sehe ich in ihm nichts mehr als einen Sklaven der Meinung, bereit, über sein Rechttun zu erröten, sobald man sich über ehrenwerte Leute lustig macht. Geben wir jedoch so weit dem Vorurteil der

Väter nach, als es dem Urteilsvermögen der Kinder
nicht schaden kann. Man braucht nicht alle nützlichen
Berufe auszuüben, um sie alle in Ehren zu halten;
es genügt, wenn man keinen für unter seiner Würde
hält. Wenn man die Wahl hat und von nichts anderem bestimmt wird, warum sollte man nicht die
Annehmlichkeit, die Neigung und die Zweckmäßigkeit
bei der Auswahl zwischen Berufen gleichen Rangs mitsprechen lassen? Metallarbeiten sind nützlich, sogar
die nützlichsten von allen; aber, wenn kein besonderer
Grund mich dazu veranlaßt, werde ich keineswegs aus
eurem Sohn einen Hufschmied, Schlosser oder Grobschmied machen; ich möchte ihn nicht als Zyklopen-
gestalt in seiner Schmiede stehen sehn. Ich würde auch
keinen Maurer aus ihm machen und noch viel weniger
einen Schuster. Jedes Handwerk muß ausgeübt werden; aber der, der es sich suchen kann, muß auf die
Sauberkeit achten, denn da gibt es keine Meinung,
in diesem Punkt entscheiden unsre Sinne für uns.
Und schließlich möchte ich keinen jener stupiden Berufe, bei denen die Arbeiter ohne Intelligenz und fast
automatisch ihre Hände immer nur zur gleichen Be-
tätigung gebrauchen; Weber, Strumpfwirker, Stein-
klopfer – wozu braucht man für diese Berufe denkende Menschen? Da lenkt eine Maschine die andere.

Alles recht betrachtet, hätte ich am liebsten, wenn
mein Zögling Geschmack am Schreinerhandwerk bekäme. Es ist sauber, nützlich und kann im Haus betrieben werden; es hält den Körper genügend in Tätigkeit und verlangt vom Arbeiter Geschicklichkeit und
Intelligenz, und wenn auch die Form des Werkstückes
von der Nützlichkeit bestimmt wird, so schließt dies
Geschmack und Eleganz nicht aus.

Wenn zufällig die Geistesanlagen eures Zöglings
in entschiedener Weise den Wissenschaften zuneigten,
hätte ich nichts dagegen, ihm einen seinen Neigungen
entsprechenden Beruf vorzuschlagen; er könnte zum

Beispiel mathematische Instrumente herstellen lernen, Brillen, Teleskope usw.

Wenn Emile sein Handwerk erlernt, will ich es zugleich mit ihm erlernen, denn ich bin überzeugt, daß er immer nur das richtig lernt, was wir zusammen lernen. Wir gehen also beide in die Lehre und wollen keineswegs als Herren behandelt werden, sondern als wirkliche Lehrlinge, die das nicht zum Spaß sind; warum sollten wir es nicht allen Ernstes sein? Zar Peter war Schreiner auf einer Baustelle und Trommler bei seinen eigenen Truppen – glaubst du, daß der Fürst dir durch Geburt oder Verdienst nicht ebenbürtig war? Ihr versteht, daß ich dies nicht zu Emile sage; euch sage ich es, wer immer ihr sein mögt.

Unglücklicherweise können wir nicht all unsre Zeit an der Werkbank zubringen. Wir sind keine Arbeiter-Lehrlinge, wir sind Menschen-Lehrlinge; und die Lehrzeit dieses letzteren Berufs ist mühevoller und dauert länger als die andere. Wie sollen wir es also machen? Nehmen wir uns einen Hobelmeister für eine Stunde pro Tag so wie man sich einen Tanzlehrer nimmt? Nein. Dann wären wir keine Lehrlinge, sondern Schüler, und unser Ehrgeiz ist nicht so sehr darauf aus, schreinern zu lernen, als uns zum Stand des Schreiners zu erheben. So schlage ich denn vor, daß wir jede Woche mindestens ein- oder zweimal einen ganzen Tag beim Meister verbringen, daß wir zur selben Stunde aufstehen wie er und noch vor ihm bei der Arbeit sind, daß wir an seinem Tisch essen, daß wir auf seine Anordnungen hin arbeiten und, nachdem wir die Ehre hatten, mit seiner Familie zu Abend zu essen, nach Hause gehen, wenn wir wollen, und in unsren harten Betten schlafen. So lernt man mehrere Berufe auf einmal und auch, wie man sich in Handarbeit üben kann, ohne darüber die andere Lehre zu vernachlässigen.

Bleiben wir bescheiden, auch wenn wir recht tun. Rufen wir nicht wieder Eitelkeit hervor durch unsren

Eifer, sie zu bekämpfen. Stolz darauf sein, die Vorurteile besiegt zu haben, heißt sich ihnen unterwerfen. Es wird erzählt, daß infolge eines alten Brauchs im Hause der Ottomanen der Großherr zu manuellen Arbeiten verpflichtet ist. Und jeder weiß, daß aus königlicher Hand hervorgegangene Erzeugnisse nur Meisterwerke sein können. Er verteilt also diese Meisterwerke freigebig an die hohen Beamten der Pforte, und das Werk wird nach der Qualität des Arbeiters bezahlt. Was mir daran nicht gefällt, ist nicht die angebliche Schikane, denn, im Gegenteil, sie ist wohltätig. Da der Fürst die hohen Würdenträger zwingt, das, was sie sich vom Volke erbeutet haben, mit ihm zu teilen, ist er um so weniger genötigt, das Volk unmittelbar auszurauben. Das ist eine für den Despotismus notwendige Erleichterung, ohne die diese schreckliche Regierungsform nicht bestehen bleiben könnte.

Das wahre Übel eines solchen Brauchs ist die Vorstellung, die sich dieser arme Mensch von seinen Verdiensten macht. Wie König Midas sieht er alles, was er berührt, sich in Gold verwandeln, bemerkt dabei aber nicht, was für Ohren ihm dadurch wachsen[31]. Um unsrem Emile seine kurzen Ohren zu erhalten, schützen wir seine Hände vor solch reicher Begabung; der Wert dessen, was er schafft, soll nicht durch den Hersteller, sondern durch das Werk selbst bestimmt werden. Wir dulden es nicht, daß man seine Arbeit anders als im Vergleich mit der eines guten Meisters beurteilt. Seine Arbeit soll durch die Arbeit selbst gewürdigt werden, und nicht, weil er sie geleistet hat. Hat er etwas gut gemacht, so sagt: *Das ist eine gute Arbeit;* aber fügt nicht hinzu: *Wer hat sie denn gemacht?* sagt er von sich aus mit stolzer und selbstzufriedener Miene: *Das habe ich gemacht,* dann fügt kühl hinzu: *Du oder ein anderer, das ist gleich; es bleibt eine gute Arbeit.*

Du gute Mutter, schütze dich vor allem vor den Lügen, die man für dich bereithält. Wenn dein Sohn

vielerlei Dinge weiß, mißtraue allem, was er weiß.
Hat er das Unglück, in Paris erzogen zu werden und
reich zu sein, ist er verloren. Soweit es dort geschickte
Künstler geben wird, wird er auch alle ihre Talente
haben; hat er die Künstler nicht mehr um sich, wird
er auch keine Talente mehr haben. In Paris weiß der
Reiche alles; nur der Arme ist der Ignorant. Diese
Hauptstadt ist voll von Dilettanten und besonders
Dilettantinnen, die ihre Werke so zustande bringen, wie
Meister Guillaume seine Farben erfand[32]. Unter den
Männern kenne ich in dieser Beziehung drei ehrenvolle
Ausnahmen, es kann aber noch mehr geben. Unter den
Frauen aber kenne ich gar keine und zweifle, ob es da
welche gibt. Im allgemeinen kommt man in den Kün-
sten zu einem Namen wie in der Juristerei; man wird
zum Künstler und zum Kunstrichter, wie man zum
Doktor der Rechte und zum Richter wird.

Stünde es also ein für alle Male fest, daß es zum
guten Ton gehört, ein Gewerbe zu beherrschen, so
würden eure Kinder es bald beherrschen, ohne es zu
erlernen; sie würden zum Meister wie die Züricher
Ratsherren. Nichts von all diesen Förmlichkeiten
für Emile; kein Schein, aber immer Wirklichkeit.
Über sein Wissen soll nicht geredet werden, er soll
im stillen lernen. Er mag sein Meisterstück machen,
aber niemals zum Meister werden; nicht durch den
Titel soll er sich als Arbeiter ausweisen, sondern durch
seine Arbeit.

Habe ich mich bis jetzt verständlich gemacht, so muß
man begriffen haben, wie ich durch die Gewöhnung an
körperliche Übung und manuelle Arbeiten meinem
Zögling unmerklich die Neigung zur Überlegung und
zum Nachdenken vermittelt habe, um damit eine Trägheit auszugleichen, die aus seiner Gleichgültigkeit der
Umwelt gegenüber und der Ruhe vor den noch nicht
geweckten Leidenschaften resultieren könnte. Er soll
wie ein Bauer arbeiten und wie ein Philosoph denken,

um nicht wie ein Wilder in den Tag hineinzuleben.
Das große Geheimnis der Erziehung ist, die Leibesübungen und die Geistesübungen einander immer zur
wechselseitigen Entspannung werden zu lassen.

Hüten wir uns aber davor, in der Erziehung auf
Dinge vorzugreifen, die einen reiferen Geist verlangen.
Emile wird nicht lange Arbeiter sein, ohne selber die
Ungleichheit der Voraussetzungen dazu zu empfinden,
die ihm vorher völlig entgangen war. Über die Grundsätze, die ich ihn lehre und die er begreifen kann, möchte
er nun mich prüfen. Da er alles nur von mir empfängt
und sich dem Stand der Armen so nahe fühlt, möchte
er wissen, warum ich ihm so fern bin. Er stellt mir
vielleicht ganz unversehens heikle Fragen: „Sie sind
reich, Sie haben es mir gesagt, und ich stelle es auch
fest. Ein Reicher ist auch der Gesellschaft durch Arbeit
verpflichtet, da er ein Mann ist. Aber Sie, was tun Sie
denn für die Gesellschaft?" Was würde ein feiner Erzieher dazu zu sagen haben? Ich weiß es nicht. Vielleicht wäre er so dumm, dem Kind von der Fürsorge
zu sprechen, die er ihm angedeihen läßt. Was mich betrifft, so würde mich die Werkstatt aus der Affäre
ziehn: „Das ist eine ausgezeichnete Frage, mein lieber
Emile; ich verspreche dir, dir eine Antwort darauf zu
geben, nachdem du dir selbst eine zurechtgelegt hast,
die dich befriedigt. Inzwischen werde ich mich bemühen, dir und den Armen das zu geben, wovon ich
im Überfluß habe, und einen Tisch oder eine Bank
pro Woche zu machen, um nicht ganz und gar unnütz
zu sein."

Hiermit sind wir wieder zu uns selbst zurückge-
kommen. Da haben wir unser Kind, bereit, aus der
Kindheit herauszutreten und zur Persönlichkeit zu
werden. Jetzt spürt er mehr denn je die Notwendigkeit, die ihn an die Dinge bindet. Nachdem wir damit
begannen, seinen Körper und seine Sinne zu üben,
haben wir seinen Geist und seine Urteilsfähigkeit ge-

übt. Schließlich haben wir den Gebrauch seiner Glieder seinen Fähigkeiten angepaßt; wir haben ein handelndes und denkendes Wesen geschaffen, und nun bleibt uns, um den Menschen zu vollenden, nur noch übrig, ein liebendes und fühlendes Wesen zu schaffen, das heißt, die Vernunft durch das Gefühl zu vervollkommnen[33]. Aber bevor wir in diese neue Ordnung der Dinge eindringen, werfen wir noch einen Blick auf die, aus der wir heraustreten, und stellen wir so genau wie möglich fest, bis wohin wir gelangt sind.

Zuerst hatte unser Zögling nur Sinnesempfindungen, jetzt hat er Vorstellungen; bisher empfand er nur, jetzt urteilt er. Denn aus dem Vergleich mehrerer einander folgender oder gleichzeitiger Sinnesempfindungen und dem Urteil, das man über sie fällt, entsteht eine Art gemischter oder komplexer Empfindung, die ich Vorstellung nenne.

Die Art und Weise, wie eine Vorstellung sich bildet, gibt dem menschlichen Geist seinen Charakter. Der Geist, der seine Vorstellungen nur auf Grund reeller Beziehungen bildet, ist ein solider Geist; der, der sich mit scheinbaren Beziehungen zufriedengibt, ist ein oberflächlicher Geist; der, der die Beziehungen so sieht, wie sie sind, ist ein gerader Geist; der, der sie falsch einschätzt, ist ein unzuverlässiger Geist; der, der imaginäre Bezüge erfindet, die weder Wirklichkeit noch Erscheinung besitzen, ist ein Verrückter; der, der nicht zu vergleichen weiß, ist ein Dummkopf. Die mehr oder weniger große Fähigkeit, Vorstellungen untereinander zu vergleichen und deren Beziehungen zueinander herauszufinden ist das, was dem Menschen mehr oder weniger Geist gibt usw.

Die einfachen Vorstellungen sind nichts als miteinander verglichene Sinnesempfindungen. Es gibt Urteile sowohl in den einfachen wie in den zusammengesetzten Sinnesempfindungen, die ich einfache Vorstellungen nenne. In den Sinnesempfindungen bleibt das

Urteil rein passiv, es bestätigt, daß man fühlt, was man
fühlt. In der Wahrnehmung oder Vorstellung ist das
Urteil aktiv; es nähert, es vergleicht, es bestimmt Beziehungen, die die Sinne nicht bestimmen.

Das ist der ganze Unterschied, aber er ist groß[34]. Die
Natur täuscht uns niemals, wir sind es, die wir uns
immer täuschen[35].

Ich sehe, wie einem achtjährigen Kind Gefrorenes
vorgesetzt wird; es führt den Löffel zum Mund, ohne
zu wissen, was das ist, und erschrocken über die Kälte
ruft es aus: *Oh! Das brennt!* Es hat eine sehr lebhafte
Sinnesempfindung; es kennt keine heftigere als die Hitze
des Feuers und glaubt, sie zu verspüren. Es täuscht sich
aber; die plötzliche Kälte tut ihm weh, verbrennt es
aber nicht; und diese beiden Sinnesempfindungen sind
einander nicht gleich, denn diejenigen, die beide schon
erlebten, verwechseln sie nicht. Es ist also nicht die
Sinnesempfindung, die es täuscht, sondern das Urteil,
das es darüber fällt.

Genauso ergeht es dem, der zum erstenmal einen
Spiegel oder ein optisches Gerät sieht oder der mitten
im Winter oder im Sommer in einen tiefen Keller tritt,
der eine sehr heiße oder sehr kalte Hand in lauwarmes
Wasser taucht, der zwischen zwei gekreuzten Fingern
ein Kügelchen rollt usw. Wenn er sich damit begnügt,
zu sagen, was er feststellt, was er fühlt, ist es unmöglich, daß er sich täuscht, da sein Urteil rein passiver
Natur ist; beurteilt er aber die Sache nach der Erscheinung, ist er aktiv, vergleicht und stellt durch Induktion
Beziehungen her, die er nicht bemerkt; dann täuscht
er sich oder kann sich täuschen. Um dem Irrtum zuvorzukommen oder ihn zu korrigieren, braucht er die
Erfahrung.

Zeigt eurem Zögling bei Nacht die Wolken, die zwischen dem Mond und ihm vorüberziehen, so wird er
meinen, es sei der Mond, der in entgegengesetzter Richtung ziehe und die Wolken stünden still. Er kommt

durch eine überstürzte Schlußfolgerung zu dieser Meinung, weil er gewöhnlich die kleinen Gegenstände sich eher bewegen sieht als die großen und weil die Wolken ihm größer erscheinen als der Mond, dessen Entfernung er nicht abschätzen kann. Wenn er von einem dahintreibenden Boot aus einiger Entfernung das Ufer sieht, verfällt er in den umgekehrten Irrtum und glaubt, die Erde bewege sich fort, da er, sich selbst bewegungslos fühlend, das Boot sieht, das Meer oder den Fluß und seinen ganzen Horizont als ein unbewegliches Ganzes, von dem das Ufer, das er sich fortbewegen sieht, ihm nur ein Teil zu sein scheint.

Wenn ein Kind zum erstenmal einen ins Wasser getauchten Stock sieht, sieht es einen gebrochenen Stock: die Sinnesempfindung ist richtig und bliebe es auch dann, wenn wir den Grund für dieses Phänomen nicht kennten. Fragt ihr es also, was es sehe, sagt es: *Einen gebrochenen Stock,* und damit sagt es die Wahrheit, denn es ist gewiß, daß es die Sinnesempfindung eines gebrochenen Stockes hat. Wenn es aber, durch sein Urteil getäuscht, weiter geht und, nachdem es versichert hat, einen gebrochenen Stock zu sehen, nunmehr noch behauptet, daß das, was es sieht, tatsächlich ein gebrochener Stock ist, dann sagt es etwas Falsches. Warum? Weil es dann aktiv wird und nicht mehr nach dem Augenschein, sondern durch Induktion urteilt, weil es etwas behauptet, das es nicht empfindet, nämlich, daß das Urteil, das ein Sinn ihm eingibt, von einem anderen bestätigt wäre.

Da alle unsre Irrtümer aus unsren Urteilen entstehen, ist es klar, daß, hätten wir nie nötig, zu urteilen, wir auch keinerlei Lernbedürfnis hätten; wir gerieten nie in den Fall, uns zu täuschen; wir wären in unsrem Nichtwissen glücklicher als wir durch unser Wissen sein können. Wer will es bestreiten, daß die Gelehrten tausend Wahrheiten wissen, die den Ignoranten ewig unbekannt bleiben werden? Sind die Gelehrten darum

der Wahrheit näher? Ganz im Gegenteil – sie entfernen sich von ihr, indem sie ihr zustreben, denn da
die Eitelkeit, über alles zu urteilen, noch größere
Fortschritte macht als das Erkenntnisvermögen, kommen auf jede Wahrheit, die sie finden, hundert falsche
Urteile. Es liegt offen auf der Hand, daß die gelehrten
Gesellschaften Europas nichts anderes als öffentliche
Schulen des Lügens sind, und ganz bestimmt herrschen
in der Akademie der Wissenschaften mehr Irrtümer
als bei einem ganzen Stamm von Huronen.

 Da je mehr sie wissen, die Menschen sich um so
mehr irren, ist das einzige Mittel, den Irrtum zu vermeiden, die Unwissenheit. Urteilt nicht, und ihr werdet euch nie täuschen. Das ist die Lehre der Natur sowohl wie der Vernunft. Außer den wenigen unmittelbaren und sehr spürbaren Beziehungen, die die Dinge
zu uns haben, haben wir von Natur aus nur eine tiefe
Gleichgültigkeit für alles übrige. Ein Wilder würde
keinen Fuß rühren, um das Funktionieren der schönsten Maschine und alle Wunder der Elektrizität zu
betrachten. *Was geht das mich an?* ist das dem Ignoranten vertrauteste und dem Weisen angemessenste
Wort.

 Unglückseligerweise paßt uns dieses Wort aber nicht
mehr. Alles ist uns von Bedeutung, nachdem wir uns
von allem abhängig gemacht haben, und unsre Wißbegier wächst notwendigerweise mit unsren Bedürfnissen. Darum spreche ich dem Philosophen eine sehr
große zu, dem Wilden jedoch gar keine. Dieser braucht
niemanden; der andere aber braucht alle Welt, und
vor allem Bewunderer.

 Man wird mir sagen, daß ich aus der Natur heraustrete – da höre ich gar nicht hin. Sie sucht sich ihre
Instrumente und stellt sie nicht nach der Meinung ein,
sondern nach dem Bedürfnis. Nun ändern sich aber
die Bedürfnisse mit der Situation der Menschen. Es
besteht ein großer Unterschied zwischen dem natür-

lichen Menschen, der im Naturzustand lebt, und dem
natürlichen Menschen, der in der Gesellschaft lebt.
Emile ist kein Wilder, der in die Wüste geschickt werden müßte, er ist ein Wilder, geschaffen für das Leben
in den Städten; so muß er dort das für ihn Lebensnotwendige zu finden wissen, sich ihre Einwohner zunutze machen und wenn nicht wie sie, so doch wenigstens mit ihnen leben.

Da er inmitten so vieler neuer Verhältnisse, von
denen er abhängen wird, ob er will oder nicht will,
Urteile fällen muß, lehren wir ihn also, richtig zu
urteilen.

Die beste Art und Weise, jemanden richtig urteilen
zu lehren, ist die, die am meisten darauf abzielt, unsre
Erfahrungen zu vereinfachen, ja sogar ihrer entraten
zu können, ohne in Irrtümer zu verfallen. Daraus
folgt, daß man, nachdem man lange Zeit hindurch
die Beziehungen der Sinne einen durch den andern
geprüft hat, noch hinzulernen muß, die Beziehungen
jedes Sinnes durch sich selbst zu prüfen, ohne einen
anderen Sinn zu Hilfe nehmen zu müssen; dann wird
uns jede Sinnesempfindung zu einer Vorstellung werden, und diese Vorstellung wird immer mit der Wahrheit übereinstimmen[36]. Dies ist die Art von Wissen, mit
dem ich diese dritte Periode des menschlichen Lebens
zu füllen versucht habe.

Dieses Verfahren erfordert ein Maß an Geduld
und Umsicht, deren wenig Lehrer fähig sind: anders
aber kann ein Schüler niemals richtig urteilen lernen.
Wenn zum Beispiel der Schüler sich über das Phänomen des gebrochenen Stocks irrt und ihr euch beeilt,
den Stock aus dem Wasser herauszuziehen, so befreit
ihr ihn vielleicht von seinem Irrtum, aber was lernt
er dabei von euch? nichts als was er bald auch von
selbst gelernt hätte. Oh! aber so darf es doch nicht
gemacht werden! Es geht weniger darum, ihn eine
Wahrheit zu lehren, als ihm zu zeigen, wie man es

anstellen muß, immer die Wahrheit zu finden. Um ihn besser zu belehren, darf man ihn nicht so rasch von seinem Irrtum befreien. Nehmen wir Emile und mich als Beispiel.

Zunächst wird jedes auf hergebrachte Weise erzogene Kind die zweite der angenommenen Fragen ohne weiteres bejahend beantworten. Das ist ganz bestimmt ein gebrochener Stock, wird es sagen. Ich bezweifle sehr, daß Emile mir die gleiche Antwort geben würde. Da er in keiner Weise die Notwendigkeit einsieht, gelehrt zu sein oder zu scheinen, hat er es mit seinem Urteil nie eilig; er urteilt nur nach der Gewißheit. Bei dieser Gelegenheit ist er weit entfernt, sie herauszufinden, er, der weiß, wie sehr unsre Erkenntnisse nach dem Augenschein der Täuschung ausgesetzt sind, und handle es sich nur um die Perspektive.

Da er außerdem aus Erfahrung weiß, daß hinter meinen belanglosesten Fragen immer etwas steckt, worüber er sich zunächst nicht klar ist, hat er es sich abgewöhnt, sie unbesonnen zu beantworten. Im Gegenteil – er mißtraut ihnen, er paßt besonders auf und prüft sie mit großer Sorgfalt, ehe er sie beantwortet. Niemals gibt er mir eine Antwort, ehe er selbst damit zufrieden ist; und er ist nicht leicht zufrieden. Weder er noch ich setzen unseren Stolz darein, die Wahrheit zu erkennen, sondern darein, nicht einem Irrtum zu verfallen. Wir wären viel beschämter, uns leichtfertig mit einer falschen Begründung zufriedenzugeben, als überhaupt keine zu finden. *Ich weiß nicht* ist ein Wort, das uns beiden so sehr paßt, und wir wiederholen es so oft, daß es weder dem einen noch dem anderen etwas ausmacht. Aber sei es, daß diese dumme Antwort ihm doch entschlüpft oder daß er sie durch unser bequemes *Ich weiß nicht* umgeht, meine Entgegnung ist die gleiche: Laß uns sehn, prüfen wir nach.

Dieser zur Hälfte ins Wasser getauchte Stock ist in senkrechter Lage befestigt. Was alles müssen wir tun,

um zu wissen, ob er, wie es scheint, gebrochen ist, ehe
wir ihn aus dem Wasser ziehn oder mit der Hand
berühren!

1. Zuerst gehen wir um den Stock herum und stellen
fest, daß die Bruchstelle sich dreht wie wir. Also ist es
nur unser Auge, die sie verändert, und Blicke können
keinen Körper in Bewegung setzen.

2. Wir sehen genau senkrecht auf das Ende des
Stocks, das aus dem Wasser herausragt; da ist der Stock
nicht mehr gebogen, das Ende, das dicht vor unsren
Augen ist, verbirgt uns genau das andere Ende*. Hat
unser Auge den Stock gerade aufgerichtet?

3. Wir bringen die Oberfläche des Wassers in Bewegung; wir sehen, wie der Stock in mehrere Stücke zu-
sammenknickt, wie er sich im Zick-Zack bewegt und
die Wellenbewegungen des Wassers mitmacht. Genügt
die Bewegung, in die wir das Wasser versetzen, um
den Stock so zu zerbrechen, weich zu machen und auf-
zulösen?

4. Wir lassen das Wasser ablaufen und sehen, wie
der Stock sich mit dem Ablaufen des Wassers nach und
nach gerade aufrichtet. Ist das nicht mehr als ausreichend, um die Tatsache zu klären und herauszufinden,
was es mit der Lichtbrechung auf sich hat? Es stimmt
also nicht, daß der Gesichtssinn uns täuscht, da wir
nur seiner allein bedürfen, um die Irrtümer richtig zu
stellen, die wir ihm zuschreiben.

Nehmen wir an, das Kind sei so dumm, das Resultat dieser Experimente nicht zu begreifen. Dann müssen wir den Tastsinn zu Hilfe rufen. Anstatt den Stock
aus dem Wasser zu ziehn, laßt ihn in seiner Lage, und
wenn das Kind mit der Hand von einem Ende zum

---

* Ich habe jetzt durch ein genaueres Experiment das Gegenteil herausgefunden. Die Lichtbrechung reagiert kreisförmig, und das Stockende,
das im Wasser steckt, scheint dicker, wenn man es vom andern Ende
her ansieht; aber das ändert nichts an der Überzeugungskraft der Überlegung, und ihre Schlußfolgerung ist dadurch nicht weniger richtig

anderen darüber streicht, wird es keine Knickung feststellen – also ist der Stock nicht gebrochen.

Ihr werdet einwenden, daß es sich hier nicht um
einfache Urteile, sondern um regelrechte Schlußfolgerungen handelt. Das stimmt; aber seht ihr denn nicht,
daß sobald der Geist zu Vorstellungen gelangt ist,
jedes Urteil eine Schlußfolgerung ist? Das Bewußtsein
von einer jeden Sinnesempfindung ist eine Behauptung,
ein Urteil. Sobald man also eine Sinnesempfindung mit
der anderen vergleicht, zieht man Schlüsse. Die Kunst,
zu urteilen, und die Kunst, zu schließen, sind genau
dasselbe.

Emile wird nie etwas über die Strahlenbrechungs-
lehre wissen, es sei denn, daß ich sie ihn durch diesen
Stock lehren will. Er wird keine Insekten seziert und
die Sonnenflecken nicht gezählt haben; er wird nicht
wissen, was ein Mikroskop und ein Teleskop ist. Eure
gelehrten Schüler werden sich über seine Unwissenheit
lustig machen. Damit werden sie nicht unrecht haben.
Denn bevor er Gebrauch von diesen Instrumenten
macht, möchte ich, daß er sie erfindet, und ihr könnt
euch gut vorstellen, daß das nicht so bald der Fall sein
wird.

In diesem Abschnitt habt ihr den Geist meiner ganzen Methode. Wenn das Kind ein Kügelchen zwischen
zwei gekreuzten Fingern rollt und glaubt, es seien
zwei, werde ich ihm nicht erlauben, hinzuschauen, ehe
es sich nicht vorher überzeugt hat, daß es nur eins sein
kann.

Ich denke, daß diese Streiflichter genügen, um den
Fortschritt deutlich darzutun, den der Geist meines
Zöglings bis jetzt gemacht hat, sowie den Weg, der ihn
zu diesem Fortschritt geführt hat. Aber ihr seid viel-
leicht erschrocken über die Menge von Dingen, die ich
ihm nahegebracht habe. Ihr fürchtet, daß ich seinen
Geist mit dieser Vielfalt von Kenntnissen überlaste.
Das genaue Gegenteil ist richtig. Ich lehre ihn viel

mehr, sie nicht zu haben, als sie zu haben. Ich zeige ihm den Weg der Wissenschaft, der dem leicht erscheint, der die Wahrheit besitzt, der aber lang, unermeßlich und langwierig ist für den, der ihn durchläuft. Ich lasse ihn die ersten Schritte darauf tun, damit er den Anfang erkennt, erlaube ihm aber nie, weit zu gehen.

Da er gezwungen ist, sich alles selbst beizubringen, braucht er seinen eigenen Verstand und nicht den anderer: denn um nichts auf die Meinung der anderen zu geben, darf man auch nichts auf die Autorität geben. Die Mehrzahl unsrer Irrtümer kommt viel weniger aus uns selbst als von den anderen. Aus dieser fortwährenden Praxis muß eine Kraft des Geistes entstehen, die der gleicht, die der Körper durch Arbeit und Mühe erhält. Ein weiterer Vorteil ist der, daß man nur im richtigen Verhältnis zu seinen Kräften weiterkommt. Der Geist verkraftet, nicht anders als der Körper, nur, was er verkraften kann. Wenn das Begriffsvermögen sich die Dinge aneignet, ehe es sie dem Gedächtnis einprägt, ist ihm das, was es später aus diesem schöpft, wirklich zu eigen. Überlädt man indessen ohne sein Wissen das Gedächtnis, so gerät man in Gefahr, niemals etwas daraus hervorholen zu können, was uns eigen ist.

Emile hat wenig Kenntnisse, aber diejenigen, die er hat, sind ihm wirklich zu eigen; er weiß nichts nur halb. Unter den wenigen Sachen, die er weiß und gut weiß, ist die wichtigste, daß es viele Sachen gibt, die er nicht weiß, aber eines Tages wissen kann, noch viel mehr aber, die andere Leute wissen und er nie in seinem Leben wissen wird, und schließlich unendlich viel andere, die kein Mensch je wissen wird. Er besitzt einen universellen Geist, nicht durch seine Kenntnisse, sondern durch die Fähigkeit, sie zu erlangen; einen offenen, intelligenten Geist, der für alles aufgeschlossen ist und, wie Montaigne sagt, wenn nicht unterrichtet, so doch belehrbar[37]. Mir genügt es, wenn

er das *Wozu ist das gut?* bei allem findet, was er tut,
und das *Warum?* bei allem, was er glaubt. Denn noch
einmal, mein Ziel ist nicht, ihm Wissen zu vermitteln,
sondern ihn zu lehren, wie er es sich bei Bedarf
erwerben kann, ihn genau abschätzen zu lassen, was
es wert ist, und ihn die Wahrheit über alles lieben
zu lehren[38]. Bei dieser Methode kommt man nur langsam voran, aber man tut nie einen unnötigen Schritt
und ist nie gezwungen, wieder zurückzugehen.

Emile besitzt nur natürliche, rein physische Kenntnisse. Er kennt nicht einmal das Wort Geschichte und
weiß auch nicht, was Metaphysik und Moral bedeuten.
Er kennt die wesentlichen Bezüge zwischen dem Menschen und den Dingen, weiß aber nichts über die moralischen Beziehungen von Mensch zu Mensch. Er weiß
wenig über die Verallgemeinerung von Vorstellungen
und über abstrakte Begriffe. Er erkennt die gewissen
Körpern gemeinsamen Eigenschaften, ohne sich über
diese Eigenschaften an und für sich ein Urteil zu bilden. Er kennt den abstrakten Raum von den geometrischen Figuren her, und die abstrakte Größe von den
algebraischen Zeichen. Diese Figuren und Zeichen bilden die Stütze für die Abstraktionen, an die seine
Sinne sich halten. Er versucht keineswegs, die Dinge an
und für sich zu erkennen, sondern nur in den Beziehungen, die ihn angehen. Was ihm fremd ist, schätzt
er nur im Verhältnis zu sich selbst ab; aber diese
Wertung ist genau und sicher, Phantasie und Konvention spielen keine Rolle dabei. Ihn beschäftigt mehr,
was ihm nützlicher ist; und da er diese Art von Wertung nie aufgibt, gibt er nichts auf die Meinung der
anderen.

Emile ist fleißig, mäßig, geduldig, entschlossen und
mutig. Seine Einbildungskraft, die noch nicht entzündet ist, übertreibt ihm nie eine Gefahr; es gibt nur
wenig Schmerzen, gegen die er empfindlich ist, und er
weiß mit Standhaftigkeit zu leiden, da er nicht gelernt

hat, sich gegen das Schicksal aufzulehnen. Was den Tod betrifft, so weiß er noch nicht recht, was das ist. Da er aber daran gewöhnt ist, sich widerstandslos dem Gesetz der Notwendigkeit zu beugen, so wird er ohne Murren, Klagen und Widerstand sterben. Das ist alles, was die Natur in diesem von jedermann verabscheuten Augenblick gestattet. In Freiheit leben und wenig an den menschlichen Dingen hängen, ist das beste Mittel, sterben zu lernen.

Mit einem Wort, Emile besitzt von der Tugend alles, was sich auf ihn selbst bezieht. Um auch die gesellschaftlichen Tugenden zu besitzen, fehlt ihm einzig die Kenntnis der Beziehungen, die sie fordern; es fehlt ihm einzig noch die Einsicht, die sein Geist zu erwerben bereit ist.

Er betrachtet sich selbst, ohne an die anderen zu denken, und findet es richtig, daß die anderen nicht an ihn denken. Er verlangt von niemandem etwas und glaubt sich niemandem verpflichtet. Er ist allein in der menschlichen Gesellschaft und verläßt sich nur auf sich selbst. Er hat auch mehr als jeder andere das Recht, sich auf sich selbst zu verlassen, denn er ist so vollkommen, wie man in seinem Alter nur sein kann. Er hat keine Irrtümer, oder nur die, die für uns alle unvermeidlich sind; er hat keine Fehler, oder nur die, vor denen sich kein Mensch schützen kann. Er hat einen gesunden Körper, behende Glieder, einen geraden und unbestechlichen Geist, ein freies und leidenschaftsloses Herz. Die Eigenliebe, die erste und natürlichste Liebe, ist darin noch kaum entwickelt. Ohne jemandes Frieden zu stören, hat er zufrieden, frei und glücklich gelebt, soweit es die Natur erlaubte. Meint ihr, ein Kind, das auf solche Weise bis zu seinem fünfzehnten Jahr gelangt ist, habe die vorangegangenen Jahre verloren?

4. BUCH

Wie rasch ist unser Dasein auf dieser Erde dahin! das erste Viertel ist abgelaufen, ehe wir es noch zu nutzen verstanden. Das letzte läuft dahin, und wir sind nicht mehr fähig, es zu genießen. Zu Beginn wissen wir nicht, was leben heißt – bald darauf können wir es nicht mehr. Die restlichen Viertel der Zeit, die uns zwischen jenen beiden belanglos bleiben, verbringen wir mit Schlaf und Arbeit, in Schmerz und Bedrückkung, in jeglicher Art von Mühsal. Das Leben ist kurz, weniger wegen seiner kurzen Dauer, als vielmehr weil wir in dieser geringen Spanne kaum dazu kommen, es wirklich auszukosten. Der Zeitraum zwischen Geburt und Tod mag noch so groß sein – wird er unzulänglich ausgefüllt, ist das Dasein immer zu kurz.

Wir werden sozusagen zweimal geboren: einmal, um zu existieren, das andere Mal, um zu leben; als Gattungs- und Geschlechtswesen. Zweifellos sind diejenigen, die die Frau als unvollkommene Abart des Mannes betrachten, im Unrecht, obgleich der äußere Anschein für ihre Meinung spricht. Bei Kindern beiderlei Geschlechts gibt es augenscheinlich nichts, was sie bis zum heiratsfähigen Alter voneinander unterscheidet – die gleichen Gesichtszüge, die gleiche Gestalt, die gleiche zarte Haut, die gleiche Stimme – alles gleicht sich; Mädchen wie Knaben sind nichts als Kinder. So genügt auch für solch gleichartige Wesen dieselbe Bezeichnung. Die männlichen Wesen, bei denen man die weitere geschlechtliche Entwicklung hemmt, behalten diese Gleichartigkeit zeit ihres Lebens bei – sie sind immer große Kinder; die Frauen verlieren nicht diese ursprüngliche Gleichartigkeit und scheinen daher in mancher Hinsicht auch nie etwas anderes zu sein.

Jedoch ist im allgemeinen der Mann nicht dazu geschaffen, ewig in der Kindheit steckenzubleiben – er läßt sie in dem von der Natur vorgesehenen Augenblick hinter sich. Und dieser wenn auch kurze Augenblick der Krisis hat seine weitreichende Auswirkung.

So wie das Grollen des Meeres das nahende Unwetter anzeigt, kündigt sich diese stürmische Revolution durch das erste Aufbegehren der entstehenden Leidenschaften an: ein untergründiges Gären weist auf die nahe Gefahr. Stimmungswechsel, häufige Zornesausbrüche, ununterbrochene geistige Erregung machen den Knaben nahezu unlenkbar. Er hört nicht mehr auf die Stimme, die ihn fügsam machte, er ist ein Löwe in seiner fieberhaften Leidenschaft, erkennt seinen Führer nicht mehr an und will nicht mehr geleitet werden.

Gleichzeitig mit diesem geistigen Stimmungswandel treten spürbare Veränderungen des Antlitzes auf. Seine Züge, von einem Charakter geprägt, nehmen bestimmte Formen an. Der spärliche und zarte Flaum der Wangen wird dunkler und kräftiger. Die Stimme verändert sich oder, vielmehr, er verliert sie: Er ist weder Kind noch Mann und besitzt weder des einen noch des anderen Stimme. Seine Augen, diese bislang stummen Instrumente der Seele, finden ihre Sprache und ihren Ausdruck; ein aufflackerndes Feuer belebt sie, ihr aufgeweckter Blick ist noch voll heiliger Unschuld, obgleich ihm die ursprüngliche Einfalt genommen ist – schon spürt er, daß sie zuviel verraten könnten. Er lernt zu erröten und den Blick zu senken, er wird empfindsam, noch bevor er weiß, was er empfindet, er ist unruhig ohne jeden Grund. All dies mag sich langsam vollziehen und läßt euch Zeit. Wird jedoch seine Lebhaftigkeit zur allzu großen Ungeduld, sein Zorn zur Wut, wird er von einem Augenblick zum andern bald erregt, bald gerührt, beginnt er ohne Grund zu weinen, geht sein Puls rascher und flammt

sein Auge auf bei Eindrücken, die ihm gefährlich zu
werden beginnen, überrieseln ihn Schauer, sobald die
Hand einer Frau die seine berührt, fühlt er sich in
ihrer Gegenwart in Scheu und Verwirrung versetzt
– Odysseus, oh! weiser Odysseus! sei auf der Hut!
Die Schläuche, die du so sorgsam verschlossest, sind
offen, die Winde sind schon entfesselt; verläßt du nur
einen Augenblick noch das Ruder, ist alles verloren.

Nun hat sich die zweite Geburt, von der ich sprach,
vollzogen. Jetzt erst wird der Mann zum wirklichen
Leben geboren, und nichts Menschliches ist ihm mehr
fremd. Vor diesem Augenblick war unser Bemühen
bloßes Kinderspiel – von nun an erst gewinnt es wirkliche Bedeutung. Diese Entwicklungsphase, bei der die
übliche Erziehung zu enden pflegt, ist genau die, da
die unsrige zu beginnen hat. Um jedoch diesen neuen
Plan richtig darlegen zu können, müssen wir in der
Betrachtung der Dinge, mit denen er zusammenhängt,
etwas weiter ausholen.

Unsre Leidenschaften sind die Hauptwerkzeuge zu
unsrer Selbsterhaltung. Sie zerstören zu wollen, wäre
ebenso vergeblich wie lächerlich – es hieße die Natur
kontrollieren und Gottes Werk umbilden. Hätte Gott
wirklich dem Menschen den Befehl gegeben, die Leidenschaften, die er ihm gab, zu zerstören, so widerspräche er sich selbst, er höbe seinen eigenen Willen
auf. Aber niemals gab er diesen unsinnigen Befehl –
nichts dergleichen steht in der Menschen Herz geschrieben. Was Gott von einem Menschen erwartet, teilt er
ihm nicht durch andre Menschen mit, er sagt es ihm
selbst, er schreibt es tief in sein Herz hinein.

Darum würde ich jemanden, der verhindern möchte,
daß Leidenschaften überhaupt aufkommen, für nahezu ebenso töricht halten wie den, der sie gänzlich zerstören möchte. Und diejenigen, die glaubten, daß mein
Erziehungsplan bisher darauf abzielte, haben mich
ganz sicher gründlich mißverstanden.

Aber – so könnte man einwenden – akzeptiert man die Tatsache, daß es in der Natur des Menschen liegt, Leidenschaften zu haben, kann man daraus den Schluß ziehen, daß alle Leidenschaften, die wir in uns selbst verspüren und bei anderen feststellen, natürlich sind? –

Ihre Quelle ist natürlich, das ist richtig. Jedoch tausend fremde kleine Zuflüsse haben sie anschwellen lassen; sie wird zum immer mächtiger wachsenden Strom, in dem man kaum noch einige Tropfen des ursprünglichen Quellwassers entdecken würde. Unsre natürlichen Leidenschaften sind sehr begrenzt; sie sind die Werkzeuge unsrer Freiheit und dienen zu unsrer Selbsterhaltung. Alle jene, die uns unterjochen und zerstören, kommen von außen. Die Natur gibt sie uns nicht, wir eignen sie uns ihrer ungeachtet an.

Die Quelle unsrer Leidenschaften, Ursprung und Prinzip aller anderen, die einzige, die mit dem Menschen geboren wird und ihn bis zum Tode nicht verläßt, ist die Selbstliebe. Sie ist die angeborene Urleidenschaft, älter als alle anderen, die, in gewisser Weise, nur ihre Abwandlungen sind. Wenn man so will, sind in diesem Sinne alle Leidenschaften natürlich. Jedoch haben diese Abwandlungen zum größten Teil von außen kommende Ursachen, ohne die sie überhaupt nicht vorhanden wären. Weit entfernt, uns zu nützen, sind uns diese Abwandlungen sogar schädlich. Sie verändern ihren ursprünglichen Gegenstand und verstoßen gegen ihr eigenes Prinzip: in diesem Augenblick tritt der Mensch aus der Natur heraus und setzt sich in Widerspruch zu sich selbst. –

Die Selbstliebe ist immer gut und entspricht immer der Ordnung. Da jeder speziell für seine Selbsterhaltung aufkommen muß, ist und muß die erste und wichtigste seiner Sorgen die sein, ohne Unterlaß auf sie bedacht zu sein: und wie könnte er das, wenn er nicht das größte Interesse daran hätte?

Wir müssen uns also selber lieben, um uns selbst

zu erhalten, wir müssen uns selbst mehr lieben als
alles andere; und in unmittelbarer Folge dieses Gefühls lieben wir das, was uns erhält. Jedes Kind hängt
an seiner Amme: Romulus mußte sich der Wölfin verbunden fühlen, die ihn genährt hatte. Zuerst ist diese
Anhänglichkeit rein mechanisch. Was das Wohlbefinden eines Wesens fördert, zieht es an; was ihm schadet, weist es von sich: das ist nur blinder Instinkt. Nur
die offenbare Absicht, uns zu schaden oder zu nützen,
wandelt diesen Instinkt in Gefühl, die Anhänglichkeit
in Liebe und die Abneigung in Haß. Empfindungslose
Wesen, die nur den Anregungen folgen, die man ihnen
gibt, lassen uns kalt; aber die, deren innerliche Veranlagung uns je nach ihrem Willen Gutes oder Böses
verspricht, die, die willkürlich für oder gegen etwas
handeln, inspirieren uns Gefühle gleich denen, die
sie uns zeigen. Was uns dienlich ist, suchen wir; aber
was uns dienlich sein will, lieben wir. Was uns schadet,
meiden wir, aber was uns schaden will, hassen wir.

Das erste Gefühl eines Kindes ist, sich selbst zu lieben,
und das zweite, das dem ersten entstammt, ist, die zu
lieben, die sich ihm nähern; denn in seinem schwachen
Zustand kennt es jeden nur durch den Beistand und
die Fürsorge, die es empfängt. Zunächst ist seine Anhänglichkeit an seine Amme und seine Pflegerin nur
Gewohnheit. Es sucht sie, da es sie braucht und da es
ihm gut geht, weil es sie hat; das ist eher Erkenntnis
als Wohlwollen. Es braucht lange Zeit, bis es versteht,
daß sie ihm nicht nur nützlich sind, sondern es auch
sein wollen. Und dann erst fängt es an, sie zu lieben.

Ein Kind ist also von Natur aus zum Wohlwollen
geneigt, weil es sieht, daß jeder, der sich ihm nähert,
ihm zu helfen bereit ist, und aus dieser Beobachtung
die Gewöhnung an ein positives Gefühl für seine Gattung zieht. Aber in dem Maß, da es seine Beziehungen,
seine Bedürfnisse und seine aktiven oder passiven Ab-
hängigkeitsverhältnisse ausweitet, erwacht in ihm das

Gefühl seines Verhältnisses zur Umwelt und erzeugt das der Schuldigkeit oder Bevorzugung. In diesem Augenblick wird das Kind herrschsüchtig, eifersüchtig, hinterhältig und rachsüchtig. Beugt man es dem Gehorsam, schreibt es das einer Laune zu, der Absicht, es zu quälen, und wird aufsässig, weil es die Nützlichkeit dessen, was man anordnet, nicht einsieht. Gehorcht man ihm, sieht es in jeder späteren Verweigerung Rebellion und die Absicht, ihm Widerstand zu leisten; es schlägt den Stuhl und den Tisch, weil sie ihm ungehorsam waren. Die Selbstliebe, die nur uns selbst genügen will, ist befriedigt, wenn unsre wirklichen Bedürfnisse befriedigt sind; aber die Eigenliebe[1], die im Sichvergleichen besteht, ist niemals befriedigt und könnte es auch nicht sein, weil dieses Gefühl, das uns selbst vor anderen den Vorzug gibt, ebenfalls verlangt, daß die anderen uns sich selbst vorziehen, und das ist unmöglich. So entstehen die süßen und zärtlichen Leidenschaften aus der Selbstliebe und die gehässigen und jähzornigen aus der Eigenliebe[2]. Um also wesentlich gut zu werden, darf der Mensch nur wenige Bedürfnisse haben und sich wenig mit anderen vergleichen; was ihn wesentlich böse macht, sind seine vielen Bedürfnisse und seine Abhängigkeit von der Meinung. Nach diesem Prinzip ist leicht zu ersehen, wie alle Leidenschaften der Kinder und der Erwachsenen zum Guten oder zum Bösen geführt werden können. Zwar können sie schwerlich immer in Güte leben, da sie nicht immer allein leben können: diese Schwierigkeit nimmt sogar notwendigerweise mit ihren Beziehungen zu; und besonders in dieser Hinsicht machen die Gefahren der Gesellschaft Erziehungskunst und Fürsorge noch unerläßlicher, um das menschliche Herz vor der Verderbnis zu schützen, die aus seinen neuen Bedürfnissen entsteht.

Das Studium, das dem Menschen angemessen ist, ist das seiner Beziehungen. Solange er sich nur als kör-

perliches Wesen kennt, muß er sich im Hinblick auf
seine Beziehungen zu den Dingen studieren: das ist
die Beschäftigung seiner Kindheit; fängt er an, sich
als geistiges Wesen zu fühlen, muß er sich im Hinblick
auf seine Beziehungen zu den Menschen studieren: das
ist die Beschäftigung seines ganzen Lebens, mit der er
an dem Punkt beginnen muß, zu dem wir jetzt gelangt
sind.

Sobald der Mann eine Gefährtin braucht, ist er kein
isoliertes Wesen mehr, sein Herz ist nicht mehr allein.
Alle seine Beziehungen zu seiner Gattung, alle Zärtlichkeit seiner Seele werden mit jener geboren. Seine
erste Leidenschaft wird bald die anderen in Wallung
bringen.

Die Neigung des Instinkts bezieht sich auf kein be-
stimmtes Objekt. Ein Geschlecht wird vom andern
angezogen – das ist der Trieb der Natur. Die Wahl,
die Vorlieben, die persönliche Anhänglichkeit sind das
Werk von Einsicht, Vorurteil und Gewohnheit; es
braucht Zeit und Erkenntnisse, um liebesfähig zu werden: man liebt nicht, bevor man geurteilt hat, man
zieht nicht vor, ehe man verglichen hat. Diese Urteile
bilden sich, ohne daß man es merkt, sind deshalb aber
nicht weniger real. Die wirkliche Liebe, was man darüber auch sagen möge, wird von den Menschen immer
geachtet werden, denn obgleich ihre Aufwallungen uns
auf Irrwege bringen, obgleich sie in dem Herzen, das
sie fühlt, abstoßende Eigenschaften nicht ausschließt
und sogar erzeugt, setzt sie doch immer auch achtenswerte Eigenschaften voraus, ohne die man unfähig
wäre, Liebe überhaupt zu empfinden. Diese Auswahl,
die man der Vernunft zuwider trifft, kommt uns von
ihr. Man spricht von blinder Liebe, weil sie bessere
Augen hat als wir und Beziehungen sieht, die wir
nicht bemerken können. Für jemanden, der weder von
Verdienst noch von Schönheit die geringste Vorstellung hätte, wäre jede Frau gleich gut, und die erste

wäre immer die Liebenswerteste. Die Liebe kommt
bei weitem nicht aus der Natur, sie ist vielmehr Regel
und Zügel ihrer Neigungen; durch sie allein kommt
es, daß, außer dem geliebten Gegenstand, das eine
Geschlecht dem anderen nichts bedeutet[3].

Gibt man jemandem vor den andern den Vorzug,
so will man auch von ihm bevorzugt werden: Liebe
muß gegenseitig sein. Um geliebt zu werden, muß
man Liebenswürdigkeit besitzen; um vorgezogen zu
werden, muß man liebenswerter sein als jeglicher
andere, zumindest in den Augen des geliebten Menschen. Daher beginnt man die Mitmenschen zu betrachten, sich mit ihnen zu vergleichen; so entstehen
Wetteifer, Rivalität und Eifersucht. Ein von über-
fließendem Gefühl erfülltes Herz möchte sich gern
mitteilen – aus dem Bedürfnis nach einer Geliebten
entsteht bald das nach einem Freund. Wer fühlt,
wie süß es ist, geliebt zu werden, möchte gleich von
aller Welt geliebt werden, und da jeder bevorzugt
werden möchte, muß es viele Unzufriedene geben.
Mit Liebe und Freundschaft zugleich entstehen Ent-
zweiungen, Feindseligkeit und Haß. Aus der Quelle
so vieler verschiedenartiger Leidenschaften sehe ich
schon die gesellschaftliche Meinung ihren unerschütterlichen Thron bauen und die blöden Sterblichen, ihrer
Herrschaft untertan, ihre eigene Existenz allein auf
die Urteile der anderen gründen.

Führt diese Gedanken noch weiter aus, und ihr werdet sehen, woher unsre Eigenliebe die Gestalt nimmt,
die wir als natürlich betrachten, und wie die Selbstliebe, wenn sie aufhört, ein absolutes Gefühl zu sein,
in den großen Seelen zu Stolz und in den kleinen zur
Eitelkeit wird, sich aber in allen Fällen auf Kosten des
Nächsten nährt. Diese Art von Leidenschaften, die
keineswegs ihre Wurzeln im Herzen des Kindes haben,
können dort auch nicht aus sich selbst entstehen; wir
allein sind es, die sie hineinpflanzen, und nur durch

unsre Schuld können sie dort Wurzel fassen. Mit dem
Herzen des Jünglings steht es jedoch anders: was immer wir auch tun mögen, sie entstehen gegen unsren
Einfluß. So wird es also Zeit, die Methode zu wechseln.

Beginnen wir mit einigen wichtigen Überlegungen
über den kritischen Zustand, von dem hier die Rede
ist. Der Übergang von der Kindheit zur Pubertät ist
von der Natur gar nicht so festgelegt, daß er im Einzelwesen nicht je nach Anlagen, und bei den verschiedenen Völkern nicht je nach Klima variieren könnte.
Jeder kennt die in dieser Hinsicht festgestellten Unterschiede zwischen den heißen und den kühlen Ländern, und jeder sieht, daß feurige Temperamente sich
eher bilden als die anderen; aber man täuscht sich
häufig über die Ursachen und führt auf den Körper
zurück, was dem Geist zuzuschreiben ist. Dies ist einer
der häufigsten Irrtümer in der Philosophie unsres
Jahrhunderts. Die Unterrichtung durch die Natur
vollzieht sich zögernd und langsam, die durch die
Menschen fast immer voreilig. Im ersten Fall sind es
die Sinne, die die Einbildungskraft wecken; im zweiten erweckt die Einbildungskraft die Sinne[4]. Sie vermittelt ihnen eine frührreife Aktivität, durch die es
nicht ausbleiben kann, daß zunächst das Einzelwesen
geschwächt und entnervt wird und auf die Dauer sogar die gesamte Gattung. Eine allgemeingültigere und
sicherere Feststellung als die über die Auswirkungen
des Klimas ist die, daß die Pubertät und die Macht des
Geschlechtslebens bei den gebildeten und gesitteten
Völkern sich rascher entwickelt als bei den naiven und
barbarischen Völkern*. Kinder haben einen eigenarti-

---

* „In den Städten", sagt M. de Buffon, „und in wohlhabenden Kreisen erreichen die Kinder, an üppige und kräftige Nahrung gewöhnt,
dieses Stadium früher; auf dem Land und unter der ärmlichen Bevölkerung verzögert sich das, weil die Kinder schlecht und unzureichend ernährt sind; sie brauchen zwei oder drei Jahre länger" (*Hist. nat.*,

gen Scharfblick, mit dem sie durch alle Affereien des Anstands hindurch die schlechten Sitten, die er verbirgt, herausfinden. Die verfeinerte Sprache, die man ihnen vorschreibt, die Lektionen in Ehrbarkeit, die man ihnen gibt, der Schleier des Geheimnisvollen, den man vor ihre Augen zu ziehen meint – all dies sind ebenso viele Anreize für die Wißbegier. Bei diesem Verfahren ist es klar, daß man ihnen nur beibringen will, was man ihnen zu verbergen vorgibt, und von allen Belehrungen, die man ihnen gibt, ist es diese, die am besten bei ihnen ankommt.

Befragt die Erfahrung und ihr begreift, bis zu welchem Ausmaß diese unsinnige Methode das Werk der Natur beschleunigt und die Anlagen zerstört. Dies ist eine der Hauptursachen, warum die Rassen in den Städten degenerieren. Die jungen Männer, frühzeitig erschöpft, bleiben klein, schwach, schlecht gebaut und altern statt heranzuwachsen, so wie der Weinstock vor dem Herbst dahinwelkt und stirbt, weil man ihn im Frühling Früchte tragen ließ.

Man muß mit derben und einfachen Völkern gelebt haben, um zu erkennen, bis zu welchem Alter eine friedliche Unwissenheit dort die Zeit der kindlichen Unschuld verlängern kann. Es ist ein zugleich rührendes und lächerliches Schauspiel, bei ihnen die beiden

---

t. IV, p. 238, in-12). Die Beobachtung ist richtig, aber nicht die Erklärung, da in dem Land, wo der Bauer sich sehr gut nährt und viel ißt, wie im Wallis und selbst in gewissen Berggegenden Italiens, z. B. in Friaul, das Pubertätsalter beider Geschlechter ebenso spät einsetzt wie in den Städten, wo man aus Eitelkeit äußerst sparsam im Essen ist und wo die meisten nach dem Sprichwort: *Sammet am Kragen und Kleie im Magen* leben. Man staunt, wenn man in jenen Berggegenden großen, starken Burschen begegnet, die noch eine helle Stimme und ein bartloses Kinn haben, und kräftigen Mädchen – im übrigen sehr gut entwickelt –, die noch keinerlei periodische Anzeichen ihres Geschlechts kennen. Dieser Unterschied scheint mir einzig daher zu kommen, daß bei der Einfachheit ihrer Sitten ihre Einbildungskraft, die länger ungestört und ruhig bleibt, ihr Blut später in Wallung versetzt und ihre Säfte weniger vorzeitig schießen läßt.

Geschlechter zu beobachten, wie sie in der Ungestört-
heit ihrer Herzen bis in die Blüte ihrer Jugend und
Schönheit noch an kindlich-naiven Spielen hängen und
gerade durch ihre Vertrautheit miteinander die Reinheit ihrer Freuden beweisen. Wenn es dann schließlich
zwischen dieser liebenswerten Jugend zur Ehe kommt,
sind die beiden Ehegatten einander noch teurer, da sie
sich gegenseitig das Reinste ihrer Persönlichkeit schenken; viele gesunde und kräftige Kinder werden das
Unterpfand einer Vereinigung, die nichts zu verändern vermag, und die Frucht der Tugendhaftigkeit
ihrer frühen Jahre.

Wenn das Alter, in dem ein Mensch sich seines Geschlechts bewußt wird, ebenso durch die Wirkung seiner Erziehung wie durch die der Natur verschieden
ist, muß daraus gefolgert werden, daß man diesen
Zeitpunkt je nach der Erziehungsweise der Kinder
entweder beschleunigen oder verzögern kann; und
wenn der Körper, je nach dem Maß, in dem man diesen Vorgang beschleunigt oder verzögert, an Gesundheit gewinnt oder verliert, ist es ebenfalls klar, daß,
je mehr man ihn verzögert, ein junger Mann desto
mehr Kraft und Stärke gewinnt. Jetzt spreche ich
zunächst noch von den rein körperlichen Auswirkungen – bald werden wir sehen, daß es dabei nicht bleibt.

Aus diesen Überlegungen ergibt sich meine Antwort
auf die so oft aufgeworfene Frage, ob es richtig ist,
die Kinder frühzeitig über die Gegenstände ihrer Wißbegier aufzuklären, oder ob es besser ist, sie durch geringfügige Täuschungen abzulenken. Ich denke, daß
man weder das eine noch das andere tun soll. Erstens
kommt ihnen diese Wißbegier gar nicht in den Sinn,
wenn man ihnen keinen Anlaß dazu gegeben hat. Also
muß man sich so verhalten, daß sie gar nicht erst entsteht. Zweitens verlangen Fragen, zu deren Klärung
man nicht gezwungen wird, keine irreführende Antwort an den, der sie stellt: es ist besser, ihm Schwei-

gen aufzuerlegen, als ihm mit einer Lüge zu antworten. Ein solches Gebot wird ihn kaum überraschen,
wenn man schon immer dafür sorgte, daß er sich ihm
bei gleichgültigen Dingen fügte. Entschließt man sich
aber doch zu einer Antwort, so tue man es mit der
größten Natürlichkeit, ohne Geheimnistuerei, ohne
Verlegenheit zu zeigen und ohne dabei zu lächeln. Die
Wißbegier eines Kindes zufriedenzustellen ist weit
weniger gefährlich als sie zu erregen.

Ihr müßt eure Antworten immer ernst, kurz, entschieden und ohne den Anschein eines Zögerns geben.
Daß sie der Wahrheit entsprechen müssen, brauche ich
wohl nicht hinzuzufügen. Man kann Kinder nicht
darüber belehren, wie gefährlich es ist, den Erwachsenen zu belügen, ohne daß der Erwachsene die viel
größere Gefahr empfände, Kinder anzulügen. Eine
einzige erwiesene Lüge des Lehrers würde für alle Zeit
alle Früchte der Erziehung bei seinem Zögling zerstören.

Absolute Unwissenheit in gewissen Dingen ist vielleicht das Richtigste für Kinder; aber sie sollen zur
rechten Zeit das lernen, was man ihnen unmöglich
immer verbergen kann. Entweder darf ihre Wißbegier
in keiner Weise geweckt werden, oder sie muß vor
dem Zeitpunkt, da sie nicht mehr ungefährlich ist, befriedigt werden. In dieser Hinsicht hängt euer Verhalten zu eurem Zögling sehr von dessen besonderer
Situation ab, von der ihn umgebenden Gesellschaft,
von den Verhältnissen, in denen er sich später befinden
könnte usw. Hier kommt es darauf an, nichts dem Zufall zu überlassen; und wenn ihr nicht sicher seid, ob
ihr ihn bis zu seinem sechzehnten Jahr in Unkenntnis
über die Verschiedenheit der Geschlechter lassen könnt,
so bemüht euch, daß er sie vor seinem zehnten Jahr
kennenlernt.

Ich liebe es gar nicht, wenn man mit den Kindern
eine allzu feine Sprache zu sprechen sucht, und auch

nicht, wenn man lange Umschweife macht, um zu vermeiden, die Dinge beim rechten Namen zu nennen. Die guten Sitten sind in diesen Dingen von größter Einfachheit; aber durch das Laster verschmutzte Vorstellungen machen das Ohr empfindlich und zwingen einen dazu, die Ausdrucksweise unablässig zu verfeinern. Grobe Ausdrücke haben keine üblen Folgen – die lasziven Gedanken sind es, die ausgeschaltet werden müssen.

Obgleich die Scham dem Menschengeschlecht natürlich ist, besitzen Kinder sie natürlicherweise nicht. Die Scham entsteht erst mit der Erkenntnis des Bösen – und wie könnten Kinder, die diese Erkenntnis weder haben noch haben dürfen, das Gefühl für ihre Wirkung haben? Ihnen Lektionen über Schamhaftigkeit und Ehrbarkeit geben, heißt so viel wie sie lehren, daß es schamlose und unehrenhafte Dinge gibt, es heißt, ihnen den geheimen Wunsch einflößen, diese Dinge kennenzulernen. Früher oder später gelingt es ihnen doch, und der erste Funken, der die Einbildungskraft entzündet, beschleunigt mit absoluter Sicherheit das Glühen der Sinne. Wer errötet, ist schon schuldig; die wahre Unschuld kennt keine Scham.

Kinder haben nicht dieselben Begierden wie Erwachsene, da sie aber ebenso wie diese dem Schmutz ausgesetzt sind, der die Sinne verletzt, können sie auch nur hieraus dieselben Lehren der Wohlanständigkeit ziehen. Folgt den Gesetzen der Natur, die, da sie die Organe geheimer Lüste und die ekelhafter Bedürfnisse an dieselbe Stelle legte, uns auch dieselbe Fürsorge in den verschiedenen Altersstufen inspiriert, bald durch diesen Gedanken, bald durch jenen – dem Erwachsenen durch Mäßigkeit, dem Kind durch Sauberkeit.

Ich sehe nur einen richtigen Weg, den Kindern ihre Unschuld zu erhalten, nämlich, daß sie von ihrer ganzen Umgebung respektiert und geliebt werden. Ohne das schlägt alle Zurückhaltung, mit der man sie zu be-

handeln versucht, später in Schaden um. Ein Lächeln,
ein Augenzwinkern, eine unfreiwillige Geste sagen
ihnen alles, was man ihnen verschweigen wollte; um
es zu erfahren, genügt für sie, zu sehen, daß man es
ihnen verbergen wollte. Feinheit der Redewendungen
und Ausdrücke, deren sich höfliche Leute unter sich
bedienen und dabei einen Scharfsinn voraussetzen, den
Kinder nicht haben sollen, ist bei ihnen vollkommen
fehl am Platz; will man aber wirklich ihre Einfalt
respektieren, kann man sich leicht mit ihnen in einer
Ausdrucksweise unterhalten, die ihnen angemessen ist.
Es gibt eine gewisse Naivetät der Sprache, die der Unschuld gut ansteht und ihr gefällt; das ist der richtige
Ton, der das Kind von einer gefährlichen Wißbegier
ablenkt. Indem man über alles auf einfachste Weise
mit ihm spricht, läßt man es gar nicht auf die Vermutung kommen, daß es noch mehr zu sagen gibt. Verbindet man mit den groben Worten die ihnen entsprechenden häßlichen Vorstellungen, so erstickt man
das erste Feuer der Einbildungskraft; man verbietet
dem Kinde nicht, diese Worte auszusprechen und diese
Vorstellungen zu haben, aber man flößt ihm, ohne daß
es das überhaupt bemerkt, Widerwillen ein, sich ihrer
zu erinnern. Und wieviel Hemmungen erspart diese
naive Freiheit jenen, die aus ihrem eigenen Herzen
heraus immer das sagen, was man sagen muß, und es
auch immer so sagen, wie sie es empfunden haben!

Wie werden die Kinder gemacht? Schwierige Frage;
aber den Kindern kommt sie ganz natürlich, und ihre
unbesonnene oder vorsichtige Beantwortung ist manchmal entscheidend für die Sitten oder die Gesundheit
ihres ganzen Lebens. Die einfachste und kürzeste Art,
die eine Mutter ersinnt, sich dieser lästigen Frage zu
entledigen, ohne ihrem Sohn die Unwahrheit zu sagen,
ist, ihm Schweigen aufzuerlegen. Das wäre gut, wenn
man ihn schon lange Zeit daran gewöhnt hätte, wenn
es um gleichgültige Fragen ging, und er also kein Ge-

heimnis hinter diesem neuen Ton witterte. Aber nur
selten wird die Mutter sich damit begnügen. *Das ist ein
Geheimnis der verheirateten Leute*, wird sie ihm sagen, *kleine Jungen dürfen nicht so neugierig sein*. So
ist es richtig, damit sich die Mutter aus der Verlegenheit helfen kann – sie muß aber wissen, daß der
kleine Junge, den diese geringschätzige Haltung beleidigt, nicht einen Augenblick mehr ruhen wird, bis er
hinter das Geheimnis verheirateter Leute gekommen
ist, und daß er sehr bald dahinter gekommen sein
wird.

Man erlaube mir, eine Antwort wiederzugeben, die
völlig verschieden ist von denen, die ich auf die gleiche
Frage gehört habe, und die mich um so mehr in Staunen versetzte, als sie von einer Frau gegeben wurde,
die in ihren Reden sowohl wie in ihren Manieren gleich
zurückhaltend war, die aber notfalls zum Wohl ihres
Sohnes und um der Tugend willen die falsche Furcht
vor Tadel und die eitlen Spöttereien der Witzbolde
verachten konnte. Vor kurzer Zeit war dem Kind
beim Urinieren ein kleiner Stein abgegangen, der ihm
die Harnröhre zerrissen hatte; aber der längst ver-
gangene Schmerz war schon vergessen. *Mama*, sagte
der kleine Dummkopf, *wie werden die Kinder gemacht?* – Die Mutter antwortet, ohne zu zögern, *Mein
Sohn, die Frauen pissen sie unter Schmerzen heraus,
die sie manchmal das Leben kosten.* Die Narren mögen
lachen und die Dummköpfe empört sein – aber die
Weisen mögen suchen, ob sie jemals eine klügere und
treffendere Antwort hören werden. Sofort lenkt die
Vorstellung von einem natürlichen und dem Kind bekannten Bedürfnis von der eines geheimnisvollen Vor-
gangs ab. Die hinzukommenden Vorstellungen von
Schmerz und Tod überdecken ihn mit einem Schleier
von Trauer, der die Einbildungskraft abkühlt und die
Wißbegier in Schranken hält; all dies beschäftigt den
Geist mit den Folgen einer Niederkunft und nicht mit

ihren Ursachen. Diese Antwort führt zur Aufklärung
über die Schwächen der menschlichen Natur, über ekel-
erregende Dinge, über Bilder des Leids, wenn das
Kind trotz seines Widerwillens weiterfragt. Wie könnte
aus solchen Unterhaltungen die Unruhe des Verlangens entstehen? Und ihr seht, daß die Wahrheit
keineswegs entstellt wurde und daß man es also nicht
nötig hat, seinen Zögling zu täuschen, statt ihn zu
unterrichten.

Eure Kinder lesen; aus ihrer Lektüre schöpfen sie
Kenntnisse, die sie nicht hätten, wenn sie nicht gelesen
hätten. Wenn sie lernen, entzündet und schärft sich
ihre Einbildungskraft in der Stille des Studierzimmers.
Wenn sie in die Welt eintreten, hören sie einen seltsamen Jargon, sehen sie Vorbilder, die sie in höchstes Staunen versetzen: man hat sie so fest davon überzeugt, daß sie erwachsen sind, daß sie bei allem, was Erwachsene in ihrer Gegenwart tun, sofort überlegen, wie
ihnen das wohl selbst anstehen würde: die Handlungen
anderer müssen ihnen also zum Vorbild dienen, wenn
ihre Urteile ihnen zum Gesetz werden sollen. Dienst-
personal, das von ihnen abhängt und folglich daran
interessiert ist, sich bei ihnen beliebt zu machen, macht
ihnen auf Kosten der guten Sitten den Hof; alberne
Erzieherinnen führen, wenn sie vier Jahre alt sind,
Gespräche mit ihnen, die auch die Dreisteste nicht zu
führen wagte, wenn sie fünfzehn Jahre alt wären.
Bald vergessen sie, was sie gesagt haben, aber die
Kinder vergessen nicht, was sie gehört haben. Neckische
Reden bereiten lockeren Sitten den Weg – ein lumpiger
Lakai macht das Kind zum Wüstling, und das Ge-
heimnis des einen bürgt für das des andern.

Das seinem Alter entsprechend erzogene Kind ist
allein. Es kennt nur die gewohnheitsmäßige Anhänglichkeit; es liebt seine Schwester ebenso wie seine Uhr,
und seinen Freund ebenso wie seinen Hund. Es fühlt
sich keinem Geschlecht, keiner Gattung zugehörig –

Mann und Frau sind ihm gleich fremd; nichts von
dem, was sie tun und was sie sagen, bezieht es auf sich,
es sieht und hört es nicht und schenkt ihm keinerlei
Beachtung; ihre Reden interessieren es ebensowenig
wie ihre Handlungen – all dies geht es nichts an.
Das ist keine listige Täuschung, in der man es auf diese
Weise gefangen halten will, sondern die Unwissenheit
der Natur. Der Augenblick wird kommen, da diese selbe
Natur für die Aufklärung ihres Schülers sorgt, und
erst dann hat sie ihn so weit gebracht, daß er gefahrlos
aus ihren Lehren Nutzen ziehen kann. Dies ist mein
Prinzip; Einzelheiten der Regeln gehören nicht zu
meinem Thema; die Mittel und Wege, die ich bei anderen Gelegenheiten vorgeschlagen habe, dienen auch
in diesem Fall als Beispiel.

Wollt ihr in die aufkeimenden Leidenschaften Ordnung und Regel bringen, so dehnt die Zeit aus, während
der sie sich entwickeln, so daß sie Muße haben, sich
einzurichten. Dann ist es nicht mehr der Mensch,
der sie regelt, sondern die Natur selbst; laßt sie sich
nur ihre Arbeit selber einrichten. Wenn euer Zögling allein für sich lebte, brauchtet ihr gar nichts zu
tun; aber seine ganze Umgebung entzündet seine Einbildungskraft; der Sturzbach der Vorurteile reißt ihn
mit – um ihn zurückzuhalten, muß man ihn in die entgegengesetzte Richtung treiben. Das Gefühl muß die
Einbildungskraft in Schranken halten, und die Vernunft muß die Meinung der Menschen zum Schweigen
bringen. Die Quelle aller Leidenschaften ist die Empfindsamkeit, die Einbildungskraft bestimmt ihre Richtung. Jedes Geschöpf, das seine Beziehungen fühlt, muß
in Erregung geraten, wenn diese Beziehungen sich verändern und es sich welche vorstellt oder vorzustellen
meint, die seiner Natur angemessener sind. Die Irrtümer der Einbildungskraft sind es, die die Leidenschaften aller Sterblichen zu Lastern machen, selbst
die der Engel, sofern sie welche haben, denn sie müßten

die Natur aller Wesen kennen, um zu wissen, welche
Beziehungen ihrer eigenen am besten entsprächen.

Zusammengefaßt sähe also die ganze menschliche
Weisheit, was den Genuß der Leidenschaften anlangt,
so aus: 1. die wahren Beziehungen des Menschen zu erkennen, in der Gattung wie im Einzelwesen; 2. alle
Regungen der Seele nach diesen Verhältnissen einzurichten.

Ist denn aber der Mensch Herr darüber, seine Ge-
fühlsregungen nach diesen oder jenen Beziehungen zu
ordnen? Zweifellos, solange er in der Lage ist, seine
Einbildungskraft auf diesen oder jenen Gegenstand zu
lenken oder ihr diese oder jene Gewohnheit einzupflanzen. Außerdem geht es hier weniger um das, was ein
Mensch über sich selbst vermag, als um das, was wir
über unseren Zögling vermögen durch die Wahl der
Verhältnisse, in die wir ihn versetzen[6]. Legen wir
die richtigen Mittel dar, ihn in der Ordnung der
Natur zu halten, so haben wir genug darüber gesagt,
wie er aus ihr heraustreten kann.

Solange seine Empfindsamkeit sich auf sein eigenes
Ich beschränkt, haben seine Handlungen keinerlei moralischen Charakter. Erst wenn sie anfängt, außerhalb
seiner selbst zu wirken, wird er zunächst gefühlsfähig
und erkennt dann den Begriff des Guten und Bösen,
was ihn endlich zum wahrhaften Menschen und seiner
Gattung zugehörig macht. Auf diesen ersten Punkt
also müssen wir zunächst unsre Beobachtungen richten.

Sie sind insofern schwierig, als wir, um sie machen
zu können, alle Beispiele, die wir vor Augen haben,
verwerfen müssen und die suchen, die sich Schritt für
Schritt gemäß der Ordnung der Natur entwickeln.

Ein zugestutzter, höflicher, zivilisierter Knabe, der
nur auf die Kraftprobe wartet, die vorzeitigen Lehren, die man ihm gab, in die Tat umzusetzen, täuscht
sich nie über den Zeitpunkt, da ihm diese Möglichkeit
zukommt. Nicht etwa, daß er auf ihn wartet, er be-

schleunigt ihn vielmehr, er setzt sein Blut vorzeitig in Wallung, er kennt den Gegenstand seiner Begierde schon lange bevor er sie selbst fühlt. Nicht die Natur erregt ihn – sie wird von ihm dazu gezwungen: sie braucht ihn nichts mehr zu lehren, wenn sie ihn zum Mann macht, er war es in Gedanken schon lange, ehe er es in Wirklichkeit wurde.

Der wahre Gang der Natur geht stufenweise und langsamer vor sich. Nach und nach entzündet sich das Blut, die Vitalität wächst und das Temperament bildet sich. Der kluge Arbeiter, der die Werkstätte leitet, achtet darauf, all seine Werkzeuge zu vervollkommnen, bevor er sie in Gebrauch nimmt: den ersten Begierden geht eine lange Unruhe voraus und eine lange Zeit der Unwissenheit führt sie irre; man spürt die Begierde, ohne zu wissen, wonach; das Blut gerät in Wallung, ein Lebensüberschwang will nach außen drängen. Der Blick belebt sich und mustert die anderen Wesen, man fängt an, Interesse an denen zu nehmen, mit denen man lebt, man beginnt zu fühlen, daß man nicht dazu geschaffen ist, allein zu leben – so öffnet sich das Herz den menschlichen Gefühlen und wird der Zuneigung fähig.

Das erste Gefühl, dessen ein sorgsam erzogener Jüngling fähig ist, ist nicht Liebe, sondern Freundschaft. Die erste Tat seiner keimenden Einbildungskraft ist, ihn zu lehren, daß es seinesgleichen gibt; die Gattung spricht ihn eher an als das Geschlecht. Das ist ein weiterer Vorteil, den uns die Verlängerung der Unschuld gibt, nämlich die aufkeimende Empfindsamkeit zu nutzen, um die erste Saat der Menschlichkeit in das Herz des Jünglings zu säen – ein um so kostbarerer Vorteil, als dies die einzige Zeit des Lebens ist, da diese Bemühungen von wirklichem Erfolg sein können.

Ich habe immer beobachtet, daß junge Leute, die frühzeitig verdorben waren und sich den Frauen und der Aus-

schweifung hingaben, unmenschlich und grausam waren;
das Feuer ihres Temperaments machte sie ungeduldig,
rachsüchtig und jähzornig. Für ihre von einem einzigen Gegenstand besessene Einbildungskraft gab es
nichts anderes mehr, sie kannten weder Mitleid noch
Barmherzigkeit und hätten Vater, Mutter und das
ganze Universum dem geringsten ihrer Vergnügen
geopfert. Ein in glücklicher Einfachheit aufgewachse-
ner Jüngling fühlt sich dagegen durch die ersten Regungen der Natur zu den sanften und zärtlichen Leidenschaften hingezogen; sein mitleidvolles Herz wird
vom Leid seiner Mitmenschen gerührt, er erschauert
vor Glück, wenn er seinen Kameraden wiedersieht,
seine Arme wissen zärtlich zu umarmen, und seine
Augen können Tränen der Rührung vergießen; er
empfindet Scham, wenn er Mißfallen erregt, und Bedauern, wenn er jemanden beleidigt hat. Wenn die
Glut des entzündeten Bluts ihn lebhaft, jähzornig und
wütend macht, sieht man einen Augenblick später die
ganze Güte seines Herzens in einem Erguß der Reue;
er weint und schluchzt über die Verletzung, die er
jemandem angetan hat, mit dem Preis seines eigenen
Bluts möchte er das wiedererkaufen, das er vergossen
hat; all sein Jähzorn erlischt, all sein Hochmut wird
zu Demut vor dem Gefühl seiner Schuld. Wird er
selbst beleidigt, kann ein Wort ihn in seiner schlimmsten Raserei entwaffnen; er verzeiht das Unrecht anderer aus einem gleich guten Herzen wie er das seine
wieder gutmacht. Das Jünglingsalter ist weder das
Alter der Rachsucht noch des Hasses; es ist das Alter
des Erbarmens, der Großmut und der Großherzigkeit.
Ja, ich bleibe dabei und habe keine Angst, durch die
Erfahrung widerlegt zu werden – ein von Natur gut-
artiges Kind, das sich bis zum zwanzigsten Lebensjahr
seine Unschuld bewahrt hat, ist in diesem Alter der
großherzigste, beste, zärtlichste und liebenswerteste
aller Menschen. Ich glaube gern, daß euch noch nie

dergleichen gesagt wurde; eure Philosophen, in der ganzen Korruption der Kollegien aufgezogen, kommen gar nicht auf diese Idee.

Die Schwäche des Menschen macht ihn gesellig; unser gemeinsames Unglück öffnet unser Herz der Menschlichkeit: wären wir nicht Menschen, so schuldeten wir ihr auch nichts. Jede Anhänglichkeit ist ein Zeichen von Schwäche; wenn keiner von uns der anderen bedürfte, dächte er gar nicht daran, sich mit ihnen zusammenzutun. So entsteht gerade aus unsrer Schwäche unser zerbrechliches Glück. Ein wahrhaft glückliches Wesen ist ein einsames Wesen: Gott allein genießt ein absolutes Glück; aber wer von uns könnte es sich vorstellen? Vermöchte irgendein unvollkommenes Wesen sich selbst zu genügen, wessen könnte es sich nach unsrer Vorstellung erfreuen? Es wäre einsam, es wäre unglücklich. Ich kann mir nicht vorstellen, daß der, der gar nichts braucht, irgend etwas lieben könnte: ich kann mir nicht vorstellen, daß der, der nichts liebt, glücklich sein könnte.

Daraus folgt, daß wir unsren Mitmenschen weniger durch die Empfindung ihrer Lust als durch die ihres Leidens verbunden sind, denn darin erkennen wir viel besser die Gleichheit unsrer Natur und die Garantien für ihre Anhänglichkeit an uns. Führen uns unsre gemeinsamen Bedürfnisse in Eigennutz zusammen, so einigt uns unser gemeinsames Unglück in Zuneigung. Der Anblick eines glücklichen Menschen erregt bei den anderen weniger Liebe als Neid; man möchte ihm fast den Vorwurf machen, er maße sich ein Recht an, das ihm nicht zusteht, indem er sich ein ausschließliches Glück bereitet; und unsre Selbstsucht leidet um so mehr, als sie uns fühlen läßt, daß dieser Mensch uns gar nicht nötig hat. Aber wer beklagt nicht den Unglücklichen, den er leiden sieht? Wer möchte ihn nicht von seinen Schmerzen befreien, wenn es dazu nur des Wunschs bedürfte? Die Einbildungskraft versetzt uns eher in die Lage des Unglücklichen als in die des Glücklichen; wir fühlen, daß jener Zustand uns näher berührt als dieser. Das Mitleid ist süß, weil wir dennoch ein Lustgefühl verspüren, nicht so leiden zu müssen wie der, in dessen Lage wir uns versetzen. Der Neid ist bitter insofern als der Anblick eines glücklichen Menschen, weit entfernt, den Neidischen an seine Stelle zu setzen, ihn bedauern läßt, nicht an seiner Stelle zu sein. Es scheint, als befreie der eine uns von den Schmerzen, die er erleidet, und als nehme der andere uns die Güter, die er genießt.

Wollt ihr also im Herzen eines jungen Menschen die ersten Regungen der Empfindsamkeit anregen und nähren, wollt ihr seinen Charakter auf Wohltätigkeit und Güte richten, dann laßt nicht durch das trügerische Bild menschlichen Glücks den Hochmut, die Eitelkeit und den Neid in ihm keimen; breitet nicht gleich den Pomp eines Hofes vor seinen Blicken aus, den Prunk der Paläste, den Reiz der Schauspiele; führt ihn nicht in Gesellschaft und geistreiche Kreise, zeigt ihm die äußere Erscheinungsform der großen Gesellschaft erst dann, wenn ihr ihn so weit gebracht habt, ihren inneren Wert abschätzen zu können. Ihm die große Welt zeigen, ehe er die Menschen kennt, heißt nicht ihn bilden, sondern verderben, nicht ihn belehren, sondern täuschen.

Die Menschen sind von Natur aus weder Könige noch Vornehme, weder Höflinge noch Reiche; alle werden nackt und arm geboren, alle sind dem Elend des Lebens unterworfen, dem Kummer, den Schmerzen, Bedürfnissen und Leiden aller Art. Und schließlich sind alle zum Sterben verurteilt. Das ist das wirkliche menschliche Schicksal, von dem kein Sterblicher ausgenommen ist. Beginnt also bei eurem Studium der menschlichen Natur mit dem, was am untrennbarsten von ihr ist, und wodurch sich die Menschlichkeit am besten bildet.

Mit sechzehn Jahren weiß der Jüngling, was leiden
heißt, denn er hat selbst gelitten. Aber er weiß kaum,
daß andre Wesen auch leiden; es sehen und nicht fühlen heißt, es nicht wissen, und, wie ich schon hundertmal gesagt habe, da das Kind sich gar nicht vorstellen kann, was andere fühlen, kennt es auch nur seine
eigenen Schmerzen; wenn aber die ersten Entwick-
lungsregungen der Sinne das Feuer der Einbildungskraft in ihm entfachen, fängt es an, sich in seine Mitmenschen einzufühlen, sich durch ihre Klagen bewegen zu lassen und ihre Schmerzen mitzuleiden. Dann
muß das traurige Bild der leidenden Menschheit in
seinem Herzen die erste Rührung bewirken, die es
je empfunden hat[7].

Wem wollt ihr die Schuld geben, wenn dieser Augenblick bei euren Kindern schwer zu erkennen ist? Ihr
lehrt sie so frühzeitig, Gefühl vorzutäuschen, und
bringt ihnen so früh seine Sprache bei, daß sie immer
in den gleichen Tönen reden und eure Lektionen gegen
euch selbst anwenden und euch keine Möglichkeit geben, herauszufinden, wann sie aufhören zu lügen und
wirklich fühlen, was sie sagen. Aber seht euch meinen
Emile an; solange ich ihn geleitet habe, hat er weder
gefühlt noch gelogen. Er hat zu niemandem gesagt: *Ich
habe dich sehr lieb*, bevor er wußte, was Lieben ist; ihm
wurde nicht die Haltung vorgeschrieben, die er beim
Eintritt in das Zimmer seines Vaters, seiner Mutter
oder seines kranken Erziehers anzunehmen hatte; ihm
wurde nie die Kunst beigebracht, eine Traurigkeit vorzutäuschen, die er nicht empfand. Er hat nie so getan,
als weine er beim Tod von irgendwem, denn er weiß
nicht, was Sterben ist. Die gleiche Unempfindsamkeit,
die sein Herz hat, zeigt sich auch in seinem Wesen.
Allem gegenüber gleichgültig außer gegen sich selbst
interessiert er sich, so wie alle anderen Kinder, für
niemanden; das einzige, was ihn von jenen unterscheidet, ist die Tatsache, daß er auch gar nicht den

Anschein erwecken will, als täte er es, und daß er nicht
so falsch ist wie sie.

Emile, der wenig über die empfindsamen Wesen
nachgedacht hat, wird erst spät wissen, was leiden und
sterben heißt. Stöhnen und Schreie werden anfangen,
sein Inneres zu erregen; der Anblick fließenden Bluts
wird ihn seine Augen abwenden lassen; das Todes-
zucken eines Tiers wird ihm unbestimmte Beklem-
mungen einflößen, ohne daß er weiß, woher ihm diese
neuen Regungen kommen. Wäre er stumpfsinnig und
barbarisch geblieben, hätte er sie nicht; wäre er ge-
bildeter, kennte er ihren Ursprung: er hat schon zu
viele Vorstellungen miteinander verglichen, um nichts
zu fühlen, aber nicht genug, um zu erfassen, was er
fühlt.

So entsteht das Mitleid, das erste Beziehungsgefühl,
das das menschliche Herz nach der Ordnung der Natur
anrührt. Um empfindsam und mitfühlend zu werden,
muß das Kind wissen, daß es Mitmenschen gibt, die
das durchleiden, was es selbst durchlitten hat, die die
gleichen Schmerzen haben, die es selbst gefühlt hat,
und andere, von denen es eine Vorstellung haben muß,
als könne es selbst sie auch fühlen. Wie könnten wir
uns denn zum Mitleid bewegen lassen, wenn wir
uns nicht unsrer selbst entäußern und uns mit dem
leidenden Tier identifizieren, indem wir sozusagen
unser Ich verlassen, um das seine anzunehmen? Wir
leiden nur soweit mit, als wir meinen, daß es leide;
wir leiden nicht in uns, wir leiden in ihm. So wird
niemand empfindsam, wenn nicht seine Einbildungskraft lebendig wird und beginnt, ihn aus sich heraustreten zu lassen.

Um diese aufkeimende Empfindsamkeit zu erregen
und zu nähren, um sie zu lenken oder ihr in ihrer
natürlichen Richtung zu folgen, was anderes können
wir tun, als den jungen Mann mit Dingen in Berührung zu bringen, auf die die Kraft seines sich öffnen-

den Herzens einzuwirken vermag, die es weiten und
auf andere Wesen ausdehnen, die bewirken, daß er
sich überall außerhalb seiner selbst wiederfindet; wir
müssen sorgsam alle von ihm fernhalten, die sein Herz
einengen und in sich verschließen und so die Triebfeder des menschlichen Ich spannen; mit anderen
Worten: Güte, Menschlichkeit, Mitgefühl, Wohltätigkeit, das heißt alle liebenswerten und sanften Triebe
in ihm anregen, die den Menschen von Natur aus angenehm sind, und verhindern, daß Neid, Begehrlichkeit, Haß, alle abstoßenden und grausamen Triebe
in ihm keimen, die sozusagen die Empfindsamkeit
nicht nur auf den Nullpunkt reduzieren, sondern negativ werden lassen und dem, der sie empfindet, zur
Qual werden[8].

Ich glaube, alle vorhergehenden Überlegungen in
zwei oder drei präzise, klare und leicht verständliche
Maximen zusammenfassen zu können.

ERSTE MAXIME

*Es liegt nicht im menschlichen Herzen, sich in die
Menschen hineinzuversetzen, die glücklicher sind als
wir, sondern nur in die, die unglücklicher sind.*

Findet man zu dieser Maxime Ausnahmen, so sind
es eher scheinbare als wirkliche Ausnahmen. So versetzt man sich nicht in die Reichen oder Vornehmen, an den man sich anschließt – selbst wenn man
sich ihm aufrichtig anschließt, eignet man sich nur
einen Teil seines Wohlergehens an. Manchmal wird
er im Unglück geliebt, aber solange er erfolgreich ist,
hat er keinen wahrhaften Freund als den, der sich
nicht durch den Anschein blenden läßt, und der ihn
trotz seiner Erfolge eher beklagt als beneidet.

Man wird von dem Glück, das gewisse Lebensumstände mit sich bringen, angerührt, zum Beispiel vom
Leben auf dem Lande. Der Reiz, diese guten Leute
glücklich zu sehen, ist nicht vom Neid vergiftet, man

nimmt wirklich teil an ihrem Glück. Warum? Weil es
einem freisteht, sich zu diesem friedlichen und unschuldigen Zustand herabzulassen und das gleiche
Glück zu genießen; das ist ein Hintertürchen, das sich
nur angenehmen Vorstellungen öffnet, weil es genügt,
es benutzen zu wollen, um es zu können. Es ist immer
angenehm, sehen zu können, worauf man zurückgreifen kann, sein eigenes Wohlbefinden zu überdenken,
selbst wenn man keinen Gebrauch von diesen Möglichkeiten machen will.

Daraus folgt, daß man, um einen jungen Menschen
zur Menschlichkeit zu erziehen, ihn nicht das glänzende
Los des anderen bewundern lassen darf, sondern es
ihm von seiner traurigen Seite zeigen muß – man muß
es ihn fürchten lassen. Dann muß er sich – das ist eine
evidente Folgerung – einen Weg zum Glück bahnen,
der niemandes Spuren nachgeht.

ZWEITE MAXIME

Man beklagt nur die Leiden anderer, vor denen man
sich selbst nicht gesichert glaubt.

„Non ignara mali, miseris succurrere disco[9].“

Ich kenne nichts, das so schön, so tief, so rührend
und so wahr wäre wie dieser Vers.

Warum sind Könige mitleidlos gegen ihre Untertanen? Weil sie nie damit rechnen, daß sie einmal bloß
Menschen sein könnten. Warum sind die Reichen so
hart gegen die Armen? Weil sie nicht fürchten, arm
zu werden. Warum hat der Adel solche Geringschätzung für das Volk? Weil ein Adliger niemals
zum Bürgerlichen wird. Warum sind die Türken im
allgemeinen menschlicher und gastfreundlicher als wir?
Weil bei ihrer völlig willkürlichen Regierung Luxus
und Privatbesitz immer auf unsicherem und schwankendem Boden ruhen, und sie deshalb Erniedrigung
und Elend nicht als einen ihnen fremden Zustand

betrachten*; jeder von ihnen kann morgen sein, was
der ist, den er heute unterstützt. Dieser Gedanke, der
in orientalischen Erzählungen immer wiederkehrt, gibt
ihnen etwas unbestimmt Rührendes, was in der ganzen Künstelei unsrer trockenen Moral nicht vorhanden
ist.

Gewöhnt euren Zögling nicht daran, von der Höhe
seines Stolzes herab die Leiden der Unglücklichen und
die Mühen der Elenden zu betrachten, und hofft nicht,
daß ihr ihn Mitleid lehren könnt, wenn er sie als ihm
fremde Wesen ansieht. Macht ihm eindringlich verständlich, daß er das Los dieser Unglücklichen vielleicht einmal teilen werde, daß all ihre Leiden vor
seinen Schritten lauern, daß tausend unvorhergesehene
und unvermeidbare Ereignisse ihn von einem Augenblick zum anderen hineinstürzen können. Lehrt ihn,
weder auf hohe Geburt noch auf Gesundheit und
Reichtum zu bauen, offenbart ihm alle Wechselfälle
des Schicksals, zeigt ihm die nur allzu häufigen Beispiele der Leute, die aus einem höheren Stand als dem
seinen noch unter den jener Unglücklichen gestürzt
sind; ob aus eigener Schuld oder nicht, darum handelt
es sich jetzt nicht – weiß er denn überhaupt, was
Schuld ist? Greift nie in die natürliche Folge seiner
Kenntnisse ein und gebt ihm nur die Einsichten, die
er erfassen kann. Er braucht kein großer Gelehrter zu
sein, um zu wissen, daß die gesamte menschliche Klugheit ihm nicht dafür bürgen kann, ob er in einer
Stunde tot oder lebendig sein wird, ob er nicht vor
Nierenschmerzen noch vor Einbruch der Nacht mit
den Zähnen knirschen wird, ob er im nächsten Monat
arm oder reich sein wird, und ob er nicht vielleicht
im nächsten Jahr unter den Ochsenziemern algerischer
Galeeren rudern wird. Sagt ihm dies alles vor allem

---

* Das scheint sich jetzt ein wenig zu ändern: die Stände scheinen
fester zu werden, und so werden die Menschen auch härter.

nicht so kühl wie ihr ihm seinen Katechismus hersagt; er
muß die menschlichen Nöte sehen und spüren – erschüttert und erschreckt seine Vorstellungskraft mit den Bildern der Gefahren, denen jeder Mensch unablässig ausgesetzt ist; er muß alle diese Abgründe um sich erkennen, und bei der Beschreibung, die ihr ihm davon gebt,
muß er sich an euch pressen aus Furcht, hineinzustür-
zen. Dadurch machen wir ihn schüchtern und feige,
werdet ihr sagen. Das werden wir später sehen. Was
die Gegenwart betrifft, fangen wir erst einmal an, ihn
menschlich zu machen, das ist es, was uns über alles
wichtig ist.

DRITTE MAXIME

*Das Mitgefühl für die Leiden anderer richtet sich nicht
nach der Größe des Übels, sondern nach dem Gefühl,
das man den Leidenden zuerkennt.*

Man beklagt einen Unglücklichen nur soweit, als
man ihn für beklagenswert hält. Das physische Bewußtsein unsrer Leiden ist beschränkter als es scheint,
aber durch das Gedächtnis, das uns seine Fortdauer fühlen läßt, durch die Einbildungskraft, die es bis in die
Zukunft ausdehnt, werden wir wirklich beklagenswert.
Dieses, glaube ich, ist eine der Ursachen, die uns gegen
die Leiden der Tiere härter sein lassen als gegen die
der Menschen, obgleich wir uns durch die Empfindsamkeit, die wir mit ihnen gemein haben, auch in sie
hineinversetzen müßten. Ein Karrengaul in seinem
Stall wird kaum bedauert, weil man nicht annimmt,
daß er, wenn er sein Heu frißt, an die Schläge denkt,
die er bekommen hat, und an die Anstrengungen, die
ihn erwarten. Auch ein weidendes Schaf wird nicht
bedauert, obwohl man weiß, daß es bald abgeschlach-
tet wird, weil man denkt, es sehe sein Schicksal nicht
voraus. Im erweiterten Sinn verhärtet man sich so gegen das Schicksal der Menschen, und bei dem Leid,
das sie den Armen antun, trösten sich die Reichen mit

der Vorstellung, sie seien so abgestumpft, daß sie es
nicht empfinden. Im allgemeinen beurteile ich den
Wert, den jeder dem Glück seiner Mitmenschen beimißt, nach den Umständen, die er sich mit ihnen zu
machen scheint. Es ist nur natürlich, daß man das
Glück derer, die man verachtet, nicht hoch einschätzt.
Wundert euch daher nicht mehr, wenn die Politiker
mit solcher Verachtung vom Volke reden und wenn
die meisten Philosophen es sich angelegen sein lassen,
den Menschen so schlecht zu machen.

Aus dem Volk setzt sich die Menschheit zusammen;
was nicht Volk ist, ist so geringfügig, daß es sich nicht
lohnt, es mitzuzählen. Der Mensch ist in allen Ständen
gleich: wenn dem so ist, verdienen die zahlreichsten
Stände die größte Hochachtung. Vor dem, der denkt,
schwinden alle bürgerlichen Unterscheidungen dahin:
er sieht die gleichen Leidenschaften und Gefühle bei
irgendeinem Lehrbuben wie beim erlauchten Herrn; für
ihn existiert da nur der Unterschied der Sprache, ein
mehr oder weniger gekünsteltes Kolorit; und wenn
sie sich wirklich in etwas Wesentlichem unterscheiden,
dann nur zu ungunsten des Heuchlerischsten. Das Volk
gibt sich so, wie es ist, und ist nicht liebenswert. Die
Menschen der großen Welt müssen sich verstellen –
gäben sie sich so, wie sie sind, würden sie Schauder
erregen[10].

In allen Ständen – so sagen wiederum unsre Weisen – sind Glück und Leid gleichmäßig verteilt. Eine
ebenso unheilvolle wie unhaltbare Maxime, denn,
wenn alle gleichermaßen glücklich sind, wozu brauche
ich mich dann noch um irgendwen zu bemühen? Mag
doch jeder bleiben wie er ist: mag der Sklave miß-
handelt werden, der Kranke leiden und der Bettler
zugrunde gehn – sie haben, wenn sich ihr Zustand
ändert, doch nichts zu gewinnen. Sie zählen die Be-
schwerden des Reichtums auf und zeigen die Nichtigkeit ihrer eitlen Vergnügungen: welch plumper Sophis-

mus! Nicht von seinem Stand kommen dem Reichen seine Leiden, sondern allein von ihm selbst, der Mißbrauch mit seinem Stande treibt. Wäre er auch unglücklicher als selbst der Arme, ist er nicht zu bedauern, weil alle seine Übel sein eigenes Werk sind und es nur von ihm selbst abhängt, glücklich zu sein. Aber dem Unglücklichen kommt das Leid von den Dingen, von der Härte des Schicksals, das auf ihm lastet. Es gibt keine Gewöhnung, die ihm das körperliche Gefühl der Ermüdung, der Erschöpfung, des Hungers nehmen könnte – weder Geist noch Weisheit vermögen ihn von den Leiden seines Standes zu befreien. Was gewinnt Epiktet dabei, wenn er voraussieht, daß sein Herr ihm das Bein brechen wird? bricht er es ihm deshalb weniger? Außer seinem Schmerz hat er auch noch die Qual, vorher davon zu wissen. Wäre das Volk ebenso vernünftig, wie wir es für dumm halten – was anderes könnte es sein, als das, was es ist? was anderes könnte es tun, als das, was es tut? Studiert die Menschen dieser Klasse, und ihr werdet sehen, daß sie unter einer anderen Sprache nicht weniger Geist haben als ihr und noch mehr gesunden Menschenverstand. Habt also Achtung vor dem Menschengeschlecht; bedenkt, daß es wesentlich aus der Summe der Völker besteht. Verschwänden alle Könige und alle Philosophen, so würde sich kaum etwas ändern, und die Dinge gingen nicht schlechter. Mit einem Wort – lehrt euren Zögling, alle Menschen zu lieben, selbst die, die sie in ihrer Würde herabsetzen; sorgt dafür, daß er sich in keine Klasse einreiht, sich aber in allen Klassen wiederfindet; sprecht vor ihm mit Rührung, ja selbst mit Mitleid über das Menschengeschlecht, aber nie mit Verachtung. Mensch, entehre nicht den Menschen!

Auf diesen und anderen ähnlichen Wegen, die das genaue Gegenteil der vorgezeichneten Wege sind, muß man in das Herz eines Jünglings eindringen, um dort

die ersten Regungen der Natur zu erwecken, um es zu
entwickeln und auf seinesgleichen auszudehnen. Ich
füge noch hinzu, daß es wichtig ist, diesen Regungen
so wenig persönliches Interesse wie möglich beizumen-
gen; vor allem keine Eitelkeit, keinen Ehrgeiz, keinen
Stolz, keines dieser Gefühle, die uns zwingen, uns mit
anderen zu vergleichen; denn diese Vergleiche geschehen nie ohne ein gewisses Haßgefühl gegen die, die
uns den Vorrang streitig machen, und wäre es nur in
unsrer eigenen Wertschätzung. Dann muß man entweder blind oder wütend, zum Bösewicht oder zum
Dummkopf werden – bemühen wir uns, diese Alternative zu meiden. Diese so gefährlichen Leidenschaften
werden ohne unser Dazutun doch früher oder später
entstehen, so wird man mir sagen. Das leugne ich
nicht – jedes Ding hat seine Zeit und seinen Ort; ich
sage nur, daß man ihnen nicht dazu verhelfen darf,
zu entstehen[11].

Dies ist der Geist der Methode, der man sich verschreiben muß. Hier sind Beispiele und Einzelheiten
unnötig, da nun die nahezu unendliche Teilung der
Charaktere beginnt, und da jedes Beispiel, das ich anführen würde, vielleicht nicht einmal auf einen unter
hunderttausend anwendbar wäre. Dieses Alter ist es
auch, da beim geschickten Erzieher die wahre Funktion des Beobachters und des Philosophen beginnt,
der die Kunst versteht, die Herzen zu erforschen, indem er daran arbeitet, sie zu bilden[12]. Während der
junge Mensch noch gar nicht daran denkt, zu heucheln,
und es auch noch gar nicht gelernt hat, sieht man bei
allem, was man ihm bietet, an seiner Miene, in seinen
Augen, an seiner Gebärde den Eindruck, den er empfängt, man liest auf seinem Gesicht alle Regungen
seiner Seele; weil man sie immer wieder belauscht,
kommt man dahin, sie vorauszusehen und schließlich
zu lenken.

Man hat allgemein bemerkt, daß Blut, Wunden,

Schreie, Stöhnen, die Zurichtung schmerzhafter Operationen und alles, was den Sinnen das Bild des Leidens vorhält, alle Menschen schneller und tiefer ergreift. Die Vorstellung der völligen Vernichtung, die komplexer ist, hinterläßt einen weniger heftigen Eindruck; das Bild des Todes rührt uns erst später und schwächer an, da niemand an sich selbst die Erfahrung des Todes gemacht hat – man muß Leichname gesehen haben, um die Ängste der Sterbenden zu erfassen. Hat sich diese Vorstellung aber einmal richtig unsrem Geist eingeprägt, gibt es für uns kein gräßlicheres Schauspiel mehr, sei es durch das Bild der totalen Zerstörung, die sie dann durch unsre Sinne erzeugt, sei es, weil wir uns heftiger von einer Situation getroffen fühlen, der wir mit Sicherheit nicht entgehen können, da wir wissen, daß dieser Augenblick für alle Menschen unvermeidlich ist.

Diese verschiedenen Eindrücke haben zwar ihre Abwandlungen und Grade, die vom besonderen Charakter des einzelnen und seinen vorherigen Gewohnheiten abhängen, aber sie selbst sind universal, und niemand ist vollkommen frei von ihnen. Es gibt später sich entwickelnde und weniger allgemeine, die eher den empfindsamen Seelen eigen sind; es sind jene, die einem durch seelisches Leid bereitet werden, durch innere Pein, Bedrängnis, Wehmut und Traurigkeit. Es gibt Menschen, die nur durch Schreie und Tränen gerührt werden können; das lange und heimliche Schluchzen eines in Not gepreßten Herzens hat ihnen nie einen Seufzer entrungen. Der Anblick völliger Fassungslosigkeit, eines fahlen, abgezehrten Antlitzes, eines erloschenen Auges, das keine Tränen mehr hat, hat sie nie weinen gemacht, die Leiden der Seele bedeuten ihnen nichts – ihr Urteil über sie steht fest, ihre Seele ist fühllos; von ihnen habt ihr nichts als unbeugsame Strenge, Härte und Grausamkeit zu erwarten. Sie können redlich und gerecht sein, niemals aber werden sie sanft, großherzig und mitleidsvoll sein. Ich sage, sie können gerecht sein, wenn ein Mensch ohne Barmherzigkeit das überhaupt sein kann.

Seid aber nicht zu eilfertig, junge Menschen an dieser Regel zu messen, besonders jene nicht, die, erzogen wie sie erzogen werden müssen, keine Vorstellung haben von den Leiden der Seele, die man ihnen nie bereitete, denn, ich sage es noch einmal, sie können nur die Leiden beklagen, die sie kennen, und diese scheinbare Gefühllosigkeit, die nur von ihrer Unwissenheit kommt, wandelt sich bald in Mitgefühl, wenn sie zu spüren beginnen, daß das menschliche Leben tausend Schmerzen bereithält, die sie nicht kennen. Was meinen Emile angeht, so bin ich sicher, daß er in seiner Jugendzeit Seele und Empfindsamkeit haben wird, wenn er in seiner Kindheit einfach und von gesundem Menschenverstand war, denn die Wahrhaftigkeit der Gefühle hängt sehr von der Richtigkeit der Vorstellungen ab[13].

Aber warum hier noch einmal darauf zurückkommen? Zweifellos wird mir mehr als ein Leser vorwerfen, daß ich meine ersten Grundsätze und das beständige Glück, das ich meinem Zögling versprochen hatte, vergessen habe. Unglückliche, Sterbende, Anblick von Schmerz und Elend! welch ein Glück, welch ein Genuß für ein zum Leben erwachendes junges Herz! Sein trauriger Erzieher, der ihm eine so sanfte Erziehung bestimmte, läßt ihn nur zum Leiden geboren sein. So wird man sprechen. Was mache ich mir schon daraus? ich habe versprochen, ihn glücklich zu machen, und nicht, ihn glücklich scheinen zu lassen. Ist es meine Schuld, wenn ihr den Anschein, von dem ihr euch immer irreführen laßt, für die Wirklichkeit haltet?

Nehmen wir zwei Jünglinge, die die erste Erziehung hinter sich haben, und die nun durch zwei einander direkt entgegenliegende Pforten in die Welt treten.

Der eine ersteigt mit einem Schritt den Olymp und macht sich in der glänzendsten Gesellschaft breit; man führt ihn zu Hofe, zu den Großen, Reichen und zu den hübschen Frauen. Ich sehe ihn überall gefeiert und prüfe nicht die Wirkung dieses Empfangs auf seine Vernunft; ich nehme an, sie widersteht ihm. Alle Freuden fliegen ihm zu, jeder Tag bringt ihm neues Vergnügen; allem gibt er sich mit einer Anteilnahme hin, die euch besticht. Ihr seht ihn aufmerksam, eifrig und wißbegierig; von seinen ersten Verzückungen seid ihr geblendet; ihr haltet ihn für zufrieden – aber bedenkt den Zustand seiner Seele; ihr glaubt, daß er genießt, aber ich glaube, daß er leidet.

Was bemerkt er zuerst, wenn er die Augen öffnet? Unmengen angeblicher Güter, die er nicht kannte und deren größter Teil, da er sie nur für einen Augenblick haben kann, sich ihm nur zu zeigen scheint, um ihn bedauern zu lassen, ihrer wieder beraubt zu werden. Geht er durch einen Palast, seht ihr an seiner unruhigen Wißbegier, daß er sich fragt, warum sein väterliches Haus ihm nicht gleich ist. Alle seine Fragen sagen euch, daß er sich unablässig mit dem Herrn dieses Hauses vergleicht, und alles, was ihn bei diesem Vergleich demütigt, erregt seine Eitelkeit, da sie davon in Aufruhr versetzt wird. Begegnet er einem jungen Mann, der besser gekleidet ist als er selbst, sehe ich ihn heimlich gegen den Geiz seiner Eltern aufbegehren. Ist er schöner herausgeputzt als ein anderer, leidet er darunter, daß der andere ihn durch seine hohe Geburt oder seinen Geist in den Schatten stellt und daß all seine Pracht vor einem einfachen Tuchgewand gedemütigt wird. Kann er allein in einer Gesellschaft brillieren, hebt er sich auf die Zehenspitzen, um besser gesehen zu werden, aber wer verspürt nicht im geheimen Lust, das großtuerische und eitle Gehabe eines jungen Fants zu dämpfen? Alles wird sich bald wie verabredet gegen ihn zusammentun; der beunruhigen-

den Blicke eines gestrengen Mannes, der hämischen
Worte eines Spötters würde er sich rasch bewußt, und
würde er auch nur von einem einzigen Menschen verachtet, so würde der Beifall der anderen augenblicks
durch die Verachtung dieses Mannes vergiftet. Statten
wir ihn mit allem aus, schreiben wir ihm eine Überfülle von Liebenswürdigkeiten und Vorzügen zu, er
mag gut aussehen, geistreich und artig sein; so wird
er von den Frauen begehrt werden. Begehren sie ihn
aber, ehe er sie liebt, machen sie ihn eher zum Narren
als zum Liebhaber – er wird viel Glück bei den Frauen
haben, aber weder Leidenschaft noch Entzücken, um
es zu genießen. Wenn man seinem Verlangen immer
zuvorkommt und ihm keine Zeit zum Entstehen läßt,
fühlt er bei der größten Lust nichts als die Peinlichkeit
des Überdrusses; das weibliche Geschlecht, zum Glück
des seinen geschaffen, widert ihn an und übersättigt ihn
schon, bevor er es kennt; sucht er es weiter auf, so
nur noch aus Eitelkeit, und sollte er ihm aus wirklicher
Neigung zugetan sein, so ist er ja nicht der einzige,
der jung, brillant und liebenswert ist, und er wird
nicht immer Wunder an Treue bei seinen Geliebten
erleben.

Ich will nicht von den Schikanen, vom Verrat, von
den Bosheiten und Enttäuschungen aller Art sprechen,
die untrennbar sind von einem solchen Leben. Die Erfahrung der Welt macht uns seiner überdrüssig, das
ist bekannt. Ich spreche nur von den Kümmernissen,
die mit den ersten Illusionen verbunden sind.

Welch ein Gegensatz für den, der, bisher vom Kreis
der Familie und seiner Freunde eingeschlossen, deren
einziger Gegenstand all ihrer Fürsorge er war, nun
plötzlich der Ordnung von Dingen eingefügt wird, wo
er so wenig gilt; wo er sich wie untergetaucht in eine
fremde Sphäre vorkommt, er, der so lange der Mittelpunkt der seinen war! Wieviel Schmach und Demütigung muß er erleiden, bevor er inmitten Unbekannter

die falsche Vorstellung über seine Bedeutung verliert, die er bei den Seinen gewann und nährte! Als er Kind war, wurde ihm alles gewährt, alle Welt bemühte sich eifrig um ihn – als Jüngling muß er aller Welt nachgeben, und welch harte Lektionen werden ihn sich auf sich selbst besinnen lassen, wenn er sich ein wenig vergißt und seine alte Einstellung beibehält! Die Gewohnheit, die Gegenstände seines Verlangens auf leichte Art zu bekommen, verführt ihn dazu, viel zu verlangen und bewirkt dadurch ein Gefühl ständiger Entbehrungen. Alles, was ihm schmeichelt, führt ihn in Versuchung, alles, was andere haben, möchte er auch haben, auf alles ist er lüstern, er beneidet jedermann, überall möchte er dominieren. Die Eitelkeit nagt an ihm, die Glut zügelloser Wünsche setzt sein junges Herz in Flammen. Aus diesen Wünschen erwachsen Eifersucht und Haß; alle verzehrenden Leidenschaften schießen daraus empor, und er trägt diesen Aufruhr mit in den Tumult der Welt hinein, und jeden Abend bringt er ihn wieder mit, er kommt nach Hause, uneins mit sich selbst und der Welt; er schläft ein, den Kopf voll von tausend eitlen Plänen, von tausenderlei Vorstellungen gequält, und bis in seine Träume hinein malt ihm sein Hochmut die phantastischen Güter, nach denen sein Verlangen geht und ihn quält, und die er zeit seines Lebens nicht besitzen wird. Da habt ihr euren Zögling! nun wollen wir meinen betrachten.

Ist das erste Schauspiel, das ihn ergreift, ein Gegenstand der Trauer, so ist der erste Akt der Selbstbesinnung ein Gefühl der Freude. Wenn er sieht, wieviel Unglück ihm erspart bleibt, wird er sich glücklicher fühlen, als er je gedacht hätte. Er teilt die Leiden seiner Mitmenschen, aber er teilt sie freiwillig und auf milde Art. Gleichzeitig genießt er das Mitleid, das er für ihre Leiden fühlt und das Glück, selbst von solchen Leiden verschont zu sein. Er fühlt

sich in diesem Zustand von Kraft, der uns über uns
selbst hinausführt und den zu unserem eigenen Wohlbefinden überflüssigen Tatendrang auf anderes hin-
wendet. Gewiß, um die Leiden anderer bedauern zu
können, muß man sie kennen, braucht sie aber nicht
selbst zu fühlen. Hat man einmal gelitten oder fürchtet
man, leiden zu müssen, bedauert man die, die leiden;
aber während man leidet, bedauert man nur sich selbst.
Wenn nun, da wir alle dem Elend des Lebens unterworfen sind, kein Mensch dem anderen mehr als das
Maß an Empfindsamkeit weiht, dessen er im Augenblick nicht für sich selbst bedarf, so folgt daraus, daß
das Mitleid ein sehr sanftes Gefühl sein muß, da es zu
unsren Gunsten aussagt, wogegen ein harter Mensch
immer unglücklich ist, da sein Gemütszustand ihm
keine überströmende Empfindsamkeit übrigläßt, die er
an die Leiden anderer verwenden könnte.

Wir beurteilen das Glück zu sehr nach dem Anschein – wir vermuten es da, wo es am wenigsten ist;
wir suchen es, wo es nicht sein kann: Fröhlichkeit
ist nur ein sehr zweideutiges Anzeichen dafür. Ein
fröhlicher Mensch ist oft nichts anderes als ein Unglücklicher, der versucht, den anderen Sand in die
Augen zu streuen und sich selbst zu betäuben. Diese
so strahlenden, so offenen und in Gesellschaft so heiteren Menschen sind zu Hause fast alle traurig und mürrisch, und ihre Dienstboten müssen für das Vergnügen,
das jene der Gesellschaft machen, büßen. Die wahre
Zufriedenheit äußert sich weder durch Fröhlichkeit
noch durch Narreteien; man hütet eifersüchtig ein so
süßes Gefühl, man genießt, man kostet es mit vollem
Bewußtsein, man fürchtet, es könne sich verflüchtigen.
Ein wirklich glücklicher Mensch spricht und lacht kaum;
er schließt sein Glück sozusagen in sein Herz ein. Lärmende Spiele, turbulente Freude verschleiern Ekel und
Überdruß. Aber die Melancholie ist die Freundin der
Wollust – Rührung und Tränen sind die Begleiter der

süßesten Genüsse, und die äußerste Lust selbst entlockt eher Tränen als Schreie.

Wenn zunächst die vielen und vielfältigen Vergnügungen zum Glück beizutragen scheinen, wenn die Einförmigkeit eines gleichmäßigen Lebens zunächst langweilig erscheint – betrachtet man es genauer, so findet man dagegen heraus, daß die süßeste Gewohnheit der Seele in der Mäßigung des Genusses besteht, der Begierde und Widerwillen nur noch wenig anhaben können. Die Unruhe der Wünsche erzeugt Neugier, Unbeständigkeit, die Leere wilder Lüste erzeugt Überdruß. Man ist immer zufrieden mit seiner Lage, wenn man keine angenehmere kennt. Die Wilden sind von allen Menschen der Welt die am wenigsten wißbegierigen und am wenigsten mißmutigen; eins ist ihnen so viel wert wie das andere: sie genießen nicht die Dinge, sondern sich selbst; sie verbringen ihr Leben mit Nichtstun und langweilen sich niemals.

Der Mensch der Gesellschaft existiert gänzlich in seiner Maske. Da er fast niemals in sich selber lebt, ist er sich selbst immer fremd und fühlt sich unbehaglich, wenn er gezwungen wird, sich auf sich selbst zu besinnen. Was er ist, gilt ihm nichts; was er scheint, gilt ihm alles.

Ich kann nicht umhin, mir auf dem Gesicht des jungen Mannes, von dem ich vorhin sprach, einen Zug von Impertinenz, Affektiertheit und süßlicher Freundlichkeit vorzustellen, der mißfällt, der unkomplizierte Menschen abstößt, während ich mir auf dem meines Zöglings einen anziehenden und offenen Ausdruck vorstelle, der Zufriedenheit offenbart, die wahrhafte Heiterkeit der Seele, der Achtung und Vertrauen einflößt, und nur auf eine Äußerung der Freundschaft zu warten scheint, um denen, die sich ihm nähern, die seine zu schenken. Man meint, die Physiognomie sei nur die einfache Entwicklung der schon von der Natur gezeichneten Züge. Ich aber dächte doch, daß, abge-

sehen von dieser Entwicklung, die Gesichtszüge eines
Menschen sich unmerklich formen und Ausdruck gewinnen durch den häufigen und gewohnten Eindruck
gewisser· seelischer Regungen. Diese Regungen zeichnen sich auf dem Gesicht ab – nichts ist sicherer als
das; und wenn sie zur Gewohnheit werden, müssen
sie dort ihre dauernden Spuren hinterlassen. So, denke
ich mir, zeigt die Physiognomie den Charakter an, und
zuweilen kann man das eine aus dem andern schließen,
ohne nach mysteriösen Erklärungen suchen zu müssen,
die Erkenntnisse voraussetzen, die wir nicht besitzen.

Ein Kind kennt nur zwei ausgeprägte Gemütsregun-
gen: Freude und Schmerz. Es lacht oder es weint, ein
mittleres gibt es da nicht. Es wechselt ununterbrochen
von der ·einen dieser Regungen zur anderen. Dieser
fortwährende Wechsel verhindert die Bildung einer
konstanten Prägung seiner Gesichtszüge und einer endgültigen Physiognomie; im Alter der größeren Empfindsamkeit aber wird es lebhafter oder beständiger
affiziert, tiefere Eindrücke hinterlassen schwerer ver-
wischbare Züge, und aus dem gewohnten Seelenzustand entsteht ein mit der Zeit unauslöschliches Ge-
präge von Zügen. Indessen sieht man häufig, daß die
menschliche Physiognomie mit den verschiedenen Altersstufen wechselt. Ich bin manchen solcher Menschen
begegnet und habe immer bemerkt, daß sich bei denen,
deren Lebenslauf ich gut beobachten und verfolgen
konnte, auch die gewohnten Leidenschaften verändert
hatten. Allein diese sehr wohl bestätigte Beobachtung
scheint mir entscheidend und ist in einer Abhandlung
über die Erziehung, bei der es darauf ankommt, die
Regungen der Seele nach den äußeren Anzeichen beurteilen zu lernen, nicht fehl am Platz.

Ich weiß nicht, ob mein Jüngling weniger liebenswert sein wird, weil er nicht gelernt hat, konventionelle Manieren nachzuahmen und Gefühle vorzugeben,
die er nicht hat – darum handelt es sich hier nicht. Ich

weiß nur, daß er stärker lieben können wird, und es fällt mir schwer, anzunehmen, daß der, der nur sich selber liebt, sich so verstellen könnte, daß er ebensoviel Wohlgefallen erregen würde wie der, der aus der Zuneigung zu anderen ein neues Glücksgefühl gewinnt. Was nun aber eben dieses Gefühl betrifft, so glaube ich genug darüber gesagt zu haben, um den verständigen Leser in dieser Hinsicht zu leiten und zu beweisen, daß ich mir nicht widersprochen habe.

Ich komme also auf meine Methode zurück und sage euch: Führt den jungen Männern beim Herannahen des kritischen Alters Dinge vor Augen, die sie zurückhalten, und nicht solche, die sie erregen; lenkt ihre sich bildende Einbildungskraft ab durch Dinge, die die Aktivität der Sinne unterdrücken, anstatt sie zu entfachen. Haltet sie fern von den großen Städten, wo Eitelkeit und Schamlosigkeit der Frauen die Lehren der Natur beschleunigen und ihnen zuvorkommen, wo alles vor ihren Augen Lüste ausbreitet, die sie erst dann kennen dürfen, wenn sie ihre Auswahl treffen können. Führt sie in ihre erste Behausung zurück, wo die ländliche Einfachheit die Leidenschaften ihres Alters sich weniger rasch entwickeln läßt; oder sollte ihre Neigung für die Künste sie noch an die Stadt binden, so kommt durch eben diese Neigung einem gefährlichen Hang zum Müßiggang zuvor. Wählt sorgfältig ihren Umgang aus, ihre Beschäftigungen und Vergnügungen; führt ihnen nur rührende, aber schlichte Bilder vor Augen, die sie bewegen, ohne sie zu verführen, und die ihre Empfindsamkeit formen, ohne ihre Sinne zu erregen. Bedenkt auch, daß überall Exzesse zu befürchten sind und daß übermäßige Leidenschaften immer mehr Schaden anrichten, als man durch sie vermeiden möchte. Es handelt sich nicht darum, aus eurem Schüler einen Krankenwärter zu machen, einen Barmherzigkeitsbruder, sein Auge durch den fortwährenden Anblick von Schmerzen und Leiden zu betrü-

ben und ihn von Kranken zu Kranken zu führen, von
Hospital zu Hospital und vom Grève-Platz[14] in die
Gefängnisse; es gilt, ihn durch den Anblick menschlichen Unglücks zu rühren und nicht zu verhärten.
Wenn wir immer wieder von dem gleichen Anblick
betroffen werden, macht er keinen Eindruck mehr auf
uns; die Gewohnheit gewöhnt an alles; was wir zu oft
erleben, empfinden wir nicht mehr mit, und nur die
Vorstellungskraft läßt uns die Leiden anderer fühlen:
so werden auch Priester und Ärzte mitleidslos, weil
sie immer nur Leidende und Sterbende sehen. So soll
euer Zögling wohl das Los des Menschen und das Unglück seinesgleichen kennen, soll aber nicht zu oft dessen Zeuge sein. Ein einziges gut ausgewähltes Objekt,
im rechten Augenblick vor Augen geführt, wird ihm
einen Monat der Rührung und des Nachdenkens verschaffen. Denn nicht so sehr das, was er sieht, als das
Nachdenken über das, was er gesehen hat, bestimmt
sein Urteil darüber, und der bleibende Eindruck, den
er von einem Objekt empfängt, kommt ihm weniger
von dem Objekt selbst, als von dem Gesichtspunkt,
unter dem man es ihm zur Erinnerung nahebringt.
Indem ihr derart sparsam mit den Beispielen, Lektionen und Bildern umgeht, werdet ihr für lange Zeit
die Erregbarkeit seiner Sinne abschwächen und die
Natur zurückhalten, indem ihr ihren eigenen Weisun-
gen folgt.

In dem Maße, als seine Intelligenz wächst, wählt
Vorstellungen, die ihr entsprechen; in dem Maße, als
seine Begierden sich entzünden, wählt Bilder, die geeignet sind, sie zurückzuhalten. Ein alter Militär, der
sich ebenso durch seine Moral wie durch seinen Mut ausgezeichnet hat, erzählte mir, daß sein Vater, ein kluger, aber sehr frommer Mann, nichts versäumte, ihn
zu zügeln, als er beobachtete, daß sein aufkeimendes
Temperament ihn in frühester Jugend zu den Frauen
trieb; als er aber schließlich merkte, daß er trotz aller

Fürsorge drauf und dran war, ihm zu entgleiten, kam er auf den Gedanken, ihn in ein Hospital für Geschlechtskranke zu führen und ließ ihn, ohne ihm vorher irgend etwas darüber gesagt zu haben, einen Krankensaal betreten, wo eine ganze Herde dieser Unglückseligen mit einer schrecklichen Behandlung ihrer Leiden die Liederlichkeit, durch die sie sich zugezogen hatten, abbüßten. Bei diesem widerlichen Anblick, der alle seine Sinne zugleich in Aufruhr versetzte, wäre dem jungen Mann beinahe übel geworden. „Nun geh, elender Wüstling", sagte ihm dann der Vater in heftigem Ton, „folge der schmutzigen Neigung, die dich fortreißt; bald wirst du nur zu glücklich sein, in diesem Saal aufgenommen zu werden, wo du als Opfer der schändlichsten Leiden deinen Vater zwingen wirst, Gott für deinen Tod zu danken."

Diese paar Worte, zusammen mit dem wirksamen Bild, das ihn erschütterte, hinterließen bei dem jungen Mann einen unauslöschlichen Eindruck. Durch seinen Rang dazu verurteilt, seine Jugend in Garnisonen zu verbringen, ertrug er lieber alle Spöttereien seiner Kameraden, als daß er ihre Ausschweifungen mitmachte. „Ich war Mensch", sagte er mir, „ich hatte meine Schwächen, aber bis heute noch kann ich nicht ohne Grauen ein Straßenmädchen ansehen." Also wenig Reden, Lehrer, aber lerne die richtigen Örtlichkeiten auswählen, den richtigen Zeitpunkt, die Personen, und dann gib all deine Lektionen in Beispielen, und du kannst ihrer Wirkung sicher sein.

Die Nutzung der Kindheit ist ein leichtes; das Böse, was sich einschleicht, ist keineswegs unheilbar, und das Gute, was in ihr entsteht, kann später reifen. Anders aber steht es mit dem frühesten Lebensalter, da der Mensch wirklich zu leben beginnt. Dieses Alter dauert niemals lange genug für den Nutzen, der daraus gezogen werden muß, und seine Bedeutung erfordert unablässige Wachsamkeit; darum bestehe ich so nach-

drücklich auf der Kunst, es zu verlängern. Eines der
besten Mittel zur rechten Bildung ist, alles so lange
wie möglich hinauszuzögern. Sorgt für langsame und
sichere Fortschritte; verhindert, daß der Jüngling in
dem Augenblick zum Mann wird, wo ihm nichts anderes zu tun bleibt, als es zu werden. Während der
Körper wächst, bilden und entwickeln sich die Lebensgeister[15], die dazu bestimmt sind, das unstete Blut
zu regulieren und die Fibern zu stärken. Laßt ihr sie
eine andere Richtung einschlagen und das, was zur
Entwicklung eines Individuums bestimmt ist, der Bildung eines anderen dienen[16], so bleiben beide in
einem Zustand der Schwäche, und das Werk der
Natur bleibt unvollkommen. Die geistigen Funktionen werden ihrerseits durch diese Störung beeinflußt,
und die Seele, ebenso schwach wie der Leib, ist auch
nur schwacher und matter Akte fähig. Derbe und ro-
buste Glieder bewirken gewiß weder Mut noch Geist,
und es ist mir klar, daß die Stärke der Seele nicht
mit der des Körpers Schritt hält, wenn im übrigen die
Organe der Kommunikation der beiden Substanzen in
schlechter Verfassung sind[17]. Aber mögen sie in noch
so guter Verfassung sein, sie werden immer schwächlich funktionieren, wenn sie als Grundlage nur
erschöpftes und kraftloses Blut haben, das dieser
Substanz entbehrt, die dem ganzen Triebwerk der
Maschine Kraft und Spannung gibt. Im allgemeinen ist bei den Menschen, deren frühe Jahre vor vor-
zeitiger Korrumpierung geschützt wurden, größere
Seelenkraft festzustellen als bei denen, deren Verkommenheit mit dem Augenblick begann, da sie sich ihr
hingeben durften, und dies ist zweifellos einer der
Gründe, warum sittlich gefestigte Völker gewöhnlich
an gesundem Menschenverstand und Mut den Völkern
überlegen sind, die nichts davon besitzen. Diese letzteren brillieren lediglich durch wer weiß welche dün-
nen Qualitäten, die sie Geist, Scharfsinn und Finesse

nennen; aber jene große und edle Wirksamkeit der
Weisheit und der Vernunft, die den Menschen durch
edle Taten auszeichnen, durch Tugenden und wahrhaft
nützliche Verrichtungen, findet sich kaum irgendwo
anders, als bei jenen erstgenannten Völkern.

Die Erzieher klagen, daß das Feuer dieses Alters
die Jugend unbezähmbar mache, und ich erkenne das
auch: ist es aber nicht ihr eigener Fehler? Wissen sie
nicht, daß, sobald sie zuließen, daß dieses Feuer in
seiner Richtung durch die Sinne bestimmt ist, man ihm
nicht mehr eine andere geben kann? Werden lange und
frostige Predigten im Geist seines Zöglings die Vorstellung der Genüsse auslöschen, nachdem er diese einmal
erfaßt hat? werden sie die Begierden, die ihn quälen,
aus seinem Herzen verbannen? werden sie die Glut
eines Temperaments, dessen Genuß er kennt, abküh-
len? wird er sich nicht aufbäumen gegen die Hindernisse, die sich dem einzigen Glück entgegenstellen, von
dem er eine Vorstellung hat? Und was anders wird
er in dem harten Gesetz sehen, dem man ihn unterwerfen will, ohne es ihm verständlich machen zu können, als die Laune und den Haß eines Menschen, der
ihn quälen will? Ist es befremdlich, daß er aufsässig
wird und ihn seinerseits haßt?

Es ist mir vollkommen klar, daß man mehr für sich
einnimmt, wenn man nachgiebig ist und nur eine
scheinbare Autorität bewahrt. Ich sehe aber nicht recht
ein, wozu eine Autorität dienen soll, die man nur
dadurch bewahrt, daß man Laster schürt, die diese
Autorität in Schranken halten sollte; das ist, als ob
der Stallknecht ein wildes Pferd in einen Abgrund
springen ließe, um es zu zähmen.

Dieses Feuer des Jünglings, seiner Erziehung keineswegs hinderlich, vervollkommnet und vollendet sie
sogar; durch dieses Feuer erlangt ihr Gewalt über das
Herz eines jungen Menschen, wenn er aufhört, schwächer zu sein als ihr. Seine ersten Zuneigungen sind

die Zügel, mit denen ihr all seine Bewegungen lenkt: er
war frei, nun ist er abhängig. Solange er nichts liebte,
hing er nur von sich selbst und seinen Bedürfnissen
ab; sobald er liebt, hängt er von seiner Zuneigung
ab. So formen sich die ersten Bande, die ihn mit seiner
Gattung vereinen. Wenn ihr auch seine im Entstehen
begriffene Empfindsamkeit auf sie lenkt, so dürft ihr
nicht meinen, daß sie sofort alle Menschen umfaßt,
und daß das Wort Menschengeschlecht ihm irgend
etwas sagt. Nein, diese Empfindsamkeit wird sich zunächst auf seinesgleichen beschränken, und das sind
für ihn keineswegs Unbekannte, es sind vielmehr jene,
die mit ihm verbunden sind, die ihm durch die Gewohnheit teuer oder notwendig geworden sind, mit
denen er offensichtlich die gleiche Denk- und Fühlart
gemein hat, die er den Leiden ausgesetzt sieht, die er
durchlitten hat und empfänglich für die gleichen Genüsse, die er gekostet hat, mit einem Wort diejenigen,
die ihn durch die offensichtlichere Gleichheit der Natur
zu wechselseitiger Liebe geneigter machen. Erst nachdem
er auf tausendfache Art sein eigenes Naturell entwickelt hat, nach reiflichem Nachdenken über seine
eigenen Gefühle und über die, die er bei anderen beobachten wird, wird er dahin gelangen können, seine individuellen Begriffe unter der abstrakten Idee der
Menschheit zu verallgemeinern und seinen privaten
Bindungen diejenigen hinzuzufügen, durch die er sich
mit seiner Gattung identifizieren kann.

Ist er der Zuneigung fähig geworden, wird er auch
empfänglich für die der anderen* und dadurch aufmerksam auf deren Anzeichen. Erkennt ihr, welch

---

* Die Zuneigung kann die Erwiderung entbehren, die Freundschaft
nie. Sie ist ein Austausch, ein Vertrag wie jeder andere, aber der heiligste von allen. Das Wort *Freund* kennt kein Korrelativ als sich selbst.
Jeder Mensch, der nicht der Freund seines Freundes ist, ist mit aller
Gewißheit ein Schuft, denn nur durch Erwiderung oder durch geheu-
chelte Erwiderung der Freundschaft kann man sie gewinnen.

neue Herrschaft ihr über ihn erlangen werdet? In wieviel Fesseln habt ihr sein Herz gelegt, bevor er sich dessen bewußt wird! Welche Empfindungen wird er haben, wenn er, sich seiner selbst bewußt geworden, verstehen wird, was ihr für ihn getan habt, wenn er fähig ist, sich mit anderen jungen Menschen seines Alters zu vergleichen, und euch mit anderen Erziehern! Ich sage, wenn er es erkennen wird – hütet euch aber, es ihm zu sagen; sagt ihr es ihm, wird er es nicht mehr anerkennen. Verlangt ihr Gehorsam von ihm für die Fürsorge, die ihr ihm angedeihen ließt, glaubt er sich von euch überlistet; er wird sich sagen, daß ihr, indem ihr vorgabt, ihn euch umsonst zu verpflichten, vorhattet, ihn mit einer Schuld zu beladen und durch einen Vertrag zu binden, dem er nicht zugestimmt hat. Vergebens werdet ihr hinzufügen, alles, was ihr von ihm verlangt, sei nur zu seinem Besten – ihr fordert schließlich, und ihr fordert auf Grund dessen, was ihr ohne seine Einwilligung getan habt. Wenn ein Unglückseliger Geld annimmt, das man ihm zu schenken vorgibt, und sich dann gegen seinen Willen angeworben sieht, schreit ihr über solche Ungerechtigkeit: seid ihr nicht noch ungerechter, von eurem Zögling den Preis für eine Fürsorge zu verlangen, der er gar nicht zugestimmt hat?

Es gäbe weniger Undankbarkeit, wenn mit der Wohltätigkeit weniger Wucher getrieben würde. Wir lieben, was uns wohltut – das ist ein so natürliches Gefühl! Die Undankbarkeit ist dem menschlichen Herzen nicht natürlich, wohl aber der Eigennutz – es gibt weniger undankbare Schuldner als eigennützige Wohltäter. Wenn ihr mir eure Geschenke verkauft, werde ich um den Preis feilschen; wenn ihr aber zu schenken vorgebt, um hinterher zu eurem Preis zu verkaufen, so ist das Betrug – nur durch Unentgeltlichkeit werden Geschenke unschätzbar. Das Herz erkennt nur seine eigenen Gesetze an; will man es fesseln, so macht es sich los; man fesselt es, indem man ihm seine Freiheit läßt.

Wenn der Fischer einen Köder ins Wasser wirft, kommt der Fisch und schwimmt arglos um ihn herum. Erfaßt ihn aber der unter dem Köder versteckte Angelhaken, fühlt er wie die Angelschnur sich strafft, versucht er zu entkommen. Sieht man jemals, daß ein von seinem Wohltäter vergessener Mensch diesen vergißt? Im Gegenteil – er spricht immer mit Freuden von ihm, nie denkt er an ihn ohne Rührung; findet er Gelegenheit, ihm durch irgendwelche unerwarteten Dienste zu beweisen, daß er sich der ihm geleisteten erinnert – mit welcher inneren Zufriedenheit genügt er dann seinem Dankbarkeitsgefühl! Mit welch süßer Freude läßt er sich danken! Mit welcher Begeisterung sagt er ihm: Jetzt bin ich an der Reihe! Das ist die wahrhafte Stimme der Natur, wirkliche Wohltätigkeit erzeugt niemals Undank.

Da also die Dankbarkeit ein natürliches Gefühl ist und ihr ihre Wirkung nur durch eure Schuld zerstört, so seid versichert, daß euer Zögling, wenn er beginnt, den Wert eurer Fürsorge zu erkennen, auch empfänglich dafür ist – vorausgesetzt, daß ihr nicht selbst ihren Wert bestimmt habt – und daß sie euch in seinem Herzen eine Autorität sichert, die nichts mehr ins Wanken bringen kann. Aber ehe ihr euch dieses Vorteils versichert, hütet euch, ihn zu verscherzen, indem ihr euch eurem Zögling gegenüber zu sehr ins rechte Licht zu setzen sucht. Ihm eure Dienste rühmen heißt sie ihm unerträglich machen; sie vergessen heißt sie ihm ins Gedächtnis rufen. Bis zu dem Augenblick, da er als Mann behandelt wird, darf niemals die Rede von dem sein, was er euch schuldet, sondern nur von dem, was er sich selber schuldet. Laßt ihm alle Freiheit, um ihn gefügig zu machen; entzieht euch ihm, damit er euch suche; erzieht seine Seele zu dem edlen Gefühl der Dankbarkeit, indem ihr ihm nur von seinem eigenen Interesse sprecht. Ich habe keineswegs gewollt, daß ihm jemals gesagt wird, alles, was man getan habe, diene zu seinem Besten, bevor er in der Lage ist, es zu verstehen. Er hätte darin nur eure Abhängigkeit gesehen und euch nur für seinen Bediensteten genommen. Nun aber, da er zu fühlen beginnt, was Lieben heißt, fühlt er auch, welch süßes Band einen Menschen mit dem vereinen kann, was er liebt, und in dem Eifer, den ihr ihm unablässig widmet, sieht er nicht mehr die Anhänglichkeit eines Sklaven, sondern die Zuneigung eines Freundes. Nichts hat soviel Gewalt über das menschliche Herz wie die richtig erkannte Stimme der Freundschaft, denn wir wissen, daß sie nur in unserem eigenen Interesse zu uns spricht. Man mag es für möglich halten, daß ein Freund sich täuscht, aber niemals, daß er uns täuschen will. Man widersteht manchmal seinem Rat, aber niemals mißachtet man ihn.

Endlich treten wir in die moralische Ordnung ein, den zweiten Schritt in der Menschwerdung haben wir getan. Wenn es hier am Platz wäre, würde ich versuchen darzulegen, wie sich aus den ersten Regungen des Herzens die ersten Stimmen des Gewissens erheben, und wie aus den Gefühlen von Liebe und Haß die ersten Begriffe von Gut und Böse entstehen; ich würde darlegen, daß *Gerechtigkeit* und *Güte* keineswegs nur abstrakte Worte sind, rein geistige Gebilde vom Verstand geschaffen, sondern wirkliche, durch die Vernunft erhellte Seelenregungen und nichts als der gesetzmäßige Fortschritt unsrer ursprünglichen Regungen; daß man allein durch die Vernunft und unabhängig vom Gewissen kein natürliches Gesetz aufstellen kann und daß das ganze Naturrecht nur ein Hirngespinst ist, wenn es nicht auf einem dem menschlichen Herzen natürlichen Bedürfnis basiert*[18]. Aber ich denke

---

* Selbst das Gebot, die anderen so zu behandeln, wie wir von ihnen

daran, daß ich hier weder eine Abhandlung über Metaphysik und Moral vorzulegen noch irgendwelchen anderen Lehrkursus zu geben habe. Es genügt mir, Ordnung und Fortschritt unsrer Gefühle und Erkenntnisse im Hinblick auf unsre Anlagen deutlich zu machen. Vielleicht werden andere beweisen, was ich hier nur andeuten kann.

Da mein Emile sich bis jetzt nur selbst betrachtet hat, wird ihn der erste Blick, den er auf seine Mitmenschen wirft, dazu veranlassen, sich mit ihnen zu vergleichen, und das erste Gefühl, das durch diesen Vergleich in ihm erregt wird, ist der Wunsch, den ersten Platz einzunehmen. Das ist der Augenblick, wo die Selbstliebe sich in Eigenliebe verwandelt und wo all die Leidenschaften entstehen, die mit dieser zusammenhängen. Um aber zu entscheiden, ob diejenigen dieser Leidenschaften, die in seinem Charakter vorherrschen, menschlich und sanft oder grausam und unmenschlich sein werden, ob es Leidenschaften des Wohlwollens und des Mitgefühls oder des Neides und der Begehr-

---

behandelt sein wollen, hat als wahre Grundlage nur das Gewissen und das Gefühl; denn wo wäre der sachliche Grund dafür, daß ich, obwohl ich selbst bin, handle, als wäre ich ein andrer, zumal da ich zuinnerst überzeugt bin, mich nie im gleichen Fall zu befinden? und wer steht mir dafür ein, daß ich durch getreue Befolgung dieser Maxime erreiche, daß man sie auch mir gegenüber befolgt? Der Böse zieht seinen Vorteil aus der Redlichkeit des Gerechten und seiner eigenen Ungerechtigkeit; es ist ihm sehr angenehm, daß außer ihm jedermann gerecht ist. Was man auch dazu sagen möge – dieses Übereinkommen ist nicht sehr vorteilhaft für rechtlich denkende Menschen. Wenn aber die Kraft einer expansiven Seele mich eins werden läßt mit meinem Mitmenschen und ich mich sozusagen in ihm fühle, dann will ich nicht, daß er leidet, weil ich nicht leiden will; ich interessiere mich aus Liebe zu mir selbst für ihn, und der Grund für dieses Gebot liegt in der Natur selbst, die mir das Verlangen nach eigenem Wohlsein eingibt, wo auch immer ich mich existieren fühle. Daraus schließe ich, daß es nicht richtig ist, daß die Gebote des Naturgesetzes sich allein auf die Vernunft gründen; sie haben eine festere und sicherere Basis. Die aus der Selbstliebe kommende Menschenliebe ist das Prinzip der menschlichen Gerechtigkeit. Die Summe der ganzen Moral ist im Evangelium durch die des Gesetzes gegeben.

lichkeit sein werden[19], muß man wissen, welchen Platz
unter den Menschen er sich zuweist und welche Art
von Hindernissen er überwinden zu müssen glaubt,
um den Platz, den er einnehmen will, zu bekommen.

Um ihn bei dieser Suche zu leiten, muß man, nachdem man ihm die Menschen in den der Gattung gemeinsamen Eigenschaften gezeigt hat, ihm jetzt die
Menschen in ihrer Unterschiedlichkeit zeigen. Hier
beginnt das Maß der natürlichen und gesellschaftlichen
Ungleichheit, das Bild der ganzen gesellschaftlichen
Ordnung[20].

Die Gesellschaft muß durch die Menschen studiert
werden und die Menschen durch die Gesellschaft. Die,
die Politik und Moral getrennt behandeln wollen[21],
werden von beiden niemals etwas verstehen. Hält man
sich zunächst an die ursprünglichen Beziehungen, so
erkennt man, wie die Menschen von ihnen erfaßt
werden und welche Leidenschaften daraus entstehen
müssen: man erkennt, daß wechselseitig mit dem Fortschritt der Leidenschaften diese Beziehungen zunehmen
und enger werden. Weniger durch die Kraft ihrer
Arme als durch die Mäßigung ihrer Herzen werden
die Menschen unabhängig und frei. Jeder, der wenig
verlangt, hängt von weniger ab; aber die, die unser
eitles Verlangen immer mit unseren physischen Bedürfnissen verwechseln[22] und aus diesen Bedürfnissen
die Grundlagen der menschlichen Gesellschaft gemacht
haben, haben die Wirkungen immer für die Ursachen
genommen und sind in all ihren Betrachtungen nur
in die Irre gegangen.

Im Naturzustand besteht eine tatsächliche und un-
zerstörbare Gleichheit, da es in diesem Zustand unmöglich ist, daß der bloße Unterschied zwischen
Mensch und Mensch groß genug wäre, um den einen
vom anderen abhängig zu machen[23]. Im bürgerlich-ge-
sellschaftlichen Zustand gibt es eine rechtliche Gleichheit, die trügerisch und leer ist, weil eben die Mittel,

die zu ihrer Erhaltung bestimmt sind, dazu dienen,
sie zu zerstören, und weil sich die öffentliche Macht
mit dem Stärkeren vereint, um den Schwachen zu
unterdrücken, und so jenes Gleichgewicht, das die Natur zwischen ihnen vorgesehen hatte, zerstört*. Aus
diesem ersten Widerspruch ergeben sich alle die, die
zwischen Anschein und Wirklichkeit in der bürgerlichen Ordnung zu beobachten sind. Immer wird die
Masse der kleinen Zahl geopfert werden, und das
öffentliche dem einzelnen Interesse; immer dienen
diese Schein-Bezeichnungen Gerechtigkeit und Unterordnung als Instrument der Vergewaltigung und als
Waffen der Ungerechtigkeit, woraus folgt, daß die
oberen Klassen, die behaupten, den anderen zunutze
zu sein, tatsächlich nur sich selbst auf Kosten der
anderen zunutze sind; danach läßt sich die Achtung
ermessen, die ihnen nach Recht und Vernunft gebührt.
Bleibt noch abzuwarten, ob der Rang, den sie sich gegeben haben, günstiger ist für das Glück derer, die
diesen Rang einnehmen, um erkennen zu können, wie
jeder von uns seine eigene Lage zu beurteilen hat. Das
ist das Studium, das jetzt für uns Bedeutung gewinnt;
um es jedoch gut durchführen zu können, muß man
zunächst das menschliche Herz studieren.

Wenn es sich nur darum handelte, den jungen Leuten
den Menschen in seiner Maske zu zeigen, brauchte man
ihn ihnen überhaupt nicht zu zeigen – sie begegnen
ihm immerzu mehr als genug. Da aber die Maske nicht
der Mensch selbst ist und er nicht durch seinen Firnis
bestechen soll, müßt ihr sie, wenn ihr ihnen die Menschen zeichnet, so zeichnen, wie sie sind; nicht, damit
sie sie hassen, sondern damit sie sie bedauern und
ihnen nicht gleichen wollen. Meiner Ansicht nach ist

---

* Der allgemeine Geist der Gesetze aller Länder zielt darauf ab,
immer den Starken dem Schwachen gegenüber zu begünstigen, und den,
der hat, gegenüber dem, der nichts hat: dieser Übelstand ist unvermeidlich und ausnahmslos[24].

dies die vernünftigste Ansicht, die der Mensch von seinem Geschlecht haben kann.

Von diesem Gedanken ausgehend gebietet es sich hier, einen Weg einzuschlagen, der dem bisher gefolgten genau entgegengesetzt ist, und den jungen Menschen eher durch die Erfahrung anderer als durch seine eigene zu belehren. Wird er von den Menschen betrogen, wird er sie hassen; wenn er aber, selbst von ihnen geachtet, sie sich gegenseitig betrügen sieht, wird er sie bemitleiden. Das Schauspiel der Welt, sagte Pythagoras, gleicht dem der olympischen Spiele: die einen stellen dort ihre Waren aus und denken nur an ihr Geschäft; die anderen setzen ihre Person ein und suchen den Ruhm; wieder andere begnügen sich damit, den Spielen zuzusehen, und das sind nicht die Schlechtesten.

Ich möchte, daß man den Umgang eines jungen Mannes so aussucht, daß er Gutes über die denkt, mit denen er verkehrt, und daß man ihn lehrt, die Gesellschaft so richtig zu erkennen, daß er Schlechtes über alles denkt, was in ihr vorgeht; daß er weiß, daß der Mensch von Natur gut ist, daß er seinen Nächsten nach sich selbst beurteilt und empfindet, aber daß er erkennt, wie die Gesellschaft die Menschen verdirbt und verfälscht; daß er in ihren Vorurteilen die Quelle aller ihrer Laster entdeckt; daß er sich gedrungen fühlt, jedes Einzelwesen zu achten, die Menge jedoch zu verachten; daß er erkennt, daß alle Menschen fast die gleiche Maske tragen, daß er aber genausogut weiß, daß es Antlitze gibt, die schöner sind als die Maske, die sie tragen.

Diese Methode – zugegeben – hat ihre Unzulänglichkeiten und ist nicht leicht durchzuführen; wird er nämlich zu früh zum Beobachter, gewöhnt ihr ihn daran, die Handlungen anderer aus allzu naher Sicht zu betrachten, so macht ihr ihn zum Menschenverächter und Satiriker, ist er allzu entschieden und schnell im Aburteilen, wird er sich ein abscheuliches Vergnügen daraus machen, für alles eine bösartige Interpretation zu finden und selbst dem Guten Böses zu unterschieben. Zumindest wird er sich an den Anblick des Lasters gewöhnen und daran, die Böswilligen ohne Grauen zu betrachten, so wie man sich daran gewöhnt, die Unglücklichen ohne Mitleid zu betrachten. Bald wird ihm die allgemeine Verderbtheit weniger als Warnung denn als Entschuldigung dienen – er wird sich sagen, wenn der Mensch so beschaffen ist, brauche er nicht anders zu sein.

Wenn ihr ihn nach Prinzipien belehren und ihn mit der Natur des menschlichen Herzens zugleich die Einwirkung der äußeren Umstände erkennen lehren wollt, die unsre Neigungen in Laster verkehren, und ihn so ohne Übergang von den sinnfälligen Dingen zum Geistigen führt, so bedient ihr euch einer Metaphysik, die er absolut nicht verstehen kann; ihr verfallt wieder in den bisher sorgfältig vermiedenen Fehler, Lektionen zu erteilen, die nur wie Lektionen aussehen, und seinem Geist die Erfahrung und Autorität des Lehrers seiner eigenen Erfahrung und dem Fortschritt seines Verstandes unterschieben.

Um diese beiden Hindernisse auf einmal beiseite zu räumen und ihn das menschliche Herz verstehen zu lehren, ohne das seine zu verderben, möchte ich ihm die Menschen von ferne zeigen, Menschen aus anderen Zeiten oder anderen Gegenden, so daß er zwar den Schauplatz sieht, aber ohne je darauf agieren zu können. Das ist der Augenblick für die Geschichte; durch sie wird er ohne die Lektionen der Philosophie in den Herzen lesen; durch sie wird er sie als einfacher Zuschauer sehen – kühl und leidenschaftslos, als ihr Richter, und weder als ihr Mitschuldiger noch als ihr Ankläger[25].

Um die Menschen zu erkennen, muß man sie handeln sehen. In der Gesellschaft hört man sie sprechen;

sie führen ihre Reden vor und verbergen ihre Handlungen – in der Historie aber werden sie entschleiert und nach den Tatsachen beurteilt. Ihre Reden selbst helfen, sie einzuschätzen, denn durch den Vergleich dessen, was sie tun, mit dem, was sie sagen, tritt gleichzeitig das zutage, was sie sind und was sie scheinen möchten – je mehr sie sich verstellen, um so besser erkennt man sie.

Leider hat dieses Studium seine Gefahren, seine Unzulänglichkeiten in mehr als einer Hinsicht. Es ist schwer, einen Standpunkt einzunehmen, von dem aus man seine Mitmenschen gerecht beurteilen kann. Es ist einer der großen Fehler der Geschichtsschreibung, die Menschen weit mehr von ihrer schlechten, als von ihrer guten Seite zu zeigen; da sie erst durch Revolutionen und Katastrophen interessant wird, schweigt sie sich aus über ein Volk, das in der Geruhsamkeit einer friedlichen Regierung wächst und gedeiht; sie fängt erst an, davon zu sprechen, wenn es sich selbst nicht mehr genügt und sich mit den Angelegenheiten seiner Nachbarn beschäftigt oder sie sich in die seinigen einmischen läßt; sie verherrlicht es erst, wenn es schon seinem Verfall entgegengeht – unsre ganze Historie fängt da an, wo sie enden sollte. Wir besitzen in aller Exaktheit die jener Völkerschaften, die sich zugrunde richten; was uns fehlt, ist die der Völkerschaften, die sich entfalten; sie sind zu glücklich und zu weise, als daß die Historie etwas über sie zu sagen hätte. Und tatsächlich ist zu beobachten, daß selbst heute von den am besten geführten Regierungen am wenigsten gesprochen wird. Wir erfahren also nur das Schlimme, das Gute macht kaum Epoche. Es gibt nur berühmte Bösewichte, die Guten sind vergessen oder werden lächerlich gemacht – so verleumdet die Historie, genauso wie die Philosophie, unablässig das Menschengeschlecht.

Überdies sind die von der Historie beschriebenen

Tatsachen keineswegs exakte Wiedergaben der gleichen Tatsachen, so wie sie sich abgespielt haben – sie verändern sich im Kopf des Historikers, gleichen sich seinen Interessen an und nehmen die Färbung seiner Vorurteile an. Wer kann den Leser genau auf den Schauplatz versetzen, damit er ein Ereignis so sehen kann, wie es sich wirklich abgespielt hat? Unwissenheit oder Parteilichkeit verschleiert alles. Wieviel verschiedene Gesichter kann man einem Ereignis geben, ohne auch nur einen historischen Zug zu verändern, je nachdem ob man die Umstände, die dazu führen, breit darlegt oder nur mit knappen Worten andeutet! Betrachtet einen bestimmten Gegenstand von verschiedenen Gesichtspunkten aus, und er wird kaum noch als der gleiche erscheinen, obwohl sich nichts anderes geändert hat als der Blickpunkt des Beschauers. Genügt es zur Ehre der Wahrheit, mir eine wahre Tatsache zu erzählen, wenn man sie mir in falschem Licht erzählt? Wie oft haben ein Baum mehr oder weniger, ein Felsen zur Rechten oder zur Linken, ein vom Wind erhobener Staubwirbel über das Schicksal einer Schlacht entschieden, ohne daß es irgend jemandem bewußt gewesen wäre! Kann nicht trotzdem der Historiker euch die Ursache der Niederlage oder des Siegs mit soviel Sicherheit klarlegen, als sei er überall dabeigewesen? Was bedeuten mir also die reinen Tatsachen, wenn ihre Begründung mir unbekannt ist? und welche Lehren kann ich aus einem Vorgang ziehen, dessen wahre Ursache ich nicht kenne? Der Historiker legt mir eine vor, aber er erfindet sie, und die Kritik selbst, um die soviel Lärm gemacht wird, ist nichts als eine Kunst der Vermutungen, die Kunst, aus mehreren Lügen die herauszusuchen, die der Wahrheit am ähnlichsten scheint.

Habt ihr niemals *Kleopatra* oder *Kassandra*[26] oder ähnliche Bücher gelesen? Der Autor nimmt sich ein bekanntes Ereignis zum Vorwurf, häuft Fiktion auf

Fiktion, um die Lektüre angenehm zu machen, nachdem er das Ereignis seinen Ansichten anbequemt und mit Einzelheiten seiner Phantasie, Persönlichkeiten, die niemals existiert haben und imaginären Charakteren ausgestattet hat. Ich kann nur geringe Unterschiede zwischen diesen Romanen und eurer Historie feststellen, außer daß der Romancier sich mehr seiner eigenen Phantasie überläßt und der Historiker sich mehr der der anderen unterordnet, wozu ich noch zu sagen hätte, wenn es erlaubt ist, daß der Romancier sich ein moralisches Ziel setzt – ob gut oder schlecht –, worauf es dem Historiker überhaupt nicht ankommt.

Man wird einwenden, daß die Treue historischer Wiedergabe weniger interessiert als die Wahrheit über die Sitten und Charaktere und daß es ziemlich bedeutungslos ist, ob die Ereignisse getreu wiedergegeben werden, wenn nur das menschliche Herz richtig geschildert wird, denn schließlich, so wird man hinzufügen, was gehen uns Ereignisse an, die vor zweitausend Jahren geschehen sind? Da hat man recht, soweit die Charaktere gut nach der Natur gezeichnet sind; wenn aber das Vorbild der meisten von ihnen nur in der Einbildungskraft des Historikers existiert, heißt das nicht in den Fehler zurückverfallen, den man vermeiden wollte, und der Autorität der Schriftsteller zugestehen, was man dem Lehrer nehmen will? Soll mein Zögling nur Bilder der Phantasie zu sehen bekommen, so möchte ich sie ihm lieber selber zeichnen als von der Hand eines andern zeichnen lassen. Sie werden ihm wenigstens angemessener sein.

Die schlimmsten Historiker für einen jungen Menschen sind die, die urteilen. Die Tatsachen! Die Tatsachen[27]! Soll er doch selber urteilen, nur so lernt er die Menschen kennen. Wird er dauernd durch das Urteil des Autors gelenkt, tut er nichts, als mit den Augen eines anderen sehen; und wenn diese Augen ihm einmal fehlen, sieht er gar nichts mehr.

Ich lasse die moderne Historie beiseite; nicht nur, weil sie keine ausgeprägten Züge mehr hat, sondern weil unsre Historiker, einzig darauf bedacht zu brillieren, auch nur darauf bedacht sind, möglichst farbige Charakterbilder zu zeichnen, die oft überhaupt nichts darstellen*. Im allgemeinen geben sich die Alten weniger mit Charakterzeichnungen ab, sie legen weniger Geist und mehr Vernunft in ihr Urteil; dabei muß auch zwischen ihnen sorgfältig gewählt werden, und man soll nicht bei den scharfsinnigsten, sondern bei den einfachsten anfangen. Ich möchte weder Polybius noch Sallust in die Hand eines Jünglings geben; Tacitus ist das Buch der Greise, junge Leute sind nicht so beschaffen, es verstehen zu können. Erst muß man lernen, in den menschlichen Handlungen die ersten Regungen des Menschenherzens zu erkennen, bevor man seine Tiefen ergründen will; erst muß man richtig in den Tatsachen lesen können, ehe man Maximen liest. Zur Philosophie der Maximen gehört die Erfahrung. Die Jugend darf nichts verallgemeinern – ihre ganze Bildung muß in Einzelregeln bestehen.

Meiner Meinung nach ist Thukydides das wirkliche Vorbild des Historikers. Er berichtet Tatsachen, ohne ein Urteil darüber abzugeben, läßt aber keinen der Umstände aus, woraufhin wir uns selbst ein Urteil bilden können. Alles, was er erzählt, breitet er vor dem Auge des Lesers aus; er schaltet sich nicht im mindesten zwischen die Ereignisse und die Leser ein – er verbirgt sich sogar: man glaubt nicht mehr zu lesen, man glaubt zu schauen. Unglücklicherweise spricht er immer vom Krieg, und in seinen Erzählungen begegnet man fast nur dem, was am allerwenigsten belehrt, nämlich Schlachten. Der *Rückzug der Zehntausend* und die *Denkwürdigkeiten des Cäsar* haben nahezu

---

* Siehe Davila, Guicciardini, Strada, Solis, Machiavelli und manchmal de Thou selbst. Vertot ist fast der einzige, der malen konnte, ohne Porträts zu liefern[28].

die gleiche Weisheit und den gleichen Mangel. Der gute Herodot, ohne Charakterbilder, ohne Maximen, aber flüssig, naiv, voll von Einzelheiten, die am geeignetsten sind, zu interessieren und zu gefallen, wäre vielleicht der beste aller Historiker, wenn nicht eben diese Einzelheiten häufig in kindliche Vereinfachungen ausarteten, die eher dazu angetan sind, den Geschmack der Jugend zu verderben als zu bilden – man braucht schon Unterscheidungsvermögen, um ihn lesen zu können. Über Titus Livius sage ich nichts, er wird noch an die Reihe kommen, aber er ist Politiker, er ist Rhetor, er ist alles das, was diesem Alter unangemessen ist.

Die Geschichtsschreibung ist im allgemeinen mangelhaft, weil sie nur die sinnfälligen und festumrissenen Tatsachen registriert, die durch Namen, Orte und Daten fixiert werden können; aber die langsam fortschreitend sich bildenden Ursachen dieser Tatsachen, die sich nicht genauso eingliedern lassen, bleiben immer unbekannt. Oft findet man in einer gewonnenen oder verlorenen Schlacht den Grund zu einer Revolution, die sogar vor dieser Schlacht, schon unvermeidlich geworden war. Der Krieg offenbart nur Vorkommnisse, die schon durch moralische Ursachen, von denen die Historiker selten etwas erkennen können, festgelegt waren.

Der philosophische Geist hat die Überlegungen mehrerer Schriftsteller dieses Jahrhunderts nach dieser Seite hingelenkt; ich zweifle aber daran, daß die Wahrheit bei ihrer Arbeit gewinnt. Da der Furor des Systems sie alle gepackt hat, versucht keiner von ihnen, die Dinge so zu sehen, wie sie sind, sondern wie sie sich in sein System einordnen.

All diesen Überlegungen ist noch hinzuzufügen, daß die Historie weit mehr die Handlungen als die Menschen aufzeigt, weil sie die Menschen nur in gewissen Situationen erfaßt, in ihren Paradegewändern; sie

stellt nur den Mann der Öffentlichkeit vor, der es
darauf angelegt hat, gesehen zu werden – sie folgt ihm
nicht in sein Haus, in sein Studienkabinett, in seine
Familie, in den Kreis seiner Freunde; sie malt ihn nur,
wenn er repräsentiert – sie malt weit eher sein Kleid
als seine Persönlichkeit.

Um mit dem Studium des menschlichen Herzens zu
beginnen, wäre mir die Lektüre über das private Leben die liebste, denn so sehr sich der Mensch auch verbergen möchte, der Historiker folgt ihm überall hin,
er läßt ihm keinen Augenblick Ruhe, keinen Winkel,
um sich dem durchdringenden Auge des Zuschauers
zu entziehen; und wenn der eine sich am sichersten
versteckt wähnt, kann der andere ihn um so besser
entblößen. „Diejenigen“, sagt Montaigne, „die Lebens-
beschreibungen verfassen, die sich mehr mit Überlegungen als mit Ereignissen beschäftigen und mehr
mit dem, was von innen kommt, als mit dem, was
äußerlich geschieht, sie sind mir am gelegensten: darum ist in allen Stücken Plutarch mein Mann[29].“

Es ist zwar richtig, daß der Geist einer größeren
menschlichen Gesellschaft oder der ganzer Völker sehr
verschieden ist vom Charakter des Privatmenschen
und es das menschliche Herz nur sehr unvollkommen
kennen hieße, wenn man es nicht auch in der Masse
studierte; es ist aber auch nicht weniger richtig, daß
man zunächst den Menschen studieren muß, um über
die Menschen urteilen zu können, und daß der, der
die Neigungen eines jeden Einzelwesens vollkommen
erkannt hätte, ihre Gesamtwirkung im ganzen Volk
voraussehen könnte.

Aus den schon angeführten Gründen muß ich hier
wieder auf die Alten zurückkommen, und außerdem,
weil die Menschen von unsren Autoren in ihrem
Privatleben ebenso ausstaffiert werden wie sie es auf
dem Schauplatz der Welt sind, da alle familiären und
alltäglichen, aber wahren und charakteristischen Ein-

zelheiten aus dem modernen Stil verbannt werden.
Der Anstand, ebenso streng im Schrifttum wie in den
Handlungen, erlaubt nur noch, öffentlich zu sagen,
was er dort auch zu tun erlaubt, und da man den
Menschen immer nur als Schauspieler zeigen darf, erkennt man ihn aus unsren Büchern nicht besser als auf
unsren Bühnen. Man mag hundertmal das Leben der
Könige schreiben und wieder schreiben, wir werden
keine Suetone mehr haben*.

Plutarch zeichnet sich durch ebendie Einzelheiten
aus, die wir nicht mehr zu erwähnen wagen. Er besitzt
eine unnachahmliche Gabe, große Männer durch ihre
kleinen Züge zu zeichnen; er ist so glücklich in der
Auswahl dieser Züge, daß oft ein Wort, ein Lächeln,
eine Geste ihm genügen, um seinen Helden zu charak-
terisieren. Mit einem Scherz beruhigt Hannibal seine
verstörte Armee und läßt sie lachend in die Schlacht
ziehen, die ihm Italien lieferte; in Agesilaus auf dem
Steckenpferd liebe ich den Besieger des großen Königs;
als Cäsar durch ein armseliges Dorf zieht und mit seinen Freunden plaudert, entlarvt er, ohne es zu wollen,
den Betrüger, der sagte, er erkenne nur Pompejus als
seinesgleichen an; Alexander schluckt eine Medizin
und verliert kein Wort dabei – es ist der schönste
Augenblick seines Lebens; Aristides schreibt seinen
eigenen Namen auf eine Scherbe und rechtfertigt so
seinen Beinamen; Philopoemen legt seinen Mantel ab
und spaltet Holz in der Küche seines Gastgebers. Dies
ist die wirkliche Kunst der Beschreibung. Das geprägte
Gesicht zeigt sich nicht in den großen Zügen und der
Charakter nicht in den großen Taten – in Kleinigkeiten enthüllt sich das Naturell. Die öffentlichen An-

---

* Ein einziger unsrer Historiker, der Tacitus in den großen Zügen
nachahmte, hat es gewagt, Sueton nachzuahmen und manchmal Commines in seinen kleinen Zügen abzuschreiben[30]. Und eben dies, was
den Wert seines Buches erhöht, hat ihm unter uns nur Kritik eingetragen.

gelegenheiten sind entweder zu durchschnittlich oder
zu gekünstelt, und das moderne Würdegefühl gebietet
unsren Autoren, sich fast ausschließlich bei ihnen aufzuhalten.

Unbestreitbar war M. de Turenne einer der größten
Männer des letzten Jahrhunderts. Man hat es gewagt,
seine Lebensbeschreibung durch ein paar Einzelheiten
interessant zu machen, durch die man ihn kennen
und lieben lernt; aber wie viele solcher Einzelheiten,
durch die man ihn noch besser kennen und noch mehr
lieben gelernt hätte, sah man sich genötigt, wegzu-
lassen! Ich will nur eine davon wiedergeben, die ich
aus sicherer Quelle habe und die Plutarch ganz bestimmt nicht weggelassen hätte, die aber Ramsay ganz
bestimmt nicht aufgezeichnet hätte[31], wenn er sie gekannt hätte.

An einem sehr heißen Sommertag stand der Vi-
comte de Turenne in kurzer weißer Jacke und Nacht-
mütze am Fenster seines Vorzimmers. Einer seiner
Leute kommt herein und, von diesem Aufzug getäuscht, hält er ihn für einen Küchengehilfen, mit dem
er befreundet war. Leise schleicht er sich heran und
versetzt ihm mit einer wahrhaftig nicht leichten Hand
einen kräftigen Schlag auf den Hintern. Rasch dreht
sich der Getroffene um. Zitternd erkennt der Diener
das Gesicht seines Herrn. Außer sich wirft er sich vor
ihm auf die Knie: *Monseigneur, ich habe geglaubt, es
wäre George. – Und wenn es George gewesen wäre*,
schreit Turenne und reibt sich den Hintern, *so derb
hättest du nicht zuzuschlagen brauchen.* So etwas wagt
ihr also nicht zu erzählen, ihr Würmer? So bleibt denn
auf immer unnatürlich und herzlos; erhärtet eure stäh-
lernen Herzen in eurem niederträchtigen Anstand;
macht euch verächtlich durch all eure Würde. Du aber,
unverdorbener Jüngling, der du diese kleine Skizze
liest und gerührt die ganze seelische Güte empfindest,
die er selbst im ersten Zorn beweist, lies auch über die

Kleinlichkeit dieses großen Mannes, sobald die Rede auf seine Herkunft und seinen Namen kam. Bedenke, daß es derselbe Turenne ist, der mit Ängstlichkeit darauf bedacht war, seinem Neffen überall den Vortritt zu lassen, damit man bemerken sollte, daß dieses Kind der Chef eines souveränen Hauses war. Halte diese Gegensätze aneinander, liebe die Natur, verachte die Meinung und erkenne den Menschen.

Nur wenige sind imstande, die Auswirkungen zu erfassen, die durch eine so gelenkte Lektüre in dem noch ganz frischen Geist eines Jünglings entstehen können. Von Kindheit an über Bücher gebeugt, gewohnt zu lesen, ohne zu denken, bleiben wir um so unberührter von dem, was wir lesen, als wir die Leidenschaften und Vorurteile, mit denen die Geschichte und das Leben der Menschen angefüllt sind, schon in uns selber tragen, und alles, was sie tun, scheint uns natürlich, weil wir aus der Natur herausgetreten sind und andere nach uns selbst beurteilen. Man stelle sich jedoch einen nach meinen Maximen erzogenen Jüngling vor, man stelle sich meinen Emile vor, bei dem ich im achtzehn Jahre beharrlicher Sorgfalt nur das Ziel hatten, ihm ein unbestechliches Urteil und ein reines Herz zu bewahren; man stelle sich ihn vor, wie er beim Aufgehen des Vorhangs zum erstenmal den Blick auf die Weltbühne wirft oder, vielmehr wie er hinter den Kulissen die Schauspieler nach ihren Kostümen greifen und sie sich anlegen sieht, und wie er die Schnüre und Rollen abzählt, deren plumper Zauber die Augen der Zuschauer täuscht – bald werden Regungen der Scham und der Verachtung für seine Gattung seiner ersten Überraschung folgen; es wird ihn empören, das ganze Menschengeschlecht, das sich selbst zum Narren hält, in solch kindlichen Spielen sich selbst erniedrigen zu sehen; es wird ihn mit Trauer erfüllen, wenn er sieht, wie seine Mitbrüder sich um Hirngespinste gegenseitig zerfleischen und in wilde Tiere verwandeln, weil sie sich nicht damit zufriedengeben konnten, Menschen zu sein.

Bei den natürlichen Neigungen des Schülers und wenn der Lehrer nur mit etwas Bedacht die Lektüre auswählt, nur ein wenig den Schüler auf die Gedanken bringt, die er aus seiner Lektüre ziehen soll, so wird diese Lektüre für ihn ein Lehrgang in praktischer Philosophie sein, bestimmt ein besserer und besser verstandener als alle die vergeblichen Spekulationen, mit denen man den Geist der jungen Leute in unseren Schulen verwirrt. Wenn Cineas, nachdem er den überspannten Plänen des Pyrrhus zugehört hatte, ihn fragt, welch wirklichen Vorteil er sich denn von der Eroberung der Welt verspreche, dessen er nicht auch jetzt schon ohne so viel Qual genieße, sehen wir darin nur ein flüchtiges Bonmot. Emile aber wird darin eine sehr weise Reflexion sehen, die auch er bald angestellt hätte und die sich für immer seinem Geist einprägt, da sie dort auf kein Vorurteil trifft, das ihr widerspricht und diesen Eindruck zunichte machen könnte. Wenn er dann bei der Lektüre der Vita dieses Irrsinnigen sehen wird, daß alle seine Vorhaben darin endigten, von Frauenhand getötet zu werden, was wird er dann, anstatt diesen vermeintlichen Heroismus zu bewundern, in all den Taten eines so großen Heerführers, in all den Ränken eines so großen Politikers anderes sehen als ebenso viele Schritte, die ihn zu diesem unseligen Ziegelstein führten, der seinem Leben und seinen Plänen durch einen ruhmlosen Tod ein Ende setzen sollte[32]?

Nicht alle Eroberer wurden getötet, nicht alle Usurpatoren sind mit ihren Unternehmungen gescheitert – viele von ihnen werden durchschnittlichen Geistern als glücklich erscheinen. Der aber, der, ohne beim Anschein haltzumachen, das Glück der Menschen nur nach dem Zustand ihres Herzens beurteilt, wird selbst in ihrem Erfolg ihr Unglück erkennen; er wird erkennen, wie ihre Begierden und nagenden Sorgen anwachsen

mit ihrem Glück; er wird sie sehen, wie sie atemlos
vorwärtshasten, ohne je ihr Ziel zu erreichen, er wird
sie sehen, jenen unerfahrenen Reisenden gleich, die
zum erstenmal in die Alpenwelt kommen und sie nach
jedem bestiegenen Berg hinter sich glauben, die aber,
sobald sie einen Gipfel erreicht haben, entmutigt feststellen, daß sie noch höhere Berge vor sich haben.

Nachdem Augustus seine Mitbürger unterworfen
und seine Rivalen vernichtet hatte, herrschte er vierzig
Jahre lang über das größte Reich, das je existiert hat;
aber konnte diese ganze unendliche Macht verhindern,
daß er seinen Kopf gegen die Mauer schlug und seinen
riesigen Palast mit seinen Schreien erfüllte, um von
Varus seine niedergemachten Legionen zurückzuver-
langen? Und hätte er alle seine Feinde besiegt – was
hätten ihm diese eitlen Triumphe genützt, während
Leid jeder Art um ihn immer neu entstand, während
seine liebsten Freunde ihm nach dem Leben trachteten
und er nur noch die Schande oder den Tod all seiner
Nächsten beweinen konnte? Der Unglückliche wollte
die Welt beherrschen und verstand nicht einmal, sein
eigenes Haus zu regieren! Und was entstand aus dieser
Fahrlässigkeit? In der Blüte ihres Alters sah er seinen
Neffen, seinen Adoptivsohn und seinen Schwiegersohn
zugrunde gehen; sein Enkel kam soweit herunter, daß
er an seinem Bettpolster kaute, um sein elendes Leben
um einige Stunden zu verlängern; nachdem seine Tochter und seine Enkelin ihn mit Schande bedeckt hatten,
starb die eine vor Elend und Hunger auf einer einsamen Insel und die andere im Gefängnis durch die
Hand eines Bogenschützen[33]. Er selbst schließlich, letztes Überbleibsel seiner unglücklichen Familie, wurde
von seiner eigenen Frau soweit gebracht, nur ein
Monstrum als seinen Nachfolger zu hinterlassen. Das
war das Schicksal dieses um seines Ruhms und seines
Glücks willen so gefeierten Herrn der Welt. Soll
ich glauben, daß auch nur einer von denen, die ihn

bewundern, mit dem gleichen Preis dafür zahlen
möchte?

Ich habe den Ehrgeiz als Beispiel genommen, aber
das Spiel aller menschlichen Leidenschaften bietet dem,
der die Geschichte studieren will, um sich auf Kosten
der Toten selbst zu erkennen und weise zu werden,
ähnliche Lektionen dar. Die Zeit ist nahe, da das Leben des Antonius für den Jüngling eine aktuellere Bedeutung annehmen wird als das des Augustus[34]. Emile
wird sich kaum wiedererkennen in den befremdlichen
Gestalten, auf die sein Blick während seiner neuen
Studien trifft, dagegen wird er schon im voraus die
Illusionen der Leidenschaften fernhalten können, noch
bevor sie entstehen; und da er sieht, daß sie die Menschen zu allen Zeiten verblendet haben, wird er auf
die Art und Weise vorbereitet sein, wie sie ihn ver-
blenden können, wenn er sich ihnen je überläßt*. Ich
weiß, daß ihm diese Lektionen wenig angemessen sind,
daß sie im Bedarfsfall vielleicht zu spät kommen und
unzureichend sind: erinnert euch aber, daß nicht sie der
Zweck dieses Studiums sind; als ich es in Angriff nahm,
hatte ich mir ein anderes Ziel gesetzt, und es ist bestimmt die Schuld des Lehrers, wenn dieses Ziel nicht
erreicht wird.

Bedenkt, daß, sobald sich die Eigenliebe[35] entwickelt
hat, das relative *Ich* unablässlich ins Spiel tritt, und
daß der Jüngling die anderen nie anders als in bezug
auf sich selbst beobachtet und sich mit ihnen vergleicht.
Es geht also darum, zu wissen, welchen Rang er sich
inmitten der Umwelt zuspricht, nachdem er sie überprüft hat. An der Art, wie man die jungen Menschen
historische Studien treiben läßt, sehe ich, daß man sie

---

* Immer ist es das Vorurteil, das in unseren Herzen die Heftigkeit
der Leidenschaften schürt. Wer nur sieht, was ist, und nur wertet, was
er erkennt, erregt sich nicht in Leidenschaft. Die Irrtümer unsrer Erkenntnisse erzeugen die Heftigkeit all unsrer Begierden. (Anmerkung in
Rousseaus Manuskript.)

sozusagen in alle die Persönlichkeiten, die sie vor Augen haben, zu verwandeln sucht, daß man sich bemüht, sie bald einen Cicero, bald einen Trajan und bald einen Alexander werden zu lassen, daß man sie so entmutigt, wenn sie sich auf ihr Dasein besinnen, daß man jeden bedauern läßt, daß er nur er selbst ist. Diese Methode hat gewisse Vorteile, die ich nicht verkennen will. Was aber meinen Emile betrifft, käme es bei diesen Parallelen auch nur ein einziges Mal vor, daß er lieber ein anderer sein möchte als er selbst, und sei der andere Sokrates oder Cato, dann wäre alles umsonst gewesen – wer anfängt, sich sich selbst zu entfremden, wird sich selbst bald gänzlich vergessen.

Die Philosophen sind keineswegs die besten Menschenkenner; sie sehen sie nur durch die Vorurteile der Philosophie hindurch, und ich kenne keinen anderen Stand, der daran so reich wäre. Ein Wilder hat ein gesünderes Urteil über uns als ein Philosoph; dieser empfindet seine Fehler, empört sich über die unsrigen und sagt bei sich: Wir sind alle schlecht; jener betrachtet uns kühl und sagt: Ihr seid Narren. Er hat recht, denn niemand tut das Böse um des Bösen willen. Mein Zögling ist dieser Wilde, mit dem Unterschied, daß Emile, der mehr nachgedacht, mehr Vergleiche angestellt und unsre Irrtümer aus größerer Nähe gesehen hat, vor sich selbst besser auf der Hut ist und sein Urteil nur nach der Erfahrung abgibt.

Unsre eigenen Leidenschaften bringen uns gegen die der anderen auf; unser Eigennutz läßt uns die Bösen hassen; täten sie uns nichts Böses, würden wir sie eher bemitleiden als hassen. Das Übel, das uns die Bösen antun, läßt uns das vergessen, was sie sich selber antun. Wir würden ihnen ihre Fehler eher verzeihen, wenn wir wüßten, wie schlimm ihr eigenes Herz sie dafür straft. Wir fühlen die Kränkung, aber die Strafe sehen wir nicht; die Vorteile sind offenbar, die Strafe bleibt im Innern verborgen. Wer die Früchte seiner

Laster zu genießen glaubt, quält sich genauso, als hätte
er keinen Erfolg gehabt; nur der Gegenstand hat sich
geändert, die Unruhe ist die gleiche. Sie mögen ihr
Glück zeigen und ihr Herz verstecken – ihr Verhalten
enthüllt es gegen ihren Willen; um es aber erkennen
zu können, darf man nicht das gleiche Herz haben.

Die Leidenschaften, die wir teilen, verführen uns;
die, die unsren Eigennutz antasten, empören uns, und
mit einer Inkonsequenz, die von ihnen selbst herrührt,
tadeln wir bei anderen das, was wir nachahmen möchten. Abscheu und Täuschung sind unvermeidlich, wenn
man von anderen gezwungen wird, das Böse zu erleiden, das man selber täte, wenn man an ihrer Stelle
wäre.

Was braucht es also, um die Menschen richtig zu
beobachten? Ein großes Interesse, sie zu erkennen, eine
große Unparteilichkeit, sie zu beurteilen, ein Herz, das
empfindsam genug ist, alle menschlichen Leidenschaften
zu begreifen, und friedlich genug, sie nicht zu fühlen.
Wenn es im Leben einen günstigen Augenblick für dieses Studium gibt, dann ist es der, den ich für Emile
gewählt habe: früher wären die Menschen ihm fremd
gewesen, später wäre er ihnen ähnlich geworden. Die
Meinung, deren mächtiges Wirken er sieht, hat noch
keinerlei Macht über ihn gewonnen; die Leidenschaften, deren Wirkung er fühlt, haben sein Herz
noch nicht bewegt. Er ist Mensch und interessiert
sich für seine Brüder; er ist unparteiisch und urteilt
über seinesgleichen. Beurteilt er sie richtig, so möchte
er gewiß an niemandes Stelle sein, denn da das Ziel
aller Qualen, die sie sich bereiten, auf Vorurteilen
ruht, die er nicht teilt, gilt es ihm für nichts. Für ihn
ist alles erreichbar, was er will. Von wem könnte er
abhängen, da er, frei von Vorurteilen, sich selbst genügt? Er besitzt Arme, gute Gesundheit*, ist mäßig,

---

* Ich glaube, Gesundheit und gute Konstitution selbstverständlich

hat wenig Bedürfnisse und die Mittel, sie zu befriedigen. Da er in absoluter Freiheit aufgezogen wurde, ist Zwang das schlimmste Übel, das er kennt. Er bedauert jene unglücklichen Könige, die allem, was ihnen gehorcht, versklavt sind; er bedauert jene falschen Weisen, die an ihren eitlen Ruf gekettet sind; er bedauert jene reichen Dummköpfe, die die Märtyrer ihrer Pracht sind; er bedauert jene Parade-Wollüstlinge, die ihr ganzes Leben der Langweile ausliefern, um vergnügt zu erscheinen. Er würde den Feind bedauern, der ihm selbst Böses täte; denn er sähe in seiner Schlechtigkeit sein Elend. Er würde sich sagen: In dem Bedürfnis, mir zu schaden, hat jener Mann sein Los von dem meinen abhängig gemacht.

Noch ein Schritt, und wir sind am Ziel. Die Eigenliebe ist ein nützliches, aber gefährliches Instrument; oft verletzt es die Hand, die sich seiner bedient, und selten tut es Gutes ohne Leid. Emile, der seinen Rang unter den Menschen betrachtet und sich auf seinem Platz so wohl fühlt, wird versucht sein, das Werk eurer Vernunft der seinigen zuzuschreiben und die Verwirklichung seines Glücks als sein Verdienst in Anspruch zu nehmen. Er wird sich sagen: Ich bin weise und die Menschen sind Narren. Er wird sie bedauern und zugleich verachten; er wird sich glücklich schätzen und zugleich höher achten. Da er sich glücklicher fühlt als sie, wird er sich auch für würdiger halten, es zu sein. Dieser Irrtum ist am meisten zu fürchten, weil er am schwierigsten zu beseitigen ist. Bliebe Emile in diesem Zustand, hätte er trotz all unsrer Sorgfalt wenig gewonnen: und hätte ich zu wählen, weiß ich nicht, ob ich nicht doch die Illusion der Vorurteile der des Hochmuts vorzöge.

Große Männer täuschen sich nicht über ihre Über-

---

zu den durch seine Erziehung erlangten Vorteilen zählen zu können oder vielmehr zu den Gaben der Natur, die seine Erziehung ihm erhalten hat.

legenheit: sie erkennen und fühlen sie und bleiben
deswegen doch bescheiden. Je mehr sie besitzen, um so
besser erkennen sie, was ihnen fehlt. Sie fühlen sich
durch die Empfindung ihres Elends eher gedemütigt
als stolz wegen ihres Vorrangs und sind bei allen ihren
exklusiven Gütern zu vernünftig, um stolz auf ein Geschenk zu sein, das sie sich nicht selbst gegeben haben.
Der moralische Mensch kann stolz auf seine Tugend
sein, weil sie ihm gehört; aber worauf ist der geistige
Mensch stolz? Was hat Racine dazugetan, um nicht
Pradon zu sein? Was hat Boileau dazugetan, um nicht
Cotin zu sein[36]?

Hier ist es noch ganz anders. Bleiben wir immer
beim Mittelmaß. Ich habe bei meinem Zögling weder
überdurchschnittliches Genie noch unterdurchschnitt-
liche Intelligenz vorausgesetzt. Ich habe ihn unter den
mittelmäßigen Geistern ausgewählt, um darzutun, was
durch die Erziehung bei einem Menschen erreicht werden kann[37]. Alles Außerordentliche steht außerhalb der
Regel. Wenn also Emile, infolge meiner Mühen, seine
eigene Art zu leben, zu sehen und zu fühlen der anderer
Menschen vorzieht, dann hat er recht; hält er sich deshalb aber für ein hervorragenderes und von Natur aus
glücklicheres Wesen als sie, dann hat er unrecht – er
irrt sich; man muß ihn aufklären oder vielmehr dem
Irrtum zuvorkommen, damit es nicht zu spät sein wird,
um ihn noch ausrotten zu können.

Es gibt keine Torheit, von der ein vernünftiger
Mensch nicht geheilt werden könnte, außer der Eitelkeit; wenn es etwas gibt, das sie mildern kann, dann
nur die Erfahrung; wenigstens bei ihrem Entstehen
kann man sie hindern, weiter zu wachsen. Verliert
euch also nicht in schönen Vernunftreden, um dem
Jüngling zu beweisen, daß er ein Mensch wie alle anderen und den gleichen Schwächen unterworfen ist.
Laßt es ihn fühlen, oder er wird es nie wissen. Dies
ist schon wieder ein Ausnahmefall zu meinen eigenen

Regeln; in diesem Fall gilt es, meinen Schüler absichtlich jedem Zufall auszusetzen, der ihm beweisen kann,
daß er nicht klüger ist als wir. Wenn sich das Erlebnis
mit dem Zauberkünstler auf tausenderlei Weise wiederholte – ich überließe ihn der ganzen Schaden-
freude der Schmeichler; wollten irgendwelche leichtsinnigen Menschen ihn zu einem Abenteuer verlocken
– ich ließe ihn das Risiko eingehen; wollten Gauner
ihn beim Spiel betrügen – ich überließe ihn ihnen,
um ihn zu ihrem Narren zu machen*; ich sähe zu,
wie sie ihm schmeicheln, wie sie ihm das Geld aus
der Tasche ziehen und ihn ausplündern; und wenn sie
sich im Augenblick, da sie ihm den letzten Pfennig
abgenommen hätten, über ihn lustig machten, würde
ich ihnen noch in seiner Gegenwart für die Lektion
danken, die sie so freundlich waren, ihm zu geben. Die
einzigen Fallstricke, vor denen ich ihn sorgfältig bewahren würde, wären die der Kokotten. Die einzige
Rücksicht, die ich auf ihn nähme, wäre die, alle Gefahren, denen ich ihn aussetzte, und alle Schmach, die
ich über ihn ergehen lassen müßte, mit ihm zu teilen.
Ich würde schweigend, ohne Klage, ohne Vorwurf
und ohne ihm je auch nur ein Wort zu sagen durch-
halten, und ihr könnt sicher sein, daß bei dieser be-

---

* Im übrigen wird unser Zögling kaum auf diesen Trick hereinfallen,
er, der soviel Vergnügungen hat, der sich nie in seinem Leben gelangweilt hat und kaum weiß, wozu das Geld da ist. Die beiden Triebkräfte, mit denen man Kinder zu lenken pflegt, Eigennutz und Eitelkeit, dienen den Kurtisanen und Gaunern dazu, sich ihrer in Zukunft
zu bemächtigen. Seht ihr, wie ihre Gier durch Preise, durch Belohnungen
erregt wird, seht ihr, wie sie mit zehn Jahren bei einer öffentlichen
Veranstaltung im Kollegium Beifall klatschten, so werdet ihr auch sehen,
wie sie mit zwanzig Jahren ihre Geldbörse im Spielsaal und ihre
Gesundheit in üblen Häusern verlieren. Man kann jede Wette darauf
eingehen, daß der Primus seiner Klasse einmal der größte Spieler und
Wüstling sein wird. Nun können diese Mittel, hat man sie nicht in
der Kindheit gebraucht, nicht in der Jugend derart mißbraucht werden.
Aber man bedenke, daß es immer meine Maxime ist, den schlimmsten
Fall anzunehmen. Zuerst geht es mir darum, dem Laster zuvorzukommen, dann setze ich es voraus, damit ich ihm abhelfen kann.

ständigen, taktvollen Zurückhaltung alles, was er mich um seinetwillen erleiden sieht, mehr Eindruck in seinem Herzen hinterläßt als das, was er selbst gelitten hat.

Ich kann nicht umhin, hier die falsche Würde der Erzieher anzuprangern, die ihre Zöglinge herabsetzen, sie immer als Kinder behandeln und sich in allem, was sie sie tun lassen, von ihnen distanzieren, nur um in dummer Weise den Überlegenen zu spielen. Anstatt so das junge Herz herabzusetzen, tut alles, um seine Seele zu erheben; behandelt sie als euresgleichen, damit sie es werden, und können sie sich nicht bis zu euch erheben, steigt ohne Scheu und ohne Bedenken zu ihnen hinab. Bedenkt, daß eure Ehre nicht mehr die eure, sondern die eures Zöglings ist; teilt mit ihm seine Fehler, um ihn davon zu befreien; nehmt seine Schande auf euch, um sie auszulöschen; ahmt jenen tapferen Römer nach, der sich beim Anblick seiner fliehenden Armee an ihre Spitze stellte und ausrief: *Sie fliehen nicht, sie folgen ihrem Führer*[38]. War er deshalb entehrt? Weit gefehlt: indem er so seinen Ruhm opferte, steigerte er ihn nur. Die Macht der Pflicht und die Schönheit der Tugend reißen uns hin, ohne daß wir es wollen, und werfen unsre unsinnigen Vorurteile um. Würde man mich bei meiner Pflichterfüllung an Emile ohrfeigen, würde ich mich dessen überall rühmen, anstatt mich dafür zu rächen, und ich zweifle daran, daß es in der Welt einen Menschen gibt, der niederträchtig genug wäre[*], mich darum nicht noch höher zu achten.

Der Schüler braucht darum im Lehrer nicht die gleiche Beschränktheit der Kenntnisse und die gleiche Leichtigkeit, sich irreführen zu lassen, wie bei sich selbst vorauszusetzen. Diese falsche Ansicht paßt zu einem Kind, das noch nichts erkennen und vergleichen kann, jedermann nach seinem Maß mißt und nur dem

---

[*] Ich habe mich geirrt — ich habe einen entdeckt: M. Formey[19].

Vertrauen schenkt, der sich auf die gleiche Stufe mit
ihm stellt. Aber ein junger Mensch in Emiles Alter
und ebenso vernünftig wie er ist nicht mehr so dumm,
sich so irreführen zu lassen, und es wäre nicht gut,
wenn er es täte. Das Vertrauen, das er in seinen
Erzieher setzen muß, ist anderer Art: es muß sich
auf die Autorität der Vernunft gründen, auf die
Überlegenheit der Kenntnisse und den Gewinn, den
zu erkennen der junge Mensch imstande ist und dessen Nützlichkeit für sich selbst er fühlt. Eine lange
Erfahrung hat ihn davon überzeugt, daß er von seinem Erzieher geliebt wird; daß dieser Erzieher ein
weiser und aufgeklärter Mann ist, der nicht nur sein
Glück will, sondern auch weiß, wie er dazu gelangen
kann. Er muß wissen, daß es in seinem eigenen Interesse liegt, seine Ratschläge anzunehmen. Ließe sich
also der Lehrer ebenso täuschen wie der Schüler, verlöre er das Recht, von ihm Achtung zu fordern
und ihn zu belehren. Noch weniger darf der Zögling
annehmen, daß der Erzieher ihm absichtlich Fallen
stellt und seiner Einfalt Schlingen legt. Was muß also
getan werden, um diese beiden Unzuträglichkeiten zugleich zu vermeiden? Das Richtigste und Natürlichste:
einfach und aufrichtig sein wie er; ihn auf die Gefahren aufmerksam machen, denen er sich aussetzt; sie
ihm klar, deutlich, aber ohne Übertreibung, ohne Ver-
drießlichkeit und pedantischen Aufwand darlegen, vor
allem ohne ihm eure Ratschläge als Befehle zu geben,
bis sie dazu geworden sind und dieser gebieterische
Ton absolut notwendig ist. Bleibt er danach hartnäckig, wie er es oft sein wird, dann sagt ihm gar
nichts mehr; laßt ihm seine Freiheit, beobachtet ihn,
tut wie er, aber fröhlich und aufrichtig; macht alles
mit, amüsiert euch, wenn möglich, genauso wie er.
Werden die Folgen zu bedenklich, so seid ihr immer da,
um sie aufzuhalten; wie sehr muß indessen der Jüngling, Zeuge eurer Voraussicht und eurer Willfährig-

keit, über das eine erstaunen und vom anderen gerührt
sein! Jeder seiner Fehltritte ist eine Fessel, die er euch
in die Hand gibt, um ihn, wenn es nötig ist, damit
zu binden. Was nun hier die größte Kunst des Erziehers ausmacht, ist, die Gelegenheiten so herbeizuführen und die Ermahnungen so anzubringen, daß er
schon im voraus weiß, wann der Jüngling nachgeben
und wann er verstockt bleiben wird, damit er ihn von
allen Seiten mit Lektionen der Erfahrung umgibt,
ohne ihn jemals allzu großen Gefahren auszusetzen.

Macht ihn auf seine Fehler aufmerksam, bevor er
in sie verfällt; ist er ihnen verfallen, so macht ihm
keine Vorwürfe; ihr würdet nur seine Eigenliebe
wecken und ihn verstockt machen. Eine Lektion, die
Empörung hervorruft, fruchtet nichts. Ich kenne nichts
Alberneres als das Wort: *Ich hatte es dir ja gesagt.*
Das beste Mittel, zu erreichen, daß er sich dessen, was
man ihm gesagt hat, erinnert, ist, so zu tun, als habe
man es vergessen. Im Gegenteil, seht ihr ihn beschämt,
weil er euch nicht geglaubt hat, müßt ihr diese Demütigung sogar durch gute Worte behutsam verwischen.
Sicherlich wird er euch dafür lieben, wenn er sieht,
daß ihr euch seinetwegen vergeßt und ihn tröstet, anstatt ihn noch mehr zu deprimieren. Fügt ihr dagegen
seinem Kummer noch Vorwürfe hinzu, so wird er
euch hassen und sich zum Gesetz machen, nicht mehr
auf euch zu hören, wie um euch zu beweisen, daß er
über die Bedeutung eurer Ratschläge anders denkt als
ihr.

Die Art und Weise, wie ihr ihn tröstet, kann für
ihn eine um so nützlichere Belehrung sein, als sie kein
Mißtrauen in ihm erweckt. Sagt ihr ihm, ich glaube,
daß tausend andere die gleichen Fehler machen, so sieht
er, daß er sich sehr verrechnet hat; ihr bessert ihn
durch den Anschein des Bedauerns: denn für den, der
mehr wert zu sein glaubt als die anderen, ist es eine
höchst demütigende Entschuldigung, sich an ihrem Bei-

spiel zu trösten; es heißt zu begreifen, daß er höchstens darauf Anspruch machen kann, daß sie nicht mehr wert sind als er selbst.

Die Zeit der Fehler ist die Zeit der Fabeln. Wenn man den Schuldigen unter fremder Maske rügt, belehrt man ihn, ohne ihn zu verletzen, und dann versteht er, daß die Lehrfabel durch die Wahrheit, die er auf sich selbst bezieht, keine Lüge ist. Das Kind, das nie durch Lobhudeleien betrogen wurde, versteht nichts von der Fabel, die ich oben überprüft habe; aber der Tor, den ein Schmeichler zum Narren gehalten hat, begreift ausgezeichnet, daß der Rabe nur ein Dummkopf war[40]. So zieht er aus einem einzelnen Erlebnis eine Maxime, und die Erfahrung, die er bald vergessen hätte, prägt sich durch die Fabel seinem Urteil ein. Es gibt keine moralische Einsicht, zu der man nicht durch die eigene oder die Erfahrung anderer gelangen könnte. In den Fällen, wo diese Erfahrung gefährlich wäre, zieht man ihre Lehre lieber aus der Historie, als daß man sie selber macht. Ist die Prüfung unbedenklich, so ist es gut, wenn der Jüngling ihr weiter ausgesetzt bleibt; dann bringt man mit Hilfe der Lehrfabel die ihm bekannten Sonderfälle in die Form einer Maxime.

Damit verlange ich jedoch nicht, daß diese Maximen ausgearbeitet oder auch nur formuliert werden sollten. Nichts ist so vergeblich, nichts wird so mißverstanden wie die Moral, mit der die meisten Fabeln enden; als ob diese Moral nicht in der Fabel selbst läge oder liegen müßte, damit sie dem Leser deutlich wird! Warum also dadurch, daß man die Moral ans Ende setzt, ihm das Vergnügen nehmen, sie selbst herauszufinden? Die Gabe des Lehrens besteht darin, daß der Schüler an der Belehrung Freude hat. Damit er aber Freude daran hat, darf sein Geist bei allem, was ihr ihm sagt, nicht derart passiv bleiben, daß ihm gar nichts mehr zu tun bleibt, um euch zu verstehen. Das Selbstgefühl des Lehrers muß immer noch etwas für das des Schülers übriglassen, er muß sich sagen können: ich begreife, ich ergründe, ich handele, ich unterrichte mich. Was den Pantalone der italienischen Komödie so peinlich macht, ist sein Bestreben, dem Parterre die Platitüden, die man schon sattsam kennt, zu interpretieren. Ich will nicht, daß ein Erzieher ein Pantalone sei, aber noch weniger ein Schriftsteller. Man muß sich immer verständlich machen, darf aber nicht immer alles sagen: wer alles sagt, sagt nicht viel, denn man hört zuletzt nicht mehr auf ihn. Was sollen jene vier Verse, die La Fontaine der Fabel vom Frosch, der sich aufbläst, anfügt[41]? Hat er Angst, daß man ihn nicht verstanden hat? Hat er, der große Maler, es nötig, die Bezeichnung dessen, was er malt, darunter zu setzen? Weit entfernt, dadurch seine Moral zu verallgemeinern, macht er sie zu einem Einzelfall, beschränkt sie gewissermaßen auf die zitierten Beispiele und verhindert so, daß wir sie auf andere anwenden. Bevor man die Fabeln dieses unnachahmlichen Autors in die Hände eines Jünglings gibt, sollte man alle jene Schlußfolgerungen streichen, durch die er sich bemüht, zu erklären, was er vorher ebenso klar wie reizvoll gesagt hat.

Es wäre ebenfalls von Belang, die Fabeln in eine didaktischere und der Entwicklung der Empfindungen und des Scharfsinns des Jünglings gemäßere Ordnung zu bringen. Gibt es etwas Unvernünftigeres, als sie ohne Rücksicht auf Bedürfnis oder Gelegenheit genau der Reihe nach, wie sie im Buche stehen, durchzunehmen? Erst den Raben, dann die Grille*, dann den Frosch, dann die beiden Maultiere usw. Diese beiden Maultiere übrigens liegen mir besonders auf dem Herzen, denn ich erinnere mich, wie ein Knabe, der für das Finanzwesen erzogen wurde und dem man mit der Stellung, die er einmal einnehmen würde, den Kopf

---

* Hier muß wiederum auf den Verweis vom M. Formey hingewiesen werden. Es muß heißen: erst „Die Ameise", dann „Der Rabe" usw.

benebelte, diese Fabel las, sie auswendiglernte, sie auf-
sagte, hundert- und aber hundertmal wieder hersagte,
ohne daß er je daraus den geringsten Einwand
gegen den Beruf, zu dem er bestimmt war, geschöpft
hätte. Nicht nur habe ich nie Kinder gesehen, die die
Fabeln, die sie lernten, richtig anwandten, ich habe
sogar niemals bemerkt, daß sich jemand darum bemühte, daß sie sie anwandten. Der Vorwand für dieses
Studium ist die moralische Bildung; in Wirklichkeit
aber liegt der Mutter und dem Kind nur daran, eine
ganze Gesellschaft damit zu unterhalten, während es
seine Fabeln hersagt; daher vergißt es sie auch alle,
wenn es größer wird und wenn es sich nicht mehr
darum handelt, sie herzusagen, sondern darum, Nutzen aus ihnen zu ziehen. Noch einmal – es ist nur
Sache der Erwachsenen, aus den Fabeln zu lernen, und
für Emile ist eben jetzt der Zeitpunkt gekommen,
damit zu beginnen.

Von ferne – denn auch ich will nicht alles sagen –
weise ich auf die Wege, die vom richtigen Weg ab-
führen, damit man sie zu umgehen lernt. Ich glaube,
wenn der verfolgt wird, den ich angegeben habe, wird
euer Zögling die Kenntnis der Menschen und seiner
selbst um den geringstmöglichen Preis erkaufen, und
ihr werdet ihn dazu bringen, das Spiel des Schicksals
zu betrachten, ohne daß er dessen Günstlinge beneidet,
und mit sich selbst zufrieden zu sein, ohne sich für
weiser zu halten als die anderen. Nun habt ihr damit
begonnen, ihn zum Schauspieler zu machen, damit er
zum Zuschauer werde: das muß zu Ende geführt werden, denn vom Parkett aus sieht man die Dinge, wie
sie scheinen, von der Bühne aus jedoch so, wie sie sind.
Um das Ganze zu überblicken, muß man Abstand
halten; um Einzelheiten zu sehen, muß man näher
herangehn. Aber mit welchem Anspruch soll ein junger
Mann in die Geschäfte der Welt eintreten? Welches
Recht hat er, in diese dunklen Geheimnisse eingeweiht

zu werden? Das Interesse seines Alters beschränkt sich auf lustige Streiche; er verfügt vorerst nur über sich selbst – und das ist ebenso, als verfüge er über gar nichts. Der Mensch ist die billigste aller Waren, und von all unseren gewichtigen Eigentumsrechten ist das über die Person immer das geringfügigste.

Wenn ich sehe, daß die jungen Leute im Alter der größten Aktivität auf rein spekulative Studien beschränkt und nachher ohne die geringste Erfahrung mit einem Schlag in die Welt und ihre Geschäfte geworfen werden, finde ich, daß man die Vernunft nicht weniger als die Natur schockiert, und es überrascht mich nicht mehr, daß so wenig Menschen wissen, wie sie sich zu verhalten haben. Aus welch seltsamen Gedankengängen heraus bringt man uns so viele unnütze Dinge bei, während die Kunst zu handeln für nichts zählt? Man gibt vor, uns für die Gesellschaft zu bilden, erzieht uns aber, als müsse jeder von uns sein Leben mit Betrachtungen allein in seinem Kämmerchen verbringen oder mit Unbeteiligten Hirngespinsten nachgehen. Ihr glaubt, euren Kindern Lebenskunst beizubringen, wenn ihr sie gewisse Körperverrenkungen und gewisse nichtssagende Phrasen lehrt. Auch ich habe meinen Emile Lebenskunst gelehrt, denn ich lehrte ihn, mit sich selbst zu leben und, außerdem, sein Brot zu verdienen. Aber das genügt nicht. Um in der Welt zu leben, muß man mit den Menschen umgehen können, man muß die Mittel erkennen, sie in die Hand zu bekommen; man muß Wirkung und Gegenwirkung des Einzelinteresses in der bürgerlichen Gesellschaft berechnen können und die Ereignisse so genau vorausbestimmen, daß man in seinen Unternehmungen selten fehlgeht oder wenigstens immer die besten Wege zum Erfolg gewählt hat. Die Gesetze erlauben jungen Leuten nicht, ihre eigenen Geschäfte zu betreiben und über ihre eigenen Güter zu verfügen; aber wozu dienten ihnen diese Vorsichtsmaßnahmen, wenn sie bis zum

vorgeschriebenen Alter keinerlei Erfahrung sammeln
könnten? Sie hätten mit dem Abwarten nichts gewonnen und wären mit fünfundzwanzig Jahren noch ebenso ahnungslos wie mit fünfzehn. Natürlich muß verhindert werden, daß ein junger Mensch, blind durch
seine Unwissenheit oder von seinen Leidenschaften
irregeführt, sich selbst Übles antut; aber es ist jeder
Altersstufe erlaubt, wohltätig zu sein, in jedem Alter
kann man sich unter Anleitung eines klugen Menschen
der Unglücklichen annehmen, die nichts als Beistand
brauchen.

Die Ammen, die Mütter hängen ihr Herz an die
Kinder durch die Fürsorge, die sie ihnen zukommen
lassen; die Ausübung sozialer Tugenden trägt die Liebe
zur Menschheit auf den Grund der Herzen: wenn man
Gutes tut, wird man gut, ich kenne keine sicherere
Praxis. Befasse deinen Zögling mit allen guten Taten,
die er durchführen kann; das Interesse der Bedürftigen
soll immer sein eigenes sein; er soll nicht nur mit seiner
Geldbörse helfen, sondern mit seiner Fürsorge; er soll
ihnen dienen, sie beschützen, ihnen seine Person und
seine Zeit aufopfern[42]; er soll sich zu ihrem Interessen-
vertreter machen – nie in seinem Leben wird er eine
so noble Beschäftigung haben. Wie vielen Unterdrückten, denen man nie ein Ohr lieh, wird Gerechtigkeit
widerfahren, wenn er sie mit jener beharrlichen Entschlossenheit für sie verlangt, die die Übung in der
Tugend verleiht; wenn er sich bei den Vornehmen und
Reichen Einlaß erzwingt, wenn er, muß es sein, bis zu
den Stufen des Thrones vordringt, um den Stimmen
der Unglücklichen Gehör zu verschaffen, denen jeglicher Zugang durch ihr Elend versperrt bleibt und die
die Furcht, für das Leid, das man ihnen tut, bestraft zu
werden, sogar davon abhält, eine Klage darüber zu
wagen!

Wollen wir aber aus unsrem Emile einen fahrenden
Ritter machen, einen Weltverbesserer, einen Paladin?

Wird er sich in die öffentlichen Angelegenheiten
drängen, den Weisen und den Verfechter der Gesetze
bei den Vornehmen, dem Magistrat, dem Fürsten spielen, den Bittsteller bei den Richtern und den Advo-
katen bei den Gerichtshöfen? Ich weiß davon nichts.
Diese komischen und lächerlichen Bezeichnungen ändern nichts an der Natur der Dinge. Er wird alles
tun, was er als nützlich und gut erkennt. Darüber
hinaus wird er nichts tun, und er weiß, daß nichts
gut und nützlich für ihn ist, was nicht seinem Alter
entspricht; er weiß, daß die oberste seiner Pflichten
die gegen sich selbst ist, daß junge Menschen sich selbst
mißtrauen müssen, daß sie in ihrem Verhalten vorsichtig und älteren Leuten gegenüber respektvoll sein
müssen, zurückhaltend und darauf bedacht, keine müßigen Reden zu führen, bescheiden in gleichgültigen
Angelegenheiten, aber kühn in guten Taten und mutig
im Gestehen der Wahrheit. So waren jene erlauchten
Römer, die, ehe sie zu den Staatsämtern zugelassen
wurden, ihre Jugend damit zubrachten, das Verbrechen zu verfolgen und die Unschuld zu verteidigen,
ohne etwas anderes dabei im Sinn zu haben, als sich
im Dienst der Gerechtigkeit und der Wahrung der
guten Sitten selbst zu bilden.

Emile liebt weder Lärm noch Streit, nicht nur zwischen Menschen*, sogar bei Tieren nicht. Er hat noch

---

* Wie aber wird er sich verhalten, wenn jemand Streit mit ihm anfangen will? Ich antworte, daß er nie Streit haben wird, weil er es
nie so weit kommen lassen wird. Ja, aber, wird man fortfahren, wer
ist sicher vor einem Schlag ins Gesicht oder einer Beschimpfung eines
Rohlings, eines Betrunkenen oder eines wackeren Schurken, der zunächst
die Ehre eines Mannes angreift, um dann das Vergnügen zu haben, ihn
zu töten? Das ist etwas anderes; Ehre und Leben des Bürgers dürfen
doch einem Rohling, einem Betrunkenen oder einem Schurken nicht ausgeliefert sein – vor so etwas ist man ebensowenig sicher wie vor einem
Dachziegel, der herunterfällt. Aus hingenommenem Schlag und erdul-
deter Beschimpfung entstehen Rechtsfolgen, die keine Weisheit verhindern kann und für die kein Gerichtshof den Beleidigten rächen kann.
Die Unzulänglichkeit der Gesetze gibt ihm daher seine Unabhängigkeit

nie zwei Hunde aufeinander gehetzt; nie ließ er eine
Katze vom Hund jagen. Dieser Geist der Friedfertig-
keit ist eine Auswirkung seiner Erziehung, die nie
seine Selbstsucht und die hohe Meinung von sich angereizt und ihn so davor bewahrt hat, sein Vergnügen
in der Gewalt über die anderen und in ihrem Unglück
zu suchen. Er leidet, wenn er leiden sieht, das ist ein
natürliches Gefühl. Was einen jungen Menschen dazu
bringt, sich zu verhärten und Gefallen an den Qualen
eines empfindsamen Wesens zu finden, ist die Rück-
wirkung der Eitelkeit, die ihn sich selbst durch seine
Klugheit oder Überlegenheit als von den gleichen
Leiden ausgenommenen betrachten läßt. Wer vor dieser Geisteshaltung bewahrt worden ist, kann nie dem
Laster verfallen, dessen Werk sie ist. Emile liebt also
den Frieden. Das Bild des Glücks erfreut ihn, und
wenn er dazu beitragen kann, es zu erzeugen, so ist
das eine Möglichkeit mehr, daran teilzuhaben. Ich habe
nicht vorgesehen, daß er beim Anblick Unglücklicher
nur jenes sterile und grausame Mitleid für sie hätte,
das sich damit begnügt, die Leiden zu beklagen, die es
heilen kann. Seine aktive Wohltätigkeit wird ihm bald
Erkenntnisse vermitteln, zu denen er mit einem här-

---

zurück; dann ist er allein Obrigkeit und Richter zwischen sich und dem
Angreifer, er allein ist Interpret und Vollstrecker des Naturgesetzes;
er schuldet sich Gerechtigkeit und ist der einzige, der sie sich verschaffen kann, und es gibt keine Regierung auf Erden, die so unsinnig wäre,
ihn in einem solchen Fall dafür zu bestrafen. Ich will damit nicht sagen,
daß er sich schlagen soll – das ist ein extremer Fall; ich sage, daß er
sich Gerechtigkeit schuldet und daß er der einzige ist, der sie sich verschaffen kann. Wäre ich Souverän, ich garantiere dafür, in meinen Ländern gäbe es auch ohne so viel nutzlose Edikte gegen das Duell niemals
Ohrfeigen und Beleidigungen, und zwar durch ein sehr einfaches Mittel, mit dem die Gerichtshöfe nichts zu tun hätten[43]. Wie dem auch
sei, Emile kennt in einem solchen Fall die Genugtuung, die er sich selber schuldet, und das Exempel, das er zur Sicherheit ehrbarer Leute zu
statuieren hat. Auch der aufrechteste Mann hat es nicht in der Gewalt,
zu verhindern, daß man ihn beleidigt, aber es steht in seiner Macht
zu verhindern, daß man sich lange damit brüstet, ihn beleidigt zu
haben[44].

teren Herzen nie oder erst viel später gelangt wäre.
Sieht er Zwietracht unter seinen Kameraden herrschen,
sucht er sie miteinander auszusöhnen; sieht er Be-
trübte, erkundigt er sich nach dem Gegenstand ihres
Kummers; sieht er, daß zwei Menschen einander hassen, will er die Ursache ihrer Feindschaft wissen; sieht
er einen Unterdrückten unter den Quälereien des Reichen und Mächtigen seufzen, forscht er nach, hinter
welchen Machenschaften sich diese Quälereien verbergen; und bei der Anteilnahme, die er für all diese Unglücklichen hat, sind ihm die Mittel, ihre Leiden zu
beenden, niemals gleichgültig. Was haben wir also zu
tun, um aus diesen Anlagen auf eine seinem Alter
gemäße Weise Nutzen zu ziehen? Seine Anteilnahme
und seine Erkenntnisse aufeinander abstimmen und
seinen Eifer dazu nutzen, sie zu vergrößern.

Ich werde nicht müde, zu wiederholen: laßt die
Belehrungen der jungen Leute in Handlungen und nicht
in Reden bestehen; sie sollen nicht aus Büchern lernen,
was die Erfahrung sie lehren kann. Welch ausgefalle-
nes Verfahren, ihnen Beredsamkeit beizubringen, ohne
daß es etwas zu sagen gäbe; zu glauben, sie könnten
auf der Schulbank die Kraft der Sprache der Leidenschaft und die Energie der Überredungsgabe fühlen,
ohne daß sie ein Interesse hätten, jemanden von etwas
zu überzeugen! Alle Vorschriften der Rhetorik müssen
dem, der darin nicht den Nutzen für sich selbst erkennt, als reines Geschwätz erscheinen. Was macht es
einem Schüler aus, ob er weiß, wie Hannibal es fertig-
brachte, seine Soldaten zum Übergang über die Alpen
zu bewegen? Wenn ihr ihm anstelle dieser großartigen
Ansprachen sagtet, wie er es anfangen soll, seinen
Schuldirektor zu bewegen, ihm einen freien Tag zu
bewilligen, so könnt ihr sicher sein, daß er euren Regeln mehr Aufmerksamkeit schenken würde.

Wenn ich einen jungen Menschen, dessen Leidenschaften schon entwickelt wären, in der Rhetorik un-

terrichten müßte, würde ich ihm unentwegt Dinge vor-
führen, die angetan wären, seine Leidenschaften zu
reizen, und mit ihm zusammen überlegen, welche Sprache er mit den anderen Menschen sprechen muß, um
sie seinen Wünschen geneigt zu machen. Aber mein
Emile ist nicht in einer Situation, die der Rhetorik
so günstig ist; fast nur auf das physisch Notwendige
beschränkt, bedarf er der anderen Menschen weniger als diese seiner; und da er für sich selbst nichts
von ihnen zu verlangen hat, berührt ihn das, wozu er
sie überreden will, nicht nahe genug, um ihn in außergewöhnliche Erregung zu versetzen. Daraus folgt, daß
er im allgemeinen eine einfache und leidenschaftslose
Sprache sprechen wird. Gewöhnlich gebraucht er die
Worte in ihrem eigentlichen Sinn und nur, um verstanden zu werden. Er gebraucht keine Sentenzen, weil
er nicht gelernt hat, seine Ideen zu generalisieren; seine
Sprache ist arm an Bildern, weil er selten mit Leidenschaft spricht.

Es ist jedoch nicht an dem, daß er phlegmatisch und
kalt wäre; weder sein Alter noch seine Lebensgewohnheiten, noch seine Neigungen lassen das zu: im Feuer
der Jugend geben die in seinem Blut zurückgehaltenen
und konzentrierten Lebensgeister seinem jungen Herzen eine Wärme, die in seinen Blicken strahlt, die man
in seinen Reden spürt und in seinen Handlungen sieht.
Seine Sprache ist nachdrücklich und manchmal sogar
heftig. Das edle Gefühl, das ihn erregt, verleiht ihm
Kraft und Schwung; durchdrungen von der innigen
Liebe zur Menschheit überträgt er die Regungen seiner
Seele in seine Sprache. Seine großmütige Offenheit hat
einen Zauber, der wirkungsvoller ist als die gekün-
stelte Beredsamkeit der anderen; oder vielmehr ist er
der einzig wahrhaft Beredte, da er nur zu zeigen
braucht, was er fühlt, um es denen, die ihn anhören,
mitzuteilen.

Je mehr ich darüber nachdenke, um so überzeugter

bin ich, daß, wenn man derart die Wohltätigkeit in
Handeln umsetzt und aus dem guten oder schlechten
Erfolg Reflexionen über die jeweiligen Gründe anstellt, es kaum eine nützliche Einsicht geben wird, die
man nicht im Geist des jungen Mannes bilden könnte,
und daß er mit dem wirklichen Wissen, das man in
den Kollegien erwerben kann, noch eine andere, bedeutendere Kunst erwerben wird, nämlich die Anwendung dieser Erkenntnisse auf die Bedürfnisse des Lebens. Bei seinem so großen Interesse für seine Mitmenschen ist es unmöglich, daß er nicht schon früh
lernt, ihre Handlungen, ihre Neigungen und Vergnügen zu wägen und abzuschätzen und im allgemeinen
richtiger zu werten, was dem menschlichen Glück zu-
oder abträglich ist, als jene, die für andere nie etwas
tun, da sie sich für niemanden interessieren. Die, die
sich immer nur ihren eigenen Angelegenheiten widmen, sind zu leidenschaftlich daran interessiert, als daß
sie ein gesundes Urteil über die Dinge abgeben könnten. Da sie alles auf sich selbst beziehen und die Vorstellungen von Gut und Böse nur auf ihr eigenes Interesse abstimmen, füllen sie ihren Kopf mit tausend
lächerlichen Vorurteilen, und in allem, was ihrem
kleinsten Vorteil schaden könnte, sehen sie bald den
Umsturz des gesamten Universums.

Erstrecken wir die Selbstliebe[45] auf andere Wesen,
werden wir sie in Tugend verwandeln, und es gibt
kein menschliches Herz, in dem diese Tugend nicht
wurzelt. Je weniger der Gegenstand unsrer Anteilnahme unmittelbar mit uns selbst zu tun hat, um so
weniger ist die Täuschung durch das Einzelinteresse zu
befürchten; je mehr man dieses Interesse verallgemeinert, um so unparteiischer wird es, und die Liebe zum
Menschengeschlecht in uns ist nichts anderes als die
Liebe zur Gerechtigkeit. Wollen wir also, daß Emile die
Wahrheit liebt und sie erkennt, so müssen wir ihn
bei seinen Geschäften immer fern von sich selbst hal-

ten. Je größer seine Anteilnahme am Glück anderer ist, um so ausgeklärter und besonnener ist sie, um so weniger wird er sich über das täuschen, was gut oder böse ist. Dulden wir jedoch nie bei ihm die blinde Bevorzugung, die sich einzig auf das Ansehen der Personen oder auf ungerechte Voreingenommenheit gründet. Warum sollte er dem einen schaden, um dem anderen zu dienen? Ihm ist es gleich, wem größeres Glück zuteil wird, wenn es nur zum größeren Glück aller beiträgt – nach dem eigenen Interesse ist dies das erste Interesse des Weisen, denn jeder ist ein Teil seiner Gattung, aber nicht der eines anderen Wesens.

Um zu verhindern, daß das Mitleid in Schwäche ausartet, muß man es verallgemeinern und auf das ganze Menschengeschlecht erstrecken. Dann gibt man sich ihm nur soweit hin, als es im Einklang mit der Gerechtigkeit ist, weil von allen Tugenden die Gerechtigkeit am meisten zum Gemeinwohl der Menschen beiträgt. Aus Vernunft, aus Liebe zu uns müssen wir für unsre Gattung noch mehr Mitleid übrig haben als für unseren Nächsten, und das Mitleid mit den Bösen ist eine sehr große Grausamkeit gegen die Menschen.

Man entsinne sich im übrigen, daß alle diese Mittel, mit deren Hilfe ich meinen Zögling so aus sich selbst herausreiße, doch immer einen direkten Bezug zu ihm haben, da er daraus nicht nur eine innere Befriedigung gewinnt, sondern ich, indem ich ihn zum Wohltäter anderer mache, an seiner eigenen Erziehung arbeite.

Ich habe zunächst die Mittel und Wege dargetan, nun werde ich ihre Wirkung zeigen. Welch einen Weitblick stelle ich bei ihm fest! Welch erhabene Gefühle ersticken in seinem Herzen den Keim der geringen Leidenschaften! Welche Klarheit der Urteilsfähigkeit, welche Schärfe des Verstandes bildet sich aus der Vervollkommnung seiner Neigungen, aus der Erfahrung, die die Wünsche einer großen Seele in den engen Grenzen des Möglichen zu halten weiß und erwirkt, daß ein den anderen überlegener Mensch sich auf das Niveau derer herabzulassen versteht, die er nicht zu seinem eigenen emporheben kann! Die wahren Prinzipien der Rechtlichkeit, die wahren Vorbilder des Schönen, alle moralischen Bezüge der Wesen untereinander, alle Begriffe der Ordnung prägen sich seinem Verständnis ein; er erkennt den Platz eines jeden Dinges und den Grund, der es von ihm entfernt – er erkennt, was das Wohl bewirkt und was sich ihm widersetzt. Ohne die menschlichen Leidenschaften empfunden zu haben, kennt er ihre Illusion und ihre trügerischen Launen.

Von der Macht der Sache mitgerissen, stoße ich weiter vor, ohne mir allerdings Illusionen über das Urteil der Leser zu machen. Sie sehen mich seit langem im Land der Träume; ich aber sehe sie immer im Land der Vorurteile. Wenn ich mich auch so strikt von den üblichen Ansichten distanziere, sind sie meinem Geist doch stets gegenwärtig: ich überprüfe sie, denke über sie nach, weder um mich ihnen anzuschließen noch um sie zu verwerfen, sondern um sie auf der Waage der Urteilskraft abzuwägen. Jedesmal, da sie mich zwingt, mich von ihnen zu distanzieren, halte ich es schon, durch die Erfahrung gewitzt, für ausgemacht, daß die Leser mir nicht folgen werden: ich weiß, daß sie den jungen Menschen, den ich bilde, für ein imaginäres und phantastisches Wesen halten, da er so verschieden ist von dem, mit dem sie ihn vergleichen, und da sie sich darauf versteifen, nichts anderes für möglich zu halten als das, was sie vor sich sehen; sie bedenken nicht, daß er von den anderen verschieden sein muß und daß es, da er doch vollkommen anders aufwuchs und erzogen und von völlig anderen Gefühlen berührt wurde als sie, viel überraschender wäre, wenn er ihnen gliche. Er ist nicht der Mensch des Menschen, er ist der Mensch der Natur. Ganz gewiß muß er ihren Augen höchst seltsam erscheinen.

Zu Beginn dieses Werks setzte ich nichts voraus,

was nicht jedermann ebenso gut wie ich hätte beobachten können, denn es gibt einen Punkt, von dem wir alle als Gleichartige ausgehen, nämlich die Geburt. Aber je weiter wir voranschreiten – ich, um die Natur zu pflegen, und ihr, um sie zu verderben –, desto weiter entfernen wir uns voneinander. Mit sechs Jahren unterschied sich mein Zögling nur wenig von dem eurigen, den zu entstellen ihr noch nicht genug Zeit gehabt hattet; jetzt gleichen sie sich in nichts mehr, und das Alter des fertigen Menschen, dem er sich nähert, muß ihn in völlig anderer Gestalt zeigen, wenn nicht all meine Arbeit umsonst gewesen sein soll. Die Quantität dessen, was er an Kenntnissen erworben hat, mag vielleicht in beiden Fällen ungefähr die gleiche sein, aber was erworben wurde, ist einander ganz unähnlich. Ihr seid erstaunt, bei diesem erhabene Gefühle feststellen zu können, von denen bei jenen nicht der geringste Ansatz zu spüren ist; vergeßt aber nicht, daß sie alle schon Philosophen und Theologen sind, bevor Emile überhaupt weiß, was Philosophie ist, und bevor er überhaupt von Gott hat reden hören.

Würde man mir also sagen: Nichts von dem, was Sie voraussetzen, existiert; junge Menschen sind nicht so beschaffen; sie haben diese oder jene Leidenschaft; sie tun dies oder jenes; das ist, als ob man leugnen wollte, daß ein Birnbaum je ein großer Baum sein könnte, weil man in unseren Gärten davon nur Zwergobst zieht.

Ich bitte diese vorschnellen Richter, zu bedenken, daß ich alles, was sie da sagen, genausogut weiß wie sie, daß ich wahrscheinlich länger als sie darüber nachgedacht habe, daß ich nicht das geringste Interesse habe, ihnen etwas vorzumachen, und daher das Recht habe zu fordern, daß sie sich zumindest die Zeit nehmen, herauszufinden, worin ich mich täusche. Sie mögen die Beschaffenheit des Menschen gut studieren und den ersten Regungen des menschlichen Herzens unter die-

sen und jenen Umständen nachgehen, um zu erkennen,
wie unterschiedlich ein Individuum vom anderen nur
durch die Erziehung sein kann; dann mögen sie meine
Erziehung mit den Wirkungen, die ich ihr beilege, vergleichen und sagen, worin ich mich geirrt habe – ich
werde nichts zu erwidern haben.

Was mich so entschieden in meinen Behauptungen
sein läßt und daher, wie ich glaube, auch entschuldigt, ist die Tatsache, daß ich, anstatt mich dem Geist
des Systems zu verschreiben, dem Theoretisieren so
wenig wie möglich Raum gebe und mich nur auf die
Beobachtung verlasse. Ich stütze mich nicht auf das,
was ich mir vorgestellt habe, sondern auf das, was
ich gesehen habe. Ich habe meine Erfahrungen zwar
nicht auf einen Umkreis innerhalb der Stadtmauern
beschränkt, auch nicht auf eine einzige Gesellschafts-
klasse, aber, nachdem ich so viele Stände und Völker
miteinander verglichen habe, wie ich eben konnte in
einem Leben, das ich damit zubrachte, sie zu beobachten, habe ich als unecht das gestrichen, was einem und
nicht dem anderen Volk eigen war, einem Stand und
nicht dem anderen, und nur das als unbestreitbar dem
Menschen eigen angesehen, was allen gemeinsam war,
welchen Alters, welchen Standes und welcher Nation
sie sein mochten.

Wenn ihr also nach dieser Methode einen jungen
Menschen von seiner Kindheit an begleitet, der noch
nicht nach einer besonderen Form geprägt ist und so
wenig wie möglich an der Autorität und den Meinungen anderer hängt – wem, glaubt ihr, wird er am
ähnlichsten sein, meinem Zögling oder den eurigen?
Ich glaube, das ist die Frage, die beantwortet werden
muß, damit man sieht, ob ich in die Irre gegangen bin.

Der Mensch kommt nicht leicht zum Denken, hat er
aber einmal damit begonnen, hört er nicht mehr auf.
Jeder, der einmal gedacht hat, wird immer denken;
der einmal am Nachdenken geübte Verstand kann

nicht mehr ruhig bleiben. Man könnte nun meinen, ich tue zuviel oder zuwenig, der menschliche Geist erschlösse sich von Natur nicht so rasch, und nachdem ich ihm zuerst eine Auffassungsgabe zugeschrieben habe, die er gar nicht besitzt, halte ich ihn nun allzu lange in einem Kreis von Vorstellungen befangen, den er längst überschritten haben müßte.

Bedenkt aber zunächst, daß, will man den natürlichen Menschen heranbilden, man deshalb keineswegs einen Wilden aus ihm machen und ihn in die tiefsten Waldesgründe verbannen muß; es genügt vielmehr, daß er sich weder durch die Leidenschaften noch durch die Meinungen der Menschen in den gesellschaftlichen Strudel hineinziehen läßt, in den er eingeschlossen ist; daß er mit seinen Augen sieht, was er mit seinem Herzen fühlt; daß keine Autorität ihn beherrscht außer der seiner eigenen Vernunft. In einer solchen Situation ist es klar, daß er aus der Vielfalt der Dinge, die ihn anrühren, den mannigfaltigen Gefühlen, die ihn affizieren und den vielfältigen Mitteln, seine wirklichen Bedürfnisse zu befriedigen, viele Ideen empfängt, die er sonst niemals gehabt oder viel langsamer bekommen haben würde. Der dem Geist natürliche Fortschritt wird beschleunigt, aber nicht verkehrt. Der gleiche Mensch, der in den Wäldern ohne Intelligenz bleibt, muß in den Städten verständig und vernünftig werden, wenn er dort bloßer Zuschauer bleibt. Nichts ist geeigneter, einen weise zu machen, als die Torheiten, die man sieht, ohne sie zu teilen; und selbst der, der sie mitbegeht, kann noch daraus lernen, wenn er sich nicht von ihnen überrumpeln läßt und dem Irrtum derer, die sie begehen, nicht verfällt.

Bedenkt auch, daß wir, durch unsre Fähigkeiten auf die sinnlich wahrnehmbaren Dinge beschränkt, den abstrakten Begriffen der Philosophie und den rein intellektuellen Ideen nahezu keinerlei Eindruck abgewinnen können. Um das zu erreichen, müßten wir uns

entweder von unsrem Körper, an den wir so fest gebunden sind, lösen oder langsam, stufenweise von Gegenstand zu Gegenstand fortschreiten, oder schließlich
rasch und fast in einem Satz die Kluft mit dem Schritt
eines Riesen überspringen, wozu das Kind nicht fähig
ist und wofür selbst Erwachsene viele Stufen brauchen,
die man eigens für sie bereitet hat. Der erste abstrakte
Gedanke ist die erste dieser Stufen – aber ich kann
mir nur mit großer Mühe vorstellen, wie man es anfängt, sie zu bauen.

Das unbegreifliche, alles umfassende Wesen, das die
Welt in Bewegung setzt und die ganze Ordnung des
Seienden bestimmt, ist weder mit unsren Augen zu
sehen noch mit unsren Händen zu fassen; es entzieht
sich all unsren Sinnen: das Werk ist offenbar, aber der
Meister verbirgt sich. Es ist nicht so einfach, schließlich
zu der Erkenntnis zu gelangen, daß er existiert, und
wenn wir dahin gelangt sind, wenn wir uns fragen:
wie ist er? wo ist er? gerät unser Geist in Verwirrung,
verirrt sich, und wir wissen nicht mehr, was wir denken sollen.

Locke will, daß man mit dem Studium der Geister
beginnen und dann zu dem der Körper übergehen soll[46].
Das ist die Methode des Aberglaubens, der Vorurteile,
des Irrtums, nicht die der Vernunft und auch nicht
die der wohlgeordneten Natur; das heißt die Augen
verschließen, um sehen zu lernen. Man muß lange
Zeit den Körper studiert haben, um sich einen richtigen Begriff vom Geist machen und seine Existenz vermuten zu können. Das entgegengesetzte System führt
nur zum Materialismus.

Da unsre Sinne die ersten Instrumente unsrer Erkenntnisse sind, sind die körperlichen und sinnlich
wahrnehmbaren Wesen die einzigen, von denen wir
eine unmittelbare Vorstellung haben. Jenes Wort *Geist*
hat keinerlei Sinn für den, der keine Betrachtungen darüber angestellt hat. Für das Volk und für Kinder ist ein

Geist nur ein Körper. Stellen sie sich nicht Geister vor, die schreien, sprechen, schlagen und lärmen? Man wird mir nun wohl zugeben, daß Geister, die Arme und Zunge haben, Körpern sehr ähnlich sind. Darum haben sich alle Völker der Erde, die Juden nicht ausgenommen, körperliche Götter geschaffen. Wir selbst mit unseren Termini Geist, Trinität, Personen sind zum größten Teil wahre Anthropomorphisten. Ich gebe zu, daß man uns lehrt, Gott sei überall – aber wir glauben ebenso, daß die Luft überall ist, wenigstens in unsrer Atmosphäre; und das Wort *Geist* bedeutet ursprünglich selbst nichts anderes als *Hauch* und *Wind*. Sobald man die Leute daran gewöhnt hat, Worte zu sagen, deren Sinn sie nicht verstehen, ist es leicht, sie alles sagen zu lassen, was man will.

Das Gefühl unsrer Wirkung auf andere Körper mußte uns zunächst glauben machen, daß sie im umgekehrten Fall auf ähnliche Weise wirken wie wir auf sie. So hat der Mensch anfangs alle Wesen beseelt, deren Wirkung auf sich er empfand. Da er sich schwächer fühlte als die Mehrzahl dieser Wesen und die Grenzen ihrer Macht nicht kannte, glaubte er sie unbegrenzt und machte daraus Götter, sobald er Körper daraus machte. Zu Anbeginn haben die Menschen, von allem in Schrecken versetzt, in der Natur nichts als Lebendiges gesehen. Die Vorstellung von der Materie hat sich nicht weniger langsam in ihnen gebildet als die vom Geist, da diese erste Vorstellung selbst eine Abstraktion ist. So haben sie das Universum mit fühlenden Göttern angefüllt. Die Sterne, die Winde, die Berge, die Flüsse, die Bäume, die Städte, selbst die Häuser – alles hatte seine Seele, seinen Gott, sein Leben. Die Götzen Labans[47], die Manitus der Wilden, die Fetische der Neger, alle Werke der Natur und der Menschen waren die ersten Gottheiten der Sterblichen; der Polytheismus war ihre erste Religion, ihr erster Kult der Götzendienst. Einen einzigen Gott konnten

sie erst dann erkennen, als sie durch die fortschrei-
tende Verallgemeinerung ihrer Vorstellungen imstande
waren, auf eine erste Ursache zurückzukommen, das
Gesamtsystem der Geschöpfe in einer einzigen Vorstellung zu vereinen, und dem Wort *Substanz* einen
Sinn beizulegen, der im Grunde die größte aller
Abstraktionen ist. Jedes Kind, das an Gott glaubt, ist
also notwendigerweise götzendienerisch oder wenigstens anthropomorphistisch; und hat die Einbildungskraft Gott einmal erkannt, begreift der Verstand ihn
sehr selten. Genau das ist der Irrtum, wohin Lockes
Methode führt.

Zu der abstrakten Vorstellung von der Substanz,
ich weiß nicht wie, gelangt, erkennt man, daß man,
um eine einzige Substanz anzuerkennen, ihr unvereinbare Eigenschaften zuschreiben müßte, solche,
die sich gegenseitig ausschließen, so wie Denken und
Ausdehnung, wovon die eine wesensgemäß teilbar
ist, das andere aber jegliche Teilung ausschließt. Man
begreift zudem, daß das Denken oder, wenn man will,
das Fühlen, eine ursprüngliche und von der Substanz,
dem es eigen ist, untrennbare Eigenschaft ist, und daß
es sich mit der Ausdehnung in bezug auf ihre Substanz
ebenso verhält. Daraus schließt man, daß Wesen, die
eine dieser Eigenschaften verlieren, auch die Substanz,
die ihr eigen ist, verlieren, und daß folglich der Tod
nur eine Trennung von Substanzen ist und daß Wesen, in denen diese beiden Eigenschaften sich verbinden, aus den beiden Substanzen zusammengesetzt sind,
die jene beiden Eigenschaften besitzen.

Nun bedenkt, welcher Abstand noch zwischen dem
Begriff der beiden Substanzen und dem der göttlichen
Natur bleibt; zwischen der unbegreiflichen Vorstellung, wie unsere Seele auf unsren Leib wirkt, und
der Vorstellung, wie Gott auf alle Wesen wirkt. Die
Vorstellungen von Schöpfung, Vernichtung, Allgegen-
wart, Ewigkeit und Allmacht, die von den göttlichen

Attributen, all diese Vorstellungen, die in ihrer ganzen Wirrnis und Dunkelheit zu erkennen so wenigen Menschen zukommt und die für das Volk nichts Dunkles haben, weil es gar nichts davon versteht, wie sollen sie sich in all ihrer Kraft, das heißt in all ihrer Dunkelheit, jungen Geistern darbieten, die noch mit den ersten Operationen der Sinne beschäftigt sind und nur das erfassen, was sie berühren? Vergeblich sind überall um uns die Abgründe des Unendlichen geöffnet[48]; ein Kind kann durch sie nicht in Schrecken versetzt werden, seine schwachen Augen können ihre Tiefe nicht ermessen. Für Kinder ist alles unendlich, sie können sich keine Grenzen denken, nicht etwa, weil ihr Maßstab zu groß ist, sondern weil ihr Verstand zu klein ist. Es ist mir sogar aufgefallen, daß sie die Unendlichkeit weniger jenseits als diesseits der ihnen bekannten Dimensionen hinversetzen. Sie schätzen einen unermeßlichen Raum viel eher mit ihren Füßen als mit ihren Augen ab; für sie dehnt er sich nicht weiter aus, als sie sehen können, jedoch weiter, als sie gehen können. Spricht man ihnen von der Macht Gottes, so glauben sie ihn fast so stark wie ihren Vater. Da in allem ihre Kenntnis für sie der Maßstab des Möglichen ist, halten sie alles, was man ihnen sagt, für geringer als ihr Wissen. So sind die der Unwissenheit und der Schwachheit des Geistes natürlichen Urteile. Ajax hätte gefürchtet, sich mit Achilles zu messen, und fordert Jupiter zum Kampf heraus, weil er Achilles kennt und Jupiter nicht. Ein Schweizer Bauer, der sich für den reichsten aller Menschen hielt, und dem man zu erklären versuchte, was ein König sei, fragte mit stolzer Miene, ob der König wohl hundert Kühe auf dem Berg habe.

Ich sehe schon voraus, wie viele Leser erstaunt sein werden, daß ich meinen Zögling durch die erste Jugend begleite, ohne ihm von Religion zu sprechen. Mit fünfzehn Jahren wußte er nicht, ob er eine Seele hatte,

und vielleicht ist es mit achtzehn noch nicht an der
Zeit, daß er es erfährt; erfährt er es nämlich eher als
notwendig, läuft er Gefahr, es niemals zu wissen.

Hätte ich die Dummheit in ihrer ganzen Wider-
lichkeit zu malen, würde ich einen Pedanten malen,
der Kindern den Katechismus beibringt; wenn ich aus
einem Kind einen Idioten machen wollte, so würde
ich es verpflichten zu erklären, was es beim Aufsagen
seines Katechismus sagt. Man wird einwenden, daß
der größte Teil der christlichen Dogmen ein Geheimnis ist, und, darauf zu warten, daß der menschliche
Geist fähig wird, sie zu erfassen, hieße nicht, darauf
zu warten, daß das Kind erwachsen wird, sondern
daß der Mensch nicht mehr ist. Darauf antworte ich
zunächst, daß es Mysterien gibt, die nicht nur zu begreifen, sondern auch zu glauben dem Menschen unmöglich ist, und daß ich nicht einsehe, was mehr dabei
gewonnen wird, wenn man sie Kinder lehrt, als daß
man ihnen frühzeitig das Lügen beibringt. Weiterhin
habe ich zu sagen, daß, will man die Mysterien gelten
lassen, man zumindest begreifen muß, daß sie unbegreiflich sind[49], und Kinder sind nicht einmal dieses
Gedankengangs fähig. In dem Alter, für das alles ein
Mysterium ist, gibt es keine eigentlichen Mysterien.

Man muß an Gott glauben, um erlöst zu werden.
Dieses mißverstandene Dogma ist das Prinzip der
blutdürstigen Intoleranz und die Ursache all jener
eitlen Lehren, die der menschlichen Vernunft den To-
desstoß versetzen, indem sie sie daran gewöhnen, mit
leeren Worten abgespeist zu werden. Gewiß ist kein
Augenblick zu verlieren, um das ewige Heil zu erlangen; wenn es aber genügt, gewisse Worte zu wiederholen, um es zu erlangen, sehe ich nicht ein, was uns
hindern kann, den Himmel ebenso mit Staren und
Elstern wie mit Kindern zu bevölkern.

Die Verpflichtung, zu glauben, setzt die Möglichkeit
zum Glauben voraus. Der ungläubige Philosoph ist im

Unrecht, da er die Vernunft, die er kultiviert hat, schlecht anwendet und imstande ist, die Wahrheiten, die er verwirft, zu verstehen. Aber das Kind, das sich zur christlichen Religion bekennt – was glaubt es? was es begreift; und es begreift so wenig von dem, was man es sagen läßt, daß es, sagt ihr ihm das Gegenteil, dies genauso bereitwillig annimmt. Der Glaube der Kinder und vieler Erwachsener ist eine Angelegenheit der Geographie[50]. Werden sie dafür belohnt werden, in Rom geboren zu sein und nicht in Mekka? Man sagt dem einen, Mohammed sei der Prophet Gottes, und er sagt: Mohammed ist der Prophet Gottes; dem anderen sagt man, Mohammed sei ein Betrüger, und er sagt: Mohammed ist ein Betrüger[51]. Jeder der beiden hätte behauptet, was der andere behauptet, wenn sie den Ort gewechselt hätten. Kann man von zwei einander so ähnlichen Situationen ausgehen, um den einen ins Paradies und den anderen zur Hölle zu schicken? Wenn ein Kind sagt, es glaube an Gott, so glaubt es nicht an Gott, es glaubt vielmehr dem Peter oder dem Jakob, der ihm sagt, daß es etwas gibt, das man Gott nennt; und es glaubt das auf die Weise des Euripides:

> O Jupiter! wer du auch seiest –
> nichts als den Namen weiß ich von dir*.

Wir[52] halten dafür, daß kein Kind, das vor dem Vernunftalter gestorben ist, von der ewigen Glückseligkeit ausgeschlossen werden wird; die Katholiken glauben dasselbe von allen Kindern, die die Taufe erhalten haben, obgleich sie nie von Gott reden hörten. Es gibt also Fälle, wo man erlöst werden kann, ohne an Gott zu glauben, und diese Fälle treten entweder in der Kindheit oder bei geistiger Umnachtung ein, wenn

---

* Plutarch, *Über die Liebe*, Übersetzung von Amyot. So begann ursprünglich die Tragödie *Menalippe*, aber das Geschrei des athenischen Volkes zwang Euripides, diesen Anfang zu ändern.

der menschliche Geist der Akte unfähig ist, die zur
Erkenntnis der Gottheit notwendig sind. Der ganze
Unterschied, den ich hier zwischen euch und mir sehe,
besteht darin, daß ihr behauptet, Kinder hätten diese
Fähigkeit mit sieben Jahren, und daß ich sie ihnen
nicht einmal zuschreibe, wenn sie fünfzehn sind. Habe
ich nun recht oder unrecht – hier geht es nicht um einen
Glaubensartikel, sondern um eine simple naturge-
schichtliche Beobachtung.

Aus demselben Grund ist es klar, daß ein Mensch,
der das Greisenalter erreichte, ohne an Gott zu glauben, des Anblicks Gottes im Jenseits nicht beraubt
werden wird, wenn er nicht aus Mutwilligkeit verblendet blieb; und ich behaupte, dies ist nicht immer
so. Ihr erkennt es für die Geistesgestörten an, die
durch eine Krankheit ihrer geistigen Fähigkeiten beraubt sind, aber nicht ihrer Eigenschaft als Mensch und
folglich auch nicht ihres Rechts auf die Wohltaten
ihres Schöpfers. Warum es also nicht für jene anerkennen, die, von Kindheit an aus jeglicher Gesellschaft
ausgeschlossen, ein absolut wildes Leben geführt hätten
und der Aufklärung beraubt wären, zu der man nur im
Umgang mit den Menschen gelangt*? Denn es ist eine
erwiesene Unmöglichkeit, daß ein solcher Wilder seine
Überlegungen jemals bis zur Erkenntnis des wahren
Gottes steigern kann. Die Vernunft sagt uns, daß ein
Mensch nur durch seine willentlichen Fehltaten straf-
bar wird und daß unwiderlegbare Unwissenheit ihm
nicht als Verbrechen zur Last gelegt werden kann.
Daraus folgt, daß vor der ewigen Gerechtigkeit jeder
Mensch, der gläubig wäre, wenn er die nötige Einsicht
hätte, als Gläubiger gilt, und daß nur jene als Ungläubige gestraft werden, deren Herz sich der Wahrheit verschließt.

---

* Über den Naturzustand des menschlichen Geistes und die Langsam-
keit seiner Weiterentwicklung s. den ersten Teil des *Discours sur
l'inégalité*.

Hüten wir uns, jenen die Wahrheit zu verkünden, die nicht imstande sind, sie zu verstehen, denn das hieße, den Irrtum an ihre Stelle setzen. Es wäre besser, gar keine Vorstellung von der Gottheit zu haben, als niedrige, phantastische, beleidigende Vorstellungen, die ihrer unwürdig sind; es ist weniger schlimm, die Gottheit zu verkennen, als sie zu beleidigen. Der gute Plutarch sagt, mir wäre es lieber, man glaubte, es gäbe keinen Plutarch auf der Welt, als daß man behauptete, Plutarch sei ungerecht, neidisch, eifersüchtig und so tyrannisch, daß er mehr verlange als er Macht gäbe, es zu vollbringen[53].

Das Hauptübel der verzerrten Bilder von der Gottheit, die man dem kindlichen Geist eingeprägt hat, besteht darin, daß er sie bis ans Ende des Lebens festhält, und daß Erwachsene keinen anderen Gott mehr begreifen als den der Kinder. In der Schweiz begegnete ich einer guten und frommen Familienmutter, die von dieser Ansicht so überzeugt war, daß sie ihren Sohn im frühen Kindesalter nicht in Religion unterrichten wollte, damit er sich nicht mit diesem unvollkommenen Unterricht zufrieden gäbe und im Alter der Vernunft einen besseren außer acht ließe. Dieses Kind hörte nie anders als mit Andacht und Ehrfurcht von Gott reden, und sobald es selbst von ihm sprechen wollte, gebot man ihm Schweigen als über einen Gegenstand, der zu groß und erhaben für es sei. Dieser Vorbehalt erregte seinen Wissensdurst, und sein Selbstgefühl wartete auf den Augenblick, da es dieses Geheimnis, das man ihm so sorgfältig verbarg, enthüllen könnte. Je weniger man ihm von Gott sprach, je weniger man zuließ, daß es selbst davon sprach, um so mehr beschäftigte es sich mit ihm – dieses Kind sah Gott überall. Was ich von dieser unbesonnen zur Schau getragenen Geheimnistuerei befürchten würde, wäre, daß man die Vorstellungskraft des jungen Menschen allzusehr entzündete und ihm dadurch den Kopf verdrehte und schließlich einen Fanatiker anstatt eines Gläubigen aus ihm machte.

Fürchten wir aber nichts dergleichen für meinen Emile, der unentwegt allem, was er nicht erfassen kann, seine Aufmerksamkeit versagt und deshalb die Dinge, die er nicht versteht, mit tiefster Gleichgültigkeit anhört. Es gibt so viele, von denen er zu sagen gewohnt ist: Dafür bin ich nicht zuständig, daß eines mehr ihn kaum in Verlegenheit bringt; und wenn er beginnt, sich wegen dieser großen Probleme zu beunruhigen, dann nicht darum, weil er davon gehört hat, sondern dann, wenn der natürliche Fortschritt seines Geistes sein Suchen in diese Richtung lenkt.

Wir haben gesehen, auf welchem Weg der gebildete menschliche Geist diesen Mysterien näherkommt, und ich gebe gern zu, daß er, selbst bei einem Leben in der Gesellschaft, auf natürliche Weise nur in vorgeschrittenerem Alter dahin gelangt. Da es aber in ebendieser Gesellschaft unvermeidliche Gründe dafür gibt, daß die Entwicklung der Leidenschaften beschleunigt wird, würde man mit gestörtem Gleichgewicht aus der Ordnung der Natur heraustreten, wenn man nicht ebenso den Fortschritt der Erkenntnisse beschleunigte, die zur Regelung dieser Leidenschaften dienen. Hat man es nicht in der Gewalt, eine zu rasche Entwicklung zu mäßigen, so muß man in demselben Maß die Entwicklung beschleunigen, die ihr entsprechen soll, so daß die Ordnung nicht verkehrt wird, daß, was zusammengehn muß, nicht getrennt wird, und der Mensch, in jedem Augenblick seines Lebens ein Ganzes, nicht durch eine seiner Fähigkeiten an diesem und durch die anderen an jenem Punkt anlangt[54].

Welche Schwierigkeit sehe ich sich hier erheben! eine um so größere Schwierigkeit, als sie weniger in der Sache liegt als in der Zaghaftigkeit derer, die sie nicht zu beheben wagen. Wagen wir zunächst wenigstens, sie zu betrachten. Ein Kind soll in der Religion

seines Vaters aufgezogen werden; man führt ihm immer recht vor Augen, daß diese Religion, welche es
auch sein mag, die einzig wahre ist, und daß alle anderen nichts als Überspanntheit und Absurdität sind. Die
Macht der Argumente über diesen Punkt hängt gänzlich von dem Land ab, indem man sie vorbringt. Ein
Türke, der in Konstantinopel das Christentum so lächerlich findet, soll nur sehen, wie man in Paris über
den Mohammedanismus denkt! Vor allem in den Fragen der Religion triumphiert die Meinung. Wir aber,
die wir entschlossen sind, in jeder Hinsicht ihr Joch
abzuschütteln, die wir der Autorität nichts zugestehen
und unsrem Emile nichts beibringen wollen, was er
nicht in jedem Land von sich aus lernen könnte –
in welcher Religion werden wir ihn erziehen? in welche
Sekte werden wir den Menschen der Natur eingliedern?
Mir scheint, die Antwort ist sehr leicht: wir werden ihn
weder der einen noch der anderen eingliedern, sondern
ihn instand setzen, die zu wählen, zu der ihn der
richtige Gebrauch seiner Vernunft führen muß.

> Incedo per ignes
> Suppositos cineri doloso[55].

Aber das alles ist nicht so wichtig – bis jetzt haben
mir Eifer und Vertrauen als Klugheit gedient – ich
hoffe, daß diese Bürgen mich nicht im Stich lassen
werden, wenn ich ihrer bedarf. Leser, erwartet keine
falsche Rücksichtnahme bei mir, die eines Freundes
der Wahrheit unwürdig ist – ich werde meiner Devise[56]
nie untreu werden, aber es ist mir doch wohl erlaubt,
meinem Urteil gegenüber mißtrauisch zu sein. Anstatt
euch hier selbst zu sagen, was ich denke, werde ich euch
sagen, was ein Mann dachte, der mehr wert war als ich.
Für die Wahrheit der Tatsachen, die ich zu berichten
habe, stehe ich ein; sie sind dem Verfasser, dessen Schrift
ich wiedergebe, wirklich begegnet – an euch ist es, zu
erkennen, ob daraus nützliche Betrachtungen über den

Gegenstand zu gewinnen sind, um den es sich handelt. Ich unterbreite euch keineswegs die Ansicht anderer oder die meine als Richtlinie; ich biete sie euch zur Untersuchung dar[57]:

Es ist dreißig Jahre her, daß ein junger heimatloser Mann sich in einer Stadt in Italien in äußerstem Elend befand[58]. Er war als Calvinist geboren, aber da er sich infolge einer Unbesonnenheit als mittelloser Flüchtling in fremdem Land befand, tauschte er seine Religion gegen das tägliche Brot ein. In jener Stadt gab es ein Hospiz für die Proselyten – er wurde dort aufgenommen. Beim Unterricht über konfessionelle Streitfragen erweckte man in ihm Zweifel, die er zuvor nicht hatte, und lehrte ihn das Böse, das ihm unbekannt war: er hörte von neuen Dogmen, er sah noch neuere Bräuche; er sah sie und wurde beinahe ihr Opfer[59]. Er wollte fliehen; man sperrte ihn ein; er beschwerte sich, man strafte ihn für seine Beschwerde; seinen Tyrannen ausgeliefert, sah er sich als Verbrecher behandelt, weil er dem Verbrechen nicht nachgeben wollte. Alle, die wissen, wie sehr die erste Begegnung mit Gewalttätigkeit und Ungerechtigkeit ein unerfahrenes junges Herz erbittert, mögen sich den Zustand des seinen vorstellen. Tränen der Wut rannen ihm aus den Augen, die Empörung erstickte ihn – er flehte Himmel und Menschen an, vertraute sich jedermann an, aber niemand hörte ihm zu. Er begegnete nur niederträchtigen Bediensteten, die dem Ehrlosen, der ihn verhöhnte, ergeben waren, oder Mitschuldige am gleichen Verbrechen, die sich über seinen Widerstand lustig machten und ihn antrieben, es ihnen gleich zu tun. Er wäre verloren gewesen, wenn nicht ein ehrbarer Geistlicher, den er heimlich um Rat fragen konnte, in irgendeiner Angelegenheit das Hospiz besucht hätte. Der Geistliche war arm und auf jedermann angewiesen; der Unterdrückte war aber noch mehr auf ihn angewiesen, und auf die Gefahr hin, sich einen gefährlichen Feind zu schaffen, zögerte der Geistliche nicht, ihm zur Flucht zu verhelfen[60].

Dem Laster entflohen, um ins Elend zurückzufallen, kämpfte der junge Mann vergebens gegen sein Schicksal: einen Augenblick lang glaubte er, es besiegt zu haben. Beim ersten Glücksschimmer waren seine Leiden und sein Beschützer vergessen. Bald wurde er für diese Undankbarkeit gestraft – alle seine Hoffnungen schwanden dahin; mochte seine Jugend ihm auch zum Vorteil gereichen – seine überspannten Ideen verdarben alles. Da er weder ausreichende Begabungen noch genügend Geschicklichkeit besaß, um sich leicht durchzuschlagen, und weder böse sein konnte noch sich mäßigen, strebte er so vieles an, daß er nichts erreichen konnte. In sein altes Elend verfallen, ohne Brot, ohne Unterkunft, kurz vor dem Hungertod erinnerte er sich an seinen Wohltäter.

Er geht zu ihm zurück, er sucht ihn auf und wird liebenswürdig von ihm aufgenommen – sein Anblick erinnert den Geistlichen an eine gute Tat, die er vollbracht hatte; eine solche Erinnerung erfüllt die Seele immer mit Freude. Dieser Mann war von Natur aus menschlich, mitfühlend; er fühlte das Leid anderer durch sein eigenes, und sein Herz war nicht durch Wohlleben verhärtet, kurz, die Lehren der Weisheit und eine aufgeklärte Tugend hatten sein gutes Naturell noch gefestigt. Er nimmt den jungen Mann auf, sucht ihm eine Bleibe und empfiehlt ihn dort; er teilt mit ihm das Lebensnotwendige, das kaum für zwei genügt. Er tut noch mehr: er unterrichtet ihn, tröstet ihn und lehrt ihn die schwierige Kunst, geduldig die Not zu ertragen. Ihr Leute des Vorurteils, hättet ihr all dies von einem Priester, und noch dazu in Italien, erwartet[61]?

Dieser ehrbare Geistliche war ein armer savoyischer Vikar, dem ein Jugenderlebnis die Ungnade seines Bischofs eintrug und der über die Berge gegangen war, um die Unterstützung zu suchen, an der es ihm in seinem eigenen Land fehlte. Er war weder geistlos noch ungebildet, und bei seinem interessanten Äußeren hatte er Gönner gefunden, die ihn bei einem Minister unterbrachten, deren Sohn er erziehen sollte. Er zog die Armut der Abhängigkeit vor und wußte nicht, wie man sich in vornehmen Kreisen zu bewegen hat. Er blieb nicht lange bei jenem Minister. Als er ihn verließ, verlor er keineswegs dessen Hochachtung, und da er vernünftig lebte und jedermann ihn liebte, hoffte er, von seinem Bischof wieder in Gnaden aufgenommen zu werden und eine kleine Pfarrei in den Bergen zu bekommen, um dort den Rest seiner Tage zu verbringen. Das war das äußerste Ziel seines Ehrgeizes.

Aus natürlicher Neigung interessierte er sich für den jungen Flüchtling und horchte ihn deshalb gründlich aus. Er sah, daß das Unglück sein Herz schon entmutigt hatte, daß Schande und Verachtung ihn verzagen ließen, und daß sein zu bitterer Verachtung verwandelter Stolz ihn in der Ungerechtigkeit und Härte der Menschen nur ihre lasterhafte Natur sehen ließ und die Tugend als Wahnvorstellung. Er hatte gesehen, daß die Religion nur dem Eigennutz als Maske dient und der Gottesdienst nur als Schutzbrief für die Heuchelei; an spitzfindigen Reden hatte er erkannt, daß man Himmel und Hölle als Preis für Wortspielereien aussetzte; er hatte gesehen, wie die erhabene und ursprüngliche Vorstellung der Gottheit durch die Phantasmagorien der Menschen entstellt wurde, und da er zu der Ansicht kam, daß man, um an Gott zu glauben, auf den Verstand, den er uns gegeben, verzichten müsse, hatte er für unsre lächerlichen Hirngespinste und für den Gegenstand, dem sie gelten, die gleiche Geringschätzung. Ohne jedes Wissen von dem, was ist, ohne jede Vorstellung, wie es entsteht, versank er mit seiner tiefverwurzelten Verachtung für alle, die darüber mehr zu wissen meinten, in stumpfsinnige Unwissenheit.

Das Vergessen aller Religion führt zum Vergessen der Menschenpflichten. Im Herzen des Freigeistes war dieser Prozeß schon mehr als zur Hälfte vollzogen. Trotzdem war er kein schlechtgeartetes Kind, aber die Ungläubigkeit, das Elend, die allmählich seine Wesensart erstickten, zogen ihn rasch seinem Verderben entgegen und hielten nur noch das Leben eines Bettlers und die Moral eines Atheisten für ihn bereit.

Das nahezu unabwendbare Unglück war noch nicht ganz vollendet. Der junge Mann besaß Kenntnisse, und seine Erziehung war nicht vernachlässigt worden. Er war in jenem glücklichen Alter, da das gärende Blut die Seele zu erwärmen beginnt, ohne sie dem Aufruhr der Sinne zu unterjochen. Die seine hatte noch all ihre Spannkraft. Eine natürliche Scheu, ein schüchterner Charakter ergänzten seine Not und verlängerten für ihn jene Periode, in der ihr euren Zögling mit soviel Mühe festhaltet. Das häßliche Beispiel gemeiner Verderbtheit und reizlosen Lasters hatte seine Vorstellungskraft abgedrosselt, anstatt sie anzuregen. Lange Zeit hindurch ersetzte ihm der Abscheu die Tugend, um seine Unschuld zu bewahren; sie sollte erst süßeren Verführungen erliegen[62].

Der Geistliche sah die Gefahr und die Mittel zur Abhilfe. Die Schwierigkeiten entmutigten ihn keineswegs – seine Aufgabe machte ihm Freude, er beschloß, sie bis zum Ende durchzuführen und das Opfer, das er der Infamie entrissen hatte, der Tugend zurückzugeben. Er holte weit aus, um seinen Plan durchzuführen: der edle Beweggrund spornte seinen Mut an und zeigte ihm seines Eifers würdige Wege. Wie der Erfolg auch ausfallen mochte – er war sicher, seine Zeit nicht vergeudet zu haben. Man hat immer Erfolg, wenn man nur das Gute will.

Zunächst gewann er das Vertrauen des Bekehrten dadurch, daß er seine Wohltaten ihm nicht verkaufte, sich ihm nicht aufdrängte, ihm keine Predigten hielt, sich immer seinem Fassungsvermögen anpaßte und sich selbst klein machte, um sich ihm anzugleichen. Ich glaube, es war ein ziemlich rührendes Schauspiel, einen ernsthaften Mann zum Kameraden eines Gassenjungen werden zu sehen, und die Tugend, die sich der Zügellosigkeit überläßt, um desto sicherer über sie triumphieren zu können. Wenn der Unbesonnene ihm seine törichten Geständnisse machte und ihm sein Herz ausschüttete, hörte der Priester ihn an und beruhigte ihn; ohne dem Schlechten zuzustimmen, interessierte er sich für alles, aber niemals unterbrach er sein Gerede durch aufdringlichen Tadel und verschloß so nie das Herz des Jünglings. Die Freude, mit der er sich verstanden glaubte, wurde durch die, alles herausreden zu können, noch größer. So entstand seine Generalbeichte, ohne daß er darauf kam, daß es eine Beichte war.

Nachdem der Priester seine Empfindungen und seinen Charakter genau geprüft hatte, sah er ganz klar, daß der junge Mann, ohne für sein Alter unwissend zu sein, alles vergessen hatte, was er unbedingt wissen mußte, und daß die Schande, zu der ihn das Schicksal erniedrigt hatte, jegliches wahre Gefühl für Gut und Böse in ihm erstickt hatte. Es gibt einen Grad von Abstumpfung, der der Seele das Leben nimmt, und die innere Stimme kann sich dem, der nur an sein leibliches Wohlergehen denkt, nicht vernehmlich machen. Um den jungen Unglücklichen vor diesem moralischen Tod, dem er so nahe war, zu bewahren, erweckte er zunächst sein Selbstgefühl und seine Selbstachtung in ihm: er zeigte ihm eine glücklichere Zukunft, wenn er seine Begabung richtig nutze; er entfachte in seinem Herzen eine hochherzige Leidenschaft; durch Berichte über edle Taten anderer und indem er ihm

Bewunderung für die einflößte, die sie getan hatten, gab er ihm das Verlangen zurück, ähnliches zu vollbringen. Um ihn unmerklich von seinem müßigen und unsteten Leben zu lösen, ließ er ihn Auszüge aus ausgewählten Büchern machen; und unter dem Vorwand, diese Auszüge dringend zu brauchen, nährte er in ihm das noble Gefühl der Dankbarkeit. Durch diese Bücher bildete er ihn auf indirekte Weise; er ließ ihn eine bessere Meinung von sich selbst zurückgewinnen, damit er sich nicht mehr als ein für alles Gute unnützes Wesen fühle, und um nicht in seinen eigenen Augen verächtlich zu scheinen.

Eine Kleinigkeit mag einen Begriff von der Geschicklichkeit geben, die dieser wohltätige Mann anwandte, um unmerklich die Seele seines Schülers über die Niedrigkeit zu erheben, ohne sich doch den geringsten Anschein zu geben, ihn belehren zu wollen. Der Geistliche war von so anerkannter Rechtschaffenheit und besaß ein so sicheres Urteilsvermögen, daß viele Leute ihre Almosen lieber durch seine Hände gehen ließen als durch die der reichen Stadtpfarrer. Eines Tages, als man ihm etwas Geld zur Verteilung an die Armen gegeben hatte, hatte der junge Mann, der sich als einer der ihren fühlte, die Charakterlosigkeit, etwas davon für sich zu erbitten. „Nein", sagte der Geistliche, „wir sind Brüder, du gehörst zu mir, und ich darf diesen Betrag nicht für persönliche Zwecke anrühren." Dann gab er ihm so viel, wie er verlangt hatte, von seinem eigenen Geld. Lektionen dieser Art vergißt das Herz junger Menschen selten, wenn sie noch nicht völlig verdorben sind.

Ich habe keine Lust mehr, in der dritten Person zu sprechen; außerdem ist es eine überflüssige Mühe, denn du hast es wohl längst gemerkt, verehrter Mitbürger[63], daß es sich bei diesem unglücklichen Flüchtling um mich selbst handelt – ich halte mich für weit genug von den Ausschweifungen meiner Jugend entfernt, um

wagen zu können, sie einzugestehen, und die Hand,
die mich von ihnen abzog, verdient es wohl, daß ich
auf Kosten eines gewissen Schamgefühls ihren Wohltaten wenigstens einige Ehre erweise.

Was mich im persönlichen Leben meines würdigen
Lehrers am meisten beeindruckte, war die Tugend
ohne Heuchelei, die Menschlichkeit ohne Schwäche,
die immer gerade und einfache Sprache und ein seinen
Reden immer entsprechendes Verhalten. Nie sah ich
ihn sich darum kümmern, ob die, denen er half, auch
zur Vesper gingen, ob sie oft genug beichteten, ob sie
die vorgeschriebenen Fasttage einhielten und kein
Fleisch aßen; er zwang ihnen auch keine anderen, ähnlichen Bedingungen auf, ohne die man von den
Frömmlern keinen Beistand erhoffen kann, und würde
man Hungers sterben.

Von solchen Beobachtungen ermutigt, und weit entfernt davon, vor seinen Augen den übertriebenen
Eifer der Konvertiten auszubreiten, ließ ich ihm meine
Denkweise ziemlich deutlich durchblicken, ohne daß
ich ihn daran Anstoß nehmen sah. Manchmal hätte
ich mir sagen können: er läßt mir meine Gleichgültigkeit gegen den Glauben, den ich angenommen habe,
wegen der gleichen Gleichgültigkeit durchgehen, die
er an mir gegen den Glauben bemerkt, in dem ich
geboren bin; er weiß, daß meine Geringschätzung
keine Angelegenheit der Parteilichkeit mehr ist. Was
aber sollte ich denken, wenn ich zuweilen hörte, wie
er der Römischen Kirche entgegengesetzten Dogmen
zustimmte und alle ihre Zeremonien als unwichtig beurteilte? Hätte ich ihn den Bräuchen, denen er so
wenig Wert zuzumessen schien, weniger getreu gesehen, hätte ich ihn für einen verkappten Protestanten
gehalten; da ich aber wußte, daß er auch ohne Zeugen
seine Pflichten als Priester genauso gewissenhaft erfüllte wie vor der Öffentlichkeit, wußte ich nicht
mehr, was ich von diesen Widersprüchen halten sollte.

Abgesehen von dem Fehler, der ihm einst die Ungnade
zugezogen hatte und von dem er auch noch nicht ganz
geheilt war[64], war seine Lebensweise vorbildlich, seine
Sitten untadelig und seine Reden ehrenhaft und klug.
Da ich in engster Gemeinschaft mit ihm lebte, lernte ich
ihn von Tag zu Tag höher schätzen, und nachdem so
viel Güte mein Herz ganz und gar gewonnen hatte,
wartete ich mit wißbegieriger Unruhe auf den Augenblick, da ich erfahren würde, auf welchem Prinzip er die
innere Einheit eines so einzigartigen Lebens aufge-
baut hatte[65].

Dieser Augenblick kam nicht so bald. Bevor er sich
seinem Schüler offenbarte, bemühte er sich, den Samen
der Vernunft und der Güte, den er in seine Seele gesät hatte, zum Keimen zu bringen. Am schwierigsten
war es, in mir eine hochmütige Menschenverachtung
zu beseitigen, eine gewisse Erbitterung gegen die Reichen und Glücklichen dieser Welt, so als ob sie es auf
meine Kosten gewesen wären und als ob sie mir ihr
vermeintliches Glück entrissen hätten. Die törichte
Eitelkeit der Jugend, die sich gegen die Demütigung
auflehnt, nährte nur allzusehr meine Neigung für
diese aufgebrachte Gemütsverfassung, und das Selbstgefühl, das mein Mentor in mir zu erwecken suchte,
trieb mich zum Stolz, ließ die Menschen in meinen
Augen noch niedriger erscheinen, und fügte zu meinem
Haß, den ich für sie empfand, noch die Verachtung.

Ohne diesen Hochmut direkt zu bekämpfen, hielt
er ihn davon ab, zur seelischen Verhärtung zu werden, und ohne mir meine Selbstachtung zu nehmen,
ließ er sie weniger geringschätzig meinen Mitmenschen
gegenüber werden. Er zog den eitlen Schein fort und
zeigte mir die von ihm verdeckten wirklichen Übel: so
lehrte er mich, die Fehler meinesgleichen zu beklagen,
mich von ihrem Elend rühren zu lassen und sie eher zu
bedauern als zu beneiden. Bewegt von Mitleid für die
menschlichen Schwächen aus der tiefen Kenntnis seiner

eigenen, sah er in allen Menschen die Opfer der Laster,
ihrer eigenen und der anderer; die Armen sah er unter
dem Joch der Reichen seufzen, und die Reichen unter
dem der Vorurteile. „Glaube mir", sagte er, „unsre
Illusionen tun alles andere, als unsre Leiden zu verhüllen – sie steigern sie noch, weil sie Dingen Wert beilegen, die wertlos sind, und uns tausenderlei Entbehrungen spüren lassen, die wir ohne sie nicht spüren würden.
Der Frieden der Seele besteht in der Mißachtung alles
dessen, was ihn stören kann: der Mensch, der das Leben
am höchsten einschätzt, ist auch der, der es am wenigsten
zu genießen weiß, und der, der am gierigsten dem Glück
nachjagt, ist immer der Unglücklichste[66]."

„Ach! welch traurige Bilder!" rief ich mit Bitterkeit – „wenn man sich alles versagen muß, wozu wurden wir überhaupt geboren? Und wenn man selbst
das Glück verachten soll, wer kann dann glücklich
sein?" „Ich", sagte der Priester eines Tages mit einem
Ton, der mich traf. „Glücklich, Sie! ein vom Glück
so wenig Begünstigter, so arm, verbannt, verfolgt – Sie
sind glücklich! Und was haben Sie getan, um es zu
sein?" „Mein Kind", antwortete er, „ich will es dir
gern sagen."

Darauf ließ er mich wissen, er wolle nun seine
Bekenntnisse leisten, nachdem er die meinen gehört
habe. Er umarmte mich und sagte: „In deinen Busen
will ich alle Gefühle meines Herzens ausschütten.
Du wirst mich so sehen, wie ich vielleicht nicht bin,
aber so, wie ich mich selber sehe. Hast du mein ganzes
Glaubensbekenntnis empfangen, hast du den Zustand
meiner Seele richtig erkannt, dann wirst du auch wissen,
warum ich mich glücklich schätze, und, wenn du so
denkst wie ich, wissen, was du zu tun hast, um glücklich zu sein. Aber diese Geständnisse sind nicht Angelegenheit eines Augenblicks; ich brauche Zeit, um dir
alles, was ich über das Menschenlos und den wahren
Wert des Lebens denke, auseinanderzulegen: suchen

wir Zeit und Ort richtig aus, um uns in Ruhe dieser Unterhaltung zu überlassen."

Ich bekundete großen Eifer, ihn anzuhören. Das Zusammentreffen wurde nur noch bis zum nächsten Morgen hinausgeschoben. Es war Sommer, wir standen bei Tagesanbruch auf. Er führte mich aus der Stadt hinaus auf eine Anhöhe, an der der Po vorbeifließt, dessen Lauf man durch die fruchtbaren Gestade, die er tränkt, verfolgen konnte; in der Ferne sah man die Landschaft von der unermeßlichen Kette der Alpen gekrönt; die Strahlen der aufgehenden Sonne strichen schon über die Ebene, und wie sie die langen Schatten der Bäume, der Hügel und Häuser auf die Felder malten, schmückten sie durch tausendfältige Lichteffekte das schönste Bild aus, das ein menschliches Auge treffen kann. Man hätte sagen mögen, daß die Natur ihre ganze Pracht vor unsren Augen ausbreitete, um uns das Thema zu unsren Gesprächen zu liefern[67]. Dort war es, daß nach einiger Zeit stiller Betrachtung all dieser Dinge der Mann des Friedens zu mir sprach:

GLAUBENSBEKENNTNIS DES SAVOYISCHEN VIKARS

„Mein Kind, erwarte von mir weder gelehrte Reden noch tiefschürfende Betrachtungen. Ich bin kein großer Philosoph und möchte auch kaum einer sein. Manchmal habe ich aber gesunden Menschenverstand und immer liebe ich die Wahrheit. Ich will nicht mit dir argumentieren, sogar nicht einmal den Versuch machen, dich zu überzeugen; es genügt mir, dir darzulegen, was ich in der Einfalt meines Herzens denke. Befrage das deine, während ich spreche – das ist alles, was ich von dir verlange. Irre ich mich, so aus gutem Glauben; das genügt, damit mein Irrtum mir nicht als Verbrechen ausgelegt werde: solltest du ebenso irren, so hätte es nicht viel auf sich. Wenn ich richtig denke, ist die Vernunft uns doch gemein, und wir haben das gleiche Interesse, auf sie zu hören; warum solltest du anders denken als ich?

Ich wurde als armer Bauer geboren; obwohl durch meinen Stand bestimmt, das Land zu bebauen, hielt man es für besser, daß ich mein Brot als Priester verdienen lerne, und fand eine Möglichkeit, mich studieren zu lassen. Sicherlich dachten weder meine Eltern noch ich dabei an das, was gut, wahrhaft und nützlich ist, sondern an das, was man wissen muß, um die Weihe zu empfangen. Ich lernte, was man mir vorschrieb, und sagte, was man hören wollte, ich legte das Keuschheitsgelübde ab, wie man es von mir verlangte, und wurde zum Priester geweiht. Aber schon bald darauf fühlte ich, daß ich mit meiner Verpflichtung, kein Mann sein zu dürfen, mehr versprochen hatte, als ich halten konnte.

Man sagt uns, das Gewissen sei das Werk der Vorurteile[68]; ich weiß indessen aus eigener Erfahrung, daß es beharrlich, entgegen allen Gesetzen der Menschen, der Ordnung der Natur folgt. Man mag uns wohl dieses oder jenes verbieten, unsre Gewissensbisse über das, was die wohlgeordnete Natur uns erlaubt, sind immer nur schwach, und das mit um so größerem Recht, wenn es um Dinge geht, die sie uns vorschreibt. Deinen Sinnen hat sie noch nichts gesagt, mein guter Jüngling, bleibe noch lange Zeit in dem glücklichen Zustand, da ihre Stimme noch die der Unschuld ist. Halte dir immer vor Augen, daß man sie mehr beleidigt, wenn man ihr zuvorkommt, als wenn man gegen sie angeht; zuerst muß man lernen, zu widerstehen, um zu wissen, wann man ohne Frevel nachgeben darf.

Von Jugend auf habe ich die Ehe als die höchste und heiligste Einrichtung der Natur respektiert. Da ich mir das Recht, mich ihr zu ergeben, versagt hatte, beschloß ich, sie auch nicht zu entweihen; denn da ich trotz Schule und Studium immer ein gleichförmiges und einfaches Leben geführt hatte, hatte ich in meinem

Geist die ganze Klarheit der ursprünglichen Erkenntnisse bewahrt: die Maximen der großen Welt hatten sie nicht getrübt, und meine Armut hielt mich von den Versuchungen fern, die uns die Sophismen des Lasters diktieren.

Und gerade dieser Entschluß brachte mich ins Verderben. Durch meinen Respekt vor den ehelichen Rechten anderer wurden meine Verfehlungen offenbar. Der Skandal mußte gesühnt werden: verhaftet, mit dem Kirchenbann belegt, verjagt, wurde ich weit mehr das Opfer meiner Gewissenhaftigkeit als das meiner Ausschweifung; und die Vorwürfe, die meinen Fall begleiteten, ließen mich bald erkennen, daß man seine Fehler nur voll zu machen braucht, um der Strafe zu entgehen.

Nur wenige solcher Erfahrungen genügen, um einen Geist, der nachdenkt, weit zu führen. Nachdem ich durch traurige Beobachtungen meine Vorstellungen von Redlichkeit, Ehrbarkeit und allen Menschenpflichten umgestürzt sah, bröckelte jeden Tag einer der Lehrsätze, die man mir mitgegeben hatte, ab; die, die mir blieben, genügten nicht mehr, um ein einheitliches Ganzes zu bilden, das sich durch sich selbst hätte aufrechterhalten können, und allmählich fühlte ich, wie sich in meinem Geist die Evidenz der Prinzipien trübte, und schließlich soweit gekommen, nicht mehr zu wissen, was ich denken sollte, gelangte ich in dieselbe Situation, in der du dich befindest, mit dem Unterschied, daß ich zu meiner Ungläubigkeit, späte Frucht eines reiferen Alters, mühevoller gelangt war, und sie deshalb schwieriger zu besiegen war.

Ich war in jener Verfassung der Ungewißheit und des Zweifels, die Descartes für die Suche nach der Wahrheit fordert[69]. Dieser Zustand ist wenig angetan, zu dauern, er ist beunruhigend und schmerzlich; nur die Neigung zum Laster oder die Trägheit der Seele läßt uns darin verharren. Mein Herz war noch nicht

verdorben genug, als daß ich mich darin wohlgefühlt
hätte; und nichts erhält die Gewohnheit, nachzudenken, besser, als wenn man mit sich selbst zufriedener
ist als mit seinem Los[70].

So dachte ich denn über das traurige Los der Sterblichen nach, die dahintreiben auf diesem Ozean der
menschlichen Meinungen, ohne Steuerruder, ohne Kompaß, den Stürmen ihrer Leidenschaften ausgeliefert,
ohne einen anderen Führer als einen unerfahrenen
Steuermann, der seine Route nicht kennt und der weder weiß, woher er kommt, noch wohin er geht. Ich
sagte mir: Ich liebe die Wahrheit, ich suche sie und
kann sie nicht erkennen; man zeige sie mir, und ich
klammere mich für immer an sie: warum soll sie sich
dem Eifer eines Herzens, das geschaffen ist, sie anzubeten, verborgen halten?

Obgleich ich oft größere Leiden durchgemacht habe,
habe ich niemals ein so andauernd unerfreuliches Leben
geführt wie in jenen Zeiten der Qual und der inneren
Unruhe, wo ich, unaufhörlich von Zweifeln hin- und
hergerissen, aus meinen langen Betrachtungen nur Ungewißheit, Unklarheit und Widersprüche über die Ursache meines Wesens und die Richtlinien meiner Pflichten erntete.

Wie kann man guten Glaubens prinzipieller Skepti-
ker sein? Das kann ich nicht verstehen.

Entweder existieren jene Philosophen nicht, oder sie
sind die unglücklichsten aller Menschen. Der Zweifel
an dem, was zu erkennen für uns bedeutungsvoll ist,
ist etwas zu Gewalttätiges für den menschlichen Geist:
er widersteht ihm nicht lange[71]; ob er will oder nicht,
er muß sich für das eine oder das andere entscheiden
und betrügt sich lieber selbst, als nichts zu glauben.

Die Tatsache, daß ich in einem Glauben großgewor-
den war, der über alles entscheidet, der keinerlei Zweifel gestattet, verdoppelte meine Not; denn Auflehnung
in einem einzigen Punkt hieß alles übrige auch ver-

werfen, und die Unmöglichkeit, so viele absurde Entscheidungen anzunehmen, entfernte mich auch von jenen, die nicht absurd waren. Indem man mir sagte: Glaube alles, hielt man mich davon ab, überhaupt etwas zu glauben, und ich wußte nicht mehr, wo ich einen Anhaltspunkt finden konnte.

Ich befragte die Philosophen, blätterte in ihren Büchern, überprüfte ihre verschiedenen Ansichten; ich fand sie alle hochmütig, apodiktisch, dogmatisch, sogar in ihrem vorgegebenen Skeptizismus, alles wissend und nichts beweisend und voller Spott füreinander; und dieser allen gemeinsame Zug schien mir der einzige, worin alle recht haben. Triumphierend, wenn sie angreifen, sind sie machtlos, wenn sie sich verteidigen müssen. Wägst du ihre Gründe ab, haben sie nur solche, die der Zerstörung dienen[72]; zählst du die Stimmen, ist jeder auf die seine angewiesen; sie stimmen nur überein, um zu disputieren; auf sie zu hören, war kein Weg, um aus meiner Ungewißheit herauszukommen.

Ich begriff, daß die Unzulänglichkeit des menschlichen Geistes die erste Ursache dieser ungeheuren Verschiedenartigkeit der Meinungen ist, und der Hochmut die zweite. Wir kennen die Grenzen jenes unermeßlichen Triebwerks nicht und können seine Funktionen nicht errechnen; wir kennen weder seine ersten Gesetze noch seinen Endzweck; wir kennen uns selber nicht; wir kennen weder unsre Natur noch unser aktives Prinzip; kaum wissen wir, ob der Mensch ein einfaches oder zusammengefügtes Wesen ist – undurchdringliche Geheimnisse umgeben uns von allen Seiten; sie sind jenseits des Sinnenbereichs, wir glauben, Vernunft zu besitzen, um sie durchdringen zu können, und besitzen doch nur Einbildungskraft. Jeder bahnt sich durch diese imaginäre Welt den Weg, den er für den richtigen hält; niemand kann wissen, ob der seine zum Ziel führt. Und doch wollen wir alles durchdringen, alles erkennen. Das einzige, was wir nicht können, ist in Unwissenheit bleiben über das, was wir nicht wissen können. Lieber überlassen wir dem Zufall die Entscheidung und glauben, was nicht ist, als zuzugeben, daß keiner von uns erkennen kann, was ist. Als kleiner Teil eines großen Ganzen, dessen Grenzen wir nicht erfassen und das sein Schöpfer unsren närrischen Disputen überläßt, sind wir eitel genug, um darüber entscheiden zu wollen, was dieses Ganze an und für sich ist, und was wir in Beziehung zu ihm sind.

Und wären die Philosophen imstande, die Wahrheit zu entdecken – wer von ihnen würde sich für sie interessieren? Jeder von ihnen weiß, daß sein System nicht besser begründet ist als die anderen; er besteht aber darauf, weil es seines ist. Es gibt nicht einen einzigen, der, zur Erkenntnis des Wahren und des Unwahren gelangend, nicht die Lüge, die er gefunden hat, der Wahrheit vorzöge, die ein anderer entdeckt hat. Wo ist der Philosoph, der um seines Ruhmes willen nicht bereitwillig das Menschengeschlecht betrügen würde? Wo ist derjenige, der sich im Innersten seines Herzens etwas anderes vornimmt, als sich auszuzeichnen? Wenn er sich nur über das Mittelmaß erheben kann, wenn er nur den Glanz seiner Konkurrenten trüben kann – was will er mehr? Das Wesentliche ist, anders zu denken als die anderen. Unter Gläubigen ist er Atheist, unter Atheisten wäre er gläubig[73].

Die erste Frucht, die ich aus diesen Betrachtungen zog, war, daß ich lernte, meine Forschungen auf das zu beschränken, was mich unmittelbar anging, in tiefer Unwissenheit über alles andere zu bleiben und mich bis zum Zweifel nur über solche Dinge zu beunruhigen, die zu wissen mir wichtig waren.

Ich erkannte ferner, daß die Philosophen, weit entfernt, mich von meinen unnötigen Zweifeln zu befreien, die, die mich plagten, nur noch vervielfachen würden, ohne einen einzigen zu lösen. So nahm ich mir einen anderen Lehrmeister und sagte mir: Wende ich mich an das innere Licht; es wird mich weniger irreführen, als sie mich irreführen, oder wenigstens wird mein Irrtum mein eigener sein[74], und ich verderbe weniger, wenn ich meinen eigenen Illusionen nachgebe, als wenn ich mich ihren Lügen ausliefere.

Als ich dann die verschiedenartigen Meinungen vor meinem Geist vorbeiziehen ließ, die mich eine nach der anderen seit meiner Jugend mitgerissen hatten, erkannte ich, daß, obgleich keine von ihnen einleuchtend genug war, mich unmittelbar zu überzeugen, sie verschiedenartige Grade von Wahrscheinlichkeit besaßen und daß die innere Zustimmung ihnen in verschiedenem Maße beipflichtete oder sie ablehnte. Als ich nach dieser Beobachtung alle jene verschiedenen Ideen miteinander verglich, nachdem ich die Vorurteile zum Schweigen gebracht hatte, entdeckte ich, daß die erste und allgemeinste auch die einfachste und vernünftigste war und daß sie nur darum nicht alle Stimmen für sich hatte, weil sie als letzte aufgestellt worden war. Stelle dir vor, wie alle alten und modernen Philosophen zunächst ihre seltsamen Systeme der Kräfte, der Möglichkeiten, der Schicksalhaftigkeiten, der Notwendigkeiten, der Atome, der belebten Welt und der lebendigen Materie, des Materialismus aller Art erschöpft hätten und wie nun nach ihnen allen der illustre Clarke[75] die Welt aufklärt und endlich das Wesen aller Wesen und den Ordner aller Dinge verkündete. Mit welch uneingeschränkter Bewunderung, mit welch einstimmigem Beifall wäre nicht dieses neue System aufgenommen worden, so groß, so erhaben, so angetan, die Seele zu erheben und der Tugend ein neues Fundament zu geben, und gleichzeitig so treffend, so einleuchtend, so einfach und, so scheint mir, so geeignet, dem menschlichen Geist weniger unverständliche Dinge zu bieten, als er in allen anderen Systemen absurd findet! Ich sagte mir: Die unlösbaren Einwände sind allen gemein, weil der menschliche Geist zu be-

schränkt ist, um sie zu lösen; sie beweisen also nichts
für oder gegen – aber welch ein Unterschied unter den
direkten Beweisen! Muß nicht dem System, das alles
erklärt, der Vorzug gegeben werden, vorausgesetzt,
daß es nicht mehr Schwierigkeiten in sich birgt als die
übrigen[76]?

Da ich so die Liebe zur Wahrheit anstelle aller
Philosophie in mir trage, und anstatt jeglicher Methode
eine einfache und leicht faßbare Regel, die mich aller
eitlen Spitzfindigkeit des Argumentierens enthebt, so
komme ich nach dieser Regel wieder auf die Prüfung
der Erkenntnisse, die mich angehen, zurück, entschlossen, alle jene als evident anzuerkennen, denen ich
in der Ehrlichkeit meines Herzens die Zustimmung
nicht versagen kann, und alle jene als wahr anzuerkennen, die mir eine notwendige Verbindung zu jenen
ersteren zu haben scheinen, und alle anderen in der
Schwebe zu lassen, ohne sie zu verwerfen oder anzuerkennen, und ohne mich damit abzugeben, sie zu erhellen, wenn sie zu nichts führen, was für die Praxis
von Nutzen ist[77].

Aber wer bin ich[78]? mit welchem Recht entscheide ich
über die Dinge? und was entscheidet über meine Urteile? Sind sie die Folge der Eindrücke, die ich empfange, und von ihnen bestimmt, bemühe ich mich umsonst bei diesen Untersuchungen; die Urteile ergeben
sich gar nicht oder bilden sich von selbst, ohne daß
ich etwas dazu tue, sie zu lenken. Ich muß mein Augen-
merk also zunächst auf mich selbst lenken, um das
Instrument, dessen ich mich bedienen will, zu erkennen
und um zu wissen, wie weit ich seinem Gebrauch trau-
en kann.

Ich existiere und habe Sinne, durch die ich affiziert
werde. Das ist die erste Wahrheit, die mich beeindruckt und die ich gezwungen bin, anzuerkennen.
Habe ich ein besonderes Gefühl meiner Existenz, oder
nehme ich sie nur durch meine Empfindungen wahr?

Hier ist mein erster Zweifel, den ich im Augenblick unmöglich lösen kann. Denn, da ich unaufhörlich von Empfindungen affiziert werde, sei es unmittelbar, sei es aus der Erinnerung, wie kann ich wissen, ob das Gefühl meines *Ich* etwas außerhalb dieser selben Empfindungen Liegendes ist und unabhängig von ihnen existieren kann?

Meine Empfindungen gehen in mir selbst vor, da sie mich meine Existenz fühlen lassen; aber ihre Ursache liegt außerhalb, da sie mich auch gegen meinen Willen affizieren und es nicht von mir abhängt, sie zu haben oder nicht zu haben. Ich begreife also klar, daß die Empfindung, die in mir ist, und ihre Ursache oder ihr Gegenstand, die außerhalb meiner selbst sind, nicht dasselbe sind.

So existiere nicht nur ich, sondern es existieren noch andere Wesen, nämlich die Gegenstände meiner Empfindungen; und wären auch diese Gegenstände nur Ideen[79], so bleibt doch wahr, daß diese Ideen nicht ich selbst sind.

So nenne ich alles, was ich als außerhalb meiner selbst fühle und was auf meine Sinne einwirkt, Materie; und alle Teile der Materie, die ich in Einzelwesen zusammengefaßt begreife, nenne ich Körper. So bedeuten mir alle Dispute der Idealisten und Materialisten nichts: ihre Unterscheidungen zwischen Anschein und Wirklichkeit der Körper sind Hirngespinste[80].

Jetzt bin ich der Existenz des Universums schon ebenso sicher wie der meinen. Dann denke ich über die Gegenstände meiner Empfindungen nach, und da ich in mir die Fähigkeit entdecke, sie untereinander zu vergleichen, fühle ich mich mit einer aktiven Kraft begabt, die ich vorher an mir nicht kannte.

Wahrnehmen ist empfinden; vergleichen ist urteilen; urteilen und empfinden ist nicht das gleiche[81]. Durch die Empfindung bieten sich mir die Gegenstände getrennt, isoliert, so wie sie es in der Natur sind; durch den

Vergleich setze ich sie in Bewegung, rücke ich sie sozusagen vom Platz, lege die einen über die anderen,
um über ihre Unterschiedlichkeit oder ihre Gleichartigkeit und, ganz allgemein, über alle ihre Beziehungen
untereinander zu entscheiden. Meiner Ansicht nach
besteht die Unterscheidungsfähigkeit des aktiven oder
intelligenten Wesens darin, jenem Wort *ist* einen Sinn
verleihen zu können. Im rein sensitiven Wesen suche
ich vergebens jene Verstandeskraft, die sich geltend
machen will und dann entscheidet; ich kann sie in seiner Natur nicht erkennen. Dieses passive Wesen empfindet jeden Gegenstand getrennt oder gar den ganzen
Gegenstand als aus zwei Teilen bestehend; da es aber
keinerlei Fähigkeit besitzt, sie übereinanderzulegen,
wird es sie nie miteinander vergleichen, wird es sie
nicht beurteilen.

Zwei Gegenstände auf einmal wahrnehmen heißt
nicht, ihre Beziehungen oder ihre Unterschiede wahrnehmen; mehrere voneinander unabhängige Gegenstände wahrnehmen heißt nicht, sie zählen. Ich kann
in einem Augenblick zugleich die Vorstellung von
einem großen und einem kleinen Stock haben, ohne sie
miteinander zu vergleichen, ohne zu bestimmen, daß
der eine kleiner ist als der andere, ebenso wie ich meine
ganze Hand sehen kann, ohne meine Finger zu zählen*. Diese vergleichenden Vorstellungen *größer, kleiner,* ebenso wie die numerischen Vorstellungen *eins,
zwei* usw. sind bestimmt keine Empfindungen, obgleich
mein Geist sie nur aus Anlaß meiner Empfindungen
erzeugt.

Man sagt, das sensitive Wesen unterscheide die Empfindungen voneinander durch die Unterschiede, die
eben zwischen diesen Empfindungen bestehen: das for-

---

* Die Berichte des M. de la Condamine sprechen uns von einem Volk,
das nur bis drei zählen konnte. Da sie aber Hände hatten, hatten die
Menschen, aus denen dieses Volk sich zusammensetzte, häufig das Vor-
handensein ihrer Finger festgestellt, ohne bis fünf zählen zu können[82].

dert eine Erklärung. Wenn die Empfindungen verschiedenartig sind, unterscheidet das sensitive Wesen
sie durch ihre Verschiedenartigkeit; sind sie gleichartig,
unterscheidet es sie, weil es jeweils nur eine Empfindung neben der anderen hat. Wie könnte es sonst zwei
gleichartige Gegenstände in einer einzigen Empfindung
voneinander absondern? es müßte diese beiden Gegenstände notwendigerweise verschmelzen und für ein
und denselben halten, besonders in einem System, das
behauptet, die repräsentativen Sensationen der Ausdehnung seien selbst nicht ausgedehnt.

Werden die beiden miteinander zu vergleichenden
Empfindungen wahrgenommen, so ist ihr Eindruck
vermittelt, jeder Gegenstand ist wahrgenommen, alle
beide sind wahrgenommen, deshalb ist ihre Beziehung
aber nicht wahrgenommen. Wäre die Beurteilung dieser Beziehung nur eine Empfindung und käme sie
mir einzig vom Objekt, würden mich meine Urteile nie
täuschen, da das, was ich empfinde, niemals falsch ist.

Warum also täusche ich mich über die Beziehung
zwischen den beiden Stöcken, besonders wenn sie nicht
parallel sind? Warum sage ich, zum Beispiel, daß der
kleine Stock das Drittel des großen ist, während er
nur sein Viertel beträgt? Warum ist das Bild, das die
Empfindung gibt, nicht konform mit dem Modell, das
der Gegenstand ist? Weil ich beim Urteilen aktiv bin,
weil das Verfahren der Vergleichung fehlerhaft ist
und weil mein Verstand, der die Beziehungen beurteilt, seine Irrtümer der Wahrheit der Empfindungen
beimischt, die nur die Gegenstände zeigen.

Dazu füge noch eine andere Überlegung, die dich
bestimmt in Staunen versetzen wird, wenn du darüber nachgedacht hast, nämlich die: blieben wir im
Gebrauch unsrer Sinne ganz passiv, gäbe es keinerlei
Verbindung unter ihnen, es wäre uns unmöglich, zu
erkennen, daß der Körper, den wir berühren, und der
Gegenstand, den wir sehen, ein und dasselbe sind. Ent-

weder würden wir niemals etwas außerhalb unser selbst
empfinden, oder es gäbe fünf wahrnehmbare Substanzen für uns, deren Identität wahrzunehmen wir keine
Möglichkeit hätten[83].

Der Kraft meines Geistes, die meine Empfindungen
gegeneinander hält und vergleicht, mag man diesen
oder jenen Namen geben; man nenne sie Aufmerksamkeit, Nachdenken, Überlegung – wie man will;
es bleibt immer dabei, daß sie in mir selbst ist und
nicht in den Dingen, daß ich allein sie erzeuge, obgleich ich sie nur im Augenblick des Eindrucks erzeuge,
den die Gegenstände auf mich machen. Ohne es in der
Gewalt zu haben, zu empfinden oder nicht zu empfinden, liegt es in meiner Gewalt, das, was ich empfinde,
mehr oder weniger zu prüfen.

Ich bin also nicht einfach ein sensitives und passives,
sondern ein aktives und intelligentes Wesen, und,
was die Philosophie auch dazu sagen mag, ich wage
es, die Ehre zu beanspruchen, zu denken. Ich weiß
nur, daß die Wahrheit in den Dingen liegt und nicht
in meinem Geist, der sie beurteilt, und daß ich, je weniger ich von dem meinen hinzutue, wenn ich sie beurteile, um so sicherer bin, der Wahrheit näherzukom-
men: so wird mein Leitsatz, mich dem Gefühl mehr
als der Vernunft zu überlassen, von der Vernunft selbst
bestätigt[84].

Da ich mich nun sozusagen meiner selbst versichert
habe, beginne ich, aus mir herauszublicken, und ich
betrachte mich mit einer Art Schauder, hineingeworfen,
verloren in diesem gewaltigen Universum und wie
versunken in der Unermeßlichkeit der Wesen, ohne zu
wissen, was sie sind, weder untereinander noch in Beziehung zu mir. Ich studiere sie, ich beobachte sie; und
der erste Gegenstand, der sich mir bietet, sie miteinander zu vergleichen, bin ich selbst.

Alles, was ich durch die Sinne wahrnehme, ist Materie, und ich leite alle wesentlichen Eigenschaften der

Materie von den Empfindungsqualitäten ab, die mich sie wahrnehmen lassen und von ihr untrennbar sind. Bald sehe ich sie in Bewegung, bald in Ruhe*, woraus ich folgere, daß weder Ruhe noch Bewegung ihr wesentlich sind; da Bewegung aber eine Aktion ist, ist sie die Wirkung einer Ursache, deren Abwesenheit nichts ist als Ruhe. Wenn also nichts auf die Materie einwirkt, bewegt sie sich nicht, und aus der Tatsache, daß sie der Ruhe und der Bewegung gegenüber indifferent ist, geht hervor, daß ihr natürlicher Zustand ist, in Ruhe zu verharren[85].

Bei den Körpern bemerke ich zwei Arten von Bewegung, nämlich übertragene Bewegung und spontane oder aus eigenem Antrieb erfolgende Bewegung[86]. Bei der ersteren ist die treibende Ursache dem bewegten Körper fremd, bei der zweiten liegt sie in ihm selbst. Daraus schließe ich nicht, daß z. B. die Bewegung einer Uhr aus eigenem Antrieb erfolgt, denn wenn nichts Fremdes auf das Uhrwerk einwirkte, würde es keineswegs danach trachten, sich wieder aufzuziehen. Aus demselben Grund würde ich auch den Flüssigkeiten keinen eigenen Antrieb zuerkennen, auch selbst dem Feuer nicht, das sie zur Flüssigkeit macht**.

Du wirst mich fragen, ob die Tiere sich aus eigenem Antrieb bewegen; ich will dir sagen, daß ich es nicht weiß, daß die Analogie aber dafür spricht. Du wirst mich weiter fragen, wieso ich denn weiß, daß es Be-

---

* Diese Ruhe ist, wenn man so will, nur relativ; da wir aber ein Mehr oder ein Weniger an der Bewegung feststellen, erfassen wir ganz eindeutig eins dieser beiden Extreme, die Ruhe, und wir erfassen es so gut, daß wir sogar geneigt sind, die Ruhe, die nur etwas Relatives ist, als etwas Absolutes zu betrachten. So ist es also nicht richtig, daß die Bewegung der Materie wesentlich sei, wenn sie als ruhend begriffen werden kann.

** Die Chemiker betrachten das Phlogiston oder das Element des Feuers als etwas Verstreutes, Unbewegliches, das in den Mischungen, deren Teil es ist, stagniert bis von außen kommende Ursachen es freimachen, vereinigen, in Bewegung setzen und in Feuer verwandeln.

wegung aus eigenem Antrieb gibt; dazu sage ich dir, daß ich es weiß, weil ich es fühle. Ich will meinen Arm bewegen, und ich bewege ihn, ohne daß diese Bewegung eine andere unmittelbare Ursache hätte als meinen Willen. Man würde vergeblich versuchen, mir dieses Gefühl, das ich in mir habe, auszureden – es ist stärker als jeglicher Augenschein; ebensogut könnte man mir beweisen wollen, daß ich nicht existiere.

Gäbe es bei den menschlichen Handlungen und bei allem, was auf Erden geschieht, keine Spontaneität, so wäre man nur in noch größerer Verlegenheit, sich die erste Ursache aller Bewegung vorzustellen. Was mich betrifft, so bin ich derart überzeugt, daß der natürliche Zustand der Materie die Ruhe ist und daß sie durch sich selbst keine Kraft hat, zu wirken, daß ich mir beim Anblick eines in Bewegung befindlichen Körpers sofort sage, es ist entweder ein belebter Körper, oder die Bewegung wurde auf ihn übertragen. Mein Geist verschließt sich der Zustimmung bei der Idee einer unorganisierten Materie, die von sich aus in Bewegung gerät oder irgendwelche Handlungen vollbringt.

Und doch ist dieses sichtbare Universum Materie, eine unzusammenhängende und tote Materie[87]*, die in ihrem Ganzen nichts von der Einheit, der Organisation, des Gemeinschaftsgefühls der Teile eines belebten Körpers hat, denn es ist gewiß, daß wir, die wir Teile sind, uns keineswegs als Ganzheit fühlen. Dieses selbe Universum ist in Bewegung, und in seinen geregelten, gleichartigen Bewegungen, die konstanten Gesetzen unterworfen sind, hat es nichts von jener Freiheit, die sich in den spontanen Bewegungen des Menschen und

---

* Ich habe mir alle Mühe gegeben, mir ein lebendiges Molekül vorzustellen, aber es will mir nicht gelingen. Die Idee einer Materie, die ohne Sinne empfindet, erscheint mir unverständlich und widersprüchlich. Um diese Idee annehmen oder verwerfen zu können, müßte man sie zunächst verstehen, und ich gestehe, daß ich mich nicht in diesem glücklichen Fall befinde[88].

der Tiere äußert. Die Welt ist also kein großes Tier, das sich von sich aus bewegt; es gibt also für ihre Bewegungen irgendeine außerhalb ihrer selbst bestehende Ursache, die ich nicht wahrnehme; aber die innere Überzeugung macht mir diese Ursache so fühlbar, daß ich dem Lauf der Sonne nicht zusehen kann, ohne mir eine Kraft vorzustellen, die sie vorwärtsdrängt, oder, wenn die Erde sich dreht, eine Hand zu spüren glaube, die sie dreht.

Wenn man allgemeine Gesetze anerkennen soll, deren wesentliche Beziehungen zur Materie ich nicht sehe – um wieviel wäre ich denn dann vorangekommen? Da diese Gesetze durchaus keine existierenden Wesen, keine Substanzen sind, müssen sie wohl eine andere Begründung haben, die mir nicht bekannt ist. Erfahrung und Beobachtung machten uns mit den Gesetzen der Bewegung bekannt; diese Gesetze bestimmen die Wirkung, ohne die Ursache zu zeigen; sie genügen absolut nicht, um das Weltsystem und den Gang des Alls zu erklären. Descartes bildete Himmel und Erde aus Würfeln; aber nur durch eine Rotationsbewegung konnte er diese Würfel und die Zentrifugalkraft in Schwung setzen. Newton fand das Gesetz der Anziehungskraft; aber durch die Anziehungskraft allein würde das Universum bald nur noch eine unbewegliche Masse werden: zu der Anziehungskraft mußte noch eine Schleuderkraft hinzugenommen werden, die den Himmelskörpern die Kurvenlinie vorzeichnete. Descartes möge uns sagen, welches physikalische Gesetz seine Wirbel zum Drehen gebracht hat; Newton möge uns die Hand zeigen, die die Planeten auf die Tangente ihrer Bahnen geschleudert hat.

Die ersten Ursachen der Bewegung liegen nicht in der Materie selbst; sie nimmt die Bewegung auf und gibt sie weiter, aber sie erzeugt sie nicht. Je mehr ich Aktion und Reaktion der Naturkräfte beobachte, die gegenseitig aufeinander einwirken, um so deutlicher

wird meine Erkenntnis, daß man, von Wirkung zu
Wirkung, immer auf irgendeinen Willen als erste
Ursache zurückgreifen muß; nimmt man nämlich
ein unendliches Weiterwirken von Ursachen an, so
nimmt man überhaupt keine an. Mit einem Wort, jede
Bewegung, die nicht durch eine andere zustande kommt,
kann nur aus einem spontanen, willentlichen Akt entstehen; die unbelebten Körper wirken nur durch Bewegung, und ohne Willen gibt es keine wirkliche
Handlung. Dieses ist mein oberster Grundsatz. Ich
glaube also, daß ein Wille das Universum bewegt und
die Natur belebt. Dieses ist mein erstes Dogma oder
mein erster Glaubensartikel[89].

Wie kann ein Wille eine physische und körperliche
Handlung erzeugen? ich weiß es nicht, aber ich fühle
in mir, daß er sie erzeugt. Ich will handeln, und ich
handele; ich will meinen Körper bewegen, und er bewegt sich; daß aber ein unbelebter und bewegungs-
loser Körper sich von selbst bewegen oder die Bewegung erzeugen soll, ist unbegreiflich und beispiellos.
Der Wille ist mir durch seine Akte und nicht durch
seine Natur bekannt. Ich kenne diesen Willen als treibende Ursache; aber die Materie als Erzeugerin der
Bewegung begreifen heißt klar und deutlich, eine Wirkung ohne Ursache begreifen, und das heißt absolut
nichts begreifen.

Es ist mir nicht weniger unmöglich, zu begreifen,
wieso mein Wille meinen Körper in Bewegung setzt,
als zu verstehen, auf welche Weise meine Empfindungen meine Seele affizieren[90]. Ich weiß nicht einmal, warum das eine dieser Mysterien verständlicher erscheint
als das andere. Was mich betrifft – sei ich in aktivem
oder passivem Zustand –, so erscheint mir die Möglichkeit der Vereinigung beider Substanzen völlig unvorstellbar. Es ist sehr seltsam, daß man von dieser Un-
begreiflichkeit ausgeht, um die beiden Substanzen zu
verschmelzen, so als ob die Wirkungsweisen so ver-

schiedener Natur sich besser in einem einzigen Gegenstand erklären ließen als in zweien.

Zwar ist der Lehrsatz, den ich aufgestellt habe, dunkel; aber schließlich ergibt er einen Sinn und hat nichts, was der Vernunft und der Beobachtung widerspricht – kann man vom Materialismus das gleiche behaupten? Ist es nicht klar, daß, wenn die Bewegung zum Wesen der Materie gehört, sie von ihr untrennbar und ihr immer in gleichem Grad eigen wäre, daß sie in jedem Teil der Materie immer gleich vorhanden, daß sie unübertragbar wäre, weder stärker noch schwächer werden und man sich die unbewegte Materie nicht einmal vorstellen könnte? Wenn man mir sagt, daß die Bewegung der Materie nicht wesentlich eigen sei, aber notwendig, dann will man mich mit Worten übertölpeln, die leichter zu widerlegen wären, wenn sie ein wenig mehr Sinn hätten. Denn entweder kommt die Bewegung der Materie aus der Materie selbst und ist ihr dann auch wesentlich eigen, oder, kommt sie von außen, ist sie ihr nur soweit notwendig als die bewegende Ursache auf sie einwirkt: damit kommen wir wieder auf die erste Schwierigkeit zurück.

Die allgemeinen und abstrakten Vorstellungen sind die Quelle der größten menschlichen Irrtümer; niemals ist durch das Gerede der Metaphysik nur eine einzige Wahrheit entdeckt worden, und es hat die Philosophie mit Absurditäten angefüllt, deren man sich schämt, sobald man ihre Großsprecherei bloßlegt. Sage mir, mein Freund, ob man dir eine wirkliche Vorstellung vermittelt, wenn man dir von einer blinden, über die ganze Natur ausgebreiteten Kraft spricht. Man glaubt, mit diesen vagen Worten *universale Kraft, notwendige Bewegung* etwas zu sagen, und sagt gar nichts damit. Die Idee der Bewegung ist nichts anderes als die Idee der Ortsveränderung: ohne irgendeine Richtung gibt es keine Bewegung, denn ein Einzelwesen kann sich nicht nach allen Richtungen zugleich bewegen. In wel-

cher Richtung bewegt sich die Materie notwendigerweise? Hat denn die Materie insgesamt eine einheitliche Bewegung, oder bewegt sich jedes Atom für sich?
Der ersten Idee nach muß das ganze Universum eine
feste und unteilbare Masse bilden; der zweiten nach
ist sie nur eine aufgelöste und zusammenhanglose
Flüssigkeit, ohne daß es jemals die Möglichkeit gäbe,
daß zwei Atome sich vereinten. In welche Richtung
geht diese gemeinsame Bewegung der gesamten Materie? Geradeaus, nach oben, nach unten, nach rechts
oder nach links? Wenn jedes Molekül der Materie
seine besondere Richtung hat, welche Ursachen gibt
es dann für alle diese Richtungen und Abweichungen?
Wenn jedes Atom oder Molekül sich nur um seinen
eigenen Mittelpunkt drehte, würde niemals etwas von
seiner Stelle rücken, und es gäbe keine übertragene Bewegung; sogar diese Kreisbewegung müßte noch in
irgendeiner Weise bestimmt sein. Der Materie eine Bewegung in abstrakter Form zusprechen heißt Worte
sprechen, die nichts bedeuten; ihr eine ganz bestimmte
Bewegung zusprechen heißt eine Ursache voraussetzen,
die sie bestimmt. Je mehr besondere Kräfte ich anführe, um so mehr neue Ursachen habe ich aufzuklären,
ohne je auf einen gemeinsamen Erreger zu kommen,
der sie lenken könnte. Weit entfernt, mir irgendwelche
Ordnung im zufälligen Zusammenwirken der Elemente vorstellen zu können, kann ich mir nicht einmal
ihren Kampf gegeneinander vorstellen, und das Chaos
des Universums ist mir unbegreiflicher als seine Harmonie. Ich verstehe, daß der Mechanismus des Alls dem
menschlichen Geist unfaßbar sein kann; aber sobald ein
Mensch sich daran macht, ihn erklären zu wollen, muß
er Dinge sagen, die die Menschen verstehen.

Weist die bewegte Materie auf einen Willen, so
weist die nach gewissen Gesetzen bewegte Materie auf
eine Intelligenz: das ist mein zweiter Glaubensartikel[91].
Handeln, vergleichen, wählen sind die Maßnahmen

eines aktiven und denkenden Wesens – also existiert
dieses Wesen. Wo sehen Sie es existieren? wirst du
mich fragen. Nicht nur im Wandel der Gestirne, im
Leuchten der Sterne; nicht nur in mir selbst, sondern
im weidenden Schaf, im fliegenden Vogel, im fallen-
den Stein, im Blatt, das der Wind davonträgt.

Ich mache mir eine Vorstellung von der Ordnung
der Welt, obgleich ich ihren Zweck nicht erkenne, da
es mir, um mir diese Ordnung vorzustellen, genügt,
die Teile untereinander zu vergleichen, ihr Zusammenwirken, ihre gegenseitigen Beziehungen zu studieren
und den Einklang zu spüren. Ich weiß nicht, warum
das Universum existiert; aber ich sehe darum doch,
wie es sich verändert – ich bemerke darum doch die
innere Entsprechung, durch die die Wesen, die es bilden, sich gegenseitig unterstützen. Ich bin wie ein
Mensch, der zum erstenmal in ein geöffnetes Uhrwerk
hineinsieht[92], und der nicht aufhört, dieses Kunstwerk
zu bewundern, obgleich er den Gebrauch des Uhrwerks nicht kennt und das Zifferblatt nicht gesehen
hat. Ich weiß nicht, würde dieser Mensch sagen, wozu
das Ganze dient; ich sehe aber, daß jeder Teil für die
anderen Teile gemacht ist; ich bewundere den Meister
in jeder Einzelheit seines Werks und bin ganz sicher,
daß alle diese Räderwerke nur darum so zusammenhängen, weil sie einem gemeinsamen Zweck dienen,
den ich unmöglich erkennen kann.

Vergleichen wir die besonderen Ziele, die Mittel, die
geordneten Beziehungen aller Art, und horchen wir
dann auf das innere Gefühl[93]: welcher gesunde Geist
kann sich seinem Zeugnis versagen? Welchen Augen,
wenn sie unvoreingenommen schauen, kündet nicht die
spürbare Ordnung des Universums von einer höchsten
Intelligenz? Und wieviel Sophismen muß man an-
häufen, um die Harmonie der Wesen und das bewun-
dernswerte Zusammenwirken jeden Teils zur Erhaltung der anderen zu verkennen? Man spreche mir so viel

wie man will von Kombinationen und Zufällen[94]; was
nutzt es dir, mich zum Schweigen zu bringen, wenn
du mich nicht zur Überzeugung bringst? Und willst
du mir mein unwillkürliches Gefühl nehmen, das dich
gegen meinen Willen immer wieder Lügen straft?
Wenn die organisierten Körper sich zufällig auf tausendfache Art verbinden, ehe sie konstante Formen
annehmen, wenn sich zunächst Mägen ohne Münder
gebildet haben, Füße ohne Köpfe, Hände ohne Arme,
unvollkommene Organe jeglicher Art, die zugrunde
gingen, weil sie sich nicht erhalten konnten[95] – warum
trifft der Anblick keiner dieser formlosen Versuchs-
objekte mehr unsre Augen? Warum hat sich die Natur
schließlich selber Gesetze gegeben, denen sie nicht von
Anbeginn unterworfen war? Ich brauche nicht überrascht zu sein, wenn etwas eintrifft, das möglich ist,
und wenn die Schwierigkeiten des Treffens durch die
Anzahl der Würfe ausgeglichen wird – das gebe ich
zu. Wenn man mir jedoch sagen würde, daß auf gut
Glück hingeworfene Lettern die vollkommen bearbei-
tete Äneis ergeben haben, würde ich mich zu keinem
Schritt herbeilassen, um dieser Lüge nachzugehen. Du
vergißt, wird man mir sagen, die Anzahl der Würfe[96].
Aber wie viele dieser Würfe muß ich denn voraussetzen, damit die Verbindung wahrscheinlich wird?
Ich, der ich nur einen einzigen sehe, wette die Unendlichkeit gegen eins, daß sein Erzeugnis nicht das Produkt des Zufalls ist. Dazu kommt noch, daß Kombinationen und Zufälle immer nur Erzeugnisse von gleicher Art wie die kombinierten Elemente hervorbringen
werden, daß die Organisation und das Leben nicht
aus einem Spiel von Atomen entspringen und daß ein
Chemiker durch Verbindung von Mixturen ihnen in
seinem Schmelztiegel keineswegs Fühlen und Denken
beimischt*.

---

* Wenn man nicht den Beweis dafür hätte, würde man es für möglich

Ich habe Nieuwentyt mit Überraschung und fast mit Entrüstung gelesen[98]. Wie konnte dieser Mann nur ein Buch über die Wunder der Natur schreiben wollen, die die Weisheit ihres Schöpfers beweisen? Und wäre sein Buch so umfangreich wie die ganze Welt, er hätte sein Thema nicht erschöpft; und sobald man ins Einzelne geht, entgeht einem das größte Wunder, nämlich die Harmonie und der Einklang des Ganzen. Allein die Erzeugung der lebenden und organisierten Körper ist für den menschlichen Verstand ein Abgrund; die unübersteigbare Schranke, die die Natur zwischen die verschiedenen Gattungen gesetzt hat, damit sie sich nicht vermischen, beweist ihre Absichten mit letzter Klarheit. Sie hat sich nicht damit begnügt, die Ordnung einzurichten, sie hat sichere Maßnahmen ergriffen, daß sie durch nichts gestört wird[99].

Es gibt nicht ein Wesen im Universum, das man nicht in irgendwelcher Hinsicht als gemeinsamen Mittelpunkt aller anderen betrachten könnte, um den alle sich ordnen, so daß sie alle im Bezug auf die anderen wechselweise Zweck und Mittel darstellen. Der Geist verwirrt und verliert sich in dieser Unendlichkeit der Bezüge, von denen nicht einer sich im Gemenge verliert. Welch absurde Voraussetzung, diese ganze Harmonie vom blinden Mechanismus einer zufällig bewegten Materie abzuleiten! Diejenigen, die die Einheitlichkeit der Absicht, die in den Beziehungen aller Teile in dieser großen Gesamtheit deutlich wird, leugnen,

---

halten, die menschliche Torheit könne so weit gehen? Amatus Lusitanus versicherte, eingeschlossen in einem Glas ein daumengroßes Männchen gesehen zu haben, das Julius Camillus, gleich einem anderen Prometheus, durch alchimistische Kunst erzeugt habe. In *de Natura rerum* lehrt Paracelsus, wie man diese Männchen erzeugen kann und behauptet, daß die Pygmäen, Faune, Satyrn und Nymphen auf chemischem Wege gezeugt wurden[97]. Um die Möglichkeit solcher Dinge zu begründen, braucht man von nun an in der Tat nur noch zu behaupten, die organische Materie widerstehe der Glut des Feuers und ihre Moleküle könnten in einem Reverberier-Ofen am Leben bleiben.

mögen ihren Galimatias mit Abstraktionen, Koordinationen, allgemeinen Prinzipien und symbolischen Ausdrücken verbrämen; was sie auch tun mögen – mir ist es unmöglich, ein System von so immerwährend geordneten Wesen zu erfassen, wenn ich mir nicht eine Intelligenz vorstellen kann, die es regelt. Es steht nicht in meinem Ermessen, zu glauben, etwas Passives und Abstraktes habe lebende und fühlende Wesen erzeugen können, eine blinde Fatalität habe intelligente Wesen erzeugt, das, was nicht denkt, habe Wesen erzeugt, die denken.

Ich glaube also, daß die Welt von einem mächtigen und weisen Willen regiert wird; ich erkenne oder, vielmehr, fühle ihn, und das zu wissen ist mir wichtig. Ist diese nämliche Welt jedoch ewig oder eine Schöpfung? Gibt es einen einzigen Ursprung der Dinge? Gibt es deren zwei oder mehrere? Und welcher Art sind sie? Ich weiß es nicht, und was kümmert's mich? Soweit diese Erkenntnisse mich angehn, werde ich mich bemühen, sie zu erwerben; bis dahin enthalte ich mich überflüssiger Fragen, die mein Selbstgefühl erregen können, die aber für mein Verhalten nutzlos und meinem Verstand überlegen sind[100].

Halte dir immer vor Augen, daß ich meine Meinung durchaus nicht lehre, sondern darlege. Ob die Materie ewig oder geschaffen ist, ob es ein passives Prinzip oder keins gibt – es bleibt gewiß, daß das All eins ist und auf eine einzige Intelligenz hinweist; denn ich sehe nichts, was nicht in dasselbe System eingeordnet wäre und nicht demselben Ziel zustrebte, nämlich der Erhaltung des Ganzen in der festgesetzten Ordnung. Dieses Wesen, das will und das kann, dieses aus sich selbst aktive Wesen, dieses Wesen, das, was es auch sein mag, das Universum bewegt und alle Dinge ordnet, nenne ich Gott. Mit diesem Namen verbinde ich die Vorstellung von Intelligenz, Macht, Willen, die ich nach und nach dargelegt habe, und die der

Güte, die deren notwendige Folge ist. Darum kenne
ich das Wesen, dem ich sie beilege, doch nicht besser;
es entzieht sich meinen Sinnen ebenso wie meinem
Verstand; je mehr ich darüber nachdenke, um so verwirrter werde ich; ich weiß mit großer Sicherheit, daß
es existiert und daß es durch sich selbst existiert; ich
weiß, daß meine Existenz der seinigen untergeordnet
ist und daß alle mir bekannten Dinge sich in dem
gleichen Fall befinden. Ich nehme Gott in allen seinen
Werken wahr; ich fühle ihn in mir, ich sehe ihn überall um mich; sobald ich ihn aber in ihm selbst betrachten will, sobald ich erforschen will, wo er ist, was er
ist, welche Substanz er hat, entgleitet er mir, und mein
verstörter Geist erkennt nichts mehr[101].

Von meiner Unzulänglichkeit durchdrungen, werde
ich nie über das Wesen Gottes räsonieren, wenn ich
nicht durch das Gefühl seiner Beziehungen zu mir dazu
gezwungen bin. Diese Beweisführungen sind immer
vermessen, ein weiser Mensch sollte sich nur mit Zagen
darauf einlassen und gewiß, daß er nicht dazu geschaffen ist, tiefer in sie einzudringen; denn es beleidigt
die Gottheit weniger, überhaupt nicht über sie nachzudenken, als falsch über sie zu denken.

Nachdem ich jene Attribute der Gottheit entdeckt
habe, durch die ich meine Existenz begreife, wende ich
mich wieder mir selber zu und versuche, herauszufinden, welchen Rang ich einnehme in der Ordnung der
Dinge, die sie regiert und die ich prüfen kann[102]. Durch
meine Gattung befinde ich mich unbestreitbar auf der
ersten Rangstufe, denn durch meinen Willen und die
Werkzeuge, über die ich verfüge, um ihn auszuführen,
habe ich größere Kraft, um auf alle mich umgebenden
Körper einzuwirken, mich nach Belieben ihren Aktio-
nen auszuliefern oder zu entziehen, als jeder von ihnen
hätte, um gegen meinen Willen durch rein physische
Impulse auf mich einzuwirken; und durch meinen Verstand bin ich der einzige, der das Ganze übersehen

kann[103]. Welches Wesen hienieden außer dem Menschen kann alle anderen beobachten, ihre Bewegungen, ihre Wirkungen messen, berechnen, voraussehen und sozusagen das Gefühl der gemeinschaftlichen Existenz dem seiner individuellen Existenz hinzufügen? Gibt es etwas Lächerlicheres, als zu glauben, alles sei nur für mich geschaffen, wenn ich der einzige bin, der alles auf sich beziehen kann[104]?

So ist es also wahr, daß der Mensch der König der Erde ist, die er bewohnt; denn er zähmt nicht nur alle Tiere, er verfügt nicht nur über die Elemente durch seinen Erfindergeist, er allein auf Erden versteht es, darüber zu verfügen, und macht durch seine Betrachtung selbst die Sterne, die ihm unerreichbar sind, zu seinem Eigentum. Man zeige mir doch ein anderes Lebewesen auf der Erde, das mit dem Feuer umgehen und die Sonne bewundern kann. Wie! ich kann die Wesen und ihre Beziehungen beobachten, erkennen? ich kann empfinden, was Ordnung, Schönheit, Tugend sind; ich kann das Weltall betrachten, mich zu der Hand emporheben, die es regiert; ich kann das Gute lieben, kann es tun – und da sollte ich mich mit den Tieren vergleichen[105]! Niedrige Seele, deine traurige Philosophie ist es, die dich ihnen gleichstellt, oder vielmehr: du willst dich vergebens erniedrigen, dein Geist zeugt gegen deine Prinzipien, dein wohltätiges Herz straft deine Doktrin Lügen, und selbst der Mißbrauch deiner Fähigkeiten beweist gegen deinen eigenen Willen ihre Vortrefflichkeit.

Ich, der ich kein System zu verfechten habe, ich, ein einfacher und aufrichtiger Mensch, den keine Leidenschaft zu irgendwelcher Parteilichkeit fortreißt und der nicht im geringsten die Ehre erstrebt, zum Haupt einer Sekte zu werden, zufrieden mit dem Platz, auf den Gott ihn gestellt hat, ich sehe nach ihm nichts Höheres als meine Gattung; und wenn ich meinen Platz in der Ordnung der Wesen zu wählen hätte –

was könnte ich Besseres wählen, als Mensch zu sein?

Diese Überlegung flößt mir weniger Stolz als Rührung ein; denn diesen Platz habe ich nicht selbst gewählt und er war nicht der verdiente Lohn für ein noch nicht existierendes Wesen. Kann ich mich so ausgezeichnet sehen, ohne mich zu beglückwünschen, diesen ehrenvollen Posten auszufüllen, und ohne die Hand zu segnen, die ihn mir gab? Aus meiner ersten Selbstbesinnung entsteht in meinem Herzen ein Gefühl der Dankbarkeit und des Segens für den Schöpfer meiner Gattung, und aus diesem Gefühl meine erste Huldigung an die wohltätige Gottheit. Ich bete die höchste Macht an und bin von ihren Wohltaten gerührt. Es ist unnötig, mich diesen Kult lehren zu wollen, er wird mir von der Natur selbst diktiert. Ist es nicht eine natürliche Konsequenz der Selbstliebe, das, was uns schützt, zu ehren, und zu lieben, was uns wohl will?

Wenn ich aber, um dann meinen persönlichen Platz innerhalb meiner Gattung zu erkennen, die verschiedenen Rangstufen betrachte und die Menschen, die sie einnehmen, was wird dann aus mir? Welch ein Schauspiel! Wo ist die Ordnung, die ich festgestellt hatte? Das Bild der Natur bot mir nur Harmonie und Ausgewogenheit, das des Menschengeschlechts bietet mir nur Wirrnis, Unordnung! Zwischen den Elementen herrscht Einklang, und die Menschen befinden sich im Chaos! Die Tiere sind glücklich, nur ihr König ist elend! O Weisheit, wo sind deine Gesetze? O Vorsehung, so regierst du die Welt? Wohltätiges Wesen, was ist aus deiner Macht geworden? Ich sehe das Übel auf Erden.

Würdest du es glauben, mein guter Freund, daß aus diesen traurigen Erwägungen und aus diesen offensichtlichen Widersprüchen sich in meinem Geist die erhabenen Vorstellungen von meiner Seele bildeten, die sich bis dahin aus meinem Forschen nicht ergeben hat-

ten[106]? Beim Nachdenken über die Natur des Menschen
glaubte ich zwei deutlich voneinander unterschiedene
Prinzipien zu entdecken, deren eines ihn zur Erforschung der ewigen Wahrheiten erhob, zur Liebe zu
Gerechtigkeit und guter Sitte, in die Regionen der
geistigen Welt, deren Betrachtung das Entzücken der
Weisen ausmacht, und deren anderes ihn zu sich selbst
herabzog, ihn der Herrschaft der Sinne und deren Die-
nern, den Leidenschaften, unterwarf und durch sie
alles durchkreuzte, was die Empfindung des ersteren
ihm eingab. Ich fühlte mich von diesen beiden gegensätzlichen Regungen fortgerissen, angegriffen, und
sagte mir: Nein, der Mensch ist nicht eins – ich will,
und ich will nicht, ich fühle mich versklavt und frei
zugleich[107]; ich erkenne das Gute, ich liebe es, und tue
das Böse; ich bin aktiv, wenn ich auf die Vernunft
höre, und passiv, wenn meine Leidenschaften mich fortreißen; und wenn ich ihnen unterlegen bin, ist meine
größte Qual, zu wissen, daß ich widerstehen konnte.

   Höre mich mit Vertrauen an, junger Mensch; ich
werde immer ehrlich sein. Wenn das Gewissen das
Werk der Vorurteile ist, irre ich mich zweifellos, und
es gibt keine bewiesene Moralität; wenn es aber eine
dem Menschen natürliche Neigung ist, sich selbst allem
vorzuziehen, und wenn trotzdem das ursprüngliche
Gefühl für Gerechtigkeit dem menschlichen Herzen angeboren ist, so soll der, der aus dem Menschen ein einfaches Wesen machen will, diese Widersprüche lösen,
und ich erkenne nurmehr eine Substanz an[108].

   Du wirst bemerken, daß ich unter dem Wort *Substanz* ganz allgemein das Sein verstehe, das mit irgendeiner ursprünglichen Eigenschaft versehen ist, und daß
ich von allen besonderen oder sekundären Modifikatio-
nen absehe. Wenn sich nun alle uns bekannten ursprünglichen Eigenschaften in ein und demselben Sein vereinigen können, muß man nur eine Substanz annehmen; gibt es aber solche, die sich gegenseitig ausschlie-

ßen, gibt es ebenso viele verschiedenartige Substanzen,
als man Ausschließungen machen kann. Du wirst darüber nachdenken; ich aber – was auch Locke dazu
sagen mag[109] – brauche die Materie nur als ausgedehnt
und teilbar zu erkennen, um sicher zu sein, daß sie
nicht denken kann; und wenn ein Philosoph mir sagt,
daß die Bäume fühlen und die Felsen denken*, mag
er mich, soviel er will, durch seine spitzfindigen Argumente in Verlegenheit bringen wollen – ich kann in
ihm nur einen unehrlichen Sophisten sehen, der lieber
dem Stein Gefühl als dem Menschen eine Seele zu-
billigt[110].

---

* Mir scheint, daß, weit entfernt, zu behaupten, daß Felsen denken,
die moderne Philosophie im Gegenteil entdeckt hat, daß die Menschen
nicht denken. Sie erkennt in der Natur nur noch empfindungsfähige
Wesen an, und der einzige Unterschied, den sie zwischen einem Menschen und einem Stein sieht, ist der, daß der Mensch ein empfindungsfähiges Wesen ist, das Empfindungen hat, und der Stein ein empfindungsfähiges Wesen, das keine hat. Wenn es aber richtig ist, daß alle
Materie fühlt, wo soll ich die sensitive Einheit oder das individuelle
Ich suchen? in jedem Molekül der Materie oder in zusammengesetzten
Körpern? Soll ich diese Einheit auch dem Flüssigen und dem Festen,
dem Gemischten und den Elementen zusprechen? Man behauptet, in
der Natur gebe es nur Einzelwesen! Aber wer sind diese Einzelwesen?
Ist dieser Stein ein Einzelwesen oder aus Einzelwesen zusammengesetzt?
Ist er ein einziges empfindungsfähiges Wesen, oder enthält er deren
ebenso viele wie Sandkörner? Wenn jedes elementare Atom ein empfindungsfähiges Wesen ist, als was soll ich dann diese innerste Verbindung
auffassen, durch die der eine sich so im anderen fühlt, daß beider *Ich*
in eins verschmilzt? Die Anziehungskraft mag ein Naturgesetz sein,
dessen Geheimnis wir nicht kennen, aber zumindest erfassen wir, daß
die Anziehungskraft, die entsprechend der Masse wirkt, nicht mit
Ausdehnung und Teilbarkeit unvereinbar ist. Könnt ihr euch das
gleiche beim Gefühl vorstellen? Die Sinnesorgane sind ausgedehnt,
aber das empfindungsfähige Wesen ist eins und unteilbar; es läßt
sich nicht teilen, es ist entweder ganz oder nicht; das empfindungsfähige
Wesen ist also kein Körper. Ich weiß nicht, wie unsre Materialisten
darüber denken, aber mir scheint, daß die gleichen Schwierigkeiten,
derentwegen sie das Denken verwarfen, sie auch das Fühlen verwerfen
lassen müßten, und da sie den ersten Schritt getan haben, sehe ich
nicht ein, warum sie nicht auch den zweiten tun sollten – was wäre
daran schwieriger? Da sie sicher sind, daß sie nicht denken, wie wagen
sie zu versichern, daß sie fühlen?

Stellen wir uns einen Tauben vor, der die Existenz der Töne leugnet, weil sie noch nie an sein Ohr trafen. Ich zeige ihm ein Saiteninstrument und bringe den Ton durch ein anderes, verstecktes Instrument zum Klingen: der Taube sieht die Saiten vibrieren und ich sage ihm: Es ist der Ton, der das bewirkt. Keineswegs, antwortet er; die Ursache des Vibrierens der Saite liegt in ihr selbst; es ist eine allen Körpern gemeinsame Eigenschaft, so zu vibrieren. Zeigt mir doch, entgegne ich, dies Vibrieren an anderen Körpern oder wenigstens seine Ursache an dieser Saite. Das kann ich nicht, antwortet der Taube; da ich aber nicht begreifen kann, wieso diese Saite vibriert, warum soll ich es durch Eure Töne erklären, von denen ich nicht die geringste Vorstellung habe? Das hieße, eine dunkle Tatsache durch eine noch dunklere Ursache zu erklären. Entweder Ihr macht mir Eure Töne hörbar, oder ich sage, daß es sie nicht gibt.

Je mehr ich über das Denken und die Natur des menschlichen Geistes nachdenke, um so ähnlicher finde ich die Schlußfolgerung der Materialisten der dieses Tauben. Sie sind tatsächlich taub, taub gegen die innere Stimme, die ihnen in schwerlich mißzuverstehendem Ton zuruft: Eine Maschine denkt nicht, weder Bewegung noch Gestalt können Denken erzeugen, etwas in dir will die Bande brechen, die es in Schranken halten; der Raum ist für dich kein Maß, das ganze Universum ist nicht groß genug für dich – deine Gefühle, deine Wünsche, deine Unruhe, selbst dein Stolz haben einen anderen Ursprung als diesen engen Körper, in dem du dich gefangen fühlst.

Kein materielles Wesen ist durch sich selbst aktiv, aber ich bin es. Man mag es mir abstreiten, soviel man will, ich fühle es, und das Gefühl, das zu mir spricht, ist stärker als die Vernunft, die dagegen ankämpft. Ich besitze einen Körper, auf den die anderen einwirken und der auf sie einwirkt; diese wechselseitige

Wirkung ist unbezweifelbar; aber mein Wille ist unabhängig von meinen Sinnen; gebe ich nach oder widerstehe ich, unterliege ich oder bin ich Sieger, immer fühle ich vollkommen klar in mir, ob ich tue, was ich tun wollte, oder ob ich nichts anderes tue als meinen Leidenschaften nachgeben. Ich habe immer die Macht, zu wollen, aber nicht die Kraft, meinen Willen auszuführen. Wenn ich mich den Versuchungen überlasse, handle ich nach dem Antrieb von außen kommender Gegenstände. Wenn ich mir diese Schwäche vorwerfe, so höre ich nur auf meinen Willen; ich bin versklavt durch meine Laster und frei durch meine Gewissensbisse; das Gefühl meiner Freiheit erlischt in mir nur dann, wenn ich mich erniedrige und schließlich die Stimme der Seele davon abhalte, sich gegen das Gesetz des Körpers zu erheben[111].

Ich kenne den Willen nur durch das Gefühl des meinigen, und der Verstand ist mir nicht besser bekannt. Wenn man mich fragt, was ist die Ursache, die meinen Willen bestimmt, so frage ich meinerseits, was ist die Ursache, die mein Urteil bestimmt – denn es ist klar, daß diese beiden Ursachen nur eine sind[112]. Und wenn man richtig begreift, daß der Mensch in seinen Urteilen aktiv ist, daß sein Verstand nichts anderes ist als die Fähigkeit zu vergleichen und zu urteilen, wird man erkennen, daß seine Freiheit nur ein ähnliches Vermögen ist oder von jenem abgeleitet; er wählt das Gute, wie er das Wahre beurteilt hat; urteilt er falsch, wählt er das Schlechte. Welche Ursache bestimmt also seinen Willen? Und welche Ursache bestimmt sein Urteil? Es ist sein Erkenntnisvermögen, seine Fähigkeit zu urteilen; die bestimmende Ursache liegt in ihm selbst. Darüber hinaus verstehe ich nichts mehr.

Ohne Zweifel liegt es nicht in meiner Hand, mein eigenes Wohl nicht zu wollen; es liegt nicht in meiner Hand, mein eigenes Übel zu wollen; aber meine Freiheit besteht darin, daß ich nur wollen kann, was mir angemessen ist oder was ich für mir angemessen halte, ohne daß etwas von außen Kommendes mich dazu bestimmt. Folgt daraus, daß ich nicht Herr meiner selbst bin, weil ich nicht Herr darüber bin, ein anderer als ich selbst zu sein?

Der Ursprung jeglicher Handlung liegt im Willen eines freien Wesens; weiter kann man nicht zurückgreifen. Nicht das Wort Freiheit besagt nichts, sondern das Wort Notwendigkeit[113]. Irgendeinen Akt, irgendeine Wirkung anzunehmen, die sich nicht aus einem aktiven Prinzip herleitet, heißt tatsächlich Wirkungen ohne Ursache annehmen, heißt dem circulus vitiosus verfallen. Entweder gibt es gar keinen ersten Impuls, oder jeglicher erste Impuls hat keine vorherige Ursache, und es gibt keinen wirklichen Willen ohne Freiheit. Der Mensch ist also frei in seinen Handlungen und als solcher von einer immateriellen Substanz belebt – das ist mein dritter Glaubensartikel[114]. Aus diesen ersten drei Artikeln kannst du dir leicht alle anderen herleiten, ohne daß ich sie weiter aufzählen muß.

Ist der Mensch aktiv und frei, so handelt er aus eigenem Antrieb; alles, was er aus freiem Entschluß tut, gehört nicht in das geordnete System der Vorsehung und kann ihr nicht zur Last gelegt werden. Sie will nicht das Böse, das der Mensch im Mißbrauch der ihm von ihr verliehenen Freiheit tut; aber sie hindert ihn nicht daran, es zu tun, entweder, weil das Böse, das ein so schwaches Wesen tut, in ihren Augen nichts ist, oder weil sie ihn nicht daran hindern könnte, ohne seine Freiheit zu beschränken und größeres Übel zu bewirken, indem sie seine Natur degradiert. Sie schuf ihn als freien Menschen, damit er aus freier Wahl nicht das Böse sondern das Gute tue. Sie hat ihn instand gesetzt, diese Wahl im richtigen Gebrauch der Fähigkeiten, mit denen sie ihn begabt hat, zu treffen; aber sie hat seine Kräfte so beschränkt, daß der Miß-

brauch der Freiheit, die sie ihm läßt, die allgemeine
Ordnung nicht stören kann. Das Böse, das der Mensch
tut, fällt auf ihn selbst zurück, ohne am Weltsystem
etwas zu ändern, ohne zu verhindern, daß das menschliche Geschlecht sich selbst erhalte – ob es will oder
nicht. Wer sich dagegen auflehnt, daß Gott es nicht
daran hindert, das Böse zu tun, lehnt sich dagegen
auf, daß er ihm eine so außergewöhnliche Natur gab,
daß er seinen Handlungen die Moralität verlieh, die
sie veredelt, daß er ihm das Recht auf Tugend verlieh.
Der höchste Genuß liegt in der Zufriedenheit mit sich
selbst; um uns diese Zufriedenheit zu verdienen, sind
wir auf Erden und mit Freiheit begabt, von Leidenschaften versucht und durch das Gewissen zurückge-
halten. Was konnte die göttliche Macht selbst noch
mehr für uns tun? Konnte sie unsere Natur sich selbst
widersprechen lassen und, Gutes getan zu haben, dem
zum Verdienst anrechnen, der gar nicht in der Lage
ist, Böses zu tun? Wie! um den Menschen daran zu
hindern, böse zu sein, sollte man ihn auf den Instinkt
beschränken und zum Tier machen? Nein, Gott meiner
Seele, ich werde dir nie vorwerfen, daß du sie nach
deinem Ebenbild geschaffen hast, damit ich frei, gut
und glücklich sein könne wie du.

Der Mißbrauch unsrer Fähigkeiten macht uns unglücklich und schlecht[115]. Unsre Kümmernisse, unsre Sorgen, unsre Leiden kommen aus uns selbst. Das moralische Übel ist unbestreitbar unser Werk, und das physische Übel wäre nichts ohne unsre Laster, die es uns
spürbar gemacht haben. Läßt die Natur uns unsre
Bedürfnisse nicht zu unsrer Erhaltung fühlen? Ist der
körperliche Schmerz nicht ein Zeichen dafür, daß die
Maschinerie in Unordnung geraten ist, und eine Mah-
nung, sie wieder in Ordnung zu bringen? Der Tod...
Vergiften die Bösen nicht ihr Leben sowie das unsere?
Wer möchte ewig leben? Der Tod ist das Heilmittel
für die Leiden, die du dir bereitest; die Natur hat

nicht gewollt, daß du immer leiden sollst. Wie wenigen Leiden ist der in ursprünglicher Einfachheit lebende Mensch unterworfen! Er lebt fast ohne Krankheiten und ohne Leidenschaften; er sieht den Tod nicht voraus, noch fühlt er ihn; wenn er ihn fühlt, ist er ihm seiner Leiden wegen erwünscht: von dem Augenblick an ist er für ihn kein Übel mehr. Wenn wir uns damit begnügten, das zu sein, was wir sind, hätten wir unser Los nicht zu beklagen; aber um ein imaginäres Wohlergehen zu finden, tun wir uns tausend wirkliche Übel an. Wer nicht ein wenig Leid ertragen kann, muß sich darauf gefaßt machen, viel leiden zu müssen. Wenn man seinen Leib durch ein liederliches Leben zerstört hat, will man ihn durch Heilmittel wieder gesunden lassen; dem Übel, das man fühlt, fügt man noch das hinzu, was man fürchtet; die Aussicht auf den Tod macht ihn schrecklich und beschleunigt ihn; je mehr man ihm zu entfliehen sucht, desto mehr fühlt man ihn, und während des ganzen Lebens stirbt man vor Angst und klagt die Natur der Übel an, die man sich angetan hat, indem man sie beleidigte.

O Mensch, suche nicht mehr nach dem Urheber des Übels; dieser Urheber bist du selbst. Es gibt kein anderes Übel als das, was du tust oder erleidest, und beides kommt dir von dir selbst. Das allgemeine Übel kann nur in der Unordnung liegen, und ich sehe im Weltsystem eine Ordnung, die sich absolut nicht verleugnet. Das Einzelübel liegt nur in der Empfindung des Wesens, das es erleidet; und diese Empfindung hat der Mensch nicht von der Natur empfangen, er hat sie sich selbst gegeben. Der Schmerz hat wenig Gewalt über den, der weder Erinnerung noch Voraussicht kennt, da er wenig nachgedacht hat. Nimm unsre verhängnisvollen Fortschritte weg, nimm unsre Irrtümer und Laster weg, alles Menschenwerk, und alles ist gut.

Wo alles gut ist, gibt es keine Ungerechtigkeit[116]. Die Gerechtigkeit ist von der Güte untrennbar; so ist die

Güte die notwendige Wirkung einer unbeschränkten
Macht und der Selbstliebe, die jedem fühlenden Wesen
zu eigen ist. Wer alles vermag, dehnt sozusagen seine
Existenz mit der der Wesen aus[117]. Erzeugen und be-
wahren ist die beständige Tätigkeit der Macht; sie
wirkt nicht auf das, was nicht ist; Gott ist nicht der
Gott der Toten, er könnte nicht zerstörerisch und böse
sein, ohne sich zu schaden. Wer alles vermag, kann
nur das Gute wollen*. So muß das Wesen höchster
Güte, weil es allmächtig ist, auch von höchster Gerech-
tigkeit sein, sonst widerspräche es sich selbst; denn die
Liebe zur Ordnung, die die Ordnung schafft, heißt
Güte, und die Liebe zur Ordnung, die sie erhält, heißt
Gerechtigkeit.

Man sagt, Gott sei seinen Geschöpfen nichts schuldig. Ich glaube, er schuldet ihnen alles, was er ihnen
versprach, indem er ihnen die Existenz gab. Und ihnen
die Vorstellung eines Guts zu geben und sie das Bedürfnis danach empfinden zu lassen heißt soviel wie
es ihnen versprechen. Je mehr ich in mich gehe, je
öfter ich mich befrage, desto öfter lese ich diese Worte,
die meiner Seele eingeschrieben sind: *Sei gerecht, und
du wirst glücklich sein.* Wenn ich den jetzigen Stand
der Dinge betrachte, ist es damit allerdings anders bestellt; der Böse hat Erfolg und der Gerechte bleibt
unterdrückt. Denke aber auch, welche Entrüstung in
uns aufflackert, wenn diese Erwartung getäuscht wird!
Das Bewußtsein erhebt sich und murrt gegen seinen
Schöpfer; es ruft ihm seufzend zu: Du hast mich getäuscht!

Ich habe dich getäuscht, Vermessener! und wer hat
es dir gesagt? Ist deine Seele abgestorben? Hast du
aufgehört, zu existieren? O Brutus, o mein Sohn! be-

---

* Wenn die Alten den höchsten Gott *optimus maximus* nannten, so
taten sie damit etwas sehr Richtiges; hätten sie jedoch *maximus
optimus* gesagt, wäre es noch richtiger gewesen, da seine Güte aus
seiner Macht kommt; er ist gut, weil er groß ist.

schmutze dein edles Leben nicht, da du es beendest;
lasse nicht mit deinem Leichnam deine Hoffnung und
deinen Ruhm auf den Schlachtfeldern von Philippi.
Warum sagst du: *Die Tugend bedeutet nichts*, wenn du
den Preis der deinigen genießen wirst? Du denkst, daß
du sterben wirst: nein, du wirst leben, und dann
werde ich alles halten, was ich dir versprochen habe.

Bei dem Groll der ungeduldigen Sterblichen möchte
man annehmen, daß Gott ihnen die Belohnung schuldet, bevor sie sich Verdienste erworben haben, und
daß er verpflichtet ist, ihre Tugend im voraus zu belohnen. Ach! seien wir zuerst gut, und dann werden
wir glücklich sein. Fordern wir nicht den Preis vor
dem Sieg und nicht den Lohn vor der Arbeit. Nicht
auf der Rennbahn, sagte Plutarch, werden die Sieger
unsrer heiligen Spiele bekränzt, sondern nachdem sie
sie durchlaufen haben[118].

Wenn die Seele immateriell ist, kann sie den Leib
überleben; wenn sie ihn überlebt, ist die Vorsehung
gerechtfertigt. Hätte ich keinen anderen Beweis für
die Unkörperlichkeit der Seele als den Triumph des
Bösen und die Unterdrückung des Gerechten in dieser
Welt, würde das allein genügen, mir meine Zweifel zu
nehmen. Eine so grelle Dissonanz in der universellen
Harmonie ließe mich nicht ruhen, bis ich sie aufgelöst
hätte. Ich würde mir sagen: Nicht alles endet für uns
mit dem Leben, alles kehrt beim Tod in die Ordnung
zurück. Ich käme in die Verlegenheit, mich zu fragen,
wo der Mensch ist, wenn alles Fühlbare in ihm vernichtet ist. Diese Frage stellt keine Schwierigkeit mehr
für mich dar, sobald ich zwei Substanzen anerkannt
habe[119]. Es ist ganz klar, daß mir während meines leiblichen Lebens, da ich alles nur durch meine Sinne wahrnehme, entgeht, was ihnen nicht untergeordnet ist.
Wenn die Verbindung zwischen Leib und Seele zerbricht, begreife ich, daß jener sich auflösen und diese
sich erhalten kann. Warum sollte die Zerstörung des

einen die der anderen nach sich ziehen? Von so unterschiedlichem Wesen, befanden sie sich vielmehr durch ihre Verbindung in einem gezwungenen Zustand; und wenn diese Verbindung aufhört, treten alle beide in ihren natürlichen Zustand zurück – die aktive und lebendige Substanz gewinnt alle Kraft zurück, die sie gebrauchte, die passive und tote Substanz zu bewegen. Ach! ich fühle es nur zu sehr durch meine Laster – der Mensch lebt sein Leben nur halb, und das Leben der Seele beginnt erst mit dem Tod des Leibes[120].

Aber was für ein Leben ist das? und ist die Seele ihrer Natur nach unsterblich? Mein begrenzter Verstand erfaßt nichts Grenzenloses – alles, was man unendlich nennt, entzieht sich ihm. Was kann ich leugnen, was bejahen? Welche Schlußfolgerungen kann ich aus etwas ziehen, das ich nicht begreifen kann? Ich glaube, daß die Seele den Körper für die Aufrechterhaltung der Ordnung[121] lange genug überlebt – wer weiß, ob es lange genug für ewig ist? Jedenfalls begreife ich, wie sich der Körper durch den Zerfall seiner Teile verbraucht und zerstört – aber eine solche Zerstörung des denkenden Wesens kann ich mir nicht vorstellen; und da ich mir überhaupt nicht vorstellen kann, wie es sterben kann, nehme ich an, daß es nicht stirbt. Da diese Vermutung mich tröstet und nichts Unsinniges hat, warum sollte ich Bedenken haben, dabei zu bleiben?

Ich fühle meine Seele, ich erkenne sie durch das Gefühl und durch das Denken, ich weiß, daß sie existiert, ohne zu wissen welchen Wesens sie ist; über Vorstellungen, die ich nicht habe, kann ich nicht räsonieren. Aber ich weiß sehr gut, daß die Identität des *Ich* nur durch das Gedächtnis Dauer hat und daß ich, um wirklich der gleiche zu sein, mich daran erinnern muß, gewesen zu sein[122]. Nach meinem Tod aber kann ich mich nicht mehr erinnern, was ich in meinem Leben war, wenn ich mich nicht auch an das erinnere, was

ich empfunden habe und, folglich, getan habe; und
ich zweifle nicht daran, daß diese Erinnerung eines
Tages die Glückseligkeit der Guten und die Qual der
Bösen sein wird[123]. Hienieden zehren tausend glühende
Leidenschaften das innere Empfinden auf und halten
das Gewissen zum Narren. Demütigungen und Ungnade, die die Ausübung der Tugend auf uns zieht,
verhindern, daß wir all ihre Reize fühlen. Wenn wir
uns aber, erlöst von den Täuschungen, die uns Leib
und Sinne bereiten, an der Betrachtung des höchsten
Wesens und der ewigen Wahrheiten, deren Quelle es
ist, erfreuen, wenn die Schönheit der Ordnung alle
Kräfte unsrer Seele anrührt und wir uns einzig damit
beschäftigen, das, was wir getan haben, mit dem, was
wir hätten tun müssen, zu vergleichen, dann wird die
Stimme des Gewissens ihre Kraft und ihre Herrschaft
wiedergewinnen, dann wird die reine Wollust, die aus
der Selbstgenügsamkeit entsteht, und die bittere Reue,
sich erniedrigt zu haben, durch unerschöpfliches Ge-
fühlserleben jedem das Los bestimmen, das er sich selbst
bereitet hat. Frage mich nicht, mein lieber Freund, ob
es noch andere Quellen des Glücks und des Leids gibt
– ich weiß es nicht; und die, die ich mir vorstelle, genügen mir, mich über dieses Leben zu trösten und mich
ein anderes erhoffen zu lassen. Ich behaupte nicht, daß
die Guten belohnt werden, denn welch ein anderes
Gut kann ein auserwähltes Wesen erwarten, als das,
seiner Natur gemäß zu existieren? Aber ich behaupte,
daß sie glücklich sein werden, weil ihr Schöpfer, der
Schöpfer aller Gerechtigkeit, sie, als er sie empfindungsfähig schuf, nicht zum Leiden geschaffen hat; sie, die
niemals Mißbrauch trieben mit ihrer Freiheit auf Erden,
sie, die ihrer Bestimmung nicht untreu wurden, sie
haben dennoch gelitten in diesem Leben und werden
darum in einem anderen dafür entschädigt werden.
Dieses Gefühl gründet sich weniger auf die Verdienste
des Menschen als auf die Vorstellung von Güte, die

mir vom göttlichen Wesen untrennbar erscheint. Ich
setze nur voraus, daß die Gesetze der Ordnung befolgt
werden und Gott sich selbst gleich bleibe*.

Frage mich auch nicht, ob die Qualen der Bösen
ewig dauern werden; ich weiß es noch nicht, und die
eitle Wißbegier, unnütze Fragen aufzuklären, ist mir
nicht eigen. Was kümmert es mich, was aus den Bösen
wird? Ihr Schicksal interessiert mich wenig. Dennoch
kann ich kaum glauben, daß sie zu ewigen Qualen
verurteilt sind. Wenn die höchste Gerechtigkeit sich
rächt, rächt sie sich schon in diesem Leben. Ihr und
eure Fehler, ihr Völker, seid ihre Diener. Sie benutzt die
Übel, die ihr euch bereitet, euch für die Verbrechen zu
strafen, die sie nach sich ziehen. In euren unersätt-
lichen, von Neid, Geiz und Ehrgeiz zerfressenen Herzen, in eurem trügerischen Glück liegt die Strafe, womit die rächenden Leidenschaften eure Untaten strafen. Wozu die Hölle im Jenseits suchen? sie ist schon
in diesem Leben in den Herzen der Bösen.

Wo unsre vergänglichen Bedürfnisse enden, wo unsre
unsinnigen Wünsche aufhören, da müssen auch unsre
Leidenschaften und unsre Verbrechen aufhören. Zu
welcher Verdorbenheit wären reine Geister imstande?
Warum sollten sie böse sein, da sie keine Bedürfnisse
haben? Wenn sie, ohne unsre groben Sinne, ihr ganzes
Glück in der Betrachtung der Wesen finden, könnten
sie nur das Gute wollen; und kann der, der aufhört,
böse zu sein, für immer unglücklich sein? Das möchte
ich glauben, ohne mich mit einer Entscheidung darüber
abzugeben. O gnädiges und gutes Wesen! was auch
immer deine Entscheidungen sein mögen, ich bete sie
an; wenn du die Bösen strafst, so entsage ich vor deiner Gerechtigkeit meiner schwachen Vernunft. Wenn
aber mit der Zeit die Stimme des Gewissens jener Un-

---

* Nicht für uns, nicht für uns, o Herr, zu deines eigenen Namens
Ehre, o Gott, laß uns auferstehen (Psalm 115)[124].

glückseligen verstummen darf, wenn ihr Leiden enden
darf und wenn uns alle miteinander eines Tages der
gleiche Friede beschert sein wird, so will ich dich dafür
lobpreisen. Ist der Böse nicht mein Bruder? Wie oft
war ich versucht, es ihm gleich zu tun! Von seinem
Elend befreit, möge er auch die Bösartigkeit verlieren,
die es begleitet; er möge glücklich sein wie auch ich es
bin – ohne meine Eifersucht zu erregen, wird sein
Glück das meine vertiefen[125].

So, Gott in seinen Werken betrachtend und im Nachdenken über diejenigen seiner Attribute, deren Erkenntnis für mich von Bedeutung war, bin ich Schritt für
Schritt dahin gelangt, die zunächst unvollkommene
und beschränkte Idee, die ich mir von jenem unermeßlichen Wesen machte, zu erweitern und zu vervollkommnen[126]. Wenn jedoch diese Idee edler und
größer geworden ist, so ist sie der menschlichen Vernunft auch weniger angemessen. Je näher ich im
Geiste dem ewigen Licht komme, um so mehr blendet
und verwirrt mich sein Glanz, und ich muß alle irdischen Begriffe preisgeben, die mir halfen, es mir vorzustellen. Gott ist nicht mehr körperlich und empfindsam; die höchste Vernunft, die die Welt regiert,
ist nicht mehr die Welt selbst: vergebens erhebe und
ermüde ich meinen Geist, um ihr Wesen zu erfassen.
Wenn ich bedenke, daß sie es ist, die der lebendigen
und aktiven Substanz, welche die belebten Körper beherrscht, Leben und Aktivität verleiht; wenn ich sagen
höre, daß meine Seele geistig und Gott ein Geist ist,
dann empöre ich mich gegen diese Erniedrigung des
göttlichen Wesens; als ob Gott und meine Seele gleicher Natur wären; als ob Gott nicht das einzige und
absolute Wesen wäre, das einzige, das wirklich aus sich
selbst handelt, fühlt, denkt und will, und von dem wir
das Denken, Fühlen, Handeln, den Willen, die Freiheit und das Sein empfangen haben! Wir sind nur
darum frei, weil er will, daß wir es seien; und für

unsre Seele ist seine unerklärliche Substanz das, was
unsre Seele für unseren Leib ist. Ob er die Materie, die
Körper, den Geist, die Welt erschaffen hat – ich weiß
es nicht. Die Idee der Schöpfung verwirrt mich und
übersteigt mein Fassungsvermögen: ich glaube daran,
soweit ich es zu begreifen vermag; aber ich weiß, daß
Gott das Universum und alles, was existiert, geformt,
daß er alles bewirkt und alles geordnet hat. Gott ist
ewig – ohne Zweifel; kann mein Geist aber die Idee
der Ewigkeit erfassen? Warum soll ich gedankenlos
leere Worte reden? Ich begreife nur, daß er vor allen
Dingen gewesen ist, daß er sein wird, solange sie bestehen werden, und daß er sogar darüber hinaus noch
sein wird, wenn eines Tages alles enden sollte. Daß
ein Wesen, das ich nicht erfasse, anderen Wesen ihre
Existenz gibt, das ist nur dunkel und unbegreiflich; daß
aber das Sein und das Nichts sich von selbst ineinander
verwandeln, ist ein greifbarer Widerspruch, eine eindeutige Absurdität.

Gott ist ein geistiges Wesen; aber auf welche Art ist
er es? Der Mensch ist ein geistiges Wesen, wenn er
denkt, aber die höchste Vernunft bedarf des Denkens
nicht; für sie gibt es weder Voraussetzungen noch
Schlußfolgerungen, nicht einmal Urteile – sie ist rein
intuitiv, sie sieht alles, was ist, ebenso wie alles, was
sein kann; für sie sind alle Ideen nur eine einzige Idee,
wie alle Orte ein einziger Punkt und alle Zeiten ein
einziger Augenblick. Die menschliche Macht wirkt nur
mittelbar, die göttliche Macht wirkt durch sich selbst.
Gott vermag, weil er will; seine Macht ist sein Wille.
Gott ist gut; nichts ist offenbarer: aber die Güte des
Menschen ist seine Liebe zum Nächsten, und die Liebe
Gottes die Liebe zur Ordnung, denn durch die Ordnung erhält er das, was existiert, und verbindet er das
Einzelne mit dem Ganzen. Gott ist gerecht, und ich bin
überzeugt, daß das die Folge seiner Güte ist; die Ungerechtigkeit der Menschen ist das Werk der Menschen

und nicht das Gottes; die moralische Verkommenheit,
die in den Augen der Philosophen gegen die Vorsehung zeugt, ist in meinen Augen nur ein Beweis
dafür. Aber die Gerechtigkeit des Menschen besteht
darin, jedem das zu geben, was ihm zukommt, die
Gerechtigkeit Gottes aber darin, von jedem Rechenschaft zu verlangen über das, was er ihm gegeben hat.

Entdecke ich also nach und nach diese Attribute,
von denen ich keinerlei absolute Vorstellung habe, so
geschieht es durch zwingende Schlußfolgerungen, durch
den richtigen Gebrauch meiner Vernunft; aber ich be-
jahe sie, ohne sie zu verstehen, und im Grunde heißt
das nichts bejahen. Ich mag mir wohl sagen: Gott ist
so, ich fühle es, ich beweise es mir; darum begreife ich
nicht besser, wie Gott so sein kann.

Je mehr ich mich denn bemühe, sein unendliches
Wesen zu betrachten, um so weniger begreife ich es;
aber es existiert, das genügt mir; je weniger ich es
erfasse, um so mehr bete ich es an. Ich demütige mich
und sage zu ihm: Wesen aller Wesen, ich bin, weil du
bist; unaufhörlich über dich meditieren heißt mich zu
meinem Ursprung erheben. Der würdigste Gebrauch
meiner Vernunft ist, vor dir sich auszulöschen: mich von
deiner Größe überwältigt zu fühlen bildet das Entzücken meines Geistes und den Reiz meiner Schwäche.

Nachdem ich so aus dem Eindruck der sinnlichen
Dinge und dem inneren Gefühl, das mich, gemäß meiner natürlichen Erkenntnisfähigkeit über die Ursachen
urteilen läßt, die grundsätzlichen Wahrheiten, deren
Erkenntnis für mich von Bedeutung ist, abgeleitet
habe, bleibt mir noch zu erforschen, welche Maximen
ich für mein Verhalten daraus ableiten muß[127], welche
Regeln ich mir aufstellen muß, um meine Bestimmung
auf Erden nach dem Willen dessen, der mir dort meinen Platz angewiesen hat, zu erfüllen. Bleibe ich meiner Methode treu, dann schöpfe ich diese Lehren
keineswegs aus den Grundsätzen einer hohen Philo-

sophie, sondern finde sie von der Natur in unauslöschlichen Lettern auf den Grund meines Herzens geschrieben. Über das, was ich tun will, brauche ich nur mich selbst zu befragen: alles, was ich als gut empfinde, ist gut, alles, was ich als schlecht empfinde, ist schlecht: der beste aller Kasuisten ist das Gewissen; erst wenn man anfängt, mit ihm zu handeln, greift man zu geistigen Spitzfindigkeiten. Unsre erste Sorge gilt uns selbst, aber wie oft sagt uns unsre innere Stimme, daß wir übeltun, wenn wir auf Kosten anderer für unser Wohl sorgen! Wir glauben, dem Impuls der Natur zu folgen, und widersetzen uns ihm: wir hören auf das, was sie unsren Sinnen sagt, wir mißachten, was sie unsrem Herzen sagt; das aktive Wesen gehorcht, das passive befiehlt. Das Gewissen ist die Stimme der Seele, die Leidenschaften sind die Stimme des Leibes. Ist es erstaunlich, daß diese beiden Stimmen sich oft widersprechen? und auf welche muß man nun hören? Zu oft trügt uns die Vernunft, wir sind nur allzu berechtigt, sie abzuweisen; aber das Gewissen täuscht nie; es ist der wahre Führer des Menschen: es ist für die Seele, was der Instinkt für den Leib ist*; wer ihm folgt,

---

* Die moderne Philosophie, die nur gelten läßt, was sie erklärt, hütet sich, diese dunkle Kraft, *Instinkt* genannt, gelten zu lassen, die ohne jegliche Erkenntnisse der Tiere zu irgendeinem Ziel zu führen scheint. Nach der Meinung eines unsrer gelehrtesten Philosophen [Condillac], ist der Instinkt nur eine jeglicher Überlegung bare Gewohnheit, die jedoch durch Nachdenken angenommen wurde; und nach der Art, wie er diese Entwicklung erklärt, muß man schließen, daß Kinder mehr nachdenken als Erwachsene – ein allzu seltsames Paradoxon, als der Mühe einer Überprüfung wert zu sein. Ohne mich auf diese Diskussion einzulassen, frage ich nur, wie ich den Eifer meines Hundes benennen soll, mit dem er hinter Maulwürfen her ist, ohne sie zu fressen; die Geduld, mit der er ihnen manchmal stundenlang auflauert; die Geschicklichkeit, mit der er sie packt, sie im Augenblick ihres Durchbrechens aus der Erde hochschleudert und sie dann tötet und liegenläßt, ohne daß er jemals auf diese Jagd dressiert worden wäre und man ihm beigebracht hätte, daß es dort Maulwürfe gäbe. Ich frage weiter – und dieses ist noch bedeutsamer – warum sich dieser selbe Hund, als ich das erstemal ein wenig mit ihm

gehorcht der Natur und fürchtet nicht, in die Irre zu gehen. Dieser Punkt ist wichtig", fuhr mein Wohltäter fort, als er sah, daß ich ihn unterbrechen wollte: „erlaube, daß ich ein wenig länger dabei verweile, um ihn zu beleuchten[128].

Die ganze Moralität unsrer Handlungen liegt in dem Urteil, das wir darüber in uns selber tragen. Wenn es wahr ist, daß das Gute gut ist, so muß es es im Grunde unsres Herzens ebenso wie in unsren Werken sein, und der höchste Lohn der Gerechtigkeit besteht darin, zu fühlen, daß man sie übt. Entspricht die moralische Güte unsrer Natur, könnte der Mensch nur gesunden Geistes und Leibes sein, soweit er gut ist. Entspricht sie ihr nicht, und ist der Mensch von Natur aus böse, kann er nicht aufhören, es zu sein, ohne zu verderben, und in ihm ist die Güte nur ein naturwidriges Laster. Geschaffen, seinesgleichen zu schaden, wie der Wolf geschaffen ist, seine Beute zu reißen, wäre ein menschlicher Mensch ein ebenso entartetes Tier wie ein jämmerlicher Wolf, und nur die Tugend würde uns noch Gewissensbisse bereiten.

Besinnen wir uns auf uns selbst, mein junger Freund! prüfen wir, abgesehen von jeglichem persönlichen In-

---

schimpfte, auf den Rücken zu Boden warf, die Pfoten eingezogen, und in einer so demütig bittenden Haltung, der meine Rührung nicht widerstehen konnte; allerdings wäre er absolut nicht in dieser Haltung geblieben, wenn ich ihn unerbittlich in diesem Zustand geschlagen hätte. Wie! Mein ganz junges Hündchen, das kaum geboren ist, hätte schon moralische Vorstellungen erworben? wußte es, was Nachsicht und Großmut heißt? auf welche erworbenen Erkenntnisse hin hoffte es, mich zu beschwichtigen, indem es sich mir so auf Gnade und Ungnade auslieferte? Alle Hunde der Welt tun ungefähr das gleiche in einem solchen Fall, und ich behaupte hier nichts, das nicht jeder nachprüfen könnte. Wenn die Philosophen, die den Instinkt so verächtlich abtun, doch die Güte hätten, diese Tatsache allein aus dem Zusammenwirken der Empfindungen und der Erkenntnisse, die sie uns vermitteln, zu erklären; wenn sie das auf eine jeden vernünftigen Menschen zufriedenstellende Weise täten, dann hätte ich nichts mehr zu sagen und würde nicht mehr von Instinkt reden.

teresse, wohin unsre Neigungen uns lenken. Welcher
Anblick erfreut uns mehr: der der Qualen oder der
des Glücks der anderen? Was tun wir lieber und was
hinterläßt nach der Tat den angenehmeren Eindruck,
ein Akt der Wohltätigkeit oder ein Akt der Bosheit?
Woran nehmt ihr Anteil auf euren Theaterbühnen?
Habt ihr Vergnügen an den Missetaten? vergießt ihr
Tränen wegen der Bestrafung ihrer Urheber? Alles
ist uns gleichgültig, sagen uns, außer unsrem Interesse:
ganz im Gegenteil, die Süße der Freundschaft, der
Menschlichkeit tröstet uns in unsrem Leid; und selbst
bei unsrem Vergnügen wären wir zu einsam, zu unglücklich, wenn wir niemanden hätten, es zu teilen.
Wenn es kein Moralempfinden im menschlichen Herzen gibt – woher kommt ihm denn die ergriffene Bewunderung für Heldentaten, jene Verzücktheit der
Liebe für große Seelen? Was hat dieser Enthusiasmus
der Tugend mit unsrem privaten Interesse zu tun?
Warum möchte ich lieber Cato sein, der seine Eingeweide zerfleischt, als der triumphierende Cäsar?
Nehmt unsren Herzen diese Liebe zum Schönen, und
ihr nehmt ihm allen Reiz des Lebens. Der, dessen
niedrige Leidenschaften in seiner kleinen Seele diese
köstlichen Gefühle erstickt haben; der sich in solchem
Maß um sein eigenes Ich konzentriert, bis er zum
Schluß nur noch sich selber liebt, fühlt sich nicht
mehr hingerissen, sein eiskaltes Herz zittert nicht mehr
vor Freude; nie netzt ihm sanfte Rührung das Auge;
er erfreut sich an nichts mehr – der Unglückliche
fühlt nicht mehr, lebt nicht mehr –, er ist schon gestorben.

Aber wie groß die Zahl der Bösen auf Erden auch
sein möge, es gibt wenige jener leichenhaften Seelen,
die außer ihrem Eigennutz nichts fühlen und gegenüber
allem, was gerecht und gut ist, empfindungslos geworden
sind. Die Ungerechtigkeit gefällt nur soweit, als man
davon profitiert; im übrigen möchte man, daß der Un-

schuldige geschützt wird. Sieht man auf einer Straße oder auf einem Weg einen Akt der Gewalttätigkeit und Ungerechtigkeit, erhebt sich augenblicklich eine Regung von Zorn und Empörung im Grund unsres Herzens und drängt uns, den Leidenden zu verteidigen; aber eine mächtigere Pflicht hält uns davon ab, und die Gesetze nehmen uns das Recht, die Unschuld zu schützen. Wenn wir dagegen einem Akt der Gnade oder der Großmut beiwohnen – welche Bewunderung, welche Liebe flößt er uns ein! Wer sagt sich dann nicht: Ich hätte es ebenso tun mögen? Sicherlich geht es uns nicht unmittelbar an, ob vor zweitausend Jahren ein Mensch schlecht oder gut war; und doch interessiert es uns in der alten Geschichte ebenso, als sei es heute geschehen. Was gehen mich persönlich die Verbrechen Catilinas an? habe ich Angst, sein Opfer zu werden? Warum also habe ich vor ihm dasselbe Grauen, als sei er mein Zeitgenosse? Wir hassen die Bösen nicht nur, weil sie uns schaden, sondern weil sie böse sind. Nicht nur wollen wir glücklich sein, wir wollen auch das Glück der anderen, und wenn dieses Glück das unsre nichts kostet, steigert es noch. Schließlich hat man, ob man will oder nicht, Mitleid mit den Unglücklichen; ist man Zeuge ihres Leids, leidet man mit. Die Verdorbensten könnten sich dieses Gefühls nicht völlig erwehren, es bringt sie oft in Widerspruch zu sich selbst. Der Dieb, der die Vorüberziehenden ausraubt, bedeckt noch die Blöße des Armen, und der wildeste Mörder stützt einen Menschen, der in Ohnmacht sinkt.

Man spricht von der Stimme des Gewissens, die im geheimen die verborgenen Verbrechen straft und sie so oft enthüllt. Ach! wer von uns hörte noch nie diese gewichtige Stimme? Man spricht aus Erfahrung; man möchte dieses tyrannische Gefühl, das uns so viele Qualen bereitet, ersticken. Gehorchen wir der Natur, und wir werden erkennen, mit welcher Sanftmut sie

regiert und welchen Reiz man darin findet, sich selbst
ein gutes Zeugnis zu geben, nachdem man auf sie
gehört hat. Der Böse fürchtet und flieht sich selbst;
ihm ist wohl, wenn er aus sich hinausstrebt; er sieht
unruhigen Blicks umher und sucht etwas, das ihn
unterhält; ohne beißenden Hohn, ohne kränkenden
Spott wäre er immer traurig; spöttisches Lachen ist
seine einzige Lust. Die Heiterkeit des Gerechten dagegen lebt in seinem Innern; sein Lachen ist nicht das
Lachen der Bosheit, sondern das der Freude, das seine
Quelle in sich selber hat; allein ist er ebenso fröhlich
wie in einem Kreis von Menschen; er schöpft seine
Freude nicht aus seiner Umgebung, er überträgt sie
auf sie[129].

Wirf einen Blick auf alle Völker der Welt, gehe die
ganze Historie durch. Bei so vielen unmenschlichen
und seltsamen Gotteskulten, bei dieser verschwenderischen Vielfalt der Sitten und Charaktere wirst du
überall die gleichen Ideen über Gerechtigkeit und
Ehrenhaftigkeit finden, überall die gleichen Begriffe
von Gut und Böse[130]. Das alte Heidentum erzeugte
greuliche Götter, die man hienieden als Verbrecher
bestraft hätte; das Bild höchsten Glücks, das sie boten,
bestand nur darin, Missetaten zu begehen und Leidenschaften zu befriedigen. Aber das mit geheiligter Autorität gewappnete Laster stieg umsonst von seinem
ewigen Wohnsitz herab, der moralische Instinkt trieb
es hinaus aus den Herzen der Menschen. Während
man Jupiters Ausschweifungen feierte, bewunderte
man zugleich die Enthaltsamkeit des Xenokrates; die
keusche Lukretia verehrte die unzüchtige Venus; der
unerschrockene Römer opferte dem Pavor; er rief
den Gott an, der seinen Vater verstümmelt hatte, und
starb ohne Widerstand von der Hand seines eigenen
Vaters[131]. Die verächtlichsten Gottheiten wurden von
den größten Männern verehrt, aber die heilige Stimme
der Natur, stärker als die der Götter, gewann sich Ach-

tung auf Erden und schien das Verbrechen mit den
Schuldigen in die himmlischen Gefilde zu verbannen.

Im Grunde der Seele gibt es also ein angeborenes
Prinzip der Gerechtigkeit und der Tugend, nach dem
wir, entgegen unsren eigenen Maximen, unsre Handlungen und die anderer als gut oder schlecht beurteilen,
und diesem Prinzip gebe ich den Namen Gewissen.

Bei diesem Wort aber höre ich von allen Seiten das
Geschrei der sogenannten Weisen anheben: Irrtümer
der Kindheit, Vorurteile der Erziehung! schreien sie
alle einhellig. Es gibt im menschlichen Geist nur das,
was durch die Erfahrung Eingang in ihn gefunden hat,
und wir beurteilen jedes Ding nur nach erworbenen
Vorstellungen. Sie gehen noch weiter: sie wagen es,
diese offenbare und universelle Übereinstimmung aller
Völker zu verwerfen, und gegen die augenscheinliche
Übereinstimmung im moralischen Urteil aller Menschen führen sie irgendein obskures Beispiel aus der
Finsternis an, das sie allein kennen; als ob alle Neigungen der Natur durch die Verderbtheit eines Volks
zunichte gemacht würden und das Menschengeschlecht
nichts mehr gälte, weil es Monstren gibt. Aber was
nutzt dem skeptischen Montaigne die Mühe, die er sich
gibt, um in einem Eckchen der Welt einen Brauch aus-
zugraben, der den Begriffen von Gerechtigkeit widerspricht[132]? Was hat er davon, den verdächtigsten Reisenden eine Autorität zuzusprechen, die er den berühm-
testen Schriftstellern abspricht? Können einige unge-
wisse und bizarre Bräuche, die auf lokalbedingten,
uns unbekannten Ursachen beruhen, die allgemeine
Schlußfolgerung aufheben, die aus der Übereinstimmung aller Völker zu ziehen ist, die sich in allem
übrigen unterscheiden, aber in diesem Punkt übereinkommen? O Montaigne! du, der du dich der Offenheit
und Wahrhaftigkeit rühmst, sei ehrlich und wahr,
wenn ein Philosoph das überhaupt sein kann, und sage
mir, ob es irgendein Land auf Erden gibt, wo es ein

Verbrechen wäre, zu seinem Wort zu stehen, gütig, wohltätig und großherzig zu sein; wo der gute Mensch verächtlich gemacht und der Perfide geehrt würde.

Jeder, sagt man, trage nur aus Eigennutz zum allgemeinen Wohl bei. Wie kommt es dann aber, daß der Rechtliche zu seinem eigenen Schaden dazu beiträgt? Was heißt aus Eigennutz in den Tod gehen? Zweifellos handelt jeder nur für sein Wohl; gibt es aber ein moralisches Wohl, das man in Rechnung ziehen muß, wird man immer nur die Handlungen der Bösen aus Eigennutz erklären. Es ist sogar anzunehmen, daß man nicht versuchen wird, noch weiter zu gehen. Es wäre eine zu schändliche Philosophie, bei der man über tugendhafte Handlungen in Verlegenheit geriete und sich nur dadurch aus der Affäre ziehen könnte, daß man ihnen niedere Absichten und schlechte Motive andichtete; eine Philosophie, die einen zwänge, Sokrates zu erniedrigen und Regulus zu verleumden. Wenn solche Doktrinen jemals bei uns Wurzel fassen könnten, erhöben sich die Stimmen der Natur ebenso wie die der Vernunft unablässig gegen sie und ließen bei keinem ihrer Anhänger die Entschuldigung gelten, guten Glaubens zu sein.

Es ist nicht meine Absicht, mich hier in metaphysische Diskussionen einzulassen, die sowohl dein wie mein Fassungsvermögen überschreiten und im Grunde zu nichts führen. Ich habe dir schon gesagt, daß ich nicht mit dir philosophieren will, sondern dir helfen, dein Herz zu befragen. Wenn auch alle Philosophen beweisen würden, daß ich unrecht habe – wenn nur du spürst, daß ich recht habe, will ich nichts weiter.

Dazu muß man dich nur lehren, die Vorstellungen, die wir erworben haben, von unsren natürlichen Empfindungen zu unterscheiden, denn wir fühlen, bevor wir erkennen; und da wir nicht lernen, unser Glück zu wollen und unser Unglück zu fliehen, sondern diesen Willen von der Natur mitbekommen haben, so ist

uns die Liebe zum Guten und der Haß gegen das Böse
genauso natürlich wie die Liebe zu uns selbst[133].
Die Akte des Gewissens sind keine Urteile, sondern
Gefühle[134]. Wenn uns auch alle unsre Vorstellungen von
außen kommen, so sind doch die Gefühle, die sie werten, in unserem Innern, und einzig durch sie erkennen
wir die Angemessenheit oder die Unangemessenheit,
die zwischen uns und den Dingen, die wir suchen oder
meiden müssen, besteht.

Existieren ist für uns fühlen; es ist unbestreitbar,
daß wir sensibel sind, bevor wir Intelligenz besitzen,
und wir haben vor unsren Gedanken bereits Gefühle
gehabt*. Welche Ursache für unser Sein es auch geben
mag, sie hat für unsre Erhaltung gesorgt, indem sie
uns unsrer Natur entsprechende Gefühle gab; und es
ist nicht zu leugnen, daß zumindest diese angeboren
sind. Beim Einzelwesen sind diese Gefühle Selbstliebe,
Furcht vor Schmerz, Schrecken vor dem Tod und das
Verlangen nach Wohlergehen. Wenn aber, so, wie es
auch unzweifelhaft ist, der Mensch von Natur aus gesellig oder zumindest dazu geschaffen ist, es zu werden, kann er es nur durch andere angeborene Gefühle
sein, die sich auf seine Gattung beziehen; denn nimmt
man allein das physische Bedürfnis, so muß es mit Gewißheit die Menschen voneinander trennen, anstatt
sie einander zu nähern. Aus dem moralischen System,
das durch diese Doppelbeziehung, nämlich der zu sich
selbst und der zu den Mitmenschen gebildet wird, ent-

---

* In gewisser Hinsicht sind die Vorstellungen Gefühle und die Gefühle Vorstellungen. Beide Bezeichnungen passen auf jede Wahrnehmung, in der wir sowohl auf den Gegenstand achten wie auf uns selbst,
soweit wir von ihm affiziert werden: nur die Reihenfolge dieser Affi-
zierungen bestimmt, welche Bezeichnung jeweils zutrifft. Achten wir
in erster Linie auf den Gegenstand und denken an uns nur in Reflexion,
so ist es eine Vorstellung; umgekehrt, wenn der empfangene Eindruck
unsere erste Aufmerksamkeit erregt und wir nur in Reflexion an den
Gegenstand denken, der diesen Eindruck verursachte, so ist es ein
Gefühl.

steht der Anstoß des Gewissens. Das Gute erkennen heißt nicht, es lieben: diese Erkenntnis ist dem Menschen nicht angeboren, aber sobald seine Vernunft ihn das Gute erkennen läßt, treibt ihn sein Gewissen, es zu lieben – dieses Gefühl ist angeboren.

Ich glaube also nicht, mein Freund, daß es unmöglich ist, aus Folgerungen, die aus unsrer Natur zu ziehen sind, das unmittelbare Prinzip des Gewissens zu erklären, das selbst von der Vernunft unabhängig ist. Aber sollte das nicht möglich sein, so ist es ja auch nicht eigentlich notwendig, denn da jene, die dieses vom ganzen menschlichen Geschlecht akzeptierte und anerkannte Prinzip leugnen, keineswegs beweisen, daß es nicht existiert, sondern sich damit begnügen, dies zu versichern, so haben wir, wenn wir unsererseits versichern, daß es existiert, genauso gute Gründe und dazu noch das innere Zeugnis und die Stimme des Gewissens, die für sich selber zeugt. Wenn die ersten Lichter der Erkenntnis uns blenden und zunächst alles in unsren Blicken verwirren, so warten wir doch, daß unsre schwachen Augen wieder sehend werden, wieder klarer blicken, und bald werden wir alles wieder im Licht der Vernunft sehen, so wie die Natur es uns zu Anbeginn zeigte – oder seien wir vielmehr einfacher und weniger eitel; beschränken wir uns auf die ersten Gefühle, die wir in uns selber finden, denn zu ihnen führt uns unsre Forschung immer wieder zurück, wenn sie uns nicht in die Irre geführt hat.

Gewissen! Gewissen! göttlicher Instinkt, unsterbliche und himmlische Stimme, sicherer Führer eines unwissenden und beschränkten, aber vernünftigen und freien Wesens; unbestechlicher Richter über das Gute und das Böse; du, der du den Menschen Gott ähnlich machst, du gibst seiner Natur die Vollkommenheit und seinen Handlungen die Moralität; ohne dich fühle ich nichts in mir, das mich über die Tiere erhöbe, als das

traurige Vorrecht, durch ein ungeordnetes Erkenntnisvermögen und eine grundsatzlose Vernunft von einem
Irrtum in den anderen zu fallen.

Dank des Himmels sind wir nun von dem ganzen
erschreckenden Apparat der Philosophie befreit – wir
dürfen Menschen sein, ohne gelehrt zu sein; der Verpflichtung enthoben, unser Leben mit dem Studium
der Moral hinzubringen, haben wir zu geringerem
Preis einen sicheren Führer inmitten dieses ungeheuren
Labyrinths menschlicher Meinungen. Aber es genügt
nicht, daß dieser Führer existiert, man muß ihn erkennen können und ihm folgen. Wenn er zu allen Herzen
spricht, warum gibt es dann so wenige, die ihn verstehen? Nun, er spricht zu uns in der Sprache der
Natur, die wir über allem anderen vergessen haben.
Das Gewissen ist scheu, es liebt die Zurückgezogenheit und den Frieden, die Welt und ihr Lärm ängstigen
es: die Vorurteile, aus denen man es entstehen ließ,
sind seine grausamsten Feinde, es entflieht oder verstummt vor ihnen: ihre lärmende Stimme erstickt die
seine und macht es ihr unmöglich, sich Gehör zu verschaffen; der Fanatismus wagt es, es nachzuahmen und
das Verbrechen in seinem Namen zu diktieren. Schließlich fühlt es sich entmutigt, nachdem es allzuoft abgewiesen worden ist; es spricht nicht mehr zu uns, es antwortet uns nicht mehr, und nach soviel Mißachtung
kostet es ebensoviel, es zurückzurufen, wie es kostete,
es zu verbannen[135].

Wie oft während meiner Forschungen wurde ich der
Kälte, die ich in mir fühlte, überdrüssig! Wie oft machten mir Trauer und Verdruß meine ersten Meditationen, über die sie ihr Gift träufelten, unerträglich! Nur
eine matte und laue Liebe zur Wahrheit lebte in meinem fühllosen Herzen. Ich sagte mir: Warum soll ich
mich damit abquälen, etwas zu suchen, was nicht existiert? Das sittliche Gut ist nur ein Hirngespinst; es
gibt nichts anderes Gutes als die Lust der Sinne. Ach,

wenn man einmal den Geschmack an den Freuden der Seele verloren hat, wie schwer ist es, ihn wiederzugewinnen! Und wieviel schwerer ist es noch, ihn zu bekommen, wenn man ihn nie gehabt hat! Wenn es einen Menschen gäbe, der so elend wäre, nichts in seinem ganzen Leben getan zu haben, dessen Erinnerung ihn mit sich zufrieden sein ließe und froh darüber, gelebt zu haben, so wäre dieser Mensch unfähig, sich jemals selbst zu erkennen; und da er nicht fühlte, welche Güte seiner Natur entspricht, wäre er gezwungenermaßen böse und auf ewig unglücklich. Aber glaubst du, daß es auf der ganzen Erde einen einzigen Menschen gibt, der so verdorben ist, daß sein Herz niemals der Versuchung weicht, etwas Gutes zu tun? Diese Versuchung ist so natürlich und so süß, daß es unmöglich ist, ihr immer zu widerstehen; und die Erinnerung an die Freude, die sie einmal erzeugt, genügt, sie immer wieder hervorzurufen. Unglücklicherweise ist sie zuerst schwer zu befriedigen, man hat tausend Gründe, sich der Neigung seines Herzens zu widersetzen, die falsche Klugheit fesselt es in die Schranken des menschlichen Ich und man muß sich tausendmal Mut zusprechen, ehe man sie zu übersteigen wagt. Gern Gutes tun ist der Lohn dafür, Gutes getan zu haben, und diesen Lohn erhält man erst, nachdem man ihn verdient hat. Nichts ist liebenswerter als die Tugend, aber man muß Freude an ihr haben, um sie liebenswert zu finden. Wenn man nach ihr greifen will, nimmt sie wie der Proteus der Sage zuerst tausend schreckliche Gestalten an und zeigt sich zum Schluß nur denen in ihrer wahren Gestalt, die nicht von ihr abgelassen haben.

Unaufhörlich von meinen natürlichen Gefühlen bestürmt, die für das allgemeine Interesse sprachen, und von meiner Vernunft, die alles auf mich selbst bezog, wäre ich mein ganzes Leben ständig in dieser Alternative hin- und hergetrieben, hätte das Böse getan, das Gute geliebt, immer im Widerspruch zu mir selbst,

wenn nicht neue Erkenntnisse mein Herz erleichtert
hätten, wenn nicht die Wahrheit, die meinen Ansichten eine feste Richtung gab, nicht auch meiner Lebensführung Festigkeit verliehen und mich mit mir selbst
in Einklang gebracht hätte. Man mag die Tugend auf
Vernunft gründen wollen, aber welch feste Grundlage
kann man ihr geben? Die Tugend, so sagt man, ist die
Liebe zur Ordnung. Aber kann und soll denn diese
Liebe in mir die Liebe zu meinem eigenen Wohl überwiegen? Man gebe mir eine klare und ausreichende Begründung, um sie vorzuziehen. Im Grunde besteht ihr
angebliches Prinzip in einem reinen Wortspiel, denn ich
behaupte meinerseits auch, daß, in anderem Sinne, das
Laster die Liebe zur Ordnung ist[136]. Überall, wo Gefühl und Verstand sind, gibt es auch irgendeine moralische Ordnung. Der Unterschied besteht darin, daß
der Gute sich in Beziehung zum Ganzen ordnet und
daß der Böse das Ganze in bezug auf sich selbst
ordnet. Dieser macht sich zum Zentrum aller Dinge;
jener mißt seinen Radius und hält sich an der Peripherie. So hat er sich in Beziehung zum gemeinsamen
Zentrum geordnet, das Gott ist, und in Beziehung
zu allen konzentrischen Kreisen, die die Geschöpfe
sind[137]. Wenn es keine Gottheit gibt, so ist der Böse
der einzige, der richtig schließt, der Gute ist nur ein
Dummkopf.

O mein Kind, mögest du eines Tages fühlen, welche
Last von einem fällt, wenn man endlich so nah bei sich
den Weg der Weisheit findet, den Lohn der Mühen dieses Lebens und die Quelle des Glücks, an dem man verzweifelte, nachdem man die Eitelkeit der menschlichen
Meinungen erfahren und die Bitternis der Leidenschaften gekostet hat! Alle Pflichten des Naturgesetzes,
durch die Ungerechtigkeit der Menschen fast aus meinem Herzen ausgelöscht, prägen sich ihm wieder ein
im Namen der ewigen Gerechtigkeit, die sie mir auferlegt und die sieht, daß ich sie erfülle. Ich fühle mich

nur noch als Werk und Werkzeug des großen Wesens, das das Wohl will, das es tut, und das meine durch die Übereinstimmung meines Willens mit dem seinen und durch den richtigen Gebrauch meiner Freiheit bewirken wird: ich stimme der Ordnung zu, die es festsetzt, in der Gewißheit, mich selbst eines Tages dieser Ordnung zu erfreuen und meine Glückseligkeit darin zu finden; denn welch süßere Glückseligkeit gibt es als die, sich in ein System eingeordnet zu sehen, wo alles gut ist[138]? Wenn mich der Schmerz in den Klauen hat, ertrage ich ihn in Geduld, da ich daran denke, daß er vorübergeht und aus einem Körper kommt, der nicht mir gehört. Tue ich ohne Zeugen Gutes, weiß ich, daß es gesehen wird, und rechne mein Verhalten in diesem Leben dem anderen zugut. Erleide ich eine Ungerechtigkeit, sage ich mir: das gerechte Wesen, das alles beherrscht, wird mich schon zu entschädigen wissen, die Bedürfnisse meines Leibes, die Plagen meines Lebens machen mir die Vorstellung des Todes erträglicher. Um so weniger Bande sind zu zerreißen, wenn man einmal alles verlassen muß.

Warum ist meine Seele meinen Sinnen unterworfen und an diesen Körper gefesselt, der sie unterjocht und ihr Zwang antut? Ich weiß es nicht: bin ich in Gottes Entscheidungen eingeweiht? Ich kann aber, ohne tollkühn zu sein, einige bescheidene Vermutungen anstellen. Ich sage mir: Wenn der Geist des Menschen frei und rein geblieben wäre, worin bestünde sein Verdienst, wenn er die bestehende Ordnung liebte und sich, da er doch nicht das geringste Interesse hätte, sie zu stören, nach ihr richtete? Er wäre zwar glücklich, aber seinem Glück fehlte der höchste Grad: der Ruhm der Tugend[139] und das gute Selbstzeugnis; er wäre nicht anders als die Engel, und der tugendsame Mensch ist zweifellos mehr als sie. Durch nicht weniger mächtige als unbegreifliche Bande mit einem sterblichen Körper vereint, wird die Seele um der Erhaltung dieses Körpers willen dazu angeregt, alles auf ihn zu beziehen und ihm eine der allgemeinen Ordnung widersprechende Fürsorge zukommen zu lassen, obwohl sie diese Ordnung erkennen und zu lieben dennoch imstande ist – dann wird der richtige Gebrauch ihrer Freiheit Verdienst und Belohnung zugleich, und sie bereitet sich ein unvergängliches Glück, wenn sie ihre irdischen Leidenschaften bekämpft und an ihrem ursprünglichen Wollen festhält.

Wenn also, selbst im Zustand der Erniedrigung, in dem wir uns alle während dieses Lebens befinden, alle unsre ersten Neigungen legitim sind[140], wenn alle unsre Laster aus uns selber kommen – warum klagen wir darüber, von ihnen unterjocht zu werden? warum werfen wir dem Schöpfer aller Dinge die Übel vor, die wir uns bereiten, und die Feinde, die wir gegen uns selbst bewaffnen? Ach, wir erniedrigen nicht den Menschen, er wird immer gut sein ohne Leid und glücklich ohne Reue. Die Schuldigen, die behaupten, zum Verbrechen gezwungen zu sein, sind ebenso verlogen wie böse: wie können sie verkennen, daß die Schwäche, über die sie klagen, ihr eigenes Werk ist; daß ihre ursprüngliche Verderbnis ihrem eigenen Willen entspringt; daß sie nur ihren Versuchungen willentlich nachgegeben haben, ihnen schließlich gegen ihren Willen nachgeben und sie unwiderstehlich machen? Es hängt ohne Zweifel nicht mehr von ihnen ab, nicht böse oder schwach zu sein, jedoch es hing von ihnen ab, es nicht zu werden. Ach, wie leicht könnten wir, selbst in diesem Leben, Herr über uns und unsre Leidenschaften bleiben, wenn wir in einem Augenblick, da wir noch keine Gewohnheiten haben, da unser Geist beginnt, sich aufzuschließen, ihn mit den Dingen zu beschäftigen wüßten, die er kennen muß, um die schätzen zu können, die er nicht kennt; wenn wir uns ernsthaft bilden möchten, nicht um in den Augen der anderen zu glänzen, sondern um unsrer Natur gemäß gut und weise zu sein, um durch die Ausübung unsrer Pflichten zum Glück zu gelangen! Diese Aufgabe erscheint uns langweilig und schwierig, weil wir ihrer erst dann gedenken, wenn wir schon vom Laster verdorben und unsren Leidenschaften schon ausgeliefert sind. Wir legen unsre Erkenntnisse und unsere Bewertung fest, bevor wir das Gute und das Böse erkannt haben, und dann, indem wir alles an diesem falschen Maßstab messen, geben wir nichts seinen richtigen Wert.

Es gibt ein Alter, wo das Herz, noch frei, aber glühend, hungrig nach dem Glück, das es nicht kennt, dieses Glück in wissensdurstiger, neugieriger Ungewißheit sucht, bis es schließlich, durch die Sinne getäuscht, sich an dessen eitles Abbild heftet, und es dort zu finden glaubt, wo es nicht ist. Diese Täuschungen haben bei mir allzu lange angehalten. Ach! ich habe sie zu spät erkannt und sie nicht gänzlich verjagen können – sie werden sich solange erhalten wie dieser sterbliche Leib, der sie hervorruft. Mögen sie mich auch verführen, sie täuschen mich wenigstens nicht; ich erkenne sie als das, was sie sind; wenn ich ihnen erliege, verachte ich sie, und, weit entfernt, in ihnen den Gegenstand meines Glücks zu sehen, betrachte ich sie als dessen Hindernis. Ich ersehne den Augenblick, da ich, befreit von den Fesseln des Leibes, ohne Widerspruch und ungeteilt *Ich* sein werde und nur meiner selbst bedarf, um glücklich zu sein; inzwischen bin ich es schon in diesem Leben, weil ich all seine Übel geringschätze und es als etwas meinem Wesen nahezu Fremdes betrachte und weil alles wahrhaft Gute, das ich aus ihm schöpfen kann, von mir selbst abhängt[141].

Um mich schon vorher so weit wie möglich zu diesem Zustand des Glücks, der Kraft und der Freiheit zu erheben, übe ich mich in erhabenen Betrachtungen. Ich meditiere über die Ordnung des Universums, nicht um es mit eitlen Systemen zu erklären, sondern um es unablässig zu bewundern, um den weisen Schöpfer

anzubeten, der sich durch es bemerkbar macht. Ich
führe Gespräche mit ihm und lasse alle meine Fähigkeiten von seinem göttlichen Wesen durchdringen; ich
bin gerührt über seine Wohltaten und segne ihn für
seine Gaben, aber ich bitte ihn um nichts[142]. Um was
sollte ich ihn bitten? daß er um meinetwillen den Lauf
der Dinge ändere, daß er mir zuliebe Wunder tue?
Ich, der die durch seine Weisheit errichtete und durch
seine Vorsehung erhaltene Ordnung vor allem anderen
lieben muß, möchte ich, daß diese Ordnung meinetwegen gestört werde? Nein, dieser vermessene Wunsch
verdiente eher Bestrafung als Erfüllung. Ich bitte ihn
auch nicht um das Vermögen, richtig zu handeln –
warum ihn um etwas bitten, das er mir gegeben hat?
Gab er mir nicht das Gewissen, um das Rechte zu
lieben, die Vernunft, es zu erkennen, und die Freiheit,
es zu wählen? Wenn ich unrecht tue, gibt es keine Entschuldigung für mich, ich tue es, weil ich es will; ihn
darum zu bitten, meinen Willen zu ändern, heißt von
ihm zu verlangen, was er von mir verlangt, das heißt
zu wollen, daß er mein Werk tue und ich dafür den
Lohn empfange; mit meinem Zustand nicht zufrieden
sein heißt nicht mehr Mensch sein wollen, heißt etwas
anderes wollen als das, was existiert, heißt die Unordnung und das Böse wollen. Quelle der Gerechtigkeit und Wahrheit, gnädiger und gütiger Gott! in meinem Vertrauen zu dir ist es der höchste Wunsch meines
Herzens, daß dein Wille geschehe. Vereinige ich den
meinigen mit ihm, so tue ich, was du tust, ich füge
mich deiner Güte; ich glaube, schon im voraus der
höchsten Glückseligkeit teilhaftig zu sein, deren Lohn
sie ist.

Das einzige, was ich im gerechten Mißtrauen gegen
mich selbst von ihm erbitte oder vielmehr von seiner
Gerechtigkeit erwarte, ist, meinen Fehler richtigzu-
stellen, wenn ich in die Irre gehe und wenn dieser
Fehler mir zur Gefahr wird. Weil ich guten Glaubens

bin, halte ich mich doch nicht für unfehlbar – meine Überzeugungen, die mir als die wahrsten erscheinen, sind vielleicht nichts anderes als ebenso viele Lügen; denn welcher Mensch besteht nicht auf seinen Überzeugungen? und wie viele Menschen stimmen in allem überein? Die Täuschung, die mich trügt, mag wohl aus mir selbst kommen, nur er ist es, der mich von ihr heilen kann. Ich habe getan, was ich konnte, um zur Wahrheit zu gelangen, jedoch ist ihr Ursprung zu erhaben – wenn mir die Kräfte fehlen, weiter zu kommen, wie kann ich dann schuldig sein? es ist an ihr, dann zu mir zu kommen."

Der gute Priester hatte in leidenschaftlicher Erregung gesprochen; er war bewegt, und auch ich war es. Ich glaubte den göttlichen Orpheus die ersten Hymnen singen zu hören und die Menschen die Verehrung der Götter zu lehren. Indessen hatte ich eine Fülle von Einwänden zu machen, machte aber nicht einen einzigen, weil sie weniger begründet als verwirrend waren und die Überzeugungskraft bei ihm lag. So, wie er nach bestem Gewissen zu mir sprach, schien das meine mir zu bestätigen, was er mir gesagt hatte.

„Die Meinungen, die Sie mir darlegten", sagte ich ihm, „scheinen mir befremdlicher durch das, was Sie nicht zu wissen zugeben, als durch das, was Sie zu glauben behaupten. Ich sehe darin ungefähr den Theismus[143] oder die natürliche Religion, die die Christen heuchlerisch dem Atheismus oder der Irreligion gleichsetzen, während sie doch die direkt gegensätzliche Lehre ist. Aber beim augenblicklichen Stand meines Glaubens muß ich eher zurück- und hinauf- als weiter abwärtsgehen, um mir Ihre Ansichten zu eigen zu machen, und ich finde es schwierig, genau an dem Punkt stehenzubleiben, bis zu dem Sie gelangt sind, wenn man nicht so weise ist wie Sie[144]. Um aber wenigstens ebenso aufrichtig zu sein, will ich mit mir zu Rate gehn. Mein Gefühl[145] muß mich nach Ihrem Beispiel

leiten, und Sie selbst haben mich gelehrt, daß es nicht
Sache eines Augenblicks ist, es wieder zum Reden zu
bringen, nachdem man ihm so lange Zeit Schweigen
auferlegte. Alles, was Sie sagten, trage ich in meinem
Herzen mit fort, ich muß darüber nachdenken. Wenn
ich nach reiflichen Überlegungen ebenso wie Sie davon
überzeugt bin, werden Sie mein letzter Apostel sein
und ich Ihr Proselyt bis zu meinem Tod[146]. Fahren Sie
inzwischen fort, mich zu belehren, Sie haben mir erst
die Hälfte dessen gesagt, was ich wissen muß. Sprechen
Sie über die Offenbarung, die Heilige Schrift, über
diese dunklen Dogmen, in denen ich mich schon seit
meiner Kindheit verirre, ohne sie begreifen noch glauben zu können und ohne imstande zu sein, sie anzunehmen oder zu verwerfen.“

„Ja, mein Kind“, sagte er und umarmte mich, „ich
werde dir meine Gedanken bis zum Ende mitteilen;
ich will dir nicht nur halb mein Herz öffnen, aber
dein Verlangen danach war nötig, um mich zu ermäch-
tigen, ohne jeden Vorbehalt darüber zu sprechen. Bisher habe ich dir nichts gesagt, von dem ich nicht
glaubte, es könne dir nützlich sein und wovon ich nicht
zuinnerst überzeugt wäre. Die Untersuchung, die ich
nun noch anzustellen habe, ist völlig anderer Art – ich
sehe nur Verwirrung, Geheimnis, Dunkel vor mir,
und gehe nur mit Ungewißheit und Mißtrauen an sie
heran. Ich entscheide mich nur mit Zittern und Zagen
und spreche dir eher von meinen Zweifeln als von
meiner Meinung. Wäre deine Einsicht gefestigter,
würde ich es mir noch überlegen, dir die meine vor-
zutragen; aber in deinem Zustand wirst du dadurch
gewinnen, so zu denken wie ich*. Im übrigen lasse
bei meinen Reden nur die Autorität der Vernunft gelten – ich weiß nicht, ob ich irre. Wenn man über etwas

---

* Das ist, glaube ich, etwas, das der gute Vikar heute der Öffentlichkeit sagen könnte[147].

diskutiert, ist es schwierig, nicht manchmal in den entschiedenen Ton der Behauptung zu verfallen, aber vergiß nicht, daß hier alle meine Behauptungen nur Gründe zum Zweifeln sind[148]. Suche selbst die Wahrheit – ich verspreche dir nur Aufrichtigkeit.

Du siehst in meinen Ausführungen nur die natürliche Religion – es ist höchst erstaunlich, daß man nach einer anderen verlangt. Woher sollte ich dieses Verlangen haben? Wessen kann ich schuldig sein, wenn ich Gott gemäß der Erleuchtung, die er meinem Geist gibt, und den Gefühlen, die er meinem Herzen einflößt, diene? Welche Reinheit der Moral, welche Lehre, die dem Menschen zum Nutzen und seinem Schöpfer zur Ehre gereicht, kann ich aus einem positiven Glaubenssatz ziehen, die ich nicht auch ohne ihn aus dem richtigen Gebrauch meiner Fähigkeiten ziehen könnte? Zeige mir, was man den Pflichten des Naturgesetzes zum Ruhme Gottes, zum Wohl der Gesellschaft und zu meinem eigenen Wohlergehen noch hinzufügen kann, und welche Tugend du aus einem anderen Kult entstehen lassen willst, der sich nicht aus dem meinigen ergibt. Die höchsten Vorstellungen von der Gottheit kommen uns allein aus der Vernunft. Betrachte das Schauspiel der Natur, höre auf die innere Stimme. Hat Gott nicht alles unsren Augen, unsrem Gewissen, unsrer Urteilskraft gesagt? Was könnten uns die Menschen mehr sagen? Ihre Offenbarungen erniedrigen Gott nur, da sie ihm menschliche Leidenschaften beilegen. Anstatt den Begriff des erhabenen Wesens zu klären, sehe ich sie durch die besonderen Glaubenssätze in Verwirrung geraten; anstatt ihn zu veredeln, erniedrigen sie ihn; zu den unfaßbaren Geheimnissen, die ihn umgeben, fügen sie absurde Widersprüche; sie machen den Menschen hochmütig, intolerant, grausam; anstatt den Frieden auf Erden zu schaffen, bringen sie Eisen und Feuer. Ich frage mich, wozu das alles gut ist, ohne mir darauf Antwort geben zu können. Ich sehe nichts als die Verbrechen der Menschen darin und die Not des Menschengeschlechts.

Man sagt mir, daß es einer Offenbarung bedurfte, um die Menschen zu lehren, auf welche Weise sie Gott dienen müssen; als Beweis dafür führt man die Verschiedenartigkeit der seltsamen Kulte an, die sie eingeführt haben, und erkennt nicht, daß eben diese Verschiedenartigkeit aus dem Wahn der Offenbarungen kommt. Seit die Völker auf den Gedanken kamen, Gott sprechen zu lassen, hat jeder ihn auf seine Weise sprechen und ihn sagen lassen, was er hören wollte. Hätte man nur auf das gehört, was Gott dem Menschenherzen sagt, hätte es immer nur eine Religion auf Erden gegeben.

Man bedurfte eines einheitlichen Kults – das soll mir recht sein; aber war dieser Punkt so wichtig, daß die ganze göttliche Macht in Bewegung gesetzt werden mußte, um ihn festzulegen? Verwechseln wir nicht das Zeremoniell der Religion mit der Religion. Der Gottesdienst, den Gott will, ist der des Herzens[149], und wenn dieser aufrichtig ist, ist er auch immer einheitlich. Man muß schon von sehr törichter Eitelkeit sein, wenn man sich einbildet, Gott habe ein so großes Interesse an der Art des Priestergewandes, an der Folge der Worte, die er spricht, an den Gesten, die er am Altar macht und an all seinen Kniebeugen. Ach, mein Freund, bleibe auf deiner ganzen Höhe, und du wirst der Erde nahe genug sein. Gott will im Geiste und in der Wahrheit angebetet sein – das ist die Schuldigkeit aller Religionen, aller Völker, aller Menschen. Wenn nun der äußerliche Kult um der guten Ordnung willen einheitlich sein muß, so ist das eine Frage der äußeren Ordnung[150] – dafür braucht es keine Offenbarung.

Zu Anfang stellte ich alle diese Überlegungen nicht an. Verleitet von den Vorurteilen der Erziehung und jener gefährlichen Selbstsucht, die den Menschen immer über seine Sphäre hinaustragen will, unfähig,

meine blassen Vorstellungen bis zu dem erhabenen
Wesen zu erheben, mühte ich mich, es zu mir herabzu-
ziehen. Ich verringerte den unendlichen Abstand, den
er zwischen seiner Natur und der meinen festgesetzt hat.
Ich wollte unmittelbarere Verbindungen, speziellere
Belehrungen; und da ich mich nicht damit begnügte,
Gott dem Menschen gleichzumachen, verlangte ich
nach übernatürlichen Erkenntnissen, um ein Bevor-
zugter unter meinesgleichen zu sein; ich verlangte
einen exklusiven Kult, ich wünschte, daß Gott mir
gesagt habe, was er den anderen nicht gesagt hätte
oder was andere nicht so wie ich verstanden hätten[151].

Sah ich den Punkt, an dem ich angelangt war, als
gemeinsamen Ausgangspunkt aller Gläubigen, von wo
sie zu einem aufgeklärteren Kult gelangen konnten,
so fand ich in den Dogmen der natürlichen Religion
nur die Elemente jeder Religion. Ich betrachtete diese
Mannigfaltigkeit von Sekten, die auf der Erde regieren und sich gegenseitig der Lüge und des Irrtums
zeihen und fragte: *Welche ist die richtige?* Jeder antwortete: Meine; jeder sagte: Nur ich und meine Anhänger denken das Richtige; alle anderen irren. *Und
woher wißt Ihr, daß Eure Sekte die richtige ist?* Weil
Gott es gesagt hat*. Und wer sagt Euch, daß Gott es
gesagt hat? Mein Pfarrer, der es wohl weiß. Mein
Pfarrer sagt mir, ich habe so zu glauben, und ich
glaube so; er versichert mich, daß alle, die etwas anderes sagen als er, lügen, und ich höre nicht auf sie.

---

* „Alle", sagte ein guter und weiser Priester[152], „behaupten, der richtigen anzugehören und glauben, sie komme weder von den Menschen noch
irgendeiner anderen Kreatur, sondern von Gott.

Aber, offen gestanden, und ohne etwas zu beschönigen oder zu be-
mänteln – es ist nicht an dem; was man auch sagen mag, sie kommen
aus menschlichen Händen und Mitteln; das bezeugt erstens die Weise,
auf die die Religionen in der Welt angenommen wurden und von
einzelnen immer noch angenommen werden: die Nation, das Land, der
Ort bestimmen die Religion; man nimmt die an, die dort gilt, wo
man geboren und erzogen wurde; wir sind Beschnittene, Getaufte,

Wie! dachte ich, es gibt also nicht nur eine Wahrheit? und was bei mir wahr ist, kann bei euch unwahr sein? Wenn die Methode dessen, der den rechten Weg geht, dieselbe ist wie die Methode dessen, der in die Irre geht, welches Verdienst oder Unrecht hat dann der eine vor dem anderen? Ihre Entscheidung ist Zufallssache, und sie ihnen anzurechnen ist Unbilligkeit, ist Belohnung oder Strafe dafür, daß man in diesem oder in jenem Land geboren wurde[154]. Wagt man zu behaupten, Gott richte uns auf diese Weise, so verhöhnt man seine Gerechtigkeit.

Entweder sind alle Religionen die richtigen und Gott wohlgefällig, oder wenn es eine gibt, die er den Menschen vorschreibt und für deren Unkenntnis er ihn straft, so hat er ihr sichere und offenbare Zeichen verliehen, durch die sie als die einzig wahre ausgezeichnet und erkannt wird. Diese Zeichen hat es immer und überall gegeben, sie sind allen Menschen gleich wahrnehmbar, den Großen und Geringen, den Gelehrten und Unwissenden, Europäern, Indern, Afrikanern und Wilden. Wenn es eine Religion auf Erden gäbe, ohne die man zur ewigen Verdammnis verurteilt wäre – und nur ein einziger Mensch guten Glaubens irgendwo auf der Welt wäre von ihrer Evidenz nicht getroffen – der Gott dieser Religion wäre der ungerechteste und grausamste der Tyrannen.

Suchen wir also aufrichtig nach der Wahrheit? Gestehen wir dem Vorrecht der Geburt und der Autorität von Vätern und Pfarrern nichts zu, aber rufen wir

Juden, Mohammedaner, Christen, bevor wir wissen, daß wir Menschen sind, die Religion hängt nicht von unsrer Wahl ab; das bezeugt zweitens das mit der Religion so schlecht zu vereinbarende Leben und seine Sitten; das bezeugt die Tatsache, daß man aus menschlichen und sehr leichtfertigen Anlässen den Geboten seiner Religion zuwiderhandelt." *Charron, De la Sagesse,* t. II, chap. V, p. 257, Bordeaux 1601.

Höchstwahrscheinlich hätte ein aufrichtiges Glaubensbekenntnis des tugendhaften Theologielehrers von Condom sich von dem des savoyischen Vikars nicht sehr unterschieden[155].

uns zur Erforschung des Gewissens und der Vernunft
alles ins Gedächtnis zurück, was sie uns von Kindheit
an lehrten. Sie mögen schreien: Unterwirf deine Vernunft;
dasselbe könnte mir jemand sagen, der mich betrügt
– ich brauche Gründe, um meine Vernunft zu unterwerfen[155].

Die ganze Theologie, zu der ich aus eigener Kraft,
durch die Betrachtung des Universums und den richtigen Gebrauch meiner Fähigkeiten gelangen kann, beschränkt sich auf das, was ich dir schon erklärt habe.
Um mehr darüber zu wissen, muß man zu außerge-
wöhnlichen Mitteln greifen. Diese Mittel können nicht
von der Autorität der Menschen abhängen; denn da
kein Mensch einer anderen Gattung angehört als ich,
so kann auch ich alles erkennen, was der Mensch von
Natur aus erkennt, und ein anderer Mensch kann sich
ebenso täuschen wie ich: wenn ich glaube, was er sagt,
dann glaube ich es nicht, weil er es sagt, sondern weil
er es beweist. Das Zeugnis der Menschen ist also im
Grunde nur das meiner Vernunft selbst und trägt
nichts zu den natürlichen, mir von Gott gegebenen
Mitteln bei, die Wahrheit zu erkennen.

Apostel der Wahrheit, was hast du mir denn zu sagen, über das nicht ich der Richter bleibe? Gott selbst
hat gesprochen – höre auf seine Offenbarung. Das ist
etwas anderes. Gott hat gesprochen! Wahrlich, ein großes Wort. Und zu wem hat er gesprochen? Er hat zu
den Menschen gesprochen. Warum habe ich denn nichts
davon gehört? Er hat andere Menschen damit beauftragt, dir seine Worte wiederzugeben. Aha! Menschen
also werden mir sagen, was Gott gesagt hat. Ich hätte
Gott lieber selber gehört, das hätte ihn nichts weiter
gekostet, und ich wäre vor aller Verführung sicher
gewesen. Er schützt dich davor, indem er die Sendung
seiner Boten bezeugt. Wie denn? Durch Wunder. Und
wo sind diese Wunder? In den Büchern. Und wer
hat diese Bücher geschrieben? Menschen. Und wer hat

jene Wunder gesehn? Menschen, die sie bezeugen. Was!
Immer menschliche Zeugnisse! immer Menschen, die
mir berichten, was andere Menschen berichtet haben!
Wie viele Menschen zwischen Gott und mir[156]! Halten
wir dennoch die Augen auf, prüfen wir, vergleichen
und beglaubigen wir. Ach, hätte ich Gott weniger freu-
digen Herzens gedient, wenn es ihm gefallen hätte,
mir die ganze Arbeit zu erlassen?

Bedenke, mein Freund, in welch schreckliche Diskussion ich mich nun eingelassen habe, welch ungeheure Gelehrsamkeit ich brauche, um bis ins tiefste
Altertum zurückzugreifen, um die Prophezeiungen, die
Offenbarungen, die Tatsachen, um alle Glaubensdenk-
mäler aller Länder der Welt zu prüfen, abzuwägen
und einander gegenüberzustellen, damit ich Zeit, Ort,
Urheber und Umstände bestimmen kann! Welche Genauigkeit der Kritik ich brauche, um die authentischen
von den gefälschten Dokumenten zu unterscheiden;
um die Einwände mit den Antworten, die Übersetz-
zungen mit den Originalen zu vergleichen; um die Unparteilichkeit der Zeugen, ihren gesunden Verstand
und ihre Einsicht zu beurteilen; um zu wissen, ob
etwas weggelassen, hinzugefügt, umgestellt, verändert,
gefälscht wurde; um die Widersprüche, die bleiben,
aufzuheben, um abzuwägen, welches Gewicht dem
Schweigen der Gegner zu den gegen sie angeführten
Tatsachen beizumessen ist; ob diese Angaben ihnen
bekannt waren; ob sie sie für wert erachteten, darauf
zu antworten; ob die Bücher so allgemein verbreitet
waren, daß die unsrigen bis zu ihnen gelangten; ob wir
so ehrlich gewesen sind, sie unter uns zu verbreiten
und ihre stärksten Einwände so darin gelassen haben,
wie sie darin formuliert waren[157].

Nachdem alle diese Denkmäler als unbestreitbar anerkannt sind, müssen wir nun zu den Beweisen der
Sendung ihrer Autoren übergehen[158]; man muß gut über
die Gesetze des Zufalls Bescheid wissen und über die

Wahrscheinlichkeit des Realisierbaren, um beurteilen zu können, welche Voraussagung nicht ohne Wunder zutreffen kann; man muß in den Geist der Originalsprachen eingedrungen sein, um zu unterscheiden, was in diesen Sprachen Voraussagung und was nur Redefigur ist; man muß wissen, welche Tatsachen der Ordnung der Natur entsprechen und welche außerhalb dieser Ordnung stehen; man muß beurteilen können, bis zu welchem Grad ein geschickter Mensch die Augen der Einfältigen blenden und sogar aufgeklärte Leute in Staunen versetzen kann; man muß nachforschen, welcher Art ein Wunder sein muß und welche Authentizität es haben muß, nicht nur um glaubhaft zu sein, sondern um die Bestrafung des Zweiflers zu rechtfertigen; man muß die Beweise der wahren und gefälschten Wundertaten gegeneinanderhalten und die zuverlässigen Richtlinien herausfinden, wonach man sie voneinander unterscheidet; endlich muß man sagen, warum Gott, um sein Wort zu bezeugen, Mittel wählt, die selbst so sehr der Bezeugung bedürfen, so als treibe er sein Spiel mit der Leichtgläubigkeit der Menschen und meide absichtlich die rechten Mittel, sie zu überzeugen.

Nehmen wir an, daß es der göttlichen Majestät gefalle, sich so weit herabzulassen, einen Menschen zum Organ ihres heiligen Willens zu machen; ist es vernünftig, ist es richtig, vom ganzen menschlichen Geschlecht zu fordern, daß es der Stimme dieses seines Dieners gehorcht, ohne daß er als solcher kenntlich wäre? Ist es recht und billig, ihm anstelle aller Beglaubigungsschreiben nur einige besondere Wunderzeichen mitzugeben, die vor ein paar obskuren Menschen getan wurden und die die ganze übrige Menschheit immer nur vom Hörensagen kennen wird? Wenn man alle Wunder, die die Völker und die Einfältigen gesehen zu haben behaupten, für wahr hielte, wäre in allen Ländern der Welt jede Sekte die richtige; es gäbe mehr

Wunder als natürliche Ereignisse; und das größte aller
Wunder wäre, wenn es da, wo es verfolgte Fanatiker
gibt, keine Wunder gäbe. In der unerschütterlichen
Ordnung der Natur zeigt sich am besten die weise
Hand, die sie regiert; gäbe es viele Ausnahmen, wüßte
ich nicht mehr, was ich davon zu halten hätte; und ich
meinerseits glaube zu stark an Gott, um an so viele
seiner so wenig würdige Wunder zu glauben.

Wenn ein Mensch käme und so zu uns spräche:
Sterbliche, ich verkündige euch den Willen des Aller-
höchsten; erkennt in meiner Stimme den, der mich
schickt; ich befehle der Sonne, ihren Lauf zu ändern,
den Sternen, eine andere Konstellation zu bilden, den
Bergen, sich zu ebnen, den Fluten, sich zu erheben,
der Erde, ein anderes Angesicht anzunehmen. Wer
würde in solchem Wunderwerk nicht sofort den Herrn
der Natur erkennen! Sie gehorcht nicht den Betrügern;
deren Wunder vollziehen sich an Straßenecken, in der
Wüste, in Kammern; und da werden sie mühelos fertig mit einer kleinen Anzahl von Zuschauern, die schon
bereit sind, alles zu glauben. Wer wird es wagen, mir
zu sagen, wie viele Augenzeugen notwendig sind, um
ein Wunder glaubwürdig zu machen? Wenn eure Wunder, die zur Bestätigung eurer Doktrin geschaffen sind,
selbst des Beweises bedürfen, wozu dienen sie dann?
Es wäre ebensogut, keine zu tun.

Bleibt schließlich die wichtigste Überprüfung bei
der angekündigten Doktrin; da nämlich die, die sagen, Gott wirke hienieden Wunder, damit behaupten,
daß der Teufel es ihm manchmal gleichtue, sind wir
mit den am sichersten bestätigten Wundern nicht weitergekommen als vorher; und da die Zauberer des
Pharao selbst in Mose Gegenwart die gleichen Wunder geschehen ließen wie Mose das auf den ausdrück-
lichen Befehl Gottes tat, wie sollten sie da nicht, ohne
daß er Zeuge war, die gleiche Autorität beansprucht
haben? So muß also, nachdem die Lehre durch das

Wunder bewiesen wurde, das Wunder durch die Lehre bewiesen werden*, damit das Werk des Teufels nicht für das Werk Gottes gehalten wird. Was hältst du von diesem Zirkelschluß[159]?

Da sie von Gott kommt, muß diese Lehre den geheiligten Charakter der Göttlichkeit haben; sie muß nicht nur die verworrenen Vorstellungen klären, die unsrem Geist durch das Räsonieren eingeprägt sind, sie muß auch einen Kult bringen, eine Moral und Maximen, die den Attributen, durch die allein wir seine Wesenheit erfassen, angemessen sind. Wenn sie uns also nur absurde und vernunftwidrige Dinge lehrte, wenn sie uns nur Gefühle des Abscheus für unresgleichen und des Schauders für uns selbst einflößte, wenn sie uns nur einen zürnenden, eifersüchtigen, rachsüchtigen, parteiischen Gott zeichnete, der die Menschen haßt, einen kämpferischen und streitbaren Gott, immer bereit, zu zerstören und seine Blitze zu schleu-

---

* Das wird an tausend Stellen der Hl. Schrift ausdrücklich gesagt, unter anderen im Deuteronomium, Kapitel XIII, wo es heißt, wenn ein Prophet fremde Götter verkündet und seine Worte durch Wunder bestätigt und das, was er weissagt, eintrifft, man das völlig außer Betracht lassen und den Propheten töten soll. Wenn also die Heiden die Apostel töteten, die ihnen einen fremden Gott verkündeten und ihre Mission durch Weissagungen und Wunder bewiesen, so sehe ich nicht, was man ihnen Haltbares vorwerfen konnte, das sie nicht sofort gegen uns richten könnten. Was also tun in einem solchen Fall? nur eines: zum Denken zurückkommen und die Wunder beiseite lassen. Es wäre besser gewesen, man hätte nicht auf sie zurückgegriffen. Nur den simpelsten Verstand kann man mit lauter zuallermindest sehr spitzfindigen Unterscheidungen verdunkeln. Spitzfindigkeiten im Christentum! Also hatte Jesus Christus unrecht, als er den Einfältigen das Himmelreich verhieß; also hatte er unrecht, die schönste seiner Reden mit der Seligpreisung der Armen im Geiste zu beginnen, wenn nämlich so viel Geist nötig ist, um seine Lehre zu verstehen und den Glauben an ihn zu lernen. Wenn du mir den Beweis erbracht hast, daß ich mich unterwerfen muß, so ist alles in Ordnung; aber um mir das zu beweisen, mußt du den Beweis meiner Fassungskraft anpassen; stimme diese Beweisführung auf die Fähigkeit eines Armen im Geist ab, oder ich erkenne dich nicht als wahren Jünger deines Herrn an und es ist nicht seine Lehre, die du mir verkündest.

dern, der von nichts anderem spricht als von Qualen, Leiden, der sich rühmt, sogar die Unschuldigen zu strafen – zu diesem schrecklichen Gott würde sich mein Herz nicht hingezogen fühlen, und ich würde mich wohl hüten, die natürliche Religion aufzugeben, um jene anzunehmen; denn du siehst, daß man sich notwendigerweise für das eine oder das andere entscheiden muß. Euer Gott ist nicht der unsere, würde ich seinen Anhängern sagen. Wer sich ein einziges Volk auserwählt und das ganze übrige Menschengeschlecht ächtet, ist nicht der Allvater der Menschen; wer die größte Anzahl seiner Geschöpfe zu Höllenqualen bestimmt, ist nicht der gnadenreiche und gute Gott, den mir meine Vernunft gezeigt hat[160].

Im Hinblick auf die Dogmen sagt sie mir, daß sie klar, einleuchtend und durch ihre Evidenz überzeugend sein müssen[161]. Ist die natürliche Religion unzulänglich, so darum, weil sie die großen Wahrheiten, die sie uns lehrt, in Dunkelheit läßt. Es ist an der Offenbarung, uns diese Wahrheiten auf eine Weise zu lehren, die dem menschlichen Geist faßbar und fühlbar ist, ihn sie begreifen zu lassen, damit er an sie glaube. Der Glaube wird durch das Verständnis gesichert und gefestigt; die klarste aller Religionen ist zweifellos die beste: wer mir den Kult, den er mir predigt, mit Mysterien und Widersprüchen belastet, lehrt mich, ihm ebendeshalb zu mißtrauen. Der Gott, den ich anbete, ist kein Gott der Finsternis, er gab mir meinen Verstand nicht, daß ich ihn nicht gebrauche – wer behauptet, ich müsse meine Vernunft unterwerfen, beleidigt ihren Schöpfer[162]. Der Diener der Wahrheit tyrannisiert meine Vernunft nicht, er klärt sie auf.

Wir haben jegliche menschliche Autorität beiseite gelassen; ohne sie wüßte ich nicht, wie ein Mensch einen anderen überzeugen könnte, wenn er ihm eine unsinnige Doktrin predigte. Stellen wir für einen Augenblick diese beiden Menschen einander gegenüber

und hören wir, was sie sich in der bitteren Sprache zu
sagen haben, die beiden Parteien geläufig ist[163].

Der Inspirierte. Die Vernunft lehrt dich, daß
das Ganze größer ist als ein Teil von ihm; ich aber
sage dir im Auftrag Gottes, daß der Teil größer ist
als das Ganze.

Der Denker. Und wer bist du, der mir zu sagen
wagt, Gott widerspreche sich? und wem soll ich eher
glauben, ihm, der mich durch Vernunft die ewigen
Wahrheiten lehrt, oder dir, der du mir in seinem Auftrag eine Absurdität verkündest?

Der Inspirierte. Mir, denn meine Unterweisung ist positiver; und ich werde dir den unwiderleg-
baren Beweis dafür liefern, daß er es ist, der mich
sendet.

Der Denker. Wie? Du willst mir beweisen, daß
Gott selbst dich sendet, um gegen ihn zu zeugen? Und
welcher Art werden deine Beweise sein, die mich überzeugen sollen, daß es gewisser ist, Gott spreche zu mir
durch deinen Mund, als durch den Verstand, den er
mir gegeben hat?

Der Inspirierte. Der Verstand, den er dir
gegeben hat! Kleiner und eitler Mensch! als wärest du
der erste Gottlose, der in seiner von der Sünde verdorbenen Vernunft auf Abwege gerät!

Der Denker. Du Gottesmann wärest auch nicht
der erste Betrüger, der seinen Dünkel als Beweis seiner
Sendung ausgibt.

Der Inspirierte. Was! Auch die Philosophen
sprechen Beleidigungen aus!

Der Denker. Manchmal, wenn die Heiligen
ihnen das Beispiel geben.

Der Inspirierte. Oh! Ich bin dazu berechtigt, ich spreche im Auftrag Gottes.

Der Denker. Es wäre gut, wenn du deine Vollmachten zeigtest, ehe du von deinen Vorrechten Gebrauch machst.

Der Inspirierte. Meine Vollmachten sind authentisch, Himmel und Erde werden für mich zeugen. Folge, bitte, gut meinen Beweisgründen.

Der Denker. Deinen Beweisgründen! das ist nicht dein Ernst. Heißt es nicht, alles, was meine Vernunft mir zu deinen Gunsten sagt, widerlegen, wenn du mir beibringen willst, daß sie mich betrügt? Wer immer die Vernunft ablehnt, muß überzeugen, ohne sich ihrer zu bedienen. Nehmen wir darum an, du habest mich mit deinen Beweisgründen überzeugt – wie könnte ich wissen, ob nicht meine von der Sünde verdorbene Vernunft mich dem, was du sagst, zustimmen läßt? Welchen Beleg und welchen Beweis könntest du übrigens geben, der überzeugender wäre als der Grundsatz, den er tilgen muß? Es ist ganz genau so glaubhaft, daß ein richtiger Vernunftschluß eine Lüge ist, wie daß der Teil größer ist als das Ganze.

Der Inspirierte. Welch ein Unterschied! Gegen meine Beweise gibt es keinen Einwand, sie sind übernatürlicher Art.

Der Denker. Übernatürlich! Was bedeutet dieses Wort? Ich verstehe es nicht.

Der Inspirierte. Veränderungen in der Ordnung der Natur, Prophezeiungen, Wunder, Zeichen jeder Art.

Der Denker. Zeichen! Wunder! Ich habe noch nie etwas davon gesehen.

Der Inspirierte. Andere haben es für dich gesehen. Wolken von Zeugen ... das Zeugnis der Völker ...

Der Denker. Ist das Zeugnis der Völker übernatürlicher Art?

Der Inspirierte. Nein; aber wenn es einstimmig ist, ist es unanfechtbar.

Der Denker. Es gibt nichts Unanfechtbareres als die Grundsätze der Vernunft, und auf das Zeugnis der Menschen hin läßt sich keine Absurdität rechtfertigen. Noch einmal – zeige mir übernatürliche Beweise, denn das Zeugnis des Menschengeschlechts ist keiner.

Der Inspirierte. O verhärtetes Herz! die Gnade spricht nicht zu dir.

Der Denker. Das ist nicht meine Schuld, denn deiner Auffassung nach muß man die Gnade schon empfangen haben, um sie erbitten zu können. So sprich du zu mir an ihrer Statt.

Der Inspirierte. Ach! Das tue ich doch, aber du hörst nicht auf mich. Wie denkst du denn über die Prophezeiungen?

Der Denker. Zunächst habe ich dazu zu sagen, daß ich ebensowenig Prophezeiungen gehört wie Wunder gesehen habe. Weiterhin sage ich, daß keine Prophezeiung Beweiskraft für mich hat.

Der Inspirierte. Gottloser! und warum haben die Prophezeiungen keine Beweiskraft für dich?

Der Denker. Weil es dazu dreier Dinge bedürfte, deren Zusammentreffen unmöglich ist, nämlich, daß ich Zeuge der Prophezeiung gewesen wäre, daß ich Zeuge des eintreffenden Ereignisses wäre und daß mir bewiesen würde, daß dieses Ereignis nicht zufällig der Prophezeiung entsprechen konnte; denn wäre sie auch genauer, klarer und scharfsinniger als ein geometrischer Satz – da die Bestimmtheit einer aufs Geratewohl gemachten Voraussage ihre Erfüllung trotzdem nicht unmöglich macht, so beweist diese Erfüllung, wenn sie eintritt, für den, der sie vorausgesagt hat, strenggenommen gar nichts.

Du siehst also, worauf deine angeblichen übernatürlichen Beweise, deine Wunder, deine Prophezeiungen sich beschränken – alles das auf die Glaubwürdigkeit anderer hin zu glauben, und die Autorität des Gottes, der zu meiner Vernunft spricht, der Autorität der Menschen unterzuordnen. Wenn die ewigen Wahrheiten, die mein Geist begreift, angreifbar wären, gäbe es keinerlei Gewißheit mehr für mich, und da ich

keineswegs sicher bin, daß du im Auftrag Gottes zu
mir sprichst, wäre ich nicht einmal sicher, daß er existiert.

Das sind recht viele Schwierigkeiten, mein Kind,
und das ist noch nicht alles. Unter all den verschiedenartigen Religionen, die sich gegenseitig ausschließen
und ächten, ist, wenn überhaupt, nur eine die richtige.
Um sie zu erkennen, genügt es nicht, nur eine von
ihnen zu studieren, man muß sie alle studieren; und,
um was auch immer es sich handeln mag, man darf
nie verwerfen, ohne anzuhören*; man muß die Einwände gegen die Beweise halten; man muß wissen,
was jeder dem anderen entgegenhält und was er ihnen
antwortet. Je bewiesener uns eine Einsicht scheint, um
so mehr müssen wir nachforschen, worauf es begründet ist, daß so viele Menschen sie als nicht erwiesen
ansehen. Es gehört schon ziemliche Einfalt dazu, anzunehmen, es genüge, die Lehrmeister der eigenen Partei
anzuhören, um sich über die Begründungen der Gegenpartei zu unterrichten. Wo sind die Theologen, die
ehrlich guten Glaubens handeln? Wo sind die, die, um
die Begründungen ihrer Gegner zu widerlegen, sie
nicht alsobald abschwächen? Jeder glänzt in seiner Partei, aber der gleiche, der inmitten seiner Anhänger ganz
stolz auf seine Beweise ist, gäbe mit diesen selben
Beweisen bei Leuten einer anderen Partei eine klägliche Figur. Will man sich aus den Büchern unter-

---

* Plutarch berichtet[164], daß die Stoiker unter anderen seltsamen Paradoxa behaupteten, bei einem widersprüchlichen Urteil sei es unnötig,
beide Teile anzuhören. Denn, so sagten sie, entweder hat der erste seine
Behauptung bewiesen oder er hat sie nicht bewiesen – hat er sie
bewiesen, ist nichts mehr zu sagen, und der gegnerische Teil muß verurteilt werden; hat er sie nicht bewiesen, ist er im Unrecht und muß
mit seiner Klage abgewiesen werden. Mir scheint, daß die Methoden
all derer, die eine ausschließliche Offenbarung gelten lassen, der jener
Stoiker sehr ähnlich sind. Sobald jeder von sich behauptet, allein recht
zu haben, muß man bei soviel Parteien alle anhören, oder man ist
ungerecht.

richten – welche Gelehrsamkeit muß man sich aneignen! wie viele Sprachen muß man lernen! wie viele Bibliotheken muß man durchwühlen! wie unendlich viel muß man lesen! Wer wird mich bei der Auswahl leiten? Man wird schwerlich in einem Land die besten Bücher der Gegenpartei finden, geschweige denn die aller Parteien – wenn man sie fände, wären sie bald widerlegt. Der Abwesende hat immer unrecht, und schlechte Beweise, mit Sicherheit vorgebracht, löschen leicht die guten Beweise aus, die mit Verachtung dargestellt werden. Im übrigen ist oft nichts trügerischer und gibt die Einsichten derer, die sie geschrieben haben, ungetreuer wieder als Bücher. Als du nach dem Buch von Bossuet[165] den katholischen Glauben beurteilen wolltest, hattest du dich sehr verrechnet, nachdem du unter uns gelebt hattest. Du hast gemerkt, daß die Doktrin, mit der man den Protestanten antwortet, keineswegs dieselbe ist, die man das Volk lehrt, und daß das Buch von Bossuet kaum Ähnlichkeit mit den Lehren der Erbauungspredigten hat. Um eine Religion richtig zu erkennen, darf man nicht die Bücher ihrer Anhänger durchstudieren, man muß sie von ihnen selbst lernen, das ist ein großer Unterschied. Jeder hat seine eigene Überlieferung, seine Auffassung, seine Gewohnheiten, seine Vorurteile, die den Geist seines Glaubens ausmachen und die man in seine Beurteilung einbeziehen muß.

Wieviel große Völker gibt es, die keine Bücher drucken und nicht die unsren lesen! Wie sollen sie über unsre Meinungen urteilen und wir über die ihren? Wir verhöhnen die ihren, sie verachten die unsren, und wenn unsre Reisenden sie lächerlich machen, brauchen sie nur unter uns umherzureisen, um es ihnen gleichzutun. In welchem Land gibt es nicht vernünftige Menschen, aufrichtige, ehrenhafte Leute, Freunde der Wahrheit, die, um sie zu bekennen, nur danach trachten, sie zu erkennen? Dennoch sieht sie jeder nur in

seinem Kult und findet die Kulte der anderen Völker
absurd: also sind die fremden Kulte doch nicht so
unsinnig, wie sie uns erscheinen, oder aber die Rechtfertigung, die wir in dem unsren finden, beweist nichts.

Wir haben in Europa drei Hauptreligionen[166]. Die
eine läßt eine einzige Offenbarung gelten, die andere
zwei und die dritte drei. Jede verabscheut, verflucht die
anderen, beschuldigt sie der Verblendung, der Verhärtung, der Unbelehrbarkeit, der Lüge. Welcher un-
parteiische Mensch wollte es wagen, unter ihnen die
Wahl zu treffen, wenn er nicht zuerst ihre Beweise
sorgfältig abgewägt und ihre Begründungen genau
angehört hat? Die Religion, die nur eine Offenbarung
gelten läßt, ist die älteste und scheint die verläßlichste;
die, die drei gelten läßt, ist die modernste und scheint
die konsequenteste; die, die zwei gelten läßt und die
dritte verwirft, könnte wohl die beste sein, hat aber
bestimmt alle Vorurteile gegen sich – ihre Inkonsequenz springt in die Augen.

In diesen drei Offenbarungen sind die heiligen
Schriften in Sprachen geschrieben, die den Völkern,
die ihnen anhängen, unbekannt sind. Die Juden verstehen kein Hebräisch mehr, die Christen verstehen
weder das Hebräische noch das Griechische; weder
die Türken noch die Perser verstehen das Arabische,
und die modernen Araber selbst sprechen nicht mehr
die Sprache Mohammeds. Ist das nicht eine sehr simple
Methode, die Menschen zu belehren, wenn man immer in einer Sprache zu ihnen spricht, die sie gar nicht
verstehen? Diese Schriften werden übersetzt, wird man
sagen. Schöne Antwort! Wer kann mir die Gewißheit
geben, daß sie sinngetreu übersetzt sind, daß dies überhaupt möglich ist? Und wenn Gott so viel vermag,
daß er zu den Menschen spricht – warum muß er dann
zu einem Dolmetscher greifen?

Ich werde nie begreifen, daß das, was jeder Mensch
verpflichtet ist zu wissen, in Büchern verschlossen ist

und daß der, dem diese Bücher sowohl wie die Menschen, die sie verstehen, unzugänglich sind, für ein unwillentliches Unwissen bestraft wird. Immer Bücher! welch eine Manie! Weil Europa voll von Büchern ist, betrachten die Europäer sie als etwas Unerläßliches, ohne zu bedenken, daß man auf drei Vierteln der Erde gar keine kennt. Sind nicht alle Bücher von Menschen geschrieben worden? Wie könnte also der Mensch ihrer bedürfen, um seine Pflichten zu erkennen? Und welche Möglichkeiten, sie zu erkennen, hatte er, bevor diese Bücher geschrieben waren? Entweder lernt er seine Pflichten aus sich selbst, oder er braucht sie nicht zu wissen.

Unsre Katholiken machen viel Wesens um die Autorität der Kirche; aber was gewinnen sie dabei, wenn sie dazu einen ebenso großen Aufwand von Beweisen brauchen, um diese Autorität zu begründen, wie die anderen Sekten, um ihre Lehre unmittelbar zu begründen? Die Kirche entscheidet, daß die Kirche das Recht zur Entscheidung hat. Ist das nicht eine fein bewiesene Autorität? Wenn du darüber hinausgehst, kannst du mit all unsren Diskussionen wieder von vorne beginnen.

Kennst du viele Christen, die sich die Mühe gemacht hätten, sorgfältig zu prüfen, was das Judentum gegen sie vorbringt[167]? Wenn es welche gibt, die etwas darüber gelesen haben, so aus den Büchern der Christen. Eine schöne Art und Weise, sich über die Begründungen seines Gegners zu unterrichten! Aber wie soll man es sonst machen? Würde irgendeiner von uns es wagen, Schriften zu veröffentlichen, die offen für das Judentum eintreten[168], so würden der Autor, der Verleger und der Buchhändler bestraft*. Diese Rege-

---

* Hier ohne Kommentar einer von tausend bekannten Fällen: Im 16. Jahrhundert, als die katholischen Theologen alle von Juden geschriebenen Bücher unterschiedslos dem Feuer bestimmt hatten, geriet der berühmte und gelehrte Reuchlin, in dieser Angelegenheit befragt,

lung ist bequem und sicher, wenn man immer recht-
haben will. Was für ein Vergnügen, Leute zu widerlegen, die nicht zu sprechen wagen.

Wer unter uns die Möglichkeit hat, mit Juden Umgang zu pflegen, kommt auch nicht viel weiter. Die
Unglücklichen fühlen sich unsrer Willkür ausgeliefert;
die Tyrannei, mit der sie behandelt werden, macht
sie furchtsam; sie wissen, wie wenig sich die christliche
Liebe um Ungerechtigkeit und Grausamkeit kümmert—
was sollten sie zu sagen wagen, ohne unser Geschrei
über Gotteslästerung zu riskieren? Die Habgier stachelt uns an, sie sind zu reich, um nicht unrecht zu
haben. Die Gelehrtesten, die Aufgeklärtesten sind
immer die Vorsichtigsten. Du bekehrst irgendeinen
Erbärmlichen, der sich dafür bezahlen läßt, seine Sekte
zu verleumden; du bringst ein paar elende Trödler
zum Reden, die dir nachgeben, um dir zu schmeicheln;
du triumphierst über ihre Unwissenheit oder ihre Niedertracht, während ihre Lehrmeister im stillen über
deine Albernheit lächeln. Aber glaubst du, daß man da,
wo sie sich in Sicherheit fühlen würden, ebenso leichtes
Spiel mit ihnen hätte? An der Sorbonne ist es klar
wie die Sonne, daß die Voraussagungen des Messias
sich auf Jesus Christus beziehen. Bei den Rabbinern
von Amsterdam ist es ebenso klar, daß sie nicht die
geringste Beziehung zu ihm haben. Ich werde niemals
glauben, die Rechtfertigungen der Juden richtig verstanden zu haben, ehe sie nicht einen freien Staat
haben mit Schulen und Universitäten, wo sie ohne
Risiko sprechen und disputieren können.

Die Türken in Konstantinopel sprechen ihre Beweggründe aus, aber da wagen wir nicht, die unsrigen
auszusprechen, da ist es an uns, auf dem Bauch zu

in schreckliche Schwierigkeiten, die ihn beinahe vernichtet hätten, nur
weil er der Meinung gewesen war, daß man diejenigen dieser Bücher,
in denen nichts gegen das Christentum geschrieben stand und die Stoffe
behandelten, die nichts mit Religion zu tun hatten, verschonen könnte[169].

kriechen. Wenn die Türken von uns dieselbe Ehrfurcht
verlangen vor Mohammed, an den wir nicht glauben,
wie wir von den Juden vor Jesus Christus, an den sie
ebensowenig glauben – sind die Türken dann im
Unrecht? haben wir recht? nach welchem unpartei-
ischen Prinzip werden wir diese Frage lösen?

Drei Viertel des menschlichen Geschlechts sind weder
Juden noch Mohammedaner, noch Christen; und wie
viele Millionen von Menschen haben noch nie von
Moses sprechen gehört, noch von Jesus Christus, noch
von Mohammed! Man leugnet es und behauptet,
unsre Missionare zögen überall hin. Das ist rasch gesagt. Gehen sie denn bis ins tiefste noch unbekannte
Afrika, in das bis jetzt noch kein Europäer eingedrungen ist? Gehen sie in die innere Tatarei, um den wan-
dernden Horden zu Pferd zu folgen, denen sich niemals ein Fremder genaht hat und die, abgesehen
davon, daß sie nie vom Papst reden hörten, kaum
den großen Lama kennen? Gehen sie in die unermeßlichen Kontinente Amerikas, wo ganze Völkerschaften
noch nicht wissen, daß Völker einer anderen Welt
den Fuß in die ihre gesetzt haben? Gehen sie nach
Japan, aus dem sie durch ihre Machenschaften für
immer verjagt wurden und wo ihre Vorgänger der
heranwachsenden Generation nur als heimtückische
Intriganten bekannt sind, die mit heuchlerischem Eifer
ankamen, um sich in aller Stille der Herrschaft zu bemächtigen? Gehen sie in den Harem der asiatischen
Fürsten, um Tausenden von armen Sklaven das Evangelium zu verkünden? Was haben die Frauen dieses
Erdteils getan, daß kein Missionar ihnen den Glauben
predigen darf? Kommen sie alle in die Hölle, weil
sie eingesperrt waren?

Und wenn es wahr wäre, daß das Evangelium überall
auf Erden verkündet wird – was hätte man dabei gewonnen? Am Vortag der Ankunft des ersten Missionars
in einem Land ist sicher irgendwer gestorben, der ihn

nicht hören konnte. Nun sage mir, was mit diesem Unbekannten geschehen soll. Gäbe es in der ganzen Welt nur einen einzigen Menschen, dem Jesus Christus nie gepredigt worden wäre, so wäre der Einwand um dieses einzigen Menschen willen ebenso stark wie um eines Viertels des Menschengeschlechts willen.

Was haben die Diener des Evangeliums gesagt, das man vernünftigerweise auf ihr Wort hin annehmen könnte und das keiner genaueren Überprüfung bedürfte, wenn sie sich bei den fernen Völkern Gehör verschafft haben? Du kündest mir von einem Gott, der vor zweitausend Jahren am andern Ende der Welt in irgendeiner kleinen Stadt geboren wurde und starb, und sagst mir, daß alle, die nicht an dieses Mysterium glauben, verdammt werden. Das sind zu seltsame Dinge, als daß ich sie nur auf die Ermächtigung eines Mannes hin, den ich gar nicht kenne, glauben könnte! Warum ließ dein Gott die Ereignisse, über die unterrichtet zu sein er mich verpflichten wollte, so weit entfernt von mir geschehen? Ist es ein Verbrechen, nicht zu wissen, was bei den Antipoden vorgeht? Kann ich erraten, daß es auf einer anderen Hemisphäre ein hebräisches Volk und eine Stadt Jerusalem gibt? Man könnte ebensogut von mir verlangen, zu wissen, was auf dem Mond vor sich geht. Du sagst, daß du gekommen bist, es mich zu lehren; warum bist du dann nicht gekommen, es meinen Vater zu lehren? oder warum verdammst du diesen guten Alten, weil er nie etwas davon gewußt hat? Muß er die ewige Strafe für deine Trägheit auf sich nehmen, er, der so gut, so wohltätig war und nichts anderes als die Wahrheit suchte? Sei aufrichtig und versetze dich dann an meine Stelle: sieh selber, ob ich, allein auf dein Zeugnis hin, alle diese unglaubhaften Dinge, von denen du mir sprichst, glauben, so viele Ungerechtigkeiten mit dem gerechten Gott, von dem du mir kündest, in Übereinstimmung bringen soll. Lasse mich doch bitte ein-

mal dieses ferne Land besuchen, wo sich so viele
für mein Land unerhörte Wunder vollziehen[170], ich
möchte wissen, warum die Bewohner jener Stadt Jerusalem Gott behandelt haben wie einen Straßenräuber.
Du sagst, daß sie ihn nicht als Gott anerkannt haben.
Und ich, der ich niemals von ihm hörte als durch dich,
was soll ich nun tun? Du sagst, sie seien bestraft, verjagt, unterdrückt und unterjocht worden, so daß keiner
von ihnen mehr sich jener Stadt zu nähern wagte.
Gewiß haben sie das alles wohl verdient – aber was
sagen die Einwohner von heute zu diesem Mord an
Gottes Sohn, den ihre Vorfahren begingen? Sie leugnen
ihn, auch sie erkennen Gott nicht als Gott an. Dann
hätte man auch die Kinder der anderen am Leben
lassen können.

Wie! In ebendieser Stadt, wo Gott starb, haben ihn
weder die alten noch die neuen Einwohner anerkannt,
und du willst, daß ich ihn anerkenne, ich, der ich
zweitausend Jahre später zweitausend Meilen entfernt
von dort geboren wurde! Siehst du nicht ein, daß ich,
bevor ich diesem Buch, das du heilig nennst und von
dem ich nichts verstehe, Glauben schenke, von anderen
als dir wissen muß, wann und von wem es geschrieben
wurde, wie es sich erhalten hat, auf welche Weise es
dir zugekommen ist, was für Begründungen die im
Lande, die es verwerfen, angeben, obgleich sie alles,
was du mich lehrst, ebensogut wissen wie du? Du siehst
wohl ein, daß ich unbedingt nach Europa, Asien und
Palästina reisen muß, um alles selber zu überprüfen –
ich müßte ein Narr sein, wenn ich dir vorher glaubte.

Diese Auseinandersetzung erscheint mir nicht nur
vernünftig, sondern ich behaupte, daß jeder verständige Mensch in solchem Fall so sprechen und den
Missionar kurz abweisen müßte, der sich vor der Überprüfung seiner Beweise überstürzen will, ihn zu belehren und zu taufen. Ich behaupte also, daß es keine
Offenbarung gibt, wogegen diese selben Einwände

nicht ebenso stark, wenn nicht stärker wären wie gegen
das Christentum. Daraus folgt, daß man, wenn es nur
eine wahrhafte Religion gibt und jeder Mensch verpflichtet ist, ihr unter Drohung ewiger Verdammnis
anzuhängen, sein Leben damit zubringen muß, sie alle
zu erforschen, sich eingehend mit ihnen zu beschäftigen, sie einander gegenüberzustellen und alle Länder
zu durchziehen, wo sie gestiftet wurden. Niemand ist
von der ersten Menschenpflicht ausgenommen, niemand
ist berechtigt, sich auf das Urteil anderer zu verlassen.
Der Handwerker, der von seiner Arbeit lebt, der
Bauer, der nicht lesen kann, das zarte und scheue junge
Mädchen, der Kranke, der kaum sein Bett verlassen
kann – alle, ohne Ausnahme, müssen forschen, nachdenken, disputieren, reisen und die Welt durchwan-
dern: es wird kein eindeutig seßhaftes Volk mehr
geben, die ganze Erde wird nur noch von Pilgern bevölkert sein, die unter großen Opfern und langer Mühsal selbst die verschiedenen Kulte an Ort und Stelle
prüfen, vergleichen und untersuchen wollen. Alsdann
– adieu Handwerke, Kunst, schöne Wissenschaften
und alle bürgerlichen Berufe; nur mit Mühe wird
jemand, der sich kräftigster Gesundheit erfreut, der
seine Zeit und seine Vernunft auf beste Weise verwendet und am längsten gelebt hat, im Alter wissen,
woran er sich zu halten hat, und es ist schon viel, wenn
er vor seinem Tode erfährt, in welcher Religion er
hätte leben müssen.

Willst du aber diese Methode lockern und dem Menschen auch nur die geringste Autorität einräumen, so
gibst du ihm sofort alles wieder zurück. Und wenn
der Sohn eines Christen recht daran tut, ohne gründ-
liches und unparteiisches Studium der Religion seines
Vaters anzuhängen, warum täte der Sohn eines Türken unrecht, wenn er es genauso hielte? Ich fordere
alle Intoleranten auf, darauf eine Antwort zu geben,
die einen vernünftigen Menschen befriedigt.

Durch diese Gründe in die Enge getrieben, lassen die einen lieber Gott ungerecht sein und die Unschuldigen für die Sünden ihrer Väter büßen, als ihr barbarisches Dogma aufzugeben; die anderen ziehen sich aus der Affäre, indem sie jemandem, der in unüberwindlicher Unwissenheit moralisch einwandfrei gelebt hätte, zuvorkommenderweise einen Engel zur Belehrung schicken. Was für eine hübsche Erfindung, dieser Engel! Nicht zufrieden damit, uns ihren Ränken anheimzugeben, zwingen sie Gott selbst dazu, sich ihrer zu bedienen.

Du siehst, mein Sohn, zu welchen Absurditäten Hochmut und Unduldsamkeit führen, wenn jeder auf seinem Kopf bestehen will und vor der ganzen übrigen Menschheit allein recht zu haben glaubt. Ich nehme jenen Gott des Friedens, den ich anbete und dir künde, zum Zeugen, daß alle meine Forschungen aufrichtig und ernst gemeint waren; da ich aber einsah, daß sie erfolglos waren und immer sein würden, und ich in ein uferloses Meer versank, kehrte ich um und beschränkte meinen Glauben auf meine ursprünglichen Vorstellungen. Ich habe niemals glauben können, daß Gott mir unter Androhung der Höllenstrafe befehlen würde, gelehrt zu sein. So habe ich denn alle Bücher wieder zugeschlagen. Es gibt ein einziges, das vor aller Augen offen daliegt, das der Natur. Aus diesem großen und erhabenen Buch lerne ich seinem göttlichen Urheber dienen und ihn anbeten. Niemand ist zu entschuldigen, der nicht darin liest, denn es spricht zu allen Menschen eine jedem Geist verständliche Sprache. Wenn ich auf einer einsamen Insel geboren wäre, wenn ich außer mir selbst keinen anderen Menschen gesehen hätte, wenn ich niemals erfahren hätte, was sich in früheren Zeiten in einem Winkel der Erde zugetragen hat – wenn ich nur meine Vernunft nutze, sie bilde, wenn ich die unmittelbaren Fähigkeiten, die Gott mir verliehen hat, richtig anwende, würde ich aus mir selbst lernen, ihn zu erkennen, ihn und seine Werke zu lieben, das Gute zu wollen, das er will, und ihm zu Gefallen alle meine Pflichten auf Erden zu erfüllen. Was kann die ganze Weisheit der Menschen mich mehr lehren?

Was die Offenbarung angeht[171], so würde ich, wenn ich ein schärferer Denker und besser unterrichtet wäre, vielleicht ihre Wahrheit, ihren Nutzen für die einsehen, die so glücklich sind, sie anzuerkennen; wenn ich auch Beweise erkenne, die für sie sprechen und die ich nicht widerlegen kann, so habe ich andererseits Einwände gegen sie, die ich nicht entkräften kann. Es gibt so viele stichhaltige Gründe für und wider sie, daß ich sie weder gelten lasse noch verwerfe, da ich nicht weiß, wozu ich mich entschließen soll. Ich verwerfe nur die Verpflichtung, sie anzuerkennen, da diese angebliche Verpflichtung unvereinbar ist mit der Gerechtigkeit Gottes und er, anstatt durch sie die Hindernisse zum Heil wegzuräumen, sie vervielfältigt und für den Großteil der Menschheit unüberwindlich gemacht hätte. Hiervon abgesehen, verharre ich über diesen Punkt in ehrfürchtigem Zweifel. Ich bin nicht so anmaßend, mich für unfehlbar zu halten – andere Menschen haben entscheiden können, was mir unentschieden scheint; ich denke für mich und nicht für sie, ich tadele sie weder, noch tue ich es ihnen nach: ihr Urteil mag richtiger sein als das meine, aber meine Schuld ist es nicht, wenn es nicht das meine ist.

Ich gestehe dir auch, daß die Erhabenheit der Heiligen Schrift zu meinem Herzen spricht. Sieh dir die Bücher der Philosophen mit all ihrem Schwulst an – wie unerheblich sind sie neben jenem! Ist es möglich, daß ein so erhabenes und zugleich so einfaches Buch das Werk der Menschen ist? Ist es möglich, daß der, dessen Geschichte es erzählt, selber nur Mensch ist? Ist das die Sprache eines Schwärmers oder eines ehrgeizigen Fanatikers? Welche Sanftmut, welche Reinheit

in seinen Sitten! welch rührende Nachsicht bei seinen
Belehrungen! welche Erhabenheit in seinen Maximen!
welch tiefe Weisheit in seinen Reden! welche Geistesgegenwart, welche Schärfe und Richtigkeit seiner Antworten! welche Beherrschung seiner Leidenschaften!
Wo ist der Mensch, wo ist der Weise, der ohne Schwäche und Prahlerei zu handeln, zu leiden und zu sterben
weiß? Als Platon das Bild seines imaginären Gerechten
malte, der mit aller Schande des Verbrechens bedeckt
und der Tugend würdig ist, malte er Jesus Christus
in allen Zügen: die Ähnlichkeit ist so frappant, daß
sie allen Kirchenvätern bewußt wurde und es unmöglich ist, sich darüber zu täuschen[172]. Welcher Vorurteile,
welcher Verblendung bedarf es, um die Kühnheit zu
haben, den Sohn des Sophroniskus[173] mit dem Marias
zu vergleichen? Welcher Abstand zwischen beiden!
Sokrates, der ohne Schmerzen, ohne Schande starb,
spielte seine Rolle ohne Schwierigkeit bis zum Ende,
und wenn dieser leichte Tod nicht seinem Leben zur
Ehre gereicht hätte, würde man sich fragen, ob Sokrates bei all seinem Geist vielleicht nichts anderes war
als ein Sophist. Man sagt, er habe die Moral erdacht;
andere vor ihm hatten sie schon in der Praxis angewandt; er sagte nur, was sie getan hatten, und setzte
nur ihr Beispiel in Lehre um. Aristides war gerecht
gewesen, bevor Sokrates lehrte, was Gerechtigkeit ist;
Leonidas war für sein Land gestorben, bevor Sokrates
es zur Pflicht machte, sein Vaterland zu lieben; Sparta
war mäßig, bevor Sokrates die Mäßigkeit gepriesen
hatte; bevor er den Begriff der Tugend festgelegt hatte,
war Griechenland überreich an tugendhaften Männern.
Aber woher hatte Jesus in seinem Kreis jene hohe und
reine Moral, von der er selbst Lehre und Zeugnis gab*?
Unter dem wütendsten Fanatismus erklang die Stimme

---

* Siehe in der Bergpredigt die Parallele, die er selbst zwischen der
Morallehre Mosis und seiner eigenen zieht (Matth. 5, 21 ff.).

höchster Weisheit, und die Einfalt heldenhaftester Tugenden ehrte das niederträchtigste aller Völker. Der Tod des gelassen mit seinen Freunden philosophierenden Sokrates ist der sanfteste, den man sich wünschen kann; der Tod Jesu, der unter Qualen, beleidigt, verhöhnt und von einem ganzen Volk verflucht seinen Geist aufgab, ist der schrecklichste, den es nur zu fürchten gibt. Da Sokrates den Giftbecher nimmt, segnet er den, der ihn ihm weinend reicht; unter gräßlichen Martern betet Jesus für seine grimmigen Henker. Ja, wenn Leben und Sterben des Sokrates das eines Weisen war, so war das Leben und Sterben Jesu das eines Gottes. Sollte man meinen, die Geschichte des Evangeliums sei pure Erfindung? So etwas erfindet man nicht, mein Freund, und die Handlungen des Sokrates, an denen niemand zweifelt, sind weniger sicher bezeugt als die Jesu Christi. Im Grunde geht man damit der Schwierigkeit aus dem Wege, ohne sie zu beseitigen. Es wäre weniger einleuchtend, daß mehrere Menschen in Übereinstimmung dieses Buch verfertigt haben, als daß ein einziger das Thema dazu lieferte. Niemals hätten jüdische Schriftsteller weder diesen Ton getroffen noch diese Moral gefunden, und das Evangelium besitzt so große, so treffende, so vollkommen echte Züge der Wahrheit, daß sein Erfinder noch bewunderungswürdiger wäre als sein Held[174]. Bei all dem ist dieses selbe Evangelium voll von unglaubwürdigen Dingen, Dingen, die der Vernunft hohnsprechen, Dingen, die kein vernünftiger Mensch begreifen und annehmen kann. Wie soll man mit all diesen Widersprüchen fertig werden? Immer bescheiden und vorsichtig sein, mein Kind; stillschweigend hochachten, was man weder zu verwerfen noch zu verstehen imstand ist, und sich demütigen vor dem großen Wesen, das allein die Wahrheit kennt.

Bei diesem unfreiwilligen Skeptizismus bin ich geblieben, aber dieser Skeptizismus bedrückt mich keineswegs, weil er die für das Verhalten wesentlichen Punkte nicht berührt und ich mir über die Hauptpunkte meiner Pflichten vollkommen klar bin[175]. Ich diene Gott in der Einfalt meines Herzens. Ich will nur wissen, was mir auf meinem Weg vonnöten ist. Und die Dogmen, die weder die Handlungen noch die Moral beeinflussen und so vielen Menschen Sorge machen, kümmern mich überhaupt nicht. Ich betrachte alle Einzelreligionen als ebenso viele heilsame Institutionen, die in jedem Land durch einen öffentlichen Kult eine einheitliche Weise der Gottesverehrung vorschreiben und alle ihre Berechtigung haben können im Hinblick auf Klima, Regierung, Volksgeist oder irgendeine andere lokale Ursache, die, je nach Ort und Zeit, der einen den Vorzug vor der anderen gibt[176]. Für mich sind sie alle gut, wenn Gott damit gedient wird, wie es ihm zukommt. Der wesentliche Gottesdienst ist der des Herzens[177]. Gott weist diese Huldigung nicht von sich, wenn sie aufrichtig gemeint ist, in welcher Form sie ihm auch dargebracht werden möge. Da ich in der Religion, zu der ich mich bekenne, zum Dienst an der Kirche gerufen wurde, erfülle ich die mir vorgeschriebenen Pflichten mit aller Genauigkeit, und mein Gewissen würde mir Vorwürfe machen, wenn ich sie willentlich auch nur in irgendeinem Punkt vernachlässigte. Du weißt, daß ich nach langem Interdikt durch den Einfluß M. de Mellarèdes die Erlaubnis erhielt, mein Amt wieder aufzunehmen, um mir mein Brot verdienen zu können. Früher las ich die Messe mit der Flüchtigkeit, mit der man auf die Dauer die ernsthaftesten Dinge behandelt, wenn man sie zu oft tut; nach meinen neuen Grundsätzen zelebriere ich sie mit größerer Ehrfurcht – ich lasse mich durchdringen von der Majestät des erhabenen Wesens, von seiner Gegenwart, von der Unzulänglichkeit des menschlichen Geistes, der nur so wenig von dem erfaßt, was auf seinen Schöpfer zurückgeht. In dem Gedanken, daß ich ihm in vorge-

schriebener Form die Bitten des Volks darbringe, be-
folge ich den Ritus gewissenhaft; ich trage mit Aufmerksamkeit die Texte vor und bemühe mich, nie auch
nur das geringste Wort oder die geringste Zeremonie
auszulassen: vor dem Augenblick der Wandlung sam-
mele ich mich, um sie mit aller von der Kirche und der
Größe des Sakraments geforderten Bereitschaft zu
vollziehen; ich bemühe mich, meine Vernunft vor der
höchsten Vernunft zu demütigen[178] und sage mir: Wer
bist du, die Allmacht zu ermessen? Ich spreche mit
Ehrfurcht die sakramentalen Worte und schenke ihrer
Wirkung allen Glauben, dessen ich fähig bin. Was es
auch mit diesem unfaßbaren Mysterium auf sich haben
mag – ich fürchte nicht, am Tage des Gerichts dafür
bestraft zu werden, es irgendwann in meinem Herzen
entweiht zu haben.

Der Ehre des heiligen Dienstes teilhaftig, wenn
auch nur seines untersten Grades, werde ich nie etwas
tun oder sagen, das mich der Erfüllung seiner erhabenen Pflichten unwürdig machen würde. Immer werde
ich den Menschen die Tugend predigen, ich werde sie
immer anhalten, recht zu tun, und ihnen, soweit ich
es vermag, als Vorbild dienen. Es hängt nicht von mir
ab, ihnen die Religion angenehm zu machen und ihren
Glauben an die wirklich nützlichen Dogmen zu festigen, die jeder Mensch glauben muß; aber Gott möge
verhüten, daß ich ihnen jemals das grausame Dogma
der Unduldsamkeit predige, daß ich sie jemals dahin
bringe, ihren Nächsten zu verabscheuen und zu anderen Menschen zu sagen: Ihr werdet verdammt sein*.
Würde ich einen höheren Rang bekleiden, könnte mir
dieser Vorbehalt Ungelegenheiten bereiten, aber ich

---

* Die Pflicht, sich zu der Religion seines Landes zu bekennen und
sie zu lieben, dehnt sich nicht bis auf Dogmen aus, die der wahren
Sittlichkeit widersprechen, wie z. B. das der Intoleranz. Dieses schreckliche Dogma wiegelt die Menschen gegeneinander auf und macht sie
alle zu Feinden des Menschengeschlechts. Die Unterscheidung zwischen

bin zu gering, um viel zu fürchten zu haben, und tiefer als ich bin, kann ich nicht fallen. Was auch kommen mag – ich werde die göttliche Gerechtigkeit nicht schmähen und nicht lügen gegen den Heiligen Geist[180].

Lange Zeit habe ich die Ehre angestrebt, Pfarrer zu werden; ich strebe immer noch danach, habe aber keine Hoffnung mehr. Mein lieber Freund, ich kann mir nichts Schöneres denken, als Pfarrer zu sein. Ein guter Pfarrer ist ein Diener der Güte, so wie ein guter Beamter ein Diener der Gerechtigkeit ist. Ein Pfarrer braucht nie Böses zu tun; kann er nicht immer durch sich selbst Gutes wirken, ist er immer am Platz, es zu erbitten, und oft erreicht er es, wenn er sich nur Achtung zu verschaffen weiß. Ach, wenn ich je irgendeine Pfarrgemeinde guter Menschen in unsren Bergen zu betreuen hätte! ich wäre glücklich, denn ich glaube, ich würde meine Pfarrkinder glücklich machen. Ich würde sie nicht reich machen, aber ich würde ihre Armut mit ihnen teilen, ich würde ihr die Schmach und Verächtlichkeit nehmen, die unerträglicher ist als die Bedürftigkeit. Ich würde sie die Liebe zu Eintracht und Gleichheit lehren, die so oft das Elend verjagen und es immer erträglich machen. Wenn sie sähen, daß ich mich in keiner Weise besser stünde als sie und doch zufrieden lebte, würden sie lernen, ihr Los zu ertragen und so zufrieden zu leben wie ich. In meinen Unterweisungen würde ich mich weniger an den Geist der Kirche als an den des Evangeliums halten, wo das Dogma einfach und die Moral erhaben ist, wo man wenig religiöse Übungen findet und viele Werke der Barmherzigkeit. Bevor ich sie lehrte, was getan werden muß, würde ich mich immer bemühen, es selbst auszuführen, damit sie sähen, daß mir alles ernst ist,

---

ziviler und theologischer Toleranz ist kindisch und fruchtlos. Diese beiden Arten von Toleranz sind untrennbar, und die eine kann ohne die andere nicht gelten[179]. Selbst Engel könnten nicht in Frieden mit Menschen leben, die sie als Feinde Gottes betrachteten.

was ich ihnen sage. Gäbe es in meiner Nachbarschaft
oder in meiner Pfarre Protestanten, so würde ich in
nichts, was die christliche Barmherzigkeit angeht, einen
Unterschied zwischen ihnen und meinen eigenen
Pfarrkindern machen; ich würde sie alle dazu anhalten, sich untereinander zu lieben, sich als Brüder zu betrachten, alle Religionen zu respektieren und jeden in
Frieden in der seinigen leben zu lassen. Ich meine, jemanden dazu zu überreden, die Religion aufzugeben,
in der er geboren wurde, heißt ihn dazu überreden,
Böses zu tun und, folglich, sich selbst Böses zuzufügen. Hüten wir die öffentliche Ordnung in der Erwartung reicherer Erkenntnisse; respektieren wir die Gesetze jedes Landes, und stören wir nicht den Kult, den
sie vorschreiben; verleiten wir die Bürger nicht zum
Ungehorsam, denn wir wissen nicht mit Sicherheit, ob
es ihnen zum Wohle gereicht, ihre Meinungen gegen
andere einzutauschen, aber mit großer Sicherheit wissen wir, daß es übel ist, die Gesetze zu mißachten[181].

Nun hast du, mein junger Freund, aus meinem
Mund mein Glaubensbekenntnis gehört[182], so wie Gott
es in meinem Herzen liest – du bist der erste, dem ich
es abgelegt habe; du bist vielleicht der einzige, dem
ich es je ablegen werde. Solange es noch echte Gläu-
bigkeit unter den Menschen gibt, soll man die friedfertigen Seelen nicht aufwühlen und den Glauben
der Einfältigen nicht durch Schwierigkeiten aufstören,
mit denen sie nicht fertig werden können und die
sie beunruhigen, ohne sie zu belehren. Ist jedoch
einmal alles erschüttert, muß man den Stamm auf
Kosten der Äste erhalten. Ein aufgewühltes, unsicheres
und fast erloschenes Gewissen, in einem Zustand, wie
ich das deine gesehen habe, hat es nötig, gefestigt und
wieder erweckt zu werden; und um es auf der Grundlage der ewigen Wahrheiten neu zu erbauen, muß man
die schwankenden Stützen, an die es meint, sich noch
halten zu können, vollends einreißen[183].

Du bist in dem kritischen Alter, wo der Geist sich
der Gewißheit öffnet, wo das Herz sich in seiner
Eigenart bildet und wo man Entscheidungen für das
ganze Leben trifft – sei es zum Guten oder zum Bösen.
Später ist die Substanz verhärtet, und neue Eindrücke
prägen sich nicht mehr ein. Junger Mensch, empfange
in deiner noch lenksamen Seele das Siegel der Wahrheit. Wenn ich meiner selbst sicherer wäre, hätte ich dir
gegenüber einen dogmatischen und entschiedenen Ton
angeschlagen: aber ich bin Mensch, unwissend und
dem Irrtum unterworfen – was konnte ich tun? Ich
habe dir ohne Rückhalt mein Herz eröffnet; was ich
für gewiß halte, habe ich dir auch so weitergegeben;
ich habe dir meine Zweifel als Zweifel und meine Meinung als Meinung mitgeteilt; ich habe dir meine
Gründe für Zweifel und Glauben angeführt. Nun ist
es an dir, zu urteilen – du hast dir Zeit gelassen, und
diese Vorsicht ist richtig und gibt mir eine gute Meinung über dich. Bereite zunächst dein Gewissen so
weit, daß es nach Aufklärung verlangt. Sei aufrichtig
dir selbst gegenüber. Eigne dir von meinen Einsichten
an, was dich überzeugt, und verwirf den Rest. Du bist
noch nicht so vom Laster verdorben, daß du das Risiko
eingingest, die falsche Wahl zu treffen. Ich meine, wir
sollten uns einmal darüber unterhalten; aber sobald
man sich beim Disputieren erhitzt, sobald Eitelkeit
und Starrsinn hinzukommen, ist der gute Wille verloren. Streite dich niemals, mein Freund, denn durch
Streit erkennt man weder sich selbst noch die anderen.
Ich selbst habe erst nach langen Jahren des Nachdenkens meine Entscheidung getroffen und bleibe dabei;
mein Gewissen ist ruhig, mein Herz zufrieden[184]. Selbst
wenn ich meine Einsichten noch einmal überprüfen
wollte – ich könnte es nicht mit einer reineren Liebe
zur Wahrheit tun, und mein schon weniger lebendiger
Geist wäre weniger imstande, sie zu erkennen. Ich
werde bleiben, wie ich bin, damit die Lust nach Kon-

templation nicht unmerklich zu einer müßigen Leidenschaft wird und meinen Eifer zur Erfüllung meiner Pflichten abkühlt und ich nicht in meinen früheren Skeptizismus zurückfalle, ohne die Kraft zu haben, wieder aus ihm herauszukommen. Mehr als die Hälfte meines Lebens ist vergangen; mir bleibt nur noch die Zeit, die ich brauche, um den Rest nützlich zuzubringen und meine Irrtümer durch meine Tugenden zu tilgen. Täusche ich mich, so geschieht es gegen meinen Willen. Der, der auf dem Grund meines Herzens liest, weiß wohl, daß ich in meiner Verblendung nicht glücklich bin. In meiner Ohnmacht, mich durch eigene Erkenntnisse davor zu schützen, bleibt mir als einzige Möglichkeit ein rechtschaffenes Leben; und wenn Gott sogar aus Steinen dem Abraham Kinder erwecken kann[185], hat jeder Mensch das Recht auf die Hoffnung, erleuchtet zu werden, wenn er sich dessen würdig zeigt.

Wenn meine Überlegungen dahin führen, daß du denkst wie ich, wenn meine Einsichten die deinigen sind und wir das gleiche Glaubensbekenntnis haben, dann gebe ich dir folgenden Rat: Setze dein Leben nicht mehr den Versuchungen des Elends und der Verzweiflung aus; schleppe es nicht mehr in schändlicher Abhängigkeit von Fremden hin und iß nicht mehr das ehrlose Brot des Almosens. Kehre in dein Vaterland zurück, nimm wieder die Religion deiner Väter an, hänge ihr in der Aufrichtigkeit deines Herzens an und gib sie nicht mehr auf – sie ist sehr einfach und sehr heilig; ich halte sie von allen Religionen der Erde für die, deren Moral am reinsten ist und die der Vernunft am besten entspricht[186]. Um die Reisekosten mache dir keine Gedanken, dafür wird gesorgt werden. Fürchte auch nicht die falsche Scham einer demütigenden Heimkehr – man muß erröten, wenn man einen Fehler macht, nicht aber darüber, ihn wieder gutzumachen. Du bist noch in dem Alter, dem man alles verzeiht, in dem man jedoch nicht mehr ungestraft sündigt. Wenn du deinem Gewissen folgst, werden sich tausend eitle Hindernisse vor seiner Stimme auflösen. Du wirst spüren, daß es in der Ungewißheit unsres Daseins eine unentschuldbare Anmaßung ist, sich zu einer anderen Religion zu bekennen als zu der, in der man geboren wurde, und eine Unaufrichtigkeit, die, zu der man sich bekennt, nicht ernsthaft zu üben. Läßt man sich verführen, begibt man sich selbst einer gewichtigen Entschuldigung vor dem Tribunal des höchsten Richters. Wird er nicht eher den Irrtum verzeihen, in dem man aufgezogen wurde, als den, den man selbst zu wählen wagte?

Mein Sohn, wenn du deine Seele immer bereithältst, die Existenz Gottes zu wünschen, wirst du niemals daran zweifeln. Überdies, wozu auch immer du dich entschließen magst – bedenke, daß die wahren Pflichten der Religion von menschlichen Institutionen unabhängig sind; daß ein rechtschaffenes Herz der wahre Tempel der Gottheit ist; daß Gott über alles und seinen Nächsten wie sich selbst zu lieben in jedem Land und in jeder Sekte die Summa des Gesetzes ist; daß es keine Religion gibt, die von moralischen Pflichten entbindet; daß nur diese wirklich wesentlich sind; daß der innere Gottesdienst die erste dieser Pflichten ist und daß es ohne Glauben keine wahrhafte Tugend gibt.

Fliehe alle, die, unter dem Vorwand, die Natur zu erklären[187], trostlose Doktrinen in die Herzen der Menschen säen und deren scheinbarer Skeptizismus hundertmal anmaßender und dogmatischer ist als der entschiedene Ton ihrer Gegner. Unter dem hochmütigen Vorwand, nur sie allein seien aufgeklärt, wahrhaft und guten Glaubens, unterwerfen sie uns gebieterisch ihren einschneidenden Entscheidungen und maßen sich an, uns als wahre Prinzipien aller Dinge die umständlichen, in ihrer Vorstellung konstruierten Systeme vorzusetzen. Im übrigen, indem sie alles umwerfen, zer-

stören und mit Füßen treten, was die Menschen achten,
nehmen sie den Leidenden den letzten Trost in ihrem
Elend und den Reichen und Mächtigen den einzigen
Zügel ihrer Leidenschaften; sie reißen aus dem Grund
des Herzens die Gewissensbisse über das Verbrechen
und die Hoffnung der Tugend und rühmen sich noch,
die Wohltäter des Menschengeschlechts zu sein. Die
Wahrheit kann den Menschen niemals schaden, sagen
sie. Das glaube ich ebenso wie sie, und das ist meines
Erachtens der stärkste Beweis dafür, daß das, was sie
lehren, nicht die Wahrheit ist*.

---

* Die beiden Parteien greifen sich gegenseitig mit so vielen Sophismen an, daß es ein immenses und vermessenes Unternehmen wäre,
sie alle zu notieren; es ist schon viel, einige von ihnen zu vermerken,
wie sie sich gerade anbieten. Einer der beliebtesten bei der Partei der
Philosophisten besteht darin, daß sie ein Volk guter Philosophen
einem Volk schlechter Christen gegenüberstellen: als ob ein Volk wahrer
Philosophen leichter zu bilden wäre als ein Volk wahrer Christen!
Ich weiß nicht, ob unter den Einzelwesen das eine leichter zu finden
ist als das andere; aber ich weiß sehr wohl, daß, sobald es sich um
Völker handelt, man solche annehmen muß, die die Philosophie ohne
Religion mißbrauchen werden, so wie die unseren die Religion ohne
Philosophie mißbrauchen, und das scheint mir der Stand der Frage
sehr zu verändern[188].

Bayle[189] hat sehr richtig bewiesen, daß Fanatismus viel verhängnisvoller ist als Atheismus, und das ist unwiderlegbar; was er aber sorgsam
verschwiegen hat und was nicht weniger wahr ist, ist, daß der Fanatismus, obgleich blutrünstig und grausam, dennoch eine große und starke
Leidenschaft ist, die des Menschen Herz erhebt, ihn den Tod verachten
läßt, ihm eine ungeheure Tatkraft gibt, und den es nur besser zu lenken
gilt, um ihm die erhabensten Tugenden abzugewinnen; wogegen die
Irreligion und im allgemeinen der räsonierende und philosophische
Geist ans Leben fesselt, verweichlicht, die Seelen erniedrigt, alle
Leidenschaften in der Niedrigkeit der Eigensucht konzentriert, in der
Niedertracht des menschlichen *Ichs*, und so ganz unauffällig die Grund-
festen jeglicher Gesellschaft unterminiert; denn was die einzelnen Interessen gemeinsam haben, ist so wenig, daß es das, was ihnen nicht
gemeinsam ist, niemals aufwiegen kann.

Wenn durch den Atheismus kein Menschenblut vergossen wird, so geschieht das weniger aus Liebe zum Frieden als aus Gleichgültigkeit
gegen das Gute: wenn er in seinem Studierzimmer in Ruhe gelassen
wird, kümmert es den sogenannten Weisen wenig, wie alles zugeht.
Seine Grundsätze bringen den Menschen nicht den Tod, verhindern

Guter junger Mensch, sei aufrichtig und wahr, ohne Hochmut; verstehe es, unwissend zu sein, dann wirst du dich und die anderen nicht betrügen. Sollten dich deine Gaben jemals befähigen, zu den Menschen zu sprechen, dann tue es nur im Einklang mit deinem Gewissen, ohne dich um ihren Beifall zu sorgen. Der Miß-

---

aber, daß sie geboren werden, da sie die guten Sitten, die für ihre Vermehrung sorgen, zerstören, sie ihrem Geschlecht entfremden, alle ihre Anhänglichkeiten auf einen geheimen Egoismus reduzieren, der der Bevölkerung ebenso verderblich ist wie der Tugend. Die philosophische Indifferenz gleicht der Stille eines Staates unter der Herrschaft des Despotismus; das ist die Stille des Todes – sie ist zerstörerischer als selbst der Krieg.

So ist zwar der Fanatismus in seinen unmittelbaren Auswirkungen unheilvoller als das, was man heute den philosophischen Geist nennt, ist es aber bedeutend weniger in seinen Folgen. Es ist im übrigen bequem, in Büchern schöne Maximen auszubreiten, aber es geht darum, zu erfahren, ob sie im richtigen Zusammenhang mit der Doktrin stehen, ob sie notwendigerweise aus ihr hervorgehen; und das schien bisher absolut nicht klar. Es bliebe weiter zu erfahren, ob die Philosophie, wenn sie einmal gemächlich auf dem Thron säße, wirklich die Ruhmsucht, den Eigennutz, den Ehrgeiz und all die kleinen Leidenschaften des Menschen in Schach halten könnte und ob sie diese so milde Menschlichkeit wirklich praktizieren würde, die sie uns jetzt mit der Feder so anpreist.

Durch Grundsätze kann die Philosophie nichts Gutes bewirken, was die Religion nicht noch besser bewirken könnte, und die Religion bewirkt viel Gutes, das die Philosophie nicht bewirken könnte.

Die Praxis ist eine andere Sache: aber auch das muß erst überprüft werden. Kein Mensch folgt allen Geboten seiner Religion, wenn er eine hat: das ist richtig; die meisten haben kaum eine oder befolgen absolut nicht die, die sie haben: auch das ist richtig; aber schließlich gibt es einige, die eine haben, die sie wenigstens zum Teil befolgen, und zweifellos halten religiöse Beweggründe sie oft davon ab, Böses zu tun, und sie erwerben durch sie Tugenden, vollbringen lobenswerte Handlungen, wozu sie ohne diese Beweggründe nie gekommen wären.

Ein Mönch leugnet, etwas in Verwahrung genommen zu haben — was anderes ergibt sich daraus, als daß ein Dummkopf es ihm anvertraut hat? Hätte Pascal so etwas abgeleugnet, würde es beweisen, daß Pascal ein Heuchler war, weiter nichts. Aber ein Mönch! ... Sind denn die Leute, die mit der Religion Handel treiben, die, die eine haben? Alle die Verbrechen, die unter der Geistlichkeit ebenso wie anderwärts begangen werden, beweisen absolut nicht, daß Religion unnütz ist, sondern nur, daß es sehr wenig Menschen gibt, die Religion haben.

brauch des Wissens erzeugt den Unglauben. Jeder Gelehrte verachtet die üblichen Ansichten, jeder will eine eigene für sich haben. Die hochmütige Philosophie führt zum Fanatismus. Vermeide diese Extreme, bleibe immer fest auf dem Weg der Wahrheit oder was er dir in der Einfalt deines Herzens zu sein scheint, ohne

Unsere modernen Regierungen verdanken unbestreitbar dem Christentum, daß ihre Autorität stabiler und Revolutionen seltener sind; es hat sie selbst weniger grausam gemacht: das ist durch den Vergleich mit den antiken Regierungen zu beweisen[190]. Indem die Religion besser erkannt und vom Fanatismus befreit wurde, hat sie den christlichen Sitten mehr Milde verliehen. Diese Veränderung ist keineswegs das Werk gelehrter Schriften, denn wo sie sich hervortaten, wurde Menschlichkeit keineswegs höher gewertet, wie die Grausamkeiten der Athener, der Ägypter, der römischen Kaiser und der Chinesen beweisen. Wieviel Werke der Barmherzigkeit sind das Werk des Evangeliums! Wie viele Wiedergutmachungen und Wiedererstattungen bewirkt nicht die Beichte bei den Katholiken! Wieviel Versöhnung und Mildtätigkeit bringt nicht bei uns die Zeit, da sich die Feier des Abendmahls nähert! Wie sehr nahm die Habgier der Landraffer im Jubeljahr der Hebräer ab! Wieviel Elend verhinderte es! Die gesetzlich bestimmte Brüderlichkeit vereinte die ganze Nation – man sah nicht einen Bettler bei ihnen. Auch bei den Türken, wo es unzählbare fromme Stiftungen gibt, sieht man keine; sie sind aus religiösem Prinzip selbst gegen die Feinde ihres Glaubens gastfreundlich[191].

Die Mohammedaner sagen, nach Chardin, daß nach der Prüfung, die der allgemeinen Auferstehung folgt, alle Leiber über eine Brücke gehen, die *Poul-i-Sirat*[192] heißt und über das ewige Feuer geschlagen ist und die man, wie sie sagen, die dritte und letzte Prüfung und das wahre letzte Gericht nennen kann, weil sich dort die Trennung der Guten von den Bösen vollzieht ... usw.

„Die Perser", fährt Chardin fort, „sind tief durchdrungen von der Vorstellung dieser Brücke, und wenn jemand unter einem Unrecht leidet, von dem er in keiner Weise und zu keiner Zeit Wiedergutmachung erlangt, so hat er einen letzten Trost, er sagt: *Nun gut! beim lebendigen Gott – du wirst es mir am letzten Tag doppelt bezahlen; du wirst den Poul-i-Sirat nicht überschreiten, ehe du mir Genugtuung gegeben hast; ich werde mich an deinen Rocksaum hängen und mich zwischen deine Beine werfen.* Ich habe viele bedeutende Persönlichkeiten aller möglichen Berufe angetroffen, die, aus Angst, man möge ihnen beim Überschreiten dieser fürchterlichen Brücke ein *Haro* zurufen, die, die sich über sie zu beklagen hatten, anflehten, ihnen zu vergeben – das ist mir hundertmal selbst begegnet. Leute von Stand, die mich aus Aufdringlichkeit zu Schritten veranlaßt hatten,

jemals aus Eitelkeit oder Schwäche von ihm abzuweichen. Wage es, dich vor den Philosophen zu Gott zu bekennen; wage es, den Intoleranten die Menschlichkeit zu predigen. Du wirst damit vielleicht alleinstehen, aber du wirst in deinem Herzen ein Zeugnis tragen, das dich von dem der Menschen entbindet. Ob sie dich lieben oder hassen, ob sie deine Schriften lesen oder verachten – das ist gleichgültig. Sage, was wahr ist, tue, was recht ist; die Hauptsache ist, daß der Mensch seine Pflicht auf Erden erfüllt; und nur, wenn man sich selbst vergißt, wirkt man für sich selbst. Der Eigennutz täuscht uns, mein Kind, nur die Hoffnung des Gerechten trügt nie.«

Ich habe diese Schrift nicht als Norm, die für die Ansichten über Religion gültig wäre, übertragen, sondern als Beispiel für die Art, wie man mit seinem Schüler Überlegungen anstellen kann, um nicht von der Unterrichtsmethode abzurücken, die ich darzulegen

---

wie ich sie sonst nicht getan hätte, kamen nach einiger Zeit, da sie den Verdruß darüber verflogen glaubten, zu mir und sagten: *Ich bitte dich, Halal bi-Kun antchifra,* das heißt: *vergib mir dieses und lasse es gerecht werden.* Manche machten mir sogar Geschenke und taten mir Gefälligkeiten, damit ich ihnen vergeben und erklären sollte, ich habe es mit gutem Gewissen getan; dafür gibt es keine andere Ursache als diesen Glauben, daß man die Höllenbrücke nicht überschreiten könne, ehe man denen, die man erpreßt hat, nicht den letzten Heller zurückgegeben habe« (t. VII, in-12, p. 50).

Soll ich nun glauben, diese Brücke, die so vieles Unrecht wieder gut macht, hätte niemals welches verhindert? Wenn man den Persern diese Vorstellung nähme und sie davon überzeugte, daß es weder einen Poul-i-Sirat noch etwas dergleichen gibt, wo die Unterdrückten nach dem Tode an ihren Tyrannen gerächt würden — ist es nicht klar, daß diese sehr froh darüber und der Sorge ledig wären, jene Unglücklichen besänftigen zu müssen? Es ist also falsch, daß diese Doktrin keinen Schaden brächte; sie wäre also nicht die Wahrheit.

Deine Moralgesetze sind sehr schön, Philosoph, aber ich bitte dich, zeige mir ihre Bestätigung. Höre einen Augenblick auf, verworrenes Zeug daherzureden, und sage mir klar und deutlich, was du an Stelle des Poul-i-Sirat setzest.

versucht habe. Soweit man der menschlichen Autorität und den Vorurteilen des Landes, in dem man geboren wurde, keine Zugeständnisse macht, können bei
der natürlichen Erziehung die Erkenntnisse unsrer
Vernunft allein uns nicht weiterbringen als bis zur
natürlichen Religion, und darauf will ich mich mit
meinem Emile beschränken. Soll er eine andere haben,
habe ich kein Recht mehr, dabei sein Führer zu sein,
es ist an ihm allein, sie zu wählen.

Wir arbeiten im Einklang mit der Natur, und während sie den physischen Menschen formt, versuchen
wir, den geistigen Menschen zu formen; aber unsre
Fortschritte sind nicht gleich. Während der Leib schon
kräftig und stark ist, ist die Seele noch schwach und
kraftlos; und was auch die menschliche Kunst vermag,
das Temperament eilt immer der Vernunft voraus. Bis
jetzt haben wir alle Mühen darauf verwandt, das
eine aufzuhalten und die andere anzuregen, damit der
Mensch so weit wie möglich immer eine harmonische
Einheit bleibe. Indem wir sein Naturell entwickelten,
haben wir seine erwachende Empfindsamkeit abgelenkt; indem wir seine Vernunft entwickelten, haben
wir ihr eine Regel gegeben[193]. Die geistigen Dinge
mäßigten die Wirkung der sinnlichen. Indem wir auf
den letzten Grund aller Dinge zurückgriffen, haben
wir ihn der Herrschaft der Sinne entzogen; es war einfach, den Geist vom Studium der Natur zur Forschung
nach ihrem Schöpfer zu erheben.

Wenn wir einmal so weit gekommen sind, wieviel
neuen Einfluß auf unsren Schüler haben wir uns verschafft! wieviel neue Möglichkeiten haben wir, zu seinem Herzen zu sprechen! Erst dann findet er seinen
wirklichen Vorteil darin, gut zu sein, im stillen, und
nicht von den Gesetzen gezwungen, Gutes zu tun, gerecht zu sein zwischen Gott und sich[194], selbst unter Einsatz seines Lebens seine Pflicht zu erfüllen und die
Tugend in seinem Herzen zu tragen, nicht bloß aus

Liebe zur Ordnung, der ja doch ein jeder stets die Liebe
zu sich selbst vorzieht, sondern aus Liebe zu dem Schöpfer seines Daseins, um schließlich das beständige Glück
zu genießen, das die Ruhe eines guten Gewissens und die
Anschauung jenes höchsten Wesens ihm für das andere
Leben verheißen[195], nachdem er dieses Leben nutzbringend verbracht hat. Weicht ab davon, und ich sehe
nichts anderes mehr als Ungerechtigkeit, Heuchelei
und Lüge unter den Menschen. Der Eigennutz, der im
Kampf der Konkurrenz notwendigerweise über alles
den Sieg davonträgt, lehrt jeden von ihnen, das Laster
mit der Maske der Tugend zu schmücken. Mögen alle
anderen Menschen mein Glück auf Kosten der ihrigen
machen; alles muß sich um meine Person drehen; das
ganze Menschengeschlecht mag, wenn es sein muß, in
Elend und Leid sterben, um mir einen Augenblick des
Schmerzes und des Hungers zu ersparen — so spricht
die innere Stimme eines jeden Ungläubigen, der seiner
Vernunft folgt. Ja, ich werde mein ganzes Leben dabei
bleiben: wer in seinem Herzen gesagt hat: es gibt keinen Gott, und anders spricht, ist nur ein Lügner oder
ein Narr.

Ich kann es anfangen, wie ich will, lieber Leser, ich
fühle, daß ihr meinen Emile niemals im gleichen Licht
sehen werdet wie ich; ihr stellt ihn euch immer wie
eure jungen Leute vor, immer gedankenlos, ausgelassen, flatterhaft, irrend von Fest zu Fest, von Vergnügen zu Vergnügen, ohne sich jemals für etwas Beständiges zu entscheiden. Ihr werdet mich auslachen, weil
ich einen kontemplativen Menschen, einen Philosophen, einen wirklichen Theologen aus einem lebhaften,
aufgeweckten, hitzigen, ungestümen jungen Menschen
mache, der die erregteste Periode seines Lebens durchmacht. Ihr werdet sagen: Dieser Träumer jagt immer
noch seinen Hirngespinsten nach; wenn er uns einen
Schüler nach seiner Art darbietet, bildet er ihn nicht
nur, sondern erschafft ihn, er holt ihn aus seinem Hirn,

und im Glauben, immer der Natur zu folgen, entfernt er sich mit jedem Augenblick weiter von ihr. Wenn ich dagegen meinen Zögling mit den euren vergleiche, finde ich kaum etwas, was sie gemeinsam haben könnten. Da er so anders erzogen wurde, wäre es fast ein Wunder, wenn er ihnen in irgend etwas gliche. Da er seine Kindheit in der ganzen Freiheit verbracht hat, die sie sich im Jünglingsalter nehmen, fängt er nun im Jünglingsalter an, den Richtlinien zu folgen, denen man sie als Kinder unterworfen hat: diese Richtlinien werden ihnen zur Geißel, sie verabscheuen sie, sie sehen darin nur noch die lange Tyrannenherrschaft ihrer Lehrer, sie glauben, aus der Kindheit nur dadurch herauszukommen, daß sie jede Art von Zwang abschütteln*, dann halten sie sich schadlos für die lange Zeit der Gewalt über sie, so wie ein Gefangener, von seinen Ketten befreit, seine Glieder reckt, bewegt und schüttelt.

Emile dagegen setzt seine Ehre darein, zum Mann zu werden und sich unter das Joch der beginnenden Vernunft zu beugen; sein schon ausgebildeter Körper hat das Stadium jener aufgeregten Bewegsamkeit hinter sich und beginnt, von allein ruhig zu werden, während sein zur Hälfte entwickelter Geist nun seinerseits zur raschen Weiterentwicklung drängt. So ist für den einen das Alter der Vernunft nichts anderes als das Alter der Zügellosigkeit; für den anderen wird es zum Alter des Nachdenkens.

Wenn ihr wissen wollt, wer von ihnen besser der Ordnung der Natur entspricht, dann betrachtet die Unterscheidungsmerkmale bei denen, die ihr mehr oder weniger fernstehen: Beobachtet die jungen Leute auf

---

* Niemand betrachtet die Kindheit mit solcher Verachtung wie die, die sie gerade hinter sich haben, ebenso wie es keine Länder gibt, wo die Standesunterschiede mit mehr Künstelei festgehalten werden als dort, wo die Ungleichheit nicht groß ist und wo jeder in ständiger Angst lebt, mit einem Angehörigen niederen Standes verwechselt zu werden.

dem Land und seht, ob sie so unbändig sind wie eure.
„Die jungen Wilden", sagt der Sieur Le Beau, „sieht
man während ihrer Kindheit immer in Tätigkeit, sie
sind ununterbrochen mit allerlei Spielen beschäftigt,
die ihren Körper in Bewegung halten; jedoch kaum
zum Jüngling geworden, werden sie ruhig und nachdenklich und interessieren sich fast nur noch für ernsthafte oder für Glücksspiele*." Emile, der in der ganzen Freiheitlichkeit der Kinder vom Land und der
jungen Wilden erzogen worden ist, muß sich mit dem
Heranwachsen genauso wie sie verändern und besinnen. Der einzige Unterschied zwischen ihnen und ihm
besteht darin, daß er, anstatt sich bloß um des Spiels
und der Notdurft willen zu beteiligen, aus seinen Arbeiten und Spielen gelernt hat zu denken. Da er nun
auf diesem Weg schon so weit gekommen ist, ist er
wohl vorbereitet für den, den ich ihm eröffne: die Gegenstände, die ich ihm zum Nachdenken vorlege, reizen seine Wißbegier, da sie an und für sich schön und
für ihn neu sind und er imstande ist, sie zu verstehen.
Eure jungen Leute dagegen, gelangweilt und erschöpft
von euren faden Lektionen, euren langen Moralpre-
digten, euren ewigen Ermahnungen, wie sollten sie sich
nicht sträuben, ihren Geist zu nutzen, den man ihnen
so trübselig gemacht hat, gegen die erdrückenden Vorschriften, mit denen man sie ohne Unterlaß überhäuft
hat, gegen die Betrachtungen über den Urheber ihres
Seins, aus dem man den Feind ihrer Freuden gemacht
hat? Bei alldem empfinden sie nichts als Widerwillen,
Abscheu und Langeweile; der Zwang hat es ihnen verleidet – was kann sie in Zukunft, wenn sie frei über sich
verfügen können, noch daran reizen? Man muß ihnen
etwas Neues bieten, um sie zu fesseln, nichts von dem,
was man ihnen als Kinder gesagt hat, taugt mehr für

---

* Erlebnisse des Sieur C. Le Beau, Advokat beim Parlament, Bd. II,
S. 70[196].

sie. Dasselbe gilt für meinen Zögling; ist er erwachsen, rede ich mit ihm wie mit einem Erwachsenen und spreche mit ihm nur über für ihn neuartige Dinge: und gerade aus dem selben Grunde, aus dem diese die anderen langweilen, müssen sie ihn interessieren.

Auf diese Weise lasse ich ihn doppelt Zeit gewinnen, indem ich den Fortschritt der Natur zugunsten der Vernunft aufhalte[197]. Habe ich ihn aber tatsächlich aufgehalten? Nein; ich habe nur die Einbildungskraft daran gehindert, ihn zu beschleunigen; ich habe die verfrühten Lehren, die der Jüngling von anderer Seite erhält, durch Lehren anderer Art ausgeglichen. Wenn ich ihn, der von der Flut unsrer Institutionen fortgerissen wird, durch andere Anstalten in die entgegengesetzte Richtung ziehe, so führe ich ihn nicht von seinem Platz weg, sondern halte ihn dort fest.

Der wahre Augenblick der Natur kommt endlich heran, er muß kommen. Da der Mensch sterben muß, muß er sich fortpflanzen, damit die Gattung erhalten und die Ordnung der Natur bewahrt bleibt. Wenn ihr durch die Anzeichen, von denen ich gesprochen habe, den kritischen Augenblick voraussieht, ändert sofort und für immer den Ton, den ihr bisher ihm gegenüber anschlugt. Noch ist er euer Schüler, aber nicht mehr euer Zögling. Er ist euer Freund, er ist ein Mann, behandelt ihn von nun an als solchen.

Wie! Ich soll auf meine Autorität verzichten, wenn ich sie am notwendigsten brauche? Soll der Jüngling in einem Augenblick sich selbst überlassen sein, da er am wenigsten weiß, wie er sich zu verhalten hat, und die größten Seitensprünge macht? Soll ich auf meine Rechte verzichten, wenn es für ihn von größter Wichtigkeit ist, daß ich von ihnen Gebrauch mache? Eure Rechte! Wer sagt denn, daß ihr darauf verzichten sollt? jetzt erst fangen sie für ihn an. Bisher habt ihr alles nur durch Gewalt oder List erreicht, die Autorität, das Gesetz der Pflicht waren ihm unbekannt; ihr mußtet ihn zwingen oder ihn täuschen, um ihn euch gefügig zu machen. Aber seht, in wieviel neue Ketten ihr sein Herz gelegt habt. Vernunft, Feundschaft, Dankbarkeit, tausend Gefühle sprechen eine Sprache zu ihm, die er nicht verkennen kann. Das Laster hat ihn noch nicht taub gegen sie gemacht. Noch ist er empfänglich für die Leidenschaften der Natur. Die erste von allen, die Selbstliebe, liefert ihn euch aus, und dazu die Gewohnheit. Wenn eine Augenblicksaufwallung ihn euch entreißt, bringt die Reue ihn euch sofort zurück; das Gefühl, das ihn an euch bindet, ist das einzig dauernde, alle anderen vergehen und tilgen sich gegenseitig. Laßt ihr ihn nicht verderben, wird er immer fügsam sein; erst wenn er schon verdorben ist, fängt er an, sich aufzulehnen.

Natürlich wird er nicht lange auf euch hören, wenn ihr sein beginnendes Verlangen vor den Kopf stoßt und so töricht seid, die neuen Bedürfnisse, die er fühlt, als Verbrechen zu behandeln; sobald ihr von meiner Methode ablaßt, stehe ich für nichts mehr ein. Denkt immer daran, daß ihr der Diener der Natur seid, dann könnt ihr niemals ihr Feind sein.

Aber welche Partei ergreifen? Man rechnet nur mit der Alternative: seine Neigungen zu begünstigen oder zu bekämpfen, sein Tyrann oder sein Komplice zu werden, und beides hat so gefährliche Folgen, daß man nicht lange genug bei der Entscheidung schwanken kann.

Das einfachste Mittel, diese Schwierigkeit zu beheben, wäre, ihn schnellstens zu verheiraten; das ist unbestreitbar das sicherste und natürlichste Hilfsmittel. Ich bezweifle aber, daß es das beste und nützlichste ist. Später werde ich meine Gründe dafür angeben; inzwischen bin ich damit einverstanden, daß man die jungen Leute im heiratsfähigen Alter verheiratet. Aber für sie kommt dieses Alter zu früh; wir selbst haben es verfrüht – nun müssen wir es bis zur Reife hinauszögern.

Gälte es nur die Neigungen zu beachten und ihren Anzeichen zu folgen, das wäre rasch getan; aber es gibt so viele Widersprüche zwischen den Rechten der Natur und den Gesetzen der Gesellschaft, daß man, um sie auszugleichen, ununterbrochen ausweichen und Winkelzüge machen muß. Es gehört viel Kunst dazu, um zu verhüten, daß der gesellschaftliche Mensch ein ganz und gar künstlicher wird.

Nach den oben dargelegten Begründungen glaube ich, daß man mit den von mir vorgeschlagenen und anderen ähnlichen Mitteln das Schlummern der Begierden und die Reinheit der Sinne wenigstens bis zum zwanzigsten Jahr erhalten kann: das entspricht so sehr der Natur, daß ein junger Germane, der vor diesem Alter seine Keuschheit verlor, für immer entehrt war[198], und mit Recht schreiben die Schriftsteller der Enthaltsamkeit dieser Völker während ihrer Jugend die Kraft ihrer Konstitution und die große Zahl ihrer Kinder zu.

Man kann diese Zeit sogar noch sehr viel länger ausdehnen, und noch vor wenigen Jahrhunderten war in Frankreich nichts gebräuchlicher als das. Unter anderen bekannten Beispielen schwor der Vater Montaignes, ein ebenso gewissenhafter und aufrichtiger wie kraftvoller und gesunder Mann, mit dreiunddreißig Jahren keusch in die Ehe gegangen zu sein, nachdem er während der Italien-Feldzüge lange in der Armee gedient hatte[199]; und aus den Schriften des Sohnes ersieht man, welche Kraft und Fröhlichkeit der Vater noch mit über sechzig Jahren behalten hatte. Die gegenteilige Meinung stützt sich zweifellos mehr auf unsere Sitten und Vorurteile als auf Kenntnis des Geschlechts im allgemeinen.

So kann ich also das Beispiel unsrer Jugend beiseite lassen – für den, der nicht ebenso erzogen wurde, beweist es nichts. Wenn ich bedenke, daß die Natur in dieser Beziehung keinen festen Zeitpunkt setzt, den man nicht beschleunigen oder hinausschieben könnte, so glaube ich, ohne daß ich aus ihrer Regel heraustrete, voraussetzen zu dürfen, daß Emile bis zu diesem Zeitpunkt durch meine Fürsorge in seiner ursprünglichen Unschuld geblieben ist, und ich sehe das Ende dieser glücklichen Zeit herankommen. Von immer größer werdenden Gefahren bedroht, wird er mir, was ich auch dagegen tue, bei der ersten Gelegenheit entgleiten, und diese Gelegenheit wird nicht mehr lange auf sich warten lassen; er wird dem blinden Trieb seiner Sinne folgen, und es ist tausend gegen eins zu wetten, daß er erliegen wird. Ich habe zuviel über die Sitten der Menschen nachgedacht, um nicht zu wissen, wie unüberwindlich der Einfluß dieses ersten Augenblicks auf den Rest des Lebens ist. Wenn ich mir nichts anmerken lasse und so tue, als sähe ich nichts, wird er meine Schwäche ausnutzen; im Glauben, mich zu täuschen, verachtet er mich, und ich werde zum Mitschuldigen an seinem Verderben. Wenn ich versuche, ihn zur Umkehr zu bewegen, so ist es zu spät – er hört nicht mehr auf mich; ich werde ihm lästig, verhaßt, unerträglich, er wird sich meiner so bald wie möglich entledigen. So bleibt mir nur ein vernünftiger Ausweg, nämlich der, ihn vor sich selbst für seine Handlungen verantwortlich zu machen, ihn wenigstens vor den Überraschungen zu schützen, die der Irrtum mit sich bringt, und ihm offen die Gefahren zu zeigen, von denen er umgeben ist. Bis jetzt hielt ich ihn durch seine Unwissenheit im Zaum – jetzt muß ich es durch Aufklärung tun.

Diese neue Methode der Belehrung ist so bedeutungsvoll, daß ich weiter zurückgreifen muß. Jetzt ist der Augenblick gekommen, da ich ihm sozusagen Rechenschaft ablege; ihm zeige, wie ich seine und meine Zeit genutzt habe; ihm vor Augen halte, was er ist und was ich bin; was ich getan habe, was er getan hat; was wir einander schuldig sind; ich muß ihm alle seine inneren sittlichen Beziehungen erklären, alle Verpflichtungen,

die er eingegangen ist, alle die, die man für ihn eingegangen ist, bis wohin sich seine Fähigkeiten entwickelt
haben, welchen Weg er nun einschlagen muß, die
Schwierigkeiten, denen er da begegnen wird, die Möglichkeiten, diese Schwierigkeiten zu überwinden; wo
ich ihm noch helfen kann, wo nur er allein sich künftig
helfen kann, kurz, den kritischen Augenblick, in dem
er sich befindet, die neuen Gefahren, die ihn umgeben,
und alle schwerwiegenden Gründe, die ihn bewegen
müssen, sorgfältig über sich selbst zu wachen, bevor er
seinen erwachenden Begierden Gehör schenkt.

Bedenkt, daß, um einen jungen Mann zu leiten, ihr
das gerade Gegenteil von all dem tun müßt, was ihr
zur Leitung eines Kindes getan habt. Zögert nicht, ihn
über diese gefährlichen Geheimnisse, die ihr ihm so
lange mit soviel Sorgfalt verborgen habt, aufzuklären. Da er sie nun doch endlich kennenlernen muß, ist
es wesentlich, daß er sie weder von jemand anderem
noch an sich selbst erfährt, sondern von euch allein: da
er von nun an kämpfen muß, muß er seinen Feind kennen, um nicht überrumpelt zu werden.

Die jungen Leute, die man über diesen Punkt gut
unterrichtet findet und deren Wissensquelle unbekannt
ist, haben dieses Wissen niemals ungestraft erworben.
Da diese gewissenlose Aufklärung nicht an einem ehrenhaften Gegenstand erworben sein kann, beschmutzt
sie zumindest die Phantasie derer, die sie erwerben,
und macht sie den Lastern derer geneigt, die sie ihnen
vermitteln. Das ist noch nicht alles; das Hauspersonal
schmeichelt sich in den Geist eines Kindes ein, gewinnt
sein Vertrauen und erreicht damit, daß es seinen Erzieher als einen mürrischen und wunderlichen Mann
betrachtet, und Schlechtes über ihn zu sagen ist einer
der beliebtesten Gegenstände ihrer geheimen Gespräche.
Ist das Kind erst einmal so weit, kann der Lehrer sich
zurückziehen, für ihn gibt es da nichts Gutes mehr aus-
zurichten.

Warum aber erwählt sich das Kind seine speziellen Vertrauten? Immer wegen der Tyrannei jener, die es erziehen. Warum sollte es sich vor ihnen verschließen, wenn es nicht dazu gezwungen wäre? Warum sollte es sich beklagen, wenn es gar nichts zu beklagen hätte? Jene Leute werden auf ganz natürliche Weise seine ersten Vertrauten; an dem Eifer, mit dem es ihnen sagt, was es denkt, sieht man, daß es meint, es nur halb gedacht zu haben, solange es es ihnen nicht mitgeteilt hat. Ihr könnt sicher sein: wenn das Kind von eurer Seite weder Strafpredigt noch Vorhaltungen zu fürchten hat, wird es euch immer alles sagen, und niemand wird wagen, ihm etwas anzuvertrauen, das es vor euch geheimhalten soll, wenn er die Gewißheit hat, daß es euch nichts verschweigt.

Was für mich am meisten für meine Methode spricht, ist dies: es kann, wenn ich deren Regeln so genau wie möglich beachte, keine Situation im Leben meines Zöglings geben, die nicht ein liebenswertes Bild von ihm hinterließe. Selbst in dem Augenblick, da die Leidenschaften der Natur ihn fortreißen und er, in Auflehnung gegen die Hand, die ihn zurückhalten will, widerspenstig wird und mir zu entgleiten droht, finde ich in seinen Wallungen und Erregungen immer noch seine ursprüngliche Einfalt wieder; sein Herz, ebenso rein wie sein Leib, kennt die Verstellung ebenso wenig wie das Laster; weder Vorwürfe noch Verachtung haben ihn zum Feigling gemacht, niemals lehrte ihn niedrige Furcht, sich zu verstellen. Er lebt in aller Unbesonnenheit der Unschuld; er ist rücksichtslos natürlich; er weiß noch nicht, wozu man betrügen sollte. Nichts geht in seiner Seele vor, das sein Mund oder seine Augen nicht verrieten, und oft weiß ich eher von seinen Gefühlen als er.

Solange er mir weiter seine Seele so offen enthüllt und mir mit Freuden mitteilt, was er empfindet, habe ich nichts zu befürchten – die Gefahr ist noch weit;

wird er aber schüchterner, verschlossener, bemerke ich
in seinen Reden die erste Verlegenheit der Scham, so
entwickelt sich schon der Instinkt und mit ihm der Begriff des Unrechten, und es ist kein Augenblick mehr
zu verlieren; und wenn ich ihn nicht schnellstens auf-
kläre, wird er bald gegen meinen Willen aufgeklärt
sein.

Mehr als ein Leser – selbst wenn er sich meine Ideen
zu eigen gemacht hat – wird denken, daß es sich dabei
nur um eine beiläufige Unterhaltung mit dem jungen
Mann handelt und daß damit alles erledigt sei. Ach!
Nicht so läßt sich das menschliche Herz regieren! Alle
Worte bedeuten nichts, wenn man den Augenblick,
sie auszusprechen, nicht vorbereitet hat. Vor der Saat
muß der Boden bestellt werden: die Saat der Tugend
geht schwer auf, es bedarf langer Vorbereitungen, damit sie Wurzeln schlägt. Einer der Umstände, wodurch
die Ermahnungen nutzlos werden, ist, daß man sie in
gleichgültiger Weise unterschiedslos und wahllos an
jedermann richtet. Wie kann man annehmen, daß die
gleiche Predigt so vielen Zuhörern angemessen sei, die
in Neigungen, Geist, Anlagen, Alter, Geschlecht, Stand
und Ansichten so verschieden voneinander sind? Es
gibt vielleicht nicht zwei unter ihnen, denen das, was
man allen predigt, angemessen ist, und alle unsre Empfindungen sind so unbeständig, daß es im Leben eines
jeden Menschen vielleicht nicht zwei Augenblicke gibt,
da das gleiche Wort ihm den gleichen Eindruck machen würde. Fragt euch doch selbst, ob der Augenblick,
da die entflammten Sinne den Verstand verwirren und
den Willen tyrannisieren, der geeignete Augenblick ist,
die ernsten Belehrungen der Weisheit zu hören. Sprecht
also den jungen Leuten niemals von Vernunft, nicht einmal im Alter der Vernunft, wenn ihr sie nicht zunächst
befähigt habt, sie zu begreifen. Die meisten aller
fruchtlosen Reden sind es weit eher durch die Schuld
des Lehrers als durch die der Schüler. Der Pedant und

der Erzieher sagen beide ungefähr das gleiche: nur sagt es der eine bei jeder passenden oder unpassenden Gelegenheit; der andere sagt es nur, wenn er seiner Wirkung sicher ist.

Wie ein Schlafwandler, der im Schlaf umherirrt und am Rand eines Abgrunds einhergeht, in den er hinabfiele, wenn er plötzlich aufgeweckt würde, so entgeht mein Emile im Schlummer seiner Unwissenheit den Gefahren, die er nicht bemerkt – wecke ich ihn plötzlich auf, ist er verloren. Versuchen wir zuerst, ihn vom Abgrund wegzuziehen, und dann werden wir ihn wekken, um ihn ihm aus größerer Entfernung zu zeigen.

Lektüre, Einsamkeit, Müßiggang, verweichlichte und sitzende Lebensweise, der Umgang mit Frauen – das sind in seinem Alter die gefährlichsten Pfade, die ihn unablässig neben dem Abgrund herführen. Ich überliste seine Sinne durch andere sinnliche Eindrücke, ich leite seine Lebensgeister auf einen anderen Kurs und lenke sie von dem ab, den sie schon nehmen wollten; durch die Gewöhnung an harte körperliche Arbeit halte ich die Aktivität der Einbildungskraft, die ihn fortreißt, zurück. Wenn die Arme viel zu schaffen haben, ruht die Einbildungskraft; ist der Leib müde, bleibt das Herz kühl. Die wirkungsvollste und leichteste Vorsichtsmaßnahme ist, ihn der örtlichen Gefahr zu entreißen. Ich führe ihn zunächst aus der Stadt heraus, weit weg von allem, was ihn verführen könnte. Das genügt aber nicht; in welcher Wüste, an welchem einsamen Zufluchtsort kann er den Bildern entgehen, die ihn verfolgen? Die gefährlichen Dinge fernzuhalten bedeutet nichts, wenn ich nicht auch die Erinnerung daran auslösche; wenn ich es nicht fertigbringe, ihn von allem loszumachen, wenn ich ihn nicht von sich selbst ablenke, hätte ich ihn ebensogut lassen können, wo er war.

Emile versteht ein Handwerk, aber jetzt ist dieses Handwerk kein Hilfsmittel für uns; er liebt und ver-

steht die Landwirtschaft, aber die Landwirtschaft genügt nicht, die Beschäftigung, die er kennt, wird zur
Routine; gibt er sich ihr hin, ist er wie jemand, der
nichts tut; er denkt an etwas ganz anderes, Kopf und
Arme handeln jedes für sich. Er braucht eine neue
Beschäftigung, die ihn durch ihre Neuartigkeit interessiert, die ihn in Atem hält, die ihm gefällt, ihn fesselt und in Bewegung hält, eine Beschäftigung, die
ihn begeistert, und der er sich ganz und gar hingibt.
Die einzige, die mir alle diese Bedingungen zusammen
zu erfüllen scheint, ist die Jagd. Ist die Jagd jemals
ein unschuldiges Vergnügen, ist sie jemals dem Menschen angemessen, so in diesem Augenblick, da wir
bei ihr Zuflucht suchen. Emile hat alles Zeug dazu,
es dabei zu etwas zu bringen; er ist robust, geschickt,
geduldig, unermüdlich. Es ist nicht zu bezweifeln, daß
er an dieser Beschäftigung Geschmack finden wird;
er wird mit dem ganzen Feuereifer seines Alters darangehen; er wird – wenigstens für einige Zeit – dabei
die gefährlichen Neigungen, die aus der Verweichlichung entstehen, verlieren. Die Jagd härtet das Herz
ebenso ab wie den Körper; sie gewöhnt an den Anblick des Bluts, sie macht gefühllos. Man hat Diana
als Feindin der Liebe dargestellt, und die Allegorie ist
ganz richtig: das Liebessehnen kann nur aus dem süßen
Nichtstun entstehen; kräftige körperliche Übung erstickt zärtliche Gefühle. In den Wäldern, in den Feldern sind Liebhaber und Jäger so verschiedenartig
gestimmt, daß sie bei den gleichen Dingen ganz verschiedene Bilder sehen. Der kühle Schatten, die Büsche,
süße Zuflucht des Liebhabers, sind für den Jäger nur
Weideplätze, Schanzen und Unterschlupf; wo der eine
nur Schalmeien, Nachtigallen und Vogelgezwitscher
hört, stellt sich der andere Hörnerblasen und Hundegekläff vor; der eine sieht nur Dryaden und Nymphen, der andere nur Treiber, Meute und Pferde.
Wenn ihr mit diesen beiden Arten von Menschen durch

ländliche Gegenden geht, erkennt ihr bald an der Verschiedenheit ihrer Sprache, daß die Erde beiden nicht
den gleichen Anblick bietet und daß beider Gedankengänge sich ebenso voneinander unterscheiden wie ihre
Vergnügungen.

Ich verstehe schon, wie diese Neigungen zu vereinigen sind und wie man schließlich Zeit für alles findet.
Aber die Leidenschaften der Jugend lassen sich nicht
so aufteilen – gebt der Jugend eine einzige Beschäftigung, die sie liebt, und alles übrige wird bald vergessen sein. Die Verschiedenartigkeit der Begierden entsteht aus der Verschiedenartigkeit der Kenntnisse, und
die ersten Freuden, die man kennt, bleiben lange die
einzigen, die man sucht. Ich will nicht, daß Emile
seine ganze Jugend damit zubringt, Tiere zu töten,
und ich will auch nicht sagen, daß ich diese wilde
Leidenschaft in allem billige; mir genügt es, daß sie
ausreicht, eine gefährlichere Leidenschaft hinzuhalten,
so daß man kühlen Bluts auf mich hört, wenn ich von
ihr spreche, und mir Zeit bleibt, sie zu schildern, ohne
sie zu erregen.

Es gibt Zeiten im menschlichen Leben, die dazu
angetan sind, niemals vergessen zu werden. Für Emile
ist es die der Aufklärung, von der ich spreche; sie muß
auf sein ganzes weiteres Leben einwirken. Versuchen
wir also, sie seinem Gedächtnis unauslöschlich einzuprägen. Es ist einer der größten Fehler unsres Zeitalters, zuviel mit der nackten Vernunft zu arbeiten, so
als wären die Menschen schierer Geist. Man vernachlässigt die Sprache der Zeichen, die zur Einbildungskraft spricht, und hat so die eindringlichste aller Sprachen verloren[200]. Der Eindruck des Worts ist immer
schwach, und zum Herzen kann man weit besser durch
die Augen als durch die Ohren sprechen. Da wir alles von
Vernunftschlüssen erwarten, haben wir unsere Gebote
auf bloße Worte reduziert und nichts für Handlungen
übrig behalten. Die Vernunft allein ist nicht aktiv;

sie mäßigt manchmal, selten regt sie an, und niemals
hat sie Großes vollbracht. Immer zu räsonieren ist die
Manie der kleinen Geister. Starke Seelen sprechen eine
ganz andere Sprache – durch diese überzeugt man und
regt zum Handeln an.

Ich mache die Beobachtung, daß die Menschen der
modernen Zeiten nur noch durch Gewalt und Eigennutz etwas übereinander vermögen, wogegen die Alten
viel mehr durch Überzeugungskraft und die Empfindungen der Seele erreichten, da sie die Sprache der
Zeichen nicht vernachlässigten. Alle Verträge wurden
in feierlicher Weise abgeschlossen, damit sie um so un-
antastbarer waren: vor dem Einsatz der Gewalt
waren die Götter die Richter des Menschengeschlechts;
vor ihnen schlossen die einzelnen ihre Verträge und
Bindungen ab, vor ihnen gelobten sie ihre Versprechen; das Antlitz der Erde war das Buch, wo die Ur-
kunden darüber bewahrt wurden. Felsen, Bäume und
Steinhaufen, durch diese Dokumente geheiligt und den
unzivilisierten Menschen zum Gegenstand der Verehrung geworden, waren die Blätter dieses immer für
alle Augen offenen Buchs. Der Brunnen des Eids, der
Brunnen des Lebenden und Sehenden, die alte Eiche
von Mambre, der Hügel des Zeugen[201] – das waren die
groben, aber erhabenen Denkmäler der Heiligkeit der
Verträge; niemand hätte es gewagt, mit schändender
Hand diese Denkmäler anzugreifen, und das Vertrauen der Menschen war durch den Schutz dieser
stummen Zeugen gesicherter, als es heute unter all der
eitlen Strenge der Gesetze ist.

Das erhabene Gepränge königlicher Macht in der
Regierung beeindruckte die Völker. Kennzeichen der
Würde: ein Thron, ein Zepter, ein Purpurmantel,
eine Krone, ein Diadem waren für sie heilige Dinge.
Durch diese verehrten Symbole wurde ihnen der Mann,
den sie damit geschmückt sahen, verehrungswürdig;
ohne Soldaten, ohne Drohungen – sobald er nur

sprach, gehorchte man ihm. Heute, da man diese
Ehrenzeichen abschaffen will* – was entsteht aus dieser
Mißachtung? Daß die Majestät des Königs aus allen
Herzen verschwindet, daß die Könige sich nur noch
durch Truppengewalt Gehorsam verschaffen können
und daß die Achtung der Untertanen nur noch aus Angst
vor der Strafe besteht. Die Könige brauchen nicht
mehr das unbequeme Diadem zu tragen, die Würdenträger nicht mehr die Zeichen ihrer Würde; aber hunderttausend Arme müssen jederzeit bereit sein, ihre
Befehle durchzuführen. Obgleich ihnen das vielleicht
angenehmer erscheint, ist es leicht, vorauszusehen, daß
diese Änderung ihnen auf die Dauer nicht zum Vorteil gereichen wird.

Was die Alten mit Beredsamkeit erreicht haben,
grenzt ans Wunderbare; aber diese Beredsamkeit bestand nicht nur in schönen, wohlgesetzten Reden, und
niemals war sie von größerer Wirkung als dann,
wenn der Redner am wenigsten sprach. Die lebhaftes-
ten Äußerungen drückten sich nicht durch Worte aus,
sondern durch Zeichen; man sprach sie nicht aus, man
zeigte sie. Der Gegenstand, den man dem Auge darbietet, setzt die Phantasie in Bewegung, erregt die
Wißbegier, hält den Geist in der Erwartung dessen,
was gesagt werden wird, und oft hat dieser Gegenstand allein schon alles gesagt. Wenn Thrasybul und
Tarquinius Mohnkapseln abschlugen, wenn Alexander

---

* Der römische Klerus hat sie auf kluge Weise beibehalten, ebenso
wie nach seinem Beispiel einige Republiken, unter anderen die Republik Venedig. Daher genießt die venezianische Regierung trotz des Zu-
sammenbruchs des Staats im Pomp ihrer antiken Majestät immer noch
die volle Zuneigung und Verehrung des Volks, und nach dem tiarage-
schmückten Papst gibt es vielleicht weder König noch Potentat noch
irgendeinen Mann auf Erden, der so verehrt würde wie der Doge von
Venedig, ohne Macht, ohne Autorität, aber geheiligt durch sein Gepränge, mit einem Frauenkopfputz unter seinem Dogenhut. Für jene
Zeremonie des Bucentaurus[202], die die Dummen so sehr erheitert, würde
das venezianische Volk seinen letzten Blutstropfen vergießen, um seine
tyrannische Regierung aufrechtzuerhalten.

sein Siegel auf den Mund seines Günstlings drückt,
wenn Diogenes vor Zeno schreitet[203] – sprachen sie damit
nicht eindringlicher, als wenn sie lange Reden gehalten
hätten? Welche weitläufige Umschreibung hätte die
gleichen Gedanken so gut wiedergegeben? Darius, bei
seiner Armee in Skythien, nimmt vom König der Skythen einen Vogel, einen Frosch, eine Maus und fünf
Pfeile in Empfang[204]. Der Abgesandte überreicht sein
Geschenk und kehrt wortlos wieder um. Heutzutage
hätte man diesen Mann für verrückt gehalten. Aber diese
schreckliche Rede wurde verstanden, und Darius hatte
nichts Eiligeres zu tun, als in sein Land zurückzukehren. Man stelle sich anstatt dieser Zeichen einen Brief
vor: je drohender er ist, um so weniger Schrecken wird
er bereiten, er wird nur großsprecherisch wirken und
nichts als Gelächter bei Darius auslösen.

Welche Beachtung schenkten die Römer der Sprache
der Zeichen! Je nach Alter und Stand verschiedene Be-
kleidung; Togen, Kriegsmäntel, mit Purpurstreifen ge-
faßte Roben, Bullen, Senatorengewänder mit breiten
Purpurstreifen besetzt, kurulische Sessel, Liktoren,
Liktorenbündel und -beile, Kränze aus Gold, aus
Kräutern, aus Blättern, kleine und große Aufzüge:
alles bei ihnen war Aufmachung, Schaustellung, Zeremonie, und alles beeindruckte die Herzen der Bürger.
Dem Staat war es wichtig, daß das Volk sich an jenem
und nicht an diesem Ort versammelte, daß es das Ka-
pitol sah oder nicht sah, daß es dem Senat zu- oder
abgewandt war, daß es diesen oder jenen Tag zur Beratung vorzog. Die Angeklagten zogen ein anderes
Gewand an, die Bewerber ebenfalls; die Krieger rühm-
ten sich nicht ihrer Heldentaten, sie zeigten ihre Wunden. Beim Tode Cäsars stelle ich mir einen unsrer
Redner vor, der, um das Volk zu rühren, alle philosophischen Gemeinplätze erschöpft, um eine pathetische
Beschreibung seiner Wunden, seines Blutes, seines
Leichnams zu geben – Antonius, obschon beredt, sagt

nichts von alldem; er läßt den Leichnam bringen. Welche Rhetorik!

Aber dieses Abschweifen zieht mich, so wie vieles andere, unmerklich weit von meinem Thema ab, und es geschieht zu häufig, als daß es zu weit gehen und zulässig sein könnte – ich komme also zur Sache zurück.

Kommt der Jugend niemals mit trockenen Vernunftschlüssen. Kleidet die Vernunft in einen Leib, wenn ihr sie ihr fühlbar machen wollt. Laßt die Sprache des Verstands durch das Herz gehen, damit sie sich verständlich machen kann. Kalte Argumente, ich wiederhole es, können unsre Ansichten bestimmen, nicht unsre Handlungen; sie lassen uns glauben, aber nicht handeln; man beweist, was man denken muß, und nicht das, was man tun muß. Wenn dies für alle Menschen gilt, so gilt es um so mehr für die jungen Menschen, die noch befangen sind in ihren Sinnen und nicht weiter denken, als ihre Vorstellungskraft zuläßt.

Ich werde mich also, sogar nach den Vorbereitungen, von denen ich sprach, wohl hüten, plötzlich in Emiles Zimmer zu treten, um ihm voller Ernst eine lange Rede über das zu halten, worüber ich ihn aufklären will. Ich werde erst einmal seine Einbildungskraft anregen; ich werde Zeit, Ort, Gegenstände so wählen, daß sie dem von mir beabsichtigten Eindruck am günstigsten sind; ich werde sozusagen die ganze Natur zum Zeugen unsrer Gespräche und das ewige Wesen, dessen Werk sie ist, zum Zeugen der Wahrhaftigkeit meiner Reden aufrufen; ich werde es zum Richter zwischen Emile und mir nehmen; ich werde den Ort, an dem wir uns befinden – die Felder, die Wälder, die Berge um uns herum –, zum Denkmal seiner und meiner Gelöbnisse nehmen[205]; ich werde in meine Blicke, meinen Tonfall, meine Gebärden die Begeisterung und das Feuer legen, das ich ihm einflößen will. Dann werde ich zu ihm sprechen, und er wird mich anhören, ich werde gerührt sein, und er wird davon gerührt werden. Durchdrungen von der Heiligkeit meiner Pflicht, lasse ich ihm die seine ehrfürchtiger erscheinen; ich werde die Kraft meiner Beweisführung durch Bilder und Metaphern beleben; meine Rede wird sich nicht des langen und breiten in Maximen ergehen, sondern voll sein von überquellenden Gefühlen; sie wird ernst sein und voller Sentenzen, mein Herz aber wird nie genug gesagt haben. Jetzt, wenn ich ihm alles vor Augen führe, was ich für ihn getan habe, so als hätte ich es für mich selbst getan, wird er in meiner zärtlichen Zuneigung den Grund für all meine Fürsorge erkennen. Wie werde ich ihn überraschen und aufregen, wenn ich plötzlich den Ton ändere! Anstatt ihm die Seele einzuengen, indem ich ihm immer von seinem eigenen Interesse spreche, werde ich ihm fortan nur von dem meinen sprechen und ihn dadurch noch mehr rühren, sein junges Herz mit allen Gefühlen der Freundschaft, der Großherzigkeit und Dankbarkeit entzünden, die ich in ihm bereits entstehen ließ und die so leicht zu nähren sind. Ich werde ihn an mich pressen und ihn mit Tränen der Rührung übergießen; ich werde ihm sagen: Du bist mein Glück, mein Kind, mein Werk; von deinem Glück erwarte ich mein eigenes: täuschst du meine Hoffnungen, so stiehlst du mir zwanzig Jahre meines Lebens und bist das Unglück meiner alten Tage. Auf diese Weise verschafft man sich bei einem jungen Menschen Gehör und prägt alles, was man ihm sagt, auf immer in den Grund seines Herzens.

Bisher habe ich versucht, Beispiele für die Art, wie ein Erzieher seinen Zögling in schwierigen Fällen anzuweisen hat, anzuführen. Auch für diesen Fall habe ich es versucht, verzichte jedoch nach vielen Versuchen darauf in der Überzeugung, daß die französische Sprache zu preziös ist, um je in einem Buch die Einfalt der ersten Belehrungen über gewisse Gegenstände zu ertragen.

Man sagt, die französische Sprache sei die keuscheste aller Sprachen; ich aber halte sie für die schlüpfrigste, denn mir scheint, daß die Sittsamkeit einer Sprache nicht darin besteht, sorgfältig anstößige Redensarten zu vermeiden, sondern darin, gar keine zu besitzen. Um sie zu vermeiden, muß man ja an sie denken, und es gibt keine andere Sprache als die französische, wo es schwerer wäre, sich in jeder Hinsicht rein auszudrücken. Der Leser, immer geschickter, einen anstößigen Sinn zu finden als der Schriftsteller, ihn zu vermeiden, nimmt an allem Anstoß und entsetzt sich über alles. Wie kann etwas, das durch unreine Ohren geht, unbeschmutzt bleiben? Ein Volk reiner Sitten dagegen hat für alle Dinge eindeutige Ausdrücke, und diese Ausdrücke sind immer anständig, weil sie immer mit Anstand angewandt werden. Es ist unmöglich, sich eine anständigere Sprache als die der Bibel vorzustellen, eben weil dort alles mit Einfalt gesagt ist. Um die gleichen Gegenstände unanständig zu machen, braucht man sie nur ins Französische zu übersetzen. Was ich meinem Emile sagen muß, wird in seinen Ohren nur anständig und keusch klingen; um es aber bei der Lektüre so zu finden, müßte man ein so reines Herz haben wie er.

Ich möchte sogar glauben, diese Reflexionen über die wahre Reinheit der Rede und die verlogene Empfindlichkeit des Lasters haben einen nützlichen Platz in unseren Gesprächen über die Moral, zu denen uns dieses Thema führt; wenn er nämlich die Sprache der Sittsamkeit lernt, muß er gleichzeitig auch die der Schicklichkeit lernen und wissen, warum diese beiden Sprachen so verschieden sind. Wie dem auch sei, ich bleibe dabei: Wenn man statt unnützer Vorschriften, mit denen man der Jugend vorzeitig in den Ohren liegt und über die sie sich lustig macht, gerade dann, wenn das Alter dafür gekommen ist, abwartet und den Augenblick, da man mit seinen Worten durchdringt, vorbereitet; wenn man dem jungen Menschen dann die Gesetze der Natur in ihrer vollen Wahrheit darlegt, wenn man ihm zeigt, wie diese Gesetze in den physischen und moralischen Übeln, die ihre Übertretung nach sich zieht, ihre Sanktionen erhalten, wenn man von dem unbegreiflichen Geheimnis der Fortpflanzung sprechend mit der Vorstellung des Reizes, den der Schöpfer der Natur diesem Akt verliehen hat, die Vorstellung der ausschließlichen Bindung verknüpft, die ihn erst so köstlich macht, die Vorstellung der Pflicht zur Treue und zur Schamhaftigkeit, die ihn umgeben und die seinen Zauber verdoppeln, wenn man ihm die Ehe nicht nur als die wonnigste der Gemeinschaften, sondern auch als den unantastbarsten und heiligsten aller Verträge schildert und ihm mit Nachdruck alle Gründe vor Augen führt, aus denen ein so geheiligter Bund von allen Menschen geachtet werden muß und die auf jeden, der seine Reinheit zu beschmutzen wagt, Haß und Fluch laden; wenn man ihm ein eindringliches und wahrheitsgetreues Bild von den Schrecken der Ausschweifung malt, von ihrer stupiden Vertierung, von dem unmerklichen Abgleiten, durch das die erste Ausschreitung zu allen anderen führt; wenn man ihm, sage ich, überzeugend darlegt, wie von der keuschen Gesinnung Gesundheit, Kraft, Mut, Tugend, ja selbst die Liebe und alles wahre Glück des Menschen abhängen, dann kann ich versichern, daß man ihm diese Keuschheit wünschenswert und teuer machen wird, und daß man ihn zugänglich finden wird für die Mittel, die man ihm zu ihrer Bewahrung vorschlägt; denn solange man sie sich bewahrt, achtet man sie; man verachtet sie erst dann, wenn man sie verloren hat.

Es ist nicht wahr, daß die Neigung zum Bösen unbezähmbar ist und man ihrer nicht Herr werden könne ehe man sich daran gewöhnt hat, ihr nachzugeben. Aurelius Victor[206] sagt, daß mehrere von der Liebe besessene Männer eine Nacht mit Cleopatra freiwillig mit ihrem Leben erkauften; ein solches Opfer ist in der Trunkenheit der Leidenschaft nicht unmöglich. Stellen wir uns jedoch vor, daß der rasendste Mann, der am wenigsten seine Sinne beherrscht, die Marterinstrumente vor sich sieht in der Gewißheit, eine Viertelstunde später unter Qualen durch sie zugrunde zu gehen; dieser Mann würde nicht nur im gleichen Augenblick Herr über seine Versuchungen, es würde ihm sogar leichtfallen, ihnen zu widerstehen: bald würde die gräßliche Vorstellung, mit der sie verbunden wären, ihn von ihnen abschrecken und, immer wieder abgewiesen, würden sie schließlich ganz ausbleiben. Nur die Lauheit unsres Willens macht unsre Schwäche aus, und man ist immer stark genug, das zu tun, was man mit starkem Willen tun will; volenti nihil difficile. Ach, wenn wir das Laster ebenso verabscheuten, wie wir das Leben lieben, würden wir uns ebenso leicht eines angenehmen Verbrechens enthalten wie eines köstlichen Mahles, in das wir ein tödliches Gift gemischt wissen.

Wie kann man verkennen, daß, wenn alle Belehrungen, die man einem jungen Menschen über diesen Punkt gibt, erfolglos sind, der Grund darin liegt, daß sie für sein Alter sinnlos sind und daß es bei jedem Alter darauf ankommt, die Vernunft in die Formen zu kleiden, die sie liebenswert machen? Sprecht in ernsten Tönen mit ihm, wenn es sein muß; aber alles, was ihr sagt, muß einen Reiz besitzen, der ihn zwingt, euch zuzuhören. Bekämpft seine Begierden nicht durch Strenge; erstickt nicht seine Phantasie, sondern leitet sie, daß sie keine Ungeheuer erzeugt. Sprecht ihm von der Liebe, von den Frauen, von der Lust; laßt ihn in euren Gesprächen einen Reiz finden, der seinem jungen Herzen wohltut; versäumt nichts, um sein Vertrauter zu werden: nur in dieser Eigenschaft werdet ihr wirklich sein Erzieher sein. Dann braucht ihr nicht

mehr zu fürchten, daß eure Gespräche ihn langweilen
– er wird euch mehr zum Reden bringen als euch lieb ist.

Ich zweifle nicht einen Augenblick, wenn ich nach
diesen Maximen alle notwendigen Maßregeln getroffen habe und mit meinem Emile immer der Lage gemäß gesprochen habe, zu der der Fortschritt der Jahre
ihn hat gelangen lassen, daß er sich selbst mit Eifer
unter meinen Schutz stellen wird und, beeindruckt von
den Gefahren, von denen er sich umgeben sieht, mit
der ganzen Wärme seines Alters zu mir sagen wird:
O mein Freund, mein Beschützer, mein Lehrer, nimm
die Autorität wieder, die du in einem Augenblick nie-
derlegen willst, da es für mich am wichtigsten ist, daß
du sie behältst; bis jetzt besaßest du sie aus meiner
Schwäche, von nun an sollst du sie aus meinem Willen
haben, wodurch sie mir noch heiliger werden wird.
Schütze mich vor allen Feinden, die mich belagern, und
ganz besonders vor denen, die ich in mir selbst trage und
die mich verraten; wache über dein Werk, daß es deiner würdig bleibt. Ich will deinen Gesetzen gehorchen,
ich will es immer, das ist mein beständiger Wille; bin
ich dir jemals ungehorsam, so geschieht es gegen meinen Willen: mache mich frei, indem du mich vor meinen Leidenschaften schützt, die mir Gewalt antun;
hindere mich daran, ihr Sklave zu sein, und zwinge
mich, Herr über mich selbst zu sein und nicht meinen
Sinnen, sondern meiner Vernunft zu gehorchen.

Wenn ihr euren Zögling so weit gebracht habt (und
wenn er nicht dahingelangt, ist es eure Schuld), so nehmt
ihn nur nicht zu rasch beim Wort, damit er sich nicht
berechtigt glaubt, wenn je eure Herrschaft ihm zu
streng erscheinen sollte, sich ihr zu entziehen mit der
Anschuldigung, ihr hättet ihn damals überrumpelt.
In diesem Augenblick sind Zurückhaltung und Be-
denklichkeit am Platz, und dieser Ton wird ihn um so
mehr beeindrucken, als es das erstemal ist, daß er ihn
bei euch findet.

Ihr sagt ihm also: „Junger Mann, du läßt dich leichtfertig auf schwerwiegende Bindungen ein, du müßtest sie kennen, um sie einzugehen: Du weißt nicht, mit welcher Raserei die Sinne deinesgleichen unter der Verlockung der Lust in den Abgrund des Lasters ziehen. Ich weiß – du hast keine gemeine Seele, du wirst niemals dein Wort brechen, aber wie oft wirst du bereuen, es gegeben zu haben! wie oft wirst du den verfluchen, der dich liebt, wenn er gezwungen ist, dein Herz zu zerreißen, um dich vor dem Bösen zu bewahren, das dich bedroht! So wie Odysseus, vom Gesang der Sirenen betört und von der Verlockung der Lust verführt, seinen Begleitern zuschrie, sie sollten ihn losbinden, so wirst du die Bande zerreißen wollen, die dich fesseln; du wirst mir mit deinen Klagen zur Last fallen; du wirst mir meine Tyrannei vorwerfen, dann, wenn ich mich am innigsten mit dir befasse; indem ich an nichts anderes denke als dich glücklich zu machen, werde ich mir deinen Haß zuziehen. Ach, mein Emile, niemals werde ich den Schmerz ertragen, dir hassenswert zu sein; selbst dein Glück wäre damit zu teuer bezahlt. Wenn du *dich* verpflichtest, mir zu gehorchen, guter junger Mann – siehst du nicht, daß du *mich* dann verpflichtest, dich zu lenken, mich meiner selbst zu entäußern, um mich dir aufzuopfern, weder deinen Klagen noch deinem Murren Gehör zu schenken und unaufhörlich sowohl deine wie meine Wünsche zu bekämpfen. Du legst mir ein Joch auf, das härter ist als deines. Prüfen wir unsre Kräfte, bevor wir uns beide damit belasten; lasse dir und mir Zeit, darüber nachzudenken, und sei gewiß, daß das am bedächtigsten gegebene Versprechen immer am treuesten gehalten wird."

Ihr selbst müßt auch wissen, daß, je zurückhaltender ihr bei einer solchen Verpflichtung seid, ihr ihre Durchführung um so leichter macht. Es muß dem jungen Mann bewußt sein, daß er viel verspricht und daß ihr

noch mehr versprecht. Wenn der Augenblick gekommen
ist und er sozusagen den Vertrag unterzeichnet haben
wird[207], dann schlagt eine andere Tonart an, übt eure
Herrschaft mit ebensoviel Milde aus, als ihr Strenge
angekündigt habt. Ihr werdet ihm sagen: „Mein junger Freund, dir fehlt die Erfahrung, aber ich habe dafür gesorgt, daß es dir nicht an Vernunft fehlt. Du bist
nun so weit, in allem die Beweggründe meines Verhaltens erkennen zu können, du brauchst dazu nur so
lange zu warten, bis dein Blut abgekühlt ist. Gehorche
zunächst, und dann verlange Rechenschaft über meine
Anordnungen; ich werde bereit sein, dir Rechenschaft
abzulegen, sobald du imstande bist, mich zu verstehen,
und ich werde niemals davor Furcht haben, dich selbst
zum Richter zwischen dir und mir zu machen. Du ver-
sprichst, fügsam zu sein, und ich verspreche, diese Fügsamkeit nur dafür zu nützen, dich zum glücklichsten aller Menschen zu machen. Zur Bürgschaft für
mein Versprechen habe ich das Glück, das du bis jetzt
genossen hast. Finde jemanden deines Alters, der ein so
glückliches Leben geführt hat wie du, und ich verspreche nichts mehr.“

Nachdem meine Autorität so gefestigt ist, soll es
meine erste Sorge sein, die Notwendigkeit auszuschal-
ten, sie auszuüben. Ich werde nichts versäumen, sein
Vertrauen immer mehr zu gewinnen, um immer mehr
der Vertraute seines Herzens und der Herr seiner Freuden zu werden. Weit entfernt, die Neigungen seines
Alters zu bekämpfen, werde ich mich mit ihnen befassen, um Herr über sie zu werden; ich werde auf seine
Absichten eingehen, um sie zu lenken, und werde ihm
nicht auf Kosten des jetzigen ein fernes Glück zu bereiten suchen. Ich will nicht, daß er nur einmal glücklich ist, sondern, wenn es möglich ist, immer.

Jene, die die Jugend weise lenken wollen, um sie
vor den Fallstricken der Sinne zu bewahren, bringen
ihr Abscheu vor der Liebe bei und würden es ihr gern

zum Verbrechen anrechnen, in jedem Alter daran zu
denken, so als sei die Liebe für Greise geschaffen. All
diese trügerischen Belehrungen, die das Herz Lügen
straft, überzeugen nicht. Der junge Mensch, von einem
sicheren Instinkt geleitet, lacht heimlich über die trübseligen Grundsätze, denen zuzustimmen er vorgibt,
und wartet nur auf den Augenblick, da er sie hinfäl-
lig machen kann. Alles das ist naturwidrig. Nehme ich
den entgegengesetzten Weg, komme ich mit größerer
Sicherheit am gleichen Ziel an. Ich habe keine Angst,
dem süßen Gefühl zu schmeicheln, auf das er so begierig ist; ich werde es ihm als das höchste Glück des
Lebens darstellen, weil es das auch tatsächlich ist. Ich
will, daß er sich ihm hingibt, wenn ich es ihm schildere;
wenn ich ihm bewußt mache, welchen Zauber die Vereinigung der Herzen dem Reiz der Sinne hinzufügt, er-
wecke ich in ihm Abscheu gegen ein ausschweifendes Leben und mache ihn weise, indem ich ihn verliebt mache.

Welche Beschränktheit, in den ersten Begierden eines
jungen Menschen nur ein Hindernis für die Lehren der
Vernunft zu sehen! Ich sehe darin das einzig richtige
Mittel, ihn ebendiesen Lehren gefügig zu machen. Nur
durch Leidenschaften gewinnt man Macht über die Leidenschaften; durch ihre eigene Herrschaft muß man ihre
Tyrannei bekämpfen, und der Natur selbst muß man
die Werkzeuge entnehmen, mit denen man sie in Ordnung halten kann.

Emile ist nicht dazu geschaffen, immer einsam
zu leben; da er ein Mitglied der Gesellschaft ist,
hat er auch deren Pflichten zu erfüllen. Geschaffen,
mit den Menschen zu leben, muß er sie kennenlernen.
Er kennt den Menschen im allgemeinen; er muß noch
die Individuen kennenlernen. Er weiß, was in der Welt
geschieht, nun muß er noch sehen, wie man dort lebt.
Es ist an der Zeit, ihm das Äußere dieses großen Theaters zu zeigen, dessen geheime Spiele er alle schon
kennt. Er wird sie nicht mehr mit der blöden Bewun-

derung eines jungen, gedankenlosen Menschen betrachten, sondern mit dem Unterscheidungsvermögen eines geraden und scharfen Geistes. Gewiß können ihn seine eigenen Leidenschaften täuschen; wann täuschen sie nicht die, die sich ihnen hingeben? Er wird jedoch wenigstens nicht durch die der anderen getäuscht. Sieht er sie, so wird er sie mit dem Auge des Weisen sehen, ohne durch ihre Beispiele hingerissen und durch ihre Vorurteile betört zu sein.

So wie es ein Lebensalter gibt, das zum Studium der Wissenschaften geeignet ist, so gibt es auch eines, um den Umgang mit der Gesellschaft zu erfassen. Jeder, der die Regeln dieses Umgangs zu früh lernt, befolgt sie sein Leben lang, wahllos, unüberlegt und, obschon mit Selbstgefälligkeit, ohne je recht zu wissen, was er tut. Der aber, der sie lernt und gleichzeitig durchschaut, eignet sie sich mit feinerem Unterscheidungsvermögen an und befolgt sie mit mehr Anpassungsfähigkeit und mit mehr Anmut. Übergebt mir ein zwölfjähriges Kind ohne jegliches Wissen, mit fünfzehn Jahren will ich es euch so unterrichtet wiedergeben wie das eure, das ihr vom frühesten Alter an unterrichtet habt; der Unterschied zwischen den beiden aber wird darin bestehen, daß die Kenntnisse des eurigen nur Gedächtnissache sind, die des meinigen jedoch Sache der Erkenntnis. Dasselbe gilt, wenn ihr einen jungen Mann von zwanzig Jahren in die Gesellschaft einführt; wird er gut geleitet, so ist er binnen einem Jahr liebenswürdiger und auf gescheitere Weise höflich als der, der von frühester Kindheit an dort aufwuchs: denn der erstere, in der Lage, die Gründe für alle Umgangsformen, bezogen auf Alter, Stand und Geschlecht, zu erkennen, kann sie zu Grundsätzen zusammenfassen und daher auch auf unvorhergesehene Fälle anwenden; der andere dagegen, der nur seine Routine zum Maßstab hat, gerät in Verlegenheit, sobald er ihr nicht folgen kann[208].

Die jungen Französinnen werden alle im Kloster erzogen, bis man sie verheiratet. Bemerkt man etwa, daß sie Mühe haben, die Umgangsformen zu beherrschen, die ihnen so neu sind? Will man etwa den Frauen von Paris vorwerfen, sie seien linkisch und verlegen und kennten nicht die Lebensart der Gesellschaft, weil man sie nicht von Kindheit an darin aufwachsen ließ? Dieses Vorurteil stammt von den Mitgliedern der Gesellschaft selbst, die nichts Wichtigeres kennen als diese kleine Wissenschaft und sich daher fälschlicherweise einbilden, man könne nicht früh genug damit beginnen, sie zu erwerben.

Man soll allerdings auch nicht zu lange warten. Jeder, der seine ganze Jugend außerhalb der großen Welt verbracht hat, zeigt sich in ihr für den Rest seines Lebens verlegen und gezwungen, tut nichts als unpassende Äußerungen, hat schwerfällige und ungeschickte Manieren, die er auch mit der Gewohnheit, in der Gesellschaft zu leben, nicht mehr los wird und die ihn in seiner Anstrengung, von ihnen loszukommen, nur noch lächerlicher machen. Für jede Lehre gibt es das für sie geeignete Alter, das man kennen muß, und ihre Gefahren, die man meiden muß. Besonders auf die hier besprochene Lehre vereinigen sie sich alle; aber ich werde ihnen meinen Zögling auch nicht mehr ohne die Vorsicht aussetzen, die ihn davor schützt.

Wenn meine Methode durch einen einzigen Gegenstand allen Ansichten genügt und wenn sie durch die Abwendung eines Unheils einem anderen zuvorkommt, dann denke ich, daß sie richtig sein muß und ich mich auf dem richtigen Weg befinde. Das glaube ich in dem Hilfsmittel zu erkennen, das sie mir jetzt eingibt. Wenn ich hart und streng mit meinem Schüler sein will, werde ich sein Vertrauen verlieren, und bald wird er sich vor mir verschließen. Wenn ich gefällig und nachgiebig sein will und ein Auge zudrücke – wozu braucht er dann meine Aufsicht? Damit autorisiere ich nur seine Ausschweifung und erleichtere sein Gewissen auf Kosten des meinen. Wenn ich ihn nur mit dem Vorhaben, ihn zu belehren, in die Gesellschaft einführe, wird er mehr lernen als mir lieb ist. Wenn ich ihn bis zum Schluß von ihr fernhalte, was wird er von mir gelernt haben? Alles vielleicht, außer der Kunst, die dem Menschen und Staatsbürger am nötigsten ist, nämlich mit seinesgleichen zusammenleben zu können. Lege ich diesen Bemühungen einen zu fernliegenden Nutzen bei, so wird er für ihn gleich null sein, und nur das Jetzt wird ihm wichtig sein. Begnüge ich mich damit, ihm Vergnügungen zu verschaffen, was tue ich damit für ihn? er verweichlicht und sammelt keine Erfahrungen.

Nichts von alledem. Mein Hilfsmittel sorgt ganz allein für alles. Dein Herz, so sage ich dem jungen Mann, braucht eine Gefährtin; suchen wir nach der, die zu dir paßt – es wird vielleicht nicht so einfach sein, sie zu finden, echte Werte sind immer selten; aber wir wollen nichts überstürzen und uns nicht abschrecken lassen. Ganz bestimmt gibt es eine, und wir werden sie auch finden, oder wenigstens die, die ihr am ähnlichsten ist. Mit einer für ihn so angenehmen Aussicht führe ich ihn in die Gesellschaft ein. Was brauche ich mehr darüber zu sagen? Seht ihr nicht, daß ich alles getan habe?

Wenn ich ihm die Geliebte, die ich für ihn bestimme, schildere, mögt ihr euch vorstellen, ob ich mir Gehör zu verschaffen vermag, ob ich es verstehen werde, ihm die Eigenschaften, die er lieben soll, lieb und teuer zu machen, ob ich alle seine Empfindungen zu dem, was er suchen oder meiden soll, zu lenken weiß. Ich müßte der ungeschickteste Mensch der Welt sein, wenn ich ihn nicht schon vorher in Leidenschaft versetze, ohne daß er weiß, für wen. Daß die Person, die ich ihm schildere, nur in der Einbildung existiert, spielt keine Rolle, es genügt, daß sie ihn die, die ihn in Versuchung führen könnten, verabscheuen läßt, es genügt, daß er überall Vergleichsmöglichkeiten findet, die ihm sein Zauberbild begehrenswerter erscheinen lassen als die Wirklichkeit, die auf ihn einstürmt – und was anders ist die wirkliche Liebe selbst als Zauberbild, Lüge, Illusion? Man liebt viel mehr das Bild, das man sich macht, als den Gegenstand, auf den man es bezieht. Sähe man, was man liebt, genau so, wie es ist, gäbe es keine Liebe mehr auf Erden. Wenn man aufhört zu lieben, bleibt die Person, die man liebt, die gleiche wie vorher, man sieht sie aber anders; der Schleier des Nimbus fällt, und die Liebe schwindet dahin. Wenn ich nun für eine imaginäre Persönlichkeit sorge, kann ich die Vergleiche anstellen, wie ich will, und verhüte mit Leichtigkeit die trügerischen Lockungen der Wirklichkeit.

Darum will ich aber nicht, daß ein junger Mann getäuscht wird, indem man ihm ein Muster an Vollkommenheit malt, das nicht existieren kann; aber ich werde die Mängel seiner Geliebten so auswählen, daß sie ihm selbst angemessen sind, daß sie ihm gefallen und dazu dienen, die seinen zu beheben. Ich will ebenfalls nicht, daß er angelogen wird, indem man ihn fälschlich versichert, daß die Person, die man ihm schildert, existiert; findet er aber Gefallen an dem Bild, wird er sich bald sein Original wünschen. Vom Wunschbild zur Annahme, daß es existiert, ist nur ein Schritt; es braucht nur einiger geschickter Beschreibungen, um durch konkretere Züge jener imaginären Persönlichkeit einen größeren Anschein von Wirklichkeit zu geben. Ich würde sogar so weit gehen, ihr einen Namen zu geben; lachend würde ich sagen: Nennen wir deine zukünftige Geliebte *Sophie: Sophie*[209] ist ein glückbringender Name – wenn deine Auserwählte ihn auch nicht trägt, so wird sie wenigstens seiner würdig sein; wir können sie schon im voraus durch ihn ehren. Wenn

man sich nach all diesen eingehenden Schilderungen,
ohne mit Bestimmtheit ja oder nein gesagt zu haben,
unter irgendwelchen Vorwänden zurückzieht, werden
seine Vermutungen zur Gewißheit; er wird glauben,
man mache ein Geheimnis um die Frau, die er heiraten
solle, und daß er sie sehen werde, wenn der Zeitpunkt
gekommen sei. Wenn er einmal soweit ist und man
die Züge, die er erkennen soll, richtig gewählt hat,
ist alles übrige leicht; man kann ihn fast ohne Gefahr
der Welt überlassen: schützt ihn nur vor seinen Sinnen,
sein Herz ist in Sicherheit.

Ob er nun das Vorbild, in das ich ihn verliebt
machte, personifiziert oder nicht, so wird dieses Vorbild, wenn es richtig gezeichnet ist, ihn doch an alles
fesseln, was ihm gleicht und ihn von allem fernhalten,
was ihm nicht gleicht, so als hätte es menschliche Gestalt. Welcher Vorteil, um sein Herz vor den Gefahren
zu behüten, denen seine Person ausgesetzt werden
muß, um seine Sinne durch seine Einbildungskraft in
Schranken zu halten und ihn vor allem jenen Lehrerinnen zu entreißen, die sich ihre Erziehung so teuer
bezahlen lassen und einen jungen Mann nur unter Be-
raubung all seiner Ehrbarkeit zum Weltmann heranbilden! Sophie ist so zurückhaltend! Wie wird er die
Annäherungsversuche jener aufnehmen? Sophie ist so
einfach! Wie könnte er das Getue jener schätzen? Der
Abstand zwischen seinen Vorstellungen und seinen Beobachtungen ist zu groß, als daß diese ihm jemals
gefährlich werden könnten.

Alle die, die von der Erziehung der Kinder sprechen, folgen den gleichen Vorurteilen und den gleichen
Maximen, weil sie schlechte Beobachter und noch
schlechtere Denker sind. Weder im Temperament noch
in den Sinnen beginnt die Verirrung der Jugend,
sondern in der Meinung[210]. Wenn es hier um Jungen ginge, die im Kollegium, und um Mädchen, die
im Kloster erzogen werden, würde ich beweisen,

daß das stimmt – sogar für sie; denn das erste, was man die einen wie die anderen lehrt, das einzige was Früchte trägt, sind die Laster; und nicht von der Natur werden sie verdorben, sondern vom Beispiel. Überlassen wir doch aber die Insassen der Kollegien und Klöster ihren schlechten Sitten – sie werden immer unheilbar bleiben. Ich spreche nur von der häuslichen Erziehung. Nehmt einen jungen Mann, der von seinem Vater in der Provinz ordentlich erzogen wurde und prüft ihn, wenn er in Paris ankommt oder in die Gesellschaft eintritt; ihr werdet sehen, daß er alle ehrbaren Dinge schätzt und daß sein Wille ebenso gesund ist wie sein Verstand; ihr werdet Verachtung für das Laster und Abscheu vor der Ausschweifung bei ihm feststellen; beim bloßen Wort Dirne werdet ihr die Entrüstung der Unschuld in seinen Augen lesen. Ich behaupte, daß es nicht einen gibt, der sich dazu entschließen könnte, allein die trübseligen Behausungen dieser Unglücklichen zu betreten, selbst wenn ihm ihr Zweck bekannt wäre und er das Bedürfnis danach hätte.

Betrachtet ihr ein halbes Jahr später denselben jungen Mann, werdet ihr ihn nicht wiedererkennen; frivole Reden, stolze Maximen, ungehemmtes Auftreten könnten einen anderen Menschen in ihm vermuten lassen, wenn seine Spöttereien über seine frühere Einfalt, seine Scham, erinnert man ihn daran, nicht zeigten, daß er derselbe ist und darüber errötet. Oh, wie hat er sich in so kurzer Zeit entwickelt! Woher kommt eine so große und jähe Veränderung? Von der körperlichen Entwicklung? Hätte sie im väterlichen Haus nicht die gleichen Fortschritte gemacht? und sicherlich hätte er dort nicht diesen Ton und diese Maximen angenommen. Von den ersten sinnlichen Lüsten? Ganz im Gegenteil: wenn man sich ihnen hinzugeben beginnt, ist man ängstlich, unruhig, man flieht das helle Licht des Tages und das Aufsehen. Die

ersten Empfindungen der Wollust sind immer heimlich, die Schamhaftigkeit würzt und versteckt sie: die
erste Geliebte macht nicht dreist, sondern scheu. Ganz
versunken in diesem für ihn so neuen Zustand, sammelt sich der junge Mensch, um ihn zu genießen, und
zittert immer, ihn zu verlieren. Ist er großspurig, ist
er weder wollüstig noch zärtlich; solange er sich brüstet,
hat er nicht genossen.

Nur eine andere Denkweise hat diese Unterschiede
erzeugt. Sein Herz ist noch das gleiche, aber seine Ansichten haben sich gewandelt. Seine Gefühle, die sich
langsamer verändern, werden schließlich durch diese
neuen Ansichten verändert; dann erst wird er wirklich verdorben sein. Kaum in die Gesellschaft einge-
treten, macht er die zweite Erziehung durch, die der
ersten ganz und gar entgegengesetzt ist, die ihn lehrt,
das zu verachten, was er hochschätzte, und hochzu-
schätzen, was er verachtete: man legt es darauf an,
ihn die Belehrungen seiner Eltern und Lehrer als
schulmeisterliches Geschwätz und die Pflichten, die sie
ihm gepredigt haben, als Kindermoral, die eines Erwachsenen unwürdig ist, ansehen zu lassen. Er glaubt
es seiner Ehre schuldig zu sein, sein Verhalten zu ändern; er wird den Frauen gegenüber draufgängerisch
ohne Verlangen und aus falscher Scham ein alberner
Laffe. Er höhnt über die guten Sitten, ehe er noch
schlechte angenommen hat, und brüstet sich mit seinen
Ausschweifungen, ohne ausschweifend sein zu können.
Ich werde niemals das Geständnis eines jungen Offi-
ziers der Schweizer Garde vergessen, den die lauten
Vergnügungen seiner Kameraden äußerst langweil-
ten, der es aber nicht wagte, sich ihnen zu entziehen,
um sich nicht ihrem Spott auszusetzen: „Ich übe
mich darin", sagte er, „wie im Tabakrauchen, trotz
meines Widerwillens – der Geschmack wird mit der
Gewohnheit kommen, man soll nicht immer Kind
bleiben."

So muß also ein junger Mensch, der in die Gesellschaft eintritt, weniger vor der Sinnlichkeit als vor der Eitelkeit behütet werden – er gibt eher den Neigungen anderer nach als seinen eigenen, und die eitle Eigenliebe erzeugt mehr Wüstlinge als die Liebe.

Nach dieser Feststellung frage ich, ob auf der ganzen Erde ein junger Mann zu finden ist, der gegen alles, was seinen Sitten, seinen Empfindungen und Prinzipien Schaden tun könnte, besser gerüstet ist als der meine, ob es einen gibt, der besser imstande wäre, gegen den Strom zu schwimmen. Denn gegen welche Verführung ist er nicht gefeit? Wenn seine Begierden ihn zu den Frauen ziehen, findet er bei ihnen nicht das, was er sucht, und sein voreingenommenes Herz hält ihn zurück. Wenn seine Sinne ihn erregen und drängen – wo soll er Befriedigung finden? Der Abscheu vor dem Ehebruch und der Ausschweifung hält ihn ebenso von den Dirnen wie von den verheirateten Frauen zurück, und bei einer dieser beiden Gruppen beginnen die Ausschreitungen der Jugend immer. Ein heiratsfähiges Mädchen mag kokett sein, wird aber nicht dreist sein und sich einem jungen Mann, der es vielleicht heiraten würde, falls er es für sittsam hält, nicht an den Hals werfen; im übrigen gibt es jemanden, der auf es achtgibt. Auch Emile wird nicht ganz sich selbst überlassen sein; beide werden zumindest die von den ersten Begierden untrennbare Furcht und Scham zum Aufpasser haben; sie kommen nicht ohne Übergang zu den letzten Vertraulichkeiten, werden aber auch nicht die Zeit haben, langsam und ohne Hindernisse dahin zu gelangen. Um es anders anzufangen, muß er schon Ratschläge von seinen Freunden bekommen und gelernt haben, sich über alle Zurückhaltung lustig zu machen und es ihnen an Unverschämtheit gleichzutun. Aber welcher Mensch auf der Welt ist weniger Nachahmer als Emile? Welcher Mensch läßt sich weniger durch den spöttischen Ton verleiten als der, der ohne Vorurteile ist und mit denen der anderen nichts anzufangen weiß? Ich habe zwanzig Jahre daran gearbeitet, ihn gegen die Spötter zu wappnen – sie werden mehr als einen Tag brauchen, um ihren Narren aus ihm zu machen; denn in seinen Augen ist das Lächerliche nur die Vernunft der Dummen, und nichts macht unempfindlicher gegen den Spott, als über die Meinung erhaben zu sein. Anstelle von Spötteleien braucht er Vernunftschlüsse, und solange er dabei bleibt, habe ich nicht zu befürchten, daß junge Gecken ihn mir nehmen; ich habe Gewissen und Wahrheit auf meiner Seite. Wenn es nun sein muß, daß das Vorurteil sich einmischt, dann bedeutet eine zwanzigjährige Bindung wohl auch etwas: man wird ihn niemals davon überzeugen, daß ich ihn mit nutzlosen Lehren gelangweilt habe, und in einem aufrechten und empfindsamen Herzen wird die Stimme eines treuen und ehrlichen Freundes gewiß die Rufe von zwanzig Verführern übertönen. Da es dann nur gilt, ihm zu beweisen, daß sie ihn täuschen, daß sie nur vorgeben, ihn als Mann zu behandeln, ihn in Wirklichkeit aber wie ein Kind behandeln, werde ich mich immer einfach, aber ernsthaft und eindeutig in meinen Ausführungen geben, damit er spürt, daß ich es bin, der ihn als Mann behandelt. Ich werde ihm sagen: „Du siehst, daß nur dein Vorteil, der auch der meine ist, mir meine Worte eingibt – ich habe kein anderes Interesse als das. Aber warum wollen die jungen Leute dich überreden? Weil sie dich verführen wollen: sie machen sich gar nichts aus dir, sie lieben dich keineswegs; ihr einziges Motiv ist der geheime Ärger darüber, daß sie dich als wertvoller, als sie selbst sind, anerkennen müssen; sie wollen dich auf ihr niedriges Niveau herabziehen, und nur damit sie selbst dich beherrschen können, werfen sie dir vor, daß du dich beherrschen läßt. Kannst du glauben, daß es bei diesem Wechsel etwas für dich zu gewinnen gäbe? Ist

ihre Weisheit denn so überlegen und ihre Eintagsfreundschaft größer als meine? Sollen ihre Spötteleien
einiges Gewicht haben, so müßten sie Autorität besitzen,
aber welche Erfahrung besitzen sie, um ihre Maximen
über die unsrigen zu stellen? Sie haben nur andere
Gecken nachgeahmt, so wie sie selber nachgeahmt sein
wollen. Um sich über die vermeintlichen Vorurteile
ihrer Väter hinwegzusetzen, unterwerfen sie sich denen
ihrer Kameraden. Ich kann nicht einsehen, was sie
dabei gewinnen, aber ich sehe sehr wohl, daß sie dabei
ganz sicher zwei große Vorteile verlieren: die väterliche Liebe, deren Ratschläge von Zärtlichkeit und
Aufrichtigkeit diktiert sind, und die Erfahrung, die
nach dem urteilt, was man kennt; denn die Väter sind
einmal Kinder gewesen, aber die Kinder sind nicht
Väter gewesen.

Aber glaubst du, daß sie wenigstens in ihren töricten Maximen ehrlich sind? Nicht einmal das, lieber
Emile; sie betrügen sich selbst, um dich zu betrügen;
sie sind gar nicht einig mit sich selbst[211]: ihr Herz straft
sie unablässig Lügen, und oft widerspricht ihnen auch ihr
Mund. Der eine zieht alles, was ehrbar ist, ins Lächerliche und wäre doch verzweifelt, wenn seine Frau
ebenso dächte wie er. Ein anderer erstreckt die Gleichgültigkeit gegen die Sitten sogar auf die der Frau, die
er noch gar nicht hat, oder, Gipfel der Infamie, auf
die der Frau, die er schon hat. Aber gehe noch weiter,
sprich ihm von seiner Mutter und sieh, ob er gern als
uneheliches Kind und Sohn einer Frau von schlechtem
Ruf gelten möchte, als einer, der den Namen der Familie zu Unrecht trägt und dem rechtlichen Erben das
Erbe stiehlt, ob er sich geduldig als Bastard behandeln
läßt. Wer von ihnen möchte, daß man seiner Tochter
die Schande antut, mit der er die eines anderen bedeckt? Es gibt nicht einen, der dir nicht sogar nach
dem Leben trachten würde, wenn du ihm gegenüber
alle Prinzipien praktizieren würdest, die dir bei

zubringen er sich solche Mühe gegeben hat. Auf diese
Weise enthüllen sie schließlich ihre Inkonsequenz, und
man merkt, daß keiner von ihnen glaubt, was er sagt.
Da hast du Vernunftschlüsse, lieber Emile: wäge die
ihren, wenn sie welche haben, und vergleiche. Wollte
ich so wie sie höhnen und spotten, würdest du sehen,
daß es an ihnen so viel wie bei mir, ja sehr viel mehr
zu verspotten gäbe. Aber ich fürchte mich nicht vor
einer strengen Prüfung. Der Triumph der Spötter ist
von kurzer Dauer; die Wahrheit bleibt bestehen, während ihr unsinniges Gelächter verhallt.“

Ihr könnt euch nicht vorstellen, wie Emile mit zwanzig Jahren fügsam sein kann. Wie verschieden sind
eure Ansichten von den meinen! Ich kann es nicht
fassen, wie er es mit zehn Jahren sein konnte, denn
welche Gewalt hatte ich über ihn in diesem Alter?
Ich habe fünfzehn Jahre Arbeit gebraucht, um mir
diese Gewalt zu sichern. Damals erzog ich ihn nicht,
ich bereitete ihn auf die Erziehung vor. Jetzt ist er
lange genug erzogen worden, um fügsam zu sein; er
erkennt die Stimme der Freundschaft und weiß der
Vernunft zu gehorchen. Zwar lasse ich ihn in dem
Glauben, unabhängig zu sein, niemals aber war er mir
mehr unterworfen; denn er ist es, weil er es sein will.
Solange ich mich nicht zum Herrn seines Willens machen konnte, blieb ich Herr über seine Person; ich
folgte ihm auf Schritt und Tritt. Nun überlasse ich
ihn manchmal sich selbst, da ich ihn immer beherrsche.
Wenn ich ihn verlasse, umarme ich ihn und sage ihm
mit zuversichtlicher Miene: Emile, ich vertraue dich
meinem Freund an; ich übergebe dich seinem ehrlichen
Herzen, er wird mir für dich bürgen.

Es ist nicht Sache eines Augenblicks, gesunde Gefühle, die nie vorher verdorben wurden, zu korrum-
pieren und Prinzipien auszutilgen, die unmittelbar aus
den ersten Einsichten der Vernunft kommen. Wenn
sich während meiner Abwesenheit, solange sie auch

dauern mag, etwas daran ändert, wird er mir nichts
so gut verheimlichen können, als daß ich die Gefahr
nicht noch vor dem Unglück erkennen und rechtzeitig
abwenden könnte. Genausowenig wie man mit einem
Schlage verwildert, lernt man mit einem Schlage, sich
zu verstellen; und wenn es je einen in dieser Fertigkeit
ungeschickten Menschen gab, ist es Emile, der in seinem
ganzen Leben noch keine Gelegenheit hatte, Gebrauch
von ihr zu machen.

Durch diese und ähnliche Bemühungen glaube ich
ihn so gut gegen fremde Einflüsse und niedrige Grundsätze gesichert, daß ich ihn lieber in der schlechtesten
Pariser Gesellschaft sähe, als einsam in seinem Zimmer
oder in einem Park, der ganzen Unruhe seines Alters
ausgeliefert. Man mag tun, was man kann – von allen
Feinden, die einen jungen Menschen angreifen können,
ist der gefährlichste und der einzige, den man nicht
fernhalten kann, er selbst: dieser Feind ist allerdings
nur aus unsrer eigenen Schuld gefährlich; denn, wie
ich schon tausendmal sagte, die Sinnlichkeit erwacht
einzig aus der Einbildungskraft. Ihr Bedürfnis ist eigentlich kein physisches Bedürfnis: es stimmt nicht, daß
es ein wirkliches Bedürfnis ist. Wäre uns nie ein un-
züchtiger Gegenstand vor die Augen gekommen, wäre
nie eine schamlose Vorstellung in unseren Geist eingedrungen, hätten wir vielleicht nie dieses vermeintliche Bedürfnis empfunden, und wir wären keusch
geblieben, ohne Versuchungen, ohne Anstrengung und
ohne Verdienste. Man weiß nicht, welche dumpfen Wallungen durch gewisse Situationen und Anblicke im Blut
der jungen Menschen erregt werden, ohne daß sie sich
klar über die Ursache dieser ersten Unruhe sind, die nicht
leicht zu beruhigen ist und die bald wiederkommt. Je
mehr ich selbst über diese bedeutungsvolle Krise und
ihre nahen oder fernabliegenden Ursachen nachdenke,
um so überzeugter bin ich, daß ein in der Abgeschiedenheit, ohne Bücher und ohne Frauen großgeworde-

ner Mensch dort jungfräulich sterben würde, welchen
Alters er auch sein möge[212].

Aber hier handelt es sich nicht um einen Wilden dieser Art. Wenn man einen Menschen unter seinesgleichen
und für die Gesellschaft erzieht, ist es unmöglich, sogar
unangebracht, ihn immer in dieser heilsamen Unwissenheit aufzuziehen; das Schlimmste für die Weisheit
ist Halbwissen. Die Erinnerung an die Dinge, die uns
beeindruckt haben, die Vorstellungen, die wir erworben haben, folgen uns in die Zurückgezogenheit und
beleben sie, ob wir wollen oder nicht, mit Bildern, die
verführerischer sind als die Dinge selbst, und machen
die Einsamkeit für den, der sie mit hineinnimmt, genauso unheilvoll wie sie für den, der immer allein mit ihr
war, nützlich ist.

Wenn ihr also sorgfältig über den jungen Menschen
wacht, wird er sich vor allem anderen schützen können,
aber an euch ist es, ihn vor sich selbst zu schützen.
Bleibt Tag und Nacht in seiner Nähe, schlaft wenigstens in seinem Zimmer: er soll sich nur vom Schlaf
übermannt zu Bett legen und sofort, wenn er aufwacht,
aufstehen. Mißtraut dem Instinkt, sobald ihr euch nicht
auf ihn beschränkt, er ist gut, solange er allein wirkt,
er ist bedenklich, sobald er sich in die menschlichen
Institutionen einmischt – man soll ihn nicht vernichten,
sondern regeln, und das ist vielleicht schwieriger als
ihn völlig zu tilgen. Es wäre sehr gefährlich, wenn er
euren Schüler dazu brächte, seine Sinne irrezuführen
und ihm als Ersatz für die Gelegenheiten, sie zu befriedigen, diente – kennt er einmal diese gefährliche
Abhilfe, ist er verloren. Von dem Augenblick an wird
er kraftlos an Leib und Seele; bis zum Grab wird er
die unheilvollen Folgen dieser Gewohnheit an sich
tragen, der unheilvollsten, der ein junger Mensch verfallen kann. Es wäre bestimmt besser, wenn ... Wird
die Raserei eines heißen Temperaments unüberwindlich,
so bedaure ich dich, mein Emile, aber ich werde es nicht

leiden, daß die Absicht der Natur umgangen wird. Wenn du dich nun einmal unter das Joch eines Tyrannen beugen mußt, liefere ich dich lieber dem aus, von dem ich dich befreien kann; was auch kommen mag – ich werde dich leichter den Frauen entreißen als dir selbst[213].

Bis zum zwanzigsten Lebensjahr wächst der Körper, er braucht all seine Kraft: in dieser Zeit entspricht die Enthaltsamkeit der Ordnung der Natur, und kaum kann man auf sie verzichten, ohne daß es auf Kosten der gesunden Konstitution geht. Vom zwanzigsten Jahr an ist die Enthaltsamkeit eine moralische Pflicht; sie ist wichtig, um Selbstbeherrschung zu lernen und Herr seiner Gelüste zu bleiben. Aber die moralischen Pflichten haben ihre Abwandlungen, ihre Ausnahmen, ihre eigenen Gesetze. Wenn die menschliche Schwäche eine Alternative unvermeidlich macht, so wählen wir von zwei Übeln das kleinere; wie nun die Dinge einmal liegen, ist es besser, einen Fehltritt zu begehen als lasterhaft zu werden.

Denkt daran, daß ich jetzt nicht mehr von meinem, sondern von eurem Zögling rede. Seine Leidenschaften, die ihr gären ließt, bezwingen euch: gebt ihm also in aller Offenheit nach, ohne ihm seinen Sieg zu verbergen. Zeigt ihr ihn ihm in seinem wahren Licht, so wird er weniger stolz als beschämt sein, und ihr sichert euch das Recht, ihn in der Zeit seiner Verirrungen zu leiten, um ihn wenigstens vor den Abgründen zu bewahren. Der Zögling darf nichts ohne Wissen und Willen des Erziehers tun, selbst wenn es unrecht ist, und es ist hundertmal besser, daß der Erzieher einem Fehltritt beipflichtet und sich dabei täuscht, als daß er von seinem Schüler getäuscht wird und der Fehltritt geschieht, ohne daß er davon wüßte. Wer glaubt, die Augen vor etwas verschließen zu müssen, sieht sich bald gezwungen, sie vor allem zu verschließen: der erste geduldete Fehltritt zieht einen zweiten nach sich, und diese Kette schließt sich erst mit dem Umsturz aller Ordnung und der Mißachtung jeglichen Gesetzes.

Ein anderer Irrtum, den ich schon bekämpft habe, der aber kleinen Geistern nicht auszutreiben ist, ist der, immer schulmeisterhafte Würde vorzugeben und in den Augen seines Schülers als vollkommen gelten zu wollen. Diese Methode ist völlig unsinnig. Wie können sie verkennen, daß sie ihre Autorität zunichte machen, wenn sie auf ihr bestehen wollen; daß man sich in die, an die man sich wendet, versetzen muß, um bei ihnen Gehör zu finden, daß man Mensch sein muß, um zu menschlichen Herzen zu sprechen? Alle diese vollkommenen Leute können weder überzeugen noch rühren – man sagt sich immer, daß sie es leicht haben, Leidenschaften zu bekämpfen, die sie selbst nicht empfinden. Zeigt eurem Zögling eure Schwächen, wenn ihr ihn von den seinen heilen wollt: er muß bei euch die gleichen Kämpfe sehen, die er selber durchmacht, und lernen, sich nach eurem Beispiel selbst zu besiegen, und nicht zu sagen wie die anderen: Diese Greise, verdrießlich, daß sie selbst nicht mehr jung sind, möchten die jungen Leute wie Greise behandeln; weil ihre Begierden alle erloschen sind, machen sie uns aus den unseren ein Verbrechen.

Montaigne erzählt, daß er eines Tages M. de Langey gefragt habe, wie oft er sich während seiner Unterhandlungen mit den Deutschen im Dienste seines Königs betrunken habe[214]. Ich würde gern den Erzieher eines gewissen jungen Mannes fragen, wie oft er im Dienste seines Zöglings in verrufene Häuser gegangen ist. Wie oft? Falsch! Wenn das erste Mal dem Lüstling nicht für immer den Wunsch nimmt, wieder dorthin zu gehen, wenn es in ihm nicht Reue und Scham weckt, wenn er nicht Ströme von Tränen an eurer Brust weint, verlaßt ihn sofort; entweder er ist ein Ungeheuer oder ihr seid ein Trottel, ihr werdet ihm niemals zu etwas nütze sein. Aber lassen wir diese extremen Auswege beiseite, die ebenso traurig wie gefährlich sind und mit unsrer Erziehung gar nichts zu tun haben.

Wieviel Vorsichtsmaßregeln sind für einen gutartigen jungen Mann zu treffen, bevor man ihn dem Ärgernis der Sitten dieses Jahrhunderts aussetzt! Diese Maßregeln sind peinlich, aber unerläßlich; Nachlässigkeit in diesem Punkt verdirbt die ganze Jugend; durch die Liederlichkeit im frühen Alter entarten die Menschen und werden zu dem, was sie heute sind. Niederträchtig und feige selbst in ihren Lastern, haben sie auch nur eine jämmerliche Seele, weil ihre verbrauchten Körper frühzeitig verdorben wurden; kaum bleibt ihnen genügend Leben, sich zu bewegen. Ihre spitzfindigen Gedanken zeugen von einem leeren Geist; sie kennen kein großes und edles Gefühl; sie haben weder Einfachheit noch Stärke; in allem gemein und von niedriger Bosheit, sind sie nichts weiter als unnütz, gaunerhaft und falsch; sie besitzen nicht einmal den Mut, große Verbrecher zu werden. Das sind die verächtlichen Männer, die die Liederlichkeit aus der Jugend gemacht hat: fände sich nur ein einziger unter ihnen, der Mäßigkeit und Nüchternheit bewiese und in diesem Kreis sein Herz, sein Blut und seine Sitten vor der Ansteckung des schlechten Beispiels bewahrte, er würde mit dreißig Jahren dieses ganze Gewürm zertreten und müheloser ihr Herr werden, als es ihm gelang, Herr über sich selbst zu bleiben.

Wäre Emile auch nur im geringsten durch Herkunft oder Glücksumstände begünstigt, wäre er dieser Mann, wenn er es sein möchte; aber er würde sie zu sehr verachten, um sich dazu herzugeben, sie sich untertan zu machen. Sehen wir ihn jetzt mitten unter ihnen in die Welt eintreten, nicht um sich hervorzutun, sondern um sie kennenzulernen und dort eine seiner würdige Gefährtin zu finden.

Welchem Stand er auch angehören möge, in welche Gesellschaft er auch zum ersten Mal eintritt – sein erster Auftritt wird einfach und unauffällig sein: Gott möge verhüten, daß ihm das Unglück widerfährt, dort zu glänzen! Die Eigenschaften, die auf den ersten Blick beeindrucken, sind ihm nicht zu eigen; er hat sie nicht und will sie nicht haben. Er legt zu wenig Wert auf das Urteil der Menschen, um ihre Vorurteile zu beachten, und ihm liegt nichts daran, daß man ihn hochschätzt, ehe man ihn kennt. Seine Art, sich zu geben, ist weder bescheiden noch anmaßend, sie ist natürlich und offen; er kennt weder Hemmungen noch Verstellung, und in einem großen Kreis ist er nicht anders als er auch allein und ohne Zeugen ist. Ist er deshalb gegen alle unhöflich, geringschätzig und unaufmerksam? Ganz im Gegenteil; wenn er, für sich allein lebend, die anderen Menschen achtet, warum sollte er sie verachten, wenn er mit ihnen lebt? Durch sein Benehmen stellt er sie nicht höher als sich selbst, weil er sie auch in seinem Herzen nicht höher stellt als sich selbst; er zeigt aber auch keine Gleichgültigkeit ihnen gegenüber, die ihm ganz ferne liegt; kennt er auch nicht die Formeln der Höflichkeit, so doch die Dienste der Menschlichkeit. Er kann niemanden leiden sehen; er wird einem anderen seinen Platz nicht aus Liebedienerei anbieten, sondern gern und aus Gutmütigkeit, wenn er sieht, daß jener in Vergessenheit geriet, und er ihn deshalb für schwer gekränkt hält, denn es kostet meinen jungen Mann weniger, freiwillig zu stehen, als den anderen dazu gezwungen zu sehen.

Obschon Emile im allgemeinen die Menschen nicht hochachtet, wird er ihnen keinerlei Geringschätzung zeigen, weil er sie bedauert und bemitleidet. Da er in ihnen den Sinn für die wahren Güter nicht erwecken kann, läßt er sie bei den Gütern der Meinung, mit denen sie sich zufriedengeben, aus Furcht, er möchte

sie, wenn er sie ihnen nimmt, ohne etwas anderes an
ihre Stelle zu setzen, noch unglücklicher machen, als sie
jetzt schon sind. Er wird also weder disputieren noch
widersprechen, aber er wird ihnen auch nicht schöntun
und schmeicheln; er sagt seine Meinung, ohne die irgend
jemandes zu bekämpfen, weil er die Freiheit über alles
liebt und die Offenheit eines ihrer schönsten Vorrechte
ist.

Er redet wenig, weil es ihm gleich ist, ob man sich
mit ihm beschäftigt, und aus dem gleichen Grund
spricht er nur über vernünftige Dinge – was sonst sollte
ihn zum Sprechen veranlassen? Emile ist zu gebildet,
um je geschwätzig zu sein. Die Schwatzhaftigkeit entsteht entweder aus der Sucht, geistreich sein zu wollen,
wovon ich später sprechen werde, oder in dem dummen Glauben, andere machten ebensoviel Wesens aus
dem Wert, den man Bagatellen zumißt, wie wir. Wer
so viel von ihnen weiß, daß er jedem Ding seinen
wirklichen Wert zumessen kann, redet niemals zu viel,
denn er weiß auch die Aufmerksamkeit, die man ihm
schenkt, und das Interesse, das man an seinen Gesprächen nimmt, richtig zu schätzen. Im allgemeinen
reden Leute, die wenig wissen, viel, und die, die viel
wissen, wenig. Natürlich findet ein Ignorant alles, was
er weiß, bedeutend und erzählt es jedem. Ein gebil-
deter Mensch aber breitet nicht so leicht sein Wissen
aus; er hätte zu viel zu sagen und sieht noch mehr,
was es nach ihm zu sagen gäbe; er schweigt.

Weit entfernt, daß Emile gegen die Manieren der
anderen verstößt, paßt er sich ihnen gern an, nicht
um auf dem laufenden zu scheinen über das, was man
tut, auch nicht um sich den Anschein eines feinen
Mannes zu geben, sondern im Gegenteil, um unauffällig zu bleiben und jedes Aufsehen zu vermeiden;
und niemals fühlt er sich wohler als dann, wenn man
ihn unbeachtet läßt.

Obgleich er bei seinem Eintritt in die Gesellschaft

nichts von ihren Sitten und Bräuchen weiß, ist er darum nicht schüchtern und ängstlich; wenn er sich im Hintergrund hält, so tut er das nicht aus Verlegenheit, sondern weil man, um richtig beobachten zu können, selbst ungesehen bleiben muß. Was man über ihn denkt, läßt ihn kalt, und er fürchtet sich nicht im geringsten vor der Lächerlichkeit. So wird er keineswegs von falscher Scham gequält, da er immer ruhig und kühlen Blutes ist. Ob man ihn beachtet oder nicht – er tut bei allem sein Bestes; und da er als ganz in sich selbst ruhender Mensch die anderen richtig studieren kann, erfaßt er mit Leichtigkeit ihre Lebensart, was die Sklaven der Meinung nicht vermögen. Man könnte sagen, daß er um so eher die Lebensart der großen Welt sich aneignet, eben weil er aus ihr nicht viel Wesens macht.

Aber täuscht euch darum nicht über sein Benehmen und vergleicht es nicht mit dem eurer jungen Schöntuer. Er ist sicher, aber nicht selbstgefällig; er hat eine freie, aber nicht herablassende Art, sich zu geben: die Unverschämtheit ist nur Sklaven eigen, die Unabhängigkeit hat nichts Affektiertes. Ich habe nie einen Menschen mit stolzer Seele gesehen, der in seinem Benehmen Stolz gezeigt hätte: diese Affektation ist weit eher den niedrigen und eitlen Seelen eigen, die nur dadurch Eindruck machen können. Ich las einmal in einem Buch[215], daß ein Ausländer, der sich im Saal des berühmten Marcel[216] einfand, von ihm gefragt wurde, aus welchem Land er stamme: „Ich bin Engländer", antwortet der Fremde. „Sie und Engländer!" gibt der Tänzer zurück; „Sie sollten von jener Insel kommen, wo die Staatsbürger in der öffentlichen Verwaltung mitsprechen und Teil der höchsten Gewalt sind!* Nein, mein Herr, diese ge-

---

* Als gäbe es Bürger, die nicht der Bürgerschaft angehörten und als solche nicht an der obersten Autorität teilhätten! Aber die Franzosen, denen es gerade recht war, diesen achtenswerten Namen Bürger, der ehemals den Einwohnern der gallischen Metropolen zukam, zu usurpieren, haben die Grundidee dieses Begriffs so verfälscht, daß man sich

senkte Stirn, dieser scheue Blick, dieser unsichere Gang
zeigen mir nur einen von einem Staatsoberhaupt mit
einem Titel versehenen Sklaven.“

Ich weiß nicht, ob dieses Urteil eine große Kenntnis
von der wirklichen Beziehung zwischen dem Charakter
eines Menschen und seinem Äußeren beweist. Was mich
betrifft, der ich nicht die Ehre habe, Tanzmeister zu
sein, so hätte ich genau das Gegenteil gedacht. Ich hätte
gesagt: „Dieser Engländer ist kein Höfling, ich habe
noch nie gehört, daß die Höflinge die Stirn senken
und einen unsicheren Gang haben: ein Mann, der bei
einem Tänzer schüchtern ist, könnte im Unterhaus
sehr wohl alles andere sein als das.“ Bestimmt hält
dieser Herr Marcel seine Landsleute für lauter Römer.

Wenn man liebt, will man geliebt werden. Emile
liebt die Menschen, also will er ihnen gefallen. Erst
recht will er den Frauen gefallen; sein Alter, seine
guten Sitten, seine Absichten – alles trägt dazu bei,
diesen Wunsch in ihm zu nähren. Ich sage seine guten
Sitten, denn sie machen viel dabei aus; die Männer, die
sie haben, sind die wahren Verehrer der Frauen. Sie
sprechen nicht wie die anderen jenen gewissen ironischen Jargon der Galanterie; ihre Zuvorkommenheit
ist dafür aufrichtiger, zärtlicher und kommt von Herzen. Unter hunderttausend Wüstlingen im Umkreis
einer jungen Frau würde ich einen Mann von guten
Sitten, der seine Natur beherrscht, sofort erkennen.
Nun stellt euch vor, wie es um Emile mit seinem frischen Temperament und so vielen Anlässen, ihm zu
widerstehen, bestellt sein muß! Ich glaube, daß er in
ihrer Nähe manchmal schüchtern und verlegen sein
wird, aber diese Verlegenheit wird ihnen sicher nicht
mißfallen, und selbst die am wenigsten Koketten be-

heute dabei überhaupt nichts mehr vorstellt. Ein Mann, der mir kürzlich
viele dumme Einwände gegen die *Nouvelle Héloïse* zu schreiben hatte,
schmückte seine Unterschrift mit dem Titel *Bürger von Paimbeuf* und
glaubte, mich damit auf geistreiche Weise zu verspotten.

sitzen oft genug noch die Kunst, diese Schüchternheit
zu genießen und sie zu steigern. Im übrigen wird sein
Eifer je nach dem Stand der Frauen spürbar wechseln.
Verheirateten Frauen gegenüber wird er sich zurückhaltender und respektvoller benehmen, den heiratsfähigen Mädchen gegenüber lebhafter und zärtlicher.
Er verliert das Ziel seiner Suche nicht aus dem Auge,
und denen, die ihn daran erinnern, bezeigt er die
größte Aufmerksamkeit.

Niemand wird gewissenhafter sein in allem, was sich
auf die Ordnung der Natur und selbst auf die gute
Ordnung der Gesellschaft gründet; die Ordnung der
Natur wird ihm aber immer wichtiger sein, und einen
Privatmann, der älter ist als er, wird er höher achten
als einen ihm Gleichaltrigen aus der hohen Obrigkeit.
Da er nun für gewöhnlich einer der Jüngsten ist in den
Kreisen, wo er verkehrt, wird er immer einer der Zu-
rückhaltendsten sein, nicht aus eitler Sucht, bescheiden
zu erscheinen, sondern aus einem natürlichen, auf die
Vernunft gegründeten Gefühl heraus. Er wird nicht die
flegelhaften Manieren eines jungen Laffen haben, der,
zur Erheiterung der Gesellschaft, die Reden der Verständigen übertönt und den Älteren das Wort ab-
schneidet: er wird die Antwort, die ein alter Edelmann
gab, nicht gelten lassen, als er von Ludwig XV. gefragt wurde, in welchem Jahrhundert er lieber lebe,
im vergangenen oder in diesem: „Sire, ich habe meine
Jugend in der Ehrfurcht vor dem Alter verbracht, nun
muß ich mein Alter in der Ehrfurcht vor den Kindern
zubringen."

Von zarter und empfindsamer Seele, aber nichts
nach dem Maßstab der Meinung messend, wird er
sich, obwohl er den anderen gefallen möchte, wenig
Sorge machen, ob er von ihnen hoch angesehen ist.
Daher wird er eher herzlich sein als höflich, er wird
nie den hohen und gespreizten Ton des Weltmannes
nachahmen und stärker beeindruckt sein von einer

Freundlichkeit als von tausend Lobreden. Aus den gleichen Gründen wird er weder in seinem Auftreten noch in seiner Haltung nachlässig werden; er wird sich sogar etwas gesucht kleiden können, nicht um als Mann von Geschmack zu erscheinen, sondern um sich ein angenehmes Äußeres zu geben; er braucht nicht die Hilfe des goldenen Rahmens[216a] und niemals wird das Aushängeschild des Reichtums sein Kleid besudeln.

Man sieht, daß dies alles keinen großen Aufwand an Vorschriften meinerseits erfordert und nur das Resultat seiner ersten Erziehung ist. Man macht uns ein großes Geheimnis aus der Lebensart in der Gesellschaft, so als ob man in dem Alter, da man sie sich aneignet, sie nicht natürlicherweise annähme und ihre obersten Gesetze nicht in einem aufrichtigen Herzen zu suchen hätte! Die wahre Höflichkeit besteht darin, den Menschen eine wohlwollende Gesinnung zu bezeigen, sie offenbart sich leicht, wenn man sie hat; für den, der sie nicht hat, ist man gezwungen, ihren äußeren Schein zur Kunstfertigkeit herabzuwürdigen.

„Die verderblichste Wirkung der üblichen Höflichkeit ist, daß sie die Fertigkeit lehrt, auf die Tugenden, die sie nachahmt, verzichten zu können. Man bringe uns während der Erziehung Menschlichkeit und Wohltätigkeit bei, und wir werden Höflichkeit besitzen oder sie nicht mehr nötig haben.

Besitzen wir auch nicht die Höflichkeit, die sich durch Anmut kundtut, so besitzen wir doch die, die den Ehrenmann und den Bürger anzeigt; wir werden unsre Zuflucht nicht zur Falschheit nehmen müssen.

Man muß nicht künstlich sein, um zu gefallen, es genügt, gut zu sein. Man muß nicht falsch sein, um den Schwächen der anderen zu schmeicheln, es genügt, nachsichtig zu sein.

Alle die, mit denen man so verfährt, werden davon weder hochmütig noch verdorben; sie werden nur dankbar dafür sein und dadurch besser werden[217]."

Mir scheint, wenn irgendeine Erziehung die Art von Höflichkeit, die hier von Herrn Duclos gefordert wird, erzeugt, dann ist es die, deren Plan ich bisher skizziert habe.

Dennoch gebe ich zu, daß Emile mit seinen so anderen Grundsätzen nicht so sein wird wie jedermann, und Gott behüte ihn davor, es jemals zu werden! Aber in dem, worin er sich von den anderen unterscheidet, wird er weder anstößig noch lächerlich erscheinen: der Unterschied wird deutlich sein, aber nicht lästig. Emile wird, wenn man will, ein liebenswürdiger Fremder[218] sein. Zunächst wird man ihm seine Sonderbarkeiten verzeihen und sagen: *Er wird sich schon machen.* Später wird man sich ganz an seine Manieren gewöhnt haben und sie ihm in der Einsicht, daß er sie doch nicht ändert, wiederum verzeihen und sagen: *Er ist nun mal so.*

Er wird nicht als liebenswerter Mann gefeiert werden, aber man wird ihn lieben, ohne zu wissen, warum; niemand wird seinen Geist rühmen, aber die Menschen von Geist werden ihn gern zum Schiedsrichter nehmen: sein Geist ist klar und begrenzt, er hat einen geraden Sinn und ein gesundes Urteil. Da er niemals hinter neuen Ideen her ist, kann er nicht den Anspruch erheben, als geistreich zu gelten. Ich habe ihn zu der Einsicht gebracht, daß alle den Menschen heilsamen und wahrhaft nützlichen Ideen die ersten waren, die man erkannt hat, daß sie zu allen Zeiten die einzig wahren Bande der Gesellschaft bilden und daß es den überlegenen Geistern überlassen bleibt, sich durch dem Menschengeschlecht verderbliche und verhängnisvolle Ideen hervorzutun. Diese Art, sich bewundern zu lassen, berührt ihn nicht: er weiß, wo er das Glück seines Lebens zu suchen hat und was er zum Glück der anderen beisteuern kann. Der Umkreis seiner Kenntnisse reicht nicht über das Nutzbare hinaus. Sein Weg ist schmal und klar vorgezeichnet; da er keine Versu-

chung spürt, von ihm abzuweichen, geht er in der
Menge derer unter, die ihn mit ihm gehen; er will sich
weder verirren noch hervortun. Emile ist ein Mensch
mit gesundem Verstand und will nichts anderes sein:
möchte man ihn auch noch so sehr mit diesem Titel
beleidigen, er wird sich immer durch ihn geehrt fühlen.

Obwohl ihm durch den Wunsch, zu gefallen, die
Meinung der anderen nicht mehr absolut gleichgültig
ist, wird er von ihr nur das annehmen, was sich unmittelbar auf seine Person bezieht, ohne sich um die
willkürlichen Auffassungen zu kümmern, denen nur
Mode oder Vorurteil Gesetz ist. Er wird seinen Stolz
darein setzen, alles, was er macht, richtig zu machen,
oder sogar, es besser machen zu wollen als ein anderer:
beim Wettrennen möchte er der Leichteste sein, beim
Ringkampf der Stärkste, bei der Arbeit der Gewand-
teste, bei den Geschicklichkeitsspielen der Geschickteste;
aber er wird kaum Vorzügen nachjagen, die nicht klar
auf der Hand liegen und erst durch die Entscheidung anderer festgestellt werden müssen, wie z. B. denen,
mehr Geist zu haben als ein anderer, besser zu sprechen, kenntnisreicher zu sein usw.; und noch weniger
denen, die gar nichts mit der Persönlichkeit zu tun
haben, wie von höherer Geburt zu sein, für reicher
gehalten zu werden, höher im Kurs zu stehen, ange-
sehener zu sein und durch größeren Aufwand Eindruck
zu machen.

Da er die Menschen liebt, weil sie seinesgleichen
sind, wird er besonders die lieben, die ihm am ähnlichsten sind, weil er sich selbst als gut empfindet[219]; und
da er diese Ähnlichkeit nach der Übereinstimmung in
Neigung und Dingen der Moral beurteilt, wird er
sehr glücklich sein, sich in allem, was zu einem guten
Charakter gehört, bestätigt zu finden. Er wird sich
nicht gerade sagen: Ich freue mich, weil ich anerkannt
werde, sondern ich freue mich, daß man das Richtige,
das ich getan habe, anerkennt; ich freue mich, daß die

Menschen, die mich ehren, sich selbst Ehre machen: solange sie so vernünftig urteilen, wird es schön sein, ihre Hochachtung zu gewinnen.

Wenn er in der Gesellschaft die Menschen auf Grund ihrer Sitten studiert, so wie er sie vorher in der Geschichte auf Grund ihrer Leidenschaften studierte, wird er oft Gelegenheit haben darüber nachzudenken, was dem menschlichen Herzen wohltut und was es abstößt. Dann fängt er an, über die Grundsätze des Geschmacks zu philosophieren, und das ist das Studium, das ihm während dieser Periode angemessen ist[220].

Je weiter man die Definitionen des Geschmacks herholt, um so mehr verirrt man sich: der Geschmack ist nur die Fähigkeit zu beurteilen, was den meisten Menschen gefällt oder mißfällt. Wenn ihr weitergehen wollt, wißt ihr nicht mehr, was Geschmack eigentlich ist. Daraus folgt nicht, daß es mehr Menschen von Geschmack gäbe als andere, denn obwohl die Mehrheit über alle Dinge vernünftig urteilt, gibt es wenig Menschen, die, wie sie, über alle vernünftig urteilen; und obgleich das Zusammentreffen der allgemeinsten Geschmacksrichtungen den guten Geschmack ausmacht, gibt es wenig Menschen mit gutem Geschmack, ebenso wie es wenig schöne Menschen gibt, obwohl die Schönheit im Zusammentreffen der allgemeinsten Einzelzüge besteht.

Es ist zu bemerken, daß es sich hier nicht darum handelt, was man liebt, weil es uns nützlich ist, und auch nicht um das, was man haßt, weil es uns schadet. Der Geschmack bildet sich nur an den gleichgültigen oder höchstens der Kurzweil dienenden Dingen und nicht an solchen, die mit unseren Bedürfnissen zusammenhängen: um über sie zu entscheiden, ist der Geschmack unnötig, da genügt allein das Verlangen. Das ist es, was die eindeutigen Entscheidungen über den Geschmack so schwer und, wie mir scheint, so willkürlich macht, denn außer dem Instinkt, der ihn be-

stimmt, sieht man sonstige Begründungen nicht mehr
ein. Weiter müssen seine Gesetze in Dingen des Geistes
und denen der Physis unterschieden werden. Was die
letzteren anlangt, so scheinen die Prinzipien des Geschmacks absolut unerklärlich. Aber es ist von Bedeutung, zu bemerken, daß in alles, was mit der Nachahmung zu tun hat, das Geistige hineinspielt*: so erklärt man sich Schönheiten, die physisch scheinen, es in
Wirklichkeit aber gar nicht sind. Ich füge noch hinzu,
daß der Geschmack lokale Gesetze hat, die ihn auf
tausenderlei Weise vom Klima, von den Sitten, von
der Regierungsform und den Erziehungseinrichtungen
abhängig machen, und daß es andere gibt, die mit
Alter, Geschlecht und Charakter zusammenhängen,
und daß man in dieser Beziehung über den Geschmack
nicht streiten soll.

Der Geschmack ist allen Menschen natürlich, aber
nicht alle besitzen ihn im gleichen Maß, er entwickelt
sich nicht bei jedem in gleichem Grad und ist bei allen
aus den verschiedensten Gründen der Veränderung
unterworfen. Das Maß an Geschmack, das man besitzen kann, hängt von der Empfindungsfähigkeit ab,
die man mitbekommen hat; seine Kultur und seine
Form hängen von den Kreisen ab, in denen man gelebt hat. Zum ersten muß man in zahlreichen Gesell-
schaftskreisen leben, um viele Vergleiche anstellen zu
können. Zum zweiten bedarf es solcher Gesellschaftskreise, wo Vergnügen und Müßiggang herrscht, denn
in Geschäftskreisen herrscht der Vorteil und nicht das
Vergnügen. Zum dritten braucht man Kreise, in denen
die gesellschaftlichen Unterschiede nicht zu groß sind,
in denen die Tyrannei der Meinung nicht allzu ausgesprochen ist und wo die Lust über die Eitelkeit
herrscht; denn im gegenteiligen Fall erstickt die Mode

---

* Das wurde in einem *Essay über den Ursprung der Sprachen* bewiesen, der in meinen gesammelten Schriften zu finden ist.

den Geschmack, und man sucht nicht mehr, was gefällt, sondern was auffällt.

In diesem letzteren Fall stimmt die Behauptung nicht mehr, daß der gute Geschmack der der Mehrzahl sei. Warum? Weil der Gegenstand wechselt. Dann hat die Menge kein eigenes Urteil mehr, sie entscheidet nur nach den Gesichtspunkten derer, die sie für aufgeklärter hält als sich selbst; sie stimmt nicht dem zu, was richtig ist, sondern dem, was jene anerkannt haben. Wenn ihr erreicht, daß jeder Mensch zu allen Zeiten seine eigene Meinung hat, so wird das, was an sich am angenehmsten ist, immer die Stimmenmehrheit haben.

Die Menschen schaffen in ihren Werken nur Schönes in der Nachahmung. Alle wahren Vorbilder des Geschmacks liegen in der Natur. Je weiter wir uns vom Meister entfernen, um so verzerrter werden unsre Bilder. Dann nehmen wir das, was uns gefällt, zum Vorbild, und das der Laune und der Autorität unterworfene eingebildete Schöne ist nichts anderes mehr als das, was denen gefällt, die uns führen.

Wir werden von den Künstlern, den Vornehmen, den Reichen geführt, und sie werden von ihrem Vorteil oder ihrer Eitelkeit geführt. Beide suchen um die Wette nach neuen Mitteln der Verschwendung – die einen, um ihre Reichtümer zur Schau zu stellen, die anderen, um davon zu profitieren. So errichtet der große Luxus seine Herrschaft und schafft die Liebe zu allem, was schwierig und teuer ist; dann ist das vermeintliche Schöne, anstatt die Natur nachzuahmen, schön, nur weil es ihr entgegenwirkt. Daher sind Luxus und schlechter Geschmack nicht voneinander zu trennen. Überall da, wo der Geschmack kostspielig ist, ist er falsch.

Besonders im Verkehr zwischen den beiden Geschlechtern bildet sich der Geschmack, der gute wie der schlechte. Seine Kultivierung folgt mit Notwendigkeit aus dem Zweck dieses Umgangs. Wenn aber der

Wunsch, zu gefallen, nachläßt, weil es allzu leicht gemacht wird, zum Genuß zu kommen, muß der Geschmack entarten, und das ist, wie mir scheint, ein weiterer, sehr spürbarer Grund, warum der gute Geschmack von den guten Sitten abhängt.

In den physischen Dingen, die vom Urteil der Sinne abhängen, befragt den Geschmack der Frauen, und den der Männer in Fragen des Geistes, die mehr vom Verstand abhängen. Wenn die Frauen das sind, was sie sein sollen, werden sie sich auf die Dinge ihres Bereichs beschränken und immer die richtige Entscheidung treffen; seitdem sie sich aber zum Schiedsrichter über die Literatur gemacht haben, seitdem sie sich darangemacht haben, Bücher zu kritisieren und mit aller Gewalt welche zu schreiben, kennen sie sich in nichts mehr aus. Die Autoren, die die überklugen Damen wegen ihrer Bücher um Rat fragen, werden bestimmt schlecht beraten – die galanten Herren, die sie wegen ihrer Kleidung um Rat fragen, sind immer lächerlich angezogen. Bald werde ich Gelegenheit haben, über die wirklichen Talente dieses Geschlechts zu sprechen, von der Art, sie zu pflegen, und von den Dingen, über die ihre Entscheidungen dann angehört werden müssen.

Das sind die elementaren Betrachtungen, die ich als Prinzipien aufstelle, wenn ich mit meinem Emile über eine Sache diskutiere, die ihm in seiner augenblicklichen Lage und bei den Erkundigungen, mit denen er sich beschäftigt, nichts weniger als gleichgültig sind. Wem sollte sie auch wohl gleichgültig sein? Die Kenntnis dessen, was den Menschen angenehm oder unangenehm sein kann, ist nicht nur für den unerläßlich, der der Menschen bedarf, sondern auch für den, der ihnen nützlich sein will: es ist sogar wichtig, daß man ihnen gefällt, um ihnen dienstbar zu sein; und die Kunst zu schreiben ist auch dann nicht weniger als ein überflüssiges Studium, wenn man sie braucht, um der Wahrheit Gehör zu verschaffen.

Wenn ich, um den Geschmack meines Schülers zu bilden, zwischen Ländern, wo diese Kultur erst im Entstehen ist, und anderen, wo sie schon entartet wäre, zu wählen hätte, würde ich der umgekehrten Reihenfolge folgen; ich würde seinen Weg bei diesen letzteren beginnen und bei den ersteren enden lassen. Was mich zu diesem Entschluß führt, ist, daß der Geschmack zwar durch eine übermäßige Verfeinerung entartet, diese aber für Dinge empfindsam macht, die das Gros der Menschen nicht bemerkt[221]; diese Verfeinerung führt zum Geist der Diskussion, denn je feiner man unterscheidet, um so vielfältiger werden die Ansichten. Diese Subtilität des Takts macht ihn empfindsamer und weniger einförmig. Dann bilden sich so viele Geschmacksrichtungen, wie es Köpfe gibt. In den Disputen darüber, was vorzuziehen sei, breiten sich Philosophie und Bildung aus, und so lernt man denken. Feinheiten zu sehen sind nur weltgewandte Leute fähig, da sie erst nach allen anderen auffallen, während die Leute, die nicht in der großen Gesellschaft zu Hause sind, ihre Aufmerksamkeit nur auf die großen Züge richten. Im Augenblick gibt es vielleicht unter den zivilisierten Orten keinen auf Erden, wo der allgemeine Geschmack schlechter wäre als in Paris. Aber just in dieser Kapitale wird der gute Geschmack gepflegt, und es erscheinen wenige beachtete Bücher in Europa, deren Autoren sich nicht in Paris herangebildet hätten[222]. Wer denkt, es genüge, die Bücher zu lesen, die dort geschrieben werden, irrt sich: man lernt viel mehr aus Gesprächen mit den Autoren als aus ihren Büchern, und die Schriftsteller selbst sind es nicht, von denen man am meisten lernt. Der Geist der Gesellschaftskreise, in denen man sich bewegt, entwickelt einen denkenden Kopf und erweitert seinen Horizont so weit es möglich ist. Habt ihr auch nur einen Funken Geist, dann verbringt ein Jahr in Paris – bald werdet ihr alles sein, was ihr sein könnt, oder ihr werdet niemals etwas sein.

Dort, wo der schlechte Geschmack regiert, kann man denken lernen, muß aber nicht ebenso denken wie die, die diesen schlechten Geschmack haben, und es ist sehr schwer, das zu vermeiden, wenn man zu lange mit ihnen zusammenbleibt. Mit ihrer Hilfe muß man das Instrument des Urteils vervollkommnen, darf es aber nicht so gebrauchen wie sie. Ich werde mich hüten, Emiles Urteilsfähigkeit so zu schleifen, bis sie verdorben ist, und wenn sein Takt fein genug sein wird, um die verschiedenartigen Geschmacksauffassungen der Menschen zu begreifen und zu vergleichen, werde ich ihn auf einfachere Gegenstände zurückführen, um seinen Geschmack festzulegen.

Um ihm einen reinen und gesunden Geschmack zu erhalten, werde ich noch viel längere Vorbereitungen treffen. In der Unruhe der Zerstreuungen werde ich mir nützliche Gespräche mit ihm verschaffen und sie ihm ebenso amüsant wie lehrreich machen, da ich immer auf Dinge zu sprechen komme, die ihm gefallen. Jetzt beginnt die Zeit der Lektüre und der schönen Literatur; nun ist es soweit, ihn die Analyse des Stils zu lehren, ihn für alle Schönheiten der Eloquenz und Diktion aufzuschließen. Die Sprachen um ihrer selbst willen zu lernen, bedeutet nicht viel, ihre Anwendung ist nicht so wichtig wie man glaubt; aber das Studium der Sprachen führt zu dem der allgemeinen Grammatik. Man muß Latein lernen, um gutes Französisch zu sprechen; das eine wie das andere muß man studieren und miteinander vergleichen, um die Gesetze der Redekunst zu verstehen.

Überdies gibt es eine gewisse Einfachheit des Geschmacks, die zu Herzen geht und die man nur in den Schriften der Alten findet[223]. In der Rhetorik, in der Poesie, in jeder Art von Literatur wird er sie bei ihnen genauso wie in der Geschichtsschreibung wiederfinden: eine Überfülle an Geschehen und ein nüchternes Urteil. Unsere Schriftsteller dagegen sagen wenig und reden viel. Uns fortwährend ihr Urteil zum Gesetz machen, ist nicht das Mittel, das unsre zu bilden.

Der Geschmacksunterschied zeigt sich in allen Werken, selbst auf den Grabmälern. Unsere sind mit Lobreden bedeckt, auf denen der Alten las man Tatsachen.

Sta viator; heroem calcas[224].

Wenn ich dieses Epitaph auf einem antiken Gedenkstein gefunden hätte, wäre mein erster Gedanke gewesen, es sei modern, denn nichts ist bei uns verbreiteter als Helden – bei den Alten aber waren sie selten. Anstatt zu sagen, jemand sei ein Held, hätten sie gesagt, was er getan hatte, um einer zu werden. Vergleicht das Epitaph jenes Helden mit dem des weibischen Sardanapal:

Ich habe Tarsus und Anchiale in einem Tag erbaut, und nun bin ich tot[225].

Welches sagt nach eurer Meinung mehr aus? Unser lapidarer Stilschwulst taugt nur dazu, Zwerge aufzublasen. Die Alten zeichneten die Menschen, wie sie sind, und man sah, daß es Menschen waren. Zum ehrenden Andenken einiger beim Rückzug der Zehntausend durch Verrat getöteter Krieger sagt Xenophon: *Sie starben, untadelig im Krieg wie in der Freundschaft*[226]. Das ist alles; aber bedenkt, wessen das Herz des Schriftstellers voll sein mußte bei dieser so kurzen und einfachen Lobrede. Wehe dem, der sich davon nicht hinreißen läßt!

Bei den Thermopylen las man diese in Marmor gravierten Worte:

Wanderer, sage Sparta, daß wir hier liegen,
Tot aus Gehorsam gegen sein heil'ges Gesetz[227].

Man sieht, daß diese Inschrift nicht von der Akademie der Inschriften stammt[228].

Ich müßte mich täuschen, wenn meinem Schüler, der

so wenig auf schöne Worte gibt, diese Unterschiede
nicht sofort ins Auge fielen und die Auswahl seiner
Lektüre beeinflußten. Hingerissen von der männlichen
Beredsamkeit des Demosthenes, wird er sagen: Das ist
ein Redner; aber wenn er Cicero liest, wird er sagen:
Das ist ein Advokat.

Ganz allgemein wird Emile den Büchern der Alten
mehr Geschmack abgewinnen als den unseren, und
zwar nur deshalb, weil die Alten als die ersten der
Natur näher sind und ihr Geist selbständiger ist. Was
auch la Motte und der Abbé Terrasson[229] darüber gesagt haben mögen – es gibt keinen wahren Fortschritt
der Vernunft beim Menschengeschlecht, weil man alles,
was man einerseits gewinnt, im anderen Fall wieder verliert; da alle Geister immer vom gleichen Punkt ausgehen, und die Zeit, die man daran wendet, zu wissen,
was andere gedacht haben, für das eigene Denken-
lernen verloren ist, besitzt man zwar mehr erworbene
Bildung, aber weniger geistige Kraft. Unser Geist ist,
wie unsre Arme, darauf abgerichtet, alles mit Werkzeugen zu machen und nichts aus sich selbst. Fontenelle[230] behauptete, diese ganze Streitfrage über die
Alten und die Modernen reduziere sich darauf, ob die
Bäume von damals größer waren als die von heute.
Hätte sich die Landwirtschaft geändert, wäre diese
Frage gar nicht so frech.

Nachdem ich ihn so zum Urquell reiner Literatur
zurückgeführt habe, zeige ich ihm auch die Abwässer,
die aus ihm in die Behälter der modernen Kompila-
toren geflossen sind: Zeitungen, Übersetzungen, Dikti-
onarien; er wirft einen Blick auf all das, dann läßt
er es liegen und kommt nie mehr darauf zurück. Um
ihn zu erheitern, lasse ich ihn dem Geschwätz der
Akademien zuhören; ich mache ihm klar, daß jeder
einzelne von denen, aus denen sie sich zusammen-
setzen, für sich allein sehr viel mehr wert ist als
in der Zusammenarbeit mit dem Lehrkörper: darauf-

hin wird er von sich aus die Schlußfolgerung über
die Nützlichkeit all dieser schönen Einrichtungen ziehen.

Ich führe ihn ins Theater, nicht damit er die Sitten
beobachten soll, sondern den Geschmack, denn vor
allem dort präsentiert er sich denen, die nachzudenken
verstehen. Laß die Gebote und die Moral beiseite,
würde ich ihm sagen; nicht an diesem Ort soll man
sie erlernen. Das Theater ist nicht für die Wahrheit
geschaffen[231]; es ist dafür geschaffen, den Menschen zu
schmeicheln und sie zu erheitern; es gibt keine Schule,
wo man so gut die Kunst erlernt, ihnen zu gefallen
und das menschliche Herz zu gewinnen. Das Studium
des Theaters führt zu dem der Poesie, beide haben
genau denselben Gegenstand. Wenn er auch nur einen
Funken Neigung zu ihr hat, mit welcher Freude wird
er dann die Sprachen der Dichter pflegen – das Griechische, das Lateinische, das Italienische! Diese Studien
werden für ihn ungezwungene Unterhaltung bedeuten
und darum von um so größerem Nutzen sein; sie werden ihm kostbar sein in einem Alter und einer Lebenslage, da das Herz sich mit so großem Entzücken jeder
Art Schönheit erschließt, die es ergreift. Stellt euch
auf der einen Seite meinen Emile und auf der anderen
einen Flegel vom Kollegium bei der Lektüre des vierten Buchs der *Aeneis*[232] vor, oder bei Tibull, oder bei
Platons *Gastmahl* – welch ein Unterschied! Wie erschüttert ist das Herz des einen von dem, was den
anderen nicht einmal berührt! Ach, du guter junger
Mensch! höre auf, unterbrich deine Lektüre, ich sehe,
daß sie dich zu sehr bewegt; gewiß möchte ich, daß
dir die Sprache der Liebe gefällt, ich will aber nicht,
daß sie dich verwirrt; sei ein empfindsamer, aber auch
ein vernünftiger Mensch. Bist du nur eines von beiden,
bist du gar nichts. Im übrigen ist es mir unwichtig, ob
er in den alten Sprachen, in der schönen Literatur, in
der Poesie gebildet ist. Er wird um nichts weniger

gelten, wenn er nichts von alldem weiß, und bei seiner Erziehung geht es nicht um all dieses Getändel.

Denn mein Hauptziel, wenn ich ihn lehre, das Schöne in all seinen Erscheinungsformen zu fühlen und zu lieben, besteht darin, seine Neigung und seinen Geschmack daran zu binden und zu verhindern, daß seine natürliche Neigung entartet und er nicht eines Tages in seinem Reichtum das Mittel zum Glück sieht, während er es doch viel näher finden muß. An anderer Stelle habe ich gesagt, daß der Geschmack nichts anderes sei, als die Kunst, sich in den kleinen Dingen auszukennen[233], und das ist sehr wahr; da aber die Lebensfreude nur aus einem Gewebe kleiner Dinge besteht, ist dieses Bestreben alles andere als unwichtig; dadurch lernen wir, das Leben mit allen uns erreichbaren Gütern in der ganzen Wahrhaftigkeit zu füllen, die sie für uns besitzen können. Ich verstehe darunter nicht die moralischen Güter, die mit der richtigen Einstellung der Seele zusammenhängen, sondern nur das, was Sinnlichkeit, was wirkliche Lust ist, abgesehen von Vorurteil und Meinung.

Um meine Idee besser entwickeln zu können, erlaube man mir, Emile, dessen reines und ehrliches Herz niemandem mehr zum Vorbild dienen kann, einen Augenblick zu verlassen und in mir selbst ein Beispiel zu suchen, das eindringlicher ist und den Gepflogenheiten des Lesers näher liegt.

Es gibt Zustände, die die Natur zu verändern und die Menschen, die sich darin befinden, zum Guten oder zum Bösen umzuschmelzen scheinen. Ein Feigling wird tapfer, wenn er in das Navarraregiment eintritt. Nicht nur beim Militär erwirbt man Korpsgeist, und nicht immer macht sich seine Wirkung positiv bemerkbar. Hundertmal habe ich mit Schrecken gedacht, hätte ich das Unglück, heute ein Amt, das ich im Sinne habe, in gewissen Ländern auszufüllen, so wäre ich morgen fast unweigerlich ein Tyrann, ein Erpresser und

Zerstörer des Volks, dem Fürsten bedrohlich und durch meinen Stand Feind jeglicher Menschlichkeit, Rechtlichkeit und aller Tugend.

Wäre ich reich, so hätte ich ebenso alles getan, um es zu werden; ich wäre also anmaßend und niedrig, empfindlich und anspruchsvoll, was mich selbst angeht, mitleidslos und hart gegen die anderen, herablassender Zuschauer des Elends, des Pöbels, denn anders würde ich die Notleidenden nicht bezeichnen, um in Vergessenheit geraten zu lassen, daß ich ihnen früher selbst angehörte. Schließlich würde ich meinen Reichtum zum Instrument meines Vergnügens machen, das meine einzige Beschäftigung wäre, und soweit wäre ich wie alle anderen.

Worin ich mich aber sehr von ihnen zu unterscheiden glaube: Ich wäre eher sinnlich und genußsüchtig als hochmütig und eitel, und gäbe mich weit mehr dem Luxus der Verweichlichung als dem der Prahlerei hin. Ich würde mich sogar ein wenig schämen, meinen Reichtum zu sehr zur Schau zu stellen, und ich würde immer glauben, den Neider, den ich mit meiner Pracht zu Boden drückte, seinen Nachbarn ins Ohr zu flüstern sehen: *Seht doch den Gauner, wie sehr er sich fürchtet, als solcher erkannt zu werden!*

Aus der uferlosen Überfülle von Gütern, von denen die Erde voll ist, würde ich mir das aussuchen, was mir am liebsten ist und was mir am ehesten entspricht. Darum wäre das erste, wozu ich meinen Reichtum benutzte, Muße und Freiheit durch ihn zu erkaufen, wozu ich noch die Gesundheit fügen würde, wenn sie zu kaufen wäre; da sie aber nur durch Mäßigkeit zu kaufen ist und es ohne Gesundheit keine wahre Freude im Leben gibt, wäre ich aus Sinnlichkeit enthaltsam.

Ich bliebe immer der Natur so nahe wie möglich, um den Sinnen zu schmeicheln, die ich von ihr empfangen habe, und wäre sicher, daß meine Genüsse um so wirklicher wären, je mehr die Natur von sich selbst dazugetan hätte. Wählte ich Gegenstände der Nachahmung, so nähme ich immer sie zum Muster; in meinen Genüssen gäbe ich ihr den Vorzug; in meinen Neigungen fragte ich immer sie um Rat; von den Speisen wählte ich immer die, die sie am besten zu bereiten weiß und die durch möglichst wenig Hände gehen, ehe sie auf unsrem Tisch stehen. Den betrügerischen Fälschungen würde ich vorbeugen, dem Vergnügen entgegengehen. Meine dumme und plumpe Eßlust würde keinen Gastwirt reich machen; für kein Gold sollte er mir Gift für Fisch verkaufen[234]; mein Tisch wäre nicht voller Aufwand mit prächtigem Unrat und fernhergeholtem Aas bedeckt; ich würde meine eigene Arbeit aufwenden, meine Sinnlichkeit zu befriedigen, denn dann wird die Arbeit selbst zur Lust und steigert die, die man erwartet. Wenn ich eine Speise vom andern Ende der Welt kosten möchte, so würde ich sie, wie Apicius[235], lieber dort suchen, als sie kommen lassen, denn den erlesensten Gerichten fehlt immer eine Würze, die man nicht mitbringen kann, und die kein Koch ihnen beigeben kann – die Luft der Gegend, die sie hervorgebracht hat.

Aus demselben Grund würde ich es auch denen nicht nachtun, die, weil sie sich nur da wohlfühlen, wo sie nicht sind, die Jahreszeiten immer in Widerspruch zu sich selbst setzen und die Klimata in Widerspruch zu den Jahreszeiten; denen, weil sie den Sommer im Winter suchen und den Winter im Sommer, es in Italien kühl und im Norden heiß haben wollen, ohne zu bedenken, daß sie, im Glauben, der Härte der Jahreszeiten zu entgehen, sie ihr an Orten begegnen, wo man noch nicht weiß, wie man sich gegen sie schützen kann. Ich bliebe entweder an Ort und Stelle oder täte das gerade Gegenteil: ich genösse an einer Jahreszeit alles, was sie Angenehmes und an einer Gegend, was sie Eigentümliches hat. Ich hätte dann eine Mannigfaltigkeit von Freuden und Lebensgewohnheiten, die

sich untereinander wohl unterschieden, aber immer der
Natur entsprächen; den Sommer würde ich in Neapel
verbringen, den Winter in Petersburg, bald, in den kühlen Grotten von Tarent gelagert, den sanften Zephir
atmend, bald atemlos und ermüdet von Ballvergnü-
gungen in der Lichterfülle eines Eispalastes.

Auf meinem Tafelgeschirr, in der Ausstattung meiner Wohnung möchte ich in ganz einfachen Ornamen-
ten den wechselnden Ablauf der Jahreszeiten nachbilden und jeder all ihre Wonnen abgewinnen, ohne
die, die ihr folgen, vorwegzunehmen. Es ist mühsam
und kein guter Geschmack, so die Ordnung der Natur
zu stören, ihr wider ihren Willen Früchte abzuzwin-
gen, die sie ungern und ohne ihren Segen hergibt, und
die, ohne Qualität und fade, weder den Magen füllen
noch dem Gaumen schmeicheln können. Nichts hat
weniger Geschmack als Frühobst; unter großem
Kostenaufwand erreicht es irgendein Reicher in Paris,
mit Hilfe seiner Öfen und Treibhäuser, das ganze
Jahr über nur schlechtes Gemüse und schlechtes Obst
auf seinem Tisch zu haben. Wenn ich im tiefsten Winter Kirschen und bernsteinfarbene Melonen hätte –
mit welchem Genuß könnte ich davon kosten, da doch
mein Gaumen weder befeuchtet noch erfrischt werden
möchte? Möchte ich schwerverdauliche Kastanien
während der Glut der Hundstage essen? Soll ich sie,
die aus der Hitze des Ofens herauskommen, der
Stachelbeere, der Erdbeere und den erquickenden
Früchten, die die Erde mir ohne Mühe bietet, vorziehen? Im Januar seinen Kamin mit künstlich ge-
züchteten Pflanzen bedecken, die nur bleiche und duft-
lose Blüten haben, heißt weniger, den Winter schmücken,
als den Frühling seines Schmuckes berauben; es heißt,
sich der Lust berauben, im Wald das erste Veilchen zu
suchen, die erste Knospe zu erspähen und von Freude
ergriffen ausrufen: Sterbliche, ihr seid nicht verlassen,
die Natur lebt noch.

Um gut bedient zu werden, würde ich wenig Personal halten: das ist schon gesagt worden, aber es ist gut, es noch einmal zu sagen. Einem Bürger werden von seinem einzigen Lakaien bessere Dienste geleistet als einem Herzog von zehn Herren, die sich um ihn drängen. Wie oft habe ich gedacht, daß ich bei Tisch, mein Glas neben mir, in dem Augenblick trinken kann, da es mir paßt, während, säße ich an einer großen Tafel, zwanzig Stimmen den Ruf wiederholen müßten: Wein, bitte, bevor ich meinen Durst löschen könnte. Alles, was man durch andere tun läßt, wird schlecht getan, wie immer man es auch anfaßt. Ich schickte nicht zum Händler, ich ginge selber; ich ginge zu ihm, damit sich meine Leute nicht vorher mit ihm in Verbindung setzen können, damit ich besser auswählen könnte und weniger zu bezahlen hätte, ich ginge hin, um mir auf angenehme Weise Bewegung zu machen, um zu sehen, was sich außerhalb meines Hauses tut; das frischt auf und ist manchmal ganz lehrreich; schließlich gehe ich, um zu gehen, und das ist schon etwas. Die Langeweile beginnt mit allzu sitzender Lebensweise, wenn man viele Wege macht, langweilt man sich kaum. Türhüter und Lakaien sind schlechte Dolmetscher, ich möchte keinesfalls immer diese Leute zwischen mir und der übrigen Welt haben und auch nicht immer im Geholper einer Kutsche fahren, als hätte ich Angst, angesprochen zu werden. Ein Mann, der seine eigenen Beine gebraucht, hat seine Pferde immer bereit; sind sie müde oder krank, weiß er es vor allen anderen, und er muß nicht befürchten, unter dem Vorwand zu Hause bleiben zu müssen, weil sein Kutscher sich einen schönen Tag machen will; unterwegs werden ihn nicht tausend Störungen vor Ungeduld vergehen lassen und zum Anhalten zwingen, wenn er am liebsten fliegen möchte. Und wenn nun schließlich niemand uns besser bedient als wir selbst, soll man sich von anderen nur die Dienste gefallen lassen, die man sich nicht selber tun kann, und wäre man mächtiger als Alexander und reicher als Krösus.

Ich möchte keinen Palast als Wohnung haben, weil ich in diesem Palast nur ein Zimmer bewohnen würde; jeder gemeinsame Raum gehört niemandem, und meine Leutezimmer wären mir ebenso fremd wie die eines Nachbarn. Die als sehr sinnlich bekannten Orientalen leben einfach und spärlich möbliert. Sie betrachten das Leben wie eine Reise und ihr Haus wie eine Herberge. Diese Auffassung teilen wir Reichen nicht, die wir uns auf ein beständiges Leben einrichten: aber ich hätte eine andere, die dieselbe Wirkung hervorrufen würde. Wollte ich mich mit solchem Aufwand einrichten, so wäre mir zumute, als wäre ich in meinem Palast eingekerkert und von allen anderen ausgeschlossen. Die Welt ist doch ein recht schöner Palast; gehört dem Reichen nicht alles, wenn er es genießen will? *Ubi bene, ibi patria* – das ist seine Devise*. Seine Hausgötter stehen da, wo er für Geld alles bekommen kann, seine Heimat ist überall, wohin er seine Geldkiste mitnehmen kann, so wie Philippus jede Festung sein eigen nannte, wo ein mit Silber beladenes Maultier durchkommen konnte. Warum soll man sich denn zwischen Mauern und Tore einschließen, um nie wieder aus ihnen herauszukommen? Werde ich durch eine Epidemie, einen Krieg oder eine Revolte aus einem Ort verjagt, gehe ich an einen anderen und finde meine Bleibe schon bestellt. Warum soll ich mir die Mühe machen, mir selbst eine zu bereiten, da sie mir im ganzen Weltall gebaut werden? Wenn ich so darauf aus bin, zu leben, warum soll ich mir die Genüsse, die ich sofort haben kann, von so weit herholen? Man kann sich das Leben nicht dadurch angenehm machen, daß man ununterbrochen in Widerspruch zu sich selbst lebt. So

---

* Ein kostbar gekleideter Ausländer, den man in Athen fragte, von welcher Nation er wäre, antwortete: *Ich bin reich*. Das, scheint mir, war gut geantwortet.

warf Empedokles den Agrigentern vor[236], daß sie Vergnügungen auf Vergnügungen häuften, als hätten sie nur einen Tag zu leben, und daß sie bauten, als brauchten sie nie zu sterben.

Wozu soll mir übrigens eine so große Wohnung nützen, wenn ich so wenig habe, um sie zu bevölkern und noch weniger, um sie auszufüllen? Meine Möbel wären so einfach wie mein Geschmack. Ich würde weder eine Bildersammlung noch eine Bibliothek besitzen, vor allem dann nicht, wenn ich Bücher liebte und Kunstkenner wäre. Ich wüßte, daß solche Sammlungen niemals komplett sind und daß die Lücken, die sie haben, mehr Kummer machen, als besäße man gar nichts. Hier wird der Überfluß zum Elend – es gibt nicht einen Sammler, der das nicht empfunden hätte. Ist man Kenner, soll man sich keine Sammlung anlegen; man besitzt schwerlich ein Kabinett, das anderen vorzuzeigen wäre, wenn man es für sich selbst zu nutzen versteht.

Das Spiel ist keine Zerstreuung des reichen Mannes, es ist die Zuflucht des Müßiggängers, und ich hätte zu viel mit meinen Vergnügungen zu tun, als daß mir die Zeit bliebe, sie so schlecht auszufüllen. Da ich zurückgezogen und bescheiden lebe, spiele ich nicht, höchstens manchmal Schach, und das ist schon zuviel. Wäre ich reich, würde ich um so weniger spielen und nur mit geringem Einsatz, um keine Unzufriedenen zu sehen, und selber keiner zu sein. Da das Interesse am Spiel im Reichtum unmotiviert ist, kann es nur bei einem schlecht geratenen Geist zur Spielwut werden. Der Gewinn, den ein reicher Mann beim Spiel machen kann, ist ihm immer weniger fühlbar als der Verlust; da aber die maßvollen Spiele so geartet sind, daß sie auf die Dauer alle Vorteile aufzehren und mehr Verluste als Gewinne einbringen, kann man vernünftigerweise nicht viel für ein Vergnügen übrig haben, bei dem man Wagnisse jeglicher Art eingeht. Wer seine Eitelkeit

mit Glücksfällen nähren möchte, kann sie bei viel reizvolleren Spielen suchen; sie machen sich in Spielen mit
dem geringsten Einsatz nicht weniger bemerkbar als
in denen mit dem größten. Nur ein leerer Geist und
ein leeres Herz kann dem Spiel, der Frucht der Habgier und der Langeweile, Geschmack abgewinnen, und
ich glaube, ich besäße genug Gefühl und genug
Kenntnisse, um auf eine solche Zulage verzichten zu
können. Selten sieht man, daß denkende Menschen
großes Gefallen am Spiel finden, weil es die Gewohnheit zu denken stört oder sie zu unfruchtbaren Berechnungen führt; daher ist es eine der Wohltaten,
vielleicht die einzige, die die Liebe zur Wissenschaft
hervorbringt, diese schmutzige Leidenschaft ein wenig
zu dämpfen; man wird es vorziehen, den Vorteil des
Spiels zu beweisen, als sich ihm zu ergeben. Ich dagegen würde mitten unter den Spielern gegen das Spiel
kämpfen, und ich hätte mehr Freude, mich über sie
lustig zu machen, wenn sie verlieren, als ihnen ihr
Geld abzunehmen.

Im Privatleben wäre ich der gleiche wie im gesellschaftlichen Verkehr. Ich möchte, daß mein Reichtum überall Behagen schafft und nirgends das Gefühl eines gesellschaftlichen Unterschieds aufkommen läßt. Der Tal-
mi aufgeputzter Kleidung ist auf tausenderlei Weise
lästig. Um mich unter den Menschen so frei wie möglich bewegen zu können, möchte ich so angezogen sein,
daß ich in allen Klassen am richtigen Platz zu sein
schiene und in keiner auffiele; daß ich ungezwungen
und ohne an mir etwas zu verändern, zum Volk in
einer Vorstadtkneipe und zur guten Gesellschaft im
Palais-Royal gehören könnte. So hätte ich mir größere
Bewegungsfreiheit gesichert, und alle Genüsse jeglicher
Stände ständen mir offen. Man sagt, es gebe Frauen,
die vor gestickten Manschetten ihre Tür verschließen
und nur in Spitzen Gehüllte empfangen – so werde
ich also meinen Tag anderwärts zubringen; wenn diese

Frauen aber jung und hübsch wären, könnte ich manchmal Spitzen anlegen, um wenigstens die Nacht bei ihnen zuzubringen.

Das einzige, was mich mit den Menschen meines Umgangs verbindet, wäre gegenseitige Zuneigung, Gleichartigkeit des Geschmacks und Übereinstimmung des Charakters; ich widmete mich meinen Bekannten als Mensch und nicht als Reicher, ich ließe es nie zu, daß unser Verkehr durch Eigennutz vergiftet würde. Wenn mir mein Reichtum noch einige Menschlichkeit gelassen hätte, würde ich gewiß meine Dienste und Wohltaten auf weite Kreise ausdehnen, aber ich möchte Gesellschaft um mich haben und keinen Hof, Freunde und keine Protegés; ich wäre nicht der Wirt meiner Gäste, sondern ihr Gast. Unabhängigkeit und Gleichheit bewahrten meinem Umgang die Unschuld reinen Wohlwollens; wo weder Pflicht noch Eigennutz mitsprechen, ist Genuß und Freundschaft alleiniges Gesetz.

Weder Freund noch Geliebte sind käuflich. Es ist leicht, Frauen für Geld zu haben, aber das ist auch der Weg, niemals Geliebter zu sein. Da Liebe nicht käuflich ist, wird sie vom Geld unfehlbar getötet. Jeder, der zahlt, und sei es der liebenswerteste aller Menschen, kann, eben weil er zahlt, nicht lange geliebt werden. Bald wird er für einen anderen bezahlen, oder vielmehr wird der andere von seinem Geld bezahlt werden, und bei dieser Doppelverbindung aus Eigennutz und Ausschweifung, ohne Liebe, ohne Ehre, ohne wirkliche Lust, wird die habgierige, untreue und elende Frau von dem Verächtlichen, der kassiert, so behandelt, wie sie den Dummkopf behandelt, der zahlt, und so ist sie ohne Verpflichtung mit beiden quitt. Es wäre schön, freigebig gegen den zu sein, den man liebt, wenn es dabei nicht um einen Handel ginge. Ich kenne nur einen Weg, dieses mit der Geliebten auszuhandeln, ohne die Liebe zu vergiften: ihr alles zu geben und dann von ihr ernährt zu werden. Bliebe nur noch herauszufinden, wo die Frau ist, der gegenüber dies Verfahren nicht allzu toll wäre.

Der, der sagte: Ich besitze Laïs, ohne daß sie mich besitzt, sagte etwas sehr Geistloses[237]. Der Besitz, der nicht gegenseitig ist, ist nichts: er ist höchstens der Besitz des Geschlechts, aber nicht der der Person. Wenn also das Geistige in der Liebe fehlt, warum um das übrige so viel Wesens machen? Nichts ist leichter zu haben. Darin ist ein Maultiertreiber dem Glück näher als ein Millionär.

Ach, wenn man die Inkonsequenz des Lasters deutlich genug machen könnte, wie klar würde es werden, wie sehr es sich verrechnet hat, wenn es bekommt, was es wollte. Warum diese barbarische Gier, die Unschuld zu verderben, sich ein junges Wesen zum Opfer zu nehmen, das man hätte schützen müssen und das man nach diesem ersten Schritt unvermeidlich in einen Abgrund von Elend stößt, aus dem nur der Tod es befreit? Brutalität, Eitelkeit, Dummheit, Verirrung – sonst nichts. Selbst die Lust daran ist nicht natürlich; sie ist bloße Meinung, und zwar die niedrigste, da sie aus der Selbstverachtung stammt. Wer sich selbst als den letzten der Männer fühlt, fürchtet den Vergleich mit jedem anderen und will daher als erster drankommen, um weniger widerlich zu erscheinen. Seht doch, ob die Leute, die am gierigsten nach diesem eingebildeten Leckerbissen verlangen, jemals angenehme junge Leute sind, solche, die es wert sind zu gefallen und bei denen es entschuldbarer wäre, wenn sie den Wählerischen spielen. Nein: mit Gewalt, Verdienst und Gefühl hat man wenig von der Erfahrung seiner Geliebten zu fürchten; in berechtigtem Selbstvertrauen sagt man ihr: Du kennst bereits die Genüsse der Liebe, das macht nichts; mein Herz verspricht solche, die du noch nie erlebt hast.

Aber ein alter, von Ausschweifungen aufgezehrter reizloser Lüstling, hemmungslos, rücksichtslos, ohne die geringste Ehrbarkeit, unfähig und unwürdig je einer Frau zu gefallen, die sich in liebenswerten Menschen auskennt, glaubt allem dem bei einem jungen unschuldigen Ding dadurch abhelfen zu können, daß er durch rasches Handeln der Erfahrung zuvorkommt und ihm seine erste sinnliche Erregung verschafft. Seine einzige Hoffnung ist, durch das Neue zu beeindrucken: das ist unbestreitbar der geheime Beweggrund für diese seltsame Liebhaberei; aber er täuscht sich, der Widerwille, den er erregt, kommt nicht weniger aus der Natur als die Begierden, die er erregen möchte. Er täuscht sich ebenfalls in seiner unsinnigen Erwartung – diese selbe Natur sorgt dafür, daß ihre Rechte ihr nicht genommen werden: jedes Mädchen, das sich verkauft, hat sich schon einmal hingegeben, und da es sich nach eigener Wahl verschenkt hat, hat es den Vergleich, den er fürchtet, schon gezogen. Er kauft sich also einen eingebildeten Genuß und ist darum doch nicht weniger verabscheuungswürdig.

Wie sehr mich der Reichtum auch verändern könnte – in einem Punkt werde ich mich nie verändern. Wenn mir gute Sitten und Tugend abhanden gekommen sind, wird mir wenigstens einiger Geschmack, einiger Verstand und einige Delikatesse bleiben, und das wird mich davor bewahren, mein Glück zu vergeuden und in törichter Weise Hirngespinsten nachzujagen, meinen Geldbeutel und mein Leben zu erschöpfen und mich von Kindern mißbrauchen und auslachen zu lassen. Wenn ich jung wäre, würde ich den Freuden der Jugend nachgehen, und da ich sie in ihrer ganzen Wollust genießen möchte, würde ich sie nicht als reicher Mann suchen. Bliebe ich aber so alt, wie ich bin, so wäre das eine andere Sache: ich würde mich weise in den Schranken meines Alters halten und nur das suchen, was mir Genuß bereitet; die Neigung aber, die mir nur Qualen bereitet, würde ich ersticken. Ich würde meinen ergrauten Bart nicht der verächtlichen Spötterei junger Mäd-

chen preisgeben; ich würde es nicht ertragen, ihnen durch
meine widerwärtigen Zärtlichkeiten Übelkeit zu bereiten und ihnen auf meine Kosten Stoff für die
lächerlichsten Geschichten zu liefern, ich ertrüge nicht
die Vorstellung, wie sie sich durch die Beschreibung
der ekelhaften Lüste des alten Widerlings dafür schadlos halten, daß sie sie über sich ergehen lassen mußten.
Hätten Gewohnheiten, weil ich sie nicht genug bekämpft
habe, meine früheren Begierden zu wirklichen Bedürfnissen werden lassen, würde ich sie vielleicht befriedigen
– jedoch voller Scham und Erröten vor mir selbst. Ich
würde leidenschaftslos dem Bedürfnis genügen, und das
so gut wie möglich, und es dann dabei bewenden lassen;
ich würde mir keine Gedanken mehr über meine
Schwäche machen und vor allem nur einen einzigen
Zeugen haben. Das menschliche Leben bietet andere
Genüsse, wenn es an jenen mangelt; jagt man vergeblich jenen nach, die entfliehen, beraubt man sich auch
noch derer, die uns geblieben sind. Ändern wir also
unseren Jahren entsprechend unsere Neigungen, vertauschen wir das Alter so wenig wie die Jahreszeiten
– man muß zu allen Zeiten sich selbst treu sein und
nicht gegen die Natur ankämpfen: diese vergeblichen
Anstrengungen brauchen das Leben auf und hindern
uns daran, es zu gebrauchen.

Das Volk langweilt sich nicht, weil es ein tätiges Leben führt; seine Vergnügungen sind nicht abwechslungs-
reich, haben aber den Wert des Seltenen; viele Tage
der Mühe lassen es mir Freuden ein paar Festtage auskosten. Die Abwechslung langer Arbeit und kurzer
Muße ist die Würze der Genüsse seines Standes. Die
Langeweile ist die große Geißel der Reichen; inmitten
so vieler mit großem Aufwand zustande gebrachter
Zerstreuungen, inmitten so vieler Menschen, die um
ihre Sympathie wetteifern, verzehrt und tötet sie die
Langeweile, verbringen sie ihr Leben damit, sie zu
fliehen und sich von ihr einholen zu lassen; sie werden

von ihrem unerträglichen Gewicht zu Boden gedrückt;
besonders die Frauen, die sich weder zu beschäftigen
noch zu vergnügen wissen, werden von ihr unter der
Bezeichnung Hysterie aufgezehrt; für sie wandelt sie
sich in ein gräßliches Übel, das ihnen manchmal den
Verstand nimmt und schließlich das Leben. Ich persönlich jedenfalls kenne kein entsetzlicheres Los als
das einer hübschen Pariserin, nach dem ihres kleinen
Lieblings, der sich an ihre Fersen heftet und, ihr gleich
selbst zur trägen Frau geworden, sich so doppelt seinem männlichen Stand entfremdet, und den der Stolz,
ein Frauenliebling zu sein, die schmachtende Mattigkeit der traurigsten Tage, die je ein menschliches Geschöpf zubringen mußte, ertragen läßt. Bequemlich-
keiten, Moden, Gewohnheiten, die Luxus und Vornehmheit mit sich bringen, schließen das Leben in die
verdrießlichste Eintönigkeit ein. Das Vergnügen, das
jeder in den Augen der anderen genießen möchte, ist
für jedermann verloren – man hat es weder für die
anderen noch für sich selbst*. Lächerlich zu erscheinen
fürchtet die Meinung über alles, und gerade diese Angst
weicht ihr nicht von der Seite, um sie zu tyrannisieren
und zu strafen. Lächerlich wird man immer nur durch
festgelegte Formen: Wer seinen Zustand und seine Vergnügungen zu variieren versteht, verwischt heute den
Eindruck von gestern – er ist gleich null in der Erinnerung der Menschen, aber er genießt, denn er existiert
ganz und gar für jeden Augenblick und für jede Sache.
Das wäre die einzig beständige Haltung, die ich an-

---

* Zwei mondäne Damen, die sich den Anschein geben wollen, als
gäben sie sich tausend Vergnügungen hin, machen sich ein Gesetz daraus,
niemals eher als um fünf Uhr früh schlafen zu gehen. In der scharfen
Winterkälte müssen ihre Bedienten in der Nacht auf der Straße auf sie
warten, wobei sie alle Mühe haben, sich vor dem Erfrieren zu schützen.
Da betritt man eines Abends, oder besser, eines Morgens, die Wohnung,
wo diese beiden so vergnügten Personen ungezählte Stunden verrinnen
ließen – man findet sie vollkommen allein, jede in ihrem Sessel eingeschlafen.

nähme; ich würde mich zu jeder Zeit ausschließlich nur
mit einer Sache beschäftigen, und jeden Tag nähme
ich für sich, als gäbe es kein Gestern und kein Morgen.
So wie ich ein Mann des Volks unter dem Volk wäre,
wäre ich Bauer auf dem Land; und wenn ich über
Landwirtschaft spräche, würde der Bauer sich nicht
über mich lustig machen. Ich würde mir keine Stadt
auf dem Land erbauen, noch in der tiefsten Provinz
die Tuilerien vor meine Wohnung setzen. Am Abhang
eines sanften, schattigen Hügels hätte ich ein kleines länd-
liches Haus, ein weißes Haus mit grünen Fensterläden,
und obwohl ein Strohdach zu jeder Jahreszeit das beste
ist, würde ich in großzügiger Weise ein Ziegeldach dem
traurigen Schieferdach vorziehen, weil es sauberer und
lustiger aussieht als Stroh, weil man die Häuser in
meiner Heimat so deckt und es mich an die glücklichste Zeit meiner Jugend erinnert. Mein Hof wäre ein
Hühnerhof und mein Pferdestall ein Kuhstall, um
Milchspeisen zu bekommen, die ich sehr liebe. Mein
Garten wäre ein Gemüsegarten und mein Park ein
hübscher Obstgarten, ähnlich wie der, von dem nachher die Rede sein wird. Die Früchte ständen den Spa-
ziergängern zur freien Verfügung und würden von
meinem Gärtner weder gezählt noch gepflückt; meine
haushälterische Prachtliebe würde kein kostbares
Spalierobst zur Schau stellen, das man kaum anzu-
rühren wagt. Diese harmlose Verschwendungssucht
würde nicht viel kosten, denn ich hätte mir meinen
Zufluchtsort weit fort irgendwo in der Provinz gesucht, wo man wenig Geld und viel Bodenfrüchte
sieht und wo Überfluß und Armut herrschen.

Dort würde ich eine mehr ausgesuchte als zahlreiche
Gesellschaft von Freunden um mich sammeln, die den
Genuß lieben und sich darin auskennen, Frauen, die
den Lehnstuhl verlassen können, um sich ländlichen
Spielen hinzugeben, und die hier und da anstelle
des Webeschiffchens und der Karten die Angelschnur,

die Leimruten, den Heurechen und den Winzerkorb
zur Hand nehmen. Dort wäre alles städtische Getue
vergessen, und im Dorf zu Bauern geworden, sähen
wir uns vor einer Unmenge verschiedenster Vergnügungen, die uns abends nur die Qual der Wahl für den
nächsten Tag bereiteten. Die körperliche Arbeit und
das tätige Leben schaffen uns einen neuen Magen und
einen neuen Gaumen. Alle unsre Mahlzeiten wären
Festessen, bei denen der Überfluß mehr genossen
würde als die Schmackhaftigkeit. Fröhlichkeit, ländliche Arbeiten, tolle Spiele sind die ersten Küchen-
meister der Welt, und feines Ragout erscheint Leuten,
die seit Sonnenaufgang am Werk sind, lächerlich. Die
Bedienung wäre ebensowenig formvollendet wie elegant, das Eßzimmer wäre überall – im Garten, in einem Boot, unter einem Baum; manchmal weit weg an
einer sprudelnden Quelle, im grünen, kühlen Gras unter Erlen- und Haselgebüsch; eine lange Prozession
fröhlicher Tischgenossen brächte singend alles für das
Festessen heran, als Tisch und Stuhl diente der Rasen,
die Ufer der Quelle als Anrichte, und der Nachtisch
hinge in den Bäumen. Die Gerichte werden zwanglos
serviert, der Appetit entbindet uns aller Umstände; jeder denkt ungeniert zuerst an sich selbst und nimmt für
selbstverständlich, daß die anderen es ebenso halten:
aus dieser herzlichen und maßvollen Vertrautheit entsteht ein scherzhaftes Geplänkel, das ohne Grobheit ist,
ohne Falschheit, ohne Zwang, hundertmal reizvoller
als alle Höflichkeit und mehr geeignet, die Herzen miteinander zu verbinden. Kein aufdringlicher Lakai, der
unsre Gespräche belauscht, insgeheim unser Benehmen
kritisiert, mit gierigem Auge unsre Bissen zählt, sich ein
Vergnügen daraus macht, uns vor leeren Gläsern sitzen
zu lassen und über ein zu lange dauerndes Diner zu
schimpfen. Wir wären unsre Diener, um unsre eigenen
Herren sein zu können; jeder würde von allen bedient,
die Stunden vergingen ungezählt, die Mahlzeit ist Ruhe-

zeit und währt so lange wie die Glut des Tages. Kommt
ein Bauer, seine Geräte auf der Schulter, auf dem Weg
zur Arbeit an uns vorbei, so erwärmte ich sein Herz
mit ein paar freundlichen Worten und ein paar Schluk-
ken guten Weines, was ihn seine Armut fröhlicher ertragen läßt; und ich selbst habe den Genuß, mein Inneres
ein wenig bewegt zu fühlen und mir insgeheim zu sagen: Ich bin doch noch ein Mensch.

Versammeln sich die Einheimischen zu irgendeinem
ländlichen Fest, so bin ich mit meiner Schar bei den
ersten; wenn in meiner Nachbarschaft Hochzeiten gefeiert werden – gesegneter hier als in der Stadt –, so
weiß man, daß ich die Freude liebe und lädt mich dazu ein. Ich bringe jenen braven Leuten ein paar Geschenke mit, so einfach wie sie selbst, damit sie zur
Verschönerung des Festes beitragen, und ich erhalte als
Gegengeschenk etwas von unschätzbarem Wert, etwas,
was meinesgleichen so wenig bekannt ist – Freimut
und wahren Genuß. Fröhlich sitze ich am Ende ihrer
langen Tafel, singe den Refrain eines alten ländlichen
Liedes mit und tanze in ihrer Scheune freudigeren Herzens als auf dem Opernball.

Bis jetzt ist alles ganz großartig, wird man mir
sagen; aber die Jagd? Was heißt denn auf dem Land
leben und nicht jagen? Ich verstehe – ich wollte nur
einen Bauernhof haben, und das war falsch. Ich setze
voraus, ich sei reich, also brauche ich ganz besondere
Vergnügen, zerstörerische Vergnügen – das sind ganz
andere Dinge. Ich brauche Land, Wälder, Waldhüter,
Abgaben, Lehnsrechte, vor allem Weihrauch und Weih-
wasser.

Sehr gut. Aber dieses Land wird Nachbarn haben,
die eifersüchtig über ihre Rechte wachen und die der
anderen an sich reißen möchten; unsre Waldhüter werden einander beschimpfen, und ihre Herren vielleicht
auch: da gibt es zumindest Zank, Streit, Haß und Prozesse – das ist schon nicht allzu angenehm. Meine

Pächter werden ihr Getreide nicht gern von meinen Hasen und ihre Bohnen von meinen Wildschweinen bearbeitet sehen; jeder, der den Feind, der seine Arbeit vernichtet, nicht zu töten wagt, möchte ihn wenigstens aus seinem Feld verjagen; nachdem sie den Tag damit verbrachten, ihr Land zu bebauen, müssen sie die Nacht damit verbringen, es zu bewachen, sie werden Hofhunde halten, mit Trommeln, Hörnern und Schellen zu Werke gehn, und mit diesem ganzen Getöse meinen Schlaf stören. Ich werde gegen meinen Willen an die Not dieser armen Leute denken und nicht umhin können, sie mir zum Vorwurf zu machen. Hätte ich die Ehre, Fürst zu sein, würde mich das alles nicht berühren; aber ich frischer Emporkömmling und Neureicher hätte noch ein wenig Bürgertum im Herzen.

Das ist nicht alles; der Überfluß an Wildbret lockt die Jäger; bald müßte ich Wilderer bestrafen; dann hätte ich mit Gefängnissen, Kerkermeistern, Henkern, Galeeren zu tun – dies alles scheint mir doch recht grausam. Die Frauen jener Unglücklichen werden meine Tür belagern und mich mit ihrem Heulen belästigen, oder aber man muß sie verjagen, mißhandeln. Die armen Leute, die nicht gewildert haben und deren Ernte von meinem Wild geplündert wurde, werden ihrerseits Klage erheben: die einen werden bestraft, weil sie Wild getötet haben, die anderen ruiniert, weil sie es verschont haben – welch traurige Alternative! Von allen Seiten sehe ich nichts als Not und höre nur Seufzer: mir scheint, das muß doch sehr das Vergnügen stören, nach Belieben Scharen von Rebhühnern und Hasen fast vor seinen Füßen zu massakrieren.

Wollt ihr den Vergnügungen das Peinliche nehmen, nehmt sie nicht für euch allein in Anspruch: je mehr ihr sie mit Menschen teilt, um so reiner wird euer eigener Genuß sein. So werde ich nichts von alledem tun, was ich eben sagte; ich werde vielmehr ohne meine Neigungen zu ändern, allen, die ich mir beilege, auf ein-

fachste Weise nachgehen. Ich werde meinen Landaufent-
halt in eine Gegend verlegen, wo die Jagd jedem offen-
steht und wo ich mich ohne Hemmung daran erfreuen
kann. Es wird dort weniger Wild geben, aber es wird
eine größere Gewandtheit nötig sein, es aufzuspüren,
und der Genuß, es zu treffen, wird größer sein. Ich
werde mich des Herzklopfens entsinnen, mit dem mein
Vater den Aufflug des ersten Rebhuhns erlebte, und
des Freudentaumels, als er den Hasen fand, dem er
den ganzen Tag über nachgespürt hatte. Ja, ich behaupte, daß er, allein mit seinem Hund, beladen mit
seinem Gewehr, seiner Jagdtasche, seiner ganzen
Jagdausrüstung und seiner geringen Beute abends,
todmüde und von Dorngestrüpp zerrissen, zufriedener
nach Hause kam als alle eure Sonntagsjäger, die auf
einem guten Pferd sitzen, gefolgt von zwanzig ge-
ladenen Gewehren, und nichts anderes tun, als sie
auswechseln, als schießen und um sich herum morden,
roh, unrühmlich und fast ohne sich zu bewegen. Das
Vergnügen ist also nicht geringer und die Unannehmlichkeit beseitigt, wenn man kein Land zu bewachen,
keinen Wilddieb zu bestrafen und keinen Elenden zu
quälen braucht: Was man auch tun mag, man quält
nicht endlos die Menschen, ohne selbst ein Unbehagen
davonzutragen, und die anhaltenden Verwünschungen
des Volks machen auch das feinste Wildbret früher
oder später bitter.

Noch einmal: exklusive Genüsse sind der Tod der
Lust. Das wahre Vergnügen ist das, was man mit
dem Volk teilt; das, was man für sich allein haben
will, ist schon keines mehr. Wenn die Mauern, die ich
um meinen Park hochziehe, mich wie in ein trauriges
Kloster einschließen, dann habe ich nichts getan als
mich unter hohen Kosten um das Vergnügen der Spaziergänge zu bringen – nun bin ich gezwungen, es mir in
der Ferne zu suchen. Der Dämon des Besitzens steckt
alles an, was er berührt. Ein Reicher will überall Herr

sein, und fühlt sich doch nur da wohl, wo er es nicht ist, er muß immer sich selbst entfliehen. Ich würde als Reicher dann so handeln wie ich in meiner Armut gehandelt habe. Reicher durch das Hab und Gut der anderen als ich es je durch mein eigenes sein werde, eigne ich mir alles an, was mir in meiner Nachbarschaft zusagt: es gibt keinen entschlosseneren Eroberer als mich; ich maße mir sogar das Recht der Fürsten an; ohne Unterschied eigne ich mir jedes offene Gelände an, das mir gefällt, ich gebe ihm Namen, aus dem einen mache ich meinen Park, aus dem anderen meine Terrasse, und schon bin ich der Herr; von nun an kann ich dort ungestraft spazierengehen; ich gehe oft wieder hin, um mein Besitzrecht zu festigen; durch viel Herumlaufen nütze ich den Boden so, wie ich will, und man wird mir niemals einreden, daß der rechtmäßige Besitzer der Grundstücke mehr Nutzen aus dem Geld, das sie ihm einbringen, zieht, als ich aus seinem Gelände. Ob man mich mit Gräben und Hecken schikaniert, läßt mich kalt; ich nehme meinen Park auf meine Schultern und setze ihn woanders hin; Plätze dafür gibt es genug in der Umgebung, und ich habe noch viel Zeit, meine Nachbarn auszuplündern, ehe ich ohne Zufluchtsort bin.

Das ist ein kleiner Versuch in gutem Geschmack bei der Wahl angenehmen Zeitvertreibs – in diesem Geist genießt man; alles andere ist nur Illusion, Phantasie, dumme Eitelkeit. Wer immer von diesen Regeln abweicht, und wäre er noch so reich, wird sein Gold auf dem Misthaufen aufzehren und den Wert des Lebens nie kennenlernen.

Man wird mir zweifellos einwenden, daß solcherlei Vergnügen in der Reichweite jedes Menschen liegen und daß es nicht nötig ist, reich zu sein, um sie zu genießen. Genau darauf wollte ich hinaus. Man genießt, wenn man genießen will: nur die Meinung macht alles schwierig und verjagt das Glück vor uns, und es ist hundertmal leichter, glücklich zu sein, als glücklich zu scheinen. Dem Mann von Geschmack, dem wirklichen Genießer bedeutet Reichtum nichts – ihm genügt es, frei und sein eigener Herr zu sein. Wer gesund und im Besitz des Notwendigsten ist, ist reich genug, wenn er die Vorteile falscher Meinung aus seinem Herzen bannt; das ist die *aurea mediocritas* des Horaz[238]. Ihr Leute mit Geldschränken, sucht euch doch eine andere Verwendung für euren Reichtum, denn für den Genuß ist er nicht zu gebrauchen. Emile wird alles dies auch nicht besser wissen als ich; da er aber ein reineres und unversehrteres Herz hat, wird er es noch tiefer empfinden, und alle die Beobachtungen, die er in der großen Welt gemacht hat, werden es ihm nur bestätigen.

Während wir so unsre Zeit verbringen, sind wir immer noch auf der Suche nach Sophie, finden sie aber nicht. Es war wichtig, daß sie nicht so rasch zu finden war; wir haben sie da gesucht, wo ich ganz sicher war, sie nicht zu finden*.

Endlich ist der Augenblick gekommen; es ist an der Zeit, allen Ernstes auf die Suche nach ihr zu gehen, damit er sich nicht eine schafft, die er für Sophie hält, und seinen Irrtum erkennt, wenn es zu spät ist. Also – adieu Paris, berühmte Stadt, Stadt des Lärms, des Dunstes und des Schmutzes, wo die Frauen nicht mehr an Ehrbarkeit und die Männer nicht mehr an Tugend glauben. Adieu, Paris – wir gehen auf die Suche nach der Liebe, dem Glück, der Unschuld; nie können wir weit genug von dir entfernt sein.

---

* Mulierem fortem quis inveniet? Procul, et de ultimis finibus pretium ejus[239].

5. BUCH

Nun sind wir also beim letzten Akt der Jugendzeit angekommen, aber noch nicht bei der Lösung.

Es ist nicht gut, daß der Mensch allein sei, Emile ist ein fertiger Mensch; wir haben ihm eine Gefährtin versprochen, so müssen wir sie ihm geben. Diese Gefährtin ist Sophie. Wo ist ihre Wohnstatt? wo werden wir sie finden? Um sie finden zu können, müssen wir sie kennen. Werden wir uns zunächst darüber klar, was für eine Persönlichkeit sie ist, und wir werden sie leichter finden; und selbst wenn wir sie gefunden haben, ist unsre Aufgabe noch nicht erfüllt. *Da unser junger Edelmann*, sagt Locke, *nun heiraten will, ist der Augenblick gekommen, ihn mit seiner Braut allein zu lassen*[1]. Und damit schließt er seine Arbeit ab. Ich, der ich nicht die Ehre habe, einen Edelmann zu erziehen, werde Locke in diesem Punkt keinesfalls folgen.

SOPHIE ODER DIE FRAU

Sophie muß Frau sein, so wie Emile Mann ist, das heißt, sie muß alles besitzen, was der Konstitution ihrer Gattung und ihres Geschlechts entspricht, um ihren Platz in der physischen und geistigen Ordnung ausfüllen zu können. Beginnen wir also damit, die Übereinstimmungen und Unterschiedlichkeiten unser beider Geschlechter zu untersuchen[2].

In allem, was nicht mit dem Geschlecht zusammenhängt, ist die Frau Mann: sie hat dieselben Organe, dieselben Bedürfnisse, dieselben Fähigkeiten; die Maschine ist auf gleiche Weise konstruiert, die Einzelteile sind die gleichen, die Funktionen sind die gleichen, das Äußere ist fast das gleiche und, unter welchem Aspekt man sie auch betrachten mag, sie unterscheiden sich nur um ein Mehr oder Weniger voneinander.

In allem, was mit dem Geschlecht zusammenhängt, gibt es bei Frau und Mann ebenso viele Übereinstimmungen wie Unterschiede – die Schwierigkeit, sie miteinander zu vergleichen, entsteht aus der, bei der Konstitution der einen und des anderen zu bestimmen, was geschlechtsgebunden ist und was nicht. Durch die vergleichende Anatomie und sogar durch bloßes äußeres Betrachten sieht man allgemeine Unterschiede zwischen beiden, die mit dem Geschlecht nichts zu tun zu haben scheinen; sie haben aber sehr wohl mit ihm zu tun, jedoch durch Zusammenhänge, die zu bemerken wir außerstande sind – wir wissen nicht, bis wohin diese Zusammenhänge gehen können; das einzige, was wir mit Sicherheit wissen, ist, daß alles, was sie gemein haben, gattungsbedingt und alles Unterschiedliche geschlechtsbedingt ist. Unter diesem zweifachen Gesichtspunkt finden wir zwischen ihnen so viel Übereinstimmendes und Entgegengesetztes, daß es vielleicht als eines der Wunder der Natur angesehen werden muß, die zwei einander so ähnlich und gleichzeitig so unähnlich beschaffene Wesen schuf.

Diese Beziehungen ebenso wie die Unterschiedlichkeiten müssen ihren Einfluß auf die Geistesanlagen ausüben, diese Schlußfolgerung ist einleuchtend, entspricht der Erfahrung und beweist die Sinnlosigkeit der Streitereien um den Vorrang oder die Gleichberechtigung der Geschlechter: als ob jedes von beiden, wenn es nach seiner besonderen Bestimmung den von der Natur vorgesehenen Zielen zustrebt, nicht vollkommener wäre, als wenn es sich dem anderen angleiche! In dem, was sie gemeinsam haben, sind sie gleich; in dem, was sie voneinander unterscheidet, sind sie unvergleichbar. Eine vollkommene Frau und ein vollkommener Mann dürfen sich im Geist ebenso wenig

gleichen wie im Antlitz, und in der Vollkommenheit
gibt es kein Mehr oder Weniger.

In der Vereinigung der Geschlechter trägt jedes zum
gemeinsamen Ziel bei, aber nicht auf die gleiche Weise.
Aus dieser Verschiedenheit entsteht der erste benenn-
bare Unterschied in ihren gegenseitigen geistigen Beziehungen. Das eine muß aktiv und stark, das andere
passiv und schwach sein – notwendigerweise muß das
eine wollen und können, und es genügt, wenn das
andere nur schwachen Widerstand zeigt.

Aus diesem festgesetzten Prinzip folgt, daß die Frau
eigens dazu geschaffen ist, dem Mann zu gefallen. Soll
der Mann ihr seinerseits gefallen, so aus einem weniger
unmittelbaren Bedürfnis – sein Vorzug besteht in seiner Kraft, er gefällt einzig darum, weil er stark ist.
Ich gebe zu, daß das nicht das Gesetz der Liebe ist,
aber es ist das der Natur, das vor ihr bestand.

Da die Frau dazu geschaffen ist, zu gefallen und
sich zu unterwerfen, muß sie sich dem Mann liebenswert zeigen und ihn nicht herausfordern, ihre Macht
liegt in ihren Reizen, und mit ihnen muß sie ihn zwingen, seine eigene Kraft zu entdecken und zu gebrauchen. Die wirkungsvollste Art, diese Kraft zu erwecken,
ist, sie durch Widerstand notwendig werden zu lassen.
Dann verbinden sich Eigenliebe und Verlangen, und
das eine triumphiert über den Sieg, den das andere
ihm einbringt. Daraus entstehen Angriff und Verteidigung, die Kühnheit des einen und die Scheu des
anderen Geschlechts, und schließlich die Zurückhaltung
und Scham, mit denen die Natur das schwache Geschlecht ausrüstete, um sich das stärkere untertan zu
machen.

Wer könnte glauben, daß sie unterschiedslos beiden
das gleiche Entgegenkommen vorschreibt, und daß der
Teil, der zuerst Verlangen spürt, auch der sein müsse,
der es zuerst bezeugt? Welch seltsame Verkehrung des
Urteils! Wäre es natürlich, daß sich beide Geschlechter

mit gleicher Kühnheit einem Unternehmen hingeben, das so verschiedenartige Folgen für sie hat? Wie kann man verkennen, daß, wenn bei einer so großen Ungleichheit im gemeinschaftlichen Unternehmen die Zurückhaltung dem einen nicht die Mäßigung geböte, die die Natur dem anderen gebietet, bald der Untergang beider folgen würde und das Menschengeschlecht an den Mitteln, die zu seiner Erhaltung bestimmt sind, zugrunde ginge? Bei der Leichtigkeit der Frauen, die Sinne der Männer zu erregen und auf dem Grund ihres Herzens die Überbleibsel einer schon fast erloschenen Liebesfähigkeit wieder zu erwecken – es brauchte nur eines unglückseligen Landes auf Erden, wo die Philosophie solches Brauchtum eingeführt hätte, besonders in den heißen Zonen, wo mehr Frauen als Männer geboren werden, so würden die Männer, von den Frauen tyrannisiert, schließlich zu deren Opfern und alle wehrlos dem Tod entgegengetrieben.

Wenn die Tierweibchen nicht die gleiche Art von Scham empfinden – was folgt daraus? Haben sie, wie die Frauen, unbegrenztes Liebesverlangen, das von dieser Scham im Zaum gehalten wird? Sie kennen dieses Verlangen nur als Bedürfnis; ist das Bedürfnis befriedigt, hört das Verlangen auf, sie stoßen das Männchen nicht mehr nur zum Schein zurück*, sondern in vollem Ernst – sie tun genau das Gegenteil dessen, was des Augustus Tochter tat: sie nehmen keine Passagiere mehr auf, wenn das Schiff vollgeladen ist. Selbst wenn ihr Leib offen ist, sind ihre Augenblicke guten Willens kurz und rasch vorüber – der Instinkt treibt sie, und der Instinkt hält sie zurück. Welchen Ersatz für diesen negativen Instinkt gäbe es bei der Frau, wenn man ihr das Schamgefühl nähme? Wer war-

---

* Ich habe schon bemerkt, daß vorgespiegelte und kokette Verweigerung fast allen weiblichen Wesen gemeinsam ist, selbst den Tierweibchen, und sogar dann, wenn sie zur Hingabe am bereitesten sind; nur wer ihre Schliche nie beobachtet hat, kann das in Abrede stellen.

ten wollte, bis sie sich nichts mehr aus Männern machen,
müßte warten, bis sie zu gar nichts mehr taugen.

Gott wollte das Menschengeschlecht in allen Dingen
auszeichnen: gibt er dem Menschen unbeschränkte
Neigungen, gibt er ihm zugleich das Gesetz, das sie
ordnet, damit er frei sei und selbst über sich herrsche;
liefert er es übermäßigen Leidenschaften aus, gibt er
diesen Leidenschaften die Vernunft bei, sie zu beherrschen; liefert er die Frau schrankenlosen Begierden
aus, fügt er diesen Begierden das Schamgefühl bei,
um sie in Schranken zu halten. Überdies gibt er dem
richtigen Gebrauch ihrer Fähigkeiten eine augenblickliche Belohnung, nämlich das Gefallen, das man an
der Ehrbarkeit findet, wenn man sie zur Richtschnur
seines Handelns macht. Mir scheint, all dies wiegt
wohl den Instinkt der Tiere auf[3].

Ob nun das Menschenweibchen die Begierden des
Mannes teilt oder nicht und sie befriedigen will oder
nicht, es stößt ihn immer zurück und wehrt sich, aber
nicht immer mit der gleichen Kraft und folglich nicht
mit dem gleichen Erfolg. Damit der Angreifer sieg-
reich sei, muß der Angegriffene es geschehen lassen
oder befehlen, denn wieviel listige Möglichkeiten hat
er nicht, den Angreifer zum Gebrauch von Gewalt
zu zwingen! Der freieste und süßeste aller Akte läßt
keine wirkliche Gewalt zu, Natur und Vernunft widersetzen sich ihr: die Natur, insofern als sie den schwächeren Teil mit soviel Kräften versehen hat, als er
braucht, um zu widerstehen, wenn er will; die Vernunft, insofern als ein wirklicher Gewaltakt nicht nur
der brutalste aller Akte ist, sondern auch seiner Absicht am feindlichsten, entweder weil der Mann seiner
Gefährtin so den Krieg erklärt und sie ermächtigt,
ihre Person und ihre Freiheit selbst auf Kosten des
Lebens des Angreifers zu verteidigen, oder weil allein
die Frau den Zustand, in dem sie sich befindet, beurteilen kann und kein Kind einen Vater hätte, wenn

sich jeglicher Mann die Rechte eines Vaters gewaltsam verschaffen könnte.

Eine dritte Folge der Anlage der Geschlechter ergibt also, daß der stärkere Teil scheinbar der Herr sei, sich in Wirklichkeit aber dem schwächeren unterwerfe, nicht aus frivoler, galanter Gewohnheit und herablassender Großmut, sondern nach einem unabänderlichen Gesetz der Natur, die der Frau eine größere Leichtigkeit mitgibt, die Begierden zu erregen, als dem Mann, sie zu befriedigen und ihn so, auch wenn er bereit ist, vom Belieben der Frau abhängig macht und ihn zwingt, seinerseits danach zu trachten, ihr zu gefallen, um zu erreichen, daß sie ihn den Stärkeren sein läßt. So ist die Ungewißheit, ob die Schwäche der Stärke nachgibt oder ob sich der Wille ergibt, das Süßeste im Sieg des Mannes; und es ist eine übliche List der Frau, diese Ungewißheit zwischen ihr und ihm immer bestehen zu lassen. Darin entspricht die geistige Einstellung der Frauen vollkommen ihren Anlagen: sie erröten keineswegs über ihre Schwäche, sie rühmen sich ihrer – ihre zarten Muskeln haben keine Widerstandskraft, sie tun, als sei es ihnen unmöglich, die geringste Last aufzuheben, sie würden sich schämen, stark zu sein. Warum? Nicht nur, um zart zu erscheinen, sondern aus einer schlauer bedachten Vorsicht; sie bereiten sich von langer Hand Entschuldigungen und das Recht, bei Bedarf schwach zu sein.

Der Fortschritt der durch die Laster erworbenen Aufklärung hat in diesem Punkt die alten Ansichten bei uns sehr geändert, und man spricht nicht mehr von Vergewaltigungen, seitdem sie so wenig notwendig sind und die Männer nicht mehr daran glauben*; da-

---

* Es kann wohl ein derartiges Mißverhältnis von Alter und Kraft geben, daß eine wirkliche Vergewaltigung stattfindet: da ich aber hier vom Verhältnis der beiden Geschlechter nach der Ordnung der Natur spreche, setze ich für beide die gemeinsame Beziehung voraus, die jenes Verhältnis ausmacht.

gegen sind sie im hohen griechischen und jüdischen Altertum etwas ganz Gebräuchliches, weil eben diese Ansichten in der Einfachheit der Natur liegen, die nur die Erfahrung der Liederlichkeit hat ausrotten können. Wenn heutzutage von weniger Vergewaltigungen die Rede ist, so gewiß nicht deshalb, weil die Männer enthaltsamer sind, sondern weil sie weniger leichtgläubig sind, und weil manche Klage, die früher einfältige Völker überzeugt hätte, heutzutage nur das Gelächter der Spötter erregen würde – durch Stillschweigen erreicht man mehr. Im Deuteronomium gibt es ein Gesetz, wonach ein geschändetes Mädchen mit dem Verführer bestraft wurde, wenn das Vergehen in der Stadt begangen wurde; wurde es jedoch auf dem Lande begangen oder an abgelegenen Orten, wurde nur der Mann bestraft; *denn*, so sagt das Gesetz, *das Mädchen hat geschrien und ist nicht gehört worden*[4]. Diese milde Auslegung lehrte die Mädchen, sich nicht an belebten Orten erwischen zu lassen.

Die Auswirkung dieser Unterschiedlichkeiten in den Ansichten über die Sitten ist offenbar. Die moderne Galanterie ist ihr Werk. Die Männer, die herausgefunden haben, daß ihre Lust mehr vom Willen des schönen Geschlechts abhing, als sie geglaubt hatten, haben diesen Willen durch Gefälligkeiten unterjocht, für die das schöne Geschlecht sie reichlich entschädigt hat.

Man bemerkt, wie das Physische uns unmerklich zum Geistigen führt und wie aus der rohen Vereinigung der Geschlechter allmählich die süßesten Gesetze der Liebe entstehen. Die Frauen üben ihre Herrschaft nicht aus, weil die Männer es so gewollt haben, sondern weil die Natur es so will: sie übten sie schon aus, bevor sie sie zu haben schienen. Derselbe Herkules, der fünfzig Töchter des Thespius zu vergewaltigen glaubte, sah sich dennoch gezwungen, bei Omphale zu spinnen, und der starke Samson war nicht so stark wie Dalila. Diese Herrschaft gehört den Frauen und

kann ihnen nicht genommen werden, selbst wenn sie
Mißbrauch damit treiben – wenn sie sie überhaupt verlieren könnten, hätten sie sie schon lange verloren.

Es gibt keine Gleichartigkeit zwischen den beiden
Geschlechtern im Hinblick auf das Geschlechtliche. Der
Mann ist nur in gewissen Augenblicken Mann, die
Frau ist ihr ganzes Leben lang Frau, oder wenigstens
während ihrer ganzen Jugend; alles erinnert sie unablässig an ihr Geschlecht, und um dessen Funktionen
richtig zu erfüllen, braucht sie die entsprechende Kör-
perbeschaffenheit. Während ihrer Schwangerschaft
muß die Frau geschont werden, im Wochenbett braucht
sie Ruhe, sie braucht eine ruhige Häuslichkeit, um
ihre Kinder zu nähren; um sie aufzuziehen muß sie
Geduld und Sanftmut haben, einen Eifer und eine
Hingabe, die nichts abschrecken kann; sie ist das Binde-
glied zwischen ihnen und ihrem Vater, sie allein läßt
sie ihn lieben und schenkt ihm das Vertrauen, sie die
Seinen zu nennen. Wieviel Zärtlichkeit und Fürsorge
braucht sie, um die Einigkeit in der ganzen Familie
aufrechtzuerhalten! Und dies alles darf schließlich
nicht Tugend sein, sondern Neigung, sonst wäre das
Menschengeschlecht bald ausgelöscht.

Die gegenseitigen Pflichten beider Geschlechter haben nicht die gleiche Starrheit und können sie auch
nicht haben. Wenn sich die Frau deswegen über die
ungerechte Ungleichheit beklagt, die der Mann bekundet, so hat sie unrecht; diese Ungleichheit ist keine
menschliche Einrichtung, oder zumindest nicht das
Werk des Vorurteils, sondern das der Vernunft: der,
dem die Natur die Kinder als Gut anvertraut, ist dem
anderen dafür verantwortlich. Es ist gewiß niemandem erlaubt, sein Wort zu brechen, und jeder untreue
Gatte, der seine Frau des einzigen Lohns für ihre
strengen Pflichten beraubt, ist ein ungerechter und
barbarischer Mensch; die untreue Gattin aber geht
noch weiter, sie löst die Familie auf und zerreißt alle

Bande der Natur; wenn sie dem Mann Kinder schenkt, die nicht von ihm sind, verrät sie beide, und der Treulosigkeit fügt sie noch den Betrug hinzu. Ich kann mir kaum ausdenken, welche Ausschreitung und welches Verbrechen nicht mit diesem zusammenhängt. Wenn es einen schrecklichen Zustand auf Erden gibt, so ist es der eines unglücklichen Vaters, der, ohne Vertrauen zu seiner Frau, sich den süßesten Gefühlen seines Herzens nicht hinzugeben wagt, der bei der Umarmung seines Kindes zweifelt, ob er nicht das Kind eines anderen umarmt, das Unterpfand seiner Entehrung, den Dieb des Guts seiner eigenen Kinder. Was ist eine Familie dann anderes als eine Gesellschaft geheimer Feinde, die eine schuldige Frau gegeneinander aufwiegelt und sie dabei zwingt, gegenseitige Liebe vorzugeben?

Darum ist es nicht nur von Bedeutung, daß die Frau treu ist, sondern daß sie vor ihrem Gatten, vor ihren Nächsten und vor jedermann auch als treu erscheint; sie muß bescheiden, aufmerksam und zurückhaltend sein und in den Augen andrer so wie vor ihrem eigenen Gewissen Zeugnis ihrer Tugend geben. Wenn es wesentlich ist, daß ein Vater seine Kinder liebt, so ist es ebenso wesentlich, daß er ihre Mutter achtet. Das sind die Gründe, durch die sogar die Wahrung des Scheins zu den Pflichten der Frauen gezählt wird, und wodurch ihnen Ehrbarkeit und guter Ruf nicht weniger unerläßlich werden als Keuschheit. Bei der geistigen Unterschiedlichkeit der Geschlechter leitet sich aus diesen Prinzipien ein neues Motiv für Pflicht und Anstand ab, das besonders den Frauen die gewissenhafteste Achtsamkeit über ihr Verhalten, ihr Benehmen und ihre Haltung vorschreibt. Mit der allgemeinen Behauptung, die beiden Geschlechter seien gleich und ihre Pflichten die gleichen, verliert man sich in leeren Reden, womit man gar nichts sagt, solange man auf unsere Behauptungen nicht zu antworten vermag.

Ist es nicht eine recht gediegene Art zu argumentieren, wenn man gegen so gut fundierte allgemeine Gesetze mit Ausnahmen aufwartet? Die Frauen, sagt ihr,
bekommen nicht immer gleich Kinder! Nein, aber es
ist ihre eigentliche Bestimmung, Kinder zu gebären.
Was! weil es auf der Welt ungefähr hundert große
Städte gibt, wo die Frauen zügellos leben und wenig
Kinder gebären, behauptet ihr, es sei allen Frauen natürlich, wenig Kinder zu gebären! Und was würde
aus euren Städten, wenn das abgelegene Land, wo die
Frauen einfacher und keuscher leben, die Unfruchtbarkeit der Damen nicht wieder gut machte? In wie vielen
Ländern gelten Frauen, die nur vier oder fünf Kinder
haben, als nicht sehr fruchtbar*! Was macht es schließlich aus, ob diese oder jene Frau wenig Kinder hat?
Ist es darum für die Frau weniger natürlich, Mutter
zu sein? und müssen nicht Natur und Sitten durch allgemeine Gesetze dafür sorgen?

Wenn die Abstände zwischen den Schwangerschaf-
ten wirklich so groß wären, wie man voraussetzt, kann
eine Frau ohne Gefahr und Risiko so plötzlich und
entscheidend ihre Lebensweise ändern? Wird sie heute
Amme und morgen Kriegerin sein? Soll sie Anlagen
und Neigungen wechseln wie ein Chamäleon die Farben? Kann sie sich ohne Übergang aus dem Schatten
der Zurückgezogenheit und den häuslichen Obliegenheiten den Härten von Wind und Wetter aussetzen,
den Mühen, Strapazen und Gefahren des Krieges?
Kann sie bald ängstlich**, bald tapfer, bald zart, bald
robust sein? Wenn die in Paris aufgewachsenen jungen

---

* Ohne das würde die Gattung notwendigerweise zugrunde gehen:
damit sie sich erhält, muß, wenn alles gegeneinander ausgeglichen ist,
jede Frau ungefähr vier Kinder gebären: denn von den Kindern, die
geboren werden, sterben fast die Hälfte, bevor sie andere haben
können, und zwei müssen übrigbleiben, um den Vater und die Mutter
zu vertreten. Seht zu, ob die Städte euch diese Bevölkerung liefern.

** Die Scheu der Frauen ist noch ein anderer Instinkt der Natur
gegen die Gefahr, die sie während ihrer Schwangerschaft laufen.

Leute das Waffenhandwerk kaum ertragen, wie könnten es Frauen, die niemals der Sonnenglut getrotzt haben und kaum marschieren können, nach fünfzigjähriger Verweichlichung ertragen? Sollen sie dieses harte Handwerk in einem Alter ausüben, da die Männer es aufgeben?

Es gibt Länder, wo die Frauen fast ohne Schwierigkeit niederkommen und ihre Kinder fast mühelos aufziehen – das gebe ich zu: aber in diesen selben Ländern gehen die Männer bei jeder Temperatur halbnackt herum, schlagen die wilden Tiere nieder, schleppen ein Boot wie einen Tornister, gehen sieben- bis achthundert Meilen weit auf Jagd, schlafen im Freien auf dem nackten Erdboden, ertragen unglaubliche Strapazen und bleiben tagelang ohne Nahrung. Wenn die Frauen robust werden, werden die Männer es um so mehr; wenn die Männer verweichlichen, verweichlichen die Frauen um so mehr; wenn in beiden Punkten die gleiche Veränderung geschieht, bleibt auch der Unterschied gleich.

In seinem *Staat* weist Plato den Frauen die gleichen körperlichen Übungen zu wie den Männern – das glaube ich gern. Nachdem er das Familienprinzip aus seiner Staatsauffassung ausgeschaltet hatte und nicht wußte, was er aus den Frauen machen sollte, sah er sich gezwungen, Männer aus ihnen zu machen. Dieser schöne Geist hatte alles berechnet, alles vorgesehen: er kam einem Einwand zuvor, den zu machen vielleicht niemand gedacht hätte, aber den, den man erhebt, hat er schlecht beantwortet. Ich spreche keineswegs von dieser vorgeblichen Frauengemeinschaft, und dem Vorwurf, den man so oft dagegen erhoben hat und der nur beweist, daß die, die ihn aussprechen, Plato niemals gelesen haben; ich rede von jener bürgerlichen Vermischung, die überall die beiden Geschlechter zu den gleichen Verrichtungen, zu den gleichen Arbeiten vereinigt und mit Sicherheit die un-

tragbarsten Mißbräuche erzeugt; ich rede von dieser
Zerrüttung der süßesten Gefühle der Natur, die einem
künstlichen Gefühl geopfert werden, das nur durch
jene bestehen kann: als ob es nicht einer natürlichen
Eingenommenheit bedürfte, um konventionelle Bande
zu knüpfen! als ob die Liebe, die man für seine Nächsten fühlt, nicht das Prinzip der Liebe wäre, die man
dem Staat schuldet! als ob das Herz sich nicht durch
die kleine Heimat, die Familie, der großen anschlösse!
als ob es nicht der gute Sohn, der gute Gatte, der gute
Vater wäre, der den guten Bürger ausmacht[5]!

Ist es einmal bewiesen, daß Mann und Frau nicht
gleichartig sind noch sein dürfen, weder von Charakter
noch von Anlagen, so folgt daraus, daß sie nicht die
gleiche Erziehung genießen dürfen. Sollen sie den Wei-
sungen der Natur folgen, müssen sie im Einvernehmen
handeln, aber nicht das gleiche tun: das Ziel der Arbeiten ist das gleiche, aber die Arbeit selbst und folglich
die Neigungen, die sie bestimmen, sind unterschiedlich.
Nachdem wir versucht haben, den natürlichen Mann
heranzubilden, trachten wir nun danach, auch die Frau
heranzubilden, die zu diesem Mann paßt, um unser
Werk nicht unvollständig zu lassen.

Wollt ihr immer gut geleitet sein, so folgt immer dem
Fingerzeig der Natur. Alles, was das Geschlecht charakterisiert, muß als von ihr eingerichtet geachtet werden.
Ihr redet unaufhörlich: die Frauen haben diesen und
jenen Mangel, den wir nicht haben. Euer Hochmut
täuscht euch; für euch wären es Mängel, für sie sind
es Qualitäten; wenn sie sie nicht hätten, ginge alles
weniger richtig zu. Hindert diese vermeintlichen Mängel daran, zu entarten, aber hütet euch, sie zu tilgen.

Ihrerseits hören die Frauen nicht auf zu lamentieren,
daß wir sie zu Eitelkeit und Koketterie erziehen, daß
wir sie unentwegt mit kindischem Getue unterhalten,
um leichter die Oberhand zu behalten; sie machen uns

für die Fehler verantwortlich, die wir ihnen vorwerfen. Wie töricht! Seit wann mischen sich die Männer in die Erziehung der Töchter? Wer hindert die Mütter daran, sie so zu erziehen, wie es ihnen paßt? Für sie gibt es keine Kollegien – wie schrecklich! Ach, wenn Gott doch wollte, daß es auch für Knaben keine gäbe! dann würden sie vernünftiger und rechtschaffener erzogen. Zwingt man eure Töchter, ihre Zeit mit Albernheiten zu vertun? Läßt man sie gegen ihren Willen die Hälfte ihres Lebens nach eurem Beispiel vor dem Spiegel verbringen? Hindert man euch daran, sie zu bilden und nach eurem Wunsch bilden zu lassen? Ist es unsre Schuld, daß sie uns gefallen, wenn sie hübsch sind, wenn ihre Koketterie uns verführt, wenn die Kunstkniffe, die sie von euch lernen, uns anziehen und schmeicheln, wenn wir es gern haben, sie geschmackvoll aufgemacht zu sehen, wenn wir sie nach Belieben ihre Waffen schärfen lassen, mit denen sie uns im Zaum halten? Dann erzieht sie doch wie Männer, die hätten absolut nichts dagegen. Je mehr die Frauen ihnen gleichen möchten, um so weniger werden sie sie beherrschen, und in dem Augenblick sind die Männer wirklich die Herren.

Die den beiden Geschlechtern gemeinsamen Fähigkeiten sind ungleich an sie verteilt, aber insgesamt genommen gleichen sie einander aus. Als Frau gilt die Frau mehr denn als Mann. Überall da, wo sie ihre Rechte geltend macht, ist sie im Vorteil; überall da, wo sie die unsrigen usurpieren will, bleibt sie uns unterlegen. Dieser allgemeinen Wahrheit kann man nur Ausnahmen gegenüberstellen – die ständige Argumentationsweise seitens der galanten Anwälte des schönen Geschlechts.

In der Frau männliche Eigenart zu kultivieren und ihre eigene Art verkümmern zu lassen heißt offensichtlich zu ihrem Schaden wirken. Die Gewitzten unter ihnen erkennen das nur zu gut, um sich täuschen zu

lassen; bei dem Versuch, sich unsre Vorrechte anzumaßen, geben sie die ihren nicht auf; aber da sie nicht
beide gleich gut nutzen können, weil sie unvereinbar
sind, bleiben sie unterhalb ihrer eigenen Möglichkeiten,
ohne die unseren erreichen zu können, und verlieren
zur Hälfte an Wert. Höre auf mich, weitblickende
Mutter, mache keinen honnête homme aus deiner Tochter, als wolltest du die Natur verleugnen; mache eine
honnête femme aus ihr und du kannst sicher sein, daß
es so für sie und für uns besser sein wird.

Folgt daraus, daß sie in voller Unwissenheit erzogen und einzig auf die Verrichtungen im Haushalt beschränkt werden soll? Soll der Mann eine Dienstmagd
aus seiner Gefährtin machen? Soll er sich an ihrer Seite
des größten Reizes der Gemeinschaft berauben? Soll
er sie hindern, etwas zu fühlen, etwas zu erkennen,
um sie besser beherrschen zu können? Soll er einen
wirklichen Automaten aus ihr machen? Nein, gewiß
nicht; so hat es die Natur nicht vorgesehen, die den
Frauen so anziehende und subtile Geistesgaben verleiht; sie will, im Gegenteil, daß sie denken, urteilen,
lieben und erkennen, daß sie ihren Geist pflegen wie
ihr Aussehen – das sind die Waffen, die sie ihnen als
Ersatz für die Kraft gibt, die ihnen fehlt, und um die
unsere zu steuern. Sie müssen viel lernen, aber nur das,
was zu wissen ihnen gemäß ist.

Ob ich nun die besondere Bestimmung des Geschlechts betrachte, ob ich seine Neigungen beobachte,
ob ich seine Pflichten bedenke – alles trägt gleichermaßen dazu bei, mich auf die Erziehungsform hinzuweisen, die ihm angemessen ist. Frau und Mann sind füreinander geschaffen, aber ihre gegenseitige Abhängigkeit ist nicht gleicher Art: die Männer hängen von den
Frauen durch ihre Begierden ab; die Frauen hängen
von den Männern durch ihre Begierden und ihre Bedürfnisse ab; wir könnten eher ohne sie bestehen als
sie ohne uns. Damit sie haben, was sie brauchen und

ihrem Wesen treu bleiben, müssen wir es ihnen geben, müssen wir es ihnen geben wollen und sie dessen würdig erachten; sie hängen von unseren Empfindungen ab, von dem Wert, den wir ihren Verdiensten beilegen, und davon, wie wir ihre Reize und Tugenden einschätzen. Allein schon durch das Gesetz der Natur sind die Frauen ebenso wie die Kinder dem Urteil der Männer ausgesetzt – es genügt nicht, daß sie achtenswert sind, sie müssen geachtet werden; es genügt nicht, daß sie schön sind, sie müssen gefallen; es genügt nicht, daß sie sittsam sind, sie müssen als sittsam anerkannt werden; ihre Ehre liegt nicht nur in ihrem Verhalten, sondern in ihrem Ruf, und es ist unmöglich, daß eine Frau, die es zuläßt, als ehrlos zu gelten, jemals ehrbar ist. Der rechtschaffene Mann hängt nur von sich selber ab und kann der öffentlichen Meinung trotzen; aber die rechtschaffene Frau hat damit nur die Hälfte ihrer Aufgabe erfüllt, und was man über sie denkt, ist nicht weniger bedeutend für sie als das, was sie wirklich ist. Daraus folgt, daß die Methode ihrer Erziehung in dieser Hinsicht der unsrigen entgegengesetzt sein muß: die Meinung der Gesellschaft ist für die Männer das Grab der Tugend, für die Frauen aber ihr Thron.

Von der guten Konstitution der Mutter hängt zunächst die der Kinder ab; die erste Erziehung der Männer hängt von der Fürsorge der Frauen ab; von ihnen hängen auch ihre Sitten, ihre Leidenschaften, ihre Neigungen, ihre Zerstreuungen, selbst ihr Glück ab. So muß sich die ganze Erziehung der Frauen im Hinblick auf die Männer vollziehen. Ihnen gefallen, ihnen nützlich sein, sich von ihnen lieben und achten lassen, sie großziehen, solange sie jung sind, als Männer für sie sorgen, sie beraten, sie trösten, ihnen ein angenehmes und süßes Dasein bereiten: das sind die Pflichten der Frauen zu allen Zeiten, das ist es, was man sie von Kindheit an lehren muß. Solange man nicht zu diesem

Prinzip zurückgeht, entfernt man sich vom Ziel, und alle Regeln, die man für sie aufstellt, dienen weder ihrem noch unserem Glück.

Aber obgleich jede Frau den Männern gefallen will und es wollen muß, besteht ein großer Unterschied darin, einem verdienstvollen, wahrhaft liebenswerten Mann gefallen zu wollen und dem Wunsch, jenen kleinen Verführern zu gefallen, die ihr eigenes Geschlecht so wie das, was sie nachahmen, entehren. Weder die Natur noch die Vernunft können die Frau dazu bringen, in den Männern das zu lieben, was sie selbst ist; genausowenig soll sie die Liebe des Mannes suchen, indem sie männliche Art annimmt.

Gehen sie also von dem zurückhaltenden und gesetzten Ton ihres Geschlechts ab und nehmen die Manieren jener Leichtsinnigen an, so folgen sie nicht ihrer Berufung, sie verzichten auf sie; sie berauben sich selbst der Rechte, die sie usurpieren möchten. Wenn wir anders wären, sagen sie, würden wir den Männern nicht gefallen. Sie lügen. Um Narren zu lieben, muß man närrisch sein; der Wunsch, solche Leute anzulocken, enthüllt den Geschmack der Frau, die ihn hegt. Gäbe es keine frivolen Männer, würde sie es sich eifrig angelegen sein lassen, sie frivol zu machen; und deren Frivolitäten sind weit eher das Werk der Frau, als ihre eigene das jener Männer ist. Die Frau, die richtige Männer liebt und ihnen gefallen will, wählt die ihren Absichten entsprechenden Mittel. Die Frau ist ihrem Wesen nach kokett; aber ihre Koketterie wechselt je nach ihren Absichten Form und Ziel; stimmen wir diese Absichten auf die der Natur ab, und die Frau wird richtig erzogen.

Fast von Geburt an sind kleine Mädchen putzsüchtig: nicht zufrieden damit, hübsch zu sein, wollen sie auch, daß man es merkt – an ihren kleinen Äffereien sieht man, daß diese Sorge sie schon beschäftigt; und kaum imstande, zu verstehen, was ihnen gesagt wird, lassen sie sich dadurch leiten, daß man ihnen sagt, was man über sie denken wird. Sucht man – was recht unbedacht wäre – einen kleinen Jungen durch dasselbe Motiv zu leiten, wird man damit kaum Erfolg haben. Sind sie selbständig und genießen sie ihre Freuden, kümmert es sie recht wenig, was man über sie denken könnte. Nur mit viel Zeit und Mühe beugt man sie unter das gleiche Gesetz.

Woher den Mädchen diese erste Belehrung auch kommen mag – sie ist sehr gut. Da der Leib sozusagen vor der Seele geboren wird, muß zunächst der Leib gepflegt werden: diese Ordnung gilt für beide Geschlechter. Aber die Ziele dieser Pflege sind unterschiedlich. Bei dem einen handelt es sich um die Entwicklung der Kräfte, bei dem anderen um die des Liebreizes; nicht, daß diese Qualitäten jeweils ausschließlich einem der beiden Geschlechter eigen sein müssen, ihre Ordnung nur ist umgekehrt: die Frauen brauchen genügend Kraft, um alles, was sie tun, mit Anmut zu tun; die Männer brauchen genügend Geschicklichkeit, um alles, was sie tun, mit Leichtigkeit zu tun.

Mit der übertriebenen Verweichlichung der Frauen beginnt auch die der Männer. Die Frauen sollen nicht so kräftig sein wie sie, aber für sie, damit die Männer, die sie gebären, es auch sind. In dieser Hinsicht sind die Klöster, wo die Schülerinnen einfache Kost bekommen, sich tummeln können, wo sie Wettläufe machen, Spiele im Freien oder in den Gärten, dem Elternhaus vorzuziehen, wo ein verzärtelt aufgezogenes junges Mädchen immer umschmeichelt oder gescholten, immer unter den Augen der Mutter in einem abgeschlossenen Raum sitzend, weder aufzustehen noch umherzugehen wagt, weder zu sprechen noch zu atmen, und nicht einen Augenblick die Freiheit zum Spielen hat, zum Herumspringen, Laufen, Schreien und zur Hingabe an die seinem Alter natür-

liche Unbändigkeit – immer entweder gefährliche
Nachgiebigkeit oder falsch verstandene Strenge, niemals ein vernünftiges Verfahren.

Die Mädchen von Sparta betrieben militärische
Spiele wie die Knaben, aber nicht, um in den Krieg
zu ziehen, sondern um eines Tages Kinder zu haben,
die seine Strapazen zu ertragen vermöchten. Dem
stimme ich jedoch nicht zu: es ist unnötig, daß die
Mütter Karabiner getragen und preußisches Exerzieren
geübt haben, um dem Staat Soldaten zu schenken;
aber ich finde, daß im allgemeinen die griechische Erziehung auf diesem Gebiet sehr richtig aufgefaßt war.
Die jungen Mädchen erschienen oft in der Öffentlichkeit, aber keineswegs mit den Knaben zusammen, sondern unter sich. Es gab ungefähr keine Festlichkeit,
nicht ein Götteropfer, keine feierliche Handlung, wo
man nicht Scharen von Töchtern der ersten Bürger
antraf, mit Blumen bekränzt, beim Gesang von Hymnen, die Tanzchöre bildeten, Körbe, Gefäße und Opfer-
gaben trugen und den zerrütteten Sinnen der Griechen
ein reizvolles Schauspiel gaben, das ein Gegengewicht
bot gegen die schlechte Wirkung ihrer anstößigen Gym-
nastik. Welchen Eindruck dieser Brauch auch auf die
Herzen der Männer machte, er war jedenfalls ausgezeichnet geeignet, dem weiblichen Geschlecht während
der Jugendzeit durch angenehme, gemäßigte und gesunde Leibesübungen eine kräftige Konstitution zu
sichern und seinen Geschmack anzuregen und zu bilden
durch den steten Wunsch zu gefallen, ohne doch je seine
guten Sitten zu gefährden.

Sobald diese Mädchen verheiratet waren, sah man
sie nicht mehr in der Öffentlichkeit; eingeschlossen in
ihren Häusern kümmerten sie sich ausschließlich um
ihren Haushalt und ihre Familie. Dies ist die Lebensweise, die dem weiblichen Geschlecht von Natur und
Vernunft vorgeschrieben wird. Daher gebaren diese
Frauen die gesündesten, kräftigsten und schönsten

Männer der Welt, und trotz des schlechten Rufs einiger
Inseln steht heute noch fest, daß von allen Völkern
der Erde, selbst die Römer nicht ausgenommen, keines
genannt wird, wo die Frauen zugleich sittsamer und
liebenswerter gewesen wären und Ehrbarkeit mit
Schönheit vollkommener gepaart als im alten Griechenland.

Es ist bekannt, daß die Bequemlichkeit der Kleidung, die den Körper nicht einzwängte, viel dazu
beitrug, bei beiden Geschlechtern jene schönen Proportionen zu schaffen, die man an ihren Statuen sieht
und die der Kunst immer noch zum Modell dienen,
seit die entartete Natur aufgehört hat, ihr unter uns
welche zu schaffen. All diese mittelalterlichen Fesseln,
diese Unmengen von Wickelbändern, die unsre Glieder
von allen Seiten einschnüren, gab es bei ihnen nicht.
Ihren Frauen war der Gebrauch jener Korsetts völlig
unbekannt, durch die die unsren ihre Taille eher ver-
unstalten als betonen. Ich kann mir nicht vorstellen,
daß dieser in England bis zu einem unfaßbaren Punkt
getriebene Mißbrauch schließlich nicht die Gattung
degenerieren läßt, und ich behaupte sogar, daß der
gefällige Anblick, den man sich davon verspricht,
von schlechtem Geschmack ist. Es ist durchaus nicht
angenehm, eine Frau in zwei Teile zerlegt zu sehen
wie eine Wespe; das beleidigt das Auge und kränkt
die Einbildungskraft. Die Zartheit der Taille besitzt
wie alles übrige ihre bestimmten Proportionen, ihr be-
stimmtes Maß, über das hinaus sie ganz sicher ein
Schönheitsfehler ist: dieser Schönheitsfehler würde dem
Auge selbst am nackten Leib auffallen – warum sollte
er unter der Kleidung zur Schönheit werden!

Ich wage nicht, in die Gründe zu dringen, um deret-
willen die Frauen sich so hartnäckig panzern: eine
erschlaffte Brust, ein stark werdender Leib usw., das
mißfällt sehr bei einer Person von zwanzig Jahren,
das gebe ich zu, aber bei einer Dreißigjährigen miß-

fällt es nicht mehr; und da wir, ob wir wollen oder
nicht, immer das sein müssen, was der Natur gefällt,
und das Auge des Mannes sich nicht darüber täuschen
läßt, sind diese Schönheitsfehler in jedem Alter weniger unerfreulich als die törichte Heuchelei eines kleinen
Mädchens von vierzig Jahren.

Alles, was die Natur hemmt und zwingt, ist schlechter Geschmack; das gilt für den Putz des Körpers
wie für den Schmuck des Geistes. Das Leben, die
Gesundheit, die Vernunft, das Wohlbefinden müssen
allem anderen vorangestellt werden; Anmut ohne
Zwanglosigkeit ist unmöglich; Zartheit heißt nicht
Kraftlosigkeit, und um zu gefallen, braucht man nicht
kränklich zu sein. Wenn man leidet, erregt man Mitleid,
aber Lust und Verlangen suchen die Frische der Gesundheit.

Kinder beider Geschlechter haben viel gemeinsamen
Zeitvertreib, und das muß so sein; haben sie ihn denn
nicht auch als Erwachsene? Sie haben auch eigene Neigungen, die sie voneinander unterscheiden. Knaben
suchen Bewegung und Lärm – Trommeln, Kreisel,
kleine Wagen; Mädchen haben lieber etwas fürs Auge
und das, was zum Schmuck gereicht – Spiegel, Schmuck-
sachen, Seidentüchlein, vor allem Puppen; die Puppe ist
das besondere Vergnügen dieses Geschlechts – damit ist
ganz offenbar ihre Neigung von ihrer Berufung bestimmt. Das Sinnliche der Kunst zu gefallen besteht im
Putz – das ist alles, womit Kinder diese Kunst pflegen
können.

Seht einem kleinen Mädchen zu wie es den ganzen
Tag mit seiner Puppe beschäftigt ist, ihr unablässig
anderes Putzzeug anhängt, sie hundert und aber-
hundertmal an- und auszieht, wie es unaufhörlich neue
Kombinationen von gut oder schlecht zusammenpassen-
dem Putz erfindet, so wie es gerade kommt; die Finger
sind ungeschickt, der Geschmack ist noch nicht ausgebildet, aber schon zeigt sich die Neigung dazu; bei

diesem ewigen Beschäftigtsein geht die Zeit um, ohne
daß es dessen gewahr wird; die Stunden vergehen,
es merkt nichts davon; selbst die Mahlzeiten vergißt
es, es hungert mehr nach Putz als nach Nahrung.
Aber, so werdet ihr sagen, es schmückt seine Puppe
und nicht sich selbst. Zweifellos; es sieht seine Puppe
und nicht sich selbst, es kann nichts für sich selbst
tun, es ist noch nicht geformt, es hat weder Gaben
noch Kraft, es ist noch nichts, es existiert ganz und gar
in seiner Puppe, in seine Puppe überträgt es seine
ganze Koketterie. Nicht immer wird es sie dort lassen, es wartet auf den Augenblick, selbst seine Puppe
zu sein.

Da ist also schon eine sehr entschiedene erste Neigung: Ihr braucht ihr nur nachzugehn und sie leiten.
Sicherlich möchte die Kleine von Herzen gern selbst
ihre Puppe herausputzen können, ihr die Ärmelschlei-
fen knüpfen, Halstuch, Volants und Spitzen machen;
bei all diesem läßt man sie so unerbittlich von dem
Belieben anderer abhängen, daß es ihr viel bequemer
wäre, wenn alles von ihrer eigenen Geschicklichkeit
abhinge. Das gibt den Grund für die ersten Belehrungen, die sie erhält: das sind keine Aufgaben, die man
ihr vorschreibt, das sind Gefälligkeiten, die man ihr
erweist. Und tatsächlich lernen fast alle kleinen Mädchen mit Widerwillen lesen und schreiben, aber sie lernen immer gern, wie man die Nadel führt. Sie sehen
sich schon als Erwachsene und denken voller Lust daran, daß diese Fertigkeit ihnen eines Tages dazu dienen
wird, sich herauszuputzen.

Ist der Anfang dieses ersten Wegs gefunden, kann
man ihm leicht weiter folgen: nähen, sticken und
Spitzen machen kommen von allein. Gobelinstickerei
ist nicht so sehr nach ihrem Geschmack: was zur Ausstattung des Zimmers gehört, liegt ihnen zu fern, es
hat nichts mit der Person, sondern mit anderen Vorstellungen zu tun. Gobelinstickerei gehört zur Unter-

haltung der Frauen, junge Mädchen werden nie sonderlich viel Vergnügen daran finden.

Diese aus freien Stücken gemachten Fortschritte lassen sich leicht bis zum Zeichnen ausdehnen, denn diese
Kunst ist der, sich mit Geschmack zu kleiden, nahe
verwandt: ich möchte jedoch durchaus nicht, daß man
sie dazu verwendet, Landschaften zu zeichnen, und noch
weniger Figuren. Laubwerk, Früchte, Blumen, Drape-
rien, alles was danach angetan ist, einem Kleidungsstück eine elegante Linie zu geben, selbst eine Stick-
vorlage zu machen, wenn man keine andere findet, die
einem gefällt – das genügt für sie. Ganz allgemein:
ist es bei den Männern wesentlich, ihre Studien auf
praktische Kenntnisse zu beschränken, so ist das für
die Frauen von noch größerem Belang, da ihr Dasein,
wenn auch weniger geschäftig, anhaltender ihren Pflichten geweiht ist oder sein muß, und, von den verschiedensten Obliegenheiten häufiger unterbrochen, ihnen
nicht erlaubt, sich der Pflege eines einzelnen Talentes
zum Nachteil ihrer anderen Pflichten hinzugeben.

Was auch die Spottvögel darüber sagen mögen –
gesunder Menschenverstand ist beiden Geschlechtern
gleichermaßen eigen. Im allgemeinen sind Mädchen
folgsamer als Knaben, und man muß bei ihnen sogar
mehr Autorität geltend machen, wie ich gleich ausführen werde; daraus folgt jedoch nicht, daß man
etwas von ihnen fordern darf, dessen Nutzen sie nicht
einsehen; die Kunst der Mütter besteht darin, ihnen bei
allem, was sie ihnen vorschreiben, dessen Nützlichkeit zu
zeigen, und das ist um so leichter, als die Intelligenz
der Mädchen sich früher entwickelt als die der Knaben.
Diese Regel schließt bei ihrem sowohl wie bei unserem
Geschlecht nicht nur alle müßigen Studien aus, die zu
nichts Gutem führen und die nicht einmal die, die sie
getrieben haben, den anderen angenehmer machen,
sondern sogar alle Studien, die keinen unmittelbaren
Nutzen für dieses Alter besitzen und deren Nützlich-

keit für ein späteres Alter das Kind nicht voraussehen kann. Wenn ich nicht will, daß man einen Knaben zum Lesenlernen zwingt, so will ich erst recht nicht, daß man die Mädchen dazu zwingt, bevor man ihnen recht begreiflich gemacht hat, was die Lektüre bedeutet; und in der Art, wie man ihnen gewöhnlich deren Nutzen klarmacht, folgt man weit eher den eigenen Vorstellungen als den ihren. Worin besteht denn eigentlich die Notwendigkeit, daß ein Mädchen so früh lesen und schreiben lernt? Wird es so bald einem Haushalt vorstehen müssen? Es gibt recht wenige, die mit diesen unglückseligen Kenntnissen weniger Mißbrauch treiben als guten Gebrauch davon zu machen; und alle sind ein wenig zu wißbegierig, um es nicht zu lernen, ohne daß man sie dazu zwingt, wenn sie die dazu nötige Muße und Gelegenheit haben. Vielleicht sollten sie vor allem anderen rechnen lernen; denn nichts ist immerdar von dringenderer Nützlichkeit, erfordert längere Praxis und ist häufigeren Irrtümern ausgesetzt als das Rechnen. Wenn die Kleine ihre Kirschen zur Vesper nur nach der Lösung einer arithmetischen Aufgabe bekäme – ich garantiere euch, daß sie bald rechnen könnte.

Ich kenne ein junges Mädchen, das eher schreiben als lesen lernte und eher mit der Nadel zu schreiben begann als mit der Feder. Von allen Buchstaben wollte sie zunächst nichts als O's schreiben. Sie machte unaufhörlich O's, große, kleine, in jeder Form, eins ins andre verschlungen und immer von unten nach oben gezogen. Eines Tages, als sie mit dieser nützlichen Übung beschäftigt war, sah sie sich im Spiegel; und da sie sah, daß sie in dieser gezwungenen Haltung wenig anmutig aussah, warf sie die Feder, so wie eine zweite Minerva, von sich und wollte keine O's mehr machen. Ihr Bruder schrieb ebenso ungern wie sie; was ihn aber ärgerte, war der Zwang und nicht das Aussehen, das er ihm verlieh. Man versuchte, das Mädchen auf anderem

Weg wieder zum Schreiben zu bringen; die Kleine war
verzärtelt und eitel, sie mochte nicht, daß ihre Wäsche
auch von ihren Schwestern gebraucht wurde; man
zeichnete sie, dann wollte man sie nicht mehr zeichnen;
sie mußte sie selber zeichnen – wie es weiterging, kann
man sich vorstellen.

Rechtfertigt immer die Pflichten, die ihr den jungen
Mädchen auferlegt, aber unterlaßt es nie, ihnen Pflichten aufzuerlegen. Muße und Eigensinn sind für sie die
gefährlichsten Fehler, von ihnen wird man am wenigsten geheilt, wenn man sie einmal angenommen hat.
Mädchen müssen umsichtig und arbeitsam sein; das ist
nicht alles: sie müssen sich frühzeitig an Zwang gewöhnen. Dieses Unglück – wenn es eines ist für sie –
ist von ihrem Geschlecht untrennbar, und nie machen
sie sich von ihm los, ohne noch viel grausameres zu
erleiden. Ihr ganzes Leben lang sind sie ununterbroche-
nem und härtestem Zwang unterworfen, nämlich dem
der Schicklichkeit. Sie müssen sofort an Zwang gewöhnt werden, damit er sie nie etwas kostet; sie müssen daran gewöhnt werden, alle ihre Launen zu beherrschen, um sie dem Willen der anderen unterzuordnen. Möchten sie immer arbeiten, müßte man sie
manchmal zum Nichtstun zwingen. Zerstreutheit,
Eitelkeit, Wankelmut sind die Fehler, die leicht aus
ihren ersten verdorbenen und immer befriedigten Neigungen entstehen. Um diesem Mißbrauch zuvorzukommen, lehrt sie vor allem, sich selbst zu bezwingen.
Bei unseren unsinnigen Einrichtungen ist das Leben
einer ehrbaren Frau ein beständiger Kampf gegen sich
selbst; es ist gerecht, daß dieses Geschlecht die Not der
Übel mit uns teilt, die es uns bereitet hat.

Verhindert es, daß die jungen Mädchen sich bei ihren
Beschäftigungen langweilen und sich für ihre Vergnügungen begeistern, so wie es bei der gewöhnlichen Erziehung immer geschieht, wobei, wie Fénelon sagt, die
ganze Langeweile auf die eine und das ganze Vergnü-

gen auf die andere Seite verlegt wird[6]. Die erste dieser
beiden Unzulänglichkeiten wird, wenn man die eben
erwähnten Richtlinien befolgt, nur dann aufkommen,
wenn die Menschen ihrer Umgebung ihnen mißfallen.
Ein junges Mädchen, das seine Mutter oder seine Freundin liebt, wird den ganzen Tag mit ihnen zusammen
arbeiten, ohne sich zu langweilen; schon allein das
Schwätzen wird es für allen Zwang entschädigen. Ist
aber diejenige, die es erzieht, ihm unerträglich, wird es
alles, was es unter ihren Augen zu tun hat, mit Widerwillen tun. Es ist kaum zu erwarten, daß Mädchen, die
sich mit ihrer Mutter nicht besser verstehen als mit irgend
jemand anderem auf der Welt jemals etwas Rechtes
werden; um aber ihre wahren Gefühle beurteilen zu
können, muß man sie beobachten und nicht dem vertrauen, was sie sagen; denn sie sind schmeichlerisch,
heuchlerisch und können sich frühzeitig verstellen. Man
soll ihnen auch nicht vorschreiben, ihre Mutter zu lieben; Zuneigung erwächst nicht aus Pflichtgefühl,
Zwang hilft hier nicht. Anhänglichkeit, Fürsorge, die
bloße Gewohnheit lassen die Tochter die Mutter lieben,
wenn diese nichts tut, sich ihren Haß zuzuziehen. Wird
selbst der Zwang, unter dem sie die Tochter hält,
richtig angewandt, verstärkt er nur noch ihre Anhänglichkeit anstatt sie zu verringern, denn da die
Abhängigkeit ein den Frauen natürlicher Zustand
ist, fühlen sich junge Mädchen zum Gehorsam geschaffen.

Aus dem gleichen Grund, warum sie wenig Freiheit
haben oder haben sollen, genießen sie die, die man
ihnen läßt, bis zum Exzeß; alles übertreibend geben
sie sich ihren Spielen mit noch größerer Leidenschaftlichkeit hin als die Knaben – das ist die zweite der Unzulänglichkeiten, von denen ich eben sprach. Diese
Leidenschaftlichkeit muß gemäßigt werden, denn sie
ist die Ursache einiger den Frauen eigentümlicher Untugenden wie, unter anderem, die Laune übertriebener

Begeisterung, durch die eine Frau sich heute von etwas
hinreißen läßt, wofür sie morgen keinen Blick mehr
übrig hat. Das Schwanken ihrer Neigung ist ihnen
ebenso verderblich wie deren Übermaß, und beides
kommt aus der gleichen Quelle. Nehmt ihnen nicht
die Fröhlichkeit, das Lachen, das lustige Treiben, die
närrischen Spiele; aber verhindert es, daß sie das eine
satt bekommen, um zum nächsten zu laufen; duldet
nicht, daß sie sich nur einen einzigen Augenblick in
ihrem Leben nicht im Zaum halten. Gewöhnt sie daran, mitten im Spiel unterbrochen zu werden und anderen Pflichten ohne Murren zu folgen. Allein die Gewöhnung genügt hier schon, weil sie die Natur nur
unterstützt[7].

Aus diesem gewohnheitsmäßigen Zwang entsteht
eine Gefügigkeit, deren die Frauen ihr ganzes Leben
lang bedürfen, da sie niemals aufhören, unterworfen
zu sein, sei es einem Mann oder dem Urteil der Männer, und es ihnen nie erlaubt ist, sich über dieses Urteil
zu erheben. Die erste und wichtigste Qualität einer
Frau ist die Sanftmut: einem so unvollkommenen Wesen wie dem Mann zum Gehorsam geschaffen, der so
oft voller Laster und immer so reich an Fehlern ist,
muß sie frühzeitig lernen, selbst Ungerechtigkeit zu
erdulden und die Launen eines Gatten klaglos zu ertragen; nicht um seinetwillen, sondern um ihrer selbst
willen muß sie sanftmütig sein. Verbitterung und Hals-
starrigkeit der Frauen steigern nur ihre eigenen Leiden
und das schlechte Verhalten der Gatten; sie spüren,
daß dies nicht die Waffen sind, mit denen die Frauen
sie besiegen sollen. Der Himmel schuf sie nicht an-
schmiegsam und berückend, damit sie zänkisch werden;
er schuf sie nicht schwach, um herrschsüchtig zu werden; er gab ihnen nicht eine so sanfte Stimme, damit
sie Beleidigungen sagen; er gab ihnen nicht solch zarte
Gesichtszüge, damit sie sich im Zorn entstellen. Wenn
sie wütend werden, vergessen sie sich – sie haben oft

recht, sich zu beklagen, aber sie tun immer unrecht daran, zu zanken. Jeder muß den Ton seines Geschlechts wahren; ein zu sanftmütiger Gatte kann eine Frau unverschämt machen; ist aber ein Mann nicht geradezu ein Ungeheuer, so beschwichtigt die Sanftmut der Frau ihn wieder und triumphiert früher oder später über ihn.

Mädchen sollen immer fügsam sein, aber Mütter nicht immer unerbittlich. Um ein junges Mädchen gefügig zu machen, darf man es nicht unglücklich machen; um es anspruchslos zu machen, darf man es nicht einschüchtern und verdummen – im Gegenteil, ich hätte nichts dagegen, wenn man ihm manchmal ein wenig List zugestände, nicht damit es im Ungehorsam der Strafe aus dem Weg gehen kann, sondern um sich vom Gehorsam entbinden zu lassen. Auf keinen Fall darf seine Abhängigkeit zur Qual werden, es genügt, es sie fühlen zu lassen. Die List ist ein dem weiblichen Geschlecht natürliches Talent; und in meiner Überzeugung, daß alle natürlichen Neigungen durch sich selbst gut und richtig sind, bin ich der Meinung, daß diese wie alle anderen gepflegt werden soll: es geht nur darum, ihren Mißbrauch zu verhindern.

Jedem gutwilligen Beobachter stehe ich für die Richtigkeit dieser Bemerkung ein. Ich will keineswegs, daß man die Frauen selbst darüber befragt: unsre drückenden Institutionen können sie zwingen, ihren Verstand zu schärfen. Ich will, daß man die Mädchen prüft, die kleinen Mädchen, die sozusagen eben erst zur Welt gekommen sind: sie müssen mit den kleinen Jungen gleichen Alters verglichen werden, und wenn diese in der Gegenwart der Mädchen nicht schwerfällig, gedankenlos und dumm erscheinen, habe ich unbestreitbar unrecht. Man erlaube mir, ein einziges Beispiel in seiner ganzen kindlichen Naivetät anzuführen.

Es ist ganz üblich, den Kindern zu verbieten, bei Tisch irgend etwas zu verlangen, denn man meint, nie-

mals größeren Erfolg in ihrer Erziehung zu haben, als
wenn man sie mit unnützen Vorschriften überlädt, als
ob ein Stück von diesem oder jenem nicht rasch bewilligt oder verweigert* werden könnte, ohne daß
das arme Kind dauernd vor von Hoffnung genährter
Lüsternheit vergeht. Jeder weiß von der Schläue eines
Jungen, der diesem Gesetz gehorchen mußte und, bei
Tisch in Vergessenheit geraten, darauf verfiel, um Salz
zu bitten usw. Ich will nicht sagen, daß man ihn dafür
auszanken könnte, direkt um Salz, indirekt aber um
Fleisch gebeten zu haben; jene Vergeßlichkeit war so
grausam, daß ich nicht glauben kann, daß man ihn
dafür gestraft hätte, wenn er freiweg das Gesetz durchbrochen und ohne Umschweife gesagt hätte, er sei
hungrig. Aber nun will ich erzählen, wie ein kleines
Mädchen von sechs Jahren in meiner Gegenwart das
Problem in einem weit schwierigeren Fall löste; denn,
abgesehen davon, daß es ihm strikt verboten war,
jemals direkt oder indirekt um etwas zu bitten, wäre
hier Ungehorsam unverzeihlich gewesen, da es von
allen Gerichten gegessen hatte außer einem einzigen,
von dem man ihm zu geben vergessen hatte und nach
dem ihm sehr gelüstete.

Um nun zu erreichen, daß dieses Vergessen wieder
gutgemacht würde, ohne daß man es des Ungehorsams
beschuldigen könnte, zeigte es mit dem Finger der
Reihe nach auf alle Gerichte und sagte ganz laut bei
jedem einzelnen: *Davon habe ich gegessen, davon habe
ich gegessen;* aber es ging so auffällig und ohne ein
Wort darüber zu verlieren über das hinweg, von dem
es nichts gegessen hatte, daß jemand, der das bemerkte,
zu ihm sagte: Und dieses hier, hast du davon gegessen?
O nein, antwortete sanft das kleine Schleckermaul und
schlug die Augen nieder. Ich brauche nichts weiter dazu

---

* Ein Kind wird zudringlich, wenn es dabei seinen Vorteil sieht;
es wird jedoch niemals zweimal das gleiche verlangen, wenn die erste
Antwort unwiderruflich bleibt.

zu sagen; man vergleiche: dieser Einfall ist eine Mäd-
chenlist, der andere die List eines Jungen.

Was ist, ist gut, und kein allgemeines Gesetz ist
schlecht. Diese besondere Schläue, die dem weiblichen
Geschlecht mitgegeben wurde, ist eine sehr angemessene
Entschädigung für die Kraft, die ihm fehlt; ohne das
wäre die Frau nicht die Gefährtin des Mannes, sie
wäre seine Sklavin: durch diese Überlegenheit der Gewandtheit behauptet sie sich als seinesgleichen und beherrscht ihn, indem sie ihm gehorcht. Die Frau hat
alles gegen sich, unsre Fehler, ihre Scheu, ihre Schwäche; für sich hat sie nur ihre Schläue und ihre Schönheit. Ist es nicht richtig, daß sie beides pflegt? Aber
schön sind nicht alle Frauen; die Schönheit geht durch
tausend Zufälle dahin, sie vergeht mit den Jahren; die
Gewohnheit zerstört ihre Wirkung. Nur der Geist ist
die wirkliche Hilfsquelle des weiblichen Geschlechts;
nicht diese dumme Geistreichelei, der man in der Gesellschaft so großen Wert beimißt, und die in nichts
dazu dient, das Leben glücklich zu machen, sondern
der Geist ihrer Gattung, die Kunst, von der unsren zu
profitieren und sich unsre eigenen Vorteile zunutze zu
machen. Es ist nicht auszumachen, von welchem Nutzen diese Geschicklichkeit der Frauen für uns selbst
ist, wieviel Reiz sie zum Beisammensein der beiden
Geschlechter beiträgt, wie weit sie dazu dient, das Ungestüm der Kinder in Schranken zu halten, wie weit
sie brutale Ehemänner bezähmt, wie weit sie gute
Ehen zu erhalten imstande ist, die sonst durch Un-
einigkeit getrübt wären. Hinterlistige und böse Frauen
nutzen das aus, das weiß ich wohl – aber womit treibt
das Laster keinen Mißbrauch? Zerstören wir nicht die
Werkzeuge des Glücks, weil die Bösen sie manchmal
nutzen, um Schaden anzurichten.

Man kann durch Aufmachung brillieren, aber man
gefällt nur durch seine Person. Unsere Kleider sind
nicht wir selbst. Oft wirken sie entstellend, weil sie so

gesucht sind; oft dagegen heben sie die Wirkung der
Frau, die sie trägt, um so mehr hervor, je unauffälliger
sie selbst sind. In diesem Punkt ist die Erziehung der
jungen Mädchen völlig widersinnig. Man verspricht
ihnen Schmuckstücke als Belohnung, man bringt sie
dazu, gesuchten Putz zu lieben: *Wie schön sie ist!* sagt
man ihnen, wenn sie ganz besonders herausgeputzt
sind. Man müßte ihnen im Gegenteil zu verstehen
geben, daß soviel Aufmachung nur dazu da ist, Mängel zu verhüllen, und daß der wahre Triumph der
Schönheit darin besteht, daß sie durch sich selber
strahlt. Die Vorliebe für das Modische ist schlechter
Geschmack, weil das Gesicht nicht mit der Mode wechselt, und, da die Gestalt dieselbe bleibt, ihr immer
das ansteht, was ihr einmal ansteht.

Wenn ich ein junges Mädchen sich in seinem Putz-
kram aufplustern sähe, gäbe ich mir den Anschein, ich
sei über seine so vermummte Gestalt und das Urteil
der Leute beunruhigt; ich würde sagen: All dieser
Schmuck putzt es zu sehr heraus, wie schade – glauben
Sie, daß es sich erlauben könnte, sich einfacher zu
tragen? Ist es schön genug, um auf dies oder jenes
verzichten zu können? Dann wäre es vielleicht die
erste, darum zu bitten, ihm diesen Putz abzunehmen:
wenn überhaupt, wäre es nun angebracht, ihm Beifall
zu spenden. Niemals würde ich es mehr loben als dann,
wenn es so einfach wie möglich angezogen wäre. Wenn
es den Putz nur als Ergänzung seiner persönlichen Anmut und als stillschweigendes Zugeständnis betrachtet,
daß es, um zu gefallen, seiner Hilfe bedarf, wird es
auf seinen Putz nicht stolz sein, sondern sich durch ihn
gedemütigt fühlen; und wenn es, mehr als sonst herausgeputzt, sagen hört: *Wie schön ist sie!* wird es vor
Verdruß erröten.

Im übrigen gibt es Gestalten, die des Putzes bedürfen, aber es gibt keine, die üppiges Herausputzen er-
fordern. Verschwenderischer Aufwand ist Sache der

Eitelkeit, des Standes, aber nicht der Person, er hängt
einzig mit dem Vorurteil zusammen. Die echte Koketterie ist manchmal gekünstelt, aber sie ist niemals
protzig; und Juno kleidete sich prächtiger als Venus.
*Da du sie nicht schön machen kannst, machst du sie
prächtig*, sagte Apelles zu einem schlechten Maler, der
Helena mit Schmuck überladen malte[8]. Auch ich habe
beobachtet, daß der pompöseste Putz meistens auf
häßliche Frauen deutete; man könnte gar keine unge-
schicktere Eitelkeit besitzen. Gebt einem jungen Mädchen, das Geschmack hat und modische Torheiten verachtet, Bänder, Gaze, Musseline und Blumen; ohne
Diamanten, ohne Pompons, ohne Spitzen*, wird es
sich eine Robe daraus machen, die es hundertmal reizvoller erscheinen läßt als der gesamte Modeputz der
Duchapt.

Da das, was gut ist, immer gut ist, und da man immer so hübsch wie möglich aussehen soll, wählen die
Frauen, die sich auf Kleidung verstehen, immer die
gute und bleiben dabei; und da sie sie nicht alle Tage
wechseln, befassen sie sich auch weniger damit als
jene, die nicht wissen, wozu sie sich entschließen sollen. Wer seine Kleidung richtig wählt, braucht wenig
Aufmachung. Junge Mädchen besitzen selten prächtig
aufgemachte Toiletten; Arbeit und Unterricht füllen
ihren Tag; sie sind jedoch im allgemeinen, bis auf das
Wangenrot, genau so sorgfältig aufgemacht wie die
Damen, und manchmal mit mehr Geschmack. Die
übertriebene Aufmachung ist etwas anderes als man
glaubt – sie ist weit eher das Resultat der Langeweile
als das der Eitelkeit. Eine Frau, die sechs Stunden mit
ihrer Toilette zubringt, weiß sehr wohl, daß sie darum schließlich nicht besser aussieht als eine Frau, die

---

* Die Frauen, die eine so weiße Haut haben, daß sie auf Spitzen
verzichten können, würden den anderen argen Verdruß bereiten, wenn
sie keine trügen. Es sind fast immer die Häßlichen, die die Mode
bestimmen, und die Schönen sind so dumm, sich ihr zu unterwerfen.

nur eine halbe Stunde dafür braucht; aber das bedeutet ebensoviel Verfließen der tödlich langen Zeit, die man sich lieber mit sich selbst vertreibt, als sich von allem gelangweilt zu fühlen. Was sollte man ohne die Toilette von zwölf Uhr mittags bis neun Uhr abends anfangen? Lädt man Frauen zu sich, macht man sich ein Vergnügen daraus, sie zur Ungeduld zu bringen – das ist schon etwas; man vermeidet so ein tête-à-tête mit einem Gatten, den man nur zu dieser Stunde zu Gesicht bekommt – das ist viel mehr; und dann kommen die Krämerinnen, die Antiquitätenhändler, die feinen Herrchen, die Winkelschreiber, die Gedichte, die Spottlieder, die Flugblätter – ohne die Stunden der Toilette würde man all dies niemals so gut zusammenbringen. Der einzig wahre Vorteil, den es einbringt, ist der Vorwand, sich ein wenig mehr zur Schau stellen zu können als in angekleidetem Zustand; aber dieser Vorteil ist vielleicht gar nicht so groß, wie man meint, und die Frauen bei der Toilette gewinnen nicht soviel wie sie wohl denken. Gebt den Frauen unbedenklich die Erziehung einer Frau, tragt Sorge, daß sie lieben, was ihr Geschlecht angeht, daß sie zurückhaltend sind, ihr Eheglück hüten, sich um ihr Haus kümmern, und die lange Toilette fällt von selber aus; sie werden deshalb nur mit besserem Geschmack gekleidet sein.

Das erste, was junge Mädchen beim Heranwachsen bemerken, ist, daß all diese künstliche Anmut ihnen nicht genügt, wenn sie keine haben, die ihnen selbst zu eigen ist. Schönheit kann man sich niemals selbst geben, und man ist auch nicht so rasch imstande, Koketterie zu lernen; aber man kann schon versuchen, seinen Gesten Anmut, seiner Stimme einen einschmeichelnden Ton zu verleihen, seine Haltung einstudieren, leichtfüßig einhergehen, sich liebenswürdig geben und überall ins vorteilhafteste Licht rücken. Die Stimme bekommt Klang, wird fester und erhält ihr eige-

nes Timbre; die Arme entwickeln sich, der Gang wird
selbstbewußter und man merkt, daß es, wie immer
man auch gekleidet sein mag, eine Kunst gibt, die
Blicke auf sich zu ziehen. Von nun an spielen nicht
nur Nadel und Fleiß eine Rolle; neue Begabungen
melden sich und machen schon ihre Nützlichkeit spürbar.

Ich weiß, daß die strengen Erzieher darauf bestehen,
daß die Mädchen weder singen, tanzen noch irgendeine der anderen anmutigen Künste erlernen. Das
amüsiert mich; wem soll man sie denn beibringen? Den
Knaben? Wem sind diese Talente vorzüglich eigen,
den Männern oder den Frauen? Niemandem, werden
sie antworten; alle profanen Lieder sind gleich ebenso
vielen Verbrechen; der Tanz ist eine Erfindung des
Teufels, ein junges Mädchen darf nur seine Arbeit und
das Gebet zum Zeitvertreib haben. Das sind seltsame
Vergnügen für ein zehnjähriges Kind! Ich meinerseits
fürchte sehr, daß alle diese kleinen Heiligen, die man
zwingt, ihre Kindheit im Gebet zu verbringen, ihre
Jugendzeit mit ganz etwas anderem verbringen und,
einmal verheiratet, nach besten Kräften die Zeit
nachholen, die sie als junge Mädchen verloren zu
haben glauben. Ich meine, man sollte ebenso berücksichtigen, was dem Alter, wie was dem Geschlecht
angemessen ist; ich meine, ein junges Mädchen sollte
nicht so leben wie seine Großmutter; es sollte lebhaft, unbeschwert und ausgelassen sein, singen und
tanzen soviel es mag und alle unschuldigen Freuden seines Alters genießen; die Zeit wird nur zu bald
kommen, da es ein gesetzteres und ernsthafteres Betragen annehmen muß.

Aber dieser Wechsel, ist er wirklich notwendig?
ist er nicht vielleicht nur wieder eine Frucht unsrer
Vorurteile? Indem man die ehrbaren Frauen nur
tristen Pflichten unterwirft, verbannt man alles aus
der Ehe, was sie den Männern angenehm machen

könnte. Ist es erstaunlich, daß die Stille, die sie zu
Hause regieren sehen, die Männer von dort weg-
treibt oder daß sie nur wenig versucht sind, in einen
so verdrießlichen Stand einzutreten? Weil das Christentum alle Pflichten überspannt, macht es sie undurchführbar und nichtig; weil es den Frauen Gesang,
Tanz und alle Freuden der Welt untersagt, macht es
sie zu Hause griesgrämig, zänkisch und unerträglich.
Es gibt keine Religion, in der die Ehe solch strengen
Pflichten unterworfen, und keine, in der eine so heilige
Verpflichtung so verachtet wäre. Man hat so viel dazu
beigetragen, die Frauen daran zu hindern, liebenswert
zu sein, daß man die Gatten gleichgültig gemacht hat.
Das sollte nicht so sein; natürlich: ich aber sage, es mußte
so sein, da die Christen schließlich Menschen sind. Was
mich anlangt, so möchte ich, daß eine junge Engländerin die anmutigen Gaben, die sie besitzt, ebenso
sorgfältig kultiviert, um ihrem Gatten zu gefallen, wie
eine junge Albanesin es für den Harem in Ispahan
tut. Die Ehemänner, wird man sagen, hegen wohl
kaum ein sonderliches Interesse für all diese Gaben.
Das glaube ich allerdings, wenn diese Gaben nicht etwa
genutzt werden, um ihnen zu gefallen, sondern nur als
Köder dienen, junge Frechlinge an sich zu ziehen, die
sie entehren. Aber glaubt ihr denn, daß eine Frau, mit
solchen Talenten ausgestattet, und die sie der Freude
ihres Mannes weihen würde, nicht zum Glück seines
Lebens beitrüge und ihn nicht daran hindern würde,
anderweitig Erholung zu suchen, wenn er erschöpft
sein Arbeitszimmer verläßt? Hat noch niemand auf
solche Weise vereinte glückliche Familien gesehen, wo
jeder etwas zur allgemeinen Freude beiträgt? Sage er
doch, ob das Vertrauen und die Vertraulicheit untereinander, die Hand in Hand mit ihm geht, ob die
Unschuld und die Süße der Freuden, die man dabei
genießt, nicht vollkommen die öffentlichen Vergnügungen mit ihrem lauteren Getriebe ausgleichen[9]?

Die liebenswürdigen Begabungen sind zu sehr zur
Kunstfertigkeit herabgewürdigt worden, man hat sie
zu sehr verallgemeinert; aus allem hat man Maximen
und Vorschriften gemacht und den jungen Mädchen
das langweilig werden lassen, was nur Freude und ausgelassene Spielerei für sie sein sollte. Ich kann mir
nichts Lächerlicheres vorstellen als einen alten Tanz-
oder Gesanglehrer, der sich mit gerunzelter Stirn an
junge Mädchen wendet, die nur lachen wollen, und
der, um ihnen seine unbedeutenden Fertigkeiten beizubringen, einen noch pedantischeren und schulmei-
sterlicheren Ton anschlägt, als sie bei ihrem Katechis-
musunterricht zu hören bekommen. Hängt die Kunst
des Singens zum Beispiel von geschriebenen Noten ab?
Kann man seiner Stimme nicht Biegsamkeit und Reinheit verleihen, mit Freuden singen lernen, sogar sich
selbst begleiten, ohne eine einzige Note lesen zu können? Paßt die gleiche Art von Gesang für jede Stimme?
Paßt die gleiche Methode für jeden Charakter? Niemals
wird man mich glauben machen, daß die gleichen Stellungen, die gleichen Schritte, die gleichen Bewegungen,
die gleichen Gebärden, die gleichen Tänze ebenso zu
einer kleinen, lebhaften und reizvollen Brünetten passen wie zu einer großen, schönen Blondine mit
schmachtenden Augen. Sehe ich nun, daß ein Tanzlehrer beiden genau die gleichen Unterweisungen gibt,
sage ich: Dieser Mann folgt seiner Routine, versteht
jedoch nichts von seiner Kunst.

Man fragt, ob Mädchen Lehrer oder Lehrerinnen
haben sollen. Ich weiß es nicht: mir wäre es am liebsten, sie brauchten weder die einen noch die anderen,
sie lernten aus freien Stücken, was sie so gern lernen
möchten, und man sähe in unsren Städten nicht fortwährend so viele aufgeputzte Komödianten herumlaufen. Ich kann nicht umhin zu glauben, daß der
Umgang mit diesen Leuten den jungen Mädchen viel
mehr Schaden tut als ihr Unterricht ihnen Nutzen

bringt und daß ihr Gerede, ihr Ton, ihr Gehabe ihren Schülerinnen den für die Lehrer so bedeutenden ersten Geschmack an jenen Nichtigkeiten beibringt, die für ihre Lehrer von so großer Bedeutung sind und die sie bald, nach ihrem Vorbild, zu ihrer einzigen Beschäftigung machen werden.

Bei den Künsten, die nur der Unterhaltung dienen, kann alles den jungen Mädchen zum Lehrmeister werden: ihr Vater, ihre Mutter, ihr Bruder, ihre Schwester, ihre Freundinnen, ihre Erzieherinnen, ihr Spiegel und vor allem ihr eigener Geschmack. Man darf ihnen keineswegs anbieten, ihnen Unterricht zu geben, sie selbst müssen darum bitten; man darf aus einer Belohnung keine Aufgabe machen; und gerade in dem Willen zum Gelingen liegt der erste Erfolg dieser Art von Übungen. Soll es im übrigen unbedingt ein geregelter Unterricht sein, kann ich mich über das Geschlecht des Lehrers, der ihn geben soll, nicht entscheiden. Ich weiß nicht, ob es nötig ist, daß ein Tanzlehrer die zarte und weiße Hand einer jungen Schülerin faßt, sie den Rock aufnehmen, ihre Augen heben, ihre Arme ausbreiten und ihren wogenden Busen vorneigen läßt; ich weiß nur, daß ich um nichts in der Welt jener Lehrer sein möchte.

Durch Geschicklichkeit und Begabung bildet sich der Geschmack; durch den Geschmack öffnet sich unmerklich der Geist den Vorstellungen vom Schönen aller Art und schließlich den Moralbegriffen, die damit zusammenhängen. Das ist vielleicht einer der Gründe, warum das Gefühl für Anstand und Ehrbarkeit sich bei den Mädchen eher einstellt als bei den Knaben; denn um anzunehmen, dieses frühzeitige Gefühl sei das Werk der Erzieherinnen, müßte man schon sehr schlecht über die Art ihres Unterrichts und den Gang des menschlichen Geistes unterrichtet sein. Die Redegabe steht in der Kunst zu gefallen an erster Stelle; durch sie allein kann man die Reize vermehren, mit denen die Sinne durch die Gewohnheit vertraut sind. Der Geist belebt nicht nur den Körper, er erneuert ihn auch in gewisser Beziehung; durch die Wechselfolge von Gefühlen und Ideen beseelt und verändert er die Physiognomie, und durch die Dinge, die er uns sagen läßt, läßt er die immer wache Aufmerksamkeit lange Zeit mit dem gleichen Interesse beim gleichen Gegenstand verweilen. Aus all diesen Gründen, glaube ich, lernen die jungen Mädchen so rasch anmutig zu plaudern, lernen, ihren Worten, selbst bevor sie sie nachempfinden, einen besonderen Tonfall zu geben; aus diesem Grunde hören die Männer ihnen schon so früh gern zu, selbst bevor die Mädchen sie verstehen; die Männer warten gespannt auf den ersten Augenblick dieses Verständnisses, um sich dann in ihr Gefühl einzuschleichen.

Frauen haben eine wendige Zunge; sie sprechen früher, mit größerer Leichtigkeit, und liebenswürdiger als Männer. Man beschuldigt sie auch, eher zu reden: das muß so sein, und ich würde diesen Tadel gern in Lob umwandeln; bei ihnen sind Mund und Augen aus dem gleichen Grund gleich aktiv. Der Mann sagt, was er weiß, die Frau, was gefällt; der Mann braucht Kenntnisse zum Reden, die Frau Geschmack; der Mann muß nützliche Dinge zum Thema nehmen, die Frau die angenehmen. Ihre Reden müssen nur eines gemeinsam haben: die Wahrheit.

So darf man das Geplauder der Mädchen nicht wie das der Knaben mit der gestrengen Frage: *Wozu ist das nutze?* eindämmen, sondern mit jener anderen, die nicht weniger schwer zu beantworten ist: *Was für einen Eindruck soll das machen?* In diesem jungen Alter, da sie das Gute vom Bösen noch nicht zu unterscheiden vermögen, sind sie niemandes Richter, müssen sie sich als Gesetz auferlegen, denen, mit denen sie reden, niemals anderes als Angenehmes zu sagen; und was die Durchführung dieser Regel schwieriger macht, ist, daß

sie der ersten Regel immer untergeordnet bleibt, nämlich niemals zu lügen.

Es gibt da noch viele andere Schwierigkeiten, aber
sie gehören zu einem vorgerückteren Alter. Im Augenblick verlangt man von jungen Mädchen nur Wahrheit
ohne Unhöflichkeit; und da diese Unhöflichkeit ihrem
Naturell zuwider ist, lehrt sie die Erziehung mit Leichtigkeit, sie zu vermeiden. Im Umgang mit den Menschen bemerke ich allgemein, daß die Höflichkeit der
Männer eher Dienstfertigkeit ist, die der Frauen aber
eher eine Freundlichkeit. Dieser Unterschied kommt
nicht aus der Konvention, sondern von der Natur. Der
Mann scheint eher dienen zu wollen, die Frau will
gefallen. Daraus folgt, daß, wie immer es auch um den
Charakter der Frauen bestellt sein mag, ihre Höflichkeit nicht so falsch ist wie die unsere; sie vertiefen nur
ihren Urinstinkt; wenn aber ein Mann vorgibt, mein
Interesse gehe ihm vor seinem eigenen, so bin ich ganz
sicher, daß er lügt, mit welchen Freundschaftsbeweisen
er auch immer diese Lüge beschönigen mag. Es ist also
den Frauen ein leichtes, höflich zu sein, und folglich
auch den jungen Mädchen, es zu werden. Die erste
Lehre kommt von der Natur, die Kunst tut nichts dazu
als ihr folgen und unsren Sitten gemäß bestimmen, in
welcher Form sie sich offenbaren soll. Die Höflichkeit
der Frauen untereinander ist eine andere Sache; sie
nehmen dabei so gezwungene Manieren an, so kühle
Aufmerksamkeiten, daß sie kaum ein Hehl daraus
machen, wenn sie einander lästig sind, und in ihrer
Lüge aufrichtig scheinen, da sie gar nicht erst versuchen, sie zu verschleiern. Indessen schließen junge
Mädchen manchmal in allem Ernst aufrichtigere
Freundschaften. In ihrem Alter ersetzt die Fröhlichkeit
die gute Gemütsart, und da sie mit sich selbst zufrieden sind, sind sie es mit aller Welt. Es ist auch
gewiß, daß sie sich in Gegenwart der Männer herz-
licher küssen und liebevoller umarmen, stolz darauf,

deren Begehren durch den Anblick von Gunstbezeigungen, auf die sie sie neidisch machen, ungestraft anzustacheln.

Wenn man schon Knaben vorlaute Fragen verbietet, so muß man sie erst recht jungen Mädchen verbieten, bei denen die befriedigte oder ungeschickt abgelenkte Neugier, angesichts ihres Scharfsinns, Geheimnisse, die man ihnen verschweigt, zu wittern und ihrer Geschicklichkeit, sie zu enthüllen, ganz andere Folgen hat. Aber wenn man auch ihre Ausfragerei nicht dulden soll, so scheint es mir gut, daß man sie selbst oft ausfragt, daß man sie zum Plaudern bringt, daß man sie dazu reizt, um sie in der leichten Unterhaltung zu üben, sie schlagfertig zu machen, um ihnen Geist und Zunge zu lösen, so lange man es ohne Gefahr tun kann. Solche immer in Fröhlichkeit auslaufenden, aber elegant und gut gelenkten Konversationen wären ein reizvolles Vergnügen für dieses Alter und könnten in die unschuldsvollen Herzen dieser jungen Mädchen die ersten und vielleicht nützlichsten Moralbelehrungen ihres ganzen Lebens senken, indem sie unter der Lockung des Vergnügens und der Eitelkeit lernen, welchen Qualitäten die Männer ihre wirkliche Achtung schenken, und worin der Ruhm und das Glück einer ehrbaren Frau besteht.

Es ist durchaus verständlich, daß, wenn die männlichen Kinder außerstande sind, sich eine wirkliche Vorstellung von Religion zu machen, diese Vorstellung erst recht das Fassungsvermögen der Mädchen übersteigt: gerade deshalb möchte ich mit ihnen etwas früher darüber sprechen; denn wenn man warten müßte, bis sie imstande wären, diese tiefen Fragen methodisch zu diskutieren, würde man Gefahr laufen, niemals mit ihnen darüber reden zu können[10]. Die Vernunft der Frauen ist eine praktische Vernunft, die sie auf geschickteste Weise die Mittel finden läßt, ein gesetztes Ziel zu erreichen, die sie aber nicht dieses Ziel

selbst finden läßt. Der Umgang der Geschlechter untereinander ist etwas Wunderbares. Aus diesem Umgang
entsteht eine geistige Person, deren Auge die Frau und
deren Arm der Mann ist, jedoch mit einer solchen
gegenseitigen Abhängigkeit, daß die Frau vom Mann
lernt, was sie sehen muß, und der Mann von der Frau,
was er tun muß. Wenn die Frau ebenso wie der Mann
bis zu den Prinzipien zurückgehen könnte und der
Mann ebenso wie sie den Sinn für das Detail hätte, so
würden sie, weil immer voneinander unabhängig, in
ewigem Streit leben, und ihre Gemeinschaft könnte
nicht weiterbestehen. Herrscht aber Harmonie zwischen ihnen, strebt alles dem gemeinsamen Ziel zu;
keiner weiß, wer am meisten von dem seinen dazutut;
jeder folgt dem Impuls des anderen; jeder gehorcht,
und beide sind die Gebieter.

Gerade deshalb, weil das Verhalten der Frau der
öffentlichen Meinung unterworfen ist, ist ihre Gläubig-
keit der Autorität unterworfen. Jede Tochter soll die
Religion der Mutter haben, und jede Frau die ihres
Gatten. Sollte diese Religion die falsche sein, tilgt die
Fügsamkeit, mit der die Mutter und die Familie sich
der Ordnung der Natur beugen, vor Gott die Sünde
des Irrtums. Außerstande, selbst entscheiden zu können, müssen sie die Entscheidung der Väter und der
Gatten annehmen wie die der Kirche.

Da sie ihre Glaubensregel nicht aus sich selbst finden können, können die Frauen sie nicht in den Grenzen der Evidenz und der Vernunft halten; da sie sich
aber von tausend fremden Impulsen hinreißen lassen,
befinden sie sich immer diesseits oder jenseits des Wahren. Immer in Extremen lebend sind sie alle entweder
Freigeister oder Frömmlerinnen; keine von ihnen weiß
Vernunft mit Frömmigkeit zu vereinen. Die Quelle
des Übels liegt nicht nur im überspannten Charakter
ihres Geschlechts, sondern ebenso in der schlecht geregelten Autorität des unsren: durch die Freiheit der

Sitten wird sie verächtlich, durch den Schreck der Reue tyrannisch, und so kommt es, daß man immer zuviel oder zu wenig damit anfängt.

Da die Autorität die Religion der Frauen festlegen muß, geht es nicht so sehr darum, ihnen die Gründe, die uns zum Glauben führen, auseinanderzusetzen, als darum, ihnen klar und deutlich darzulegen, was man glaubt: denn der Glaube, den man dunklen Vorstellungen schenkt, ist der Urquell des Fanatismus, und der, den man für absurde Dinge verlangt, führt zum Unsinn oder zum Unglauben. Ich weiß nicht, wozu unsre Katechismen am ehesten verleiten – zur Gottlosigkeit oder zum Fanatismus; aber ich weiß sehr wohl, daß sie notwendigerweise das eine oder das andere bewirken.

Wenn ihr junge Mädchen in Religion unterrichten wollt, macht vor allem niemals einen Gegenstand der Traurigkeit und des Zwangs für sie daraus, niemals eine Aufgabe oder eine Pflicht; laßt sie folglich auch nichts auswendig lernen, was damit zusammenhängt, nicht einmal Gebete. Begnügt euch damit, regelmäßig die euren in ihrer Gegenwart zu verrichten, ohne sie jedoch zu zwingen, mitzubeten. Betet kurz, nach Christi Vorschrift. Verrichtet sie mit der gehörigen Sammlung und Ehrfurcht; verlangt ihr Gottes Ohr, daß es uns anhöre, so bedenkt, daß ihr ebensoviel Inbrunst in das legt, was ihr ihm zu sagen habt.

Es ist weniger wichtig, daß junge Mädchen ihre Religion früh kennen, als daß sie sie gut kennen und, vor allem, lieben. Wenn ihr sie ihnen zur Last macht, wenn ihr ihnen ständig einen Gott malt, der ihnen zürnt, wenn ihr ihnen in seinem Namen tausend harte Pflichten auferlegt, die sie euch nie erfüllen sehen, was anderes sollen sie denken, als daß seinen Katechismus kennen und beten die Pflichten der kleinen Mädchen sind, und wünschen, erwachsen zu sein, um sich wie ihr von dieser ganzen Unterjochung zu befreien? Das

Vorbild! das Vorbild! ohne das hat man bei Kindern keinerlei Erfolg.

Wenn ihr ihnen Glaubensartikel erklärt, so tut es in direkter Form und nicht durch Fragen und Antworten. Sie dürfen immer nur das antworten, was sie denken, und nicht das, was man ihnen diktiert hat. Alle Antworten des Katechismus sind widersinnig, weil ja dabei der Schüler den Lehrer belehrt; sie sind sogar Lügen im Mund der Kinder, da sie etwas erklären, was sie gar nicht verstehen, und behaupten, was zu glauben sie außerstande sind. Man zeige mir unter den intelligentesten Menschen die, die nicht lügen, wenn sie ihren Katechismus aufsagen.

Die erste Frage, der ich in dem unsrigen begegne, ist diese: *Wer hat dich geschaffen und zur Welt gebracht?* Worauf das kleine Mädchen, überzeugt, daß das seine Mutter sei, dennoch antwortet, es sei Gott. Das einzige, was es damit bei sich feststellt, ist, daß es auf eine Frage, die sie kaum versteht, eine Antwort gibt, die es absolut nicht versteht.

Ich wünschte, ein Mann, der der Kinder geistige Fortschritte richtig erkennt, würde einen Katechismus für sie schaffen. Das wäre vielleicht das nützlichste Buch, das jemals geschrieben worden wäre, und meiner Meinung würde es dem Autor nicht am wenigsten Ehre machen. Es steht mit Sicherheit fest, daß dieses Buch, wenn es gut wäre, unsern Katechismen kaum ähnlich sehen würde.

Ein solcher Katechismus ist nur dann gut, wenn das Kind von sich aus auf die Fragen eine Antwort gibt, ohne sie vorher zu lernen; natürlich wird es manchmal seinerseits Fragen stellen. Um verständlich zu machen, was ich sagen will, brauchte ich eine Art Modell, und mir ist wohl bewußt, was mir fehlt, um es zu skizzieren. Ich will wenigstens versuchen, eine ungefähre Vorstellung davon zu vermitteln.

Ich stelle mir also vor, daß, um zur ersten Frage

unsres Katechismus zu kommen, dieser Katechismus ungefähr so anfangen müßte:

D i e B o n n e. Erinnerst du dich der Zeit, als deine Mutter ein junges Mädchen war?

D a s M ä d c h e n. Nein, Fräulein.

D i e B o n n e. Wieso nicht, du hast doch ein so gutes Gedächtnis!

D a s M ä d c h e n. Weil ich noch nicht auf der Welt war.

D i e B o n n e. Du hast also nicht immer gelebt?

D a s M ä d c h e n. Nein.

D i e B o n n e. Wirst du immer leben?

D a s M ä d c h e n. Ja.

D i e B o n n e. Bist du jung oder alt?

D a s M ä d c h e n. Ich bin jung.

D i e B o n n e. Und deine Großmutter – ist sie jung oder alt?

D a s M ä d c h e n. Sie ist alt.

D i e B o n n e. Ist sie einmal jung gewesen?

D a s M ä d c h e n. Ja.

D i e B o n n e. Warum ist sie es nicht mehr?

D a s M ä d c h e n. Weil sie alt geworden ist.

D i e B o n n e. Wirst du auch einmal alt werden, so wie sie?

D a s M ä d c h e n. Ich weiß nicht*.

D i e B o n n e. Wo sind deine Kleider vom vorigen Jahr?

D a s M ä d c h e n. Die sind auseinandergetrennt worden.

D i e B o n n e. Und warum sind sie auseinandergetrennt worden?

D a s M ä d c h e n. Weil sie mir zu klein waren.

D i e B o n n e. Und warum waren sie dir zu klein?

D a s M ä d c h e n. Weil ich gewachsen bin.

---

* Wenn überall da, wo ich *Ich weiß nicht* gesetzt habe, die Kleine anders antwortet, muß man ihrer Antwort mißtrauen und sie sie gründlich erklären lassen.

Die Bonne. Wirst du noch weiter wachsen?

Das Mädchen. O ja!

Die Bonne. Und was wird aus großen Mädchen?

Das Mädchen. Sie werden Frauen.

Die Bonne. Und was wird aus den Frauen?

Das Mädchen. Sie werden Mütter.

Die Bonne. Und die Mütter, was werden die?

Das Mädchen. Sie werden alt.

Die Bonne. Du wirst also alt werden?

Das Mädchen. Wenn ich Mutter bin.

Die Bonne. Und was wird aus alten Leuten?

Das Mädchen. Ich weiß nicht.

Die Bonne. Was ist aus deinem Großvater geworden?

Das Mädchen. Er ist tot*.

Die Bonne. Und warum ist er tot?

Das Mädchen. Weil er alt war.

Die Bonne. Was wird also aus alten Leuten?

Das Mädchen. Sie sterben.

Die Bonne. Und du, wenn du alt sein wirst, was ...

Das Mädchen *(unterbricht sie)*. Ach, Fräulein, ich will nicht sterben.

Die Bonne. Niemand will sterben, mein Kind, und doch sterben wir alle.

Das Mädchen. Ach! Mama wird auch sterben!

Die Bonne. Wie jeder andere. Frauen sowohl wie Männer werden alt, und das Alter führt zum Tod.

Das Mädchen. Was muß man tun, um ganz spät alt zu werden?

Die Bonne. Brav leben, solange man jung ist!

---

* Die Kleine wird das sagen, weil sie es hat sagen hören; man muß aber feststellen, ob sie irgendeine richtige Vorstellung vom Tod hat, denn diese Vorstellung ist nicht so einfach und den Kindern nicht so begreiflich wie man meint. An dem kleinen Gedicht *Abel*[11] kann man ein Beispiel sehen, wie man sie ihnen nahebringen muß. Dieses reizende Werk atmet eine köstliche Einfachheit, die man sich nicht genug zu eigen machen kann, um mit Kindern zu reden.

Das Mädchen. Ich will immer brav sein, Fräulein.

Die Bonne. Um so besser für dich. Aber glaubst du denn, du würdest immer leben?

Das Mädchen. Wenn ich ganz, ganz alt sein werde...

Die Bonne. Und?

Das Mädchen. Ja, Sie sagen doch, daß man sterben muß, wenn man so alt ist.

Die Bonne. Du stirbst also doch einmal?

Das Mädchen. Ach ja!

Die Bonne. Wer war schon vor dir am Leben?

Das Mädchen. Mein Vater und meine Mutter.

Die Bonne. Wer lebte vor ihnen?

Das Mädchen. Ihr Vater und ihre Mutter.

Die Bonne. Wer wird nach dir leben?

Das Mädchen. Meine Kinder.

Die Bonne. Wer wird nach ihnen leben?

Das Mädchen. Ihre Kinder usw.

Geht man diesen Weg weiter, so findet man durch einleuchtende Schlußfolgerungen einen Beginn und ein Ende bei der menschlichen Rasse wie bei allen Dingen, nämlich einen Vater und eine Mutter, die weder Vater noch Mutter haben, und Kinder, die keine Kinder haben werden*.

Erst nach einer langen Reihe solcher Fragen ist die erste Frage des Katechismus genügend vorbereitet. Jedoch von da bis zur zweiten Antwort, die sozusagen die Definition der göttlichen Wesenheit ist, welch ungeheurer Sprung! Wann wird dieser Zwischenraum ausgefüllt sein? Gott ist ein Geist! und was ist ein Geist? Soll ich den eines Kindes mit jener obskuren Metaphysik befassen, mit der die Erwachsenen nur

---

* Die Idee der Ewigkeit läßt sich ohne den Widerspruch des Geistes nicht auf die menschliche Geschlechtsfolge anwenden. Die Zahlenreihe zurückgeführt auf den Akt des Zählens ist mit dieser Vorstellung unvereinbar.

unter solch großen Mühen fertig werden? Es ist nicht
an einem kleinen Mädchen, diese Probleme zu lösen,
es ist höchstens an ihm, sie zu stellen. Dann würde ich
ihm einfach antworten: Du fragst mich, was Gott ist;
das ist nicht leicht zu sagen: man kann Gott weder
hören noch sehen, noch berühren; man kennt ihn nur
aus seinen Werken. Um zu beurteilen, was er ist, lerne
zunächst erkennen, was er getan hat.

Sind unsre Dogmen auch alle gleich wahr, so sind sie
deshalb nicht alle von gleicher Wichtigkeit. Für Gottes
Ruhm ist es sehr gleichgültig, ob wir ihn in allen Dingen
erkennen; aber für die menschliche Gesellschaft
und jedes ihrer Mitglieder ist es von Wichtigkeit, daß
jeder Mensch seine Pflichten kennt, die ihm das Gesetz
Gottes auferlegt, und sie gegen seinen Nächsten wie
gegen sich selbst erfüllt. Dieses ist es, was wir einander
unaufhörlich lehren müssen und was vor allem die
Eltern ihre Kinder zu lehren haben. Ob eine Jungfrau
die Mutter ihres Schöpfers ist, ob sie Gott geboren hat
oder nur einen Menschen, mit dem sich Gott vereinigt
hat; ob die Substanz von Vater und Sohn gleich oder
nur ähnlich ist; ob der Geist von einem der beiden ausgeht,
die eines sind, oder von beiden gemeinsam – ich
sehe nicht ein, daß die Entscheidung über diese scheinbar
wesentlichen Fragen für das Menschengeschlecht
bedeutsamer ist, als zu wissen, an welchem Tag das
Osterfest nach dem Lauf des Mondes zu feiern ist, ob
man den Rosenkranz beten, ob man fasten, sich kasteien,
lateinisch oder französisch in der Kirche sprechen soll,
die Wände mit Bildern schmücken, die Messe lesen oder
hören und keine eigene Frau besitzen soll. Mag jeder
darüber denken, wie er will: ich wüßte nicht, wieso
das andere interessieren kann; was mich betrifft, so
interessiert es mich überhaupt nicht. Was mich aber
interessiert, mich und alle meine Mitmenschen, ist, daß
jeder wisse, daß es einen Herrn über das Schicksal der
Menschen gibt, dessen Kinder wir alle sind, der uns

allen vorschreibt gerecht zu sein, einander zu lieben, wohltätig und barmherzig zu sein, unsre Verpflichtungen jedem gegenüber einzuhalten, selbst gegen unsre Feinde und die seinigen; daß das Scheinglück dieses Lebens nichts bedeutet; daß es ein anderes nach ihm gibt, in dem jenes Höchste Wesen die Guten belohnen und die Bösen richten wird. Diese und ähnliche Dogmen müssen die Jugend gelehrt werden und alle Mitbürger überzeugen. Wer immer sie bekämpft, verdient ganz sicher Züchtigung; er ist der Störer der Ordnung und der Feind der Gesellschaft[12]. Wer sich über Ordnung und Gesellschaft hinwegsetzen und uns seinen eigenen Meinungen unterwerfen will, kommt auf entgegengesetztem Weg zum gleichen Punkt; um nach seiner Weise die Ordnung zu errichten, stört er den Frieden; in seinem vermessenen Stolz macht er sich zum Dolmetscher der Gottheit, in ihrem Namen fordert er Huldigungen und Ehrerbietung der Menschen, er nimmt, soweit er es vermag, Gottes Stelle ein: man müßte ihn als Gotteslästerer strafen, wenn man ihn nicht als Unduldsamen strafte.

Beachtet also keins dieser mysteriösen Dogmen, die uns nur Worte ohne Vorstellungen sind, alle jene seltsamen Doktrinen, deren nutzloses Studium denen, die sich ihnen unterwerfen, die Tugend ersetzt und eher dazu dient, sie wahnsinnig statt gut zu machen. Haltet eure Kinder immer im engen Kreis der Dogmen, die mit der Moral zusammenhängen. Überzeugt sie fest davon, daß es für uns keine nützlichere Erkenntnis gibt als die, die uns lehrt, das Rechte zu tun. Macht keine Theologen und Vernünftler aus euren Töchtern; lehrt sie von überirdischen Dingen nur das, was der menschlichen Einsicht dient; gewöhnt sie daran, daß das Auge Gottes ständig auf ihnen ruht, daß sie ihn zum Zeugen ihrer Handlungen, ihrer Gedanken, ihrer Tugend und ihrer Freuden haben[13]; gewöhnt sie daran, unauffällig Gutes zu tun, weil er es liebt, klaglos zu leiden, weil er sie dafür entschädigen wird, und schließlich jeden Tag ihres Lebens das zu sein, worüber sie froh sein werden, wenn sie vor ihn hintreten werden. Dies ist die wahre Religion, die einzige, für die es weder Mißbrauch noch Gottlosigkeit, noch Fanatismus gibt. Man predige erhabenere Religionen soviel man will – ich erkenne keine andere an als jene.

Im übrigen ist es bis zu dem Alter, da die Vernunft erwacht und die Stimme des Gewissens durch das aufkeimende Gefühl zu sprechen beginnt, nützlich, zu beobachten, daß das, was gut oder schlecht, für junge Mädchen das ist, was ihre Umgebung als solches erklärt hat. Was man ihnen befiehlt, ist gut, was man ihnen verbietet, ist schlecht, mehr haben sie davon nicht zu wissen: daraus ersieht man, von welcher Bedeutung, für sie noch mehr als für die Knaben, die Wahl der Personen ist, mit denen sie in Berührung kommen und die einige Autorität über sie erlangen müssen. Schließlich kommt einmal der Augenblick, da sie anfangen, sich ein eigenes Urteil über alles zu bilden, und dann ist es an der Zeit, ihren Erziehungsplan zu ändern.

Ich habe vielleicht bis hierher schon zuviel darüber gesagt. Auf welches Niveau zwingen wir die Frauen herab, wenn wir ihnen nur die öffentlichen Vorurteile zum Gesetz machen? Erniedrigen wir nicht so tief das Geschlecht, das uns beherrscht und uns ehrt, wenn wir es nicht herabgewürdigt haben. Für das ganze menschliche Geschlecht gibt es ein Gesetz, das aller Meinung vorausgeht. Auf die unbeugsame Richtung dieses Gesetzes müssen alle anderen zurückgehen; es sitzt selbst über das Vorurteil zu Gericht, und nur soweit die Wertschätzung der Menschen mit ihm übereinstimmt, darf sie uns Maßstab sein.

Dieses Gesetz ist das innere Gefühl. Ich werde nicht wiederholen, was oben schon darüber gesagt wurde[14]; es genügt mir, zu bemerken, daß die Erziehung der

Frauen immer fehlerhaft sein wird, wenn diese beiden Gesetze nicht zusammenwirken. Das Gefühl ohne die gesellschaftliche Meinung wird ihnen nicht jene Feinheit der Seele geben, die die guten Sitten mit weltlicher Ehre schmückt; und die gesellschaftliche Meinung ohne Gefühl wird immer nur falsche und ehrlose Frauen hervorbringen, die den Anschein an die Stelle der Tugend setzen.

Es ist also wichtig für sie, eine Fähigkeit heranzubilden, die zum Schiedsrichter zwischen den beiden Führern dient, die das Gewissen nicht in die Irre gehen läßt und die Irrtümer des Vorurteils richtigstellt. Diese Fähigkeit heißt Vernunft. Aber wie viele Fragen erheben sich bei diesem Wort! Sind Frauen gründlichen Denkens fähig? ist es von Bedeutung, daß sie es kultivieren? können sie es mit Erfolg kultivieren? Ist diese Bildung den ihnen auferlegten Funktionen von Nutzen? Ist sie mit der Einfachheit, die ihnen angemessen ist, in Einklang zu bringen?

Die verschiedenen Arten, diese Fragen zu betrachten und zu lösen, ergeben einander entgegengesetzte Übertreibungen; die einen wollen die Frauen darauf beschränken, in ihrem Haushalt mit den Mägden zu nähen und zu spinnen und machen so nichts anderes aus ihnen als die erste Dienerin des Hausherrn, und die anderen begnügen sich nicht damit, ihnen ihre Rechte zu sichern, sondern wollen noch, daß sie sich die unseren anmaßen; denn gewährt man ihnen Überlegenheit über uns in den Qualitäten, die ihrem Geschlecht eigen sind, und macht sie uns in allem übrigen gleich – was anderes bedeutet das, als der Frau den Vorrang zu übertragen, den die Natur dem Gatten gibt?

Der Grund, der den Mann zur Erkenntnis seiner Pflichten führt, ist nicht sehr kompliziert, der, der die Frau zur Erkenntnis der ihren führt, ist noch einfacher. Der Gehorsam und die Treue, die sie ihrem Gatten schuldet, die Zärtlichkeit und Fürsorge, die sie ihren

Kindern schuldet, sind so natürliche und offenbare Folgen ihrer Lage, daß sie dem inneren Gefühl, das sie leitet, nicht ohne Unredlichkeit ihre Zustimmung versagen und die Pflicht in der noch unbeeinflußten Neigung nicht verkennen kann.

Ich würde es nicht absolut verwerfen, wenn eine Frau einzig auf die Beschäftigungen ihres Geschlechts beschränkt und in allem übrigen in tiefer Unwissenheit gehalten würde; dafür müßten jedoch die allgemeinen Sitten sehr einfach und sehr gesund sein oder ihr Leben sehr zurückgezogen. In großen Städten und unter korrupten Männern wäre diese Frau zu leicht zu verführen; oft würde ihre Tugend nur von der Gelegenheit abhängen. In diesem philosophischen Jahrhundert braucht sie eine bewährte Tugend; sie muß im voraus wissen, wie man zu ihr reden könnte und was sie darüber zu denken hat.

Der Beurteilung der Männer unterworfen, muß sie im übrigen deren Achtung verdienen; vor allem muß sie die ihres Gatten erwerben; sie darf ihm nicht nur ihre Person liebenswert machen, auch ihr Verhalten muß seine Zustimmung finden; sie muß vor der Öffentlichkeit die Wahl, die sie getroffen hat, rechtfertigen und den Gatten durch die Ehre ehren, die man der Frau erweist. Wie will sie aber mit all diesem zurechtkommen, wenn sie unsre Institutionen nicht kennt, wenn sie nichts von unsren Bräuchen weiß, von unsren Anstandsbegriffen, wenn sie weder den Ursprung der menschlichen Entscheidungen noch die Leidenschaften kennt, die sie bestimmen? Weil sie eben von ihrem eigenen Gewissen und der Meinung der anderen zugleich abhängt, muß sie lernen, diese beiden Faktoren miteinander zu vergleichen, sie einander anzupassen und dem einen vor dem anderen nur dann den Vorzug zu geben, wenn sie in Widerspruch zueinander stehen. Sie wird zum Richter ihrer Richter, sie entscheidet, wann sie sich ihnen unterwerfen und wann sie sie ab-

weisen muß. Bevor sie ihre Vorurteile verwirft oder
akzeptiert, wägt sie sie ab; sie lernt sie bis auf ihren
Ursprung zurückzuverfolgen, ihnen zuvorzukommen
und sie zu ihren Gunsten zu wenden; sie ist auf der
Hut, sich jemals einen Tadel zuzuziehen, wenn ihre
Pflicht ihr erlaubt, es zu vermeiden. Nichts von all
dem ist möglich, ohne daß ihr Geist und ihre Vernunft
ausgebildet werden.

Ich komme immer wieder auf das Prinzip zurück,
und es liefert mir die Lösung aller meiner Schwierigkeiten. Ich erforsche, was ist, suche nach seiner Ursache
und finde schließlich heraus, daß das, was ist, gut ist.
Ich besuche gastfreie Häuser, wo Hausherr und Hausfrau miteinander empfangen. Beide haben die gleiche
Erziehung genossen, beide sind von gleicher Höflichkeit, beide von gleich gutem Geschmack und gleich geistvoll, beide von dem gleichen Wunsch beseelt, es ihren
Gästen angenehm zu machen und jeden zufrieden zu
verabschieden. Der Gatte unterläßt nicht die kleinste
Aufmerksamkeit: er ist dauernd in Bewegung, geht von
einem Gast zum anderen und erschöpft sich in tausend
Bemühungen – er möchte ganz Aufmerksamkeit sein.
Die Frau bleibt an ihrem Platz; ein kleiner Kreis sammelt sich um sie und scheint ihr die übrige Gesellschaft
zu verbergen; indessen geschieht nichts, dessen sie nicht
gewahr würde, niemand geht fort, mit dem sie nicht
geplaudert hätte; sie hat nichts von dem ausgelassen,
was jedermann interessieren könnte; zu niemandem
hat sie etwas gesagt, was ihm nicht angenehm gewesen
wäre; und ohne die Ordnung zu stören, ist der Geringste ebensowenig in Vergessenheit geraten wie der
Vornehmste. Es ist aufgetragen, man setzt sich zu
Tisch: Der Mann, wohl unterrichtet, wie die Leute zueinander passen, wird ihnen den Platz anweisen nach
dem, was er weiß; die Frau, ohne etwas zu wissen,
wird sich dennoch nicht irren: sie hat bereits in ihren
Augen und ihrem Benehmen all das gelesen, worin

sie übereinstimmen, und jeder findet sich plaziert, wie er es sein möchte. Da der Hausherr sich um jeden Gast bemüht, ist es für ihn leicht, niemanden zu vergessen; die Frau aber errät, was man mit Lust betrachtet, und bietet es an; im Gespräch mit ihrem Nachbarn hat sie ihr Auge am Tischende; sie unterscheidet sehr wohl den, der nicht ißt, weil er keinen Hunger hat, von dem, der nicht wagt, sich zu bedienen oder um etwas zu bitten, weil er ungeschickt oder schüchtern ist. Beim Aufheben der Tafel glaubt jeder, sie habe nur an ihn gedacht; keiner glaubt, sie habe die Zeit gehabt, auch nur einen einzigen Bissen zu essen; in Wahrheit aber hat sie mehr gegessen als alle anderen.

Wenn alle gegangen sind, unterhält man sich über das Erlebte. Der Mann berichtet, was ihm gesagt wurde, was die, mit denen er sich unterhalten hat, gesagt und getan haben. Wenn die Frau in diesem Punkt auch nicht immer ganz genau ist, so hat sie dafür gesehen, was am anderen Ende des Raums geflüstert wurde; sie weiß, was der und jener gedacht hat, was dieses Wort oder jene Gebärde zu bedeuten hatte; kaum eine ausdrucksvolle Geste war gemacht worden, für die sie nicht die vollkommene und fast immer den Tatsachen entsprechende Ausdeutung bereit hätte.

Dieselbe geistige Haltung, durch die eine Dame der Gesellschaft sich in der Kunst, ihr Haus zu führen, auszeichnet, zeichnet eine Kokette in der Kunst aus, mehrere Anbeter zu unterhalten. Die Kunstfertigkeit der Koketterie erfordert ein noch verfeinerteres Urteilsvermögen als die der Höflichkeit: denn wenn eine höfliche Frau zu jedermann höflich ist, hat sie allen genug getan; aber die kokette Frau verlöre bald ihre Herrschaft durch diese linkische Eintönigkeit; vor lauter Entgegenkommen stieße sie alle ihre Liebhaber ab. Die Art, wie man in der Gesellschaft mit allen Männern umgeht, verfehlt nicht ihren Eindruck

auf jeden einzelnen; wird man nur selbst liebenswürdig behandelt, nimmt man es mit der Bevorzugung anderer nicht so genau; in der Liebe aber ist eine
Gunst, die nicht ausschließlich ist, eine Kränkung. Ein
Mann von Gefühl zöge es hundertfach vor, allein
schlecht behandelt zu werden, als mit allen anderen
Schmeicheleien teilen zu müssen; das Schlimmste, was
ihm geschehen kann, ist, daß man bei ihm keinen Unterschied macht. So muß eine Frau, die mehrere Liebhaber behalten will, jeden von ihnen davon überzeugen, daß sie ihm den Vorzug gibt, und sie muß es vor
den Augen all der anderen tun, die sie ebenso vor
seinen Augen davon überzeugt.

Wollt ihr einen Menschen recht in Verlegenheit sehen, dann setzt einen Mann zwischen zwei Frauen,
mit deren jeder er geheime Beziehungen unterhält,
und beobachtet, welch klägliche Figur er dabei abgibt.
Setzt eine Frau im gleichen Fall zwischen zwei Männer – und dieser Fall ist sicher nicht seltener – und
ihr werdet entzückt sein über die Gewandtheit, mit
der sie beide hinters Licht führt und es fertigbringt,
daß sich jeder über den anderen ins Fäustchen lacht.
Wollte diese Frau beiden das gleiche Zutrauen bezeugen, und sich mit beiden gleich familiär benehmen,
wie könnte sie sie auch nur einen Augenblick zum
Narren halten? Behandelte sie beide gleich, wie bezeugte sie nicht eben damit, daß sie gleiche Rechte auf
sie besitzen? Oh! sie macht es weitaus geschickter! Weit
entfernt, sie gleich zu behandeln, tut sie so, als sähe sie
einen großen Unterschied zwischen beiden; sie macht
es so geschickt, daß der, dem sie schöntut, glaubt, es
geschehe aus Zärtlichkeit, und daß der, den sie schlecht
behandelt, glaubt, es geschehe aus Trotz. Zufrieden
mit seinem Anteil sieht jeder von ihnen sie mit ihm
beschäftigt, während sie sich tatsächlich nur mit sich
selbst beschäftigt.

Bei dem allgemeinen Streben, zu gefallen, bietet die

Koketterie ähnliche Mittel an: Launen könnten nur abstoßen, wenn sie nicht auf kluge Weise und mit Zurückhaltung angewandt würden, und nur, wenn sie sie
kunstfertig spielen läßt, schmiedet sie daraus die stärksten Sklavenketten.

> Usa ogn' arte la donna, onde sia colto
> Nella sua rete alcun norello amante;
> Nè con tutti, nè sempre un stesso volto
> Serba; ma cangia a tempo atto e sembiante[15].

Worin liegt diese ganze Kunstfertigkeit, wenn nicht
in feiner und unablässiger Beobachtung, die ihr in jedem Augenblick enthüllt, was in den Herzen der Männer vorgeht, und wodurch sie jeder geheimen Regung,
die sie bemerkt, die Kraft zuwenden kann, um sie
aufzuhalten oder zu beschleunigen? Läßt sich nun
diese Kunst erlernen? Nein; sie wird mit den Frauen
geboren; alle Frauen beherrschen sie, und niemals besitzen die Männer sie im gleichen Grad. Das ist eines der
Unterscheidungsmerkmale des weiblichen Geschlechts.
Geistesgegenwart, Scharfsinn, feine Beobachtungsgabe
sind die Wissenschaft der Frauen; die Gewandtheit, sie
für sich zu nutzen, ist ihr Talent.

So liegen die Dinge, und wir haben gesehen, warum es so sein muß. Die Frauen sind falsch, sagt man
uns. Sie werden es. Die Gabe, die ihnen eigen ist, ist
die Geschicklichkeit und nicht die Falschheit: folgen
sie den wahren Neigungen ihres Geschlechts, sind sie
nicht falsch, selbst wenn sie lügen. Warum befragt
ihr ihren Mund, da nicht er es ist, der sprechen soll?
Befragt ihre Augen, die Färbung ihres Gesichts, ihr
Atmen, ihre verängstigte Miene, ihren kraftlosen Widerstand: das ist die Sprache, die die Natur ihnen gibt,
um euch zu antworten. Der Mund sagt immer nein
und muß es sagen; aber der Ton, in dem er es sagt, ist
nicht immer der gleiche, und dieser Ton kann nicht lügen.
Hat die Frau nicht die gleichen Bedürfnisse wie der

Mann, ohne das gleiche Recht zu haben, sie zu bezeugen? Ihr Los wäre allzu grausam, wenn sie, selbst bei berechtigtem Verlangen, nicht eine Sprache besäße, jener gleichwertig, die sie nicht zu sprechen wagt. Soll ihre Schamhaftigkeit sie unglücklich machen? Braucht sie nicht ein Kunstmittel, ihre Neigungen mitzuteilen, ohne sie preiszugeben? Welche Geschicklichkeit braucht sie, um zu erreichen, daß man ihr ablauscht, was zu gewähren sie brennt! Wie sehr kommt es für sie darauf an, daß sie das Herz eines Mannes rühren lernt, ohne daß sie an ihn zu denken scheint! Welch zauberhaftes Gespräch ist der Apfel der Galatea und ihre ungeschickte Flucht[16]! Was weiter braucht sie denn? Wird sie dem Hirten, der sie bis in das Weidengesträuch verfolgt, sagen, daß sie nur deshalb dorthin geflohen ist, um ihn zu locken? Damit würde sie sozusagen lügen; denn dann würde sie ihn nicht mehr locken. Je größer die Zurückhaltung einer Frau ist, desto größer muß ihre List sein, selbst mit ihrem Gatten. Ja, ich bleibe dabei, hält man die Koketterie in ihren Grenzen, so macht man sie schlicht und ehrlich und macht aus ihr ein Gesetz der Ehrbarkeit.

Die Tugend ist eins, sagte sehr richtig einer meiner Gegner; man zerstückt sie nicht, um einen Teil anzunehmen und den anderen zu verwerfen. Liebt man sie, so liebt man sie in ihrer Ganzheit; und man verschließt den Gefühlen, die man nicht haben darf, sein Herz, soweit möglich, und immer seinen Mund. Die moralische Wahrheit ist nicht das, was ist, sondern das, was gut ist; das Schlechte dürfte es gar nicht geben und es darf nicht eingestanden werden, vor allem, wenn durch dieses Eingeständnis eine Wirkung entsteht, die es ohne das nicht gehabt hätte. Wäre ich versucht zu stehlen und führte bei diesem Eingeständnis einen anderen in Versuchung, mein Mitschuldiger zu sein – hieße ihm meine Versuchung eingestehen nicht, ihr unterliegen? Warum sagt ihr, daß die Scham-

haftigkeit die Frauen falsch macht? Sind die Frauen,
die sie am vollständigsten verloren haben, denn ehrlicher als die anderen? Weit gefehlt; sie sind tausendmal falscher. Zu diesem Grad von Verderbtheit gelangt man nur durch viele Laster, die man alle beibehält und die nur durch Intrigen und Lügen an der
Herrschaft bleiben*. Im Gegenteil, die Frauen, die
noch Schamgefühl besitzen, die sich nicht mit ihren
Fehlern brüsten, die ihre Begierden selbst denen zu
verbergen wissen, die sie erregen, die, denen man das
Geständnis ihres Verlangens mit größter Mühe entreißt, sind im übrigen die aufrichtigsten, ehrlichsten,
beständigsten in all ihren Verpflichtungen, und die,
auf deren Treue man im allgemeinen am sichersten
bauen kann.

Ich kenne nur Mademoiselle de l'Enclos[18], die man
als bekannte Ausnahme zu diesen Beobachtungen anführen könnte. Daher galt Mademoiselle de l'Enclos
für ein Wunder. Mit der Verachtung der weiblichen
Tugenden, so sagt man, hatte sie die unseren bewahrt:
man rühmt ihre Offenheit, ihre Geradheit, die sichere
Wahl ihres Umgangs, ihre Treue in der Freundschaft;
um schließlich das Bild ihres Ruhms zu vollenden, sagte
man von ihr, sie habe sich zum Mann gemacht. A la
bonne heure. Aber bei diesem ganzen guten Ruf hätte
ich diesen Mann ebensowenig zum Freund wie zur
Geliebten haben mögen.

---

* Ich weiß, daß die Frauen, die über einen gewissen Punkt klar
und deutlich ihre Stellung bezogen haben, sich wegen dieser Offenheit
brüsten wollen und schwören, daß es, abgesehen davon, nichts Schät-
zenswertes gibt, das man in ihnen nicht finden könne; aber ich weiß
auch sehr wohl, daß sie davon nur Dummköpfe überzeugt haben. Was
bleibt ihnen, das sie zurückhält, wenn ihnen der stärkste Zügel ihres
Geschlechts genommen ist? und auf welche Art von Ehre legen sie
Wert, nachdem sie auf die verzichtet haben, die ihnen eigen ist? Lassen
sie sich einmal in ihren Leidenschaften gehen, haben sie kein Interesse
mehr daran, ihnen zu widerstehen: „Nec femina, amissa pudicitia,
alia abnuerit[17]." Kannte jemals ein Autor das menschliche Herz in beiden
Geschlechtern besser als der, der das gesagt hat?

All dieses geht über unser Thema nicht so weit hinaus, wie es scheint. Ich sehe wohl, wohin die Maximen der modernen Philosophie zielen, wenn sie die Schamhaftigkeit und vorgebliche Falschheit des weiblichen Geschlechts ins Lächerliche zieht; und ich sehe, das sicherste Ergebnis dieser Philosophie wird sein, daß sie den Frauen unsres Jahrhunderts das bißchen Ehrbarkeit, das ihnen geblieben ist, noch nimmt.

Ich glaube, daß man nach diesen Betrachtungen im allgemeinen bestimmen kann, welche Art Bildung dem Geist der Frauen entspricht und worauf man von Jugend an ihre Überlegungen lenken soll.

Ich sagte schon, daß die Pflichten ihres Geschlechts leichter zu erkennen als zu erfüllen sind. Das erste, was sie lernen müssen, ist, sie aus dem Blickwinkel ihrer Vorteile zu lieben; das ist das einzige Mittel, sie ihnen leicht zu machen. Jeder Stand und jedes Alter hat seine Pflichten. Man kennt bald die seinigen, vorausgesetzt, daß man sie liebt. Ehrt euren Stand als Frau, und ihr werdet immer eine ehrbare Frau sein, an welchen Platz der Himmel euch auch stelle. Das Wesentliche ist, das zu sein, was die Natur aus uns machte; man ist immer nur zu sehr, was die Menschen uns sein lassen wollen.

Die Erforschung der abstrakten und spekulativen Wahrheiten, der Prinzipien, der Axiome in der Wissenschaft, alles, was darauf hinaus will, die Vorstellungen zu verallgemeinern, gehört nicht zu den Aufgaben der Frauen, ihre Studien müssen sich alle auf die Praxis beziehen; ihre Sache ist es, die Prinzipien, die der Mann erforscht hat, anzuwenden und die Beobachtungen anzustellen, die den Mann zur Aufstellung der Prinzipien führen. Alle Reflexionen der Frauen über das, was nicht unmittelbar mit ihren Pflichten zusammenhängt, sollen auf das Studium der Männer zielen oder auf angenehme Erkenntnisse, deren Gegenstand nur das Geschmackvolle ist; denn

was die Werke des Geistes anbetrifft, so übersteigen
sie ihr Fassungsvermögen. Auch besitzen die Frauen
zu wenig Geistesschärfe und Ausdauer, um es in den
exakten Wissenschaften zu etwas zu bringen; und die
naturkundlichen Kenntnisse sind Sache dessen, der von
beiden am tätigsten ist, am beweglichsten, der die
meisten Dinge sieht; dessen, der mehr Stärke besitzt
und sie mehr nützt, um die Verhältnisse der empfindsamen Wesen und die Gesetze der Natur richtig zu
beurteilen. Die Frau, die schwach ist und nichts außerhalb ihrer selbst erkennt, schätzt und beurteilt die
Triebkräfte, die sie einsetzen kann, um ihrer Schwäche
beizukommen, und diese Triebkräfte sind die Leidenschaften des Mannes. Der Mechanismus der Frau ist
kraftvoller als der unsere, alle seine Hebel rütteln das
Menschenherz auf. Alles, was ihr Geschlecht aus sich
nicht vollbringen kann, was ihm aber angenehm oder
notwendig ist, muß sie uns durch ihre Kunst wollen
lassen; so muß sie den Geist des Mannes gründlich erforschen, nicht den Geist des Mannes in der Abstraktion und im allgemeinen, sondern den Geist der Männer, die sie umgeben, den Geist der Männer, denen
sie untergeordnet ist – sei es durch das Gesetz, sei es
durch die gesellschaftliche Meinung. Sie muß durch
ihre Reden, ihre Blicke und Gebärden die Empfindungen der Männer ergründen. Sie muß ihnen durch ihre
Reden, ihre Handlungen, Blicke und Gebärden die
Gefühle einzuflößen verstehen, an denen ihr liegt,
ohne daß es nicht einmal den Anschein hat, als täte
sie es bewußt. Die Männer können besser über das
menschliche Herz philosophieren, die Frau aber kann
besser im menschlichen Herzen lesen. An ihnen ist es,
sozusagen die Erfahrungsmoral zu finden, an uns, sie
auf ein System zu reduzieren. Die Frau hat mehr
Witz, der Mann mehr Geist; die Frau beobachtet, der
Mann denkt: aus diesem Zusammenwirken ergeben
sich die klarsten Erkenntnisse und die vollkommenste

Wissenschaft, die der menschliche Geist aus sich selbst erwerben kann, mit einem Wort, die sicherste Erkenntnis über uns selbst sowohl als über die anderen, zu der unsre Gattung befähigt ist. Und so kann die Kunst fortwährend dahin streben, das Instrument, das uns die Natur mitgab, zu vervollkommnen.

Die Welt ist das Buch der Frauen: wenn sie das Falsche aus ihm herauslesen, so ist das ihr Fehler oder eine Leidenschaft verblendet sie. Aber die richtige Familienmutter, alles andere als eine Frau von Welt, ist in ihrem Haus nicht weniger eingeschlossen als eine Nonne in ihrem Kloster. So müßte denn für die jungen Mädchen, die man verheiratet, dasselbe getan werden wie für die getan werden muß oder müßte, die man in die Klöster steckt: ihnen die Freuden, die sie hinter sich lassen, vor Augen führen, ehe man sie darauf verzichten läßt, damit das verfälschte Bild dieser Freuden, die sie noch nicht kennen, nicht eines Tages ihre Herzen verwirrt und das Glück ihrer Zurückgezogenheit stört. In Frankreich leben die jungen Mädchen in Klöstern, und die Frauen tun sich in der Welt um. Bei den Alten war es gerade umgekehrt; wie ich schon sagte, gab es für die jungen Mädchen reichlich öffentliche Spiele und Festlichkeiten; die Frauen lebten zurückgezogen. Dieser Brauch war vernünftiger und bewahrte besser die guten Sitten. Den heiratsfähigen Mädchen ist eine gewisse Art Koketterie erlaubt – sich zu vergnügen ist ihnen die Hauptsache. Die Frauen haben zu Hause andre Verpflichtungen und brauchen keinen Mann mehr zu suchen; aber bei dieser Reform kämen sie nicht auf ihre Rechnung, und unglücklicherweise geben sie den Ton an. Mütter, macht eure Töchter zumindest zu euren Gefährtinnen. Gebt ihnen einen geraden Sinn und eine reine Seele mit, und verbergt ihnen dann nichts mehr, was ein keusches Auge betrachten kann. Bälle, Feste, Spiele, selbst das Theater, alles was, verkehrt verstanden, den

Reiz einer unbesonnenen Jugend ausmacht, kann einem gesunden Blick ohne Risiko ausgesetzt werden. Je besser junge Mädchen jene wilden Freuden erkennen, um so eher werden sie davon abgestoßen werden.

Ich höre das Geschrei, das sich gegen mich erhebt. Welches Mädchen widersteht dieser gefährlichen Probe? Kaum haben sie einen Blick in die Welt geworfen, und schon wirbelt ihnen allen der Kopf; nicht eins von ihnen möchte sie wieder verlassen. Das kann sein: aber habt ihr sie gut vorbereitet, dieses trügerische Bild ohne Erregung zu betrachten, bevor ihr es ihnen zeigtet? Habt ihr ihnen angekündigt, was es darstellt? Habt ihr ihnen seine Gegenstände richtig ausgemalt, wie sie sind? Habt ihr sie gut gewappnet gegen die Illusionen der Eitelkeit? Habt ihr die Neigung für die wahren Freuden, die man in dieser Wirrnis nicht findet, in ihr junges Herz getragen? Welche Vorsichtsmaßnahmen, welche Vorkehrungen habt ihr getroffen, um sie vor den falschen Neigungen, die sie in die Irre führen, zu behüten? Anstatt ihren Geist den allgemeinen Vorurteilen zu verschließen, habt ihr sie genährt; ihr habt sie im voraus alle leichtfertigen Freuden lieben lassen, die sie entdecken. Ihr laßt sie sie weiter lieben, wenn sie sich ihnen hingeben. Junge Mädchen, die in die Gesellschaft eintreten, haben keine andre Erzieherin als ihre Mutter, die manchmal noch toller ist als sie und ihnen alles nur so vor Augen führen kann, wie sie selbst es sieht. Ihr Vorbild, stärker als die Vernunft selbst, rechtfertigt sie in ihren eigenen Augen, und für das junge Mädchen ist die Autorität der Mutter eine absolut endgültige Entschuldigung. Wenn ich möchte, daß eine Mutter ihre Tochter in die Gesellschaft einführt, so setze ich voraus, daß sie sie ihr so zeigt, wie sie ist.

Das Übel beginnt noch eher. Die Klöster sind wahre Schulen der Koketterie, nicht dieser ehrbaren Koketterie, von der ich gesprochen habe, sondern jener, die alle Verschrobenheiten der Frauen entstehen läßt und die extravagantesten der Zierpuppen schafft. Verlassen sie das Kloster, um mit einem Sprung in die turbulenteste Gesellschaft versetzt zu werden, fühlen sich junge Frauen zunächst ganz an ihrem Platz. Sie wurden dazu erzogen, dort zu leben; ist es dann erstaunlich, daß sie sich dort wohlfühlen? Nicht ohne die Besorgnis, ich halte ein Vorurteil für eine Beobachtung, möchte ich aber doch vorbringen, was ich zu sagen habe – aber mir scheint ganz allgemein, daß es in protestantischen Gegenden einen ausgeprägteren Familiensinn gibt, würdigere Ehefrauen und zärtlichere Mütter als in katholischen Gegenden; und daß, wenn dem so ist, kein Zweifel darüber besteht, daß dieser Unterschied zum Teil von der Klostererziehung kommt.

Um das friedliche und häusliche Leben zu lieben, muß man es kennen; man muß seine Süße von Kindheit an gespürt haben. Nur im Elternhaus gewinnt man den Sinn für das eigene Heim, und jede Frau, die nicht von ihrer Mutter erzogen wurde, hat auch keine Freude daran, ihre Kinder zu erziehen. Unglücklicherweise gibt es in den großen Städten nicht mehr die häusliche Erziehung. Die Gesellschaft spielt dort eine so beherrschende Rolle und ist so gemischt, daß es für ein eingezogenes Leben keine Zuflucht mehr gibt und das öffentliche Leben noch bis ins eigene Haus dringt. Da man immer mit jedermann leben muß, hat man kein Familienleben mehr; kaum kennt man seine Eltern: man kennt sie als Fremde; und die Einfachheit häuslicher Sitten erlischt zusammen mit der süßen Vertrautheit, deren Reiz sie war. So saugt man mit der Muttermilch den Geschmack an den Lüsten des Jahrhunderts und der Maximen, die es regieren, in sich ein.

Den jungen Mädchen wird eine scheinbare Zurückhaltung auferlegt, damit man die Dummen findet, die sie ihrer äußerlichen Haltung wegen heiraten. Aber

beobachtet diese jungen Mädchen einmal; hinter einem
gezwungenen Gehabe verbergen sie mit Mühe die
Begierden, die sie aufzehren, und in ihren Augen kann
man schon das glühende Verlangen lesen, ihre Mutter
nachzuahmen. Was sie begehren ist nicht der Gatte,
sondern die Freiheit im Ehestand. Wozu braucht man
einen Gatten bei so vielen Hilfsmitteln, auf ihn verzichten zu können? Aber man braucht einen Gatten,
um diese Hilfsmittel zu decken*. Auf ihrem Gesicht
steht fromme Scheu, und die Ausschweifung liegt im
Grund ihres Herzens: diese vorgegebene Zurückhaltung
selbst ist ein Zeichen dafür, sie spielen sie nur, um sich
um so eher von ihr befreien zu können. Ihr Frauen
von Paris und London – verzeiht mir, ich flehe euch
an. Kein Ort der Welt schließt Wunder aus, aber ich
selbst kenne keine; und wenn nur eine einzige von
euch eine reine Seele hat, verstehe ich nichts mehr von
euren Gepflogenheiten.

Alle diese verschiedenen Erziehungsarten liefern die
jungen Mädchen dem Geschmack an den Freuden der
Welt ebenso wie an die Leidenschaften aus, die aus
diesem Geschmack entstehen. In den großen Städten
beginnt die Verderbtheit mit dem Leben, und in den
kleinen mit der Vernunft. Junge Mädchen aus der
Provinz, die man lehrte, die glückliche Einfachheit
ihrer Sitten zu verachten, haben nichts Eiligeres zu
tun, als nach Paris zu kommen, um an der Korruption
der unseren teilzuhaben; die Laster, geschmückt mit
dem schönen Namen Talente, sind das einzige Ziel
ihrer Reise, und voller Scham, daß sie bei ihrer Ankunft so weit von der vornehmen Freizügigkeit der
Pariserinnen entfernt sind, tun sie sofort alles, um sich
als Großstädterin verdient zu machen. Wo nimmt

---

* Der Weg des Mannes in seiner Jugend war eines der vier Dinge,
die der Weise nicht verstehen konnte; das fünfte war die Schamlosigkeit
der Ehebrecherin. „Quae comedit, et tergens os suum dicit: non sum
operate malum[19]."

nach eurer Meinung das Übel seinen Anfang? dort,
wo man es ausdenkt, oder dort, wo man es begeht?

Ich möchte es nicht, daß eine vernünftige Mutter
ihre Tochter aus der Provinz nach Paris bringt, um
ihr jene für andere so verhängnisvollen Bilder vorzuführen; aber sollte dies der Fall sein, so sage ich, daß
entweder dieses Mädchen falsch erzogen wurde oder
jene Bilder kaum eine Gefahr für sie sind. Mit Geschmack, gesundem Menschenverstand und der Liebe
zu ehrbaren Dingen findet man sie nicht so anziehend,
wie sie für die sind, die sich davon bezaubern lassen.
In Paris trifft man auf junge Dummköpfe von Mädchen, die so rasch wie möglich den Pariser Ton annehmen und sich während sechs Monaten modisch zurecht-
stutzen, um für den Rest ihres Daseins ausgepfiffen
zu werden; wer aber bemerkt die von dem ganzen
Trubel abgestoßenen, die wieder in die Provinz zu-
rückkehren, zufrieden mit ihrem Los, nachdem sie es
mit dem verglichen haben, nach dem die anderen sich
sehnen? Wie viele junge Frauen habe ich getroffen, die
von ihren bereitwilligen Gatten, denen es freistand,
sich dort niederzulassen, nach Paris gebracht, sich just
davon abwandten, die viel lieber wieder zurückfuhren
als sie hergekommen waren und am Tag vor ihrer
Abreise voller Rührung sagten: Ach, gehen wir zurück in unsre Hütte, dort lebt man glücklicher als
hier in diesen Palästen! Niemand weiß, wie viele
gute Menschen es noch gibt, die nicht das Knie vor
dem Idol gebeugt haben und die seinen hirnlosen Kult
verachten. Nur die Närrinnen machen von sich reden,
die anständigen Frauen erregen kein Aufsehen.

Wenn nun trotz der allgemeinen Verderbnis, trotz
der überall herrschenden Vorurteile, trotz der schlechten Erziehung der jungen Mädchen einige von ihnen
noch ein gesundes Urteilsvermögen besitzen, was wird
sein, wenn dieses Urteilsvermögen durch angemessene
Unterweisungen genährt wurde oder, besser gesagt,

nicht durch falsche Unterweisungen verdorben wurde?
denn alles beruht immer darauf, die natürlichen Gefühle zu erhalten oder wiederherzustellen. Darum
braucht ihr die jungen Mädchen nicht mit euren langen Predigten zu langweilen oder ihnen eure trockenen Morallehren herzubeten. Für beide Geschlechter
sind Morallehren der Tod jeglicher guten Erziehung.
Triste Lektionen bewirken nur, daß man die, die sie
geben, und das, was sie sagen, haßt. Wenn man zu jungen Mädchen spricht, darf man ihnen keineswegs
Angst machen vor ihren Pflichten und das Joch, das
ihnen die Natur auferlegte, noch drückender erscheinen lassen. Wenn ihr ihnen diese Pflichten darlegt,
seid deutlich und leicht verständlich; macht sie nicht
glauben, daß man griesgrämig wird, wenn man sie
erfüllt; keine ärgerliche Miene, keinen Dünkel. Alles,
was zu Herzen gehen soll, muß von Herzen kommen;
ihr Moralkatechismus muß ebenso kurz und ebenso
klar sein wie ihr Religionskatechismus, darf aber nicht
ebenso streng sein. Zeigt ihnen in eben diesen Pflichten
die Quelle ihrer Freuden und die Grundlage ihrer
Rechte. Ist es so peinvoll, zu lieben, um geliebt zu
werden, liebenswürdig zu werden, um glücklich zu
sein, achtbar zu werden, damit einem gehorcht wird,
sich selbst zu ehren, um geehrt zu werden? Wie schön
sind diese Rechte! wie achtenswert! wie teuer sind sie
dem Herzen des Mannes, wenn die Frau es versteht,
sie geltend zu machen! Man braucht keineswegs bis zu
den Jahren und zum Alter zu warten, um in ihren Genuß zu kommen. Die Herrschaft der Frau beginnt mit
ihren Tugenden; kaum, daß ihre Reize sich entwickeln,
herrscht sie schon durch die Sanftheit ihres Charakters
und macht ihre Zurückhaltung zum Gebieter. Welch
ein unvernünftiger und barbarischer Mann besänftigt
nicht seinen Hochmut und gibt sich nicht zuvorkom-
mender einem jungen Mädchen von sechzehn Jahren
gegenüber, liebenswert und brav, das wenig redet, das

zuhört, das Anstand in seiner Haltung und Ehrbarkeit
in seinen Worten zeigt, das über seiner Schönheit nicht
sein Geschlecht und seine Jugend vergißt, das gerade
durch seine Scheu zu beeindrucken und die Achtung,
die es jedermann entgegenbringt, auf sich selbst zu
lenken vermag?

Diese obgleich äußerlichen Bezeugungen sind keineswegs frivol; sie sind keineswegs nur auf den Reizen
der Sinne begründet; sie stammen von diesem innersten Gefühl, das uns allen eigen ist, nämlich, daß die
Frauen die natürlichen Richter über die Verdienste
der Männer sind. Wer möchte wohl von den Frauen
verachtet werden? niemand auf der Welt, nicht einmal der, der sie nicht mehr lieben will. Und ich, der
ich ihnen solch harte Wahrheiten sage, glaubt ihr, daß
ihr Urteil mir gleichgültig wäre? Nein; ihre Stimmen
sind mir kostbarer als eure, ihr Leser, die ihr oft mehr
Frau seid als sie. Wenn ich ihre Sitten verachte, will
ich doch ihrer Gerechtigkeit Ehre antun; mir ist es
gleich, ob sie mich hassen, wenn ich sie nur zwinge,
mich zu achten.

Wieviel Großes würde man mit dieser Triebkraft
vollbringen, wenn man sie einzusetzen verstünde?
Wehe dem Jahrhundert, in dem die Frauen ihren Einfluß verlieren und wo ihr Urteil den Männern nichts
mehr gilt! Das ist der letzte Grad der Verderbtheit.
Alle Völker, bei denen gute Sitten herrschten, hatten
Hochachtung vor den Frauen. Seht Sparta an, die Ger-
manen, Rom, Rom, den Sitz des Ruhms und der Tu-
gend, wenn es dafür je auf Erden einen gegeben hat.
Dort ehrten die Frauen die Heldentaten der großen
Feldherren, sie beweinten in aller Öffentlichkeit die Vä-
ter des Vaterlandes, dort waren ihre Gelübde und ihre
Trauer als feierlichstes Urteil der Republik geheiligt.
Alle großen Revolutionen entstanden dort durch die
Frauen: durch eine Frau errang Rom die Freiheit[20],
durch eine Frau erlangten die Plebejer das Konsulat[21],

durch eine Frau endete die Tyrannis der Dezemvirn[22], durch die Frauen wurde das belagerte Rom aus den Händen eines Geächteten gerettet[23]. Was hättet ihr gesagt, galante Franzosen, wenn ihr diese für eure spottlustigen Augen so lächerliche Prozession hättet vorüberziehen sehen? Ihr hättet sie mit eurem Hohngeschrei begleitet. Mit welch verschiedenen Augen sehen wir doch die gleichen Dinge! und vielleicht haben wir alle recht. Diesen Zug aus schönen französischen Damen bilden – ich wüßte nichts Peinlicheres: stellt ihn jedoch aus Römerinnen zusammen, und ihr alle hättet die Augen des Volsker und das Herz des Coriolan.

Ich gehe noch weiter und behaupte, daß die Tugend der Liebe nicht weniger zuträglich ist als den anderen Rechten der Natur und daß das Ansehen einer Geliebten durch sie nicht weniger gewinnt als das einer Frau und Mutter. Es gibt keine wahre Liebe ohne Begeisterung und keine Begeisterung ohne ein Objekt voller Vollkommenheit, sei es ein wirkliches oder ein erträumtes, aber immer in der Vorstellung existierend. Woran sollen sich Liebende entzünden, denen diese Vollkommenheit nichts mehr bedeutet und die nur noch einen Gegenstand der Sinnenlust in dem sehen, was sie lieben? Nein, so erglüht die Seele nicht und nicht so überläßt sie sich jenen herrlichen Verzückungen, die den Rausch der Liebenden und den Zauber ihrer Leidenschaft ausmachen. In der Liebe ist alles nur Illusion, das gebe ich zu; aber die Gefühle, durch die sie uns dem wahren Schönen, das sie uns lieben macht, aufschließt, sind Wirklichkeit. Dieses Schöne liegt nicht in dem geliebten Gegenstand, es ist das Werk unsrer Irrtümer. Was tut's? Opfert man darum weniger alle seine niedrigen Empfindungen diesem imaginären Vorbild? Läßt man darum sein Herz weniger von den Tugenden durchdringen, die man dem geliebten Gegenstand verleiht? Löst man sich darum weniger von der Niedrigkeit des menschlichen Ich?

Wo ist der wahre Liebhaber, der nicht bereit ist, sein Leben für seine Geliebte hinzuopfern? und wo gibt es sinnliche und grobe Leidenschaft bei einem Mann, der sterben will? Wir machen uns über die Paladine lustig? weil sie die Liebe kannten und wir nur noch die Ausschweifung kennen. Als jene romanesken Maximen lächerlich zu werden begannen, war dieser Umschwung weniger das Werk der Vernunft als das schlechter Sitten.

In welchem Jahrhundert es auch sei, die natürlichen Beziehungen ändern sich nicht, die Schicklichkeit oder Unschicklichkeit, die daraus entsteht, bleibt die gleiche, die Vorurteile unter dem eitlen Namen der Vernunft ändern nur den Anschein. Es wird immer groß und schön sein, sich selbst zu beherrschen, und wenn es nur geschieht, um sich phantastischen vorgefaßten Meinungen zu beugen; und die wahren, ehrbaren Beweggründe sprechen immer zum Herzen jeder urteilsfähigen Frau, die in ihrem Stand das Glück des Lebens zu suchen versteht. Für eine schöne Frau, die nur etwas Hochsinn besitzt, muß besonders die Keuschheit eine köstliche Tugend sein. Die ganze Erde sieht sie zu ihren Füßen und triumphiert über alles und über sich selbst: sie errichtet sich in ihrem eigenen Herzen einen Thron, dem alles seine Huldigung darbringt; die Gefühle beider Geschlechter, zärtlich oder eifersüchtig, jedoch immer voll Verehrung, die allgemeine Achtung und ihre eigene entschädigen sie unablässig durch den Tribut der Ehre für einige Augenblicke des Kampfes. Die Entbehrungen sind flüchtig, aber ihr Lohn bleibt. Welch ein Genuß für eine edle Seele ist der Stolz der Tugend gepaart mit der Schönheit! Erweckt eine Romanheldin zum Leben, und sie wird erlesenere Lüste kosten als eine Laïs und Kleopatra; ist ihre Schönheit vergangen, so dauern ihr Ruhm und ihre Lust; sie allein wird die Vergangenheit genießen können[24].

Je größer und schwieriger die Pflichten sind, um so

eindringlicher und stärker müssen die Gründe sein, auf
denen man sie aufbaut. Es gibt eine gewisse Sprache
der Frömmelei, mit der man den jungen Mädchen
über die ernsthaftesten Dinge ständig in den Ohren
liegt, ohne sie zu überzeugen. Aus dieser Sprache, die
zu ihren Vorstellungen in krassem Mißverhältnis steht,
und wegen des geringen Wertes, den sie insgeheim
darauf legen, entsteht, die Leichtigkeit, mit der sie
ihren Neigungen nachgeben, weil sie keine in der Sache
begründeten Argumente haben, ihnen zu widerstehen.
Ein in Bravheit und Frömmigkeit erzogenes Mädchen
besitzt zweifellos starke Waffen gegen die Versuchungen; aber eines, dessen Herz oder vielmehr dessen
Ohren man einzig mit frömmelnden Redensarten angefüllt hat, wird ganz bestimmt zur Beute des ersten
geschickten Verführers, der es darauf absieht. Niemals
wird eine junge und schöne Person ihren Körper mißachten, niemals wird sie sich ehrlicherweise über die
großen Sünden grämen, die wegen ihrer Schönheit
begangen werden; niemals wird sie ernsthaft und vor
Gott darüber weinen, ein Gegenstand des Begehrens
zu sein, niemals wird sie im Innersten glauben, daß
das süßeste Gefühl des Herzens eine Erfindung Satans
sei. Gebt ihr andere Begründungen, die in ihr selbst
liegen und für sie selbst bestehen, denn jene werden sie nicht überzeugen. Schlimmer ist es noch, wenn
man, so wie es zumeist geschieht, ihre Vorstellungen
mit Widersprüchen erfüllt, und wenn man, nachdem
man sie gedemütigt hat, indem man ihren Körper
und ihre Reize als Schmutz der Sünde hinstellt und
erniedrigt, sie dann diesen selben Körper, den man
ihr so verächtlich machte, als Tempel Jesu Christi
hochachten läßt. Zu erhabene und zu niedrige Vorstellungen sind gleichermaßen unzulänglich und un-
verträglich: es braucht einen Grund, der dem Fassungsvermögen des Geschlechts und des Lebensalters
angemessen ist. Die Betrachtung der Pflicht hat nur

soweit Überzeugungskraft, als man Beweggründe damit verbindet, die uns zu ihrer Erfüllung drängen.

Quae quia non liceat non facit, illa facit[25].

Man sollte es nicht glauben, daß gerade Ovid so streng urteilt.

Wollt ihr also den jungen Mädchen die Liebe zur Sittsamkeit einflößen, ohne ihnen unaufhörlich zu sagen: Seid brav, dann flößt ihnen großes Interesse daran ein, es zu sein; macht ihnen den Lohn der Sittsamkeit eindringlich klar, und ihr werdet sie dahinbringen, sie zu lieben. Es genügt nicht, dieses Interesse für eine ferne Zukunft zu fassen, zeigt es ihnen im Augenblick selbst, in den Verhältnissen ihres Alters, im Charakter ihrer Liebhaber. Schildert ihnen den vortrefflichen Mann, den Mann von Verdiensten: lehrt sie, ihn zu erkennen, ihn zu lieben und um ihretwegen zu lieben; beweist ihnen, daß, handle es sich um Freundinnen, Gattinnen oder Geliebte, nur dieser Mann allein sie glücklich machen kann. Führt die Tugend durch die Vernunft herbei; macht ihnen klar, daß die Herrschaft ihres Geschlechts und all seine Vorzüge nicht allein von ihrem richtigen Verhalten abhängen, von ihrer Sittsamkeit, sondern auch von der der Männer; daß sie wenig vermögen über gemeine und niedrige Seelen und daß man seiner Geliebten nur dienen kann, wie man der Tugend dient. Seid sicher, daß ihr ihnen, wenn ihr ihnen die Sitten von heute ausmalt, einen wirklichen Ekel davor einflößen werdet; wenn ihr ihnen die Alamodeleute vorführt, werden sie sie verachten; ihr vermittelt ihnen damit nur Abstand von deren Maximen, Widerwillen gegen ihre Auffassungen, Geringschätzung für ihre eitlen Galanterien; ihr laßt einen nobleren Ehrgeiz in ihnen entstehen, nämlich, über große und starke Seelen zu herrschen, den Ehrgeiz der Frauen von Sparta, der Männern befehlen wollte. Eine dreiste, unverschämte,

intrigante Frau, die ihre Liebhaber nur durch Koketterie an sich zu ziehen und nur durch Gunstbeweise
an sich zu fesseln weiß, zwingt sie wie Diener in Angelegenheiten der Dienstfertigkeit und der Trivialität
zum Gehorsam: bei bedeutsamen und ernsthaften Dingen hat sie keine Autorität über sie. Aber die Frau,
die zugleich ehrbar, liebenswert und tugendsam ist,
die Frau, die die Ihrigen zum Respekt zwingt, die
zurückhaltend und bescheiden ist, mit einem Wort die
Frau, die die Liebe durch Hochachtung stärkt, schickt
sie mit einer Handbewegung bis ans Ende der Welt,
in den Kampf, zum Ruhm, in den Tod – wohin es ihr
gefällt*. Eine solche Herrschaft ist schön, will mir
scheinen, und lohnt die Mühe, sie zu erkaufen.

In diesem Geist wurde Sophie erzogen, mit mehr
Sorgfalt als Mühe, und eher ihren Neigungen gemäß,
als im Gegensatz zu ihnen. Sagen wir nun ein Wort
über ihre Person nach dem Bilde, das ich Emile von
ihr gezeichnet habe, und nach dem, das er sich selbst
von der Gattin gemacht hat, die ihn glücklich machen
soll.

Ich kann nicht genug wiederholen, daß ich Wunder
beiseite lasse. Emile ist keines und Sophie auch nicht.
Emile ist Mann und Sophie Frau – darin besteht all

---

* Brantôme erzählt, daß zu Zeiten Franz I. ein junges Mädchen,
das einen geschwätzigen Liebhaber hatte, ihm völliges und unbegrenztes
Stillschweigen auferlegte, das er so getreu während ganzer zweier
Jahren einhielt, daß man ihn für physisch stumm geworden hielt.
Eines Tages, bei voller Versammlung, und zu jenen Zeiten, da man
aus der Liebe noch ein Geheimnis machte, brüstete sich seine Geliebte,
die man nicht für seine gehalten hatte, damit, ihn auf der Stelle
heilen zu können, und tat es auch mit diesem einzigen Wort: *Sprich*.
Ist in einer solchen Liebe nicht etwas Großes und Heroisches? Was
hätte die Philosophie des Pythagoras mit all ihrer Großartigkeit mehr
erreichen können? Sollte man sich nicht eine Gottheit vorstellen können, die mit einem einzigen Wort einen Sterblichen das Instrument
der Sprache schenkt? Welche Frau von heute könnte nur einen einzigen
Tag mit solchem Stillschweigen rechnen, und müßte sie mit dem vollen
Preis dafür zahlen, den sie dafür zu bieten hat?

ihr Ruhm. In der Verwirrung und Verwechslung der
Geschlechter, die bei uns herrscht, ist es fast ein Wunder, seinem eigenen anzugehören.

Sophie ist aus gutem Hause und von gutem Naturell; sie ist empfindsamen Herzens, und diese äußerste
Empfindsamkeit verleiht ihrer Phantasie manchmal
eine Aktivität, die schwer zu mäßigen ist. Ihr Geist
urteilt weniger richtig als scharf, ihr Temperament ist
gutartig und doch unausgeglichen, ihre Gestalt normal,
aber hübsch, ihre Gesichtszüge künden von einer offenen Seele; man kann ihr mit Gleichgültigkeit begegnen, sie aber nie ohne Rührung verlassen. Andere
haben gute Eigenschaften, die sie nicht hat; andere
haben die ihrigen in höherem Maß; aber niemand besitzt glücklicher vereinte Eigenschaften, um einen glücklichen Charakter zu bilden. Selbst aus ihren Fehlern
versteht sie Gewinn zu ziehen; wäre sie vollkommener, würde sie weit weniger gefallen.

Sophie ist nicht schön; aber in ihrer Gesellschaft
vergessen die Männer die schönen Frauen, und die
schönen Frauen fühlen sich nicht wohl. Auf den ersten
Blick ist sie kaum hübsch; aber je länger man sie ansieht, um so schöner wird sie; sie gewinnt, wo so viele
andere verlieren; und was sie gewinnt, verliert sie nie
mehr. Man kann schönere Augen haben, einen schöneren Mund, eine eindrucksvollere Gestalt; niemals aber
einen reizvolleren Wuchs, einen schöneren Teint, eine
weißere Hand, einen zierlicheren Fuß, einen sanfteren
Blick, rührendere Gesichtszüge. Sie nimmt einen gefangen, ohne zu blenden; sie entzückt einen, und man
weiß nicht warum.

Sophie liebt schöne Kleidung und kennt sich darin
aus; ihre Mutter hat keine andere Kammerzofe als
sie; sie besitzt viel Geschmack, sich vorteilhaft zu
kleiden; aber sie haßt übertrieben aufgeputzte Kleidung; bei ihr sieht man immer Einfachheit mit Eleganz gepaart; sie liebt nicht das, was auffällt, sondern

das, was gut steht. Sie weiß nicht, welche Farben zur
Zeit in Mode sind, kennt jedoch ausgezeichnet die, die
ihr gut stehen. Es gibt kein junges Mädchen, das weniger raffiniert angezogen schiene und dessen Anzug
raffinierter wäre; nicht ein Kleidungsstück ist wahllos
ausgesucht, aber keines läßt die Kunst der Auswahl
erkennen. Ihre Aufmachung ist scheinbar sehr bescheiden, aber in Wirklichkeit sehr kokett; sie stellt ihre
Reize keineswegs zur Schau; sie verdeckt sie, aber so,
wie sie sie verdeckt, weiß sie sie zur Geltung zu bringen. Wenn man sie sieht, sagt man: Das ist ein bescheidenes und braves Mädchen; bleibt man aber länger bei
ihr, wandern Augen und Herz über ihre ganze Erscheinung und können sich nicht von ihr losmachen;
man möchte sagen, dieser ganze, so einfache Putz sei
nur angezogen worden, um von der Einbildungskraft
Stück für Stück ausgezogen zu werden.

Sophie besitzt natürliche Talente; sie ist sich ihrer
bewußt und hat sie nicht verkümmern lassen: da sie
aber nicht in der Lage war, viel Kunst für ihre Bildung aufzuwenden, hat sie sich damit begnügt, ihre
hübsche Stimme im richtigen und gefälligen Gesang
zu üben, ihre Füßchen federleicht und graziös zu setzen, in jeder Situation ihre Reverenz frei und ungehemmt zu machen. Im übrigen hat sie als Gesangs-
lehrer nur ihrem Vater gehabt und ihre Mutter als
Tanzlehrerin; ein benachbarter Organist gab ihr auf
dem Spinett etwas Unterricht im Begleiten, den sie
später allein fortsetzte. Zunächst dachte sie nichts
anderes, als ihre Hand vorteilhaft auf jenen schwarzen Tasten zur Geltung zu bringen, dann fand sie
heraus, daß der scharfe und harte Ton des Spinetts
den Klang ihrer Stimme weicher machte; nach und
nach wurde sie empfänglich für Harmonie; endlich,
als sie erwachsener wurde, begann sie die Reize der
Ausdruckskraft zu begreifen und die Musik um ihrer
selbst willen zu lieben. Das aber ist eher eine Neigung

als ein Talent; sie kann kaum eine Melodie nach Noten
lesen.

Worin sich Sophie am besten auskennt und was
man sie mit der größten Sorgfalt gelehrt hat, sind die
Obliegenheiten ihres Geschlechts, selbst jene, worauf
niemand verfallen möchte: ihre Kleider zuzuschneiden
und zu nähen. Es gibt keine Nadelarbeit, die sie nicht
machen kann und nicht mit Vergnügen machen würde;
aber die Arbeit, die sie am liebsten von allen tut, ist
das Spitzenklöppeln, da es keine andere gibt, die man
in anmutigerer Haltung verrichten könnte und bei der
sich die Finger mit mehr Grazie und Leichtigkeit üben.
Auch alle Einzelheiten des Haushalts hat sie sich angelegen sein lassen. Sie versteht sich auf Küche und
Vorratskammer; sie kennt sich in den Preisen der
Waren und ihrer Qualität aus; sie weiß ausgezeichnet
Buch zu führen und ist ihrer Mutter Haushofmeister.
Dazu geschaffen, eines Tages selbst Familienmutter
zu sein, lernt sie bei der Verwaltung des elterlichen
Hauses das ihre verwalten; sie kann die Funktionen
des Hauspersonals ersetzen und tut es immer gern.
Denn man kann immer nur das richtig anordnen, was
man selber zu tun vermag: das ist für ihre Mutter der
Grund, sie solcherart zu beschäftigen. Sophie selbst
geht nicht so weit; ihre oberste Pflicht ist es, Tochter
zu sein, und das ist im Augenblick die einzige, an
deren Erfüllung sie denkt. Das einzige, was sie im
Auge hat, ist, ihrer Mutter behilflich zu sein und ihr
einen Teil ihrer Pflichten abzunehmen. Dennoch ist es
wahr, daß sie sie nicht alle mit gleichem Vergnügen erfüllt. Zum Beispiel kocht sie nicht gern, obgleich sie Feinschmeckerin ist; die kleinen Küchendienste widern sie
irgendwie an; sie sind ihr nie sauber genug. Darin ist
sie von äußerster Empfindlichkeit, und diese bis zum
Exzeß getriebene Empfindlichkeit ist zu einem ihrer
Fehler geworden: eher würde sie das ganze Essen ins
Feuer werfen, als sich ihre Ärmelrüschen zu beschmut-

zen. Aus dem gleichen Grund hat sie niemals etwas
mit der Aufsicht über den Garten zu tun haben wollen.
Erde ist etwas Unsauberes für sie; sobald sie Dünger
sieht, glaubt sie seinen Geruch zu riechen.

Diesen Fehler verdankt sie der Erziehung ihrer Mutter. Nach Ansicht der Mutter ist die erste unter den
Verpflichtungen der Frau die zur Sauberkeit; eine dem
Geschlecht besonders eigene, unerläßliche, von der Natur
auferlegte Verpflichtung. Es gibt nichts Ekelhafteres auf
der Welt als eine unsaubere Frau, und der Gatte, der sich
davon angewidert fühlt, ist nie im Unrecht. Die Mutter hat ihrer Tochter von Kindheit an diese Verpflichtung so oft gepredigt, sie hat so oft Sauberkeit ihres
Körpers, ihrer Sachen, ihres Zimmers, ihrer Arbeit,
ihrer Kleidung verlangt, daß all diese zur Gewohnheit
gewordene Achtsamkeit einen Großteil ihrer Zeit in
Anspruch nimmt und vor allem anderen rangiert, so
daß alles, was sie tut, richtig zu tun nur die geringere
ihrer Sorgen ist; die erste ist immer, es säuberlich zu
tun.

Indessen ist dies alles nicht in eitle Geziertheit und
Verweichlichung ausgeartet; die Raffinements des
Luxus haben nichts damit zu tun. Niemals kam anderes als einfaches Wasser in ihr Schlafzimmer; sie
kennt kein anderes Parfüm als das der Blumen, und
ihr Gatte wird niemals ein süßeres als das ihres Atems
atmen. Über der Achtsamkeit, die sie Äußerlichkeiten
schenkt, vergißt sie nicht, daß sie ihrem Leben und
ihrer Zeit edlere Verpflichtungen schuldet; sie kennt
nicht oder verachtet jene übertriebene Sauberkeit des
Körpers, die die Seele beschmutzt; Sophie ist weit mehr
als sauber, sie ist rein.

Ich habe gesagt, Sophie sei eine Feinschmeckerin.
Sie war es von Natur; aber durch die Gewohnheit ist
sie enthaltsam geworden, und jetzt ist sie es aus Tugendhaftigkeit. Mit Mädchen ist es nicht so wie mit
Knaben, die man bis zu einem gewissen Grad durch

ihre Naschhaftigkeit beherrschen kann. Diese Neigung bleibt für das weibliche Geschlecht nicht ohne Folgen; es ist zu gefährlich, sie ihm zu gestatten. Wenn die kleine Sophie als Kind allein ins Zimmer ihrer Mutter ging, verließ sie es nicht immer mit leeren Händen, und ihre Gewissenhaftigkeit im Hinblick auf Bonbons und Zuckerwerk hielt nicht immer jeder Probe stand. Ihre Mutter überraschte sie, tadelte sie, strafte sie und ließ sie fasten. Schließlich gelang es ihr, sie davon zu überzeugen, daß Bonbons die Zähne verderben und man von zu vielem Essen dick wird. Daraufhin besserte sich Sophie: als sie heranwuchs, fand sie an anderen Dingen Geschmack, die sie von jener niedrigen Sinnlichkeit abbrachten. Erwacht einmal, ob bei den Frauen oder bei den Männern, das Herz, ist die Lust am Essen keine beherrschende Untugend mehr. Sophie hat den ihrem Geschlecht eigenen Geschmack beibehalten; sie liebt Milchspeisen und Süßigkeiten; sie liebt Gebäck und Süßspeisen, aber Fleisch recht wenig; nie hat sie Wein und starke Getränke gekostet: überdies ißt sie von allem nur sehr mäßig; ihr Geschlecht, weniger tätig als das unsre, braucht weniger Nahrung. In allen Dingen liebt sie, was gut ist, und weiß es zu genießen; aber sie weiß sich auch mit dem zufriedenzugeben, was nicht gut ist, ohne daß diese Entbehrung ihr etwas ausmacht.

Sophie besitzt einen anziehenden, aber nicht brillanten Geist, der solide ist, ohne tief zu sein; ein Geist, über den man nichts zu sagen hat, da man an ihm weder mehr noch weniger feststellt, als man selber hat. Immerhin genügt er, um den Leuten, die sich mit ihr unterhalten, angenehm zu sein, obgleich er, nach der Vorstellung, die wir von der Bildung des Geistes bei den Frauen haben, nicht besonders bestechend ist; denn der ihre hat sich nicht an der Lektüre herangebildet, sondern nur an den Unterhaltungen ihrer Eltern, durch ihr eigenes Nachdenken und die Beobachtungen, die sie bei den wenigen Leuten, die sie traf, angestellt hat. Sophie ist von natürlicher Munterkeit, während ihrer Kindheit war sie sogar unbändig ausgelassen; aber in stetigem Bemühen zügelte die Mutter ihr ausgelassenes Wesen, damit nicht bald ein zu plötzlicher Wechsel in ihrem Betragen den Augenblick ankündige, der ihn notwendig gemacht hätte. So ist sie denn sogar vor der Zeit still und zurückhaltend geworden; da aber nun der Zeitpunkt gekommen ist, da sie es sein muß, fällt es ihr leichter, den Ton beizubehalten, den sie angenommen hat, als es ihr fiele, ihn anzunehmen, ohne den Grund für diesen Wechsel zu erkennen. Es ist reizend anzusehn, wie sie sich manchmal in einem Rest von Gewohnheit Ausbrüchen kindlichen Ungestüms hingibt und dann plötzlich, in sich gekehrt, schweigt, die Augen senkt und errötet: die Zeit zwischen den beiden Lebensaltern muß eben doch von beiden noch etwas an sich haben.

Sophie ist von zu großer Empfindsamkeit, um immer vollkommen gleicher Stimmung zu sein, sie ist jedoch zu sanft, als daß diese Empfindsamkeit den andern lästig werden könnte; sie allein leidet darunter. Sagt man ein einziges Wort, das sie verletzt, schmollt sie nicht, aber das Herz wird ihr schwer; sie versucht, sich hinauszustehlen, um zu weinen. Ruft ihr Vater oder ihre Mutter sie mitten aus ihrem Weinen zurück und sagt nur ein einziges Wort, kommt sie sofort zum Spielen und Lachen, wischt sich verstohlen die Augen und versucht, ihr Schluchzen zu ersticken.

Sie ist auch nicht ganz frei von Launen: ihre zu weit getriebene schlechte Stimmung artet in Widerspenstigkeit aus, und dann kann es geschehen, daß sie sich vergißt. Aber laßt ihr Zeit, wieder zu Verstande zu kommen, und aus ihrer Art, ihr Unrecht wiedergutzumachen, wird fast eine Tugend. Wenn man sie straft, ist sie gehorsam und fügt sich darein, und man sieht, daß sie sich nicht so sehr der Züchtigung als ihres Fehlers schämt. Sagt man ihr gar nichts, macht sie ihn bestimmt selbst wieder gut, aber in so offener und liebenswürdiger Weise, daß es unmöglich ist, ihr weiter zu zürnen. Sie würde den Boden vor dem geringsten der Dienstboten küssen, ohne daß diese Erniedrigung ihr im mindesten etwas ausmachen würde; und sobald ihr verziehen ist, zeigen ihre Freude und ihre Liebkosungen, von welcher Last ihr gutes Herz befreit ist. Mit anderen Worten, sie erleidet geduldig das Unrecht, das ihr andre antun, und macht ihr eigenes mit Freuden wieder gut. So ist das liebenswerte Naturell ihres Geschlechts bevor wir es verdorben haben. Die Frau ist dazu geschaffen, dem Mann nachzugeben und selbst seine Ungerechtigkeit zu ertragen. Knaben kann man nie dahin bringen; ihr innerstes Gefühl erhebt und empört sich gegen die Ungerechtigkeit; die Natur schuf sie nicht, Ungerechtigkeit zu dulden.

Gravem
Pelidae stomachum cedere nescii[26].

Sophie hat Religion, aber eine vernünftige und einfache Religion, wenig Dogmen und gibt sich noch weniger frommen Übungen hin; oder besser, da sie als eigentlich fromme Übung nur die Moral kennt, weiht sie ihr ganzes Leben dem Dienst an Gott, indem sie das Gute tut. Bei allen Unterweisungen, die sie hierzu von ihren Eltern empfangen hat, wurde sie an eine ehrfürchtige Demut gewöhnt, und man sagte ihr immer: „Diese Erkenntnisse sind nicht deines Alters, meine Tochter; dein Mann wird sie dir vermitteln, wenn es an der Zeit ist." Im übrigen begnügten sie sich damit, ihr die Frömmigkeit anstelle langer Predigten durch ihr eigenes Beispiel zu predigen, und dieses Beispiel ist in ihrem Herzen eingegraben.

Sophie liebt die Tugend; diese Liebe ist ihre beherrschende Leidenschaft geworden. Sie liebt sie, weil es

nichts Schöneres gibt als die Tugend; sie liebt sie, weil
die Tugend den Ruhm der Frau ausmacht, und weil
eine tugendhafte Frau ihr fast einem Engel gleich
scheint; sie liebt sie als den einzigen Pfad wahren
Glücks, und weil sie im Leben einer ehrlosen Frau
nur Elend, Verlassenheit, Unglück, Schimpf und Schande sieht; endlich liebt sie sie, weil sie ihrem achtbaren
Vater, ihrer würdigen und zärtlichen Mutter teuer ist:
sie wollen nicht nur in ihrer eigenen Tugend glücklich
sein, sondern auch über die der Tochter, und deren
größtes Glück ist die Hoffnung, das Glück der Eltern
zu sein. Alle diese Gefühle geben ihr eine Begeisterung,
die ihre Seele erhebt und alle ihre kleinen Neigungen
einer so edlen Leidenschaft unterordnet. Bis zu ihrem
letzten Atemzug wird Sophie keusch und ehrbar sein;
sie hat es sich im Grund ihrer Seele geschworen, geschworen zu einem Zeitpunkt, da sie schon alles spürte,
was es kostet, einen solchen Schwur zu halten; sie hat
es zu einer Zeit geschworen, da sie die Verpflichtung
hätte widerrufen müssen, wenn ihre Sinne so beschaffen gewesen wären, daß sie über sie geherrscht hätten.

Sophie hat nicht das Glück, eine liebenswerte Fran-
zösin zu sein – von Natur aus kalt und kokett aus
Eitelkeit, die eher brillieren will als gefallen und das
Amüsement sucht und nicht die Lust. Einzig das Bedürfnis zu lieben verzehrt sie, es macht sie zerstreut
und quält ihr Herz bei Festlichkeiten; ihre alte
Fröhlichkeit hat sie verloren; unbändige Spiele sind
nichts mehr für sie; weit entfernt, die Langweile der
Einsamkeit zu fürchten, sucht sie sie auf; dort denkt
sie an den, der sie ihr versüßen soll: alle die Gleichgültigen sind ihr lästig, sie will nicht Hof halten, sie
will einen Geliebten; ihr ist es lieber, einem einzigen
ehrbaren Mann zu gefallen und ihm auf immer zu
gefallen, als um ihrer selbst willen die gerade gebräuchliche Sprache zu sprechen, die nur einen Tag alt
wird und sich am nächsten in Hohngelächter wandelt.

Das Urteilsvermögen der Frauen bildet sich eher als das der Männer: da sie fast von Kindheit an in der Defensive stehen und mit einem schwer zu hütenden Pfand belastet sind, ist ihnen notwendigerweise Gut und Böse früher bekannt. Sophie, in allem frühreif, weil ihre Anlagen sie dazu machen, besitzt auch ein früher ausgebildetes Urteil als andere Mädchen ihres Alters. Daran ist nichts Außergewöhnliches; nicht überall und nicht immer zum gleichen Zeitpunkt stellt sich die Reife in gleicher Form ein.

Sophie ist über die Pflichten und Rechte ihres Geschlechts und des unseren unterrichtet. Sie kennt die Fehler der Männer und die Laster der Frauen; sie kennt ebenso die entgegengesetzten Eigenschaften und Tugenden und trägt sie alle im Grund ihres Herzens eingeprägt. Man kann keine höhere Idee von der ehrbaren Frau haben als sie, und diese Idee flößt ihr keinen Schrecken ein; doch denkt sie lieber noch an den ehrbaren Mann, den Mann von Verdiensten; sie fühlt, daß sie für diesen Mann geschaffen ist, daß sie seiner würdig ist, daß sie ihm das Glück zurückschenken kann, das sie von ihm empfängt; sie fühlt, daß sie ihn wohl erkennen könnte; er muß nur noch gefunden werden.

Die Frauen sind die natürlichen Richter über die Verdienste der Männer, so wie die Männer über die der Frauen: das ist ihr wechselseitiges Recht; und die einen sowohl wie die anderen wissen es. Sophie kennt dieses Recht und macht Gebrauch davon, jedoch nur mit der Bescheidenheit, die sich für ihre Jugend, ihre Unerfahrenheit und ihren Stand gehört; sie urteilt nur über die Dinge, die sie versteht, und tut es erst dann, wenn es dazu dient, einen nützlichen Grundsatz zu entwickeln. Über Abwesende spricht sie nur mit der größten Zurückhaltung, besonders wenn es sich um Frauen handelt. Sie meint, Gespräche über ihre Geschlechtsgenossinnen machten sie scharfzüngig und spöttisch: nur solange sie sich darauf beschränken, über die Männer zu reden, sind sie unparteiisch. Also beschränkt Sophie sich darauf. Über Frauen spricht sie immer nur, um das Gute, das sie von ihnen weiß, zu sagen: das ist eine Ehrung, die sie ihrem Geschlecht schuldig zu sein glaubt; über die, von denen sie gar nichts Gutes zu berichten weiß, sagt sie gar nichts, und das sagt genug.

Sophie hat wenig Erfahrung im gesellschaftlichen Verkehr; aber sie ist verbindlich, aufmerksam, und was sie tut, tut sie mit Anmut. Ein glückliches Naturell dient ihr besser als jegliche Kunst. Es ist ihr eine gewisse Art von Höflichkeit eigen, die nichts mit Konvention zu tun hat und sich nicht vom augenblicklichen Modeton abhängig macht, sich nicht mit ihm verändert, die nichts wegen des Herkommens tut, die jedoch dem wirklichen Wunsch zu gefallen entspringt und die auch gefällt. Sie kennt keine trivialen Komplimente und erfindet auch keine noch gesuchteren; sie sagt nicht, sie fühle sich sehr verbunden, man erweise ihr große Ehre, man möge sich nicht bemühen usw. Noch weniger kommt sie auf den Gedanken, Phrasen zu drechseln. Auf eine Aufmerksamkeit, auf eine konventionelle Höflichkeit antwortet sie mit einer Verbeugung oder einem einfachen *Ich danke Ihnen;* aber dieses Wort, aus ihrem Mund gesprochen, ist manch anderes wert. Für einen wirklichen Dienst läßt sie ihr Herz sprechen, und das weiß kein Kompliment zu finden. Sie hat nie geduldet, daß die französische Lebensart sie zu ihren Manövern zwang, wie beispielsweise, wenn sie von einem Zimmer ins andere geht, ihre Hand auf den Arm eines Sechzigjährigen zu legen, den sie viel lieber gestützt hätte. Offeriert ein parfümierter Galan diesen unverschämten Dienst, so läßt sie diesen diensteifrigen Arm auf der Treppe und schwingt sich mit zwei Sprüngen ins Zimmer hinauf und sagt dabei, daß sie nicht hinke. Obgleich sie nicht groß ist, hat sie tatsächlich nie etwas von hohen Absätzen wissen wollen; ihre Füße sind klein genug, daß sie darauf verzichten kann.

Nicht nur in Gegenwart von Frauen wahrt sie Stillschweigen und Respekt, sogar verheirateten Männern gegenüber und denen, die viel älter sind als sie; nur aus Gehorsam wird sie sich über sie stellen und ihren eigenen Platz, sobald sie kann, wieder einnehmen, denn sie weiß, daß die Rechte des Alters vor denen des Geschlechts rangieren, da sie die Weisheit für sich in Anspruch nehmen, die vor allen anderen geehrt werden muß.

Mit jungen Leuten ihres Alters geht sie anders um; da braucht sie einen anderen Ton, um sie zu beeindrucken, und sie versteht ihn anzunehmen, ohne die bescheidene Art aufzugeben, die ihr ansteht. Sind sie selber bescheiden und zurückhaltend, behält sie gern mit ihnen die liebenswürdige Vertrautheit der Jugend bei; ihre ganz unschuldsvollen Gespräche sind voller Mutwillen, aber wohlanständig; werden sie ernsthaft, wünscht sie, daß sie nutzbringend sind; arten sie in Albernheiten aus, weiß sie sie bald zu beenden, denn vor allem anderen verachtet sie galantes Geschwätz als eine starke Beleidigung ihres Geschlechts. Sie weiß genau, daß der Mann, den sie sucht, nicht diese Art zu reden hat; und sie duldet nie gern bei einem anderen, was nicht dem angemessen ist, dessen Charakter sie tief im Herzen mit sich trägt. Die hohe Meinung von den Rechten ihres Geschlechts, der Stolz ihrer Seele, den ihr die Reinheit ihrer Gefühle verleiht, jene Kraft der Tugend, die sie in sich spürt, und die sie in ihren eigenen Augen achtenswert macht, lassen sie mit Unwillen die zuckrigen Redensarten vernehmen, mit denen man sie zu unterhalten vermeint. Sie nimmt sie nicht mit offenbarem Zorn entgegen, sondern mit einem ironischen Beifall, der verwirrt, oder mit einer Kälte, die man nicht erwartet hatte. Wenn auch ein schöner Phoebus ihr seine Liebenswürdigkeiten dekla-

miert, geistvoll ihren Geist preist, ihre Schönheit, ihre
Reize, das Glück, ihr zu gefallen, bringt sie es fertig,
ihn höflich mit folgenden Worten zu unterbrechen:
»Mein Herr, ich fürchte, ich weiß das alles besser als
Sie; wenn wir uns nichts Interessanteres zu sagen haben, so glaube ich, daß wir unser Gespräch beenden
können.« Diese Worte mit einer tiefen Verbeugung
begleiten und sich darauf zwanzig Schritt weit von
ihm befinden, ist für sie nur Sache eines Augenblicks.
Fragt eure Herrchen, ob es bequem ist, ihr Geschwätz
lange vor einem so widerborstigen Geist auszubreiten.

Trotzdem hat sie es gern, daß man ihr Artig-
keiten sagt, wenn sie ernsthaft gemeint sind und sie
glauben kann, daß man wirklich so gut über sie denkt,
wie man spricht. Um von ihren Vorzügen beeindruckt
zu erscheinen, muß man zunächst selbst welche beweisen. Eine auf Hochachtung gegründete Huldigung
kann ihrem stolzen Herzen eine Wohltat sein, aber
galantem Getue wird sie immer eine Abfuhr erteilen;
Sophie ist nicht dazu geschaffen, die Talentchen eines
Possenreißers auszubilden.

Bei einer so großen Reife des Urteils wird Sophie,
die in jeder Hinsicht wie ein zwanzigjähriges Mädchen
gebildet ist, mit fünfzehn von ihren Eltern nicht wie
ein Kind behandelt werden. Sobald sie bei ihr die
erste Unruhe der Jugend feststellen, werden sie Vorsorge treffen, ehe sie größer wird; sie werden zärtlich
und vernünftig mit ihr reden. Solcherlei Gespräche
passen zu ihrem Alter und ihrem Charakter. Ist dieser
Charakter so, wie ich ihn mir vorstelle, warum sollte
ihr Vater nicht ungefähr so zu ihr sprechen:

„Sophie, nun bist du ein erwachsenes Mädchen, und
man wird es nicht, um es immer zu bleiben. Wir wollen, daß du glücklich bist: für uns selber wünschen wir
das, denn unser Glück hängt von dem deinen ab. Das
Glück eines ehrbaren Mädchens besteht darin, einen
ehrbaren Mann glücklich zu machen; wir müssen also

daran denken, dich zu verheiraten, und wir müssen zeitig daran denken, denn von der Ehe hängt das Lebensglück ab, und nie hat man zuviel Zeit, daran zu denken.

Nichts ist schwieriger als die Wahl eines guten Mannes, wenn die einer guten Frau vielleicht nicht ebenso schwierig ist. Du wirst diese seltene Frau sein, Sophie, du wirst die Ehre unseres Lebens und das Glück unsrer alten Tage sein; aber so viele Vorzüge du auch besitzen magst, es fehlt nicht an Männern auf der Welt, die deren mehr besitzen als du. Es gibt nicht einen, der sich nicht geehrt fühlen müßte, dich zu bekommen, es gibt viele, durch die du noch mehr geehrt würdest. Unter ihnen gilt es einen zu finden, der der Rechte für dich ist, ihn zu erkennen, und ihn dich erkennen zu lassen.

Das größte Glück in der Ehe hängt von so vielen Faktoren der Übereinstimmung ab, daß es Torheit wäre, alle vereinigen zu wollen. Zunächst muß man sich der wichtigsten versichern: sind die anderen auch dabei, macht man sie sich zunutze; fehlen sie, verzichtet man auf sie. Es gibt kein vollkommenes Glück auf Erden, aber das größte Unglück, das, was man immer vermeiden kann, ist aus eigener Schuld unglücklich zu sein.

Es gibt natürliche Faktoren der Übereinstimmung, es gibt solche der Verhältnisse und solche, die einzig und allein mit der gesellschaftlichen Meinung zusammenhängen. Die Eltern sind Richter über die beiden letzteren, die Kinder allein über die ersteren. Bei den Ehen, die durch die Autorität der Väter geschlossen werden, richtet man sich einzig nach der Übereinstimmung in den Verhältnissen und der gesellschaftlichen Meinung – es sind nicht die Personen, die man miteinander verheiratet, es sind die Verhältnisse und die Vermögen; alles das aber kann sich ändern; allein die Personen bleiben immer, sie tragen sich überall mit sich; trotz äußerer Glücksumstände hängt Glück oder Unglück in der Ehe nur von den persönlichen Beziehungen ab.

Deine Mutter war vornehmen Standes, ich war reich; das waren die einzigen Erwägungen, die unsre Eltern bestimmten, uns zu vereinigen. Ich habe mein Vermögen verloren, sie ihren Namen: was nützt es ihr heute, von ihrer Familie vergessen, adliger Abstammung zu sein? In unsrem Mißgeschick hat der Bund unsrer Herzen uns über alles hinweggetröstet; die Übereinstimmung unsrer Neigungen ließ uns diesen Zufluchtsort wählen; hier leben wir glücklich in Armut, und jeder ist dem anderen alles. Sophie ist unser gemeinsamer Schatz; wir segnen den Himmel, daß er uns diesen gegeben und uns alles übrige genommen hat. Du siehst, mein Kind, wohin uns die Vorsehung geführt hat: die Umstände, um derentwillen wir heirateten, gibt es nicht mehr; nur durch die, die man für nichts zählte, sind wir glücklich.

Die Eheleute müssen sich selbst aufeinander abstimmen. Gegenseitige Neigung muß ihr erstes Band sein; ihre Augen, ihre Herzen müssen ihre ersten Führer sein, denn da es ihre erste Pflicht ist, einander zu lieben, wenn sie vereint sind, und da es nicht von uns abhängt, zu lieben oder nicht zu lieben, bringt diese Pflicht notwendigerweise eine andere mit sich, nämlich die, einander zuerst zu lieben, ehe man sich vereinigt. Das ist das Recht der Natur, das durch nichts umgestoßen werden kann: diejenigen, die es durch alle die bürgerlichen Rechte beschränkt haben, haben eher die scheinbare Ordnung als das eheliche Glück und die Sitten der Bürger in Betracht gezogen. Du siehst, meine Sophie, daß wir dir keine schwere Moral predigen. Sie will dich nur zum Herrn über dich selbst machen, damit wir uns auf deine eigene Wahl eines Gatten verlassen können.

Nachdem wir dir unsere Gründe dafür gesagt haben, warum wir dir völlige Freiheit lassen, ist es nur recht und billig, auch über die deinigen mit dir zu reden, damit du sie mit Verstand anwendest. Du bist gut und vernünftig, meine Tochter, du bist redlich und fromm, du besitzt die Gaben, die ehrbaren Frauen anstehen, und du bist nicht ohne Liebreiz; aber du bist arm; du besitzt die achtenswertesten Güter, aber die, die man am höchsten achtet, fehlen dir. Strebe darum nur nach dem, was du erlangen kannst, und richte dein Streben weder nach deinem noch nach unserm Urteil, sondern nach dem Urteil der Menschen. Ginge es nur um eine Gleichheit der Vorzüge, wüßte ich nicht, worauf ich deine Hoffnungen beschränken sollte; steigere sie jedoch nicht über deine Verhältnisse hinaus und vergiß nicht, daß du durch sie auf der untersten Stufe stehst. Obgleich ein Mann, der deiner würdig ist, diese Ungleichheit nicht als Hindernis zählt, mußt du tun, was er nicht tun wird: Sophie muß es ihrer Mutter gleichtun und nur in eine Familie eintreten, die sich durch sie geehrt fühlt. Du hast unsren Reichtum nicht gekannt, du wurdest geboren, als wir arm waren; du versüßt uns unsre Armut und teilst sie fröhlich mit uns. Höre auf mich, Sophie, und jage nicht Gütern nach, die der Himmel, den wir dafür segnen, von uns genommen hat; erst als wir den Reichtum verloren, haben wir das Glück genossen.

Du bist zu liebenswert, um nicht zu gefallen, und deine Armut ist nicht so groß, daß du einem ehrbaren Mann zur Last fielst. Du wirst begehrt werden, vielleicht gar von Leuten, die deiner nicht wert sind. Zeigten sie sich dir so, wie sie sind, würdest du sie nach ihrem wahren Wert einschätzen; ihr ganzer Aufwand würde dich nicht lange beeindrucken; aber obgleich du ein gutes Urteilsvermögen hast und wirkliche Werte erkennst, fehlt es dir an Erfahrung, und du weißt nicht, bis zu welchem Grad die Menschen sich verstellen können. Ein schlauer Schurke kann deine Neigungen studieren, um dich zu verführen und dir

Tugenden vorspiegeln, die er gar nicht besitzt. Er hätte dich zugrunde gerichtet, Sophie, ehe du es gewahr geworden wärest, und du würdest deinen Irrtum nur erkennen, um ihn zu beweinen. Die gefährlichste aller Fallen und die einzige, die die Vernunft nicht umgehen kann, ist die der Sinne; hast du jemals das Unglück, hineinzugeraten, siehst du nur noch Illusionen und Phantasterei; deine Augen werden geblendet, dein Urteil getrübt, dein Wille gebrochen, selbst dein Irrtum ist dir teuer; selbst wenn du ihn zu erkennen vermöchtest, würdest du nicht von ihm lassen wollen. Ich überlasse dich Sophiens Vernunft, meine Tochter; ich überlasse dich nicht der Neigung ihres Herzens. Bleibe dein eigener Richter, solange du kaltes Blut bewahrst; aber sobald du lieben wirst, begib dich in die Obhut deiner Mutter.

Ich schlage dir eine Vereinbarung vor, die dir unsre Achtung beweist und die natürliche Ordnung zwischen uns wieder herstellen soll. Die Eltern wählen den Gatten ihrer Tochter aus und befragen sie nur der Form halber: so ist es der Brauch. Bei uns werden wir es genau umgekehrt halten: Du wirst die Wahl treffen, und wir werden befragt werden. Mache Gebrauch von deinem Recht, Sophie, tue es in aller Freiheit und Klugheit. Du mußt dir den Gatten wählen, der zu dir paßt, nicht wir. Aber an uns ist es, zu beurteilen, ob du dich nicht über die Verhältnisse täuschst und ob du nicht, ohne es zu wissen, etwas ganz anderes tust, als du willst. Geburt, Besitz, Rang, Meinung spielen in unsren Erwägungen keine Rolle. Nimm einen ehrbaren Mann, dessen Äußeres dir gefällt und dessen Charakter dir zusagt: im übrigen mag er sein, was er will, wir werden ihn als Schwiegersohn aufnehmen. Sein Besitz wird immer groß genug sein, wenn er Arme und gute Sitten besitzt und seine Familie liebt. Sein Rang wird immer vornehm genug sein, wenn er ihn durch die Tugend adelt. Und wenn die ganze Erde uns tadeln würde – was weiter? Wir jagen nicht nach öffentlicher Anerkennung, uns genügt dein Glück."

Ich weiß nicht, Leser, welche Wirkung ein solches Gespräch bei den nach eurer Manier erzogenen Mädchen hinterlassen würde. Was Sophie anlangt, so würde sie darauf nicht mit Worten antworten können; Scham und Rührung würden es ihr nicht leicht machen, sich zu äußern; aber ich bin ganz sicher, daß es für den Rest ihres Lebens in ihrem Herzen eingeprägt bleiben wird und daß man, wenn man auf irgendeinen menschlichen Entschluß zählen kann, dann auf den, den ihr Herz sie fassen läßt, um der Achtung ihrer Eltern würdig zu sein.

Nehmen wir den schlimmsten Fall an und geben wir ihr ein feuriges Temperament, das ihr ein langes Warten zur Pein macht; ich behaupte, daß ihre Urteilskraft, ihre Kenntnisse, ihr Geschmack, ihr Zartgefühl und vor allem die Empfindungen, die während ihrer Kindheit in ihr Herz gelegt wurden, der Macht ihrer Sinne ein Gegengewicht liefern werden, das ihr genügen wird, sie zu besiegen oder wenigstens dazu, ihnen auf lange Zeit zu widerstehen. Sie würde lieber als Märtyrerin ihrer Verhältnisse sterben, als ihren Eltern Kummer bereiten, einen Mann ohne Ehre heiraten und sich dem Elend einer unglücklichen Ehe aussetzen. Gerade die Freiheit, die man ihr geschenkt hat, verleiht ihrer Seele nur neuen Aufschwung und macht sie noch wählerischer in der Auswahl ihres Gebieters. Um ihr Herz und ihre Sinne im Zaum zu halten, hat sie, mit dem Temperament einer Italienerin und der Empfindsamkeit einer Engländerin, den Stolz einer Spanierin, die selbst bei der Suche nach einem Geliebten nicht leicht den findet, den sie als ihrer würdig erachtet.

Nicht jedem ist es gegeben, zu fühlen, welchen Schwung die Liebe zur Ehrbarkeit der Seele verleihen kann und welche Kraft man in sich selber finden kann, wenn man aufrichtig tugendhaft sein will. Es gibt Menschen, denen alles Große wie Hirngespinste erscheint und die in ihrem gemeinen und niedrigen Geist niemals erkennen werden, was selbst die Torheit der Tugend über die menschlichen Leidenschaften vermag. Zu diesen Leuten soll man nur durch Beispiele sprechen: um so schlimmer für sie, wenn sie hartnäckig leugnen. Wenn ich ihnen sagen würde, daß Sophie gar kein Wesen der Phantasie ist, daß ich nur ihren Namen frei erfunden habe, daß es ihre Erziehung, ihre Sitten, ihren Charakter, selbst ihre Gestalt wirklich gab und daß die Erinnerung an sie eine ganze ehrbare Familie immer noch Tränen kostet – sie würden es zweifellos nicht glauben; aber, was riskiere ich denn dabei, ohne Umschweife die Geschichte eines Mädchens zu Ende zu führen, das Sophie so ähnlich ist, daß diese Geschichte die ihre sein könnte, ohne daß man davon überrascht sein müßte? Mag man sie für lebendig halten oder nicht, was liegt daran; mag ich, wenn man will, Märchen erzählt haben, ich habe immerhin meine Methode auseinandergesetzt und mein Ziel verfolgt.

Das junge Mädchen mit dem Temperament, das ich eben Sophie beigelegt habe, besaß im übrigen alles, was es diesen Namen verdienen lassen konnte, und ich lasse ihn ihm. Nach dem Gespräch, von dem ich berichtet habe, meinten seine Eltern, daß sich in dem Dorf, wo sie lebten, keine Heiratsmöglichkeiten bieten würden und schickten es für den Winter in die Stadt zu einer Tante, die insgeheim über den Zweck dieser Reise unterrichtet wurde; denn im Grund ihres Herzens trug die stolze Sophie den edlen Stolz, über sich selbst zu herrschen; und wie sehr sie sich auch nach einem Gatten sehnen mochte, lieber wäre sie als Jungfrau gestorben, als sich zur Suche nach ihm zu entschließen.

Um den Absichten ihrer Eltern zu entsprechen, führte die Tante sie in die Familien, Gesellschaften und zu Festlichkeiten, ließ sie die große Welt sehen oder ließ vielmehr die Welt sie betrachten, denn Sophie machte sich nur wenig aus all dem Trubel. Trotzdem fiel es auf, daß sie junge Männer von angenehmem Äußeren, die zurückhaltend und bescheiden erschienen, nicht mied. Selbst in ihrer eigenen Zurückhaltung barg sich eine gewisse Kunst, sie an sich zu ziehen, die der Koketterie ziemlich nahekam; nachdem sie sich aber zwei- oder dreimal mit ihnen unterhalten hatte, fühlte sie sich von ihnen abgestoßen. Bald ersetzte sie jene eigenwillig hochmütige Art, die alle Huldigungen anzunehmen schien, durch ein bescheideneres Verhalten und eine abweisendere Höflichkeit. Bei der ständigen Überwachung ihrer selbst gab sie ihnen keine Gelegenheit mehr, ihr auch nur den geringsten Dienst zu erweisen: damit gab sie zu verstehen, daß sie nicht ihre Geliebte sein wollte.

Niemals liebten empfindsame Herzen die lauten Vergnügungen, das eitle und sterile Glück der Menschen ohne Gefühl, die glauben, sich betäuben heiße, das Leben genießen. Sophie, die nicht fand, wonach sie suchte, und die Hoffnung verloren hatte, es so zu finden, wurde die Stadt leid. Sie liebte ihre Eltern zärtlich, nichts konnte sie ihr ersetzen, nichts konnte sie sie vergessen lassen; sie kehrte lange vor dem festgesetzten Zeitpunkt zu ihnen zurück.

Kaum hatte sie ihre Beschäftigungen im elterlichen Haus wieder übernommen, als man bemerkte, wie ihre Stimmung sich trotz ihres gewohnten Verhaltens geändert hatte. Sie war manchmal zerstreut, ungeduldig, traurig und nachdenklich, sie verbarg sich, um zu weinen. Zuerst dachte man, sie sei verliebt und schäme sich deshalb: man sagte es ihr, und sie leugnete es. Sie behauptete, niemanden getroffen zu haben, der ihr Herz hätte rühren können, und Sophie log nicht.

Indessen wurde sie immer kraftloser, und ihre Gesundheit begann zu leiden. Ihre Mutter, von dieser Veränderung beunruhigt, beschloß schließlich, die Ursache dafür zu erfahren. Sie nahm Sophie beiseite und sprach zu ihr in jener einschmeichelnden Sprache und mit jenen unbesieglichen Liebkosungen, die nur die mütterliche Zärtlichkeit zu gebrauchen weiß. „Meine Tochter, du, die ich in mir trug und immer noch in meinem Herzen trage, schütte das deinige aus in den Busen deiner Mutter. Was für Geheimnisse sind es denn, die eine Mutter nicht wissen darf? Wer ist es denn, der deinen Kummer beweint, der ihn teilt, der ihn lindern möchte, wenn nicht dein Vater und ich? Ach, mein Kind, willst du, daß ich an deinem Schmerz sterbe, ohne ihn zu kennen?"

Die junge Person wollte ihren Kummer keineswegs vor der Mutter verbergen: und es war ihr nur zu lieb, sie als Trösterin und Vertraute zu haben; aber die Scham verschloß ihr den Mund, und ihre Zurückhaltung fand nicht die Sprache, einen ihrer so wenig würdigen Zustand zu schildern wie den der Erregung, die wider ihren Willen ihre Sinne verwirrte. Aber ihre Mutter, der gerade ihre Scham alles verraten hatte, brachte sie schließlich zu jenem demütigenden Geständnis. Sie beschwerte sie nicht durch ungerechte Vorwürfe, sondern tröstete sie, bedauerte sie und weinte mit ihr: sie war zu klug, um ein Verbrechen aus einem Schmerz zu machen, den einzig ihre Tugend ihr so grausam machte. Warum aber ohne Not einen Schmerz ertragen, dessen Heilung, so leicht und so billig war? Warum nutzte sie nicht die Freiheit, die man ihr geschenkt hatte? Warum nahm sie nicht einen Gatten an? Warum wählte sie nicht selbst einen? Wußte sie nicht, daß ihr Los einzig von ihr abhing und, wie immer ihre Wahl ausfallen würde, man ihr zustimmen würde, da sie niemals eine treffen konnte, die nicht ehrbar gewesen wäre? Man hatte sie in die Stadt geschickt und sie hatte nicht dort bleiben wollen; mehrere Heiratsmöglichkeiten hatten sich geboten, sie hatte sie alle ausgeschlagen. Worauf wartet sie denn? was wollte sie? Welch unerklärliche Widersprüchlichkeit!

Die Antwort war einfach. Hätte es sich nur um eine Hilfe für die Jugend gehandelt, wäre die Wahl bald getroffen gewesen; aber ein Gebieter für das ganze Leben ist nicht so leicht zu wählen; und da man diese beiden Wahlen nicht trennen kann, muß man geduldig warten und oft seine Jugend verlieren, ehe man den Mann findet, mit dem man seine Tage verbringen will. In diesem Fall befand sich Sophie: sie brauchte einen Geliebten, aber dieser Geliebte sollte ihr Gatte sein; und das Herz das dem ihren not tat, war in dem einen Fall fast so schwer zu finden wie in dem andern. Alle diese so brillanten jungen Leute hatten nur das Alter mit ihr gemeinsam, alles andere fehlte ihnen; ihr oberflächlicher Geist, ihre Eitelkeit, ihr Geschwätz, ihre zügellosen Sitten und ihr leichtfertiges Getue machten sie ihr widerwärtig. Sie suchte einen Mann und fand nur Affen; sie suchte eine Seele und fand nicht eine.

„Wie bin ich unglücklich!" sagte sie zu ihrer Mutter; „ich will lieben und finde nichts, was ich lieben kann. Mein Herz stößt alle von sich, die meine Sinne anziehen. Ich habe nicht einen getroffen, der nicht meine Begierden erregt hätte, aber auch keinen, der sie nicht wieder erlöschen ließ; Neigung ohne Achtung kann nicht von Dauer sein. Ach, das ist nicht der Mann, den deine Sophie braucht! Sein zauberhaftes Bild ist zu tief in ihrer Seele eingeprägt. Nur ihn kann sie lieben, nur ihn glücklich machen, nur mit ihm allein kann sie glücklich sein. Lieber will sie sich ohne Ende verzehren und bekämpfen, lieber will sie unglücklich und ungebunden sterben, als in Verzweiflung an der Seite eines Mannes leben, den sie nicht lieben könnte und den sie dazu auch unglücklich machen würde; lieber nicht mehr leben als nur leben, um zu leiden."

Die Mutter war von diesen seltsamen Reden betroffen; sie fand sie zu wunderlich, als daß sie nicht irgendein Geheimnis dahinter vermutet hätte. Sophie war weder preziös noch albern. Wie hatte sie sich in solch übertriebener Empfindsamkeit gefallen können, sie, die man von Kindheit an nichts anderes gelehrt hatte, als sich den Menschen, mit denen sie leben mußte, anzupassen und aus der Not eine Tugend zu machen? Dieses Vorbild des liebenswerten Mannes, das sie so bezauberte und das so oft in all ihren Gesprächen wieder auftauchte, brachte ihre Mutter auf die Vermutung, daß diese Idee irgendeinen anderen Grund haben mußte, den sie noch nicht kannte, und daß Sophie nicht alles erzählt hatte. Die Unglückliche, niedergedrückt von ihrem geheimen Kummer, wünschte sich nichts sehnlicher als ihr Herz auszuschütten. Ihre Mutter drängt sie, sie zögert; schließlich gibt sie nach, geht wortlos hinaus und kommt einen Augenblick später mit einem Buch in der Hand wieder herein: Bedaure deine unglückliche Tochter, ihre Trauer ist ohne Hoffnung, ihre Tränen können nicht mehr aufhören zu fließen, du willst den Grund wissen: nun, hier ist er, sagt sie und wirft das Buch auf den Tisch. Die Mutter nimmt das Buch und öffnet es: es waren „Telemachs Erlebnisse". Zuerst ist ihr alles rätselhaft; nach vielen Fragen und dunklen Antworten erkennt sie schließlich mit leicht begreiflicher Überraschung, daß ihre Tochter die Nebenbuhlerin der Eucharis ist[27].

Sophie liebte Telemach, sie liebte ihn mit einer Leidenschaft, von der nichts sie zu heilen vermochte. Als ihre Eltern von ihrer Manie erfuhren, lachten sie darüber und dachten, sie mit Vernunftgründen wieder zu sich selbst zu bringen. Sie irrten: sie hatten die Vernunft nicht allein auf ihrer Seite; auch Sophie besaß die ihre und wußte sie geltend zu machen. Wie oft brachte sie sie zum Stillschweigen, indem sie der Eltern eigene Argumente gegen sie anwandte und ihnen bewies, daß sie selbst das ganze Unglück heraufbeschworen hatten; daß sie sie nicht für einen Mann ihres Jahrhunderts herangebildet hatten; daß sie notwendigerweise die Denkungsart ihres Gatten annehmen oder ihm die ihre beibringen müsse; daß sie ihr das erstere durch ihre Erziehung unmöglich gemacht hatten und das andere genau das sei, was sie sich wünsche. „Gebt mir einen Mann", sagt sie, „der von meinen Grundsätzen durchdrungen ist, oder den ich dazu bringen kann, sie anzunehmen, und ich heirate ihn; bis dahin aber zankt nicht mit mir, sondern bedauert mich. Ich bin unglücklich und nicht töricht. Ist das Herz vom Willen abhängig? Hat mein Vater es nicht selbst gesagt? Ist es meine Schuld, wenn ich liebe, was nicht existiert? Ich bin keine Schwärmerin; ich will keinen Prinzen, ich suche nicht Telemach, ich weiß, er ist nur eine Fiktion: ich suche jemanden, der ihm gleicht. Und warum sollte dieser Jemand nicht existieren, da ich existiere, ich, die ich ein dem seinen so ähnliches Herz in mir fühle? Nein, entehren wir doch nicht so die Menschheit; glauben wir nicht, daß ein liebenswerter und tugendhafter Mann nur ein Phantasiegebilde sei. Es gibt ihn, er lebt, er sucht mich vielleicht; er sucht eine Seele, die ihn zu lieben versteht. Aber wer ist er? wo ist er? Ich weiß es nicht: er ist keiner von denen, die ich getroffen habe; bestimmt wird er keiner von denen sein, die ich treffen werde. Ach, Mutter, warum hast du mir die Tugend allzu liebenswert gemacht? Wenn ich nur sie lieben kann, so ist dies mehr deine Schuld als die meine."

Soll ich diese traurige Erzählung bis zur Katastrophe weiterführen? Soll ich die langen Streitigkeiten, die ihr vorangingen, erzählen? Soll ich eine ungeduldig gewordene Mutter darstellen, deren ursprüngliche Zärtlichkeit sich in Strenge verwandelt? Soll ich einen zornigen Vater zeigen, der seine ursprünglich eingegangenen Verpflichtungen vergißt und die tugendhaf teste der Töchter wie eine Wahnsinnige behandelt? Soll ich schließlich die Unglückselige schildern, die ihrem Traumgebilde durch die Verfolgung, die sie um seinetwillen erdulden muß, noch mehr anhängt, die langsam dem Tod entgegengeht und in dem Augenblick ins Grab hinabsteigt, da man sie zum Altar zu schleppen glaubt? Nein, weg mit diesen traurigen Bildern. Mir scheint, so weit brauche ich nicht zu gehen, um durch ein schlagendes Beispiel zu zeigen, daß trotz der Vorurteile, die aus den Sitten dieses Jahrhunderts entstehen, die Begeisterung für Sittlichkeit und Schönheit den Frauen nicht weniger eignet als den Männern und daß es nichts gibt, was man nicht unter der Führung der Natur von ihnen so erreichen kann wie von uns.

Hier unterbricht man mich und fragt, ob die Natur es uns vorschreibt, so Mühsal auf uns zu nehmen, um unmäßige Begierden zu unterdrücken. Ich verneine es, füge aber hinzu, daß es keineswegs die Natur ist, die uns so viele maßlose Begierden mitgibt. Also ist alles, was nicht von ihr kommt, gegen sie: ich habe das tausendmal bewiesen.

Geben wir unserem Emile seine Sophie: schenken wir dieses liebenswerte Mädchen dem Leben wieder und geben wir ihm eine weniger lebhafte Phantasie und eine glücklichere Bestimmung. Ich wollte eine Durchschnittsfrau schildern; in meinem Bestreben, ihre Seele zu erheben, habe ich ihren Verstand verwirrt; so bin ich selber in die Irre gegangen. Kehren wir um. Sophie hat nichts als ein gutmütiges Naturell in einer unkomplizierten Seele: alles, was sie in größerem Maß besitzt als andere Frauen, ist das Ergebnis ihrer Erziehung.

Ich habe mir in diesem Buch vorgenommen, alles zu erwähnen, was geschehen könnte, und es jedem zu überlassen, sich auszuwählen, was ihm von dem, was

ich sagte, begreiflich ist. Zu Anfang hatte ich vor,
die Gefährtin Emiles von früher Kindheit an zu bilden, sie beide einen für den anderen und einen mit
dem anderen aufzuziehen. Als ich jedoch darüber nachdachte, kam ich zu dem Ergebnis, daß alle diese vorzeitigen Vorkehrungen töricht wären, daß es absurd
wäre, zwei Kinder dazu zu bestimmen, sich miteinander zu verbinden, bevor man erkennen kann, ob
diese Verbindung der Ordnung der Natur entspricht,
ob sich zwischen ihnen die dafür passenden Beziehungen bilden. Man darf nicht verwechseln, was im Naturzustand natürlich ist und was im Gesellschaftszu-
stand natürlich ist. Im ersteren paßt jede Frau zu jedem Mann, da beide noch die primitive und allen
gemeinsame Form haben; im zweiten, da jeder Charakter durch die gesellschaftlichen Einrichtungen geformt ist und jeder Geist seine eigene und bestimmte
Form erhalten hat, nicht allein durch die Erziehung,
sondern durch das mehr oder weniger gut geordnete
Zusammenwirken von Naturell und Erziehung, kann
man sie nur zusammentun, indem man sie einander
gegenüberstellt, um zu erkennen, ob sie in jeder Hinsicht zueinander passen, oder um wenigstens die Wahl
vorzuziehen, die die meisten gegenseitigen Berüh-
rungspunkte gewährleistet.

Das Übel besteht darin, daß, während man den
Charakter bildet, der soziale Stand den Unterschied
des gesellschaftlichen Ranges betont; da diese beiden
Ordnungen einander völlig unähnlich sind, so kommt
es, daß man, je mehr man den Unterschied in der gesellschaftlichen Stellung betont, um so mehr den der Charaktere verwischt. Daher die Mißheiraten und alle
Mißhelligkeiten, die sich daraus ergeben; daraus wird
durch eine evidente Folgerung ersichtlich, daß, je weiter man von der Gleichheit abrückt, die natürlichen
Empfindungen um so mehr verderben; je größer der
Abstand zwischen den Großen und den Geringen, um

so mehr lockert sich das eheliche Band; je mehr Reiche und Arme, um so weniger Väter und Gatten. Weder Herr noch Sklave haben noch eine Familie, beide kennen nur noch ihren Stand.

Wollt ihr Irrtümern vorbeugen und glückliche Ehen stiften, so erstickt die Vorurteile, vergeßt die menschlichen Konventionen und befragt die Natur. Vereint nicht Menschen, die nur unter den gegebenen Verhältnissen zueinander passen und die aufhören, zueinander zu passen, wenn sich diese Verhältnisse ändern, sondern Menschen, die unter allen Bedingungen zueinander passen, in welcher Lage sie sich auch befinden mögen, in welchem Land sie immer leben und auf welche Rangstufe sie geraten mögen. Ich will nicht sagen, daß konventionelle Beziehungen in der Ehe keine Rolle spielen, jedoch sage ich, daß der Einfluß der natürlichen Beziehungen so sehr überwiegt, daß er allein über das Lebensschicksal entscheidet und daß es solche Übereinstimmung der Neigungen, Stimmungen, Gefühle und Charaktere gibt, daß ein weiser Vater, sei er Fürst, sei er Monarch, sich davon bestimmen lassen müßte, ohne zu schwanken seinem Sohn das Mädchen zu geben, mit dem er in all dem übereinstimmt, und wäre es auch aus ehrloser Familie, wäre es auch die Tochter des Henkers. Ja, ich behaupte, daß zwei innerlich einige Gatten, sollte auch alles nur erdenkliche Unglück über sie hereinstürzen, ein wahreres Glück in ihren gemeinsamen Tränen genießen als die, die im Besitz aller Güter der Erde, durch die Zwietracht des Herzens vergiftet sind.

Anstatt Emile also schon in seiner Kindheit eine Gattin zu bestimmen, habe ich darauf gewartet, die zu erkennen, die zu ihm paßt. Nicht ich treffe diese Wahl, sondern die Natur; an mir ist es, zu finden, was sie gewählt hat. Ich sage, an mir ist es, meine Angelegenheit, und nicht die des Vaters; denn wenn er mir seinen Sohn anvertraut, überläßt er mir seinen Platz,

er setzt mein Recht anstelle des seinen; ich bin Emiles
wirklicher Vater, ich habe ihn zum Mann gemacht.
Ich hätte es abgelehnt, ihn zu erziehen, wenn ich nicht
die Befugnis gehabt hätte, ihn nach meiner Wahl zu
verheiraten, das heißt nach der seinen. Nur die Freude, jemanden glücklich zu machen, kann für die Mühe
entschädigen, einen Menschen so weit zu bringen, daß
er es werde.

Glaubt aber auch nicht, daß ich Emile durch mein
Warten auf seine Gattin verpflichtet hätte, sie zu suchen. Diese vorgetäuschte Suche ist nur ein Vorwand
dafür, daß er die Frauen kennenlernt, damit er den
Wert der Frau, die er haben möchte, erkennt. Sophie
ist schon lange gefunden; vielleicht hat Emile sie schon
gesehen; aber er wird sie erst erkennen, wenn es an der
Zeit ist.

Ist auch die Gleichheit der Lebensumstände für die
Ehe nicht notwendig, so gibt sie ihr doch, wenn sie zu
der übrigen Übereinstimmung hinzukommt, einen
neuen Wert; sie ist mit keiner anderen Übereinstimmung zu vergleichen, gibt aber den Ausschlag, wenn
alles gleich ist.

Ein Mann, wenn er nicht gerade Monarch ist, darf
sich eine Frau nicht aus jedem beliebigen Stand suchen,
denn ist er auch selbst frei von Vorurteilen, so findet
er sie doch bei den anderen; und ein Mädchen, das ihm
vielleicht gefallen würde, könnte er aus diesem
Grunde nicht bekommen. Es gibt also Regeln der
Klugheit, die den Erkundigungen eines verständigen
Vaters Schranken setzen müssen. Er darf seinen Zögling nicht über dessen Stand unterbringen wollen, denn
das hängt nicht von ihm ab. Und selbst wenn er es
könnte, dürfte er es nicht wollen; denn was gibt ein
junger Mann auf den Rang, wenigstens der meine?
Jedoch setzt er sich bei seinem Aufstieg tausend wirklichen Übeln aus, die er sein ganzes Leben lang spüren
wird. Ich behaupte sogar, er dürfe Güter verschiede-

ner Art, wie Vornehmheit und Geld, nicht gegeneinander ausgleichen wollen; denn jedes fügt dem anderen weniger Wert bei als es an Wert verliert. Zudem
wird man sich niemals über den Wert einig, und da
jeder dem, was er mitgebracht hat, den größten Wert
beimißt, entsteht bald Zwietracht zwischen den beiden
Familien und oft genug zwischen den Ehegatten selbst.

Es macht also für die Ordnung in der Ehe sehr viel
aus, ob der Mann sich über oder unter seinem Stand
verheiratet. Der erste Fall ist absolut vernunftwidrig;
der zweite entspricht eher der Vernunft. Da die Familie nur durch ihr Oberhaupt mit der Gesellschaft in
Verbindung steht, ist es der Stand dieses Oberhauptes,
der den der ganzen Familie bestimmt. Heiratet er
unter seinem Stand, steigt er nicht hinab, er hebt seine
Gattin zu sich hinauf; nimmt er dagegen eine Frau
aus höherem Stand, zieht er sie zu sich herab, ohne
sich selbst zu höherem Stand zu erheben. So besteht
im ersten Fall das Gute ohne das Üble und im zweiten
das Üble ohne das Gute. Überdies liegt es in der Ordnung der Natur, daß die Frau dem Mann gehorche.
Holt er sie sich also aus niedererem Stand, stimmt die
natürliche Ordnung mit der bürgerlichen überein, und
alles geht gut. Das Gegenteil entsteht, wenn der Mann
durch eine Heirat über seinem Stand vor der Wahl
steht, entweder gegen sein Recht oder gegen seine
Dankesschuld zu handeln, undankbar oder verächtlich
zu sein. Dann macht sich die Frau, die die Autorität
beansprucht, zum Tyrannen ihres Oberhauptes; und
der zum Sklaven gewordene Herr sieht sich zur lächerlichsten und elendsten aller Kreaturen herabgesunken.
Das ist das Los jener unglücklichen Favoriten, die die
Könige Asiens durch die Verbindung mit ihnen ehren
und quälen und die, wie man erzählt, das Bett nur
vom Fußende her zu besteigen wagen, wenn sie mit
ihren Frauen schlafen wollen.

Ich erwarte, daß viele Leser, die sich erinnern, daß

ich der Frau ein natürliches Talent, den Mann zu beherrschen, zuspreche, mich hier des Widerspruchs an-
klagen werden – trotzdem irren sie. Es ist ein großer
Unterschied, ob man sich das Recht zu befehlen an-
maßt oder den, der befiehlt, beherrscht. Die Herrschaft
der Frau ist die Herrschaft der Sanftmut, der Geschicklichkeit und der Gefälligkeit; ihre Anordnungen sind
Schmeicheleien, ihre Drohungen sind Tränen. Sie soll
im Haus regieren wie ein Staatsminister, indem sie
sich befehlen läßt, was sie tun will. In dieser Hinsicht
ist es gewiß, daß die besten Ehen die sind, in denen
die Frau die meiste Autorität besitzt: verkennt sie
jedoch die Stimme des Oberhauptes, will sie seine
Rechte usurpieren und selbst befehlen, so entsteht nie
anderes aus dieser verkehrten Ordnung als Elend, Ärgernis und Schande.

Bleibt noch die Wahl zwischen Frauen seines eigenen oder eines niedrigeren Standes, und ich glaube,
daß im Hinblick auf die letzteren noch einige Ein-
schränkungen gemacht werden müssen; denn es ist
schwer, in der Hefe des Volks eine Frau zu finden,
die das Glück eines ehrbaren Mannes ausmachen
könnte: nicht etwa, weil man in den untersten Schichten lasterhafter wäre als in den obersten, sondern weil
man dort nur eine geringe Vorstellung von Schönheit
und Ehrbarkeit hat und weil infolge der Ungerechtigkeit der anderen Stände dieser Stand in seinen eigenen
Lastern nur eine Sache der Gerechtigkeit sieht.

Von Natur denkt der Mensch kaum. Denken ist eine
Kunst, die er erlernt wie alle anderen, sogar noch
schwerer. Bei beiden Geschlechtern kenne ich nur zwei
wirklich unterschiedliche Klassen: die der Denkenden
und die der Nichtdenkenden; und dieser Unterschied
kommt fast allein von der Erziehung her. Ein Mann
aus der ersten dieser beiden Klassen sollte sich
nicht mit der anderen verbinden, denn der größte
Reiz des Zusammenseins fehlt ihm, wenn er als

Ehemann darauf beschränkt wird, allein denken zu müssen[28]. Die Menschen, die buchstäblich ihr ganzes Leben mit Arbeit für das tägliche Brot zubringen, kennen keinen anderen Gedanken als den an ihre Arbeit oder ihren Vorteil, und ihr ganzer Geist scheint in ihren Armen zu sitzen. Diese Unwissenheit tut weder der Rechtschaffenheit noch den guten Sitten Abbruch; oft ist sie ihnen sogar dienlich; oft findet man sich nach langem Nachdenken über sie mit seinen Pflichten ab und setzt zuletzt hohle Worte anstelle der Dinge. Das Gewissen ist der aufgeklärteste der Philosophen: man braucht nicht Ciceros Buch über die Pflichten zu kennen, um ein rechtschaffener Mann zu sein; und die ehrbarste Frau der Welt weiß vielleicht am wenigsten, was Ehrbarkeit ist. Darum ist es jedoch nicht weniger richtig, daß nur ein kultivierter Geist den Umgang angenehm macht; und für einen Familienvater, der sich zu Hause wohlfühlt, ist es eine traurige Sache, sich dort in sich selbst verschließen zu müssen und sich niemandem verständlich machen zu können.

Wie will im übrigen eine Frau, die es überhaupt nicht gewohnt ist, zu denken, ihre Kinder erziehen? Wie kann sie erkennen, was ihnen angemessen ist? Wie will sie sie den Tugenden geneigt machen, die sie nicht kennt, dem moralischen Verdienst, von dem sie keine Vorstellung hat? Sie wird ihnen nur schöntun oder drohen können, sie nur frech oder ängstlich machen; sie wird manierierte Affen oder tölpelhafte Straßenkinder aus ihnen machen, niemals feinsinnige und liebenswerte Kinder.

Für einen Mann von Bildung ist es also nicht passend, eine Frau ohne Bildung zu nehmen und folglich auch nicht aus einem Stand, wo man keine gewinnen kann. Aber mir wäre ein einfaches und derb erzogenes Mädchen hundertmal lieber als ein Blaustrumpf und Schöngeist, der in meinem Hause einen literarischen Gerichtshof etabliert und sich zu dessen

Präsidentin macht. Eine schöngeistige Frau ist die
Geißel ihres Mannes, ihrer Kinder, ihrer Freunde,
ihrer Diener, aller Welt. Aus der erhabenen Höhe
ihrer schönen Seele verabscheut sie alle weiblichen
Pflichten und macht sich immer zunächst zum Mann
nach Art und Weise von Mademoiselle de l'Enclos[29].
Außerhalb ihres Hauses wirkt sie überall lächerlich
und setzt sich einer sehr gerechten Kritik aus, denn
diese kann nicht ausbleiben, wenn man seinen Stand
verläßt und einen annehmen möchte, für den man
nicht geschaffen ist. All diese hochbegabten Frauen
machen nur den Dummen Eindruck. Man weiß immer, wer der Künstler oder der Freund ist, der
die Feder oder den Pinsel hält, wenn sie arbeiten;
man weiß, wer der diskrete Gelehrte ist, der ihnen
insgeheim ihre Orakel diktiert. Diese ganze Scharlatanerie ist einer ehrbaren Frau unwürdig. Hätte sie
wirkliche Talente, würden diese durch ihre Eitelkeit
entwertet. Ihre Würde ist es, nicht gekannt zu sein;
ihre Ehre ist die Achtung ihres Mannes: ihre Freuden
liegen im Glück ihrer Familie. Ich berufe mich auf euch
selbst, Leser, seid aufrichtig: was gibt euch eine bessere Meinung über eine Frau beim Betreten ihres
Zimmers, was läßt euch ihr mit größerem Respekt
entgegentreten, wenn ihr sie mit Arbeiten ihres Geschlechts beschäftigt seht, mit Hausfrauenpflichten, die
Sachen ihrer Kinder um sie herum, oder wenn ihr sie
beim Verseschreiben am Toilettentisch antrefft, umgeben
von Broschüren jeder Art und kleinen Briefchen in allen
Farben? Gäbe es nur vernünftige Männer auf Erden, so
müßte jedes gelehrte Mädchen sein Leben lang Mädchen bleiben.

Quaeris cur nolim te ducere, Galla? Diserta es[30].

Auf diese Betrachtungen folgt die über die Gestalt;
sie ist das erste, was uns interessiert, und sollte doch
das letzte sein; doch soll man sie auch nicht für über-

flüssig halten. Mir scheint, die große Schönheit sollte
man bei der Heirat eher fliehen als suchen. Durch den
Besitz verbraucht sich die Schönheit rasch; nach sechs
Wochen bedeutet sie ihrem Besitzer nichts mehr, aber
ihre Gefahren dauern so lange wie sie selbst. Ist eine
schöne Frau nicht gerade ein Engel, so ist ihr Gatte
der unglücklichste aller Männer; selbst wenn sie ein
Engel wäre, wie könnte sie es verhindern, daß er nicht
immerfort von Feinden umgeben wäre? Wäre äußerste
Häßlichkeit nicht abstoßend, würde ich sie äußerster
Schönheit vorziehen; da nämlich beides in kürzester
Zeit dem Gatten nichts mehr sagt, wird die Schönheit
zum Nachteil und die Häßlichkeit zum Vorteil. Aber
die Häßlichkeit, die Ekel hervorruft, ist das größte
Unglück; das Ekelgefühl, anstatt sich zu verlieren,
verstärkt sich mehr und mehr und wird zum Haß.
Eine solche Ehe ist die Hölle; der Tod wäre besser als
eine solche Verbindung.

Strebt in allem nach dem Mittelmaß[31], ohne selbst
die Schönheit davon auszunehmen. Ein liebenswertes
und gewinnendes Gesicht, das nicht Liebe, aber Wohlwollen einflößt, soll man allem anderen vorziehen;
der Gatte hat dabei nichts zu befürchten und beide
haben gemeinsamen Vorteil davon: Anmut verbraucht
sich nicht so wie Schönheit; sie lebt und erneuert sich
ständig, und nach dreißig Jahren Ehe gefällt eine an-
mutige Frau ihrem Mann noch wie am ersten Tag.

Solcherlei Erwägungen haben mich zur Wahl Sophies
bestimmt. Zögling der Natur ebenso wie Emile ist sie
für ihn geschaffen wie keine andere; sie wird die Frau
des Mannes sein. Durch Geburt und Vorzüge ist sie
ihm gleichgestellt, an Glücksgütern steht sie unter ihm.
Sie bezaubert nicht auf den ersten Blick, nimmt aber
jeden Tag mehr für sich ein. Ihr größter Reiz wirkt
erst nach und nach, er entfaltet sich nur in der Intimität des Umgangs, und ihr Gatte spürt ihn mehr als
jeder andere auf der Welt. Ihre Erziehung ist weder

blendend noch vernachlässigt; sie besitzt unverbildeten
Geschmack, ungekünstelte Talente, Urteilsvermögen
ohne Kenntnisse. Ihr Geist hat wenig Wissen, ist aber
zum Lernen vorbereitet; das ist ein gut bearbeiteter
Boden, der nur auf das Samenkorn wartet, um Früchte
zu bringen. Außer den Barême[32] und dem Telemach,
die ihr zufällig in die Hände fielen, hat sie keine Bücher
gelesen; aber hat ein Mädchen, das sich für Telemach begeistern kann, ein fühlloses Herz und einen empfindungs-
losen Geist? O liebenswerte Unwissenheit! Glücklich
der, den man bestimmt, ihr Lehrer zu sein! Sie wird
nicht der Lehrer ihres Gatten sein, sondern sein Schüler; sie will ihn nicht ihren Neigungen unterordnen,
sondern die seinigen annehmen. So wird sie ihm teurer
sein, als wäre sie gelehrt; er wird die Freude haben,
sie alles zu lehren. Nun ist es endlich an der Zeit, daß
sie sich begegnen; machen wir uns daran, sie einander
nahezubringen.

Traurig und nachdenklich verlassen wir Paris. Dieser
Ort der Schwätzer vermag uns nicht festzuhalten. Emile
blickt verächtlich auf diese Stadt zurück und sagt unwil-
lig: „Wieviel mit vergeblichen Nachforschungen vergeu-
dete Tage! Ach, nicht dort weise ich die Frau meines
Herzens finden. Sie wußten es sehr wohl, mein Freund,
aber meine Zeit kostet Sie nichts, und an meinen
Schmerzen haben Sie wenig zu leiden." Ich sehe ihn
fest an und sage ohne Erregung zu ihm: „Emile,
glaubst du, was du da sagst?" Sofort fällt er mir ganz
zerknirscht um den Hals und preßt mich ohne zu antworten an sich. Dies ist immer seine Antwort, wenn
er unrecht hat.

So ziehen wir denn wie richtige fahrende Ritter
umher, aber wir sind nicht auf der Suche nach Aben-
teuern – wir fliehen sie sogar, nachdem wir Paris verlassen haben – irren aber auch ziel- und planlos durch
die Gegend, bald im Galopp, bald Schritt für Schritt.
Wer meinem Verfahren gut gefolgt ist, wird endlich

seine Absicht begriffen haben; und ich kann mir nicht
denken, daß auch ein im Herkömmlichen befangener
Leser sich vorstellt, daß wir beide schlafend in einer
bequemen, dicht verschlossenen Postkutsche reisen,
ohne etwas zu sehen und zu beobachten, so daß die
Zeit zwischen Abfahrt und Ankunft tot ist und wir
durch die Schnelligkeit, mit der wir vorankommen, die
Zeit verlieren, um sie zu sparen.

Die Menschen sagen, das Leben sei kurz; und ich
sehe, daß sie sich bemühen, es kurz zu machen. Da sie
nicht wissen, was sie mit ihm anfangen sollen, beklagen sie sich darüber, daß die Zeit so schnell vergeht,
und ich stelle fest, daß sie für ihren Geschmack noch
zu langsam verfließt. Immer besessen von dem Ziel,
dem sie nachstreben, schauen sie nur mit Unwillen auf
die Zeit, die sie davon trennt: der eine möchte am
morgigen Tage sein, der andere im nächsten Monat,
ein anderer in zehn Jahren; niemand will heute leben;
niemand ist mit dem Augenblick zufrieden, alle finden,
daß er zu langsam vorübergeht. Wenn sie sich beklagen, daß die Zeit zu rasch verfließt, lügen sie; sie würden gern etwas dafür geben, wenn sie sie beschleunigen
könnten; sie würden gern ihr Vermögen dafür hergeben, ihr ganzes Leben aufzuzehren; und es gibt
vielleicht nicht einen, der seine Jahre nicht auf ein
paar Stunden reduziert hätte, wenn es in seiner
Macht gelegen hätte, zugunsten seiner Langeweile
alle Stunden auszulöschen, die ihm lästig waren, und
zugunsten seiner Ungeduld die, die ihn von dem ersehnten Augenblick trennten. Manch einer bringt die
Hälfte seines Lebens damit zu, sich von Paris nach
Versailles und von Versailles nach Paris zu begeben,
von der Stadt aufs Land, vom Land in die Stadt, von
einem Viertel zum anderen, und würde in höchste
Verlegenheit geraten, was er mit seiner Zeit anfangen
soll, wenn er nicht das Geheimnis besäße, sie auf diese
Weise zu verlieren; er bleibt absichtlich seinen Ge-

schäften fern, um etwas zu tun zu haben, ihnen nachzujagen: er glaubt, die Zeit zu gewinnen, die er dafür
opfert und mit der er sonst nichts anzufangen wüßte;
oder, umgekehrt, er jagt, um zu jagen, und kommt
mit der Extrapost ohne ein anderes Ziel, als sofort
wieder umzukehren. Werdet ihr nie aufhören, die
Natur zu verleumden, ihr Sterblichen? Warum beklagt ihr euch, daß das Leben kurz sei, wenn es für
euren Geschmack noch nicht kurz genug ist? Wenn es
einen einzigen unter euch gibt, der sein Verlangen so
mäßigen kann, daß er niemals wünscht, die Zeit möge
verfließen, so wird er sie nicht als zu kurz betrachten;
leben und genießen sind für ihn ein und dasselbe;
und müßte er jung sterben, so wird er nur von seinen
Tagen gesättigt sterben.

Und läge in meiner Methode nur dieser eine Vorteil, allein seinetwegen müßte man sie jeder anderen
vorziehen. Ich habe meinen Emile nicht zum Verlangen und nicht zum Warten erzogen, sondern zum Genießen; und wenn einmal seine Wünsche ihn über die
Gegenwart hinaustragen, dann tun sie es nicht mit so
heftiger Glut, daß die langsam vergehende Zeit ihn
stören könnte. Er wird nicht nur die Lust genießen, sich
zu sehnen, sondern auch die, dem ersehnten Ziele ent-
gegenzugehen; seine Leidenschaften sind so gemäßigt,
daß er da, wo er ist, immer mehr sein wird als da, wo
er sein wird.

Wir reisen also nicht mit Extrapost, sondern gemächlich. Wir denken nicht nur an den Abfahrts- und An-
kunftsort, sondern an den Zwischenraum, der beide
voneinander trennt. Die Reise an und für sich ist uns
eine Lust. Wir verbringen sie keineswegs wie in einem
gut verschlossenen Käfig. Wie reisen nicht in Trägheit
und Geruhsamkeit wie die Frauen. Wir verzichten nicht
auf frische Luft, nicht auf den Anblick dessen, was
uns umgibt, darauf, es mit Muße zu betrachten, wenn
es uns gefällt. Emile wird nie eine Postkutsche be-

steigen und nie die Post benutzen, wenn er es nicht eilig hat. Aber womit könnte Emile es je eilig haben? Nur mit einem – das Leben zu genießen. Muß ich hinzufügen: und Gutes zu tun, wenn er kann? Nein, denn eben dies heißt, das Leben genießen.

Ich kenne nur noch eine angenehmere Art zu reisen als zu Pferde, nämlich zu wandern. Man zieht los, wann man will, macht halt, wann man will, bewegt sich soviel oder sowenig man will. Man betrachtet die ganze Gegend; man wendet sich nach rechts, nach links; man untersucht alles Schöne, was sich einem bietet; an allen Aussichtspunkten macht man Rast. Sehe ich einen Fluß, gehe ich an ihm entlang; sehe ich ein dichtes Gehölz, gehe ich in seinen Schatten, eine Grotte, dann besichtige ich sie, einen Steinbruch, dann untersuche ich die Mineralien. Überall, wo es mir gefällt, verweile ich. In dem Augenblick, da ich mich langweile, gehe ich weiter. Ich hänge weder von Pferden noch vom Postillion ab. Ich brauche keine gebauten und bequemen Straßen zu benutzen; ich gehe überall da, wo ein Mensch durchkommen kann; ich sehe alles, was ein Mensch sehen kann, und nur von mir selbst abhängig, genieße ich alle Freiheit, die ein Mensch genießen kann. Hält mich schlechtes Wetter auf, erfaßt mich die Langeweile, nehme ich mir Pferde. Wenn ich müde bin ... Aber Emile wird nicht müde; er ist robust; und warum sollte er müde werden? Er hat keine Eile. Wenn er anhält – wie könnte er sich langweilen? Er hat überall etwas, womit er sich die Zeit vertreibt. Er geht zu einem Meister, er arbeitet; er bewegt seine Arme, um seine Füße auszuruhen.

Zu Fuß reisen heißt reisen wie Thales, Plato und Pythagoras. Ich kann schwerlich verstehen, wie ein Philosoph sich entschließen kann, anders zu reisen, und sich die Erforschung der Reichtümer entgehen läßt, auf denen er mit seinen Füßen einhergeht, und die die Erde vor seinem Blick verschwendet. Wer von denen,

die ein wenig die Landwirtschaft lieben, möchte nicht
die Produkte kennenlernen, die dem Klima des Landes,
das er durchwandert, eigentümlich sind, und die Art und
Weise, sie zu ziehen? Wer, der sich ein wenig für Naturgeschichte interessiert, könnte sich entschließen, eine
Landschaft zu durchstreifen, ohne sie zu untersuchen,
an einem Felsen vorbeizukommen, ohne ein Stück von
ihm abzuschlagen, ein Gebirge zu durchqueren, ohne zu
botanisieren, auf Gestein zu treffen, ohne nach Fossilien
zu suchen? Eure Alkovenphilosophen studieren die Naturgeschichte in ihren Arbeitszimmern; sie spielen
damit herum wie mit Spielsachen; sie kennen Bezeichnungen und haben keine Ahnung von der Natur. Aber
Emiles Arbeitszimmer ist reicher ausgestattet als die
der Könige; dieses Arbeitszimmer ist die ganze Welt.
Dort ist jedes Ding an seinem richtigen Platz: der
Naturwissenschaftler, der dafür sorgt, hat alles in der
schönsten Ordnung angelegt: Daubenton[33] könnte es
nicht besser machen.

Wieviel mannigfache Freuden bringt diese schöne
Art zu reisen! Ganz abgesehen von der Gesundheit,
die sich festigt, und der Stimmung, die sich hebt. Ich
habe immer beobachtet, daß die, die in guten und bequemen Wagen reisten, nachdenklich, traurig, mürrisch
oder leidend waren; dagegen sah ich die Wanderer
immer fröhlich, leichten Herzens und mit allem zufrieden. Wie lacht das Herz, wenn die Ruhestatt nahe
ist! Wie köstlich scheint ein einfaches Mahl! Mit welchem Genuß erholt man sich bei Tisch! Welch guten
Schlaf schläft man in einem schlechten Bett! Wenn es
nur darum geht, anzukommen, mag man in der Postkutsche jagen; will man aber reisen, muß man zu Fuß
gehen.

Wenn Sophie, bevor wir fünfzig Meilen auf die
Art, wie ich es mir vorstelle, hinter uns gebracht haben,
nicht vergessen wurde, muß ich wohl, oder Emile, recht
wenig wißbegierig sein; denn bei so vielen Elementar-

kenntnissen dürfte es ihm schwerfallen, nicht versucht
zu sein, weitere zu erwerben. Nur im Verhältnis zu
dem, was man weiß, ist man wißbegierig; er weiß
gerade genug, um lernen zu wollen.

Indessen reiht sich eins ans andere und wir kommen
immer weiter voran; für unsere erste Reise habe ich ein
weit entferntes Ziel gesetzt – der Vorwand dazu ist
leicht; wenn man von Paris kommt, muß man ein Frau
weit davon entfernt suchen.

Eines Tages, nachdem wir uns schlimmer als gewöhnlich in den Tälern verirrt haben, in den Bergen,
wo man keinerlei Weg findet, können wir den unsren
nicht wiederfinden. Was macht uns das aus – alle Wege
sind richtig, wenn man nur ankommt: aber man muß
auch irgendwo ankommen, wenn man Hunger hat.
Glücklicherweise treffen wir auf einen Bauern, der
uns in seine Hütte führt; mit großem Appetit essen
wir sein karges Mahl. Als er uns so müde, so hungrig
sieht, sagt er: „Hätte der liebe Gott euch zur anderen
Seite des Hügels geführt, wärt ihr reicher empfangen
worden ... Ihr hättet ein Haus des Friedens gefunden ... So barmherzige Leute ... so gute Leute! ...
Sie haben kein besseres Herz als ich, aber sie sind
reicher, obwohl man redet, früher seien sie viel reicher
gewesen ... Sie leiden, Gott sei Dank, keinen Mangel,
und der ganzen Gegend kommt zugute, was ihnen
übrigbleibt.“

Bei dem Wort „gute Leute“ blüht das Herz des guten
Emile auf. „Mein Freund“, sagte er und sah mich an,
„gehen wir in das Haus, dessen Bewohner von der
Nachbarschaft so gesegnet werden, ich wäre glücklich,
sie kennenzulernen; vielleicht wären auch sie glücklich,
uns kennenzulernen. Ich bin sicher, daß sie uns gut
aufnehmen; sind sie von unserer Art, so sind wir auch
von der ihren.“

Nachdem uns das Haus genau beschrieben worden
ist, gehen wir, irren durch die Wälder, ein heftiger

Regen hält uns auf, ohne uns zurückzuhalten. Endlich
finden wir wieder den richtigen Weg, und am Abend
kommen wir bei dem bezeichneten Haus an. Unter
den Dorfhäusern in der Umgebung ist allein dieses
Haus, so einfach es ist, ein wenig ansehnlich. Wir stellen uns vor und bitten um Aufnahme. Man bittet uns
zum Hausherrn; er fragt uns aus, jedoch in höflicher
Weise: ohne vom Zweck unsrer Reise zu sprechen, erzählen wir ihm, wie wir vom Weg abgekommen sind.
Aus den Zeiten seines früheren Wohlstands hat er die
Gabe bewahrt, den Rang der Leute rasch aus ihren
Manieren zu erkennen; wer in der großen Welt gelebt
hat, täuscht sich selten darin: auf diesen Geleitschein
hin werden wir aufgenommen.

Man zeigt uns ein sehr kleines, aber sauberes und
bequemes Zimmer; man macht Feuer, wir finden
Wäsche und Leintücher – alles, was wir brauchen.
„Wie!" sagt Emile überrascht, „man sollte meinen,
daß wir erwartet wurden! O wie recht der Bauer
hatte! welche Aufmerksamkeit! welche Güte! welche
Vorsorge! und für Unbekannte! Ich fühle mich in die
Zeiten Homers versetzt." „Sei für all dies empfänglich, aber sei nicht zu erstaunt", sage ich ihm; „überall
da, wo es wenig Fremde gibt, werden sie gut empfangen: nichts macht gastfreundlicher, als wenn man es
nicht oft zu sein braucht: der Zustrom der Gäste tötet
die Gastfreundschaft. Zu den Zeiten Homers reiste
man kaum, und überall wurden die Reisenden freundlich empfangen. Wir sind vielleicht die einzigen Durch-
reisenden, die man hier das ganze Jahr über gesehen
hat." „Wie dem auch sei", erwidert er, „gerade das
ist lobenswert, daß man auf Gäste verzichten kann
und sie doch immer gut empfängt."

Mit trockenen Kleidern und wieder hergerichtet
suchen wir den Hausherrn auf; er stellt uns seiner Frau
vor; sie nimmt uns nicht nur höflich, sondern auch
gütig auf. Ihre Blicke tun Emile viel Ehre an. Eine

Mutter in ihrer Lage sieht selten ohne Unruhe oder
zumindest ohne Neugier einen Mann dieses Alters in
ihr Haus kommen.

Uns zuliebe wird das Essen früher aufgetragen.
Beim Eintritt ins Eßzimmer bemerken wir fünf Ge-
decke: wir nehmen Platz, einer bleibt unbesetzt. Ein
junges Mädchen tritt ein, macht eine tiefe Verbeugung
und setzt sich bescheiden und wortlos nieder. Emile,
der mit seinem Hunger oder seiner Konversation beschäftigt ist, grüßt sie, spricht und ißt. Das Hauptziel
seiner Reise ist ihm so weit entschwunden, daß er
selber glaubt, er sei noch weit davon entfernt. Bei der
Unterhaltung geht es um die Irrfahrt unsrer Reisenden.
„Mein Herr", sagt der Hausherr zu ihm, „mir scheint,
Sie sind ein liebenswürdiger und gescheiter junger
Mann; und das erinnert mich daran, daß Sie und Ihr
Erzieher müde und durchnäßt hierher gekommen sind
wie Telemach und Mentor auf die Insel der Kalypso."
„Es ist wahr", sagt Emile, „wir finden hier die Gast-
lichkeit der Kalypso." Sein Mentor fügt hinzu: „Und
die Reize der Eucharis." Aber Emile kennt die *Odyssee*
und hat den *Telemach* nie gelesen[34]; er weiß nicht, wer
Eucharis ist[35]. Aber das junge Mädchen wird rot bis
unter die Augen, senkt sie auf seinen Teller und wagt
kaum noch zu atmen. Die Mutter, die ihre Verlegenheit bemerkt, gibt dem Vater ein Zeichen, und der
wechselt das Thema. Im Gespräch über sein zurück-
gezogenes Leben gerät er unmerklich ins Erzählen der
Ereignisse, die ihn dazu gezwungen haben; er spricht
von den Schicksalsschlägen in seinem Leben, von der
Treue seiner Frau, von den Tröstungen, die sie in ihrer
Vereinigung gefunden haben, von dem harmonischen
und friedlichen Leben, das sie in ihrer Zurückgezogenheit führen, und das, ohne das junge Mädchen mit
einem Wort zu erwähnen. All dies ergibt eine angenehme und rührende Geschichte, die man nicht teil-
nahmslos anzuhören vermag. Emile, bewegt, gerührt,

hört auf zu essen, um zuzuhören. Schließlich, an der
Stelle, wo der ehrbarste aller Männer mit noch mehr
Lust über die Anhänglichkeit der würdigsten aller
Frauen sich ausläßt, drückt der junge Mann, ganz außer
sich, die Hand des Gatten, die er ergriffen hat, und mit
der anderen nimmt er die Hand der Frau, beugt sich in
großer Bewegtheit über sie und netzt sie mit seinen
Tränen. Jeder ist von der naiven Lebhaftigkeit des
jungen Mannes gerührt; aber das junge Mädchen, mehr
als alle anderen von der Güte seines Herzens beeindruckt, glaubt Telemach zu sehen, den das Unglück
des Philoktet anrührt³⁶. Verstohlen blickt sie ihn an, um
sein Gesicht besser prüfen zu können; sie entdeckt nichts
darin, was diesem Vergleich zuwider wäre. Sein unge-
zwungenes Wesen zeigt Freimütigkeit ohne Arroganz;
sein Benehmen ist lebhaft, aber nicht gedankenlos; seine
Empfindsamkeit macht seinen Blick weicher, seinen Ge-
sichtsausdruck rührender: als das junge Mädchen ihn
weinen sieht, ist es nahe daran, mit ihm zu weinen.
Aber eine geheime Scheu hält es bei einem so schönen
Vorwand zurück: schon wirft es sich die Tränen vor,
die es beinahe vergossen hätte, als wäre es ein Unrecht,
für seine Familie zu weinen.

Die Mutter, die die junge Person vom Beginn des
Abendessens an unablässig beobachtet hatte, bemerkt,
wie sie sich Gewalt antun muß, und befreit sie aus
ihrer Lage, indem sie sie mit einem Auftrag hinaus-
schickt. Eine Minute später kommt sie wieder herein, aber so wenig gefaßt, daß es jedem auffällt. Sanft
sagt die Mutter: „Sophie, fasse dich; hörst du denn
gar nicht auf, das Unglück deiner Eltern zu beweinen.
Nimm es nicht ernster als sie selbst, deren Trost du
bist."

Bei dem Namen Sophie hättet ihr Emile erzittern
sehen können. Von dem ihm so teuren Namen getroffen, zuckt er auf und wirft einen forschenden Blick auf
die, die ihn zu tragen wagt. Sophie, Sophie! bist du

es, die mein Herz sucht? bist du es, die mein Herz liebt? Er beobachtet, er betrachtet sie mit einer Art Furcht und Mißtrauen. Er sieht nicht genau das Gesicht, das er sich ausgemalt hatte; er weiß nicht, ob die, die er vor sich sieht, mehr oder weniger wert ist. Er erforscht jeden Zug, er belauert jede Bewegung, jede Gebärde; für alles findet er tausenderlei verworrene Auslegungen; er gäbe sein halbes Leben darum, wenn sie ein einziges Wort spräche. Er sieht mich an, unruhig und verstört; seine Augen stellen mir hundert Fragen und sagen mir hundert Vorwürfe auf einmal. Mit jedem Blick scheint er mir zu sagen: Führe mich, solange es noch Zeit ist; wenn mein Herz sich hingibt und irrt, werde ich mein Leben lang daran kranken.

Emile ist ein Mensch, der alles andere kann als sich verstellen. Wie könnte er es dann, in der größten Verstörtheit seines Lebens, zwischen vier Zuschauern, die ihn beobachten und von denen der, der scheinbar am zerstreutesten ist, tatsächlich der aufmerksamste ist? Seine Verwirrung entgeht keineswegs Sophies durchdringenden Augen; die seinen sagen ihr überdies, daß sie die Ursache ist: sie sieht, daß diese Unruhe noch keine Liebe ist; aber was bedeutet das schon? er befaßt sich mit ihr, und das genügt: sie wird sehr unglücklich sein, wenn er es ungestraft tut.

Mütter haben ebenso Augen wie ihre Töchter und überdies Erfahrung. Sophies Mutter lächelt über den Erfolg unsrer Pläne. Sie liest in den Herzen der beiden jungen Leute; sie sieht, daß es an der Zeit ist, das des neuen Telemach zu beruhigen; sie ermuntert ihre Tochter zum Sprechen. Ihre Tochter, in ihrer natürlichen Sanftmut, antwortet in schüchternem Ton, womit sie nur größeren Eindruck erzielt. Beim ersten Ton dieser Stimme ist Emile überwältigt; es ist Sophie, er hat keine Zweifel mehr. Und wäre sie es nicht, es wäre zu spät, sich von ihr lozusagen.

Jetzt überfluten die Reize dieses bezaubernden

Mädchens sein Herz, und er beginnt, in langen Zügen das Gift zu schlürfen, mit dem es ihn trunken macht. Er redet nicht mehr, er antwortet nicht mehr; er sieht nur Sophie; er hört nur Sophie: sagt sie ein Wort, öffnet er den Mund; senkt sie die Augen, senkt er die seinen; sieht er sie seufzen, seufzt auch er: er scheint beseelt von Sophies Seele. Wie hat sich die seine in wenigen Augenblicken verändert! Es ist nicht mehr an Sophie, zu zittern, es ist an ihm. Leb wohl, Freiheit, Harmlosigkeit, Ungezwungenheit. Verstört, verlegen, furchtsam, wagt er nicht mehr, um sich zu blicken, damit er nicht sieht, daß man ihn anblickt. Voll Scham, durchschaut zu werden, möchte er vor jedem unsichtbar werden, um sich mit ihrem Anblick vollsaugen zu können, ohne selbst beobachtet zu werden. Sophie dagegen gewinnt an der Verstörtheit Emiles ihre Sicherheit zurück; sie sieht ihren Triumph, sie genießt ihn.

No'l mostra già, ben che in suo cor no rida[37].

Sie hat ihre Haltung bewahrt; aber trotz dieses zurückhaltenden Wesens und dieser niedergeschlagenen Augen klopft ihr zärtliches Herz vor Freude und sagt ihr, daß Telemach gefunden ist.

Wenn ich hier auf die vielleicht allzu naive und einfältige Geschichte ihrer unschuldsvollen Liebe zu sprechen komme, wird man diese Einzelheiten als unbedeutende Spielereien betrachten, aber darin irrt man. Man nimmt den Einfluß, den die erste Verbindung zwischen einem Mann und einer Frau auf beider Lebenslauf haben muß, nicht ernst genug. Man erkennt nicht, daß ein erster so starker Eindruck wie der der Liebe oder der Zuneigung, die für sie steht, weitreichende Auswirkungen hat, deren Verkettung man im Fortschreiten der Jahre nicht bemerkt, die aber bis zum Tod nicht aufhören. In den Abhandlungen über die Erziehung setzt man uns weitschweifiges, unnützes und pedantisches Geschwätz über die phantastischen Pflichten der Kinder vor; aber kein Wort wird über den wichtigsten und bedeutendsten Teil der Erziehung gesagt, nämlich über den kritischen Übergang von der Kindheit zum Erwachsensein. Wenn ich diese Abhandlung hier und da zu gutem Nutzen vorbrachte, so vor allem dadurch, daß ich mich ausführlich über diesen wesentlichen Teil der Erziehung verbreitet habe, der von allen anderen ausgelassen wird[38], und daß ich mich bei diesem Unterfangen keineswegs weder durch falsche Zimperlichkeit habe aufhalten noch durch Schwierigkeiten der Ausdrucksweise habe erschrecken lassen. Wenn ich gesagt habe, was zu tun ist, dann habe ich gesagt, was ich sagen mußte: mir kommt es höchst wenig darauf an, einen Roman geschrieben zu haben. Der Roman der menschlichen Natur ist für sich selbst ein sehr schöner Roman. Wenn er sich nur in dieser Schrift findet – ist es meine Schuld? Es sollte die Geschichte meiner Gattung sein. Ihr, die ihr sie herabwürdigt, ihr macht einen Roman aus meinem Buch.

Eine andere Erwägung, die die erste bekräftigt, ist die, daß es sich hier nicht um einen jungen Mann handelt, der von Kindheit an der Angst, der Begierde, dem Neid, dem Hochmut und allen den Leidenschaften, die der gewöhnlichen Erziehung zum Werkzeug dienen, ausgeliefert wird, sondern um einen jungen Mann, der hier nicht nur seine erste Liebe erlebt, sondern seine erste Leidenschaft überhaupt; daß von dieser Leidenschaft, vielleicht der einzigen heftigen Leidenschaft seines Lebens, die endgültige Form seines Charakters abhängt. Seine Denkungsart, seine Gefühle, seine von einer dauerhaften Leidenschaft festgelegten Neigungen werden eine Beständigkeit erlangen, die ihnen nicht mehr gestatten wird, sich zu wandeln.

Man wird sich denken können, daß weder Emile noch ich die Nacht, die auf einen solchen Abend folgt, nicht ganz und gar mit Schlafen zubringen. Was denn!

sollte nur die Gleichheit des Namens solche Macht
über einen gescheiten jungen Mann haben? Gibt es
nur eine Sophie auf der Welt? Gleichen ihre Seelen
einander wie ihr Name? Sind alle Sophien, die er trifft,
die seine? Ist er wahnsinnig, so in Leidenschaft für eine
Unbekannte zu entbrennen, mit der er nie gesprochen hat? Warte ab, junger Mensch, prüfe, beobachte.
Du weißt noch nicht einmal, bei wem du bist; und
wenn man dich hört, sollte man glauben, du wärst
schon in deinem eigenen Haus.

Aber jetzt ist nicht der Augenblick für Lektionen,
und diese hier sind nicht danach angetan, angehört
zu werden. Aus dem Wunsch, seine Neigung zu rechtfertigen, flößen sie dem jungen Mann nur neues Interesse an Sophie ein. Diese Beziehung der Namen zueinander, diese Begegnung, die er für Zufall hält, selbst
meine Zurückhaltung erregen nur seine Lebhaftigkeit:
schon erscheint ihm Sophie zu schätzenswert, als daß er
nicht gewiß wäre, sie mich lieben zu lehren.

Am Morgen ahne ich schon, daß Emile, in seinen
schäbigen Reisekleidern, versuchen wird, sich sorgfälti-
ger herzurichten. Das bleibt auch nicht aus; aber ich
muß doch lachen über den Eifer, mit dem er sich der
Wäsche des Hauses bedient. Ich durchschaue ihn; ich
lese mit Vergnügen in seinen Gedanken, daß er Rück-
erstattung und Austausch vorbereitet und sich dadurch eine Art Verkehr und Gegenverkehr sichern
will, der ihm gestattet, etwas zurückzusenden und
wiederzukommen.

Ich hatte erwartet, auch Sophie ihrerseits ein wenig
hübscher herausgeputzt zu sehen: darin habe ich mich
getäuscht. Diese niedere Koketterie reserviert man für
die Männer, denen man nur gefallen will. Die Koketterie wirklicher Liebe ist raffinierter – sie hat ganz
andere Absichten. Sophie hat sich noch viel einfacher
angezogen als am Vorabend, sogar lässiger, wenn auch
äußerst sauber und ordentlich. In dieser Lässigkeit

sehe ich nur deshalb Koketterie, weil ich Zuneigung in
ihr sehe. Sophie weiß sehr wohl, daß ausgesuchtere Eleganz eine offene Erklärung wäre; sie weiß aber nicht,
daß eine lässige Eleganz auch eine ist; denn sie zeigt
damit, daß sie sich nicht damit zufrieden gibt, durch ihr
Äußeres zu gefallen, sondern daß sie auch durch ihre
Persönlichkeit gefallen will. Ach! was macht es dem
Geliebten aus, wie man angezogen ist, wenn er nur
sieht, daß er einen beschäftigt? Ihrer Herrschaft schon
gewiß, beschränkt sich Sophie nicht darauf, Emiles
Augen durch ihre Reize zu beeindrucken, wenn sein
Herz nicht auf sie aus ist; es genügt ihr nicht mehr,
daß er diese Reize sieht, sie will, daß er sie auch vermutet. Hat er von ihnen nicht schon genug gesehen, um
die übrigen erraten zu müssen?

Es ist anzunehmen, daß, während wir unsere nächtliche Unterhaltung hatten, Sophie und ihre Mutter
ebenfalls nicht stumm geblieben waren; es gab Geständnisse und Belehrungen. Am nächsten Tag
versammelt man sich wohl vorbereitet. Es sind
kaum zwölf Stunden vergangen, seit sich unsre jungen
Leute gesehen haben; sie haben nicht ein Wort miteinander gesprochen, und schon sieht man, daß sie einander verstehen. Ihre Begegnung hat nichts Vertrau-
liches; er ist verlegen, schüchtern; sie sprechen nicht
miteinander; ihre niedergeschlagenen Augen scheinen
einander auszuweichen, und eben das ist ein Zeichen
dafür, daß sie einander verstehen; sie weichen einander aus, aber in gegenseitigem Einverständnis; sie
spüren schon das Verlangen nach dem Geheimnis, bevor sie miteinander gesprochen haben. Beim Weggehen bitten wir um die Erlaubnis, selber das wieder-
bringen zu dürfen, was wir mitnehmen. Emiles Mund
bittet den Vater, die Mutter um diese Erlaubnis, während seine unruhigen Blicke auf die Tochter gerichtet,
sie weit inständiger darum bitten. Sophie sagt nichts,
bleibt bewegungslos stehn, scheint nichts zu sehen,

nichts zu hören; aber sie errötet; und diese Röte ist eine noch unzweideutigere Antwort als die ihrer Eltern.

Man erlaubt uns, wiederzukommen, ohne daß man uns zum Bleiben einlädt. Diese Haltung ist richtig; man gibt den um ihre Ruhestatt verlegenen Wanderern Speise und Trank, aber es entspricht nicht dem Anstand, daß ein Liebhaber im Haus seiner Geliebten schläft.

Kaum sind wir außerhalb dieses uns teuer gewordenen Hauses, als Emile schon daran denkt, uns in der Umgebung anzusiedeln: die nächste Hütte scheint ihm schon zu weit entfernt; er möchte am liebsten im Schloßgraben schlafen. „Unbesonnener junger Mann!" sage ich in mitleidsvollem Ton, „was! schon blendet dich die Leidenschaft! Anstand und Vernunft erkennst du schon nicht mehr! Unglücklicher. Du glaubst zu lieben und willst deine Geliebte entehren! Was wird man von ihr sagen, wenn man wissen wird, daß ein junger Mann, der aus ihrem Haus kommt, in der Nachbarschaft schläft? Du sagst, daß du sie liebst! Ist es dann an dir, ihren Ruf zu vernichten? Ist das der Preis für die Gastfreundschaft, die ihre Eltern dir gewährten! Willst du der, von der du dein Glück erwartest, zur Schande werden?" „Ach", antwortete er heftig, „was sollen diese eitlen Reden der Menschen und ihre ungerechten Vermutungen? Haben nicht Sie selbst mich gelehrt, nicht auf sie zu achten? Wer weiß besser als ich, wie sehr ich Sophie ehre, wie sehr ich sie hochachten will? Meine Zuneigung wird ihr keineswegs zur Schande gereichen, sondern zur Ehre, sie wird ihrer würdig sein. Womit kann ich sie beleidigen, wenn mein Herz und meine Liebe ihr alle Huldigungen darbringen, die sie verdient?" „Lieber Emile", entgegne ich und umarme ihn, „du denkst in deinem Sinn: lerne, in ihrem Sinn zu denken. Vergleiche nicht die Ehre des einen Geschlechts mit der des anderen:

beide haben ganz verschiedene Grundsätze. Beiderlei
Grundsätze sind fest begründet und vernünftig, weil
beide von der Natur kommen und weil die gleiche
Tugend, die dich für dein Teil die Reden der Menschen
verachten läßt, dich verpflichtet, sie im Hinblick auf
deine Geliebte zu respektieren. Deine Ehre liegt allein
in dir, die ihre hängt von den anderen ab. Sie gering-
achten hieße die eigene verletzen, und du verstößt
gegen das, was du dir selbst schuldig bist, wenn du die
Ursache dafür bist, daß man ihr nicht gibt, was man
ihr schuldig ist[39]."

Indem ich ihm so die Grundlagen dieser Unterschiede klarmache, lege ich ihm nahe, wie unrecht es
wäre, sie für nichts zu erachten. Wer hat ihm gesagt,
daß Sophie ihn zum Gatten haben wird, sie, von deren
Gefühlen er nichts weiß, sie, deren Herz oder deren
Eltern vielleicht schon früher Verpflichtungen eingegangen sind, sie, die er gar nicht kennt und die vielleicht nichts mit ihm gemein hat, was eine Ehe glücklich machen kann? Weiß er nicht, daß jeder Schimpf
ein unauslöschlicher Fleck für ein Mädchen ist, den nicht
einmal die Heirat mit dem, der ihn verursacht hat, zu
entfernen vermag? Oh, wo ist der fühlende Mann, der
die, die er liebt, zugrunde richten will? Wo ist der Mann
von Ehre, der eine Unglückselige das Unglück, ihm gefallen zu haben, auf ewig beweinen lassen möchte?

Der junge Mann, erschreckt von den Folgen, die ich
ihm vor Augen halte, und in seinen Vorstellungen
immer über das Ziel hinausschießend, glaubt schon, nie
weit genug von Sophie entfernt sein zu können: er
verdoppelt seinen Schritt, um rascher zu entfliehen;
er blickt um sich, ob man uns nicht belausche; tausendmal würde er sein Glück zu Ehren derer opfern, die
er liebt; lieber würde er sie nie mehr im Leben wiedersehen, als ihr nur einmal einen Verdruß bereiten. Dies
ist die erste Frucht meiner Bemühungen, ihm von Jugend auf ein Herz zu geben, das zu lieben weiß.

Es gilt also, eine weit abgelegene, doch erreichbare Unterkunft zu finden. Wir suchen, wir unterrichten uns und erfahren, daß es zwei Meilen weiter eine Stadt gibt; wir wollen lieber versuchen, dort unterzukommen, als in einem der nähergelegenen Dörfer, wo unser Aufenthalt verdächtig würde. Dort kommt schließlich der neue Liebhaber an, voller Liebe, voller Hoffnung, voller Freude und vor allem voll edler Gefühle; und so, indem ich langsam seine aufkeimende Leidenschaft auf das Gute und Ehrbare hinlenke, präge ich unmerklich allen seinen Neigungen denselben Hang auf.

Ich nähere mich dem Ende meiner Laufbahn; ich sehe es schon von weitem. Alle großen Schwierigkeiten sind besiegt, alle großen Hindernisse beiseite geräumt; es bleibt mir keine andere Sorge mehr, als mein Werk, indem ich es allzu rasch beende, zu verderben. Vermeiden wir in der Ungewißheit des menschlichen Daseins vor allem die falsche Klugheit, die Gegenwart der Zukunft zu opfern, damit opfert man oft das, was ist, dem, was nicht sein wird. Machen wir den Menschen in jedem Alter glücklich, damit er nicht stirbt, bevor er es war. Gibt es eine Zeit, in der man das Leben genießt, so ist es gewiß das Ende des Jugendalters, da die Fähigkeiten von Körper und Seele zu ihrer größten Kraft gelangt sind und da der Mensch in der Mitte seines Daseins, am weitesten von den beiden Stationen entfernt ist, die ihm dessen Kürze spürbar machen. Wenn die unbesonnene Jugend sich täuscht, so nicht darin, daß sie genießen will, sondern darin, daß sie den Genuß sucht, wo er nicht zu finden ist, und daß sie, indem sie sich eine traurige Zukunft bereitet, nicht einmal den Augenblick zu nutzen weiß.

Seht meinen Emile an, über zwanzig Jahre alt, schön, an Leib und Seele gesund, stark, offenherzig, gewandt, kräftig, voller Geist, Vernunft, Güte, Menschlichkeit, sittsam, unverbildeten Geschmacks, voll Liebe zum Schönen, Gutes tuend, frei von grausamen Leidenschaften und dem Joch der Meinung, aber dem Gesetz der Weisheit untertan und der Stimme der Freundschaft gefügig; im Besitz aller nützlichen und mehrerer unterhaltsamen Begabungen, unbekümmert um Reichtum, als seine Einnahmequelle seine Arme, ohne Angst um das tägliche Brot, was auch immer kommen möge. Da ist er nun, trunken von einer aufkeimenden Leidenschaft, sein Herz öffnet sich den ersten Gluten der Liebe: seine süßen Illusionen bereiten ihm ein neues Universum von Lüsten und Genüssen; er liebt ein liebenswertes Wesen, liebenswerter noch wegen seines Charakters als wegen seiner Schönheit; er hofft, er erwartet Erwiderung, die man ihm seinem Empfinden nach schuldig ist.

Aus dem Einklang der Herzen, der Übereinstimmung ehrenhafter Gesinnung ist ihre erste Zuneigung entstanden: diese Zuneigung muß von Dauer sein. Er überläßt sich ihr mit Vertrauen, sogar mit Vernunft, ohne Reue, ohne eine andere Unruhe als die, die untrennbar ist vom Gefühl des Glücks. Was kann ihm zu dem seinigen noch fehlen? Schaut euch um, sucht, stellt euch vor, was ihm noch fehlt und was man mit dem, was er besitzt, in Einklang bringen könnte. Er vereinigt alle Güter in sich, die man auf einmal erlangen kann; nur auf Kosten eines anderen kann man noch eines hinzufügen; er ist so glücklich wie ein Mensch nur sein kann. Soll ich in diesem Augenblick ein so süßes Los verkürzen? Soll ich eine so reine Wollust trüben? Ach! aller Wert des Lebens liegt in der Glückseligkeit, die er genießt. Was könnte ich ihm wiedergeben, das dem, was ich ihm genommen hätte, gleichkäme? Selbst wenn ich ihn den Gipfel seines Glücks erreichen ließe, würde ich seinen größten Zauber zerstören. Es ist hundertmal süßer, dieses äußerste Glück zu erhoffen, als es zu erlangen; man genießt es mehr, wenn man es erwartet, als wenn man es aus-

kostet. Ach, guter Emile, liebe und sei geliebt! genieße
lange Zeit bevor du besitzt; genieße Liebe und Unschuld zugleich; schaffe dir dein Paradies auf Erden,
während du auf das andere wartest: ich werde diese
glückliche Zeit deines Lebens nicht verkürzen; ich
werde ihren Zauber für dich weiter weben, ich werde
ihn verlängern so sehr ich kann. Ach! er muß einmal
aufhören, in ganz kurzer Frist; aber wenigstens will
ich, daß er immer in deiner Erinnerung lebt und daß
du niemals bereust, ihn genossen zu haben.

Emile vergißt nicht, daß wir einige Sachen zurückzugeben haben. Sobald sie bereit sind, nehmen wir
Pferde und reiten in scharfem Trab davon; diesmal
möchte er schon bei der Abreise angekommen sein.
Wenn das Herz sich den Leidenschaften öffnet, öffnet
es sich den Kümmernissen des Lebens. Habe ich meine
Zeit nicht vergeudet, wird sein ganzes Leben nicht
so vergehen.

Unglücklicherweise ist die Straße vielfach unterbrochen und das Terrain schwierig. Wir kommen vom
Weg ab; er bemerkt es zuerst, und ohne ungeduldig
zu werden, ohne sich zu beklagen, verwendet er alle
Aufmerksamkeit darauf, ihn wiederzufinden; lange
irrt er umher, bevor er sich auskennt, aber immer
gleich ruhigen Blutes. Euch besagt das nichts, mir aber,
der ich sein hitziges Temperament kenne, bedeutet es
viel: ich erkenne die Frucht der Bemühungen, die ich
von seiner Kindheit an darauf verwandte, ihn gegen
die Schläge des Unabwendbaren abzuhärten.

Endlich kommen wir an. Der Empfang, den man
uns bereitet, ist weit einfacher und verbindlicher als das
erstemal; wir sind schon alte Bekannte. Emile und
Sophie begrüßen einander ein wenig verlegen und
sprechen immer noch nicht zueinander: was hätten sie
sich in unsrer Gegenwart auch zu sagen? Das Gespräch,
das für sie wichtig ist, braucht keine Zeugen. Man
ergeht sich im Garten: dieser Garten ist ein ausgezeich-

net angelegter Gemüsegarten; als Park dient ein Obstgarten voll großer und schöner Obstbäume aller Sorten, in verschiedenen Richtungen von hübschen Bäch-
lein und Randbeeten voller Blumen durchzogen.
„Welch schöner Aufenthalt!" ruft Emile, voll von
seinem Homer und immer in Begeisterung; „ich glaube
den Garten des Alkinous zu erblicken." Das Mädchen
möchte wissen, wer Alkinous ist, und die Mutter fragt
danach. „Alkinous", erzähle ich ihnen, „war ein König
von Korfu, dessen von Homer beschriebener Garten
von den Leuten von Geschmack als zu einfach und
schmucklos kritisiert wird*. Dieser Alkinous besaß
eine liebenswerte Tochter, die in der Nacht, bevor ein
Fremder ihres Vaters Gastfreundschaft genoß, träumte,
sie werde bald einen Gatten haben." Sophie ist be-
stürzt, errötet, senkt die Augen, beißt sich auf die
Lippen; man kann sich ihre Verwirrung kaum vorstellen. Der Vater, der sich ein Vergnügen daraus
macht, sie noch zu steigern, ergreift das Wort und er-

---

* „Verläßt man den Palast, findet man sich in einem großen Garten
von vier Morgen, rings umzäunt und eingeschlossen, bepflanzt mit
hohen Obstbäumen, die Birnen, Granatäpfel und andere noch schönere
Früchte bringen, Feigenbäume mit süßer Frucht und grünende Ölbäume.
Nie während des ganzen Jahres bleiben die Bäume ohne Früchte:
Winter wie Sommer läßt der sanfte Atem des Westwindes die einen
Früchte ansetzen und die anderen reifen. Man sieht, wie Birne und
Apfel auf ihrem Baum reifen und trocknen, die Feige auf dem
Feigenbaum und die Traube am Rebstock. Der unerschöpfliche Wein-
garten hört nicht auf, ihm neue Trauben zu schenken; manche läßt
man, ausgebreitet am Boden, von der Sonne ausreifen, andere pflückt
der Winzer, der alle, die mit Mehltau bedeckt sind und unreif,
oder die fäulig werden, mißachtet. An einem Ende des Gartens sind
zwei schön gepflegte, das ganze Jahr mit Blumen bedeckte Gevierte
mit zwei Brunnen geschmückt; mit dem Wasser des einen wird der
ganze Garten getränkt, während das des anderen, nachdem es den
Palast versorgt, in ein Gebäude der Stadt geleitet wird, um der Bürger
Bedürfnis danach zu stillen.
Das ist die Beschreibung des königlichen Gartens des Alkinous im
7. Buch der *Odyssee*, in welchem Garten man, zur Schande jenes alten
Träumers Homer und der Fürsten seiner Zeit, weder Laubengänge
noch Statuen, noch Wasserfälle, noch Rasenteppiche findet.

zählt, die junge Prinzessin sei selbst zum Fluß gegangen, um die Wäsche zu waschen. „Glaubt ihr",
fährt er fort, „sie habe es verschmäht, schmutziges
Tischzeug anzufassen, mit den Worten, es röche nach
fettigen Speiseresten?" Sophie, die sich betroffen fühlt,
vergißt ihre natürliche Scheu und verteidigt sich heftig.
Ihr Vater weiß sehr wohl, daß die ganze kleine Wäsche
keiner besseren Wäscherin als ihr hätte gegeben werden können, wenn man es ihr erlaubt hätte*, und daß
sie mit Vergnügen noch mehr getan hätte, wenn es ihr
befohlen worden wäre. Während jener Worte blickt
sie mich verstohlen mit solcher Unruhe an, daß ich
nicht umhin kann zu lächeln, wie ich aus ihrem unschuldsvollen Herzen die Ängste herauslese, die sie
zum Sprechen bringen. Ihr Vater ist so grausam, auf
diese Unbesonnenheit hinzuweisen, indem er sie in
neckendem Ton fragt, aus welchem Anlaß sie sich hier
verteidigte und was sie denn mit der Tochter Alkinous'
gemein habe. Zitternd und voller Scham wagt sie nicht
mehr zu atmen noch jemanden anzusehen. Entzücken-
des Mädchen! Es ist zu spät, sich zu verstellen: du hast
dich gegen deinen Willen erklärt.

Bald ist die kleine Szene vergessen, oder es scheint
wenigstens so; zum großen Glück Sophies ist Emile
der einzige, der nichts davon erfaßt hat. Der Spaziergang wird fortgesetzt, und unsren jungen Leuten, die
anfangs neben uns hergingen, fällt es schwer, sich unsren langsamen Schritten anzupassen; unmerklich gehen
sie uns voraus, kommen einander näher und richten
schließlich das Wort an einander; und wir sehen sie
ziemlich weit vor uns einhergehen. Sophie scheint aufmerksam und ernst; Emile spricht mit feurigen Gebärden: es scheint nicht so, als ob ihre Unterhaltung
sie langweile. Nach einer reichlichen Stunde kehrt man

---

* Ich gestehe, ich bin der Mutter Sophies recht dankbar, daß sie so
zarte Hände, die Emile so oft küssen muß, nicht durch Seifenwasser
verderben ließ.

um, man ruft sie, sie kommen zurück, aber langsam, und man sieht, daß sie die Zeit noch nutzen möchten. Schließlich bricht ihr Gespräch plötzlich ab, ehe es unsre Ohren treffen kann, und sie verdoppeln ihren Schritt, um zu uns zu stoßen. Emile kommt uns mit offener und zärtlicher Miene entgegen; seine Augen funkeln vor Freude; indessen kehrt er sie mit ein wenig Unruhe gegen Sophies Mutter, um zu sehen, welchen Empfang sie ihm bereitet. Sophies Haltung ist bei weitem nicht so gelöst; beim Herankommen scheint sie ganz verwirrt, sich in engem Beieinandersein mit einem jungen Mann zu finden, sie, die so oft mit anderen zusammen war, ohne verlegen zu werden und ohne daß man je etwas Schlimmes dabei gefunden hätte. Sie fliegt auf ihre Mutter zu, ein wenig atemlos, und sagt ein paar belanglose Worte, um sich den Anschein zu geben, als sei sie eigentlich die ganze Zeit da gewesen.

An der Heiterkeit, die sich auf dem Antlitz dieser liebenswerten Kinder spiegelt, erkennt man, daß jenes Gespräch ihre jungen Herzen von einer schweren Last befreit hat. Sie sind deshalb nicht weniger zurückhaltend voreinander, aber in dieser Zurückhaltung ist weniger Verlegenheit; sie kommt nur noch aus Emiles Respekt, aus Sophies Bescheidenheit und aus beider Ehrbarkeit. Emile wagt es, einige Worte an sie zu richten, manchmal wagt sie es, zu antworten, aber nie öffnet sie dazu den Mund, ohne ihre Augen auf die ihrer Mutter zu richten. Die spürbarste Wandlung in ihr zeigt sich in ihrer Haltung mir gegenüber. Sie bezeugt mir eine beflissenere Beachtung, betrachtet mich mit Interesse, spricht herzlich zu mir und ist auf alles bedacht, was mir gefallen möchte; ich bemerke, daß sie mich mit ihrer Hochschätzung beehrt und daß es ihr nicht gleichgültig ist, ob sie die meine gewinnt. Ich merke, daß Emile von mir gesprochen hat; man könnte annehmen, daß sie sich schon verschworen haben, mich

für sich zu gewinnen: es ist jedoch nicht an dem, und
Sophie selbst ist nicht so rasch zu gewinnen. Vielleicht
bedarf er bei ihr mehr meiner Fürsprache als ich der
seinen. Bezauberndes Paar! . . . Wenn ich bedenke,
welch bedeutsame Rolle das gefühlvolle Herz meines
jungen Freundes mir bei seinem ersten Gespräch mit
seiner Geliebten zugeteilt hat, dann genieße ich den
Lohn meiner Mühen; seine Freundschaft hat mich voll
entschädigt.

Die Besuche wiederholen sich. Die Gespräche zwischen unsren jungen Leuten werden häufiger. Emile,
trunken vor Liebe, glaubt sein Glück schon in Händen
zu halten. Indessen erreicht er keine formelle Erklärung bei Sophie: sie hört ihn an und sagt nichts. Emile
weiß von all ihrer zurückhaltenden Bescheidenheit;
soviel Mäßigung wundert ihn wenig; er fühlt, daß sie
ihn gut leiden mag; er weiß, daß die Väter die Kinder
verheiraten; er nimmt an, daß Sophie auf einen Befehl
ihrer Eltern wartet, er bittet sie um die Erlaubnis, sie
darum angehen zu dürfen; sie widersetzt sich nicht.
Er spricht darüber mit mir; ich spreche in seinem Namen, selbst in seiner Gegenwart darüber. Welch eine
Überraschung für ihn, zu erfahren, daß Sophie ihre
Entschlüsse unabhängig fassen darf und daß es nur
von ihrem eigenen Willen abhängt, ob er glücklich
wird! Nun versteht er ihre Haltung überhaupt nicht
mehr. Sein Vertrauen schwindet. Er gerät in Unruhe,
findet sich weiter vom Ziel entfernt, als er glaubte, und
nun spricht die zärtlichste Liebe ihre rührendste Sprache, um ihr Herz zu erweichen.

Emile ist nicht dazu geschaffen, zu erraten, was ihm
abträglich ist: sagt man es ihm nicht, wird er es sein
Leben lang nicht wissen, und Sophie ist zu stolz, es
ihm zu sagen. Die Schwierigkeiten, vor denen sie zurückschreckt, würden eine andere zu äußersten Bemühungen anregen. Sie hat die Unterweisungen ihrer
Eltern nicht vergessen. Sie ist arm, Emile ist reich, das

weiß sie. Wie sehr bedarf er ihrer Hochachtung! Welcher Verdienste braucht es, um diese Ungleichheit zu tilgen! Aber wie sollte er an solcherlei Hindernisse denken? Weiß Emile denn, ob er reich ist? Hält er es für der Mühe wert, sich darüber zu unterrichten? Gottlob hat er keinen Reichtum nötig, er kann ohne ihn Gutes vollbringen. Das Gute, das er tut, holt er aus seinem Herzen und nicht aus seiner Geldbörse. Den Unglücklichen schenkt er seine Zeit, seine Mühen, seine Zuneigung, seine Person; und schätzt er seine Wohltaten ab, so wagt er das Geld, das er an die Bedürftigen verteilt, kaum für etwas zu rechnen.

Da er keine Begründung für seine Ungnade findet, schreibt er sie seiner eigenen Schuld zu: denn wer wollte den Gegenstand seiner Anbetung wohl der Launenhaftigkeit beschuldigen? Die Demütigung der Eigenliebe vertieft den Kummer enttäuschter Liebe. Er kommt Sophie nicht mehr mit jenem liebenswerten Vertrauen eines Herzens entgegen, das sich ihres Herzens würdig fühlt; furchtsam bebend steht er ihr gegenüber. Er hat die Hoffnung aufgegeben, sie durch Zärtlichkeit zu rühren, er will sie zum Mitleid für sich bewegen. Manchmal erlahmt seine Geduld, und Ärger will an ihre Stelle treten. Sophie scheint diese stürmischen Gefühle vorauszuahnen und sieht ihn an. Allein dieser Blick genügt, ihn zu entwaffnen und einzuschüchtern: er ist ihr ergebener als vorher.

Von diesem hartnäckigen Widerstand und diesem unbesieglichen Stillschweigen verstört, ergießt er sein Herz in das seines Freundes. Dort legt er das Leid dieses von Trauer verzehrten Herzens nieder; er fleht um seinen Beistand und seinen Rat. „Welch undurchdringliches Geheimnis! Sie nimmt Anteil an meinem Schicksal, daran kann ich nicht zweifeln: sie meidet mich nicht, im Gegenteil, sie ist gern mit mir zusammen; wenn ich komme, freut sie sich, und wenn ich fortgehe, ist sie traurig; sie nimmt meine Aufmerk-

samkeiten gütig auf, meine Dienstfertigkeit scheint ihr
zu gefallen; sie läßt sich zu guten Ratschlägen herab,
sogar manchmal zu Befehlen. Aber meine Bitten, mein
Flehen weist sie ab. Wage ich von einer Vereinigung
zu sprechen, bedeutet sie mir gebieterisch, zu schweigen; und füge ich nur ein Wort hinzu, verläßt sie mich
augenblicklich. Aus welch seltsamem Grund möchte sie
wohl, daß ich ihr gehöre, ohne davon hören zu wollen,
die Meine zu sein? Sie, den sie verehrt, Sie, den sie
liebt und dem Schweigen aufzuerlegen sie nicht wagen
würde, sprechen Sie mit ihr, bringen Sie sie zum Sprechen; erweisen Sie Ihrem Freund diesen Dienst, krönen
Sie Ihr Werk; lassen Sie Ihre Mühen nicht zum Verderben Ihres Schülers gedeihen: ach! was er Ihnen verdankt, wird ihm zum Elend gereichen, wenn Sie sein
Glück nicht vollenden."

Ich spreche mit Sophie und entreiße ihr ziemlich
mühelos ein Geheimnis, das ich erriet, bevor sie es
mir anvertraut hatte. Schwieriger ist es, ihre Erlaubnis,
es Emile mitzuteilen, zu erlangen: schließlich bekomme ich sie und mache davon Gebrauch. Diese Erklärung
stürzt ihn in eine Verwunderung, von der er sich
kaum befreien kann. Er begreift dieses Zartgefühl
nicht; er kann sich nicht vorstellen, was einige Taler
mehr oder weniger mit Charakter oder Verdienst zu
schaffen haben. Als ich ihm zu verstehen gebe, was
sie mit dem Vorurteil zu schaffen haben, lacht er laut
heraus, und toll vor Freude will er sofort abreisen,
alles zerstören, wegwerfen, auf alles verzichten, nur
um der Ehre willen, ebenso arm wie Sophie zu sein
und als ein ihrer würdiger Gatte zurückzukommen.

„Aber was denn!" sage ich, halte ihn zurück und
lache nun meinerseits über sein Ungestüm, „wird dieser
junge Hitzkopf denn niemals reif? wirst du nach einem
ganzen Leben des Philosophierens denn niemals lernen, zu denken? Wie kann es dir entgehen, daß, folgst
du deinem unsinnigen Plan, du deine Lage schlimmer

und Sophie noch unzugänglicher machst? Es ist ein
kleiner Vorzug, einiges Vermögen mehr zu haben als
sie, es wäre ein sehr großer, ihr das ganze Vermögen
geopfert zu haben; und wenn ihr Stolz es nicht zulassen will, dir das erste zu schulden, wie könnte er
es zulassen, dir das andere zu schulden? Wenn sie es
nicht erträgt, daß ein Gatte ihr vorwerfen könnte, er
habe sie reich gemacht, wie könnte sie es ertragen, daß
er ihr vorwirft, er sei um ihretwillen arm geworden?
Du Unglücklicher, gib acht, daß sie nicht den Argwohn
faßt, du habest diesen Plan gehabt. Werde aus Liebe
zu ihr sogar sparsam und haushälterisch, damit sie
dich nicht beschuldigt, du wollest sie durch List gewinnen und ihr freiwillig aufopfern, was du sowieso
aus Unbekümmertheit verlieren würdest.

Glaubst du wirklich, daß ein großes Vermögen sie
einschüchtert und daß ihr Widerstand mit dem Reichtum zu tun hat? Nein, mein lieber Emile; er hat seine
festeren und ernsthafteren Gründe in der Wirkung,
die jener Reichtum in der Seele des Besitzenden anrichtet. Sie weiß, daß die Besitzenden die Güter irdischen Besitzes allen anderen vorziehen. Für alle Reichen zählt Gold mehr als Verdienst. Geht es um den
Einsatz von Gold gegen Dienstleistungen, so finden sie
immer, daß die letzteren das Geld nie aufwiegen und
glauben, man schulde ihnen immer noch etwas, wenn
man sein Leben damit zubrachte, ihnen zu Diensten
zu sein, während man ihr Brot aß. Ach, Emile! was
hast du nun zu tun, um sie von ihren Ängsten zu
befreien? Mache, daß sie dich richtig kennenlernt; aber
das ist nicht die Angelegenheit eines Tages. Zeige ihr
unter den Reichtümern deiner edlen Seele die, womit du
dich von jenen loskaufen kannst, die zu besitzen du das
Unglück hast; brich ihren Widerstand mit viel Beständigkeit und Zeit; zwinge sie durch große und hochherzige Gefühle, deinen Reichtum zu vergessen. Liebe
sie, diene ihr, diene ihren achtenswerten Eltern. Be-

weise ihr, daß diese Bemühungen nicht aus einer tollen und vorübergehenden Leidenschaft kommen, sondern aus unauslöschlichen, tief in deinem Herzen eingeprägten Grundsätzen. Ehre in würdiger Weise die durch das Schicksal herabgewürdigten Verdienste: das ist das einzige Mittel, sie mit den von ihm begünstigten Verdiensten auszusöhnen."

Man kann sich vorstellen, welch stürmische Freude dieses Gespräch bei dem jungen Mann auslöst, wie es ihm Vertrauen und Hoffnung wiedergibt, wie glücklich sein ehrliches Herz darüber ist, um Sophie zu gefallen, alles das tun zu müssen, was er von sich aus täte, wenn es keine Sophie gäbe, oder wenn er nicht in sie verliebt wäre. Wer wird sich sein Verhalten bei dieser Gelegenheit nicht vorstellen können, wenn er seinen Charakter nur einigermaßen versteht?

So bin ich denn der Vertraute meiner beiden lieben Leute und der Mittler ihrer Liebe[40]! Schöne Beschäftigung für einen Erzieher! So schön, daß ich in meinem ganzen Leben nichts tat, was mich in meinen eigenen Augen mehr hob und mich so zufrieden mit mir selber machte. Im übrigen hat diese Beschäftigung durchaus ihre angenehmen Seiten: ich bin im Haus nicht unwillkommen; man vertraut mir dort die Pflicht an, die beiden Liebenden im Zaum zu halten; Emile, immer in Angst, Mißfallen zu erregen, war nie so gefügig. Die Kleine überhäuft mich mit Aufmerksamkeiten, auf die ich nicht hereinfalle und von denen ich nur die annehme, die mir zukommen. So entschädigt sie sich indirekt für den Respekt, in dem sie Emile hält. In mir läßt sie ihm tausend zärtliche Liebkosungen zuteil werden, die sie ihm selbst nicht erweisen würde, und müßte sie sterben; und er, der weiß, daß ich seinen Interessen nicht schaden will, ist entzückt über mein gutes Einvernehmen mit ihr. Er tröstet sich, wenn sie bei der Promenade seinen Arm zurückweist, um meinen dafür zu nehmen. Er entfernt sich ohne Murren,

drückt mir die Hand und sagt mir leise mit Mund
und Auge: „Sprechen Sie für mich, mein Freund." Voll
Anteil folgt er uns mit den Blicken; er versucht, unsre
Gefühle von unsren Gesichtern abzulesen und unsre
Gespräche aus unsren Gebärden zu deuten; er weiß,
daß nichts von dem, was wir reden, bedeutungslos für
ihn ist. Gute Sophie, wie fröhlich ist dein ehrliches
Herz, wenn du, ohne von Telemach gehört zu werden,
mit seinem Mentor sprechen kannst! Mit welch liebenswerter Offenheit läßt du ihn alles lesen, was in diesem
zärtlichen Herzen vor sich geht! Mit welcher Lust
zeigst du ihm deine ganze Hochachtung vor seinem
Zögling! Mit welch rührender Offenherzigkeit läßt du
noch süßere Gefühle durchblicken! Mit welch erheu-
cheltem Zorn schickst du den Lästigen fort, wenn die
Ungeduld ihn zwingt, dich zu unterbrechen! Mit welch
reizendem Unwillen wirfst du ihm seine Zudringlich-
keit vor, wenn er dich daran hindert, Gutes über ihn
zu sagen, zu hören, und aus meinen Antworten immer
wieder einen neuen Grund zu schöpfen, ihn zu lieben.

So dahin gelangt, als erklärter Liebhaber geduldet
zu werden, macht Emile alle seine Rechte geltend; er
spricht, er drängt, er fleht, er bestürmt sie. Ob man
streng mit ihm redet und verfährt – ihm macht es
nichts, wenn er sich nur Gehör verschafft. Schließlich
erreicht er nicht ohne Mühe, daß Sophie ihrerseits sich
entschließt, offen die Rechte einer Geliebten über ihn
auszuüben, daß sie ihm vorschreibt, was er tun muß,
daß sie gebietet statt zu bitten, daß sie annimmt statt
zu danken, daß sie Zahl und Stunde der Besuche
regelt, daß sie ihm verbietet, vor einem bestimmten
Tag zu kommen und über eine gewisse Stunde zu
bleiben. All das geschieht nicht zum Spiel, sondern in
vollem Ernst, und wenn es ihr schwerfiel, diese Rechte
in Besitz zu nehmen, so macht sie mit einer Strenge davon Gebrauch, die den armen Emile oft bedauern läßt,
sie ihr verliehen zu haben. Aber was sie auch anordnet,

er widerspricht nicht; und oft, wenn er aus Gehorsam
fortgeht, sieht er mich mit freudeglänzenden Augen
an, die mir sagen: Sie sehen, sie hat von mir Besitz
ergriffen. Indessen beobachtet ihn die Unnahbare verstohlen und belächelt heimlich den Stolz ihres Sklaven.

Albani[41] und Raffael, leiht mir den Pinsel der Wollust! Göttlicher Milton[42], lehre meine plumpe Feder, die
Freuden der Liebe und Unschuld zu beschreiben! Doch
nein, versteckt eure lügenhaften Künste vor der heiligen Wahrheit der Natur. Habt nur empfindsame Herzen, ehrbare Gesinnung – dann laßt eure gelöste Phantasie sich weiden an den Verzückungen zweier junger
Liebender, die sich unter den Augen ihrer Eltern und
Leiter ungehemmt der süßen Träumerei überlassen, die
sie glücklich macht und die, in der Trunkenheit ihres
Verlangens langsam dem Ziel sich nahend, mit Blumen
und Girlanden das glückliche Band durchwirken, das
sie bis zum Grab vereinigen soll. Soviel zauberhafte
Bilder machen mich selber trunken; ich nehme sie in
mich auf, wie sie sich bieten, ohne Ordnung und
Reihenfolge; der Rausch, in den sie mich versetzen,
verbietet mir, sie miteinander zu verbinden. Ach! wer,
der ein Herz hat, könnte nicht in seinem Innern das
köstliche Bild der verschiedenen Zustände malen, in
denen sich der Vater, die Mutter, die Tochter, der Erzieher, der Zögling befinden, wie alle zur Vereinigung
des zauberhaftesten Paars zusammenwirken, das sein
Glück der Liebe und der Tugend verdankt?

Jetzt, da er wirklich das Verlangen hat, zu gefallen,
beginnt Emile den Wert der angenehmen Gaben zu
erfassen, die er sich erworben hat. Sophie liebt den
Gesang, er singt mit ihr; er tut noch mehr, er lehrt sie
Notenlesen. Sie ist lebhaft und graziös, sie liebt den
Tanz, er tanzt mit ihr; er macht Tanzschritte aus
ihrem Gehüpfe und bildet sie im Tanzen aus. Dieser
Unterricht ist reizend, ausgelassene Fröhlichkeit belebt
ihn und versüßt den scheuen Respekt der Liebe: einem

Liebhaber ist es erlaubt, diesen Unterricht mit voller Lust zu erteilen; es ist ihm erlaubt, der Herr seiner Herrin zu sein.

Es gibt da ein altes, vollkommen verwahrlostes Klavier; Emile flickt es wieder zusammen und stimmt es; er ist ebenso Klavierstimmer und Instrumentenmacher wie Tischler; sein Grundsatz war immer, auf die Hilfe anderer bei all dem, was er selber machen konnte, verzichten zu lernen. Das Haus ist malerisch gelegen, er entwirft allerlei Bilder von ihm, wobei auch Sophie sich manchmal beteiligt und mit denen sie das Arbeitszimmer ihres Vaters ausschmückt. Die Rahmen sind nicht vergoldet und brauchen es auch nicht zu sein. Wenn sie Emile beim Zeichnen zusieht, tut sie es ihm nach und bildet sich nach seinem Vorbild weiter; sie pflegt alle Talente, und ihre Anmut verschönt sie alle. Ihre Eltern erinnern sich ihrer früheren Wohlhabenheit, da sie um sich herum die schönen Künste wieder erglänzen sehen, die allein ihnen ihren Reichtum wert gemacht hatten; die Liebe hat ihr ganzes Haus geschmückt; durch sie allein herrscht ohne Kostenaufwand und Mühen die gleiche Lust, die sie ehemals nur mit Geld und Ärger erkauften.

So wie der Götzendiener den Altar des Gottes, den er anbetet, mit den Schätzen, die er als Gegenstand seines Kults ansieht, bereichert und schmückt, so sieht der Liebhaber wohl seine Geliebte vollkommen und doch will er sie mit immer neuem Schmuck verschönern. Sie bedarf keines Schmuckes, um ihm zu gefallen; aber er hat das Bedürfnis, sie zu schmücken: eine neue Huldigung, die er ihr darzubringen glaubt, ein neuer Reiz, den er der Lust, sie zu betrachten, verleiht. Ihm will nichts, was schön ist, an seinem richtigen Platz erscheinen, wenn es nicht die höchste Schönheit schmückt. Es ist ein zugleich rührendes und belächelnswertes Schauspiel, Emile so eifrig dabei zu sehen, Sophie alles zu lehren, was er weiß, ohne danach zu fragen, ob es

ihren Neigungen entspricht oder ihr angemessen ist. Er
redet über alles, erklärt ihr alles mit kindlichem Eifer;
er glaubt, er brauche nur zu sprechen und sie verstünde
ihn; er malt sich schon im voraus die Freude aus, mit
ihr zu debattieren und zu philosophieren; alle Kenntnisse, die er nicht vor ihr ausbreiten kann, betrachtet
er als überflüssig; fast errötet er, wenn er manchmal
etwas weiß, was sie nicht weiß.

Er unterrichtet sie also in Philosophie, Physik,
Mathematik, Geschichte – mit einem Wort, in allem[43].
Sophie fügt sich seinem Eifer mit Vergnügen und
trachtet davon zu profitieren. Wie froh ist Emile, wenn
ihm erlaubt wird, diesen Unterricht ihr zu Füßen
kniend zu erteilen! Er glaubt, den Himmel offen zu
sehen. Indessen ist diese Stellung, die die Schülerin
mehr in Verlegenheit bringt als den Lehrer, für den
Unterricht nicht gerade die günstigste. Man weiß dann
nicht recht, was man mit seinen Augen anfangen soll,
um denen, die sie verfolgen, zu entgehen; und wenn
sie einander begegnen, wird der Unterricht davon nicht
besser.

Die Kunst, zu denken, ist den Frauen nicht fremd,
aber sie sollen die logischen Wissenschaften nur leicht
streifen. Sophie begreift alles, behält aber nicht viel.
Die größten Fortschritte macht sie in der Sittenlehre
und da, wo es um den Geschmack geht; die Physik
vermittelt ihr nur eine vage Vorstellung von den allgemeinen Gesetzen und dem Weltsystem. Bei Betrachtungen über die Wunder der Natur, wenn sie prome-
nieren, erheben sich manchmal ihre unschuldsvollen
Herzen bis zu ihrem Schöpfer; sie fürchten seine Gegenwart nicht: gemeinsam öffnen sie sich ihm.

Wie! zwei Liebende in der Blüte ihrer Jugend verwenden ihre Zweisamkeit darauf, von Religion zu
sprechen! Sie verbringen ihre Zeit mit dem Hersagen
des Katechismus! Wozu das Erhabene erniedrigen? Ja,
gewiß, sie sagen ihn her in der Illusion, die sie ver-

zaubert: sie sehen sich vollkommen, sie lieben einander, sie sprechen mit Begeisterung von dem, was der
Tugend Wert verleiht. Die Opfer, die sie ihr bringen,
macht sie ihnen teuer. In ihrem Rausch, der besiegt
werden muß, vergießen sie manchmal Tränen zusammen, die reiner sind als der Himmelstau, und diese
süßen Tränen bilden die Verzauberung ihres Lebens:
sie leben im verzücktesten Rausch, den je menschliche
Seelen empfanden. Selbst die Entsagung vertieft ihr
Glück und ehrt sie in ihren eigenen Augen durch ihr
Opfer. Ihr sinnlichen Menschen, Leiber ohne Seele,
eines Tages werden sie eure Lüste kennen und sich ihr
ganzes Leben lang nach der glücklichen Zeit zurück-
sehnen, da sie sie sich versagt hatten!

Trotz dieses guten Einvernehmens gibt es manchmal
Meinungsverschiedenheiten, selbst Streit; die Geliebte
hat ihre Kapricen und der Liebhaber seine Heftigkeit;
aber diese kleinen Gewitter ziehen rasch ab und lassen
die Vereinigung noch enger werden; gerade diese Erfahrung lehrt Emile, sie nicht mehr so zu fürchten;
die Versöhnung bringt ihm immer mehr ein, als die
Streitigkeiten ihm nehmen. Die Frucht der ersten Erfahrung läßt ihn ebenso viele andere erhoffen; da irrt
er: aber schließlich, wenn sie ihm auch nicht immer
einen so spürbaren Vorteil einträgt, hat er doch den
Gewinn, die ehrliche Anteilnahme Sophiens an seinem
Herzen von ihr selbst bestätigt zu sehen. Man möchte
wissen, worin jener Vorteil denn besteht. Dem stimme
ich um so bereiter zu, als dieses Beispiel mir Gelegenheit gibt, eine sehr nutzbringende Maxime darzulegen
und eine andere, sehr verhängnisvolle, zu bekämpfen.

Emile liebt, er ist also nicht tollkühn; und man hat
noch besser begriffen, daß die gebieterische Sophie
nicht das Mädchen ist, ihm Vertraulichkeiten durchgehen zu lassen. Da die Vernunft aber bei allem ihre
Grenzen hat, würde man sie eher für zu streng als für
zu nachgiebig einschätzen; und selbst ihr Vater fürch-

tet manchmal, daß ihr übertriebener Stolz in Hochmut ausartet. Emile wagt im vertrautesten Beieinandersein nicht um die geringste Gunst zu bitten, er wagt nicht einmal, den Schein zu erwecken, als hoffe er darauf; und wenn sie bei der Promenade ihren Arm in den seinen legt, eine Gnade, die sie nicht zum Recht werden läßt, wagt er manchmal kaum, diesen Arm seufzend gegen seine Brust zu pressen. Nach langer Zurückhaltung erkühnt er sich indessen, flüchtig ihr Kleid zu küssen; und mehrmals hat er das Glück, daß sie es nicht bemerken will. Eines Tages, als er sich ein wenig unverhohlener dieselbe Freiheit nehmen will, kommt es ihr in den Sinn, das sehr übel aufzunehmen. Er wird hartnäckig, sie gerät in Zorn und ihr Ärger gibt ihr scharfe Worte ein; Emile läßt sie sich nicht ohne Widerrede gefallen: der Rest des Tages vergeht in Schmollen, und man trennt sich in schlechtester Laune.

Sophie ist gar nicht wohl zumute. Ihre Mutter ist ihre Vertraute; wie sollte sie ihr ihren Kummer verbergen? Es ist ihr erstes Zerwürfnis; und ein Zerwürfnis, das eine Stunde dauert, ist eine so schlimme Sache! Sie bereut ihren Fehler: ihre Mutter erlaubt ihr, ihn wieder gut zu machen, ihr Vater befiehlt es ihr.

Am nächsten Tag kommt Emile beunruhigt früher als gewöhnlich. Sophie ist mit der Toilette ihrer Mutter beschäftigt, der Vater ist auch im selben Gemach: voll Ehrerbietung, aber mit trauriger Miene tritt Emile ein. Kaum haben die Eltern ihn begrüßt, als Sophie sich umwendet, ihm die Hand reicht und ihn in liebevollem Ton nach seinem Befinden fragt. Es ist klar, daß diese hübsche Hand nur dargereicht wird, um geküßt zu werden: er ergreift sie, küßt sie aber nicht. Sophie, ein wenig beschämt, zieht sie so artig zurück, wie es ihr möglich ist. Emile, der für die Wunderlichkeiten der Frauen nicht geschaffen ist und nicht weiß, wozu Launen gut sind, vergißt sie nicht so

leicht und beruhigt sich nicht so rasch. Sophies Vater,
der sie in Verlegenheit sieht, bringt sie durch Spötterei vollends aus der Fassung. Das arme Mädchen, verstört, gedemütigt, weiß nicht mehr, was es tut und
gäbe alles in der Welt darum, weinen zu dürfen. Je
mehr es sich zusammennimmt, um so mehr schwillt ihr
Herz; schließlich stiehlt sich eine Träne hervor, so sehr
sie es verhüten möchte. Emile sieht diese Träne, stürzt
auf die Knie, ergreift die Hand und küßt sie mehrmals in Ergriffenheit. „Wahrhaftig, Sie sind zu gütig",
sagt der Vater und bricht in Gelächter aus; „ich hätte
weniger Nachsicht für all diese närrischen Geschöpfe,
und ich würde den Mund bestrafen, der mich gekränkt
hätte." Emile, durch diese Worte ermutigt, richtet
einen flehentlichen Blick auf die Mutter, und als er ein
Zeichen der Zustimmung zu bemerken glaubt, nähert
er sich bebend dem Gesicht Sophies, die den Kopf ab-
wendet und, um den Mund zu schonen, eine rosige
Wange darbietet. Damit gibt sich der Zudringliche
nicht zufrieden – der Widerstand ist schwach. Welch
ein Kuß wäre es, wenn er nicht unter den Augen einer
Mutter getauscht würde! Gestrenge Sophie, hab acht;
unter der Bedingung, daß du es manchmal verweigerst,
wird man dich noch oft darum bitten, dein Kleid küssen zu dürfen.

Nach dieser exemplarischen Strafe geht der Vater
seinen Geschäften nach; die Mutter schickt Sophie unter einem Vorwand hinaus, dann richtet sie das Wort
an Emile und spricht zu ihm in ernstem Ton:

„Mein Herr, ich glaube, ein junger Mann so guter
Herkunft, so wohlerzogen, ein Mann von Gefühl und
Sittsamkeit wie Sie, möchte die Freundschaft, die ihm
eine Familie erweist, nicht mit ihrer Entehrung vergelten. Ich bin weder grausam noch prüde; ich weiß,
was man der närrischen Jugend durchgehen lassen
muß; und was ich unter meinen Augen geduldet habe,
beweist es Ihnen zur Genüge. Befragen Sie Ihren

Freund über Ihre Pflichten; er wird Ihnen sagen, welcher Unterschied zwischen den Spielereien besteht, die durch die Gegenwart eines Vaters und einer Mutter erlaubt sind, und den Freiheiten, die man sich in ihrer Abwesenheit herausnimmt, wobei man ihr Vertrauen mißbraucht und die gleichen Gunstbeweise, die unter ihren Augen ganz unschuldig sind, in Fallstricke wandelt. Er wird Ihnen sagen, mein Herr, daß das einzige Unrecht, dessen meine Tochter sich Ihretwegen schuldig machte, darin bestand, nicht von vornherein zu erkennen, was sie niemals hätte dulden dürfen; er wird Ihnen sagen, daß alles, was man als Gunstbeweis nimmt, wirklich zur Gunst wird und daß es eines ehrenhaften jungen Mannes unwürdig ist, die Einfalt eines jungen Mädchens zu mißbrauchen, um sich insgeheim dieselben Freiheiten anzumaßen, die sie vor aller Welt dulden kann. Denn, was der Anstand vor der Öffentlichkeit gewähren kann, weiß man; man weiß jedoch nicht, wo ein Mann, der sich zum alleinigen Richter seiner Launen macht, unter dem Schleier des Geheimnisses haltmacht."

Nach dieser gerechten Ermahnung, die viel eher an mich als an meinen Zögling gerichtet war, läßt uns diese kluge Mutter allein und überläßt mich der Bewunderung ihrer seltenen Weisheit, die sich wenig daraus macht, daß in ihrer Gegenwart der Mund ihrer Tochter geküßt wird, die aber entsetzt ist, daß man es wagt, insgeheim ihr Kleid zu küssen. Beim Nachdenken über die Torheit unsrer Maximen, die die wirkliche Ehrbarkeit immer dem Anstand opfern, verstehe ich, warum die Sprache im gleichen Maße keuscher ist als die Herzen verderbt sind, und warum das Betragen um so korrekter ist, je unanständiger die sich so Betragenden sind.

Während ich bei dieser Gelegenheit Emile die Pflichten, die ich ihm eher hätte vorschreiben müssen, ans Herz lege, kommt mir ein neuer Gedanke, der Sophie

vielleicht die größte Ehre antut, den ich mich aber
wohl hüte, ihrem Geliebten mitzuteilen; nämlich daß
es klar ist, daß dieser vorgegebene Stolz nichts als eine
sehr kluge Vorsichtsmaßnahme ist, sich vor sich selbst
zu schützen. Da sie zu ihrem Unglück ein leicht ent-
zündbares Temperament hat, fürchtet sie den ersten
Funken und schaltet ihn mit aller Macht aus. Nicht aus
Stolz ist sie streng, sondern aus Demut. Sie übt über
Emile eine Herrschaft aus, die sie über Sophie nicht
zu haben fürchtet; sie bedient sich des einen, um das
andere zu bekämpfen. Hätte sie mehr Selbstvertrauen,
wäre sie weniger stolz. Sieht man von diesem einen
Punkt ab – wo gäbe es auf der Welt ein fügsameres
und sanftmütigeres Mädchen? wer erträgt eine Kränkung mit größerer Geduld? wer fürchtet mehr, sie
anderen zuzufügen? wer ist in allem anspruchsloser,
außer in der Tugend? Dabei ist es nicht einmal ihre
Tugend, worauf sie stolz ist, sie ist nur stolz, um sie
zu bewahren; und wenn sie sich ohne Gefahr der
Neigung ihres Herzens überlassen kann, dann wird
sie auch ihren Geliebten liebkosen. Aber ihre beson-
nene Mutter teilt alle diese Einzelheiten nicht einmal
ihrem Vater mit: die Männer brauchen nicht alles zu
wissen.

Sophie, die über ihrer Eroberung nicht etwa hochmütig wird, ist sogar noch liebenswürdiger und nachsichtiger gegen jedermann geworden, außer vielleicht
gegen den einzigen, der diese Veränderung veranlaßt.
Das Gefühl der Unabhängigkeit schwellt ihr edles
Herz nicht mehr. Sie erfreut sich in Bescheidenheit
eines Sieges, der sie ihre Freiheit kostet. Ihr Wesen
ist unfreier und ihre Sprache schüchterner, seitdem sie
das Wort Geliebter nicht mehr hören kann, ohne zu
erröten. Aber das Glück strahlt durch ihre Verlegenheit hindurch, und selbst diese Scham ist kein unange-
nehmes Gefühl. Der Unterschied ihres Benehmens
macht sich besonders in ihrem Umgang mit den jungen

Besuchern bemerkbar. Seitdem sie sie nicht mehr fürchtet, hat sich die Reserve, die sie ihnen gegenüber wahrte, erheblich gelockert. In ihrer Wahl entschlossen, kommt sie ohne Bedenken den ihr Gleichgültigen entgegen; seit sie kein Interesse mehr an ihnen nimmt, urteilt sie auch weniger streng über ihren Wert und findet sie ganz liebenswürdig als Leute, die ihr niemals etwas bedeuten werden.

Wenn wahre Liebe sich je der Koketterie bediente, möchte ich tatsächlich einige Spuren, in der Art wie Sophie mit ihnen in Gegenwart ihres Geliebten umgeht, davon bemerken. Es ist, als wäre sie noch nicht zufrieden mit der glühenden Leidenschaft, die sie in ihm durch eine charmante Mischung von Zurückhaltung und Zärtlichkeit entzündet hat, als wäre sie nicht abgeneigt, diese Leidenschaft noch weiter durch ein wenig Unruhe zu schüren, man könnte meinen, sie erheitere vorsätzlich ihre jungen Gäste, und die Anmut ihrer Fröhlichkeit, die sie Emile gegenüber nicht zu zeigen wagt, sei ihm bestimmt, zu seiner Qual; aber Sophie ist zu besorgt, zu gut, zu klug, um ihn wirklich zu quälen. Liebe und Ehrbarkeit anstelle der Klugheit dienen ihr dazu, diesen gefährlichen Anreiz abzuschwächen: sie weiß genau, in welchem Augenblick sie ihn beunruhigen und wieder beruhigen kann; und wenn sie ihn manchmal in Unruhe versetzt, traurig macht sie ihn nie. Vergeben wir ihr die Sorgen, die sie dem macht, den sie liebt, um ihrer Furcht willen, ihn niemals fest genug an sich binden zu können.

Welchen Eindruck werden aber diese kleinen Listen auf Emile machen? Wird er eifersüchtig sein? wird er es nicht sein? Das muß untersucht werden: denn solche Exkurse gehören auch zum Gegenstand meines Buchs und führen mich nur wenig von meinem Thema ab.

Ich habe früher dargestellt[44], wie diese Leidenschaft in den Dingen, die mit der gesellschaftlichen Meinung zusammenhängen, im Herzen des Menschen Wurzel schlägt. Bei der Liebe ist es jedoch etwas anderes; da scheint die Eifersucht so eng mit der Natur zusammenzuhängen, daß es schwerfällt, nicht anzunehmen, daß sie auch von ihr kommt; sogar das Beispiel der Tiere, deren manche bis zur Raserei eifersüchtig sind, scheint die gegenteilige Ansicht unwiderlegbar festzusetzen. Ist es etwa die Meinung der Menschen, die die Hähne lehrt, einander in Stücke zu reißen, und die Stiere, sich zu Tode zu bekämpfen?

Die Abneigung gegen alles, was unsre Freuden stört und bekämpft, ist eine natürliche Regung, das ist unbestreitbar. Bis zu einem gewissen Punkt ist der Wunsch, ausschließlich zu besitzen, was uns gefällt, noch das gleiche wie diese Abneigung. Wenn aber dieser Wunsch, zur Leidenschaft geworden, sich in Raserei oder düstere und kummervolle Stimmung, die Eifersucht heißt, umwandelt, wird die Sache anders; diese Leidenschaft kann natürlich sein oder auch nicht: da müssen Unterschiede gemacht werden.

Das aus der Tierwelt genommene Beispiel ist früher in der *Abhandlung über die Ungleichheit* untersucht worden; auch jetzt, da ich von neuem darüber nachdenke, erscheint mir diese Untersuchung gründlich genug, um es zu wagen, die Leser darauf zu verweisen. Den Unterscheidungen, die ich in jener Schrift gemacht habe, möchte ich nur noch hinzufügen, daß die Eifersucht, die aus der Natur kommt, stark vom Geschlechtsvermögen abhängt; ist oder scheint dieses Vermögen unbegrenzt, erreicht jene Eifersucht ihren Gipfel; denn dann kann das Männchen, das seine Rechte an seinen Bedürfnissen mißt, ein anderes Männchen nur noch als lästigen Konkurrenten betrachten. Die Weibchen der gleichen Gattung, die immer dem folgen, der zuerst kommt, gehören den Männchen nur auf das Recht der Eroberung hin und verursachen ewigen Kampf zwischen ihnen.

In den Gattungen dagegen, wo eins sich nur mit

einem paart, wo die Paarung eine Art moralischer Bindung erzeugt, eine Art Ehe, verweigert sich das Weibchen, das dem Männchen seiner Wahl gehört, im allgemeinen jedem anderen; und das Männchen, dem diese Bevorzugung als Bürge seiner Treue gilt, ist auch weniger beunruhigt beim Anblick der anderen Männchen und lebt friedlicher in ihrer Gemeinschaft. In diesen Gattungen teilt das Männchen die Fürsorge um die Jungen mit dem Weibchen; und durch eines jener Naturgesetze, die man nicht ohne Rührung beobachtet, scheint das Weibchen dem Vater die Zuneigung, die er zu seinen Kindern hat, wieder zu vergelten.

Betrachtet man nun die menschliche Gattung in ihrer ursprünglichen Einfachheit, so ist leicht zu sehen, daß sie durch das beschränkte Vermögen des Mannes und seine geringen Begierden von der Natur dazu bestimmt ist, sich mit einem einzigen weiblichen Wesen zu begnügen, was sich durch die zahlenmäßige Gleichheit der Individuen beider Geschlechter – zumindest in unseren Breiten – bestätigt; eine Gleichheit, die allerdings bei den Rassen, wo die größere Stärke der männlichen Wesen mehrere Frauen für einen Mann vorsieht, nicht im gleichen Maße besteht. Und obgleich der Mann nicht wie der Täuberich brütet und auch keine Brüste zum Nähren besitzt und in dieser Hinsicht zur Klasse der Vierfüßler gehört, kriechen die Kinder solange schwach auf allen vieren, daß Mutter und Kinder schwerlich auf des Vaters Anhänglichkeit und seine daraus folgende Fürsorge verzichten könnten.

Alle diese Beobachtungen zusammengenommen laufen also dahinaus, zu beweisen, daß die eifersüchtige Raserei der Männchen bei einigen Tiergattungen für den Menschen keinerlei Schlüsse zuläßt; selbst der Ausnahmefall der südlichen Breiten, wo die Polygamie besteht, bestätigt diese Feststellung nur noch mehr, denn eben aus der Überzahl an Frauen entsteht die tyrannische Vorsicht der Gatten, und das Gefühl seiner eigenen Schwäche veranlaßt den Menschen, zum Zwang zu greifen, um die Gesetze der Natur zu umgehen.

Unter uns, wo die gleichen Gesetze weniger, aber in entgegengesetztem und verabscheuungswürdigerem Sinn umgangen werden, stammt die Eifersucht mehr aus gesellschaftlichen Leidenschaften als aus dem ursprünglichen Instinkt. In den meisten Fällen galanter Verbindungen haßt der Liebhaber seine Rivalen mehr als er seine Geliebte liebt; fürchtet er, nicht der einzige Auserwählte zu sein, so ist das nur das Resultat jener Eigenliebe, deren Ursprung ich dargelegt habe, und seine Eitelkeit macht ihm weit mehr zu schaffen als seine Liebe. Im übrigen haben unsre stupiden gesellschaftlichen Einrichtungen unsre Frauen so zur Verstellung erzogen* und ihre Begierden so heftig entfacht, daß man sich kaum auf ihre ehrlichst bezeugte Zuneigung verlassen kann und sie keine Beweise von Bevorzugung mehr geben können, die die Furcht vor Rivalen beschwichtigen könnten.

Mit wahrer Liebe verhält es sich anders. In der vorhin zitierten Schrift habe ich klargemacht, daß dieses Gefühl nicht so natürlich ist, wie man meint; und zwischen der süßen Gewohnheit, die den Mann an seine Gefährtin bindet, und jener wilden Glut, die ihn trunken von den eingebildeten Reizen eines Wesens macht, das er nicht mehr so sieht, wie es wirklich ist, besteht ein großer Unterschied. Diese Leidenschaft, die nur Ausschließlichkeit und endgültige Vorliebe atmet, unterscheidet sich von der Eitelkeit nur insofern, als die

---

* Die Art von Verstellung, die ich in diesem Falle meine, ist der, die ihnen angemessen und von der Natur mitgegeben ist, entgegengesetzt; die eine besteht in der Verschleierung ihrer Gefühle und die andere darin, Gefühle vorzutäuschen, die sie nicht haben. Alle Frauen von Welt verbringen ihr Leben damit, sich ihrer vorgeblichen Empfindsamkeit zu rühmen und lieben immer nur sich selbst.

Eitelkeit, die alles verlangt und nichts gewährt, immer ungerecht ist, wogegen die Liebe, die ebensoviel gibt, wie sie verlangt, durch sich selbst ein mit Gerechtigkeit gepaartes Gefühl ist. Außerdem ist es in dem Maße leichtgläubig als es anspruchsvoll ist: die gleiche Illusion, die es verursacht, läßt es rasch überzeugt sein. Ist die Liebe ein Gefühl der Unruhe, so ist die Hochachtung voller Vertrauen; und ein ehrliches Herz empfand niemals Liebe ohne Hochachtung, weil jeder nur die Eigenschaften im geliebten Wesen liebt, die ihm selbst wert sind.

Nachdem all dieses klar ist, kann man mit Sicherheit sagen, welcher Art Eifersucht Emile fähig sein wird; da nämlich diese Leidenschaft kaum einen Keim im menschlichen Herzen hat, wird ihre Form einzig von der Erziehung bestimmt. Der verliebte und eifersüchtige Emile wird keineswegs gereizt, düster und mißtrauisch sein, sondern zartfühlend, empfindsam und ängstlich; er wird eher beunruhigt als zornig sein; er wird es sich weit eher angelegen sein lassen, seine Geliebte für sich zu gewinnen, als seinen Rivalen zu bedrohen; wenn er kann, wird er ihn entfernen wie ein Hindernis, ohne ihn zu hassen wie einen Feind; haßt er ihn, so nicht um der Kühnheit willen, mit um ein Herz zu streiten, das er für sich beansprucht, sondern wegen der wirklichen Gefahr, es zu verlieren; kein unberechtigter Hochmut wird ihn in törichter Weise kränken, wenn man es wagt, mit ihm in Wettstreit zu treten; da er versteht, daß das Recht der Bevorzugung einzig auf dem Verdienst und die Ehre auf dem Erfolg beruht, wird er seine Bemühungen, geliebt zu werden, verdoppeln, und wahrscheinlich hat er Glück damit. Die großmütige Sophie, die seine Liebe durch ein wenig Beunruhigung anfacht, wird sie wohl zu dosieren und ihn dafür zu entschädigen verstehen; und die Rivalen, die nur geduldet wurden, um ihn auf die Probe zu stellen, werden bald ausgeschaltet sein.

Aber wohin sehe ich mich unmerklich fortgerissen? Ach, Emile, was ist aus dir geworden? kann ich meinen Zögling in dir wiedererkennen? Wie tief sehe ich dich gefallen! Wo ist jener junge, abgehärtete Mann, der den Härten der Jahreszeiten trotzte, der seinen Körper den härtesten Arbeiten und seine Seele nur den Gesetzen der Weisheit unterwarf; den Vorurteilen und Leidenschaften unzugänglich; der nur die Wahrheit liebte, der nur die Vernunft gelten ließ und nichts anderem anhing als dem, was er selbst war? Jetzt in einem müßigen Dasein verweichlicht, läßt er sich von Frauen beherrschen; ihr Vergnügen ist seine Beschäftigung, ihr Wille ist ihm Gesetz; ein junges Mädchen entscheidet über sein Schicksal; er kriecht vor ihm am Boden und beugt sich ihm; der ernsthafte Emile ist zum Spielzeug eines Kindes geworden!

So ist es mit dem Szenenwechsel im Leben: jedes Alter hat seine Triebkräfte, die es bewegen, aber der Mensch bleibt sich immer gleich. Mit zehn Jahren wird er durch Kuchen geführt, mit zwanzig durch eine Geliebte, mit dreißig durch das Vergnügen, mit vierzig durch den Ehrgeiz, mit fünfzig durch den Geiz: wann wird er allein der Weisheit folgen? Glücklich, wen man auch ohne seinen Willen zu ihr führt! Was tut's, wen man zum Führer wählt, wenn er uns nur zum Ziel führt? Die Helden, die Weisen selbst haben der menschlichen Schwäche diesen Tribut gezahlt; und der, dessen Hand Spindeln zerbrach, war darum ein nicht minder großer Mann[45].

Wollt ihr die Wirkung einer richtigen Erziehung auf das ganze Leben ausdehnen, so dehnt die richtigen Gewohnheiten der Kindheit bis in die Jugendzeit aus; und ist euer Zögling dann geworden, was er sein soll, sorgt dafür, daß er für immer so bleibt. Das ist die letzte Vollkommenheit, die ihr eurem Werk zu geben habt. Vor allem darum ist es wichtig, den jungen Leuten den Erzieher zu lassen; denn im übrigen ist es kaum zu befürchten, daß sie sich auch ohne ihn auf die Liebe verstehen. Die Erzieher, und besonders die Väter, täuschen sich darin, daß sie glauben, eine Lebensweise schließe die andere aus, und sobald man erwachsen sei, müsse man auf alles verzichten, was man als Kind getan hat. Wenn dem so wäre, wozu nützte es dann, sich um die Kindheit soviel Mühe zu machen, da der rechte oder unrechte Gebrauch, den man davon machte, mit der Kindheit selbst dahinschwände und man bei einer völlig anderen Lebensweise notwendigerweise eine andere Denkungsart annähme.

So wie nur schwere Krankheiten das Gedächtnis auslöschen, so löschen fast nur die großen Leidenschaften die guten Sitten aus. Wenn sich auch unsre Ansichten und unsre Neigungen ändern, so wird dieser manchmal ziemlich plötzliche Wechsel durch die Gewohnheiten gemildert. In der Aufeinanderfolge unsrer Neigungen muß der geschickte Künstler, so wie in der richtigen Schattierung der Farben, die Übergänge unmerklich machen, die Töne vermischen und ineinander verschmelzen und, damit keiner sich besonders abhebt, mehrere über das ganze Kunstwerk verteilen. Dieses Verfahren ist durch die Erfahrung bestätigt; maßlose Menschen wechseln jeden Tag ihre Neigung, ihren Geschmack, ihre Gefühle, und ihre ganze Beständigkeit besteht nur in der Gewohnheit des Wechsels; der maßvolle Mensch jedoch kommt immer auf seine alten Gepflogenheiten zurück und verliert nicht einmal im Alter den Geschmack an den Freuden, die er als Kind genoß.

Wenn ihr es erreicht, daß die jungen Leute beim Übertritt in ein neues Lebensalter das vorhergegangene nicht geringschätzen, daß sie mit dem Annehmen neuer Gewohnheiten die alten nicht ablegen und daß sie immer gerne tun, was gut ist, gleich, wann sie damit begonnen haben, dann allein werdet ihr euer Werk gerettet haben, und ihr werdet ihrer sicher sein bis zum

Ende ihrer Tage; denn die am meisten zu fürchtende
Revolution vollzieht sich in dem Alter, über das ihr
im Augenblick wacht. So wie man sich immer nach diesem Alter zurücksehnt, verlieren sich auch die Neigungen kaum, die man sich daraus bewahrt hat; sind sie
dagegen einmal durchbrochen, nimmt man sie zeit seines Lebens nicht wieder an.

Die meisten Gewohnheiten, die ihr den Kindern
anzueignen glaubt, sind keineswegs wirkliche Gewohnheiten, weil sie sie nur gezwungenermaßen angenommen haben und weil sie, da sie sie wider ihren Willen
befolgen, nur auf die Gelegenheit warten, sich davon
zu befreien. Man ist keineswegs gern im Gefängnis,
nur weil man darin bleiben muß; hier also steigert die
Gewohnheit die Abneigung, statt sie zu mindern. Bei
Emile ist das nicht so, weil er, der in seiner Kindheit
alles nur freiwillig und mit Vergnügen tat, wenn er als
Mann fortfährt so zu handeln, nur die Macht der Gewohnheit der Lust der Freiheit zufügt. Das tätige
Leben, Handarbeit, Leibesübung, Bewegung sind ihm
derart notwendig geworden, daß er nicht ohne zu leiden darauf verzichten könnte. Ihn plötzlich zu verweichlichter und sitzender Lebensweise zwingen zu
wollen, hieße ihn ins Gefängnis werfen, in Ketten
legen, ihn in einem Zustand der Vergewaltigung und
des Zwangs halten; ich zweifle nicht daran, daß das
seiner Gemütsverfassung ebenso wie seiner Gesundheit
schlecht bekäme. In einem abgeschlossenen Raum kann
er kaum atmen; er braucht frische Luft, Bewegung,
Anstrengung. Selbst zu Füßen Sophies kann er sich
nicht enthalten, manchmal aus einem Augenwinkel
auf die Felder zu blicken und sich zu wünschen, sie
mit Sophie zu durchstreifen. Dennoch bleibt er, wenn
er bleiben muß; aber er ist unruhig, erregt; es scheint,
als wehre er sich; er bleibt, weil er in eisernen Fesseln
liegt. Nun, das sind, werdet ihr sagen, die Bedürfnisse,
denen ich ihn unterworfen, die Abhängigkeiten, in die

ich ihn gebracht habe – und all dies ist richtig: ich habe ihn dem Zustand des Mannes unterworfen.

Emile liebt Sophie; aber welche Reize haben ihn zuerst gefesselt? Die Empfindsamkeit, die Tugend, die Liebe zur Ehrbarkeit. Liebt er diese Liebe in seiner Geliebten, wie sollte er sie für sich selbst verloren haben? Und um welcher Werte willen hat Sophie sich ihrerseits verliebt? Um aller Gefühle willen, die dem Herzen ihres Geliebten natürlich sind: Hochschätzung der wahren Güter, Genügsamkeit, Einfachheit, Großherzigkeit, Uneigennutz, Verachtung des Prunks und des Reichtums. Emile besaß diese Tugenden, bevor die Liebe sie ihm auferlegte. Worin hat sich nun Emile wirklich geändert? Er hat neue Gründe, er selbst zu sein; das ist der einzige Punkt, worin er anders geworden ist, als er war.

Ich kann mir nicht vorstellen, daß jemand bei aufmerksamer Lektüre dieses Buchs annehmen kann, daß all die Umstände der Situation, in der Emile sich befindet, sich durch Zufall gebildet haben. Ist es Zufall, daß er die, die ihm gefällt, in abgelegener Zurückgezogenheit gefunden hat, während es in den Städten so viele liebenswerte Mädchen gibt? Ist es Zufall, daß er ihr begegnet? Ist es Zufall, daß sie zueinander passen? Ist es Zufall, daß sie nicht am gleichen Ort wohnen können? Ist es Zufall, daß er nur so weit von ihr entfernt eine Unterkunft findet? Ist es Zufall, daß er sie so selten sieht und sich durch soviel Anstrengung die Lust erkaufen muß, manchmal mit ihr zusammenzutreffen? Er wird weibisch, sagt ihr. Im Gegenteil: er härtet sich ab; er muß so robust sein, wie ich ihn geschaffen habe, um die Anstrengungen, die Sophie ihm bereitet, ertragen zu können.

Er wohnt zwei gute Meilen weit von ihr entfernt. Diese Entfernung ist der Blasebalg der Schmiede; durch sie stähle ich die Pfeile der Liebe. Wohnten sie Tür an Tür, oder könnte er, im weichen Pfühl einer be-

quemen Karosse sitzend, zu ihr fahren, würde er sie
mit Gelassenheit nach Pariser Art lieben. Hätte Lean-
der für Hero sterben wollen, wenn das Meer ihn nicht
von ihr getrennt hätte? Erspart mir weitere Worte,
liebe Leser; wenn ihr mich verstehen könnt, werdet
ihr dem, was ich im einzelnen festlege, gut genug
folgen.

Für unsre ersten Besuche bei Sophie haben wir Pferde
genommen, um rascher vorwärts zu kommen. Wir
finden das bequem, und beim fünften Mal nehmen
wir auch noch Pferde. Wir wurden erwartet; etwas
über eine halbe Meile vom Haus entfernt bemerken
wir Leute auf dem Weg. Emile schaut genau hin, sein
Herz klopft; er reitet näher heran, er erkennt Sophie,
er schwingt sich vom Pferd, er läuft, er fliegt, er langt
bei der liebenswerten Familie an. Emile liebt schöne
Pferde; seines ist lebhaft, fühlt sich frei und läuft durch
die Felder: ich reite hinterher, bekomme es mit Mühe
zu fassen und führe es zurück. Unglücklicherweise
hat Sophie Angst vor Pferden, ich wage nicht näher-
zukommen. Emile sieht nichts; aber Sophie flüstert
ihm ins Ohr, daß er seinen Freund so großer Mühe
ausgesetzt hat. Emile läuft ganz beschämt herbei, nimmt
die Pferde und bleibt zurück: es ist nur gerecht, daß
jeder einmal an die Reihe kommt. Er reitet als erster
fort, um die Pferde loszuwerden. Wie er Sophie so hinter sich läßt, ist er nicht mehr der Ansicht, daß das
Pferd eine so angenehme Reisekutsche ist. Atemlos
kommt er zurück und stößt auf halbem Weg zu uns.

Für den folgenden Besuch will Emile keine Pferde
mehr nehmen. Warum? frage ich ihn; wir brauchen
nur einen Lakaien mitzunehmen, der sich darum kümmert. „Oh!" sagt er, „wollen wir der ehrenwerten
Familie damit zur Last fallen? Sie sehen doch, daß
sie jedem zu essen geben will, Menschen und Pferden."
„Das ist wahr", antworte ich, „sie pflegen die edle
Gastfreundschaft der Armut. Die bei all ihrem Prunk

geizigen Reichen nehmen nur ihre Freunde bei sich
auf; die Armen aber nehmen auch die Pferde ihrer
Freunde auf." „Gehen wir zu Fuß", sagt er; „haben
Sie keine Lust dazu, Sie, der Sie so gutwillig die stra-
paziösen Vergnügungen Ihres Kindes teilten?" „Sehr
gern", antworte ich sofort; „auch scheint mir, daß
Liebe nicht mit soviel Lärm verbunden sein will."

Beim Ankommen sehen wir Mutter und Tochter
noch weiter entfernt als beim ersten Mal. Pfeilschnell
sind wir gekommen. Emile ist in Schweiß gebadet:
eine geliebte Hand gibt sich her, um ihm mit dem
Taschentuch über die Wangen zu wischen. Es könnte
soviel Pferde auf der Welt geben, wie es wollte, bevor
wir wieder versucht wären, uns ihrer zu bedienen.

Indessen ist es ziemlich grausam, niemals den Abend
zusammen verbringen zu können. Es wird Spätsommer,
die Tage werden schon kürzer. Was immer wir zu
sagen haben, man erlaubt uns nie, bei Nacht zurückzukehren; und wenn wir nicht gleich am Morgen kommen, müssen wir fast sofort nach der Ankunft wieder
umkehren. Weil uns so bedauert und sich Unruhe
um uns macht, denkt die Mutter schließlich daran, daß
man uns zwar anständigerweise nicht im Haus unterbringen, aber eine Bleibe im Dorf suchen kann, wo
wir manchmal schlafen könnten. Bei diesen Worten
klatscht Emile in die Hände, bebt vor Freude; und
Sophie küßt unbewußt ihre Mutter ein wenig öfter
an dem Tag, da sie diesen Ausweg gefunden hat.

Nach und nach entsteht und festigt sich die Süße
der Freundschaft, die Vertraulichkeit der Unschuld
zwischen uns. An den von Sophie oder ihrer Mutter
festgesetzten Tagen komme ich für gewöhnlich mit
meinem Freund, manchmal lasse ich ihn auch allein
gehen. Vertrauen erhebt die Seele, und einen Mann
darf man nicht mehr wie ein Kind behandeln; und
was hätte ich bis jetzt erreicht, wenn mein Zögling
meine Achtung nicht verdiente? Es kommt auch vor,

daß ich ohne ihn gehe; dann ist er traurig, aber ohne aufzubegehren: wozu würde ihm das nützen? Außerdem weiß er genau, daß ich nichts gegen seine Interessen tue. Im übrigen ist es klar, daß uns, ob wir nun zusammen oder nicht ankommen, kein Wetter zurückhalten kann, da wir stolz darauf sind, in einem etwas beklagenswerten Zustand anzukommen. Unglücklicherweise untersagt Sophie uns diese Ehre und verbietet uns, bei schlechtem Wetter zu kommen. Das ist das einzige, worin sie sich gegen die ihr insgeheim von mir diktierten Vorschriften auflehnt.

Eines Tages, als er allein gegangen ist und ich ihn erst am nächsten Tag zurückerwarte, sehe ich ihn am selben Abend wiederkommen und sage, indem ich ihn umarme: „Wie! lieber Emile, du kommst zu deinem Freund zurück!" Aber statt meine Zärtlichkeit zu erwidern, sagt er ein wenig übellaunig: „Glauben Sie nicht, daß ich freiwillig so bald zurückkomme, ich komme wider Willen. Sie hat gewollt, daß ich komme; ihretwegen komme ich, und nicht aus Freundschaft zu Ihnen." Von dieser Naivetät gerührt, umarme ich ihn von neuem und sage: „Offene Seele, ehrlicher Freund, nimm mir nicht, was mir gehört. Wenn du ihretwegen kommst, so sagst du es doch meinetwegen: deine Rückkehr ist ihr Werk, aber deine Offenheit ist das meine. Bewahre dir auf immer diese edle Lauterkeit der schönen Seelen. Die Gleichgültigen mag man denken lassen, was sie wollen; aber es ist ein Verbrechen, zu dulden, daß ein Freund uns zum Verdienst mache, was wir nicht um seinetwillen getan haben."

Ich hüte mich wohl, den Wert dieses Geständnisses dadurch in seinen Augen herabzusetzen, daß ich mehr Liebe als Großmut darin entdecke und ihm sage, daß es ihm weniger darum geht, sich selbst das Verdienst dieser Rückkehr abzusprechen, als es Sophie zukommen zu lassen. Aber so enthüllt er mir den Grund seines Herzens, ohne daß es ihm bewußt wird: kommt

er gemächlich, langsamen Schrittes und traumverloren
in seiner Liebe an, ist Emile nur der Geliebte Sophies;
kommt er aber überstürzt, erhitzt, wenn auch ein
wenig mürrisch an, ist Emile seines Mentors Freund.

Aus all diesen Einzelheiten ersieht man, daß mein
junger Mann noch weit entfernt davon ist, sein Leben
an der Seite Sophies verbringen und sie so oft sehen zu
können, wie er mag. Ein oder zwei Reisen in der
Woche sind alles, was ihm erlaubt wird; und seine
Besuche, die oft nur einen halben Tag dauern, dehnen
sich selten bis zum nächsten Tag aus. Er verbringt weit
mehr Zeit mit der Hoffnung, sie zu sehen, oder mit
der Beglückung, sie gesehen zu haben, als damit, sie
tatsächlich zu sehen. Hin- und Rückreise dauern länger
als die Stunden, die er bei ihr verbringen kann. Seine
wahren, reinen, köstlichen, aber weniger wirklichen
als erträumten Wonnen feuern seine Liebe an, ohne
daß sein Herz verzärtelt.

Während der Tage, da er sie nicht sieht, ist er nicht
müßig oder stubenhockerisch. An diesen Tagen ist er
immer noch Emile: er ist keineswegs ganz verwandelt.
Meistens durchstreift er die Felder in der Umgebung
und betreibt naturkundliche Studien; er beobachtet
und untersucht den Boden, seine Produkte, seine Be-
bauung; er vergleicht die Arbeit, die er sieht, mit der,
die er kennt; er forscht nach den Ursachen der Unterschiede: erachtet er andere Methoden für besser als
die am Ort gebräuchlichen, läßt er sie die Bauern wissen; wenn er einen besseren Pflug empfiehlt, läßt er
einen nach seinen Entwürfen bauen: kommt er an eine
Mergelgrube, klärt er sie über ihre in der Gegend unbekannte Ausnutzung auf; oft legt er selbst mit Hand
an; sie sind ganz erstaunt, ihn geschickter mit ihrem
Werkzeug umgehen zu sehen als sie selbst, daß er
tiefere und geradere Furchen zieht als sie, den Samen
gleichmäßiger streut, Saatbeete mit mehr Verständnis
anlegt. Sie machen sich nicht über ihn als einen Schön-

redner in landwirtschaftlichen Angelegenheiten lustig;
sie sehen, daß er wirklich etwas davon versteht. Mit
einem Wort, er widmet seinen Eifer und seine Mühen
allem, was von oberster und allgemeiner Nützlichkeit
ist; dabei läßt er es nicht einmal bewenden: er sucht
die Bauern zu Hause auf, erkundigt sich nach ihrem
Vermögensstand, ihrer Familie, der Zahl ihrer Kinder,
ihrem Landbesitz, der Art ihrer Produkte, ihrem Ab-
satz, ihren Einnahmen, ihren Steuern, ihren Schulden
usw. Er verteilt wenig Geld, da er weiß, daß es im
allgemeinen schlecht angelegt wird, aber er selbst bestimmt seine Verwendung zu ihrem eigenen Nutzen.
Er beschafft ihnen Arbeiter und bezahlt oft selbst den
Tageslohn für die notwendigen Arbeiten. Dem einen
läßt er seine halb zerfallene Hütte wieder aufbauen
oder decken, des anderen aus Geldmangel verkomm-
nes Land läßt er wieder erschließen; einem dritten
verschafft er eine Kuh, ein Pferd, Vieh jeder Art anstelle dessen, was er verloren hat; zwei Nachbarn
stehen vor einem Prozeß, er söhnt die beiden miteinander aus; ein Bauer wird krank, er läßt ihn pflegen, er pflegt ihn selbst*; ein anderer ist über einen
einflußreichen Nachbarn verärgert, er schützt ihn und
verwendet sich für ihn; arme junge Leute lieben einander, er verhilft ihnen zur Heirat; eine Frau hat ihr ge-
liebtes Kind verloren, er besucht sie, tröstet sie und geht
keineswegs sofort wieder weg; er verachtet die Armen
nicht, es eilt ihm nicht, die Unglücklichen zu verlassen,
oft nimmt er seine Mahlzeit bei denen ein, denen er
beisteht, aber er nimmt sie auch von denen an, die
seiner Hilfe nicht bedürfen; ob er der Wohltäter der

---

* Um einen kranken Bauern zu pflegen, bedarf es keiner Abführmittel, Arzneien und Chirurgen. Nichts von all diesem brauchen diese
armen Leute in ihren Krankheiten, sie brauchen bessere und reichlichere
Nahrung. Ihr anderen mögt fasten, wenn ihr Fieber habt; haben jedoch
eure Bauern Fieber, dann gebt ihnen Fleisch und Wein; fast alle ihre
Krankheiten entstehen aus Elend und Erschöpfung: ihr bester Kräutertee
ist in eurem Keller, ihr einziger Apotheker muß der Fleischer sein.

einen und der Freund der anderen ist, immer bleibt er ihresgleichen. Und immer wirkt er durch seine Person genausoviel Gutes wie durch sein Geld.

Manchmal macht er seine Spaziergänge in Richtung seines Glückshauses: er könnte die Hoffnung haben, Sophie heimlich zu erspähen, sie bei der Promenade zu sehen, ohne gesehen zu werden, aber Emiles Verhalten bleibt immer untadelig, er kann und will sich nichts erschleichen. Er besitzt jenes liebenswerte Zartgefühl, das das Selbstgefühl durch die gute Meinung von sich selbst befriedigt. Er hält sich strikt an die ihm gezogenen Grenzen und geht nie so weit, daß er dem Zufall verdankt, was er nur Sophie verdanken will. Dagegen durchstreift er gern die Umgebung auf der Suche nach Spuren seiner Geliebten, gerührt von den Mühen, die sie durchgestanden und den langen Wegen, die sie ihm zuliebe gemacht hat. An dem Tag, bevor er sie treffen soll, geht er in irgendeinen benachbarten Bauernhof und bestellt für den nächsten Tag einen Imbiß. Unauffällig nimmt der Spaziergang diese Richtung und man tritt wie zufällig ein; da gibt es Obst, Kuchen, Sahne. Die genäschige Sophie hat für diese Aufmerksamkeiten viel übrig und tut unsrer Voraussicht gern Ehre an; denn ich bekomme immer meinen Teil des Komplimentes ab, auch wenn ich nichts dazu getan hatte, es mir zu verdienen: das ist eine Klein-Mädchen-List, um nicht so verlegen beim Bedanken zu werden. Der Vater und ich essen Kuchen und trinken Wein: aber Emile schlägt sich zu den Frauen, immer darauf aus, heimlich einen Teller Sahne, in den Sophie ihren Löffel getaucht hat, zu stehlen.

Da von Kuchen die Rede ist, spreche ich Emile von seinen früheren Wettläufen. Man möchte wissen, was es mit diesen Wettläufen auf sich hat; ich erkläre es, man lacht darüber; er wird gefragt, ob er noch laufen könne. Besser als je, antwortete er; ich wäre sehr ärgerlich, wenn ich es verlernt hätte. Jemand aus der Ge-

sellschaft hätte große Lust, es zu sehen, wagt aber
nicht, es zu sagen; ein anderer übernimmt es, den
Vorschlag zu machen; Emile ist einverstanden: man
sucht zwei oder drei junge Leute aus der Nachbarschaft
zusammen; man setzt einen Preis aus, und um die
alten Spiele getreuer nachzuahmen, legt man ein Stück
Kuchen ans Ziel. Jeder hält sich bereit, der Papa
klatscht zum Zeichen des Beginns in die Hände. Der
flinke Emile schießt wie ein Vogel durch die Luft und
kommt am Ende der Bahn an, kaum nachdem meine
drei Tolpatsche abgelaufen sind. Emile empfängt den
Preis aus Sophies Händen, und nicht weniger groß-
mütig als Äneas, verteilt er an alle Besiegten Geschenke.

Mitten im Siegesjubel wagt Sophie den Sieger her-
auszufordern und behauptet, sie könne ebensogut laufen wie er. Er lehnt keineswegs ab, mit ihr auf der
Bahn anzutreten; und während sie sich dafür zurecht-
macht, das Kleid zu beiden Seiten hochrafft und, eifriger darauf bedacht, vor Emiles Augen ein zartes Bein
zu zeigen, als ihn im Kampf zu besiegen, sieht sie zu,
ob ihre Röcke auch kurz genug sind, und er sagt der
Mutter etwas ins Ohr; sie lächelt und macht ihm ein
Zeichen der Zustimmung. Dann stellt er sich neben
seine Konkurrentin; und kaum ist das Zeichen gegeben, sieht man sie dahinfliegen wie ein Vogel.

Frauen sind nicht zum Laufen geschaffen; wenn sie
fliehen, dann nur, um gefangen zu werden. Wettlaufen
ist nicht das einzige, was sie ohne Gewandtheit tun,
aber es ist das einzige, was sie auf ungraziöse Weise
tun: mit ihren nach rückwärts gestemmten eng am
Körper anliegenden Ellbogen wirken sie komisch; und
mit ihren hohen Absätzen, auf denen sie herum-
stöckeln, sehen sie aus wie Heuschrecken, die laufen
möchten, ohne zu hüpfen.

Emile, der sich nicht vorstellen kann, daß Sophie
besser läuft als irgendeine andere Frau, rührt sich gar

nicht erst von der Stelle und sieht sie mit belustigtem Lächeln ablaufen. Aber Sophie ist leichtfüßig und trägt niedrige Absätze; sie kann darauf verzichten, ihren Fuß künstlich klein erscheinen zu lassen; sie ist mit derartiger Schnelligkeit im Vorsprung, daß er, um diese neue Atalante einzuholen, gerade noch soviel Zeit hat, wie er braucht, als er sie so weit vor sich sieht. Er läuft also auch los, einem Adler gleich, der sich auf seine Beute stürzt; er verfolgt sie, ist ihr dicht auf den Fersen, holt sie endlich ganz atemlos ein, legt sanft seinen linken Arm um sie, hebt sie auf wie eine Feder, und diese süße Last gegen sein Herz gepreßt, beendet er den Lauf, läßt sie als erste das Ziel berühren und dann, mit dem Ruf *Sophie gehört der Sieg!* läßt er sich vor ihr auf ein Knie nieder und bekennt sich als besiegt.

Zu all diesen Beschäftigungen kommt noch das Handwerk, das wir gelernt haben. Mindestens einmal in der Woche und an allen Tagen, da uns schlechtes Wetter den Aufenthalt im Freien verbietet, gehen Emile und ich bei einem Meister zur Arbeit. Wir arbeiten dort nicht nur zum Schein als Leute, die eigentlich über diesen Stand erhaben sind, sondern allen Ernstes und wie richtige Arbeiter. Sophies Vater, der uns besucht, findet uns mitten am Werk und verfehlt nicht, seiner Frau und seiner Tochter voll Bewunderung von dem zu berichten, was er gesehen hat. „Seht euch diesen jungen Mann in der Werkstatt an", sagt er, „und ihr werdet sehen, ob er ärmliche Verhältnisse verachtet!" Man mag sich denken, ob Sophie das mit Freuden hört! Man kommt wieder darauf zu sprechen, man möchte ihn bei der Arbeit überraschen. Unauffällig fragt man mich aus, und nachdem sie sich über einen unserer Tage vergewissert haben, nehmen Mutter und Tochter eine Kalesche und kommen an eben jenem Tag in die Stadt.

Beim Eintreten in die Werkstatt bemerkt Sophie

ganz hinten einen jungen Mann in Hemdsärmeln, mit
nachlässig zusammengebundenen Haaren und so bei
der Sache, daß er sie gar nicht sieht: sie bleibt stehen
und macht ihrer Mutter ein Zeichen. Emile, in der
einen Hand einen Meißel und in der anderen den
Hammer, macht eben ein Zapfenloch fertig; dann zersägt er ein Brett und spannt ein Stück davon in den
Kloben, um es zu polieren. Dieser Anblick scheint Sophie
keineswegs lächerlich; er rührt sie; er ist achtenswert.
Weib, ehre deinen Gebieter; er arbeitet für dich, verdient dein Brot, ernährt dich: das ist der Mann.

Während sie aufmerksam dabei sind, ihn zu beobachten, bemerke ich sie, zupfe Emile am Ärmel; er
dreht sich um, sieht sie, wirft sein Werkzeug weg und
stürzt sich ihnen mit einem Freudenschrei entgegen.
Nachdem sich seine erste Begeisterung gelegt hat, bittet
er sie, Platz zu nehmen, und geht wieder an seine
Arbeit. Aber Sophie hält es nicht auf ihrem Stuhl;
lebhaft steht sie auf, durchquert die Werkstatt, untersucht die Werkzeuge, fährt mit dem Finger über die
glatten Bretter, hebt die Sägespäne vom Boden auf,
sieht auf unsre Hände und sagt, daß sie dieses Handwerk liebe, weil es sauber ist. Die Närrin versucht sogar, es Emile gleichzutun. Mit ihrer weißen und kraftlosen Hand schiebt sie einen Hobel auf das Brett; der
Hobel gleitet darüber hin und faßt nicht. Ich meine
Amor in den Lüften lachen zu hören und mit den Flü-
geln schlagen; ich glaube ihn fröhliche Schreie ausstoßen
und sagen zu hören: *Herkules ist gerächt.*

Inzwischen fragt die Mutter den Meister aus. „Mein
Herr, was zahlen Sie diesen jungen Leuten da?" „Ich
gebe jedem zwanzig Sous pro Tag, Madame, und be-
köstige sie; aber wenn dieser junge Mann wollte,
könnte er viel mehr verdienen, denn er ist der beste
Arbeiter der Gegend." „Zwanzig Sous pro Tag und
freie Kost!" sagt die Mutter und sieht uns gerührt
an. „Ja, das stimmt, gnädige Frau", sagt der Meister.

Bei diesen Worten läuft sie zu Emile, umarmt ihn, preßt ihn unter Tränen an ihre Brust, ohne etwas anderes als mehrmals hintereinander: „Mein Sohn! O mein Sohn!" hervorbringen zu können.

Nachdem sie noch einige Zeit mit uns geplaudert hat, ohne uns von unsrer Arbeit abzulenken, sagt die Mutter zu ihrer Tochter: „Gehen wir nun, es wird spät und wir dürfen nicht auf uns warten lassen." Dann geht sie zu Emile, gibt ihm einen kleinen Klaps auf die Wange und sagt: „Nun, Sie guter Arbeiter – wollen Sie nicht mit uns kommen?" Er antwortet ganz traurig: „Ich habe mich verpflichtet, fragen Sie den Meister." Der Meister wird gefragt, ob er uns freigeben will. Er antwortet, das könne er nicht. „Ich habe eine Arbeit", sagt er, „die eilt und übermorgen abgeliefert werden muß. Da ich mit den Herren hier rechnete, habe ich Arbeiter, die sich bei mir meldeten, abgewiesen; wenn ich diese hier nicht habe, weiß ich nicht, wo ich andere hernehmen soll und werde die Arbeit nicht am versprochenen Tag abliefen können." Die Mutter entgegnet nichts; sie wartet, daß Emile etwas sagt. Emile senkt den Kopf und schweigt. „Mein Herr", sagt sie etwas überrascht von seinem Schweigen, „haben Sie nichts dazu zu sagen?" Emile blickt das Mädchen zärtlich an und sagt nur: „Sie sehen wohl ein, daß ich bleiben muß." Darauf gehen die Damen fort und lassen uns zurück. Emile begleitet sie bis zur Tür, sieht ihnen nach, solange er kann, seufzt und begibt sich dann wortlos wieder an die Arbeit.

Unterwegs spricht die Mutter etwas gereizt zu ihrer Tochter über die Seltsamkeit dieses Verhaltens. „Was!" sagt sie, „war es so schwer, den Meister zufriedenzustellen, ohne dort bleiben zu müssen? Und sollte dieser so verschwenderische junge Mann, der das Geld ohne Not hinauswirft, bei angemessener Gelegenheit keines finden?" „O Mama!" antwortet Sophie, „Gott möge verhüten, daß Emile dem Geld so viel Macht

zuerkennt, sich seiner zu bedienen, um eine persönliche
Verpflichtung zu lösen, um ungestraft sein Wort zu
brechen und andere dazu zu verleiten, das ihre nicht
einzuhalten! Ich weiß, daß es für ihn ein leichtes wäre,
dem Handwerker den geringen Schaden zu ersetzen,
der ihm durch sein Fortbleiben entstünde; aber damit
unterwürfe er seine Seele der Macht des Reichtums, er
gewöhnte sich, ihn an die Stelle seiner Pflichten
zu setzen und zu glauben, alles sei einem erlassen,
wenn man nur zahle. Emile denkt anders, und ich
hoffe, daß ich nicht die Ursache dafür werde, daß er
seine Denkungsart ändert. Glaubst du, es hätte ihm
nichts ausgemacht, bleiben zu müssen? Täusche dich
nicht, Mama, er ist meinetwegen geblieben; ich habe
es in seinen Augen gelesen."

Was wirklichen Liebeseifer anlangt, so ist Sophie
jedoch keineswegs langmütig; sie ist sogar herrisch und
anspruchsvoll; lieber würde sie gar nicht geliebt als
nur mit Maßen. Sie besitzt den edlen Stolz auf den
eigenen Wert, der sich seiner bewußt ist, der sich schätzt
und der geehrt werden will, wie er sich selber ehrt.
Sie müßte ein Herz, das nicht den ganzen Wert des
ihren erkennte, nur verachten, ein Herz das sie um ihrer
Tugend willen nicht ebenso liebte wie ihrer Reize wegen; ein Herz, dem seine eigene Pflicht nicht vor ihr
ginge und das sie nicht allen anderen Dingen vorzöge.
Sie möchte keinen Geliebten, der kein anderes Gesetz kennt als das ihre; sie will über einen Mann herrschen, der sich nicht von ihr um seine Männlichkeit
bringen ließ. So verachtet Circe die Gefährten des
Odysseus, die sie erniedrigt hat, und gibt sich dem allein, den sie nicht verwandeln konnte.

Aber abgesehen von diesem unverletzlichen und geheiligten Recht wacht Sophie mit äußerster Eifersucht
über all ihre eigenen und darüber, wie gewissenhaft
Emile sie respektiert, mit wieviel Beflissenheit er ihre
Wünsche erfüllt, mit welchem Einfühlungsvermögen

er sie errät, mit welcher Genauigkeit er im vorbe-
stimmten Augenblick bei ihr erscheint; sie will weder,
daß er zu spät kommt noch zu früh; sie will, daß er
pünktlich ist. Zu früh kommen hieße sich selbst den
Vorzug geben; sich verspäten hieße sie vernachlässigen.
Sophie vernachlässigen! das würde nicht zweimal vorkommen. Der ungerechte Verdacht, den sie einmal
hatte, hätte beinahe alles verdorben; aber Sophie ist
gerecht und weiß wohl, wie sie ihr Unrecht wieder gutmachen kann.

Eines Abends werden wir erwartet; Emile bekam
den Befehl dazu. Man geht uns entgegen; wir kommen
nicht. Was ist mit ihnen geschehen? Was für ein Unglück ist ihnen zugestoßen? Sie schicken niemanden?
Der Abend vergeht mit Warten. Die arme Sophie
denkt, wir seien tot; sie ist untröstlich, sie quält
sich; sie verbringt die Nacht mit Weinen. Bei Einbruch der Nacht hat man einen Boten geschickt, der
sich nach uns erkundigen und am nächsten Tag Bericht erstatten soll. Der Bote kommt in Begleitung
eines anderen zurück, den wir geschickt hatten, um
uns durch ihn mündlich zu entschuldigen und sagen
zu lassen, es gehe uns gut. Einen Augenblick später
tauchen wir selbst auf. Sofort wechselt die Szenerie;
Sophie wischt sich die Tränen ab, oder wenn sie
noch weint, sind es Tränen der Wut. Ihr stolzes Herz
findet keinen Trost darin, daß wir noch am Leben
sind: Emile lebt, hat aber unnötig auf sich warten
lassen.

Als wir zu Hause ankommen, will sie sich einschließen. Man wünscht, daß sie bleibt; sie muß bleiben:
aber sie faßt sofort ihren Entschluß und gibt sich so
ruhig und gelassen, daß es jeden anderen beeindruckt
hätte. Der Vater kommt uns entgegen und sagt: „Ihr
habt eure Freunde beunruhigt; es gibt hier Leute, die
euch das nicht so leicht verzeihen werden." „Wer denn,
Papa?" sagt Sophie mit der reizendsten Art zu lächeln,

die sie nur aufbringen kann. „Was kümmert's dich",
antwortet der Vater, „solange du es nicht bist?" Sophie
entgegnet nichts und senkt die Augen auf ihre Arbeit.
Die Mutter empfängt uns kalt und förmlich. Der verstörte Emile wagt Sophie nicht anzusprechen. Sie richtet zuerst das Wort an ihn, fragt ihn nach seinem Befinden, lädt ihn zum Sitzen und verstellt sich so gut,
daß der arme junge Mann, dem die Sprache heftiger
Leidenschaften noch unbekannt ist, auf diese Kaltblütigkeit hereinfällt und sich beinahe selbst davon
beleidigt fühlt.

Um ihm die Augen zu öffnen, nehme ich Sophies
Hand und will sie an meine Lippen ziehen, wie ich
das manchmal tue: heftig zieht sie sie mit einem so
seltsam betonten *Monsieur* zurück, daß diese unwill-
kürliche Bewegung Emiles Augen sofort alles verrät.

Sophie selbst, die sieht, daß sie sich verraten hat,
tut sich nun weniger Zwang an. Ihre scheinbare Kaltblütigkeit geht in ironische Verachtung über. Auf alles,
was man zu ihr sagt, antwortet sie einsilbig und mit
zögernder, unsicherer Stimme, so als fürchtete sie, den
Ton der Geringschätzung allzu deutlich werden zu
lassen. Emile, halb tot vor Entsetzen, sieht sie schmerz-
voll an und versucht, sie dazu zu bringen, ihm in die
Augen zu blicken, um besser ihre wahren Gefühle aus
den ihren lesen zu können. Sophie, noch zorniger über
seine Zuversicht, wirft ihm einen Blick zu, der ihm
die Lust nimmt, um einen zweiten zu bitten. Zu seinem
eigenen Glück wagt Emile, verstört und bebend, nicht
mehr, sie anzusprechen und anzusehen, denn mochte
er auch schuldlos sein, sie hätte es ihm nie verziehen,
wenn er ihren Zorn hätte ertragen können.

Nun sehe ich, daß die Reihe an mir ist und es Zeit
ist, eine Erklärung abzugeben, und ich wende mich an
Sophie. Ich nehme ihre Hand wieder in die meine und
sie zieht sie nicht zurück, denn sie ist nahe daran,
in Ohnmacht zu fallen. Sanft sage ich zu ihr: »Liebe

Sophie, wir sind unglücklich; aber Sie sind vernünftig und gerecht, Sie werden nicht über uns urteilen, bevor sie uns angehört haben – hören Sie also." Sie antwortet nicht und ich berichte:

„Wir sind gestern um vier Uhr aufgebrochen; wir sollten um sieben Uhr kommen, und wir gehen immer etwas eher weg, als wir müßten, um uns vor unsrer Ankunft ein wenig auszuruhen. Dreiviertel des Wegs hatten wir schon gemacht, als wir Schmerzensschreie hörten; sie kamen aus einem Seitental in einiger Entfernung von uns. Wir laufen den Schreien nach: wir entdecken einen unglücklichen Bauern, der, ein wenig vom Wein benommen, zu Pferde aus der Stadt kam und so unglücklich heruntergefallen war, daß er sich ein Bein gebrochen hatte. Wir schreien und rufen um Hilfe; niemand antwortet; wir versuchen, den Verwundeten wieder aufs Pferd zu setzen, kommen aber nicht zu Rande: bei der geringsten Bewegung hat der Unglückliche die fürchterlichsten Schmerzen. So fassen wir den Entschluß, das Pferd irgendwo abseits im Wald anzubinden; dann machen wir aus unsern Armen einen Tragsitz, setzen den Verletzten darauf und tragen ihn so vorsichtig wie möglich den Weg, den er uns anwies, um zu ihm nach Hause zu kommen. Der Weg war lang; wir mußten mehrmals rasten. Endlich kommen wir an, völlig erschöpft; mit schmerzlicher Überraschung entdecken wir, daß wir das Haus schon kannten und daß dieser Unglückliche, den wir unter so großen Mühen heimbrachten, derselbe war, der uns am Tag unsres ersten Herkommens so herzlich aufgenommen hatte. In all der Verwirrung hatten wir einander bis jetzt nicht wiedererkannt.

Er hatte nur zwei kleine Kinder. Seine Frau, die kurz davor stand, ihm ein drittes zu schenken, regte sich bei unsrer Ankunft so auf, daß sie von furchtbaren Schmerzen überwältigt wurde und wenige Stunden darauf niederkam. Was tun in dieser Lage und in einer

abgelegenen Hütte, wo man keinerlei Hilfe erhoffen
kann? Emile faßte den Entschluß, das Pferd zu holen,
das wir im Wald zurückgelassen hatten, und sporn-
streichs in die Stadt zu reiten, um einen Arzt zu holen.
Er gab dem Arzt das Pferd, und da er nicht gleich eine
Aufwartung finden konnte, kam er zu Fuß mit einem
Bedienten zurück, nachdem er Ihnen einen Eilboten
geschickt hatte, während ich, in großer Verlegenheit,
wie Sie sich denken können, bei einem Mann mit ge-
brochenem Bein und einer Frau in Wehen im Haus
alles vorbereitete, was ich zur Hilfe beider als notwendig empfand.

Was dann geschah, will ich Ihnen nicht im einzelnen
schildern; darum handelt es sich nicht. Es wurde zwei
Uhr nachts und noch hatte keiner von uns beiden auch
nur einen Augenblick Ruhe gehabt. Endlich sind wir
vor Tagesanbruch in unsrem Quartier hier in der Nähe
angelangt und haben gewartet, bis Sie aufgestanden
wären, um Ihnen über unser Abenteuer zu berichten."

Ich schweige, ohne etwas hinzuzufügen. Aber bevor
noch jemand irgend etwas sagt, geht Emile auf seine
Geliebte zu, erhebt die Stimme und sagt mit größerer
Entschlossenheit als ich erwartet hätte: „Sophie, du
hast über mein Schicksal zu entscheiden, das weißt du.
Du kannst mich zu Tode quälen; glaube jedoch nicht,
du könntest mich je die Rechte der Menschlichkeit vergessen lassen: sie sind mir heiliger als die deinen.
Deinetwegen werde ich sie nie außer acht lassen."

Anstatt einer Antwort steht Sophie nach diesen
Worten auf, legt einen Arm um seinen Hals, gibt ihm
einen Kuß auf die Wange; dann reicht sie ihm mit
unnachahmlicher Anmut die Hand und sagt: „Emile,
nimm diese Hand: sie ist dein. Werde wann immer
du willst mein Gatte und Herr; ich will versuchen,
diese Ehre zu verdienen."

Kaum hat sie ihn geküßt, als der entzückte Vater
in die Hände klatscht und *noch einmal, noch einmal*

ruft, und Sophie, ohne sich bitten zu lassen, ihm sofort zwei Küsse auf die andere Wange gibt; aber fast im gleichen Augenblick flieht sie in die Arme ihrer Mutter und birgt ihr von Schamröte entflammtes Gesicht an diesem mütterlichen Busen, erschreckt über alles, was sie getan hat.

Ich will die allgemeine Freude gar nicht beschreiben; jeder muß sie empfinden. Nach dem Mittagessen fragt Sophie, ob es zu weit zu gehen wäre, um jene armen Kranken zu besuchen. Sophie wünscht es, und es ist ein gutes Werk. Man geht hin: sie liegen in zwei getrennten Betten; Emile hatte noch ein zweites bringen lassen: um sie herum sind Leute, die ihnen beistehen wollen: Emile hatte dafür gesorgt. Aber im übrigen werden sie so schlecht gepflegt, daß die Unbequemlichkeit ihnen ebensoviel Schmerzen bereitet wie ihr Leiden. Sophie läßt sich eine Schürze der Frau geben und richtet ihr das Bett her; ebenso macht sie es dann mit dem Mann; ihre sanfte und leichte Hand weiß alle Stellen zu finden, die ihnen wehtun, und legt ihre schmerzenden Glieder behutsamer zurecht; schon bei ihrem Näherkommen fühlen sie sich erleichtert und es scheint, als errate sie alle ihre Schmerzen. Dieses so zarte Mädchen läßt sich weder von der Unsauberkeit noch von dem üblen Geruch abstoßen und weiß beides zu entfernen, ohne jemanden zu Hilfe zu nehmen und ohne daß die Kranken dadurch zu leiden hätten. Sie, die man immer so zurückhaltend und manchmal so spröde kennt, sie, die um alles in der Welt nicht mit der Fingerspitze das Bett eines Mannes berührt hätte, legt den Kranken von einer Seite auf die andere und bringt ihn in eine bequemere Lage, damit er länger so liegenbleiben kann. Der Eifer der Nächstenliebe wiegt die Zurückhaltung wohl auf; was sie tut, tut sie mit so viel Leichtigkeit und Geschick, daß er sich erleichtert fühlt, fast ohne bemerkt zu haben, daß man ihn angefaßt hat. Mann und Frau segnen beide das liebenswerte Mädchen, das

sie bedient, das sie bedauert und tröstet. Sie ist ein
Engel des Himmels, den Gott ihnen schickt, sie hat das
Gesicht und die Anmut, die Sanftheit und die Güte
eines Engels. Der gerührte Emile betrachtet sie schweigend. Mann, liebe deine Gefährtin. Gott schenkt sie
dir zum Trost in deinem Kummer, zur Erleichterung
deiner Leiden: das ist die Frau[46].

Das Neugeborene wird getauft. Die beiden Liebenden halten es dar, im innersten Herzen danach glühend,
bald von anderen das gleiche erbitten zu können. Sie
hoffen dem ersehnten Augenblick entgegen; sie glauben
ihn schon gekommen: alle Zweifel Sophies sind behoben, aber die meinen stellen sich ein. Sie sind noch
nicht so weit, wie sie denken: jeder muß seine Zeit abwarten.

Eines Morgens, nachdem sie sich zwei Tage nicht
gesehen haben, trete ich mit einem Brief in der Hand
bei Emile ein und sage, den Blick fest auf ihn gerichtet:
„Was würdest du tun, wenn man dir mitteilte, daß
Sophie gestorben sei?" Er stößt einen heftigen Schrei
aus, steht auf, ringt die Hände und, ohne ein Wort
hervorzubringen, sieht er mich mit irrem Blick an.
„Antworte doch", fahre ich mit der gleichen Ruhe fort.
Da kommt er heran, wütend über meine Kaltblütigkeit, die Augen zornentbrannt; und mit einer fast dro-
henden Gebärde vor mir stehend, „was ich tun würde?
... ich weiß es nicht; aber eines weiß ich: daß ich den,
der es mir mitgeteilt hätte, im Leben nicht mehr wiedersehen würde." „Beruhige dich", antwortete ich lächelnd,
„sie lebt, es geht ihr gut, sie denkt an dich, und heute
abend werden wir erwartet. Aber laß uns einen Spaziergang machen und ein wenig plaudern."

Die Leidenschaft, die von ihm Besitz ergriffen hat,
gestattet ihm nicht mehr, so wie früher, sich rein intellektuellen Gesprächen hinzugeben: ich muß ihn durch
eben diese Leidenschaft dahin bringen, meinen Dar-
legungen Aufmerksamkeit zu schenken. Das habe ich

mit jener schrecklichen Einleitung erreicht; jetzt bin ich sicher, daß er mich anhören wird.

„Man soll glücklich sein, lieber Emile; das ist das Ziel jedes empfindsamen Wesens; das ist das erste Verlangen, das die Natur uns einprägte, und das einzige, das uns niemals verläßt. Aber wo liegt das Glück? wer weiß es? Jeder sucht es und niemand findet es. Man braucht das Leben auf, nach ihm zu jagen, und stirbt, ohne es erreicht zu haben. Mein junger Freund, als ich dich bei deiner Geburt in die Arme nahm und das Höchste Wesen zum Zeugen der Verpflichtung anrief, die ich zu übernehmen wagte, und mein Leben dem Glück des deinen weihte – wußte ich selbst, wozu ich mich verpflichtete? Nein: ich wußte nur, daß ich sicher wäre, glücklich zu sein, wenn ich dich glücklich machte. Als ich mich daran machte, für dich das Glück zu suchen, tat ich es für uns beide gemeinsam.

Solange wir nicht wissen, was wir tun sollen, besteht die Weisheit darin, in der Untätigkeit zu verharren. Von allen Maximen ist diese diejenige, deren der Mensch am meisten bedarf, und sie weiß er am wenigsten zu befolgen. Das Glück suchen, ohne zu wissen, wo es ist, heißt Gefahr laufen, ihm gerade aus dem Wege zu gehen, heißt ebenso viele konträre Risiken eingehen, wie es Wege gibt, sich zu verirren. Aber nicht jedem ist es gegeben, abwarten zu können. In der Unruhe, die uns das Verlangen nach Wohlergehen schafft, ziehen wir es vor, uns zu täuschen, indem wir ihm nachjagen, als nichts zu tun, um es zu suchen; und sind wir einmal von dem Punkt abgewichen, da wir es hätten erkennen können, können wir nie wieder dahin zurück gelangen.

In eben dieser Unwissenheit suchte ich eben diesen Fehler zu vermeiden. Als ich mich deiner annahm, beschloß ich, nicht einen unnötigen Schritt zu tun, und auch dich daran zu hindern. Ich hielt mich so lange an den Gang der Natur, bis sie mir den Weg zum Glück zeige. Es hat sich herausgestellt, daß es ein und derselbe Weg war und daß ich ihm unbewußt gefolgt war.

Sei mein Zeuge, sei mein Richter; ich werde dich niemals ablehnen. Deine ersten Jahre wurden nicht jenen geopfert, die darauf folgen müssen; du hast alles genossen, was die Natur dir gab. Von den Schmerzen, die sie dir bereitete und vor denen ich dich schützen konnte, hast du nur die gespürt, die dich gegen die anderen abhärten konnten. Du hast immer nur gelitten, um größerem Leid zu entgehen. Du hast weder Haß noch Versklavung gekannt. Frei und zufrieden bist du gerecht und gut geblieben; denn Leid und Laster sind untrennbar, und nur wenn der Mensch unglücklich ist, wird er böse. Möge die Erinnerung an deine Kindheit dauern bis in deine alten Tage! Ich befürchte nicht, daß sich dein gutes Herz jemals ihrer erinnern wird, ohne die Hand zu segnen, die über sie wachte.

Als du in das Alter der Vernunft tratest, habe ich dich vor der Meinung der Menschen geschützt; als dein Herz empfindungsfähig wurde, habe ich dich vor der Herrschaft der Leidenschaften behütet. Wenn ich diese innere Ruhe bis zum Ende deines Lebens hätte verlängern können, wäre mein Werk in Sicherheit gewesen und du immer so glücklich, wie ein Mensch es nur sein kann; aber, mein lieber Emile, ich mochte deine Seele in den Styx tauchen, soviel ich wollte, ich hätte sie nicht ganz und gar unverletzbar machen können; ein neuer Feind taucht auf, den zu besiegen du noch nicht gelernt hast und vor dem ich dich nicht schützen konnte. Dieser Feind bist du selbst. Natur und Lebensumstände ließen dich frei. Du konntest Not ertragen; du konntest körperliche Schmerzen ertragen, die Schmerzen der Seele kanntest du nicht, einzig die reine Existenz lag dir am Herzen, und nun liegst du in allen Banden, die du dir selbst angelegt hast; als du lerntest, was Begehren ist, hast du dich zum Sklaven deiner Begierden gemacht. Ohne daß das geringste sich in dir wirklich ver-

ändert, ohne daß dich etwas verletzt, das dein Wesen
berührt, was für Schmerzen können deine Seele treffen!
welchen Schmerz kannst du fühlen, ohne krank zu
sein! wieviel Tode kannst du erleiden, ohne zu sterben! Eine Lüge, ein Irrtum, ein Zweifel kann dich in
Verzweiflung stürzen.

Du sahst im Theater die Helden in äußerstem
Schmerz, hörtest die Szene widerhallen von ihrem unsinnigen Geschrei, sahst sie untröstlich wie Frauen,
weinen wie Kinder und sich so den Beifall des Publikums verdienen. Erinnere dich der Entrüstung, die
dieses Lamentieren, dieses Schreien, diese Klagen von
Männern in dir hervorriefen, von denen man nur
Handlungen der Mäßigung und Festigkeit erwarten
sollte. ‚Wie!‘ sagtest du ganz geringschätzig, ‚das sind
die Vorbilder, denen wir folgen sollen, die man uns
zur Nachahmung vorstellt! Fürchtet man, der Mensch
sei nicht klein, nicht elend, nicht schwach genug, wenn
man seine Schwäche nicht unter der falschen Vorstellung von Tugend beweihräuchert?‘ Mein junger
Freund, sei von nun an nachsichtiger mit dem Theater:
Du bist schon zu einem seiner Helden geworden.

Du verstehst zu leiden und zu sterben; du kannst
dich dem Gebot der Notwendigkeit bei körperlichem
Schmerz fügen; aber den Begierden deines Herzens
hast du noch keine Gebote auferlegt; dabei entsteht
die Qual unseres Lebens weit eher aus unsren Wünschen als aus unsren Bedürfnissen. Unser Verlangen ist
groß, unsre Kraft fast gleich null. Durch seine Wünsche
hängt der Mensch an tausend Dingen, durch sich selbst
aber an nichts, nicht einmal an seinem eigenen Leben;
je mehr er sich bindet, um so größer werden seine Leiden. Alles auf Erden ist vergänglich: alles, was wir
lieben, werden wir früher oder später verlieren, und
wir hängen daran, als gehöre es uns auf ewig. Welch
ein Schreck bei der bloßen Vorstellung von Sophies
Tod! Hast du denn gedacht, sie lebe ewig? Ist noch

niemand in ihrem Alter gestorben? Sie muß sterben,
mein Kind, und vielleicht noch vor dir. Wer weiß, ob
sie in diesem Augenblick noch am Leben ist? Die Natur
hat dir nur einen einzigen Tod bestimmt, du bereitest
dir einen zweiten; so wirst du also zweimal sterben.

Wie bedauernswert wirst du sein, wenn du dich so
deinen ungemäßigten Leidenschaften unterwirfst! Immer Entbehrung, immer Verluste, immer Aufregun-
gen; nicht einmal das, was dir bleiben wird, wirst du
genießen können. Die Angst, alles zu verlieren, wird
dich daran hindern, irgend etwas zu besitzen; du
willst nur deinen Leidenschaften nachjagen und wirst
sie so niemals befriedigen. Immer wirst du die Ruhe
suchen, aber sie wird dich immer fliehen, du wirst
elend sein und böse werden. Und wie solltest du es
auch nicht werden, da du kein anderes Gebot als das
deiner zügellosen Begierden kennst! Wenn du keine
unfreiwilligen Entbehrungen ertragen kannst, wie solltest du dir freiwillige auferlegen? wie könntest du den
Wunsch der Pflicht opfern und deinem Herzen widerstehen, um deiner Vernunft zu gehorchen? Du, der du
den, der dir vom Tod deiner Geliebten berichtet, nicht
mehr sehen willst, wie könntest du den Anblick dessen
ertragen, der sie dir zu ihren Lebzeiten wegnehmen
möchte, der dir zu sagen wagte: Sie ist für dich gestorben, die Tugend trennt euch voneinander? Wenn man
auf jeden Fall mit ihr leben muß, ob Sophie verheiratet ist oder nicht, ob du frei bist oder nicht, ob sie
dich liebt oder haßt, ob man sie dir gibt oder verweigert, was tut es, du willst sie, du mußt sie um
jeden Preis besitzen. Sage mir doch, vor welchem Verbrechen der zurückschreckt, der nur die Begierde zum
Gebot seines Herzens hat und keiner seiner Begierden
widerstehen kann.

Mein Kind, es gibt kein Glück ohne Mut und keine
Tugend ohne Kampf. Das Wort *Tugend* kommt von
dem Wort *Stärke*[47]; die Stärke ist die Basis aller Tugend.

Nur ein von Natur schwaches und durch seinen Willen starkes Wesen ist tugendhaft; nur darin besteht der Wert des rechtschaffenen Menschen; und obgleich wir Gott gut nennen, nennen wir ihn nicht tugendhaft, weil es für ihn keiner Anstrengung bedarf, das Gute zu tun. Um dir dieses so oft mißbrauchte Wort zu erklären, habe ich gewartet, bis du in der Lage wärest, mich zu verstehen. Solange es nichts kostet, die Tugend zu üben, braucht man kaum zu wissen, was sie ist. Das Bedürfnis danach erwacht mit den Leidenschaften: Für dich ist es bereits gekommen.

Als ich dich in aller natürlichen Einfachheit erzog, habe ich dich, statt dir mühevolle Pflichten zu predigen, vor den Lastern bewahrt, die diese Pflichten mühevoll machen; das Lügen habe ich dir weniger zu etwas Verabscheuenswürdigem als zu etwas Unnötigem gemacht; ich habe dich nicht so sehr gelehrt, jedem das zu geben, was ihm zukommt, als dich nur um das zu kümmern, was dir zukommt; ich habe dich eher gut als tugendhaft gemacht[48]. Wer aber nur gut ist, bleibt es nur so lange, wie es ihm angenehm ist: Die Güte zerbricht und vergeht unter dem Schock der menschlichen Leidenschaften; der Mensch, der nur gut ist, ist nur für sich selbst gut.

Was ist nun der tugendhafte Mensch? Derjenige, der sein Verlangen zu besiegen weiß; denn damit folgt er seiner Vernunft, seinem Gewissen; er tut seine Pflicht; er hält sich in der Ordnung, und nichts kann ihn davon ablenken. Bis jetzt warst du nur scheinbar frei; du besaßest nur die widerrufliche Freiheit eines Sklaven, dem man nichts befohlen hat. Nun sei wahrhaft frei; lerne, dein eigener Herr zu werden; gebiete deinem Herzen, ach Emile, und du wirst tugendhaft sein.

Du mußt also noch eine andere Lehrzeit absolvieren, und diese Lehrzeit ist mühevoller als die erste: denn die Natur erlöst uns von den Übeln, die sie uns auferlegt, oder lehrt sie uns ertragen; aber zu denen, die aus uns selber kommen, hat sie nichts zu sagen; sie überläßt uns uns selbst[49]; sie läßt uns, die Opfer unsrer Leidenschaften, unsren fruchtlosen Leiden erliegen und uns sogar der Tränen rühmen, über die wir hätten erröten müssen.

Du erlebst jetzt die erste Leidenschaft. Es ist vielleicht die einzige, die deiner würdig ist. Wenn du sie wie ein Mann zu beherrschen verstehst, wird es die letzte sein; alle anderen wirst du unterjochen und nur der der Tugend folgen.

Ich weiß sehr wohl, daß dies keine verbrecherische Leidenschaft ist; sie ist so rein wie die Seelen, die sie empfinden. Die Ehrbarkeit hat sie erzeugt, die Unschuld hat sie genährt. Glückliche Liebende! für euch tragen die Reize der Tugend nur noch zu denen der Liebe bei; und der süße Bund, der euch bevorsteht, ist nicht weniger der Lohn eurer Tugendhaftigkeit als der eurer Zuneigung. Aber sage mir als aufrichtiger Mensch, hat dich diese so reine Leidenschaft darum weniger in Fesseln gelegt? hast du dich ihr darum weniger versklavt? und wenn sie morgen aufhörte, unschuldig zu sein, würdest du sie gleich morgen ersticken? Jetzt ist der Augenblick, deine Stärke zu erproben; wenn du sie einsetzen mußt, ist es dazu zu spät. Diese gefährlichen Prüfungen müssen durchgestanden werden, solange die Gefahr noch weit ist. Man übt sich nicht im Kampf vor dem Feind, man bereitet sich vor dem Krieg darauf vor; man stellt sich vollkommen vorbereitet zum Kampf.

Es ist falsch, die Leidenschaften in erlaubte und verbotene Leidenschaften einzuteilen, um sich den erlaubten hinzugeben und die verbotenen abzulehnen. Alle sind gut, wenn man ihrer Herr bleibt; alle sind schlecht, wenn man sich von ihnen beherrschen läßt. Die Natur verbietet uns, unser Verlangen über unser Vermögen hinauswachsen zu lassen: unsre Vernunft verbietet uns, zu erstreben, was wir nicht erlangen können; das Gewissen verbietet uns nicht, uns versuchen zu lassen, wohl aber, den Versuchungen zu erliegen. Es ist nicht in unsrer Macht, Leidenschaften zu haben oder nicht zu haben, wohl aber, sie zu beherrschen. Alle Gefühle, die wir beherrschen, sind legitim; alle die, die uns beherrschen, sind verbrecherisch. Ein Mann, der die Frau eines anderen liebt, ist schuldlos, wenn er diese unglückliche Leidenschaft unter das Gesetz der Pflicht beugt; er ist schuldig, wenn er seine eigene Frau so liebt, daß er dieser Liebe alles zum Opfer bringt.

Erwarte keine langatmigen Moralvorschriften von mir; ich habe dir nur eine einzige zu geben, und diese umfaßt alle anderen. Sei Mensch; halte dein Herz in den Grenzen deiner Existenz. Denke über diese Grenzen nach und erkenne sie; mögen sie auch eng sein, man ist niemals unglücklich, solange man sich innerhalb ihrer hält; man ist es nur, wenn man sie überschreiten will; man ist es, wenn man in seinen unsinnigen Wünschen Unmögliches für möglich hält; man ist es, wenn man seinen Stand als Mensch vergißt und sich einen eingebildeten schaffen möchte, aus dem man immer wieder in den wirklichen zurückfällt. Die einzigen Güter, die zu entbehren uns schwerfällt, sind die, auf die man ein Recht zu haben glaubt. Die offenbare Unmöglichkeit, sie zu erlangen, löst uns von ihnen; hoffnungslose Wünsche quälen nicht. Ein Bettler wird nicht von dem Wunsch gequält, König zu sein; ein König will nur dann Gott sein, wenn er glaubt, nicht mehr Mensch zu sein.

Die Illusionen des Hochmuts sind die Quelle unsrer größten Übel; aber die Betrachtung des menschlichen Elends macht den Weisen immer gemäßigt. Er bleibt an seinem Platz und strebt nicht von ihm weg; er verbraucht seine Kräfte nicht unnütz, um zu genießen, was er nicht halten kann; und da er alle Kräfte dazu braucht, zu halten, was er hat, ist er in Wirklichkeit

mächtiger und reicher in allem, wonach er weniger
verlangt als wir. Soll ich, ein sterbliches und vergäng-
liches Wesen, mir ewige Bande auf dieser Erde schmie-
den, wo alles wechselt, wo alles vergeht und von der ich
morgen verschwinden werde? Ach, Emile, ach, mein
Sohn! was bleibt mir von mir selbst, wenn ich dich
verliere? Und doch muß ich es lernen, dich zu verlieren: denn wer weiß, wann du mir genommen werden
wirst?

Willst du also glücklich und tugendhaft leben, hänge
dein Herz nur an die unvergängliche Schönheit: Dein
Stand als Mensch setze deinen Begierden die Grenzen,
deine Pflicht gehe vor deinen Neigungen: erstrecke das
Gesetz der Notwendigkeit auf die Dinge der Moral;
lerne verlieren, was dir genommen werden kann;
lerne alles im Stich lassen, wenn es die Tugend
gebietet, lerne dich über die Ereignisse stellen und dein
Herz von ihnen losreißen, daß es nicht von ihnen
zerrissen wird, lerne mutig sein im Unglück, damit
du nie elend wirst, und entschlossen in der Erfüllung
deiner Pflicht, damit du nie zum Verbrecher wirst.
Dann wirst du mit jedem Los zufrieden und trotz der
Leidenschaften weise sein. Dann wirst du sogar am
Besitz flüchtiger Güter eine Lust empfinden, die durch
nichts zu trüben ist; du besitzt sie, ohne daß sie dich
besitzen, und du wirst erfassen, daß der Mensch, dem
alles entgleitet, nur das genießt, was er zu verlieren
versteht. Du wirst zwar nie die Illusion eingebildeter
Freuden haben; du wirst aber auch nicht das Leid erfahren, das ihre Frucht ist. Bei diesem Tausch wirst
du viel gewinnen; denn diese Leiden sind häufig und
wirklich, und jene Freuden sind eitel und rar. Du, der
du schon so viele trügerische Meinungen besiegt hast,
du wirst auch die besiegen, die dem Leben einen so
hohen Wert beilegt. Du wirst das deine ruhig verbringen und furchtlos beenden; du wirst dich von ihm
lösen wie von allem anderen. Andere mögen, von

Grauen gepackt, denken, sie hörten auf zu sein, wenn
sie es verlassen; du kennst seine Nichtigkeit und wirst
an einen Beginn glauben. Dem Bösen ist der Tod das
Ende des Lebens, dem Gerechten ist er sein Anfang."

Emile hört mir in einer mit Unruhe vermischten
Aufmerksamkeit zu. Nach dieser Einleitung fürchtet
er irgendwelchen verhängnisvollen Schluß. Da ich ihm
die Notwendigkeit vor Augen halte, die Seelenkraft
zu erproben, sieht er voraus, daß ich ihn dieser harten
Übung unterziehen will; und wie ein Verwundeter,
der beim Anblick des nahenden Chirurgen erbebt,
glaubt er schon auf seiner Wunde die schmerzende,
aber heilende Hand zu fühlen, die ihn vor dem Verderben schützt.

Ungewiß, verstört, geplagt davon, zu wissen, wo-
hinaus ich will, stellt er mir Fragen, statt zu antworten, aber voller Angst. „Was soll ich machen?" fragt
er mich fast zitternd und ohne es zu wagen, die
Augen zu heben. „Was du machen sollst", antworte
ich in entschlossenem Ton, „du mußt Sophie verlassen." „Was sagen Sie?" ruft er außer sich, „Sophie
verlassen! Sie verlassen, betrügen, ein Verräter sein,
ein Schurke, ein Meineidiger! . . ." „Was!" erwidere
ich und unterbreche ihn, „Emile fürchtet, von mir zu
erfahren, daß er solche Namen verdient?" „Nein",
fährt er gleich heftig fort, „weder von Ihnen noch von
jemand anderem; ich werde trotz Ihrer Ihr Werk zu
erhalten wissen; ich werde jene Namen nicht zu verdienen wissen."

Ich habe mit dieser ersten Raserei gerechnet; ich lasse
sie abklingen, ohne mich aufzuregen. Besäße ich nicht
selbst die Mäßigung, die ich ihm predige, so hätte ich
es nun nicht einfach, sie ihm zu predigen. Emile kennt
mich zu gut, um mich für fähig zu halten, etwas
Schlechtes von ihm zu verlangen, und er weiß sehr
gut, daß es schlecht wäre, Sophie zu verlassen in dem
Sinne, wie er dieses Wort versteht. So wartet er

schließlich auf meine Erklärung. Ich nehme also meine
Rede wieder auf.

„Glaubst du, lieber Emile, daß ein Mann, in welcher
Situation er sich auch befinde, glücklicher sein kann,
als du es seit drei Monaten bist? Wenn du das glaubst,
so lasse dich eines Besseren belehren. Bevor du die
Freuden des Lebens genossen hast, hast du sein Glück
erschöpft. Über das Unglück hinaus, das du empfunden
hast, gibt es nichts mehr. Die Sinnenfreude ist flüchtig;
das Herz in seinem Gefühl verliert immer dabei. Die
Hoffnung gab dir mehr Genuß, als die Wirklichkeit
dir je geben kann. Die Phantasie, die das Begehrte
ausschmückt, gibt es im Besitz wieder preis. Außer
dem einzigen Wesen, das durch sich selbst existiert, ist
nur das schön, was nicht existiert[50]. Hätte dieser Zustand immer dauern können, hättest du das höchste
Glück gefunden. Aber alles, was mit dem Menschen
zusammenhängt, verspürt seine Vergänglichkeit; alles
ist endlich, alles ist flüchtig im menschlichen Leben;
und wenn der Zustand, der uns glücklich macht, unaufhörlich dauerte, würde die Gewohnheit seines Genusses uns den Geschmack daran nehmen. Wandelt
sich auch äußerlich nichts, so wandelt sich das Herz;
das Glück verläßt uns, oder wir geben es preis.
Die Zeit verging dir im Rausch deines Glücks, du
hast sie nicht gemessen. Der Sommer geht zu Ende,
der Winter naht. Wenn wir auch in solch rauher Jahreszeit unsere Wanderungen fortsetzen könnten, so
würde man es nie dulden. Wir müssen wohl oder übel
unser Leben ändern; so kann es nicht weitergehen. Ich
sehe an deinen ungeduldigen Blicken, daß diese
Schwierigkeit dich keineswegs stört: Sophies Geständnis und dein eigenes Verlangen geben dir ein leichtes
Mittel ein, dem Schnee aus dem Weg zu gehen und
keine Wanderung mehr machen zu müssen, um sie zu
sehen. Gewiß ist das ein bequemer Ausweg: aber
kommt der Frühling, so schmilzt der Schnee und die

Ehe bleibt; man muß es für alle Jahreszeiten bedenken.

Du willst Sophie heiraten und kennst sie erst fünf
Monate! Du willst sie heiraten, nicht weil sie zu dir
paßt, sondern weil du sie gern magst; als ob die Liebe
sich nie über das Zusammenpassen täuschen könnte,
als ob es nie vorkäme, daß die, die sich anfänglich
geliebt haben, zum Schluß einander hassen! Ich weiß,
sie ist tugendhaft; aber genügt das? genügt es, ehrbar
zu sein, um zueinander zu passen? genügt es, ehrbar
zweifle ich an, wohl aber ihren Charakter. Zeigt sich
der Charakter einer Frau innerhalb eines Tages?
Weißt du in wie vielen Situationen du sie gesehen
haben mußt, um dich gründlich in ihr auszukennen?
Garantieren dir vier Monate Zuneigung die eines ganzen Lebens? Vielleicht bist du nach zwei Monaten Abwesenheit bei ihr in Vergessenheit geraten; vielleicht
wartet ein anderer nur darauf, daß du fortgehst, um
dich aus ihrem Herzen zu verdrängen; vielleicht findest
du sie nach deiner Rückkehr ebenso gleichgültig, wie
du sie bis jetzt zärtlich gesehen hast. Gefühle hängen
nicht von Grundsätzen ab; sie mag sehr ehrbar bleiben
und doch aufhören, dich zu lieben. Sie wird beständig
und treu sein, ich möchte es glauben; aber wer bürgt dir
für sie, und wer bürgt ihr für dich, solange ihr euch
nicht selbst auf die Probe gestellt habt? Wollt ihr mit
dieser Probe warten, bis sie für euch sinnlos geworden
ist? Wollt ihr, um euch kennenzulernen, solange warten,
bis ihr euch nicht mehr trennen könnt?

Sophie ist noch keine achtzehn Jahre alt; du bist
kaum älter als zweiundzwanzig; das ist das Alter der
Liebe, aber nicht das der Ehe. Was für ein Familienvater, was für eine Hausmutter! Um Kinder erziehen
zu können, wartet wenigstens so lange, bis ihr keine
mehr seid. Weißt du, wieviel junge Frauen, die vor
dem richtigen Alter eine Schwangerschaft ertragen
mußten, eine schwache Konstitution bekamen, eine

ruinierte Gesundheit, die ihr Leben abkürzten? Weißt du, wieviel Kinder kränklich und schwächlich geblieben sind, weil sie sich nicht in einem genügend kräftigen Mutterleib entwickelt hatten. Wenn Mutter und Kind gleichzeitig wachsen und die dem Wachstum beider notwendige Substanz geteilt wird, bekommt keiner von ihnen, was die Natur ihm bestimmte: wie sollten dann beide nicht darunter leiden? Entweder kenne ich Emile sehr schlecht, oder er wird später lieber eine kräftige Frau und kräftige Kinder haben wollen, als seine Ungeduld auf Kosten ihres Lebens und ihrer Gesundheit befriedigen.

Sprechen wir von dir. Hast du in der Hoffnung, Gatte und Vater zu werden, auch über dessen Pflichten nachgedacht? Wenn du zum Familienoberhaupt wirst, wirst du ein Glied des Staates. Und was heißt es, ein Glied des Staates zu sein? weißt du es? Du hast deine Menschenpflichten erforscht, kennst du aber die des Bürgers? weißt du, was Regierung, Gesetze, Vaterland ist? Weißt du, zu welchem Preis dir erlaubt wird, zu leben, und für wen du sterben mußt? Du glaubst, alles gelernt zu haben, und weißt noch nichts. Bevor du einen Platz in der bürgerlichen Ordnung einnimmst, lerne sie kennen und wissen, welcher Stand dir dort angemessen ist.

Du mußt Sophie verlassen, Emile; ich sage nicht, im Stich lassen; wärest du dazu fähig, könnte sie nur allzu glücklich sein, dich nicht geheiratet zu haben: Du mußt sie verlassen, um ihrer würdiger zurückzukehren. Sei nicht so eitel, zu glauben, du verdientest sie schon jetzt. Ach, wieviel bleibt dir noch zu tun? Erfülle diese noble Aufgabe; lerne die Trennung ertragen; gewinne den Preis der Treue, damit du bei deiner Rückkehr etwas aufzuweisen hast, das dir Ehre vor ihr macht, und du ihre Hand nicht als eine Gnade, sondern als Belohnung erbittest.“

Noch ungeübt im Kampf gegen sich selbst, noch

ungewohnt, eines zu wünschen und ein anderes zu wollen, ergibt sich der junge Mann nicht; er leistet Widerstand, er streitet. Warum soll er sich dem Glück versagen, das auf ihn wartet? Hieße es nicht die Hand, die sich ihm bietet, mißachten, wenn er zögert, sie zu nehmen? Warum ist es nötig, sich von ihr zu entfernen, um zu lernen, was er wissen muß? Und wenn es nötig wäre, warum sollte er ihr nicht in einer unlösbaren Bindung ein sicheres Pfand seiner Rückkehr zurücklassen? Als ihr Gatte ist er bereit, mir zu gehorchen; mit ihr vereint verläßt er sie ohne Furcht ... „Euch zu vereinen, um einander zu verlassen, lieber Emile, welch ein Widerspruch! Es ist schön, daß ein Liebender ohne seine Geliebte leben kann; aber ein Gatte darf seine Frau niemals ohne Not verlassen. Ich sehe, daß dein Aufschub unfreiwillig sein muß, um deine Bedenken zu verjagen: Du mußt Sophie sagen können, daß du sie gegen deinen Willen verläßt. Gut! sei beruhigt und, da du der Vernunft nicht gehorchst, beuge dich einem anderen Herrn. Du hast die Verpflichtung nicht vergessen, die du gegen mich eingegangen bist. Emile, du mußt Sophie verlassen, ich will es[51]."

Bei diesen Worten senkt er den Kopf, schweigt, denkt einen Augenblick nach, und dann sagt er mit einem Blick des Vertrauens: „Wann reisen wir?" „In acht Tagen", sage ich; „Sophie muß auf dieses Abreise vorbereitet werden. Frauen sind schwächer, man schuldet ihnen Schonung; und da diese Abwesenheit für sie nicht eine Pflicht ist so wie für dich, ist es ihr gestattet, sie mit weniger Mut zu ertragen als du."

Ich bin nur allzusehr versucht, die Liebesgeschichte meiner jungen Leute bis zur Trennung weiterzuerzählen; aber schon lange mißbrauche ich die Nachsicht der Leser; kürzen wir ab, um einmal zu Ende zu kommen. Wird Emile wagen, zu Füßen seiner Geliebten die gleiche Entschlossenheit zu zeigen wie bei seinem Freund? Was mich angeht, so glaube ich es; gerade aus der

Aufrichtigkeit seiner Liebe muß er diese Entschlossenheit schöpfen. Er wäre verwirrter ihr gegenüber, wenn es ihm weniger schwerfiele, sie zu verlassen; er würde sie als Schuldiger verlassen, und diese Rolle bringt ein ehrliches Herz immer in Verlegenheit: aber je schwerer ihm das Opfer wird, um so ehrenhafter erscheint er in den Augen derer, die es ihm schwer macht. Er fürchtet nicht, daß sie den Beweggrund, der ihn dazu bestimmt, mißversteht. Mit jedem Blick scheint er ihr zu sagen: Ach, Sophie! lies in meinem Herzen und bleibe treu; du hast nicht einen Geliebten ohne Tugend.

Die stolze Sophie versucht ihrerseits den unerwarteten Schlag mit Würde zu ertragen. Sie bemüht sich, sich nichts anmerken zu lassen; da sie aber nicht, wie Emile, die Ehre des Kampfes und des Sieges kennt, schwankt sie leichter in ihrer Standhaftigkeit. Sie weint, sie stöhnt zu ihrem eigenen Ärger, und die Angst, vergessen zu werden, verschärft ihren Trennungsschmerz. Nicht vor ihrem Geliebten weint sie, nicht ihm zeigt sie ihre Angst; eher würde sie erstikken als sich in seiner Gegenwart einen Seufzer entschlüpfen zu lassen: ich bin es, der ihre Klagen hört, ihre Tränen sieht, den sie zu ihrem Vertrauten zu machen scheint. Frauen sind listig und können sich verstellen: je mehr sie sich insgeheim gegen meine Tyrannei auflehnt, um so eifriger ist sie, mir schönzutun; sie spürt, daß ihr Schicksal in meinen Händen liegt.

Ich tröste sie, beruhige sie, bürge ihr für ihren Geliebten oder vielmehr für ihren Gatten: hält sie ihm die gleiche Treue, wie er ihr, wird er es in zwei Jahren sein, ich schwöre es. Sie schätzt mich so hoch, daß sie glaubt, daß ich sie nicht täuschen will. Ich übernehme die Bürgschaft für beide. Ihre Herzen, ihre Tugend, meine Gewissenhaftigkeit, das Vertrauen ihrer Eltern – alles verschafft ihnen Beruhigung. Aber was vermag die Vernunft gegen die Schwäche? Sie trennen sich, als sollten sie sich nie wiedersehen.

In diesem Augenblick erinnert Sophie sich der Klagen der Eucharis[52] und glaubt sich wirklich an ihrer Stelle. Bringen wir während unsrer Abwesenheit diese schwärmerischen Liebesgefühle nicht wieder zum Erwachen. „Sophie", sage ich eines Tages zu ihr, „tauschen Sie mit Emile die Bücher aus. Geben Sie ihm Ihren *Telemach*, damit er lerne, ihm gleich zu werden; und er soll Ihnen den *Spectator*[53] geben, den Sie so gern lesen. Studieren sie dabei die Pflichten ehrbarer Frauen, und denken Sie daran, daß in zwei Jahren diese Pflichten die Ihrigen sein werden." Dieser Austausch gefällt beiden und gibt ihnen Vertrauen. Dann kommt der traurige Tag, man muß sich trennen.

Der würdige Vater Sophies, mit dessen Einverständnis ich alles so geregelt hatte, umarm mich beim Abschied; dann nimmt er mich beiseite und sagt mir in ernstem Ton und in etwas nachdrücklicher Weise folgendes: „Ich habe Ihnen alles zu Gefallen getan; ich weiß, daß ich es mit einem Ehrenmann zu tun hatte. Es bleibt mir nur noch eines zu sagen: Denken Sie daran, daß Ihr Zögling seinen Ehevertrag auf dem Mund meiner Tochter unterzeichnet hat."

Wie verschieden ist das Verhalten der beiden Liebenden voneinander! Emile, heftig, glühend, erregt, außer sich, stößt Schreie aus, vergießt Ströme von Tränen über die Hand des Vaters, der Mutter, der Tochter, umarmt schluchzend das ganze Hausgesinde und sagt tausendmal dasselbe in einem Durcheinander, das bei jeder anderen Gelegenheit zum Lachen gereizt hätte. Sophie, tieftraurig, bleich, erloschenen Auges und finsteren Blicks, bleibt ruhig, sagt nichts, weint nicht, sieht niemanden, selbst Emile nicht. Er mag ihre Hände fassen, sie in die Arme pressen – sie bleibt starr; unempfindlich gegen seine Tränen, seine Liebkosungen, gegen alles, was er tut; für sie ist er schon fort. Wie-

viel rührender ist das als die aufdringlichen Klagen
und das laute Gejammer ihres Geliebten! Er sieht es,
er fühlt es und sein Herz blutet ihm dabei: kaum
kann ich ihn mit mir fortziehn; lasse ich ihn noch
einen Augenblick da, wird er nicht mehr gehen wollen.
Ich bin entzückt, daß er dieses traurige Bild mit sich
fortnimmt. Sollte er je versucht sein, zu vergessen, was
er Sophie schuldet, so brauchte ich ihn nur daran zu
erinnern, wie er sie bei seiner Abreise sah, und er
müßte ein vollkommen verhärtetes Herz haben, wenn
ich ihn damit nicht zu ihr zurückführe.

ÜBER DAS REISEN

Man fragt, ob es gut ist, daß junge Leute reisen, und
streitet viel über diese Frage. Würde man sie anders
stellen und fragen, ob es gut ist, daß die Männer gereist sind, würde man vielleicht nicht so sehr darüber
streiten[54].

Der Mißbrauch der Bücher ist der Tod der Wissenschaft. Da man glaubt, zu wissen, was man gelesen
hat, glaubt man sich nicht mehr verpflichtet, es zu
lernen. Zuviel Lesen bringt nur anmaßende Ignoranten
hervor. Von allen schöngeistigen Zeitaltern gibt es kein
zweites, in dem man so viel gelesen hätte wie in diesem, und keines, wo man weniger gebildet wäre;
von allen Ländern Europas gibt es keines, wo man
so viele Geschichten und Reiseberichte druckt wie
in Frankreich, und keines, wo man den Geist und die
Sitten der anderen Völker so wenig begriffen hätte.
So viele Bücher lassen uns das Buch der Welt vergessen oder, sollten wir noch in ihm lesen, hält jeder
sich an sein Blatt. Wäre mir das Wort *Wie kann man
Perser sein?* unbekannt[55], so würde ich beim bloßen
Hören erraten, daß es aus einem Land kommt, in dem
die nationalen Vorurteile vorherrschen, und von einem
Geschlecht, das sie am eifrigsten verbreitet.

Ein Pariser glaubt die Menschen zu kennen und kennt nur die Franzosen; in seiner von Fremden immer überlaufenen Stadt betrachtet er jeden Fremden als ungewöhnliches Phänomen, das in der übrigen Welt nicht seinesgleichen hat. Man muß die Bürger dieser großen Stadt von Nahem gesehen haben, man muß mit ihnen gelebt haben, sonst kann man nicht glauben, daß man mit soviel Geist so dumm sein kann. Das Seltsame ist, daß jeder von ihnen vielleicht zehnmal die Beschreibung des Landes gelesen hat, dessen Einwohner ihm wie ein Wunder erscheinen will.

Es ist zuviel verlangt, wenn man gleichzeitig die Vorurteile der Autoren und unsere eigenen durchdringen soll, um zur Wahrheit zu gelangen. Ich habe mein Leben damit verbracht, Reiseberichte zu lesen[56], und niemals zwei gefunden, die mir von dem gleichen Volk die gleiche Vorstellung vermittelt hätten. Als ich das wenige, was ich beobachten konnte, mit dem, was ich gelesen hatte, verglich, habe ich die Reisebeschreibungen beiseite gelegt und die Zeit bedauert, die ich damit hingebracht hatte, mich an ihrer Lektüre zu unterrichten, überzeugt, daß man, was Beobachtungen jeglicher Art anbetrifft, nicht lesen, sondern schauen muß. Das gälte sogar für den Fall, daß alle Reisenden ehrlich wären und nur das berichteten, was sie gesehen haben oder was sie glauben, und die Wahrheit nur durch die falschen Farben entstellten, in denen sie sich ihren Augen bot. Aber was, wenn man die Wahrheit noch durch ihre Lügen und bewußte Entstellung hindurch erkennen muß!

Überlassen wir also das Hilfsmittel der Bücher, das man euch so rühmt, denen, die so beschaffen sind, sich damit zufriedenzugeben. Es ist, so wie die Kunst von Raimundus Lullus[57], nur dazu da, über Dinge zu schwätzen, von denen man nichts weiß. Es taugt nur dazu, fünfzehnjährige Platos zum Philosophieren in den Salons abzurichten und eine Gesellschaft über die

Bräuche in Ägypten und Indien, über die Autorität
von Paul Lucas oder Tavernier zu informieren[58].

Für mich ist es unwiderlegbar, daß jeder, der nur
ein Volk kennt, nicht die Menschen kennt, sondern nur
die Leute, mit denen er gelebt hat. Da haben wir also
noch eine andere Art und Weise, die gleiche Frage
über das Reisen zu stellen: Genügt es, daß ein gebil-
deter Mensch nur seine Landsleute kennt, oder muß
ihm daran liegen, die Menschen im allgemeinen zu
kennen? Hier bleibt weder Streit noch Zweifel übrig.
Ihr seht, wie sehr manchmal die Lösung einer Frage
von der Art abhängt, wie man sie stellt.

Muß man aber, um die Menschen zu studieren, die
ganze Erde durchstreifen? Muß man nach Japan gehen,
um die Europäer zu studieren? Muß man jeden Einzel-
menschen kennen, um die Gattung zu kennen? Nein;
es gibt Menschen, die sich so sehr gleichen, daß es nicht
die Mühe lohnt, sie einzeln zu studieren. Wer zehn
Franzosen gesehen hat, hat alle Franzosen gesehen.
Obgleich man von den Engländern und einigen anderen Völkern nicht dasselbe sagen kann, ist es jedoch
gewiß, daß jede Nation ihren eigenen besonderen Charakter hat, der sich durch Induktion erkennen läßt,
nicht aus der Beobachtung eines einzigen ihrer Angehörigen, sondern mehrerer. Wer zehn Völker miteinander verglichen hat, kennt die Menschen so gut wie
derjenige, der zehn Franzosen gesehen hat, die Franzosen kennt.

Um sich zu unterrichten, genügt es nicht, die Länder
zu durchstreifen, man muß sich auf das Reisen verstehen. Um beobachten zu können, braucht man Augen,
die man auf das lenkt, was man erkennen will. Es gibt
viele Leute, die das Reisen noch weniger belehrt als die
Bücher, weil sie die Kunst zu denken nicht kennen;
beim Lesen wird ihr Geist wenigstens vom Autor geleitet, beim Reisen aber, auf sich gestellt, vermögen
sie gar nichts zu erkennen. Andere unterrichten sich

nicht, weil sie sich nicht unterrichten wollen. Ihre Absichten sind so anders, daß der Gegenstand ihrer Reise sie überhaupt nicht berührt; es ist ein großer Zufall, wenn man das richtig sieht, was einen gar nicht interessiert. Von allen Völkern der Erde sind die Franzosen die, die am meisten reisen; aber, befangen in ihrer Lebensart, werfen sie alles in einen Topf, was ihnen nicht gleicht. An allen Enden der Welt gibt es Franzosen. Es gibt kein Land, wo man mehr weitgereiste Leute findet als in Frankreich. Und doch weiß das Volk, das von allen Völkern Europas die meisten sieht, am wenigsten über sie.

Der Engländer reist auch, aber anders; diese beiden Völker müssen in allem einander gegensätzlich sein. Der englische Adel reist, der französische reist gar nicht; das französische Volk reist, das englische nicht. Dieser Unterschied scheint mir zu Ehren des letzteren zu bestehen. Die Franzosen haben bei ihren Reisen fast immer irgendeinen Vorteil im Auge; die Engländer aber suchen nicht ihr Glück bei anderen Völkern, soweit es nicht um den Handel geht, bei dem man mit vollen Händen kommt; wenn sie in fremde Länder reisen, so wollen sie dort ihr Geld ausgeben und keines verdienen; sie sind zu stolz, um außerhalb ihres Landes abhängig zu sein. Daher kommt es auch, daß sie im Ausland mehr lernen als die Franzosen, die etwas ganz anderes im Kopf haben. Allerdings haben auch die Engländer ihre nationalen Vorurteile, sogar mehr als alle anderen; aber diese Vorurteile hängen eher mit Leidenschaft als mit Ignoranz zusammen. Der Engländer hat das Vorurteil des Hochmuts, der Franzose das der Eitelkeit.

So wie die am wenigsten kultivierten Völker im allgemeinen die weisesten sind, so reisen die, die am wenigsten reisen, am richtigsten; da sie oberflächliche Studien weniger weit getrieben haben als wir und sich weniger mit eitler Wißbegier abgegeben haben, schen-

ken sie ihre ganze Aufmerksamkeit dem, was wirklich
nützlich ist. Meines Wissens reisen nur die Spanier
nach diesem Prinzip. Während der Franzose allen
Künstlern eines Landes nachläuft, der Engländer sich
von ihnen einige Antiken zeichnen läßt, der Deutsche
sein *Stammbuch* allen Gelehrten vorlegt, studiert der
Spanier in aller Stille Regierung, Bräuche, Polizei und
ist von den vieren der einzige, der seinem Land nützliche Beobachtungen nach Hause bringt.

Die Alten reisten wenig, lasen wenig, schrieben
wenig Bücher; und dennoch ersieht man aus denen, die
sie uns überlieferten, daß sie einander besser beobach-
teten, als wir unsre Zeitgenossen beobachten. Ohne
auf Homer, den einzigen Dichter, der uns in das Land
hineinversetzt, das er beschreibt, zurückzugreifen zu müssen, kann Herodot nicht die Anerkennung versagt
werden, in seiner Geschichte die Sitten, wenn auch eher
erzählend als in Reflexionen, besser geschildert zu
haben als es unsre Historiker tun, die ihre Bücher mit
Porträts und Charakteristiken überladen. Tacitus hat
die Germanen seines Zeitalters besser beschrieben als
irgendein Schriftsteller die Deutschen unsrer Zeit.
Zweifellos kennen die, die sich in alter Geschichte auskennen, die Griechen, Karthager, Römer, Gallier und
Perser besser als irgendein Volk unsrer Zeit seine Nachbarn kennt.

Man muß allerdings zugeben, daß die ursprünglichen
Charaktere der Völker, da sie sich von Tag zu Tag
mehr verwischen, aus diesem Grund immer schwieriger zu begreifen sind. Im gleichen Maß, da Rassen und
Völker sich vermischen, sieht man langsam die nationalen Unterschiede schwinden, die ehemals beim
ersten Blick ins Auge fielen. Früher schloß jede
Nation sich mehr in sich selbst ab; es gab weniger
Verbindungen zueinander, es wurde weniger gereist,
es gab weniger gemeinsame oder einander entgegengesetzte Interessen, weniger politische und gesell-

schaftliche Bindungen von Volk zu Volk, nicht diese
königlichen Zänkereien, die sich Unterhandlungen
nennen, keine regelmäßigen oder ständigen Gesandten;
große Schiffahrtsunternehmen gab es kaum; Handel
mit fernen Ländern war selten, und den geringen Handel, der betrieben wurde, übernahm entweder der
Fürst selbst, der sich Fremder bediente, oder veräh-
liches Gesindel, das für niemanden tonangebend war
und die Nationen keineswegs einander näherbrachte.
Heute bestehen hundertmal mehr Verbindungen zwischen Europa und Asien als früher zwischen Gallien
und Spanien: allein Europa war viel unzusammen-
hängender als heute die ganze Erde.

Man bedenke dazu noch, daß die alten Völker, die
sich zum größten Teil als Autochthonen oder Ureinwohner ihres eigenen Landes betrachteten, dieses Land
schon so lange bewohnten, daß sie nicht mehr wußten,
was in den vergangenen Jahrhunderten vor sich gegangen war, als ihre Vorfahren sich dort ansiedelten,
und es dem Land selbst überlassen hatten, sie ein für
allemal zu prägen: bei uns dagegen, nach den Invasio-
nen der Römer, haben die letzten Barbaren-Wande-
rungen alles durcheinander gebracht. Die Franzosen
von heute sind nicht mehr jene großen, blonden, weiß-
häutigen Gestalten von ehemals; die Griechen sind
nicht mehr jene schönen Männer, wie zu Modellen von
Kunstwerken geschaffen; sogar die Gestalt der Römer
selbst, ebenso wie ihr Naturell, ist im Charakter verändert; die Perser, Ureinwohner des Tatarenreichs,
verlieren jeden Tag mehr von ihrer ursprünglichen
Häßlichkeit durch die Vermischung mit dem zirkassi-
schen Blut; die Europäer sind keine Gallier, Germanen,
Iberer, Allobrogen mehr; sie sind nur noch auf mannigfache Weise entartete Skythen, was die Gestalt betrifft, und was die Sitten betrifft noch mehr.

Das ist der Grund, warum die alten Unterscheidungen der Rassen, die Besonderheit von Luft und Boden

Temperament, Gestalt, Sitten schärfer kennzeichneten, als dies heute der Fall ist, da die europäische Unbeständigkeit keiner natürlichen Ursache Zeit läßt, ihre Eindrücke zu hinterlassen; das Abholzen der Wälder, das Austrocknen der Sümpfe, die einheitlichere, aber schlechtere Bodenbestellung hebt sogar in Gestalt der physischen den Unterschied von Boden zu Boden, von Land zu Land auf.

Vielleicht wäre man nach solcherlei Überlegungen weniger beflissen, Herodot, Ctesias und Plinius[59] ins Lächerliche zu ziehen, als sie die Bewohner der verschiedenen Länder mit ursprünglichen Eigenschaften und ausgesprochenen Verschiedenheiten darstellten, die wir an ihnen nicht mehr erkennen. Man müßte die gleichen Menschen wiederfinden, um in ihnen die gleichen Gestalten wiederzuerkennen; nichts dürfte sie verändert haben, damit sie die gleichen geblieben wären. Könnten wir alle Menschen, die existiert haben, auf einmal betrachten – gäbe es einen Zweifel, daß wir sie von Jahrhundert zu Jahrhundert abgewandelter fänden, als man sie heute von Nation zu Nation findet?

So wie die Beobachtungen schwieriger werden, werden sie gleichzeitig nachlässiger und schlechter gemacht; das ist ein weiterer Grund für den geringen Erfolg unsrer Forschungen in der Naturgeschichte des Menschengeschlechts. Die Belehrung, die man sich auf Reisen holt, ist abhängig von dem Gegenstand, um dessentwillen sie unternommen werden: Handelt es sich dabei um einen Gegenstand der Philosophie, sieht der Reisende immer nur das, was er sehen will; ist der Gegenstand der Vorteil, so nimmt er alle Aufmerksamkeit derer in Anspruch, die ihm nachgehen. Der Handel und die Künste, die die Völker vermischen, hindern sie auch daran, einander zu studieren. Wenn sie nur wissen, wie sie voneinander profitieren können – was sollten sie sonst auch voneinander wissen wollen?

Es ist dem Menschen nützlich, alle Orte zu kennen, wo man leben kann, damit er dann die auswählen kann, wo er am angenehmsten leben kann. Würde jedermann sich selbst genügen, so läge ihm nur daran, die Ausdehnung des Landes zu kennen, das ihn ernähren kann. Der Wilde, der niemanden braucht und nichts auf der Welt begehrt, kennt kein anderes Land und will auch kein anderes kennen als das seine. Ist er gezwungen, sich zu seiner Erhaltung weiter umzutun, flieht er die von Menschen bewohnten Orte; er will nur mit Tieren zu tun haben und bedarf ihrer nur zu seiner Ernährung. Wir jedoch, für die das bürgerliche Dasein notwendig ist und die wir nicht mehr darauf verzichten können, Menschen zu essen, von uns hat ein jeder das Interesse, in den Ländern zu leben, wo man am meisten zu verschlingen findet. Darum strömt alles nach Rom, nach Paris, nach London. In den Großstädten verkauft sich Menschenblut immer am billigsten. So kennt man nur die großen Völker, und die großen Völker sind einander alle gleich.

Man sagt, daß wir Gelehrte haben, die zu ihrer Bildung reisen; das stimmt nicht; die Gelehrten reisen, wie alle anderen, um des Nutzens willen. Es gibt keinen Plato und keinen Pythagoras mehr, oder wenn es noch solche Männer gibt, dann leben sie sehr weit weg von uns. Unsere Gelehrten reisen nur auf Befehl des Hofes; man entsendet sie, hält sie frei und bezahlt sie, damit sie dies oder jenes sehen, was gewiß nichts mit Moral zu tun hat. Ihre ganze Zeit müssen sie diesem einzigen Gegenstand widmen; sie sind zu ehrlich, um ihr Geld zu stehlen. Wenn Neugierige auf eigene Kosten in irgendein Land reisen, so tun sie es nie, um die Menschen dort zu studieren, sondern um sie zu belehren. Sie verlangen nicht nach Wissen, sondern wollen prahlen. Wie könnten sie auf ihren Reisen lernen, das Joch der gesellschaftlichen

Meinung abzuschütteln? Sie machen sie ja nur ihretwegen.

Es ist ein großer Unterschied, ob man reist, um ein
Land zu sehen oder um Völker zu sehen. Das erstere
ist immer der Gegenstand der Neugierigen, das zweite
ist für sie nur Nebensache. Für den, der philosophieren
will, muß es genau das Gegenteil sein. Das Kind beobachtet die Dinge, bis es soweit ist, die Menschen
beobachten zu können. Der Erwachsene muß zuerst
seinesgleichen beobachten und dann die Dinge, wenn
ihm dazu die Zeit bleibt.

Es ist also unüberlegt, daraus, daß wir nicht richtig
reisen, den Schluß zu ziehen, Reisen sei unnötig. Folgt
aber aus der anerkannten Nützlichkeit des Reisens,
daß es jedermann angemessen ist? Weit gefehlt; es ist,
im Gegenteil, nur ganz wenigen angemessen; es ist nur
Menschen vorbehalten, die innerlich so gefestigt sind,
daß sie, ohne davon verführt zu werden, Irrlehren anhören und das Beispiel des Lasters ansehen können,
ohne sich von ihm mitreißen zu lassen. Das Reisen
treibt den Charakter bis zu dem äußersten Punkt,
wo es den Menschen endgültig gut oder böse macht.
Jeder, der nach einer Reise durch die Welt zurück-
kommt, wird sein Leben lang das bleiben, was er bei
seiner Rückkehr ist: es kommen mehr Böse als Gute davon zurück, weil mehr auf Reisen gehen, die dem Bösen
als dem Guten zuneigen. Junge, schlecht erzogene und
schlecht geleitete Menschen nehmen auf ihren Reisen
alle Untugenden der Völker an, die sie besuchen, und
nicht eine der Tugenden, die mit den herrschenden
Lastern vermischt sind; die aber, die ein glückliches
Naturell haben und deren gute Anlagen gefördert
wurden, die ehrlich vorhaben, sich auf Reisen zu bilden, kommen alle besser und weiser zurück, als sie bei
der Abreise waren. So wird mein Emile reisen: so ist
jener junge Mann gereist, der einem besseren Jahrhundert angehören müßte und dessen Verdienste das stau-

nende Europa bewunderte, der in der Blüte seiner
Jahre für sein Vaterland starb, aber verdient hätte,
weiterzuleben, und dessen einzig mit seinen Tugenden
geschmücktes Grab verlassen dalag, um von fremder
Hand, die ihm Blumen pflanzte, geehrt zu werden[60].

Alles, was aus Vernunft geschieht, muß seine Ordnung haben. Das Reisen, als Teil der Erziehung betrachtet, muß die seine haben. Reisen, um zu reisen,
heißt umherirren, vagabundieren; reisen um der Bildung willen ist auch noch zu vage: Bildung ohne be-
stimmtes Ziel ist nichts. Ich möchte dem jungen Mann
ein eindringliches Interesse eingeben, sich zu bilden,
und dieses wohlausgewählte Interesse würde dann die
Besonderheit der Belehrungen bestimmen. Es ist immer
die Folgerichtigkeit der Methode, die ich zu realisieren
versucht habe.

Nachdem er also sich selbst in seinen physischen Beziehungen zu den anderen Wesen und in seinen geistigen Beziehungen zu den anderen Menschen betrachtet
hat, bleibt ihm noch, sich in seinen Beziehungen als
Bürger zu seinen Mitbürgern zu betrachten. Dazu muß
er zunächst das Wesen einer Regierung im allgemeinen
studieren, die verschiedenen Regierungsformen und
schließlich die spezielle Regierung, unter der er geboren ist, um zu erkennen, ob es ihm paßt, unter ihr
zu leben; denn durch ein Recht, das durch nichts aufgehoben werden kann, wird jeder Mensch, wenn er
volljährig und Herr seiner selbst wird, auch Herr
darüber, den Vertrag zu kündigen, der ihn an die
Gemeinschaft bindet, indem er das Land verläßt, wo
diese Gemeinschaft besteht. Nur durch sein Verbleiben
dort nach dem Vernunftalter ist er gehalten, stillschweigend die Verpflichtung anzuerkennen, die seine
Vorfahren übernommen haben[61]. Er erwirbt das Recht,
auf sein Vaterland so zu verzichten, wie er auf sein
väterliches Erbe verzichten kann; da überdies der Geburtsort ein Geschenk der Natur ist, gibt man es wie-

der zurück, wenn man darauf verzichtet. Nach strengem Recht bleibt jeder Mensch auf eigene Gefahr frei, wo immer er geboren sein möge, es sei denn, er unterwerfe sich freiwillig den Gesetzen, um das Recht zu erwerben, durch sie geschützt zu sein.

Ich würde ihm also beispielsweise sagen: „Bis jetzt hast du unter meiner Leitung gelebt, du warst außerstande, dich selbst zu regieren. Aber du näherst dich dem Alter, da die Gesetze, die dir die Verfügung über deine Güter überlassen, dich auch frei über deine Person verfügen lassen. Du wirst allein sein in der Gesellschaft, abhängig von allem, selbst von deinem Erbgut. Du willst einen Hausstand gründen; diese Absicht ist löblich, sie gehört zu den Pflichten des Mannes; aber bevor du dich verheiratest, mußt du wissen, was für ein Mensch du sein willst, womit du dein Leben zubringen willst, welche Maßregeln du treffen willst, dir und deiner Familie das tägliche Brot zu sichern; denn obgleich man das nicht zu seiner Hauptsorge machen soll, muß man doch einmal darüber nachdenken. Willst du dich in die Abhängigkeit von Menschen begeben, die du verachtest? Willst du dein Vermögen anlegen, deinen Berufsstand festlegen durch bürgerliche Beziehungen, die dich unaufhörlich der Willkür anderer aussetzen und dich zwingen, ein Gauner zu werden, um den Gaunern zu entgehen?"

Daraufhin werde ich ihm alle nur möglichen Mittel, seine Güter nutzbringend anzulegen, ausmalen, sei es im Handel, beim Magistrat oder in der Finanz; und ich werde ihm zeigen, daß es nirgendwo ohne Risiko abgeht, daß es nichts gibt, wodurch er nicht in Not und Abhängigkeit geraten kann und das ihn nicht zwingt, seine Sitten, seine Gefühle und sein Verhalten nach Beispiel und Vorurteil anderer zu richten.

„Es gibt", werde ich ihm sagen, „eine andere Möglichkeit, seine Zeit und seine Person nutzbar zu machen, nämlich den Militärdienst, das heißt sich für billiges

Geld zu vermieten, um dann Menschen zu töten, die uns gar nichts getan haben. Dieser Beruf wird von allen Menschen hochgeschätzt, und sie machen ungewöhnlich viel Wesens um die, die zu nichts anderem taugen. Im übrigen macht dich dieser Beruf keineswegs unabhängig von anderen Verdienstmöglichkeiten, im Gegenteil, es macht sie noch notwendiger; denn es gehört auch zur Ehre dieses Standes, die zu ruinieren, die sich ihm ergeben. Zwar ruinieren sich nicht alle. Es wird sogar langsam modern, sich in diesem Stand ebenso wie in den anderen zu bereichern; aber ich zweifle daran, daß du begierig bist, es ihnen gleichzutun, wenn ich dir erst einmal erklärt habe, wie es die anfangen, die Erfolg dabei haben.

Du wirst noch erfahren, daß es bei diesem Beruf weder um Mut noch um Wert geht, außer vielleicht bei den Frauen; daß im Gegenteil, der Kriecherischste, Niedrigste, Liebedienerischste immer der am meisten Geehrte ist; daß du, willst du ernsthaft deinen Beruf ausüben, verachtet, gehaßt und vielleicht entlassen wirst, wenigstens aber übergangen und zurückgesetzt und durch alle deine Kameraden verdrängt wirst, weil du in den Laufgräben deinen Dienst versahst, während sie den ihren bei der Toilette verrichtet haben."

Man kann sich wohl denken, daß alle diese Berufe nicht sehr nach Emiles Geschmack sind. „Was!" wird er sagen, „soll ich die Spiele meiner Kindheit vergessen haben? habe ich keine Arme mehr? ist meine Kraft erschöpft? Kann ich nicht mehr arbeiten? Was sollen mir all Ihre schönen Berufe und all die dummen Meinungen der Menschen? Ich kenne keinen anderen Stolz als den, wohltätig und gerecht zu sein; ich kenne kein anderes Glück, als unabhängig mit dem Wesen zu leben, das man liebt, und sich Tag für Tag durch seine Arbeit Appetit und Gesundheit zu verschaffen. Die ganzen Schwierigkeiten, von denen Sie mir reden, berühren mich nicht. Als einzigen Besitz will ich nur

einen kleinen Meierhof in irgendeinem Winkel der
Erde. All meine Habgier will ich anwenden, um ihn
nutzbar zu machen, und ich werde in Frieden leben.
Sophie und mein Feld – und ich werde reich sein."

„Ja, mein Freund, eine Frau und ein Gut, die ihm
gehören, genügen zum Glück des Weisen; aber diese
wenn auch bescheidenen Schätze sind nicht so leicht
zu haben, wie du glaubst. Den seltensten hast du
gefunden; reden wir von dem anderen.

Ein Feld, das dir gehört, Emile! und wo möchtest
du es haben? In welchem Erdenwinkel wirst du sagen
können: ,Hier bin ich mein eigener Herr, Herr des
Landes, das mir gehört?' Man weiß, wo es leicht ist,
reich zu werden, aber wer weiß, wo man darauf verzichten kann, es zu sein? Wer weiß, wo man unabhängig und frei leben kann, ohne jemandem Böses
zufügen zu müssen und ohne Angst, daß einem Böses
getan werde? Glaubst du, das Land, wo man immer
als ehrbarer Mensch leben darf, sei so leicht zu finden?
Wenn es eine legitime und sichere Möglichkeit gibt,
ohne Schikanen, ohne Geschäftemacherei und unabhängig existieren zu können, so besteht sie – da bin
ich deiner Meinung – darin, von seiner Hände Arbeit
zu leben, den eigenen Boden zu bebauen. Aber wo ist
der Staat, wo man sich sagen kann: ,Der Boden, auf den
ich meinen Fuß setze, gehört mir?' Bevor du diesen glücklichen Landstrich aussuchst, versichere dich gut, ob du
dort den Frieden findest, den du suchst; gib acht, daß
keine Diktatur, keine Religionshetze, keine entarteten
Sitten dich dort in deinem Frieden stören. Sichere dich
gegen maßlose Steuertreiberei, die die Frucht deiner
Mühen verschlingen würde, gegen endlose Prozesse,
die deine Rücklagen aufzehren. Handle so, daß du
rechtschaffen leben kannst, ohne den Rücken beugen zu
müssen vor den Aufsichtsbeamten, ihren Vertretern,
vor Richtern, Priestern, einflußreichen Nachbarn, Gaunern aller Art, die immer bereit sind, dich zu schika-

nieren, wenn du sie nicht genug hofierst. Hüte dich
vor allem vor den Schikanen der Vornehmen und
der Reichen; bedenke, daß ihr Landbesitz überall an
den Weinberg Naboths[62] stoßen kann. Sollte es dein
Unglück wollen, daß ein Mann in Amt und Würden
ein Haus neben deiner Hütte kauft oder baut, kannst
du dafür gutstehen, daß er nicht unter irgendeinem Vorwand eine Möglichkeit findet, sich deines Erbes zu bemächtigen, um das seine zu vergrößern, oder daß du
nicht vielleicht schon morgen mitansehen mußt, wie
dein ganzer Besitz von einer großen Landstraße verschlungen wird? Wenn du dir den Einfluß bewahrst, um
all diesen Unannehmlichkeiten vorzubeugen, magst
du auch deinen Reichtum bewahren, denn ihn zu hüten,
würde dich nicht mehr kosten. Reichtum und Einfluß
stützen sich gegenseitig; eines kann sich ohne das andere immer nur schlecht aufrechterhalten.

Ich habe mehr Erfahrung als du, lieber Emile; ich
erkenne die Schwierigkeit deines Plans besser. Dennoch ist er schön, er ist ehrenhaft, er würde dich wirklich glücklich machen: bemühen wir uns, ihn zu verwirklichen. Ich mache dir einen Vorschlag: benutzen
wir die zwei Jahre, die uns bis zu deiner Rückkehr
zur Verfügung stehen, dazu, einen Zufluchtsort in
Europa auszusuchen, wo du glücklich und vor allen
Gefahren, von denen ich eben sprach, behütet mit
deiner Familie leben könntest. Haben wir Erfolg, so
wirst du das wahre Glück gefunden haben, das so
viele andere vergebens suchen, und du wirst deine
Zeit nicht verloren haben. Ist uns Mißerfolg beschie-
den, so wirst du von einer Illusion geheilt sein;
du wirst dich über ein unvermeidliches Unglück
trösten und dich dem Gebot der Notwendigkeit unterwerfen."

Ich weiß nicht, ob alle meine Leser sich klar werden,
bis wohin uns die so vorgeschlagene Suche führen wird;
ich weiß aber wohl, daß, sollte Emile, zurück von

einer Reise, die mit diesem Plan begonnen und fortgesetzt wurde, nicht in allen Fragen der Regierung,
der öffentlichen Sitten und Staatsgrundsätze unterrichtet nach Hause kommen, es entweder ihm oder
mir vollkommen an Verstand und Urteil mangeln muß[63].

Das politische Recht muß erst noch geschaffen werden, und es ist anzunehmen, daß es nie geschaffen
wird[64]. Grotius, der Meister aller unsrer Gelehrten auf
diesem Gebiet, ist nichts als ein Kind und, schlimmer
noch, ein verlogenes Kind. Wenn ich Grotius in den
Himmel gehoben sehe und über Hobbes mit Abscheu
reden höre, wird mir klar, wie viele Menschen diese
beiden Autoren lesen oder verstehen. Die Wahrheit
ist, daß ihre Prinzipien sich genau gleichen; sie unterscheiden sich nur im Ausdruck. Auch durch die Methode
unterscheiden sie sich voneinander. Hobbes stützt sich
auf Sophismen und Grotius auf Poeten; alles übrige
ist ihnen gemeinsam.

Der einzige moderne Mensch, der in der Lage gewesen wäre, diese große und unnütze Wissenschaft zu
begründen, wäre der hochberühmte Montesquieu gewesen. Aber er hat sich gehütet, über die Prinzipien
des politischen Rechts zu schreiben; er begnügte sich
mit Abhandlungen über das positive Recht eingesetz-
ter Regierungen; und nichts in der Welt ist unter-
schiedlicher als diese beiden Gebiete.

Wer sich jedoch über die bestehenden Regierungsformen ein gesundes Urteil bilden will, muß beide
vereinigen: er muß wissen, was sein muß, um das, was
ist, richtig zu beurteilen. Die größte Schwierigkeit,
diese wichtigen Dinge zu erhellen, besteht darin, einen
Privatmann dafür zu gewinnen, sie zu diskutieren und
diese beiden Fragen zu beantworten: Was geht mich
das an? und: Was kann ich daran ändern? Wir haben
unseren Emile so weit gebracht, eine Antwort auf
beide Fragen zu wissen.

Die zweite Schwierigkeit besteht in den Vorurteilen

der Kindheit, in den Maximen, mit denen man aufgewachsen ist, vor allem in der Parteilichkeit der
Autoren, die zwar immer von der Wahrheit reden,
um die sie sich doch keine große Sorge machen, die
aber immer nur an ihren Vorteil denken, von dem sie
nie reden. Das Volk vergibt weder Lehrstühle noch
Pensionen, noch Plätze in den Akademien: man
kann sich vorstellen, wie jene Leute seine Rechte vertreten werden! Ich habe es dahin gebracht, daß diese
Schwierigkeit für Emile nicht besteht. Er weiß kaum,
was eine Regierung ist; für ihn ist es nur wichtig, die
beste zu finden. Er hat nicht vor, Bücher zu schreiben;
und wenn er es jemals tut, dann nicht, um vor den
Mächtigen zu katzbuckeln, sondern um die Rechte der
Menschlichkeit festzulegen.

Es bleibt noch eine dritte, eher scheinbare als begründete Schwierigkeit, die ich weder lösen noch vor-
tragen will[65]: mir genügt es, daß sie mich in meinem
Eifer nicht abschreckt; ganz bestimmt bedarf es zu
Forschungen dieser Art weniger großer Talente als
einer ehrlichen Liebe zur Gerechtigkeit und einer
wirklichen Hochachtung für die Wahrheit. Wenn also
Regierungsfragen unparteiisch behandelt werden können, so ist meiner Ansicht nach jetzt oder nie Gelegenheit dazu.

Bevor man beobachtet, muß man sich Regeln
für seine Beobachtungen aufstellen: man muß sich
eine Skala machen, um die einzelnen Maße darauf aus-
zurichten. Unsere Prinzipien des politischen Rechts
stellen diese Skala dar. Die Maße, die wir danach gewinnen, sind die politischen Gesetze eines jeden Landes.

Unsere Grundbegriffe werden klar, einfach und unmittelbar aus der Natur der Dinge genommen sein.
Sie werden sich aus den zwischen uns diskutierten Fragen bilden, die wir erst dann in Prinzipien wandeln,
wenn sie eine ausreichende Lösung gefunden haben.

Indem wir zum Beispiel zunächst auf den Naturzustand zurückgehen, werden wir untersuchen, ob die
Menschen versklavt oder frei geboren werden, in Zusammengehörigkeit oder unabhängig; ob sie sich freiwillig oder gezwungen vereinen; ob die Gewalt, die
sie vereint, jemals ein bleibendes Recht begründen
kann, durch das diese vorangehende Gewalt selbst
dann verpflichtet, wenn sie von einer anderen überwältigt wird, so daß seit der Gewalt des Königs Nimrod[66], der ihr, wie man sagt, die ersten Völker unterwarf, alle anderen Gewalten, die jene zerstörten, ille-
gitim und usurpatorisch geworden sind und es keine
legitimen Könige als die Nachkommen Nimrods oder
seiner Rechtsnachfolger gebe; oder ob nach dem Zu-
sammenbruch der ersten Gewalt die auf sie folgende
ihrerseits verpflichtend ist und die Verpflichtung der
anderen tilgt, so daß man nur durch Zwang zum Gehorsam verpflichtet und davon entbunden ist, sobald
man Widerstand leisten kann: ein Recht, das, so scheint
mir, zur Gewalt nicht viel beitragen würde und nichts
als eine bloße Wortspielerei wäre.

Wir werden untersuchen, ob man nicht behaupten
kann, daß alle Krankheiten von Gott gesandt sind
und es daher ein Verbrechen ist, den Arzt zu rufen.

Weiter werden wir untersuchen, ob das Gewissen
dazu verpflichtet, seine Geldbörse einem Banditen zu
geben, der sie auf der Landstraße von uns fordert,
sogar dann, wenn man sie vor ihm verborgen halten
könnte; denn schließlich ist die Pistole, die er in der
Hand hält, auch eine Gewalt.

Ob das Wort Gewalt in diesem Fall etwas anderes
bedeutet als legitime und folglich den Gesetzen, die
sie schufen, unterworfene Gewalt.

Angenommen, dieses Recht der Gewalt wird verworfen und das der Natur oder die väterliche Autorität als Prinzip der Gesellschaft anerkannt, so werden
wir das Maß dieser Autorität erforschen, wie sie in der

Natur begründet ist, ob sie eine andere Begründung im Auge hat als den Nutzen des Kindes, seine Schwäche und die natürliche Liebe des Vaters zu ihm; ob also, wenn die kindliche Schwäche aufhört und seine Vernunft zum Reifen kommt, es nicht der alleinige natürliche Richter über das ist, was seiner Erhaltung dient und infolgedessen sein eigener Herr und von allen Menschen, selbst von seinem Vater, unabhängig; denn es ist gewisser, daß der Sohn sich selber liebt, als es gewiß ist, daß der Vater den Sohn liebt.

Ob nach dem Tod des Vaters die Kinder verpflichtet sind, dem älteren Bruder oder irgend jemand anderem zu gehorchen, der die natürliche Zuneigung eines Vaters nicht für sie empfindet; und ob es von Geschlecht zu Geschlecht immer nur ein einziges Oberhaupt gibt, dem die ganze Familie zum Gehorsam verpflichtet ist. In diesem Fall würde man erforschen, wieso Autorität jemals teilbar sein kann und mit welchem Recht es auf der ganzen Erde mehr als ein Oberhaupt gäbe, das über das Menschengeschlecht herrschte.

Angenommen, die Völker hätten sich durch Wahl gebildet, so hätten wir das Recht vom tatsächlichen Zustand zu unterscheiden; und wir werden fragen, ob, da sie sich so ihren Brüdern, Onkeln oder Verwandten unterworfen haben, ohne dazu verpflichtet zu sein, sondern aus freiem Willen, diese Art Gemeinschaft nicht immer in die freie und freiwillige Vereinigung zurückführt.

Wenn wir dann zum Recht der Sklaverei übergehen, untersuchen wir, ob ein Mensch sich rechtmäßig an einen anderen veräußern darf, ohne Einschränkung, ohne Vorbehalt, ohne irgendeine Art von Bedingung; das heißt, ob er Verzicht leisten darf auf seine Persönlichkeit, sein Leben, seine Vernunft, sein *Ich*, auf jegliche Moralität in seinen Handlungen, ob er, mit einem Wort, vor seinem Tod aufhören darf zu existieren, gegen die Natur, die ihn unmittelbar mit seiner Selbsterhaltung beauftragt, und gegen sein Gewissen und seine Vernunft, die ihm vorschreiben, was er zu tun und zu lassen hat.

Gibt es einen Vorbehalt, eine Einschränkung im Akt der Versklavung, so werden wir darüber diskutieren, ob dieser Akt dann nicht zum wirklichen Vertrag wird, bei dem jeder der beiden Vertragskontrahenten, da sie in dieser Eigenschaft keinen gemeinsamen Vorgesetzten hätten*, sein eigener Richter bliebe, was die Bedingungen des Vertrags anlangt, und infolgedessen in dieser Beziehung frei und Herr darüber, den Vertrag zu brechen, sobald er sich für geschädigt hält.

Wenn sich also ein Sklave nicht ohne Vorbehalt an seinen Herrn veräußern kann, wie kann sich ein Volk ohne Vorbehalt seinem Oberhaupt veräußern? und wenn der Sklave Richter darüber bleibt, ob sein Herr den Vertrag eingehalten hat, wie sollte das Volk nicht Richter darüber bleiben, ob sein Führer den Vertrag eingehalten hat?

Da wir so gezwungen sind, den Weg zurückzugehen, werden wir nach dem Sinn dieses Kollektivwortes Volk fragen und forschen, ob es zu seiner Gründung nicht eines Vertrags, zumindest eines stillschweigenden, bedurfte, der dem von uns angenommenen vorausgeht.

Da das Volk, bevor es sich einen König wählt, ein Volk ist – wer hat es dazu gemacht, wenn nicht der Gesellschaftsvertrag? Der Gesellschaftsvertrag also ist die Basis jeglicher bürgerlichen Gesellschaft, und in der Natur dieses Aktes müssen wir die der Gesellschaft suchen, die er bildet.

Wir werden nach dem Inhalt dieses Vertrags fragen, und ob er nicht ungefähr durch diese Formel auszudrücken wäre: „Jeder von uns tut mit allen anderen seine Güter, seine Person, sein Leben und seine ganze

---

* Wenn sie ein gemeinsames Oberhaupt hätten, so wäre es nur die Staatshoheit, und dann wäre das Recht der Sklaverei auf das Recht der Souveränität gegründet und folglich nicht dessen Prinzip.

Kraft unter der obersten Führung des Allgemeinwillens zusammen, und wir als Körper empfangen jedes Glied als einen vom Ganzen untrennbaren Teil."

Unter dieser Voraussetzung werden wir, um die uns notwendigen Begriffe zu bestimmen, beachten, daß anstelle der Einzelpersonen der Kontraktanten dieser Gesellschaftsakt einen geistigen und kollektiven Körper schafft, der aus ebensoviel Gliedern besteht wie die Versammlung Stimmen hat. Diese öffentliche Person nimmt im allgemeinen den Namen eines *politischen Körpers* an, der von seinen Gliedern *Staat* genannt wird, wenn er passiv ist, *Staatshoheit,* wenn er aktiv ist, und *Macht* im Vergleich zu seinesgleichen. Was die Glieder selbst anlangt, so nehmen sie kollektiv den Namen *Volk* an, und im einzelnen heißen sie *Bürger* als Glieder der *Bürgerschaft* oder Teilhaber an der souveränen Autorität, und *Untertanen* als der gleichen Autorität Unterworfene.

Wir stellen fest, daß dieser Gesellschaftsakt eine gegenseitige Verpflichtung zwischen der Allgemeinheit und den einzelnen in sich beschließt und daß jedes Individuum, das sozusagen sein eigener Vertragspartner ist, in zweifacher Beziehung verpflichtet ist, nämlich als Glied der Staatshoheit gegenüber den Einzelwesen und als Glied des Staats der Staatshoheit gegenüber.

Weiterhin stellen wir fest, daß niemand an eine Verpflichtung gebunden ist, die er sich selbst gegenüber eingegangen ist, und daß daher der öffentliche Beschluß zwar alle Untertanen der Staatshoheit gegenüber verpflichtet, nämlich wegen der beiden verschiedenen Rollen, unter denen jeder Untertan zu betrachten ist, nicht aber den Staat sich selbst gegenüber. Woraus man sieht, daß es kein anderes eigentliches Grundgesetz gibt und geben kann als allein den Gesellschaftsvertrag. Was nicht heißen soll, daß der politische Körper nicht in gewisser Hinsicht anderen gegenüber verpflichtet; denn in bezug auf andere wird er zum einfachen Wesen, zum Individuum.

Da die beiden Vertragspartner, nämlich jeder einzelne und die Gesamtheit, keinen gemeinsamen Vorgesetzten haben, der über ihre Streitigkeiten urteilen könnte, werden wir untersuchen, ob es in der Macht eines jeden der beiden liegt, den Vertrag zu brechen, wenn es ihm paßt, das heißt, ihn seinerseits zu lösen, wenn er sich geschädigt glaubt.

Um diese Frage zu klären, stellen wir fest, daß, da die Staatshoheit zufolge des Gesellschaftsvertrags nur nach gemeinschaftlichem und allgemeinem Willen handeln kann, ihre Akte ebenso nur allgemeine und gemeinsame Ziele haben müssen; daraus folgt, daß ein einzelner nicht unmittelbar durch die Staatshoheit geschädigt werden kann, ohne daß alle es wären, was wiederum unmöglich ist, da sie sich damit selbst schädigen würde. So bedarf der Gesellschaftsvertrag keines anderen Bürgen als der öffentlichen Macht, da seine Verletzung immer nur von einzelnen ausgehen kann; und dann sind sie deshalb nicht ihrer Verpflichtung ledig, sondern straffällig, weil sie sie verletzt haben.

Um all solche Fragen richtig zu lösen, werden wir darauf bedacht sein, nie zu vergessen, daß der Gesellschaftsvertrag von besonderer, nur ihm eigener Art ist, insofern als das Volk ihn nur mit sich selbst eingeht, das heißt, das gesamte Volk als Staatshoheit mit den einzelnen als Untertanen: eine Bedingung, auf der das ganze Kunstwerk und das Funktionieren der politischen Maschinerie beruht, und die einzig die Verpflichtungen legitim, vernünftig und ungefährlich macht, die ohne das absurd, tyrannisch und dem gröbsten Mißbrauch ausgesetzt wären.

Da die einzelnen sich nur der Staatshoheit unterwerfen, und da die souveräne Autorität nichts anderes ist als der Allgemeinwille, werden wir begreifen, wie jeder der Staatshoheit gehorsame Mensch nur sich selbst gehorcht, und daß man im Gesellschaftsvertrag freier ist als im Naturzustand.

Nachdem wir, hinsichtlich der Personen, den Vergleich zwischen der natürlichen Freiheit und der bürgerlichen Freiheit angestellt haben, werden wir, hinsichtlich des Besitzes, den zwischen dem Besitzrecht und dem Hoheitsrecht, zwischen dem Privateigentum und dem Gemeinbesitz anstellen. Wenn die oberste Autorität auf das Besitzrecht gegründet ist, so muß sie dieses Recht am meisten respektieren; es ist für sie unverletzbar und geheiligt, solange es ein Sonder- und Einzelrecht bleibt; sobald es als allen Bürgern gemeinsam betrachtet wird, ist es dem Allgemeinwillen unterworfen, und dieser Wille kann es aufheben. So hat die Staatshoheit keinerlei Befugnis, den Besitz eines einzelnen oder mehrerer anzutasten; sie kann sich jedoch legitim des Besitzes aller bemächtigen, so wie es in Sparta zu Zeiten des Lykurg geschah, wogegen die Aufhebung der Schulden durch Solon ein illegitimer Akt war.

Da die Untertanen nichts anderem als dem Allgemeinwillen verpflichtet sind, werden wir untersuchen, wie sich dieser Wille manifestiert, an welchen Anzeichen man ihn mit Sicherheit erkennt, was ein Gesetz ist und welche die wirklichen Charakteristika des Gesetzes sind. Dieses Thema ist ganz neu: die Definition des Gesetzes muß noch gefunden werden.

In dem Augenblick, da das Volk eines oder mehrere seiner Glieder gesondert in Betracht zieht, teilt es sich. Zwischen dem Ganzen und seinem Teil bildet sich eine Beziehung, die zwei getrennte Wesen aus ihm macht, deren eines der Teil ist und deren anderes das Ganze ohne diesen Teil ist. Aber das Ganze ohne einen Teil ist nicht das Ganze; solange diese Beziehung bestehen bleibt, gibt es also kein Ganzes, sondern zwei ungleiche Teile.

Wenn dagegen das ganze Volk über das ganze Volk beschließt, zieht es nur sich selbst in Betracht; und bildet sich eine Beziehung, so nur zwischen dem Ganzen unter einem bestimmten Gesichtspunkt zum Ganzen unter einem anderen Gesichtspunkt, aber ohne Teilung des Ganzen. Dann ist der Gegenstand, über den beschlossen wird, allgemein, und der Wille, der beschließt, ist auch allgemein. Wir werden untersuchen, ob es eine andere Art von Akt gibt, der den Namen Gesetz tragen könnte.

Wenn die Staatshoheit nur durch Gesetze sprechen kann und wenn das Gesetz immer nur einen allgemeinen und auf alle Glieder des Staates gleicherweise bezüglichen Gegenstand haben kann, so folgt daraus, daß die Staatshoheit niemals die Macht hat, etwas über einen gesonderten Gegenstand zu beschließen; da es indessen zur Erhaltung des Staates wichtig ist, daß auch über Einzelfälle beschlossen werden muß, werden wir untersuchen, wie das gemacht werden kann.

Die Akte der Staatshoheit können nur Akte des Allgemeinwillens, der Gesetze sein; danach muß er determinierende Akte vornehmen, Akte der ausführenden Gewalt oder Regierungsmaßnahmen zur Durchführung ebendieser Gesetze; und diese Akte können im Gegensatz nur gesonderte Ziele haben. So ist der Akt, durch den die Staatshoheit beschließt, daß ein Staatsoberhaupt gewählt werde, ein Gesetz, und der Akt, durch den man in Ausführung des Gesetzes ein Staatsoberhaupt wählt, ist nur eine Regierungsmaßnahme.

Dies ist also eine dritte Beziehung, unter der das geeinte Volk betrachtet werden kann, nämlich als Behörde oder Vollstrecker des Gesetzes, das es als Staatshoheit erlassen hat*.

* Diese Fragen und Vorschläge sind zum größten Teil Auszüge aus der *Abhandlung über den Gesellschaftsvertrag*, die selbst einem größeren Werk entnommen wurden, das über meine Kräfte ging und seit langem

Wir werden untersuchen, ob es möglich ist, daß das Volk sich seines Hoheitsrechts begibt, um einen oder mehrere Menschen damit auszustatten; denn da der Akt der Wahl kein Gesetz ist und das Volk in diesem Akt nicht selbst Staatshoheit, ist es unerfindlich, wie es dabei ein Recht übertragen kann, das es nicht besitzt.

Da das Wesen der Souveränität im Allgemeinwillen besteht, ist es ebenfalls unerfindlich, wie man sicher sein kann, daß ein Einzelwille immer mit jenem Allgemeinwillen übereinstimmen kann. Es ist viel eher anzunehmen, daß er ihm oft konträr ist; denn das Privatinteresse strebt immer nach Bevorzugung und das Allgemeininteresse nach Gleichheit; und selbst wenn diese Übereinstimmung möglich wäre, besagt die Tatsache, daß sie nicht notwendig und unzerstörbar ist, schon soviel, daß das Hoheitsrecht nicht aus ihr abzuleiten ist.

Wir werden nachforschen, ob die Oberhäupter des Volks, unter welcher Bezeichnung auch immer sie gewählt sein mögen, ohne den Gesellschaftsvertrag zu verletzen jemals etwas anderes sein können als die Diener des Volks, das ihnen befiehlt, die Gesetze zur Ausführung zu bringen; ob diese Oberhäupter ihm keine Rechenschaft über ihre Verwaltung schuldig und nicht selbst den Gesetzen unterworfen sind, deren Beachtung zu garantieren ihre Aufgabe ist.

Wenn das Volk sein höchstes Recht nicht veräußern kann, kann es es zeitweise vergeben? wenn es sich keinen Herrn geben kann, kann es sich Vertreter geben? diese Frage ist von Bedeutung und der Diskussion würdig.

Wenn das Volk weder Oberhaupt noch Vertreter haben kann, werden wir untersuchen, auf welche Weise es seine Gesetze selbst erlassen kann; ob es vieler Ge-

---

aufgegeben worden ist. Die kleine Abhandlung, die ich daraus entnahm und die ich hier zusammenfasse, wird als eigenes Buch erscheinen.

setze bedarf; ob es sie oft ändern muß; ob es leicht
ist, daß ein großes Volk sein eigener Gesetzgeber ist;

Ob das römische Volk kein großes Volk war;

Ob es gut ist, daß es große Völker gibt.

Aus den vorhergehenden Betrachtungen folgt, daß
es im Staat einen vermittelnden Körper zwischen den
Untertanen und der Staatshoheit gibt; und dieser ver-
mittelnde Körper, aus einem oder mehreren Gliedern
zusammengesetzt, ist mit der öffentlichen Verwaltung
betraut, mit der Ausführung der Gesetze und der Aufrechterhaltung der bürgerlichen und politischen Freiheit.

Die Glieder dieses Körpers heißen *Behörden* oder
Könige, das heißt Regierende. Der ganze Körper heißt
im Hinblick auf die Menschen, die ihn bilden, *Fürst,*
und im Hinblick auf seine Handlung *Regierung.*

Wenn wir die Handlung des ganzen Körpers in Beziehung auf sich selbst, das heißt die Beziehung des
Ganzen zum Ganzen oder des Souveräns zum Staat
betrachten, können wir diese Beziehung mit den äußeren Gliedern einer stetigen Proportion vergleichen,
deren Mittelglied die Regierung ergibt. Der Magistrat
empfängt vom Souverän die Befehle, die er dem Volk
gibt und, wenn alles ausgeglichen ist, sein Produkt
oder seine Macht gleichen Grades wie das Produkt
oder die Macht der Bürger, die einerseits Untertan
und andererseits Staatshoheit sind. Man könnte keinen
der drei Begriffe ändern, ohne sofort die Proportion
zu stören. Wenn die Staatshoheit regieren will, oder
wenn der Fürst Gesetze erlassen will, oder wenn der
Untertan den Gehorsam verweigert, tritt Unordnung
an die Stelle der Regel und der aufgelöste Staat verfällt in Despotismus oder Anarchie.

Setzen wir voraus, der Staat bestehe aus zehntausend Bürgern. Die Staatshoheit kann nur kollektiv
und als Ganzes betrachtet werden; aber als Untertan
hat jeder einzelne eine individuelle und unabhängige

Existenz. So verhält sich die Staatshoheit zum Untertan wie zehntausend zu eins; das heißt, daß jedes Glied des Staates nur den zehntausendsten Teil der souveränen Autorität für sich besitzt, obgleich·er ihm ganz unterworfen ist. Wenn auch das Volk aus hunderttausend Menschen besteht, so ändert sich die Lage der Untertanen nicht, und jeder ist immer mit der ganzen Herrschaft der Gesetze belastet, während seine auf ein Hunderttausendstel beschränkte Stimme zehnmal weniger Einfluß auf ihre Abfassung hat. Da so der Untertan immer nur einer bleibt, vergrößert sich das Verhältnis der Staatshoheit proportionell zur Anzahl der Bürger. Daraus folgt, daß, je größer der Staat wird, die Freiheit um so geringer wird.

Je geringer also die Einzelwillen gegenüber dem Allgemeinwillen werden, das heißt die Sitten gegenüber den Gesetzen, um so größer muß die unterdrückende Gewalt werden. Da andererseits die Größe des Staats den Inhabern der Staatsautorität mehr Versuchungen und Möglichkeiten liefert, Mißbrauch mit ihr zu treiben, so muß die Staatshoheit ihrerseits um so mehr Gewalt·haben, die Regierung in Schranken zu halten; und das ist unmöglich, ohne daß das Mittelglied ebensooft wechselt. Daraus können wir die Folge ziehen, daß es keine absolute, unwandelbare Regierungskonstitution gibt, daß es jedoch ebenso viele ihrer Natur nach verschiedene Regierungformen geben muß wie es an Größe verschiedene Staaten gibt.

Wenn die Sitten mit den Gesetzen um so weniger übereinstimmen als das Volk größer ist, werden wir untersuchen, ob man infolge einer ziemlich evidenten Analogie nicht auch behaupten kann, daß die Regierung proportionell zur Anzahl der Behörden schwächer wird.

Um dieser Maxime auf den Grund zu gehen, werden wir in dem Vertreter einer jeden Behörde dreierlei wesentlich voneinander unterschiedliche Willensfor-

men markieren: erstens, den Eigenwillen jedes Individuums, das nur seinen eigenen Vorteil im Auge hat;
zweitens, den Allgemeinwillen der Behörden, der einzig das Interesse des Fürsten vertritt; diesen Willen
könnte man als Gemeinwillen bezeichnen, der im allgemeinen mit der Regierung zusammenhängt, im einzelnen aber mit dem Staat, von dem die Regierung
einen Teil darstellt; drittens, den Willen des Volkes
oder den obersten Willen, der allgemein ist, im Verhältnis zu dem als Ganzes betrachteten Staat ebenso
wie zu der als Teil des Ganzen betrachteten Regierung. In einer vollkommenen Gesetzgebung muß der
einzelne Sonderwille fast gleich null sein; der der Regierung zustehende Gemeinwille jedoch sehr untergeordnet; folglich ist der allgemeine und souveräne Wille
die Regel, nach der sich die anderen richten. Dagegen
werden, nach natürlicher Ordnung, diese verschiedenen Willen um so aktiver, je mehr sie sich zusammen-
schließen: der Allgemeinwille ist immer der schwächste, der Körperschaftswille steht an zweiter Stelle, und
der Einzelwille geht allen anderen vor, so daß ein
jeder zuerst er selbst ist, dann Behörde und dann Bürger: eine der Gesellschaftsordnung gerade entgegengesetzte Stufenfolge.

Nachdem wir das festgestellt haben, stellen wir uns
die Regierung in der Hand eines einzigen Menschen
vor. Da haben wir dann Einzel- und Körperschafts-
willen vollkommen vereinigt und ihn folglich auf dem
höchsten Grad seiner Intensität. Da nun von diesem
Grad der Gebrauch der Stärke abhängt und die absolute Stärke der Regierung identisch mit der des Volks
und unverändert bleibt, ergibt sich, daß die aktivste
aller Regierungen die eines einzelnen ist.

Vereinigen wir dagegen die Regierung mit der höchsten Autorität, machen wir also aus der Staatshoheit
den Fürsten und aus den Bürgern ebenso viele Behörden, dann wird der Körperschaftswille, der mit dem

Allgemeinwillen vollkommen verschmolzen ist, keine
größere Aktivität haben als dieser und dem Einzelwillen seine ganze Stärke lassen. So wird die Regierung, immer bei gleichbleibender absoluter Stärke, in
ihrem Minimum von Aktivität sein.

Diese Regeln sind unwiderlegbar, und andere Erwägungen dienen nur dazu, sie zu bestätigen. Man
sieht zum Beispiel, daß die Behörden als Körperschaft
immer aktiver sind als der Bürger in der seinen und
daß dort der Einzelwille folglich viel mehr zu sagen
hat. Denn jede Behörde ist fast immer mit irgendeiner
besonderen Regierungsfunktion beauftragt, wogegen
jeder Bürger, einzeln genommen, keinerlei Funktion
der Staatshoheit ausübt. Im übrigen: je mehr der Staat
sich ausdehnt, um so größer wird seine reale Stärke;
wenn sie auch nicht im gleichen Verhältnis zu seiner
Ausdehnung zunimmt, bleibt jedoch der Staat der
gleiche; so mögen die Behörden sich vermehren, wie sie
wollen – die Regierung erlangt dadurch keine größere
reale Stärke, weil sie die Wahrerin der des Staats ist,
die wir als immer gleich annehmen. So vermindert
sich durch diese Pluralität die Aktivität der Regierung,
ohne daß ihre Stärke größer werden kann.

Nachdem wir herausgefunden haben, daß die Regierung in dem Maß schwächer wird, als die Behörden
sich vermehren, und daß die Zwangsgewalt der Regierung mit der Zahl der Bevölkerung anwachsen muß,
ziehen wir den Schluß, daß das Verhältnis der Behörden zur Regierung das umgekehrte von dem der Untertanen zur Staatshoheit ist, das heißt, daß je größer der Staat wird, die Regierung sich um so mehr
verengen muß, und zwar so, daß die Anzahl der Oberhäupter sich im Verhältnis zum Anwachsen des Volks
verringert.

Um dann diese Mannigfaltigkeit von Formen unter
genaueren Bezeichnungen festzulegen, werden wir zunächst feststellen, daß die Staatshoheit die Regierungs-

macht dem ganzen Volk oder dessen größtem Teil übertragen kann, so daß mehr Bürger Beamte als einfache Privatleute sind. Dieser Regierungsform gibt man den Namen *Demokratie.*

Oder sie kann die Regierung in die Hände einer beschränkteren Zahl legen, so daß es mehr einfache Privatleute als Beamte gibt; und diese Regierungsform trägt den Namen *Aristokratie.*

Schließlich kann sie die gesamte Regierung in den Händen eines einzelnen Beamten vereinigen. Diese dritte Regierungsform ist die gewöhnlichste und heißt *Monarchie* oder Königsherrschaft.

Wir werden feststellen, daß alle diese Regierungsformen oder wenigstens die beiden ersten ein Mehr oder Weniger zulassen und sogar einen ziemlich großen Spielraum haben. Denn die Demokratie kann das ganze Volk umfassen oder sich auf die Hälfte beschränken. Die Aristokratie ihrerseits kann sich von der Hälfte unbegrenzt bis auf die kleinste Anzahl beschränken. Selbst das Königstum akzeptiert manchmal eine Teilung, sei es zwischen Vater und Sohn, sei es unter zwei Brüdern oder sonstwie. Sparta hatte immer zwei Könige, und im römischen Imperium sah man bis zu acht Kaiser zu gleicher Zeit, ohne daß man hätte behaupten können, das Imperium sei geteilt. Es gibt einen Punkt, wo jede Regierungsform mit der folgenden verschmilzt; und unter drei spezifischen Bezeichnungen kann die Regierung wirklich ebenso viele Formen annehmen wie der Staat Bürger hat.

Noch mehr: da sich jede dieser Regierungen unter gewissen Gesichtspunkten in verschiedene Abteilungen unterteilen und die eine auf diese und die andere auf jene Weise verwaltet werden kann, so kann aus diesen drei kombinierten Formen eine Vielfalt gemischter Formen entstehen, deren jede mit allen einfachen Formen multiplizierbar ist.

Zu allen Zeiten hat man viel über die beste Regierungsform gestritten, ohne zu erwägen, daß in bestimmten Fällen jede die beste und in anderen Fällen die schlechteste ist. Wenn unsrer Meinung nach in den verschiedenen Staaten die Anzahl der Behörden* in umgekehrtem Verhältnis zu der der Bürger stehen muß, so schließen wir daraus, daß im allgemeinen die demokratische Regierung den kleinen Staaten angemessen ist, die aristokratische den mittelgroßen und die monarchische den großen.

Anhand dieser Untersuchungen werden wir wissen, welche Pflichten und Rechte die Bürger haben, und ob die einen von den anderen trennbar sind; was ein Vaterland ist, worin genau es besteht und woran jeder erkennen kann, ob er ein Vaterland hat oder nicht.

Nachdem wir so jede Art bürgerlicher Gesellschaft an und für sich betrachtet haben, werden wir sie miteinander vergleichen, um ihre verschiedenen Beziehungen zueinander zu beobachten: die einen sind groß, die anderen klein; die einen sind stark, die anderen schwach; sie greifen sich an, beleidigen, zerstören sich gegenseitig und schaffen durch diese fortwährende Aktion und Reaktion mehr Unglückliche und zerstören das Leben von mehr Menschen, als wenn sie alle ihre ursprüngliche Freiheit bewahrt hätten. Wir werden überprüfen, ob in der gesellschaftlichen Institution zu viel oder zu wenig geschehen ist; ob die Einzelwesen, die den Gesetzen wie den Menschen unterworfen sind, während die Staaten untereinander ihre natürliche Unabhängigkeit wahren, nicht den Nachteilen der beiden Zustände ausgesetzt sind, ohne deren Vorteile zu genießen, und ob es nicht besser wäre, es gäbe keine bürgerliche Gesellschaft in der Welt, als deren mehrere zu haben. Ist es nicht dieser gemischte Zustand, der an allen beiden teilhat und weder den einen noch den

---

* Man wird sich erinnern, daß ich hier nur von höchsten Behörden oder Staatsoberhäuptern reden will, da die anderen nur ihre Stellvertreter auf diesem oder jenem Gebiet sind.

anderen sichert, per quem neutrum licet, nec tanquam
in bello paratum esse, nec tanquam in pace securum[67]?
Ist es nicht diese unvollkommene Teil-Gesellschaft, die
Tyrannei und Krieg erzeugt? und sind Tyrannei und
Krieg nicht die schlimmsten Geißeln der Menschheit?

Wir werden schließlich die Art von Mitteln gegen
diese Mißstände überprüfen, nämlich die Bündnisse
und Staatenbünde, die jedem Staat im Innern seine
Herrschaft lassen, ihn nach außen hin jedoch gegen jeglichen ungerechten Angreifer bewaffnen. Wir werden
untersuchen, wie man eine gute Bundesgenossenschaft
errichten kann, was sie dauerhaft macht, und bis zu welchem Punkt man das Recht des Staatenbundes ausdehnen kann, ohne das der Staatshoheit zu beeinträch-
tigen.

Der Abbé de Saint-Pierre hatte einen Bund aller
europäischen Staaten vorgeschlagen, damit zwischen
ihnen ein ewiger Frieden bewahrt bleibe[68]. War dieser
Bund zu verwirklichen? und, vorausgesetzt, er sei gegründet worden, war es anzunehmen, daß er Bestand
gehabt hätte*? Diese Nachforschungen führen uns
direkt zu allen Fragen des öffentlichen Rechts, die die
Fragen des politischen Rechts vollends klären können.

Endlich werden wir die wahren Prinzipien des
Kriegsrechts festlegen, und wir werden überprüfen,
warum Grotius und die anderen nur falsche festgelegt
haben.

Es würde mich nicht wundern, wenn mein junger
Mann, der gesunden Menschenverstand hat, mitten in
all unsren Überlegungen mich unterbräche und sagte:
„Man sollte meinen, daß wir unser Gebäude aus Holz
errichten und nicht aus Menschen, so genau richten
wir jedes Stück nach der Schnur!" „Das ist richtig,

---

* Seit ich dieses geschrieben habe, sind die Gründe *dafür* im Auszug
dieses Entwurfs dargelegt worden; die Gründe *dagegen* – zumindest
die, die mir haltbar schienen – werden in meinen gesammelten Schriften
in der Folge ebendieses Auszugs erscheinen.

mein Freund; aber bedenke, daß das Recht sich nicht
den Leidenschaften der Menschen beugt und daß es
sich bei uns darum handelte, die wahren Prinzipien
des politischen Rechts festzulegen. Nun, da unsre Fun-
damente gelegt sind, komm und untersuche, was die
Menschen darauf gebaut haben und du wirst schöne
Sachen zu sehen bekommen!"

Dann lasse ich ihn *Telemach* lesen und ihn auf seinem Weg weiter begleiten; wir suchen das glückliche
Salent und den guten Idomeneus auf, der durch sein
großes Unglück zum Weisen wurde. Unterwegs treffen
wir auf viele Protesilas, aber auf keinen Philokles.
Auch Adrastus, König der Daunier, ist keineswegs
unauffindbar[69]. Aber überlassen wir es den Lesern, sich
unsre Wanderfahrten vorzustellen oder sie an unsrer
Statt, den *Telemach* in der Hand, zu machen; und
legen wir ihnen keine betrübliche Auslegung nahe, die
der Autor selbst ausschaltet oder nur wider Willen
anstellt.

Da im übrigen Emile nicht König ist und ich nicht
Gott bin, kümmert es uns wenig, es Telemach und
Mentor in dem Guten, was sie den Menschen taten,
nicht nachtun zu können: niemand weiß besser als
wir, auf seinem Platz zu bleiben und wünscht weniger,
über ihn hinauszugehen. Wir wissen, daß alle die gleiche Aufgabe haben; daß, wer auch immer das Gute
aus ganzem Herzen liebt und es mit allen seinen Kräften tut, diese Aufgabe erfüllt hat. Wir wissen, daß
Telemach und Mentor Phantasiegebilde sind. Emile
reist nicht als untätiger Mensch und tut mehr Gutes,
als wäre er ein Fürst. Wären wir Könige, wären wir
nicht mehr wohltätig. Wären wir Könige und wohltätig, täten wir, ohne es zu wissen, mehr wirkliches
Unrecht um einer scheinbar guten Tat willen, die wir
zu vollbringen glaubten. Wären wir Könige und
weise, wäre das erste Gute, das wir an uns selbst und
den anderen vollbringen möchten, auf das Königtum

zu verzichten und wieder das zu werden, was wir
sind.

Ich habe gesagt, was die Reisen für jedermann
fruchtlos macht. Was sie für die Jugend noch frucht-
loser macht, ist die Art und Weise, wie man sie sie
machen läßt. Die Erzieher, mehr auf ihr Vergnügen
aus als auf ihrer Zöglinge Belehrung, führen sie von
Stadt zu Stadt, von Palast zu Palast, von einer Gesellschaft in die andere; oder, wenn sie Gelehrte und
Literaten sind, lassen sie sie ihre Zeit damit zubringen,
in die Bibliotheken zu gehen, die Antiquare aufzu-
suchen, alte Dokumente durchzustöbern, alte Inschriften abzuschreiben. In jedem Land beschäftigen sie sich
mit einem anderen Jahrhundert, was so ist, als be-
schäftigten sie sich mit einem anderen Land; so daß
sie, nachdem sie unter großem Kostenaufwand Europa
durchreist haben, Leichtfertigkeiten oder der Langweile hingegeben zurückkommen, ohne etwas von dem
gesehen zu haben, was sie interessieren kann, und ohne
etwas von dem gelernt zu haben, was ihnen von Nutzen sein kann.

Alle Hauptstädte gleichen einander, alle Völker
sind dort vertreten, alle Sitten vermischen sich dort;
das ist nicht der Ort, wohin man gehen muß, um die
Nationen zu studieren. Paris und London sind in meinen Augen die gleiche Stadt. Ihre Einwohner haben
einige unterschiedliche Vorurteile, jedoch beide gleich
viele, und ihre praktischen Grundsätze sind die gleichen. Man weiß, welche Sorte von Menschen sich an
den Höfen zusammenfinden muß. Man weiß, welche
Sitten die Häufung der Bevölkerung und die Ungleichheit des Besitzes überall hervorbringen muß. Sobald man mir von einer Stadt spricht, die aus zwei-
hunderttausend Seelen besteht, weiß ich im voraus,
wie man dort lebt. Was ich darüber hinaus über die
Orte wissen könnte, lohnt nicht die Mühe, es dort zu
erfahren.

Um den Geist und die Sitten einer Nation zu studieren, muß man in die abgelegenen Provinzen gehen, wo es weniger Handel und Verkehr gibt, wohin die Fremden weniger reisen und deren Einwohner seßhafter sind und weniger ihren Besitz und Beruf wechseln. Besichtigt die Hauptstädte im Vorübergehen, aber beobachtet gründlich das Land. Franzosen trifft man nicht in Paris, sondern in der Touraine; die Engländer sind in Mercia englischer als in London, und die Spanier spanischer in Galicien als in Madrid. In diesen großen Abständen charakterisiert sich ein Volk und zeigt sich unvermischt so, wie es ist; dort sind die guten und schlechten Auswirkungen der Regierung am besten spürbar, so wie am Ende eines größeren Radius' das Maß der Bogen am genauesten ist.

Die notwendigen Verhältnisse der Sitten zur Regierung sind in dem Buch *Über den Geist der Gesetze*[70] so gut dargelegt, daß man nichts Besseres tun kann, als zu diesem Werk zu greifen, um diese Verhältnisse zu studieren. Aber im allgemeinen gibt es zwei leichtverständliche und einfache Richtlinien, wonach man die relative Güte der Regierungen beurteilen kann. Die eine ist die Bevölkerung. In jedem Land, das sich entvölkert, geht der Staat seinem Ruin entgegen; das Land dagegen, in dem die Bevölkerung am meisten zunimmt, und sei es das ärmste, ist unfehlbar das am besten regierte*.

Dazu muß aber diese Bevölkerungszunahme eine natürliche Auswirkung der Regierung und der Sitten sein; denn wenn sie durch Kolonien oder auf anderen zufälligen oder vorübergehenden Wegen wüchse, würde das Übel durch das Heilmittel bestätigt. Als Augustus Gesetze gegen das Zölibat erließ, bewiesen diese Gesetze schon den Verfall des römischen Imperiums. Die richtige Regierung muß die Bürger dazu ver-

---

* Ich wüßte nur eine einzige Ausnahme zu dieser Regel – China.

anlassen, sich zu verheiraten, aber nicht das Gesetz
darf sie dazu zwingen; was aus Zwang geschieht, darf
nicht in Erwägung gezogen werden – denn das Gesetz, das gegen die Konstitution ankämpft, wird umgangen und unwirksam –, sondern was unter dem
Einfluß der Sitten und durch die natürliche Neigung
der Regierung geschieht, denn allein diese Mittel haben
bleibende Wirkung. Es war die Politik des guten Abbé
de Saint-Pierre, immer ein kleines Heilmittel gegen
jedes Einzelübel zu suchen, anstatt auf ihren gemeinsamen Ursprung zurückzugehen und zu erkennen, daß
man sie nur alle zugleich heilen konnte. Man kann
nicht jedes Geschwür auf dem Körper eines Kranken
einzeln für sich behandeln, sondern man muß das
ganze Blut reinigen, das sie alle erzeugt. Man sagt, in
England seien Preise in der Landwirtschaft ausgesetzt
– mehr brauche ich nicht: das beweist mir, daß sie
dort nicht lange blühen wird.

Das zweite Merkmal der relativ richtigen Regierung
und Gesetze leitet sich ebenfalls aus der Bevölkerungszahl ab, jedoch auf andere Weise, das heißt aus ihrer
Verteilung und nicht aus ihrer Menge. Zwei gleich
große Staaten mit der gleichen Bevölkerungszahl können an Stärke sehr ungleich sein; und der mächtigste
der beiden ist immer der, dessen Einwohner am gleich-
mäßigsten über das Territorium verteilt sind; der
Staat, der nicht so große Städte hat und infolgedessen
am wenigsten hervortritt, wird den anderen immer
schlagen. Die großen Städte sind es, die einen Staat
erschöpfen und ihn schwächen: der Reichtum, den sie
hervorbringen, ist ein scheinbarer und illusorischer
Reichtum – viel Geld und wenig Wirkung. Es wird
behauptet, Paris sei für den König von Frankreich
eine Provinz wert; ich aber glaube, daß sie ihn mehrere kostet; daß Paris in mehr als einer Hinsicht von
den Provinzen lebt und daß der größte Teil ihrer
Einnahmen in diese Stadt fließt und dort bleibt, ohne

jemals weder an das Volk noch an den König zurück-
zufließen. Es ist unbegreiflich, daß es in diesem Jahrhundert der Spekulanten nicht einen gibt, der einzusehen vermag, daß Frankreich viel mächtiger wäre,
wenn Paris ausgelöscht wäre. Eine schlecht verteilte
Bevölkerung ist dem Staat nicht nur nichts nütze, sie
ist sogar verheerender als selbst die Entvölkerung, insofern als das Produkt der Entvölkerung gleich null
ist, ein schlecht verstandener Konsum dagegen ein
negatives Ergebnis. Höre ich einen Franzosen und
einen Engländer, ganz stolz auf die Größe ihrer
Hauptstadt, darüber streiten, ob Paris oder London
die meisten Einwohner hat, so ist das für mich, als ob
sie darüber stritten, welches der beiden Völker die
Ehre habe, am schlechtesten regiert zu werden.

Studiert ein Volk außerhalb seiner Städte, nur so
werdet ihr es kennenlernen. Es führt zu nichts, wenn
man nur die äußere Erscheinungsform der Regierung
betrachtet, in dem Firnis der Verwaltungsappara-
tur und der Verwaltungssprache, wenn man sie nicht
in ihrem Wesen studiert, daran, wie sie sich auf
das Volk auswirkt, und in allen Stufen der Verwaltung. Da der Unterschied von Form und Kern
auf allen diesen Stufen wiederkehrt, kann man diesen
Unterschied nur dann erkennen, wenn man sie alle
zusammen sieht. In einem Land erkennt man den Geist
des Ministeriums zunächst an den Manövern der Un-
tergebenen; in einem anderen muß man beobachten,
wie die Mitglieder des Parlaments gewählt werden,
um zu beurteilen, ob es wahr ist, daß die Nation frei
sei; in welchem Land es auch sei – wer nur die Städte
kennt, kann unmöglich die Regierung kennen, da der
Geist einer Regierung für die Stadt niemals der gleiche
ist wie der für das Land. Es ist aber das Land, das
ein Land ausmacht, und die Landbevölkerung, die
eine Nation bildet.

Dieses Studium der verschiedenen Völker in ihren

abgelegenen Provinzen und in der Einfachheit ihres
ursprünglichen Geistes ergibt eine allgemeine Beobachtung, die meinem Wahlspruch sehr günstig und dem
menschlichen Herzen sehr tröstlich ist, nämlich, daß
alle Nationen, wenn man sie beobachtet, viel mehr
wert zu sein scheinen; je mehr sie sich der Natur
nähern, um so mehr herrscht die Güte in ihrem Charakter vor; nur dadurch, daß sie sich in den Städten
verschließen, daß sie durch die Kultur verdorben werden, entarten sie und vertauschen einige eher grobe
als schädliche Fehler in angenehme und verderbliche
Laster.

Aus dieser Beobachtung folgt ein weiterer Vorteil
für die Art, wie ich zu reisen vorschlage: daß nämlich
die jungen Leute sich weniger in den großen Städten
aufhalten und der entsetzlichen Verderbnis, die dort
herrscht, weniger ausgesetzt sind, daß sie unter ein-
facheren Menschen und in weniger großen Gesellschaften ein sichereres Urteil, einen gesunderen Geschmack
und ehrbarere Sitten bewahren. Im übrigen ist jedoch
diese Ansteckung für meinen Emile kaum zu befürchten; er besitzt alles, um sich davor zu hüten. Unter
allen Vorsichtsmaßnahmen, die ich dafür getroffen
habe, schlage ich die Neigung, die er im Herzen trägt,
am höchsten an.

Man weiß nichts mehr davon, was wahrhafte Liebe
über die Neigungen der jungen Leute vermag; denn die,
die sie erziehen, wissen von ihr nicht mehr als sie selbst
und lenken sie nur davon ab. Indessen gilt der Satz, daß
ein junger Mensch entweder lieben muß oder der Ausschweifung verfallen. Es ist leicht, durch den äußeren
Schein den gegenteiligen Eindruck zu erwecken. Man
wird mir tausend junge Männer nennen, die, so sagt
man, ohne Liebe ein sehr keusches Leben führen; man
nenne mir jedoch einen ausgewachsenen Mann, einen
wirklichen Mann, dem man glauben darf und der sagt,
er habe seine Jugend so verbracht. In allen Tugenden,

in allen Pflichten ist man nur auf den Schein aus; ich aber will die Wirklichkeit, und ich müßte mich täuschen, wenn es andere Wege gäbe, dahin zu gelangen, als die, die ich angebe.

Die Idee, Emile sich vor seinen Reisen verlieben zu lassen, stammt nicht von mir. Folgende kleine Geschichte hat sie mir eingegeben.

Ich war in 'Venedig zu Besuch bei dem Erzieher eines jungen Engländers. Es war Winter und wir saßen am Feuer. Dem Erzieher werden seine Briefe mit der Post gebracht. Er liest sie, und einen davon liest er seinem Zögling vor. Er war in englischer Sprache geschrieben – ich verstand kein Wort; aber während der Erzieher vorlas, sah ich, wie der junge Mann sich seine wunderschönen Spitzenmanschetten abriß und, so vorsichtig er konnte, damit niemand es merkte, eine nach der anderen ins Feuer warf. Überrascht von diesem seltsamen Einfall sehe ich ihm ins Gesicht und glaube, Bewegtheit darin zu lesen; aber die äußeren Anzeichen der Leidenschaften, obgleich bei allen Menschen ziemlich ähnlich, besitzen doch nationale Unterschiede, über die man sich leicht irrt. Die Völker haben ihre verschiedenen Sprachen auf dem Gesicht so gut wie im Mund. Ich warte, bis der Brief zu Ende gelesen ist, und dann zeige ich dem Erzieher die entblößten Handgelenke seines Zöglings, der sie, so gut er konnte, zu verbergen suchte, und sage: „Darf man erfahren, was das bedeutet?"

Der Erzieher, der sah, was geschehen war, brach in Lachen aus, umarmte seinen Zögling mit zufriedener Miene; und nachdem er sich dessen Einverständnis geholt hatte, gab er mir die gewünschte Erklärung.

„Die Manschetten", sagte er, „die Mr. John eben abgerissen hat, sind das Geschenk einer Dame dieser Stadt, das sie ihm vor kurzem gemacht hat. Nun wissen Sie wohl, daß Mr. John in seiner Heimat einer jungen Dame versprochen ist, die er sehr liebt und die noch mehr Liebe verdient. Dieser Brief ist von der Mutter seiner Geliebten, und ich will Ihnen die Stelle übersetzen, die den Schaden angerichtet hat, dessen Zeuge Sie gewesen sind.

,Lucy läßt die Manschetten für Lord John nicht mehr aus den Händen. Gestern verbrachte Miss Betty Roldham den Nachmittag mit ihr und wollte ihr mit aller Gewalt bei ihrer Arbeit helfen. Da ich wußte, daß Lucy heute früher aufgestanden war als gewöhnlich, wollte ich sehen, was sie machte und fand sie damit beschäftigt, alles wieder aufzutrennen, was Miss Betty gestern gearbeitet hatte. Sie will nicht, daß auch nur ein einziger Stich an ihrem Geschenk von einer anderen Hand gemacht sei, als von der ihren.' "

Einen Augenblick später ging Mr. John hinaus, um andere Manschetten anzulegen, und ich sagte zu seinem Erzieher: „Sie haben einen Zögling von vortrefflicher Gemütsart; aber sagen Sie mir ehrlich – ist der Brief von Miss Lucys Mutter nicht mit ihr verabredet? Ist er nicht ein Hilfsmittel nach Ihrer Art gegen die Manschetten-Dame?" „Nein", sagte er, „es verhält sich wirklich so; soviel Kunstgriffe habe ich gar nicht bei meinen Bemühungen angewandt; ich habe Einfalt und Eifer darauf gewandt, und Gott hat mein Werk gesegnet."

Die Geschichte dieses jungen Mannes ist mir nicht aus dem Gedächtnis gewichen – sie war nicht derart, daß sie im Kopf eines solchen Grüblers, wie ich bin, nicht hätte weiterwirken müssen.

Es ist Zeit, zum Ende zu kommen. Führen wir Lord John zu Miss Lucy zurück, das heißt Emile zu Sophie. Mit einem nicht weniger zärtlichen Herzen, als er es vor seiner Abreise besaß, bringt er ihr einen aufgeklärteren Geist zurück, und in sein Land bringt er den Gewinn mit, die Regierungen durch all ihre Fehler kennengelernt zu haben und die Völker durch all ihre Tugenden. Ich war sogar darauf bedacht, daß er sich in jeder Nation irgendeinem verdienstvollen Mann durch einen Pakt der Gastfreundschaft nach dem Beispiel der Alten verband, und ich hätte nichts dagegen, wenn er diese Bekanntschaften durch Briefwechsel kultivieren würde. Abgesehen davon, daß es immer reizvoll ist, einen Briefwechsel mit Menschen in weit entfernten Ländern zu pflegen, beugt er auch in bester Weise der Herrschaft nationaler Vorurteile vor, die, da sie unser Leben lang auf uns eindringen, früher oder später eine gewisse Macht über uns haben. Nichts ist geeigneter, ihnen diese Macht zu nehmen, als der uneigennützige Verkehr vernünftiger Menschen untereinander, die man hochschätzt und die, da sie diese Vorurteile nicht besitzen und sie mit den ihren bekämpfen, uns die Mittel in die Hand geben, fortwährend die einen den anderen entgegenzustellen und uns so vor ihnen allen zu bewahren. Mit Ausländern in unsrem Land oder in dem ihren zu verkehren, ist nicht das gleiche. Im ersteren Fall beobachten sie für das Land, in dem sie leben, in ihrem Urteil eine gewisse Schonung, durch die sie verbergen, was sie von ihm denken, oder die sie günstig über es denken läßt, so lange sie dort sind; sind sie wieder nach Hause zurückgekehrt, stecken sie einen Pflock zurück und sind nur noch gerecht. Ich wäre sehr froh, wenn der Ausländer, in dessen Land ich komme, mein Land vorher gesehen hätte, aber um sein Urteil darüber würde ich ihn erst in seinem Land bitten.

Nachdem wir fast zwei Jahre gebraucht haben, um einige der großen und viel mehr der kleinen Staaten Europas zu durchreisen; nachdem wir ihre zwei oder drei Hauptsprachen erlernt haben; nachdem wir dort gesehen haben, was wirklich sehenswert ist, sei es aus der Naturgeschichte, sei es aus der Politik, aus der Kunst, seien es Menschen, kündigt mir Emile, von Ungeduld verzehrt, endlich an, daß der Abschluß unsrer Reise nahe sei. Ich sage ihm nun: „Gut! mein Freund,

du erinnerst dich des Hauptzwecks unsrer Reisen; du
hast gesehen, du hast beobachtet: was ist nun das Ergebnis deiner Beobachtungen? Wozu willst du dich
entschließen?" Entweder habe ich mich in meiner
Methode geirrt, oder er muß mir ungefähr so antworten:

„Wozu ich mich entschließe? das zu bleiben, was Sie
aus mir gemacht haben und mir freiwillig keine anderen Fesseln anzulegen als die, durch die mich Natur
und Gesetze binden. Je mehr ich das Werk der Menschen in ihren Institutionen erforsche, um so mehr erkenne ich, daß sie sich gerade dadurch, daß sie unabhängig sein wollen, zu Sklaven machen und daß sie
ihre Freiheit selbst in vergeblichen Bemühungen auf-
brauchen, sie zu sichern. Um dem Ansturm der Dinge
nicht nachzugeben, knüpfen sie tausend Bande; wenn
sie dann einen Schritt tun wollen, so können sie es
nicht und wundern sich, überall gebunden zu sein. Mir
scheint, daß man nichts zu tun braucht, um frei zu
werden; es genügt, nicht aufhören zu wollen, es zu
sein. Sie, ach, mein Meister, haben mich frei gemacht,
indem Sie mich lehrten, der Notwendigkeit zu gehorchen. Sie mag kommen, wann immer sie will, ich werde
ihr ohne Zwang folgen; und da ich nicht gegen sie
ankämpfen will, binde ich mich an nichts, das mich
zurückhalten kann. Ich habe auf unsren Reisen versucht, einen Erdenwinkel zu finden, wo ich mir ganz
und gar selbst gehören könnte; aber an welchem Ort
unter den Menschen ist man nicht mehr ihren Leidenschaften ausgeliefert? Nachdem ich alles sorgfältig
überdacht habe, bin ich darauf gekommen, daß mein
Wunsch selbst widersprüchlich war; denn selbst wenn
ich an nichts anderes gebunden wäre, so wäre ich zumindest an den Boden gebunden, auf dem ich mich
niedergelassen hätte; mein Leben wäre an diesen Boden gebunden wie das der Dryaden an ihre Bäume;
ich habe erkannt, daß ich, da Herrschaft und Freiheit

zwei unvereinbare Begriffe sind, nur Herr einer Hütte
sein könnte, wenn ich es aufgäbe, mein eigener Herr
zu sein.

Hoc erat in votis, modus agri non ita magnus[71].

Ich erinnere mich, daß mein Vermögen der Grund
unsrer Forschungen war. Sie bewiesen mir sehr gründlich, daß ich nicht Vermögen und Freiheit zugleich bewahren könne; aber wenn Sie wollten, daß ich gleichzeitig frei und bedürfnislos sein sollte, wollten Sie
zwei unvereinbare Dinge, denn ich könnte mich der
Abhängigkeit von den Menschen nur entziehen, indem
ich mich in die von der Natur begäbe. Was soll ich
also mit dem Vermögen, das meine Eltern mir hinterlassen haben? Ich will zunächst davon unabhängig
werden; ich werde alle Bande lösen, die mich daran
fesseln. Läßt man es mir, so wird es mir bleiben;
nimmt man es mir, so werde ich ihm nicht nachlaufen.
Ich werde mich nicht bemühen, es zu behalten, sondern fest an meinem Platz bleiben. Ob reich oder arm
– ich werde frei sein. Ich werde es nicht nur in diesem
oder jenem Land sein, in dieser oder jener Gegend;
ich werde es auf der ganzen Erde sein. Für mich sind
alle Fesseln der gesellschaftlichen Meinung gesprengt;
ich kenne nur die der Notwendigkeit. Von Geburt an
lernte ich, sie zu tragen, und ich werde sie bis zum Tod
tragen, denn ich bin Mensch; und warum sollte ich sie
nicht als freier Mann tragen, da ich sie als Sklave
auch noch tragen müßte, und überdies noch die der
Versklavung?

Was bedeutet mir meine Stellung in der Welt? was
tut's, wo ich bin? Überall, wo Menschen sind, bin ich
bei meinen Brüdern; überall da, wo keine sind, bin ich
zu Hause. Soweit ich unabhängig und reich sein kann,
habe ich genug, um zu leben, und ich werde leben.
Wenn mein Besitz mich versklavt, werde ich freudig
auf ihn verzichten; ich habe Arme, um zu arbeiten,

und ich werde leben. Wenn meine Arme mir fehlen,
lebe ich, wenn man mich ernährt, und sterbe, wenn
man mich verläßt; ich sterbe auch dann, wenn man
mich nicht verläßt: denn der Tod ist kein Übel der
Armut, sondern ein Gesetz der Natur. Wann immer
der Tod kommt, biete ich ihm die Stirn, er wird mich
niemals dabei überraschen, etwas zu unternehmen, um
am Leben zu bleiben; er wird mich niemals daran
hindern, gelebt zu haben.

Dazu bin ich entschlossen, mein Vater. Hätte ich
keine Leidenschaften, so wäre ich, Mensch, der ich bin,
unabhängig wie Gott selbst, da ich niemals gegen das
Schicksal anzukämpfen hätte, weil ich nur will, was
ist. Ich habe wenigstens nur eine Fessel, die einzige,
die ich immer tragen werde, und ich kann stolz darauf
sein. Nun geben Sie mir Sophie, und ich bin frei."

„Lieber Emile, ich bin sehr glücklich, aus deinem
Mund die Rede eines Mannes zu hören und die Empfindungen eines Mannes in deinem Herzen zu erkennen. Diese äußerste Selbstlosigkeit in deinem Alter
mißfällt mir nicht. Sie wird nachlassen, wenn du Kinder haben wirst, aber dann wirst du genau so sein,
wie ein guter Familienvater und ein weiser Mann sein
muß. Schon vor deinen Reisen wußte ich, wie ihre
Wirkung auf dich sein würde; ich wußte, daß du, wenn
du unsre Institutionen näher betrachten würdest, weit
davon entfernt sein würdest, ihnen ein Vertrauen zu
schenken, das sie nicht verdienen. Unter dem Schutz
der Gesetze erhofft man die Freiheit vergebens. Gesetze! wo gibt es sie und wo werden sie befolgt?
Überall hast du unter diesem Namen nur das Privatinteresse und die Leidenschaft der Menschen herrschen
sehn. Aber die ewigen Gesetze der Natur und der
Ordnung existieren. Dem Weisen ersetzen sie das positive Recht; sie sind vom Gewissen und von der Vernunft tief in sein Herz geschrieben; Ihnen muß er sich
unterordnen, um frei zu sein; und nur der ist Sklave,

der Böses tut, denn er tut es immer unfreiwillig. Unter keiner Regierungsform gibt es Freiheit, sie lebt im Herzen des freien Menschen; er trägt sie überall mit sich. Der niedrige Mensch trägt überall die Knechtschaft mit sich. Der eine wäre Sklave in Genf und der andere frei in Paris.

Wenn ich dir von den Pflichten des Bürgers spräche, würdest du mich vielleicht fragen, wo das Vaterland ist, und glauben, du hättest mich in Verwirrung gebracht. Darin würdest du dich jedoch täuschen, lieber Emile; denn wer kein Vaterland hat, hat zumindest eine Heimat. Es gibt immer eine Regierung und sogenannte Gesetze, unter denen er ruhig gelebt hat. Was macht es aus, wenn der Gesellschaftsvertrag nicht eingehalten worden ist, wenn das Einzelinteresse ihn so geschützt hat, wie es der Allgemeinwille getan hätte, wenn die öffentliche Gewalt ihn vor privaten Gewalttaten geschützt hat, wenn das Böse, das er tun sah, ihn das Gute lieben ließ, und wenn unsre Institutionen selbst ihn ihre eigenen Ungerechtigkeiten erkennen und hassen ließen? Ach, Emile! wo ist der rechtschaffene Mensch, der seiner Heimat nichts schuldet? Wer er auch sei, er schuldet ihr das dem Menschen Kostbarste, die Sittlichkeit seiner Handlungen und die Liebe zur Tugend. Im tiefsten Wald geboren, hätte er glücklicher und freier gelebt; da er aber gegen nichts anzukämpfen gehabt hätte, um seinen Neigungen nachzugehen, wäre er gut gewesen ohne Verdienst, er wäre nicht tugendhaft gewesen; und jetzt kann er es trotz seiner Leidenschaften sein. Allein der Anschein der Ordnung läßt ihn sie erkennen und lieben. Das allgemeine Wohl, das anderen nur als Vorwand dient, ist für ihn allein ein wirklicher Beweggrund. Er lernt, sich zu beherrschen, sich zu überwinden, sein eigenes Interesse dem allgemeinen Interesse zu opfern. Es ist nicht wahr, daß er aus den Gesetzen keinen Nutzen zieht; sie geben ihm den Mut, gerecht zu sein, sogar unter

den Bösen. Es ist nicht wahr, daß sie ihn unfrei ließen,
sie haben ihn Selbstbeherrschung gelehrt.

Sage also nicht: was kümmert es mich, wo ich bin?
Es ist wichtig für dich, da zu sein, wo du alle Pflichten
erfüllen kannst; und eine dieser Pflichten ist die Anhänglichkeit an deinen Geburtsort. Deine Landsleute
schützten dich als Kind, du mußt sie als Erwachsener
lieben. Du mußt mit ihnen leben oder zumindest
irgendwo, von wo aus du ihnen, soviel wie du nur eben
kannst, von Nutzen bist, und wo sie dich erreichen
können, sollten sie jemals deiner bedürfen. Es gibt
Umstände, wo ein Mensch außerhalb seines Vaterlandes seinen Mitbürgern nützlicher sein kann, als
lebte er mitten unter ihnen. Dann darf er nur seinem
Eifer gehorchen und muß sein Exil ohne Murren ertragen; dieses Exil selbst gehört zu seinen Pflichten.
Aber du, guter Emile, dem niemand diese schmerz-
lichen Opfer auferlegt, du, der du dir nicht die traurige Aufgabe gestellt hast, den Menschen die Wahrheit
zu sagen, gehe und lebe unter ihnen, pflege ihre
Freundschaft in liebevollem Verkehr, sei ihr Wohltäter, ihr Vorbild: Dein Beispiel wird ihnen mehr dienen als all unsere Bücher, und das Gute, das sie dich
tun sehn werden, wird sie mehr rühren als all unsere
vergeblichen Reden.

Darum ermuntere ich dich aber nicht, in den großen
Städten zu leben; im Gegenteil, eines der Beispiele,
das die Guten den anderen geben müssen, ist das des pa-
triarchalischen und ländlichen Lebens, das ursprüngliche
Leben des Menschen, das friedlichste, natürlichste und
süßeste Leben für den, der kein verdorbenes Herz hat.
Glücklich das Land, mein junger Freund, wo man den
Frieden nicht in einer Wüste zu suchen braucht! Aber
wo ist dieses Land? Ein Mensch, der wohltätig sein
möchte, kann dieser Neigung nur schlecht in den Städten nachgehen, wo er fast nur Intriganten oder Schurken findet, um seinen Eifer zu betätigen. Die Auf-

nahme, die man dort den Nichtstuern gewährt, die ihr
Glück dort machen wollen, vollendet nur die Ver-
wüstung des Landes, das man eher auf Kosten der
Städte neu bevölkern müßte. Alle Menschen, die sich
aus der großen Gesellschaft zurückziehen, sind gerade
deshalb nützlich, weil sie sich aus ihr zurückziehen, da
alle ihre Laster eben daher stammen, daß sie zu zahl-
reich ist. Sie sind auch dadurch nützlich, daß sie in die
abgeschiedenen Orte Leben, Kultur und die Liebe zu
ihrem ursprünglichen Zustand mitbringen. Es rührt
mich, wenn ich daran denke, welche Wohltat Emile
und Sophie aus ihrer einfachen Zurückgezogenheit her
um sich verbreiten, wie sehr sie das Land beleben und
den erloschenen Eifer des unglückseligen Dorfbewoh-
ners wieder erwecken können. Ich glaube schon das
Volk sich vermehren zu sehn, die Felder fruchtbar
werden, den Boden eine neue Frische annehmen, Fülle
und Überfluß die Arbeit in Feste verwandeln zu sehen
und die Freudenrufe und Segenssprüche sich während
der ländlichen Spiele um das liebenswerte Paar erheben zu hören, das sie alle wiederbelebt hat. Das Goldene Zeitalter wird wie ein Phantasiegebilde betrachtet, und für den, der ein verdorbenes Herz und einen
verdorbenen Geschmack hat, wird es immer eines bleiben. Es ist nicht einmal wahr, daß man es zurücksehnt, denn solche Sehnsucht ist immer vergebens. Was
brauchte es also, um es wiedererstehen zu lassen? nur
eines, etwas Unmögliches, nämlich es zu lieben.

Um den Wohnsitz Sophies herum scheint es schon
wieder zu erstehen; ihr werdet zusammen nur das
vollenden, was jene würdigen Eltern begonnen haben.
Aber, mein lieber Emile, ein so süßes Leben darf dir nicht
die mühsamen Pflichten verleiden, wenn sie dir jemals
auferlegt werden: erinnere dich, daß die Römer vom
Pflug zum Konsulat kamen. Wenn der Fürst oder der
Staat dich zum Dienst am Vaterland ruft, lasse alles,
um das ehrenvolle Amt des Bürgers auf dem Posten

zu erfüllen, den man dir zuweist. Wenn dir dieses Amt
lästig ist, so gibt es ein ehrenhaftes und sicheres Mittel,
es loszuwerden: es mit so viel Unbestechlichkeit führen, daß man es dir nicht lange läßt. Im übrigen
brauchst du kaum zu befürchten, daß du in die Verlegenheit eines solchen Auftrags kommst; solange es
Menschen dieses Jahrhunderts geben wird, wirst nicht
du es sein, den man zum Dienst am Staat holt."

Warum ist es mir nicht gestattet, die Rückkehr
Emiles zu Sophie auszumalen und das Ende ihrer jungen Liebe oder vielmehr den Beginn der ehelichen
Liebe, die sie vereint! eine auf Hochachtung gegründete Liebe, die das ganze Leben andauert, auf die Tugenden, die nicht mit der Schönheit vergehen, auf die
Übereinstimmung der Charaktere, die den Umgang
miteinander verschönen und den Reiz der ersten Vereinigung noch bis ins Alter verlängern. Aber all diese
Einzelzüge könnten gefallen, ohne nützlich zu sein,
und bis jetzt habe ich mir nur solche liebenswerten Einzelzüge erlaubt, die ich von Nutzen glaubte. Soll ich
am Ende meiner Aufgabe diese Linie verlassen? Nein;
ich fühle auch, daß meine Feder müde geworden ist.
Zu schwach für so große Arbeiten, würde ich diese
aufgeben, wenn sie nicht schon so weit gediehen wäre;
um sie nicht unvollkommen zu lassen, ist es Zeit, daß
ich sie vollende.

Endlich sehe ich Emiles zauberhaftesten Tag herankommen und für mich den glücklichsten; ich sehe mein
Werk gekrönt und beginne, seine Frucht zu genießen.
Das würdige Paar vereint sich durch eine unlösbare
Fessel; ihr Mund spricht Eide, die nicht vergebens gesprochen werden, und ihr Herz bestätigt sie: sie sind
Ehegatten. Als sie aus der Kirche treten, lassen sie
sich führen; sie wissen nicht, wo sie sind, wohin sie
gehen, was um sie herum geschieht. Sie hören nichts,
sie antworten nur mit wirren Worten, ihre verstörten
Augen sehen nichts mehr. O Rausch! o menschliche

Schwäche! das Gefühl des Glücks erdrückt den Menschen, er ist nicht stark genug, es zu ertragen.

Es gibt sehr wenig Menschen, die an einem Hochzeitstag den Neuvermählten gegenüber den richtigen Ton zu gebrauchen verstehen. Die schweigsame Zurückhaltung der einen und die leichten Reden der anderen scheinen mir gleich fehl am Platz. Mir wäre es lieber, man ließe die jungen Herzen sich ineinander versenken und sich einer Erregung hingeben, die nicht ohne Reiz ist, als sie so grausam aus ihr herauszureißen, um sie durch eine falsche Wohlanständigkeit traurig zu machen, oder um sie durch schlechte Scherze in Verlegenheit zu bringen, die, sollten sie ihnen in jedem anderen Augenblick gefallen, ihnen an einem solchen Tag ganz gewiß ungelegen sind.

In der süßen Mattigkeit, die sie verwirrt, sehe ich meine beiden jungen Leute keiner dieser Redensarten, die man für sie hat, Gehör schenken. Ich, der ich will, daß man jeden Tag des Lebens genießt, sollte ich sie einen so kostbaren verlieren lassen? Nein, ich will, daß sie ihn genießen, daß sie ihn auskosten, daß er seine Wollust für sie hat. Ich entreiße sie der zudringlichen Menge, die sie überwältigt, und auf einem versteckten Spaziergang rufe ich sie zu sich selbst zurück, indem ich über sie zu ihnen spreche. Ich will nicht nur zu ihren Ohren sprechen, sondern zu ihren Herzen; und ich weiß wohl, was das einzige ist, das sie an diesem Tag beschäftigen kann.

„Meine Kinder", sage ich und nehme beide an die Hand, „vor drei Jahren sah ich diese glühende und reine Flamme sich entfachen, die heute euer Glück ist. Sie ist unaufhörlich größer geworden; ich sehe in euren Augen, daß sie den letzten Grad ihrer Glut erreicht hat; sie kann nun nur schwächer werden." Seht ihr nicht, Leser, Emiles Ausbrüche, die Heftigkeit, die Schwüre, die verächtliche Miene, mit der Sophie ihre Hand aus der meinen löst, und die zärtlichen Beteuerungen, die beider Augen einander machen, bis zum letzten Atemzug einander anzubeten? Ich lasse sie gewähren und fahre dann fort.

„Ich habe oft gedacht, wenn man das Glück der Liebe in der Ehe fortsetzen könnte, hätte man das Paradies auf Erden. Bis jetzt hat es das noch nie gegeben. Sollte es aber nicht ganz und gar unmöglich sein, so seid ihr beide gerade würdig, ein Beispiel zu geben, das euch niemand gegeben hat und dem es nur wenige Eheleute gleichzutun vermögen. Wollt ihr, meine Kinder, daß ich euch ein Mittel dafür sage, das ich für das einzig mögliche halte?

Sie sehen einander lächelnd an und sind über meine Einfältigkeit belustigt. Emile bedankt sich rund heraus für mein Rezept und sagt mir, er glaube, Sophie habe da ein besseres, und was ihn betreffe, so genüge es ihm. Sophie gibt ihm recht und scheint ganz genauso vertrauensvoll. Indessen glaube ich durch sein spöttelndes Gehabe ein wenig Neugier durchschimmern zu sehen. Ich beobachte Emile genau; seine glühenden Augen verschlingen die Reize seiner Frau; das ist das einzige, worauf er neugierig ist, und alle meine Reden kümmern ihn wenig. Nun lächle ich und sage bei mir: Ich werde dich bald zum Zuhören kriegen.

Der fast unmerkliche Unterschied zwischen diesen geheimen Regungen offenbart einen sehr charakteristischen Unterschied bei beiden Geschlechtern, der den bestehenden Vorurteilen widerspricht, daß nämlich im allgemeinen die Männer weniger treu sind als die Frauen und sich eher als sie von der glücklichen Liebe abwenden. Die Frau fühlt schon frühzeitig die Unbeständigkeit des Mannes voraus und ist darüber beunruhigt*; das macht sie auch eifersüchtiger. Wenn er

---

* In Frankreich sind es die Frauen, die sich zuerst lösen; und das ist natürlich, da sie wenig Temperament haben und nur hofiert werden wollen; wenn ein Ehemann ihnen nicht mehr den Hof macht, kümmert sie seine Person kaum noch. Dagegen ist es in anderen Ländern der

anfängt, zu erkalten, sieht sie sich gezwungen, alles aufzubringen, was sie ehemals tat, um ihm zu gefallen, damit sie ihn sich erhält, und weint, demütigt sich jetzt ihrerseits, aber selten mit dem gleichen Erfolg. Zuneigung und Bemühungen gewinnen die Herzen, bringen sie aber kaum wieder zurück. Ich komme wieder auf mein Rezept gegen das Erkalten der Liebe in der Ehe zurück.

„Es ist einfach und leicht", fahre ich fort, „weiterhin Liebende zu sein, auch wenn ihr Ehegatten seid." „Das, in der Tat", sagt Emile über dieses Geheimnis lachend, „wird uns nicht schwerfallen."

„Schwerer als du vielleicht denkst. Gib mir bitte die Zeit, mich zu erklären.

Die Knoten, die man zu fest zuschnürt, reißen. So geschieht es mit der Ehe, wenn man ihr mehr Nachdruck geben will als sein darf. Die Treue, die die Ehe beiden Gatten auferlegt, ist das heiligste aller Rechte; aber die Macht, die sie dem einen über den anderen verleiht, ist zuviel. Zwang und Liebe vertragen sich schlecht, und die Lust läßt sich nicht befehlen. Ach, Sophie, erröten Sie nicht! und denken Sie nicht daran, wegzulaufen. Gott weiß, daß ich Ihre Zurückhaltung nicht verletzen will! aber es geht um das Glück Ihres Lebens. Gestatten Sie für einen so hohen Zweck ein Gespräch zwischen einem Gatten und einem Vater, das Sie sonst nicht ertragen würden.

Es ist nicht so sehr der Besitz als die Unterwerfung, die sättigt, und darum bewahrt man länger Zuneigung für seine Mätresse als für seine Ehefrau. Wie hat man nur aus den zärtlichsten Liebkosungen eine Pflicht machen können und ein Recht aus den süßesten Liebesbezeu-

---

Ehemann, der sich zuerst löst; das ist ebenfalls natürlich, da die Frauen, treu, aber aufdringlich, ihnen mit ihrem Verlangen lästig werden, sie anwidern. Bei diesen allgemein gültigen Wahrheiten kann es viele Ausnahmen geben; *aber*, jetzt glaube ich, daß es allgemein gültige Wahrheiten sind.

gungen? Das gegenseitige Verlangen macht das Recht
aus, die Natur kennt kein anderes. Das Gesetz kann
dieses Recht einschränken, aber nicht erweitern. Die
Wollust ist so süß durch sich selbst! soll sie von der
tristen Beschränkung die Kraft bekommen, die sie nicht
aus ihren eigenen Reizen schöpfen kann? Nein, meine
Kinder, in der Ehe sind die Herzen verbunden, doch
die Leiber sind nicht verknechtet. Ihr schuldet einander
Treue, nicht Willfährigkeit. Jeder von euch beiden
kann nur dem anderen gehören, darf ihm aber nur
soweit gehören als es ihm gefällt.

Wenn es also wahr ist, lieber Emile, daß du der
Liebhaber deiner Frau sein willst, so sei sie immer
deine Herrin und die ihre; sei ein glücklicher, aber
respektvoller Liebhaber; laß dir alles von der Liebe
geben, ohne etwas von der Pflicht zu fordern, und betrachte die geringste Gunst niemals als dein Recht, sondern als Gnade. Ich weiß, daß die Scham sich vor ausgesprochenen Liebeserklärungen verhüllt und besiegt
werden will; kann sich aber der Liebhaber mit Zartgefühl und wirklicher Liebe über das heimliche Verlangen täuschen? Weiß er nicht, wann Herz und Augen
gewähren, was der Mund zu versagen vorgibt? Immer
Herr über seine Person und über seine Liebesbeweise,
soll jeder von euch das Recht haben, sie dem anderen
nur nach eigenem Willen zu geben. Haltet euch immer
vor Augen, daß selbst in der Ehe die Lust nur dann
legitim ist, wenn das Verlangen geteilt wird. Fürchtet
nicht, meine Kinder, daß dieses Gebot euch voneinander entfernt; im Gegenteil: es wird euch beide eifriger
machen, euch zu lieben, und der Übersättigung vorbeugen. Da ihr einzig auf euch selbst angewiesen seid,
werden Natur und Liebe euch einander nahe genug
bringen."

Bei diesen und weiteren ähnlichen Worten wird
Emile wütend und protestiert; Sophie, voller Scham,
hält ihren Fächer vor die Augen und sagt nichts.

Der Ungehaltenste von beiden ist vielleicht nicht der, der sich am lautesten beklagt. Mitleidslos bleibe ich beim Thema: ich mache Emile wegen seiner geringen Delikatesse erröten; daß Sophie ihren Vertrag einhält, dafür verbürge ich mich. Ich fordere sie auf, zu sprechen; man wird sich wohl denken können, daß sie es nicht wagt, mich Lügen zu strafen. Emile, beunruhigt, befragt die Augen seiner jungen Frau; durch all ihre Verstörtheit hindurch sieht er sie voller wollüstiger Verwirrung, die ihn gegenüber dem Wagnis des Vertrauens beruhigt. Er wirft sich ihr zu Füßen, küßt hingebungsvoll die Hand, die sie ihm reicht, und schwört, daß er außer der gelobten Treue auf jedes andere Recht über sie verzichtet. „Meine treue Gattin", sagt er, „sei der Herr meiner Lust so wie du der Herr meines Lebens und meines Schicksals bist. Sollte deine Grausamkeit mich auch mein Leben kosten, in deine Hand lege ich meine teuersten Rechte. Nichts will ich deinem Entgegenkommen verdanken, alles will ich von deinem Herzen erhalten."

Beruhige dich, guter Emile: Sophie ist selbst zu großherzig, um dich als Opfer deiner Großherzigkeit sterben zu lassen.

Am Abend, als ich sie verlassen will, sage ich ihnen im ernstesten Ton, der mir möglich ist: „Vergeßt beide nicht, daß ihr frei seid und daß es hier nicht um die ehelichen Pflichten geht; glaubt mir – keine falsche Willfährigkeit. Emile, willst du mitkommen? Sophie erlaubt es." Emile, wütend, möchte mich am liebsten schlagen. „Und Sie, Sophie, was sagen Sie dazu? soll ich ihn mitnehmen?" Die Lügnerin sagt errötend ja. Reizende und süße Lüge, die schöner ist als die Wahrheit!

Am nächsten Tag . . . das Bild des Glücks lächelt den Menschen nicht mehr: die Verderbtheit des Lasters hat ihren Geschmack ebenso entarten lassen wie ihre Herzen. Sie können nicht mehr empfinden, was rüh-

rend ist, noch erkennen, was liebenswert ist. Ihr, die
ihr euch um die Lust auszumalen, immer nur glückliche
Liebende vorstellt, in Wonne badend – wie unvollkommen sind eure Bilder noch! sie stellen nur die eine,
die gröbste Seite dar; die süßesten Wonnen der Lust
sind nicht darauf. Ach, wer von euch hat jemals zwei
unter glücklichen Vorzeichen vereinte junge Eheleute
das hochzeitliche Bett verlassen sehen, in ihren
schmachtenden und keuschen Blicken die Trunkenheit
der süßen Lüste, die sie gekostet haben, die liebenswerte Geborgenheit der Unschuld und die nun so zauberhafte Gewißheit, den Rest des Lebens miteinander
zu verbringen? Das ist das Hinreißendste für des
Menschen Herz; das ist das wahre Bild der Lust: Ihr
habt es hundertmal gesehen, ohne es zu erkennen; eure
verhärteten Herzen sind nicht geschaffen, es zu lieben.
Sophie, glücklich und friedvoll, verbringt den Tag in
den Armen ihrer zärtlichen Mutter; es ist ein süßes
Ausruhen nach einer Nacht in den Armen eines Ehemannes.

Am übernächsten Tag bemerke ich schon, daß das
Bild sich ein wenig verändert hat. Emile will ein
wenig unzufrieden scheinen; aber durch diese Heuchelei hindurch bemerke ich einen so zärtlichen Eifer
und sogar soviel Unterwürfigkeit, daß ich nichts
Schlimmes voraussehe. Was Sophie angeht, so ist sie
heiterer als am Vortag, ich sehe in ihren Augen ein
Licht der Befriedigung glänzen; sie ist reizend zu
Emlie; sie ärgert ihn fast auf neckische Weise, worüber
er nicht mehr verdrossen ist.

Diese Veränderungen sind kaum spürbar, aber sie
entgehen mir nicht: sie beunruhigen mich, ich nehme
mir Emile beiseite; ich erfahre, daß er trotz seiner
Klagen, trotz seiner flehentlichen Bitten die vorher-
gehende Nacht getrennt von Sophie verbringen mußte.
Die Herrschsüchtige hat rasch von ihrem Recht Gebrauch gemacht. Es kommt zu einer Auseinanderset-

zung: Emile beklagt sich bitter, Sophie scherzt; schließlich aber, da sie sieht, daß er allmählich allen Ernstes wütend wird, wirft sie ihm einen Blick voller Sanftmut und Liebe zu, preßt meine Hand und spricht nur dies eine Wort, aber in einem Ton, der in die Seele dringt: *Der Undankbare!* Emile ist so dumm, daß er es nicht begreift. Aber ich begreife es; ich schicke Emile fort und nehme mir nun Sophie beiseite.

„Ich erkenne", sage ich, „den Grund dieser Laune. Man könnte nicht mehr Delikatesse besitzen, sie aber auch nicht in einem ungünstigeren Augenblick anwenden. Beruhigen Sie sich, liebe Sophie; ich habe Ihnen einen Mann gegeben, fürchten Sie nicht, ihn als einen Mann zu nehmen. Sie haben die ersten Früchte seiner Jugend genossen, er hat sie noch an niemanden verschwendet und wird sie lange für Sie bewahren.

Mein liebes Kind, ich muß Ihnen die Gesichtspunkte klarlegen, die ich während der Unterhaltung, die wir drei vorgestern hatten, verfolgte. Sie haben darin vielleicht nur die Geschicklichkeit gesehen, wie Sie Ihre Lust bezähmen sollen, um sie dauerhaft zu machen. Ach, Sophie! Sie hatte einen anderen, meiner Absichten würdigeren Zweck. Nun, da Emile Ihr Gatte geworden ist, ist er Ihr Oberhaupt geworden; an Ihnen ist es, zu gehorchen, so hat es die Natur gewollt. Gleicht die Frau Sophie, so ist es jedoch gut, wenn der Mann von ihr gelenkt wird; auch das ist das Gesetz der Natur; und um Ihnen soviel Recht über sein Herz zu geben wie sein Geschlecht ihm über Ihre Person gibt, habe ich Sie zum Schiedsrichter über seine Lüste gemacht. Das wird Sie schmerzliche Entbehrungen kosten; aber Sie werden ihn beherrschen, wenn Sie sich selbst beherrschen können; und das, was schon geschehen ist, zeigt mir, daß diese so schwierige Kunst nicht über Ihren Mut hinausgeht. Sie werden lange Zeit durch die Liebe herrschen, wenn Sie Ihre Gunst rar und kostbar machen, wenn Sie ihr den rech-

ten Wert geben. Wollen Sie Ihren Mann ständig zu
Ihren Füßen sehen, dann halten Sie ihn immer in
einigem Abstand von sich. Aber legen Sie in Ihre
Strenge Bescheidenheit und keine Laune; er soll Sie
zurückhaltend sehen, aber nicht launisch; achten Sie
darauf, daß Sie, wenn Sie seine Liebe mäßigen, keinen
Zweifel über die Ihre bei ihm aufkommen lassen.
Lassen Sie sich durch Ihre Gunst lieben und durch
Ihr Verweigern achten; er soll die Keuschheit seiner
Frau ehren, ohne über ihre Kälte zu klagen haben.

So, mein liebes Kind, wird er Ihnen Vertrauen
schenken, wird auf Ihre Ratschläge hören, wird sich
mit Ihnen über seine Geschäfte besprechen und nichts
entscheiden, ehe er Sie befragt hat. So können Sie ihn
wieder zur Vernunft bringen, wenn er in die Irre geht,
ihn durch sanfte Überredung wieder zu sich bringen,
liebenswert sein, um nützlich zu sein, die Koketterie
zum Vorteil der Tugend spielen lassen, und die Liebe
zum Vorteil der Vernunft.

Glauben Sie trotz all diesem nicht, daß eben diese
Kunst Ihnen immer dienen kann. Wie behutsam man
immer sein mag – der Genuß verbraucht die Lust, und
die Liebe vor allem anderen. Hat aber die Liebe lange
Zeit angehalten, werden leere Momente von einer
süßen Gewohnheit angefüllt, und der Zauber des Vertrauens folgt der Verzückung der Leidenschaft. Die
Kinder knüpfen zwischen denen, die ihnen das Leben
gaben, ein Band, das nicht weniger süß und oft stärker
ist als die Liebe selbst. Wenn Sie aufhören werden,
die Geliebte Emiles zu sein, werden Sie seine Frau und
seine Freundin sein; sie werden die Mutter seiner
Kinder sein. Anstelle Ihrer früheren Reserve setzen
Sie nun die größte Intimität; kein getrenntes Schlafen
mehr, kein Verweigern mehr, keine Launen mehr. Werden Sie so stark ein Teil von ihm, daß er Sie nicht
mehr entbehren kann und sich weit von sich selbst
entfernt fühlt, sobald er Sie verläßt. Sie, die Sie so

vollkommen den Zauber häuslichen Lebens in Ihrem
Elternhaus regieren ließen, lassen Sie ihn ebenso in
Ihrem Haus regieren. Jeder Mann, der zu Hause glück-
lich ist, liebt seine Frau. Denken Sie daran, daß, wenn
Ihr Mann zu Hause glücklich lebt, Sie eine glückliche
Frau sein werden.

Seien Sie jetzt nicht zu streng zu Ihrem Geliebten;
er hat mehr Entgegenkommen verdient; Ihre Skrupel
würden ihn verletzen; schonen Sie seine Gesundheit
nicht so sehr auf Kosten seines Glücks und genießen
Sie das Ihre. Man darf es nicht auf den Überdruß
ankommen lassen, aber auch das Verlangen nicht zurückstoßen; man darf nicht verweigern, um zu verweigern, sondern um dem, was man gewährt, den
rechten Wert zu geben."

Dann, als ich sie wieder zusammenführe, sage ich
in ihrer Gegenwart zu ihrem jungen Gatten: „Das
Joch, das man sich auferlegt hat, muß man tragen.
Sorge dafür, daß es dir leicht gemacht wird. Opfere
vor allem den Grazien und glaube nicht, daß du durch
Schmollen liebenswerter wirst." Der Frieden ist unschwer geschlossen; jeder kann sich leicht vorstellen,
unter welchen Bedingungen. Der Vertrag wird durch
einen Kuß besiegelt. Danach sage ich zu meinem Zögling: „Lieber Emile, ein Mann braucht sein Leben lang
Rat und Führung. Bis jetzt habe ich mein Bestes getan,
diese Pflicht dir gegenüber zu erfüllen; jetzt ist meine
lange Aufgabe beendet und die eines anderen beginnt.
Heute entsage ich der Autorität, die du mir vertrauensvoll gabst, und hier ist die, die von nun an dein
Erzieher sein wird."

Langsam beruhigt sich die erste Berauschtheit und
läßt sie in Ruhe den Zauber ihres neuen Lebens auskosten. Glückliche Liebende! würdige Gatten! Um ihre
Tugenden zu ehren, um ihre Glückseligkeit auszumalen, müßte man die Geschichte ihres Lebens schreiben. Wie oft, wenn ich in ihnen mein Werk betrachte,

fühle ich mich von Verzückung ergriffen, mein Herz
höher schlagen! Wie oft nehme ich ihre Hände in die
meinen, segne die Vorsehung und stoße glühende Seufzer aus! Wie viele Küsse presse ich auf diese beiden
Hände, die einander festhalten! mit wie vielen Tränen
der Freude fühlen sie sich benetzt! Rührung über-
kommt sie, wenn sie mein Entzücken teilen. Ihre achtbaren Eltern genießen noch einmal ihre Jugend in der
ihrer Kinder; sie beginnen sozusagen wieder in ihnen
zu leben oder erkennen vielmehr zum erstenmal den
Wert des Lebens: sie verfluchen ihren früheren Reichtum, der sie im gleichen Alter daran hinderte, ein so
bezauberndes Los zu genießen. Wenn es auf Erden
ein Glück gibt, so müssen wir es in dem stillen Ort
suchen, wo wir leben.

Nach einigen Monaten kommt Emile eines Morgens
in mein Zimmer, umarmt mich und sagt: „Mein Lehrer,
beglückwünschen Sie Ihr Kind; es hofft auf die Ehre,
bald Vater zu sein. Ach, welche Mühen werden unserem Eifer auferlegt werden, und wie sehr werden wir
Ihrer bedürfen! Gott verhüte, daß ich Sie auch den
Sohn aufziehen lasse, nachdem Sie den Vater aufgezogen haben. Gott verhüte, daß eine so heilige und
so süße Pflicht jemals durch einen anderen als mich
erfüllt werde, sollte ich auch für sie eine ebenso gute
Wahl treffen, wie man sie für mich getroffen hat!
Aber bleiben Sie der Lehrer der jungen Lehrer. Beraten Sie uns, führen Sie uns, wir werden fügsam sein:
ich werde Ihrer bedürfen, solange ich lebe. Jetzt, da
meine Pflichten als Mann beginnen, bedarf ich Ihrer
mehr als je. Sie haben die Ihren erfüllt; leiten Sie
mich, daß ich es Ihnen nachtun kann; und ruhen Sie
aus, es ist Zeit."

ANMERKUNGEN

VORWORT UND 1. BUCH

1. „Wir leiden an heilbaren Krankheiten und die Natur hilft uns, die wir zum rechten Dasein geschaffen sind, wenn wir nur uns bessern lassen wollen."

2. Madame *de Chenonceaux,* geb. Rochechouart-Pontville, Schwiegertochter von Madame Dupin (vgl. Einleitung S. 18). Die Ehe mit dem jungen, zügellosen und verschwenderischen Herrn von Chenonceaux (vgl. 2. Buch, Anm. 59) war sehr unglücklich; Herr von Chenonceaux, von seinen Gläubigern bedroht, mußte außer Landes gehen und starb früh. Madame de Chenonceaux hatte von ihm einen Knaben; bei der Freundschaft, die sie mit Rousseau verband, ist es begreiflich, daß sie von ihm Ratschläge zu dessen Erziehung erbat. Von dieser jungen Frau, „die zu denken verstand", berichtet Rousseau in den „Bekenntnissen": „Ich fand einen metaphysischen und nachdenklichen, obschon manchmal ein wenig sophistischen Geist an ihr. Ihre Unterhaltung, die durchaus nicht die einer jungen aus dem Kloster gekommenen Frau war, war für mich sehr reizvoll."

3. Der „Emile" ist in der Tat die einzige umfangreiche Abhandlung Rousseaus; der Umfang der vorangegangenen „Broschüren" wie die beiden Discours, der Brief an d'Alembert über das Schauspiel, aber ebenso der des nachfolgenden „Contrat social" beträgt nur einen Bruchteil des Erziehungstraktates.

4. Der „Emile" ist in der Einsamkeit der Ermitage und von Montmorency verfaßt worden (vgl. Einleitung S. 54).

5. John *Locke,* „Some thoughts concerning education" (1693).

6. An den *Prinzen von Württemberg,* der sich wegen der Erziehung seiner Tochter an Rousseau gewandt hatte, schrieb dieser: „Mir bleibt immer eine Angst, die ihren Grund in der extremen Schwierigkeit einer solchen Erziehung hat, daß sie nämlich nur als ganze gut ist ... geht man nicht bis zum Ende, so ist es ein großes Unrecht, überhaupt begonnen zu haben." Allein der Stand des Vaters und der künftige der Tochter schienen ihm ein fast unüberwindbarer Widerspruch zum Erziehungsziel und zur Erziehungsmethode des „Emile": „Man soll nicht zwei sich widersprechende Dinge wollen" (vgl. Briefe vom 21. Januar 1764 und 10. November 1763). Ähnlich an Abbé Maydieu, Hauslehrer des Sohnes des Herzogs von Villequier: „Wenn es wahr ist, daß Sie den Plan, den ich im *Emile* zu zeichnen versuchte, angewandt haben, so bewundere ich Ihren Mut; denn Sie sind einsichtig genug, um zu sehen, daß in einem solchen System nur alles oder nichts gilt und daß es hundertmal besser ist, den Trott der üblichen Erziehungsweisen

einzuschlagen und einen kleinen Junker zu erziehen, als der meinen halb zu folgen und nur einen verfehlten Menschen zu bilden" (Brief vom 28. Februar 1770).

7. Rousseau hat selber später sich in solche individuelle Anwendung seiner Erziehungsmaximen eingelassen in dem ausführlichen Briefwechsel mit dem Prinzen von Württemberg und in einigen Briefen an den Abbé de Maydieu. An diesen schreibt er: Es handelt sich nicht darum, „sklavisch meinen Ideen zu folgen, sondern im Gegenteil, sie häufig zu verbessern, aber sich an die Prinzipien zu halten und deren Konsequenzen genau zu folgen, freilich mit den Veränderungen, die notwendigerweise jede einzelne Anwendung fordert".

8. *Formey* (1711—97), protestantischer Geistlicher in Berlin, hatte einen „Anti-Emile" verfaßt. Der Pariser Verleger Rousseaus, Néaulme, hatte sich aus Furcht vor Schwierigkeiten, die ihm entstehen könnten, an Formey mit der Bitte gewandt, er möchte den „Emile" durchsehen „und von allem reinigen, was Grund zum Ärgernis geben könnte". So verfaßte Formey seinen „Emile chrétien", worin er wesentliche Teile aus Rousseaus „Emile" fortließ oder umschrieb. Rousseau hat sich über diese Travestierung seines Werkes besonders empört: daher die zahlreichen Anmerkungen, in denen er seinen Spott und Zorn über Formey ausläßt.

9. Der Vers stammt aus *Voltaires* „Mahomet" und heißt wörtlich — Rousseau zitiert, wie oft, nach dem Gedächtnis — „La nature, à mes yeux, n'est rien que l'habitude." Der Satz selbst ist ein alter Gemeinplatz: usum fieri alteram naturam.

10. Beide Beispiele aus *Plutarch* „Berühmte Aussprüche der Lacedämonier".

11. Vgl. hierzu Einleitung S. 68 f.

12. „Ich habe dich bemeistert, o Schicksal, und halte dich gefangen; alle deine Zugänge habe ich verschlossen, so daß du mir nichts anhaben kannst" (Cicero, Tuscul. V, 9).

13. „Die Hebamme bringt [das Kind] zur Welt, die Amme zieht es auf, der Pädagoge führt es, der Lehrer unterweist es." Terentius *Varro*, zitiert bei Nonius Marcellus. (Paedagogus ist der Sklave, der das Kind zur Schule führt.)

14. *L'homme abstrait.* Von allen Individualisationen absehen, heißt zunächst von allen *Standes*unterschieden absehen („Menschenbildung" gegen „Standesbildung"), aber weiterhin auch, wie Rousseau im Vorwort bereits vermerkt hat, von allen nationalen und regionalen und letztlich auch von den individuellen Unterschieden absehen. Rousseau hält sich an die allgemeinen Prinzipien und so ist dann Emile, trotz der teilweise romanhaften Form der Erzählung kein individueller Charakter, sondern „der Mann"; entsprechend hat Rousseau das Kapitel, in dem er die Erziehung Sophies dargestellt hat, betitelt: „Sophie oder die Frau".

15. Man vergleiche hierzu den berühmten Anfangssatz des 1. Kapitels

des „Contrat social": „Der Mensch ist frei geboren und ist überall in Ketten."

16. Vgl. Anm. 18.

17. Buffon, „Histoire naturelle", IV, p. 190.

18. Die folgenden Ausführungen über die rechte Pflege des Säuglings müssen in Zusammenhang gesehen werden mit zahlreichen gleichgerichteten Äußerungen der Zeit. Schon *Locke* hatte ähnliche Forderungen vertreten, ebenso *Buffon,* dessen „Histoire naturelle" seit 1752 erschien. Im Jahre 1760 erschien von J. C. *Desessartz* „Traité de l'éducation corporelle des enfants en bas âge". Man hat Rousseau dieser Schrift gegenüber des Plagiats bezichtigt, was aber durch neuere Untersuchungen (bes. von Peter D. Jimack) widerlegt ist: die wesentlichen Partien des 1. Buches des „Emile" waren geschrieben, ehe das Buch von Desessartz erschien. Unter den medizinischen Büchern zitiert Rousseau u. a. das des holländischen Arztes *Boerhaave* (vgl. Anm. 46). Nicht erwähnt, aber zweifellos gekannt hat er auch die 1754 erschienene Schrift des königlichen Arztes N. *Brouzet,* „Essai sur l'éducation médicinale des enfants", worin sich dieser u. a. ausführlich über die Wahl der Amme ausläßt. Bei Brouzet konnte Rousseau übrigens eine Empfehlung des Brauchs finden, über den er sich mokiert: den noch weichen Kopf des Neugeborenen so zu „kneten", daß er eine passende Form annimmt.

19. Plutarch, „Leben des Marcus Cato", 41.

20. Sueton, „Leben des Augustus", 66.

21. Vgl. Einleitung S. 31.

22. Anspielung auf eine Anekdote, die Plutarch („Über Kindererziehung") erzählt: Als jemand Aristippus fragte, wieviel Lohn er für die Erziehung seines Sohnes fordere, antwortete er: ,Tausend Drachmen.' Der andere sagte: ,Beim Herakles, welch übertriebene Forderung! Dafür kann ich mir ja einen Sklaven kaufen.' ,So wirst du zwei Sklaven haben: den, den du gekauft hast, und deinen Sohn.'

23. Roausseau an den Abbé Maydieu (vgl. Anm. 7): „Möge das gemeine Volk denken, was es will, ich sehe Sie an der Stelle Gottes stehen: Sie schaffen einen Menschen. Sehen Sie mit dem gleichen Auge wie ich, wie muß diese Vorstellung Sie in Ihrem Innern erheben!" Brief vom 9. Februar 1770. „Sie können sich nicht darüber im unklaren sein, welch unermeßliche Aufgabe Sie sich vorgenommen haben. Sie werden für zehn Jahre nichts für sich selbst sein, sondern völlig und mit allen ihren Fähigkeiten Ihrem Zögling gehören . . . Wahrhaftig, wenn es eine Sache gibt, die ,heroisch' und ,groß' unter den Menschen genannt zu werden verdient, so ist es der Erfolg eines solchen Unternehmens wie das Ihre." Brief vom 28. Februar 1770.

24. Es ist mir nicht bekannt, auf wen Rousseau hier anspielt. Zur Schwierigkeit, seine Erziehungsmethode auf eine Prinzenerziehung

anzuwenden, vgl. seine Äußerung an den Prinzen von Württemberg Anm. 6.

25. Anspielung an seine Hauslehrertätigkeit bei dem Herrn von Mably. Auch in den „Bekenntnissen" urteilt er nicht anders (vgl. 6. Buch).

26. Das ist der Grundgedanke der „natürlichen" oder „naturgemäßen" Erziehung und zugleich die Erklärung für die biographische, dem „Fortschritt der Kindheit" folgende Methode ihrer Darstellung.

27. Im Manuskript Favre wird der *Name* „Emile" noch viel später als in der Endfassung erwähnt, woraus man geschlossen hat, daß Rousseau erst im Laufe seiner Arbeit auf die romanhafte, scheinbar individualisierende Form seines Erziehungstraktates gekommen sei. Dies ist wahrscheinlich, aber gewiß ist zugleich, daß eben die wachsende Konkretisierung und damit Individualisierung im Wesen der im „Emile" dargestellten Erziehungsmethode selber liegt (vgl. Einleitung S. 83).

28. „Die Kinder lieben nicht das Alter, der Anblick der absterbenden Natur erscheint ihren Augen häßlich; ihr Widerwille, den ich bemerke, tut mir im Herzen weh. Darum verzichte ich lieber darauf, sie zu liebkosen, als daß ich ihnen Verlegenheit oder Ekel bereitete", so begründet Rousseau in den *Rêveries* seine Zurückhaltung gegen Kinder (9. Promen.).

29. *Tornea*, Stadt in Lappland; *Benin* = Guinea.

30. Der Einfluß des Klimas auf den Charakter der Nationen ist ein Thema, das *Montesquieu* mit Eifer und Einseitigkeit behandelt hatte (vgl. „De l'Esprit des lois", XVI). Die Reflexionen Montesquieus zielen freilich nicht so sehr darauf, das für die Kultur günstigste Klima zu bestimmen, als darzulegen, wie eine kluge Gesetzgebung den einseitigen Einfluß des Klimas kompensiert, eine schlechte ihn verstärkt.

31. Zu Rousseaus bissiger Kritik an der Medizin und den Ärzten berichtet Bernardin de Saint-Pierre, der alte Rousseau habe ihm eines Tages gesagt: „Wenn ich eine neue Auflage meiner Schriften machen würde, so würde ich das, was ich über die Ärzte gesagt habe, mildern: es gibt keinen anderen Stand, der so viel Studien braucht wie der ihre. In allen Ländern sind sie die wissenschaftlichsten Männer."

32. Im folgenden hält sich Rousseau teilweise an die ausführlichen Ratschläge von *Brouzet* (vgl. Anm. 18).

33. Antonio *Cocchi*, berühmter italienischer Arzt; sein Buch „Del vitto pitagorico per uso della medicina" (1743) wurde 1750 ins Französische übersetzt. Rousseau las das Buch im Frühjahr 1759. Ob Rousseau auch die Cocchi entgegentretende Schrift *Bianchis* gelesen hat, läßt sich nicht nachweisen.

34. Rousseau war ein eifriger Leser von Reiseberichten, von denen ihn begreiflicherweise besonders die über Naturvölker interessierten. Besonders im „Discours über die Ungleichheit", aber auch an vielen Stellen des „Emile" beruft sich Rousseau auf diese Literatur,

die im 17. und besonders im 18. Jahrhundert bereits einen großen Umfang angenommen hatte. U. a. hat sich Rousseau auch aus dem Buche von *Le Beau* Auszüge gemacht, die für den „Emile" bestimmt waren.

35. Dieser Vergleich wie die folgenden Ausführungen über die Objekt- oder Weltlosigkeit der puren Empfindung erinnert in mancherlei Hinsicht an das berühmte Statuengleichnis in *Condillacs* „Traité des sensations" (1754). Zu vergleichen wäre auch die „lyrische Szene" *Pygmalion*, in der Rousseau schildert, wie die von Pygmalion geschaffene Marmorstatue der Galathee zum Selbstbewußtsein erwacht.

36. In seinem Brief an den Herrn von *Beaumont*, Erzbischof von Paris, kritisiert Rousseau, hierbei in Übereinstimmung mit den Sensualisten, die traditionelle These, daß die Vernunft dem Menschen als Fähigkeit von Natur mitgegeben sei und es sich nur darum handle, diese Fähigkeit in Tätigkeit zu setzen, und betont, die Vernunft sei „eine der *Erwerbungen* des Menschen, und zwar eine der allerlangwierigsten". Dieser Satz gilt nach Rousseaus Überzeugung so gut für die Phylogenese wie für die Ontogenese, für die Geschichte der Menschheit wie für die Entwicklung des Individuums.

37. Im Gegensatz zu Descartes zweifelten die sensualistischen Philosophen des 18. Jahrhunderts keinen Augenblick daran, daß auch die Tiere seelisches Leben, also Empfindung, Bewußtsein und eine Art Erkenntnis- und Lernfähigkeit besitzen. Den eigentlichen Unterschied des Menschen zum Tier sieht Rousseau nicht so sehr in des Menschen Erkenntnisfähigkeit als in seiner Freiheit.

38. Das ist die sensualistische These, die Rousseau aber nur für das frühe Kindesalter bedingt akzeptiert.

39. Rousseau unterscheidet *sensations affectives* und *sensations représentatives*: die ersteren sind pure und objektlose Sinnesempfindungen, die zweiten implizieren ein Gegenstandsbewußtsein: beide aber sind, im Unterschied zu den Akten der Intelligenz, rein passiv.

40. Man könnte behaupten, daß schon hier die Grundlage für die *moralische* Freiheit gelegt wird. Vor allem aber denkt Rousseau hier wohl an den Unterschied zum Tier: wie das Tier durch seinen Instinkt unfrei ist, so wird es der Mensch durch die Gewohnheit.

41. Die erste Erziehung der Sinne bezieht sich folgerichtig auf ihren *Gefühls*charakter: Lust und Unlust, Vergnügen und Angst. Die Sinnesschulung dagegen, über die Rousseau sich ausführlich im 2. Buch ausläßt, bezieht sich auf den *rationalen* Charakter der Sinneswahrnehmung: die Freiheit und Richtigkeit der Wahrnehmung und die Wahrheit der sich darauf aufbauenden Urteile.

42. „Ilias" 6. Gesang, V. 466 ff.

43. Noch ohne jedes begriffliche Erfassen, allein durch seine Sinnes-

empfindungen, lernt das Kind die Unterschiede, ja die Ordnung der Gegenstände, macht es gegenständliche Erfahrungen, insbesondere durch das Zusammenspiel verschiedenartiger Sinnesempfindungen. So bildet sich in ihm, meint Rousseau, ein rein sinnliches Gedächtnis. Das Problem, wie der Mensch es lernt, die verschiedenartigen Sinnesempfindungen zu einer einheitlichen Gegenstandserfahrung zu koordinieren und wie er sich das Bewußtsein des Raumes erwirbt, hat die sensualistischen Philosophen und die Psychologen des 18. Jahrhunderts intensiv beschäftigt.

44. Zu dieser These Rousseaus, daß die menschliche Sprache im Gefühlsausdruck wurzele, vgl. auch im 4. Buch S. 654. Rousseau hat diese seine Sprachtheorie in einer eigenen Schrift dargestellt, in der er bezeichnenderweise die enge Verbindung von Sprache und Musik (Gesang) hervorhebt: „Essai sur l'origine des langues" (wahrscheinlich 1754).

45. Das erste sittliche Bewußtsein entsteht aus dem Bewußtsein des Kindes von einem ihm angetanen Unrecht: vgl. Anm. 31 des 2. Buches.

46. Hermann *Boerhaave* (1668—1738), berühmter holländischer Arzt; 1759 wurde sein Traktat über die Kinderkrankheiten ins Französische übersetzt. Vgl. auch Anm. 18.

47. Rousseau wiederholt diese Formel wörtlich im „Glaubensbekenntnis", und zwar in bezug auf Gott: „Wer alles kann, kann nur wollen, was gut ist."

48. Vgl. S. 592.

49. Vgl. Anm. 45.

50. Dieser Gedanke der „expansion" ist ein Grundgedanke von Rousseaus Anthropologie, woraus er u. a. die Moral ableitet. Vgl. S. 520.

51. Das Problem der Herrschsucht des Kindes beschäftigt Rousseau immer wieder. Das Verhältnis des schwachen Kindes zu dem wegen seiner Schwäche es pflegenden Erwachsenen ist ein dialektisches und erinnert an Hegels berühmte Darstellung des dialektischen Verhältnisses von Herrn und Knecht. Aber bei Rousseau in umgekehrter Wertung: das auf die Dienste des Erwachsenen angewiesene Kind wird durch seine Bedürftigkeit zum Herrn, der Erwachsene durch seine Hilfsbereitschaft zum Knecht.

52. Gegen Hobbes gesagt.

53. „Es lebt und hat doch selbst kein Bewußtsein seines Lebens" (Ovid, Trist. I, 3).

2. BUCH

1. Valerius Maximus schrieb für Tiberius eine Anekdoten- und Zitatensammlung; die von Rousseau angeführte Stelle, dort I, 6, findet sich üblicherweise in den Wörterbüchern.

2. Die Identität des Selbstbewußtseins und damit des *Ich* durch das Gedächtnis gewinnt für Rousseau besonderes Gewicht in bezug auf die Unsterblichkeit der Seele: vgl. 4. Buch, Anm. 122.

3. Ähnlich schon in der „Nouvelle Héloïse", wo Julie betont, ihre Kinder in ihrem gegenwärtigen Kinderleben glücklich zu wissen, sei das oberste Prinzip ihrer Erziehung. „Es war das erste Herzensgelöbnis in dem Augenblick, da ich den süßen Namen Mutter trug, und alle Mühe und Sorge meiner Tage ist darauf gerichtet, dies Gelübde zu erfüllen. Als ich zum erstenmal meinen ältesten Sohn im Arm hielt, dachte ich daran, daß die Kindheit fast ein Viertel des längsten Lebens ausmacht, daß man selten die drei anderen erreicht und daß es eine recht grausame Vorsorge ist, dieses erste Viertel des Lebens unglücklich zu machen, um das Glück der übrigen zu sichern, die zudem vielleicht niemals kommen werden" (3. Brief, Teil V). Auch *Schleiermacher*, der bekanntlich diese rousseausche These aufgreift, sie freilich dialektisch zu lösen versucht, erwähnt als Argument gegen eine Erziehung, die das gegenwärtige Glück des Kindes seinem voraussichtlichen künftigen opfert, die hohe Kindersterblichkeit.

4. Das Thema der gefährlichen „prévoyance", seit Montaigne ein beliebter Gegenstand der Moralkritik, kehrt im „Emile" verschiedentlich wieder, besonders ausführlich S. 192 f.

5. Die These, daß im menschlichen Leben die Summe des Unglücks die des Glücks übersteige, u. a. von *Maupertuis* vertreten (2. Kap. seines „Essai de philosophie morale", 1749, auf das Rousseau in der Anm. 1 des 2. Discours anspielt), wird von Rousseau dort wie hier auf die zivilisierte = unnatürliche Existenz beschränkt. Neu ist an unserer Stelle die weitere Einschränkung, daß das (irdische) Glück ein „negativer Zustand" sei. Diese Auffassung wird im übrigen von Rousseau keineswegs durchgehalten: das Gefühl des Daseins und die Zufriedenheit des guten Gewissens (um zwei Beispiele zu wählen, bei denen die Einbildungskraft nicht im Spiele ist) gelten Rousseau durchweg als positive Seelenzustände.

6. In Rousseaus Anthropologie und Ethik erscheint der Begriff „Ordnung" in zweierlei Bedeutung: als die universale und soziale Ordnung, in die sich das Individuum einfügen soll (vgl. 4. Buch, Anm. 137), und als die innere Ordnung des Individuums selbst. Diese Ordnung verlangt das Gleichgewicht von Wollen (Bedürfnis) und Können. Für dieses Gleichgewicht braucht Rousseau auch den Begriff „Stärke".

7. Daß und wann angeborene Anlagen sich entfalten, hängt von dem *Bedürfnis* und der *Gelegenheit*, sie zu nutzen, ab. So schon im 2. Discours. „Durch eine weise Voraussicht sollten sich die Fähigkeiten, die er in potentia (en puissance) besaß, erst bei der Gelegenheit, sie zu brauchen, entwickeln, damit sie weder vor der Zeit für ihn überflüssig und nur belastend noch für das Be-

dürfnis zu spät und also unnütz wären." Als Modell gilt offenbar das Hervortreten angeborener Instinkte, etwa des Brut- und Mutterinstinktes, beim Tier. Hier ist, genau wie Rousseau dies vom Urmenschen behauptet und für den Menschen schlechthin für „natürlich" erklärt, stets das Gleichgewicht der Kräfte und Bedürfnisse gewahrt.

8. Die *Einbildungskraft* (imagination) ist also, wie man sieht, für Rousseau der eigentliche Motor der menschlichen Entwicklung (sowohl der des Individuums wie der des Menschengeschlechts insgesamt); diesem Begriff entspricht im 2. Discours der wesentlich formalere der *Perfektibilität*. Ihr ist es zu danken, daß der Mensch, wie Rousseau im „Contrat social" sagt, aus einem dummen und beschränkten Tier ein vernünftiges Wesen wurde, aber auf sie ist auch alle Disharmonie und alles Elend des zivilisierten Menschen zurückzuführen: „Es mag betrüblich erscheinen, zugeben zu müssen, daß diese uns vom Tiere unterscheidende und fast grenzenlose Fähigkeit die Quelle aller Leiden des Menschen ist; daß sie ihn mit der Zeit aus seiner ursprünglichen Lage herausgezogen hat, in der er seine Tage in Frieden und Unschuld zubrachte, daß sie, die im Laufe der Jahrhunderte in ihm Aufklärung und Irrtum, Laster und Tugenden entstehen läßt, ihn auf die Dauer zum Tyrannen seiner selbst und der Natur gemacht hat" (2. Discours).

9. Diese Idee und dies (relative) Ideal der Selbstgenügsamkeit beherrscht, wie ich in der Einleitung zu zeigen suchte, die Erziehung im *Kindes*alter — aber gilt auch nur für diese.

10. Aulus Gellius „Attische Nächte" führt dieses Wort des Favorinus, eines Rhetors aus Trajans Zeit an.

11. Zu dieser (scheinbar stoischen) Empfehlung der Resignation vgl. die Rede des Erziehers im 5. Buch (S. 883 ff.); dort erst wird die traditionell = christliche Färbung dieser Resignation sichtbar: „Der Tod ist für den Bösen das Ende des Lebens und für den Gerechten sein Anfang." Zu beachten ist auch die Parallele zwischen der „künstlichen" Resignation des *Weisen* und der „natürlichen" des Tieres und des *Wilden*: die Weisheit ist also der Weg, auf dem der zivilisierte Mensch die Natur wieder erreicht!

12. Die Kritik an der „Voraussicht" war Rousseau von Seneca und vor allem von *Montaigne* her wohl bekannt. Aber die „Voraussicht" ist ja für Rousseau nur ein besonders eklatanter Fall der Einbildungskraft überhaupt, und erst in dieser Verallgemeinerung gewinnt der Gedanke bei Rousseau seine volle Bedeutung: die Scheinwelt, die für den gesellschaftlichen Menschen die Wirklichkeit ersetzt und verdrängt: „Wir existieren nicht mehr da, wo wir sind, sondern nur da, wo wir nicht sind."

13. Plutarch, „Berühmte Worte", 40.

14. Vgl. „Contrat social", 2. Buch: „Principes du droit politique".

15. Das ist das Thema des „Contrat social". Der Macht der „Dinge", der Naturnotwendigkeit, entspricht im Staat die Autorität der

Gesetze: in beiden fügt sich der einzelne in eine sachliche = unpersönliche Abhängigkeit; beide tangieren nicht seine Freiheit. Der Unterschied liegt freilich darin, daß die eine Abhängigkeit dem Individuum vorgegeben, die andere von ihm gewollt und anerkannt ist und nur soweit gilt, als sie zu seinem Besten dient. Erst wenn Emile reif genug ist, moralische Autorität und ihren Nutzen für ihn selbst zu verstehen, wird der Erzieher ihm gegenüber sie in Anspruch nehmen: vgl. im 4. Buch den „pädagogischen Vertrag", Parallele zum Gesellschaftsvertrag (S. 662 ff. und Anm. 207).

16. *S'il vous plaît:* wörtlich „wenn es Euch gefällt" = bitte; *il me plaît:* „es gefällt mir"; *faites cela:* „tut das"; *je vous prie:* „ich bitte Euch".

17. Diese Sätze finden sich noch nicht im Manuskript Favre, sondern erst in der endgültigen Niederschrift: ein Indiz dafür, daß Rousseau an der Niederschrift des 2. Buchs im Winter 1757/58 gearbeitet hat (vgl. Einleitung S. 57).

18. Das Bewußtsein eigenen Leidens ist Voraussetzung für das Mitleid: vgl. 4. Buch, S. 460 f.

19. *Hobbes* schreibt dem Menschen im Naturzustand den „Willen zur Macht" zu, was Rousseau entschieden bestreitet, da ein solcher Wille bereits die für den gesellschaftlichen Zustand charakteristische Hochschätzung der „Meinung" voraussetze. Aber als Wille sich alle im eigenen Bereich befindlichen Dinge anzueignen, erkennt Rousseau die These von Hobbes an, da auch für ihn der Respekt vor dem Eigentum erst eine gesellschaftliche Errungenschaft ist. Über die Entstehung des Eigentums vgl. Anm. 32.

20. Anspielung auf Xerxes beim Übergang über den Hellespont.

21. Das Kind und der Naturmensch als die beiden natürlicherweise ungesellschaftlichen Wesen sind für Rousseau zugleich die beiden einzigen natürlicherweise *freien* Menschen. Die Freiheit des *citoyen* ist dagegen „künstlich". Man sieht im übrigen auch hier, daß für Rousseau Freiheit nicht schlechthin im Gegensatz zu Abhängigkeit steht, also nicht zur Abhängigkeit von den Dingen und nicht zur Unterordnung unter die moralischen und politischen Gesetze, sondern nur zur Abhängigkeit von den (einzelnen) Menschen.

22. Diese Maxime, in die Rousseau seine „Pädagogik der Unabhängigkeit" zusammenfaßt, zeigt deutlich genug, daß man diese nicht, wie es üblicherweise geschieht, als eine Pädagogik des „Wachsenlassens" bezeichnen kann. Emile wird von früh an geführt und geleitet, wohin der Erzieher ihn haben will, aber allein „durch die Gesetze des Möglichen und Unmöglichen". Nicht Freiheit allein, sondern Freiheit und Notwendigkeit in ihrem dialektischen Verhältnis, sind die für Rousseaus Pädagogik (und Politik) beherrschenden Prinzipien.

23. Das „Alter der Vernunft" (im Schema des Manuskriptes Favre

die zweite der vier Altersstufen) bezeichnet hier offenbar das Bewußtsein unserer gesellschaftlichen Beziehungen, wie sie Emile im 3. Buch als ökonomische, im 4. Buch als moralische begreifen soll.

24. Locke verlangt in der Tat, man solle das Kind von früh an als ein „vernünftiges Geschöpf" behandeln und ihm „vernünftig zureden".

25. Vgl. Anm. 36 des 1. Buches.

26. Zu der prinzipiellen Amoralität des Kindes vgl. das über die anthropologische Konstruktion Rousseaus in der Einleitung S. 72 Gesagte. Daher sind auch die folgenden Sätze über die der Kindheit eigene Weise zu denken und zu empfinden nicht einfach im Sinne unserer heutigen empirischen Kinderpsychologie zu verstehen.

27. „*Zügel der Stärke*": man erinnert sich, daß Rousseau im Altersschema des Manuskripts Favre das 3. Alter als „Alter der Stärke" bezeichnet hat: hier offensichtlich und wahrscheinlich auch dort bezeichnet dieser Terminus die *Leidenschaft* des Jugendlichen. Das Alter der „Stärke" = Leidenschaft und das Alter der *Vernunft* fielen damit freilich zusammen: aber das gilt auch tatsächlich für Emiles Jugendalter. Unter „Vernunft" haben wir also nicht einfach theoretisches Erkenntnisvermögen zu verstehen, sondern auch das Verständnis der moralischen und religiösen Prinzipien, welches der Leidenschaft als „Zügel" dienen soll.

28. Rousseaus These, daß der Mensch von Natur gut sei, hat neben ihrem anthropologischen und theologischen auch einen pädagogisch-psychologischen Sinn: daß die Fehlentwicklung eines Kindes auf Fehler der Erziehung zurückzuführen sei. Dieses Thema ist dann in sehr vergröberter Form von *Salzmann* in seinem „Krebsbüchlein" behandelt worden. Aber die philanthropistische Maxime, der Erzieher solle bei allen Fehlern des Kindes den Grund erst einmal bei sich selbst und seinen pädagogischen Maßnahmen suchen, ist bei Rousseau eingebettet in die kulturkritische These, daß die Gesellschaft, ihre Einrichtungen und ihre Denkungs- und Lebensart, an jeder Entartung schuld sei. An unserer Stelle, wie noch ausführlicher S. 227 ff., versucht Rousseau diese These am Beispiel der Entstehung der *Lüge* zu verdeutlichen, als der Folge pädagogischer Verfrühung und Überforderung.

29. Die beiden Termini *amour de soi* und *amour-propre* werden von Rousseau im allgemeinen begrifflich wohl unterschieden: ersteren verwendet er stets für die *natürliche* „Selbsthilfe", den zweiten (meist) für die *unnatürliche* „Eigenliebe". Zur Unterscheidung vgl. 4. Buch Anm. 1.

29a. Vgl. S. 313.

30. Eben dies ist die „Selbstliebe" in ihrer ursprünglichsten Form.

31. Rousseau hat dazu aus seinem eigenen Kindheitserleben im 1. Buch der „Bekenntnisse" die beste Illustration gegeben: die strenge

Bestrafung, die er unschuldig in Bossey auf sich gezogen hatte und die, wie er sagt, einen Umsturz der Begriffe und seines ganzen kindlichen Seelenlebens bewirkte und sein ganzes Leben nachwirkte. „Dies erste Gefühl erlittener Gewalttätigkeit und Ungerechtigkeit blieb mir so tief in die Seele gegraben, daß alle Vorstellungen, die sich daran knüpfen, in mir meine erste Erregung wieder erwecken, und dies Gefühl, das ursprünglich sich nur auf mich bezog, hat in sich solche Macht gewonnen und sich derart von jedem persönlichen Interesse gelöst, daß mein Herz bei dem Anblick oder der Erzählung einer ungerechten Handlung, wen auch immer sie betreffe und wo immer sie verübt werde, aufflammt, als ob ich selbst unter ihr zu leiden hätte . . . Diese Empfindung kann mir angeboren sein, und ich glaube, daß sie es ist; aber die unauslöschliche Erinnerung an die erste Ungerechtigkeit, die ich erlitt, war zu lange und zu tief damit verknüpft, als daß sie nicht dadurch noch sehr verstärkt worden wäre."

32. Diese naturrechtliche Begründung des Eigentums — die von der willkürlichen Inbesitznahme, wie sie der 2. Discours schildert, nicht unerheblich abweicht — entspricht genau der These *Lockes* in seiner Schrift über die Regierung, 5,2 (Of Property): „. . . every man has a property in his own person: this nobody has any right to but himself. The labor of his body, and the works of his hands, we may say, are property his. Whatever then he removes out of the state that nature hath provided, and left in it, he hath mixed his labour with, and joined to a something that is his own, and thereby makes it his property."

33. Auf der Heiligkeit der Verpflichtungen und Verträge beruht ja der Gesellschaftsvertrag. Ähnlich begründet Julie die Heiligkeit der Ehe aus der Unverletzbarkeit einer Verpflichtung, die die Ehegatten gewissermaßen im Angesicht der ganzen Gesellschaft eingegangen sind.

34. Locke: „Let all the instances he gives of such freeness be always repayed, and with interest."

35. Das französische Sprichwort enthält ein Wortspiel: „donner un oeuf pour avoir un boeuf."

36. Der Satz, den Rousseau *Diderot* so bitter übel genommen hat, findet sich in dessen Drama „Le fils naturel", das ihm Diderot zuschickte. Es drückt sehr klar Diderots moralische Grundüberzeugung von der natürlichen „Soziabilität" des Menschen aus: „Aus dem Prinzip der Soziabilität fließen wie aus ihrer Quelle alle Gesetze der Gesellschaft und alle unsere Pflichten gegen die anderen Menschen . . . Sie ist das allgemeine Prinzip der gesamten Sittlichkeit und der ganzen bürgerlichen Gesellschaft" (aus dem Artikel *Société* der Enzyklopädie). In der Konsequenz dieser ethischen Überzeugung konnte Diderot behaupten: „Der ungesellschaftliche Mensch ist pervers."

37. *Plutarch* erzählt im Leben Catos (Cap. I), er habe beim Lernen

nur schwerfällig und langsam aufgefaßt, aber das einmal Begriffene fest behalten, und an anderer Stelle (Cap. III), er sei
mit vierzehn Jahren von seinem Pädagogen Sarpedon oft in das
Haus Sullas geführt worden und habe dort bemerkt, wie die
Anwesenden schweigend und seufzend den Bluturteilen zusahen;
als er seinen Pädagogen fragte, warum denn niemand diesen
Tyrannen umbringe und dieser ihm antwortete: „Sie fürchten
ihn eben noch mehr als sie ihn hassen", habe er in höchster Erregung geantwortet: „Und du hast mir kein Schwert mitgegeben,
damit ich ihn erschlagen und das Vaterland von der Knechtschaft
befreien konnte!" Als der Pädagog dabei seinen Blick und sein
von Zorn gerötetes Gesicht sah, führte er ihn voller Angst fort
und bewachte ihn sorgfältig, damit er keine Unbesonnenheit be-
gehe.

38. Gemeint ist der Abbé de *Condillac* (1715—80), der jüngere Bruder des Herrn von Mably; Rousseau hatte ihn in dessen Hause
in Lyon kennengelernt und sie waren sich in Paris wieder begegnet, zu der Zeit, als Condillac an seinem ersten philosophischen
Werk „Versuch über den Ursprung der menschlichen Erkenntnis"
schrieb. „Ich bin vielleicht der erste, der seine Begabung erkannt
hat und ihn nach seinem Wert schätzte", schreibt Rousseau in
den „Bekenntnissen". Er machte Condillac mit Diderot bekannt
und die drei jungen Literaten kamen, da sie in entfernten
Stadtteilen wohnten, wöchentlich einmal in einem Gasthof des
Palais-Royal zusammen („Confessions" VII).

39. Seneca, „Briefe an Lucilius", 88.

40. Nämlich im „Glaubensbekenntnis" S. 553 ff.

41. Das Gegenbeispiel hierzu bringt Rousseau im 3. Buch S. 382 ff.

42. Eben *nach* Erwachen des moralischen Sinnes wird Emile Geschichte
als eine moralische Menschenkunde studieren: 4. Buch S. 490 ff.

43. Die Geschichte wird von Plutarch in seinem „Leben Alexanders"
und Quintus Curtius erzählt; Montaigne faßt sie so zusammen:
„Alexander war durch einen Brief Parmanions benachrichtigt worden, daß sein Arzt Philippus von Darius bestochen worden sei
ihn zu vergiften; er gab diesen Brief dem Philippus zu lesen und
trank gleichzeitig mit einem Schluck die Arznei, die dieser ihm
gereicht hatte."

44. Diesen Gedanken, daß bei rechter Leitung durch den Erzieher
das sinnliche Gedächtnis dem Kinde bereits eine der wissenschaftlichen Systematik analoge *Ordnung* ermögliche, hat Rousseau schon
im 1. Buch ausgesprochen, vgl. dort Anm. 43. Der Ausdruck
„Vorrat an Kenntnissen" (magasin de connaissances) erinnert an
die Methode, die der junge Rousseau in Les Charmettes für sein
eigenes autodidaktisches Studium angewandt hatte (vgl. „Bekenntnisse" 6. Buch), aber hier handelt es sich nicht um Kenntnisse,
die aus Büchern, sondern um solche, die aus dem Umgang mit der
realen Welt, vorzugsweise der Dingwelt, gewonnen werden und

die also in der Sphäre sinnlicher Anschaulichkeit bleiben. Aber gemeinsam ist die Überzeugung, daß, um einen „Vorrat von Kenntnissen" zu
gewinnen, der Schüler zunächst aufnehmen und nicht gleich urteilen
soll — so wie dies auch Pestalozzi gefordert hat.

45. Rousseau hat aus dem Gedächtnis zitiert und daher auch die Reihenfolge
der beiden ersten Fabeln vertauscht; so erklären sich auch einige Unrich-
tigkeiten in seinem Text: bei La Fontaine heißt es im 5. Vers „Monsieur
du Corbeau", im 8. Vers „se rapporte" (statt: répondait), im 9. Vers „Vous
êtes le phénix . . .".

46. *La Cigale et la Fourmi* (Die Grille und die Ameise), bei La Fontaine nicht
die folgende, sondern die vorangehende Fabel.

47. *La Génisse, la Chèvre et la Brebis en société avec le Lion* (Die Färse, die
Ziege und das Schaf im Bunde mit dem Löwen), I, 6.

48. *Le Lion et le Moucheron* (Der Löwe und die Mücke) II, 9.

49. *Le Loup et le Chien* (Der Wolf und der Hund) I, 5. Der Inhalt
dieser wenig bekannten Fabel: Ein ausgehungerter Wolf begegnet
einem wohlgenährten Hund. Der will ihn überreden, mit ihm zu
kommen, den Menschen zu dienen und sich dafür von ihnen füttern
zu lassen. Schon will der Wolf seinem Rate folgen, da sieht er
den von einer Kette geschundenen Hals des Hundes und kehrt
in seine Freiheit zurück.

50. Die Erzählungen La Fontaines, im Stil des Dekamerone gehalten,
sind wegen ihres schlüpfrigen Inhalts berüchtigt.

51. 1720 erschien in Paris ein Buch von *Dumas* „Bureau typographique
pour la lecture".

52. *Locke* „Gedanken über Erziehung", übers. von E. v. Sallwürk
(Manns päd. Klass.), S. 232 ff. Übrigens betont auch Locke, es
komme vor allem darauf an, daß die Kinder selbst den Unterricht
im Lesen wünschen.

53. „Vor allem gilt es zu verhüten, daß die Studien, die er noch
nicht lieben kann, ihm verhaßt werden und der Widerwille, den
er einmal gegen sie gefaßt hat, ihn nicht von ihnen zurückhält,
auch wenn die dummen Jahre längst vorüber sind." Quintilian,
„Instit. orator." I, 1.

54. Von diesem „Überschuß an Kraft", der nun für den theoretischen
Unterricht genutzt wird, ist erst in der folgenden Periode (im
3. Buch) die Rede.

55. Bei den „Wilden" denkt Rousseau offenbar vorwiegend an die
Indianer, und so unterscheidet sich diese Vorstellung des verständigen, wachen und mit hellem Geist handelnden „Jägers" wesentlich von der des stumpfen und bequemen, sich kaum aus dem
Tierzustande erhebenden „Urmenschen" des 2. Discours. Nur wenn
man diese Umwandlung in der Vorstellung des *sauvage* in Betracht zieht, kann man in diesem das Modell für die Knaben-
existenz und -erziehung sehen, und das 2. Buch des „Emile" in
Parallele setzen zum 2. Discours. Beiden gemeinsam ist aber auf
jeden Fall das Ideal der Selbstgenügsamkeit und Unabhängigkeit.

56. Die hier gegebene grundsätzliche Maxime für die Intelligenz-
bildung, die dann ab S. 289 in der Schulung der einzelnen Sinne
weiter dargelegt wird, zeigt deutlich die Bedeutung, die Rousseau
dabei der *Aktivität* des Zöglings zuschreibt. Die Bildung der Vernunft, und zwar zunächst als „sinnliche Vernunft" *(raison sensitive)*,
setzt ein mit dem aktiven Umgang des Zöglings mit den Dingen;
eben um dieser Aktivität willen, eben weil Emile seine Vernunft
zunächst nur im Handeln und fürs Handeln üben kann und üben
soll, sind diese *Vernunft*übungen mit den *Leibes*übungen notwendig
verknüpft. „Seine ersten Studien sind eine Art Experimentalphysik,
bezogen auf seine eigene Erhaltung . . . unsere ersten Philosophie-
lehrer sind unsere Füße, unsere Hände, unsere Augen" (S. 275).

57. Die Methode, die der Erzieher Emile gegenüber anwendet, habe
ich *indirekte* Methode genannt: er erzieht und bildet ihn auf dem
Umweg über die *Dinge*, deren Bildungsreize, Widerstände usw.
er manipuliert. Diese Methode ermöglicht die Synthese von Freiheit und Abhängigkeit, von Führen und Wachsen-Lassen. Denn,
wie wir früher sahen, wird durch die Abhängigkeit von den *Dingen*
(in der der Erzieher seinen Zögling hält) gerade nicht dessen
Freiheit und Unabhängigkeitsgefühl beeinträchtigt; die versteckte
Abhängigkeit von seinem Erzieher aber spürt der Knabe nicht,
und so bleibt ihm denn auch die Lust und Notwendigkeit der
eigenen Initiative und Erfahrung, des eigenen Handelns und
Lernens.

58. Vgl. Anm. 28.

59. Es handelt sich um den Sohn von Frau Dupin, den Herrn von
Chenonceaux (so genannt nach dem Schloß, das die Dupins be-
saßen). In den „Bekenntnissen" berichtet Rousseau darüber:
„Madame Dupin hatte mich gebeten, für die Dauer von 8—10
Tagen die Aufsicht über ihren Sohn zu übernehmen, der bei einem
Wechsel seiner Erzieher so lange ohne Aufsicht geblieben wäre.
Ich verbrachte diese acht Tage in einer Qual, die allein das Ver-
gnügen, Madame Dupin zu Gefallen zu sein, mir erträglich machte,
denn der arme Chenonceaux hatte schon damals den Querkopf,
der seine Familie fast entehrt hätte und der ihn auf der Insel
Bourbon sterben ließ. Während ich bei ihm war, hinderte ich ihn,
sich selbst oder anderen Böses anzutun, das war aber auch alles,
und auch das kostete keine geringe Mühe" („Confessions" VII).
Das war im Jahre 1742; bald darauf arbeitete Rousseau für Madame
Dupin seine frühere Erziehungsschrift („Plan zur Erziehung des
Herrn Sainte-Marie") um; sie ist uns in dieser Umarbeitung unter
den Papieren der Frau Dupin erhalten.

60. Sbrigani ist ein Intrigant in Molières Ballett „Monsieur de Pou-
cignac"; Rousseau spielt hier auf die 4. Szene des 2. Aktes an.

61. „Hier sind nicht dessen Wurzeln."

62. Rousseau zählt hier die ihm bekannten Vertreter der von Montaigne ausgehenden reformpädagogischen Bewegung auf, die auf

die physische Erziehung mehr oder weniger großen Wert gelegt haben. *Rollin* (1661—1741), Professor im Collège Royal, Rektor der Universität Paris, war ebenso als gelehrter Schulmann wie als reiner und uneigennütziger Charakter bekannt. Sein Werk „De la manière d'enseigner et d'étudier les belles lettres" (1726), handelt zwar noch von der alten Collegiumserziehung, zeigt aber in dem Geist des Ganzen und vielen Einzelheiten den Einfluß der Reformpädagogik. Der Abbé de *Fleury* (1640—1723) war neben Fénelon Erzieher des königlichen Prinzen; sein „Traité du choix et de la méthode des études" (1686) hatte gerade der physischen Erziehung größte Bedeutung beigemessen. *Crousaz* (1663—1750), protestantischer Geistlicher und Professor an der Akademie von Lausanne, hat in seinem umfangreichen „Traité de l'éducation des enfants" (1722) die Lockesche Hofmeisterpädagogik bis in die Einzelheiten ausgebaut. Der Vorwurf des „Pedantismus" trifft auf ihn schließlich nicht mehr zu als auf jeden Gelehrten seiner Zeit, auf welche freilich Rousseau insgesamt als ein freier „homme de lettres" herabsah.

63. *Locke* berichtet in seinem Erziehungsbuch, es gäbe in England viele Leute, die sommers und winters die gleiche Kleidung trügen, und sein Übersetzer *Coste* fügte hinzu, Sir Newton habe es, wie er ihm erzählt habe, so zeit seines Lebens gehalten.

64. Jean *Chardin* (1643—1713) machte Studienreisen im Orient; sein Buch „Journal de Chevalier Chardin en Perse et aux Indes orientales" war Rousseau wohl bekannt; er zitiert daraus im 4. Buch (Anm. S. 638).

65. In dem Brief an d'Alembert über das Schauspiel; Herodot III, 12.

66. *Lockes* Vorschrift, daß Kinder, die erhitzt sind, nicht kaltes Wasser trinken, sondern zunächst ein Stück Brot essen sollen, sowie die andere, daß sie sich nicht auf feuchten Boden legen sollen, erscheint uns heute sehr vernünftig und keineswegs seiner Forderung der Abhärtung widersprechend. Locke war freilich Arzt, und wir wissen, wie Rousseau über die Ärzte dachte. Übrigens scheint er hier *Montaigne* zu folgen, welcher in bezug auf die Abhärtung des Kindes sagt: „Da gibt es keinen Ausweg: wer einen rechten Mann bilden will, der darf ihn nicht in der Jugendzeit schonen, und man muß dann oft die Regeln der Heilkunst verletzen" („Essais" I, 25).

67. Anspielung auf eine Anekdote, die Locke von einem Skythen erzählt, der einem Athener auf die verwunderte Frage, wie er nur bei Schnee und Eis nackt gehen könne, antwortete: „Und wie kannst du es ertragen, daß dein Gesicht nackt der scharfen Winterluft ausgesetzt ist?" Als der Athener erwiderte: „Mein Gesicht ist daran gewöhnt", entgegnete ihm der Skythe: „So denke dir, ich sei ganz Gesicht." Die Anekdote, die aus Aelianus stammt, wird auch von Montaigne erzählt.

68. „La pointure de l'étrangeté", Montaigne, „Essais" I, 19.

69. Vgl. Montaigne, „Essais" II, 21.

70. „Gewohnte Dinge erwecken keine Leidenschaft."

71. Hier deutet Rousseau bereits einen der Gründe an, die ihn seine „Confessions" schreiben ließen.

72. Pfarrer in Bossey bei Genf; vgl. Einleitung S. 11.

73. Wie von David erzählt wird: 1. Sam. 26, 13.

74. Vergil, „Aeneis" I, 469. Odysseus und Diomedes raubten die Rosse des Rhesus heimlich aus dessen Lager.

75. Anspielung auf den nächtlichen Überraschungsangriff, mit dem 1602 der Herzog von Savoyen Genf erobern wollte. Der Angriff wurde abgeschlagen.

76. Ein Verwandter und Schüler *Marcels*, Méreau, wandte sich 1763 an Rousseau mit einem langen Schreiben, in dem er seinen Meister gegen dessen Vorwürfe in Schutz nahm. In seiner Antwort schreibt Rousseau, er habe mit seiner Kritik weniger Marcels Tanzkunst als die Art treffen wollen, wie er bei seinen Tanzstunden sich seinem Publikum gegenüber benahm. „Mir war zuweilen die Ehre zuteil geworden, ihn seine Stunden geben zu sehen, und ich erinnere mich, daß wir alle, die anwesend waren, uns nicht des Lachens enthalten konnten angesichts der zur Schau getragenen Würde des Meisters, womit er seine weisen Sentenzen von sich gab." Im übrigen betont Rousseau, er sei keineswegs ein Feind des Tanzes selbst, wie er denn sowohl im Brief an d'Alembert wie in der „Nouvelle Héloïse" Tanzen als unschuldige Volksbelustigung selbst propagiert habe. Auf Marcel und seine Tanzkunst kommt Rousseau noch einmal im 5. Buch, in bezug auf die Mädchenerziehung, zu sprechen; vgl. S. 751 und Anm. 216.

77. Diese Ausführungen Rousseaus über die Sinnesschulung haben neben ihrem didaktischen auch noch einen philosophischen Sinn, ohne den auch der erstere nicht recht verständlich ist. Es geht insgesamt, wie man sieht, um zwei sich ergänzende Methoden: Die Isolierung der einzelnen Sinne und ihre Verbindung. Für den philosophischen Sensualismus ergab sich natürlicherweise das Problem, in welcher Weise die Wirklichkeit (die Welt) uns durch die Sinne gegeben sei. *Condillac* in seinem berühmten Statuengleichnis (vgl. 1. Buch, Anm. 35), *Diderot* in seinen Briefen über die Blinden und über die Taubstummen, *Buffon* in seinem Artikel über „die Natur des Menschen" (im 2. Bande seiner „Histoire naturelle"), *Bonnet* in seinem „Essai analytique sur les facultés de l'âme", hatten jeder sich auf seine Weise die Frage vorgelegt, was an unserer Erkenntnis auf jeden einzelnen Sinn zurückgeht. Bei diesen Analysen wurde die Erfahrung der Räumlichkeit der Welt und unsere Vorstellung vom *Raume* besonders problematisch. Darauf hatte schon Molyneux und vor allem *Berkeley* hingewiesen: die räumliche Distanz selbst ist unsichtbar, die räumliche Ordnung der Außenwelt bildet sich für uns erst aus der langsam zu erwerbenden Koordination der verschiedenen Sinnesempfindungen,

insbesondere des Tast- und Sehsinnes. „Wir lernen sehen", so erläuterte *Voltaire* den Gedanken Berkeleys, „wie wir schreiben und lesen lernen." Die Operation, die der englische Arzt *Cheselden* 1728 an einem blindgeborenen Knaben durchführte, bestätigte die sensualistische These, denn es zeigte sich, daß der Knabe zunächst nicht imstande war, die neuen visuellen Eindrücke in seinen „Tastraum" einzufügen, kurzum, daß die Vorstellung des *homogenen* Raumes erst durch „Lernen" erworben wird und keinesfalls allein aus den visuellen Eindrücken abzuleiten oder gar von Natur uns mitgegeben ist. Rousseau zieht hier die *didaktischen* Konsequenzen aus dieser Einsicht; auf deren philosophische Bedeutung kommt er im „Glaubensbekenntnis" zu sprechen (vgl. S. 554 f.).

78. Vgl. S. 212.

79. Vgl. S. 687.

80. Man möchte erstaunt sein, daß Emile bereits im Alter der „raison sensitive" Geometrie treibt; der eigentliche Geometrieunterricht beginnt denn auch erst auf der nächsten Stufe: vgl. S. 353 f.

81. Es handelt sich um Figuren gleichen Umfangs aber verschiedenen Inhalts. „Nun ist es bewiesen, daß der Kreis die Figur ist, die von den umfanggleichen Figuren den größten Inhalt hat. Das Kind mußte also Waffeln in Kreisform wählen" (Anmerkung der Ausgabe Petitain).

82. *Federball* (jeu de volant), zu Rousseaus Zeiten wie bis vor kurzem vorwiegend von Kindern gespielt, im Unterschied zum „jeu de *paume*", aus dem sich unser Tennisspiel entwickelt hat. „Jeu de *mail*", nach dem Schläger (mail, maillet) genannt, der etwa unserem Kricketschläger entspricht. *Billard* war seit dem 17. Jahrhundert in Frankreich ein besonders beliebtes Spiel und wurde bereits ungefähr in der heute üblichen Form gespielt. Unter „Ballspiel" (*ballon* = Lederball) ist hier wohl eine Art Hand- oder Faustball verstanden.

83. Der siebenjährige *Mozart* spielte 1763 am französischen Hof Sonaten eigener Komposition. Rousseau hatte zweifellos diese Nachricht in den Zeitungen gelesen, als er diese Anmerkung für die 1765 erschienene Gesamtausgabe seiner Schriften schrieb.

84. Es ist wichtig und für Rousseau bezeichnend, daß er Sinnesübungen und Leibesübungen als bloßes *Spiel* betrachtet und scharf von der manuellen *Arbeit* trennt, die Emile erst im folgenden Altersabschnitt (3. Buch) kennenlernt. Darin unterscheidet sich Rousseau wesentlich von *Pestalozzi*, welcher die Leibesübung von Anfang an im Zusammenhang mit der späteren handwerklichen Tätigkeit des Erwachsenen und also als Erziehung zur „Industrie" aufgefaßt hat.

85. Rousseau wendet sich nach der Abschweifung über die Spiele wieder dem Thema „Sinnesschulung" zu; behandelt hat er bisher die Schulung des Gesichts- und Tastsinns, nun folgen Erörterungen über die Bildung des *Gehörsinns* (verbunden mit solchen über die

Musikerziehung des Kindes) und des *Geschmacks-* und *Geruchs-*
sinnes.

86. Dieser Grundsatz entspricht genau dem, der für den Erzieher in
seinen Gesprächen mit dem Knaben Emile gilt: „Es ist jetzt noch
nicht die Rede von Gefühl oder Geschmack. Bleibt weiterhin klar,
einfach und kühl" (vgl. S. 358). Die Betonung der *Melodie* entspricht Rousseaus musiktheoretischer Überzeugung, wie er sie in
seinen eigenen Kompositionen befolgt und in seiner Musiktheorie
vertreten hat. Bemerkenswert modern erscheint uns, daß Rousseau
hier vorschlägt, daß die Kinder selbst Melodien erfinden sollen.

87. Vgl. Anm. 84.

88. Vgl. S. 441 f.

89. Die folgenden Erörterungen über die Bildung des (sinnlichen)
Geschmackssinnes sind in Beziehung zu setzen zu denen über die
des ästhetischen Geschmackssinnes und der Lebenskunst zu Ende
des 4. Buches. Hier wie dort interessiert Rousseau vor allem die
Beziehung des „künstlichen", durch die gesellschaftliche Meinung
und Sitte gebildeten Geschmackssinnes des zivilisierten Menschen
zu dem „natürlichen" = ursprünglichen des Primitiven und Kindes. Dabei erkennt man die Dehnbarkeit seines Naturbegriffs:
auch der künstliche Geschmack wird schließlich als „natürlich"
nämlich als „zweite Natur" anerkannt — sofern der also Genie-
ßende wirklichen Genuß, Genuß für sich selbst, dabei hat und nicht
aus Prestigegründen sich einen Genuß vortäuscht. Aber die Künst-
lichkeit des Geschmacks auf der Stufe dieser „zweiten Natur" zeigt
sich darin, daß er im Gegensatz zum natürlichen Geschmack, welcher
die *einfachen,* die *Grund*nahrungsmittel genießt, komplizierter und
entbehrlicher (wenn nicht gar gesundheitsschädlicher) „Genußmittel"
bedarf, welche im übrigen von Volk zu Volk, von Zeit zu Zeit
wechseln. „Je einfacher unser Geschmack, um so allgemeiner und
dauernder: sah man jemals jemanden sich vor Wasser oder Brot
ekeln?"

90. Pausanias „Führer durch Griechenland" (2. Jh. n. Chr.); die Stelle
aus Plutarch s. S. 332 ff.

91. Horaz, „Epistolae" I, II, 27. „Wir sind nur gewöhnliche Menschen,
geschaffen bloß uns täglich satt zu essen."

92. Die Geschichte von dem Spartanerknaben, der einen Fuchs stiehlt
und um nicht entdeckt zu werden, ihn unter seinen Kleidern verborgen hält, erzählt *Plutarch.* Nach ihm aber stirbt der Knabe
daran. Im übrigen ist es ja das Ehrgefühl, das ihn zum Diebstahl
wie zu dessen Verheimlichung antrieb — das Beispiel paßt also
denkbar schlecht für das, was Rousseau hier beweisen möchte.

93. Vgl. S. 307 f. Dort erzählt Rousseau übrigens die Geschichte nicht
von Emile, sondern als eigenes Erlebnis. Aber im 5. Buch (S. 871 f.)
wird der Wettlauf nach dem Kuchen wiederum von Emile selbst
berichtet.

94. Die *Gauren* oder Gebern sind Anhänger Zoroasters (Zarathustras),

in Persien und Hindustan verbreitet. Sie galten im 18. Jahrhundert als Beispiel religiös aufgeklärter und sittlich reiner Menschen.

95. Die *Banianen* sind eine hinduistische Sekte.

96. Zu den *Lotophagen* (Lotosessern) kommt Odysseus, ehe er sein Abenteuer bei den Cyklopen besteht. Wer vom Lotos kostete, vergaß der Heimkehr und wollte nur noch in der Lotophagen Gesellschaft sich diesem süßen Genusse hingeben. „Odysee" IV, 94 ff.

97. Die Stelle ist eine Übersetzung aus der Plutarch zugeschriebenen Schrift „Über das Fleischessen".

98. Herodot I, 94.

99. Vgl. hierzu im 3. Buch S. 427 f. und Anm. 35.

100. Dieses reizvolle Bild der Kindheit ist offenbar vom Gesichtspunkt des Erwachsenen aus geschildert; es scheint mir deshalb kein Widerspruch zu Rousseaus These, daß man die Gegenwart der Kindheit nicht der Zukunft des Erwachseseins aufopfern dürfe, wenn Rousseau hier doch diese Zukunft in das Bild mit einbezieht. Beides miteinander zu vereinen, im Glück der gegenwärtigen Kindheit das der Zukunft des Erwachseseins vorzubereiten ist ja das eigentliche Anliegen von Rousseaus Pädagogik.

101. Es handelt sich, wie Rousseau in einem Brief an Mme. Latour de Franqueville vom 26. September 1762 berichtet, um den Grafen de Gisors, den einzigen Sohn des Marschalls von Belle-Isle. Er starb an einer Verwundung unmittelbar nach der Schlacht von Krefeld (1758). Vgl. 5. Buch Anm. 60.

3. BUCH

1. Vgl. S. 189.

2. Denn das Jugendalter als Alter der Leidenschaft ist wiederum eine Zeit der Schwäche: vgl. S. 458.

3. Diese Stufenfolge erscheint zunächst befremdlich; denn galt nicht auch für die bisherigen Erfahrungen Emiles das Prinzip der Nützlichkeit? Rousseaus Gedanke wird aber klar, wenn man die folgende Erläuterung hinzunimmt: es handelt sich um den Zusammenhang von theoretischer Erkenntnis und ihrer *Anwendung;* als erstes Beispiel dient die Orientierung nach dem Sonnenstande (vgl. S. 358 und S. 383); es ist besonders instruktiv, weil hier die Erkenntnis und ihre Anwendung (oder ihr Nutzen) durch einen weiten zeitlichen Abstand getrennt sind. *Anthropologisch* aber betrachtet, entspringt auch der theoretische Erkenntnistrieb dem „angeborenen Verlangen nach Wohlbefinden", wenn auch *psychologisch* ein eigener, ursprünglicher und nun erwachender „Wissenstrieb", eine *curiosité naturelle,* Triebkraft für Emiles naturwissenschaftliche Studien ist. Das Leitbild dabei, und das eigentliche Thema des 3. Buches, ist der *homo faber* in Form des erfinderischen Robinson Crusoe, gleichsam das Mittelstück zwischen dem „Wilden", der nur seiner

„raison sensitive" folgt, und dem Menschen in der Gesellschaft, der dem moralischen Gewissen zu folgen hat: allein wie jener, aber intelligent wie dieser. Es ist bemerkenswert, daß Rousseau die (technische) Zivilisation hier *nicht* als Entartung wertet, sondern als das natürliche Resultat des „Verlangens nach Wohlbefinden" und der sich entwickelnden Intelligenz.

4. Das Robinsonmodell. Man hat von einem „insulisme" Rousseaus gesprochen!

5. „Ausweitung" (expansion) des Ich ist hier angesehen als Wesensmerkmal des *theoretischen* Verhaltens zur Welt, wie es später (im 4. Buch) als Wesensmerkmal des *moralischen* Verhaltens, des Mitgefühls und der Nächstenliebe, erscheint (vgl. S. 462).

6. Man vergleiche diese Schilderung des Sonnenaufgangs und die ihr angehängte ironische Bemerkung, wie unempfänglich das Kind für dessen Schönheit sei, mit der Schilderung, die das Glaubensbekenntnis des savoyischen Vikars einleitet und die nicht nur als Hintergrund, sondern auch als Illustration und Bestätigung dieses Bekenntnisses dient.

7. Die „Armillarsphäre" besteht aus einer Anzahl von kreisförmigen Reifen aus Metall, Holz oder Karton, die die sich bewegende Himmelsphäre darstellen soll; daran sind die Sternbilder angebracht. Im Mittelpunkt dieser Ringe befindet sich eine kleine Kugel: die Erde. Rousseaus Vater besaß einen solchen Apparat, der aber, wie uns Rousseau berichtet, ihn nur verwirrte.

8. *Koluren* nennt man die beiden Meridiane der Himmelsphäre, deren einer durch die Äquinoktialpunkte, der andere durch die Wendepunkte der Sonnenbahn geht.

9. Rousseaus Gegenüberstellung der beiden *Methoden* erscheint nach dieser kurzen Bemerkung nicht sonderlich klar, gewinnt jedoch an Überzeugungskraft, wenn man auf das Ganze seines Bildungsplanes sieht. Die erste Methode, die er ausscheidet, besteht in einer Darstellung des Wissenschaftssystems, die deduktiv von den obersten Prinzipien ausgeht. Die zweite, die er empfiehlt und im Bildungsplan Emiles befolgt, könnte man als „gelenkten Gelegenheitsunterricht" bezeichnen, wobei der Lehrer durch Situationen, hingeworfene Fragen usw. die Neugier des Kindes von einem Punkt zum andern des geplanten Lehrganges führt. Daß es sich dabei um einen einzigen, einer inneren *Ordnung* folgenden Lehrgang handelt, zeigt die Bemerkung S. 364. Denn dieses Vorwärtsschreiten von Frage zu Frage, wobei eine „stetige Neugier" uns treibt, besitzt ihre eigene, *sachliche* Ordnung, zwar nicht die des fertigen Systems, wohl aber die der stets unfertigen *Forschung*: „bei der jeder Gegenstand [der Untersuchung] einen anderen nach sich zieht und immer auf den hinweist, der ihm folgt". Rousseau sieht also die natürliche Neugierde des Kindes und seinen freien Bildungserwerb auf einer Linie mit der wissenschaftlichen Arbeit selbst.

10. 1730 wurde von Réaumur das Thermometer konstruiert.

11. Vgl. Anm. 9.

12. Vgl. S. 246 f.

13. In dem Roman *Defoes* ist Robinson im Besitz einer großen Anzahl von Werkzeugen, die er aus dem gestrandeten Schiff gerettet hat; Rousseau hat sich hier also „produktiv" geirrt; *Campe* folgt in seinem „Robinson der Jüngere" dagegen der von Rousseau vorausgesetzten Situation.

14. Nämlich S. 355 (vgl. Anm. 4).

15. Rousseau sieht, fast schon in marxistischer Sicht, die Teilung der Arbeit als doppelsinnig: einmal als Teilung der Menschen in Arbeiter und Nicht-Arbeiter, zum andern als berufliche Arbeitsteilung. Im folgenden wird aber fast nur auf diese Bezug genommen, nur am Rande, z. B. bei dem üppigen Diner (S. 401), taucht der Gedanke wieder auf, daß der Überfluß und der Luxus aufs engste mit der gesellschaftlichen Arbeitsteilung verknüpft ist.

16. Es mag zunächst überraschen, daß Emile schon jetzt Einsicht in die *gesellschaftliche* Ordnung gewinnen soll. Aber diese erscheint hier zunächst noch völlig diesseits jeder moralischen Betrachtung; es handelt sich also nicht um die Bildung des sozialen Mitgefühls und Bewußtseins, sondern nach wie vor um den *Nutzen* als dem beherrschenden Prinzip des 3. Buches. Die technische Arbeitswelt, in die Emile sich zunächst am Modell des Werkzeuge erfindenden Robinson hineindenken sollte, soll er nun von ihrer gesellschaftlichen Seite kennenlernen: als „gegenseitige Abhängigkeit" in der *arbeitsteiligen* Gesellschaft. Dabei sucht Rousseau nach einem „natürlichen" Maßstab, um die verschiedenen Berufe in ihrem volkswirtschaftlichen Wert zu beurteilen: Es ist ihre allgemeine Notwendigkeit, Unentbehrlichkeit und also „Ursprünglichkeit". Ein anderes Ordnungsprinzip läuft auf dasselbe hinaus: ob die Bearbeitung dem unmittelbaren Rohmaterial oder einem bereits vorgearbeiteten gilt; die erstere ist in sich unabhängig, die zweite abhängig. Unentbehrlichkeit und Unabhängigkeit kommt völlig nur dem Ackerbau zu, welchem daher von Rousseau, der hierin mit den Physiokraten einiggeht, der erste Platz in der Hierarchie der Berufe zugewiesen wird. Aber der Ackerbau wird hier nur am Rande erwähnt und gehört nicht eigentlich zu dem Thema dieses nationalökonomischen Lehrgangs, welcher gerade die gegenseitige Abhängigkeit und Verpflichtung zum Gegenstande hat. Der Bauer schafft sich ja unmittelbar seinen Lebensunterhalt — wie der Nomade, wie der Jäger oder Sammler —, erst der Handwerker gerät durch seine Arbeit in unentrinnbare gesellschaftliche Abhängigkeit.

17. Man beachte die Verbindung technisch-ökonomischer Belehrung mit manueller Arbeit — fast eine Antizipation des polytechnischen Unterrichts.

18. „Ich will nur Schätze besitzen, um die mich das Volk beneiden kann" (Petronius, „Satyrion", 100).

19. Vgl. S. 382 f.

20. In diesem Satz ist der Grundsatz der „indirekten Erziehung" in klassischer Form ausgesprochen — er bestimmt zugleich aufs beste die eigentümliche Aufgabe und Haltung des *Lehrers* und widerlegt klar die törichte These vom „Wachsenlassen".

21. Der nationalökonomische Unterricht Emiles ist, wie man sieht, durchaus realistisch: Er geht vom Begriff des *Eigentums* aus. Rousseau hat übrigens, trotz seiner bissigen Bemerkung über den Ursprung des Eigentums im 2. Discours, nie daran gedacht, Sinn und Recht des Privateigentums zu bezweifeln; der Gesellschaftsvertrag dient u. a. dazu, es zu legalisieren und zu sichern (freilich auch einzuschränken). Für die arbeitsteilige Volkswirtschaft aber ist nicht der feste Besitz des Bodens, sondern der fluktuierende *Austausch* von Gütern kennzeichnend; er konstituiert ja, ökonomisch betrachtet, die Gesellschaft. Die Triplizität dieses Austausches: Arbeitsleistung (industrie), Waren (choses) und Banknoten (signes) erscheint ohne jede kritische Pointe, die gerade hier nahegelegen hätte, aber der Sachlichkeit dieser nationalökonomischen Belehrung geschadet hätte. „Laßt euch nicht zur Erklärung der moralischen Auswirkungen dieser Sache verleiten." Denn noch ist Emiles Beziehung zur Welt und Verständnis der Welt rein sachlich; von den Dingen als Waren ist hier die Rede, von der Einsicht in den *Nutzen* des ökonomischen Austausches und in die Brauchbarkeit seiner Mittel, nicht von moralischer Kritik. Denn diese Einsicht in „die großen Zusammenhänge" der bürgerlichen Erwerbsgesellschaft ist *Voraussetzung* ihrer Kritik.

22. Erinnert an die These der Physiokraten, mit der Rousseau auch sonst vielfach übereinstimmt.

23. *Zweite* Periode: hier hat Rousseau die Altersstufeneinteilung des Manuskriptes Favre stehen lassen; nach der späteren Einteilung ist es ja die dritte.

24. Hier kommt Rousseau noch einmal auf den S. 391 f. geäußerten Gedanken zurück, daß die Arbeitsteilung durch Mehrproduktion die Muße (der Reichen) erst ermöglicht. Vgl. Anm. 15.

25. Gemeint ist natürlich der 2. Discours („Über die Ungleichheit").

26. Dionysius der Jüngere, Tyrann von Syrakus, soll gegen Ende seines Lebens als Schullehrer in Korinth gewirkt haben. — Philippus, der Sohn von Perseus, dem letzten König von Mazedonien, der 168 v. Chr. im Gefängnis in Rom gestorben war, erwarb seinen Lebensunterhalt als Schreiber. — Tarquinius, 510 v. Chr. aus Rom vertrieben. — Der von Rousseau nicht genannte „Erbe des Besitzers dreier Königreiche" ist der 1746 in der Schlacht von Culloden geschlagene Kronprätendent Charles Eduard, der Enkel Jakobs II. Er lebte von einer hohen Leibrente, zuerst am französischen Hof, später in Italien.

27. Der Erwerb von Staatsrenten war ein beliebtes Mittel, den Erben ein sicheres Einkommen zu sichern.

28. Man vergleiche zu dieser mit Bitterkeit und Hohn getränkten Schilderung *Einleitung* S. 26 ff.

29. *Locke* verlangt, der junge Edelmann solle als eine Art hobby ein leichtes Handwerk lernen, auf dem Lande Gärtnerei und Holzarbeiten, in der Stadt Lackieren, Gravieren, Metallarbeiten u. dgl.

30. „Wenig Frauen gibt es, die kämpfen; wenige, die das Brot des Athleten essen. Und ihr, ihr spinnt Wolle, und ist eure Arbeit beendet, so bringt ihr die Wolle in Körben . . ." (Juvenal, Sat. II, 53).

31. Rousseau verfährt hier sehr frei mit der in Ovids „Metamorphosen" erzählten Sage: denn die Eselsohren wuchsen Midas nicht zur Strafe seines Golddurstes, sondern weil er sich vermessen hatte, mit Apollo in einen musikalischen Wettstreit zu treten.

32. Sprichwörtliche Redensart von jemanden, der für die Verdienste eines anderen Ruhm erntet. Meister Guillaume ist eine Komödienfigur des 15. Jahrhunderts.

33. In diesem Satz ist am präzisesten die anthropologisch begründete Unterscheidung der beiden Altersstufen gekennzeichnet.

34. Man sieht, in wie starkem Maße Rousseau noch vom Sensualismus bestimmt ist: die Vorstellung (idée) wird hier als Resultat der Beziehung verstanden, die mehrere Sinnesempfindungen (simultane oder sukzessive) miteinander eingehen. Allerdings weist der Terminus „Vergleich" (comparaison) und erst recht der des „Urteils" und die Unterscheidung eines passiven und eines aktiven Verhaltens im Erkenntnisprozeß über diese sensualistische Erkenntnistheorie hinaus. Im „Glaubensbekenntnis des savoyischen Vikars", in dem Rousseau diesem Problem näher nachgeht, wird dieser Unterschied dann herausgearbeitet und dient zur Grundlage eines an Descartes erinnernden Dualismus. Daß Rousseau hier weniger den Unterschied als die Nähe und Verknüpfung von Sinnesempfindung und Wahrnehmung betont, hat aber seinen besonderen, aus der Komposition des „Emile" sich ergebenden Grund: diese erste vorsoziale und vormoralische Stufe des Menschseins soll als *Einheit* empfunden und also darf der Unterschied zwischen der *raison sensitive* und der *raison intellectuelle* nicht überbetont werden.

35. Anstelle dieses und des vorangehenden Abschnittes enthält das handschriftliche Manuskript folgendes: „Ich behaupte, daß es unmöglich ist, daß unsere Sinne uns täuschen, denn es ist immer wahr, daß wir empfinden, was wir empfinden; darin hatten die Epikureer recht. Die Sinnesempfindungen lassen uns nur in Irrtum verfallen durch die Urteile, die es uns beliebt mit ihnen zu verknüpfen über das, was diese nämlichen Sinnesempfindungen hervorgerufen hat, oder über ihre gegenseitigen Beziehungen oder über die Natur der Gegenstände, die sie uns wahrnehmen lassen. Hierin irren daher die Epikureer, wenn sie behaupten, die Urteile, die wir über unsere Sinnesempfindungen fällen, wären niemals falsch. Wir

empfinden unsere Empfindungen, aber wir empfinden nicht unsere Urteile."

36. Das wird im folgenden an dem Beispiel des ins Wasser getauchten „gebrochenen" Stockes klar. Eine Mehrzahl von Wahrnehmungen *desselben* Sinnes korrigiert die Fehlurteile.

37. „Die schönen Seelen, das sind die universalen und zu allem bereiten; wenn nicht unterrichtet, so doch belehrbar" (sinon instruites, au moins instruisables) „Essais", II, 17.

38. Variante: „Denn, noch einmal, mein Ziel ist nicht, ihm die Wissenschaft zu geben, sondern sie ihn erkennen zu lassen, ihn zu lehren, wie er sie sich bei Bedarf erwirbt, kurzum ihn dahin zu führen, daß er sie genau nach ihrem Wert einschätzt und er die Wahrheit über alle Dinge liebt."

4. BUCH

1. Die Unterscheidung zweier Weisen der Selbstliebe mit den beiden Termini: *„Selbstliebe"* (amour de soi, auch wohl amour de nous-même) und *„Eigenliebe"* (amour-propre) geht nicht ausschließlich auf Rousseau zurück. Wir finden eine ähnliche Unterscheidung bei *Vauvenargues*, „Introduction à la connaissance de l'esprit humain" (1749), in dem Abschnitt „De l'Amour-propre et de l'Amour de nous-même". Rousseau hat sich die betreffende Stelle in seinem Notizheft abgeschrieben. Vauvenargues beruft sich bei seiner Unterscheidung übrigens auf andere Autoren, setzt also den Sprachgebrauch voraus. Dasselbe tut der reformierte Theologe *Abbadie* („Traité de la vérité de la religion chrétienne", 1684), die pietistische Schriftstellerin Marie *Huber* („Lettres sur la religion essentielle à l'homme", 1738). Aber der Sinn, der beiden Termini und ihrer Unterscheidung beigelegt wurde, variiert erheblich; gemeinsam ist nur, daß der *amour de soi* stets positiv, der *amour-propre* negativ gewertet wird. Rousseau hat schon in 2. Discours sich über den Unterschied der Selbstliebe und der Eigenliebe geäußert und dabei besonders betont, daß letztere erst in der gesellschaftlichen Existenz entsteht; es ist das Sozialprestige in all seinen Verkleidungen und Beziehungen, das er im Auge hat. „Man darf nicht die *Eigenliebe* [amour-propre] mit der *Selbstliebe* [amour de soi-même] verwechseln, zwei Leidenschaften, die sich durch ihre Natur und ihre Wirkungen sehr voneinander unterscheiden. Die Selbstliebe ist ein natürliches Gefühl, das jedes Tier dazu antreibt, über seine Selbsterhaltung zu wachen, und das im Menschen, durch die Vernunft geleitet und das Mitleid umgeformt, die Menschlichkeit und die Tugend hervorbringt. Die Eigenliebe ist nur ein Beziehungsgefühl [sentiment relatif], künstlich und in der Gesellschaft entstanden, das jedes Individuum an-

treibt, sich selbst wichtiger zu nehmen als alles andere; denn alles
Böse, was sich die Menschen gegenseitig antun, gibt ihnen die
Eigenliebe ein und sie ist die eigentliche Quelle der Ehre." Ein
sentiment relatif: denn das Wesen der Eigenliebe besteht darin,
daß ich mich mit den anderen *vergleiche*, und mich allein aus
diesem Vergleich werte; so in Neid, Eifersucht, Eitelkeit, Hochmut,
Geltungs- und Ehrsucht, Machtwillen und Stolz. Ist die Eigenliebe „künstlich", dann also *entstanden*, und zwar entstanden aus
der allein ursprünglichen Selbstliebe; sie ist deren Derivation, ja
Perversion. Eben darum ist sie grundsätzlich vermeidbar, einmal
negativ dadurch, daß Emile von der gesellschaftlichen „Meinung"
innerlich unabhängig bleibt, zum anderen positiv, indem seine
natürliche Selbstliebe, die Sorge für sein eigenes Wohl, in seiner
Kindheit und Knabenzeit kräftig gepflegt wird. Wer so wie der
„Wilde" oder der Knabe Emile stets auf die Erfüllung seines
leiblichen Daseins und Wohlseins sieht und von früh bis spät durch
den Umgang mit den Dingen beschäftigt ist, hat keine Zeit, auf
Meinung und Achtung der Mitmenschen zu schielen.

2. Hier klingt eine Unterscheidung an, die Rousseau in den *Dialogues*
weiter entwickelt hat und die sich von der oben skizzierten unterscheidet und sie ergänzt: „Die ursprünglichen Leidenschaften, die
alle direkt auf unser Glück zielen, beschäftigen uns nur mit den
Gegenständen, die sich darauf beziehen, und sind, da sie nur die
Selbstliebe zum Prinzip haben, alle ihrem Wesen nach liebend
und sanft; aber wenn sie von ihrem Gegenstand durch Hindernisse abgelenkt werden, so beschäftigen sie sich mehr mit dem
Hindernis, um es zu beseitigen, als mit dem Gegenstand, um ihn
zu erreichen, und so verändern sie ihre Natur und werden zornig
und gehässig, und so kommt es, daß die Selbstliebe, die ein gutes
und absolutes Gefühl ist, Eigenliebe wird, d. h. ein relatives
Gefühl." Die Verbindung der beiden Definitionen bildet offensichtlich der Gedanke, daß die Eigenliebe als ein „relatives Gefühl",
als der Drang nach Sozialprestige prinzipiell unerfüllbar und
also letztlich unselig und verbitternd wirken muß. „Die Selbstliebe, die nur uns selbst im Auge hat, ist zufrieden, sobald unsere
wahren Bedürfnisse befriedigt sind; aber die Eigenliebe, die sich
vergleicht, ist niemals zufrieden und kann es nicht sein, weil
dieses Gefühl nicht nur darin besteht, daß wir uns den andern
vorziehen, sondern zugleich verlangen, daß sie uns den andern vorziehen;
dies aber ist unmöglich."

3. So schon im 2. *Discours*: „Beginnen wir damit, das Geistige [le
moral] vom Leiblichen [le physique] im Gefühl der Liebe zu
unterscheiden. Das Leibliche besteht in diesem allgemeinen Begehren, das ein Geschlecht antreibt sich mit dem andern zu vereinigen. Das Geistige ist das, was dieses Begehren bestimmt und
ausschließlich auf einen Gegenstand fixiert oder was zum mindesten ihm für das bevorzugte Objekt einen größeren Grad von

Energie einflößt. Nun ist es leicht einzusehen, daß das Geistige
der Liebe ein künstliches Gefühl ist, das nur in der Gesellschaft
entstanden ist ... Dieses Gefühl, das sich auf gewisse Begriffe
von Verdienst und Schönheit gründet, die ein Wilder nicht zu
fassen imstande ist, und auf Vergleiche, die er nicht zu machen
fähig ist, muß für ihn fast gleich null sein ... Er hört allein
auf den Drang, den er von der Natur empfangen hat, und nicht
auf den Geschmack, den er sich nicht hat erwerben können, und
jede Frau ist ihm gleich gut ... Die Einbildungskraft, die so
viel Unheil unter uns anrichtet, spricht noch nicht zu den Herzen
der Wilden; jeder wartet friedlich auf den Impuls der Natur,
gibt ihm ohne Wahl nach, mit mehr Lust als Wildheit, und, das
Bedürfnis gestillt, ist jegliches Begehren erloschen." Ähnlich, nun
aber stärker ins Idealistische gewandt, in der *Nouvelle Héloïse*,
wo Julie schreibt: "Ich weiß nicht, ob ich übertreibe, aber mir
will scheinen, daß die wirkliche Liebe die keuscheste aller Verbindungen ist. Sie ist es, ihr himmlisches Feuer ist es, das unsere
natürlichen Triebe zu reinigen vermag, indem sie sie auf einen
einzigen Gegenstand konzentriert; sie ist es, die uns vor den
Versuchungen schützt und die bewirkt, daß mit Ausnahme dieses
einzigen Gegenstandes ein Geschlecht für das andere nichts bedeutet. Für eine gewöhnliche Frau ist jeder Mann immer ein
Mann; aber für die, deren Herz liebt, gibt es keinen andern
Mann als den Geliebten ..." Und hier wie dort die Schlußfolgerung, daß auch und gerade die sinnliche Liebe ihre Kraft, ja ihre
Existenz aus der „geistigen" zieht: "Das Herz folgt nicht den
Sinnen, es führt sie."

4. Das gegenseitige Verhältnis von Sinnlichkeit und Einbildungskraft
bestimmt, wie man weiterhin sieht, Rousseaus Theorie der Liebe
und der Sexualerziehung. Variabel und bestimmbar ist die Einbildungskraft: mit ihr hat es daher die Sexualerziehung zu tun,
sei es daß der Erzieher, wie hier zunächst dargestellt, sie zu
dämpfen sucht, um das Erwachen der Sinnlichkeit hintanzuhalten,
sei es daß er sie nutzt, um die Sexualität zu Erotik zu subli-
mieren, wie später gezeigt wird.

5. Rousseau hatte in seinem ursprünglichen Manuskript geschrieben:
s'il en a, d. h. „wenn es welche [nämlich: Engel] gibt"; er ver-
besserte für den Druck, zweifellos der Zensur wegen, *s'ils en ont*,
d. h. „wenn sie [die Engel] welche [nämlich: Leidenschaften]
haben".

6. Wiederum die Überzeugung, daß die Einbildungskraft als der
variable Teil der Leidenschaft den Ansatzpunkt für die Erziehung
gibt. Aber sie läßt sich nicht nur direkt durch den Inhalt ihrer
Vorstellungen beeinflussen, sondern auch indirekt, durch die äußere
Umgebung, die auf sie wirkt.

7. Rousseau hat im 2. Discours eine wesentlich andere Erklärung
für die Entstehung des *Mitleids* gegeben; danach ist die *pitié* „ein

natürlicher Widerwille dagegen, irgendein mit Empfindung aus-
gestattetes Wesen, ganz besonders aber unsere Mitmenschen, sterben
oder leiden zu sehen". „In diesem natürlichen Gefühl haben wir
die Ursache für den Widerwillen zu suchen, den jeder Mensch
empfindet, daß er Leid zufügt." Sogar die Tiere zeigen zuweilen
Zeichen solchen „Mitgefühls", z. B. die Scheu der Pferde, auf
einen lebenden Körper zu treten. Es fehlt hier also gerade das
Moment der Einbildungskraft, kraft deren sich der Mitfühlende
in das andere Wesen versetzt und mit ihm in gewisser Weise
identifiziert (die sogenannte Einfühlungstheorie). Natürlich
widersprechen sich die beiden Deutungen nicht; die zweite, die
des „Emile", läßt sich zwanglos als Steigerung und Erhöhung
dieses urtümlichen Hemmungsgefühls verstehen. So in dem mit
dem 2. Discours ungefähr gleichzeitigen „Essai sur l'origine des
langues": „Die sozialen Gefühle entwickeln sich erst mit unserer
Bildung. Das Mitleid, obwohl dem menschlichen Herzen natürlich,
würde nie aktiv werden ohne die Einbildungskraft, die es in Tätigkeit setzt. Wie lassen wir uns zum Mitleid bewegen? indem wir
uns über uns hinaus versetzen und mit dem leidenden Wesen identifizieren . . . Derjenige, der keine Einbildungskraft besitzt, fühlt
nur sich selbst; er ist allein inmitten des Menschengeschlechts."
Deshalb spricht Rousseau dem *Kinde* das Mitgefühl ab (obwohl
er es dem Wilden konzediert hatte), denn es ist ja das erste „Beziehungsgefühl" (sentiment relatif), und impliziert also bereits so
etwas wie eine moralische Beziehung zum Mitmenschen.

8. Man erkennt hier wieder die Unterscheidung zwischen den negativen und verbitternden Gefühlen der „Eigenliebe" und den positiven und sanften der „Selbstliebe". Hier ist dieser Unterschied,
ähnlich wie in einer Stelle der Dialogues, als Zusammenziehung
(rétraction) und Ausdehnung (expansion) des Herzens gedeutet.
„Der positive oder anziehende Akt ist das einfache Werk der Natur, die das Gefühl unseres Daseins auszuweiten und zu verstärken
sucht; der negative und abstoßende, der das Gefühl für den Nächsten verengt und verhärtet, ist zusammengesetzt und von der Reflexion hervorgerufen. Aus dem erstgenannten entstehen alle liebenden und süßen Leidenschaften, aus dem zweiten alle haßerfüll-
ten und rachsüchtigen" („Dialogues" II).

9. „Vom Elend habe ich genug erfahren, um den Elenden helfen zu
können" (Vergil, „Aeneis" I, 630).

10. In den an seine Freundin Sophie d'Houdetot gerichteten *Lettres
morales* begründet Rousseau ähnlich die Forderung zum Mitgefühl
und zur Wohltätigkeit und sieht die gleichen Hemmungen bei
einer an Feinheit der Sitten gewohnten Dame der Gesellschaft
voraus: „Tausend Widerstände werden Sie, ich weiß es wohl, von
einer solchen Fürsorge abhalten. Schmutzige Häuser, brutale Menschen, der Anblick des Elends werden Sie zunächst abstoßen. Aber
wenn Sie in die Häuser dieser Elenden eintreten, so sagen Sie

sich: Ich bin ihre Schwester, und die Menschlichkeit wird über den Widerwillen siegen. Sie werden sie lügnerisch, eigensüchtig, voller Laster finden, die Ihren Eifer zurückstoßen; aber fragen Sie sich im stillen nach Ihren eigenen und Sie werden die Ihres Nächsten vergeben lernen, und bedenken Sie, *daß die Bildung, indem sie sie mit einem Schein von Anständigkeit zudeckt, sie nur um so gefährlicher macht.*"

11. Nähme man diesen Satz und die sich darin dokumentierende Einsicht ernster, dann würfe man Rousseau nicht wie üblich das Utopische seiner natürlichen Erziehung vor und ziehe ihn nicht eines anthropologischen Optimismus, den sein gesamtes Werk widerlegt. Was die Idee der „natürlichen Erziehung" zum Ausdruck bringen will, ist ja nur dies, daß Erziehung der Entstehung der „Eigenliebe" nicht selbst Vorschub leisten soll und daß, wenn sie es doch tut, sie ihrem Wesen widerspricht. Ob eine solche fehllose Erziehung und Entwicklung *möglich* ist, diese Frage ist von Rousseau immer offen gehalten, ja eher verneint als bejaht worden.

12. Rousseau berührt hier die Frage nach der *Individualität,* d. h. der individuellen Differenz des Zöglings. In einem pädagogischen Werk, das die *allgemeinen* Prinzipien auszuarbeiten sucht, können freilich nicht die differenten Individualitäten, sondern nur das generelle Menschsein („l'homme abstrait", vgl. 1. Buch, Anm. 14) in den Blick kommen. Im übrigen trifft Rousseau hier in einer bemerkenswerten Formel die innere Problematik jedes pädagogischen Versuches, auf die Individualität des Zöglings Rücksicht zu nehmen: dessen individuelle Eigenart zeigt sich ja erst in der *Reaktion* auf die erzieherische Einwirkung, so daß die „Beobachtung" der sich manifestierenden Individualität mit deren „Herausforderung" zusammenfällt: der geschickte Erzieher muß die Kunst verstehen, „die Herzen zu erforschen, *indem* er daran arbeitet, sie zu bilden".

13. Eine bezeichnende Formulierung, die zeigt, wie für Rousseau Sentimentalismus und Rationalismus sich verbinden. Die Nüchternheit in der Erziehung des Knaben ist, indem sie jede unechte, künstliche Gefühlsbildung verhindert, Voraussetzung dafür, daß die im Jugendalter sich bildenden Gefühle „wahrhaftig" sind.

14. La Grève (wörtlich: Sandufer) ist ein Platz in Paris, an dem die Hinrichtungen vollzogen wurden.

15. „Les esprits", die spiritus vitales, die nach älterer Vorstellung das Leben im Körper bestimmen.

16. Die „Lebensgeister" dienen bei sexueller Enthaltsamkeit der leiblichen Entwicklung des Individuums, statt durch einen vorzeitigen Sexualakt ein anderes zu erzeugen.

17. Rousseau hatte ursprünglich geschrieben: die „unbekannten" Organe der Kommunikation der beiden Substanzen.

18. Die ganze Entwicklung der „affections" (der liebenden Gefühlsbewegungen), vom Mitleid über die „humanité" zur Freundschaft

(mit dem Erzieher), zur Liebe zum Guten und Bindung an Gott im Gewissen bis schließlich zu Liebe und Ehe, wie sie Rousseau im 4. und 5. Buch beschreibt, dient tatsächlich diesem Nachweis, daß diese höheren, die sozialen, moralischen, religiösen, erotischen Gefühle nicht von bloßen „Werten" („rein geistigen Gebiden"), nicht vom moralischen „Gesetz" allein bestimmt, sondern „ein dem menschlichen Herzen natürliches *Bedürfnis* sind". Der Begriff des „Bedürfnisses" verbindet also die Erziehung in der „moralischen Ordnung" mit der vormoralischen, die vom bloß physischen Bedürfnis und Nutzen bestimmt war. Etwas schematisch gesagt: dem Utilitarismus folgt der Eudämonismus; beide wurzeln in dem „natürlichen Bedürfnis", sei es des Leibes, sei es der Seele, weshalb denn Rousseau beide unter ein und denselben Begriff, den der „Selbstliebe" (amour de soi), fassen kann. Hier liegt die Einheit in seinem anthropologischen Dualismus.

19. Vgl. Anm. 2.
20. Rousseau nimmt hier das Thema des 2. Discours, die *Ungleichheit,* auf, aber er benutzt im folgenden nicht die genetische Methode, mit der er dort die Entwicklung von der natürlichen Gleichheit zur gesellschaftlichen Ungleichheit zu rekonstruieren versucht hatte, sondern er benutzt die psychologische Analyse, um hinter der „Maske" der gesellschaftlichen Ungleichheit die wahre und also auch gleiche „Natur" des Menschen erkennen zu lassen. Mit dieser, in unserer Sprache: philosophischen Anthropologie, die auf das Allgemeine geht, verknüpft er nun eine auf das Einzelne gerichtete Menschenkunde, die die *Historie* liefert. Gemeinsam und also das Verbindungsglied der philosophischen und der historischen Betrachtung ist die Tendenz, den Schüler hinter der „Maske" die Wirklichkeit sehen zu lassen: daher der Grundsatz, daß Emile die Menschen nach ihren *Taten* beurteilen soll (vgl. S. 490 f.). Damit ergibt sich freilich eine pädagogische Schwierigkeit: Muß nicht die also demaskierte Menschheit Emile abstoßen und zum Menschenverächter machen? Aus dieser Schwierigkeit hilft die vorangegangene Bildung zur *humanité,* worin Emile die Menschen als „seinesgleichen" hat lieben lernen, und hilft die Besinnung auf die unverstellte Natur des Menschen, die hinter der entstellenden Maske oft genug zum Vorschein kommt: „daß es Antlitze gibt, die schöner sind als die Maske, die sie tragen".
Ungleichheit und Scheinwesen gehören zur gesellschaftlichen, Gleichheit und Echtheit zur individuellen Existenz: eben darum kann Emile, wie Rousseau sagt, die einzelnen Menschen lieben und in ihnen die Menschheit achten, und gleichzeitig die gesellschaftliche Entartung durchschauen und „die Menge verachten". Bedingung freilich ist, daß Emile die Entartung und Schlechtigkeit der Menschen zunächst aus der Entfernung, dem unbetroffenen Standpunkt des bloßen Zuschauers erfahren lernt, wozu ebenfalls der Unterricht in der Geschichte die Möglichkeit gibt.

21. Gesellschaftliche Institution und individuelle Moral sind für Rousseau untrennbar aufeinander bezogen. Daher ist auch seine politische Theorie nicht ablösbar von der moralischen Wertung; es genügt nicht, wie Montesquieu „das positive Recht der bestehenden Regierungen" darzustellen, denn „man muß wissen, was sein soll, um richtig über das zu urteilen, was ist" (vgl. S. 912).

22. Vgl. die Unterscheidung von „natürlichem Bedürfnis" und „Phantasiebedürfnis" S. 198.

23. Vgl. aus dem 2. Discours: „Ich finde in der menschlichen Gattung zwei Arten von Ungleichheit: eine, die ich die natürliche oder physische nenne, weil sie von der Natur gesetzt ist und im Unterschied des Alters, der Gesundheit, der Körperkraft und der Fähigkeiten des Geistes oder der Seele besteht, und die andere, die man moralische oder politische Ungleichheit nennen kann, weil sie von einer Art von Übereinkunft abhängt und durch die Zustimmung des Menschen konstituiert oder wenigstens autorisiert ist." So zu Anfang des 1. Teils, und zum Schluß: „Nachdem ich bewiesen habe, daß die Ungleichheit im Naturzustand kaum fühlbar und ihr Einfluß fast gleich null ist, bleibt mir noch übrig, ihren Ursprung und ihren Fortschritt in den Entwicklungsphasen des menschlichen Geistes zu zeigen" (was Rousseau im 2. Teil tut).

24. Diese Anmerkung (mit deutlicher Anspielung auf Montesquieus Werk „Geist der Gesetze") ebenso wie die entsprechenden Ausführungen über den scheinheiligen Gesellschaftsvertrag im 2. Teil des Discours über die Ungleichheit hat zum Thema „was ist", dagegen der „Contrat social": „was sein soll".

25. Die Geschichte als Medium der Menschenkunde hat also, wie in Anm. 20 schon erläutert, gegenüber der realen Erfahrung den Vorzug des nicht verletzenden *Vorstellungs*erlebnisses (Distanz von der Realität) und gegenüber der philosophischen Betrachtung den Vorzug der *Anschaulichkeit* und Konkretheit (Schein der Realität).

26. Romane von *La Calprenède* (1614—63), die durch ihre maßlose Breite — die „Cassandre" umfaßt 10, die „Cléopâtre" 12 Bände — und ihre moralische Tendenz den Stil ihrer Zeit verhaftet waren. An welche Historiker Rousseau gedacht hat, wenn er sie mit diesen weitschweifigen und phantasievollen Helden und Liebesromanen vergleicht, ist nicht recht ersichtlich.

27. „*Les faits! les faits!*" Dieses Losungswort entspricht nun, beim Studium des *Menschen* durch Bücher, genau dem Losungswort, das Emiles Studium der *Dinge* ohne Bücher leitete: *„Les choses! les choses!"* (s. S. 380).

28. *Davila* (1576—1631), in Padua geboren und lange Zeit am Hofe der Catharina von Medici, hat eine „Geschichte der Bürgerkriege in Frankreich", von Franz II. bis Heinrich IV., verfaßt. — *Guiccardini* (1482—1540) ist Verfasser einer „Geschichte der Kriege in Italien" von 1490 bis 1534. — *Strada* (1572—1649), Jesuit in

Rom, verfaßte eine lateinische „Geschichte der Niederlande". — *Solis* (1610—86), spanischer Dichter und Geschichtsschreiber, ist Verfasser einer „Geschichte der Eroberung Mexikos". — *Machia-velli* (1469—1527) wird hier wohl wegen seiner Geschichte von Florenz erwähnt. — *De Thou* (1553—1617), Freund von Montaigne, verfaßte eine umfangreiche, lateinisch geschriebene Geschichte seiner Zeit. — *Vertot* (1655—1735) ist Verfasser zahlreicher historischer Werke wie über die Revolutionen in Portugal, in Schweden, über den Malteserorden in Jerusalem. — Unter „portraits" versteht Rousseau offenbar psychologische und moralische Charakterbilder; dies widerspricht seiner Maxime, Handlungen und Tatsachen zu berichten.

29. „Essais" II, 10. In den „Rêveries" faßt Rousseau seine Vorliebe für *Plutarch* im Rückblick auf sein Leben in die Worte: „Unter der kleinen Zahl von Büchern, die ich zuweilen noch lese, zieht mich Plutarch am meisten an und nutzt mir am meisten. Er war die erste Lektüre meiner Kindheit, er wird die letzte meines Alters sein; er ist fast der einzige Autor, den ich nie ohne irgendwelchen Gewinn gelesen habe."

30. Gemeint ist der von Rousseau auch sonst hoch geschätzte *Duclos* (1704—1772) mit seiner Biographie Ludwigs XI. *Commines* (1445 bis 1509), rechte Hand dieses Königs, erzählt dessen Geschichte in seinen Memoiren.

31. *Ramsay* (1686—1743), geboren in Schottland, später in Frankreich lebend und als Erzieher im Hause Turennes tätig, schrieb u. a. dessen Biographie.

32. *Pyrrhus* starb (nach Plutarch) in der Schlacht getroffen von einem Dachziegel, den eine Mutter, die vom Dache aus zusah, wie er ihren Sohn angriff, auf ihn warf.

33. Die Ereignisse im Hause des Augustus, auf die Rousseau anspielt, sind: sein Neffe *Marcellus* starb 23 v. Chr., sein Adoptivsohn *Cajus* 4 v. Chr., sein Schwiegersohn *Agrippa* 12 v. Chr.; sein Enkel *Drusus* Julius Cäsar, Sohn des Tiberius, der 22 n. Chr. die tribunica potestas erhielt und zum Thronnachfolger bestimmt war, wurde auf Betreiben seiner eigenen Frau im Jahre darauf vergiftet. Die Tochter des Augustus, die ältere *Julia*, starb 14 v. Chr. in der Verbannung, seine Enkelin, die jüngere *Julia*, nach zwanzigjähriger Verbannung auf einer einsamen Insel an der apulischen Küste.

34. Anspielung auf sein Verhältnis zu Cleopatra, weil zwar nicht der Ehrgeiz, wohl aber Sinnlichkeit und Liebesleidenschaft Emile bedrohen.

35. Rousseau braucht hier, wie auch sonst zuweilen, das Wort „Eigenliebe" (amour-propre) in einem moralisch neutralen und nicht im abwertenden Sinne wie dort, wo er sie der „Selbstliebe" (amour de soi) gegenüberstellt.

36. *Pradon*, Tragödiendichter und Zeitgenosse Racines; *Cotin* ver-

suchte gegen die schneidende literarische Kritik Boileaus eine
plumpe Gegenkritik („La satire des satires").

37. Vgl. 1. Buch S. 136 f.

38. Nach Montaigne I, 41.

39. Formey (vgl. 1. Buch, Anm. 8), „Anti-Emile", p. 141.

40. Vgl. 2. Buch, S. 252 ff.

41. „Voll ist von derlei Narren heut die Welt; / Ein jeder Bürger
    will sein Prachthaus haben, / Der kleinste Fürst Gesandte hält, /
    Und jeder Marquis Edelknaben."

42. Vgl. Einleitung S. 40.

43. Rousseau hat sich über das *Duell* und die Möglichkeiten, es durch
    einen „Ehrengerichtshof" einzuschränken, ausführlich im Brief an
    d'Alembert geäußert. Dieser „Ehrengerichtshof" sollte gerade nicht,
    wie die Gerichte, Strafen verhängen, sondern als Stimme der
    öffentlichen Meinung — aber auch auf sie einwirkend — sich mit
    einer moralischen Sentenz begnügen. Vom moralischen Standpunkt
    handelt Rousseau über das Duell in einem Briefe Julies an Saint-
    Preux: *Nouvelle Héloïse* I, 57.

44. Auf eine diese Stelle betreffende Anfrage des Abbé M[aydieu]
    erzählt Rousseau in seinem Brief vom 14. März 1770 fol-
    gende Anekdote, die er bei der Niederschrift im Sinne gehabt
    hätte: Der frühere König von Preußen (Friedrich Wilhelm I.)
    habe sich bei einer Parade von seinem Zorn über die schlechte
    Ausführung eines Manövers so weit hinreißen lassen, daß er den
    befehlenden Major mit dem Stock geschlagen habe. Der beleidigte
    Offizier sei einige Schritte zurückgewichen, habe seine Pistole ge-
    zogen, eine Kugel zu Füßen des Pferdes, auf dem der König saß,
    gejagt und ihn dann in seinen Kopf. „Dieser Zug, an den ich
    niemals denke, ohne vor Bewunderung zu zittern, kam mir in den
    Sinn, als ich den ‚Emile' schrieb; ich wandte ihn auf mich an,
    veränderte aber für den Fall, daß ein Privatmann einen anderen
    beleidigt, die Handlung selbst durch den Unterschied der Per-
    sonen. Denn Sie begreifen, mein Herr, so groß und erhaben der
    geschlagene Major ist, der, bereit, sein Leben zu nehmen,
    eben dadurch Herr über das Leben seines Beleidigers wird, der ihn
    aber dennoch als ehrfürchtiger Untertan respektiert und sich eben
    damit über seinen Souverän erhebt, und stirbt, indem er ihn
    verschont, so unangebracht wäre dieselbe Barmherzigkeit gegen-
    über einem unbekannten Rohlinge; der Major, der seinen ersten
    Schuß genutzt hätte, wäre nur ein Rasender gewesen; der Privat-
    mann, der auf den seinigen verzichtet hätte, wäre nur ein Dumm-
    kopf . . . Die Ehre eines Mannes kann nur ihn selbst zum wirk-
    lichen Verteidiger und Rächer haben. Nachsicht, die in jedem
    anderen Fall von der Tugend vorgeschrieben wird, ist hier nicht
    nur nicht erlaubt, sondern ausdrücklich verboten, denn die Ent-
    ehrung ungestraft lassen, heißt ihr zustimmen: man schuldet ihr
    die Rache, man schuldet sie sich selbst, ja man schuldet sie der

Gesellschaft und den Männern von Ehre, die sie bilden. Eben dies ist eine der stärksten Gründe, die das Duell als sinnlos verdammen, weniger, weil es den Unschuldigen der Gefahr aussetzt umzukommen, als weil es ihn der Gefahr aussetzt, ohne Rache umzukommen und den Schuldigen in seinem Triumphe zu lassen ... Indessen verlangt die Ehre die Rache, so verlangt sie sie voll Mut: wer sich feige rächt, löscht nicht seine Schande, sondern treibt sie auf die Spitze, wer aber sich rächt und stirbt, ist rehabilitiert ... Die Konsequenzen daraus, wie aus dem, was ich darüber im *Emile* gesagt habe und oft zu denen, die mit mir darüber sprachen, als das Buch erschien, ist: man kann einen Mann nicht entehren, der zu sterben versteht." Die Frage der *Ehre* hat, wie man sieht, den „plebeischen" Rousseau nicht weniger beschäftigt als andere Zeitgenossen; das ist charakteristisch für die Gesellschaft des „ancien régime", auch für seine „gens de lettres".

45. Hier braucht Rousseau mißverständlicherweise den Terminus „amour-propre", statt des zu erwartenden „amour de soi". Vgl. auch Anm. 35.

46. Locke schlägt vor, beim Studium der Physik, d. h. der Erkenntnis der Ursachen und Wirksamkeit der Dinge, solle man mit der Betrachtung der *Geister* beginnen, von denen die biblische Geschichte uns berichtet. „Ohne Annahme von Geistern wird unsere Philosophie unvollkommen und in einem ihrer wichtigsten Teile mangelhaft sein, weil uns so die Betrachtung der vorzüglichsten und mächtigsten Geschöpfe Gottes entgeht."

47. 1. Mose 31, 19.

48. Offenbar eine Anspielung auf *Pascals* Aphorismus über die beiden Unendlichkeiten („Pensées", ed. Brunschvicg, p. 347 ff.).

49. Rousseau an seinen strenggläubigen Freund Altuna: „Wenn auch mich mein Glaube mancherlei lehrt, was über meine Vernunft geht, so ist es doch zunächst meine Vernunft, die mich gezwungen hat, mich meinem Glauben zu unterwerfen" (30. Juni 1748).

50. Seit Montaigne ein beliebtes Argument gegen den Offenbarungsglauben; vgl. auch Anm. 154.

51. In der 1. Ausgabe hieß es: „Man sagt dem einen, Mohammed sei der Prophet Gottes, und er sagt, er verehre Mohammed; man sagt dem anderen, man müsse die Jungfrau verehren, und er sagt, er verehre die Jungfrau."

52. In seinem Brief an den Erzbischof von Paris, M. de *Beaumont,* erklärt Rousseau dieses „wir" = „die Reformierten".

53. „Über den Aberglauben", 27.

54. Moralische Vernunft und Leidenschaft sind aufeinander bezogen, und diese ihre Korrelation bestimmt zugleich den Zeitpunkt, den Rousseau als den geeignetsten für die religiöse Belehrung ansieht. Die Religion soll der erwachenden Leidenschaft das Gegengewicht halten, ja muß ihr gewissermaßen zuvorkommen; andererseits ist sie mit ihr gleichzeitig. Denn vorher, im Kindesalter, ist Emile

der religiösen Belehrung noch nicht fähig, aber auch, da von keiner Leidenschaft bedroht, nicht bedürftig. Später wäre es zu spät, da die Leidenschaft ihn bereits gänzlich beherrscht. „Früher bedeuten die Lektionen der Weisheit nichts für das Kind, das nicht imstande ist, sich dafür zu interessieren und sie zu verstehen; später schlagen sie nicht mehr Wurzel in einem den Leidenschaften bereits hingegebenen Herzen. Allein in dem Augenblick, den ich gewählt habe, sind sie nützlich: sei es um ihn zu bewaffnen, sei es um ihn zu zerstreuen, es ist gleichermaßen von Wichtigkeit, daß jetzt der junge Mann mit ihnen beschäftigt ist": so rechtfertigt Rousseau, gegenüber dem Erzbischof von Paris, seine Forderung, die religiöse Unterweisung erst im Jugendalter ein setzen zu lassen.

55. Horaz, carm. II, 1, 7: „Ich wandle durch Feuer, das eine trügerische Asche deckt"; bei Horaz: „Incedis" (du wandelst). Rousseau war sich also der Gefährlichkeit seines Unterfangens, ein vom christlichen Glauben unabhängiges Bekenntnis der natürlichen Religion zu entwerfen und zu veröffentlichen, wohl bewußt. Voll Bedenken, wie die folgenden Sätze zeigen, sowohl gegen sein eigenes Urteil (vgl. S. 601, wo auch der Vikar sich für fehlbar erklärt) wie gegen die Aufnahme in der Öffentlichkeit.

56. Vitam impendere vero = vgl. Einleitung S. 45.

57. Das *„Glaubensbekenntnis des savoyischen Vikars"* ist von Rousseau ursprünglich als eine eigene Abhandlung geplant und seiner Form nach ja auch als ein in sich geschlossenes und aus dem Erziehungsroman ablösbares Werk ausgeführt worden. So steht es in einer Linie mit anderen Schriften Rousseaus, in denen er seinen religiösen Standpunkt klarzulegen suchte: dem Brief an Voltaire über den Optimismus, dem Glaubensbekenntnis Julies zu Ende der „Nouvelle Héloïse", den an Sophie d'Houdetot gerichteten „Lettres morales", von denen größere Abschnitte unmittelbar in das „Glaubensbekenntnis" übernommen wurden. Rousseau wurde zu diesen religionsphilosophischen Reflexionen veranlaßt durch die Auseinandersetzung mit seinen dem Skeptizismus, ja dem Atheismus zuneigenden philosophischen Freunden: Diderot und den Männern des Holbachkreises (darunter Saint-Lambert). So hat er die Entstehung des „Glaubensbekenntnisses" in den „Rêveries" dargestellt. „Ihre Argumente hatten mich zwar nicht überzeugt, aber sie hatten mich beunruhigt ... Ich fand darauf keine rechte Antwort, aber ich fühlte, daß es eine geben müsse. Ich klagte mich weniger des Irrtums als der Unfähigkeit an und mein Herz antwortete ihnen besser als meine Vernunft. Endlich sagte ich mir: Lasse ich mich ewig zum besten haben von den Sophismen der Klugredner ... Ihre Philosophie ist für die anderen bestimmt; ich brauche eine für mich selbst. Laß sie mich mit allen Kräften suchen, solange es noch Zeit ist, damit ich eine feste Regel meiner Lebensführung für den Rest meiner Tage habe ... Ich führte diesen

Plan langsam und in verschiedenen Anläufen aus, aber mit aller Kraft und Hingabe, deren ich fähig war ... Ich fand mich freilich in einem solchen Labyrinth von Verwirrung, Schwierigkeiten, Einwänden, Winkelzügen, Dunkelheiten, daß ich wohl zwanzigmal versucht war, alles im Stich zu lassen ... Aber ich beharrte: zum erstenmal in meinem Leben bewies ich Mut ... Nach den eifrigsten und ernsthaftesten Untersuchungen, die vielleicht je ein Sterblicher angestellt hat, entschied ich mich für mein ganzes Leben in bezug auf alles, worüber eine feste Meinung zu haben für mich wichtig ist ..." ("Rêveries" III).

Rousseau versteht also sein "Glaubensbekenntnis" nicht als ein simples Bekenntnis einer "Religion des Herzens", sondern als eine ernsthafte, auf rationale Argumente gestützte Auseinandersetzung: mit dem philosophischen Sensualismus und Materialismus, dem moralischen Relativismus, mit der Skepsis, dem religiösen Agnostizismus und dem Atheismus der radikalen Aufklärer. Ist die eigentliche "Front", gegen die das "Glaubensbekenntnis" gerichtet ist, der Unglaube der "Philosophen", warum hat dann aber Rousseau sich nicht mit diesem "positiven" Teil begnügt, sondern hat einen zweiten "negativen" zugefügt, der die Kritik des *Offenbarungsglaubens* zum Inhalt hat? Die Antwort kann nur lauten: Weil ihm das erste ohne das zweite nicht möglich schien. Eine Widerlegung des Unglaubens hielt er möglich nur auf dem Boden eines vernünftigen Glaubens, auf dem Boden der "natürlichen Religion". Darin unterscheidet sich Rousseaus "Glaubensbekenntnis" grundsätzlich von der zahlreichen apologetischen Literatur seiner Zeit, auch der des von ihm hochverehrten *Clarke* (s. Anm. 75). Sie alle wandten sich als die Gläubigen an die Ungläubigen, die Sicheren an die Angefochtenen; nahmen sie deren Argumente und philosophische Methoden auf, so nicht, weil sie die ihren waren, sondern um jene besser überzeugen zu können. Rousseau dagegen schrieb das "Glaubensbekenntnis" als Antwort auf seine eigenen Zweifel, und so ist denn der radikale Zweifel, von dem er ausgeht, und die philosophische Reflexion, mit der er sich aus ihm herauszuarbeiten sucht, nicht literarische Fiktion, nicht ein Mittel der Darstellung, sondern entspricht dem Motiv und Gang seiner Glaubensbemühung selbst. Eben weil er, wie er an den Erzbischof von Paris schrieb, nicht jenen "robusten Glauben besitze, der niemals zweifle", war er überzeugt, daß sein Glaube und dessen Bekenntnis das lösende Wort sei in der religiösen Notlage der Zeit und bestimmt, "eines Tages unter den Menschen Revolution zu machen".

Aus dieser *Mitte* zwischen dem alten Glauben und dem neuen Unglauben ist das "Glaubensbekenntnis" konzipiert, und Rousseau knüpfte daran die gleiche Erwartung, die ihn schon in der "Nouvelle Héloïse" (bei der Verbindung der gläubigen Julie mit dem ungläubigen Wolmar) geleitet hatte: die beiden feindlichen Parteien in ihrer Einseitigkeit zu widerlegen und eben damit zu versöhnen. So verfaßte er das „Glaubensbekenntnis" zugleich als ein Werk beredter Apologie und bissiger Polemik — nur daß er damit eine etwas andere Einigkeit heraufbeschwor als die erträumte, nämlich die einige Wut, mit der sich beide Parteien gleichermaßen gegen ihn wandten: die Kirchen verdammten ihn als Verführer, die Philosophen als Verräter.

Um das Verständnis des Gedankenganges im „Glaubensbekenntnis" zu erleichtern, sei hier eine *Disposition* gegeben, die sich weitgehend an die in *Massons* großer kritischer Ausgabe hält.

58. Die Rahmenerzählung ist eine freie Umformung von Rousseaus eigenem Lebensschicksal. Zu vergleichen ist Rousseaus Schilderung seines Aufenthaltes in dem Hospiz San Spirito in Turin im 2. Buch

der „Bekenntnisse". Man sieht, daß Rousseau hier einige Züge nur angedeutet hat (vgl. Anm. 60), andere dramatisiert hat. Den inneren Schock, die Empörung und das tiefe Mißtrauen gegen die Gesellschaft, das die erzwungene Konversion in ihm auslöste, spürt man genauso in dem Bericht der „Bekenntnisse".

59. Anspielung auf den Mauren, der den ahnungslosen Jean-Jacques zum homosexuellen Verkehr verführen möchte. Vgl. „Bekenntnisse" II.

60. Nach den „Bekenntnissen" machte Rousseau die Bekanntschaft des Abbé *Gaime* (s. Anm. 61) erst später, als er in Diensten von Frau v. Vercellis stand. Auch ist er nicht aus dem Hospiz geflohen, sondern nach Abschwörung mit einem Handgeld von 20 Franken entlassen worden.

61. In der Gestalt des *savoyischen Vikars* hat Rousseau zwei verschiedene Personen zusammengeschmolzen: den Abbé *Gaime*, den er in Turin kennenlernte, und den Abbé *Gâtier*, von dessen traurigem Los er in Annecy erzählen hörte.
Der Abbé *Gaime* (1692—1761) stammte aus ärmlichen Verhältnissen, hatte sich aber zu den Zeiten, da Rousseau in Turin seine Bekanntschaft machte und seine Anteilnahme erregte, eine sehr geachtete Stellung erworben. Er war Hauslehrer bei einem Grafen, wurde später Professor und Subprior an der Adelsakademie von Turin und zog sich für sein Lebensende in seine savoyische Heimat zurück. Über seine theologischen Ansichten wissen wir begreiflicherweise so gut wie nichts; in den „Bekenntnissen" spricht sich übrigens Rousseau selber sehr viel vorsichtiger darüber aus; auch wäre es ein unsinniger Anachronismus, Rousseaus nach langer Berührung mit der französischen Aufklärung gewonnene Glaubensüberzeugungen mit den Eindrücken zu identifizieren, die er bei einem wohlwollenden, liberal gesonnenen Geistlichen während seiner Jugendzeit gewonnen hat.
Der Abbé *Gâtier* (1703—60), zuletzt Curé in einem savoyischen Ort, hat dem savoyischen Vikar das romaneske Element geliehen; der Fehltritt in seiner Jugend, die darauf folgende Bestrafung und Anfechtung. Rousseau hat ihn während seines kurzen Aufenthaltes im Priesterseminar von Annecy kennengelernt und beschreibt in den „Bekenntnissen" mit großer Sympathie sein Äußeres: „Ich habe niemals eine rührendere Physiognomie gesehen als die von Herrn Gâtier . . . In seinen großen blauen Augen lag zugleich eine Sanftmut, Zärtlichkeit und Traurigkeit, die man nicht sehen konnte, ohne sich für ihn zu interessieren. Nach dem Blicken, dem Ton dieses armen jungen Mannes konnte man glauben, er sehe sein Schicksal voraus und er fühle sich geboren, um unglücklich zu sein . . . Einige Jahre später erfuhr ich, daß er als Vikar in einer Gemeinde ein Mädchen geschwängert hatte, das einzige, in das er sich, trotz seines zärtlichen Herzens, je verliebt hatte. Das war ein schrecklicher Skandal in einer streng verwalteten Diözese. Die

Priester sollen nach guten Regeln nur verheiratete Frauen schwängern. Da er gegen dieses Gesetz der Schicklichkeit sich vergangen hatte, wurde er ins Gefängnis geworfen, diffamiert, weggejagt. Ich weiß nicht, ob er später wieder hat in die Höhe kommen können, aber der Gedanke an sein Mißgeschick, das sich meinem Herzen tief eingeprägt hatte, kam mir wieder ins Gedächtnis, als ich den *Emile* schrieb, und Herrn Gâtier mit Herrn Gaime verschmelzend, bildete ich aus diesen beiden würdigen Priestern das Original des savoyischen Vikars. Ich schmeichle mir, daß die Nachahmung meinen Modellen nicht zur Unehre gereicht hat" ("Confessions" III). Masson, der die auf das Leben des Abbé Gâtier bezüglichen Dokumente studiert hat, hat darin nicht den leisesten Hinweis auf den von Rousseau berichteten „Skandal" finden können. Es ist möglich, daß Rousseau hier sein Gedächtnis getäuscht und er die Geschichte des Fehltritts und der Bestrafung, von der er später vom Hörensagen Kenntnis erhielt, fälschlich auf den „armen jungen Mann" mit den traurigen Augen übertragen hat.

Für den religiösen Sinn des „Glaubensbekenntnisses" ist aber dieser Fehltritt nicht ohne Bedeutung: gegenüber dem pharisäischen Hochmut der in ihrem Glauben und in ihren Sitten untadelig erscheinenden Theologen, gegenüber dem kalten Gleichmut des skeptischen Philosophen bildet die seltsame Gemeinschaft eines gefallenen und mißachteten Landvikars, der seine Irrwege und seinen Glaubensfrieden bekennt, mit einem verwahrlosten und heimatlosen Konvertiten, der sich ihm als neuen Proselyt anschließt, ein Kontrastbild von fast dostojewskijscher Färbung.

62. Offenbar eine Anspielung auf die „Verführung" durch Madame de *Warens*.

63. Rousseau, obwohl hier scheinbar die Fiktion aufhebend, hält an der S. 536 gegebenen fest, daß ein fremder Autor ihm dieses „Bekenntnis" übergeben habe.

64. Eine etwas seltsame Bemerkung: meint der Vikar hier nur die Sinnlichkeit als *Versuchung*, oder meint er die wirkliche *Wiederholung* seiner sexuellen Fehltritte? Die Worte S. 599 deuten auf letzteres. Wenn Rousseau ihm dennoch „untadelige Sitten" zuspricht, so erklärt sich das wohl nur aus seiner grundsätzlichen Ablehnung des Zölibats als einer unnatürlichen und unerfüllbaren Forderung.

65. Einheit des Ich und Einheit des Lebens ist für Rousseau Maßstab der Natur und der Güte. Wie weit tatsächlich der Vikar von dieser „Einheit" entfernt ist, wird er freilich später deutlich genug bekennen.

66. Vgl. hierzu in der Rede des Erziehers S. 889 f.

67. Die Schilderung des Sonnenaufgangs erinnert an die Szene im 3. Buch S. 356 ff. Für Rousseau war es stets vor allem der Sonnenaufgang, der in ihm ein Gefühl religiöser Andacht und Erhebung auslöste. So erzählt er von seinem Aufenthalt in *Les Charmettes:* „Ich stand alle Morgen vor Sonnenaufgang auf. Durch

einen nahen Obstgarten stieg ich zu einem sehr hübschen Weg herauf, der über dem Weinberg lag und am Bergeshang entlang bis Chambéry führte. Dort verrichtete ich im Gehen mein Gebet, das nicht in einem leeren Lippendienst bestand, sondern in aufrichtiger Erhebung zu dem Schöpfer dieser lieblichen Natur, deren Schönheit sich meinen Augen darbot. Ich habe nie gern im Zimmer gebetet. Mir ist, als schöben sich die Mauern und all das kleine Menschenwerk zwischen Gott und mich. Ich liebe es, ihn in seinen Werken zu betrachten, während mein Herz sich zu ihm erhebt" („Confessions" VI). Noch instruktiver ist ein Gespräch, das Madame d'Epinay in ihren Memoiren berichtet. Rousseau hatte im Kreise ihrer philosophischen Freunde auf die Spöttereien Saint-Lamberts über die Religion mit einem Ausbruch von Entrüstung geantwortet. Als Frau von Epinay einige Tage später auf seinen „Ausfall" zu sprechen kam und ihn fragte, ob er denn wirklich so gläubig sei, antwortete er: „Zuweilen, in der Enge meines Studierzimmers, beide Fäuste gegen die Augen gepreßt, oder mitten in der dunklen Nacht, da bin auch ich seiner [Saint-Lamberts] Ansicht. Aber sehen Sie dieses da" — und er wies mit der Hand auf den Himmel, das Haupt erhoben und mit dem Blick eines Inspirierten: „Wenn die Sonne aufgeht und die Nebel zerteilt, die die Erde bedecken, verscheucht sie auch die Nebel meines Geistes. Dann finde ich meinen Glauben wieder, meinen Gott, mein Vertrauen zu ihm; ich bewundere ihn, ich bete ihn an und beuge mich vor seiner Gegenwart."

68. Vgl. unten S. 590.

69. *Descartes*, „Discours de la méthode".

70. Weil die Reflexion, statt unbequem zu sein, vielmehr die Zufriedenheit des guten Gewissens zu Bewußtsein bringt. Wie später zu sehen ist, ist für Rousseaus Begriff und Hochschätzung des Gewissens viel mehr das *gute* als das schlechte Gewissen von Bedeutung.

71. Rousseau an Voltaire (in seinem großen Brief über den „Optimismus" vom 18. August 1756): „Der Zustand des Zweifels ist ein zu gewaltsamer Zustand für meine Seele."

72. „In diesem Jahrhundert, da die Philosophie nur zerstört", heißt es in den *Dialogues*. Und schon in seinem 1. Discours hatte Rousseau von den Philosophen geschrieben: „Sie verwenden ihr Talent und ihre Philosophie, um alles, was unter den Menschen heilig gilt, zu zerstören und in den Schmutz zu ziehen."

73. *Voltaire* hat in den Randbemerkungen seines Exemplars hier bissig vermerkt: „Das ist das Porträt des Malers." Auch wenn wir von dem (ja wohl nicht ganz unrechten) Urteil über Rousseau absehen, bleibt in der Tat ein scheinbarer Widerspruch dieser Verurteilung zu der Sentenz am Ende des „Glaubensbekenntnisses": „Wage Gott bei den Philosophen zu bekennen und wage die Humanität den Intoleranten zu predigen."

74. Andere Lesart: „mein Irrtum wird meinem Wesen mehr entsprechen".

75. Der englische Theologe *Clarke* (1675—1729) galt mit seinem „Discourse concerning the being and attributes of God" (1705) als der bedeutendste Verteidiger der theistischen Glaubensüberzeugung. Die Ansichten im Lager der Philosophen über diese geschickt sich der philosophischen Argumentation bedienende Apologie waren geteilt: *Voltaire,* der anfangs nur mit Ironie über den „illustren Doktor Clarke" gesprochen hatte, wußte ihn später zu rühmen als den „tiefsten, klarsten und methodischesten" unter den englischen theistischen Philosophen. *Diderot* erwähnt in seinem für Katharina II. bestimmten „Plan d'une université russe" das Werk von Clarke als das, „was als das beste gilt".
Aber obwohl Rousseau Clarke hier derart rühmt, daß man kaum versteht, warum er sich selbst noch einmal die Mühe macht, den Gottesglauben zu verteidigen, zeigt sich bei einem ernsthaften Vergleich, daß Ausgangspunkt und Methode der beiden Schriften völlig verschieden sind. Der radikale Sensualismus, von dem Rousseau ausgeht, die Methode einer Analyse unserer menschlichen Fähigkeiten, mit denen er ihn zu überwinden sucht, oder gar die pragmatische Begrenzung unserer Erkenntnis sind Clarke fremd.

76. Rousseau will sagen: bei der Beschränktheit unseres Geistes lassen sich gegen jedes philosophische System Einwände vorbringen. Diese Widerlegbarkeit ist ihnen gemeinsam; unter dieser Voraussetzung ist das das vorzüglichste, was am meisten „direkte Beweise" enthält, d. h. die Phänomene am vollständigsten erklärt, die meisten Probleme löst.

77. Der Vikar beschränkt seine Wahrheitssuche, wie er an vielen Stellen wiederholt, auf diejenigen Probleme, die für die *Praxis* von Bedeutung sind. Die es nicht sind, kann man in der Schwebe lassen. Unter den für die Praxis bedeutungsvollen Wahrheiten unterscheidet er *„evidente"* und *„wahre",* d. h. aus den evidenten abgeleitete. Das Prinzip der *Evidenz* als Grundlage und Kriterium der Wahrheit war Rousseau von *Descartes* her bekannt, der im „Discours de la méthode" als erste Regel aufstellte, „niemals etwas für wahr anzunehmen, wenn ich es nicht mit Evidenz (évidemment) als solches erkenne". Noch auffallender ist die Übereinstimmung mit den *Regulae ad directionem ingenii.* Denn hier findet sich genau jene Zweiteilung, die Rousseau im Auge hat: von fundamentalen Erkenntnissen, die unmittelbar einleuchten, und sekundären, die von ihnen abgeleitet sind. Freilich nennt sie Descartes nicht „evidente" und „wahre", sondern „intuitive" und „deduzierte" — zweifellos eine sehr viel treffendere Bezeichnung. Vgl. Regula III. Eine ähnliche Unterscheidung bei *Pascal,* „Pensées", ed. Brunschvicg, p. 282. Die cartesianische Unterscheidung intuitiver und deduzierter Erkenntnis findet sich wieder in *Lockes* „Essay concerning human understanding": „intuitive" und „demonstra-

tive" Erkenntnisse, d. h. Erkenntnisse aus Beweisen, und in *d'Alemberts* „Discours préliminaire de l'Encyclopédie". Sie war also Rousseau wohl bekannt.

Der Unterschied zu Descartes aber lag, in bezug auf das theologische Problem, darin, daß mit Lockes Leugnung der „ideae innatae" die *Gottes*erkenntnis nicht mehr „evident", sondern „abgeleitet" ist: „Wir haben eine intuitive Kenntnis von unserer eigenen Existenz, aber eine demonstrative Kenntnis von der Existenz Gottes" (Locke). Diesem Grundsatz folgt, wie wir sehen werden, der Vikar, welcher erst aus der metaphysischen und anthropologischen Dualität auf die Existenz einer souveränen Intelligenz (= Gott) *schließt*.

78. Hier beginnt mit einer *erkenntnistheoretischen* Erörterung die Widerlegung des Materialismus und der Beweis für die Eigenständigkeit des Geistes. Vgl. die in Anm. 57 gegebene Disposition: B II, 1 a.

Der Gedankengang dieses Abschnittes sei kurz skizziert: Ausgehend von dem *evidenten* Bewußtsein des eigenen Daseins kommt Rousseau zur Anerkennung auch der Existenz eines Seins außer dem Ich. Das eigentliche Problem aber, das ihn beschäftigt, ist, ob das Bewußtsein der eigenen Existenz identisch ist mit der passiven Sinnesempfindung oder davon zu unterscheiden. Die Frage, anfangs noch in der Schwebe gelassen, wird gelöst durch die Unterscheidung innerhalb der Wahrnehmung: Sinnesempfindung, in der ich bloß passiv, Urteil, worin ich aktiv bin. Diese Unterscheidung versucht Rousseau vor allem am *Vergleich* innerhalb der sinnlichen Wahrnehmung zu erhärten. So kommt er zu dem Schluß: „Ich bin also nicht einfach ein sensitives und passives, sondern ein aktives und intelligentes Wesen."

79. Offenbar eine Anspielung auf *Berkeley*.

80. Rousseau hat sich für den Streit zwischen Idealisten und Realisten — er sagt hier „Materialisten" — darum wenig interessiert, weil die Realität sowohl des Ich wie der Welt ihm durch das *Handeln* evident erschien.

81. Die folgenden erkenntnistheoretischen Ausführungen sind zum Teil aus der Auseinandersetzung mit *Helvétius* erwachsen, zu dessen Buch „De l'Esprit" Rousseau im Herbst 1758 kritische Anmerkungen gemacht hat. Helvétius hatte behauptet, daß Sinnesempfindung und Urteil dasselbe sei. Als Beispiel bringt er die Wahrnehmung zweier verschieden großer Gegenstände. Wenn ich gleichzeitig zwei Gegenstände sehe, von denen der eine einen Klafter (= 6 Fuß), der andere nur einen Fuß groß ist, so sei in meiner Sinneswahrnehmung selbst mir dieser Größenunterschied mitgegeben; also sei in einem solchen Falle „urteilen niemals etwas anderes als empfinden". Dazu Rousseau: „Hier gilt es einen sehr feinen und wichtigen Sophismus aufzuklären: Denn eines ist, einen Unterschied zwischen einem Klafter und einem Fuß zu

empfinden, und ein anderes, diesen Unterschied zu *messen.* Bei der ersten Operation ist der Geist rein passiv, bei der zweiten ist er aktiv.“ Denn „Messen“ bedeutet bewußt eine Beziehung zwischen verschiedenen Größen herstellen. Eben diese Beziehung, das Vergleichen, liegt nicht in der Sinnesempfindung selbst. „Die *Gegenstände* wahrnehmen heißt *empfinden;* die *Beziehungen* wahrnehmen heißt *urteilen.*“

82. *La Condamine* (1701—74), Mitglied der Akademie der Wissenschaften und der Akademie française; die von Rousseau erwähnte Stelle findet sich in der „Relation abrégée d'un voyage à l'intérieur de l'Amérique méridionale“ (1745). Rousseau war mit La Condamine persönlich befreundet.

83. Das Problem der Koordinierung der verschiedenartigen Sinnesempfindungen hat Rousseau schon früher behandelt (vgl. 155 ff.). Auch dort hatte er auf die Aktivität des Subjekts hingewiesen, durch die überhaupt erst die Vereinigung der differenten Sinneswelten möglich ist.

84. Dieser Schluß leidet unter einer Äquivokation, die in dem Wort *sentir* liegt, welches ebensowohl „fühlen“ wie „empfinden“ bedeutet. Bewiesen hatte Rousseau ja nur, daß der Irrtum dem auf der Sinnesempfindung beruhenden Urteil zuzurechnen sei und niemals dieser selbst. Er könnte also nur schließen, er solle sich mehr der Empfindung (sensation) als der Vernunft überlassen — aber nicht dem Gefühl (sentiment). Hier aber klingt schon die Lehre vom „sentiment intérieur“ an, mit der er den metaphysischen und moralischen Skeptizismus zu überwinden sucht (vgl. 572 ff.).

85. Übergang zum nächsten Abschnitt: *Materie und Bewegung* (B II, 1 b). Dem anthropologischen Dualismus (Sinnesempfindung und Denken) entspricht ein physikalischer: Materie und Bewegung, jene ihrem Wesen nach passiv, diese aktiv. Daher wendet sich Rousseau gegen die in der jüngeren Aufklärungsphilosophie beliebte, dem Cartesianismus widersprechende These, daß die Bewegung ein Moment an der Materie selbst sei.

86. Die *spontane* Bewegung entspricht, wie leicht ersichtlich, dem aktiven Prinzip im Menschen: dem Geist, und weist voraus auf das Problem der Willensfreiheit. Die nicht-spontane Bewegung, d. h. das Bewegtwerden der an sich ruhenden Materie, weist zurück auf die bewegende Kraft und „den ersten Beweger“.

87. „Tote Materie“: *Diderot* hatte in seiner „Interprétation de la nature“ *tote* und *lebendige* Materie unterschieden.

88. Rousseau nimmt hier Stellung in einem Streit, der die Philosophen des 18. Jahrhunderts heftig erregte: ob es denkbar sei, daß die Materie die Fähigkeit zu *empfinden* besitze. Dieser Gedanke, von Hobbes und später, in vorsichtigerer Weise, von Locke erwogen, von Clarke und anderen Theisten mit Leidenschaft zurückgewiesen, wurde von Maupertuis und vor allem von *Diderot* in seinen „Pensées sur l'interprétation de la nature“ (1754) aufgegriffen, und

zwar bewußtermaßen gegen die Zweisubstanzenlehre. Wenn die körperliche Welt, so folgert Diderot, in allen ihren Molekülen Eigenbewegung und Empfindsamkeit besitze, dann gleiche sie als Gesamtorganismus einem „großen Tier". Dies Stichwort vom „großen Tier" nimmt Rousseau auf, um dagegen den cartesianischen Begriff der reinen Materie und damit die Zweisubstanzenlehre zu verteidigen.

89. Das ist der bekannte Gottesbeweis vom „ersten Beweger", zuerst von Aristoteles im 8. Buch seiner „Physik" dargelegt. Dieser erste Beweger selbst ist unkörperlicher Wille: weshalb sich hier sofort die Frage anschließt: Wie kann ein Wille eine physische Aktion bewirken?

90. Denn es handelt sich ja beidemal um den Übergang von unräumlichen (psychischen) zu räumlichen (physischen), bzw. von räumlichen zu unräumlichen Akten.

91. Hier beginnt der kosmologische Gottesbeweis (Disposition B II, 2 a).

92. Der Gedanke des Universums als eines großen Uhrwerks war seit Descartes ein Gemeinplatz.

93. „das innere Gefühl": dieser Begriff kann zuweilen ganz schlicht den „bon sens", den gesunden Menschenverstand, bezeichnen, bald aber auch das „innere Licht", mit einer mystischen Nuance.

94. Die folgenden Erörterungen sind zusammengehalten durch die Gegenthese: die Ordnung der Welt sei nicht das Werk der göttlichen Intelligenz, sondern des *Zufalls*.

95. Der „Zufall" in der Entstehung der Arten: das ist die These des im 18. Jahrhundert aufkommenden „Transformismus", der sich gegen das Dogma von der Unveränderlichkeit der Arten wendet. Auch hier ist es *Diderot*, der mit seinem Sinn für das Zukunftsträchtige und seiner Lust für kühne Hypothesen vorangeht und eine Evolutionstheorie entwirft, die freilich bar jeder empirischen Grundlage ist. Danach habe die Natur in ihrer Jahrmillionen dauernden Entwicklung immer neue Tiergestalten aus einzelnen Teilgestalten zusammengesetzt, welche als nicht lebensfähig wieder zugrunde gingen. Was Rousseau an dieser These abstieß, ja ihm als purer Nonsens erschien, war die *Ungestalt* dieser vom Zufall erzeugten Lebewesen und die Ordnungslosigkeit der Natur: „Mägen ohne Münder . . ."

96. Das Gleichnis vom Würfelspiel ist alt. Rousseau hatte es aus *Diderots* „Pensées philosophiques" im Gedächtnis. Diderot hatte dort als den Einwand eines Theologen (nicht als seinen eigenen) gegen die Erklärung der Welt aus Zufall das Argument gebracht: „Atheisten, ich will euch einmal zugeben, daß die Bewegung der Materie wesentlich zugehört: was wollt ihr daraus schließen? . . . daß die Welt aus einem zufälligen Wurf der Atome stammt? Ihr könntet mir genausogut sagen, die Ilias Homers und die Henriade Voltaires sei das Resultat zufälliger Würfe von Lettern." Aber Diderot hielt das Argument nicht für stichhaltig, weil unter

der Voraussetzung einer *unendlichen* Zahl von Würfen jede mögliche Kombination zumindest einmal in Erscheinung treten müsse.
Rousseau hält Diderots Einwand für einen bloßen Sophismus.

97. *Amatus Lusitanus* (geb. 1511), portugiesischer Arzt; Julius *Camillus* (geb. 1479), Alchimist; *Paracelsus* (1493—1541): diese Bemerkung ist fast wörtlich aus einer zeitgenössischen Schrift (*Saint-
Aubin*, Traité de l'opinion IV, „De la Chimie") übernommen.

98. Bernard *Nieuwentyt* (1654—1718), berühmter holländischer Mathe-
matiker und Philosoph; sein Buch „Das Dasein Gottes bewiesen
durch die Wunder der Natur" (1716; 1725 ins Französische übersetzt) war wohl das bekannteste jener zahlreichen apologetischen
Werke, die die finalistische Begründung des Schöpfungsglaubens
auch auf die Einzelheiten der Schöpfung, also die Zweckmäßigkeit
der Organismen und ihre Nützlichkeit anwandten. Rousseaus kos-
mologischer Gottesbeweis ist differenzierter, wie Rousseau auch
nicht eigentlich finalistisch dachte. Er geht aus von der sichtbaren
und überzeugenden Ordnung des *Ganzen* — deren „Zweck" uns
freilich unbekannt ist —, nicht aber von der Zweckhaftigkeit oder
gar Nützlichkeit des einzelnen.

99. Vgl. Anm. 95.

100. Die Grenze, die Rousseau zwischen den lebenswichtigen und den
„müßigen" Fragen zieht, ist, wie man sieht, weit vorgeschoben
— kein Wunder, daß sich der Erzbischof von Paris empörte, daß
dieser „kühne Autor" das Dogma von der creatio ex nihilo als
für die sittliche Praxis unwichtig beiseite läßt. Und er wirft
Rousseau vor, er huldige einem metaphysischen Dualismus, der
auf einen Polytheismus hinausliefe. Was Rousseau im Auge hat,
ist nun tatsächlich weder die theologische Lehre vom Schöpfer noch
die metaphysische Frage nach dem einen obersten „Prinzip", sondern der Gedanke der rationalen *Ordnung* der Welt: denn daran
hängt der Glaube an eine ausgleichende Gerechtigkeit für den
Menschen — und dieser Glaube ist, nach Rousseaus Überzeugung, unentbehrlich für die Moral. In seiner Antwort an den
Erzbischof von Beaumont verteidigt sich Rousseau gegen den Vorwurf des „Polytheismus" oder Manichäismus nicht ungeschickt:
„Zwei Prinzipien der Dinge annehmen, eine Annahme, die übrigens
der Vikar nicht macht (denn er enthält sich ja der Stellungnahme),
heißt darum noch nicht, zwei Götter annehmen; es sei denn, man
setzt, wie die Manichäer, alle beiden Prinzipien als aktiv: eine
Lehre, die der des Vikars völlig entgegengesetzt ist, welcher sehr
positiv nur *eine* erste Intelligenz anerkennt, nur *ein* aktives Prinzip, und folglich nur *einen* Gott."

101. Fast wörtliche Wiederholung der Behauptung S. 526, kurz *vor*
dem „Glaubensbekenntnis". Rousseau betont wiederholt die Un-
begreiflichkeit Gottes und seines Universums, das Erstaunen, die
„Verwirrung", die den menschlichen Geist bei der Versenkung in
das Universum erfaßt. „Nun erhob ich meine Gedanken von der

Oberfläche der Erde zu allen Naturwesen, zu der universalen Ordnung aller Dinge, zu dem unbegreiflichen Wesen, das alles umfaßt. Da verlor sich mein Geist in dieser Unermeßlichkeit; ich dachte nicht, ich grübelte nicht, ich philosophierte nicht, sondern ich fühlte mich mit einer Art von Wollust von dem Gewicht des Alls überwältigt, ich gab mich mit Entzücken dem unbestimmten Eindruck dieser großen Ideen hin, ich genoß es, wie sich meine Einbildungskraft in der Weite der Räume verlor ... diese betäubende Ekstase, die in höchstem Entzücken mich die Worte stammeln ließ: o großes Wesen, o großes Wesen! ohne daß ich mehr hätte sagen oder denken können" (an *Malesherbes*, 26. Januar 1762).

Trotz des betonten Gefühls-, ja ekstatischen Charakters dieses Gotteserlebnisses, darf man hier weder von Irrationalismus noch gar von Pantheismus sprechen. Denn es ist ja „die universale *Ordnung* aller Dinge", die hier die Ekstase auslöst, und so entspricht dieses Bekenntnis Rousseaus durchaus der Argumentation des Vikars.

102. Rückkehr zur *anthropologischen* Betrachtung, mit der die Beweisführung begonnen hatte und in der sie mündet, denn die ausgleichende Gerechtigkeit ist das eigentliche Ziel der metaphysischen oder kosmotheologischen Erörterung. (Vgl. Disposition: B II, 2 b, c.)

103. Wiederum der für Rousseau entscheidende Gesichtspunkt: die Ordnung des Ganzen. Nicht daß der Mensch „un roseau *pensant*" ist, wie *Pascal* sagt, macht seine Überlegenheit über die Naturwesen, sondern daß er als einziger das Ganze und seine Teile *zusammen* sieht.

104. Von der plump utilitaristischen und anthropozentrischen Deutung der Naturordnung distanziert sich Rousseau ausdrücklich (vgl. Anm. 98). Andererseits scheut er sich nicht vor dem traditionellen Terminus: der Mensch als „König" der Erde, den er noch in den „Lettres morales" verworfen hatte, aber man muß dazu hinzudenken, was er bald darauf (S. 569) über diesen „König" sagt.

105. Offensichtlich Anspielung auf *Helvétius*, der die Überlegenheit der Menschen über die Tiere aus physiologischen Ursachen abzuleiten suchte. Auch die folgenden emphatischen Worte zielen vor allem auf ihn.

106. Wohl hatte der Vikar den Dualismus eines aktiven und eines passiven Prinzips herausgestellt, aber noch ohne jede moralische und religiöse Bedeutung. Erst jetzt wird aus dieser anthropologischen Dualität der *Konflikt* der beiden „Prinzipien".

107. Es erscheint überflüssig, auf die christliche Prägung dieses Gedankens hinzuweisen, der Rousseau von Paulus, Augustin, Pascal und zahlreichen christlich-apologetischen Schriften her vertraut war. Innerhalb der damaligen Philosophie und von einem Freund der Enzyklopädisten immerhin eine erstaunliche Rückwendung zur älteren Anthropologie.

108. Dieses Argument wird später noch ausführlicher entwickelt (S. 585 ff.). Im folgenden kommt Rousseau, in bezug auf das neue Thema Willensfreiheit, noch einmal auf den metaphysischen Monismus (= Materialismus) zurück.

109. Vgl. Anm. 88.

110. An dieser Stelle ebenso wie in der Fußnote hat Rousseau die (in Anm. 88 bereits erwähnten) Philosophen im Auge, die im Gefolge von Hobbes und Locke der Materie die Fähigkeit zu fühlen, ja zu denken zuschrieben. Gewiß wurde im Kreise besonders um den Baron von Holbach oft darüber diskutiert: „Ein endloses Argumentieren gegen die Unterscheidung der beiden Substanzen; dagegen meine Überzeugung, daß es nichts gemein gibt zwischen einem Baum und meinem Gedanken. Und was ich recht belustigend finde, wie sie sich selbst durch ihre eigenen Sophismen bis zu dem Grade erniedrigen, daß sie lieber den Steinen Gefühl zuerkennen als dem Menschen eine Seele" (Rousseau an Vernes, 18. Februar 1758).

111. Im ersten Entwurf des „Glaubensbekenntnisses" hatte Rousseau hier einen emphatischen Schlußsatz eingefügt: „Wenn es wahr ist, daß der Mensch frei ist, so seht, welche große Entdeckung mir gelungen ist!"

112. Die folgenden Ausführungen Rousseaus, mit denen er die *Willensfreiheit* beweisen will, handeln von deren *psychologischer* (nicht metaphysischer) Problematik. Es handelt sich hier nicht darum, ob die Naturgesetzlichkeit Raum für eine aus freiem Willen entspringende Handlung lasse, sondern darum, wie der (freie) Wille sich *bilde*. Rousseau folgt der traditionellen, auch von Locke geteilten Auffassung, daß das *Urteil* die Willensentscheidung bestimmt. Da das Urteil, wie er früher bewiesen, zum „aktiven" oder „spontanen" Prinzip des Menschen gehört, liegt also die den Willen bestimmende Ursache im Ich selber.

113. Gegen *Helvétius*, der geschrieben hatte, man könne sich keine klare Vorstellung von diesem Wort „Freiheit" machen, wenn man es auf den Willen anwende.

114. Der *erste* S. 560, der *zweite* S. 562.

115. Das Elend des Menschen als Folge seiner Entartung begreiflich zu machen, war ja ein Hauptanliegen von Rousseaus Philosophie, die damit zugleich die Theodizee einbegriff. Vgl. bes. den Brief an Voltaire über den Optimismus.

116. Mit dem Stichwort „Gerechtigkeit" leitet das Problem der Theodizee über zur Idee der Unsterblichkeit der Seele als Voraussetzung der *ausgleichenden* Gerechtigkeit. (Siehe Disposition B II, 2 c.)

117. Die „Selbstliebe" ist nach Rousseaus Überzeugung zwar eine im Ich konzentrierte, aber zugleich dessen Grenzen überschreitende *expansive* Strebung, daher begleitet von dem Bewußtsein, im Einklang mit allen anderen Wesen zu stehen. Jedes Bewußtsein von Ohnmacht wirft dagegen das Ich auf sich selbst zurück und zieht

seine Liebe zusammen. Insofern gibt es eine innerlich notwendige
Verbundenheit von Selbstliebe, Macht und Güte einerseits, von
Eigenliebe, Ohnmacht und Bosheit andererseits.

118. Plutarch, „Man kann nicht glücklich leben nach Epikur", 59.

119. Hier wird deutlich, worum es Rousseau in diesem philosophischen
Streit um die beiden Substanzen eigentlich ging.

120. Genau die gleiche These in der Rede des Erziehers im 5. Buch,
dort aber nicht so sehr als Antwort auf den inneren Zwiespalt
des Menschen denn als Antwort auf die Hinfälligkeit seines
Glücks.

121. *le maintien de l'ordre:* gemeint ist die moralische Ordnung und
Gerechtigkeit, die die Belohnung des Guten durch die jenseitige
Seligkeit fordert. Daß diese Seligkeit *ewig* sein müsse, liegt nicht
im Wesen der Gerechtigkeit.

122. Zur These, daß das *Gedächtnis* Bedingung der Identität des „Ich"
sei, vgl. S. 184.

123. So schon in der „Nouvelle Héloïse", wo *Julie* schreibt: „Ich sage
mir, daß ein Teil meiner Seligkeit in dem guten Zeugnis meines
Gewissens bestehen wird." Dazu hatte Rousseau in einer Anmerkung genau den gleichen Gedanken von der Identität des Ich
im Gedächtnis hinzugefügt: ohne Gedächtnis dessen, was wir in
diesem Leben getan haben, keine Identität des jetzigen und künftigen Ich; ohne solche Identität ist es sinnlos, von „Unsterblichkeit"
zu sprechen.

124. Zählung und Text dieser Psalmstelle beweisen, daß Rousseau die
Genfer Psalmübersetzung und nicht eine in Frankreich erschienene
benutzte.

125. An der Ewigkeit der Höllenstrafen hatte schon Frau v. Warens
Anstoß genommen und darüber mit Jean-Jacques diskutiert.
Rousseau äußerte zur Zeit des *Emile* in einem Brief an Vernes
die Meinung, die Strafe der Bösen bestünde in ihrer Vernichtung;
nur einem guten Wesen komme das Glück des Daseins zu.

126. Ein neuer Abschnitt: die rechte Gottesvorstellung (B II, 3).

127. Übergang von der metaphysischen zur *moralischen* Betrachtung
(B III).

128. Hier beginnt die Debatte über das Gewissen und seine Autorität,
die mit dem berühmten Ausruf endet: „Gewissen, Gewissen! göttlicher Instinkt!" (S. 593). Die These von der Ursprünglichkeit des
Gewissens und der Unwandelbarkeit der moralischen Prinzipien
ist von vornherein in Widerspruch entwickelt zu der Gegenthese,
daß das Gewissen nur von der Gesellschaft anerzogen und die
moralischen Werte relativ seien.

129. Man sieht, wie Rousseaus Begriff des *Gewissens* seiner Grundanschauung entspricht, daß der Mensch in sich selber seinen Schwer-
punkt besitzen solle und nicht in der gesellschaftlichen Veräußer-
lichung und Selbstentfremdung sich verlieren dürfe. Das *gute*
Gewissen, weil es mich mit mir einig macht, ist innere Sammlung,

das *böse* Gewissen, weil es mich mit mir selbst in Widerspruch setzt und uneins macht, treibt mich aus mir heraus.

130. Die These von der Relativität der Moralgesetze war zuerst von *Montaigne*, den Rousseau (S. 590) erwähnt, später von *Locke*, den er nicht erwähnt, vertreten worden. Sie wurde übrigens auch, wenn auch mit teilweise anderer Begründung, von Voltaire abgelehnt.

131. *Xenokrates*, der leidenschaftslose Gefährte des Plato, den keine weibliche Schönheit zu verführen vermochte. „Pavor": der Gott des Schreckens, nach Livius I, 27, 7. „Der Gott, der seinen Vater verstümmelte" wäre Kronos; Rousseau hat aber offenbar an *Jupiter* gedacht.

132. „Die Gesetze des Gewissens, von denen wir behaupten, sie entstammten der Natur, entstehen aus der Gewohnheit: jeder verehrt innerlich die Meinungen und die Sitten, die in seiner Umgebung anerkannt und angenommen waren, und er kann sich von ihnen nicht ohne Gewissensbisse losmachen noch ohne innere Zustimmung sich ihnen anschließen" Montaigne, „Essais" I, 23. Das Kapitel ist voll von Beispielen seltsamer und sich widersprechender Sitten, die Montaigne mit offensichtlichem Vergnügen berichtet.

133. Rousseau, der das moralische Bewußtsein aus der „Selbstliebe" zu entwickeln suchte, hat es infolgedessen abgelehnt, die Ethik auf ein interesse*loses* moralisches Bewußtsein zu gründen. „Wenn wir handeln, müssen wir ein Motiv zu handeln haben, und dieses Motiv darf uns nicht fremd sein, wenn es uns engagieren soll" (Brief an den Herrn d'Offreville, vom 4. Oktober 1761). Rousseau aber unterscheidet zwei Arten von „Interessen": ein „sinnliches", dem es auf Wohlergehen und gesellschaftliches Ansehen ankomme, und ein „moralisches", „das nicht auf gesellschaftliche Vorteile aus ist, sondern sich allein auf uns selbst bezieht, auf das Wohl unserer Seele". „Das Gute um des Guten willen tun, heißt nichts anderes, als es für mich selbst tun, aus meinem eigenen Interesse, da es der Seele eine innere Befriedigung gibt, eine Zufriedenheit mit mir selbst, ohne die es kein wahres Glück gibt." Rousseaus Ethik ist also eudämonistisch, aber nicht utilitaristisch: sie ist streng auf die Glückseligkeit des guten Gewissens selbst gerichtet. Eben darum konnte er eine geradlinige Entwicklung von der Selbstliebe, die der Mensch von Natur und mit allen empfindenden Wesen gemein hat, zur Sittlichkeit konstruieren.

134. Genauer — und wie Rousseau später selbst differenzierter sagt: Urteile auf Grund von Gefühlen. Die moralischen Urteile über das, was materialiter gut oder böse ist (oder zu gelten hat), gewinne ich nur durch Erziehung und also in Abhängigkeit von der Gesellschaft. Es geht aber Rousseau darum, gegenüber allen bloß rationalen und soziologischen Erklärungen des Gewissens dies nicht ableitbare Gefühl für das Gute (Liebe, Bewunderung für das Gute, Abscheu und Verachtung des Bösen) herauszuarbeiten.

135. Die Gegensätze der moralischen Urteile, aus denen die Gegner auf
     die Relativität der Moral schlossen, deutet Rousseau selbst mora-
     lisch: die gesellschaftliche Entartung im allgemeinen wie die per-
     sönlichen Leidenschaften im besonderen korrumpieren das sittliche
     Urteil. „Weiß man nicht", schreibt Julie, „daß die unordentlichen
     Gefühle das Urteil wie den Willen korrumpieren und daß das
     Gewissen in jedem Jahrhundert, in jedem Volk, in jedem Indivi-
     duum verdirbt und sich wandelt je nach der Wandelbarkeit und
     Vielfalt der Vorurteile?"

136. Rousseau nimmt den in seiner Zeit vielfach gebrauchten Ausdruck
     „Liebe zur (scil. moralischen) Ordnung" auf, aber dieser Begriff
     scheint ihm 1. zweideutig und 2. nicht genügend, um das Gewissen
     als moralischen „Instinkt" zu erklären. *Zweideutig:* denn jeder
     Mensch wie jede Gesellschaft setzt sich ihre moralische Ordnung,
     und sei es eine der puren Egoismus. *Unzureichend,* denn dieser
     Begriff erklärt nicht das persönliche Interesse, das ich am Guten
     habe. „Die Liebe zur Ordnung, soweit diese Ordnung mir fremd
     ist, ist kein Gefühl, das in mir meinem eigenen Interesse die
     Waage halten könnte; eine rein spekulative Anschauung kann im
     menschlichen Herzen niemals das Übergewicht über die Leiden-
     schaften gewinnen" (Brief an den Abbé de Carandolet vom 4. März
     1764, vgl. auch Anm. 133).

137. Das etwas gezwungene Bild, das Rousseau vorschwebt, ergibt sich
     aus dem Gegensatz: Ich als Zentrum — Gott als Zentrum. Das
     eine Mal beziehe ich alles auf mich und schränke so meine eigene
     Existenz ein und ziehe sie wie die der anderen gewissermaßen
     in einen Punkt zusammen. Das andere Mal durchmesse ich, dem
     Radius gleich, den Kreis bis zur Peripherie und habe damit zu-
     gleich die rechte Ordnung, nämlich des in Gott zentrierten Lebens
     gewonnen. Sehr viel klarer kommt dieser Gedanke zum Ausdruck
     in der Parallelstelle, die sich unmittelbar im Anschluß an das
     „Glaubensbekenntnis" findet und mit derselben Schlußfolgerung
     endet (S. 641).

138. Der Vikar greift den Begriff der „Ordnung" wieder auf, aber
     erfüllt ihn mit religiösem Leben: diese Ordnung ist die Über-
     einstimmung meines Willens mit Gottes Willen und die darin
     liegende Versicherung meiner Glückseligkeit.

139. Zu Rousseaus Begriff der *Tugend* vgl. 5. Buch, S. 886 f.

140. Ein in seiner Illogik aufschlußreicher Satz: der Ausdruck *abaisse-
     ment* (Erniedrigung: offenbar durch die Leiblichkeit und Sinnlich-
     keit der irdischen Existenz) weist auf die christliche Lehre vom
     Sündenfall (die hier in fast manichäischer Ausdeutung erscheint);
     der Satz, „daß alle unsere ersten Neigungen legitim sind", wieder-
     holt die Grundformel, der Mensch sei von Natur gut — was doch
     offensichtlich und auch in Rousseaus Augen dem Dogma der Erb-
     sünde widerspricht.

141. Man sieht, wie die Idee der *Unabhängigkeit des Ich,* im 2. Discours

und im 2. Buch des „Emile" Prinzip des natürlichen Lebens, auf dieser höheren, *moralischen* Stufe wiederkehrt: Sittlichkeit und Gewissen machen den Menschen mit sich einig und in sich unabhängig.

142. In der „Nouvelle Héloïse" hatte Rousseau in einem Disput zwischen Julie und Saint-Preux bereits die Frage des *Gebetes* behandelt. Wenn Rousseau hier allein das Gebet als Andacht, nicht aber als Bittgebet gelten läßt, so darum, weil im Bittgebet allzu leicht jene egozentrische Verengung am Werke ist, der er die Ausweitung und Erhebung des Ich zu Gott und seinem Universum entgegenstellt. Schließlich hatte die These, daß es darauf ankomme, den eigenen partikularen Willen so mit dem universalen Gottes zu vereinigen, daß das wahre Gebet in einer Fügung unter Gottes Willen bestehe, eine lange christliche Tradition.
Auffallender ist, daß der Vikar, der doch seine eigene Schwäche soeben eingestanden hat, auch die Bitte um innere Stärkung ablehnt. In dem erwähnten Briefwechsel zwischen Julie und Saint-Preux erklärt diese gerade deswegen das Gebet für erforderlich; Saint-Preux (der wohl am meisten Rousseaus eigene Meinung vertritt) gibt dafür freilich eine rein immanente Erklärung: „Alle Akte der Vernunft, die uns zu Gott erheben, tragen uns über uns selbst empor; indem wir seine Hilfe erflehen, lernen wir sie finden. Nicht *er* ändert uns, sondern *wir* ändern uns, indem wir uns zu ihm erheben. Alles, worum man ihn auf rechte Weise bittet, gibt man sich selbst und, wie Du gesagt hast, man wird stärker, indem man seine Schwäche anerkennt."

143. Man unterschied im 18. Jahrhundert terminologisch die *Theisten*, welche die natürliche oder rationale Theologie, einschließlich der göttlichen Vorsehung, ausgleichenden Gerechtigkeit usw. vertraten, von den *Deisten*, welche von der Gotteslehre nur noch die These vom „ersten Beweger" beibehielten.

144. Rousseau erkennt sehr wohl, daß die Restriktion der christlichen Glaubenslehre auf die rationale Theologie rein geschichtlich als eine Etappe in einem fortgesetzten „Abstieg" betrachtet werden und es daher willkürlich erscheinen kann, warum man nicht sich vom Ausgangspunkt noch weiter entfernen und zum konsequenter erscheinenden Atheismus fortschreiten will. Der Proselyt ist in seinem persönlichen, aus Mißtrauen und Verbitterung genährten Zweifel bereits weiter fortgeschritten als der Vikar.

145. Nämlich das „innere Gefühl" (sentiment intérieur) = Gewissen.

146. Einmal reiflich durchdacht und durchkämpft, soll die eigene Glaubensüberzeugung unverbrüchliche regula fidei bleiben; vgl. Rousseaus Worte Anm. 57: „nach den eifrigsten und ernsthaftesten Untersuchungen ... entschied ich mich für mein ganzes Leben".

147. Anspielung auf die *Vermittlerrolle*, die Rousseau sich selbst im Glaubenszwist seiner Zeit zugedacht hatte. Im 5. der „Briefe vom Berge" (1763) sagt er dazu: „Bedenkt die religiöse Situation Euro-

pas im Augenblick, da ich mein Buch veröffentlichte, und ihr versteht, daß es recht wahrscheinlich war, daß es überall gut aufgenommen würde. Die Religion, durch die Philosophie an jeder Stelle diskreditiert, hatte ihren Einfluß selbst bis zum Volke verloren. Die Leute der Kirche, versessen darauf, sie gerade durch ihre schwache Seite zu stützen, hatten alles übrige untergraben lassen, und das ganze Gebäude, immer schiefer werdend, war nahe daran einzustürzen. Die Kontroversen hatten aufgehört, weil sie niemanden mehr interessierten, und Frieden herrschte zwischen den verschiedenen Parteien, weil sich jede nur noch mit sich selbst beschäftigte."

148. Obwohl Rousseau seine Ablehnung der Dogmen der Offenbarungsreligion im folgenden sehr selbstgewiß vorträgt, ist er sich des Unterschiedes wohl bewußt: im *ersten Teil* handelte es sich darum, gegenüber einem radikalen Skeptizismus und Atheismus den Gottesglauben zu begründen, also um Gewißheit, jetzt, im *zweiten Teil* handelt es sich darum, den Anspruch eines intransigenten Offenbarungsglaubens zu widerlegen, also um Kritik und Zweifel.

149. Man darf aus diesem Ausdruck *le culte du cœur* nicht auf einen religiösen Sentimentalismus, eine Erlebnis- oder „Herzensreligion" schließen. Der Ausdruck schließt an den alten christlichen Begriff vom „innerlichen Gottesdienst" an; Gott will „im Geist und in der Wahrheit" angebetet werden, wie es bald darauf im Anschluß an Joh. 4, 24 heißt.

150. *Une affaire de police:* Hier spielt zugleich ein *politischer* Gesichtspunkt hinein, da die kirchliche Ordnung im reformierten Genf sowohl wie im katholischen Frankreich ja zugleich eine Angelegenheit des Staates war.

151. Alle „persönlichen Offenbarungen" sind Rousseau zeitlebens suspekt gewesen, daher auch seine Abneigung gegen die Mystiker (Madame de Guyon) und die Pietisten (die in der romanischen Schweiz zu der Zeit viele Anhänger hatten).

152. Rousseau hatte zuerst geschrieben: „prêtre *catholique romain*". Vgl. folg. Anm.

153. Pierre *Charron* (1541–1603), Priester und theologischer Lehrer am Stift von Condom, Freund von Montaigne. Die Stelle, die Rousseau anführt, findet sich nur in der von ihm zitierten Erstausgabe. Rousseau, der ein Exemplar einer späteren Ausgabe besaß, hatte sich diese Erstausgabe also ausgeliehen und mit der seinigen verglichen — ein kleines, aber bezeichnendes Indiz, wie ernsthaft Rousseau seine Studien für das „Glaubensbekenntnis" getrieben hat.

154. Rousseau bedient sich hier der Argumente, die er bei Charron und Montaigne fand. „Nous sommes chrétiens au même titre que nous sommes Périgordins ou Allemands" („Essais", II, 12). Vgl. auch die Stelle *vor* dem „Glaubensbekenntnis": „Der Glaube der Kinder und vieler Menschen ist eine Angelegenheit der Geographie" (S. 531).

155. Im Französischen fast ein Wortspiel: „Il me faut des raisons pour soumettre ma raison." Vgl. an Altuna, Anm. 49.

156. Wenn schon Offenbarung (also nicht bloße Vernunfterkenntnis), dann, so meint Rousseau, *direkte*, wie ja das Gottesverhältnis selbst von ihm stets als ein unmittelbares aufgefaßt wurde (kein „Mittler"). Gegenüber dem Erzbischof von Paris, der u. a. diese Stelle beanstandet hatte, beruft sich Rousseau darauf, daß zwar innerhalb der menschlichen Erkenntnisse, z. B. der historischen, geographischen, eine solche Vermittlung natürlich sei, aber nicht zwischen Ich und Gott: „Ist es einfach, ist es natürlich, daß Gott Moses gesucht habe, um zu Jean-Jacques Rousseau zu sprechen?" Vgl. auch die Formel: ,à être juste *entre Dieu et lui*", mit der Rousseau das, von den Menschen unabhängige, *Gewissens*verhältnis Emiles beschreibt (S. 640 und Anm. 194).

157. Die hier erwähnten Momente *historischer Kritik* hat Rousseau aus seiner Lektüre verschiedener zeitgenössischer Schriften gewonnen, aus denen er z. T. sich schon in Les Charmettes Exzerpte gemacht hatte, so aus *Saint Aubin*, „Traité de l'opinion ou Mémoires pour servir à l'histoire de l'esprit humain" (1733), und aus *Leclerc*, „Ars critica" (1712).

158. Die Frage der *Wunder* sollte alsbald in Rousseaus Kontroverse mit den Genfer Theologen eine entscheidende Rolle spielen. Denn diese hielten, während sie inhaltlich weitgehend sich mit den Thesen der natürlichen Religion begnügten, an diesem „Tatsachenbeweis" (*preuves de fait*), um so hartnäckiger fest. Rousseau hat seine Kritik noch einmal ausführlicher im 3. der „Briefe vom Berge" dargelegt. Übrigens leugnet Rousseau nicht prinzipiell die Möglichkeit von Wundern und die Wahrheit jeder Wunderberichte. „Diese Einwände", heißt es in den „Lettres de la montagne", sind nicht Verneinungen ... Wie, verwirft denn derjenige, der nicht alle Wunder anerkennt, darum bereits alle Wunder? Und muß man alle Wunder der Legende glauben, um an die Auferstehung Christi zu glauben?"

159. Pascal: „Les miracles discernent la doctrine, et la doctrine discerne les miracles" („Pensées", ed. Brunschvicg. 803; p. 701). Rousseau kannte dies Wort u. a. auch durch das Buch des Genfer Theologen *Vernet*, „Vérité sur la Religion" (1740); in ähnlich apologetischer Weise hatte Dom *Calmet* diese Frage behandelt, dessen Einleitung in die Heilige Schrift (1720) Rousseau gelesen und exzerpiert hat und im folgenden nutzt. Rousseau übernimmt aber bezeichnenderweise jeweils nur die (von diesen Apologeten widerlegten) Gegenargumente.

160. Hier geht die Kritik — wie das übrigens im Wesen der „natürlichen Religion" lag — über die formalen Einwände gegen den Offenbarungsanspruch hinaus. Es ist wiederum, wie so oft, das Dogma von der Prädestination, das den Widerspruch herausfordert.

161. Disposition C I, 3. Die Dogmen der natürlichen Religion, dieselben, die im „Contrat social" als Dogmen der „religion *civile*" bezeichnet werden, „sollen einfach, wenige, mit Klarheit ausgesprochen, ohne Erklärungen und Kommentare sein. Die Existenz der mächtigen, geistigen, wohltätigen, voraussehenden und vorsorgenden Gottheit, das künftige Leben, das Glück der Gerechten, die Bestrafung der Bösen, die Heiligkeit des Gesellschaftsvertrages und der Gesetze: das sind die positiven Dogmen". Von den beiden letztgenannten abgesehen, sind dies die üblichen Glaubenssätze der natürlichen Religion und also auch des „Glaubensbekenntnisses". Was freilich fehlt, und was erst dem „Glaubensbekenntnis" seine persönliche historische und existenzielle Bedeutung gibt, ist die philosophische *Entwicklung* dieser Dogmen in der Auseinandersetzung mit den glaubenslosen „Philosophen". Insofern ist diese Gegenüberstellung von „Dogmen" der Offenbarungs- und der natürlichen Religion irreführend und von Rousseau hier auch nur genutzt, um daran die innere Evidenz der natürlichen oder rationalen gegenüber der Widersprüchlichkeit der kirchlichen Theologie zu veranschaulichen.

162. Vgl. dazu auch Anm. 49.

163. Der folgende Dialog zwischen dem *inspiré* und dem *raisonneur* soll offenbar einen doppelten Zweck erfüllen, nämlich *einmal* die Unfruchtbarkeit von Disputen zeigen, die „Bitterkeit" der Sprache und Verbitterung der beiden Parteien, *zum andern* aber die Widersinnigkeit des Offenbarungsglaubens. Während die erste Absicht eine gewisse Unparteilichkeit des Autors verlangt, verrät sich die zweite in der offensichtlichen Überlegenheit des zweiten Partners, der ja auch das letzte Wort behält. Rousseau hatte übrigens, wie das Manuskript zeigt, in der Benennung der beiden Gesprächspartner geschwankt: den *Inspiré* hatte er zunächst *le Missionnaire, le Prophète, l'Apôtre* genannt, den *Raisonneur* dagegen *le Théiste, l'Homme*, d. h. denjenigen, der nur Mensch sein will, nur auf die menschliche Gabe der Vernunft sich stützt. Er hat, wie man sieht, in der endgültigen Fassung dieser ersten Fassung gegenüber beide Partner mit einem weniger hohen und also auch weniger verletzenden Namen charakterisiert, sachlich aber sind die ursprünglich vorgesehenen bezeichnender für den gemeinten Gegensatz zwischen natürlicher und Offenbarungsreligion.

164. „Widersprüche der stoischen Philosophen", 6.

165. „Exposition de la doctrine de l'Eglise catholique", 1671. Man hatte auch schon vor Rousseau *Bossuet* den Vorwurf gemacht, er habe in dieser Schrift wie bei seinen zahlreichen Bekehrungen zum römisch-katholischen Glauben dessen Härte gemildert. Vielleicht liegt hier eine unmittelbare Erinnerung Rousseaus vor an den Eindruck, den die grobschlächtigen Durchschnittspredigten in Turin auf den jungen Konvertiten machten, dessen religiöse Reflexionen durch den Übertritt vertieft und differenziert waren.

166. Disposition C I, 4.

167. Rousseau war nicht der einzige unter den Anhängern der natürlichen Religion, bei dem man eine gewisse Sympathie für die jüdische feststellen kann. Sie empfahl sich als die am wenigsten dogmatische und am reinsten „theistische". Dazu kam die Sympathie, die die Juden als religiös Verfolgte erregten.

168. In der 1. Fassung hatte Rousseau geschrieben: „worin man behauptet oder zu beweisen versucht, daß Jesus Christus nicht der Messias ist . . . "

169. Es ist nicht leicht auszumachen, woher Rousseau dieses Detail hat. Masson vermutet aus Basnage, „L'Histoire et la Religion des Juifs depuis Jésus-Christ jusqu'à présent", 1707, ein Beweis mehr, daß Rousseau, hier in bezug auf das religiöse Problem wie sonst in bezug auf politische oder ethnologische eine nicht geringe Menge Literatur durchgearbeitet hat.

170. Erster Entwurf: „dieses wunderbare Land, wo die Jungfrauen gebären, wo die Götter wie die Menschen geboren werden, essen, leiden und sterben".

171. Nach der Kritik des Offenbarungs*anspruchs* folgt nun eine *positive* Würdigung des Evangeliums (Disp. C II, 5).

172. „Staat" II; 361 c: „Entblößt sei er von allem außer der Gerechtigkeit . . ohne ein Unrecht zu tun, trage er den Ruf der größten Ungerechtigkeit, um in der Gerechtigkeit geprüft zu sein . . . so gehe er durchs Leben unwandelbar bis zum Tod — im Rufe des Ungerechten, in Wirklichkeit aber gerecht." Die Stelle ist oft als eine heidnische Weissagung auf den leidenden Messias und also Parallele zu Jes. 53 aufgefaßt worden. Sie hat Rousseau aber vor allem wegen des darin angeschnittenen *moralischen* Problems: das unschuldige Leiden und die ungerechte Verleumdung des Gerechten, beschäftigt. (Vgl. Brief an de Franquières, 15. Januar 1769).

173. Sokrates. Rousseau hatte in seinem Manuskript zunächst den Namen offen gelassen, offensichtlich weil er ihm nicht im Gedächtnis war. Der nun folgende Vergleich zwischen *Jesus Christus* und *Sokrates* ist, trotz des großen Ansehens, das Sokrates gerade im 18. Jahrhundert besaß, anscheinend original, und ganz besonders in der entschiedenen Höherbewertung des ersteren.

174. Rousseau hat immer wieder seine Hochachtung vor der Bibel betont; zu der Zeit, als er am *Emile* schrieb, war sie seine tägliche Abendlektüre. Neuartig ist in der Argumentation Rousseaus vor allem, daß er in der Diskussion für und gegen die Wahrheit der Hl. Schrift auf Jesus Christus als ihren Gehalt und ihr Prinzip zurückgeht: „Wir achten das heilige Buch nicht eigentlich als Buch, sondern als das Wort und das Leben Jesu Christi. Der Charakter von Wahrheit, Weisheit und Heiligkeit, der sich darin findet, lehrt uns, daß diese Geschichte nicht völlig verdorben worden ist; freilich ist damit nicht erwiesen, daß sie überhaupt nicht verdorben ist."

175. Disp. C II, 1. Rousseau unterscheidet einen „Skeptizismus", der sich allein auf die Probleme der spekulativen Theologie bezieht und für die Begründung der Sittlichkeit ohne Bedeutung ist, von jenem Skeptizismus, den er zu Anfang des „Glaubensbekenntnisses" als „unerträglich" gekennzeichnet hatte, weil er die Prinzipien des moralischen Handelns angreift.

176. Eine Formel, die unmittelbar an *Montesquieu* erinnert.

177. Vgl. S. 604.

178. Vgl. S. 584: „Der würdigste Gebrauch meiner Vernunft besteht darin, vor dir zu vergehen." Wohl eine Rückwendung zu einem der Vernunft überlegenen Glaubensstandpunkt — aber freilich *nicht* zu dem des *Offenbarungs*glaubens. Denn wenn schon der menschlichen Intelligenz überlegen, bleibt Gott doch selbst Intelligenz und seine Manifestierung in der universalen Ordnung vernünftig. Fragwürdig bleibt daher die Beziehung dieser „Demütigung" der Vernunft zum *Inhalt* des Sakramentes, das der Priester zelebriert, welcher Inhalt sich doch keineswegs mit der Anbetung Gottes oder der Darbringung der „Bitten des Volkes" deckt. Was denkt sich denn der Vikar bei den Worten der Messe, die er mit Aufmerksamkeit rezitiert? *Voltaire* hat zu diesem Abschnitt, gewiß vergröbernd, aber doch ohne die wunde Stelle zu berühren, geschrieben: „Lächerlich, denn du glaubst nicht an deine Messe."

179. „Diejenigen, die die zivile von der theologischen Intoleranz unterscheiden, täuschen sich meiner Ansicht nach. Diese beiden Intoleranzen sind untrennbar. Es ist unmöglich, in Frieden mit Leuten zu leben, die man verdammt glaubt; sie lieben hieße Gott, der sie bestraft, hassen: man muß sie entweder zum Glauben zurückbringen oder verfolgen. Überall wo die theologische Intoleranz zugelassen ist, hat sie notwendigerweise auch eine gesellschaftliche Wirkung; und hat sie eine solche, so ist der Souverän nicht mehr souverän ... und die Priester sind nun an die wahren Herren, die Fürsten nur noch ihre Beauftragten" („Contrat social", De la religion civile). „Die Intoleranz liegt nicht so sehr in dem Dogma: ‚Man muß die Ungläubigen zwingen und bestrafen', als in dem anderen: ‚Außerhalb der Kirche ist kein Heil.' Wer so unbedenklich seinen Bruder dem Teufel in der anderen Welt übergibt, wird keine großen Skrupel haben, ihn in dieser Welt zu quälen" (Urfassung des „Contrat social").

180. Offenbare Anspielung auf die „Sünde gegen den Heiligen Geist", von der Mark. 3,28 (u. Parallelen) die Rede ist und die kaum in der katholischen, wohl aber in der reformierten Theologie eine Rolle spielte. „Lügen" gegen den Heiligen Geist, eine Formel, die Rousseau erfunden hat, weil sie den Inhalt dieser Sünde ihm zu umschreiben schien, welche, nach Calvin, darin besteht, „daß jemand derart von dem Lichte der göttlichen Wahrheit getroffen ist, daß er sich auf keine Unwissenheit berufen kann, und trotzdem aus wohlüberlegter Bosheit widersteht, allein um zu widerstehen".

181. Dieser anscheinende religiöse Konservatismus ist in Wahrheit höchst radikal, weil er, in Konsequenz der Ablehnung des Offenbarungsglaubens, die *Mission* als religiös fragwürdig und politisch unerträglich ausschließt und damit jeder positiven Religion und Konfession den inneren Impuls nimmt. Die natürliche Religion geht als universale durch alle Bekenntnisse; die positiven Religionen, beziehungsweise Kulte dagegen sind national und politisch begrenzt. Infolgedessen dreht Rousseau das Verhältnis von theologischer und politischer Toleranz gerade um: „Ich höre immer wieder sagen, man müsse die zivile Toleranz, aber nicht die theologische zulassen. Ich glaube genau das Gegenteil; ich glaube, daß ein rechtschaffener Mensch, in welcher Religion er in Aufrichtigkeit lebt, gerettet werden kann. Aber ich glaube darum nicht, daß man legitimerweise in ein Land fremde Religionen ohne Erlaubnis des Souveräns einführen kann; denn wenn das auch nicht direkter Ungehorsam gegen Gott ist, so ist es doch Ungehorsam gegen die Gesetze; und wer den Gesetzen ungehorsam ist, ist Gott ungehorsam" (Brief an M. de Beaumont).

182. Beginn des Schlußteils: C II, 2.

183. Hier gibt Rousseau eine aus seiner persönlichen Erfahrung gewonnene Begründung für die Reduzierung des christlichen Dogmas auf die wenigen Dogmen der rationalen Theologie, eine Begründung, von der er im übrigen überzeugt war, daß sie nicht nur für ihn selbst (in der Doppelrolle des Vikars und Proselyten), sondern für weite Kreise seiner Zeit zutraf. So schreibt er später über die Absicht, die er mit dem „Glaubensbekenntnis" verfolgte: „Das Unternehmen war kühn, aber es war nicht waghalsig, und ohne gewisse Umstände, die man schwerlich voraussehen konnte, mußte es gelingen. Ich war nicht allein dieser Meinung: sehr aufgeklärte Leute, höchste Beamte selbst, dachten wie ich." Vgl. Anm. 147.

Das Bild vom Stamm und den Zweigen wird hier wie auch sonst von Rousseau gebraucht, um die für die Rettung des Glaubens notwendige Operation zu veranschaulichen; so an Malesherbes: „Die Katholiken, die sich darauf versteifen, alles auf eine Karte zu setzen, tun sehr unrecht; sie werden bei diesem Handel gewiß nicht auf ihre Kosten kommen; warum also sollen wir genauso unrecht handeln wie sie. Die Reformierten beginnen bereits die Notwendigkeit einzusehen, einige Zweige zu opfern, um den Stamm zu bewahren."

184. Vgl. hierzu die dritte der „Rêveries du promeneur solitaire".

185. Matth. 3,9.

186. Dieselbe These im Brief an d'Alembert und im Glaubensbekenntnis Julies, die sich rühmt, „in einer vernünftigen und heiligen Religion erzogen zu sein". Seltsam freilich, daß der katholische Vikar diese Ansicht ausspricht, der vorher behauptet hatte, alle Religionen seien gut, wenn man in ihnen Gott recht diene, und

ihr Vorzug hinge nur von der politischen Ordnung, dem National-
charakter, von Zeit und Ort ab.

187. Anspielung auf *Diderots* Schrift: „Pensées sur l'interprétation de la
nature", 1754. Der Gedankengang kehrt zum Ausgangspunkt, dem
„dogmatischen Skeptizismus" der *Philosophen* zurück.

188. Es ist nicht ohne weiteres ersichtlich, was Rousseau bewogen hat,
diese große gegen die Irreligion der „Philosophen" (oder: Philosophisten, wie er auch verächtlich sagt) gerichtete Anmerkung hinzuzufügen, die ihm von seinen früheren Freunden besonders verübelt wurde. Wollte er, der soeben die Intoleranz angeprangert
hatte, sie nun nachträglich verteidigen? Man muß, um diese Frage zu
beantworten, die Veränderung in der Fragestellung beachten: es
geht für Rousseau nicht so sehr um die im eigentlichen Sinne
moralische (oder gar religiöse) als um die *politische* Wertung der
philosophischen und der konfessionellen Partei. Die philosophische
Skepsis und Irreligion, meint Rousseau, überläßt die einzelnen
ihrem kleinen „menschlichen Ich" und dessen niedrigen, egoistischen
Interessen; der religiöse Fanatismus dagegen vermag sie zu dem
„gemeinsamen Ich" ihrer Konfession zu erheben und ist deshalb
der politischen Tugend verwandt. Auch die staatliche Gemeinschaft
kann sich Rousseau nicht ohne den Glauben an das jenseitige Gericht vorstellen. Was er den Philosophen also vorwirft, ist, daß
sie nichts an die Stelle dieses Glaubens zu setzen haben.

189. *Bayles* Schriften, besonders das große „Dictionnaire historique et
critique", waren Rousseau durch Mme. de Warens, die er sehr
schätzte, bekannt; es gehörte zu den Büchern, die Rousseau
aus seinem Erbteil, das ihm zufiel, erstand.

190. Im Discours über die Ungleichheit argumentiert Rousseau ähnlich:
die furchtbaren Zwistigkeiten, die unaufhörliche Unordnung, die
in den durch Willkür entstandenen Staaten herrschten, zeigen, „wie
sehr die menschlichen Regierungen einer solideren Grundlage bedürfen als der Vernunft allein, und wie es für die öffentliche Ruhe
notwendig ist, daß der göttliche Wille sich einschaltete, um der
Autorität des Souveräns einen fertigen und unverletzlichen Charakter zu verleihen, die den Untertanen das verhängnisvolle Recht
nahm, darüber zu verfügen. Hätte die Religion den Menschen nur
allein dies Gute getan, so genügte es, daß alle sie lieben und annehmen müssen, selbst mit ihren Mißbräuchen, da sie noch mehr
Blut erspart, als der Fanatismus vergießt".

191. Rousseau wählt die Argumente für seine These aus den „drei
großen europäischen Religionen" (S. 618), womit er beweisen
möchte, daß die wohltätige Wirkung des Glaubens nicht an den
differenten Dogmen liegt, sondern an der allen gemeinsamen
Grundüberzeugung.

192. Rousseau hat fälschlich geschrieben „Poul-serrho". *Chardin*, „Vo-
yages en Perse et autres lieux d' Orient" (1711), dem Rousseau
diese Stelle entnahm, schrieb „Poul-sirrha"; das *t* wurde irrtüm-

licherweise für stumm gehalten (wie in franz. *soldat*) und deshalb weggelassen.

193. Man sieht, die „natürliche Erziehung", die Rousseau vorschwebt, ist alles andere als ein „Wachsen-Lassen", sie ist ein kunstvolles System des Ausgleichs, der Ablenkung und Kompensation, wobei es, im Jugendalter, vor allem darauf ankommt, zu verhindern, daß die erwachende Sinnlichkeit die Vorherrschaft gewinnt. Zuerst galt es, sie zurückzuhalten, nun aber, ihr ein Gegengewicht zu schaffen durch die Entwicklung des religiösen Sinnes.

194. „à être juste entre Dieu et lui": die Formel zeigt, wie sehr es Rousseau darauf ankommt, die Moral nicht gesellschaftlich, sondern religiös im einsamen Gewissen zu begründen.

195. Der christliche Eudämonismus ist für Rousseau die selbstverständliche Grundlage der Sittlichkeit; vgl. Anm. 133.

196. *Charles Le Beau* (1701—78), einer der zahlreichen Autoren, die über primitive Völkerschaften geschrieben haben und deren Bücher Rousseau gelesen hat.

197. Vgl. S. 454.

198. Cäsar, Bell. gall., VI, 21.

199. Essais II, 2.

200. Die folgenden Ausführungen Rousseaus über die *Sprache* als aus dem Gefühl entstehend und auf es einwirkend und die Beziehung zu Symbolen und Gesten finden ihre Ergänzung in einer kleinen Schrift: „Essai sur l'origine des langues", wahrscheinlich 1754.

201. Diese vier Beispiele sind der *Genesis* entnommen: „Der Brunnen des Eids" (Beerseba, 1. Mose 21, 31), an dem Abraham und Abimelich ihren Vertrag schließen; „der Brunnen des Lebenden und Sehenden" (des Lebendigen, der mich sieht, 1. Mose 16, 14), an dem der Engel der fliehenden Hagar weissagt, ihr Sohn Ismael solle zu einem großen Volke werden; bei der „Eiche Mamres" (1. Mose 18, 1) erscheinen Abraham die drei von Gott gesandten Männer, die ihm die Geburt Isaaks ankündigen; der „Steinhaufe des Zeugnisses" (1. Mose 31, 46 ff.) wird als Denkmal des Vertrages errichtet, den Laban mit dem fliehenden Jakob abschließt.

202. Auf dem *Bucentaurus*, einer großen, mit kostbaren vergoldeten Schnitzereien geschmückten Galeere, feierte jährlich am Himmelfahrtstag der Doge die Vermählung mit dem Meer. Rousseau hat diese Zeremonie noch während seines Aufenthaltes in Venedig (1744) gesehen.

203. Die Anekdote, Diogenes habe Zenons Behauptung, Bewegung sei unmöglich, dadurch widerlegt, daß er, ohne ein Wort zu verlieren, vor ihm auf und ab gegangen sei, erwähnt Rousseau auch an anderer Stelle, nicht wegen ihres Symbolcharakters, sondern weil sich darin der gesunde Menschenverstand gegen spitzfindige Philosophen durchsetze. Brief an Francquières, 15. Januar 1769.

204. Herodot gibt dazu die Erklärung: „Werdet ihr nicht zu Vögeln, um zum Himmel zu fliegen, werdet ihr nicht zu Mäusen, um euch

unter der Erde zu verbergen, werdet ihr nicht zu Fröschen, um in die Teiche zu springen, so werdet ihr uns nicht entgehen und werdet durch diese Pfeile umkommen."

205. Vgl. hierzu die Rahmenerzählung des „Glaubensbekenntnisses des savoyischen Vikars": der Vikar beginnt seine religiöse Ansprache vor der großartigsten Naturszenerie.

206. Aurelius Victor, „De viris illustribus", Kap. 86.

207. Hier wird der Begriff *Vertrag*, der für Rousseaus politische Theorie von entscheidender Bedeutung ist, auf den pädagogischen Bezug übertragen, wobei sich eine frappante Analogie zum Rousseauschen Gesellschaftsvertrag ergibt: denn die „Unterwerfung" Emiles unter die Autorität des Erziehers soll, wie die unter das Gesetz des Staates, gerade dazu dienen, ihm die *Freiheit* zu sichern.

208. Diese Reflexionen über die wahre Kunst gesellschaftlichen Umgangs zeigen zur Genüge, wie falsch es ist, Rousseau auf die (von ihm nie gebrauchte) Formel: „Zurück zur Natur" festzulegen. Emile soll weder ein tumber Tor noch ein grober Naturbursche sein, sondern wenn schon in der Gesellschaft ein „Fremdling", so ein „liebenswürdiger" (un aimable étranger, vgl. Anm. 218).
Zweifellos denkt Rousseau hier an sich und seine nie überwundene Schüchternheit und Ungeschicklichkeit in der Pariser Gesellschaft.

209. „Sophie" (griech. sophia) = Weisheit; zugleich Anspielung auf Sophie d'Houdetot.

210. Das folgende ist ein überzeugendes Beispiel für die Macht der „Meinung": das Sozialprestige und nicht die Sinnlichkeit ist für Rousseau die eigentliche Wurzel der sexuellen Ausschweifung.

211. Ein Grundthema der Rousseauschen Anthropologie und Pädagogik: die Einheit des Menschen mit sich selbst.

212. Wiederum dient die Idee oder Fiktion des „solitaire", um die gesellschaftliche Wurzel der menschlichen Schwächen und Laster aufzuzeigen. Denn die Einbildungskraft, nach Rousseau Wurzel und Motor der Sinnlichkeit (und der hohen Liebe), ist zwar ein angeborenes Vermögen, inhaltlich aber durch die gesellschaftliche Erfahrung bestimmt.

213. Es handelt sich um das Verhältnis von Masturbation und Sexualphantasie. Hier sieht Rousseau in Übereinstimmung mit *Tissot* und der sich anschließenden sexualpädagogischen Literatur der Philanthropisten (Salzmann, Villaume) in dieser unnatürlichen „Abhilfe" nur ein Seele und Leib zerrüttendes Laster. An einer anderen Stelle der „Bekenntnisse", da, wo er von seiner Rückkehr aus Italien zu Frau von Warens spricht, hat er sich über die Masturbation sehr viel vorsichtiger ausgelassen und mit erstaunlicher Offenheit das dialektische Verhältnis aufgezeigt, das zwischen sexueller Scheu und „Unschuld" des Jugendlichen einerseits und den Sexualphantasien des Masturbierenden andererseits besteht. Er habe, berichtet er dort, in der Zeit, die er in Turin verbrachte (er war damals 16 Jahre alt), jene gefährliche Ersatzbefriedigung ge-

lernt, „mit welcher man die Natur betrügt und welche junge Leute meines Naturells vor vielen Ausschweifungen bewahrt — freilich auf Kosten ihrer Gesundheit, ihrer Frische, ja oftmals ihres Lebens. Dieses Laster, das für die Schamhaftigkeit und Schüchternheit so bequem ist, besitzt darüber hinaus noch für Menschen mit lebhafter Einbildungskraft einen besonderen Reiz: sie können nämlich sozusagen nach ihrem Belieben über das ganze andere Geschlecht verfügen und sich der Schönheit bedienen, ohne es nötig zu haben, ihr Einverständnis einzuholen . . .“ Den Ausweg aus der Onanie fand der junge Rousseau in seiner Liebe zu der *einen,* alle Phantasieträume verdrängenden Gestalt der Mutter-Geliebten: Frau von Warens. „Ihr Bild, mir stets gegenwärtig, ließ keinen Platz für ein anderes; sie war für mich die einzige Frau, die es auf der Welt gab, und die äußerste Seligkeit der Gefühle, die ich in meinem Herzen für sie hegte, ließ meinen Sinnen keine Zeit, sich für andere Frauen zu erwärmen.“ Die Beziehung zur Sexualerziehung Emiles ist offensichtlich: die Personalisierung des Sexualtriebes in der Liebe ermöglicht seine Beherrschung. Die Einbildungskraft, die den Masturbierenden „über das ganze andere Geschlecht verfügen“ läßt, vermag umgekehrt, konzentriert auf das reine Bild der Geliebten, all diese Sexualphantasien auszuräumen.

214. Montaigne, Essais, I, 25.

215. Helvétius, „De l'Esprit“, II, 1.

216. Zu Marcel vgl. Anm. 76 zum 2. Buch.
Interessant und für Rousseaus Auffassung einer Erneuerung von Musik und Tanz aus dem Geist der Empfindsamkeit bezeichnend ist sein Vorwurf, Marcel sei stets in der kalten Förmlichkeit und Eintönigkeit des Menuetts und Contredanse befangen geblieben. „Welche reizvollen Bilder, welche abwechslungsreichen Szenen könnte nicht in den Tanz ein erfindungsreiches Genie einführen, das ihn aus seiner kalten Gleichförmigkeit herauszöge und ihm Sprache und Gefühl verliehe, wie sie die Musik besitzt.“ Zu der Bedeutung, die Rousseau dem Tanz in der Mädchenerziehung zuerkennt, vgl. S. 751.

216a. Vgl. S. 314.

217. Duclos, „Considérations sur les mœurs de se siècle“, 1751, chap. II.

218. Die Formel „un aimable étranger“ kennzeichnet aufs beste Emiles Stellung in der *Gesellschaft*: Distanz und Freundlichkeit in einem. Überall da aber, wo mehr als geselliger Verkehr gefordert wird, geht Emile aus dieser Reserve heraus: im Mitleid, in der Menschlichkeit, im Erlebnis der Freundschaft und Liebe und, falls gefordert, im Staatsdienst.

219. Sich selbst in seinem Innersten für gut halten (was das Eingeständnis von Schwächen, Fehlern und Fehltritten nicht ausschließt), das ist in Rousseaus Augen Grundzug des natürlichen Menschen, wie er denn sich selbst, wie er gesteht, „alles in allem genommen für den besten Menschen gehalten hat“.

220. Zum Verständnis der folgenden Ausführungen seien die wichtigsten
Momente der Rousseauschen *Geschmacks*theorie aufgeführt:
1. Der Geschmack hat es mit dem Angenehmen und Schönen, *nicht*
mit dem Nützlichen zu tun. Die Bildung des Geschmacks erfolgt
also jenseits der Lebensfristung, der Arbeit, der Lebensnot.
2. Mit dem Terminus Geschmack (goût) bezeichnet Rousseau ebenso die ästhetische Urteilskraft wie die psychische Neigung; der Begriff umfaßt also sowohl ein objektives wie ein subjektives
Moment: *das* Schöne und *meine* Neigung (meinen Genuß).
3. Unter den Begriff Geschmack subsumiert Rousseau ebenso Physisches wie Geistiges, weshalb er denn in seiner Geschmackstheorie
unbekümmert von poetischen wie von kulinarischen Genüssen und
Geschmacksurteilen handelt.
4. Rousseaus Anliegen ist es, ein *gemeinsames* Kriterium für
alle Formen des Geschmackes zu finden, auf Grund dessen rechter
und falscher Geschmack unterschieden werden können. Dieses Kriterium findet er im Begriff der *Natur*, den er wie üblich dem der
(gesellschaftlichen) *Meinung* entgegensetzt.
5. Um also rechten Geschmack zu entwickeln und ein rechtes Geschmacksurteil zu gewinnen, muß diese „Meinung", muß jedes Schielen auf die anderen, jedes Sozialprestige, ausgeschaltet sein. Nur
was ich für mich allein genieße und schön finde, *ist* schön und angenehm.
6. Andererseits bildet sich der Geschmackssinn nur innerhalb der
Gesellschaft. Es gilt auch im Genuß die Beziehungen zu den Menschen zu pflegen, es geht in dieser ganzen Geschmacksbildung
Emiles letztlich um seinen *Umgang* mit den Menschen — wovon
ja dieser ganze 2. Teil des 4. Buches handelt —, und insbesondere
um den Verkehr zwischen den beiden Geschlechtern.
7. Zwischen natürlichem oder spontanem und *reflektiertem* und
bewußtem Geschmack besteht ein wesentlicher Unterschied. Denn
das begründete Geschmacksurteil verlangt das Vergleichen, die Diskussion um den rechten Geschmack, also auch den Kontrast mit dem
Ungeschmack. Und so entwickelt sich der höhere, bewußte Ge-
schmackskultur nur in einer korrumpierten Gesellschaft. Darum erwirbt Emile seine Geschmacksbildung in *Paris*; aber er erwirbt sie
dort nur, um sich ihrer fern von Paris, unter natürlichen Verhältnissen, zu erfreuen.

221. „Die Feinheit des moralischen Taktes gewinnt man nur durch
Vergleichen, und sie übt sich unendlich viel besser an Lastern, die
man verbirgt, als an Tugenden, die man nicht verbirgt . . . So sieht
man ständig, daß man in den größten Städten, bei den verdorbensten Völkern die Herzen besser zu durchschauen lernt, die Menschen
besser beobachten, ihre Reden durch eine Gefühle interpretieren, die
Wirklichkeit vom Schein unterscheiden lernt" (An Usteri, 18. 7. 1763).

222. Mehrfach kommt Rousseau auf diesen scheinbar paradoxen Tatbe-
stand zu sprechen, daß in Paris, wo der Geschmack korrumpiert ist,

sich ein erlesener Sinn für das Schöne entwickelt habe, wobei die Wertung dieser Tatsache wohl wechselt. Im Brief an d'Alembert über das Schauspiel, worin er die relative Unschuld des kleinen und einfachen Genf gegenüber Paris herausstreicht: „Es bedarf großer Städte, es bedarf der schönen Künste und des Luxus ... es bedarf der Galanterie, ja der Ausschweifung, es bedarf der Laster, die man mit einem schönen Geschmack zu verhüllen gezwungen ist, um überall die angenehmen Formen zu suchen und zu finden." Aber es geht ja nicht nur um die „angenehmen Formen", sondern um den Sinn für das Schöne und Edle und das Verständnis des menschlichen Herzens. Eben das haben, wie der Erfolg der *Nouvelle Héloïse* in Paris und ihr Mißerfolg in Genf bewies, die Pariser und Pariserinnen offenbar in besonderem Maße. „Es ist merkwürdig, daß dieses Buch in Frankreich mehr Erfolg gehabt hat als im übrigen Europa, obwohl die Franzosen, Männer wie Frauen, darin nicht sonderlich gut behandelt werden. Ganz gegen meine Erwartung hatte es den geringsten Erfolg in der Schweiz und den größten in Paris. Herrschen denn Freundschaft, Liebe, Tugend in Paris mehr als anderswo? Gewiß nicht; aber es herrscht dort noch dieser erlesene Sinn, der das Herz zu ihren Bildern erhebt und bewirkt, daß wir in anderen Menschen die reinen, zärtlichen, ehrenhaften Gefühle lieben, die wir selbst nicht mehr besitzen" („Bekenntnisse" IX).

223. Die im 17. Jahrhundert aufgebrochene „querelle des anciens et des modernes" beschäftigte auch noch die Literaten des 18. Jahrhunderts. Es nimmt uns nicht wunder, daß Rousseau, auch in bezug auf die ästhetische Wertschätzung, den Alten den Vorzug gibt, zumal die fortschrittsgläubigen „Modernen" fast durchweg mondäne Schriftsteller waren.

224. „Stehe, Wanderer; dein Fuß tritt auf einen Helden"; Inschrift für das Grabmal des in der Schlacht von Nördlingen gefallenen bayrischen General von Merci. Vgl. Voltaire, „Siècle de Louis XIV", chap. 3.

225. Die Inschrift wird von Arrhian, Strabo und Diodor in etwas anderem Wortlaut überliefert.

226. Xenophon, „Anabasis", II, 6.

227. Herodot VII, 228.

228. „Die Akademie der Inschriften und der schönen Wissenschaften" war eine der Abteilungen des Institut de France.

229. *La Motte* (1672-1731) führte die Kritik an den antiken Dichtungen im Geiste eines intransigenten Rationalismus weiter. *Terrasson* war einer seiner Anhänger.

230. *Fontenelle* eröffnete, an der Seite von Perrault, den Kampf der „Alten und Modernen" durch sein Werk „Degression sur les anciens et les modernes" (1688).

231. Das ist der Hauptgedanke des Briefes an d'Alembert über das Schauspiel.

232. Enthält die tragische Liebesromanze *Didos*.
233. Diese Formulierung findet sich in dem „Brief über das Schauspiel".
234. Ein Wortspiel: „du poison pour du poisson".
235. Apicius, ein berühmter Feinschmecker zur Zeit des Augustus, soll nach dem Bericht Athenaeeus eigens nach Afrika gereist sein, um dort eine größere Sorte von Heuschrecken zu essen, als er sie zu Hause fand.
236. Vgl. Montaigne, Essais, II, 1.
237. Das Wort ist von Aristipp.
238. Carm. II, 10.
239. „Wer wird ein tüchtiges Weib finden? Ihr Wert ist wie Dinge, die fern von den äußersten Grenzen kommen" (Spr. Sal. 31, 10).

5. BUCH

1. *Locke*, Gedanken über Erziehung, Schluß.
2. Um Rousseaus Ausführungen über die Mädchenerziehung recht zu verstehen, muß man seine Auffassung über *die Natur der Frau* sich verdeutlichen, wie er denn auch den entsprechenden Abschnitt: „Sophie ou la femme", mit solch allgemeinen Bemerkungen beginnt. Er hat sich auch in anderen Schriften ausführlich über diese ihn sehr beschäftigende Frage geäußert, insbesondere im Brief an d'Alembert über das Schauspiel. Die sehr konservative Haltung, die entschiedene Ablehnung der Frauenemanzipation und jeder Gleichheit der Bildung von Mann und Frau — von einer Koedukation war damals sowieso nicht die Rede —, die Beschränkung der Frau auf den häuslichen Wirkungskreis und ihren Ausschluß vom politischen Leben, haben Rousseau schon früh lebhaften Tadel eingetragen. Auch hat es den Anschein, als ob er seinen eigenen pädagogischen Grundsätzen widerspricht, wenn er in der Erziehung Sophies den Gehorsam, das gute gesellschaftliche Benehmen, die Autorität der Religion u. a. m., also Forderungen der traditionellen Mädchenerziehung, scheinbar kritiklos übernimmt. Keine Frage, daß manche seiner Ausführungen dem heutigen Leser altmodisch erscheinen — aber sie sind von Rousseau ja auch selbst konservativ gemeint, in scharfem Gegensatz zu der in der Aufklärung beginnenden Frauenemanzipation und sind aus seinem anthropologischen System wohl abgeleitet. Die wichtigsten Momente seiner Lehre von der Natur der Frau seien darum hier in Kürze hervorgehoben.
1. Bei allem Unterschied der Geschlechter gibt es eine breite Basis der Gemeinsamkeit, also auch der Gemeinsamkeit der Erziehung. Dahin gehört beispielsweise eine gesunde und freie Leibeserziehung. Prototypisch der Wettlauf Emiles und Sophies (S. 872).

2. Unterschied der Geschlechter bedeutet, das wiederholt Rousseau immer wieder, nicht Ungleichheit des Wertes. Mann und Frau sind gleichwertig. Ja, in den von ihm geschaffenen Frauengestalten scheint Rousseau der Frau eine charakterliche Überlegenheit zuzuerkennen; das gilt ganz offensichtlich für Julie, das gilt aber in gewisser Weise auch für Sophie, von der Emile (in „Emile et Sophie") bekennt, daß diese ihm an feurigem Temperament — welches die großen Schwächen, aber auch die großen Tugenden bedingt — und Stärke der Seele überlegen sei.

3. Der Unterordnung der Frau unter die sozial und politisch begründete Herrschaft des Mannes entspricht daher die Herrschaft der Frau in der Liebe (s. Nr. 8).

4. Der Mann ist nur akzidentiell, die Frau dagegen essentiell durch den Geschlechtsunterschied und das Geschlechtsverhältnis bestimmt. Zwar ist es für Rousseau selbstverständlich, daß auch der Mann sein Leben nur durch Ehe und Familie voll zu erfüllen vermag, aber dies bleibt doch nur ein Teil seines Daseins; für die Frau ist es das ganze Dasein. Die Problematik der unverheirateten Frau hat Rousseau nicht beschäftigt, sie lag auch im allgemeinen außer dem Gesichtskreis seiner Zeit. Im übrigen hat Rousseau in der *Claire* seiner *Nouvelle Héloïse* eine solche sich im wesentlichen selbst genügende Frau geschildert; erklärt Claire doch, nach dem frühen Tode ihres Mannes, ihren Freunden ausdrücklich, sie sei nicht zur Ehefrau geschaffen (4. Teil, 2. Brief). Aber Freiheit gewann eine Frau damals nur durch die Verheiratung, mit der sie sich der väterlichen Autorität entzog: „Hätte es von mir abgehangen, so hätte ich mich niemals verheiratet. Aber in unserem Geschlecht erkauft man sich die Freiheit nur durch die Knechtschaft, und man muß zunächst dienen, um eines Tages Herrin zu werden."

5. Eben weil das Mädchen in viel stärkerem Maße als der Knabe von vorneherein Geschlechtswesen ist, sich mit seiner Geschlechtlichkeit und Liebesfähigkeit identifiziert, glaubt Rousseau in seiner Entwicklung und Erziehung nicht jenen tiefen Einschnitt zu sehen und machen zu müssen, der das Leben Emiles in zwei scharf geschiedene Entwicklungsphasen teilt. Es gibt innerhalb der Mädchenerziehung keine „Pädagogik der Unabhängigkeit". Im Gegenteil: Abhängigkeit ist „ein den Frauen *natürlicher* Zustand". Widerspruch zu dem oben zitierten Wort Claires?

6. Rousseau faßt die Erziehung des Mädchens im wesentlichen als eine Erziehung zur Liebe; er sieht in der Frau weniger die Mutter und Hausfrau (wie Fénelon) als die Geliebte und Ehefrau. Daß das Mädchen und die Frau dem Manne gefallen möchte und alle Künste weiblicher Koketterie spielen läßt, erscheint ihm in der Natur der Geschlechtsbeziehung begründet: denn die Koketterie ist der einzige Weg, auf dem die Frau bei Wahrung der Schamhaftigkeit ihre Neigung kundzutun vermag, sie ist das Mittel, mit dem sie den Mann,

den sie liebt, ermuntert, sie zu erobern. So kann Rousseau ein
gut Teil rokokohafter Erotik in seine „naturgemäße" Mädchenerziehung hineinnehmen. In derselben Linie liegt seine Behauptung,
die List sei ein „natürliches" Talent der Frau.

7. Die Stellung der Frau in der Gesellschaft ist bestimmt durch
die Achtung, die sie in ihr genießt. Ihr guter Ruf, nicht allein ihr
gutes Verhalten, gehört damit zu ihrer Moralität. Dieser Gesichtspunkt ist u. a. entscheidend für die Tragik der „Nouvelle Héloïse":
der Ausweg eines freien Liebesverhältnisses ist Julie von vorneherein verwehrt.

8. So lebt die Frau in einer doppelten Abhängigkeit: von ihrem
Mann als dem Oberhaupt der Familie und Herrn der Ehe, und von
der Gesellschaft, deren Anerkennung sie braucht. Aber diese Abhängigkeit wird kompensiert durch die Macht, die sie durch die
Liebe und durch die gesellschaftliche Achtung gewinnt. „Die Liebe
ist die Herrschaft der Frauen." Nichts liegt der Rousseauschen
Konzeption ferner als die kleinbürgerliche Auffassung, die die Frau
auf Küche und Kinderstube beschränken möchte. Die Frau als die
ebenbürtige Freundin des Mannes bedarf für ihre Aufgabe auch
einer geistigen Bildung, sie bedarf der Menschenkenntnis, des Taktes, Fähigkeiten, mit denen sie ihre legale Unterordnung in eine
psychologische und moralische Überlegenheit zu verwandeln vermag.

9. Diesen durchaus gesellschaftlich orientierten Begriff vom Wesen
und der Stellung der Frau sucht nun Rousseau auch physiologisch zu
begründen. Man mag im Detail diesen Versuch recht kritisch beur-
urteilen, als ganzem liegt ihm die nicht zu bestreitende und aus
Rousseaus Grundanschauung folgende These zugrunde, daß das
Geschlechterverhältnis als physiologisches Phänomen Basis auch für
seine gesellschaftlich-konventionelle Überformung bleibt. Dabei
ist Rousseau sich des *Unterschieds* zwischen der puren Sexualität
und der moralischen Liebe sehr wohl bewußt, aber Unterschied
heißt nicht Gegensatz; die rechte Liebe und Ehe, obwohl Kultur-
phänomene, scheinen Rousseau geradlinige Entwicklung aus den
biologischen Vorgegebenheiten. In diesem Sinne nennt er daher
auch jene „natürlich".

3. Die Instinktfreiheit des Menschen im Unterschied zur Instinktge-
bundenheit des Tieres ist ein häufig wiederkehrendes Thema und
ein Gemeinplatz der Philosophen und Moralisten des 18. Jahrhunderts. Auch Rousseau hat schon im 2. Discours die *Freiheit*,
das heißt die freie Wahl des Handelns, als die Fähigkeit bezeichnet, die den Menschen wesenhaft vom Tiere unterscheide. „Es ist
nicht so sehr das Erkenntnisvermögen (entendement), das dem
Menschen unter den Lebewesen seine Sonderstellung gibt, als vielmehr seine Eigenschaft als frei handelndes Wesen (agent libre).
Die Natur befiehlt jedem Tier, und das Tier gehorcht. Der Mensch
empfängt wohl denselben Eindruck, aber er erkennt sich frei, ihm
nachzugeben oder ihm zu widerstehen. Vor allem in diesem Be-

wußtsein der Freiheit zeigt sich die Geistigkeit seiner Seele. Denn das Physische wird in gewisser Weise durch den Mechanismus der Sinne und die Bildung der Vorstellungen erklärt, aber in der Fähigkeit zu wollen oder vielmehr zu *wählen*, und in dem Gefühl dieser Fähigkeit, stoßen wir auf rein geistige Akte, deren keiner durch die Gesetze des Mechanischen erklärt werden kann." Eng mit dieser Freiheit hängt die „Perfektibilität" des Menschen zusammen.

4. Deut. 22, 27.

5. Das Verhältnis von Familie und Staat hat Rousseau mehrfach beschäftigt und seine Anschauung scheint auf den ersten Blick widersprüchlich, weil er zwei kontradiktorische Thesen gleichermaßen ablehnt, nämlich 1. daß die Staatsautorität sich aus der väterlichen Autorität entwickle habe, der Staat sozusagen die bloße Erweiterung der Familiengemeinschaft sei — so Filmer, gegen den auch Locke polemisiert — und 2. daß die Aufsplitterung in Familiengemeinschaften das patriotische Gemeinschaftsgefühl aufhebe — so Helvétius. Einerseits betont Rousseau den *Unterschied* der beiden Gemeinschaften: der Staat ist aus Konvention entstanden, die Familie beruht auf einer Naturbasis (freilich gehört sie nach Rousseau nicht zum Naturzustand selbst, sondern ist im Laufe der Menschheitsgeschichte entstanden); im Staat herrscht das unpersönliche Gesetz, in der Familie die persönliche Autorität und natürliche Überlegenheit des Vaters. Andererseits sieht er in der Familiengemeinschaft das „erste Modell" der politischen Gemeinschaft. Rousseau denkt dabei vor allem an die erweiterte und auf Übereinkommen beruhende Großfamilie oder intime Gesellschaft, wie er sie am Beispiel von *Clarens* geschildert hat. In einer solchen mischt sich in eigenartiger Weise das (von ihm für die politische Gemeinschaft strikt abgelehnte) patriarchalische Verhältnis mit dem Prinzip einer „freien und freiwilligen Assoziation".

6. Fénelon „Über die Erziehung der Mädchen" V, 29: „Ich mache hier auf einen großen Fehler aufmerksam, der darin besteht, daß man alle Lust auf die eine und alle Last auf die andere Seite legt, nämlich alle Last auf die Studien und alle Lust in die Zerstreuungen. Wie kann bei solchem Verfahren ein Kind anders als nur mit Ungeduld sich der Regel fügen und mit leidenschaftlichem Eifer dem Spiel sich zuwenden!"

7. Rousseaus Wertung der Gewöhnung und Gewohnheit ist scheinbar widersprüchlich, negativ wie S. 158, aber auch positiv wie hier, je nachdem, ob er die Gewohnheit im Einklang oder im Gegensatz zur „Natur" sieht.

8. Clemens Alexandrinus, „Paedagogus" II, 12.

9. Feste und dabei vor allem auch der Tanz sind von Rousseau wiederholt als unschuldige und natürliche Vergnügen der intimen Gesellschaft beschrieben und gefeiert worden, so besonders am Schluß seines Briefes an d'Alembert über das Schauspiel und in der „Nouvelle Héloïse" (vgl. 4. Teil, Brief 10; 5. Teil, Brief 6 und 7).

10. Zum Verständnis des folgenden Abschnittes, der die religiöse Bildung der Mädchen behandelt, muß man sich klarmachen, daß der
von Rousseau hier postulierte Unterschied zwischen den Geschlechtern nicht eigentlich den *Inhalt* der religiösen Unterweisung betrifft — er ist in beiden Fällen die natürliche Religion —, sondern
deren *Form.* An die Stelle der selbständigen Forschung nach den
letzten Prinzipien und der kritischen *Prüfung* der philosophischen
Theoreme und kirchlichen Dogmen tritt die autoritätsgläubige
und fügsame, gewiß nicht blinde, sondern verständnisvolle *Annahme* der durch die Familie (den Vater) vorgegebenen Konfession.
Rousseau begründet diesen Unterschied *einmal* mit der Behauptung,
der Geist der Frau ziele mehr auf das Praktische und Konkrete und
sei daher ungeeignet für die Erkenntnis abstrakter Prinzipien und
zum *anderen,* die Frau müsse sich auch in der religiösen Frage
der Autorität, sei es des Vaters, sei es des Ehemannes, fügen. Der
Mann ist also berufen, für sie die religiöse Wahrheit zu finden
und zu prüfen — eine These, der Rousseau übrigens selbst, in der
Gestalt seiner Julie, widersprochen hat; denn diese hat ihren
durchaus persönlichen Glaubensstandpunkt gewonnen und weiß ihn
gegen die Argumente sowohl ihres Pfarrers wie Saint-Preux' wohl
zu verteidigen, von dem religiösen Skeptizismus ihres Mannes ganz
zu schweigen. Man kann aber die Beweiskraft der hier vertretenen
Thesen Rousseaus auch aus deren eigenen Prämissen anfechten; denn
wenn der leib-seelische *Unterschied* der Geschlechter mit dem
leib-seelischem *Verhältnis* zusammenhängt, dann reicht er offenbar auch nur soweit wie dieses. So wie Rousseau eine von diesem
Geschlechtsverhältnis und -unterschied unberührte, ungeschlechtliche
und asexuale Sphäre zum Beispiel der leiblichen Existenz anerkennt, so hätte es nahe gelegen, eine solche auch in bezug auf das
Gottesverhältnis zu postulieren, selbst wenn man zugibt, daß
dieses geschlechtstypisch nunanciert sei (wie beispielsweise die beiden
ähnlichen Glaubensbekenntnisse: das der Julie und das des Vikars).
11. Gemeint ist das Gedicht „Abel" von Salomon *Geßner,* das 1760 in
prosaischer Übersetzung von M. Huber erschienen war. Darin wird
erzählt, wie Eva nach ihrer Vertreibung aus dem Paradies zum
ersten Male gefallene Früchte und verwelkte Blüten sah, neben
denen frische heranwuchsen — für sie ein Hinweis, daß sie selbst
einst hinwelken und ihren Kindern Platz machen werde.
12. Vgl. hierzu das Kapitel „De la religion civile" des „Contrat social" (4. Buch, 8. Kpt.).
13. Gott als Zeuge meiner guten Taten, als der Teilhaber meines
guten Gewissens: dies ist ein Grundgedanke der Rousseauschen
Moral- und Religionslehre, worin er den scheinbaren Autarkismus
seiner Anthropologie überwindet. Darum beklagt Julie ihren
glaubenslosen Gatten: „Welcher Zuschauer beseelt die guten Taten,
die er im geheimen vollbringt? Welche Stimme spricht zu ihm im
Grunde seiner Seele?" Darum schließt Rousseau in den an Sophie

d'Houdetot gerichteten „Lettres morales" seine Aufforderung, sie
solle in der Einsamkeit des Landes sich der Armen annehmen:
„Eine geheime Stimme wird alsbald zu Deinem Herzen sprechen
und Dir sagen: Du bist nicht allein, die guten Taten haben einen
Zeugen." Und so soll auch Emile lernen, das Gute zu tun ohne
Hinblick auf die Menschen und „gerecht zu sein allein zwischen
Gott und ihm selbst" (vgl. S. 640).

14. Vgl. 4. Buch, S. 585 ff.

15. „Die Frau nutzt viele Künste, um in ihre Netze einen neuen
Liebhaber zu fangen; niemals und niemandem gegenüber wahrt sie
das gleiche Gesicht, sondern sie wechselt, je nach dem Augenblick,
Haltung und Miene" (Tasso, „Das befreite Jerusalem", IV, 87).

16. Malo me Galatea petit, lasciva puella, / Et fugit ad salives et se
cupit ante videri. Doch mit dem Apfel mich lockt Galatea, die
neckische Dirne, / Fliehend zum Weidengebüsch, nur möchte sie
erst noch gesehn sein (Vergil, ecl. 3, 64 ff.).

17. Hat eine Frau erst einmal ihre Scham verloren, so hat sie nichts
mehr zu verweigern (Tacitus, „Annales" IV, 3).

18. Ninon de Lenclos (1620–1705), berühmt für ihren Geist und ihre
Schönheit, in deren Salon die Männer von Welt verkehrten.

19. „Sie ißt, wischt sich den Mund und sagt dann: Ich habe nichts Böses
getan" (Spr. Sal. 30, 20).

20. Lucretia, von Sextus Tarquinius geschändet, hatte sich selbst das
Leben genommen; um sie zu rächen, verjagte Brutus an der Spitze
des Volkes die Tarquinier.

21. Livius behauptet, der Vorschlag des Volkstribuns Licinius (366 v.
Chr.), daß einer der beiden Konsuln ein Plebejer sein müsse, sei
ihm von seiner Frau eingegeben worden, die selbst eine Patrizier-
tochter war.

22. Virginia, der der Dezemvir Appius Claudius nachstellte und die
von ihrem Vater getötet wurde. Diese Tat führte zum Volksaufstand, der die Dezemvirn verjagte.

23. Coriolan, der als Verbannter Hilfe bei den Volskern gefunden
hatte und mit ihrem Heere gegen Rom zog, wurde durch die Bitten seiner Mutter bewogen, sich zurückzuziehen.

24. Zusatz des Manuskripts: Ist der Weg, den ich vorzeichne, angenehm: um so besser; er ist dann um so sicherer, er ist in der Ordnung der Natur. Ihr werdet niemals zum Ziele kommen als auf
diesem.

25. „Die, die einen Fehltritt nicht tut, nur weil er verboten ist, tut
ihn" (Ovid, „Anacreon" II, 4).

26. „ . . . den unheilvollen Zorn des Peliden, der nie sich zu fügen
verstand" (Horaz, „Oden" I, 6).

27. Eucharis, eine Nymphe der Kalypso, ist in Liebe zu Telemach
entbrannt; ihre gegenseitige Liebe schildert das 7. Buch von Fénelons „Aventures de Télémaque".

28. Hier spricht Rousseau aus eigener Erfahrung; er hat die Unfähig-

keit Thereses, an seiner geistigen Arbeit teilzunehmen, die Unmöglichkeit, mit ihr ein geistiges Gespräch zu führen, sehr bitter empfunden. „Besonders in der Einsamkeit fühlt man den Vorteil, mit jemandem zu leben, der zu denken versteht", sagt er in den „Bekenntnissen" in bezug auf die äußere *und* innere Einsamkeit die er empfand, als er mit Therese die Ermitage bewohnte.

29. Vgl. Anm. 18.

30. „Du fragst, Galla, warum ich dich nicht heiraten will? Du redest zu klug" (Martial XI, 20).

31. Vgl. S. 812: „Ich wollte eine Durchschnittsfrau schildern."

32. Bertrand François *Barême* (1630–1703), Verfasser arithmetischer Bücher, die in vielen Auflagen erschienen. Gemeint ist hier sein Lehrbuch: „L'arithmétique ou le livre facile pour apprendre l'arithmétique soi-même".

33. Louis Jean Marie *Daubenton* war ein Arbeitsgenosse *Buffons*, der ihn zum Vorsteher des Naturalienkabinetts in Paris machte.

34. Vgl. S. 697 und 4. Buch Anm. 223.

35. Vgl. Anm. 27. Daß der Erzieher die keusche Sophie mit der sinnlichen und verführerischen Eucharis vergleicht, zeigt, wie wenig Rousseau im Sinne Fénelons die Sinnlichkeit in der Liebe mißachtet.

36. „Aventures de Télémaque", 16. Buch.

37. „Noch zeigt sie nichts, doch bebt ihr Herz in Freuden" (Tasso, „Befreites Jerusalem" IV, 33).

38. Tatsächlich ist Rousseau bis zu seiner Zeit der einzige Pädagoge gewesen, ja er ist bis zu einem gewissen Grade bis heute der einzige geblieben, der nicht nur die Sexualerziehung der frühen Jugend, sondern eine ausgearbeitete Theorie der erotischen Erziehung bis zur Ehe entworfen hat. So ist denn, im Sinne seines Autors, das 5. Buch des *Emile* mit seinem scheinbaren „Liebesroman" der Ziel- und Höhepunkt des „Bildungsromans" und der Schlüssel seines pädagogischen Systems.

39. So gerät der Mann durch die Liebe nicht nur in Abhängigkeit von der geliebten Frau, sondern durch sie auch von der Gesellschaft!

40. Die Idee einer Gemeinschaft zu dritt, worin er die Rolle des geehrten Vertrauten des Liebespaares zu spielen hat, kehrt in Rousseaus Leben und Werk mehrfach wieder: in Chambéry gegenüber Frau von Warens und Claude Anet, in der Ermitage gegenüber Sophie d'Houdetot und Saint-Lambert, wie in der *Nouvelle Héloïse*, hier allerdings mit etwas vertauschten Rollen: Saint-Preux bei Julie und Wolmar.

41. Albani von Bologna (1578–1660) Maler der Spätrenaissance, im 18. Jahrhundert berühmt wegen seiner graziösen Kompositionen.

42. Milton ist hier zitiert wegen des 4. Buches des „Verlorenen Paradieses".

43. Rousseau scheint hier seinen eigenen Grundsätzen zu widersprechen, die die Bildung der Frau auf das Praktische, Moralische und

Ästhetische beschränken. Aber er sagt ja deutlich, daß dieser Unterricht, den der junge Liebhaber Emile erteilt, mehr ein zärtliches Spiel ist oder vielmehr der Beginn jenes Gesprächs und gebildeten Umgangs, zu dem die Frau fähig sein soll.

44. Nämlich im 2. Discours, dem „Über die Ungleichheit".

45. Anspielung auf Herakles, der bei Omphale sich zum Spinnen erniedrigte.

46. Vgl. S. 874 „Das ist der Mann", womit dies Wort korrespondiert: Mann und Frau je bei der ihnen eigenen, sie ehrenden Arbeit.

47. Vertu von virtus.

48. Rousseau hat immer zwischen *natürlicher Güte* und *Tugend* unterschieden, und auch in bezug auf sein eigenes Leben behauptet, er sei tugendhaft nur in den wenigen Zeiten gewesen, wo er eine Leidenschaft *überwinden* mußte und konnte. So vor allem also in seiner Liebe zu Frau von Houdetot. In den Brief an d'Alembert flicht er folgendes versteckte Bekenntnis ein: „Man triumphiert leicht über eine schwache Neigung; aber derjenige, der die wirkliche Liebe kennengelernt und hat sie zu besiegen vermocht, ach, verzeihen wir diesem Sterblichen — wenn es ihn gibt —, daß er Anspruch auf Tugend zu erheben wagt." Natürliche Güte genügt daher, solange der Mensch von inneren Konflikten verschont bleibt; solche Konflikte zu vermeiden, ist Gebot der Weisheit. „Glücklich derjenige, der sich damit begnügt, ein guter Mensch zu sein und sich nie in eine Lage begibt, da er es nötig hat, tugendhaft zu sein" (Brief an den Abbé de Carandolet, 1764). So kommt der alte Rousseau schließlich zu einer Art Kritik an der Tugendethik, weil der natürlich gute und weise Mensch sich hüten wird, „sich in so konfliktreiche Situationen zu begeben, aus denen derart grausame Pflichten erwachsen" („Dialogues"). Die Wertung hat sich damit wohl verschoben, der Grundgedanke selbst ist der gleiche geblieben; im übrigen finden sich auch späterhin Zeugnisse für den ihm von früh an eigenen Tugendenthusiasmus und dementsprechend einer sehr bescheidenen Selbstbeurteilung: „Mit einer schwachen Seele", so meint Rousseau in der 4. „Rêverie" von sich selbst, „kann man sich höchstens vor dem Laster bewahren, es ist anmaßend und vermessen, wenn man es wagt, auf große Tugenden Anspruch zu erheben."

49. Soweit Neigung und Sittlichkeit inhaltlich übereinstimmen, so weit reicht das Gesetz oder die Stimme der Natur; wenn sie, wie in dem hier geschilderten Konflikt in Gegensatz zueinander treten „überläßt uns die Natur uns selbst". „Er wird gut sein", heißt es in den *Dialogues* von Jean-Jacques, „weil die Natur ihn so geschaffen hat; er wird Gutes tun, weil es süß ist, es zu tun. Aber geht es darum, seine teuersten Wünsche zu opfern und sein Herz zu zerreißen, um seine Pflicht zu erfüllen, so zweifle ich, daß er auch das tun wird. Das Gesetz der Natur oder jedenfalls ihre Stimme reicht nicht so weit."

50. Rousseau hat seiner Überzeugung, daß Liebe *Illusion* sei, mehrfach Ausdruck gegeben, am eindrucksvollsten in einem Brief *Julies* an Saint-Preux, wobei in dieser resignierenden Einsicht nun zugleich der transzendente Bezug anklingt, der ja auch in der Rede des Erziehers das Grundthema bildet. „Man genießt weniger, was man erlangt, als was man erhofft und ist nur glücklich, ehe man glücklich ist. In der Tat, der Mensch, geschaffen, alles zu wollen und wenig zu erlangen, hat vom Himmel eine trostreiche Fähigkeit erhalten, die alles, was er begehrt, ihm gegenwärtig macht, es ihm in gewisser Weise zu eigen macht und es, um ihm diesen imaginären Besitz noch süßer zu machen, nach Wunsch seiner Leidenschaft umschafft. Aber dieser ganze Vorzug verschwindet vor dem Gegenstand selbst . . . die Einbildungskraft schmückt nicht, was man besitzt, die Illusion weicht, wo der Genuß beginnt. Das Land der Träume ist in dieser Welt das einzige, das wert ist, bewohnt zu werden, und derart ist die Nichtigkeit der menschlichen Dinge, daß, ausgenommen das durch sich selbst existierende Wesen, nichts Schönes existiert als was nicht ist."

51. Vgl. den „Vertrag" S. 664.

52. Vgl. Anm. 27.

53. Ein etwas merkwürdiger Tausch! Aber die moralische Zeitschrift *Addisons*, „Spectator", an dessen französischer Übersetzung der junge Rousseau sich einst gebildet hatte, galt ihm wie vielen seiner Zeitgenossen als ein Lehrbuch der praktischen Sittenlehre.

54. Mit der „Kavalierstour" vollendete sich die Bildung des Edelmannes, und so fehlt sie denn auch nicht in dem pädagogischen Programm der Hofmeistererziehung, zum Beispiel bei Montaigne, Locke, Crousaz. Rousseau hat diese traditionelle Form genutzt, um die gesellschaftliche Bildung Emiles, die er im 4. Buch geschildert hat, nun nach seiten der *politischen* Bildung zu ergänzen. Beide Bildungserfahrungen sind von ihm kunstvoll mit der Liebesgeschichte verknüpft: der erste Lehrgang, der gesellschaftliche, worin Emile Geschmack und Umgang lernt, führt auf diese Liebe hin; der zweite, der politische, setzt sie voraus und bereitet zur *Ehe* vor, welche für Rousseau mehr als ein privates Verhältnis, welche eine öffentliche Institution und daher ein Element der Politik ist.

55. Es findet sich in den „*Lettres persanes*" von Montesquieu (Brief XXX).

56. Besonders im 2. Discours, teilweise aber auch im „Emile" selbst hat Rousseau viele solcher Schilderungen, besonders von den Zuständen und Sitten der Primitivvölker erwähnt. Sie haben, zumindesten in Äußerlichkeiten, nicht wenig sein Bild vom „guten Wilden" bestimmt.

57. Der Franziskanerpater Raimundus Lullus (1235—1315), geboren in Palma auf Mallorca, ein berühmter Lehrer in Montpellier und Paris. Rousseau spielt hier auf seine „ars magna" an.

58. Paul *Lucas* (1664-1737) aus Rouen, machte mehrere Reisen durch

den Orient; über seine Reisebeschreibungen mokiert sich hier Rousseau wegen ihrer vielfachen Übertreibungen. Jean-Baptiste *Tavernier* (1605-86) durchreiste Indien.

59. Ctesias (5. Jahrh. v. Chr.), griech. Arzt und Historiker, Verfasser einer Persischen Geschichte und eines Buches über Indien. Herodot ist wegen seiner „Bücher der Geschichte", Plinius d. J. wegen seiner Briefe erwähnt.

60. Gemeint ist der Comte de Gisors; vgl. Anm. 101 des 2. Buches.

61. Der Gesellschaftsvertrag ist für Rousseau eine von jedem Staatsbürger persönlich eingegangene *Verpflichtung*, auch wenn diese *stillschweigend* erfolgt einfach dadurch, daß der (großjährig gewordene) Bürger im Staatsterritorium wohnen bleibt und den staatlichen Schutz wie die staatsbürgerlichen Rechte für sich in Anspruch nimmt (vgl. bes. Buch I, Kap. VII des „Contrat social"). In der Urfassung des „Contrat social" ist sogar eigens von einer *Vereidigung* der Bürger auf den Gesellschaftsvertrag die Rede.

62. 1. Kön. 21.

63. Der Leser erkennt unschwer, daß Rousseau, beziehungsweise der Erzieher hier genau das gleiche Mittel anwendet, um Emiles Interesse zu erregen und seine gesellschaftliche und politische Bildung an seine Herzenssache anzuschließen, wie im letzten Teil des 4. Buches.

64. Hier folgen Teile jener von Rousseau schon 1743 während seines Aufenthaltes in Venedig geplanten Schrift „Institutions politiques" von denen der „Contrat social" nur ein Teil ist. Dieser Abschnitt des *Emile* stellt daher nicht so sehr eine Zusammenfassung des *Contrat social* als der umfassenderen der *Institutions politiques* dar. So handelt denn auch dieses in den *Emile* eingefügte Kompendium nicht nur vom Staatsrecht (droit politique), sondern auch vom Völkerrecht (droit publique oder droit de gens), wie S. 927 f. zeigt. Es handelte sich dabei hier wie dort um eine Erörterung der Prinzipien. Darin unterscheidet sich Rousseaus politische Theorie wesentlich von dem großen, von ihm wie von allen seinen Zeitgenossen bewunderten Werk von Montesquieu. Da der im *Emile* gegebene Abriß seiner politischen Theorie für die pädagogische Thematik des Buches ohne Bedeutung und eigentlich nur als Kommentar zum *Contrat social* von Interesse ist, verzichte ich auf Einzelerklärungen.

65. Nämlich, ob Rousseau für diese noch von niemanden gelöste Aufgabe, „das politische Recht zu schaffen", auch befähigt ist.

66. Nimrod (Gen. 10, 9; 1. Chron. 1, 10) galt als Gründer Babylons.

67. „durch den keins von beiden gestattet ist: weder gerüstet zu sein wie im Krieg noch sicher wie im Frieden" (Seneca, „De tranquill. anim." I).

68. Abbé de Saint-Pierre, „Projet de la paix perpétuelle", 3 Bde. (1713-17); Rousseau nahm sich auf Bitten von Madame Dupin der nachgelassenen Werke des Abbés an; von dem „Plan für einen

ewigen Frieden", der eine politische Organisation Europas vorsah, gab Rousseau einen Auszug heraus und fügte seine Kritik als eine besondere Schrift hinzu.

69. Personen aus Fénelons „Télémaque". Adrast ist ein hinterlistiger Tyrann, Anspielung auf Friedrich d. Gr., wie Rousseau in den „Bekenntnissen" (12. Buch) selbst gesteht.

70. Dies ist in der Tat ein Hauptthema von Montesquieus Schrift „L'Esprit des lois".

71. „Das war mein Wunsch: ein Stück Land nicht gerade groß" (Horaz, Sat. II, 6, 1). Diese Verse hat Rousseau als Motto über das 6. Buch der „Bekenntnisse" gesetzt, worin er von seinem glücklichen Leben in *Charmettes* berichtet, dem kleinen Landgut bei Chambéry, das Madame de Warens gepachtet hatte.

INHALT

Philosophie
des 16. bis 18. Jahrhunderts

IN RECLAMS UNIVERSAL-BIBLIOTHEK

Philipp Reclam jun. Stuttgart